孟子文獻集成

孟子文獻集成編纂委員會　編纂

山東人民出版社

圖書在版編目（CIP）數據

孟子文獻集成. 第一九〇卷 / 《孟子文獻集成》編纂委員會編. --濟南：山東人民出版社, 2020.1

ISBN 978-7-209-12457-7

Ⅰ. ①孟… Ⅱ. ①孟… Ⅲ. ①儒家 ②《孟子》-研究資料-匯編 Ⅳ. ①B222.55

中國版本圖書館CIP數據核字(2019)第241565號

項目統籌: 胡長青
責任編輯: 李　濤
裝幀設計: 武　斌
項目完成: 文化藝術編輯室

孟子文獻集成（第一九〇卷）
《孟子文獻集成》編纂委員會 編

主管單位　山東出版傳媒股份有限公司
出版發行　山東人民出版社
社　　址　濟南市英雄山路165號
郵　　編　250002
電　　話　總編室（0531）82098914
　　　　　市場部（0531）82098027
網　　址　http://www.sd-book.com.cn
印　　裝　山東新華印務有限責任公司
經　　銷　新華書店

規　　格　16開（210mm×285mm）
印　　張　67
字　　數　540千字
版　　次　2020年1月第1版
印　　次　2020年1月第1次
印　　數　1-200
ISBN 978-7-209-12457-7
定　　價　900.00圓

《孟子文獻集成》編纂委員會

學術顧問 杜維明 張豈之 李學勤 牟鍾鑒

學術委員會

主　　任 陳　來

副 主 任 郭齊勇 李存山

委　　員 王　傑 王中江 王志民 王其俊 王鈞林 王漢東 孔德立 杜澤遜 李存山 李景林 吴　婧 袁汝旭 徐洪興 高兆波 郭齊勇 陳　來 孫明霞 梁　樞 梁　濤 董洪利 曾振宇 楊海文 楊朝明 趙　勇 鄭傑文 劉瑾輝 顔世安 顔炳罡 龔鵬程

（按姓氏筆畫排序）

編纂委員會

主　　編 王志民

副 主 編 杜澤遜 梁　濤 胡長青 李梅訓

委　　員 王　路 王恒柱 李西寧 李振聚 李國慶 黄顯功 張　勇 張志清 趙永和 趙紅彦 劉　晨

（按姓氏筆畫排序）

編　　务　劉　晨　楊雲雲　孫　姣　李　濤　劉嬌嬌　張艷艷
趙　菲　呂士遠

組織實施
中國孟子研究院
山東人民出版社

序

《孟子文獻集成》是在孟子故里鄒城市委市政府鼎力支持下，由中國孟子研究院、山東人民出版社協同合作，共同致力完成的一項大型儒家文獻的搜集、整理、出版學術工程。

一

孟子是中國歷史上偉大的思想家、政治家、教育家，是僅次於孔子的儒家學派重要代表人物。戰國時期，戰爭頻仍，『角戰英雄，六經泥蟠，百家飆駭』（《文心雕龍·時序》），孔學既黜，儒道中衰。孟子遵夫子之道，批邪説，正人心，發揚光大孔子學説，復興儒學，成爲孔子之後最重要的儒家傳人和先秦原始儒學理論體系的主要奠基人。韓愈論儒家道統由堯、舜、禹、湯、文、武、周公代代相傳，言及『文、武、周公傳之孔子，孔子傳之孟軻。軻之死，不得其傳焉』（《原道》），又説『自孔子没，群弟子莫不有書，獨孟軻氏之傳得其宗』（《送王塤秀才序》）。可見，後世尊孟子爲『亞聖』，稱儒學爲『孔孟之道』，實爲孟子歷史地位使然！

《孟子》一書，是孟子及其弟子編著的全面反映孟子思想的儒家經典著作。漢文帝時，即曾設立《孟子》學博士，全國推闡。六朝時期，玄學、佛學興盛，儒學式微，《孟子》亦受冷落，但唐宋以後，隨着孟子地位的大幅提昇，《孟子》一書越來越受到統治者和學者文人的廣泛重視。唐代大儒韓愈倡論中國文化道統，其《原道》之説，影響甚大，已掀『孟子熱』；北宋時期，《孟子》與《論語》俱列入『十三經』之數；南宋朱熹作《四書章句集注》，將《孟子》列『四書』之中。南宋統治者更將其正式列入官方之學，設爲科舉考試科目，欽定爲必讀經典，學孟子、讀《孟子》，蔚然而成社會風氣。此後，孟子地位進一步提昇：元文宗封孟子爲『亞聖公』，尊其爲『百世之師』；明清兩朝更大推『四書』，地位儼然超越『五經』。《孟子》與《論語》並行，上自帝王，下至百姓，家有之，户誦之，『所研究者惟「四書」，所辨訂者亦惟「四書」』（《四庫全書總目·四書大全提要》語）。孟子思想，深入人心；《孟子》之學，遍佈各地；《孟子》

文獻，汗牛充棟。

根據我們的初步調查，歷代《孟子》文獻有兩千種之多。這些文獻，依孟子學史的發展，大致形成了以下幾点較鮮明的時代特徵：宋元文獻多義理闡發，以朱熹《孟子章句集注》爲代表；明代以王夫之《讀四書大全説》爲代表，多從心性之學挖掘孟子豐富的思想内涵；清代孟子學最盛，不僅産生了以乾嘉學者戴震《孟子字義疏證》、崔述《孟子事實録》爲代表的大量考據、辨僞著作，還出現了集前人研究成果之大成的焦循《孟子正義》。大致可以説，以東漢趙岐《孟子章句》爲發端，歷代學者多所闡釋研究。尤其宋元以來，孟學實爲千年『顯學』。《孟子》文獻内容所涉注釋訓詁、義理闡發、思想挖掘、考證辨僞等所有方面，其對孟子及《孟子》文本的研究廣度、深度可謂前無古人，後難爲繼。尤爲重要的是，歷代學者秉持儒家人生理念，一生所繫，立德立言，以『爲往聖繼絶學』爲生命追求之本，往往傾一生之力終注一經。孟子文獻不僅真實地展示了孟學及儒學發展的歷史，也留下了代代學者治學的心路，實在是應該认真进行挖掘整理的傳統文化瑰寶。

然而，毋庸諱言，孟子文獻的收集整理向未受到應有的重視。這固然與二十世紀以來，儒學命運多舛有關：批孔之時，孟子亦受其累；近數十年來，『孔子熱』不斷升温，孟子受冷落的現象却未有大的改觀，歷代孟子文獻迄未收集整理即是一例。據我們不完全統計，包括臺灣在内的中國圖書館，現存宋元至清代的刻本與鈔本計有一千二百餘種之多。由於各種原因，百分之九十餘未曾整理出版，而百分之七十以上仍處於人所罕见的塵封狀態。歷史的責任，現實的需要，未來的期盼，都在呼喚能有一套《孟子文獻集成》的編纂出版。

二

二〇一三年四月底，孟子研究院在孟子故里山東省鄒城市正式成立。時值一年一度的『孟母文化節』，同時進行的還有由鄒城市、《光明日報》國學版、山東師範大學山東省齊魯文化研究院共同策劃主辦的『孟子公開課』開講儀式。來自國内各著名高校的部分主講學者和與會專家對孟子研究院成立後的學術規劃提出了許多建設性意見，多位專家提出了編纂《孟子文獻集成》的建議。

同年十月二十九日至三十日，孟子研究院學術委員會第二次會議在主任陳來先生主持下於鄒城召開。會議就《集成》的立項和編纂事宜進行了認真深入地討論，參閱審查了初選孟子文獻書目，形成了以下四點共識：一是孟子文獻的搜集、整理向稱薄弱，絕大多數迄未面世，影響了孟學研究的深度和廣度。編纂《集成》，填補空白，意義重大。二是要在廣泛搜集、精心選編的基礎上，力求將《集成》做成收羅全、質量高、權威性强的精品學術工程。三是应制定具体工作規劃，選編文獻时代可由遠及近；文獻收集範圍，宜先國内後國外，分段完成，穩步推進，確保質量。四是在孟子研究院學術委員會基礎上，应增加部分孟子研究專家，充實到《集成》學術委員會；選聘孟學研究、版本目録、館藏出版等方面專家，組建高層次、有效率的編纂部和工作班子，扎實有效開展工作。

在經過編纂部四次召開籌備會議和系列籌備工作基礎上，二〇一四年五月，在濟南召開了特邀專家選目審查論證會。來自北京大學、中國人民大學、山東大學等全國各地的十餘位孟子和孟學史專家就編纂部提供的《集成》選編總目（國内）進行了認真研析、讨论審查。這次會議的召開更堅定了大家对編纂《集成》的信心和認識，許多專家從長期孟學研究的切身感受中充分肯定編纂《集成》的重大意義，一致認爲：這是一項立足當前又澤被後世的重大學術工程；目前国内編成的經典文獻集成中唯獨没有孟子文獻集成，这不僅是文化建設的一种缺憾，也从多个方面影響了孟子研究的深入和拓展，从这个意義上説，該項目的实施确是一項填補空白、意義深遠的學術工程。專家們特別指出，這項重大學術工程，由山東，特別是孟子故里鄒城市支持，由孟子研究院、山東省齊魯文化研究院牽頭承擔，正是歷史責任與當前文化建設的最佳選擇。相信《集成》的出版，對於提昇孟學研究、促進孟子研究院發展、推动山東文化强省建設，贡献巨大，意義深遠。會議還就選目原則形成以下共識：一是《集成》應當是一套研究孟子文獻的集大成之作，所收以獨立成書的研究《孟子》專書爲主，兼顧其他，儘量收全。對孟子文獻的含義可以放得寬一些，對書名没有『孟子』的，例如以『四書』『諸子』爲書名的，也要注意在考察辨析基礎上做好，要高標準、高質量。二是《集成》應兼顧古籍的重要性與稀見性，做到常見書精選善本，重要文獻不遺漏。三是海外孟子文獻應作爲一個工作目標，與海外學者合作，广匯博收，規劃編纂。四是時代大致截止到清末，現代部分可作爲『附編』或單獨列編收集出版，部分難以收入文獻應附列存目。這次專家會議的意見，得到二〇一四年六月五日召開的孟子研究院第二次學術委員會的重視和確認。

在籌備、啓動《集成》的整個過程中，得到鄒城市主要領導及社會各界鼎力支持。山東人民出版社主動、積極地參與了各項工作。二〇一四年八月二十八日，在山東省第五届文博會上，省有關領導和衆多媒體記者見證了孟子研究院與山東人民出版社共同簽訂《〈孟子文獻集成〉編纂出版協議書》的过程。

經過編纂委員會及有關方面的共同努力和各相關圖書館的大力支持，宋元時期傳世文獻已基本全部收録，共四十八種，分裝十四册，已於二〇一六年初首批出版發行。其中，收録宋元刻本十四種，海外善本四種，第一次影印的即有十六種，屬於披沙揀金的珍本，將爲孟子文獻及思想研究提供寶貴資料。

第二輯精選明代孟子文獻八十一種，分裝爲三十二册影印，已經於二〇一七年三月出版。

第三輯爲明代文獻的第二批，共收入著作四十五種，分裝爲二十册影印，其中五種來自日本，三種來自美國；其他部分也多爲稀見的珍本和善本，已經於二〇一八年三月出版。

第四輯，共收録著作六十二種。其中，明代著作四十八種，分裝爲二十四册；清代著作十四種，分裝爲十册。共出版三十四册。底本皆爲精選珍本善本，其中，明代刻本四十種，清代刻本二十二種。又有二十三種來自日本，多爲國内未見，彌足珍貴。

本次出版爲《孟子文獻集成》第五輯，清代文獻之第二部分，也是《集成》編纂以來，收録文獻最多的一輯。共收入著作三百六十八種，分裝爲一百册；至此，自康熙朝至清末絶大部分與《孟子》相關文獻已基本囊括。其中：來自日本的珍稀文獻八種；稿抄本二十六種；孤本二十二種，國内未出版者達三分之二以上。

編纂出版《孟子文獻集成》，既有利於深入挖掘孟子思想精髓，洞見《孟子》世代傳承的歷史場景，又有利於珍貴文獻的保護、傳承和共享、共用，是惠及當代、澤被後世的文化善舉。值此共出版二百册之際，我們對國内外各有關圖書館和學界同仁的鼎力支持與真誠合作表達崇高的敬意和誠摯的感謝！

讓我們黽勉同心，共同努力，以期這一重大學術工程的圓滿完成。

王志民

二〇一五年四月十二日第一稿
二〇一八年三月八日修改第二稿
二〇一八年十二月十二日修改第三稿
二〇一九年十月六日修改第四稿

凡例

一、《孟子文獻集成》匯聚歷代關於《孟子》之著述，要其旨歸，不外經學之考證、義理之推闡、文章之批點，故舉凡注釋、析義、批點等書皆酌加收録，大致以著者時代先後爲次，俾經學之大，義理之善與夫文章之美，庶幾由此而知。

二、《孟子文獻集成》選用底本多未經整理，或孤傳海外，或秘庋深閣，學者既不能徧歷中外而窺其概貌，又不能盡探二酉而知其大略，不能無憾焉。今集爲一編，則學者循覽而知《孟子》一經之本末，歷代著述之昇沉。

三、各書或得自日本、美國，或攝自國家圖書館、天津圖書館、上海圖書館、浙江圖書館、山東大學圖書館等。底本皆經選擇，其存世孤秘，列爲首選，而後出佳槧，流佈稀少，亦資採摭。

四、諸書著録書名、卷數、著者時代、姓名、撰著方式及版本，覽者便焉。

五、著者真僞，學者所重，凡有歧異，均於著者前加『題』字，略示區别。

六、諸家解《孟》之作，或爲獨立成書者，或爲總集内别裁而出者，或以『四書』著述總題者，今所匯集，以能獨立析出者爲斷。其單篇零什，概所不收。

七、裁出之書，凡原有題名者，概依原題，而於版本項注其從來；凡無獨立題名者，則仍用大題，而括注『孟子』二字；其不能析離者，則全書收録。

八、是編博訪廣蒐，固難周徧，續有所得，拟輯《補編》，庶免遺珠之憾。伏望博雅君子，匡其不逮，補其未備，是所幸焉。

目録

孟子音義二卷
孟子音義札記一卷

宋 孫奭撰 札記 清 繆荃孫撰

清光緒二年成都尊經書院刻本

孟子音義二卷附札記

孟子音義序

朝散大夫尚書兵部郎中充龍圖待制知通進銀臺司兼門下封駮事兼判國子監上護軍賜紫金魚袋臣孫奭奉勑撰進

夫總羣聖之道者莫大乎六經紹六經之教者莫尚乎孟子自昔仲尼既沒戰國初興至化陵遲異端並作儀衍肆其詭辯楊墨飾其淫辭遂致王公納其謀以紛亂於上學者循其踵以蔽惑於下猶洚水懷山時盡昏墊繁蕪塞路孰可芟夷惟孟子挺名世之才秉先覺之志拔邪樹正高行厲辭導王化之源以救時弊開聖人之道以斷羣疑其言精而贍其旨淵而通致仲尼之教獨尊於千古非聖賢之倫安能至於此乎其書由炎漢之後盛傳於世為之注

者則有趙岐陸善經爲之音者則有張鎰丁公著自陸善
經巳降其所訓說雖小有異同而共宗趙氏今旣奉
勑校定仍據趙注爲本惟是音釋宜在討論臣今詳二家
撰錄俱未精當張氏則徒分章句漏略頗多丁氏則稍識
指歸譌謬時有若非刊正詎可通行謹與尚書虞部員外
郎同判國子監臣王旭諸王府侍講太常博士國子監直
講臣馬龜符鎮甯軍節度推官國子學說書臣吳易直前
江陰軍江陰縣尉國子學說書臣馮元等推究本文參考
舊注采諸儒之善削異說之煩證以字書質諸經訓疏其
疑滯備其闕遺集成音義二卷雖仰測至言莫窮於奧妙
而廣傳博識更俟於發揮謹上

孟子音義上

孟子題辭 張鎰云卽序也趙注尙異故不謂之序而謂之題辭也

趙氏 丁公著云案本傳名岐字邠卿京兆長陵人也初名嘉生於御史臺因字臺卿後避難故改名岐少明經有才藝公府屢辟爲京兆尹延篤功曹先是岐常貶議中常侍唐珩兄玹玹爲京兆尹岐遂避難四方無所不歷及諸唐滅乃出仕歷幷州刺史議郎後以老病就拜太常九十餘建安六年卒

通稱 丁云稱去聲下有此字以意讀之

邾 陟輸切

所并 必正切下同

長師 張丈切

縱 音蹤

隳 許規切

墨翟 音狄後墨翟皆放此

壅底 張云音邸言否塞不通也

迂 音紆又音于

值炎 丁作直音值

信三 音伸

詒後 丁云音義與貽同

難疑 乃旦切

繫 本亦作系同胡計切

錧鎋 丁云上音管方言作輨車釭也下音黠車轄也

衿 音今

問陳 直刃切

毀鬲 丁音隔蓋諸毀之使情隔耳又音歷

焉能 於虔切

依放 方往切

遂紬 音黜

罷傳 直戀切下經傳同

心

勦下子小切絕也　形瘵側界切瘠也　弛擔音豕下都濫切　睠音眷　漂撫昭切
亂思張云亂治也思去聲　緼奧於粉切淵奧也　章別彼列切

梁惠王章句上丁云案史記梁惠王魏武侯之子名罃罃音鶯　凡七章

以爲于僞切下爲王爲其日爲抑爲爲是故爲皆同　放於方往切　夷羿音詣羿夷姓
饜一鹽切又於豔切　復申扶又切下章注同　重嗟直用切下申重重言皆同
亦樂音洛盡此卷皆同　王好呼報切下好戰同　集穆張云當爲輯穆　夸咤丁丑嫁切云誇也玉篇作詫
規度大各切下忖度同　亟音棘　不督音篤丁作踧子六切
來趣丁音趨亦如字　麀音憂　鶴鶴張云詩本作翯翯戶角切古字假借今依詩本音
於牣於如字下音刃丁本作仞　歡樂本亦作勸樂　害喪如字張音曷書作曷喪
及女音汝　大平丁音泰下有此字以意求之　塡然音田　者不方久切後皆放此
直不如字丁音值　勝食音升下同　數罟七欲切網也丁張音觸下

音古洿音烏喪死丁如字衣帛於既切注及下文衣帛同數口丁色主切
不王者丁云去聲下文以意讀之風王音諷餓莩平表切義同殍字丁張眦小切
莩有梅眦小切又平表切丁云韓詩也詩作摽與莩同刺人七亦切又七四切改
行下孟切下德行同以梃丁徒頂切從木惡之烏路切注及下夫惡同惡在
音烏惡猶安也下惡乎定惡惡知皆同俑音勇夫惡音扶此字既多可以意求疑者别出死
邪以嗟切後不音者皆放此長子張丈切下長上長者皆同洒之丁音洗謂洗雪其恥也
省刑所梗切稅斂丁力劒切易耨以豉切下奴豆切字亦作薅音同以
養餘亮切語人魚據切下語人同卒然七没切槁音考沛字亦作霈
普蓋切浡音勃由水由與猶同古字通用宓音伏戲音羲齕恨没切
舋許覲切舍之音捨觳觫丁斛速二音恐貌鍾與音餘下何與心與聞與甚
與口與體與日與前與皆同郄音隙大祝音泰墮許規切遠庖于萬切

王說音悅 挾音協 以超超或作趨 折枝之舌切趙云折枝按摩折手節解罷枝也陸善經云折枝折草樹枝也 罷枝音疲 少者詩妙切 以御如字鄭箋詩云御治

思齊音齋 適妻丁亦切 好惡皆去聲 度之待各切注稱度度心度物皆同餘並音渡 便嬖婢緜切下音臂 辟土音闢 賈音古 愬音訴 惛音昏

放辟音僻 邪侈張尺氏切丁作移 爲已音以絕句 罔民張如字丁作司民下音同

焉有於虔切 以畜許六切 當章丁浪切 譎音決

梁惠王章句下 凡十六章

暴見賢徧切下他日見及後注注虹見同 王語丁音御下嘗語同 好樂呼報切此卷內皆同惟下注美好如字 慍於問切 恚一睡切 與民同樂音洛 聞與音餘下病與慎與鼎與皆同 獨樂樂丁上音岳下音洛下文及注樂樂皆同 孰樂音洛此章內孰樂樂邪樂也同樂樂其字皆同餘並音岳 爲王于僞切下同 舉疾首蹙頞丁云

舉猶皆也屬下句蹙子六切頞音遏隙綺戟切何惡烏路切下讒惡同於傳直戀

切下同蕘音饒刈音乂爲阱才性切混夷丁音昆昆夷犬戎別名

喙許穢切困也大王音泰後大師大王皆放此獯鬻丁云上音熏下音育夏曰獯鬻商曰

鬼方周曰獫狁秦漢曰匈奴魏曰突厥句踐古侯切會音鱠夫差音扶樂天

音洛此卷內惟下文相說之樂及注樂師樂章樂詩樂正皆音岳餘並皆音洛彼惡音烏瞋尺眞

切書曰天降下民至越厥志丁曰注云尚書逸篇也案今尚書太誓有此文但三

五字詳略不同耳此注云逸書者古文太誓自孔安國注遭巫蠱事亦遂寢藏於私家故先儒鄭康成馬季長杜元

凱等皆以爲逸書故此注亦云逸書不見古文也衡行丁音橫云詳注意郎依字從欲丁音

縱本亦作縱爲之赴難爲難二字並去聲朝儛音舞放方往切琅音郎

邪以嗟切王觀丁音貫亦如字其相息亮切下相土同春省息井切下同

從容七容切睊睊字亦作詣張古縣切云側目視貌言睊睊然怒目相嫉而相讒也

慝吐得切　湎彌兗切　蹯音煩　行也下孟切下之行同　無厭丁一兼切
公說音悅下相說臣說皆同　徵招張音部下同　畜君許六切下注子畜同
孥音奴　譏難乃旦切下狄難之難赴難其難免難皆同　惡惡烏路切下如字　哿矣
工可切　煢音瓊　餱音侯　橐音託　思戢詩作輯同音集　啓行如字道也
裹盛音成　滸音虎　恂音荀　比其丁必二切及也　無墮許規切亦音惰
下不墮同　舍之音捨下舍女同　防比毗志切　核音覈　惡直如字又烏路切
大辟婢亦切　舍女音汝　人少詩妙切　鎰音溢　簞食音丹下音
嗣後簞食皆放此　霓五稽切　徯胡禮切　係累張音纍下力追切　并燕
音併下并得同　旄倪丁云上音耄下音齯老也詳注意倪謂繄倪小兒也　繄烏兮切　夫
將丁音扶屬下句　魯閧張胡弄切云鬭聲從門下者下降切義與巷同此字從門丁豆切與門不同丁
又胡降切劉熙曰閧構也構兵以鬭也說文云鬭也　長上張丈切下其長長者皆同　軍率所[illegible]

切
忿敷吻切　阸音厄　無已音以　以偪音逼　以遺去聲　貉音鶴
乃屬丁音燭會聚也　鼎與音餘　曰否方久切本亦作不音同後不出者皆放此
沮慈呂切本亦作阻各隨字讀之　尼之女乙切郭璞注爾雅引孟子作此字丁本作屔云居字
焉能於虔切

公孫丑章句上　凡九章

可復扶又切下同　蹵子六切蹴同　踖子亦切　艴丁音勃張音拂　何曾丁音憯則也乃也　慍於問切　不帥音率　重言直用切　爲我于僞切注及後章非爲皆同
爲與音餘下法與聞與同與皆同　以齊王張于況切云此字既多可以義詳
由反手丁云義當作猶猶如也古字借用耳下文由弓人由矢人義同　易然以豉切
丁朝音潮　膠鬲丁隔歷二音　輔相息亮切丁本作押音甲廣雅云輔也義與夾同
鎡基鎡或作兹音同　改辟音闢　郵丁音尤今之驛也　畏難乃旦切

我四十不動心楊子曰請問孟軻之勇曰勇於義而果於德不以貧富貴賤生死動其心於勇也其
庶乎賁音奔黝伊糾切橈丁奴効切百行下孟切下之行德行隨行皆同
要之音邀後以要同子好呼報切下好殘所好所好皆同吾不惴焉之睡切丁本作遄云
音揣恐懼貌之帥所類切或音率注同本亦作師度大各切蹶音厥又居衞切
顛倒字或作傎音同惡乎音烏下曰惡同所趨音趣下同無是餒也奴罪
切陸云言以道義配之則能充塞無是餒也慊口簟切助長張丈切注及下不長苗長長天
下皆同揠烏八切拔也芒芒丁音忙亟音棘疾也罷音皮舍之
丁張並音捨下舍是舍己皆同詖彼寄切自斷丁音短以譽音餘亦音豫下譽之
同麗姬呂支切邪辟音僻廋音搜說辭張音稅丁又依字夫
聖音扶屬下句汙丁音蛙不平貌垤大結切行潦音老大過音泰後章
注大宰及章末大隘其大皆同惡辱烏路切章內文注及後章非惡皆同榮樂音洛下文般樂

樂爲樂聞樂取皆同 居埤音卑 閒暇音閑 徹直列切 桑土丁音杜 綢繆音裯下武彪切 鴟處脂切 鴞于嬌切 般樂音盤 怠敖五勞切又五到切

孽魚列切 不可活如字丁云尚書作逭音換下離婁篇同 雊古侯切 廛直連切 顚藏或作臧音藏 不橫去聲 氓或作萌或作甿皆音盲 怵惕音黜

內交張音納本亦作納 羞惡丁烏故切又如字 爲行下孟切 擴丁音郭張大也字亦作彍音霍 讜音黨直言也書作昌 推惡此章惟此字烏路切餘如字 浼張莫罪切丁亡但切說文曰汙也方言曰東齊之間謂汙曰浼 汙也烏故切下文同 就已音以注同

遺佚音義與逸同或作迭或作失皆音逸 阨窮音厄本亦作厄 袒裼裸裎袒音但裼音錫裸郎果切裎音程並露也裎亦作程 焉能於虔切 浼也音滿又摸本切本亦作滿

援而止之或作正之 憚徒案切 儷音麗 絀音黜 伯夷隘或作阸或作阨並烏懈切 彈正音壇 介者丁云字多作分誤也 ·

公孫丑章句下　凡十四章

王相二字並去聲　和樂音洛下樂道樂義皆同　不下丁去聲後注下士同　馮
皮冰切　寡助之至至或作主　畔之張云與叛同　惡烏路切　造
朝七到切下同　之從才用切　數人要丁上色主切下音邀　曰惡音烏注及
下惡得曰惡惡知皆同　安與丁音餘下是與死與言與伐與殺與之與過與皆同此安與亦如字
慊口簞切　長民張丈切注及下長者同　好呼報切下同　餽音饋後皆放此　贐
囚刃切　爲兵于僞切下必爲之爲王爲其所以爲爲我爲孟下爲子爲皆同　可鬻本或作育
音同　有處昌呂切下同　焉有於虔切　則去之起呂切　其行胡郎
切　幾千丁蟣祈二音　賑丁音振　素餐七丹切　蚳音遲　蠹丁烏花切
張烏媧切　先後丁云並去聲　毋使音無　不中張仲切　藉道本亦作籍
蓋大夫古盍切　王驩音歡　同使所吏切　相比毗志切亦如字　曰

夫音扶注夫人同　危行下孟切　稱之尺證切　翣山洽切　辟世音避
度而大各切　不可稱丁如字　且比丁音庇及也　恔乎音效方言
云快也丁音皎說文云憭也　沈同張音審或作沉誤　子噲苦壞切燕易王予　監
古咸切　更也古衡切　龍斷趙云龍斷謂堁斷而高者丁云案龍與隆聲相近隆高也蓋古
人之言耳如胥須之類也張云斷如字或讀如斷割之斷非也陸云龍斷謂岡壟斷而高者如陸之釋則龍音壟
堁丁云廣雅音課開元文字音塊　隱几於靳切據也　齊宿側皆切字亦作齋
語子魚據切　魯繆音穆　慍於問切　豈舍音捨下舍我同　悻悻丁云
字當作婞形頂切很也直也又胡耿切字或作悻悻然論語音鏗　見於丁音現　狷古縣切
恚一睡切　宿留上音秀下音霤　食功丁音嗣
滕文公章句上　凡五章
使於所吏切　考公麇居筠切從禾　相直音值　復見扶又切　重

受直用切下同覸古莧切一音閑瞑眩莫甸切下音縣又作眠眴音同瞑眩憒
亂瞋或作傎即音顛憒古對切又音潰景行下孟切下忩行孝行並同論語曰力行
近仁丁云近音附近案論語無此語是禮記中庸篇趙氏以爲論語文之誤也齋音資疏所居切
餰諸延切縗或作衰同音崔釁字亦作釁音義與釁同更也古衡切
好馳呼報切下好者好聚好施皆同爲我于僞切下既爲復爲爲天下親爲非爲皆同歡
川悅切帥音率督趣丁音促于茅張云或作苗誤也索綯桑洛切下
音桃亟其乘屋丁云亟音棘乘登也閒暇音閑放辟音僻後放辟同邪侈張云
諸本作移誤也罔民張云或作司誤也徹直列切受禪音擅校數色主
切有易丁以鼓切下及後章不易同樂歲音洛棄捐與專切盻盻
說文五禮切恨覗也亦四莧切丁作胕許乙切以養餘亮切下莫養奉養皆同稱貸並如字
惡在音烏安也後章惡得惡能皆同養食音嗣未任音壬雨我于付切

學校音效下同射也神夜切各去起呂切汙吏烏路切又音烏
長爭張丈切絀音黜田萊音來草田曰萊夫圭田丁云夫如字謂餘夫也鄭
康成注禮記訓夫為治也磽苦交切別野彼列切下有別同勠音六師知
音智許行丁音衡又下孟切下同踵之隴切氓亡庚切與甿同衣褐於既
切下同捆屨丁音閫案許叔重曰捆織也埤倉曰捆做也從才從木者誤也張作裍音同叩椓
丁音卓擊也從才旁豕陳相丁云去平並通饔音雍飧音孫當身丁去聲
粗布音麤後注同之與音餘下為與同舍皆丁音赦止也路也丁張云並
路與露同羸路力為切字亦作羸郎果切食人音嗣食於人如字氾濫
音泛偪音逼瀹濟漯丁云上音藥中子禮切下他合切作溼誤也呱音孤使
契音薛放勳方往切日丁音馹或作曰誤勞之來之丁云並去聲不與
焉丁音豫亦如字倍之丁云義當作偝古字借用耳下子倍同治任丁而針切云治任謂

治擔任之具　強其丈切　暴之蒲木切　皜音杲　質放丁方往切倣像似

鴃舌丁音決又古役切　鳴鴃丁云毛詩作鶪古役切　大古音泰　閟宮丁音祕清淨之宮謂姜嫄之廟　膺擊丁本作應云案古訓應訓當此注訓擊蓋以當對是擊敵之義故轉訓耳

懲艾丁廢切　市賈音嫁下皆同　倍蓰丁音師云從竹下徙開元禮文字音義曰蓰謂半倍而益之又音灑山綺切史記作倍灑徐廣曰一作五倍曰蓰　子比丁音鼻次比也

徐辟音壁又音闢　道不見丁音現注不見同　匍音蒲　匐蒲北切　蠅蚋姑張音汭云諸本或作蜹誤也丁云蜹未詳所出或以嘬蜹與蚋同謂蜉蝣也音由又一說云蜹蛄即螻蛄也

楚怪切說文云飲歃也　有泚七禮切　睨音詣　虆梩丁力追切土籠也或作蔂下力知切

土轝也　籠臿楚洽切鍬也　憮音武

滕文公章句下　凡十章

志曰丁云志記也謂志記之言也　介音界丁云謂狷介也　信道音伸　爲與音餘

下食與善與築與樹與皆同 要利 音邀下章要其同 奚乘 音剩下同 強而 其丈
切注同 射之 食亦切 範我 或作范氏范氏古之善御者 詭遇 陸云詭遇詭計
以要會也 舍矢 音捨下舍其同 不貫 丁音慣注貫習同 中之 張仲切 貫
臧 如字 者比 毗志切下同 熄 音息 從橫 音蹤下從長合從皆同 從長
張丈切下長幼長逸皆同 焉得 於虔切安也 之冠 音貫注 女家 音汝 出疆
音姜 載質 張音贄云義與贄同 以見 音現下願見同 粢 音咨 盛 音成 纚
素刀切 皿 武永切 藉 秦昔切 腯 徒忽切 紬 音黜 爲出 于僞切下
爲之爲其爲匹夫爲此皆同 難仕 丁乃憚切又如字 媒妁 音酌丁云謂媒氏酌二姓之可
否故謂之媒妁也 隙 去逆切 又惡 烏路切下又惡楚惡惡無禮皆同 彭更 古衡
切 從者 才用切 傳食 丁直戀切言轉食也 簞食 音嗣此章內文注可食而食食
志食功食平子食不食皆同餘皆如字 笥 相吏切 羨 似面切又余見切 畫 音獲 墁

張武安切云與設同
徯胡禮切
咻之音休
辟之音避
脅虛業切又許及切
去闔起呂切
攘如羊切
度之大各切
既遠丁于願切
素王于況切又如字
素餐七丹切
匪厥丁云義當作篚篚以盛贊幣此作匪古字借用下同
嚾也丁云案玉篇音嘂召呼也今注意音歡爲便蓋字讙譁同
不內音納
畦胡圭切
子好呼報切下注及文皆同
洚水張音絳又下江切丁胡貢切說文胡貢切
壞宮音怪
沛丁蒲內切
横議去聲
毫音薄
繆公音穆
竦音聳
汙音烏
更興音庚
爲我于僞切
遺之惟季切
矙或作瞰同音勘
強其丈切
邪說如字張音稅
放辟音僻
莩皮表切或作芟或作殍皆
餉式亮切
救字或作捄同
釋
涅奴結切
使人所吏切
赧女簡切
汜孚劍切
埤音卑
洚洞丁云案玉篇下江切從夅夅下江切今注空音胡貢切從夅夅音逢洚洪水也下徒送切又音同
菹側魚切丁音嗟
暴行張下孟切注及下詖行操行皆同
相武息亮切

同丁音乎
詖音賁
騈躓蒲田切下張尼切丁云史記作胼胝謂手足生胝也此躓乃顛躓字音致

義依史書讀之乃便
周公卬思案字書卬讀如仰又離婁下章云周公思兼三王以施四事其有不合者

仰而思之夜以繼日幸而得之坐以待旦是其事也
螬音曹
匍音蒲
匐蒲北切
咽音宴

擘博厄切
惡能音烏下惡用同
礕音擘
纑音盧
戴蓋丁張並音盍

鵝張云與鵞同
己頻顣丁上音紀頻亦作嚬同下子六切
鶃鶃丁五歷切鷊也

哇丁張並於佳切
母食音嗣

離婁章句上 凡二十八章

黃帝亡其玄珠丁案莊子以玄珠喻玄妙至道耳非實亡其珠也
蔟音湊
姑洗音銑

無射音亦
徵陟里切
仁聞音問注同
嘉樂丁云案詩作假樂假音暇樂音洛
衣於既切
揆度大各切後章注不度同
度量丁並去聲
僥古堯切

甲兵或作鉀音同
不辟音闢
方蹶俱衛切
泄泄弋制切
沓

沓 徒合切 動女 音汝 厲王流於彘 丁音帶章昭曰彘晉地漢爲縣屬河東案史記

周厲王立三十年暴虐侈傲國人謗王王殺謗者三十四年民莫敢言道路以目三年乃襲王王奔彘 戲

音羲 避遠 于願切 惡死 烏故切下惡醉喻惡皆同 而樂 音洛此卷內皆放此惟後

章樂正樂之實禮樂郎音岳 強酒 其丈切下注同 治人不治 張云上直之切將理之義

也下貞吏切已理之義也後皆放此 行有 張下孟切下改行之行正行皆同 踣 朋北切

沛 普害切 能令 力政切 而女 丁去聲以女妻人曰女 裸 音灌 暢 丁云

謂鬯酒也 好仁 呼報切下好仁好爲皆同 以濯 張直角切丁作瀹音藥 其菑 音災

滄浪 音郎 夫人 音扶下同 孽 魚列切 恐栗 丁云義當作慄古字借用

走壙 張音奏下音曠 爲淵 于僞切下爲叢爲湯爲之爲無後皆同 敺 音驅 鸇 諸延切

埤 音卑 獱 音頻獺別名 卒求 子忽切後章卒至同 舍正 音捨注同 長

其長 並張丈切注及下同 三省 息井切 焉往 於虔切下章焉虔同 辟草 音闢

孟子音義下

離婁章句下　凡三十二章

畎夷姊犬切或音犬　書曰太子發上祭于畢下至盟音孟津丁云案古

文尚書無此文先儒以爲此文是僞泰誓也　鄷音豐　鎬音浩　度量音杜亮　不比

眦志切近也　乘輿音剩注同　溱音臻　洧榮美切　杠張音江方橋也可通徒行人過

者　辟人丁張並音闢亦如字注辟除同　焉得於虔切　卑辟音避　由天

丁云由義當作猶猶如也古字通用後皆放此　禮爲于僞切下爲服爲之爲父爲其爲得爲武皆同

田菜丁云菜謂菜地菜之言采也故禮曰大夫有采以處其子孫　下於下去聲　搏執

音博　極之張紀力切又如字　惡而烏故切下惡傷禹惡皆同　風諭音諷　見

幾音機微也謂禍福之兆也　陳賈本亦作貫　藉交慈夜切　樂有音洛下其樂而

樂同　相覺丁音教云義當作校　有惡如字　惡人烏路切下所惡無惡心惡皆同　難

及乃旦切下濟難同　好言呼報切下好之而好好貨好勇皆同　忮支義切　之行
下孟切下行之本行高行行惡皆同　行其如字　養生張餘亮切注及下養親之養得養皆同　當直音值下同
深造七報切　五伯如字丁云伯者長也言爲諸侯之長亦音霸
亟稱去吏切　徐辟音嬖又音闢　舍音捨　放乎方往切　澮古外切
涸下各切　潦音老　卒千忽切　聲聞音問　強仁其丈切　辟
害音避　讜言丁音黨尚書作昌言　泄邇丁案注云泄狎也案媟訓狎今注以泄訓狎借聲訓
耳　熄與息切　之乘丁音剩云晉名春秋爲乘者取其善惡無不載　檮杌丁逃兀二
音檮杌惡獸名也楚謂春秋爲檮杌者在記惡而與善也　跌徒結切　汙音烏　逢蒙丁張
並薄江切從夆夆下江切　惡得音烏　之他張徒何切　邪辟音僻　乘矢丁音
剩乘矢四矢　桮音柸　棬丘圓切　驩音歡　敖五高切　脅虛業切又許及切
何難乃旦切下難矣之難其難赴難死難皆同　我由丁云由與猶義同後皆放此　很

胡懇切　惰解音懈　與焉音預注不與同　瞯夫古莧切又音閑　饜於豔切

蚤音早　施從丁音迤注同張音易謂延施而往也　墦燔潘二音　訕所宴切

施施丁依字詩曰將其來施施張音怡　扁扁丁毗緜切

萬章章句上　凡九章

見惡烏路切下惡之惡己皆同　是恝張古黠切丁音界說文作忿忽也許介切　爲言于偽切下因爲爲不順爲楚所爲主當爲皆同　共爲音供　求禪音擅後皆放此　不見音現此章及下見贅皆同　人少詩妙切　知好此章惟此字呼報切餘並如字　衣五於既切

匍音蒲匐蒲北切　百行下孟切下行莫之行皆同　懟直類切　妻舜七祭切下妻也妻之同

狷音緣又音旋　浚音峻　揜張云與掩同　弤都禮切丁音彫云義與弴同　彫弓如字或作形誤　忸女六切　怩音尼　愕五各切　己

與音餘注及下與者與皆同　校人張音效丁音教　畜之許六切　僑音喬　重

言直用切 舍小音捨 庳音鼻史記作鼻 驩音歡 堯帥音率下同 甓
子六切 岌魚及切 蹐子亦切 勣音動 得養餘亮切下皆同 興事
去聲 諄諄之純切 以行張去聲下行歸惡行皆同此以行亦如字 暴之步卜切露
也 篡楚患切 施澤所豉切 横爲胡孟切 自艾音刈治也 要
湯音邀下要而以要皆同 莘所巾切 而樂音洛下同 覦音俞 眄莫甸切
囂囂五高切又許驕切 幡張云與翻同 推而丁土回切亦如字下卷同 內之
張音納下卷同 說之如字又音稅 浼我音每 伊訓曰天誅造攻自
牧宮朕載自亳丁曰注云伊訓尚書逸篇不見古文耳今文尚書伊訓曰造攻自鳴條朕哉自亳與
此交小異 癰於容切 疽七余切 好事呼報切下及卷末自好好名皆同 雝由
張音醜之平聲亦如字 阨音厄 魋杜回切 阨難乃旦切 鬻音育 食
牛音飼 繆公音穆 羖音古 屈產九勿切 之乘音剩 時舍音捨

桮棬 音柸下丘圓切張云屈木爲之也丁云方言曰海岱之閒謂盌爲棬盌音椀

柜 丁音舉

戕 音牆

義與 音餘下自與也與性與長與外與非與謂與若與皆同

長義 張丈切下不出者皆同

·拂之 丁扶勿切戾也下曲拂同此拂之亦如字

湍 他端切陸云湍波流也

無

分 如字丁扶問切下同

瀠 字書作瀠余傾切波勢回貌

摶之 張補各切云以手擊水丁作摶音團

顙 蘇黨切

好下 呼報切卷內皆同惟下注好人好耳如字

耆秦 音嗜本亦作嗜下同

炙 之夜切

惡在 音烏

而強 其丈切

羞惡 丁烏故切

舍則 音捨下舍魚舍生舍其舍貴舍大皆同

倍蓰 音師又音灑山綺切解見滕文公章句

阨 音厄

麰 音牟

耰 丁音憂墾苗根也

浡 音勃

磽 苦交切

相覺 丁音教義訓爲校

蕢 音匱

姣也 古卯切

狂且 丁子餘切云且助句辭

檗 五割切

好惡 丁呼報切下烏路切下所惡同

有梏亡之 丁云梏古沃切謂悔吝利害也言利害之亂其性猶桎梏之刑其身故喻之

之行 下孟切下其行同

易生 以豉切

暴之 步卜

切繳音灼射之食亦切爲是于僞切下爲宫同熊蹯音煩不
辟音避下同嘑呼故切蹴爾張取六切或作躍音同咄嗟丁都忽切叱也下七
內切呼也不辯丁本作變云於義當爲辯辯別也得我與張云下聲亦如字鄉
爲丁云並去聲下今爲爲指鄉爲其但爲爲亦爲皆同不信音伸下同惡之烏路切下同
漑古代切樻音貴樲音貳樂善音洛下自樂而樂皆同以要音邀
注及下同令聞音問不熄音息蕢音蹄稗蒲賣切幾成丁音祈又音機
縠古候切用思丁息二切

告子章句下　凡十六章

任人張音壬親迎張魚慶切下同人難乃旦切卷末可難同曰於丁張並音
烏歎辭也斷句揣初委切奚翅張云翅與啻同古字通用施智切紾張音軫又徒展
切摟音婁後章同以長張如字匹雛張如字下士于切丁作疋雛云案注云疋

[illegible]小雛也郎疋訓小而詁訓及諸書疋訓耦訓小無文今案方言尐小也音節蓋與疋字相似後人傳寫誤耳

後長 張丈切下先長年長長君皆同 之行 下孟切下堯行桀行之行循行身行過行皆同 得

見 音現下亨見見顏見於皆同 較 音角 小弁 音盤下同 為詩 丁云為猶解說也

關弓 丁張並音彎 而射 食亦切下同 重言 直用切 邶風 音佩 可

磯 音機 墐 音僅丁云路旁冢也 采椌 口莖切 說而 音稅下皆同 將為

于偽切下為其為人自為為湯城為之皆同 樂罷 音洛下樂聞樂賢安樂皆同 閒矣 音閑

相與 息亮切下為相相得皆同下音餘下得與同 隙 去逆切 身造 七到切

髡 音坤 不惡 烏路切下所惡惡為皆同 汚 烏路切 具趨 張讀如趣言其趣向正道

無異也下注同 繆公 音穆下注秦繆同 華周 胡化切注同 不稅 音脫注同

以為為肉 下為字于偽切下為無為君為魯一戰為君為惡為之為人奚為皆同 膊炙 普各

切下之石切 五霸 丁云案先儒說五霸不同有以夏伯昆吾商伯大彭豕韋周伯齊桓晉文為五霸今

此注以齊桓晉文秦穆宋襄楚莊為五霸 地辟音闢下辟土同 掊克丁薄侯切深也聚斂也

歃所洽切 糴音狄 于好呼報切下好戰好善皆同 長君張丈切丁又如字

滑釐丁張並音骨下力之切 鄉道音向下同 變更音庚 貉音陌 饔

飧音雍孫 洚水張音絳又下江切丁胡貢切 惡乎執音烏本亦無乎字 舍

信音捨 有知音智 訑訑張吐禾切云蓋言辭不正欺罔於人自誇大之貌丁云此字音他又

達可切說文云欺也字作詑不音怡訑訑自足其智不耆善言之貌今諸本皆作訑卽不合注意當借讀為訑音怡

見顏音現下見於同 雨雪于付切 瀌瀌符驕切又彼苗切 見晛如字丁音現下

奴見切 周之與賙同救贍也 傅說音悅後卷傅說皆放此 膠鬲張音隔

拂亂丁音佛 忍性張如字丁音刃注同 曾益張云曾與增同丁云依注曾讀當作增依字訓

義亦通也 髴字或作育音同 瘁音萃 屈九勿切 拂音弼 知生丁依注音

智注同陸如字云言憂患者以生全安樂者得死亾也 或折丁之設切

盡心章句上　凡四十七章

共之求用切亦作拱居勇切　好生呼報切下所好好善好以好利好仁之好皆同　行與下孟切下之行行改行善行行有百行皆同　殀與夭同　命有三名丁云案此三命事出孝經援神契　壓烏甲切　遠之于願切下遠辱同　舍則音捨下是舍舍大皆同　樂莫音洛下樂任樂善樂其所樂樂道樂義之樂樂風樂爲而樂樂而三樂樂也所樂樂之皆同　錯音措　亟見去吏切下同　數也音朔下同　下賤去聲　宋句古候切　語子魚據切　囂囂五高切又許驕切　不離力智切下同　見於音現　才知音智下術知同　邪辟音僻　欿然張音坎字林云欲得也今詳此義內顧不足而有所欿然也下注滿欿同　亟其音棘　大辟音闢　驩虞丁云義當作歡娛古字通用耳　皞皞張云皞與昊同說文胡老切義與浩同古字通用　所過者化所存者神陸云言君子所過人者在於政化存其身者在於神明　以　襁褓丁紀享切說文云負兒衣也博物志曰織

繈爲之廣八寸長一尺二寸以負小兒於背上下音保聲類曰緥者小兒被子也少知詩妙切下少而
同長知張丈切下敬長挾長皆同辟若丁音譬下辟若同疢丑刃切孽
魚列切王天于況切不與音豫怍音昨重言直用切分定
扶問切下之分同睟然見丁上音粹下音現盎張烏曩切下注同又烏浪切陸云盎於背
如負之於背蟠辟音盤下音闢辟紂音避衣帛於既切易其以豉
切輕施始豉切焉有於虔切小郄丁去逆切義與隙同孳張云與孜
同古字通用下文同蹠張云蹠與跖同之石切別之彼列切爲我于僞切注爲已
及下爲其爲之不爲皆同放踵丁方往切至也下之隴切摩突丁徒忽切穿突也子
莫執中陸云言子等無執中所惡烏路切注同強甘其丈切其介陸云
介謂特立之行掘衢物切又其月切軔丁音刃云義與仞同借用耳先儒以七尺爲仞注云八尺
曰軔論之一簣丁音匱論謂論語也惡知音烏下惡在惡得皆同放與音餘

[illegible]示與予[illegible]皆同　宿留音秀霤　素餐七丹切　墊丁念切　陶音姚
徼蹝所綺切注皆同　訢音忻　喟丘愧切　乘服音剩　呼於丁火故切　垤
大結切　瞀丁云案開元文字音茂目不明也張亡角切　食而丁音嗣　畜之張許
六切　蕣音舜　柚梓丁云上以究切似橙而醋下音臻從木莘字亦作榛榛似栗而小引此二物者
皆謂內不稱外　紾音軫又徒展切　漸漬于廉切亦如字　達財陸云達財周恤之一本作
才說云以有善才就開其性理也　淑艾丁音刈治也張五泰切養也　幾及音機　彀
率古候切丁云率循也謂彀張其弩又當循其射道令必中於表陸云率法也躍如心願中也能者從之當勤求
也則讀爲律　躍如也丁云躍如猶云卓爾陸云躍如心願中　和寡胡臥切　滕
更張音庚　挾音協　知者音智注知者及下文之知皆同　不徧正體遍字　歠
昌悅切

盡心章句下　凡三十七章

王好呼報切下好好戰好好仁好生好名之好好禮好好善皆同卒少子忽切後章注卒以同長
子張丈切相覺音敎義與校同爲陳音陣百兩丁音亮虎賁丁音奔先
儒言如猛虎之奔焉用於虔切贅衣丁之稅切趣馬千走切頟角屖
厥地丁云頟郎額字屖音西義與棲遲同息也久也字從尸下辛或作犀牛字誤也糗去久切茹
音汝袗衣之忍切陸云袗衣之美者糒音備丁音敗袗畫胡卦切下同一
閒張音澗亦如字遠禍于願切惡殺烏路切下惡惡似惡莠惡佞惡利惡鄭惡紫惡鄉所惡
皆同舍生音捨下舍而舍其舍身皆同見於音現下注見上同魭龔丁音元左
傳作竈庳音鼻皆樂音洛下樂其樂者樂道般樂皆同之行下孟切下之行德行
正行穢行人行行與其行汚行皆同更古衡切下同盛音成腯徒忽切勳豙
字與熏同接淅先歷切解見萬章章句戹於或作厄同貉稽丁云貊鶴二音既足
人姓當音鶴纂文曰俗人姓也張亾百切說文云北方人豸種也訕所諫切殄徒典切

蹊閒 張如字 爲閒 皆如字注同 鄉道 音嚮 追蠡 音堆下音禮 鈕

音紐 兩馬 如字丁云古人駕車以兩馬軌謂限之轍迹也孟子意謂城門限迹切深以日久遠爲車所轢

多故也豈是一時兩馬駕車而過之使然 力與 音餘下來與同 搏 補各切 嵎 音愚

攖 丁於盈切從手埤蒼云攖桔也此注云迫也 依阨 子于切又子侯切隅也 解倦 音懈

從欲 音縱又如字 知之 音智注明知學知小知皆同 王於 于況切 亹

音尾 不意 音億又如字 爲之 于僞切下爲己是爲爲本爲非爲皆同 苙 丁音立欄

也圈也 蘭 與欄字同 罥 涓兗切謂羈其足也 橫興 胡孟切下橫暴同 紩 音秩

鐙 苦愛切又苦亥切 斯養 斯義同廝賤役也 有殍 皮表切張音孚 從者 才用

切下從車同 廋 或作廋同音搜 屝 符費切 造 七報切 餂 丁曰注云餂取也今

案字書及諸書並無此餂字郭璞方言注云音忝謂挑取物也其字從金今此字從食與方言不同蓋傳寫誤也學

者宜詳本亦作餂奴兼切 臧否 音鄙 不與 音豫下與並同 中禮 張仲切或如字

說大 音稅下注同　藐之 丁音邈藐然輕易之貌又音眇　魏魏 音巍丁云當作巍

榱題 丁楚危切爾雅曰桷謂之榱榱題也　屋霤 力救切　汰 音泰　般樂 音盤

自遺 以醉切　單豹 音善　饜 乙斬切　晳 音錫　不復 扶又切　炙 之夜切

狂獧 丁音絹與狷同　踸踔 丁勑甚切下勑効切又勑角切　譎詭 音決詭過委切

嘐嘐 火包切　重言 直用切下同　言不顧行行不顧言　古之人行 張云三行並去聲注及下行合為行行之行士行皆同　何為踽踽 張云為于偽切踽俱禹切為又如字

閹然 音奄　不解 音蟹　汙世 音烏又烏故切　莠 音誘　慝 吐得切

子率 如字又所類切　虺 虛鬼切　散宜 素但切　尚父 如字　為

將 卽亮切　然而無有乎爾則亦無有乎爾 陸本作然而無有乎爾則亦無有乎爾云孟子意自以當之鄒魯相鄰故曰近聖人之居無乎爾有乎爾疑之也此意以況絕筆於獲麟也

柝 音託　剖 普后切

孟子音義札記

孟子題辭

隳　許規切

各本同謹桉墮說文𨸏部作陊云敗城𨸏曰陊篆文作墮淮南子修務訓故名立而不墮高誘注云墮廢也禮記月令毋有墮壞釋文墮或作隳隳俗字也注疏本均作墮下梁惠王篇無墮不墮亦作墮

長師　張丈切

各本同謹桉梁惠王篇長子長上公孫丑篇助長長民滕文公篇長爭從長離婁篇長其長萬章篇挾長壯長告子篇長義盡心篇長知長子均作張丈切翟氏灝四

書考異告子下長君條引音義曰長張知丈切廣均三
十六養亦知丈切此疑張氏舊說
心勦下子小切絕也
韓本同各本作勦阮校勘記云案从刀之字訓絕从力
之字訓勞依說文當作剿巢聲韓本作勦即剿之異字
謹桉曹憲廣雅注辨禮記勦說之勦从刀左傳勦民之
勦从力後人因之謂从力者訓勞从刀者訓絕此勦字
音義訓絕故改从刀然說文有勦無勦剿字下引書天
用剿絕其命剿者勦之異文字體全别不得因剿从刀
而謂勦亦必从刀灑字下云讀若夏書天用勦絕勦仍
从力白虎通壽命篇引甘誓亦从力經傳中凡訓絕之

字皆然惟宋岳珂刊禮記始改勦說字从刀近人校甘誓說文書禮釋文竝謂勦當从刀古本實不然（小尒疋勦截也王氏煦疏亦改从刀）錢氏大昕三禮答問云說文勦訓勞鄭訓爲擥郎取勞之轉聲而借其義非有異文也說文刀部無勦字曹憲俗儒未達六書之旨故多妄說（以上皆三禮答問）王氏念孫廣雅疏證亦云勦剿鈔竝通然則此字不必改从刀也

音義下子小切各本同侯氏康據景北宋鈔本作丁子小切謹桉全書體例出兩字有音釋者下一字則言下以別之若兩字中惟下字須音則不言下此條唯勦字有音不必言下也當從宋本

梁惠王上

集穆張云當爲輯穆

各本在王好條下孔韓本在重嗟條下亦樂條上謹桉重嗟者首章末段注集穆首章章指文亦樂次章經文次序當从孔韓本

罔民下音同

各本同校勘記云案音當作章

梁惠王下

暴見及後注虹見同

各本作虹見皆同校勘記云無皆字與全書體例不合

尼之丁本作屔云居字

各本同謹桉周氏廣業孟子逸文考云顔元孫干祿字書平聲有㞒尼二字注上俗下正疑㞒是𡰥之譌

公孫丑上

函 音含 鎧 苦愛切又苦亥切 祝 丁亦音呪 蚤售 音早授 不中 張仲切

各本有此五條在擴字一條下讜字一條上此脫

龍斷 或讀如斷割之斷

各本同謹桉翟氏灝四書攷異引音義作割斷之斷

滕文公上

盻盻 說文五禮切恨視也亦四莧切

𡺸君時焉得有翻切此葢徐鉉氏之文音義誤作說文

盻今本說文作胡計切

音義亦四莧切各本及攷异均同謹桉說文目部盼从目分聲徐音胡計切盼从目分聲音匹莧切字義本別四書辨疑曰毛晃韻略盼與盻同訓顧視仍引孟子此語爲據讀孟子者惟準此說讀盻字與盼同音義乃通順惟盼字當从廣均集均作匹莧切釋文毛詩音義盼兮條下匹間翻又匹莧翻通鑑二百四十一上下盻盻胡氏三省注引孫奭音五禮翻又普莧翻普匹同聲此作四疑匹字之誤

瀹濟漯 作溼誤也

各本作濕校勘記云漯濕本是一字丁云誤也非顧氏

隸辨云累卽縣之省而譌爲田耳如顯亦從縣綏民校尉熊君碑顯皆爲顯與濕之爲漯正同段玉裁云漢碑多借濕漯爲溼字今人以濕爲溼本字而濟濕字乃作漯此作溼誤

徽艾 丁廢切

韓本丁下有魚字謹校廣韻二十廢艾魚肺切當從韓本

滕文公下

嚾也 丁云案玉篇音[illegible]召呼也葢字讙譁同

韓本作讙校勘記云讙卽今之諠譁字也玉篇音[illegible]召呼也此語甚誤讙不得有[illegible]音攷玉篇吅部囂荒貫切

呼也與嗅同然則丁云桉玉篇作鼻轉寫譌作音𪖐

洚水 說文胡貢切

說見盼盼條下

洚洞 案玉篇下江切從夅

各本同四書攷異引音義云案玉篇下江切者从夅謹桉者字當有

莩 皮表切或作芆或作殍皆同

各本同惟四書攷異云舊趙注本作芆桉莩字已見梁惠王上篇而音義重釋於此例屬可疑今觀趙注本乃知其字有不同故更釋也其所云莩又作芆當爲芆又作莩之譌

離婁上

厲王流於彘 丁音帶

韓本帶作滯謹桉作滯是也

祼 音灌

各本作裸此作祼誤

旄 音耄

各本作耄此作老謹桉廣均三十七号耄字作老見經

典省文

離婁下

畎夷 始犬切

謹桉說文畎即く之篆文く徐音姑泫切廣均二十七

銑畎姑泫切釋文尙書音義畎公犬反公姑同聲泫犬同均此作始誤

下於 下去聲

各本均在田菜條下謹桉下於爲正文膏澤句田菜里居爲趙氏注收其田里句應列下於條下

桮 音杯

校勘記云韓本作杯是

强仁

各本同謹桉趙注止有彊力仁義也仁字或力字之誤

萬章上

放勛 音勳

校勘記云韓本作勳同按韓本是也書堯典作放勳此作放勛故云勳同說文力部曰勳古文作勛从員然則孟子作勛依古文也

萬章下

凡七章

各本同按景北宋鈔本作九章當从

不撓

孔本韓本作橈校勘記云孔韓是也

將比 丁毗志切云比地而誅猶云比屋而誅也亦毗志切

各本作丁毗失切謹按丁之毗失即廣均五質之毗必也如作毗志則下文與之正同何必重出盧氏鍾山札

記云詩周頌其比如櫛釋文比音毗志反非也比當讀彌崇墉是均比櫛亦是均句中自相諧合唐顧況十月之郊詩曰棟之斯厚榱之斯密如翼于飛如鱗櫛比可見昔人固讀爲彌矣四書攷異亦引作毗失切韓本作毗先切先與失形近而誤

告子上

桮　音杯

桉校勘記離婁下云作杯杯是此亦當作杯

搏之

各本同謹桉本文作搏而躍之注亦無此二字

蹴爾　張取六切或作躍音同

各本躍作踕校勘記云踕疑說文趡字之別體盧本改作躍誤謹桉踕卽趡漢書揚雄傳神騰鬼趡宋景文校本引蕭該音義云趡或作踕是其證也但趡踕二字據玉篇集均廣均廣雅注漢書注有且水千水愈水以水子肖諸反與取六切不合而孫以爲音同者蓋子肖千水二切卽蹴字之轉聲孫意以字或爲踕而音義仍當作蹴故從其轉聲得音非踕之本音也此改躍誤

柚梓 似橙而醋

各本同焦氏循正義引音義云似橙而酢

盡心下

凡三十七章

孔本作三十九章校勘記云棱七九並非當作八

中禮張仲切

各本同四書攷異引音義云中張丁仲切

餂

各本作餂之此脫

孟子音義二卷向以納蘭氏通志堂所刻爲最先後黃氏丕烈復刊述古堂景鈔蜀大字本是爲士禮居本二者皆仿宋刻也別有孔氏繼涵微波榭本盧氏文弨抱經堂本韓氏岱雲本校訂均善迨儀徵阮文達取孔盧韓本校通志堂本成校勘記二卷删譌訂闕斯爲最精光緒乙亥仲宣師翻雕盧本經典釋文於成都復取盧本孟子音義刻之荃孫任校字之役爰錄阮氏訂盧本之訛者附於後間有管見亦綴於末既竣錄藁呈師師命附刊於後至各本異同具有校勘記在茲不復贅 江陰繆荃孫識

孟子外書補注四卷

清 陳矩撰

清光緒貴陽陳氏刻《靈峯草堂叢書》本

孟子外書補注四卷

樓藜然署

七篇孟子所自作也朱子謂其筆勢如鎔鑄而成非綴緝所就信巳若外篇或出於門弟子所記其文體自是不同然其言皆純正無出入而其閒如子上語孟子以人心惟危數語尤有裨於經學也竊嘗異近世考據家往往力詆古文尚書爲僞作自大禹謨始姑無論其精理微言毫無可疑卽以文論韓文公有曰上窺姚姒渾渾無涯讀大禹謨與益稷兩篇如出一手雖商周之文有不逮豈秦漢以下所能彷彿萬一而徒以伏生今文所無遂決其爲僞然論語堯曰之文及孟子放勳之語皆古今文所無者其亦可以爲僞耶大禹謨一篇見於左傳孟子所引者不一而足今外篇復有此亦一證也趙臺卿以其文不宏深疑爲後人所依託然謂非孟子所

自作可也抑豈不足以資考證乎陳生衡山少從予遊二十年來會少離多雖屢躓場屋而志不少衰嘗壯遊四方以廣聞見所到之處必搜羅古籍刊刻成書公諸同好無愧博雅之儒近復刻孟子外篇問序於予予觀其書於每章之文爲諸書所引用者悉博考而詳載之旣足證此篇與七篇並古亦足見稽古之勤用心之密已光緒辛卯丁澤安勉初甫序

孟子外書四篇趙宋劉攽注列拜經樓叢書藝海珠塵函海及錢氏儀吉經苑中足證班志載孟子十一篇乃兼外篇言也胡氏元瑞謂七字誤分爲十一兩字則應劭風俗通所載中外十一篇豈亦誤耶是以晁氏讀書志不能不疑孟子有逸篇也昔人謂外篇之逸蓋因趙岐論其文不宏深而後人附和之謂直淺不似内篇外篇遂不顯於世劉氏攽注而傳之不爲無見兹因其原本而采其語之散見於羣書者分列於各章後亦間有偶抒已意以釋其義者名曰孟子外書補注余藏書未富難徵博洽且將有滇中之行未能精考雖然天下甚大來者無窮必有篤嗜孟子之書者更能補其闕略是則余之所望矣

光緒辛巳六月一日貴陽陳矩

序

坊間有四家孟子注曰揚子雲也韓文公也李習之也熙時子也中興史志以爲依託信也然三家者依託而熙時子非依託也乃熙時子依託三家也熙時子者誰相傳郎公非先生劉貢父也貢父因李泰伯不喜孟子爲此以示之也注中往往用泰伯語也熙時者曉然也讖也越絕參同契之流也孟子外書四篇趙臺卿不取也故不顯於世賴四家注附刊於後而熙時子且注之也是以傳也則熙時子之功不淺也四家注依託不足傳而孟子外書四篇不可不傳也遂序而存之也碧梧老人馬廷鸞書

錄藝海珠塵熙時子傳

熙時子姓劉名攽字貢父臨江新喻人慶歷中與兄敞同第進士歷祕書少監出知蔡州召拜中書舍人以疾不起卒私謚公非先生有集六十卷

矩按劉攽東都事畧有傳謂攽爲人博學守道以故流離困躓然不修威儀喜諧謔雜以嘲誚每自比劉向也所著文集暨五代春秋内傳國語經史新議東漢刊誤詩話錄芍藥譜漢官儀凡百卷未及孟子注想失載也貢父貢作戇

錄經苑跋 馬廷鸞序經苑及藝海珠塵本均載之另錄

麻沙新刊四家孟子注作僞無疑也至其附外書四篇頗有精義且流傳已久似非全僞者先師夢奠無從就正耿耿於懷莫能自決云涪翁暖淵謹記

吾友叔祥客濟南得孟子外書見寄惜第四篇爲正殘闕不全眞祕册也按劉昌詩筆記云新喻謝氏多藏古書異本有性善辨一帙蓋卽是書自宋以來流傳絕少雖斷珪碎璧尤當寶貴之昔趙氏斥書爲不能閎深與內篇弗類故其書遂不顯於世然漢時引孟子者謂之博文則內外篇均在博文之列何可存內而佚外哉武原胡震亨跋

錄拜經樓叢書跋

右孟子外書四篇後一篇闕而不全歲己亥冬周大令春從海鹽故家廢籍中檢得亟手錄之卷尾題跋尙多以楮墨斷爛莫可盡識故僅存晏胡二跋而已明年春予與陳君鱣復就大令借鈔於是傳寫遂廣按外書四篇自爲趙氏所不尙寖致湮晦宋以來如晁子止王伯厚馬貴與諸家簿錄中雖皆著四篇之名而未列其書惟劉昌詩蘆浦筆記云嘗見新喻謝氏有性善辨一帙疑卽孟子外書旋亦無傳其覩此本竟不知何如也竊惟古今典籍後出者頗多若古文尙書顯於劉宋（據程廷祚晚書訂疑）子夏易傳傳自李唐其他尤不勝更僕數世固未嘗盡廢之是編雖不無可疑要其文義亦有不容終

泯者爰爲授梓以備逸書之一種云
乾隆辛丑夏仲休甯吳騫槎客氏書

孟子外書補注卷一

宋　劉攽原本　　貴陽陳矩補注

性善辨第一

孫卿子自楚至齊見孟子而論性荀卿名況楚人避漢諱易荀爲孫見奚遍切孟子曰有善無惡天也有善有惡人也言天之賦性但有善而無惡其有善惡乃人後起之私孫卿子曰有善有惡天也有善無惡人也言性本有善惡聖人以學勝之方能有善無惡孟子曰率天下之人而迷性本者必自子始矣

矩按荀卿子書始名孫卿新書至唐楊倞爲之注乃易名曰荀子見楊倞序性善篇王充曾引言之而荀卿性惡篇多舉孟子語意皆外篇書也見九經考異

孟子曰虎狼知父子蠭蟻知君臣而況於人乎故人之性善

今人之性不善皆失喪其性故也喪息浪切

矩按今人之性不善皆失喪其性故也荀子引之

孟子曰性善也堯舜不勝其美習不善也桀紂不勝其惡勝平聲性無不善而欲害之水無不清而物污之是豈水之性也哉

矩按堯舜不勝其美桀紂不勝其惡風俗通引之性無不善而欲害之淮南鴻烈解注引之欲字上多情字

曼上不擇問於孟子曰夫子焉學曼上姓不擇名齊人曼音萬孟子曰曾有聖人曰孔子曾子學於孔子子思學於曾子子思孔子之孫伯魚之子也子思之子曰子上輒嘗學焉是以得聖人之傳也子上名白

矩按廣韻注上字及邵思姓解均引孟子齊有曼上不擇史記謂孟子學於子思之門人則不如此確

孟子曰舜生於姚墟禹生於石紐湯生於蒲南文王生於台疆千年一聖猶旦暮也（姚墟石紐蒲南台疆並地名）（矩按禹生石紐史記六國表注引之千年一聖猶旦暮也周禮大行人注引之鮑照河清頌序亦引千年一聖猶旦暮也年作載猶作是）

孟子曰太山之高參天入雲而瞽者莫之見也黃河之濤衝擊如雷而聾者莫之聞也甚矣人不可不學也（此章戒人不學面牆一如聾瞽也）（矩按太山之高參天入雲二句李善文選注引之）

孟子三歲而孤孟母賢攜孟子以居始舍近墓孟子幼嬉戲爲墓間事踴躍築埋孟母曰此非所以居我子也乃去舍市又嬉戲爲賈衒事孟母曰亦非所以居我子也徙學旁

乃設俎豆揖讓進退孟母曰此眞可以居我子矣此卽世俗所傳

孟母三遷事

矩按劉向列女傳引此章字句小異蓋引書者增損其辭下同

孟子幼誦其母方織孟子輟乃復誦母知其諠也呼而問之曰何爲輟對曰如有失復得母引刀斷其織以此戒之自後孟子不復諠矣輟中止也諠譁也

矩按列女傳及韓詩外傳均引此章字句小異

孟子妻獨居踞孟子入戶視之白其母曰婦無禮請去之母曰何也曰踞母曰何以知之曰我親見之母曰乃汝無禮也禮不云乎將入門言必聞將上堂聲必揚將入戶視必下不掩人不備今汝往燕私之室入戶不有聲令人踞而

視之是汝之無禮非婦無禮也孟子自責不敢去婦_{據列女傳}作祖

矩按韓詩外傳引此章字句小異讀此章知荀子謂孟子惡敗而出妻之說不足據

孟子處齊爲客卿居常有憂色擁楹而歎孟母見曰子擁楹而歎若有憂色何也對曰軻聞之君子稱身而正位不爲苟得而受賞不貪榮祿今道不用於齊願行而母老是以憂也孟母曰婦人之禮精五飯羃酒漿縫衣裳而已故有閨內之修而無境外之志易曰在中饋无攸遂詩曰無非無儀惟酒食是議以言婦人無擅制之義而有三從之道也故幼則從乎父母嫁則從乎夫夫死則從乎子禮也今子成人也而我老矣子行乎子義吾行乎吾禮子何憂也

五飯稻黍稷麥菽五種之飯　羃彌筆切

矩按列女傳引此章字句小異

孟子遊於莒有曾子講堂焉孟子登堂彈琴而歌二三子和之莒父老曰久矣夫不聞此音也聖人之徒也和去聲夫音扶

矩按春秋莒人入向注莒國今城陽莒縣又韓詩外傳載曾子仕於莒得粟三秉宜有講堂在焉

孟子曰人皆知以食愈饑莫知以學愈愚人皆知糞其田莫知糞其心糞田莫過利苗得粟糞心易行而得所欲何謂糞心博學多聞何謂易行一性止淫也專一其性禁止其淫　行去聲

矩按此章漢劉向說苑引之元吳氏萊斷爲外書性善文卓識也

孟子謂子石曰卵有毛信乎公孫龍字子石趙人爲堅白異同之辨者子石曰信

孟子曰何爲其然也子石曰卵無毛雞無翼孟子曰雞而

烹人可食然則子腹亦有雞與此章記孟子之闢邪說與音余

矩按公孫龍趙人見列子淮南子亦謂公孫龍在趙史記云齊有公孫龍蓋偶游齊也舊注得之

孟子曰莞敬仲仁故齊威公亦仁莞敬仲義故齊威公亦義

吾於河廣知德之至也河廣宋威夫人所作此章言齊威公存衛亡國之音

矩按趙氏孟子題辭曰衛靈公問陳孔子答以俎豆梁惠王問利國孟子對以仁義宋桓魋欲害孔子孔子稱天生德於予魯臧倉毀孟子孟子曰焉能使予不遇旨意合同若此者衆矩謂孔子稱管仲曰如其仁如其仁此章稱管仲曰仁曰義亦與孔子意旨合也漢書藝文志管子作莞子鼂錯傳齊桓公得莞子注莞與管同吾於河廣知德之至也桓寬鹽鐵論引之

徐辟將之秦孟子曰秦虎狼之國也子何遊焉辟音壁徐辟對曰山東之國無可與者蘇子來招故將必往蘇子蘇秦也孟子曰夫蘇子天下之至無信人也天下之大不義人也子何

交焉（夫音扶）徐辟對曰辟之祖自南州遷於郯鄏今五世矣於蘇爲睦且辟蘇之自出也（南州徐國也郯鄏洛陽也自出謂蘇氏之甥）孟子曰然則姑贈子以言不約縱不連橫不爲威屈不爲利疚以守子素以全子生斯可矣（縱音宗）

矩按徐辟孟子弟子見趙岐注又史記當孟子時天下方務於合縱連衡以攻伐爲賢此章孟子告徐辟不約縱不連橫者蓋深痛時弊也內篇責樂正子從子敖此章責徐辟交蘇秦同一意也然終贈以言以辟之意決其必往也

凡十五章

孟子外書補注卷一

任鼎樞校字

孟子外書補注卷二

宋　劉攽原本　　　　　貴陽陳　矩補注

文說第二

孟子曰文其說不若文其心文勝者不陋不若質勝者可久

言人徒騁才辨而文其說不若篤實好學而文其心不陋文采可觀也可久經久不敝也

矩按戰國時尙游說故孟子發斯語亦孔子貴文質相半意

孟子曰士貴立志志不立則無成

孟子曰君子爲已小人爲人爲已者逸而泰爲人者勞而危

孟子曰人不可以不知天凡事可以對天則知天矣

孟子問於子上曰敢問聖人之教聖人謂孔子也子上曰言仁不言暴言義不言利言禮不言邪言信不言詐此聖人之教也

子上謂孟子曰舜之誥禹曰人心惟危道心惟微惟精惟一允執厥中子其識之此心傳也識音志

公明高問於孟子曰詩云不敢暴虎不敢馮河又云如臨深淵如履薄冰何謂也公明高孟子門人馮皮冰切孟子曰君子之學敬而已矣

矩按朱子敬身一篇本於此

孟子曰言不可不慎也言巧則天刑之言刻則人害之大雅云無言不讐無德不報此章補金人銘所未及

梁襄王問戰於孟子孟子曰戰危事也臣未之聞也

矩按戰危事也唐虞世南北堂書鈔引之戰字下多者字

孟子去梁梁襄王追之及諸東桑孟子曰爲吾謝梁王勿忘

先王之禮遇也再拜登車而去東桑地名未詳所在爲去聲

矩按史記惠王三十一年辛巳徙都大梁三十五年卑禮厚幣以招賢者鄒衍淳于髡孟軻皆至梁三十六年丙戌惠王卒子襄王立故內篇有人而見王出而告人有不似人君之語朱子曰七篇之中無更與襄王言者讀此章證以史記知孟子以襄王之庸而去在三十六年也

萬章從遊於牛山之上孟子喟然歎曰此齊景公流涕之所也而其骨已朽矣萬章曰古之人何以不朽孟子曰太上有立德其次有立功其次有立言此之謂三不朽古之人皆有死君子雖死而求其不死者若小人則未死而已死矣

矩按齊景公游於牛山北臨其國而流涕見列子酈道元注牛山一名南郊山天齊淵出焉齊以此得名

陳仲子卒孟子誄之曰吁嗟仲子廉潔以保貞兮求名而得名兮數齊之高士舍仲子其誰稱兮惟山高而水流千古

一於陵兮吁嗟仲子名長存兮可慰於九原兮數舍並上聲於音烏

矩按陳仲子名仲字子終齊人也見皇甫謐高士傳索隱亦曰字子終集注於陵地名無確訓按漢志濟南郡有於陵縣齊記於陵西三里有長白山即陳仲子夫妻隱處水經注魚子溝水出長白山東抑泉口山即陳仲夫妻之所隱也其水又逕於陵縣故城西孟子曰居於陵即此處也據孟銘及二書所載則於陵在濟南郡無疑

靈鼉隱於萊丁氏公著云靈鼉古蚳字萊國名後屬齊今萊州也隱居當在致爲臣而去之後孟子使人問之以書且遺之粟曰介士也使遺並去聲

萬章問曰子庚何人也子庚泄柳子孟子曰古之高人也上不臣天子下不事諸侯易曰不事王侯高尚其事

矩按索隱萬章孟子之門人說苑繆公聞柳子賢往見之柳子閉門不納宜孟子目以高人也

子叔問曰文王囚於美里孔子厄於陳蔡何以繫易也子叔孟子門人孟子曰夫易憂患之書也安樂而不知易君子吉小人

凶憂患而不知易小人吉君子凶是以君子不可以不知易也夫音扶樂音洛

矩按地理志曰河內湯陰縣有羑里城西伯所拘處韋昭曰羑音酉正義羑一作牖史記其囚羑里演易繫卦日者傳司馬季主曰文王演三百八十四爻易乾鑿度仲尼五十究易作十翼史記孔子世家孔子晚而喜易序彖繫象說卦文言漢書揚雄傳孔子錯其象而彖其辭論語孔子曰五十以學易五十而知天命文王既没文不在茲乎皆謂易也蓋易之卦有否泰道有消長君子用之皆吉故孟子對子叔曰君子不可以不知易也程子曰孟子曰可以仕則仕可以止則止可以久則久可以速則速孔子聖之時者也故知易者莫如孟子以此而論趙氏謂孟子長於詩書而已豈知孟子者

孟子去齊宿於晝王蠋請見孟子見之蠋晝邑人請見見奚遍切蠋曰夫子何以久於齊也孟子曰久於齊非我志也蠋曰我固知非夫子之志也齊王外好善而心不好夫子去國亂將至

矣蠋是以憂也孟子去數年而齊國果亂好去聲

矩按史傳齊地無名畫者史記田單傳有聞畫邑人王蠋賢語劉熙注畫齊西北近邑也後漢耿弇討張步進軍畫中拔之遂攻臨淄畫當作晝孟子久於齊亦如遲遲於晝閻氏若璩孟子考答或問出晝遲遲最善閻氏曰聖賢救世亂如慈母之伏死子一息未絕尚冀復甦豈忍恝置此傳是孔子知不可爲而爲之家法

滕文公卒葬有日矣天大雨雪及牛目羣臣請弛期太子不許惠子諫曰昔者王季葬渦山之尾欒水齧其墓見棺之前和文王曰先君欲見羣臣百姓矣乃出爲帳三日後葬今先公欲小留而撫社稷故使雪甚弛期而更爲日此文王之志也孟子曰禮也弛緩也惠子名施渦山欒水未詳所在修書亦有此文大同小異兩去聲更平聲

矩按呂氏春秋王季葬於渦水之尾初學記引作渦山皇甫謐云楚山一作渦山鄠之南山然不宜得欒水所齧欒

音鸞說文云漏泉也一曰瀆也墓爲漏流所瀆也庥廣韻云棺頭也庥與和通歐陽詢藝文類聚引此章無孟子曰禮也五字

凡十七章

孟子外書補注卷二

侄鼎樞校字

孟子外書補注卷三

宋　劉攽原本　　　　貴陽陳　矩補注

孝經第三

孟子曰孝經者曾子傳於孔子諸弟子不得而聞也

矩按朱子孝經刊誤孝經夫子曾子問答之言所謂孝經者止於孝無終始而患不及者未之有也下皆雜引傳記以釋經文乃孝經之傳也又云或以爲孔子之所自著則又可笑之尤者審此章意旨乃孔子口授曾子故諸弟子不得而聞也朱子所論與孟子正同以下數章可補孝經之闕

孟子曰曾子之孝士之孝也故孔子先以事親事君立身告之

孟子曰天子之孝文王也諸侯之孝魯鼇公也卿大夫之孝孟莊子也士之孝曾子與也庶人之孝大連少連也魯鼇公之

孝無考豈以詩有壽母之文而稱之與　釐僖同少去聲

孟子曰舜生五十而不失其孺子之心綦母氏邃曰鄭氏禮記注引之

矩按坊記注所引此章舜生作舜年

孟子曰孝者順德也父子親兄弟睦夫婦和人人齊其家而天下平矣

孟子曰樂正子春生孝也茅亶死孝也劉氏熙曰茅亶騶大夫喪母哀毀而死

矩按樂正子春曾子弟子見康成注樂正子春之母死三日而不食見檀弓

樂正子春年九十矣使其孫克學於孟子告之曰昔者聖人之門顏子以仁曾子以孝季路以勇伯顓以智各以所得聞於天下傳於後世汝往矣庶幾其有一得乎綦母氏邃曰伯顓端木賜也

孟母之喪門弟子各治其事陳臻治貨季孫郊治車咸丘蒙治器萬章治繶充虞治櫬公都彧治饌陳代治牲樂正克治儀公孫丑治賓客（治平聲）孟子三日不食哭不止門弟子請曰古者五十不毀孟子曰五十也乎哉吾母死吾猶孺子也（記孟子居母喪之孝盡禮盡哀）䵎子弔見之流涕自責曰今而知聖人之道遂棄墨而歸儒（䵎子爲墨子之學者　䵎他端切）

矩按孟母姓仉氏見集韻止兩切音掌孟母墓在鄒縣北二十里馬鞍山陽見閻若璩孟子考孟子居喪能使弔者流涕棄墨歸儒誠如舊注所謂盡禮盡哀矣而猶有疑孟子不終喪而爲齊卿者閻氏若璩辨之甚詳惜閻氏未見此篇也充虞治櫬七修類藁引作充虞治木

孟子曰傳言失指圖景失形言治者尚覈實（此乃循名責實之義　景影同）

矩按傳言失指圖景失形應劭風俗通引之圖影失形顏之推家訓引之

梁惠王曰先王用李悝盡地利至於今賴之先王謂文侯孟子曰非古也古莫善於莇莇者殷法雖周亦莇也地有餘利則民有餘地無餘利則君有餘損下以益上非古也綦母氏邃曰莇讀如藉陸氏德明曰與助同

矩按魏有李悝盡地力之教見史記悝爲魏文侯作盡地力之教以爲地方百里提封九萬頃除山澤邑居參分去一爲田六百萬畮治田勤謹則畮益三升不勤則損亦如之地方百里之增減輒爲粟百八十萬石矣法家有李悝三十二篇見漢書莇法已見內篇

孟子三見齊宣王而不言事丑子曰夫子何以三見齊王而不言高氏誘曰丑子卽公孫丑世本云齊末公子朝之子字子景以字爲氏亦曰景丑孟子曰我先攻其邪心邪心去則無不正矣書曰格其非心

矩按荀子引此章字句小異孟子三見齊王而不言事程子深信之集注引之列入不足與適也章下以釋格君心

之非句。

孟子去齊，子敖餞於塋門，子敖，王驩字。程氏曾曰：塋門，齊南門。塋，力博切。再舉觴。

孟子辭而去。子敖曰：「夫子盍賦詩乎？」孟子曰：「子大夫欲我賦詩乎？不曰堅乎，磨而不磷；不曰白乎，涅而不緇。」磷讀如連，與堅為韻。白讀如裴，緇讀如哉，為韻。四語本孔子之辭，孟子以其類詩，故以為詩而賦之。此章見孟子之待小人不惡而嚴。涅，乃結切。

矩按：朱子謂王驩為齊王幸臣，嘗欲自託於孟子以取重，宜有塋門之餞也。「涅而不緇」，《史記·孔子世家》、《文選·座右銘》皆引作「淄」。考《說文》無「淄」字，當以此本「緇」字為正。《隸釋》載州輔碑「磨而不磷」作「摩而不粼」，「涅而不緇」作「涅而不緇」，或隸體之變，並錄之以備參考。

屋廬子曰：「無為而治何如？」孟子曰：「有心於無為，非無為也。虞舜先勞而後逸者也。」屋廬子初為黃老之學，故以清靜無為為問。孟子恐其有流弊也，舉虞舜

以告之

矩按屋廬子孟子弟子見趙注

孟子曰矯枉不可過直此章卽不爲已甚之意

矩按黨錮傳注引此章作正枉必過其直後漢書注作矯枉者過其正文各小異

孟子曰天下有道諸侯有王東遷以後天下無王五伯之罪也綦毋氏邃曰諸侯有王鄭氏周禮注引之 伯音霸

矩按五伯之說不一荀子王霸篇齊桓晉文楚莊吳闔閭句踐亦謂之五霸

孟子曰有遠慮者無遺策無深謀者有敗機

孟子曰敬老愛幼推心於民天下如運掌中也

齊人伐趙桃應將問於孟子孟子曰毋嗜殺將心也勿爭功將才也與士卒同甘苦將道也將去聲毋音無

矩按：桃應，孟子弟子，見趙注。

孟子說齊宣王而不說，淳于髡侍，孟子曰：「今日說公之君，公之君不說，意者未知善之爲善乎？」說齊說公竝音稅，不說音悅。淳于髡曰：「夫子亦誠無善耳。昔者瓠巴鼓瑟而潛魚出聽，伯牙鼓琴而六馬仰秣，魚馬猶知善之爲善，而況君人者也？」孟子曰：「夫電雷之起也，破竹折木，震驚天下，而不能使聾者卒有聞；日月之明，徧照天下，而不能使盲者卒有見。今公之君若此也。」夫音扶，卒音猝。淳于髡曰：「不然。昔者揖封生高商而齊人好歌，杞梁之妻悲哭而莒人稱詠。夫聲無細而不聞，行無隱而不彰。夫子苟賢，居魯而魯國之削，何也？」揖封生，齊善歌之人。高商，商調之高者。好行竝去聲，夫音扶。孟子曰：「不用賢，削何有也？吞舟之魚

不居潛澤度量之士不居汙世夫藾冬至必彫吾亦時矣詩曰不自我先不自我後非遭彫世者與藾樹藾五穀也夫音扶度徒洛切

矩按此章韓詩外傳引之

騶衍請受業於孟子孟子曰吾老矣不能偕子遊於九州之外也以衍好爲大言且多荒誕不經之說故孟子拒之如此

矩按史記孟荀列傳騶衍曰中國名曰赤縣神州赤縣神州內自有九州禹之序九州是也不得爲州數中國外如赤縣神州者九乃所謂九州也蓋衍好爲九州外言故孟子荅之如此

凡二十章

孟子外書補注卷三　　侄鼎樞校字

孟子外書補注卷四

宋　劉攽原本　　　貴陽陳　矩補注

爲正第四

孟子曰爲正以心爲邪以心心之所之邪正因之故君子存心而不放

孟子曰道不遠人人之爲道而遠人不可以爲道堯舜之道非遠人也人自不思之爾

矩按日知錄謂孟子書引孔子之言凡二十有九此其一也堯舜之道非遠人也人自不思之爾鹽鐵論引之

孟子曰人論孟嘗君好士吾不信也孟子言孟嘗君不過好名非眞好士也好去聲

矩按史記列傳孟嘗君名文姓田氏客無所擇皆善遇之無所擇豈眞好士邪故孟子非之

高子問於孟仲子曰詩云維天之命於穆不已何謂也孟仲

子曰大哉天命之無極而美周之禮也孟子曰否不然維天之命於穆不已蓋曰天之所以爲天也於乎不顯文王之德之純蓋曰文王之所以爲文也純亦不已於穆音鳴於乎音鳴呼

矩按高子齊人嘗學於孟子孟仲子孟子之從昆弟同見趙岐注孟仲子名睪見譜孟仲子學於孟子著書論詩見日知錄注詩維天之命傳引孟仲子曰大哉天命之無極而美周之禮也言詩莫若孟子見困學紀聞

高子問於孟子曰夫嫁者非已所自親也衛女何以得編於詩也夫音扶孟子曰有衛女之志則可無衛女之志則舛夫道二常謂之經變謂之權懷其常道而挾其變乃得爲賢夫衛女行中孝慮中聖權如之何夫音扶行中竝去聲

矩按韓詩外傳引此章字句小異無衛女之志則舛舛作怠是此誤

邾婁繆公問政於孟子曰爲政之道奚先孟子曰省刑罰薄稅斂愛民之政也非是則無所爲政也君其勿信倖臣之言

孟子過鄭見鄭莊公鄭國名高氏誘曰世本鄭莊公名頵孟子道性善言必稱文王道去聲莊公曰聞夫子之言昭然若發矇矣

孟子老於騶燕昭王使樂閒迎之孟子不往或問曰夫子何以不往孟子曰以吾受齊王之知是以不往也且燕王霸才也亦非王天下之主也使王並去聲

矩按樂閒樂毅子見史記萬斯同曰闇百詩著孟子生卒年月攷究不知孟子生卒在何年蓋實無可攷也而近人有謂樂閒不及見孟子者謬矣

凡八章以下闕

孟子外書補注卷四

子鼎

四書講義輯存一卷
淮雲問答輯存一卷

清 陸世儀撰

清光緒刻《陸桴亭先生遺書》本

四書講義輯存目錄

論語

中庸

君子之道費而隱章

至誠之道可以前知章

誠者自成也章

孟子

孟子見梁惠王章

事孰爲大章

四書講義輯存一卷

太倉陸世儀道威著　同里後學唐受祺輯　桴亭先生遺書之

桴亭先生行實載有四書講義四卷在未刻書中累年訪求鈔本迄不可得戊戌之夏李生聯珪寄我若干篇云從張淸恪公諸儒講義錄出昔年葉君涵溪曾附刻陸陳文鈔之後名曰續鈔僅存初印本中受祺取而讀之內論語首章講義已見文集孟子事孰爲大章講義亦見思辨錄前集第十卷其餘則均向所未經見者竊意淸恪當時必得先生講義原本惜選刻祇此

數篇而葉君則卽據清恪所刻而附梓之也夫
先生生平於論孟諸書固已身體而力行之矣
迺復出所心得衍爲講義學者讀此百世之下
既不啻親承謦欬而於躬行實踐之本原所爲
察識而操持者稗益豈淺鮮耶亟輯存之以俟
後之君子

學而時習章

論語開章便說箇學字在上古時說這一學字不難
在今日便須要認清這一箇字蓋三代以上一道同
風學出於一三代以下百家爭鳴學散爲百自孔氏

沒而或爲楊或爲墨或爲申韓或爲黄老馴至殺世而爲詞章爲訓詁爲功利爲禪宗種種不一而學之一字敗壞紛歧極矣且不特異學有以壞正學即正學一途又有無限分爭樹幟陽順陰逆爲正學之蠹如宋朱陸之分途明三王之流弊甚至有昌言三教合一而自附於聖人之徒者學之一字至今日而遂不可問舉世讀聖賢書舉世不知聖賢之學爲何物矣諸弟既讀聖賢書欲識聖賢之爲人豈可不先認清這一箇字看學而一章孔子一生已盡於此自志學至不踰矩學而時習也弟子三千身通六藝者七

十餘人有朋自遠方來也道大莫容老而著述人不
知而不愠也記者取以冠全書似非無意按三節分
明是明德新民止至善或問止至善是明德新民之
極不知不愠恐未可比擬曰明德新民到至極處是
達而在上之止至善說樂而至不知不愠是窮而在
下之止至善窮達雖殊力量初無優劣易地則皆然
耳凡看書須句句要自己心上體貼如此章如何是
學如何是時習而說體貼之後便把來一一躬行自
然身與書一聖賢言語句句不錯不然只就今日看
去讀書是最苦事了如何聖人反說時習而說君子

以同道爲朋小人以同利爲朋未有無朋者然小人之朋必無可樂即或一時膠漆意氣如雲然見利必爭見害必避凶終隙末比比有之矣必同學聖賢之人其相契在性情不在意氣故可樂人不知知字要看得大得位行道如龍之在天萬物咸仰然後可以謂之人知若只幾箇朋友知得於我雖似有名於天下全然無益故孔子嘗歎人不我知孟子亦有不豫之色自常人看來似孔孟亦有愠不知孔之歎孟之不豫是憂不是愠憂者爲天下而憂愠者爲一身而愠也憂字公愠字私不知不愠只此便見古人學問

全是爲已不是爲人或問如何便得不愠曰好學便能不愠曰如何好學便能不愠曰好學便說說便樂樂便忘愠如孔子飯疏食飲水樂在其中顏子簞瓢陋巷不改其樂旣有如此胸次何處見得愠來

季路問事鬼神章

問事鬼神章是事鬼神之理卽在事人中知死之理卽在知生中否曰然不知死生須觀晝夜假如人欲夢寐清穩夢寐中卻著不得力須全是從日間修身養性然日間修身養性原不是專爲求夢寐清穩只是日間所爲原自當如是晝之所爲出於正則夜之

所夢亦出於正耳君子只有事人知生學問更無事鬼神知死學問也知生知死註以原始反終言是本易原始反終故知死生之說此固至理然愚以爲子路之識尚未及此使夫子果告以原始反終之說是亦躐等之教也竊思夫子之意只是要子路向平實切近處做故以人字壓他鬼神字以生字壓他死字但聖人之言徹上徹下所以事鬼神知死之理亦不外此則原始反終之說未嘗不寓其中耳

子貢問政章

此章正是辨王霸作用處聖門之才如子貢者極近

管仲若非聖人指點一失足便入這邊去此章是其
辨論得力關頭也子貢之意見得夫子兵食信三者
妙極闕一不得了但處常便可如此若到危急存亡
之秋三者不可得兼必須權箇輕重併力獨守一件
若社稷爲重民爲輕則舍信而圖兵食凡權謀功利
有利社稷者無不可爲矣若民爲貴社稷爲輕則舍
兵食而守信寧束手待斃必不以養人者害人推而
極之以至行一不義殺一不辜而得天下有所不爲
此二者須是平日審得停當他日見諸作用方不走
錯路頭這是子貢精細處或問去食去兵去字曰既

云必不得已必是此時無兵無食如何云去只是訓舍字舍而不圖併力去做那一件又問若無兵食已是無計可施自然束手待斃子貢何必商去之之緩急夫子又何必言去之之先後曰此正所謂王霸之辨也若不顧信只顧兵尚有可以增添處抽丁之類是也不顧信只顧食尚有可以聚斂處搜括之類是也

生而知之章

朱子曰人之氣質不同大約有此四等饒雙峯曰若論氣質只有三等民斯爲下全屬人事不盡案雙峯

之說是欲接引下等根器人未可據爲定論也若論氣質確有四等但細味此節語氣似不主四等言蓋以四等言當曰困而不學下也不宜說民斯爲下矣玩箇斯字矣字分明是慨歎困學一班激發他上進意思或謂斯字矣字語氣甚易見如何文公卻註四等曰想是前後章三友三樂三愆三戒三畏九思都是逐件平敘來故於此下箇四等二字

天命之謂性章

中庸首章辭旨極明白通暢大意只數十言可了向來爲訓詁家所亂糾纏牽合妄生葛藤遂使初學者

對之惘然莫知所指今試約而言之大約子思此書專爲明道而設第一節是發明箇道字子思說如今世界人人說性道教不知天命於我叫做性由性而行者叫做道本道而修者叫做教三者只是一串君子於此既明白箇道字便有學道的工夫學道工夫不過是動靜二者君子用靜一邊工夫必要做到戒慎不覩恐懼不聞地步此爲甚麽只爲道也者不可須臾離可離非道的緣故君子用動一邊工夫必要始於慎獨此又爲甚麽只爲莫見乎隱莫顯乎微的緣故然君子戒懼慎獨工夫又不是矯揉造作出來

的喜怒哀樂之未發人性中原有箇中發而皆中節人情中原有箇和且中和二字又不是君子有小人無一人有衆人無的中也者天下之大本也和也者天下之達道也所以君子一致中和便天地位焉萬物育焉只如此說白文略加點綴何等明白何等淹貫訓詁諸家鉤深索遠反覺葛藤滿路

天下國家可均章

天下國家三句竟就合中庸的看註所云三者亦智仁勇之事也但智倚於智仁倚於仁勇倚於勇皆是一偏中庸則非智之盡仁之至不待勇而裕如者不

能也故三者似難而實易凡賢者亦可自勉於一時中庸似易而實難非聖人不能遯世而不悔或問朱子曰中庸非是别有箇道理只是三者做得卻好便是中庸此說非乎曰朱子之說不差只是就此三句另講耳若看通節意須如前解始得不然但要一節合中庸亦不甚難且一節亦當不得中庸二字於上下章文氣都不貫蓋均天下辭爵祿蹈白刃是一節中庸是全體一節雖豪傑可能全體非聖人不能

君子之道費而隱章

中庸一部書不看太極圖終不明白即如費隱二字

費卽不離太極之陰陽隱卽不雜陰陽之太極就不離者觀之眼前事事物物無非是道何等費就不雜者觀之所云事事物物之道杳不可見何等隱易所謂形上形下先儒所謂理氣皆是物也纔知此便知彼道理都只一貫更無甚疑難分別蓋費而隱三字卽朱子太極註所謂萬象森羅中原是沖漠無朕夫婦知能及造端夫婦諸儒俱從夫婦居室上講居室二字尤專指衽席愚謂此正不必知能二字卽孟子所謂良知良能凡愛親敬長日用飲食皆是若專指衽席語便有弊嘗觀史伯璿說有云事親敬長是子

臣弟友之事聖人所不能愚不肖豈足當此惟居室一事眞造化流行眞精妙合生生不窮之藴奥夫事親敬長愚不肖固不能矣至於居室之閒愚不肖遂足以盡道乎蓋居室猶云居家指小民日用動靜諸事朱子或問中第十三章有云夫婦之知能人之所切於身而不可須臾離者也則知朱子居室二字亦指日用飲食何嘗專以衽席爲言耶如必以衽席爲言則子荆居室又作何解大全史伯璿說不惟居室二字看誤即此章大意亦看誤此章大意是說道體之費不是人能盡道言道體之費遠自天地萬物近

自飲食男女皆是道也就飲食男女上觀道則衽席亦有道然但可云此間有道不可云此間夫婦能盡道也鳶飛魚躍是言虛空中劈塞都是道理隨意指見一草一木一床一椅都是這箇造端夫婦一節即上節注中近自夫婦居室之間二句意有極言夫婦之道者大謬此只是餘意

至誠之道可以前知章

問至誠前知曰前知是知得箇理如孔子論繼周損益是也邵子前知未免落術數可以前知或云必俟禎祥妖孽而後知則至誠淺矣須於善不善上決之

此言非是蓋禎祥妖孽此氣機之最先者每每在善惡未著之先所云天事先於人事也但禎祥妖孽之發人人共知人人共見而衆人則看不清信不及惟至誠則看得清信得及耳此理欲昏明之辨也善不善卽世俗所云好不好善卽福不善卽禍

誠者自成也章

此章語是三節意思只二節首節誠者自成兼人物而道自道專以人言次節誠者物之終始不誠無物亦兼人物是足誠者自成句意是故君子誠之爲貴亦專以人言是足而道自道句意雖兩層實一層也

第三節是又在君子身上說出成己成物此節物字
即首二節物字但首二節是物之自成蓋天成之也
第三節是君子去成物亦有箇參贊化育之意首節
注誠以心言本也道以理言用也是又專就人言蓋
中庸道理雖兼人物而意思嘗專在人故文公於天
命首節既兼人物言而末復言蓋人知己之有性云
云亦是此意蓋不兼人物道理不盡不專主人言意
思不出也誠者物之終始二句不過是一正一反下
句止足上句意如云有是理則有是物無是理則無
是物總以證天地閒物無非實理也或問誠者自成

章大旨曰誠者自成也是天命之謂性而道自道也合下一節是率性之謂道後一節是修道之謂教

孟子見梁惠王章

綱目周顯王三十三年孟子至梁時惠王三十五年也顯王三十五年齊魏會於徐州以相王爲惠三十七年然則孟子至梁時魏尙爲侯至徐州相王時王號乃通於天下今此章書於三十五年卽稱之爲王者蓋著書在稱王之後則仍其當時之稱也或問綱目書法凡諸侯未稱王之前則正名書侯如魏侯斯卒齊侯來朝之類是也旣稱王之後則改書君如楚

君類卒魏君犖卒之類是也孟子朱子同學孔子同
一著書綱目不稱王孟子獨稱王何也曰著書之體
不同故也凡著書各有一立言之旨綱目正名定分
之書則其所重在於名分孟子發明道術之書則其
所重在於道術如梁惠一章重在申明仁義以救當
時言利之習齊宣一章重在發明王道以破當世桓
文之見主意在此不在彼故不必拘拘書法也末未
有仁義二節講說謂不可添出一利字如說仁義未
嘗不利則孟子亦言利矣此言迂甚孟子極善開導
時君如好貨好色往往斷章取義以誘掖獎勸觀曾

子以義爲利子思亦曰仁義固所以利之也曾子子思之言皆然孟子學於子思以仁義爲利何不可之有

事孰爲大章

古人養志難於養口體今人養口體難於養志蓋古人家有百畝雞豚狗彘王者先爲區處停當矣惟父母之志必待人子知之而人子養之今則不然家温食厚者或供膳不難若寒素之家而又拘拘於仁粟菽水不供且勿論志口體非尺寸之膚矣蓋養志重於養口體養口體急於養志觀曾子曾晳必有酒肉

則口體之急可知矣啜菽飲水老人豈堪久飢耶久

飢不可而甘旨又不能辦乃知毛義捧檄色喜亦是

萬不獲已當此愈令人思王政也

四書講義輯存一卷終

後學王清穆敬校

淮雲問答輯存一卷　　桴亭先生遺書之

太倉陸世儀道威著　同里後學唐受祺輯

桴亭先生行實載有淮雲問答一卷原書已佚受祺讀陳確庵先生淮雲問答見其中載桴亭先生緒言甚夥斷簡零編俱可寶貴爰纂錄若干條題曰淮雲問答輯存竊意先生原書此數條亦當備載學者能沈潛於此則於窮理之原治心之要兩有益也　又案確庵先生淮雲問答成於崇禎巳卯年桴亭先生作書後一首在庚辰孟春而志學錄則係辛巳年所記是淮雲

講學當在作志學錄之前二年也原書臚列諸家異義茲既別爲桴亭先生答問自應專錄一家之言此廼輯錄之體應爾非敢割裂原書識者諒之

問權之衡物鏡之鑑物心之度物一也顧太山之高可衡其輕重乎千里之遠可鑑其毫末乎六合之外可度其事理乎苟但論其力之所能舉明之所能照知覺之所能及者而已則君子之於道不幾有窮乎

答曰君子之於道也知其所當知不知其所不當知

知其所當知道也不知其所不當知亦道也豈惟六合之外即跬步之間有不能知者矣孔子曰吾不如老農老圃也

又曰六合之外不必知舍虛而務實也老農老圃之不必知舍小而務大也

又曰權與鏡雖可借喻然天下之物惟心最靈天下之事只是一箇實理實理只是一箇誠至誠之道可以前知何論遠近故聖人在上四海之大萬民之衆莫不知其險夷厚薄愛憎去就之情其大經大法因革損益坐之一堂而天下之事皆理矣拘拘於遠近

形迹之間以論道不亦陋乎且君子之道愚不肖可以與知與能雖聖人有所不知所不能可以與知與能者中庸之理也有所不知不能者不必求知能者也此非君子之窮於道正見道之無窮處惟道無窮故學亦無窮所以我儒之學以達天爲量而求盡之功終無已時知此然後可以論道

問荀子言養心莫善於誠孟子言養心莫善於寡欲事同旨異其理安歸

答曰養心只是收放心工夫凡人放心都是人欲牽纏將去寡欲便牽纏處少心易操存此養心莫善於

寡欲之旨也人欲日去天理日來方可言誠荀子看誠字太粗淺把作養心起手工夫未免鶻突

問窮理集義俱屬學者積累工夫二者孰先彼此分别又何如

答曰窮理是求道工夫集義是據德工夫窮理然後能集義

問朱子曰讀書須是徧布周滿四字請下一註腳

答曰徧布周滿只是無滲漏曰如何便無滲漏曰學問思辨行步步著力便無滲漏

問仁義二字如何分疏

答曰統體太極是仁物物太極是義大德敦化是仁
小德川流是義一貫是仁隨處精察是義未發是仁
已發是義

問萬事根本於太極太極卻在何處

答曰太極卽散見於萬事

言夏評曰何等直截不然幾認太極爲一物矣

問陽明先生以無善無惡爲性後儒多宗之看來

實是微妙但只與孔孟言性不合其故何在

答曰此只是看差善字以爲有形迹有作爲故說無

善無惡其實善只是天理天理只是平常有何形迹

有何作爲故愚以爲不明性善的善字須看未發謂中的中字

問顔子當亂世居於陋巷孔子賢之孟子以爲顔子之時當然乃孔子與顔子同時而復周流求仕其不同者何故

答曰聖賢力量不同故處時亦異使孔子道力未優固當如顔子之閉戸使顔子道力既足亦當如孔子之周流然則顔子所以不求仕者力量未如孔子而又有孔子在前任行道之責故也

言夏曰必如此論其義始全

問格物致知朱子與陽明之說如何

答曰朱註說格物只是窮理二字陽明說格物便多端今傳習録所載有以格其非心爲說者有仍朱子之舊者至於致知則增一良字以爲一貫之道盡在是矣緣他把致知二字竟作明德二字看不知明明德工夫合格致誠正修俱在裏面致知只是明德一端如何可混且說箇致良知雖是直截終不該括不如窮理穩當問何爲曰天下事有可以不慮而知者心性道德是也有必待學而知者名物度數是也因指天曰假如只天文一事亦儒者所當知然其星辰

次舍七政運行必觀書攷圖然後明白純靠良知致得去否故窮理二字該得致良知致良知三字該不得窮理

問未發時之主一與已發時之主一有分否

答曰戒懼愼獨分兩之功也敬字合一之功也知處要分明行處要合一

問誠敬之别如何

答曰誠字著實敬字精明誠得精明卽是敬敬得著實卽是誠無不敬之誠亦無不誠之敬

問桃應章孟子之斷爲經乃李延平謂後世遇此

等事亦須變通變通之法如何若周世宗之詔問恐驕恣益甚以人命爲戲固不可矣竟置於法又無此情此理若效竊逃恐宗社爲重又不能脱然而去將何以處之

答曰孟子此章議論是說箇常理之極爲臣者必當全忠爲子者必當全孝使臣子皆存此心則天下不患有難盡之忠孝矣李延平變通之說在周時已自有議親議貴之例矣至於今功臣殺人尚得免死家主無故打死家人只問徒罪況天子之父哉萬一有之恐懼以事父哀矜以恤下使天下諒我之心而已

問大學小學之殊

答曰古者小學是教人規矩節目名物度數今其說雖散見於少儀曲禮諸篇然不得見其全矣文公小學雖佳我亦以爲近於大學而不便於童子句讀但文公曰小學工夫已缺須以敬字補之甚妙然敬字但補得規矩節目至於名物度數須於格物中補之蓋格物所以窮理也窮理則名物度數俱詳矣

問顔淵曰願無伐善無施勞吾輩平日有一心得輒躍然欲爲同志道之卽用力禁制不覺又發雖公善之懷恐是伐善施勞之病幸析言之

淮雲問答輯存　　六

答曰只看本體如何若有爲己之心雖有得輒以語人亦是問辨工夫不害其爲公善若有爲人之心雖緘默不言亦是矜己守殘亦是驕心吝氣不免爲伐善施勞

又曰無伐善無施勞工夫儘深細凡見善勞而有一毫欣喜自得者皆施伐也而今學者且不必講恐涉助長到得後來工夫純熟自無此病問何爲曰仁者安仁智者利仁惟仁者生知安行故於善勞處只是自然而然不見形迹若智者便有一種欣喜愛慕手舞足蹈光景也是伐善施勞然此是長進工夫恐用

力克除善機反爲阻遏曰然則何云工夫純熟自無此病曰工夫久則愈眞眞則愈澹浮氣盡斂一歸平實不求無施伐而施伐自無矣

問未發之中

棠夏玉汝有光答詞云釋氏之靜寂與吾儒之未發氣象雖同實有毫釐千里之别天下未有動而不靜靜而不動者今釋氏放棄人倫專求靜寂其於動靜二字已絕其理矣譬之草木枯槁之後永無生理吾儒合外內兼人已天理渾然夜氣清明論未發之大段如此其實無物不有無時不然譬

之視聽言動此事既去彼物將來其間已有箇未
發了但自常人不能必自戒慎恐懼者而後有此
耳中庸教人正要如此不然何以爲天下之大本
桴亭先生曰吾兄論未發之中云無物不有無時不
然又云此事既去彼物將來其間已有箇未發了可
謂精妙之極前弟與虞九兄論未發及與吾兄登善
兄指岸草相發明時意正如此得兄再一發明此道
若揭日月矣但謂未發常人不能必自戒懼慎獨者
而後有此弟竊謂不然喜怒哀樂之未發性也常人
豈有無性者乎但常人有性而不能盡性有未發而

不能有中耳然常人亦有偶合中和時節但不能察識擴充以致之聖人則能致中和此其所以異也

問曾子孟子之學孰可效法孟子質敏曾子質鈍學聖人者亦以敏鈍爲難易否

答曰曾孟之學原無不同學曾卽所以學孟學孟卽所以學曾何可分也其不同處只是敏鈍耳然學道無關敏鈍只看志之堅與不堅耳

問求人譽我固所切戒人自來譽何以處此將舉一事迫不能待雖事幾未及亦欲一朝立就果有濟於事否耶我以道正人人不能從卽從之或作

淮雲問答輯存　八

或輟抑當怒之否耶

答曰若人無心之譽我亦以無心處之若有心之譽此佞人也當亟遠之問有心無心何以辨曰但胸中絕去好譽根子譽至卽察無心有心自然立辨

問聖門傳道何以獨稱曾子豈聖人眞有微言祕旨但以告曾子而諸子不聞者與且性與天道子貢聞之一貫之理兩賢同告何後之言傳道者不及子貢也

答曰此吾儒之所以貴乎任也子貢之學晚年大進未必遜於曾子然而無傳道者未嘗爲萬世存心耳

曾子不作大學不得子思則與子貢同吾儒安可不以萬世存心哉

問霍光與廷臣定議廢昌邑請於太后使此時太后不許光將若何廷臣又將若何

答曰霍光之廢昌邑絕無私心然可謂無私心而未必當理也三代而下如征誅揖讓放君等事雖使聖人處此亦不可爲亦必不爲霍光誤處在於廢君許不許不必論也曰然則昌邑之昏亂竟聽之乎曰愼於迎立之時可矣既迎立恐不得輒廢

問陽明謂心不可逐物目要視時心便逐在色上

耳要聽時心便逐在聲上如人君要選官便坐在
吏部要調軍便坐在兵部豈惟失卻君體六卿亦
不得職然乎否乎
答曰心不可逐物亦不可離物君不當侵臣之職亦
不可不察臣之職惟天縱之聖可以生知安行惟紹
堯致治得人任職之舜可以無爲而恭己
問宋高宗時徽欽在北金人以和議愚宋斷不可
從矣使金人下一令曰爾不和我當殺爾父兄如
項羽之於漢帝則將如何而可以不悖於舜竊負
而逃之義如何而可以無罪於宗廟社稷請聞其

詳

答曰設金人果有此舉是窺朝廷有人無人也朝廷有人當下詔曰醜虜犯順二帝蒙塵凡我神人無不共憤今復劫以大義要我講和明肆欺誣謀我社稷堂堂天朝豈爲爾犬羊所愚自今與汝虜約若還我二帝納貢稱臣則休兵息民姑赦爾罪若仍前要挾是欺我中國無人也二帝在漠被辱已極雖生猶死萬一犬羊肆毒更致不諱朕當親帥六師直擣漠北窮天極地不與醜虜俱生如此詔辭則在我之理絕無虧欠且金人見朝廷有人或送還二帝亦未可知

淮雲問答輯存　卜

矣

問孔子曰仁遠乎哉我欲仁斯仁至矣則爲仁自是易事至樊遲問又曰仁者先難而後獲則爲仁又是難事聖人之言必非自相剌謬幸有以明之

答曰欲仁仁至就心說先難後獲就力行說欲仁仁至亦不易先難後獲亦不難細心體認當自知之

又問欲仁仁至亦不易曰操則存舍則亡豈非不易歟問先難後獲亦不難曰不計功不謀利則又何難矣

問中庸二十三章注云自其善端發見之偏悉推

致之以各造其極固全在致曲又云曲無不致則德無不實所謂誠之者非耶若爾則形著動變自應一齊俱足何故又有差等如所云孟子明動未變顔子動變未化之類有誠之後似還有許多未盡之功則將如何著力用功到得化境與至誠爲一耶幸細辨之

答曰曲無不致則德無不實猶孟子言充實之謂美盡矣但未至耳蓋一曲亦有誠一誠亦有形然卽謂之誠形則不可故朱子釋誠必以曲無不致德無不實爲言也形著明猶孟子言充實而有光輝之謂步

淮雲問答輯存　七

步俱有差等孟子明動未變顏子動變未化誠確論
也到得化境亦是誠到盡處物自化之猶易所言飲
食宴樂俟其自化大段著力不得至於用功之方則
一部大學也
問吾輩講貫切磋有日矣相見諄勉氣識稍定退
而居一室接世務即多搖奪豈舍羣居遂無取益
耶謝上蔡語尹和靖曰吾黨從程先生言師行則
如日服烏頭顏色鮮好一旦烏頭力去如之何豈
索居寡學先賢亦恍此耶夫子謂遯世不悔惟聖
其能而陳蔡之阨致懷率野賴顏子同心欣然解

頭吾輩未能希聖所談不及古今十之一所行亦不及講論十之一倘或思沾干祿分藝雕蟲求工則妨道業卻去又爲雞肋心戰未決於聖人出處之道若何而合耶

答曰吾輩講貫切磋正謂動靜交修出處咸當耳觀上蔡烏頭之言則知程門弟子後來多不能大或者正坐專恃烏頭闇修之學未力也然烏頭亦不可少只要好之好之則烏頭自至所謂德不孤必有鄰索居寘學聖賢決不如此至於出處之道用行舍藏聖有明訓文章一事特埶見之贅耳天下無道外之文

淮雲問答輯存　　三

又何患雞肋之妨道業哉然而難矣

問窮理盡性以至於命窮理不過是格致工夫格物致知知何便能盡性至命經曰惟天下至誠爲能盡其性未知至誠之盡性亦從窮理上著力否

答曰古人窮理工夫非徒知之正以行之格物致知所以誠正修齊治平也到得盡性時便巳知行兼盡朱子所謂察之由之巨細精粗無毫髮之不盡者此耳至命只是天人合一如孔子五十而知天命是也然未有不從格物致知始者窮理如何不可盡性至命

問孟子於齊梁諸君屢以致王爲說且其明堂勿毁之言更疑於無周者其旨何居

答曰愚嘗謂孟子於此有湯武作用明堂勿毁此聖賢公天下之心卽文王武王有德易興無德易亡之心也文武豈以明堂私其子孫歟況乎孟子王齊梁非獨天下人願之卽當時周天子亦願之以天下之所同願而立爲天子封周爲賓以比三恪固聖賢之大作用萬世之公心也後世不知此義有利天下之心而復牽於放伐之說往往功業既就而復飾爲禪讓之事以文之如唐宋之爲者使儒者議其得天下

之正不若漢高其以此也夫

問學者莫先立志故學者之志如射須是認箇把子至功積力久自然至於中的學者之志亦猶是也吾儕今日懇懇勤勤朝乾夕惕考德問業講習討論畢竟有箇志願所在請各自問要成得何等造詣天下要成得何等世界方是志願滿足言之亦足以驗將來之人品功業昔人師弟朋友之間往往以之相考質者非無謂也諸君子盍各言之

答曰士而不知聖人之道則已士而苟知聖人之道則又豈肯以小成自安哉儀自丁丑歲來已竊好大

道而妄意乎内聖外王之事然三年以來德隳業喪

其得罪於聖人并得罪於巳之始願者蓋不可勝道

也聞簡尊素兄之言赧乎其愧之嗚呼吾亦何以慰吾

良友之望哉惟有洗心滌慮捨死向前隨其力之所

至而巳高自期待吾不敢也

案曹簡尊素鈖答詞云志之一字未可以易言者也

今人浮心蕩氣茫然錮溺物欲之中便逞口亂談

謂願規矩至人建立絶業此還說不上是英雄欺

人語直是妄人醉夢耳夫所謂志必須先要平心

靜氣自問自思細細密密詢訪向此心眞實所在

覺得如饑之望食渴之望飲見於羹牆形於夢寐
有不至如是不已者然後方肯實實想著此處下
手用力庶幾後來或可實踐故必如仲由之願共
物聖人之願大同顏子之願克己纔不是虛語某
有生來尚無定見少年志向頗好思欲讀書顯親
中間没志氣覺得利欲薫心恩仇念激存著箇驅
馬高車赫奕里門之志何鄙俗也此直不是志直
物欲之浮氣耳今年幸交良朋瞥見天理覺得從
前所作種種皆非深痛半生虛度鐵石著志願必
要把後半世身子做箇全人淨埽物欲得養此志

此氣直可與天地相通方是快足至於見諸事業只是把世上饑寒煢獨的措置他無不萬全其奸邪桀黠者感格他無不自服使今日世界粗粗見一箇三代氣象則生平之願畢矣請得一言以蔽之曰齋明以對天至誠以遇物而已矣志固如是恐猶未易言也

淮雲問答輯存一卷終

後學王清穆敬校

四書箋解（孟子）七卷

清 王夫之撰

清光緒二十年王之春鄂藩官廨刻本

王船山四書箋解

一

光緒二十年甲午秋七
月栞於鄂藩官廨

四書箋解敘

道之在古今至四子之書備矣漢宋遞降
箋疏代作不無踳駁然背而馳者亦鮮焉
自明以制義取士士無不嘗誦其書童而
習之至於皓首不可謂非篤矣厥中精詣
固緜而剽竊恢詭因資羔雁者亦所恒有啟

禎以降益矜縱騁於性命之精平治之要或
未深求其義類既非所以代聖賢立言之指
於設科取士之意亦且悖之
聖清大定通儒傑興經學昌明而以時文爲小
數每弗屑道吾宗　船山公講求質學兼
綜漢宋於四書嘗有稗疏攷異讀大全說

諸編既皆所發明然或數同異或辨性理於紛學爲文模範者未之及焉居嘗詬病俗塾時藝講章莫軌正誼課督之暇輒取全書隨意箋釋務使閱者恍然有悟快然自得於心蓋意在示家塾法程非云著述也之春以爲時文既代聖賢立言則所爲講明者即皆聖賢之道安所見是僅爲羔雁之技耶吾知獲睹是編者因文見道必當有異由是涵泳焉以求乎道之精其庶幾乎故爲亟付手民以廣其傳願以質當世之通識者焉

光緒十有九年歲次癸巳嘉平月八世從孫之春謹敘

四書箋解卷五

衡陽王夫之譔　　八世從孫之春校刊

梁惠王

此卷孟子對時君之言大要以行仁義而王天下爲主然每章因問而答因事而言不可概以施仁而王朦朧套語混過須逐章詳辨之

孟子見梁惠王章　此章但言保國之道正人心止篡奪則國無不利不可濫及興王言利之害止在本國臣民不可泛及天下大勢　六曰字要緊心繫於利則言亦惟知有利倡言利則建之爲號而無慚以謀而不慮其害君臣上下交起而談成乎風尚所以其害如此若上能倡言仁義則臣民皆知其爲美而言之且行之故言不可不愼

王何必曰利節　不曰王不可曰利而曰何必不曰惟有仁義而曰亦有仁義此因其言利國而言謂卻欲利國亦何必孜孜於利而倡言之亦唯與賢士講求仁義之道而已蓋仁義本君臣上下不可不修之而推行之足以成王業利本小人之道非爲上者之所屑言今且勿論但以利害言亦惟此可以止篡奪而保其尊親所謂仁義未嘗不利也若言利則不特不足以利且禍從此發身危國亡何利之有哉

王立於沼上章　次節後二段固是分應此二句然只是引古作證不是解樂不樂之理此二句不妨實發勿以侵下爲拘賢者不賢者五字要緊行仁以利民爲賢虐民縱欲爲不賢

詩云節　與民偕樂謂君以民之安逸飽煖爲樂民以君之臺觀池沼爲樂互相樂也若云民有田廬之樂君有苑囿之樂則是各樂其樂非偕樂矣此是效驗語與下民欲與之偕亡相對所以偕樂之故上賢不賢見不在此處著實

不違農時節　此下三節是三次舉行事不違農時節乃因見在之田疇務農業興山澤之利以足民蓋方在飢荒之餘未可即行制產事故以足始待民既足然後制產而修養老興學之政然當饑荒亂離之際不但制產政不可即行即不違農時一節事亦必待民免於死之後來歲方可施行故狗彘食人食一節責其去妄費發倉廩行救荒之政以解目前之急而待春作以議足民此三節施行之次第救荒爲先足民次之制產等政又次之而本文以救荒在後者以二節責其從前之不能行而立言次第以在後者爲扼要也

五畝節　五畝之宅二段是導民以養老勿論概作制產說上但修明政令使民自爲之孟子言王政最重養老非但足黎民也　百畝之田句重勿奪其時句輕此乃制產一定之大法無有餘無不足而民皆均平得食　孝弟之義義者乃事父兄之禮如問安視膳隅坐隨行之類不得不然之理

寡人願安承教章　此章專責其減膳罷燕飲田獵以救荒

以刃與政章　此政字淺乃出令殺人也與下行政政字不同　挺刃政皆是譬喻

晉國天下莫强章　此章以惠王新敗之餘神志沮喪求一逞而不得曰如之何則可其氣餒而無可奈之情甚迫故孟子所以告之者說得甚是容易曰百里可王曰制梃可撻曰夫誰與敵曰王請勿疑皆是不難之辭所以鼓舞之辭所以鼓舞其頹怯之氣在此數句上著意

地方百里節　一句甚是陡頓見得雪恥何足道要王便王不論强弱

王如節　暇日只是耕耨之暇時文謂省刑薄斂則有暇日不通修孝弟忠信亦須上有以教之如前章養老興學之政但此要說得容易故略言之耳

彼奪其民時二節　此二節言秦楚之不足畏申上制梃可撻之意

仁者無敵節　此節總頂疑者疑巳之弱不可振秦楚之強不可勝也

孟子見梁襄王章　襄王直是不足與言孟子亦不以施仁而平天下望之卒然一問有詰孟子而諳其不能定天

下意而孟子以定於一答之亦言有王者起則不肖之君分據土貢者自消滅意孰能一之與之是自恃其擁民據地人不可奈何之意孟子以民叛而不肖之君斷不能禦之大意如此

四節　不嗜殺人謂不好戰樂殺須玩一嗜字驅巳之民以致死以多斬獲而論功皆是嗜殺

末節　苗槁喻民之無所歸浡然生喻民之爭歸於仁人一雨而萬頃之苗一夕皆興一仁人出而九州之民一旦而歸其勢如此　水之就下爭趨不息誰能禁之非暴君

可以封疆域刑戮禁者

齊宣王問曰章　齊桓晉文之事專字乃其富國強兵之略如齊之作內政寄軍令晉之作原田作州兵之類正與保民之仁術相反對宣王欲倣行之以求其所大欲者勿以二霸之會盟者征伐攙入　此章一術字要緊有不忍人物之心須有其術方可行王道成王業到末節制產方是仁術實際術是心之所生故統名之曰心曰是心曰此心曰斯心皆心之術也心無術則欲成王業而必窮孟子所以知王之可以保民者在易牛一事蓋欲舍牛則必廢

釁鐘欲釁鐘則必不能舍牛猶之乎欲保民不興兵則恐廢大欲欲求大欲則必不能保民以故雖有老老幼幼不忍人之心而不能推以及四海乃王於不忍牛之心卽有易羊之術以兩全合乎君子見死之道則以此心此術推之保民卽以興王而成其大欲無不足矣此章舊有察識擴充二義今略分四段第一段自首章至是心足以王矣直指其易牛之心爲可以保民之心且未及察識第二段自百姓皆以王爲愛也至何如王者何也是教王知有是心卽有是術察識者是察其心之不窮於術也既以是心

足王令其自信忽從百姓之不知而妄議使自反而求當時兩全之心自有君子善全不忍之道第三段就合於王者何也一問告以有是仁術之心則於自家老老幼幼之仁上推以加於百姓甚易而以善推其所爲結之是教以擴充第四段自後今恩足以及禽獸而功不至百姓詰其可以能而不爲之故乃在以求大欲又與首段釁鐘舍牛兩全相應使卽所察識者而擴充則民可保大欲可遂斷不在講求桓文之事唯制產養老興學則卽此保民卽此而王故以然而不王者二句決言之如此首尾一氣無不

通矣　然則廢釁鐘與一問是章內要緊關節只爲必須釁鐘便不能舍牛若舍牛則鐘必不能釁矣一疑遂且令不忍之心不能推行正似欲保民則必廢大欲大欲不可廢則必須興兵構怨不知自牛之外有可釁鐘之物富國强兵興兵構怨之外自有遂所欲之道王知不可廢而卽有易羊之術足王之心在此　是心足以王句對何由知吾可也已決定結煞下二句又起一端以便察識語雖甚急而不相蒙是心心字原有術字在內有易羊之心乃能遂其舍牛之心是心裏靈通之妙用故曰足以足以者用

之不窮道之善全者也後學推善字從此生出俗解皆云愛牛不忍其死全失本旨　百姓以王爲愛亦有隱照意王若行保民之術亦必有議其迂闊而忘大略者不知此愚者惡知之俗議不必以爲異

無傷也節　仁者之心原是委曲旁通善成萬物先王本此以行仁政而王天下如易牛一術恰與君子遠庖廚之道合王能反本以行保民之政則於先王有是心行是政善推之道合　不忍見不忍食仁以遠庖廚而全正不須斷肉不食是以句重言君子之術卽所以爲君子之仁

有復於王者節　自下告上謂之復周禮之所謂復逆也猶今稟話謂之回足以及三字指仁術而言以羊易則牛乃可以舍全其不忍之心而不至以廢釁鐘故使不忍之心不足於用　獨何與一詰與後詞同而意異此就上一一譬喻詰不保無問其何故之意　然則一羽之不舉言理之所無而事之所有不用明不用力不用恩果然一羽不舉輿薪不見百姓用字是著力字擴充只是用恩本有之恩善推之而見於施行下用爲字亦是此意

不爲者節　前王之不王言王之不成王業以功效言非

不可成之功如挾山超海是也後王之不王言王之不擴充以用恩而行王道以成業乃事甚易而不爲如折枝而謂不能也

老吾老節　此節實講擴充承上折枝來說其甚易曰運於掌曰舉斯加彼而已曰無他焉皆言甚易擴充者就其固有之心而充之不待别求也推卽推其老老幼幼於一家之心切不可混易牛在內老吾老幼吾幼之心人皆有之老老而有安老之術幼幼而有恤幼之術人皆能之但不能推以及人耳推恩須有推恩之術如後制產是也善

推善字正是保民之術不推不足以保妻子者徒有是心而無術以推之也此節只是如此說切不可以能愛牛而不能愛人爲不善推若愛牛而不能愛人爲失親親愛民愛物之序則易牛一事是大顛倒與王道相悖何以云足以王乎註骨肉之親一段是朱子通論道理與孟子所言之指全不相干涉勿從俗說而悖本文　今恩足以及禽獸三句連下直到然後快於心與皆是詰問其所以不保民之故獨何與正是使王自度

權節　此輕重長短在下文見興兵搆怨之重且長保民之心輕且短請王自度其故而下以然後快於心與詰之亦知王之不快而特以此激之也　此註不可從若云愛物之心重且長仁民之心輕且短則失序不仁乃亡國之道而何以足王乎且王偶然以羊易牛原不見得重且長而牛雖生而羊死亦甚輕且短矣非殺麋鹿如殺人之罪爲重獸而輕人也觀抑字卽從上文轉下可知

若是其甚與句　一句是齊王病根王只以興兵搆怨爲威服天下必不可廢之術而當時强大之鄰非戰不足以服之卽不勝猶可以保國故決意以求桓文富强之術不

知適以致災也在此句露出　此節反本與下亦異乃反而求之於已國保其固有之民爲王業之本

今王節　發政施仁之事在下文制產上蓋仁政行於國則士樂行其道而家給人足商旅亦安居而獲利不可逐句言施仁添入貴德尊士譏而不征等語觀一使字便見仁政方行人皆踴躍之意欲仕欲耕等且只是心中想望身在異國而心已歸嚮孰能禦之方是去本國而來歸其本國暴君不能禁之

無恆產節　開口從恆心說起又曰驅而之善又曰治禮

義可見孟子所言保民之王道歸重在教民上制產則養老興學因之而行非養足而後教乃卽養而寓教也上旣有以保民而民得以養其老幼興禮義以自相保則民無不保矣此王道之所異於霸政也

王欲節　此節本字乃養爲教之本制產以足民而民易於從善也

末節　此節是仁術之大全所謂有不忍人之心斯必有不忍人之政

莊暴章　好樂甚是謂可樂之甚

可得聞與節　扼要在此一節以啟發其樂與人同而後可好

今王節　鐘鼓管籥亦是世俗之樂

文王之囿章　大意止是欲其能殺麋鹿之禁未説到行仁政成王業上去次節與民同言其囿與民同玩二三節煞語以互相比相形爲立言之妙

交鄰國章　此章前言交鄰後言征伐若不相蒙而實是一意齊王之問交鄰亦只是未能相並權且納交戰國時皆是此術孟子所以言有道亦非竟言以講信修睦之爲道蓋當時若秦楚三晉無恤無信虐民好戰直是不可與定交孟子所言湯之於葛文王之於昆夷終是滅之騶之太王句踐又不待言仁者唯無富天下之心曲意包容以順俟天命樂待其改過而柔懷之故曰樂天註言氣象亦言立心如此坦然無競之初心有此氣象也彼得罪於天之時則又不容不怒若知者則初有不甘於卑屈之心特以天命未至不敢逞忿以强爭而屈意自全以立定保國之規模待時而動及乎天怒人怨則以理興師而安天下湯之於葛句踐之於吳文王太王之於二夷文王之於密

武王之於紂一也總之可包容則包容之以全吾仁勢不敵則退而自保以用吾知仁知所以養勇而勢已便已不可復容則以大勇興師可對天下可助上帝要不損吾仁知也

雪宮章　俗解謂王館孟子於雪宮而就見孟子賢者指孟子言大謬凡往見與及人來見而見皆曰見此王在雪宮孟子往而王出見之也註明言人君能與民同樂云云賢者明是賢君下文皆言人君之道俗解不通

三節　樂以天下憂以天下明其一時上下和同之美

昔者節　大意止在上三節下六節引事以證之耳唯章
末言與發補不足則是欲王發倉廩以拯民前言補助亦
此意所謂憂民之憂也
晏子節　巡所守述所職者諸侯以安其國之民爲職守
無非事者謂民事
今也節　民乃作慝當世從行及運糧之民作奸私以害
所至之處不在君命索人供億飲食以虐民
王之臣章　舉王之臣以比王之不能養民
二節　舉士師以比王之不能察吏

三節　不治兼上二節言
所謂故國章　此章亦只言保國之道勿添入興王意
舊解全不清楚凡一章問答法出必共一條貫必無前後
不相應雜泛支離之理章首言無世臣親臣王不曰何以
識其賢而任之乃曰識其不才而舍之何以與孟子相應
孟子方論進賢而又言其去之殺之又找一句國人殺之
旣與進賢意不相連貫又與無親臣意不合若只隨語看
解豈非不通蓋孟子立言之旨原因齊王好信遊談之士
於其世臣巨室信新進之排陷而奪其權則殺之止因王

務好士之名如湻于髡田駢愼到騶忌之類一朝而進七
十士及稷下之館養士盈千任其自夫自來而此輩專於
攻擊舊臣逐之乃至殺之如田忌田嬰等皆爲遊士所排
陷故宣王亦知其不可恃而一時立談自炫其才不能早
舍之故追悔之而弗及孟子告以此卑疏之賤士萬不可
輕信須聽國人之公論而猶加察乃可非次特用若世臣
親臣有過當去有大罪當殺者亦必參之公論詳加察訪
而後可行其罰則雖有誅戮國人任之而公族故舊不怨
則可以保故國而不失其尊故曰可以爲民父母須知用

之以新進之士言去之殺之以世臣言分得清然後連得
合也
爲巨室首節　此節與下節不同夫人幼而學之一段玩
則何如三字言士於此時何如謂士必怒而不樂爲之用
也爲巨室比士欲建名世之大業必求大木言幼所學者
必王道之大得大木比人君能用也王喜比士心悅而效
其忱斵而小之比舍所學而從富强之小道王怒比士憤
怒而去之俗講章云任人不如任木者非且此言寓言王
亦何嘗任木耶

今有節　此乃言王不能任賢以治國

齊人伐燕章取之節　以文王言民不悅者以民猶戴殷言也此節與下節各自一意此言民尚思燕則不可取若文王拯民於水火豈至民不悅哉

以萬乘節　此節乃言即今燕民不復思燕而願王取抑必拯其水火而施仁政若暴虐之則悅必改而怨矣　運謂又迎他人

王速節　立燕後而去本非孟子之始願以勢迫而爲之故曰猶

齊人將築薛章　苟爲善一段因太王而概論其理爲善以教養得民心言

魯平公章　天謂天之欲平治天下與否有一治一亂自然之理數

四書箋解卷六

衡陽王夫之譔　八世從孫之春校刊

公孫丑

公孫丑問曰章　此章分二大段前段爲主重在行王道賤霸功後段以齊之時勢言是就公孫丑所疑帶出須點化入前段以齊王猶反手之意又在後段行仁政始見仁政正與霸功相對

文王節　而後失之也以時言尺地至是以難也以勢言

齊人有言曰節　此節總提時勢引起下　二節今時二

字兼時勢言

夏后節　以勢言

且王者節　以時言

孔子曰節　此節歸本德上德即仁政德之流行本自如此故王道易行不當求近功而行霸政是應前段語不當添入時勢至下乃轉入時勢補反手意

當今節　民悅乃功倍之本故字頂上來

夫子加齊卿相章　此章大旨是辨聖賢異端之異而明孔子之學爲古今無偶之道其從不動心說起者以戰國

之士皆奔利達而喪其守一當大任患得患失便自心把
捉不住而告子一流人能制其心而不動因自矜其能以
爲妙道不知學孔子之學者其於不動心者尤易造告子
在不動心上做工夫聖學則以不動心爲自致之效其能
不動心者以知言故自無疑惑養氣故自無恐懼而養氣
之功在集義知言之功在學詢理明義正自然仕止久速
隨時應順而心固不動初不於不動心上用功也　章首
二節是提綱恰緊在是不難句即引出告子爲發辨之端
　不動心有道乎至曾子之守約也六節以戰鬬之勇作

譬喻因上孟賁句引出公孫丑錯認不動心作勇孟子乃
言勇者固自有不動心之道而非君子之不動心即以勇
言亦唯曾子之得所守就中分三等亦以見同一勇而道
自不同也　敢問夫子至反動其心二節是破告子之非
夫子惡乎長至是何言也是孟子自顯其學之正昔者竊
聞之至未明其知言養氣之學使其心自然不動者自孔
子來且非伯夷伊尹之可擬而告子愈不足言矣　行霸
王之道而易以動心者以任大事而眾論紛與易於疑惑
得失不可知易於恐懼也　是不難句要緊告子以不動

心爲難故以此自矜其妙孟子則謂如告子之忘物自遂
固不難而聖賢之理明義正自然不動亦不難也
北宮黝節　北宮黝以譬後所言助長無本而但求勝人孟
施舍譬告子不論勝不勝止是不懼一如告子不論言與
心之得不得止是不求不膚撓二句是他生質如此思以
一毫六句是他心中見得如此故曰思曰視思以一毫四
句是人不能挫他視刺萬乘之君二句是他要刺人無嚴
諸侯三句是實事無嚴者見諸侯時一粗豪無所敬畏也
惡聲至是偶然一言相觸必反之必字不論尊卑

似曾子節　似曾子子夏之義未詳註所云者不妥不當
依之作解篤信聖人是不自用與北宮黝相反且曾子亦
何嘗不篤信聖人意子夏設教西河時未免傲物求勝其
徒如田子方以貧賤驕人正彷彿有北宮黝意曾子則如
下文所云
昔者節　此節是借譬子襄好勇亦好戰鬬之勇曾子所
言大勇亦是戰鬬不曲耳縮字雖近下道義然必自反則
非純乎道義至大至剛境界吾往只是向前厮殺此見即
以勇言亦必須自求而不可任情無懼如告子守約亦只

是守氣故前云孟施舍守約此又言守氣守約者守氣則其守之者約也註得其要三字是謂孟子而僅賢於孟施舍則亦但以戰鬭之勇言非孟子不動心之道且告子亦不以此爲道註孟子之不動心三句未是孟子之不動心其原出於孔子之理學非但自反之直也

敢問夫子節　公孫丑所問乃問孟子與告子之不同處孟子直摘告子之非以辨之則已之異於告子者見矣

不得於言是於天下之言其是其非不能眞知而辨析之勿求於心是不須思維詳審以定其是非此與莊子齊物

論之詭同所以吹萬不同聽其自已也不得於已乃是已有志欲行而天下不應也使所志不遂勿求氣者勿任其適往之氣必欲其心之遂也此亦不使與接爲搆日以心鬭之意勿求於氣故見義爲外而不以累其心勿求於心故不須精義以明理而其心常逸則榮辱得喪皆可以相忘而心不動矣勿求於心斷言不可者以其頑冥不靈者喪其是非之本心也勿求於氣而云可者以氣生亦自心生且當求心以生氣而養之然所養者氣則氣亦有工夫非終不求也

夫志節　夫志氣之帥者以下分三層第一層以志爲主而氣從志令曰帥曰至曰持其志所重在志告子一定牟著個主意不爲物動與此相近故上曰勿求於氣可也然此自無志及志不正者言之耳則以持志爲重第二層言志與氣有互相爲功之道故曰體之充言非有此剛大之氣則一身之言動不足以應志之用曰氣次爲言志必須氣以爲之輔曰志壹則固爲之動氣使體充而有爲氣壹則亦足以動志而使所志得行則志日以增也志氣交相爲功志以作氣氣亦與志兩者俱不可不求既以明求於

氣之非果可矣第三層就氣之有功於心全重氣上則就能持其志者上說此時全恃氣以配之蓋操之於平日者尤必決之於臨事之一旦於蹶者但氣之迫而心亦奮厲趨者氣之敏則心亦驚惕可以動其心是全恃氣以使心之得則大有爲而無所屈撓臨幾之大用在氣而安得勿求哉　暴字註未講出俗解及下劣時文謂養氣使□使勿暴橫者大謬原說暴其氣非云氣暴暴虐也謂摧折其氣使不伸如暴君虐民使畏懦也小註多不識養氣將作元門養氣使柔和解邪說也

既曰節　三動字與不動心動字天淵之别不可橫牽動心動字乃恐懼疑惑此三動字乃驚動使有爲之意　註云顛躓非也若是跌倒則是體動氣非氣動心左傳禮記及說文皆以蹶爲跳躍如救焚拯溺臨陣向前踴躍走進則動其疾迫不退之心一足纔到地一足便起如今人走路曰趨

敢問夫子節　惡乎長是問孟子所以長於告子之本領何在　知言則自無所疑養氣則自無所懼不動心乃自然必至之效非以欲不動心而知之養之也告子以不動

心爲道孟子有道而心自不動所以長在此知言不徒在言上知註自分明知言亦是功效養氣有兩層須集義方得有此氣此氣既生又須善養既云善養則功夫亦在所以養之者善字亦是功效

至大節　至大能充其萬物皆備之大用至剛能歷富貴貧賤威武而不易其守直養順其所自生之理以養之以義生卽以義養一直養去始終不易俗解以曾子所言自反而縮應此直字者非天地之間須看之間二字天地之間卽人間也特說得廣遠耳塞乎天地之閒言凡天下之事事物物無不可擔當無不可發付無有不足處時文作上塞天下塞地細縕磅礴等語皆鬼話爾

配義節　義者行己之正道者接物處事之理合而有助言氣與道義相合凡氣所流行皆與道義相應而道義之行必須此氣以助之使決斷而不中沮苟非此氣則雖志於道義而優柔不決如飢人之不能勝所負荷也

集義節　此節須玩是者非也四字蓋以告子不集義以求氣之浩然但務致虛守寂以忘物而心可不動乃譏孟子謂是將外起之義襲取氣以求勝乎物不知孟子乃常

常求此心之所安積集於內使此義順理直行自然發生此剛大之用蓋心與氣原不可分爲二行慊於心則氣卽從中而餒義乃吾心固有之制非因外物而有此名乃有此義而以內徇外也無是餒字是氣餒與上餒字言道義餒不同須辨之　告子未嘗知義是斷然他不曉得何者爲義唯其不知心自有義與氣同涵於吾心之中故以事物之名迹爲義便謂我從外面引個義來假之以勝物而不知集義者但求事事之慊於心也

必有是節　以上三節言浩然之氣所自生此節乃言養

氣氣由義生卽以義養故曰直養順而養之也必有事謂應事接物時此身之言動行止取舍去就隨其所有之事皆須慊心而不使氣餒心勿忘謂事未至心未交之時此心常依於義而不使雜念參之以亂吾氣不苟且放心使閒以怠吾氣勿正謂其有事時吾有此配道義之氣便可藐侯王成大業而無所餒且只盡吾之事及事之至氣自足以勝之勿助長謂心雖常存於養氣然必待時而動勿起於一念急於求見用以妄動而失道養之氣四者皆直養之是謂善養善字止作會字解切不可如小註添入不

急不迫養之使純等語　勿助長句只從實發下舉宋人事只以言其無益有害之弊俗解有謂告子助長者大謬告子方譏孟子助長他何嘗要此氣之長而況肯助之乎告子以是爲無益而舍之者如魯仲連王斗之徒乃助長

何謂知言節　我能知道之大全而一偏之不足以盡道乃以知詖辭之所蔽我能知道之所止而不可逞小慧以肆辨乃以知淫辭之所陷我能知道之大中至正之矩而不可踰越乃以知邪辭之所離我能知道之一以貫萬曲暢旁通乃能知遁辭之所窮全在知字上見功效而所以知之者求之於心而不求知於彼之言也若取人言而一一逆億之則已疑惑而心爲之動矣生於心謂此言於心也異端邪說皆由忽然起一可言之理於心便將横據心中及其言之已濫則心生言言又生心遂成一若不可易之理而立許多科條名目以成一家之旨所謂政也旣以設一若可爲法之條目遂有相率而依之以行者乃至悖天理民彝而成大害唯早知其言之蔽陷離窮則距之放之無所疑惑非盡心知性深喻道之大體大用者不能故惟孔子能之

宰我節　善言德行謂之曰言則亦言也非謂其有德行也凡立言有二論事謂之說辭論道謂之言德行如蘇張范蔡等乃說辭之不善者楊墨莊荀等乃言德行之不善者善則無邪遁詖淫之失故此節直專頂上節知言註分頂養氣非是知言本知他人之言此以已所言言之者知人之不善而後已無不善已之言無不善乃以知人言之蔽陷離窮也

曰惡節　前但言知其所蔽云云未言所以能知之本領知言必在窮理窮理必由學問兼言教者學以講而益明

也不厭不倦以體仁知則窮理盡性而天下之言無有惑
之者養氣是聖修知言是聖學唯孔子能兩造其極而孟
子所以能知言養氣者一在集義一在學教也
伯夷伊尹節　此下孟子自明其學聖有側重知言邊意
皆集義養氣而不以行藏動其心伯夷伊尹皆造其極故
皆曰聖若不厭不倦之學以窮理盡性則二子不能及孔
子遠矣所以在仕止久速上說者以養氣但能得出處之
正而以霸王動心者唯其不合於義而餒若知言則理無
不明則天道人道隨時皆審故萬章篇中皆言聖之時而

集大成歸重知之事亦是此意唯窮理盡性而於世無疑
乃以隨時皆中故孟子願學孔子亦學其不厭不倦之聖
學所以與夷尹不同道而告子之不動心不足爲難者唯
其不得於言勿求於心斷乎不可不待辨而知其大略於
聖人也
然則有同節　得百里之地二句是至大之氣足以任之
行一不義三句是至剛之氣無所屈撓皆集義養氣之極
功也
敢問節　以下明孔子之道古今莫及以見異端若告子
之類學非所學不足道也
宰我節　此節時文講章言堯舜功在一時孔子功在萬
世謬甚孔子功在萬世自今日言之則然孟子去孔子未
遠何云萬世且堯舜育人民教人倫又豈不在萬世乎曰
賢則以德言非以功言公孫丑問所以異孟子未明言所
以而微言自見蓋堯舜生知安行而聖學盡心窮理堯舜
心未逮也
子貢節　言禮樂則亦以其所發見之理言蓋亦百王學
之淺深也

有若節　出於類二句統凡聖人言之下句盛字乃屬孔
子出者聖人之自超出也拔者尚論者簡擇而推高之也
以力章　德謂懷柔友邦無利天下之心息兵養民非干
百姓之譽修身正已尊賢貴德仁謂恤患分災救民伐罪
以力節　人兼列國諸侯及民言觀力不贍句可見七十
子句言服之誠詩云四句言服之廣遠
仁則榮章　此仁字以清心寡欲而通一國之志一國之
務皆涵於心無痿痺不仁之患不仁則縱欲滅理與國政
民情隔絕不相知

尊賢章　前五節皆以理數必然言之信能行此以下方落在人身上講　天下之士現在他國未屬已者

信能節　則鄰國之民二句是遥相欣慕卽上悅而願意率其子弟四句言民欲歸我而其君倚强大而不服舉兵相距民必倒戈而歸順其君必敗亡如此則無敵句緊頂未有能濟句攻我旣敗民必去彼而安於我則天下皆無敢與我爲敵者無敵於天下二句言興師以誅殘賊皆應天順人而功無不成天吏奉天伐暴之名然而不王者二句乃言革命爲天子五節層次相頂不可失序

不忍章　通章重一政字擴充者擴此心以及廣遠而充實之以事卽政也通章皆言人君行政時文至後段言心學者非

人皆節　人字極該得廣大匹夫有此心侯王亦有此心仁主有此心暴君亦有此心能全此心者其心著見不能全此心者其心未嘗不發露故曰皆有

先王節　斯字極緊卽所謂火始然泉始達也纔有此心卽使推行於政以曲全此心不以私欲妨之不以功利撓之不姑且隱忍而措之所以先王能有此心仁及天下

以不忍人之心三句推開論理言人能如先王則天下無不徧及玩一可字知時解復說先王者非

所以節　此節就常人說以驗人之皆有實以見豈時君之獨無不可在救孺子者煞說　不忍人之心是全體仁也怵惕惻隱之心是偶然發見之幾仁之端也今人二字須提明言雖凡人之不能仁者皆然　內交要譽惡聲亦不可說是私意私欲此三句但見其忽然自發之天良並無轉念則爲固有之心隨觸卽現明矣

由是節　此四心字皆以觸物而動之一念言故曰端不

可說得太好其能推行此四者尚未可知而但一時必動之幾自然感動矣　非人也非天所命之爲人人所受於天以爲人者異於禽獸特不必說出旣爲人則必有耳註若無此云云者有疵

惻隱節　四端總自一不忍人之心上發起而隨所觸而異分之爲四也不忍自利傷物則羞惡之心生不忍以氣淩人則辭讓之心生不忍悖理違眾則是非之心生故曰仁統四端而施之於政則義以制事禮以待下智以知人皆以全其不忍之政　端是發見之萌芽亦就凡人不能

保全其不忍人之心者上說若先王則全體充實於心而發見於外者大用周行不可以端言矣人皆有四德爲性所固有特以蔽錮不得顯見而其終不可遏抑者隨所感而發有此四心可因此以求其全心而推之

人之節　以四體比四端固是言所必有亦言有之則必有其能有四端卽可行不忍人之政猶有手卽能持有足卽能行能不能以政言明言謂其君云云時文只是講心學全不顧上下文凡此類不通者眾矣

凡有節　火之始然旁通而不竭泉之始達流行而無所

息皆以不忍人之政言嘗曰火屬光明之象可比見之明泉有流通之勢可比行之遂

矢人章　里仁節上節不仁以心言此節仁以術言不矯拂其本然之心而擇惟恐傷人之術以全其不忍之謂仁天之尊爵謂上天錫命元后父母長養萬物之大道人之安宅謂天之所佑人之所順保國以保天下而强大不能違之與下人役之賤且危相對　不仁不智二句亦四端統於不仁意人役謂爲强大所迫辱弓人恥爲弓二句只有其實不能辭其名意　仁者如射切不可將射連上弓矢講各自一意　發而不中言雖或勢有未便不能旦夕興起亦不急與强大爭但自行之未至益修內治耳

伯夷章　不立其朝非但不事不與言非但不友　立於惡人四句是其不立不言之情立謂暫與相酬酢也　推惡惡之心五句推其極致不必惡人卽鄉人無知之小過亦所不能容

柳下惠節　不羞汙君四句言其三仕逸遺二句言其三黜時賢在已之才德道所居官職之所當爲者逸遺初被黜時窮阨終不見用爾爲爾以下是處鄉人事援而止之

言終不去國

天時章　此章言功效止是戰必勝不須添出成王業等語章意原是論用兵之道以闢策士談兵者之說君子固不戰而服天下卽以戰論亦惟得道以致人和爲必勝之術而談兵者天時地利之說皆不足道也　旬中空爲孤對孤爲虛甲子旬中空戌亥戌亥爲孤辰巳爲虛餘倣此春木旺火相夏火旺土相秋金旺火相冬水旺木相

將朝王章　將朝王者欲與王有謀王來召者亦欲孟子謀之

六節　豈謂是與言禮所云者乃仕而受祿有官職者之謂豈可賓師之謂　曾子曰以下分二意一言己不往以應召一言王不可以臣禮責我自曾子曰至是或一道也言我無慊而不以富貴受屈於時君至章末湯之伊尹重繳此意言我有不可召之道非王之所能召自天下有達尊三至不好臣其所受教言王誠尊德樂道以謀大有爲之君時則當以師道事我不可以臣禮召我

陳臻問章　此章俗講有添入齊王不能用孟子而徒致餽故不受意此窮措大怨主司惡見不知君子於辭受之

際精義之大節甚重而用不用不足道也

孟子致爲臣章　止惡知其不可句要緊如使字欲富三句是爲愚人點破原是沒要緊話不承上句來不可二字甚決斷其意季孫曰以下言之所謂龍斷指齊王時稷下諸辨客授館食祿養徒數百人王但畜之以自誇好士而時聽其辨論以資談笑彼則招搖以使人從己則雖不用而坐享富貴齊王謂天下士皆如此外尊之而實賤之孟子豈屑爲此故極辨以斥之而謂時子惑於流俗不能知也　古之爲市者節句句與正意作影子非但解龍斷二字以其所有易其所無比士以有道易君之祿位有司者治之耳比君但責效於士而心固重任之而不疑右左望而罔市利比稷下辨士居官守言責之外擇一安身獲利之術以受祿而無憂人皆以爲賤二句比辨士爲君子所賤而王亦因其可賤而賤之於是一有不合則放逐誅殺所謂今日不知其亡是也征商二句比以此而使人君一概賤士以至今欲以萬鍾羈我皆士之賤者使之然也

孟子去齊宿於晝章　此章孟子之意有不能明言者而大意自見於言外細玩本文自知之此人之愚昧在不急

往諫王使來留行而遽走至孟子前以己意妄言其意探得孟子有欲畱行之意然後告王以可畱而使王畱如此癡想直是無言可答孟子宿晝已是不欲遽去何消他來聒噪孟子不得已以子思及泄柳申詳並說若像子思則王當不待人言卽速遣人來婉轉道意何須此人爲王而畱卽不然而似泄柳申詳亦必此人急往王側諫王使畱今先至孟子之前使孟子示以可畱之意而後告王則直是不成事體孟子曰不及子思其實並不及泄柳申詳上文雙舉三賢下但云不及子思不云不及二子則以若云

不及二子便是教他往齊王處鬪說愈不成體乃既已說出無人乎繆公之側一句則恐此人又往王前說去而使人來留是孟子自做多許鬪日故斥絕此人之後不得不出晝長往是孟子之行人速之也故後人於予心猶以爲速而深惡此人倨待而痛責之

四書箋解卷七

衡陽王夫之譔　八世從孫之春校刊

滕文公

滕文公爲世子章　惡俗講章及庸爛時文只是看書全不顧首尾如此章只一百二十九字講前便不顧後以其不通誣聖人文字不通於此類眞成可恨俗講道性善則與告子辨異端之說同講堯舜便扯精一危微作詞科講道一則道無歧出之途講舜文王亂扯二聖人心學及盡倫講文王周公說父子相承不知此等套話如何合得今

滕絕長補短一旦如何說得瞑眩此章前四節只是論理喫緊告滕文公下手工夫在今滕一節如何全不理會但將一章本文一口氣讀下便知講章時文之摸如瞽人摸壁矣道性善是皆可以爲堯舜意與無惻隱之心三節意同言人皆有至善之性則可以盡至善之道在身而身善在國而國善也稱堯舜者乃稱堯舜平治之道其實則後井田即堯舜平土教稼之道學校即堯舜教以人倫之道盡性即以盡人之性也世子疑吾言乎非如告子之輩疑性之不善乃疑國小力弱不可以堯舜之道治天下治之

也夫道一而已矣時無古今勢無強弱止有個道理不能擴充其性之善卽妻子亦不可保不能以堯舜治民之道盡人倫之至卽是桀紂而一切近功小利之術皆不足用也吾何畏彼云云者言更不消疑畏道之難行止要盡心力以憂勞爲己任瞑眩之藥則文王之興周命舜之君天下皆吾之師也如此看書乃一直趕下至末節一氣關通洞知俗解時文之謬已註中性卽理也一段乃因孟子言性善始見於此而通論之非此章之正釋勿疑

滕文公問爲國章　首節註中事爲農事一句說未分明

故多惑亂此章並未說到重農上引詩亦止言民之亟於自治其恆産不言君之亟之民事不可緩也一句是通章提綱語所謂民事者取民之制也世祿以養君子使治野人也興學以使民親於下也皆民事也而以正經界均井地定取民之制爲其本不可緩者以古法久廢當急爲改正若引詩四句則言民之急於恆産其情如此以起下文之意

陽虎節　引此以明取民必當有制不可富國以虐民因此可見下二節言取民之制非急取民而均之

夏后節　此二節專言取民之制觀其實皆什一也句可見貢助徹皆取民之名止重此三字五十七十百畝其或多或寡之故既無可考且無關於取民之制時文添入許多夏后水土初平等語盡不通之談到周千餘年無大殺戮人口日增又豈可以夏之民數授田乎大抵如是講取民非說授田故止重其實皆什一句　徹者徹也二句合下節是以三代取民之制並講其得失徹也則上下之情通籍也則君不有而屬之民如借然以見三代立意之善而不釋貢以下龍子之言辨其法之不善　此節連下節

取民之制

夫世祿節　此節既以申禮下之意又與下節言世祿則滕有已行之法助則與周制不異皆可考而行之

設爲庠序節　此節承上來言有恆産乃可使之有恆心以終民之爲道也節意

使畢戰節　此節首節言正經界以因地賦民　慢其經界者或新開而增或崩坍荒廢而減皆不清理朦朧拔舊籍以責民稅租　此下七節雜記井田之制不相承接各節自可按文立義

夫滕節　分田則必制祿而必分田乃可制祿上士以上皆給公田使自取給於八家　請野二句以貢法通助之窮

卿以下節　二節是加厚於君子野人　圭田大夫以下自有之不納公家之賦餘夫則亦四餘夫而當一夫或助或貢

死徙節　此節言井田有睦民之道鄉田同井句跟上句來言死徙無出鄉則於鄉內可推移其相友相助相扶持同乎一井也

方里節　此乃實言井田之形方里者四方皆一里八家皆私百畝以上是井田形埒同養公田以下乃言別野人埒音劣痺坦也又封道曰埒

有爲神農之言章　許行節枲布之粗者曰褐言毛布者非與織毛之毼字不同毼非南楚所有暑月必不可衣枲今之檾麻檾音頃俗讀於閭豈不熱殺許行　害於耕之言已足以折並耕之害於治特以衣冠自别爲一事而非陶人爲釜甑則雖耕而不可食非治人爲鐵則并不可耕以見無君子則農夫不足以保其生全　古者釜甑燒土爲瓦器

以粟節　以粟易械器句至豈爲厲農夫哉三句破其厲民自養之言自爲一段後不復贅　且許子以下有二意一言不暇耕且一人之身至率天下而路也起不暇耕意當堯之時二節廣引以證此義見帝王治民有許多大事在豈暇爭升斗之粟於田間一言不可耕有大人之事二句或勞心七句起不可耕意大人而爲小人之事則規量卑陋而失其大職勞心者而勞力則氣質粗鄙而不足以治人故義因其分而不可屈大人以親小人堯以不得舜爲已憂至亦不用於耕耳廣引以證此義君天下之所用

小即惠即忠尚分任之臣而已不與唯在擇人而任之事甚簡而仁天下者蕩蕩巍巍必不可憂農夫之憂以求自養而不能仁天下二意即從害於耕上折之以不暇耕不可耕且爲折之以不可耕脈絡須分明乃不雜亂凡有長篇文字類如此

當堯節　草木暢茂三句言地長草木而禽獸聚處害稼是以五穀不登民以無食禽獸逼人二句言禽獸偪人而人流亡以避害故國中成鳥獸之場民不能安逸以居

后稷節　逸居言水土平禽獸匿而人得安逸以居而無

教而字乃轉俗解云放逸以居則放逸者游蕩無恆處不得云居　父子有親言人倫之道然至勞之來之方是教夫婦有别舊云男正位乎外女正位乎内相見如賓云云此乃君子之行豈可以教民且小民環堵之室有甚内外夫耕婦炊何暇衣冠成禮此有别者蓋上古男女瀆亂而别之使定婚姻成配偶各自夫其夫妻其妻也　勞來是初學時誘掖之匡直是正教法輔翼是有志於學者成其美又從而振德之在自得之後乃其賢者德可成而益使進於善

堯以節　以治天下故舉皋陶　百畝句緊乃斥言其爲小人

孔子節　爲君君哉二君字乃見其克任大人之事無能名不與言不屑近功小效

昔者節　江漢以濯之二句是以湅布帛比聖人純白昭明之懽濯之則白而白猶未顯至暴之乾而白乃著上句比聖功之始下句比聖德之成物之情也情實也

墨者章　二本者墨氏以人生而受性於天一本也受形於父母一本也性通萬物之公形成一己之私是性貴而形賤死者形死而性未嘗亡故當因性之公與天下同此大本而私利易毁之形不當勞生以送死故薄葬是其兼愛與薄葬之恉同出於二本天之生物也三句以繳上不當兼愛卽不起下掩親有道蓋非形則性無所依故父母之生我卽天地之生物而不忍其親則必不忍薄其巳死之形中心自不容已原同一理

陳代章　昔者景公節以不見者以諸侯以幣聘招則可往不然則士節不可屈今不見者以不招故也

且夫枉尺節　此下辨其枉尺之説　枉尋直尺而利六

字爲一句塾師多誤亦可爲與句有兩轉蓋曰枉尋直尺而利亦可爲矣而君子見諸侯亦爲與

御者節　末句重言不招而往必不能王

景春章　雖是仁義禮而云廣居者自仁之覆首天下言之正位者以禮之進退有恆言之大道者以義之坦直無邪者言之要緊在居者立行三字居者安仁而心常泰立者守禮而志不遷行者從義而動皆得　猶農夫之耕言職所當修分所必爲義所不可廢下二句乃答誠質

彭更章　傳騶傳也　子以爲泰乎言傳食

戴不勝章　使楚人傳諸一問如以其所知者問之以起下意

公孫丑問曰章　段干木二節言亦有不爲臣而可見者則以諸侯先來求見其情迫切若魏魯之君則二子不當過執或禮在必見必自處以禮若孔子之於陽貨則往見亦可非此則必守不見之義

曾子節　此以當時策士俱無端至前獻笑以求容故引曾子子路之言以明之

公都子章　已止也辨之詳似乎可止而不止故人謂其

好已字從好辨生出但孟子如此不可云三聖皆不得已有將不得已作沒奈何者尤陋

天下節　治至數百年而必亂天道也亂則必撥亂而反治人事也

當堯之節　段段皆有禽蟲等治亂之分人禽之別而已

堯舜既沒節　此邪說乃小人諛上行惡之言

周公節　前修明文武之道後則助後王而開示之以正皆謂周公

聖王節　諸侯放恣故處士思矯之而横議楊氏惡世之辱身於諸侯故爲我之言墨氏惡諸侯之好戰樂殺故爲兼愛之說　庖有肥肉五句言禽獸盛則人受其害　率無君父之獸以害人之生理人皆從之而自相害

昔者節　此節起下以承三聖者句與下亦字相應

我亦節　淫辭乃其書之汎濫動人者

匡章章　過半通一樹而言時文云半李者非半個李子如何得反死回生乎　將持也

於齊國之士節　仲子惡能廉一句斷然不與下文相連廉者立生人之大防而不苟如伯夷尊父命以敦友愛方

能之仲子瀆亂天倫焉能之至後以母則不食四句是正指其不能處充仲子之操以下則以笑其必窮且使能充操亦止是蚓蚓豈可云廉乎況其必不可充耶註可以爲廉句未是

四書箋解卷八

衡陽王夫之譔　八世從孫之春校刊

離婁

離婁章　此章分四段每段以故曰結之第一段言平治天下者必以先王之道二段言先王之政盡善而在所當因三段言時君不能行先王之政而播惡四段言當時之臣薄其君而非先王之道爲不可行　六律正五音者以六律六呂之大小長短輕重所容黍之多少爲樂器之準凡制樂器之度尺也量升斗器也衡天平戥子皆以律稱量較準之凡

作樂一章須備五音聲最鴻大者爲宮次徵次商次羽次角使清濁相應而成章其法三分益一謂之上生三分損一謂之下生如宮聲八十一三分之每分得二十七而損其一則五十四爲徵又三分五十四每分十八益其一則七十二爲商又三分七十二每分二十四又損其一則四十八爲羽又三分四十八每分十六又益其一則六十四爲角所謂幾十幾者以樂器之大小長短輕重疏密粗細而言如其上生下生之法以損益之則聲之高下清濁自正故曰正五音　堯舜之道道字以仁天下之心言

詩云節　引詩重在率由舊章言其能無差失事理不忽略事幾者以其率由舊章也率由是遵先王之法愆忘過也註解自明時文重不愆忘謂不愆於先王之度數不忘夫先王之精意故能率由舊章者非此段重在先王之法是告人以遵之之道

城郭節　以當時不行先王之法者唯以國未富兵未強爲憂故廢法以行富強之術是以引此說以證之

事君節　進退無禮苟且以求容

規矩章　至者至當而不可易非規矩則方必不方員必

不員非聖人之道則君不君臣不臣必要以之爲法一毫也苟且不得玩下自見　人倫雖是概說然不可如時文講到舜事瞽瞍文王事紂等支離不合本旨之語

二節　舜之所以事堯止是輔堯以行仁民之政

道二節　此二句是上下關紐上說仁下說不仁

恆言章　人有恆言不與南人有言曰同非謂恆言之善也人只信口說天下國家卻不思其貫通歸宿處孟子使卽其言而思之以得其理言天下可以該國家而必連舉之言天下國家可以思此天下國家屬何人之應之則可

以知其本矣
爲政章　此以戰國之君聽游士之辯言刻薄世家而亂國政不知世臣雖未必賢然與同休戚爲百姓之所依如趙武靈王胡服騎射公子成必不肯從及信陵平原係國之存亡則可因之以收拾人心而行吾之德政不似游士爲天下所輕賤怨惡不服從之也
天下有道章　此章爲小國而發自天下而言則宋魯衛中山爲小自七國而言則韓魏之於秦燕之於齊亦小國也既不能行仁政以大有爲於天下又不欲受其役而與

之興兵構怨勢必至於亡國故力言其不可逆天以首禍若欲不爲之役則惟師文王行仁政以轉無道之天下爲有道則彼强大者不可爲衆且如商之子孫多士役於我周而受命矣前後宛轉只是一意唯無德而構怨則必不可也
今也節　弟子才不如師小國力不如大國安能以受命爲恥若當仁不讓則又奚不可哉
如恥之節　大國亦小國中之大國如韓是也
執熱節　是猶執熱言不能以勝天下引詩乃以言其欲之不遂
桀紂章　此章以行仁得民心民必歸之之理言水就下言不可遏抑獸走壙言遂其所欲
三節　此下以當時時勢行仁尤易
今之欲王節　此下歎當時人君皆不足以有爲同於滅亡今之欲王者言今日而欲王因循已久爲時已晚然及今爲之猶可挽前日之失
自暴章　此章通時君及流俗而言
道在爾章　此章爲異端而發求諸遠者泛求之天地民

物廣遠之神化求諸難者如楊氏之爲我致虛守靜忍制其心墨氏之兼愛勞心怵形以役天下親親長長道在爾也人人親親長長事在易也但爲治者行先王之政制產養老興學校以導民於孝弟則人之不親不長者鮮
居上位章　思字不當只作欲字解若但云欲誠未見其必能誠也此思字是工夫字與不思而得思字相近亦勉意學思辨俱以心思勉爲之蓋明善之本也思誠則擇善而固執矣
至誠而不動節　此章重在此二句誠者天與生人以性

情之實理人人皆受之於天惟能思誠而合於至誠則有此實理者自然感而卽動若但襲仁義禮智勇之迹而心未極乎無妄之實則人各有心君民親友皆漠然而不相應矣

伯夷章　善養老非謂善養巳也註自分明文王之政正謂此不可添入上庠下庠執酳執醬等語

求也章　大意重在聚斂末句辟草萊任土地正應章首一段强戰是帶出相形語次者卽次於彼也必財粟富而後可戰亦相連事賦粟倍他日非加賦也乃精覈督追不

容逋欠耳

故善戰節　辟草萊者周制有田有萊田有征而萊無征萊荒田上地田百畝萊五十畝中地田百畝萊百畝下地田百畝萊二百畝萊雖耕而不起科辟墾也責民開墾而納賦也任土地者古者任夫家而不任土地一夫輸百畝之賦勤者耕地多而不增惰者耕地少而不減今一槪以地起科有田有賦而游惰者無征則賦易取足而農民之困極矣

存乎人章　觀眸卽在聽言之際觀聽二字相連說此爲飾說以欺君子者言其人未言之時眸子未必卽眊唯至言與心違之際畏君子之察見其隱心先怯惴則但恣口妄談而神氣沮喪心不能注於目怛思匿避故不能正視而有見如不見矣云胸中不正者言未始不託於正也

君子之不教子章　君子乃言君子立教之法待子之道爲不易之經

次節　此以不肖之子言子未必不肖然立法以全恩須極其變賢者自可求師不肖亦得師以制之

末節　推開說不但不與門弟子同執經問道凡所言所

行皆是不責善責字重君子未嘗不迪子以善但不責耳責則有危言相驚甚則加以夏楚子之於父亦極言而無婉詞

事孰爲大章　大者謂止此一事要緊其或得或失關係天理民彝爲人禽之界善惡之樞盡心力以效之猶恐不勝時文有云親大如天如君者亂道也若以分位之尊言則守身句又何以云況父母豈以尊故而事之乎明言事孰爲大非言人孰大俗說可笑此章有守身養志二義皆事親之事也必守身而後能事親必養志而後可則其大

可知矣前段守身與事親並說即急急歸到事親上方補孰不爲事一節以見守身以事親則本立而道生須妙於消納以成章法當知守身養志原是一理人之不能守身者止在義利上不分明如曾元便有愛惜物力以圖便利意有此一念則屈身辱己以求兎全而見事君事長守官守業之重反以富貴利達爲事親之本以要之見口體之重而已以此立義前後融洽

人不足與適章　仁義以陳善閉邪心無貪侈殘忍之情仁義乃行故倒在君正上正是格心事定是謂無可適無可閒

人之患章　孟子之時處士横議者如爲我兼愛虛無浩漫堅白異同之說汎濫害道止因當時爲人師便可奔走天下故勉爲矯異之行肆其猖狂之論不如是不足以新人之耳目而使從己一人首之其徒相承以自立一家之統系皆歆於名聞利達養自尊以役物之利一念爲之也故摘其大患之本原在好爲人師

樂正子章　此弟子事師之禮所繫甚大不必以下章意攙入首言從於子敖見習氣移人之易

仁之實章　實字與本字異與體字亦異舊說俱不親切其義至顯只說此乃實實的仁義禮智樂耳與眞字略同不必添入其他非實之事一反於事親時此心之眞愛方見於從兄時此心之眞敬方見能敬能愛方是眞仁眞義二者不可廢之節文眞是自然之秩序二者知其必盡而常常記憶不昧眞是自然之是非因二者之樂生其歡豫之情而不自已乃以舞蹈之節傳其至樂之眞情是樂之所自作立言之旨欲學者於此二者體驗自己眞實之至情而躬踐之乃爲五德之實不徒務其名也名字緊對實字

次節　生是樂後之幾註云事親從兄之意油然自生則生後方樂矣生與惡可已是二者之樂與作樂相因中次序樂乃心中歡洽生則發見於官止神行之間惡可已是遏抑不住必有所見於動作而舞蹈傳之矣蹈是舞之行綴如今作蹙脚步法舞是手持干羽以舞不知者自然合節也獨言舞蹈不言歌咏者歌吹原相應而舞蹈爲五官百骸同用以應心之大全也

天下大悅章　化是一時事且恐有大逆不可化之人定

則爲萬世法雖亂賊不敢越
舜生於諸馮章　此章爲當時言治法以古今不同時九州不同地不可拘守先王之道得志則唯其所行於是破壞帝王之成憲以徇其妄故舉舜文以辨之時地是兩柱子文字參差互見乃古人文字不板滞處前二節但言地末節先聖後聖但言時各異應地之相去也二句
地之相去節　得志是得大行之志行乎中國是行政如井田學校之類時解言聖德聖學者非
先聖節　先聖後聖可推開說其揆其字頂先聖後聖來

言先聖後聖之揆度事理以行者一也
子產章　歲節此節就濟人之政言下平政因此而推言之
君子節　平其政者上下各得其安如民有梁官有車彼此均濟卽辟人亦不平也此下分二義君子平其政二句言上下自有典章行道可辟人豈得以大夫之車載小民失爲政之體焉得人人而濟之至末言一車不足以濟多人則所惠者有限求每人而悅則惠之術窮失爲政之要焉得句雖承上而帶出人人二字則又別爲一義此文字活法註亦字下一轉與上不應

非禮章　一則流俗之禮義未始不依託禮義而禮非其實義非其正一則小儒之禮義亦禮義之大略而用禮不和擇義不精皆非禮而可云禮非義而自執爲義也
人有不爲章　不爲有二義淡泊而不爲其所不當爲則志貞而無所惴於物沈靜而不小有所爲則量大而可以致遠
仲尼章　註講不爲已甚甚精深當細心體之勿作寬和處世老俗漢解
不失其赤子章　註不爲物誘句甚切純一無僞乃以眞

愛眞敬言之方不墮老氏嬰兒之說　只是非失非全恃此心而爲大人凡文字有倒得者有倒不得者如上章倒云不必信果惟義所在者大人也則可此若云不失赤子之心者大人也則不可當細體之
君子深造章　此章爲躐等涉獵卽欲以所見所聞見之施行者而發自得者心自得之知其所以然也居之安者是自信而不爲他說所惑資之深凡事事物物之理俱從自心所得之理大本大原上發生以待用故隨給皆合君子一逢原凡應事接物立言明道皆然

博學章　此爲專執己見自謂得之於心勿待外求者發與上章各救扶一偏之學意不相蒙而互以相成註云非欲徒博與本文語氣不合蓋曰博學詳說豈欲徒博哉將欲發明至約之理不得不博且詳喫緊在博詳上用工夫詳者於所博之中凡一事一語皆委悉講究　約非少也乃收斂之意向自家身心之謂

以善服人章　人以諸侯言近文多如此說是也

言無實章　註中後說是也若云無有實不詳者則違理違心之言甚多豈但蔽賢而已正爲不詳之實實字故有

前說不知此字偶同原不足拘

仲尼章　原泉混混比德行從心得而出不舍晝夜比善日長而不已此二句在有本者身上說盈科而後進比自近及遠善人以次爲物所悅服放乎四海比邦家皆達聲名洋溢此二句以所感之效言

苟爲無本節　七八月之閒雨集比從未有善忽然而行一善爲人之所驚喜溝澮皆盈比因驚喜而有溢美之譽喧傳遠近其涸也二句比後善不繼人心漸離

異於禽獸章　幾希言幾於無也乃一綫之象非一點之象凡事俱異凡事之異無多稍一差錯則墮入彼中如禽獸亦未嘗不知庶物只是不明亦未嘗不有倫類只是不察未嘗不有所愛而不能行仁未嘗不求所宜而不能行義舉凡日用飲食俱有異處而俱差不遠此其所以必戰兢惕厲無念無事不思求其所以異也存之謂存其所以異者以要言之謂之人道俗解時文云存此幾希一脈胡說也觀下諸聖人所存者如是其大夫豈僅存一點靈光乎又有以存心換存幾希者較通但存者以心存之豈以心存心庶民去又豈去心乎

舜明於庶物節　人倫乃以人爲倫而通其志達其欲以各盡其所宜曰察切不可將瞽瞍象等事塡入蓋書所謂愼徽五典也

湯執中節　執中以應物而言與中庸執其兩端用其中意同勿太說深以危微精一插入

周公節　不合言不合於三王之四事註云時異勢殊未是不看其有二字直頂上句故失之如惡旨酒等事豈有時異勢殊不合乃是欲施之而知有所未徹力有所未至故欲行而未能如望道而未之見忽一念覺道止於此無

可更進便是不合於文王極心思以求之乃得之於己而行之恰與三王同也至時文有三王君而周公相及流言風雨等皆是胡説

王者之迹章　此註用胡氏春秋傳自是史家一説無關大義周之政教號令不行於天下乃穆王一代之衰耳自穆王以後即然豈待東遷至有謂迹爲廵守之車轍馬迹者尤劣廵守亦周制之一端耳孟子以此繼上章言春秋所以存人道而異禽獸豈爲周之治亂而言王者統三王言之迹其已然之德業即四事也文武周公之德澤既斬

故列國之詩傲僻淫蕩而雅頌之以達庶物之情敦人倫之誼涵泳仁義之澤以興庶民使異於禽獸者亡矣春秋之作明王道正人心定大倫而正萬物之義存焉乃孔子所以存人道也義本如此俗解不知

次節　晉之乘至其文則史是一氣一也二字是倒裝句法言其事其文不過紀桓文之績爲記事之書春秋與乘與檮杌一也其存人道之大義則孔子自謂與二國之史異

逄蒙章　古之善射者名羿不一堯之時亦有后羿蓋以射名如古共工堯時亦有共工此羿非堯時之羿尤非有窮后羿之羿若是有窮后羿則是篡夏之賊豈但取友不端之失而孟子僅曰是亦有罪公明儀且曰薄按莊子所言羿亦別有一人今不可考但不可以篡國語插入其以逄蒙爲寒浞者尤非

次節　註中全私恩廢公義不必入講

天下之言性章　如註所釋則前後三節全不相應小註云智亦性中之智尤非牽强近人看此章頗清楚當從之章意本爲言性者而發其言智者以言性之人皆有慧辨

而自謂智也天下之言性也謂凡人言性者古人聖賢言之孟子亦言之告子等異端皆言之而性非一物可據以爲成行則皆因人之或善或惡已著之迹而推求之耳乃君子有故以言性異端亦有故以言性如文武幽厲象舜微比等皆故也□□□□□□□則何以別其言之是非然故有利有不利而必以利爲本其不利者無本之言也利順利也因孩提稍長之愛敬順而推之如禹之行水順之以下則利據習氣染污之惡逆而揣之則善皆不得所歸而別尋一空洞之隙以爲性如鑿地以停水使湍則不

利其鑿之也不可謂辨之詳乃以自矜其智而不知以小
智逆行則言愈巧而愈可惡唯其不以利爲本也
天之高也節　此節就上意而廣譬以申言之天高星遠
日至不易知苟以故求之則可定唯其有常之故順而利
也人之善惡不齊而民之恆性必非可東可西故孩提無
不知愛稍長無不知敬其常也則亦何難知哉鑿智者據
不常之習以言性宜其不利也　日至者一歲之首日在
南而回北之始也星二十八宿之度分辰日所躔之十二
次日徧歷乎十二次而復躔於前歲冬至之度無杪忽之

差乃爲役歲之冬至天左旋星辰隨之日右旋每日皆有
一定之度分則其故也　千歲以未來言
君子所以異於人章　以其存心言以其心之所存也存
字不對去字乃常持仁禮於心故與庸人之日以物情之
順逆係其心而戚戚患之者異仁者愛人四句是轉下語
仁者愛人而人必愛之有禮者敬人而人必敬之然而有
橫逆相待者雖非恆禮而天下自必有之此四句以此轉
下乃在君子則見愛人而人恆愛敬人而人恆敬今人之
不愛敬我者必我之愛敬未至此意亦在此四句帶出

是故節　中懷不釋恐其不逮曰憂變自外來相迫而無
可如何曰患非仁無爲也二句是現成語言我自反既盡
仁盡禮矣何患之有
禹稷節　禹稷顏回同道言禹稷不恤其勞苦顏子不憂
其貧，求盡於道而忘其身其爲安土敦仁之道也
禹思節　此節是地皆然意非以申同道之旨　由不當
作猶禹任治水而有溺者皆治水不敏使然稷任教稼而
有飢者皆教稼不勤使然實由乎己無可推挽故不容不
急春秋之天下不治不由顏子故不當引爲己任地使之

然易地則禹稷且隱顏子且不容不急
今有同室節　二節推開說以見君子隨地自盡之道
匡章章　以公都子言通國故卽以世俗詰之其實孝不
孝之大界限卽在於此不顧養云云皆從上五句出八非
犬豕未有忘父母者止以怠惰私利縱欲逞忿遂至迷失
本心此是天理人欲爭存亡處匡章出妻屏子終身不養
與好貨財私妻子正是的對　責善朋友之道一道字要
緊有其心必求當其理章子止是不知道夫章子子父責
善二節言章子所以不得爲孝末節言其不至爲不孝故

兩用夫字推求之父殺其母事不見正史不可入講使然是怨父非責善　是則章子已矣言有其心而不知道不可謂孝不可謂不孝如此而已

曾子章　同道言愛其身而不輕死致其身而不苟生皆以守道爲重其道一也曾子師也以下言所處之地起末句

蒙甘來曰鴻按禹稷顔子所同之道是以仁言進而救民仁退而修己亦仁也故註曰其心一而已矣曾子子思所同之道是以義言君臣師弟皆以義合或遠害或避難自有

所爲制事之宜故註曰惟其是而已

四書箋解卷九

衡陽王夫之譔　八世從孫之春校刊

萬章

舜往于田章　我竭力耕田以下依註解則若是恝若是字無所指而我於何哉解亦不順若是是字是倒裝法若下文所云也蓋謂舜若云我但竭力供職至於父母之不我愛非我有以致也則亦無可如何且安心以受之而已如是則可恝然無愁和順事親而不必怨矣此長息萬章所疑不當號泣者而公明高以爲不易知孟子以爲慕則

必怨也

天下之士節　上節據所傳聞以立案此節因上節而推詳以斷之惟順於父母二句是底豫後實事非虛擬之詞據下云五十而慕舜三十而登庸二十八年乃即天子位以天下養瞽瞍則五十以後瞽瞍尚存而底豫之下無復怨慕而憂解矣

娶妻章　聖人於父母則揣度其情而曲全之以不使成其惡於兄弟則誠信不疑而坦忘之不復察知其慝此天理自然之差等厚薄不容不異故不妨以堯之知瞽瞍者

而非有欺以子產之信校人者信象而非愚也
盛德章　次節如以辭而已矣此上但辨詩言莫非者父母不在其內
孝子節　此乃正辨瞽瞍非臣之理而以舜實事證之孝子之至四句通論理爲天子父四句乃舜不敢臣父而有以待之之禮爲天子父者古無以尊號加父之禮故但正告之曰天子父以天下養養親於宮以天下之養天子者養之而問安視膳皆以天子事親之禮行之當時必有典章今不傳矣　引詩重一則字則者定其尊養之禮爲後世法有其思必有其則有其則乃可慰其思詩言追王之典故引以證此
堯以天下章　諄諄然命之乃漢書皇天鄭重降符命之意謂祥瑞也或有文字或有形聲皆謂之言故曰天不言若謂天無口說話則大不成語　以行與事行是舜之所爲無不利者事乃一時事會湊合　故曰天子不能以天下與人答萬章堯以天下與舜意已竟舜相堯以下別是一意言舜不敢受堯之與而遂有天下蓋戰國時有此邪說爲篡位者誘其主以位授己如燕子之類故必申明私

受人之與者不待天人之與逼其子居其位乃是篡賊前段言不能私與此段言不能私受大意側重此節
人有言章　至於禹是從禹說起兼商周在內故孟子備言伊周之事以答　施澤於民未久以上是述其事以槩舜禹益以下乃斷語舜禹益三句須補或傳賢或傳子乃到入天也　莫之爲四句只就舜禹啓受命者說不可兼朱均及益莫之爲言非堯舜禹之所能爲莫之致言非舜禹啓之邀致　致招致也
匹夫節　此以孔子證益之不有天下苟非天之所與則不但益也即孔子亦不能得
繼世節　此節證啓之有天下言苟非天之所廢則不但啓即商周後代之主不如啓之賢者亦可繼世雖言益伊尹周公不有實言啓太甲成王及商周後世之中主
伊尹節　二年四年趙氏之說爲長竹書紀年甲子相次外丙仲壬皆即位而夭商法立弟毋弟畢立然後立嫡長之孫
唐虞節　其義一也義者宜也於時爲宜天使然也
伊尹以割烹章　否者必無其理不然者實無其事　自

伊尹耕於有莘之野至以伐夏救民皆述伊尹實事以證其無割烹之事耕於有莘一句即以辨其非庖人而先未來商　己所當受曰義人所宜施於己曰道　一介不取與是實事天下弗顧千駟弗視是志願如此　不以與人句亦要緊一介不妄與況有妄與人以身者乎

天之生此民節　知者知事物當然之理覺者覺吾心可否之幾一見而即別白曰知如黑白之不紊自喻而不容昧曰覺如痛癢之自知

思天下之民節　前云覺斯民後云正天下此云被澤云

救蓋必伐暴以安之然後可滌舊染而自新

吾未聞節　此一節是伐夏救民以正天下推其必無割烹之理遠近以未仕之前言去不去以既仕之後言聖人推開說

吾聞節　聞不聞要緊前五節皆所聞也未聞直言無此事要者取必於君從己以行也

伊訓曰節　引伊訓以證其能正天下必非辱己者之所爲

或謂孔子章　於衛主顏讎由句要緊是質證其非主癰疽以禮者君以進賢之禮進己以義者道道不合不可枉也

百里奚章　虞人也一句要緊言其故爲虞臣非始爲求仕於秦也春秋時大夫出奔他國皆羈祿欲仕則仕　智賢是兩柱子先言食牛之不智後言奚之智先言奚之賢後言自鬻之不賢錯綜成文得其意兩分可也　智以知是知非言

伯夷章　目不視惡色二句持己之嚴非其君四句出處之嚴橫政之出三句不特不仕不使思與鄉人處三句不

特橫民　言治則進亂則退者伯夷讓國出奔後蓋嘗仕於他國孟子時尙傳之秦火後乃不可考耳古者公子出奔他國則仕　剛而無恥曰頑柔而徇物曰懦躁褊而不容物曰鄙刻覈苛求於物曰薄

聖之淸節　註以不思不勉言聖人未嘗此乃以大而化之言聖也大者充實而有光輝如三子淸任和皆誠有其德篤實而無毫髮之妄而發見於應事接物者皆昭著光明物無不睹其化則夷惠之聞風興起頑懦鄙薄皆仰以自新伊尹則以道覺民是也

孔子之謂集大成節　此下二節歸重孔子非徒贊美之也乃孟子學孔子之聖功知所從入處德自聖修而成智必自聖學而大雖孔子之聖得自天縱而好古敏求不厭不倦乃至發憤忘食其求智如此其至故自言忠信如人而人不如其好學聖學極乎其至然後知無不明洞見萬物之理與天道變化之幾則隨時以應皆其所深知者而行之而成乎時中之妙孟子推及於此以示學聖者格物致知爲入聖之門三子聖修已至而聖有未逮故但各盡一成之善而不能貫通學者學之則未免有隘與不恭之

傷矣此一節以樂譬喻漸引出智字下節乃專歸重智爲一章之大旨　大成是樂中名目註有二說前云樂之一終書所謂簫韶九成則以一闋爲一成又云獨奏一音自爲始終爲小成與前說矛盾實則前說是也若後說則豈有獨奏一音之樂乎小成猶分俗樂雜劇之一齣大成則全本也　始條理是大成中八音之唱和相應於此始之終條理則於此終之也知之所至無窮故行之無極無不備

智譬節　此節專以孔子之聖智言不帶三子說爾力爾字就射者說耳孔子之聖修可勉而至其聖學涵泳漸積以底乎高深不可勉而至也

北宮錡章　班序也謂爵之尊卑祿之厚薄以次相序也班爵自天子而下推之至於下士班祿則自耕者之獲在官者之祿而上推之至於千里爵主以上治下天子出治之本也祿主以下養上耕者食人之始也

敢問友章　獻子之與此五人者友也十字一句不斷五人者三字相連與下此五人者同不可在者分段應也字若以者字應也字則此句全無意味蓋言獻子之以此五

人爲友也以其無獻子之家也文意本如此友也也字是起下語與下者也相應獻子以其無家而與友則其不挾貴可知也　無字妙不是蔑視他是全忘了有也如此無也如此平平坦坦不異貧賤之交

敢問交際章　章分二段自章首至充類至義之盡也究轉發明可以不卻之理自孔子之仕於魯也至末乃言所以不卻之心蓋當時諸侯雖不能用君子而士至其國卻有交之禮以致敬則君子所可與相酬酢而使知我以行我道者在此若更責其所取不義而卻之則天下更無可

用之心而拒人已甚勢必如沮溺丈人陳仲子之流果於忘世矣故於其交際示之以君子之道不難行之幾所謂兆也兆字是一章扼要此孔子所以應世時中之道而孟子所學者故後主孔子三仕以申明之前段輕後段重比今之諸侯四句已有必用此時之君則必不絕之而教之之意王者之法君子之道一也

首節　萬章問何心也一心字謂君子之交君子者何心君子之不絕之者何心孟子說爲之兆乃正告以君子之心彼以敬君子之心而來此以尊敬者之心應之此心正可互相用以有爲處萬章却以不屑其不義爲心則眞是不耐他而無心與之往還若却之然後心安者然

仕非爲貧節　劈頭一句是大旨章末句正應而有時乎爲貧以下乃是回互說個十全道理耳仕非爲貧本以行道乃世之立朝者不以道不行爲恥則是貪位慕祿以公卿爲救貧之資全不顧仕之何所爲則可恥甚矣若但爲貧則有卑官可以稱職而受祿何爲立人之朝哉

位卑節　大夫以上乃有朝位在寢門內入則立之以待事　位卑言高則且得罪故可不以行道爲己任

士之不託諸侯節　士不可不仕而受祿所以自謹於禮君以養賢之禮養君子則如堯之養舜而可受食祿有常而可久養則不終於養而必加諸上位非苟以得祿而已

不見諸侯章　此一章分禮義二字禮以自循其分義以自伸其道第一節言不敢禮也後云以士之招招庶人二句應此節而提要言之曰禮門也自庶人召之役至而況可召與言不可義也後云況乎以不賢人之招招賢人乎應此段而提要言之曰義路也二句詳畧不同實是二柱齊景公田一段雙引二意孟子答不見諸侯凡三章彼二章皆專以義言惟此兼禮說蓋當時游士踵門求見既卑污而不義而以一介之士唐突侯王脅之以求榮則又放恣而無禮君子自處以禮處世以義高不亢而卑不屈乃是坦直之大道出處自得而不見諸侯之義於此爲全

取非其招不往與下以大夫之招招庶人文氣相連偷空問答而語脈自接　庶人以旃三句亦是招之以田事若召之入朝則不用此此節亦以見君之召臣亦必有常禮

欲見賢人節　義是君子自持之義禮乃上下共由之禮故專以閉門比之路者人必由之禮則初見時或出或不

出必從此而行
一鄉之善士章　註盡字當玩乃取友必廣意故下云未
足
以友節　論也然後可以知人道以隨時而異乃歸於一
知人則可取古人之善以益我我亦可以輔古人之不及
而補其偏有友道矣

四書箋解卷十

衡陽王夫之譔　八世從孫之春校刊

告子

性猶杞柳章　告子之說未嘗屢變只是見處不明欲直言而不能故左譬右喻無不被孟子說倒亦只隨所說而破之不與正言以其不可與言也此章原不是性惡杞柳亦不是惡物既可爲杯棬豈可言惡桮棬固可屈杞柳爲之然使不屈亦可爲他器告子止以目能視耳能聽口能言體能動心能知活在世間的是天所以與我者爲性

原無善不善故云猶杞柳也杞柳只是一株樹並無桮棬之成形亦不必爲桮棬義爲人立下的名做箇成器只爲人要杞柳用故有桮棬非天下固有桮棬也此二句是他見性爲無定之質義爲後起之用下二句惟其無定故可使爲桮棬是將這知覺運動之靈做出仁義來爲桮棬則非杞柳爲仁義則亦復非性矣他立意不要仁義只任其自然故其說如此

子能節　告子雖不要仁義亦不肯教人以不仁不義然說以杞柳爲桮棬則必戕賊乃成將使人謂不仁不義乃

可全性之本質則不仁不義之禍必成故以禍仁義之說
破之而說窮
性猶湍水章　告子以杞柳有戕賊之嫌故以湍水比之
湍水一決即流無所戕賊也其實只是無定之義與杞柳
之說同
水節　告子將東西比善不善是大謬處東西皆可決之
方異而下同也性之無分於東西者如不同道而趨一殊
塗而百致之善也故曰性無分於東西誠有其無分者也
告子錯處在一人字他不識得人之所以爲人故不知性

人無有不善喫緊在人字上若犬牛之性則有不善者矣
今夫水節　可使爲不善習使之然也
生之謂性章　生之謂性四字亦無甚錯生氣生也生理
亦生也生則有死則無食色然仁義亦然故此語破他不
得但其意是說有生之氣有知覺能運動的故凡生皆生
凡性皆性孟子灼見其所言之旨而反詰之告子果以爲
然故可以人與犬牛破之以人之知覺運動即灼然非犬
牛之知覺運動即人之甘食悅色亦非犬牛之甘悅也故
其說又窮

食色章　告子以食色爲性者以其出於自然不待學慮
不知食色乃天之所以長育萬物之生氣故可謂之命而
不可謂之性以其非天所以立人之生理也然孟子不辨
此者以食色之中仁義未嘗不寓焉　食色而得其正者
固仁義也　告子所言內亦不指之爲性但自性中發出
的以呴呴之愛爲仁亦止食色上發出非君子所言之仁
從心而發者謂之內因事而顯者謂之外
三節　長之者三字即從告子而我長之句接著彼說以
辨之蓋云我長之則義在我而不在彼告子已自相背戾

矣
耆秦人節　止就其食色性也而破之物謂甘食悅色所
甘所悅之物
孟季子章　孟季子之意即告子長楚人之長意以有定
在爲主於心者爲內無定在而可移易者爲外不知唯有
主於心故可移易而皆得其當若在外則一物一理不可
移易
公都子節　固有之生理存於中者謂之性喜怒哀樂發
端以生好惡之用者謂之情情亦自然必有以達吾性之

用者耳目口體之能效其視聽言動以有爲者謂之才才亦自生而有但藉形氣以成用耳

乃若節　乃若其情三句應可以爲善可以爲不善一說言彼所言可以爲善者情也非性也情則不必善而但可以爲善然使之爲善者豈非性乎故以此益知性之善也

若夫節　應有性不善一說有不善者才也才則有愚有明有柔有强然即不能純乎善而非必於爲不善爲者止因不盡其才則亦非才之罪才且不任爲不善之罪而況性乎

惻隱之心節　惻隱之心至我固有之也正破無善無不善之說皆有有字正破無字人皆有之則所謂人無有不善也上篇說四端此竟說是仁義禮智蓋上篇因今人乍見孺子説來言今人者乃當世牿亡其性之人牿亡之後僅此見端此則統聖凡而言直指其本體之四德既固有此四德安得謂之無善乎　鑠是鎔鑄改换前模之意外謂事物及教習非以事物以其理來相迫亦非待教而改易以趨善乃中所固有自然不容昧也　弗思耳矣以下總破無善可以爲不善之說才者所以效性功者也思者心之才耳目口體皆有爲善之才而以心之思爲先立之大者若能竭其心思以求於至善則性之大用無不得者舍而不求任其心之驕逸則見無善逐物以流則可以爲不善任其血氣之欲而全不思以恣耳目口體苟求便利則純乎不善如象而堯亦不能化此不善之所由生惟不使才見功而非才之罪才且無罪而況性乎蓋三說之興皆因人有不善疑於性使之然故直指其故在思求不思求以破之

詩曰節　物者才之質也有物必有則有其才則必效性

之用性善故才可以爲善也好德情也秉彝性也惟性有懿德故樂與其同德者爲類而情可以爲善也情才皆無固然之不善則性善可知已

富歲章　此下三章皆以人疑不善之人惡必有所從生爲生初即有惡在故聖凡相遠孟子詳爲剖析以見不善自有所至而非生質之有惡也　自章首至天下之足同也言降才不殊以明人皆有作聖之才自口之於味至末言情之同然以明人皆與聖人同情分明兩段不可混而爲一

首節　陷溺其心則才隨之而異趨陷溺之實至後數章乃見此但約略言之

次節　麰麥之熟而成實才也才依形質而起用　雨露之養直趨到不齊也

故龍子章　足但有才而無情故以證前段末節故曰以下不復重叙

口之於味節　與人殊言與人異　犬馬不同類亦以味言如犬嗜穢臭馬嗜草等　舉易牙師曠子都者以至美之味聲色等言人之嗜好雖不同然到至美處則必不異

以比人之好尚或異而至於理義爲至美之德則無不以爲然也

故曰節　然是也以爲至是而不能非也此言好善之情芻豢悅口人人共悅也

牛山之木章　此章扼要在人見其禽獸也三句以破性無善及有性不善之說中間說不善之所由生次第分明以證非性之本然後發一養字是復性之功然非於此有教人養性意止言善之所由存非分外增加但因其固然而滋培之耳

次節　言雖存乎人則此人字乃就不善之人說言非但聖賢固有仁義之心雖放其良心之人性之所存亦終始不相離也

三節　苟得其養則必長者唯其固有仁義之心故可因而養之以盡其善苟失其養則且消非其本無特因失養故將所有之善消之而亡

操則存節　此節時解大謬惟不識得惟心心字將作靈明活動的說不知此言心乃仁義之心也操操此仁義也舍徇嗜慾而不仁不義也出入無時者欲仁則仁至思義

則義在一念存卽存而入主於中一念舍則放而與仁義相離也莫知其鄉者存亡在心而不在事一念則茫茫昧昧不復知有仁義而本心隱也

王之不智章　此章亦辨人有不善之故借齊王以證之孟子言性無不善特因勢使之然則人將謂如孟子之啟迪王者已至若非王本無可爲善之才何以終於是非不辨豈非其智不能若聖賢之明爲降才之殊乎以此爲疑則人性皆善之說不立故言無以此爲惑王之不智自有由非其性之本然也　智亦性之一德　但言智者爲善自

知善始也·　雖有天下二節分二意人之爲不善大要在
此二者前節鬬善少而聞不善多爲習俗之所惑如因凶
歲而陷溺所謂世教衰民不興行皆由於此後節向善之
心不專嗜慾雜亂故雖學而實未學故不能復性乃不能
盡其才之故所謂困而不學民斯爲下者也二者乃不能
爲善而爲不善之故前言陷溺言牿亡至此乃直指陷溺
牿亡之事最爲明切易生之物比人本有此是非之心一
引卽發　未節鴻鵠將至一則比好貨好色一則比富彊
功利

魚章　前六節婉轉辨論只是發明本心二字到生死之
際尙然不昧行人乞人皆能有之則其爲本心明矣至萬
鍾下二節乃察其所以失本心之故而深嘆其愚亦以見
流俗之陷溺非性之不善也失者本有而失之
首節　舍生而取義自然如此非教人知取舍　生亦我
所欲節　此節提出所欲所惡有甚於生死註秉彝義理
之良心自然耐不得屈辱　如使節此言生死於人甚大
若非義在心而不可昧則斷無不求免之理
由是節　此言其所由故生死爲輕由是二字指欲甚於

生惡甚於死
是故節　言人皆有之見不辨禮義受萬鍾之人必有是心
一簞節　此節極言人之皆有豈受萬鍾者獨出行人乞
人下哉
萬鍾節　此下直指牿亡陷溺者一段下劣習氣極没要
緊極卑陋極癡愚乃放其良心者最下一等人而自戰國
以後求富貴利達者大都如此當其窮居之時憤志有爲
果然肯屈志求人雖死不恤及其得位則驕妻妾誇閭里
以鳴得意並不保身家傳子孫唯圖一時浮華以傲物如史

記載蘇秦正此謂也止因將羞惡之心誤用之故本心全
失豈其本心之不良乎妻妾之奉乃盛服飾以媚妻妾
仁人心章　前數章言求言養而未言所以求所以養也
此章乃示人以求之方在學問上說盡枯守此心則仁義
之理不著唯學問則日存心於理義而不逐物以流而於
古今事物之理研求其心安而理得者以審其不容已之
大用則因事見心而仁卽在其中矣
首節　仁人心也句極直截言仁者人之所以爲心者也
內而爲視聽言動外而爲親親仁民愛物之誠理之所涵

知覺之所自啟皆仁在內而使然非但昭昭靈靈之可謂
心也義仁路也須知路亦在人心中必要從此而行必不
肯走錯一步分明記念自然順之以趨故上分言仁義下
總言放心
學問節　放失也放心不仁也求放心求仁也求仁者求
視聽言動之各復乎禮親親仁民之各盡其施也故必於
學問求之時文有將放字作放蕩出外講者不知如何放蕩
緣誤將放心之心作昭昭靈靈的知覺解故以此收轉此
靈明如和尚家止觀爲求放心因而學問不在博學切問只

在收斂此心便是真學此等邪說全不照上文慎勿誤聽
且如雞犬放只是失了雞犬方求若開籠放出鷄開門
放出犬他自然回來何待於求可見邪說一字也不通
無他言非以他用
無名之指章　此章扼要在一惡字以動羞惡之心使求
仁以伸其固有之心　指不若人人人之指皆伸不若人
盡人皆不能如心不若人不能如人人皆有之心也
桐梓章　此章言養身養身者不爲嗜慾之所克伐不爲
利達之所馳鶩居廣居以養其氣立德威以養其體使成

乎大丈夫也
人之於身章　此下二章乃言所以養　體有貴賤知同
乎萬物爲大能止乎一爲小不求物養而物所受治者爲
貴求養物而爲物所累者爲賤　肩背節以大小言　場
師節以貴賤言
飲食之人節　註專以口腹爲小體未是玩人皆賤之句
則不待大人而後知不當爲飲食之人也此二節亦是借
一最賤者以喻之言口腹亦在所當養而養之則人賤之
可知小體不足養矣以色養目以聲養耳以安佚養四體

皆是養小失大
鈞是人節　大體節既是心又將何物去從豈以心爲從大
體乎蓋以小體從大體效其聰明以輔作聖之睿是從大
體以大體從小體役其好惡以徇聲色之欲是從小體
或從節　此節舊解未明在不識公都子問頭公都子或
大或小前已問而孟子已答之矣至此則問鈞是人皆有
大體有小體小人何故舍大從小其病根何在何以唯大
人能從大體而小體不能干之孟子乃告以小體易從大
體不易從之故而言大人能不爲小體所域之本曰耳目

之官不思者言不思而亦得也色到目便見聲到耳便聞不勞研求自然逸獲此句對不思則不得也而蔽於物蔽如一言以蔽之之蔽目止於色耳止於聲雖極其審察亦止在見前聲色之中此句對思則得之思則極乎高深而無不得也物交物二句言耳於聲目於色各以類應故易於相引聲色來就耳目故易於相感此句亦對不思不得不似心之已往察物而後喻物不能於所未思者不豫耳目而真與心交以相引也惟其不思而得之利故小人利其易從而後從之惟其各止於一官故小人喜其效之易

竟而從之惟其聲色來引坐而受之故小人歆其自至而從之心必思而後得愈思則愈得不思則不必得故小人畏其難得厭其難窮而不從能反是者爲大人惟不憚勞而知其有難窮之緒故盡其才以思之也此天之所與我者句自應雙頂若專言大體則下當云先立之不當又云大者矣且耳目之能視聽又豈生初受之於天者天兼與之故小人亦分用之而唯大人能先立其大者以善於用天也　先立乎其大者三句含有利用其小者則大者爲其所奪也此爲小人而已矣意須補發以答所問

有天爵章　天子人以君子之德以理萬物曰天爵君子人以君子之位以治小人曰人爵　仁義忠信性也樂善不倦情也

仁之勝不仁章　仁勝不勝謂存理則欲自遏　謂之水不勝火必別求所以勝之於是强制其心以求免於不仁而與欲爭不知廢天理之節文則不仁更甚持之必不能久終且逐欲而鶩矣

五穀章　存養密擴充大則熟　荑稗謂異端之能成其說功利之能成其說不如者人謂其不如也雖熟亦只是

荑稗人見其不如則將棄此而棄彼

羿之教人章　二節有二意志於彀比用功必至勿至半途而廢

次節　規矩比取法必正

任人節　不揣其本節折任人之妄金重於羽節明禮重之說非彼所可破

往應節　不紾不摟亦未是禮但無禮之極必至於大亂

曹交章　力不能勝一匹雛非不能勝一匹雛自不欲舉而諉之不能也今日舉百鈞使其自任而舉之也　勝音

升足以任之之謂不勝匹雛謂挐不起
徐行節　此二節雖說得甚易然有一跬步一言一動一服之間善惡卽於此分見得一不爲則成乎大惡
小弁章　過大過小時解謂事關宗社故大非也如舜之怨慕豈亦關於宗社乎絕父子天性之恩以賊大倫是過大不能謹禮以守貞不傷大倫則小
末節　五十而慕慕字中含怨字須自號泣說來
宋牼章　此章重正人心以起教化善風俗說　五節懷利以事未嘗不事任他盡心竭力只重利害上起見如子見

父病只恐有喪祭之費家務之勞乃用心以調養之便是懷利以事止此一念天理喪盡勢必利在死則惟恐其不死攘奪自此而興故亡國敗家皆其必然
居鄒章　前節全伏下案居者久居可以徐圖來見鄒任異國必須越境處守不得委宗社而他處行者暫處平陸齊之封內相坐論之官無官守
四節覲聘後以幣及庭實獻曰享儀者將享之際威儀之敬如有容色是也有其志則必著見於儀矣
先名實章　時孟子將去齊髡恐其復留故誚孟子以使不能復安於齊魯繆公二節全是此意故孟子言欲去而不卽去之意非彼所能知以折之
末節　以微罪行不欲爲苟去言不輕去之故不用則功不見欲去之心已久非小人所知也
五霸者章三節　曲防有壅閉水道以專利者由水本由其國而行故築隄防遏之使注鄰以避氾濫而貽害于人
徒取諸彼節　當道志仁是二柱子略重志仁一邊玩然且仁者不爲二句可見道是先王之成憲義不可踰者仁是不殃民

今之事君章　辟土地辟草萊也　此節道以不貪言仁以不奪民言
我能節　此節道以尚德不尚力言仁以不嗜殺言
白圭曰章　爲賓以覲聘於鄰國則有幣帛國之賓至則有饔飧饔飧猶今下程按聘禮致饔飧有生死大牢鼎肉醢醬米禾芻等牛羊豕多至每牲皆九醢醬至百饔米禾至數車
丹之治水章　洚水者洪水也謂堯時之洪水同
魯欲章　而不厭全重一善字好善不但是好士好士則

是當時孟嘗春申輩亂天下之惡習樂正子善人也故所好亦善告之以善者告以君子之道仁義之言也故優於天下時解有云好善則不必強知多聞而強知多聞皆樂為之善不知強知多聞之人即讒諂面諛之人如蘇秦張儀等皆以小有才者逢君之惡所以致亂孟子喜而不寐喜道有可行之機非但以樂正子之能稱其任也

陳子章　何如則仕不是行道之仕乃不容已而姑仕

舜發章　側重此段困於心段皆以申過而能改之義疑屬下節悉傳寫之訛

人恆過節　此節生於憂患之意

入則無法家拂士節　此節死於安樂之意

四書箋解卷十一

衡陽王夫之譔　八世從孫之春校刊

盡心

盡其心章　註謂知性而後能盡心有說盡心然後能知性以實之此說爲長若謂知性而後能盡心不特於本文一串說下由盡心而知性由知性而知天之理不順且所謂性即理者指其實而言之非可以理字代性字蓋理在事物在心皆謂之理性即理但指在心之理而言耳若窮理則窮事物之理故註又言格物性豈可謂之物又豈可在事物上能知性哉徑從知性上做工夫如何能知知性者實於已身未發之中已發之和上體會如此惻隱羞惡等心在本體上具足仁義禮智之天德若不盡吾心以求知則不著不察竟不知何者是吾性矣此心字是心之神明所謂心之官則思及書所云睿作聖者盡心則盡而體之動而察之以學問證之極其思之力而後知吾性之所誠有故曰此說爲長若必要依註亦只可云能察識吾吾性實有之理則自能盡其心以窮天下之理必不可以知性爲格物也　則知天矣則字甚快觀此則知性之難可知

非盡心不能知也故曰心能檢性性不能檢心　性是天所化育萬物之理寓於人形色之中者故即此可以知天

次節　存其心養其性二句相連存此心之神明不使逐物遷流以使仁義禮智之性不爲物欲所害則性之實理常在心中乃所以凝承上天之命而謹守之擴充之以效於天曰事天

末節　天是神化之總名四時百物不相悖害之理吾性亦在其中命則專指在常人身上說一人有一人之命立是把穩站定全吾生以善吾死而不喪失天所生我之理

氣

莫非命章　莫非命也統生死窮通得喪而言下專言生死者以其最大者而言　正者本所當受之謂如生死只是氣血衰竭則必死未至則必生之類　此章以妄求者固是不知命然一切歸之於命全不盡人事如莊子所言不得已而安之於命臧穀亡羊等故言此非知命知命者知正命也到當死時則死未是可死時天原不命之以死而自趨死地亦是逆天而不能受命

次節　巖牆是逞智力而履危桎梏是爲惡以罹禍

求則得之章　求在我固是仁義禮智求在外固是富貴利達註下二凡字甚活並言之妙正以虛擬而使人自思之

萬物皆備章　物兼事言備者備其理也萬彙之性情萬事之條理皆心喻之而所以應之之道無不實有其道曰皆備切不可用渾淪一氣包含萬象等遼廓不親之語及民胞物與專在仁愛上說矣字甚決斷是現成語此乃孟子反身而誠後自言其所得不可論理　反身而誠連上句一直下誠者實能有之不待推測不待勉求實見其皆備實實備之而無所欠缺則物不足以累其心而所行皆

因吾心之自然故樂莫大焉

末節　仁者吾心之生理備萬物而無不貫通者也

行之章　行者己之所行日用之理自然必如此行如父坐子立不容不爾是只率意做去不差的不著渾渾沌沌非確然見得必要如此習是遣教在人天下俱是如此便隨著也做得不差不察不能審知此理爲吾之所必盡此是天性不昧之真而教衰學廢以致不知故乍合乍離道之所以不明也

古之賢王章　玩章意自當歸重人君當樂道以勸士節

末句踐章　不失義持其秉正不枉之節不離道以王道
匡天下而不徇世主之爲　得已不失望可以囂囂之具
古之人節　此節引古人無欲自得之道以證之上二句
應尊德樂義下句應可以囂囂
殺之而不怨章　前二句皆自民上說其所以不怨不庸
不知爲之者在過化存神上此三句且不必如註落實講
所過者化是其尊賢敬老問疾苦與禮教之德與起民
志以自趨於善所存者神是常存天下於心自有天時人
事與之相應而不失其機緘則因以應之而自治天地以
造物之神化言無所不屈而順施不匱曰同流

不學而能章　人之所不學而能者非但其能運動固有
其良能在也所不慮而知者非但其有知覺固有其良知
在也此以明性非無善無不善而實有善
次節　既知之即能愛能敬須兼能說
親親節　無他言不學不慮之中達之天下而皆知皆能者
無他惟仁義而已若其他情欲嗜好則人各其心不能達也
有天民章　達量而知之也天民以正物爲道故必可行
而後行大人以正己爲道不待施正於物故潛見隨時無
所不可
廣土章　所性所字與所欲所樂同不可作君子之性講

若論性則君子以仁義禮智爲性人亦無不以此爲性特
失之耳非君子之性有異於人也此性字與堯舜性之也
性字同仁者安仁安字亦相似是君子自然安之而不離
如耳目口體之在身並不見其可樂而非此不適樂者見
彼可樂而可樂之此則安其在我者也根於心而生色者
皆自然不忘於中而必見於外見面盎背言仁義禮智見
於顏色容貌背一身敬怠之所自見盎於背有道之威儀
厚重端莊也不言而喻自然動必依於四德之天則
伯夷辟紂章　所謂與此之謂也相應五十非帛四句是

中間騰頓語耳釋明善養老之謂明伯夷太公非以能修
養老之禮以養己而云然
易其田疇章　如水火止喻至足不必言求而即與仁亦
止是相親睦不相忮害之意不似必世而後仁之深
登東山章　成章以成乎一章也如可適道而後可立可
立而後可權
鷄鳴章　當乎理之謂善遂其欲之謂利
楊子章　舉一者所舉者道之一端爲我亦內重外輕之
道兼愛亦仁民愛物之道但執之則天下無窮之理皆其

所指爲非道故賊道

飢者章　飢渴之害在一甘字乃患得患失皇皇若將不及而無所擇以取快於一時不及人者柔巽卑屈出於人下也心者羞惡之本心

有爲者章　辟若掘井四字一段不憚勞而爲之以漸必欲得水乃止此是有爲者之志力掘井九軔以下一轉反講棄井則不足稱有爲者矣棄謂不掘

王子墊章　殺一無罪四句亦言其志如此　大人兼德位而言

仲子章　奚可哉言不可信也仲子之義止能忍於簞食豆羹若與之齊國則必不能不受以讓國者以全父子兄弟之恩君臣之義今仲子既滅此大倫則志所欲爲更無顧恤得國以遂其志所必安受之矣人皆信之不知大義而矜其小廉爲其所愚之矣

自范章　氣者聽視動履剛柔緩急之節體者憂危憔悴安康愉悅之容養者無不可遂之欲以激其喜怒無不可勝之役以疲其心力

食而弗愛章　無實而言恭敬以貌言

形色章　人有人之形發爲人之色則即成乎人之理耳目口體雖爲小體而皆足以聽命於心以載道而效其靈以成仁義禮智之大用細而察之無毫髮之同於禽獸則人之所以貴於萬物者即在乎此特不能盡其才而逐物以喪其聰明從恭之質則虛有是形而實不足踐矣聖人以其當然之理充其能然之形而無一視一聽一言一動之欲所不欲爲所不爲故誠中形外而形之大用彰性之全體盡矣

所以教者章　五句須從君子之所以教上分別五種教

法不可但存受教者才質上講時雨化者其德已成不須更就下學上瑣屑止以其未達一間急從大本大原上擴充之使一聞而即悟餒人時未至不能喻也　成德者其人已有自得之善而不能得其全體則爲因其所知所能而示以盡善之道此以實學示之者也　達材者材各有所長而不能通於所短則抑其所過而矯其所未逮而達之於其所未達立說不妨因人而異　答問者乃初學之士疑而來問則因事以告不必引伸之他端反使之疑也　私淑艾乃隨法以示後世深切著明足以感動人使興

起而道無不備人皆可取法以長其善而除其惡也此以著書立說言

道則高矣章　君子之道窮理盡性以至於命而其教學者則在日用常行之下學故公孫丑疑其中間相去遼遠無由得徑路以上達欲孟子移其至高者使有易知易行循而卽至之法不知下學上達中間貫徹處在功力深熟而自得之原不可代爲開示則亦以繩墨彀率引之使極用其力而上達之理本在其中自然躍出別無易簡捷法令其速悟之理人之能不能因其用力不用力耳若能則自從此而入也中道者下學下達相貫之處君子兩端備舉則中道自在其中矣

於不可已而已章　此言知人之法怠之至者不可與有爲薄之至者不可恃以自託任氣躁動而無恆者不可信其爲善之有成

愛之章　上四句重在弗仁弗親言不可無差等下二句言雖有差等而以次相及仁愛自溥

知者章　當務乃大經大法所當急修明者親是親親賢是好善　不能三年之喪二句是愛失其厚薄放飯二句是知失其大小齒斷乾肉者禮記濡肉齒斷乾肉不齒斷須以手擘之難斷而齒之失口容俗解加復置原豆者非

殺人親章　人不可殺豈論其爲人之父兄與否然則無子弟者遂可殺乎此章爲戰國時制參夷之法者言殺人而並其父兄人亦殺其父兄者作法自斃後亦自罹參夷之刑人亦殺其父兄人字泛指非父兄見殺之子弟也參夷族誅也

周於利章　周字極重德無所不備之謂周據充以極其大精義以極其密則邪說橫行之世一偏之論知其所微假托之善知其非實不以創見創聞驚爲奇而信之彼之爲說不能出其規畫之中其邪則不勞力而破之有餘也

聖人章　以夷惠爲聖人自孟子始此章言其允足以爲聖人之實能爲百世之師則大而能化豈非聖乎夷惠之興起百世如此故可決其爲聖非聖人而能若是乎與首章一句相應末句言當時親炙之者其爲所化可知也

仁也者章　人以人之身言耳目口體之所以視聽言動心之所以能思皆此生理之所存所著特人逐於物交之引則身心舍此理而浮用其知覺運動與仁相離而道亦

悖矣若合人身之用於所生之理則人倫庶物皆得其理而道盡於此矣

山徑之溝間章　用者用之於學思

禹之聲章　此章亦論世乃可以知人之意

齊饑章　此章言當時情事不可解若謂齊王若虎不可又勸發棠以觸其怒則齊王之待孟子必不至以此而咆哮且言馮婦事亦但言為士所笑不言終為虎傷唯鍾伯敬此章文字命意可通以王道之行制產則民足凶年自可免於死亡不待發粟以賑之粟有限而賑之所及必不

能濟人之死徒以沽恩而為衆所悦猶搏虎者之暫救一時之用小攻小利為輔世長民之君子所笑故既不見用自不屑為此小惠所謂政不足間也此說較通

口之於味也章　耳目口鼻四肢自然與聲色等相取不待學而知故曰性也然此乃天所以養人之生而物自足以給其所需則天之所以命人者故曰有命焉君子以聽之天而不求盡於已故曰不謂性有命焉不必添入富貴貧賤得不得只是天使我然非我立人之道密藏於心而為所當盡之時不謂性知吾自有性不在此也命者人物所共性則人之生理也

次節　仁則父子自能盡其愛義則君臣自盡其敬禮則賓主自盡其文智則於賢者自知之能為聖人則自合於天道此皆天理之自然非人之所增益得氣稟之純於天者自能不思不勉而中故曰命也然必吾心之靈實存其理而後行著習察故曰有恃焉君子不恃天而必盡其心以盡其道見為吾生所必盡之理故曰不謂命命也句亦不當添入舜之父子湯武之君臣夷惠伊尹之天道等語只是誠者天之道誠之者人之道人當盡人道意

浩生不害章　可欲是應事接物合乎人心之公好而溫恭之度抑令人可親．有諸己則不但應事接物之宜而朔行實踐皆據心之所得於理者以踐之於行　充者擴充而極乎大實者集義而極乎善之純光輝則發見於言行動者正已而具正物之理足以昭明天下而使之知覺化註語太高而無實蓋亦物為所化耳風動一時興起百世不待教導而物自趨於善　不可知者不據一德以極其至乃時中之妙卽至於聖人尚不知其從心不踰之矩而大人以下愈不能測

言近而指遠章　立言之大指在人病舍其田一節時解於前二節全不照顧若此類膚昏謬者甚眾此章原爲立言者不務求心得而泛論物理以求勝爲政者不務躬行而多立名法以苛求天下故以舍己田而芸人田者爲喻言近心所確見之理也不下帶者帶以上心之部位指遠萬物之理吾心皆備自足以無遠不及也此句時文謬甚將言近作平平無奇說則與不下帶及求人者重何相干涉守約約不是少乃總會在一身上即及諸已之謂脩身則自有以化行天下不待刑賞以求之人要之只是自任意

堯舜性者章　不回謂盡誠極致而無曲折以求全干祿如後世祈天永命之說亦是干祿且舜發於畎畝亦疑於干祿而若將終身則全無干祿之念　言之自可行之不待求踐其言而自信

末節　行法者以前聖人之所行爲法而行之　而已矣三字但頂俟命言其得天下則俟之而已矣非有於求得

養心章　此心字指心之靈明言若是仁義之本心則自與欲爭存亡不但言莫善於寡也養心者養之使不爲物所牿而長其明睿以爲復性之用也欲不寡則心逐物遷而不能居靜以待省察故學問思辨皆可以養心而寡欲爲其最善者

曾皙章　此章重在食膾炙及不諱姓上言君子緣情以制禮惟情之所獨切者可以一意孤行以求全其不忍而不推類於情所不切者爲已甚之行徒以滅性害事而爲人所不能行故可以推行天下後世而賢者不可過不肖者可企而及也劣俗講時文見章首不忍二字便拏定不忍贊曾子之孝全不顧下一段凡此類皆不通之甚者不知不食羊棗止曾子致孝之小節而已

孔子在陳章　玩不忘二字是好字面不能改其舊是怙過遂非之惡此段只說狂士好處不當說壞不忘其初乃是自見其性不隨習遷意

非之無舉節　非者非其大端刺者察其小過

惡佞節　佞人所見邪僻顛倒是非利口心無其實而言之確然似乎可信

君子反經節　因註萬世不易之常道一語時解誤看將作與楊墨對此常字不對異字楊墨便好立異要矯流俗

汙世而爲已甚之行此乃以破鄉愿鄉愿方且以狂猥爲異而自謂常志趨卑陋必不索隱行怪故衆皆悅之註言萬世不異言非流俗汙世一時好尚之爲乃狂者所志古人之大節萬世不可貶損者反經反字大反流俗之所爲經乃人道之所自立止有此一條理路爲君必如堯爲臣必如舜不使不仁加身以全仁舍生以取義學則必精義以自得治則必撥亂以反正壁立萬仞一毫也不假借乃以化民成俗而庶民皆一道同風則俗不汙而鄉愿且爲人所賤矣楊墨之邪著明在外而心無隱慝鄉愿外不見

其邪而慝在心他得則名利皆可徼致不得亦以全軀

皇朝四書彙解（孟子）八卷

清 沈誦清輯

清光緒二十一年珍藝書局鉛印本

光緒乙未孟秋
江蘇書局校印

序

四子書本列於十三經中自宋儒於禮記中提出學庸二篇合以論語孟子遂名曰四子書有明以四子書命題取士著爲功令　本朝受命遂沿其制其說解一以宋儒爲宗尚理氣不尚攷据數百年來師以此教生以此學即當世之登科第拾青紫者幾僅知有合講匯參味根錄諸書而於漢學一派鮮有問津者矣顧亭林先生云八比盛而六經微哀哉斯言蕭山沈子誦清余前督學浙省時所得士也性喜博涉而於漢儒攷据之學獨能澈其源流生平喜讀閻氏四書釋地毛氏四書改錯等書嘗謂讀四書者僅墨守宋註而不博觀羣籍是猶執管窺天挾蠡測海無論貽誚空疏即發爲制藝亦必庸弱蕪穢而不足觀苟能博覽而會通之非必尙異論侈新

說也即力詮正解亦必古穆淵茂自有一種經籍之氣流露於字裏行間余聞其言而韙之今者余自川省視學言旋道出滬江相遇於旅邸沈子出其平日所著皇朝四書彙解問序於余余喜其搜採之博叙纂之精且於漢唐舊註亦概行收錄原原本本蔚然大觀世之讀四子書者苟得是編而參觀之誠不啻羅珍錯於几筵聚瓊瑤於庭戶攷据之助亦制藝之助也逆旅怱促姑草數語以應其請不足言弁文也

光緒二十一年歲次乙未閏端陽前一日四川督學使者崔鴻禨識於申江之舞墨樓

皇朝四書彙解

例言

一是書搜採　皇朝諸儒之説約一百數十種隨四書章句順序編次庶讀書者易於檢尋

一凡漢唐古註亦全行收採示不忘其朔也即宋明異説亦一併列入俾可參觀因以時代先後爲次故自有明以前舊説均列於　皇朝各説之前

一是書薈萃羣言不加臆斷故每條之上顯列原書名目俾讀者可以檢查

一凡叢書文集並非專説四子書但有一條説及四子書者亦即採入以祈全備

一是書以章句爲次其有總論四子書者則冠於首目曰四書總論其專論大學者則分列於大學之首目曰大學總論中庸論語孟子以此例推

一是編但取見聞所及者逐條掇拾自知孤陋收採不宏尚求博雅匡我不逮以後再有摘錄容俟續編嗣出

皇朝四書彙解

採引書目

大學說 惠士奇
潛邱劄記 同上
九經古義 同上
日知錄 顧炎武
鄉黨圖考 江永
四書大全 汪份
孟子正義 焦循
大學古本說 李光地
論語孟子劄記 同上
大學證文 同上
四書賸言 同上
四書改錯 同上
經史答問 全祖望
經義雜記 臧琳

四書釋地 閻若璩
易本說 惠棟
禹貢錐指 胡渭
曝書亭集 朱彝尊
羣經補義 同上
困勉錄 陸隴其
天元歷理 徐發
中庸章段餘論 同上
正事括略 毛奇齡
論語稽古編 同上
四書索解 同上
禮箋 金榜
義門讀書記 何焯
可儀堂文集 俞長城

四書摭餘說曹之升
研經室集阮　元
經句說吳　英
樟圃經解姜　曾

附漢唐及明諸儒古註

禮記中庸大學注漢鄭元
論語集解魏何晏
經典釋文唐陸元朗
三禮疏賈公彥
酉陽雜俎段成式
孟子音義宋孫奭
禮書陳祥道
容齋隨筆洪　邁
南軒論語解張　栻
困學紀聞王應麟
地理通釋同上

四書典故覈凌　曙
禮記集說陳　澔
四書釋疑周[illegible]
論語後案黃式三
孟子章句趙　岐
論語集解義疏梁皇侃
五經正義孔穎達
論語筆解韓　愈
資暇錄李匡乂
論語疏邢　昺
陸象山集陸九淵
聞見後錄邵　博
癸辛雜識周　密
小學紺珠同上
示兒編孫　奕

捫蝨新話陳善
輟耕錄陶宗儀
論語詳解明郝敬
疑辯錄周洪謨
墨畬錢鎛姜南士
千百年眼張燧

十一經問對元何異孫
湛淵靜語白珽
王文成公集王守仁
荷亭文集盧格
七修類稿郎瑛

孟子總論

孟子

〔四書典故辨正〕　孟子七篇唐林慎思謂非孟子自著乃弟子共記其言韓文公亦云萬章公孫丑所會集晁公武曰今考其書孟子所見諸侯皆稱謚夫死然後有謚孟子所見諸侯不應皆前死後人追爲之明矣愚按諸侯之謚安知非後人所加夫孟子自作書司馬遷趙岐皆云然林韓何從而識其爲萬章公孫丑所記耶宋馮休敢于刪孟實此說有以啓之

孟子題辭

〔趙岐序〕　孟子題辭者所以題號孟子之書本末指義文辭之表也孟姓也子者男子之通稱也此書孟子之所作也故總謂之孟子其篇目則各自有名孟子鄒人也名軻字則未聞也鄒本春秋邾子之國至孟子時改曰鄒矣國近魯後爲魯所并又言邾爲楚所并非魯也今鄒縣是也或曰孟子魯公族孟孫之後故孟子仕於齊喪母而歸葬於魯也三桓子孫既以衰微分適他國孟子生有淑質夙喪其父幼被慈母三遷之教長師孔子之孫子思治儒術之道通五經尤長於詩書周衰之末戰國縱横用兵爭强以相侵奪當世取士務先權謀以爲上賢先王大道陵遲墮廢異端並起若楊朱墨翟放蕩之言以干時惑衆者非一孟子閔悼堯舜湯文周孔之業將遂湮微正塗壅底仁義荒怠佞僞馳騁紅紫亂朱於是則慕仲尼周流憂世遂以儒道遊於諸侯思濟斯民然由不肯枉尺直尋時君咸謂之迂闊於事終不能聽納其說孟子亦自知遭蒼姬之訖録值炎劉之未奮進不得佐興唐虞雍熙之和退不能信三代之餘風耻沒世而無聞焉是故垂憲言以詒後人仲尼有云我欲託之空言不如載之行事之深切著明也於是退而論集所與高第弟子公孫丑萬章之徒難疑答問又自撰其法度之言著書七篇二百六十一章三萬四千六百八十五字包羅天地揆敘萬類仁義道德性命禍福粲然靡所不載帝王公侯遵之則可以致隆平頌清廟卿大夫士蹈之則可以尊君父立忠信守志厲操者儀之則可以崇高節抗浮雲有風人之托物二雅之正言可謂直而不倨曲而不屈命世亞聖之大才者也孔子自衛反魯然後樂正雅頌各得其所乃刪詩定書繫周易作春

秋孟子退自齊梁述堯舜之道而著作爲此大賢擬聖而作者也七十子之疇會集夫子所言以爲論語論語者五經之錧鎋六藝之喉衿也孟子之書則而象之衛靈公問陳於孔子孔子答以俎豆梁惠王問利國孟子對以仁義宋桓魋欲害孔子孔子稱天生德于予臧倉毀鬲孟子孟子曰臧氏之子焉能使予不遇哉旨意合同若此者衆又有外書四篇性善辯文說孝經爲政其文不能宏深不與內篇相似似非孟子本眞後世依放而托也孟子旣沒之後大道遂絀逮至亡秦焚滅經述坑戮儒生孟子徒黨盡矣其書號爲諸子故篇籍得不泯絕漢興除秦虐禁開延道德孝文皇帝欲廣遊學之路論語孝經孟子爾雅皆置博士後罷傳記博士獨立五經而已迄今諸經通義得引孟子以明事謂之博文孟子長於譬喻辭不迫切而意已獨至其言曰說詩者不以文害辭不以辭害志以意逆志爲得之矣斯言殆欲使後人深求其意以解其文不但施於詩說也今諸解者往往摭取而說之其說又多乖異不同孟子以來五百餘載傳之者亦已衆多余生西京世尋丕祚有自來矣少蒙義方訓涉典文知命之際嬰戚於天遘屯離蹇詭姓遁身經營八紘之內十有餘年心勦形瘵何勤如也嘗息肩弛擔於濟岱之間或有溫故知新雅德君子矜我劬瘁睠我皓首訪論稽古慰以大道余困吝之中精神遐漂靡所濟集聊欲係志于翰墨得以亂思遺老也惟六籍之學先覺之士釋之辯之者旣已詳矣儒家惟有孟子閎遠微妙縕奧難見宜在條理之科於是乃述己所聞證以經傳爲之章句具載本文章別其指分爲上下凡十四卷究而言之不敢以當達者施於新學可以寤疑辨惑愚亦未能審於是非後之明者見其違闕儻改而正諸不亦宜乎

孟子逸文說

〔四書摭餘說〕前史藝文志俱以論語入經類孟子入儒家類直齋陳氏書錄解題始以語孟同入經類其說曰自韓文公稱孔子傳之孟軻軻死不得其傳天下學者咸曰孔孟孟子之書固非荀楊以降所可同日語也趙氏孟子題辭謂七十子之儔會集夫子所言以爲論語論語者五經之錧鎋六藝之喉衿也孟子之書則而象之余按論語鄭康成謂仲弓游夏輩撰胡致堂謂子思檀弓所纂修而程正叔以爲成於有子之門人洪景盧以爲成於閔子之門人非若孟子是軻自述之書朱子謂其首尾文字一體又謂觀其筆勢如鎔鑄而成非綴緝所就者　遻何異孫曰孟子是軻自作之書董錄曰史記謂孟子之書孟子自作趙岐謂其徒所記今觀七篇文字筆勢如此决是一

一手所成非晉論比也然其間有如云孟子道性善言必稱堯舜亦恐是其徒所記孟子或曾略加刪定也　故孔門所未記二十篇之外未嘗無論語而孟子所未言七篇之外不必有孟子也逸論語問王知道二篇而已漢劉歆

【按】敘六藝略　九種孟子有十一卷應劭曰孟子作書中外十一篇劉昌詩曰孟子有外書四篇性善辯文說孝經爲正新喩謝氏多藏古書有性善辯一帙則知與文說孝經爲正是謂四篇但趙氏謂其文不能閎深不與內篇相似似非孟子本眞後世依放而託之者也　【按】王厚齋謂漢七略所錄若齊論之問王知道孟子之外書四篇今皆亡傳　蓋自孟子既沒亡秦焚滅經術其書號爲諸子故篇籍得以不泯漢興除秦虐禁孝文廣遊學之路論孟皆置博士　【按】見題辭朱子謂此事在漢書無考按劉歆移太常博士書云孝文皇帝尙書初出屋壁詩始萌芽天下衆書往往頗出皆諸子傳說猶廣立于學宮爲置博士此非歧說之所本乎第史文有未備耳　訖于西京諸經通義皆得引孟子以明事謂之博文其軼乃時時見於他說荀卿非十二子韓嬰詩外傳引之止云十子而無子思孟子以傳嘗引孟子求放心之論故不甚與荀同然則荀卿所稱孟子三見齊王不言事曰我先攻其邪心者此非孟子之言也　【按】何義門云三見而不言其亦遠乎人情矣此殆儒僞撰也　史遷獵儒墨之遺文作孟荀列傳所引孟軻告梁惠王以太王之去邠及燕世家勸齊湣王以文武之時不可失皆與七篇牴牾不足取證其他孟子外篇之辭曰諸侯有王見周禮大行人註曰紂貴爲天子死曾不若匹夫見史記伍被對淮南王安曰夫有意而不至者有矣未有無意而至者也見楊子法言修身篇曰人知糞其田而不知糞其心見劉向說苑　【按】吳氏萊曰疑即性善辨中語　曰正枉必過其直見後漢黨錮傳序註　【按】又仲長統昌言曰若乃偏情矯用則枉直必過註引孟子曰矯枉過直今孟子俱無此文　曰千載一聖猶旦暮也見宋鮑照河清頌曰圖影失形見顏氏家訓曰今人之於爵祿得之若其生失之若其死見梁書處士傳序曰六十四黍爲一圭十圭爲一合見廣韻　【按】圭字下註　曰人之所知不如人之所不知信矣見梁武帝答臣下神滅論　【按】又見釋道安教旨通局　曰君王無好智君王無好勇勇智之過生乎患禍所遵正當仁義爲本見蕭子良與孔中丞書　【按】謝廷讚維園鉛摘載之　曰吾於河廣知德之至也又曰堯舜之道非遠人也人不思之爾見桓寬鹽鐵論　【按】又曰居今之朝不易其俗而成千乘之勢不能一朝居也又曰今之士今之大夫皆罪人也皆逢其意以順其惡又曰王者與人同而如彼者居使然也　是

皆上下十四篇之所未有也　鈺賈同曰孟子十四篇孟軻之迹也按賈氏貴常篇所云十四篇蓋析七篇上下言
之　至若坊記註引孟子曰舜生五十而不失其孺子之心　鈺王厚齋曰今本云五十而慕康成註禮必有所據
郅惲曰孟軻以彊其君之所不能爲忠量其君之所不能爲賊　鈺厚齋謂與今孟子語小異　蘇軾書傳伊訓
引孟子從流上而忘反謂之游趙汝楳易輯聞躛大象引孟子我必不仁不義　顧甯人日知錄並以爲註疏中引
書之誤　則皆七篇之辭而與今文小異者也其或字畫之譌不爲害者班氏食貨志狗彘食人食而不知斂今本
作檢李善文選註墨子兼愛摩頂致於踵今本作放是也　註引趙岐曰致至也今本作放踵王厚齋謂註無致至
也三字按趙註言摩突其頂下至于踵蓋以至訓致耳並非有三字明文也孫宣公作音義時所見之本已作放踵
其有音義之別不足徵者左傳正義伊尹聖人之和者也　鈺文十八年　六國表註禹生石紐西夷人也　鈺
皇甫謐注　後漢書注吾爲之范氏馳驅　鈺范氏施御注　則又皆引七篇之文而誤爲者也余謂盡信書則不
如無書此孟子讀古書之法即後人讀逸孟子之法七篇包羅天地揆敘萬類仁義道德性命禍福粲然靡所不載
有非公孫丑萬章之徒所能假手者他奚論哉是故何涉有刪孟孟子斷不可刪林愼思有續孟孟子亦不必續二
者俱非完書余故曰七篇之外無孟子也

孟子注釋攷

（四書摭餘說）　夫總羣聖之道者莫大乎六經紹六經之教者莫尙乎孟子其書由炎漢之後盛傳於世爲之注
者則有趙岐陸善經爲之音者則有張孟子公著自陸善經以降其所訓說雖小有不同而共宗趙氏隋志云趙岐
注孟子十四卷又有鄭亢注孟子七卷在梁時又有綦毋邃孟子九卷唐書藝文志又云孟子注凡四家有三十五
卷至宋崇文總目孟子獨存趙岐注十四卷唐陸善經注七卷凡二家二十一卷七篇幸存于亡秦燔虐之後諸解
者往往摭取而說之其說又多乖異不同苟非邠卿述已所聞證以經傳爲之章句施于新學幾何不列諸子以終
耶然則趙氏之爲功于孟子鉅已宋孫氏奭校定趙注與王旭馬龜符吳易直馮元等作音義二卷善本也今所傳
之正義則崇文總目館閣書目讀書志皆無之朱子曰孟子疏乃邵武士人假作蔡季通識其人其書全不似疏樣
不曾解出名物制度只繞纏趙岐之說耳　鈺何義門云僞疏直取宣公音義之序稍竄數語豈有爲之正義遺大

力觀反倚局附贊者乎其人蓋兎園塾師之下者議論多依附王氏新學熙甯以後人也　按趙注多引時事以證本文如夷羿之弑夏后以千乘取萬乘也齊崔衛甯晉六卿以百乘取千乘也飲食若流謂沉湎于酒熊蹯不孰怒而殺人之類也流若齊桓與蔡姬乘舟于囿之類連若丹朱罔水行舟之類荒若羿之好田獵亡若殷紂以酒喪國詖辭若賓孟言雄雞自斷其尾之事淫辭若驪姬勸晉獻公與申生之事邪辭若豎牛勸仲壬賜環之事遁辭若秦使之庾辭于朝天作孽若高宗雊雉宋景守心之變自作孽若帝乙慢神震死不如人和若衛懿公之民曰君其使鶴戰若是之類也或相于爲譬若和氏之璧有故而去如華元奔晉隋會奔秦大孝終身慕父母若老萊子七十而慕衣五綵之衣爲嬰兒匍匐于父母前目不視惡色若夏姬之比徵于色若屈原憔悴漁父見而怪之發于聲若甯戚商歌桓公異之好善忘勢若高宗得傅說而稟命忘人之勢若許由洗耳能讓千乘之國伯夷季札之類簞食豆羹見于色鄭子公染指黿羹之類以上諸條猶隨趙氏所說效先儒釋經爲之正義至盡心章注殀若顏淵壽若召公則未聞引證養心莫善於寡欲章注雖有少欲而亡者謂遭橫暴若單豹臥深山而遇飢虎之類是也然亦寡矣貪而不亡蒙先人德業若晉國欒黶之類是也然亦少矣不存者衆正義但衣注文復述之他若有不虞之譽尾生本與婦人期於梁下不度水之卒至遂致沒溺而獲守信之譽有求全之毀陳不瞻　錢劉向新序作不占　將赴君難聞金鼓之聲失氣而死可謂欲求全其節而反有怯弱之毀者也非禮之禮若禮而非禮陳賈取婦而長拜之也非義之義若義而非義藉交報仇是也歧之所引書偶失傳使正義出于宣公必能元元本本即或不然亦當云未詳爲是乃不曰據史記之文而言之則曰此蓋史傳之文而云然未免疎矣其言曰凡于趙注有所要者雖于文段不録然于事未嘗敢棄之而不明顧如筆爲管城子紙爲楮先生錢爲白水眞人又爲阿堵物之類方言且無不載何獨于史傳之文而反置之耶將誰欺也何義門謂今刊本趙歧注非全文僞疏每章之首總擧大意其語多協韻者皆割絶趙注爲之余按如敢問不見諸侯何義章云伊尹三聘而後就湯沮溺耦耦接輿佯狂趙注引而證其解耻之於人大矣章云隰朋不及黃帝佐齊桓以有勸顏淵慕虞舜仲尼歎庶幾趙注所以引而爲解文今趙注皆無有但見於古文章指　錢何云章指二字始于邢卿　疏不録注猶可謂之疏邪且朱子所不取者僞疏耳他若陸

氏諸家說間亦採之陸善經唐人以軻書初爲七篇因删去趙岐章指與其注之繁重者復爲七篇按孟子爲長者折枝趙注云折枝按摩折手節解罷枝也陸云折草樹枝朱子集註從之有私龍斷爲龍義趙注未詳陸云有岡龍斷而高者集注亦從之性猶湍水也趙注云湍水圜也謂湍湍縈水也陸云湍波流也集注兼從之餘若配義與道道陸言以道義配之則能充塞爲之詭遇陸言詭計以要禽也所過者化所存者神言君子所過人者在于政化存其身者在于神明盎於背陸言如負之于背子莫執中陸言子等無執中　罷晁公武曰古今注孟子者趙氏之外有陸善經孫奭撰正義以趙注爲本其不同者時時兼取善經如謂子莫執中爲子等無執中之類余按正義曰子莫魯賢人言子莫執中和之性而不專一者也仍本趙注不從善經晁氏之說誤也　有違財者陸言違財周恤之一本作才以有善才就開其性理也變其彀率陸能者從之陸云彀率法也躍如心願中也能者從之當勸求也被袗衣陸言衣之美者近聖人之居若此其甚也然而無有乎爾則亦無有乎爾陸本作然而無乎爾則亦有乎爾注云鄒魯相鄰故云近聖人之居無乎爾有乎爾疑之也孟子意自以當之以況絕筆于獲麟也是書舊唐書經籍志失載今已無存見孫宣公音義而已張氏鎰字季權亦唐人先孫氏而作孟子音義有云睊睊胥讒側目覷貌言睊睊然怒目相嫉而相讒也徒杠成杠方橋也可通徒人行過者桮棬屈木爲之其趨一也趨讀趣言其趣而正道無異也朱子集註從之鄒與魯閧閧鬬聲從門下者朱子從而節之餘若善爲說辭說音稅捆屨捆作綑子噲燕易王子詭詭蓋言辭不正欺罔于人自誇大之貌與諸家詮釋差別舊唐書經籍志並失載亦僅見于孫氏音義者也唐人丁公著孟子手音有曰顧比死者一洒之灑音洗謂洗雪其耻也獨樂樂上音岳下音洛從獸無厭厭平聲反其旄倪旄老也倪小兒也乃屬其耆老屬幾會聚也爾何曾比予于是曾音憎則也乃也悖悖然見于其面悖悖作婞婞狠也直也舍皆取諸其宮中而用之舍音赦止也勞之來之勞來皆去聲門人治任將歸治任[illegible]擔任之具蔂土籠也梩土轝也先儒說五霸不同有以夏霸昆吾商霸大彭豕韋周霸齊桓晉文爲五霸者詭詭自足其智不嗜善言之貌兩馬之力與古人駕車以兩馬軌謂限之轍迹也孟子意言城門限迹切深以日久遠爲車所轢多故也豈是一時兩馬駕車而過之使然以上皆爲朱子集注所取其文異者是罔民也罔作司止或尼之尼作屔相與輸

相之相作押音甲輔也義與夾同僕氏胊胊然胊胊作胊胊胊死而遂倍之倍作偝蠅蜹姑嘬之蜹作蝠云蝠未詳所出或以蝠與流同蜉蝣也姑即螻姑也搏而躍之搏音團一匹雛匹作疋音節疋雛小雛也是以言餂之按字書及諸書並無此餂字郭璞方言注云音忝謂挑取物也其字從金今此字從食蓋傳寫誤也又有音異者汙音蛙不平貌佼音皎憿也許行行音衡泜䏦泜音彫義與琱同揹克在位揹滂侯切深也聚斂也貉稽曰貉貊鶴二音既是人姓當從鶴又有義異者龍斷龍與隆聲相近隆高也蓋古人之言耳如胥須之類也媒妁之言謂媒氏酌二姓之可否故謂之媒妁晉之乘楚之檮杌晉名春秋爲乘者取其善惡無不載楚謂春秋爲檮杌者在紀惡而興善也播種而耰之耰覆苗根也有梏亡之矣謂悔吝利害也利害之亂其性猶桎梏之刑其身故喻之彀其彀率彀率循也謂彀張其弩又當循其射道令必中于表躍如猶言卓爾虎賁先儒謂如猛虎之奔凡宣公之採入音義者較張說爲衆而惜乎其書之不傳也惟是音釋二家撰錄俱未精當張氏則徒分章句漏落頗多丁氏則稍識指歸僞謬時有宣公既加刊正音義作而後其說始得與趙氏相發明然則趙岐爲孟子之功臣孫奭亦邠卿之孝子也好古之士誠能購趙氏眞本芟邵武士人之僞疏而折衷于陸氏以降諸家異同之說補孟子正義未必非宣公所日望之者矣

孟子生卒

〔四書典故辨正〕　孟子生卒史記不載小司馬索隱謂卒於周赧王之二十六年壬申享年八十有四閻青日札聽雨紀談並同獨其所生之歲索隱謂在周定王三十一年日札紀談又作三十七年閻九思謂定王崩後三十餘年孟子乃生年次甚左若以定王爲貞定王去孟子卒時亦百四十餘年且定王在位止二十一年貞定在位止二十八年安得云三十一年或三十七年哉因定以爲周烈王四年己酉與八十四歲之數合禮樂餘謂孟子卒年七十四近四書類典賦年表載孟子生於周安王十七年丙申卒於赧王壬申壽九十有七並無據

孟子年譜略

〔四書摭餘說〕　孟氏譜周定王三十七年己酉四月二日孟子生周赧王二十六年壬申正月十五孟子卒壽八十四按竹書定王止二十八年無三十七年一誤也定王自癸酉元年至庚子王陟有己亥無己酉二誤也若自定

王己亥至赧王壬申則孟子年當一百五十四尤必無之事陳氏士元曰孟子當生安王時定字乃安字之誤按安王自庚辰元年至乙巳王陟凡二十六年亦有己亥無己酉若生於安王之己亥則孟子年亦當九十四皆與譜不合惟自赧王之二十六年逆而溯之至烈王之四年己酉適八十有四孟子明明自云由孔子而來百有餘歲孔子卒於敬王壬戌距烈王己酉一百八年與孟子合是三遷志謂孟子生周烈王四年者較譜說足據孟子之年余以七篇之文斷之孟子之遊余亦以七篇之文證之而已史稱孟軻前後凡兩至齊中間適魏他無聞焉按公孫丑問夫子如齊之卿相而曰我四十不動心知其爲四十歲以後之言也　鈺按周顯王三十七年己丑孟子四十一歲通鑑齊宣王之元年也　充虞問夫子若有不豫色然而曰由周而來七百有餘歲知其爲八百歲以前之言也鈺自武王有天下歲在己卯至顯王四十五年丁酉計之猶未滿八百也時孟子四十九歲　是孟子前客齊當在周顯王三十七年己丑至四十五年丁酉九年之間去齊乃之宋之薛以陳臻問餽知之也去薛乃由鄒之滕以世子過宋然友之鄒知之也然合之亦不過一二年周顯王四十八年庚子齊封田嬰于薛而孟子在滕矣　鈺時孟子年五十二歲　明年爲愼靚王之元年辛丑孟子之梁惠王稱之以叟明年壬寅惠王卒襄王立而孟子去梁在梁者甫二年不若前居齊之久也于是復自梁之齊爲齊卿又自齊葬母魯于居喪三年反于齊而當齊人伐燕鈺時周赧王元年丁未齊宣王之十九年也孟子五十九歲　至周赧王三年己酉燕人畔而孟子再去齊前後在齊者又閱七八年矣夫然而復之宋與戴不勝語稱宋王是在君偃僭王之後可知也　鈺孟子前至宋當在君偃五六年間及十一年偃自立爲王至是稱王者蓋八年矣　夫然而卒之魯覲臧倉訾後喪踰前喪是在葬母反齊之後又可知也　鈺當在赧王五年辛亥據年表則魯平公之五年也　孟子蓋年六十有四而轍迹終焉君魏然後稱謚梁襄王魯平公並卒於周赧王之十九年而孟子猶及見之　鈺時孟子年七十七歲　則譜稱壽八十四之說信也約而論之大都前四十年居魯爲講學之時後二十年退魯爲著書之日中間傳食諸侯止二十三四年事蹟耳世家敘孔子游歷多引論語之言余亦取七篇之文校綴次第尋攷指歸作孟子年譜適證之補列傳之缺此其大略也

孟子鄒人辨

〔孟子雜餘說〕趙氏題辭孟子鄒人也名軻字則未聞也　【按】孟子正義後世或云字子輿一字子車王肅聖證論謂孟子少居坎軻故名軻字子居子思書孔叢子有孟子居卽是軻也　鄒本春秋邾子之國至孟子時改曰鄒矣今鄒縣是也譚氏貞默孟子編年略曰史傳本云孟子鄒人不云鄒國人如云子路弁人曾子武城人不言魯明乎弁武城鄒皆魯下邑也孟子書云自齊葬於魯不云葬於鄒因其時邾國亦改爲鄒盧郲國鄒邑後人失攷者或疑爲一故葬母大事特書自齊葬於魯明魯爲父母之邦也　【按】題辭亦云孟子魯公族孟孫之後故孟子仕於齊喪母而歸葬於魯也　余按孟子父激公宜　【按】一云孟子父名彥璞　母仇氏魯公族孟孫之後鄭樵通志氏族略曰季友之後傳家則稱季孫不傳家則去孫稱季叔牙之後傳家則稱叔孫不傳家則去孫稱叔故曰以族系爲氏然則孟孫之後去孫稱孟者不傳家也田齊世家田太公相齊宣公宣公四十八年取魯之郕　【按】括地志云故郕城在兗州泗水縣西北　郕孟氏邑也孟氏之不傳家久已而要其爲魯公族後無疑者則孟子世爲魯人非邾人也　【按】編年略曰觀孟子書不侵及魯三桓一語獨稱孟獻子百乘之家友德不挾以比於小國費惠公之師子思大國晉平公之尊亥唐上溯堯舜以天子友匹夫其所以述祖德者不亦淵遠哉然則孟子之爲孟孫氏後信也

且孟子之非邾人辨有五爲邾魯世敵仇也春秋季孟屢伐邾戰國時猶聞鄒與魯鬨孟子爲孟孫後則安得爲邾人其辨一孔子生故鄒城卽叔梁紇所治所謂鄒人之子也孟子亦生於其鄉故曰近聖人之居若此其甚邾在兗北青境鄒在兗南徐境安得云甚其辨二孟子於齊稱臣爲卿也於梁不稱臣未爲卿也對鄒穆公不稱臣而其語倨曰君之民曰夫民今而後得反之覩對滕文公尤不同以此知其爲異邦非本國其辨三樂正子曰君奚爲不見孟軻君前臣名也孟子曰吾之不遇魯侯天也卽孔子吾舍魯何適意或謂其不似本國臣民之言則鄒人與楚人戰一語又豈鄒人所肯出哉其辨四曰後喪踰前喪棺槨衣衾之美專議孟子家事也列女傳謂孟子三歲喪父則前喪皆其母爲之旣孤且貧于此可見使其在邾臧氏又何由矢之若是之悉也其辨五然則孟子世爲魯人趙氏爲三桓子孫旣以衰微分適他國固未足信而索隱所詳本邾人徙鄒之說亦不然也閻百詩據任在今濟甯州東任城縣去古鄒城僅百二三十里宜屋廬子明日卽可往問故滕國城在今縣西南十五里故邾城在今鄒縣東南二十六里兩國相去僅百里宜然友朝發滕而暮至鄒朝見孟子而暮復命文公以爲孟子邾人之證知不鄒

魯密邇左傳魯擊柝聞於邾是也今魯鄒邑亦在鄒縣界内是則卽謂孟子鄒人爲魯鄒之鄒亦安見屋廬子之不可明日往問然友之不能朝暮復命也哉

孟子不受業子思辨

（四書摭餘說）題辭孟子生有淑質夙喪其父幼被慈母三遷之教長師孔子之孫子思治儒術之道通五經尤長於詩書【證】王應麟曰孟子羽翼孔氏七篇垂訓法嚴義精知性知天易之奧也以意逆志詩之綱也言稱堯舜書之要也井田爵祿之制可以知禮五霸義利之辨可以知春秋故儒者稱之曰通五經 按七篇言書凡二十九援詩凡三十五所言不爲無見而尹氏謂邠卿不知孟子過也【證】又司馬光曰荀子好禮揚子好易孟子好詩書特謂孟子親事子思則正自有辨輔廣曰子思之門人無有顯名於世者而孟子眞得子思之傳疑親受業者爲是郝氏敬曰史稱孟子受概於子思之門人而不言門人姓名甚無根柢七篇中義理文字多與子思中庸合其言性命原本中庸如居下位不獲乎上一章文字義理全與中庸同又禮記檀弓載子思對魯繆公問舊君反服與孟子對齊宣王舊君有服意同而孟子又自謂未得爲孔子徒私淑諸人故或謂受業於子思之門人近似王邵解史記以人爲衍字豈岐注孟子及孔叢子書遂謂孟子親受業於子思非也【證】蔡氏清謂此殆後人所爲欲湊成思孟一段授受耳 通鑑載子思言苟變於衛侯在安王二十五大事記云去孔子沒百有三年子思逮事孔子未必至是時尚存薛常州亦云子思之年毋乃過於壽攷乎余按史記魯世家哀公十六年孔子卒時周敬王四十一年壬戌也又十一年癸酉哀公卒子甯立是爲悼公甲戌悼公元年立三十七年庚戌悼公卒子嘉立是爲元公辛亥元公元年立二十一年辛未元公卒子顯立是爲穆公壬申穆公元年立三十三年甲辰穆公卒子奮立是爲共公乙巳共公元年越丙午丁未戊申己酉爲共公之五年當周烈王之四年而孟子生是孟子生年距孔子卒年百有八歲自穆公之元年上距孔子之卒七十有一年孔子之子伯魚卒于孔子之前四年而伯魚之子子思事魯爲臣雖當穆公初年已七十五歲況或在其後乎故告穆公語多質直蓋年高爲穆公所嚴事故曰繆公無人乎子思之側則不能安子思然則史世家謂子思年六十二者或當爲八十二之誤是未可知西河毛氏則謂孟子老而至梁惠王卽位之年距魯繆公卽位之年止三十零年則受業子思或未可盡非者不知梁惠元年當周烈王六年

辛亥孟子時止三歲而子思之年且百有十四矣即孟子以成童入大學之年事之子思不百二十餘歲歟此斷無之事也七篇引子思者六餘如沈猶行公明儀公明高大約多曾氏門人而孟子私淑諸賢亦可槪見已

趙序尊孟辨

〔釋圖經解〕　漢趙氏岐注孟子爲之章句章別其指語多用韻皆極精博前有題辭後有篇敘又極周詳而題辭稱孟子亞聖大才大賢又稱孔子刪詩定書繫周易作春秋即謂孟子者作擬聖而作者又稱論語者五經之錧鎋即謂孟子之書則而象之是直以七篇比之論語五經立義精當豈易名言其曰孟子通五經尤長於詩書亦極簡而明矣乃序說注引程子云孟子曰可以仕則仕可以止則止可以久則久可以速則速孔子聖之時者也故知易者莫如孟子又曰王者之迹熄而詩亡詩亡然後春秋作又曰春秋天子之事故知春秋者莫如孟子尹氏曰以此而言則趙氏謂孟子長於詩書而已豈知孟子者哉閻百詩又謂終未及孟子之知禮觀任人有問屋廬子一章可謂知禮者莫如孟子矣　曾　按程子所謂知即趙氏所謂通程子所謂知易知春秋莫如孟子亦即趙氏所謂通五經中之二經也即如閻氏補知禮合之程子知易知春秋之說亦只完得趙氏通五經三字註脚耳夫趙氏曰孟子通五經非僅曰長於詩書且曰通五經尤長於詩書非僅曰長於詩書而已尹氏減去通五經三字併一尤字加而已二字必加減其辭天下無不可譏之人豈獨趙氏哉近見評課士錄者曰趙邠卿謂孟子長於詩書蓋徒以七篇中引言爲多耳此所謂論書以形似見與兒童鄰也吁以趙氏名通之論下儕於兒童之見要自尹氏啓之遂附會爲此刻論耳究竟樂正四術首重詩書子所雅言詩書執禮古者易掌於太卜學士不常習七篇亦無一語及易程子言知易亦是想當然耳即知禮及春秋孟子雖嘗言之而爵祿之籍未詳聞諸侯之禮未之學要不若引詩書之詳且精也即謂長於詩書亦何傷於孟子故史記孟子列傳止云退而與萬章之徒序詩書述仲尼之意作孟子七篇言序詩書不及其他況趙氏明言通五經乎言通五經又言尤長於詩書則是五經無不通而於詩書尤長不亦言簡而明乎間嘗論之自唐韓愈推尊孟子至宋而後益顯賢如司馬公李公常猶有疑孟譏孟之作若東漢時孟子列於諸子未嘗尊之爲經而邠卿當困阨時獨毅然爲之注以闡其義俾後世列孟子於五經論語尊之爲經皆自趙氏發之豈非卓然豪傑深知孟子者哉

孟子稱謂

〔四書釋地孟子考〕　按宋初稱王於愼靚王二年癸卯孟子謂戴不勝爲子之王不似在滕謂畢戰爲子之君則應在癸卯後可知　又按春秋公羊傳君存稱世子君薨稱子某既葬稱子踰年稱公左氏例則未葬稱子既葬稱君不待踰年始稱君此二傳之同異也及余以孟子證而又有異君存稱世子滕文公爲世子是君薨亦稱世子滕定公薨世子謂然友是未葬稱子不獨既葬爲然至於子之身而反之是若孟子所稱子力行之則在既葬之後但未踰年耳何以驗之滕文公既定爲三年喪五月居廬未有命戒則亦無禮聘賢人之事可知惟至葬從始以禮聘孟子至滕而問國事焉故孟子猶稱之爲子直至踰年改元然後兩稱爲君曰君如彼何哉曰君請擇於斯二者又按孟子於梁惠王卒後猶譏其不仁梁襄王初即位譏其不似人君蓋梁未嘗爲之臣也至於齊不特非臣且不自稱臣第曰吾分益亢矣朱子註楚辭涉江篇此多以余吾並稱詳其文意余平而吾倨是也

孟子引論語

〔日知錄〕　孟子書引孔子之言凡二十有九其載於論語者八學不厭而教不倦里人爲美君薨聽於冢宰大哉堯之爲君小子鳴鼓而攻之吾黨之士狂簡鄉原德之賊惡似而非者又多大同小異然則夫子之言其不傳於後世者多矣故曰仲尼沒而微言絕

孟子書字體

〔經解集說〕　九經論語皆以漢石經爲據故字體未變孟子字多近今如知多作智說多作悅女多作汝辟多作避弟多作悌疆多作強之類與論語異蓋久變於魏晉以下之傳錄也　唐書言邠州故作豳州開元十三年以字類幽故爲邠今惟孟子書用邠字

張氏

〔養新錄〕　朱文公注孟子引諸儒說有稱張子者橫渠先生也或又稱子張子　註見滕文公問爲國章呂氏說有稱張敬夫者南軒也又有稱張氏者　註君仁莫不仁章　獵較節　白馬之白節　蓋張九成也九成字子韶號無垢居士有孟子解

孟子弟子考

〔曝書亭集〕　樂正子克宋政和中贈利國侯〇〇趙岐曰孟子弟子爲魯臣

萬子章宋贈博興伯〇〇趙岐曰孟子弟子

公孫子丑宋贈壽光伯〇〇趙岐曰孟子弟子

浩生　闕亦作告　子不害宋贈東阿伯〇〇趙岐曰齊人

孟仲子宋贈新泰伯〇〇趙岐曰孟仲子孟子之從昆弟從學於孟子者也

陳子臻宋贈蓬萊伯〇〇趙岐曰孟子弟子

充子虞宋贈昌樂伯〇〇趙岐曰孟子弟子

屋廬子連宋贈奉符伯〇〇趙岐曰孟子弟子

徐子辟宋贈仙源伯〇〇趙岐曰孟子弟子

陳子代宋贈沂水伯〇〇趙岐曰孟子弟子

彭子更宋贈雷澤伯〇〇趙岐曰孟子弟子

公都子　宋贈平陰伯〇〇趙岐曰孟子弟子

咸丘子蒙宋贈須城伯〇〇趙岐曰孟子弟子

高子　宋贈泗水伯〇〇趙岐曰高子齊人嘗學於孟子

桃子應宋贈膠水伯〇〇趙岐曰孟子弟子

盆成子括宋贈萊陽伯〇〇孫奭曰盆成括嘗學於孟子

滕子更〇〇趙岐曰滕更滕君之弟來學於孟子

吳萊曰孟子學出於曾子子思荀卿猶從而譏曰世俗之溝猶瞀儒嚾嚾然略法先王案往舊造說而不知其統我則異爲治則法後王而已矣所謂溝猶瞀儒正指萬章公孫丑之徒也荀卿戰國號稱大儒猶同門異戶如此

顧炎武曰史記索隱以萬章公明高等並孟子之門人廣韻注又云離婁門人不知其何所本元吳萊著孟子弟

子列傳惜乎今不傳也

〔曝書亭集〕　按趙歧注孟子以季孫子叔二子爲孟子弟子季孫知孟子意不欲而心欲使孟子就之故曰異哉弟子之所問也子叔心疑惑之亦以爲可就之矣孫宣公奭猶因其說故政和五年從太常議贈季孫豐城伯子叔乘陽伯自朱子集註出乃始非之世莫有從趙氏之說者矣吳立夫氏撰孟子弟子列傳書雖不傳序稱一十九人則未嘗依朱子去季孫子叔二人益以滕更適合十九人之數考盡心篇公都子曰滕更之在門也趙歧注滕更滕君之弟來學於孟子也其爲弟子甚明不知宋太常之議何獨贈爵不及有不可解者至於史記索隱以公明高爲孟子弟子而廣韻註謂離婁爲孟子門人無稽之言君子不信又廣韻注詮丘字引孟子齊有曼丘不擇今七篇無其文弟子與其不謂之弟子與吾不得而知之矣

又按班氏古今人表孟子居第二等其弟子公孫丑居第三等萬章樂正子告子高子居第四等徐子居第五等餘不與焉

孟子弟子考

〔四書經註集證〕　按宋政和五年詔定鄒縣孟子廟配享從祀者擬封爵悉本趙注惟少滕更一人爲十八人元吳萊有孟子弟子考今已不傳有序在文集中自朱子集註出而季孫子叔二人始歷然萊在朱子後猶尚稱十九人也張九韶羣言拾唾載孟子十七弟子去季孫子叔滕更盆成括而益以孟季子周霄宋彝尊經義考亦去季孫子叔而謂告子與浩生不害是一人因去告子而列浩生不害官夢仁讀書紀數略則易滕更浩生不害盆成括爲孟子子告子周霄數同而人異今以趙注爲本而並錄其他見者

趙註弟子十五人

〔四書經註集證〕　樂正子〇〇公孫丑齊乘滕州北公村有墓〇〇陳臻〇〇公都子〇〇充虞〇〇季孫〇〇子叔〇〇高子齊人王伯厚云小弁章高子孟子以叟稱之與去齊時與尹士語告者當另一人〇〇徐辟〇〇咸丘蒙〇〇陳代〇〇彭更〇〇萬章齊乘滕州南萬村有墓〇〇屋廬子〇〇桃應〇〇趙註學於孟子四人

孟仲子〇〇告子〇〇滕更〇〇盆成括〇〇各書別見者

史記索隱孟子有萬章公明高等蓋並門人也○○呂氏春秋註匡章孟子弟子○○淮南子註陳仲子齊人孟子弟子○○廣韻孟子門人有離婁

梁惠王章句上

梁惠王

〔四書摭餘說〕 史記魏世家六國表並云惠王在位三十六年始辛亥終丙戌襄王十六年始丁亥終壬寅哀王二十三年始癸卯終乙丑竹書紀年則以襄王十六年上繫於惠成王以爲其改元後之年而自癸卯以後記二十年事謂之今王今王者杜預以爲哀王是是竹書有哀王無襄王史記有襄王又有哀王世本則又有襄王而無哀王司馬公以魏史書魏事必得其眞故通鑑從竹書紀年而不從史記以惠王在位凡五十二年始辛亥終壬寅又不從杜預所云之哀王而從世本所有之襄王以襄王在位凡二十三年始癸卯終乙丑以孟子經文證之通鑑較是蓋惠王惟東敗於齊是三十年庚辰事至三十六年改元爲一年其後元六年辛卯七年壬辰八年癸巳皆數獻地于秦所謂西喪地於秦七百里是也而楚襄陵之辱又在後元之十三年戊戌是惠王在位實有五十二年明矣惟世家年表又云子罃生於魏文侯二十五年辛巳三十八年文侯卒武侯立凡十六年而後惠王立年已三十矣若如紀年文侯五十年卒武侯二十六年卒以生辛巳計之惠王元年已五十三立三十六年又改後元十六年惠王不百有四歲乎余謂惠王在位之年當從竹書信孟子也其文侯武侯之年仍從史記爲合惠王蓋八十有二歲耳

〔趙注〕 梁惠王者魏惠王也魏國名惠謚也王號也時天下有七王皆僭號者也猶春秋之時吳楚之君稱王也魏惠王居於大梁故號曰梁王聖人及大賢有道德者王公侯伯及卿大夫咸願以爲師孔子時諸侯問疑質禮若弟子之問師也魯衛之君皆尊事焉故論語或以弟子名篇而有衛靈公季氏之篇孟子亦以大儒爲諸侯所師是以梁惠王滕文公題篇與公孫丑等而爲一例也

〔孟子正義〕 史記魏世家云魏之先畢公高之後也其苗裔曰畢萬事晉獻公十六年趙夙爲御畢萬爲右以伐霍耿魏滅之以魏封畢萬爲大夫從其國名爲魏氏生武子治于魏生悼子徙治霍生魏絳徙治安邑卒謚爲昭子生魏嬴嬴生魏獻子獻子爲國政與趙簡子中行文子范獻子並爲晉卿生魏侈侈之孫桓子與韓康子趙襄子共滅智

伯分其地桓子之孫曰文侯都魏二十一年魏趙韓列爲諸侯二十五年子擊生子罃文侯卒子擊立是爲武侯武侯卒子罃立是爲惠王六國表周威烈王二十三年韓魏趙始列爲諸侯安王二年太子罃生二十六年魏韓趙滅晉烈王元年爲魏惠王元年距始列爲侯凡三十四年距分晉僅六年詩魏譜云魏者虞舜夏禹所都之地在禹貢冀州雷首之北析城之西周以封同姓爲其封域南枕河曲北涉汾水至春秋閔公元年晉獻公竟滅之以其地賜大夫畢萬是魏爲國名也周書謚法解云謚者行之迹也號者功之表也仁義所在曰王柔質慈民曰惠愛民好與曰惠是惠爲謚王爲號也

孟子見梁惠王

（四書摭餘説）　趙注孟子冀得行道故仕於齊齊不用乃適梁建篇先梁者欲以仁義爲首篇也魏世家三十五年惠王數敗於軍旅卑禮厚幣以招賢者鄒衍淳于髡孟軻皆至梁集注因之余以爲不然孟子至梁梁王已稱曰叟趙注叟長老之稱猶父也孟子去齊老而至魏王尊禮之曰父　錢劉熙曰叟長老之稱依皓首之言父矩也家長率教者　按孟子生於周烈王四年己酉明年庚戌魏武侯擊卒子罃立是爲惠成王明年辛亥梁惠王元年以三十五年乙酉計之孟子止三十七歲耳惠王年長以倍而父之乎若謂此是尊禮之稱並不以齒論則列傳明謂孟子道既通游事齊宣王宣王不能用適梁乃記至梁於乙酉而游齊已在其先時孟子年不過三十五六何以公孫丑問夫子加齊之卿相而曰我四十不動心是初至齊未爲卿之時已在四十外也與孟子之文不合通鑑既從竹書謂惠王在位五十二年而仍書孟子至梁於三十五年惠王招賢之日書孟子去魏適齊于惠王後十六年襄王初立之時自乙酉　錢周顯王三十五年　至壬寅　錢周慎靚王二年　凡十八年季氏本孟子事蹟圖譜謂孟子書所記魏事甚少豈宜在魏日如此之深是也余更即七篇之經以詰之曰若是則庚子　錢周顯王四十八年滕子慎靚王立　齊人將築薛孟子在梁矣何緣有與滕文公問答語此尤顯然可據者況孟子於齊稱臣於梁不稱臣周霄問晉國亦仕國而疑君子之難仕則孟子實未仕梁斷不居梁若是之久故謂孟子至梁當在惠王後元十六年辛丑孟子時年五十有三矣邢卿所謂老而至魏者信也王厚齋引朱文公之言曰惠襄哀之年見於竹書明甚史記蓋失其實邵子皇極之書乃從史記而不取竹書余不知首篇集注何以亦不取竹書而從史記也是

時井制壞學制亦壞滕行王政而許行之流即至若非文公信之深行之力孟子亦未能期年而告成者惜乎滕君則誠賢君而所與爲善者僅五十里耳于天下舉安之志固未逮焉于是孟子去滕之梁彼齊宣好勇好貨好色不害爲善而魏罃好戰孟子遂以爲不仁大抵梁民內死于賦者半外死于兵者亦半惠王經三折之後幸孟子至庭不思奉國以從猶皇皇焉惟利之問豈知仁義固未嘗不利哉王厚齊商鞅富强之術誘三晉之民力耕於內而使秦民應敵於外　錢閻注案商鞅四句出杜佑通典爲君卿語　使梁王用孟子之言施仁政於民秦焉得而誘之然則治一梁以蔽山東之諸侯而梁不亡六國不滅秦雖强周鼎其未可問也而又惜乎智出滕文下也

〔四書典故辨正〕　史記孟子列傳及蘇氏古史俱謂孟子先事齊宣王後乃至梁據通鑑則先遊梁而後至齊見宣王朱子序說亦未能定愚謂孟子于齊梁間行蹤先後當以六國年表及魏世家爲據不當以孟子列傳爲據按年表魏惠王三十五年齊宣王之七年也是年特書曰孟子來與魏世家惠王三十五年卑禮厚幣以招賢者而孟軻等至梁正相符合若孟子於齊宣七年以前先已遊齊年表何以不書則孟子傳所謂游事齊宣王宣王不能用而後適梁者乃史公駁文非事實也以孟子本書觀之篇首即載見梁惠王諸章及見襄王有出語云云自此以下十數章皆在齊與宣王問答事此其先後蹤跡較然可知不必如通鑑移下宣王十年以合伐燕殺噲之事然後見孟子之先游梁而後至齊也　顧寧人云竹書紀年魏惠王三十六年改元又十六年卒至襄王立謂之今王又二年燕王噲讓國於其相子之又二年齊人伐燕取之又二年燕人畔與孟子之書先梁後齊其事皆合史記謂孟子以惠王三十五年至梁者誤以惠王之後元年爲襄王之元年故也愚按竹書但紀魏惠襄之年而不著齊宣湣之年據史記周顯王四十五年梁襄王十一年是年齊宣王卒湣王立竹書以襄王之年爲惠王改元之年則惠王之卒後於齊宣惠卒而孟子始去梁適齊豈復及見齊宣王哉是必如通鑑移下宣王十年乃與孟子書合矣今但據史記惠王三十五年孟子至梁明年惠王卒襄王立而孟子去梁適齊當齊宣八九年之間此不待移下齊宣之年而自與孟子書合則據竹書不如據史記也

〔孟子正義〕　史記孟子列傳云孟子騶人也受業子思之門人道既通游事齊宣王宣王不能用適梁此趙氏所本也周氏柄中辨正云孟子於齊梁先後當以六國年表及魏世家爲據不當以孟子列傳爲據年表魏惠王三十

五年齊宣王之七年也是年特書曰孟子來若孟子於齊宣七年以前先巳游齊年表何以不書則孟子傳所謂游事齊宣王宣不能用而後適梁者乃史公駁文非實事也以本書觀之篇首卽載梁惠王諸章及見襄王有出語云云自此以下十數章皆在齊與宣王問答事此其先後蹤跡較然可知不必如通鑑移下宣王十年以合伐燕殺噲之事然後見孟子先游梁後至齊也江氏永羣經補義云孟子見梁惠王當在周愼靚王元年辛丑是年爲惠王後元之十五年至次年壬寅惠王卒子襄王立孟子一見卽去梁矣蓋魏罃於周顯王三十五年丁亥與齊威王會於徐州以相王是年爲惠王卽位後三十七年於是始稱王而改元稱一年也二說與趙氏異未知孰是

王曰叟

〔孟子正義〕 方言云傁艾長老也東齊魯衛之間凡尊老謂之傁或謂之艾周晉秦隴謂之公或謂之翁南楚謂之父或謂之父老戴氏震疏證云傁本作姿說文云老也俗通作叟史記馮唐列傳云文帝輦過問唐曰父老何自爲郞後又曰父知之乎廣雅云傁艾長老也翁傁父也史記集解引劉熙孟子注云叟長老之稱依皓首之言

孟子對曰王

〔日知錄〕 史記魏世家惠王三十六年卒子襄王立襄王元年與諸侯會徐州相王也追尊父惠王爲王而孟子書其對惠王無不稱之爲王者則非追尊之辭明矣司馬子長亦知其不通而改之曰君然孟子之書出於當時不容誤杜預左傳集解後序云哀王於史記襄王之子惠王之孫也惠王三十六年卒而襄王立立十六年卒而哀王立古書紀年編惠王三十六年改元從一年始至十六年而稱惠成王卒卽惠王也疑史記誤分惠成之世以後爲王年也哀王二十三年乃卒故特不稱謚謂之今王以作書時未卒也今按惠王卽位三十六年稱王改元又十六年卒而子襄王立卽紀年所謂今王無哀王也襄哀字相近史分爲二人誤耳

〔過庭錄〕 按顧寗人以史記載諸侯相王在梁襄王時謂依史記則惠王稱王爲非按日知錄云鴻門之會沛公稱羽爲將軍而樊噲則稱大王張良曰誰爲大王畫此計者時項羽沛公皆未王又黃歇說秦昭王曰先帝文王武王時秦未帝皆臣下尊奉之詞惠王稱王亦此意

〔四書釋地又續〕　蘇子曰周之失計未有如東遷之甚者也余亦曰魏之失計未有如都大梁之甚者也去河山之險而就平衍四達之地棄文侯武侯兩代之霸迹而爲新造之邦當是時使早聘孟子必爲壬定不遷之計有如後世所謂天子守邊者君諗守於邊則一國之人心繫於此一國之甲兵賦財聚於此秦雖強烏能遂一口氣而吞安邑哉惟安邑既去後五十四年遂獻安邑于秦未幾而秦兵至大梁矣又未幾而秦伐我圍大梁矣蓊賈曰我能往寇亦能往者不信然乎蓋始也不過偷且[illegible]之安卒不振以底於亡我故於魏號爲梁之日即謂畢萬之後已滅不待徵諸河水灌王假降之日矣

萬乘之國六句

〔孟子正義〕　漢書刑法志云因井田而制軍賦地方一里爲井井十爲通通十爲成成方十里成十爲終終十爲同同方百里同十爲封封十爲畿畿方千里有稅有賦稅以足食賦以足兵故四井爲邑四邑爲邱邱十六井也有戎馬一匹牛三頭四邱爲甸甸六十四井也有戎馬四匹兵車一乘牛十二頭甲士三人卒七十二人干戈備具是謂乘馬之法一同百里提封萬井除山川沈斥城池邑居園囿術路三千六百井定出賦六千四百井戎馬四百匹兵車百乘此卿大夫采地之大者也是謂百乘之家一封三百一十六里提封十萬井定出賦六萬四千井戎馬四千匹兵車千乘此諸侯之大者也是謂千乘之國天子畿方千里提封百萬井定出賦六十四萬井戎馬四萬匹兵車萬乘故稱萬乘之主論語道千乘之國集解馬氏云司馬法六尺爲步步百爲畝畝百爲夫夫三爲屋屋三爲井井十爲通通十爲成成出乘車一乘然則千乘之賦其地千成居地方三百一十六里有奇惟公侯之封乃能容之雖大國之賦亦不是過爲包氏曰千乘之國者百里之國也古者井田方里而井十井爲乘百里之國適千乘也融依周禮包依王制孟子疑故兩存爲毛氏奇齡經問云古千乘之國地方百里出千車千乘故稱千乘之國方里而井百里之國爲萬井而出千乘是十井出一乘不問可知周禮乃謂九夫爲井四井爲邑四邑爲邱四邱爲甸甸六十四井出車一乘則是百里之國止出兵車一百五十六乘何名千乘乎曰周禮小司徒職惟有九夫爲井四井爲邑四邑爲邱四邱爲甸四甸其下甸出一乘云云皆司馬法文杜預引此注左傳不注明司馬法三字而混幷在周禮文下或遂以之詬周禮特所謂司馬法者原非周制史記齊景公時有司馬穰苴曾著兵法至戰國時齊威王使大

夫追論古司馬兵法而附穰苴於其中名司馬法今其書不傳久矣然且有兩司馬法兩言出車之制其一又曰六尺爲步步百爲畝畝百爲夫夫三爲屋屋三爲井井十爲通通十爲成成出革車一乘此馬融引之注論語鄭康成引之注周禮然皆非是大抵侯國以百里爲斷百里之地以開方計之實得萬里孟子曰方里而井萬里者萬井也乃以甸出一乘計之甸方百里實得六十四井以成出一乘計之成方十里實得百井百井出一乘則萬夫止百乘六十井出一乘則萬夫止出一百五十有六乘矣雖爲之說者曰成之十里即是甸之八里以甸八里外有治溝洫夫各受一井得二里不出車賦仍是十里然其與千乘之賦則總不合於是馬融謂侯封不止百里當有方三百一十六里有奇而鄭康成則直據周禮謂公五百里侯四百里伯三百里子二百里男一百里以求合於成甸出車之數夫列爵惟五分土惟三眞周制也公侯百里伯七十里子男五十里王制之等也故易曰震驚百里言建侯象雷震地止百里而春秋傳曰列國一同一同者百里之地孟子謂周公太公其始封俱止百里非地有不足而限制如此此在漢後五經諸家如何休張苞包咸范甯輩皆歷爲是說而乃以五等班錄亂周家三等之制以一人之書盡反易春秋尚書孟子王制諸經傳之文豈可訓也王氏鳴盛周禮軍賦說云大國三軍車五百乘若計地出賦則得千乘千乘出賦之法則服虔注左傳所引司馬法載詩正義所謂甸六十四井出車一乘士卒共七十五人者是馬鄭注論語引之欲見邦國疆域實數故改甸爲成其實一耳孫子云興師十萬日費千金怠於操事者七十萬家蓋謂七家而賦一兵也今以此法推六十四井五百七十六家可出八十二人尚餘二夫今祇出七十五人則是七家又十之五強出一人也此說本無可疑自何休注公羊傳初稅畝云聖人制井田之法十井共出兵車一乘包咸因之亦謂十井爲乘百里之國應千乘也何楷辨之謂使十井出一甸之賦則其虐又過於成公之邱甲矣此說最精顧後儒猶有惑於其說者則以邦國疆域諸國參差不合也王制云公侯田方百里伯七十里子男五十里孟子云諸侯之地方百里不百里不足以守宗廟之典籍周公之封於魯爲方百里也地非不足而儉於百里太公之封於齊也亦爲方百里也地非不足而儉於百里今考王制云云康成以爲夏制五等之爵三等受地至殷變爵爲三等合子男與伯以爲一其地亦三等不變則白虎通詳言之武王克商復增子男爵爲五等其受地則與夏殷三等同齊魯之封皆在武王之世孟子所謂地非不足而儉於百里者大都據初制而言賈公彥職方氏疏申鄭意謂其時

九州之界尚狹至武王崩成王幼周公攝政致太平制禮樂成武王之意斥大九州於是五等之爵以五等受地則周禮大司徒云凡建邦國諸公之地封疆方五百里諸侯之地封疆方四百里諸伯之地封疆方三百里諸子之地封疆方二百里諸男之地封疆方百里是也左氏傳言不過半天子之軍坊記言不過千乘不過云者謂軍賦以是爲限非地止三百一十六里故馬云大國亦不是過史記云周封伯禽於魯地方四百里明堂位則以成王欲廣魯於天下故封周公於曲阜地方七百里然其言魯之賦亦不過革車千乘而已若孟子對北宮錡曰周室班爵祿公侯皆方百里伯七十里子男五十里不能五十里不達於天子附於諸侯曰附庸此以夏制爲周制者其言曰軻也嘗聞其略則爲傳聞約略之詞而非載籍之明據可知王與之云孟之見戰國爭雄壤地廣蹙遂援百里七十里五十里之制以抑當時幷吞無厭之心若今之偏州下邑奚啻百里周禮所載不爲過也此說得之蓋千乘其地千成則九萬井有餘其爲百里已九有奇矣尚得以爲百里乎左傳襄二十五年鄭子產適晉獻捷晉人責之何故侵小子產對曰昔天子之地一圻列國之地一同今大國多數圻矣若無侵小何以至爲此亦救時之談非核實之論也

謹按說者多以千乘三百一十六里爲長乃孟子說公侯百里則孟子言千乘當自以百里矣

萬取千千取百

〔孟子正義〕　君十卿祿萬章下篇文王制亦云故以爲周制也王制諸侯之下士祿食九人中士食十八人上士食三十六人下大夫食七十二人卿食二百八十八人君食二千八百八十人周禮廩人凡萬民之食食者人四鬴上也人三鬴中也人二鬴下也注云此皆謂一月食米也六斗四升曰鬴賈氏疏云此雖列三等之年以中年是其常法以是推之人一月三鬴一歲十二月食三十六鬴二百八十八人則每歲食一萬零三百六十八鬴考工記㮚氏量之以爲鬴注云四升曰豆四豆曰區四區曰鬴鬴六斗四升也鬴十則鍾然則一萬零三百六十八鬴爲鍾一千零三十六人總其整數是爲千鍾君食二千八百八十人是歲食十萬零三千六百八十鬴爲一萬零三百六十八鍾總其整數是爲萬鍾云君食萬鍾者指諸侯千乘也云臣食千鍾者指大夫百乘也經文承上萬乘千乘百乘則萬千百仍指乘言是諸侯於天子萬乘中取其千大夫於諸侯千乘中取其百趙氏以祿言之則君臣實取之數諸侯於千乘中食萬鍾大夫於百乘中食千鍾推之天子於萬乘中食十萬鍾其千乘之家卽於萬乘中食萬鍾食

萬鍾者非一家食千鍾於千乘者亦非一家分各定不容更溢故不為不多也

不奪不饜

（孟子正義） 國語晉語云屬厭而已韋昭注云厭飽也饜與厭通

顧鴻雁麋鹿

（考異） 說文隹部雁鳥也鳥部鴈鵝也鴻雁字當从隹作雁經典通用遂不別

（四書釋地又續） 集註麋鹿之大者却無據說文麋鹿屬禮記月令仲冬麋角解正義熊氏云鹿是山獸夏至得陰氣而解角麋是澤獸冬至得陽氣而解角此麋鹿之別也至哀十四年逢澤有介麋焉麋一本作麇介大也介麋謂麋之大者非謂麋大於鹿

（四書改錯） 鴻為雁之大麋豈是鹿之大乎四書集註補云據爾雅麋之種類有麔麎麇狄四名而非鹿鹿之種類有麚麀麛麉四名而非麋故舊稱麋陰獸冬至角解鹿陽獸夏至角解麋澤獸形大而角枝向後鹿山獸形小而角枝向前截然兩分故周官以山足為大麓毛詩河麋注河湄即以麋鹿作山澤名若麋是大鹿則河麋者大大麓矣豈有此理張 文檒曰說文麋鹿屬从鹿米聲冬至解其角武悲切然又曰大曰麋小曰鹿初解之謂麋體大鹿體小猶邵瑛云澤獸形大山獸形小非謂同是鹿而分大小也及按說文原本則並無此六字豈又附會之徒增入之耶然滋惘矣

詩云經始靈臺

（詩疏十六之五） 詩序靈臺民始附也文王受命而民樂其有靈德以及鳥獸昆蟲焉箋云民者冥也其見仁道遲故於是乃附也天子有靈臺者所以觀祲象察氣之妖祥也文王受命而作邑于豐立靈臺春秋傳公既視朔遂登觀臺以望而書雲物為備故也正義此靈臺在豐邑之都也含神霧曰作邑於豐起靈臺易乾鑿度亦云伐崇作靈臺是靈臺在豐邑之都內也此靈臺所處在國之西郊諸儒以無正文故其說多異義公羊說天子三諸侯二天子有靈臺以觀天文有時臺以觀四時施化有囿臺觀鳥獸魚鼈諸侯當有時臺囿臺諸侯卑不得觀天文無靈臺皆在國之東南二十五里東南少陽用事萬物著見用二十五里者吉行五十里朝行暮反也韓詩說辟廱者天子

之學圓如璧壅之以水示圓言辟取璧有德不言辟水言辟廱者取其廱和也所以教天下春射秋饗尊事三老五更在南方七里之內立明堂於中五經之文所藏處蓋以茅草取其潔清也左氏說天子靈臺在太廟之中壅之靈沼謂之辟廱諸侯有觀臺亦在廟中皆以望嘉祥也毛詩說靈臺不足以監視靈者精也神之精明稱靈故稱臺曰靈臺稱囿曰靈囿既沼曰靈沼謹按公羊傳左氏說皆無明文說各無以正之元之聞也禮記王制天子命之教然後爲學小學在公宮之左太學在郊天子曰辟廱諸侯曰泮宮天子將出征受命於祖受成于學出征執有罪反釋奠於學以訊馘告然則太學卽辟廱也詩頌泮水云既作泮宮淮夷攸服矯矯虎臣在泮獻馘淑問如皋陶在泮獻囚此復與辟廱同義之證也大雅靈臺一篇之詩有靈臺有靈囿有靈沼有辟廱其如是也則辟廱及三靈皆同處在郊矣囿也沼也同言靈於臺下爲囿爲沼可知小學在公宮之左大學在西郊王者相變之宜衆家之說各不昭晰雖然於郊差近之耳在廟則遠矣王制與詩其言察察亦足以明之矣如鄭此說靈臺與辟廱同處辟廱卽天子之太學也王制言太學在郊乃是殷制其周制則太學在國太學雖在國而辟廱仍在郊何則囿沼魚鳥所萃終不可在國中也辟廱與太學爲一所以得太學移而辟廱不移者以辟廱是學之名耳王制以殷之辟廱於太學爲一故因而說之不必常以太學爲辟廱小學亦可矣周立三代之學虞庠在國之西郊則周亦以虞庠爲辟廱矣若然魯是周之諸侯於郊不當有學泮宮亦應在國而禮器注云頖宮郊之學也詩所謂泮宮也字或作郊宮不在國者以其詩言魯侯戾止是行往適之故知在郊蓋魯以周公之故尊之使用殷禮故學在其郊也鄭以靈臺辟廱在西郊則與明堂宗廟皆異處矣按大戴禮盛德篇云明堂者所以明諸侯尊卑也外水名曰辟廱政穆篇云太學明堂之東序也如此文則辟廱明堂同處矣故諸儒多用之盧植禮記注云明堂卽太廟也天子太廟上可以望氣故謂之靈臺中可以序昭穆故謂之太廟圓之以水似璧故謂之辟廱古法皆同一處近世殊異分爲三耳蔡邕月令論云取其宗廟之清貌則曰清廟取其正室之貌則曰太廟取其堂則曰明堂取其四門之學則曰太學取其周水圓璧則曰辟廱異名而同耳其實一也頴子容春秋釋例云太廟有八名其體一也肅然清靜謂之清廟行禘祫序昭穆謂之太廟告朔行政謂之明堂行饗射養國老謂之辟廱占雲物望氣祥謂之靈臺其四門之學謂之太學其中室謂之太室總謂之宮賈逵服虔注左傳亦云靈臺在太廟明堂之中此等諸儒並以廟學明堂靈臺爲一鄭必知

皆異處者蓋準正論云明堂宗廟太學禮之大物也事義不同各有所爲而世之論者合以爲一體取詩書放逸之文經典相似之語而致之不復考之人情驗之道理失之遠矣夫宗廟之中人所致敬幽隱淸靜鬼神所居而使衆學處焉饗射其中人鬼慢黷死生交錯囚俘截耳瘡痍流血以干犯鬼神非其理矣且夫茅茨採椽至質之物建日月乘玉輅以處其中象箸玉杯而食於土簋非其類也如禮記先儒之言明堂之制四面東西八丈南北六丈禮天子七廟左昭右穆又有祖宗不在數中以明堂之制言之昭穆安在若又區別非一體也夫宗廟鬼神之居祭天而於人鬼之室非其處也夫明堂法天之宮非鬼神常處故可以祭天而以其祖配之配其父於天位可也事天而就人鬼則非義也自古帝王必立大小之學以教天下有虞氏謂之上庠下庠夏后氏謂之東序西序殷謂之右學左學周謂之東膠虞庠皆以養老乞言明堂位曰瞽宗殷學也周置師保之官居虎門之側然則學宮非一處也文王世子春夏學干戈秋冬學羽籥皆於東序又曰秋學禮冬學書禮在瞽宗書在上庠此周立三代之學也可謂立其學不可謂立其廟然則太學非宗廟也又曰世子齒於學國人觀之宗廟之中非百姓所觀也王制曰周人養國老於東膠不曰辟廱養國老於右學養庶老於左學宗廟之尊不應與小學爲左右也辟廱之制圓之以水圓象天取生長也水潤下取其惠澤也水必有魚鼈取其所以養也是故明堂者大朝諸侯講禮之處宗廟享鬼神歲觀之宮辟廱大射養孤之處太學衆學之居靈臺望氣之觀淸廟訓儉之室各有所爲非一體也古有王居明堂之禮月令則其序也天子居其中學士處其內君臣同處死生參並非其義也大射之禮天子張三侯九十步其次七十步其次五十步辟廱處其中今未知辟廱廣狹之數但二九十八加之辟廱則徑三百步凡有公卿大夫諸侯之賓百官侍從之衆皆非宗廟中所能容也禮天子立五門又非一門之間所能受也明堂以祭鬼神故亦謂之廟明堂太廟者明堂之內太室非宗廟之太廟於辟廱獻捷者謂鬼神惡之也或謂之學者天下之所學也總謂之宮大同之名也生人不謂之廟此其所以別也先儒曰春秋人君將行告宗廟反獻於廟王制釋奠於學以訊馘告則太學亦廟也其上句曰小學在公宮之左太學在郊明太學非廟非所以爲證也周人養庶老於虞庠虞庠在國之西郊今王制亦小學近而太學遠其言乖錯非以爲正也左氏云公既視朔遂登觀臺以其言遂故謂之同處夫遂者遂事之名不必同處也馬融云明堂在南郊就陽位而宗廟在國外非孝子之情也古文稱明堂陰陽者所以法天道順時

政非宗廟之謂也又云告朔行政謂之明堂夫告朔行政上下同也未聞諸侯有明堂之稱也順時行政有國皆然未聞諸侯有居明堂也齊宣王問孟子人皆謂我毀明堂毀諸已乎孟子曰夫明堂者王者之堂也王欲行王政則勿毀之矣夫宗廟之設非獨王者也若明堂卽宗廟不得曰夫明堂王者之宗廟也且說諸侯而教毀宗廟爲人君而疑於可毀與否雖復淺丈夫未有是也孟子古之賢丈夫而皆子思弟子去聖不遠此其一證也尸子曰昔武王崩成王少周公踐東宮祀明堂假爲天子明堂在左故謂之東宮王者而後有明堂故曰祀明堂假爲天子此又其證也竊以準之此論可以申明鄭意大戴禮遺逸之書文多假托不立學官世無傳者其盛德篇云明堂外水名曰辟廱政穆篇稱太學明堂之東序皆後人所增失於事實故先儒雖立異端亦不據爲說然則明堂非廟而月令云天子居明堂太廟者以明堂是祭神之所故謂之明堂太廟者正謂明堂之太室非宗廟之太廟也明堂位云太廟天子明堂自謂制如明堂非太廟名明堂也廟與明堂不同則靈臺又宜別處故靈臺辟廱皆在郊也

（同上）　毛傳神之精明曰靈四方而高曰臺箋云文王應天命度始靈臺之基趾營表其位衆民則築作不設期日而成之言說文王之德勤其事忘己勞也觀臺而曰靈者文王化行似神之精明故以名焉正義非天子不得作靈臺故本之云文王應天命度始靈臺之基趾也營表其位謂以繩度立表以定其位處也此質觀氛祥之臺而名曰靈者以文王之化行似神之精明故以名焉以此言文王之臺故因曰文王之化行耳其實天子之臺皆名曰靈臺服虔左傳注云天子曰靈臺諸侯曰觀臺是也若然書傳說武王渡河言觀臺亞者彼謂在臺仰觀之人不得謂其人爲臺故指實言觀也僖十五年左傳云秦伯獲晉侯以歸乃舍諸靈臺秦是諸侯而得有靈臺者杜預云在京光鄠縣周之故臺也哀二十五年左傳曰衛侯爲靈臺於新圃言爲則是新造其時僭名之也

（四書釋地）　括地志辟廱靈沼今悉無復處惟靈臺孤立高二丈周回一百二十步是周靈臺至唐太宗時猶存然則巍然獨存者豈直魯靈光殿而已哉

（四書典故辨正）　靈臺之詩小序云民樂文王有靈德孫奭正義曰言文王之德化行如神靈之所至據此則靈臺因文德命名說苑云積恩爲愛積愛爲仁積仁爲靈靈臺之所以爲靈者積仁也其義正與小序合朱子詩傳曰言其倏然而成如神靈所爲此據詩中不日成之而言按鄭箋云不日謂不設期日而成之趙岐注亦云不與之相

期日限國語引此詩韋昭注不課程以時日前儒詁經皆如此則集傳倏然而成之說似亦未確不如序義爲長毛大可又謂靈臺舊名自堯以來有之引漢書地理志濟陰成陽有堯靈臺爲証愚按漢志云濟陰成陽有堯冢靈臺水經注成陽城西二里有堯陵陵南一里有堯母慶都陵稱曰靈臺蓋陵墓稱靈臺如山海經帝嚳臺帝堯臺皆是毛氏刪漢志冢字以爲堯之臺名謬甚

不日成之

(四書賸言) 集註不終日也豈有一日成一臺者四書集注補云此如唐太宗謂不日瓜剖李德裕謂不日有變之類言不計日也按本詩鄭箋謂不日不與設期日而成之此與國語引此詩韋昭注云不日不課程以時日正同其云成之者非謂已成謂由是以至於成如國語其日不廢時務俟田時之隙而於以成之是也夫惟不限時日故可成勿亟惟未成故趨事如子來此古注所以不可輕易也

靈囿

(四書典故辨正) 東陽許氏曰文王繼體即位本都岐在位四十六年遷郢又三年遷豐作靈臺七十里之囿在岐山舊都何義門讀書記曰周都岐山之下大約七十里之內皆岡嶺林麓爲多故四時之田出其中因而名之曰囿非規其地以養禽獸恣遊觀也若靈囿則在辟廱之旁不過一射圃耳據許何之說靈囿非七十里之囿靈囿在豐七十里之囿在岐閻潛邱四書釋地曰三輔黃圖云靈囿在長安縣西四十二里王伯厚以文王之囿方七十里註於下余謂在今鄠縣東三十里正漢地理志所謂文王作豐有鄠杜竹林南山檀柘號稱陸海爲九州膏腴者文王當日弛以與民恣其芻獵以往但有物以藩界之遂名之曰囿云爾此實作邑於豐時事非初岐山事也豐去岐三百餘里後漢武帝建元中舉籍盩厔鄠杜除以爲上林苑屬之南山即其處又曰文王治岐不過曰澤梁無禁詎容有囿至七十里任樵者獵者以往自是在位四十九年乙丑徙都豐於豐作靈臺臺之少右作靈囿囿之中作沼蓋原就南山下一片土爲之林木茂密禽獸繁多方克如是據閻氏之說靈囿即七十里之囿在豐而不在岐愚按周禮囿人掌囿游之禁鄭注囿游囿之離宮小苑觀處也賈疏孟子文王之囿方七十里是田獵之處今此云禁故知非大囿是小苑觀處也據此則靈囿是游觀之小苑七十里之囿是四時田獵之所與三靈不同處趙注亦以爲

在岐疑許何之說爲是　三輔黄圖云靈囿在長安縣西四十二里靈沼在長安西三十里靈臺在長安西北四十里愚按鄭康成謂囿沼同言靈即於臺下爲囿沼據黄圖則三靈相去甚遠王厚齋因以爲即七十里之囿恐未然也

麀鹿攸伏麀鹿濯濯白鳥鶴鶴

〔詩疏〕　大雅鶴作翯毛傳濯濯娛遊也翯翯肥澤也音義字林云鳥白肥澤曰翯

〔四書考異〕　孟子音義張鎰云詩本作翯翯戶角切古字假借今依詩本音說文翯鳥白肥澤貌從羽高聲詩云白鳥翯翯賈子新書禮篇君道篇引此詩俱作皜皜文選景福殿賦皠皠白鳥注云皠與翯同按鶴疑皠之形似譌說文皠鳥之白也胡沃切

〔孟子正義〕　鶴鶴詩作翯翯毛詩傳云囿所以域養禽獸也天子百里諸侯四十里靈囿言靈道行於囿也麀牝也濯濯娛遊也翯翯肥澤也箋云攸所也文王親至靈囿視牝鹿所遊伏之處言愛物也鳥獸肥盛喜樂趙氏解與傳箋有同有異牸鹿毛本作牝鹿牸亦牝也攸伏箋以所遊伏解之遊指下濯濯伏與遊對則遊言其動伏言其靜耳趙氏云懷任安其所而伏以伏爲懷任者任亦作妊孕也伏古與包通伏羲氏一作包羲氏伏包皆訓藏說文包部云包象人裹妊也巳在中象子未成形也夏小正雞孚粥傳云嫗伏也方言云北燕朝鮮洌水之間謂伏雞曰抱其卵伏而未孚始化謂之涅禽獸之伏卵猶獸畜之懷任故詩言伏趙氏以懷任解之國語楚語引詩韋昭注亦云視牝鹿所伏息愛牸任之類此或齊魯韓三家所傳也廣雅釋訓云濯濯肥也曜曜白也王氏念孫疏證云釋器云曜白也重言之則曰曜曜何晏景福殿賦皠皠白鳥並與曜曜同按從翟從隺從高古多通用釋名云膗蒿也說文手部云隺敲也爾雅釋器云翯謂之罩說文匕部云卓高也易家人嗃嗃釋文云荀作確一切經音義確埆者作墧又字書作碻哀公四年左傳釋文引郭璞解詁云鄗者膗漢書韓信傳注引李奇云鄗音羹臛之臛史記秦始皇紀索隱云鶮古鶴字說文月部云隺高至也鶴之名鶴以高至望及於高故膗爲望亦取義於高翯亦作鶴從隺與從翟同詩作翯翯孟子引作鶴鶴其字通也趙氏云肥飽則濯濯鶴鶴非以濯濯鶴鶴爲肥飽其以澤好申之仍用毛傳肥澤之訓因肥而澤因澤而白也濯濯未訓娛遊蓋以澤申鶴鶴以好申濯濯詩文王有聲王公伊濯釋文引韓

詩云美也美即好也

而民歡樂之

〔孟子正義〕　臧氏琳經義雜記云宋孫氏音義云歡樂本亦作勸樂案左傳昭九年叔孫昭子引詩曰經始勿亟庶民子來杜注詩大雅言文王始經營靈臺非急疾之衆民自以爲子義來勸樂爲之正義云衆民以爲子成父事而來勸樂而早成之耳是可知晉唐時本皆作勸樂故杜注孔疏據之與孫宣公音義正合蓋經言庶民子來孟子以而民勸樂釋之猶禮記中庸謂子庶民則百姓勸也因歡與勸形相近故經注皆譌爲歡

靈臺靈沼

〔孟子正義〕　按靈訓善靈德即善德也靈道即善道也則靈臺即善臺靈沼即善沼漢書地理志濟陰成陽有堯冢靈臺水經注成陽城西二里有堯陵陵南一里有堯母慶都陵稱曰靈臺此陵墓稱靈臺當以鬼神之義言之文王之靈臺靈沼自以善稱詩云經始靈臺則名自此始故箋云本觀臺而曰靈臺非堯冢靈臺之例也

時日曷喪

〔四書改錯〕　集注云桀嘗自言吾有天下如天之有日日亡吾乃亡耳民怨其虐故因其自言而嘗與俱亡按桀語他書無考惟尚書大傳曰桀言吾之有民如天之有日必日亡而天乃亡此以天自指以日指民初未嘗以日自指也故民即曰願與日亡謂從此可及天耳此改吾之有民爲吾有天下則以日自指矣凡書有略改數字而解頓殊者如此　張文檒曰與日偕亡則天與桀未亡也故可獨樂不然則下文豈能獨樂說不去矣　莫春園問曰時日曷喪劉向新序亦云吾有天下如天之有日不止朱註且說文日是君象則以日比民似不如比君之爲當也曰新序數語正朱註改文所由而仍舉相難贅矣若日是君象亦執一語耳趙岐冬日之日則日臣象矣禮以三老比日月星不又民象乎況說書最忌執一人苦不讀書而書實難盡趙岐以時日曷喪爲乙卯日桀當大喪則君民與日皆無與矣而孫奭正義又謂桀云天有是日猶吾之有民日曷有亡哉日亡則吾與民俱亡耳則此一日字又君民同象何以分之

河内凶則移其民於河東

〔趙注〕魏舊在河東後爲強國兼得河內也
〔疏〕地理志云魏地觜觿參之分野其界自高陵以東盡河東河內河東本殷之舊都周既滅殷分其地畿內爲三國邶鄘衛是也
〔四書釋地又續〕梁河東今之安邑等縣梁亦有河西六國表魏入河西地於秦是也梁河內今之河內濟源等縣梁亦有河外蘇秦傳大王之地北有河外注云謂河南地是也河東西亦謂之河內外左傳僖十五年賂秦伯以河外列城五內及解梁城魏世家無忌曰所亡於秦者河外河內是也至河內外則梁之河北河南地蘇代曰秦正告魏我陸攻則擊河內水攻則滅大梁是然則梁之地自河西逶迤而至河南幾將二千里何以蘇秦曰魏地方千里蓋從長而橫不足絕長補短算耳然已比韓猶大比趙實小是以文侯武侯用之以爲天下強惠王襄王用之則弱於天下國勢冈在於主德哉

塡然鼓之

〔孟子正義〕說文土部云塡塞也荀子非十二子云塡塡然楊倞注云塡塡然滿足之貌聲之滿足爲塡塡猶貌之滿足爲塡塡僖公十六年公羊傳云霣石記聞聞其塡然塡然亦磌然也楚詞九歌云靁塡塡兮雨冥冥鼓聲之滿盛猶雷聲也

兵以鼓進　註

〔四書釋地三續〕兵以鼓進以金退集註亦本趙氏東陽許氏據周禮大司馬之職以辨正不知杜注左氏亦同斯文孔穎達疏曰周禮是教戰注其臨敵之時欲戰則先擊鼓以進之欲退則先聲金以靜之故長勺之役公將鼓之是欲戰擊鼓也艾陵之役吾聞鼓而已不問金矣是欲退擊金也　〔語〕荀子聞鼓聲而進聞金聲而退

數罟

〔孟子正義〕毛詩豳風九罭之魚傳云九罭緵罟小魚之網也釋文云緵又作總小雅魚麗于罶毛傳云庶人不數罟罟必四寸然後入澤梁釋文云數七欲反又所角反陳氏云數細也孔氏正義云庶人不總罟謂罟目不得總之使小言使小魚不得過也集本總作緵依爾雅定本作數義俱通也按詩召南素絲五總毛傳云總數也陳風越

以鬷邁毛傳云鬷數也商頌鬷假無言毛傳云鬷總也鬷緵同聲緵總數三字同趨數即迫促文公十六年左傳云無日不數於六卿之門杜預注云數不疏不疏是密也說文系部云總聚束也聚束即促速促束即趨數也倪氏思寬二初齋讀書記云周禮言羅襦猶孟子言數罟蜡則作羅襦明非蜡則不用羅襦矣周禮取禽孟子取魚其實是一例韓非子說林云君聞大魚乎網不能正繳不能絓也是繳所以取小魚鹽鐵論散不足篇賢良曰鳥獸魚鼈不中殺不食故繳網不入於澤說文系部繁生絲縷也蓋以生絲縷作網則其目小繳網即數罟也今俗猶以細密者爲絲網是也

五畝之宅

〔四書釋地三續〕　炳燭齋隨筆曰五畝之宅說者皆云古者受宅二畝半在田二畝半在邑此說之極不通者古今皆習聞而莫知其非可笑也匠人營國不過方九里九九八十一爲方一里者八十一方一里之地爲九百畝以八十一倍算不過七萬二千九百畝耳其中有王宮有左祖右社面朝後市又道涂九經九緯每經涂闊九軌又六卿以至三百六十官各有公署自公卿而下至於上士中士各有館舍如詩所云退食自公適子之館兮者又有賓館神祠作坊倉庫獄囚以上諸項處於王國之中必三分去一所存不過二三萬畝耳而六鄉之民已七萬五千家工商各不下萬家即人受半畝勢必不給況二畝半乎孟子云願受一廛而爲氓禮記云儒有一畝之宮參觀之足知二畝半之說爲妄矣以今世數目驗之民有地二十步可便造屋三四間足以成家矣則古者一畝百步之地當必容四五家二畝半之地當必容十餘家也愚按此說煞是可疑存之以待博雅君子　鶚按古者步百爲畝古之百畝爲今四十一畝一百六十步則古之五畝僅當今二畝零二十步耳仲恭似未曉此又案步有二義一舉足曰步司馬法六尺爲步仲恭有地二十步乃一舉足步之步非古司馬法田用司馬法建步立畮正其經界見漢食貨志

〔四書索解〕　桐鄉錢曉城攻周禮爲僞書以孟子五畝之宅註二畝半在邑爲周禮作僞之一此本自坐舛錯以誣毀聖經大不足道然其說則先仲氏亦疑之據集註二畝半在田二畝半在邑並非周禮且亦并不見他經此不過禮注中有百畝之廬爲田中之廬里居之廛爲國中之宅語因之漢食貨志有在野曰廬在邑曰里而趙岐注孟

子遂曰廬里邑居各二畝半以爲宅此集註所襲文也第其制有大難解者孟子方里而井周禮亦以一里爲一井今毋論小城三里大城九里各有多寡而即以中城五里觀之五里者五五二十五里也每里九家而里居則四分之以爲四九三十六家之宅是二十五里統計所分雖至密亦不過九千家宅耳乃孟子班祿之制與周禮則今亦不從周禮以五百四百三百二百一百限五等侯服而即取至減者以孟子公侯百里爲斷百里者萬里也萬里萬井每井有八家則已得八萬家矣以八萬家之里居而祗以九千家之地應之可乎不可乎可解乎不可解乎況城中有宮所謂宗廟社稷朝市府藏諸區又當在里居外乎又況禮注乖謬謂此里居在邑實爲農民冬月入城保城之計吾不知其語始於何人要是大不通之言國家守封疆農隙入保當在鄙邑定無有撤四境之民公然入城而棄土地於寥廓者倘有竊發敵人不用兵而至城下矣此大亂之道也

〔四書典故辨正〕　五畝之宅孟子未言其所在穀梁傳謂民居在公田中鄭康成賈公彥謂在都城中班固趙岐謂在田在邑各二畝半朱子集註從之愚按毛詩甫田疏云孟子言其中爲公田則中央百畝共爲公田言八家皆私百畝則百畝皆屬公若二十畝爲廬舍家别二畝半亦入私則家各私有百二畝半何得爲八家皆私百畝則民居在公田及二畝半在田之說非矣國語管子曰先王處農就田野處則不暱韋昭注國都城郭之域惟士工商而已農不在焉則民居在都城及二畝半在城之說非矣季彭山讀禮疑圖曰農民所宅必是平原可居之地另以五畝爲一處不占公田然取於便農功還饁餉去田亦不宜遠其所聚居或止八家或倍八家以上各隨便宜今爲一邑置堡以相守望故舉成數言則有十室之邑千室之邑非必都邑然後爲邑而都邑亦豈可以寓農民哉農民之宅鄉里也即制里而導其妻子養老者也國中之廛市廛也但爲士旅寄居之所工商懋遷之區而已此說最明足正諸儒之謬　或引信南山詩中田有廬以證公田爲廬舍之説此不然詩所謂廬蓋即田畔稍高處置小茅舍以便憩息避風雨故曰廬明非宅也曰疆埸明不在公田中也曰有瓜明不可植桑也此與五畝之宅樹牆下以桑之地迥別

〔趙注〕　廬井邑居各二畝半以爲宅冬入保城二畝半故爲五畝也樹桑牆下古者年五十乃衣帛矣

〔孟子正義〕　漢書食貨志云六尺爲步步百爲畮畮百爲夫夫三爲屋屋三爲井井方一里是爲九夫八家共之

各受私田百晦公田十晦是爲八百八十晦餘二十晦以爲廬舍春令民畢出在壄冬則畢入於邑趙氏所本也毛氏奇齡四書賸言補云廬井邑居各二畝半則已五畝又云冬入保城二畝半何解漢書食貨志云在野曰廬則廬井者井閭之廬也又云在邑曰里則邑居者里邑之居也爾雅里邑也鄭康成稱里居與趙稱邑居並同蓋廬井二畝半在公田中一名廬舍何休云一夫受田百畝又受公田十畝廬舍二畝半謂一夫受田一百十畝又分受公田之二十畝各得二畝半作廬居也此易曉也至在邑之二畝半以國城當之則大謬不然管子內政云四民勿使雜處處工就官府處商就市井處農就田野而韋昭謂國都城郭之域惟士工商而已農不與焉則二畝半在邑只在井邑與國邑無涉蓋古王畺地制邑其在國邑外如公邑家邑邱邑都邑類凡所屬井地皆可置宅然且諸井邑中亦惟無城者可處農民若有城如費邑郈邑所稱都邑者則農不得入管子與韋氏之言稍可據然而趙邠卿乃有冬入保城之說或係衍文或有脫簡且或原有師承如周禮夫一廛鄭康成所謂城邑之居者則或諸邑有城者亦容里居事未可知若在國城則周禮載師氏明有國宅無征園廛二十而一之文鄭司農注云國宅國城中宅也而鄭康成卽云國宅者凡官所有之宮室與吏所治者又名國廛與園宅園廛農民所居者正相分別安可以農民園廛溷當之官吏之國宅乎則此二畝半當云在井邑不問有城與無城並得入保此舉近地井里而言如四井爲邑則必邑中有里居可爲保守之地故其居名里居又名邑居倪氏思寬二初齋讀書記云晉語尹鐸請於趙簡子曰以爲繭絲乎抑爲保障乎韋昭注小城曰保引禮記遇入保者以爲證然則趙注當亦指井邑中小城言之若旣無城何云入保毛氏說未免於率周氏柄中辨正云季彭山讀禮疑圖言農民所宅必是平原可居之地則以五畝爲一處不占公田取於便農功避餽餉去田亦不宜遠其所聚居或止八家或倍八家以上各隨便宜聚爲一邑置壁以相守望故舉成數言則有十室之邑千室之邑非必都邑然後爲邑而都邑亦豈可寓農民哉農民之宅鄉里也卽制里以導其妻子養老者也國中之廛市廛也但爲士旅寄居之所工商懋遷之區而已段氏玉裁說文解字注云說文廬寄也秋冬去春夏居廛二地半也一家之居大雅于時廬旅毛傳云廬寄也小雅中田有廬箋云中田田中也農人作廬焉以便其田事春秋宣十五年公羊傳注云一夫受田百畝公田十畝廬舍二畝半凡爲田一頃十二畝半八家而九頃共爲一井在田曰廬在邑曰里春夏出田秋冬入保城郭按許廬義與下廛義互相足在野曰

廬在邑曰廬皆二畝半也趙氏尤明里卽廛也詩伐檀毛傳云一夫之居曰廛遂人夫一廛先鄭云廛居也後鄭云廛城邑之居載師以廛里在國中之地後鄭云廛里者若今云邑居廛民居之區域也里居也毛鄭皆未明言二畝半要其意同也許於廬不曰二畝半於廛曰二畝半以錯見互足

二畝半在邑　註

〔四書改錯〕　按邑者城外諸邑也王制民居量地以制邑度地以居民凡鄉遂以外皆有邑里在公家曰公邑在私家曰家邑在卿大夫以下王公子弟所食采地曰采邑在民夫受田之外任閒田以爲居者曰井邑故邸有邸邑都有都邑凡比長黨正鄉官遂官皆有官居自邑邸甸縣都自井通成終同渠會處卽設爲官而民附之所爲邑卽邑居里居也

五十者可以衣帛七十者可以食肉

〔疑辨錄〕　此言五十非帛不暖若不樹桑則五十者無帛可衣今也樹之則五十者可以衣帛而不至不暖矣非謂五十者可以衣帛未五十者不得衣也七十非肉不飽若不畜雞豚狗彘則七十者無肉可食今也畜之不失其時則七十者可以食肉而不至不飽矣非謂七十者可以食肉未七十者不得食也此云可以衣帛可以食肉與下文可以無飢同意皆言衣食之事必先力其本而後可以享其利也又按古者子生十年以上衣不帛襦袴二十以上始可衣裘帛則不待五十而後衣帛也子能食食必食之肉若茹以素則其後不復能食肉矣孟子幼時聞東家殺猪何爲母曰欲啖汝母恐失信乃買肉啖之禮稱居喪者中月而禫始可食肉七十而居喪者食肉如故則不待七十而後食肉也又謂漁獵之肉少者所同芻豢之肉老者所獨然肉可以爲二而帛亦可以爲二乎其說牽強亦不合矣

〔孟子正義〕　任氏大椿深衣釋例云大司徒六曰同衣服注民雖有富者衣服不得獨異按雜記注麻衣白布深衣深衣注庶人吉服深衣管子立政篇云刑餘戮民不敢服絲然則非刑餘戮民可以服絲矣春秋繁露服制篇散民不敢服采刑餘戮民不敢服絲然則散民不敢服采耳絲得服也又繁露度制篇古者庶人衣縵縵無文帛也尙書大傳命民得乘飾車駢馬衣文駢錦未有命者不得衣不得乘庶人單車單馬衣布帛然則命民亦得衣文不命

之民亦得衣帛與鄭注庶人白布深衣異説今考士昏禮注士而乘墨車攝盛蓋士庶人往往有攝盛之事鄭注深衣爲庶人之服言其常服皆布也若行盛禮或當攝盛則衣絲也刑餘戮民并不得攝盛矣周禮閭師凡庶民不蠶者不帛疏引孟子曰五十可以衣帛以不蠶故身不得衣帛然則不蠶雖五十不得衣帛蠶而未五十亦不得衣帛則庶人布深衣其常也鹽鐵論古者庶人耄老而後衣絲其餘則麻枲而已故命曰布衣禮記王制云五十始衰六十非肉不飽七十非帛不煖此云七十不食肉不飽者六十宿肉已非肉不飽矣至七十益可知五十可以衣帛或不衣帛尚可煖至七十則非帛不煖矣詩無羊正義引孟子曰七十者可以食雞豚蓋據孟子之文如遂人注引孟子五畝之宅樹之以桑麻古人引經不拘往往增損非孟子經文有作此本也

頒白者不負戴於道路矣

〔孟子正義〕阮氏元校勘記云頒半白班班者也閩監毛三本同宋本白下有曰字岳本廖本韓本者上並有然字孔本作頒半白曰頒斑斑然者也以斑爲班古字假借毛本孔本韓本班作斑非也段氏玉裁説文解字注云説文鬢須髮半白也此孟子班白之正字也趙注云頒者斑也頭半白斑斑者也卑與斑雙聲是以漢地理志卑水縣孟康音斑蓋古鬢讀如斑故亦假大頭之頒藉田賦士女頒斌李注頒斌相雜之貌也其引申之義也禮記王制云道路輕任并重任分斑白不提挈注云皆謂以與少者雜色曰斑祭義云斑白者不以其任行乎道路注云斑白者髮雜色也任所擔持也不以任少者代之負謂負於背戴謂戴於首漢書東方朔傳顔師古注云窶藪戴器也以盆盛物戴於頭者則以窶數薦之此戴之謂也提挈以手頒白之老一身俱宜安佚可互見矣毛本作故頒白者不負戴也周氏廣業古注考云宋本作故頒白者

狗彘食人食而不知檢

趙岐注言人君但養狗彘使食人食不知以法度檢斂也檢斂是檢制之意故朱註直訓檢爲制

〔養新錄〕檢當依漢書食貨志作斂古者三年耕必有一年之食九年耕必有三年之食自農而外工商賈皆不耕而食者則必糴糴以通之而歲有豐歉穀有貴賤則不能無傷農傷末之患於是有發斂之法豐歲則斂之於官凶歲則糶之於民記所謂雖遇凶旱水溢民無菜色者用此道也狗彘食人食猶言樂歲粒米狼戾耳惠王不修發

歛之制豐歲任其狼戾一遇凶歉倉廩空虛不得已爲移民移 粟之計自以爲盡心焉矣

塗有餓莩

餓死者曰莩詩曰莩有梅莩零落也

〔孟子正義〕 漢書食貨志贊引孟子莩作𦯨注引鄭氏云𦯨音蔈有梅之蔈𦯨零落也人有餓死零落者不知發倉廩貸之也此注顏與鄭同顏師古云𦯨音頻小反諸書或作殍字音義亦同說文𠬪部云𠬪物落上下相付也讀若詩摽有梅毛詩傳云摽落也爾雅釋詁云落死也然則餓𦯨猶云餓落楚辭離騷惟草木之零落兮王逸注云零落皆墮也人生則縱立死則橫墮方其行於道尙能縱立以餓而橫墜於地故云餓莩趙旣以餓死者釋莩字又以莩爲零落之名因連餓字乃爲餓死故引詩以明莩字本義也段氏玉裁說文解字注云毛詩摽字正𠬪之假借孟子作莩者蓋𦯨之字誤

兵也

〔孟子正義〕 顧氏炎武日知錄云古之言兵非今日之兵謂五兵也故曰天生五材誰能去兵世本蚩尤以金作兵一弓二殳三矛四戈五戟周禮司右五兵注引司馬法云弓矢圍殳矛守戈戟助是也詰爾戎兵詰此兵也踊躍用兵用此兵也無以鑄兵鑄此兵也秦漢以下始謂執兵之人爲兵五經無此語也以執兵之人謂兵猶之以被甲之人爲甲

梃

〔孟子正義〕 呂氏春秋簡選篇云鋤耰白梃可以勝人之長銚利兵高誘注云梃杖也阮氏元校勘記云閩本經注並作挺按音義云從本則閩本誤也

俑

〔孟子正義〕 說文人部云偶桐人也淮南子繆稱訓云魯以偶人而孔子歎高誘注云偶人相人也說文桐人疑是相人之誤相人卽象人也禮記檀弓云塗車芻靈自古有之明器之道也孔子謂爲芻靈者善謂爲俑者不仁不殆於用人乎哉注云芻靈束茅爲人馬謂之靈者神之類俑偶人也有面目機發似於生人周禮春官冢人及葬言

鬻車象人注云鄭司農云象人謂以芻爲人元謂孔子謂爲芻靈者善謂爲俑者不仁非作象人者不殆於用生乎後鄭不用先鄭以俑與芻人異蓋以芻爲人但形似而不能轉動俑則能轉動象生人以其象生人故卽名象人冢人之象人卽俑之名也孟子言爲其象人則所以名象人之故也說文人部云俑痛也足部云踊跳也廣韻引埤蒼云俑木人送葬設關而能跳俑故名之然則俑爲踊之假借以其能爲跳踊斯名爲俑則爲其象人者謂爲其象人之轉動跳踊也

東齊西秦南楚

（四書釋地又續） 梁惠王自言東敗於齊西喪於秦南辱于楚皆及戰爭事張儀說其孫哀王言梁南與楚境西與韓境北與趙境東與齊境梁之地勢固戰場也梁南與楚而不與齊則齊攻於東東與齊而不與趙則趙攻其北不合于韓則韓攻其西不親於楚則楚攻其南此所謂四分五裂之道也則謂地在所必爭正可參觀宋陽𨰻金山詩天末樓臺橫北固夜深燈火見揚州王平甫譏之曰莊宅牙人語解量四至竊謂談地理者能量四至得確斯亦足矣卽如隋煬帝汎龍舟曲借問揚州在何處淮南江北海西頭此豈詞人所易幾及

東敗於齊

（四書摭餘說） 梁惠王曰及寡人之身東敗於齊長子死焉此經文也然魏世家云魏伐趙趙告急於齊田齊世家云魏伐趙趙與韓親共擊魏趙不利韓請救於齊孫子列傳又云魏與趙攻韓韓告急於齊史載異辭有不可不辨者余還以經證之孟子曰梁惠王以土地之故糜爛其民而戰之大敗將復之恐不能勝故驅其所愛子弟以殉之集註子弟謂太子申也明指此事但云大敗云復之孟子當日何指自邠卿以下罕有法及者後人讀孟子遂亦終身不解按周顯王十五年丁卯魏圍趙邯鄲十六年戊辰邯鄲降齊齊使田忌孫臏伐魏敗魏桂陵時惠王十八年也惠王初立卽與二家不和後遂相讐靡已蓋者邯鄲垂拔中北於齊固無時不圖報復者至三十年庚辰爲周顯王之二十八年又令太子申爲上將軍以伐趙惟其爲趙也故曰復惟其在桂陵之敗之後也故曰大敗將復之此孟子之經之明法也然則世家魏伐趙之說不爲無據因趙與韓親共擊魏不利致韓有南梁之難而請救於齊故又曰齊起兵救魏趙以擊魏也列傳謂魏與趙攻韓誤已閻百詩謂傳稱齊軍旣已過而西矣句乃相承傳寫之

誤原本應是退而東退而東者誘敵之計耳余按前桂陵據括地志云古桂城在曹州乘縣東北是齊境也今馬陵據虞喜志林云在濮州鄄城縣東北有陵澗谷深峻亦齊境也孫子兩用擣虛之計解韓趙之圍又皆誘而使東以反攻其不意而後敗之則所謂誘敵者之說誠然至傳所云過而西竊謂無可疑者按紀年穰疪帥師及鄭孔夜戰於梁赫梁赫即南梁也括地志云故梁在汝州　〔錢〕晉太康地記云戰國時謂南梁者別之於大梁少梁也　臨淄距大梁千里而汝州在大梁之西南六百里千里襲人豈無偵者消聞信必在齊師及境之先比去韓而歸而齊師已過而西矣故傳言使齊軍入魏地三日入之云者明是西非東也西行前三日預設減竈之法若士卒之亡過半也者而乃退而之東以誘使必追而消果倍日并行以逐之曠生阿鄄之間熟悉其山川形勢知馬陵道狹可以伏兵誘之於此萬弩齊集尤異者預刻其到期又自令其舉火行兵至此驚猶鬼神置之死地消之能且不及料何有於申哉通鑑削過而西句餘與傳同惟誤以大梁為魏都時魏都安邑去齊都幾二千里踰河渡陘孤軍無繼履之智必不出此爾時大梁雖未徙要屬其一大都會走大梁者攻其所必救也又孫子所云據其街路衝其方虛者是也閻氏又謂惠王九年己未秦魏戰於少梁六國表秦云虜其太子魏云虜我太子此太子即名申後死於齊者中相距二十二年必虜後復歸魏為太子復令之將龐涓兵谿非惟不仁且不智甚矣余以為不然按秦本紀獻公二十三年與魏晉戰少梁虜其將公孫痤魏世家九年與秦戰少梁虜我將公孫痤痤是魏相即魏公孫鞅所事者故明年痤卒而鞅乃奔秦非誤為太子耳且即是太子亦是痤不是申趙世家所謂秦獻公使庶長國伐魏少梁虜其太子痤是也閻說亦誤

〔四書典故辨正〕　史記魏世家惠王三十年魏伐趙趙告急齊齊宣王用孫子計救趙擊魏魏遂大興師使龐涓將而令太子申為上將軍與齊人戰敗於馬陵齊虜魏太子申殺將軍涓軍遂大破然按齊救趙敗魏者桂陵之役救韓敗魏者馬陵之役魏世家俱以為救趙與國策異而孫臏傳又以為救韓則自相矛盾矣又國策蘇代說齊閔王篇曰昔魏王擁土千里帶甲三十六萬恃其強而拔邯鄲西圍定陽又從十二諸侯朝天子以西謀秦秦王用衛鞅之謀說魏王先行王服然後圖齊楚魏王悅於衛鞅之言故身廣公宮制丹衣柱建九斿從七星之旟此天子之位也而魏王處之於是齊楚怒諸侯奔齊齊人代衛殺其太子覆其十萬之軍此又與前策不同戰國時紀載之異

如此

〔孟子正義〕史記魏世家惠王十七年圍趙邯鄲十八年拔邯鄲趙請救於齊齊使田忌孫臏救趙敗魏桂陵二十八年齊威王卒中山君相魏三十年魏伐趙趙告急齊齊宣王用孫子計救趙擊魏魏遂大興師使龐涓將而令太子申爲上將軍與齊人戰敗於馬陵齊虜魏太子申殺將軍涓軍大破周氏柄中辨正云齊救趙敗魏者桂陵之役救韓敗魏者馬陵之役魏世家俱以爲救趙與國策異而孫臏傳又以爲救韓則自相矛盾矣又國策蘇代說齊閔王篇曰昔魏王擁土千里帶甲三十六萬恃其強而拔邯鄲西圍定陽又從十二諸侯朝天子以西謀秦秦王用衛鞅之謀說魏王先行王服然後圖齊楚魏王說於衛鞅之言故身廣公宮制丹衣柱建九斿從七星之旟此天子之位也而魏王處之於是齊楚怒諸侯奔齊齊人伐魏殺其太子覆其十萬之軍此與前策不同戰國時紀載之異如此曹氏之升四書摭餘錄云梁惠王曰及寡人之身東敗於齊長子死焉此經文也然魏世家云魏伐趙趙告急齊田齊世家云魏伐趙趙與韓親共擊魏趙不利韓請救於齊孫子列傳云魏與趙攻韓韓告急於齊史載異辭以經證之孟子曰梁惠王以土地之故糜爛其民而戰之大敗將復之恐不能勝故驅其所愛子弟以殉之按周顯王十五年魏圍趙邯鄲十六年邯鄲降齊齊伐魏敗魏桂陵惠王初立與二家不和後遂相仇讎已蠶者邯鄲垂拔中北於齊固無時不圖報復至三十年爲周顯王之二十八年又令太之申爲上將軍以伐趙惟其爲趙也故曰復惟其在桂陵之敗之後也故曰大敗將復之此孟子經文之明注也然則魏世家魏伐趙之說不爲無據因趙與韓親共擊魏不利致韓有南梁之難而請救於齊故又曰齊起兵救韓趙以擊魏也列傳謂魏與趙攻韓誤矣閻百詩釋地謂惠王九年已未秦魏戰少梁六國表秦云虜其太子魏云虜我太子此太子卽名申後死於齊者中相距二十二年必虜後復歸魏爲太子復令之將龐涓兵余以爲不然秦本紀獻公二十三年與魏晉戰少梁虜其將公孫痤魏世家九年與秦戰少梁虜我將公孫痤痤是衛相卽衛公孫鞅所事者故明年痤卒而鞅乃奔秦表誤爲太子耳且卽是太子亦是痤不是申趙世家所謂秦獻公使庶長國伐魏少梁虜其太子痤是也閻說誤

西喪地於秦七百里

〔四書改錯〕集註惠王十七年秦取魏少梁後魏又數獻地於秦正義據史記年表周顯王十五年秦與魏戰元

里斬首七千級取少梁此與魏世家惠王十七年與秦戰元里秦取我少梁恰合然商君傳曰秦孝公遣衛鞅將兵伐魏虜公子卬魏割河西地以和遂去安邑而都大梁是因敗而割地未嘗數獻地也乃云後又數獻地于秦考之魏數獻地皆不在惠王之世惟襄王五年獻秦以河西之地七年又獻上郡地至昭王六年直獻秦以河東之地方四百里是數次獻地皆屬惠王身後事豈有明明生人可得豫舉身後事而且曰及寡人之身者吾不解也

（四書典故辨正） 魏世家惠王十七年與秦戰元里秦取我少梁商君傳秦孝公遣衛鞅將兵伐魏虜公子卬魏割河西地以和此即所謂喪地七百里也集註云魏數獻地於秦考之史記魏數獻地不在惠王之世惟襄王五年獻秦以河西之地七年又獻上郡地皆惠王身後事故毛大可極訾集註之錯愚按竹書魏惠王三十六年改元稱一年又十六年而稱惠成王卒則史記襄王之年乃竹書改元之年也通鑑從竹書朱子亦言惠襄爲之年竹書甚明史記蓋失其實故綱目於周烈王六年註云魏惠王罃元年至顯王三十五年註云魏惠王一年慎靚王二年書魏君罃卒前後凡五十一年則此註以襄王事屬之惠王皆據竹書也但孟子於惠王三十五年至梁梁不能用必無更歷後十六年乃去梁之理毛氏不以此議集註而直謂其以後王事屬之前王則過矣

（四書釋地又續） 西喪地於秦七百里即惠王三十一年辛巳割河西之地獻於秦以和者非數獻也班固曰魏界自高陵以東此距安邑指東西言張守節曰自華州北至同州并魏河西之地此指南北言其地四至固可按又有上郡襄王七年癸巳始入秦守節曰今丹鄜延綏等州北至固陽並其地又即惠文君十年魏納上郡十五縣者也蓋至是而魏河西濵洛之地築長城以界秦者盡失之矣自屬兩截事濇水李氏總認爲惠王誤亦與集註同訾思秦新都咸陽與魏界高陵最密邇商鞅曰非魏并秦秦即并魏不信然乎使魏當日常得吳起其人者守於此則吾恐秦人食之不得下咽也

（四書摭餘說） 賈誼過秦論言秦孝公據殽函之固擁雍州之地拱手而取西河之外秦之強實自梁始按周顯王十五年丁卯梁惠王十七年也魏與秦戰元里魏師敗秦取魏少梁少梁故城在同州韓城縣南二十二里古梁國也朱子集註引爲喪地於秦之證又因少梁無七百里故曰後魏又數獻地於秦而未詳所獻何地案顯王三十七年爲惠王後元四年己丑梁以陰晉和秦更名甯秦六年辛卯梁予秦河西之地　鈺按至是而秦東地至河矣

故明年秦師渡河　秦圍梁焦曲沃七年壬辰秦渡河取汾陰皮氏八年癸巳秦公子桑圍梁蒲陽降之梁盡入上郡於秦潘水李氏謂喪於秦不止七百里余按梁地自河西逶迤而至河南幾將二千里蘇秦言地方千里者從長而橫不足截長補短算也惠王蓋就成數約言之猶曰十巳喪七耳閻百詩謂七百里即惠王三十一年辛巳割河西之地獻于秦以和者非盡獻也不知辛巳當顯王二十九年時魏僅以安邑西偏於秦遂徙大梁以避之實未嘗割地秦本紀魏世家六國表皆謂獻河西地在顯王之三十九年此史記之足信者百詩作孟子考極信史記而此獨倍之何也即河西地止自華州北至同州一帶亦無七百里惟丹鄜延綏等州北至固陽盡爲秦幷則自鄭濱洛以北向所謂築長城以界秦者都委棄之矣然而秦更無阻於魏也秦無阻於魏而魏先折而入於秦矣魏折而入於秦而山東諸侯且徧受其禍矣故孟子接口便說地方百里而可以王是治平天下一大轉關惜乎惠王之卒不能用也然則自己丑以下四五年間魏數獻地于秦並惠王改元後實事不知者悉舉而屬之於襄王誤已

〔孟子正義〕　魏世家云三十一年秦趙齊共伐我秦將商君詐我將軍公子卬而襲奪其軍破之秦用商君東地至河而齊趙數破我安邑近秦於是徙治大梁商君列傳云齊敗魏軍於馬陵虜其太子殺將軍龐涓其明年衛鞅說孝公孝公使衛鞅將而伐魏魏使公子卬將而擊之軍既相距鞅遺魏將公子卬書與公子面相見盟樂飲而罷兵鞅伏甲士而襲虜公子卬因攻其軍盡破之以歸秦魏惠王兵數破於齊秦國內空日以削恐乃使割河西之地獻於秦以和而魏遂去安邑徙都大梁閻氏若璩釋地又續云班固曰魏界自高陵以東此距安邑指東西言張守節曰自華州北至同州並魏河西之地此指南北言其地四至固可按又有上郡襄王七年癸巳始入秦守節曰今丹鄜延綏等州北至固陽幷其地又即惠文君十年魏納上郡十五縣者也蓋至是而魏河西濱洛之地築長城以界秦者盡失之矣自屬兩截事

南辱於楚

〔四書改錯〕　集註又與楚將昭陽戰敗亡其七邑此則更可怪者惠所陳三事東西甚明惟南辱不可考故趙註正義俱無所解此又公然以楚將昭陽之職當之考昭陽攻魏在梁襄十二年魏世家所稱楚敗我襄陵者而在楚世家則又云懷王六年楚使柱國昭陽將兵魏而攻破之于襄陵得八邑則此襄王事與惠王何涉且楚得八邑非

何得止亡七邑不謂止一註而一錯再錯竟至如是　張文儼曰史年表楚懷王六年實魏襄之十二年特註曰取魏襄陵則年表與兩世家俱梁襄矣祇集註之錯不知何據或者以惠王十九年有諸侯圍我襄陵一事從此相溷特諸侯非南楚圍襄陵非破襄陵且是圍邑非得邑安得以襄陵二字偶同遂以後王當前王以二十餘年後之事移之二十餘年之前恐偶錯不至是矣若以八邑作七邑則前亦有知其錯者惟此則所係者大耳　四書集註補云國策楚使景舍救趙取魏睢濊之間此辱楚實錄

（四書釋地又續）　事有承譌歷五百載莫辨辨之自今日始者南辱于楚是也南辱於楚事本不可考祇宜闕疑雖孫奭疏亦然奈何以楚世家懷王六年戊戌使柱國昭陽將兵攻魏破之于襄陵得八邑卽魏世家襄王十二年楚敗我襄陵事以當之襄王事豈容出自惠王口或曰綱目通鑑幷以襄之年併於惠之下爲其後所改年然孟子適梁與王問答的在乙酉王豈容預及十三年後事集註譌至於此或曰事具戰國策甘茂曰梁君身布冠而拘於秦蘇秦曰魏王跣行按兵於國而東次於齊卽其辱之事也然而於蘇復何與焉

（四書典故辨正）　按史記魏世家及楚世家惠王在位三十六年未嘗與楚搆兵故南辱于楚趙註孫疏俱闕其事惟戰國策載魏圍趙邯鄲楚使景舍救趙取魏睢濊之間乃惠王時事包少東以此爲南辱實證集註引與楚將昭陽戰考史記昭陽攻魏在梁襄十二年魏世家所稱楚敗我襄陵者而在楚世家則云懷王六年楚使柱國昭陽將兵而攻魏破之於襄陵得八邑此襄王時事而註引之者亦據竹書惠王改元又十六年之說也　甘敢麟曰睢濊之取爲楚宣王時事王與惠王同時南辱指此無疑但史記趙魏世家俱言齊救趙敗魏於桂陵而不言楚然考國策景舍謂楚出兵以爲趙援而齊秦應楚安知當日非齊楚各救邯鄲齊敗魏於桂陵而楚取魏睢濊史記略楚而祇言齊乎且史記於楚宣王三十年中不載一事故知太史公之脫略也

（孟子正義）　周氏柄中辨正云史記魏世家及楚世家惠王在位三十六年未嘗與楚搆兵故南辱於楚趙注闕其事惟戰國策載魏圍趙邯鄲楚使景舍救趙取魏地睢濊之間乃惠王時事南辱指此無疑史記楚時昭陽攻魏在梁襄十二年魏世家所稱楚敗我襄陵者而在楚世家則云懷王六年楚使柱國昭陽將兵而攻魏破之於襄陵得八邑此襄王時事而說者引之亦據竹書惠王改元又十六年之說也

願比死者一洒之

〔孟子正義〕洒洗古通說文水部云洒滌也音義云洒之丁音洗謂洗雪其恥也死者舊疏謂死不惜命者蓋卽長子死之死太子申之死西河之喪睢澂之辱三者俱宜洗雪死重於喪辱舉死者以互見耳謂願代死者專一洗雪之或謂比讀比方之比蓋將不顧其生願效前之戰死者與敵決戰以雪其恥也

地方

〔四書釋地〕蘇秦說齊宣王曰齊地方二千里趙肅侯曰趙地方三千里楚威王曰地方五千里魏襄王曰地方千里韓昭侯曰地方千里燕文侯曰地方二千里雖未言秦然當惠王時地方自二三千里加以范雎曰中山之地方五百里秦昭王曰孟嘗君之地方百里墨子曰宋方五百里共一萬八千里尙有二周魯衛鄒滕等未數中國之地不應如許其大則所謂方者非眞方也若論語方六七十孟子地方百里而可以王海內之地方千里者九文王猶方百里起天子之制地方千里公侯皆方百里大國地方百里次國地方七十里小國地方五十里周公封於魯爲方百里太公封於齊亦爲方百里今魯方百里者五則所謂方者乃眞方雖然亦不必其形方以周初洛邑與鎬京通封畿東西長而南北短短長相覆爲千里第取實有此方數耳

易耨

〔四書釋地三續〕趙氏註易耨芸苗令簡易也愚謂卽朱虛侯劉章爲高后言田立苗欲疏之意與上深耕字相對趙說爲長　註按呂氏春秋載后稷曰耨柄尺此爲度也其耨六寸所以閒稼也亦此意

〔孟子正義〕爾雅釋器云斪斸謂之定廣雅釋器云定謂之耨說文木部云槈薅器也或作鎒呂氏春秋任地篇云耨柄尺此其度也其耨六寸所以閒稼也高誘註云耨所以芸苗也刃廣六寸所以入苗閒也槈耨鎒字同芸苗之器名耨因而卽稱芸苗爲耨盡心篇易其田疇注訓易爲治本詩禾易長畝毛傳也此耨爲芸苗古訓易爲治治耨於辭爲不達且上云深耕謂耕之深此云易耨則爲耨之易也禾中有草雜之則煩擾矣故芸之使簡易

梁襄王

〔四書摭餘錄〕蘇秦言魏王擁土千里帶甲三十六萬恃其強而攻邯鄲從十二諸侯以朝天子以西謀秦楚世家

家所云三晉益大魏惠王尤彊者此也惠王初政實勝襄王中晚始漸為秦困班氏人表以惠襄同列中下不其過歟七篇與惠王語止五章孟子原想為桑榆之補而卒不能新君初服注目共瞻又出乃考下遂甚綱目上書魏君罃卒下書孟軻去魏書法以為譏在嗣君是也余按周顯王四十七年己亥張儀相梁犀首弗利惠時王後元十四年也至慎靚王四年甲辰為襄王二年梁因張儀請成於秦犀首相則辛丑壬寅兩年孟子在梁正張儀為相與景春論大丈夫當在此　〔註〕觀問其與周霄並記可見　從橫捭闔之士闔之唯恐不力謂儀相而孟子尚可留乎然則孟子於辛丑至梁明年即去不旋踵而梁襄首敗從約致強秦坐成兼併之形勢一搖諸國動矣邵子之論秦曰殺人之多不必以刃謂天下之人無生路可趨也不嗜殺人一言較殺人以梃與刃與政之喻尤警覺直是為民請命之辭先儒謂定於一孟子遂知將為郡縣非也襄王卒于周赧王十九年乙丑孟子七十七歲矣矣襄先孟子而卒此襄王之謚所以猶見於經歟

（孟子正義）　周書謚法解云辟地有德曰襄甲胄有勞曰襄是襄為謚也史記魏世家集解荀勗曰和嶠云紀年起自黃帝終於魏之今王今王者魏惠成王子按太史公書惠成王但言惠王惠王子曰襄王襄王子曰哀王惠王三十六年卒襄王立十六年卒并惠襄王為五十二年今按古文惠成王立三十六年改元稱一年改元後十七年卒太史公書為誤分惠成之世以為二王之年數也世本惠王生襄王而無哀王然則今王者魏襄王也索隱辨之云按系本襄王生昭王無哀王蓋脫一代耳而紀年說惠成王三十六年又稱後元一十七年卒今此文分惠王之秝以為二王之年又有哀王凡二十二年紀事甚明蓋無足疑而孔衍敘魏語亦有哀王蓋紀年之作失哀王之代故分襄王之年為惠王後元即以襄王之年包哀王之代耳近時顧氏炎武日知錄主古文之說以襄哀字相近史記誤分為二人江氏永羣經補義申其說云魏罃於周顯王三十五年丁亥與齊威王會於徐州以相王是年為惠王即位後三十七年於是始稱王而改元稱一年司馬溫公通鑑考異既從紀年書魏惠王薨于襄王立於慎靚王二年壬寅又載孟子一見而出語是矣乃於顯王三十七年乙酉書鄒人孟軻見魏惠王豈孟子在魏十八年乎誤矣蓋惠王卑厚禮幣以招賢在後元之末年而史記誤謂在惠王即位之三十五年也此年尚未稱王孟子何得稱之為王依顧氏江氏之說史記襄王之年仍惠王之後元則襄王五年予河西之地六年秦取汾陰皮氏焦七年盡

入上郡於秦秦降我蒲陽皆在七百里中而十二年楚敗我襄陵則所云辱於楚也然近所行之竹書紀年固淺人僞托即和嶠所引亦魏晉間贋書不足徵信西京雜記記廣川王發古冢有魏襄王冢哀王冢然則襄哀二冢漢時尚存顯然可考故世本雖失記哀王而司馬公則核實言之和嶠所引又何庸議閻氏若璩孟子生卒年月考云魏世家云惠王三十一年辛巳徙都大梁三十五年乙酉卑禮厚幣以招賢者孟軻等至梁故六國表於三十五年特書孟子來問利國對曰君不可言利三十六年丙戌惠王卒子嗣立是爲襄王孟子入而見王出而告人有不似人君之語蓋儲君初即位之辭不然如通鑑五十二年壬寅惠始卒而襄王立孟子入見豈孟子竟久淹於梁如是邪不然以襄王之庸豈能以禮聘孟子而復至梁邪不以禮聘孟子而孟子肯枉見邪果受其禮聘至而初見時即譏議之邪此史記所以可信也或曰竹書紀年彼旣魏史所書魏事司馬公以爲必得其眞故從焉余曰不然紀年云惠成王九年四月甲寅徙都大梁不知是年秦孝公甫立衛公孫鞅來相魏公子卬未虜地不割秦不偪魏何遽徙都以避之邪即一徙都事如此尚謂其生卒年月盡足信邪此余所以信史記以信孟子也

定於一

〔孟子正義〕 易文言傳云元者善之長也君子體仁足以長人董子繁露重政篇云唯聖人能屬萬物于一而繫之元也終不及本所從來而承之不能遂其功是以春秋變一謂之元元即仁仁即一故趙氏以仁政爲一孟子對滕文公亦云夫道一而已趙氏章指言定天下者一道而已謂孟子對梁襄王之定于一即對滕文公之道一也趙氏之説正矣然下云能一之又云民歸之則謂時無王者不能統一故天下爭亂而不能定惟有王者布政施敎於天下天下皆遵奉之而後定孔子作春秋書王正月公羊傳云大一統也孟子當亦謂此

七八月間旱

〔四書釋地三續〕 春秋時晉獨用夏正僖五年卜偃曰襄三十年絳縣人曰是著見左傳戰國魏分自晉故亦用著見夏正竹書紀年可知當孟子游梁其通國中正用夏正也乃孟子對襄王仍以周正蓋於時周之天命未改孟子又未曾臣梁故此亦從來未經拈出者

〔孟子正義〕 白虎通三正篇云正朔有三何本天有三統謂三微之月也明王者當奉順而成之故受命各統一

正也禮三正記曰十一月之時陽氣始養根株黃泉之下萬物皆赤赤者盛陽之氣也故周爲天正色尙赤也十二月之時萬物始芽而白白者陰氣故殷爲地正色尙白也十三月之時萬物始達孚甲而出皆黑人得加功故夏爲人正色尙黑尙書大傳云夏以孟春月爲正殷以季冬月爲正周以仲冬月爲正夏以十三月爲正色尙黑以平旦爲朔殷以十二月爲正色尙白以雞鳴爲朔周以十一月爲正色尙赤以夜半爲朔後漢書陳寵奏云夫冬至之節陽氣始萌故十一月有蘭射干芸荔之應時令曰諸生蕩安形體天以爲正周以爲春十二月陽氣上通雉雊雞乳地以爲正殷以爲春十三月陽氣已至天地已交萬物皆出蟄蟲始振人以爲正夏以爲春春秋昭公十七年夏六月朔日有食之左傳太史曰當夏四月是謂孟夏又冬有星孛於大辰左傳梓愼曰火出於夏爲三月于商爲四月於周爲五月推之周之七八月爲夏之五六月夏之五月建午六月建未周之七月建午八月建未也說者或以孟子七八月爲夏正趙氏佑溫故錄云若是夏正之月則邠風八月其穫月令七月登穀是時安得尙言苗邪

油然作雲

〔孟子正義〕大戴記文王官人篇云喜色由然以生注云由當作油油然新生好貌禮記祭義云則直易子諒之心油然生矣注云油然物始生好美貌又樂記注云油然新生好貌也油與由通由與甹通說文丂部云甹木生條也古文言由枿惠氏棟九經古義云經傳由字皆訓爲生毛詩序云由儀萬物之生各得其宜是由訓爲生儀訓爲宜春秋傳云吉凶由人言吉凶生乎人也段氏玉裁說文解字注云左傳史趙云陳顓頊之族也歲在鶉火是以卒滅陳將如之今在析木之津猶將復由此以生滅對言由卽甹之假借由訓爲生故雲之新生木之新生以及喜色之新生易直子諒之心新生其自未生而始生之狀皆爲油然故趙以興雲之貌解之

沛然下雨

〔孟子正義〕文選思元賦凍雨沛其灑塗舊注云沛雨貌也文公十四年公羊傳云力沛若有餘注云沛有餘貌音義云沛字亦作霈初學記太平御覽俱引作霈華嚴經音義引文字集略云霈謂大雨也大雨亦有餘意詩信南山云益之以霢霂既優既渥既霑既足箋云冬有積雪春而益之以小雨潤澤則饒洽沛有澤義澤有潤義趙氏以潤澤沛與詩箋同苗當枯槁之時非小雨所能生劉熙此注云霈然注雨貌惟大雨傾注枯苗乃得潤澤義乃備也

齊宣王

〔四書摭餘說〕　古之爲臣者不四十不祿季氏事蹟圖譜謂孟子居鄒四十年間無所考見其歷聘之迹必嘗居尙志已能不動於心譚氏編年略謂孟子不見諸侯是四十已前居魯教授弟子時事非在齊梁間語也皆以四十爲斷集註所謂四十强仕君子道明德立之時孔子四十而不惑亦不動心之謂是也史稱孟子道既通游事齊宣王幷未詳在何年人遂有分一王爲二王混兩至爲一至者按史記通鑑幷記齊宣王在位十九年惟史始己卯終丁酉鑑始己丑終丁未較後十年竹書紀年則又後通鑑十三年後史記二十三年而始辛丑終乙丑凡二十五年余以孟子之書攷之前後兩至齊皆當於宣王之世宣王元年當從通鑑以前乎此則威王也孟子實未事威王而謂齊威王問好樂者非也　錯劉原父曰齊威王問好樂孟子知其非好先王之樂也然而曰王之好樂甚則齊庶幾者樂可以爲名也又按正義齊宣王使南郭先生吹竽喜鄒忌鼓琴安能興衆樂攷之史記鄒忌以鼓琴見齊威王非宣王也惟南郭處士吹竽乃宣王時見韓非內儲說　宣王在位亦不止十九以後乎此則湣王也孟子實未事湣王而謂勸齊湣王伐燕者亦非也　錯燕世家孟軻謂齊王曰今伐燕此文武之時不可失也索隱曰此語與孟子不同　朱子綱目書孟子去魏適齊於惠王後十六年襄王初立之時　錯周愼靚王二年壬寅　書去齊于宣王十九年齊人取燕之下　錯赧王元年丁未　則居齊者閱六年但孟子先齊後梁周愼靚王壬寅是孟子再至齊之年非初至齊之年其初至齊當在周顯王三十七年己丑　錯齊宣王元年　孟子年四十之後其前去齊當在周顯王四十五年丁酉　錯齊宣王九年　由周而來未滿八百歲以前是皆以七篇之文斷之齊宣王喜文學游說之士自如騶衍淳于髡田駢接予愼到環淵之徒七十六人皆賜列第爲上大夫不治而議論是以齊稷下學士復盛且數百千人意宣王好大急功此必其初年事世家列之末年誤也孟子亦必於此至齊經所謂於崇見王當在是邪卿謂孟子識管晏不勉其君以王業王充皆非之曰岐名尊孟子而實汨之是即李泰伯謂不當勸齊梁之君以王之說余謂孟子說諸時君變化百出所言乃王政之本常生之道當章究義不嫌其重趙氏無可議

〔孟子正義〕　周氏廣業孟子出處時地考云孟子書先梁後齊此篇章之次非遊歷之次也趙氏注可謂明且賅矣後儒不喜趙註見其展卷即云孟子見梁惠王遂斷爲歷聘之始今考田完世家桓公六年威王三十六年宣王

十九年湣王四十年宋隱桓公卒注云紀年梁惠王十三年當齊桓公十八年後威王始見則桓公十九年而卒也宣王二年田忌譏蛋救韓敗魏馬陵注云紀年威王十四年田盼伐梁戰馬陵又孟嘗君傳宣王二年殺魏將龐涓注云紀年當梁惠王二十八年至三十六年改爲後元又七年韓昭侯與魏惠王會齊宣王東阿南明年復與梁惠王會甄是歲梁惠王卒注云宣王七年紀年當惠王後元十一年作平阿又云十三年會齊威王于甄與此齊宣王與梁惠王會甄文同但齊威宣二王文舛互不同也又湣王三年封田嬰於薛注云紀年以爲梁惠王後元十三年四月齊威王封田嬰於薛十五年齊威王薨皆與此文異按此五引紀年今本所無又字多錯訛無可覈核就其言考之爲威爲宣必有一誤戰國策蘇子謂秦王曰齊威宣者古之賢王也德博而地廣國富而民用將武而民強宣王用之後破韓威魏以南伐楚西攻秦上言威宣下言宣王又曰今富非齊威宣之餘也鄒陽書齊用越人蒙而強威宣史記威宣連稱者非一則威宣是兩謚如魏惠成安釐韓宣惠秦惠文莊襄之例周自考王以下皆兩謚呂氏春秋問春論韓昭釐侯注釐謚也或先謚威後改謚宣國策因誤分之實非有兩人也

釁鐘

（四書改錯）釁是血祭名古凡造宮室器皿必血祭以釁其成謂之釁禮故周官大祝隋釁或作塗血或作薦血總是血祭其後俗註始兼有血塗釁隙之說雜記成廟則釁之豈有以血塗廟屋隙者況天府釁寶鎮月令釁龜筴有何罅隙而以血塗之故禮曰釁者所以交於神明之道也今註塗釁隙而于血祭薦血反不一及是全不知有釁禮者矣況釁禮祗用羊犬豭豚而並不用牛此用牛是戰國變禮須註明者周禮羊人釁禮供羊牲雞人釁供雞牲禮記宗廟之器釁之以豭豚不知何時以太牢作釁鐘之祭此亦說經者一關節不容不註及也　濟宗曰疏註引周禮誤以寶鎮作寶鐘證釁鐘事亦是笑語但不知傳寫有誤抑本註如此

（羣經補義）釁是交神明之道祭祀之小禮非以牲血塗釁隙之謂也禮記言釁廟以羊門夾室以雞宗廟之器其名者成釁之以豭豚則釁鐘當以豭豚傳云小事不用大牲而齊用牛此相沿如此非禮也孟子未暇論禮學者則不可不知

（四書典故辨正）釁鐘趙註云塗其釁郤孫疏以爲厭變怪禦妖釁二說不同按釁之義有三如殺人釁廟釁門

夾室小子釁社稷五祀之壝壇圉師釁廄司約釁藏約之尸此是祓除不祥之義大司馬涖釁軍器小子釁邦器及
軍器則是彌縫罅隙使完固之義大司馬涖釁主龜人釁龜大史釁龜筴天府釁寶鎮寶器則又取其膏澤滋養精
靈之義鐘爲邦器釁是塗其罅隙疏說非也
〔孟子正義〕釁本間隙之名故殺牲以血塗器物之隙卽名爲釁隙卽郤字漢書高帝紀釁鼓注應劭云釁祭也
殺牲以血塗鼓釁呼爲釁呼同罅釁罅猶言釁隙今人以瓦器有裂迹者爲璺讀若問卽釁也以木之有裂縫者爲
罅讀若呵呵乎音之轉也周禮大祝天府俱屬春官大祝作隋釁鄭氏注云謂薦血也凡血祭曰釁疏引賈氏云釁
釁宗廟馬氏云血以塗鐘鼓鄭不從然則血祭之釁與釁器之釁自是兩事趙氏合爲一事與應劭同天府上春釁
寶鎮及寶器趙氏引作釁寶鐘阮氏元校勘記云當依周禮作鎮形相涉而誤趙氏佑溫故錄云古人用釁之禮不
一　四年左傳君以軍行祓社釁鼓文王世子始立學者既興器用幣注興讀爲釁月令孟冬命太史釁龜筴雜記
下成廟則釁之其禮雍人舉羊升屋自中中屋南面刲羊血流于前乃降門夾室皆用雞其衈皆於屋下割雞門當
門夾室中室又云路寢成則考之而不釁釁者交神明之道也凡宗廟之器其名者成則釁之以豭豚大戴禮亦有
釁廟獨爲篇其具在周官者大祝天府而外春官則有肆師以歲時序其祭祀及其祈珥小祝大師掌釁祈號祝龜
人上春釁龜雞人凡祭祀祓釁共其雞牲夏官則大司馬若大師帥執事涖釁主及軍器小子掌珥于社稷祈于五
祀釁邦器及軍器羊人凡祈珥釁積共其羊牲圉師春除蓐釁廄秋官則士師凡刉衈則奉犬牲犬人凡幾珥用駹
可也司約若有訟者則珥而辟藏服成注皆以祈卽刉字珥卽衈字用毛牲者刉用羽牲者衈皆取血以釁之事釁
之者神之也先鄭則釁讀曰徽謂飾美之也是凡器物皆用釁龜玉亦釁之廟社皆用釁主亦釁馬廄亦釁之蓋非
止爲塗其郤其牲則以羊爲大亦用豚犬與雞獨未有言牛者牛爲牲之最大不輕用也此以一而用牛明非禮之
正經定制亦見古禮失之一端孟子則第就事論事而已

觳觫

〔孟子正義〕廣雅釋訓云趺踖畏敬貌又文選東京賦薛綜注云跼蹐恐懼之貌趙氏蓋以觳觫音近趺蹐故以
爲恐貌王氏念孫廣雅疏證云廣韻云觳觫死貌出廣雅又殐𣨙殰殰殭五字諸書並訓爲死玉篇殼觫死貌孟子

梁惠王篇吾不忍其觳觫若無罪而就死地義與殰殰同荀子王霸篇云出若入若史記禮書云若者必死若皆訓爲如此此云若無罪而就死地猶云如此無罪而就死地也

我非愛其財而易之以羊也

〔孟子正義〕　自笑心不然解首二句不然二字解我非愛其財謂我之心果何心哉自信非愛財也乃責己之以小易大解而易之以羊也句故曰宜乎其非我也解末句於其間隔以而不能自免爲百姓所非一句明我非愛其財斷句不與下而字連而易之以羊也不斷句與宜乎一氣接下趙氏此書名章句故其分析明白如此舉此以例其餘

是乃仁術也

〔困學紀聞〕　仁曰仁術儒曰儒術術即道也申不害以術治韓晁錯言術數公孫宏謂智者術之原君子始羞乎術矣故學者當擇術

予忖度之

〔孟子正義〕　毛詩釋文云忖本又作寸漢書律秝志寸者忖也忖與寸義同

於我心有戚戚焉

〔孟子正義〕　王氏念孫廣雅疏證云方言衝俶動也衝俶與廣雅衝依同衝亦動也方俗語有輕重耳釋訓衝衝行也說文憧不定也咸九四憧憧往來皆動之貌也聲轉爲俶爾雅動俶作也是俶與動同義說文俶氣出于土也義亦與俶同孟子於我心有戚戚焉趙氏注云戚戚然心有動也戚與俶亦聲近義同合與洽義同說文水部云洽霑也霑有足我故趙氏以足以王解合於王閻監毛三本作何能足以合於王也非是

泰山北海

〔四書釋地〕　禹貢海岱惟青州故蘇秦說齊宣王齊南有太山北有勃海司馬遷言吾適齊自泰山屬之琅邪北被于海降至漢景帝猶置北海郡于營陵營陵舊營邱地左傳云君處北海是也高帝置泰山郡領博縣縣有泰山廟岱在其西北禮記云齊人將有事泰山是也以知挾太山以超北海皆取齊境內之地設譬耳

北海

〔四書典故辨正〕　北海即渤海左傳楚子使言於齊侯曰君處北海是也亦名少海韓非子齊景公與晏子遊於少海是也又謂之裨海齊語渠弭於有渚韋昭注渠弭裨海是也朱子謂自古無人窮至北海蓋北海去中土最遠史記漢書所謂奄蔡國臨北海蘇武等幽于北海者塞外得水皆名海非眞北海也

折枝

〔四書改錯〕　集註以長老之命折草木之枝言不難也折草木之枝何用此二字見經史甚多未可故爲異解者以二字亦典故也趙岐注折枝按摩折手節解罷枝也此卑幼奉事尊長之節內則子婦事舅姑問疾痛疴癢而抑搔之鄭註抑搔即按摩屈抑枝體與折義同且是不爲非不能亦有明注後漢張晧王龔論云豈同折枝于長者以不爲爲難乎劉熙註按摩不爲豈是難能正孟子之解若劉峻廣絕交論折枝䑛痔盧思道北齊論韓高之徒人皆折枝䑛痔朝野僉載薛稷等䑛痔折枝阿附太平公主類則以非卑幼事尊長便屬媕諂故加爲長者三字若折草木枝即爲人　亦非難何必長者

〔四書典故辨正〕　爲長者折枝趙註以折枝爲按摩枝同肢體之肢折手節解罷肢也此卑賤奉事尊長之節集註以爲折草木之枝似於長者無意義不若趙注爲長鄰仲與云屈抑腰肢見見長者之禮此說又與趙氏異亦可備一解

〔趙注〕　折枝案摩折手節解罷枝也少者恥見役故不爲耳非不能也

〔孟子正義〕　毛氏奇齡四書賸言云趙氏注折枝案摩折手節解罷枝此卑賤奉事尊長之節內則子婦事舅姑問疾痛疴癢而抑搔之鄭注抑搔即按摩屈抑枝體與折義正同以此皆卑役非凡人屑爲故曰是不爲非不能後漢張晧王龔論云豈同折枝於長者以不爲爲難乎劉熙注按摩不爲非難爲可驗若劉峻廣絕交論折枝䑛痔盧思道北齊論韓高之徒人皆折枝䑛痔朝野僉載薛稷等䑛痔折枝阿附太平公主之類皆用作媕諂之具音義引陸善經云折枝折草樹枝趙氏佑溫故錄云文獻通考載陸筠解爲磬折腰枝蓋猶今拜揖也元人四書辨疑以枝與肢通謂斂折肢體爲長者作禮與徐行後長意類正竊其意而衍之

詩云刑于寡妻三句

（趙注）刑正也寡少也言文王正己適妻則八妾從以及兄弟御享也享天下國家之福但舉己心加于人耳毛傳刑法也寡妻適妻也御迎也箋云寡妻寡有之妻言賢也御治也文王以禮法接待其妻至於宗族以此又能爲政治於家邦也書曰乃寡兄勖又曰越乃御事

物皆然心爲甚

（疑辨錄）此言物之輕重長短不可不度以權度心之應物有輕重長短尤不可不度以本然之權度是心之不可不度者又有甚於物之不可不度也學者不得其說以爲度心之難甚於度物殊失其旨

海内之地方千里者九

（孟子正義）王制曰凡四海之内九州州方千里注云大界方三千里三三而九方千里者九也其一爲縣内餘八各立一州此殷制也周公制禮九州大界方七千里七七四十九方千里者四十有九也其一爲畿内餘四十八八州各方千里者六又云夏末既衰夷狄内侵諸侯相幷土地減國數少殷湯承之更制中方三千里之界亦分爲九州周公復唐虞之舊域尚書皋陶謨云弼成五服至于五千釋文引鄭氏注云五服已五千又弼成爲萬里王制疏亦引此鄭注輔五服而成之至于面方各五千里四面相距爲方萬里堯初制五服服各五百里要服之内方四千里曰九州其外荒服曰四海此禹所受地記書曰昆侖山東南地方五千里名曰神州者禹弼五服之殘數亦每服者合五百里故有萬里之界萬國之封焉猶用要服之内爲九州州更方七千里七七四十九得方千里者四十九其一以爲圻内餘四十八八州分而各有六然則唐虞與殷海内之地方三千里夏周海内之地方七千里孟子所說唐虞及殷之制也古者内有九州外有四海爾雅釋地云九夷八狄七戎六蠻謂之四海此海内即指四海之内謂要服之内也

蓋亦反其本矣

（孟子正義）蓋與盍古通周氏廣業孟子逸文考云增修禮部韻略盍韻蓋字引孟爲證韻會合韻盍或作蓋亦引孟按史記孔子世家夫子蓋少貶焉檀弓子蓋慎諸並以盍爲蓋此從閩監毛孔諸本作蓋韓本足利本作盍蓋

與盡同也趙氏以當明盡爾雅釋詁云盡合也史記司馬相如傳索隱引文穎云蓋合也下文則盡反其本矣與此義同或謂此文蓋字乃盡字之誤或謂下文蓋字該改盡字說者又謂蓋是疑辭盡是決辭皆非是王氏引之經傳釋詞云凡言盡亦者亦以爲語助左傳僖二十四年盡亦求之盡求之也昭元年子盡亦遠績禹功而大庇民乎盡遠績禹功而大庇民也吳語王其盡亦鑑於人盡鑑於人也孟子盡亦反其本矣盡反其本也

請嘗試之

〔孟子正義〕 廣雅釋詁云試嘗也檀弓注云嘗試也嘗試二字義同文選思元賦非余心之所嘗營注云嘗行也則嘗試亦訓爲行桓公八年公羊傳注云嘗者先辭也秋穀成者非一黍先熟可得薦故曰嘗一切經音義引廣雅云嘗暫也嘗試之義謂未即全行先暫行之如飲食未大獸先以口嘗之故說文旨部云嘗口味之也趙氏云嘗使少行之少行即暫行解試字謂先使暫行之也

是罔民也

〔孟子正義〕 說文网部云网庖犧所結繩以漁罔或從亡䍏或從系罔即罔羅之罔也音義云罔民張如字丁作司民不同阮氏元校勘記丁本作司讀爲伺司伺古通用依趙則注是罔字丁作司者非趙本也

梁惠王章句下

莊暴

〔四書釋地又續〕 莊暴齊臣君前臣名禮也莊暴對孟子猶三稱名而孟子於王前不一斥其名曰莊子此爲記者之誤集註亦略余最賞宋陳善曰莊暴一章皆言說樂之樂而世讀爲禮樂之樂誤矣惟鼓樂當爲禮樂其他獨樂之與衆樂樂亦悅樂之樂也不然則方言禮樂而又及田獵無乃非類乎眞通人之言也蓋孟子曾告齊宣以先王無流連之樂荒亡之行一旦語及其心病故不覺變色答以云云若果爲好禮樂莊暴庸臣縱不能對其所以亦何至向孟子而猶咨詢何如乎正緣好歡樂與好貨好色一例事耳今樂古樂之異子夏對魏文侯辨之甚悉即齊音敖辟喬志與韶樂之在齊者可比而同耶不可比而同豈孟子之言先順其君以非道而後轉之於當道耶應不至此必讀爲悅樂字文義方協大抵詩書無口寃直難明後人多爲先儒成說所壓折而不暇自伸其心思目力以

追尋聖賢微文奧義於千載之上遂相率而爲矮人見耳悲夫旋檢郝氏孟子解亦曰樂樂猶言樂其樂上樂謂好下樂謂所樂之事也至所樂之事即下文鼓樂其一也田獵又其一也故曰臣請爲王言樂

王語暴以好樂

〔四書補正〕 按唐風好樂無荒箋云君子好樂不當至于廢亂政事與孟子意同

今之樂由古之樂

〔四書釋地三續〕 或謂愚解今之樂由古之樂爲歡樂之樂但古之樂三字別未見愚曰左傳昭二十年晏子曰古而無死則古之樂也非與因憶韓文考異送孟東野序三子者之鳴信善矣下朱子曰坊本無信字或作善鳴皆非是蓋左傳克己復禮仁也信善哉似偶用此語朱子之博極羣書而復細緻如此

〔孟子正義〕 由與猶通用阮氏元校勘記云石經宋本岳本咸淳衢州本孔本考文古本由作猶

獨樂樂 十一句

〔四書考異〕 晏子雜上篇樂者上下同之故天子與天下諸侯與境内自大夫以下各與其僚無有獨樂今上樂其樂下傷其費是獨樂也後漢書臧宫傳有德之君以所樂樂人無德之君以所樂樂身

鼓樂

〔孟子正義〕 周禮地官鼓人掌教六鼓四金之音聲以節聲樂是樂以鼓爲節也禮記學記云鼓無當於五聲五聲弗得弗和荀子樂論云鼓其樂之君邪周禮大司樂以下皆屬春官惟鼓人屬地官標異于衆樂之外故衆樂統謂之樂而鼓專謂之鼓與樂相配稱爲鼓樂趙氏以擊鼓解鼓字以作樂解樂字

管

〔四書典故辨正〕 鄭司農曰管如篪六孔說文亦曰管六孔十二月之音鄭康成曰管如笛而小併兩而吹之今大予樂有焉廣雅云管象篪長尺圍寸八孔無底夫併兩吹之則象篪之說信矣而云八孔則非也又按管六孔禮圖止五孔殆并上出之吹孔而爲六與

籥

（四書典故辨正）籥如笛鄭康成郭璞皆云三孔而毛萇以爲六孔廣雅以爲七孔愚按爾雅大籥謂之產其中謂之仲其小謂之箹籥有大小故孔有多寡三孔曰箹六孔曰仲七孔曰產始于三孔主中聲而上下之後倍之以應六律又增一以爲七音諸家各舉其一言之耳三孔者舞時所執蓋右手秉翟左手止能開閉三孔也　季彭山詩說曰舞與吹本二事而不可相兼者也豈有右手秉羽以舞而左手執籥以吹之理乎竊意舞入庭下當合樂之後其去堂上之樂則既遠矣而堂下之樂亦有編懸之隔或不相聞也則舞者吹籥以先之而籥始于黃鐘之管聲氣之最先者也故使舞者先吹而堂下之樂知羽籥之鼓動也乃合作焉于是舞者應節以舞但以舞成而籥不終奏也此說按之經傳皆不合姑存以備參

管籥

（孟子正義）爾雅釋樂云大管謂之簥其中謂之篞小者謂之篎大籥謂之產其中謂之仲小者謂之箹又大笙謂之巢小者謂之和大簫謂之言小者謂之筊笙與管別簫與籥別趙氏以笙釋管以簫釋籥者說文竹部云竽管三十六簧也笙十三簧廣雅釋樂云笙以瓠爲之十三管宮管在左方竽象笙三十六管宮管在中央段氏玉裁說文解字注云竽管三十六簧也笙下當有樂字凡竹爲者皆曰管笙十三簧象上管樂而言然則竽笙說文皆以管字冠之管之三十六簧者爲竽管之十三簧者爲笙是笙爲管也說文竹部云籟三孔龠也大者謂之笙其中謂之籟小者謂之箹又云箹小籟也廣雅釋樂云籟謂之簫大者二十四管小者十六管有底淮南子齊俗訓云若風之過簫高誘注云簫籟也籥之中者名籟與簫名籟同故趙氏以簫釋籥也又引或說者周禮笙師注云簫如篴三空說文竹部云則爲書僮竹笘龠部龠樂之竹管三孔所以和衆聲也籥龠古通用三孔即三空和衆聲即節衆笛即篴也引詩左手執籥邶風簡兮篇文毛傳云籥六孔箋云碩人多材多藝又能籥舞周禮籥師掌教國子舞羽龡籥注云文舞有持羽吹籥者所謂籥舞也文王世子曰秋冬學羽籥詩曰左手執籥右手秉翟趙氏以籥舞之籥即此節衆音之籥故引詩耳唯毛以爲六孔與鄭氏趙氏俱異按說文以籟爲三孔龠管爲如篪六孔笛爲七孔篪廣雅釋樂云籥謂之笛有七孔管象篪長尺圍寸六孔無底篪長尺四寸八孔一孔上出寸三分然則篪八孔最長笛七孔次之管六孔又次之龠三孔最小四物同類以長短異名毛傳以籥爲六孔蓋以管爲籥也廣雅以籥有七孔蓋

以笛爲篴也杜子春注笙師讀篴爲蕩滌之滌今時所吹五空竹篴則篴有五孔爲漢時所有也史記索隱以篪爲今之横笛七孔一孔上出則以笛爲篪矣鄭司農以管如篪六孔康成則謂管如篴而小併兩而吹之今大予樂官有焉此據當時所見與司農異蓋别一管也要之管之名有二其一爲笙竽篪篴等器之統名此趙氏以笙釋管者也其一爲六孔之名與篴同類而小別者也籥爲如篴三孔之器篴七孔籥故短與篴其名額與簫同故趙氏直以籥爲簫而簫編管參差象鳳翼與三孔之籥實別故趙氏以若短笛而有三孔者爲或說與簫別也

舉疾首蹙頞

【孟子正義】音義云丁云舉猶皆也屬下句舉俱音近假借與俱同丁氏特標屬下然則當時固有屬上者

【孟子正義】詩衛風云願言思伯甘心首疾因憂思而頭爲之病說文疒部云疾病也痛病也疾痛義同周禮天官疾醫春時有痟首疾注云痟酸削也首疾頭痛也陽氣爲憂愁所鬱猶春木爲金沴也說文頁部云頞鼻莖也或從鼻曷廣雅釋親云頞頗也王氏念孫疏證云頞爲鼻頗之頗頗通作準漢高帝紀隆準而龍顏服虔曰準音拙李斐曰準鼻也文穎曰音準的之準李說文音是也段氏玉裁說文解字注云鼻謂之準鼻直莖謂之頞史記唐舉相蔡澤曰先王曷鼻巨肩魋顏蹙齃既言鼻又言頞者曷同遏遏鼻言其內不通而鼽蹙齃則害在外鼻莖也鼻有中斷者蔡澤諸葛恪之相是也有憂愁而蹴縮者孟子言蹙頞是也有病而卒頞者此言其內酸辛素問所言是也

【四書攷錯】集註頞額也人憂戚則蹙其額頞豈是額額豈可以蹙說文頞鼻莖也人凡憂戚則蹙鼻莖于眉宇之間卽攢眉也若額則在頞上矣在頞上與上文疾首何異矣故吳諸葛恪傳折頞虞翻謂鼻根曲而頞字寬正頞額之辨至史蔡澤傳魋顏蹙齃齃卽頞也然且字從鼻而易頁爲曷正以頁曷聲同而義則必在鼻也于額何與焉

張文藟曰逸雅額鄂也有垠鄂也頞鞍也偃折如鞍也此分析之有形橫者可勿混矣

田獵

【孟子正義】周禮夏官大司馬中春教振旅遂以蒐田中夏教茇舍遂以苗田中秋教治兵遂以獮田中冬教大閱遂以狩田隱公五年左傳臧僖伯曰春蒐夏苗秋獮冬狩皆於農隙以講事也是田獵有時也桓公四年穀梁傳云春曰田夏曰苗秋曰蒐冬曰狩四時也四用三也何休注公羊謂夏但去害苗不田獵禮記月令季春田獵罝罘

羅網畢翳餧獸之藥毋出九門孟夏之月驅獸毋害五穀毋大田獵王制云獺祭魚然後虞人入澤梁豺祭獸然後田獵鳩化爲鷹然後設尉羅則田獵有節不可以非時取也詩齊風序云還刺荒也哀公好田獵從禽獸而無厭盧令刺荒也襄公好田獵畢弋而不修民事百姓苦之此謂田獵無節者也天官太宰以八則治都鄙八曰田役以馭其衆地官大司徒大田役以旗致萬民而治其徒庶之政令鄉師凡四時之田出田法於州里簡其鼓鐸旗物兵器修其卒伍其州長黨正族師縣師遂人遂師縣正稍人等皆掌作民起衆是田獵必發民驅獸供給役使也

羽旄之美

〔孟子正義〕　禹貢荆州厥貢羽毛史紀夏本紀作羽旄旄毛二字通也僖公二十三年左傳重耳對楚子曰羽毛齒革則君地生焉楚語王孫圉亦云楚之所寶齒角皮革羽毛所以備賦用襄公十四年左傳云范宣子假羽毛於齊注云析羽爲旌王者游車之所建齊私有之因謂之羽毛定公四年左傳云晉人假羽旄於鄭注亦云析羽爲旌王者游車之所建鄭私有之因謂之羽旄爾雅釋天云注旄首曰旌錯革鳥曰旟詩疏引孫炎云析五采羽注旄上也其下亦有旒縿又引李巡云旄牛尾注於首鄭氏注明堂位云綏爲注旄牛尾於杠首所謂大麾周禮大麾以田也曲禮云前有水則載青旌前有塵埃則載鳴鳶前有車騎則載飛鴻前有士師則載虎皮前有摯獸則載貔貅注云載謂舉於旌首以警衆也鴻鳶則載其羽虎貔則載其皮是皆飾羽毛使之美好也晉既假於齊又假於鄭必齊鄭所飾精美異常惟晉人所欲見矣

文王囿七十里

〔四書釋地〕　從來說者皆以文王七十里之囿爲疑曰那得如許也大余亦疑者久之近考得其說蓋三輔黃圖云靈囿在長安縣西四十二里王伯厚以文王之囿方七十里註於下余謂在今鄠縣東三十里正漢地理志所謂文王作酆　瓚注今長安西北界靈臺鄉豐水上是杜氏左傳注酆在鄠縣東有靈臺　有鄠杜竹林南山檀柘號稱陸海爲九州膏腴者文王當日弛以與民恣其芻獵以往但有物以蕃界之遂名之曰囿云爾此實作邑於豐時事非初岐山事也豐去岐三百餘里善乎穀梁傳云山林藪澤之利所以與民共也虞之非正也註虞典禽獸之官言規固而樂之又置官司以守之是不與民共同利曾謂文王當日而如是乎後漢武帝建元中舉籍盩厔鄠杜除

以爲上林苑屬之南山即其處但武帝爲己之禽荒較文王以利民者異一武帝爲己之行幸更衣較文王以講武者異二武帝周袤三百里中容千乘萬騎且較文王三倍而贏矣異三武帝時盡化爲腴產其賈畝一金規以爲囿殊可惜故來東方朔之諫若文王則初闢土亦猶天作高山大王荒之者縱民芻獵而不禁豈不適相宜異四說者不察乎囿之所在又不通古今情事之異徒執以岐山國僅百里不知文王由方百里起耳豈終於是者哉或曰以穀梁傳所云里數計今之六十二里遂當古之百里故左傳黃人謂自郢及我九百里今自江陵至光州僅七百里邾子謂吳二千里不三月不至今自蘇州至鄒縣僅一千五百里則周時七十里之囿今僅四十三里參以毛詩傳囿所以域養禽獸諸侯四十里恰合　竊此四十里又與今合古書籍所云里數原具有兩說　此又一說云

（四書釋地又續）　文王治岐不過曰澤梁無禁詎容有囿至七十里任樵者獵者以往自是在位四十九年乙丑徙都豐豐在岐山東南三百餘里于豐作靈臺靈臺之少右作靈囿囿之中作沼皆倏忽而成故有三靈之名蓋原就南山下一片土爲之林木茂密禽獸繁多方克如是朱子生平未一至關陝與人言讀書玩理外考證別是一種工夫某向來不甚[illegible]所以既不知文王之囿爲即靈囿又於詩靈臺不註的在何所但想像以爲三分天下有其二之後疎矣昔伊川程子親至五丈原曰兵自高地來可勝當時非此地殆不可據司馬懿所謂亮當出武功依山而東若西上五丈原則諸軍無事矣者此僞言安軍心耳余嘗歎其確識夫耳聞之不如目見之目見之不如足踐之親侯斯言豈直爲西門豹治鄴已乎註經書者亦宜然矣

於傳有之

（孟子正義）　劉熙釋名釋典藝云傳傳也以傳示後人也傳述爲文故云傳文毛詩疏引作書傳有之

宣王囿四十里

（孟子正義）　穀梁成公十八年築鹿囿疏引毛詩傳作天子百里諸侯三十里此三十自是誤文乃楊雄羽獵賦云文王囿百里民尚以爲小齊宣王囿四十里民以爲大袁宏後漢紀樂松云宣王之囿五十里民以爲大文王百里民以爲小後漢書楊震傳樂松等言齊宣五里則脫落十字也然則文王之囿百里古有此說故毛氏以爲天子百里非因孟子言七十里而約言之也唐陸贄奏罷瓊林庫狀云周文王之囿百里時患其尚小齊宣王之囿四十

里畔病其太大此本楊雄說也惟樂松言宣王囿五十里與孟子異亦與毛傳殊臧氏琳經義雜記云穀梁成十八年築鹿囿疏云毛詩傳云囿者天子百里諸侯三十里詩傳蓋據孟子稱文王囿七十里寡人囿三十里故約之爲天子百里諸侯三十里耳琳案袁范漢書皆言文王囿百里宣王囿五十里楊疏引毛詩傳諸侯三十里三字即五字之譌古本孟子蓋作文王之囿方百里寡人之囿方五十里故毛公據之以分天子諸侯之制按周禮天官閽人疏引白虎通云天子百里大國四十里次國三十里小國二十里成公十八年公羊傳注云天子囿方百里公侯十里伯七里子男五里皆取一也意者公羊傳所指爲離宮毛詩傳白虎通所指爲御苑與乃天子則皆云百里而白虎通自四十里以下析言之無五十里者則樂松五十里之說未足爲三十里之證

芻蕘

（孟子正義）　毛詩板篇詢于芻蕘傳云芻蕘采薪者說文艸部云芻刈草也象包束草之形蕘薪也薪蕘也蓋芻所以飼牛馬蕘所以供燃火芻義易明故以芻薪釋芻蕘月令收秩薪柴注云大者可析謂之薪薪施炊爨是也楊雄羽獵賦云麋鹿芻蕘與百姓共之蒭芻之俗字

臣始至於境問國之大禁

（四書改錯）　集註入國而問禁此一句引錯禮入境而問禁入國而問俗入門而問諱未聞入國始問禁者此改經也國有四境境即界也若國若中國不惟在境內且在郊關內矣禮文是境字孟子臣始至於境正是境字乃改作國字使五百年來溥天下老老小小皆有入國問禁一假禮文在其胸中亦可嘆矣若謂王囿在郊關之內必入國後可問禁則弛禁在近問禁須在遠幸而孟子問在境耳萬一如是禮入國始問則郊關之內去國門尚遠倘有犯禁將若何

（四書釋地續）　禮入境而問禁境者界首也如齊晉分界處在汶水或泰山皆是入國而問俗國者都城之內也與孟子問國之大禁國字殊不同孟子乃指齊言問齊之所大禁者何事耳

郊關

（四書釋地續）　杜子春曰五十里爲近郊百里爲遠郊白虎通近郊五十里遠郊百里則孟子郊關之郊自屬遠

郊何者苟近郊豈能容方四十里之囿乎所以集註亦不加遠字但云國外百里爲郊已明趙氏注却說得遼闊云齊四境之郊皆有關果爾齊地方二千里以二千里之地爲陷阱者四十里民亦不以病集註惟郊外有關外字當作上古天子九門此爲第八層門又外此則第九層曰關門

爲阱於國中

〔孟子正義〕說文𨸏部云阱陷也穽或從穴世說政事篇注引孟子此文作穽穽阱同也尚書費誓云擭敜乃穽鄭氏注云山林之田春始穿地爲穽所以陷墜之周禮雍氏春令爲阱擭溝瀆之利于民者鄭氏注云阱穿地爲塹所以禦禽獸其或超踰則陷焉世謂之陷阱阱可斂塞其度狹小故云不過丈尺之閒也

文王事混夷

〔孟子正義〕大雅緜箋云混夷見文王之使者將士衆過己國則惶怖驚走奔突入此柞棫之中而逃甚困劇也是之謂一年伐混夷又皇矣詩云串夷在路箋云串夷卽混夷西戎國名也串同患與混一音之轉串亦與犬一音之轉故書大傳說文作畎夷依鄭箋此言文王伐混夷不可爲以大事小之證詩正義引帝王世紀云文王受命四年周正丙子混夷伐周一日三至周之東門文王閉門修德而不與戰王肅同其說以申毛義以爲柞棫生柯葉拔然時混夷伐周推此則詩言肆不殄厥慍亦不隕厥問謂昆夷伐周奔突而周爲之困如此文王雖不絕慍怒然且使聘問而不廢交鄰之禮是正文王事昆夷之事故趙氏引詩以證若鄭箋則謂文王使將士聘問他國過夷昆之地昆夷見之而驚困與趙氏引詩義殊也阮氏元校勘記云音義石經作混夷閩監毛三本作昆非也

太王事獯鬻

〔孟子正義〕史記周本紀云古公亶父修后稷公劉之業薰育戎狄攻之欲得財物予之又匈奴列傳云匈奴其先祖夏后氏之苗裔曰淳維唐虞以上有山戎獫狁葷粥居於北蠻隨畜牧而轉移夏道衰而公劉失其稷官變於西戎邑於豳其後三百有餘歲戎狄攻太王亶父亶父亡走岐下集解引晉灼云堯時曰葷粥周曰獫狁秦曰匈奴漢書作薰粥葷薰與獯通粥育與鬻通也毛詩采薇序云文王之時西有昆夷之患北有獫狁之難是時周已拓大尙以天子命命將帥遣戍役以守衞之則在太王時彊大可知詩稱獫狁孟子稱獯鬻舉古名也音義作太王國監

毛三本作太阮氏元校勘記云經文皆太作太者非

句踐事吳

〔孟子正義〕　句踐越王允常子夫差吳王闔廬子哀公元年左傳云吳王夫差敗越於夫椒遂入越越子以甲楯五千保於會稽使大夫種因吳大宰嚭以行成此退於會稽之事也史記越王句踐世家云越王乃以餘兵五千人保棲於會稽吳王追而圍之乃令大夫種行成於吳膝行頓首曰君王亡臣句踐使陪臣種敢告下執事句踐請爲臣妻爲妾國語云越人飾美女八人納之太宰嚭卑事夫差宦士三百人於吳其身親爲夫差前馬此身自臣事之事也

撫劍疾視

〔孟子正義〕　鄭康成注少儀王逸注楚辭惜誦皆云疾惡也說文目部云瞋張目也張目其狀不善故爲惡視說文又云睗目疾視也瞋恨張目也詩曰國步斯瞋今詩瞋作頻毛傳云急也張目有急疾義是疾視與張目可互見也說文手部云撫安也儀禮士喪禮君坐撫當心注云撫手案之案與安通撫劍卽按劍蓋手按下其劍而張其兩目也

以遏徂莒

〔四書典故辨正〕　以遏徂莒趙注以遏止往伐莒者此以莒爲國名按韓非書云文王克莒莒之爲國名有明徵也詩作徂旅恐誤路史嘗辨之曰彼上方言整旅而此遽云徂旅其不然昭矣春秋紀子帛莒子盟于密莒紀密之近也王之伐密於此遏其往莒之師戡亂除禍理必從其亟宜莒之爲正云若晉詩以阮徂共爲三國鄭康成亦云阮徂共三國犯周而文王伐之并以徂爲國名此則非是

惟曰其助上帝三句

〔孟子正義〕　趙氏讀惟曰其助上帝寵之八字四方二字連下有罪無罪惟我在九字句易師九二傳云承天寵也釋文引鄭注云寵光耀也詩蓼蕭爲龍爲光毛傳云龍寵也趙氏以光解寵論語堯曰篇言百姓有過在予一人有過在予與有罪惟我在相近故趙氏引以證之尙書集注音疏云趙氏以助天光寵之者謂以其能助天故光寵

光作爾何解義了明白趙氏聯言助天光寵意恉不明又惟我在之言非在我之謂而乃引在予一人以況殊不合故擧不取而自爲解繹尊居也言天降生下民爲作之君爲作之師者惟曰其助天牧民故尊寵之使居君師之任我我君師也在察也四方有罪無罪惟我君師司察焉天下何敢有踰越其志者乎襄十四年左傳云天生民而立之君使司牧之勿使失性是作君師爲牧民也云故尊寵之使君師之任者從趙氏讀寵之絕句也

一人衡行

〔孟子正義〕 考工記玉人注云衡古文横假借字也周禮野廬氏禁野之横行經踰者注云横行妄由田中是横行爲不順紂不順天道故亦以爲横行史記周本紀集解引瓚云以臧馘相脇曰横是也曲禮天子自稱予一人故以一人指紂越厥志故横行也

雪宮

〔四書釋地〕 齊宣王見孟子於雪宮解者謂雪宮孟子之館宣王就見於此因誇其禮遇之隆賢者指孟子與上文梁惠王賢者指人君言不同呆爾孟子當正色而對以明不屑安肯含胡曰有而即引之與民同也觀子思聞繆公友士之言不悅漢章帝祀闕里大會孔氏男子六十二人謂孔僖曰今日之會寧于卿宗有光榮乎對曰臣聞明王聖主莫不尊師貴道今陛下親屈萬乘辱臨敝邑此乃崇禮先師增輝聖德至於光榮非所敢承僖尚能爲斯言況嚴嚴之孟子耶賢者仍指人君言元和郡縣圖志齊雪宮故址在青州臨淄縣縣即齊故都東北六里晏子春秋所謂齊侯見晏子於雪宮 〔錕〕今晏子春秋無此語 然則先孟子雪宮又爲晏嬰館舍耶蓋齊離宮之名游觀勝迹宣王延見孟子於其地非就見之謂益信地理宜究又思晉晏孟子羞稱茲以與民樂忽詳及晏子對景公一段故實義亦以此地曾爲先齊君臣共游觀以近事爲鑒則言易入此又須會於言外非拘儒所知

〔趙注〕 雪宮離宮之名也宮中有苑囿臺池之飾禽獸之饒

〔孟子正義〕 曹氏之升摭餘說云趙氏注孟子將朝王章亦云寡人就孟子之館相見也蓋雪宮如漢甘泉唐九成之屬齊宣尊禮孟子館之離宮不使儕於稷下故景丑氏以爲丑見王之敬子也齊宣以孟子爲賓師極致尊禮其間隱然自表其優遇之至意趙氏佑溫故錄亦云此謂齊王館孟子於雪宮而來就見也賢者即謂孟子與梁惠

王之間不同按孟子見梁惠王與宣王見孟子於雪宮文順逆不同謂孟子在雪宮宣王就見義似爲長齊宣有此雪宮之樂今館孟子於此則賢者亦有此雪宮之樂見能與賢者共此樂也趙氏下云非其矜夸雪宮而欲以苦賢者則此賢者卽陰指孟子非指賢君也翟氏灝考異云齊侯見晏子於雪宮今晏子春秋無此語當因下文述晏子事元和志遂訛孟子爲晏子也

有人不得

〔趙註〕有人不得人有不得其志也　作一句讀

轉附朝儛　琅邪

〔四書釋地〕趙注琅邪齊東南境上邑集註因之漢郊祀志作齊東北非也今諸城縣東南一百五十里有琅邪山山下有城郎其處余曾偏考轉附朝儛二山杳不知所在惟趙氏德南宋人有釋附附作鮒屬萊州之說殊無依據妄意此二山當在海之東盡頭如成山召石山之類登之可以觀海惟至海盡頭然後回轍循海之濱西行以南至琅邪亦可觀海爲計其自齊都臨淄一千三百里抵於海復自海一千一百餘里至琅邪凡二千四五百里以春秋之侯封而騁其雄心肆其遠略如此眞從前所未有後惟秦始皇二十八年並(註)讀曰傍　勃海以東　(註)往東也　過黃　(註)今黃縣遂萊縣　腄　(註)今福山縣棲霞縣　窮成山　(註)在文登縣封禪書成山斗入海　登之罘　(註)在福山縣蓋回鑾也　南留琅邪三月三十七年自琅邪北至榮成山　(註)正義曰郎成山　射巨魚之罘遂竝海西至平原津　(註)今平原縣　漢武帝太始三年行幸琅邪禮日成山登之罘浮大海司馬相如賦曰齊東陼鉅海南有琅邪觀乎成山射乎之罘正暗用秦始皇之事或曰今青州爲齊地若萊州則萊子國登州則牟子國皆非齊有景公固可以仁其車轍馬跡之所之乎余曰萊子城在黃縣東南二十五里國已滅襄公十五年所以晏子對景公語聊攝以東　(註)今聊城縣　姑尤以西姑大沽河尤小沽河一出黃縣一出掖縣實齊之東界也指甚明晰如是惟今甯海州文登縣尙屬牟子國要亦不過蕞爾附庸素服役於強大者晏子所謂爲諸侯憂正指此等何難登其山而臨其海乎當東行也雖陸路亦可謂之從流上西旋也雖陸路又可謂之從流下景公之志不幾荒乎晏子是以諷而止爲前惟周穆王欲周行天下祭公謀父爲作祈招之詩故獲沒祇宮然僅保其身耳未

聞有見之惠政播之聲詩如此其盛也雖季世之君臣詎可以不述而誦哉

（四書典故辨正） 轉附朝儛二山自來莫知所在管子戒篇載桓公問管仲語與此略同曰我游猶軸轉斛南至琅邪亦不知猶軸轉斛何地也正義曰據顧野王釋云濟水名出南陽恐誤濟爲儛按南陽不屬齊非景公遊觀所及趙氏惪謂轉附作轉斛屬萊州亦無所據路史以朝爲潮言景公欲遵海觀潮舞無論傅會且轉附又作何解景公傳謂轉附乃太公之墓即武陵朝儛乃桓公之墓即穆陵此尤謬妄據檀弓太公反葬于周據皇覽太公冢在臨淄縣城南去縣十里括地志桓公冢在臨淄縣南二十一里牛山上則轉附朝儛非墓地也惟閻氏釋地謂二山當在海之東盡頭處此雖臆說大略近之

（孟子正義） 漢書郊祀志後五年東幸琅邪禮日成山登之罘浮大海司馬相如子虛賦云且齊東陼巨海南有琅邪觀乎成山射乎之罘晉灼曰之罘山在東萊腄縣蓋之罘即轉附也之與轉一聲之轉之之爲轉猶之之爲旃也罘與附古音通罘之爲附猶不之爲柎也山川之名古今更變乃以聲音求之尚可得秦皇漢武所游自琅邪而北則至之罘成山自之罘成山而南則至琅邪齊景欲觀乎轉附朝儛轉附即之罘也朝儛即成山也于欽齊乘云召石山在文登之東三齊略云始皇造石橋渡海觀日出處有神人召石山下城陽一山石岌岌相隨而行石去不駛神人鞭之見血今召石山石色皆赤伏琛齊記云始皇造橋觀日海神爲之驅石豎柱今驗成山東入海道水中有豎石往往相望似橋柱之狀又有柱石二乍出乍沒又云召石山與成山相近因始皇會海神故後世遂呼成山曰神山然則召石即成山也劉向九歎遠逝篇云朝四靈于九濱王逸注云朝召也召四方之神會於大海九曲之涯也董子繁露朝諸侯篇云朝者召而問之也左傳襄朝吳公羊傳作昭吳是朝召古通朝宜讀朝夕之朝俗讀爲朝廷之朝非也朝儛即柱之緩聲蓋以石形似柱而緩呼之爲朝儛古儛石聲近顧氏炎武唐韻正云石上聲常主切漢書楊王孫傳口含玉石與棺槨朽腐乃得歸土通腐土爲韻段氏玉裁六書音均表所立十七部舞聲石聲同第五部孔氏廣森詩聲類从無从石同陰聲第三魚類古讀石爲上聲聲近於舞是朝儛即召石海神鞭石則後人附會之妄也

琅邪

山海經云琅邪臺在渤海間琅邪之東其北有山注云琅邪在海邊有山嶕嶢特起狀如高臺括地志密州諸城縣東南百七十里有琅邪臺越王句踐觀臺也琅邪山在縣東百四十里始皇立層臺於山上

吾王不遊六句

（孟子正義）孔氏廣森經學卮言云晏子春秋曰春省耕而補不足者謂之遊秋省實而助不給者謂之豫故於遊言休謂休息耕者於豫言助所謂助不給也東京賦云既春遊以發生啓諸蟄於潛戶度秋豫以收成觀豐年之多稌薛綜注秋行曰豫是漢人舊說猶以遊豫分春秋也管子云先王之遊也春出原農事之不本者謂之遊秋出補人之不足者謂之夕經豫言夕古音之轉注也古讀夕如樹詩曰三事大夫莫肯夙夜邦君諸侯莫肯朝夕是也古讀豫亦如樹儀禮鄉射禮豫則鉤楹內通作宣榭之榭榭豫並音序爲諸侯度者言諸侯法之亦以春秋行其境內歲舉不過再倪氏思寬讀書記云春爲發生生氣可觀故曰遊秋爲收成成功可喜故曰豫秋行曰豫則春行曰遊可知

師行而糧食

（潛研堂文集）周禮廩人職云凡邦有會同師役之事則治其糧食注行道曰糧謂糒也止居曰食謂米也鄭鍔云遠者治其糧莊子適百里者宿舂糧適千里者三月聚糧蓋言遠也近者治其食詩朝食于株左傳食時而至蓋言近也予按說文訓糒爲乾詩乃裹餱糧于橐于囊孟子謂居者有積倉行有裹糧此糧與食之辨

（四書翼註論文）古凡事皆用民力君行師從二千五百人爲師其車乘牛馬糗糧衣履皆自民供之行役者固勞家居者爲之傳送奔走困憊甚矣故云飢者弗食勞者弗息胥讒作慝皆供此糧食之人也

（孟子正義）周禮夏官序官云二千有五百人爲師萬有二千五百人爲軍師軍亦通稱國語晉語天子作師韋昭注云師謂六軍之衆也小司徒五人爲伍五伍爲兩四兩爲卒五卒爲旅五旅爲師五師爲軍注云伍兩卒旅師軍皆衆之名也論語子路曰則禮樂不興皇侃義疏云興猶行也趙氏此注以軍釋師以輿釋行閩監毛三本作行師輿軍按經先師後行趙氏以師行猶軍輿而互明之也

睊睊胥讒

〔孟子正義〕　音義云睊古縣切字亦作䀸王氏念孫廣雅疏證云睊睊視也說文睊視貌重言之則曰睊睊然則趙氏不單言視而云側目相視者漢書鄒陽傳云太后怫鬱泣血無所發怒切齒側目於貴臣矣然則側目者怨恨之貌說文心部云悁忿也後漢書陳蕃傳云至于陛下有何悁悁注悁悁恚忿也蓋趙氏以睊睊與悁悁通合言之爾雅釋詁云胥相也鄒陽傳云羊勝公孫詭疾陽惡之孝王下云陽客遊以讒見禽是惡之即讒故顏師古注云惡謂讒毀也樊噲爰盎等傳注亦多以惡爲讒譖言人罪惡更代也互爲讒短則其目亦互相忿視故知睊睊爲側目相視下言民乃作慝知此胥讒者爲在位之人矣

○方命虐民四句

〔辨註〕　方猶放也放棄不用先王之命但爲虐民之政恣意飲食若水流之無窮極也謂沈湎于酒熊蹯不熟怒而殺人之類也流連荒亡皆驕君之溢行也言王道虧諸侯行霸由當相匡正故爲諸侯憂也

爲諸侯憂

〔四書改錯〕　附庸或可稱諸侯若縣邑之長則稱都君縣君邑大夫庸有之未聞有稱諸侯者集註疑此諸侯與上文諸侯不同上文游豫指天子故爲諸侯度可爲五等諸侯所法式此方命虐民實指諸侯則爲諸侯憂當降等矣不知此亦錯解者所云方命非如註所解逆王者命也趙注原云逆先王之命一曰先王則後王與諸侯同在其中矣且不特趙注本文不又曰先王無流連之樂荒亡之行乎夫以方命虐民流連荒亡者而總以行不行歸之先王則此諸侯者仍是天子之諸侯不必諸侯下又有諸侯也況爲諸侯憂向使後王佚遊則爲諸侯患諸侯自佚遊則諸侯自爲患逸樂死亡亦可憂事也若曰諸侯下又有諸侯則封建以來總無此制也　流連荒亡何止臣屬憂即列國亦嘗憂者吾即以齊景事作齊據證左傳齊侯疾諸侯多使問疾者梁邱據曰今君疾病爲諸侯憂則疾病尚爲諸侯憂況他乎此却是齊景事亦恰此四字

流連荒亡

〔趙註〕　言驕君放遊無所不爲或浮水而下樂而忘反謂之流若齊桓與蔡姬乘舟於囿之類也連者引也使人徒引舟船上行而忘反以爲樂故謂之連書曰罔水行舟丹朱慢遊無水而行舟豈不引舟於水而上行乎此其類

也從獸無厭若羿之好田獵無有厭極以亡其身故謂之荒亂也樂酒無厭若殷紂以酒喪國也故謂之亡

徵招角招

〔趙注〕徵招角招其所作樂章名也

〔孟子正義〕劉氏台拱經傳小記云國語細鈞有鐘無鎛昭其大也大鈞有鎛無鐘甚大無鎛鳴其細也大昭小鳴和之道也按細大有以聲言者上章言大不踰宮細不過羽是也有以細言者此言細鈞大鈞是也有以器言者此言昭其大鳴其細是也鈞亦作均春秋昭公二十年服注云黃鐘之均黃鐘爲宮太蔟爲商姑洗爲角林鐘爲徵南呂爲羽應鐘爲變宮蕤賓爲變徵續漢志云天子常以日冬夏至陰氣應則樂均濁西京郊祀宗廟樂惟用黃鐘一均章帝時太常丞鮑業始旋十二宮旋宮以七聲爲鈞蓋所謂鈞卽今所謂調五聲十二律旋相爲宮爲六十調皆具五聲故有五均而韋注細鈞爲徵羽角大鈞爲宮商者古人以聲命調若孟子言徵招角招師曠言清商清徵清角皆是調名

畜君何尤

〔四書改錯〕舊註畜愛也蓼莪詩撫我畜我謂父母愛好之故君臣相悅卽以愛君爲悅君曰畜君何尤趙注所云臣悅君謂之好何尤者無過是也蓋古畜字原訓愛乃又出嬸字自說文玉篇廣韻集韻俱訓作媚卽詩媚于天子之媚然媚近於暱似乎過當故曰何尤今曰畜止也謂畜止其君之欲也則此詩本太師失歌借古樂以譜此君臣相悅之詞而其領句卽云君有欲而臣止之則招君之過尤且不免安得相悅況詩祇畜君二字有何理欲而必於畜下添止字君下添之欲二字此何憑何據何見何聞謂君下必有一欲字直改悅君之畜而不之顧豈不是錯

〔孟子正義〕王氏念孫廣雅疏證云說文嬸媚也孟康注漢書張敞傳云北方人謂媚好謂詡畜畜與嬸通說文媚說也故媚好謂之畜相說亦謂之畜又謂之好孟子梁惠王篇畜君者好君也本承上君臣相悅而言故趙氏注云言臣悅君謂之好君好畜古聲相近畜君何尤卽好君何尤祭統云孝者畜也順於道不逆於倫是之謂畜孔子閒居及坊記注並云畜孝也釋名云孝好也愛好父母如所悅好也畜孝好聲並相近畜君者好君也洚水者洪水也皆取聲近之字爲訓後世聲讀乖而古訓遂不可通矣

明堂

（四書攷錯） 集註王者所居以出政令之所也出政令自有朝寢周王安得至東齊出政令若爲巡狩設則四南諸嶽何以無有考明堂創于黃帝自唐虞以後首重宗法天子建國必以始祖爲祖開王爲宗既立祖廟祀始祖則必設明堂爲開王配帝之所名曰宗祀如國語祭法皆曰宗禹宗湯專祀五方五帝而以開王配之及周公創制又推文王爲近祖合配五帝國語祭法所云祖文王而宗武王此宗法之變所以我將之詩特頌文考配上帝以爲宗開王而增祖祀本創典也乃周公爲文王大宗不敢祖王季而宗武王祗得祀文王爲大宗所出之帝立出王廟因之乘黃帝明堂有合宮舊址在泰山下遂作魯明堂而祀出王以配帝孝經所云宗祀文王于明堂明不及武王且曰則周公其人并明指周公自爲之故孟子亦直云昔文王治岐豳之文王之明堂則此魯明堂明與西周明堂有異者但不知其地在何時爲齊有耳正義謂禮記明堂位載周公踐阼朝諸侯于明堂即此泰山明堂之在魯者此亦明證 張文檒曰惟魯爲大宗明堂故孝經稱宗祀文王若西周明堂則開王之宗宗禹宗湯宗武王也文爲得宗祀矣故周頌我將詩序謂祀文王明堂並無宗字但祖文以宗武得配帝此亦配帝者以明堂祀五帝稍有降殺故魯有可行耳

（疑辨錄） 古者享人鬼則有廟而祀天神地祇則壇墠肢縣而無廟祀之制周禮序天地百神之祀而未見有明堂祭上帝之說自秦相呂不韋月令言明堂之制天子所居既以爲臨御之堂又以爲享祀之所由是鄭康成謂明堂與太廟路寢異實同制蔡邕謂明堂與太廟璧雝同實異名夫以明堂爲路寢乎則朝諸侯布政令之所而不可以祀祖宗以明堂爲璧雝乎則育人才施朴刑之地而不可以享人鬼祖宗人鬼尚不可享而況可以享上帝乎孝經謂昔者周公郊祀后稷以配天宗祀文王於明堂以配上帝此非必孔子之言也夫武王崩成王七歲而即位周公以冢宰攝政方成王未免喪之日則凡祭祀皆代王以行禮及成王既免喪之後則凡祭祀皆佐王以成禮其祀文王者或代或佐皆成王之祀非周公之祀也成王以祖配天何得謂之周公以父配天中庸言周公成文武之德追王大王王季上祀先公以天子之禮是周公旦爲禮制上自天子下至大夫士皆葬用死者之爵祭用生者之祿此以制禮言非以行禮言也且論明堂者謂明堂在國之南三里之外七里之内丙巳之地夫昊天上帝既郊祀於

王國之南又不當廟祀於丙巳之地此蓋漢儒既僞造明堂位之書而於此又實以附會之說以見彼云周公負斧扆朝諸侯者既踐天子之位而此云周公郊祀宗祀者又行天子之禮嗟乎周公制禮以詔萬世豈竊神器而僭大禮者哉漢儒謬妄之說初不意其流毒後世以釀成王莽之禍也大抵明堂蓋即古者天子路寢後世大朝會之正衙至於巡狩四岳不可露次以朝諸侯故四岳之下亦有明堂而孟子以爲王者之堂布政之所亦未嘗以爲祀上帝祀先王者也自月令列奇詭之名設繁疊之制既謂之明堂而其中又有總章青陽元堂太廟太室之別秦之陋房其幾已萌於此矣又謂天子循十二月居十二堂夫人君莅已南面中正以觀天下豈每月類遷而曲處者哉自其有季秋享帝之文故記禮者有明堂之祀序詩者有明堂享祀之樂章襲孝經有誣增孔子告曾子之言歷代儒者不察其非又從而推衍其說遂使漢以明堂祀太乙五帝或特祠五帝唐以明堂祀五方五帝或以祀昊天上帝宋以明堂祀上帝又並祀五帝又以合祭天地而雜以天神地祇人鬼凡五百七十位或配以祖或配以父或配以羣祖皆秦漢儒者詭談僞說有以啓之耳是知明堂乃天子所居之堂而非享祀鬼神之廟也

〔四書典故辨正〕　明堂之制聚訟紛然考工記以爲五室月令以爲四室十二堂大戴禮以爲九室三十六戶七十二牖公玉帶上黃帝時明堂圖謂複道上有樓名曰昆崙鄭康成以或舉宗廟或舉王寢或舉明堂爲互言之辭蔡邕亦云明堂太廟辟雍同實異名其說不一吳斗南獨謂明堂有壇壝而無屋室其言曰儀禮諸侯覲於天子爲宮方三百步四門壇十有二尋深四尺加方明于其上方明者以木爲之設六色東方青南方赤西方白北方黑上元下黃此蓋明堂之制也鄭康成但以爲會盟之儀夫明堂所以祀上帝及五帝而因以覲諸侯者也今知其爲會盟之儀而不知其爲明堂是知二五而不識十也明堂者以其加方明於其上壇而不屋故曰明堂宮謂起土爲埒而已荀卿書曰雖爲之築明堂於塞外使殆可矣楊倞註明堂壇也謂巡狩至方岳之下會諸侯爲壇加方明於其上　按荀子彊國篇雖爲之築明堂於塞外而朝諸侯使殆可矣楊倞注明堂天子布政之宮於塞外三字衍殆庶幾也與此所引不同此疑誤　然則方明之爲明堂先儒其知之矣周禮司儀將合諸侯則令爲壇三成鄭註成猶重也三重者自下差之爲上等中等下等爾雅邱三成爲昆崙　謂昆崙者蓋如此而公玉帶乃謂複道有樓甚者紛爭於階闥戶牖之間與夫依倣氣數之類不知古之明堂未始施屋室也愚按明堂爲祀帝之所則爲當壇壝蓋

天帝之尊不可卽宮室行事斗南之言是也但謂明堂本無屋室則其說又偏覲禮記王設几俟於東箱諸侯之覲不入王門奠圭繅上若無屋室豈有王於露地設几席者且何以稱東箱也家語孔子適周觀乎明堂覩四門墉有堯舜與桀紂之象而各有善惡之狀興廢之誡又有周公相成王抱之負斧扆南面以朝諸侯之圖此明堂有屋室之證王晦叔嘗著論曰明堂有壇有宮周公祀文王於明堂以配上帝蓋卽其壇而祀之輔成王負扆以朝諸侯蓋卽其宮而朝之此論折衷至當公玉帶以下紛紜之說固不足據斗南乃盡掃而空之則又過矣　明堂宗祀孝經樂記祭義均未言祭在何時漢唐諸儒以月令季秋大饗當之愚謂月令之大饗卽冬至之郊而非明堂宗祀之禮何以言之按月令仲秋命宰祝循行犧牲視全具案芻豢瞻肥瘠察物色必比類量小大視長短皆中度五者備當上帝其饗言選擇犧牲也至季秋則大饗帝及嘗祭犧牲告備於天子此宰祝復命也古者享帝之牲繫于芻牢之三月自仲秋選牲至仲冬郊祭用之所謂帝牛必在滌三月也故犧牲告備之下遂言合諸侯制百縣爲來歲爲來歲十月也秦以建亥爲歲首　受朔日與諸侯所稅于民輕重之法貢職之數以遠近土地所宜爲度以給郊廟之事其文義一貫至爲明白而漢人割裂之指大饗爲徧祭五帝後儒因以爲明堂宗祀行于季秋乃臆說耳家益公云周禮大司樂有冬至圜丘所奏之樂有夏至方丘所奏之樂有宗廟所奏之樂三者皆大祭祀也宗祀明堂乃無牛言及之太宗伯夏見曰宗意成王嘗因夏諸侯于明堂而祀文王孝經特舉一時之盛而非後世常行之禮季彭山曰天子巡狩而類上帝則以其先王之有功德于一方者配之而非國中復有一明堂之祭近時許馨卿云大抵六年五服一朝乃舉此祭是三說者亦第以意度之而並無所據然則宗祀之禮以何時舉行經無明文不可考矣

（四書摭餘說）　古者有治人乃有治法有治地今者有治地而卽可因治法以想見治人此孟子告齊宣王勿毀明堂之說也明堂古制非一大約由質而文神農曰天府黃帝曰合宮四面無壁中有一殿覆以茅茨而已唐曰衢室虞曰總章夏曰世室其見于考工則五室而南北六丈東西七丈也殷曰陽館又曰重屋則重檐覆廟疑呂氏月令所謂九區以五室爲正而四隅四室各分左个右个以應十二月者近之至周曰明堂則彌文而大戴所謂九室十二堂三十六戶七十二牖蔡邕所謂三十六柱高九丈方三十丈六者近之矣正面四室東曰青陽南曰明堂西

曰總章北曰元堂而專言明堂者天子之朝必南面而立故以南言也取其正室曰太廟取其四時之學曰大學取其堂下環水如璧曰辟雍自享上帝迎時氣聽月朔朝四岳諸侯以及饗射養老教學選士皆於明堂王方慶所謂天子一年十八度入明堂者是也趙岐孟子注謂泰山下明堂本周天子東巡守朝諸侯之處也集註引用其說又云齊侵地而得有之朱子易以漢時遺址尚在句蓋據封禪書初天子封太山太山東北阯古時有明堂處是古明堂至漢武帝時猶有遺跡也但按左傳隱公八年鄭伯使宛來歸祊不祀泰山也註云鄭桓公封鄭有助祭泰山湯沐邑在祊祊在琅邪國費縣東南鄭以天子不能復巡守故欲以祊易於魯以從魯所宜計爾時距東遷五十六年泰山下湯沐邑鄭尚能世守之則明堂仍爲周天子所有不知幾何時而爲齊得又至宣王時不復東巡狩者四百四十年矣人皆謂我毀明堂無王愈可知趙氏舊註正亦不必芟也又按文中子云如有用我者當處於泰山矣註云泰山黃帝有合宮在其下可以立明堂之制爲漢武東封欲造明堂而濟南公玉帶上黃帝明堂圖其制爲一殿四面無壁而上有樓以茅蓋之而通水以環其宮皇帝從複道登樓祀天制極不經其時方士有言黃帝作五城十二樓以迎年者五城卽五室十二樓卽十二堂固荒誕不足據唐貞觀議禮尚書豆盧寬等皆有複道登祭之議郎侍中魏徵亦言五室重屋上圜下方上層祭天下層布政獨孔穎達非之以爲古有明堂並無明樓其說甚正何義門讀書記謂明堂只是壇當據觀禮公玉帶以下紛紜之說皆非是然則趙氏以爲巡狩故設之燔柴祭天壇而不屋明堂爲能柴且柴主上帝明堂主五方五帝卽有祭亦不相合況東巡則然而西南諸嶽其有無明堂不見於經又何也五經通義謂岱者代也言王者受命易姓報告功成也舜至岱宗其仍乎黃帝之舊爲之與否既不可知而武王代商歸觀東后所云建堂于東北址者亦書無明文余據明堂位成王幼弱周公踐天子之位六年朝諸侯于明堂七年致政於成王成王封周公於曲阜令魯世世祀周公以天子之禮樂則泰山下明堂當卽周公朝諸侯之處其後元子就國又卽爲魯宗祀文王之堂也蓋古明堂之制原爲饗帝而設饗帝必有配后稷旣配天子郊而文王乃配天子明堂孝經所爲宗祀文王于明堂者宗祖之祭也周頌我將爲祀文王于明堂之詩則配帝之祭也鎬京並祀文武泰山祇祀文王魯大宗之國所稱嚴父配天周公其人者非謂泰山之明堂而誰謂哉是則孟子曰王者之堂王者謂文王也文王曷稱王以行王政追王之也文王之政曷稱王以文王之治岐皆王政也觀文王以王

政治岐而知文王之不愧爲王者也知文王之不愧爲王者而乃知文王之可以配明堂也不然公劉好貨則與王言公劉太王好色則與王言太王乃王問明堂而孟子獨首舉文王又何説也余故知文王爲明堂之主也其初當屬魯後始爲齊有者岐治法也文王治人也明堂治地也故又曰有治地而乃可卽治法以想見治人

文王治岐

〔孟子正義〕　史記周本紀云公季卒子昌立是爲西伯西伯曰文王自岐下而徙都豐明年西伯崩然則文王爲西伯治豐未久故孟子以爲治岐趙氏以爲爲西伯時也

耕者九一二句

〔趙註〕　言往者文王爲西伯時始行王政使岐民修井田八家耕八百畝其百畝者以爲公田及廬井故曰九一也紂時稅重文王復行古法也仕者世祿賢者子孫必有土地

世祿

〔四書改錯〕　此世祿卽世爵而反以周官論秀法錯雜言之按畢命世祿之家孔安國註曰世有祿位也古祿以位行惟有位斯有祿故國語范宣子論死而不朽歷數先世之仕人國者叔孫穆子曰此世祿也然則世祿卽世爵矣禮器王者有田以處其子孫周官有副田祿仕田此惟世爵者得食之其不名世爵而變名世祿者舊註引古文云賢者子孫世有采地卽其人致仕後與其子未仕以前俱得食采地不另予奪此是實祿並無教而後官不官而後祿之言

〔孟子正義〕　王制云天子之縣內諸侯祿也外諸侯嗣也注云選賢置之於位其國之祿如諸侯不得位有功乃封之使之世也冠禮記曰繼世以立諸侯象賢也孔氏正義云得采國爲祿而不繼世故云祿下云大夫不世爵是也此謂畿內公卿大夫之子父死之後得食父之故國采邑之地不得繼父爲公卿大夫也畿外諸侯世世象賢傳嗣其國公卿大夫輔佐于王非賢不可故不世也然則世祿兩分世謂繼世爲諸侯祿謂但食采地此仕者世祿比例天子之內諸侯不可世爵祇可世祿則世祿謂世食其采地故云賢者子孫解世字也必有土地解祿字也昭公三十一年公羊傳賢者子孫宜有地也趙氏所本也

〔 關市

〔四書改錯〕 集註關謂道路之關市謂都邑之市此錯矣關是外關卽界上之門並不在道路市是國市卽前朝後市之市亦並不在都邑其曰譏者司關以節聯門市而檢姦猾而市分三市司市者命胥執鞭度各守市門以防察詐僞名之曰幾幾卽譏也若征則舊制關市皆通貨賄各有征稅惟凶荒無征而文王不然但關市並稱分言之則關是關市是市合言之則關市相聯周官所謂關聯門市者門者國門也在外有關在內有市而中有國門以聯合之凡貨賄出入皆用璽節爲通導有外入者則關通於門門通於市有內出者則市通於門門通於關謂之關市與關譏不征單稱關者稍不同

澤梁

〔汪靈川語〕 澤水所都也梁水所通也是二項皆魚之所生處不可認爲澤之梁或云澤指叢葭萑蒲蘋蘩蘊藻之屬不等切魚說

〔孟子正義〕 毛詩陳風彼澤之陂傳云陂澤障也周禮雍氏注云池謂陂障之水道也是澤爲陂池也毛詩無逝我梁傳云梁魚梁也周禮䱷人掌以時䱷爲梁鄭司農注云梁水偃也偃水爲關空以笱承其空王制云然後漁人入澤梁注云梁絕水取魚者此云澤梁故知爲魚梁也

罪人不孥

〔四書摭餘說〕 趙註引詩樂爾妻孥謂孥妻子也不孥惡惡止其身不及妻子也朱子本之正義又引司厲男子入于罪隸女子入于舂槀謂罪人非不孥也而文王必皆無者蓋亦見文王權一時之宜不得不然耳則王政直救時之策也是不盡然按書甘誓予則孥戮汝孔注以爲非但汝身辱及汝子此戮辱之戮也近世諸儒書解經于誅殺者皆以顯達之言爲然 又湯誓予則孥戮汝罔有攸赦孔安國以爲古之用刑父子兄弟罪不相及今云者權以脅之使勿犯酒誥予其殺安國以爲擇罪重者而殺之呂居仁謂安國能明聖人未盡之意實有大功於聖人者 顏師古曰奴戮戮之以爲奴也說書者以爲戮及妻子此說非也泰誓云囚奴正士豈及子之謂乎吳斗南謂此書上文有戮于社之言而繼之以孥戮是不止于辱及其身矣此用兵行師之法不可與國之常刑同日而語然

䄂罰勿及嗣罪人不孥要爲有愧余謂治岐諸政我周奉爲成憲臨川陳大士謂蔡仲之命曰罪人之子一改行即引而親之見公藹然於孺子之愛罪人之子一克諧即言而用之見公㦖然於三叔之刑即是此意而周家之世德作求亦大概可見矣

鰥寡孤獨

〔孟子正義〕襄二十七年左傳齊崔杼生成及彊而寡則無妻亦謂之寡鰥寡孤一聲之轉皆與獨同義因事而異名耳

哿矣富人二句

〔趙註〕哿可也詩人言居今之世可矣富人但憐憫此煢獨羸弱者耳

〔孟子正義〕煢作惸毛傳云哿可獨單也箋云此言王政如是富人猶可惸獨將困也說文云哀閔也憫即閔閔亦憐也單則弱困則羸趙氏本毛傳而申之也王氏念孫廣雅疏證云鄭注大司寇云無兄弟曰惸洪範云無虐煢獨小雅正月篇云哀此惸獨唐風杕杜篇云獨行睘睘周頌閔予小子篇云嬛嬛在疚說文䞜獨行也並字異而義同

乃積乃倉二句

〔孟子正義〕詩在公劉篇首章乃詩作迺古字通也音義作糇詩作餱詩釋文云字或作糇說文無糇字食部餱乾食也毛本作餱

囊橐

〔周易二閭記〕囊何也茶閭曰說文囊橐也橐囊也而詩傳乃曰小曰橐大曰囊陸德明音義以爲有底曰囊無底曰橐師古漢書注又以爲無底曰囊有底曰橐小義遂乃紛紛如此不能決也蒼閭曰於易有囊無橐蓋先言囊矣囊之爲言藏也橐者包也書曰懷山襄陵是也故古囊無底前書綠綈方底後書封以方底注皆以爲方底囊晉書戰記遂曰扣囊底餘智則今囊乃有底茶閭曰其爲大小也若何蒼閭曰囊則橐耳何大小之有詩疏據公羊公子陽生事則囊大矣男鞶革女鞶絲鞶囊佩也則囊小矣　茶閭曰請終言橐矣蒼閭曰今之橐乃從木則柝也柝

者木而虛其中晝以之之爲鐸夜以之爲枕因而鳴之以爲聲爲左氏傳知甯俞之橐饘趙盾之橐肉皆是物也不然以饘之糜也肉之濆也而納之於布非其用矣古囊橐字皆從束故詩之餱糧也裹之橐之必束之所以爲囊橐也說文以橐爲囊以囊爲橐者是也底則不可以裹也于橐又于囊者裹之非一也非以爲大小也然則何以括囊也臺閣曰括亦束也詩德音來括漢章句曰括約束也約束亦謂之要束束其首尾又束之於要所以爲固也束之於要而一囊得兩囊爲是重坤之所以爲象也

干戈戚揚

〔孟子正義〕　程氏瑤田通藝錄考工創物小記云斧屬之器說文云斧斫也戉大斧也戚戉也余謂斧斤與於戈戟者戈戟銳鋒斧斤闊鋒也故用之爲斫擊戈戟之鋒銳同於矛之刺但矛直刺而戈戟則橫擊以刺之也公劉之詩云干戈戚揚毛傳云戚斧也揚戉也正義云廣雅鉞戚斧也則戚揚皆斧鉞之別名傳以戚爲斧以揚爲鉞鉞大而斧小太公六韜云太阿斧重八斤一名大鉞是鉞大於斧也戚之言蹙也其刃蹙狹對戉名揚者言之彼爲發越飛揚故其刃侈張蹙之張之顧名思義曰戚曰揚弗可易也戉今俗名月斧以爲象形然實戉聲之譌也趙氏不釋干戈箋云干盾也戈句孑戟也考工創物小記云冶氏爲戈廣二寸內倍之胡三之援四之倨句外博重三鋝戟廣寸有半寸內三之胡四之援五之倨句中矩與刺重三鋝戈戟並有內有胡有援二者之體大略同矣其不同者戟獨有刺耳故說文云戈平頭戟也戟有枝兵也然則戈爲戟之無枝者矣說文言枝考工言刺枝刺一物也是故戈之刺有援援其刃之正者橫出以啄人其本卽內也內橫貫于柲之鑿而出之故謂之內援接內處下垂謂之胡胡上不冒援而出故曰平頭也方言凡戟而無刃秦晉之閒謂之釨或謂之鏔吳揚之閒謂之戈此言內之無刃者謂之戈也說文孑無右臂也戈右無刃謂之孑者假借會意而象其形以名之也又云三刃枝南楚宛郢謂之匽戟此言戈內之有刃者謂之戟也戈之刃在援與胡其用主於援戟則刃之在援在胡依然一戈而復有刺之刃則其用主於刺三刃者一援一胡一刺也

爰方啓行　註往遷於豳

〔四書釋地又續〕　公劉往遷於豳史漢並稱由避桀前編故繫於在位二十二年甲子紀內以公劉當此上遡夏

凡四百有八年自不窋後稷不窋鞠三世即下溯殷至紂立六百一十二年抑豈止慶節以下十世已乎大抵國無史官家無譜牒其世系不可得詳矣

（孟子正義） 箋云爰曰也公劉之去邰整其師旅設其兵器告其士卒曰爲汝方開道而行鄭釋爰爲曰用爾雅釋詁文毛但云方開道路則不釋爰爲曰第作于是而已爾雅釋詁又云爰于也是也

行者有裹糧也

（經義雜記） 翻刻宋板作行者有裹囊也案詩云乃積乃倉乃裹餱糧于橐于囊有三乃字二于字同例又同例曰橐又曰囊皆重文以助句至孟子釋之止積倉裹糧四言也俗本改裹糧爲裹囊則詩于橐于囊例贅矣

古公亶甫

（趙注） 亶甫太王名也號稱古公

（孟子正義） 甫詩作父古字通也毛傳於首章云古公豳公也古言久也亶父字或殷以名言質也爲名爲字毛氏不定趙氏以爲名者如春秋齊侯祿父季孫行父皆以父爲名不必字也按古猶昔也嘗謂古昔公亶甫公亶甫三字稱號猶公劉公非公祖類加公於名上而已

走馬

（經句說） 顧寧人日知錄曰詩走馬古者馬以駕車不可言走曰走者單騎之稱程泰昌雍錄曰古皆乘車此曰走馬此時或已變乘爲騎也按此說是也蓋創造之初不敢自安宜不乘車然跋行則崎嶇險阻備歷爲難故用單騎也且姜女不堪勞苦也

率西水滸二句

（四書典故辨正） 註云水涯也不言何水詩鄭箋以爲沮漆之水側按趙氏惪曰沮漆在邠地二水東流亦過周岐山東入渭邠在岐山之北則自邠踰梁山至岐下當率岐水之涯耳程泰昌雍錄曰邠在岐西北二百五十里自邠而南一百三十里爲奉天縣有梁山渭水在梁山之南循水西上可以達岐所謂率西水滸至于岐下也二說皆謂既踰梁山而後率水滸水滸非沮漆史記言古公渡沮漆踰梁山先渡而後踰渡非率也鄭氏以爲沮漆之側恐

非

爰及姜女二句

（孟子正義） 毛傳云姜女太姜也胥相也宇居也箋云爰於及與聿自也於是與其妃太姜自來相可居者著太姜之賢智也太姜爲太王妃與太任太姒爲周室三母詳見列女傳趙氏以於是釋爰以與釋及以相釋胥以居釋宇與毛鄭同惟不用自來之訓而以聿來爲俱來聿猶律說文彳部云律均布也蔡邕月令章句云律率也漢書宣帝紀杜注云率者總計之言也均總卽俱趙氏以自來之義不協故讀聿爲律爲率也相土居卽詩正義云相土地之可居也管子樞言篇與人相胥注云胥視也說文云相省視也胥之爲視卽相之爲省視也

比其反也

（孟子正義） 音義云比丁必二切及也高誘注呂氏春秋達鬱篇云比猶致也致卽密推之致爲至故論語比及三年皇侃義疏云比至也孫氏以比及連文故以比有及義按比之義爲方比方猶言譬如孟子謂托妻於友而友諾之矣設若其反則其友未嘗顧恤而致凍餒其妻子今人設言尚云比方正其義也論語比及三年當亦云比方及於三年爾

已之

（孟子正義） 詩陳風墓門篇知而不已箋云已猶去也按去之謂罷退其職禮記學記云古者仕爲而已者論語令尹子文三已之

今日不知其亡　趙注

（孟子正義） 言王取臣不詳審往日之所知今日爲惡當誅亡王無以知也

聞誅一夫紂矣

（經句說） 日知錄曰上古以來無殺君之事湯之於桀也放之而已使紂不自焚武王未必不以湯之所以待桀者待紂紂而自焚也此武王之不幸也按此說是也書闕有間而孟子言湯武最詳孟子言誅紂伐奄聞誅一夫紂矣誅字從言則誅字之義責也除也在聲罪以除其惡而不在於殺其人孟子又言征之爲言正也各欲正己也爲

用戰亦此意也齊宣王之時尙無殷周本紀汲冢周書之邪說但以武王兵臨紂都遂加以弒君之名而又以孟子好辯若直問孟子以武王弒君知孟子必不應之曰有之故先言放言伐以爲問使孟子不得不曰否不然也然後從而難之曰臣弒其君可乎以觀孟子之所學孟子一則以一夫匡其君一則誅之爲言明非弒也卽放桀亦可以誅名孟子言湯征者再一云誅其君而弔其民一云誅其君弔其民則言誅不自紂始也豈謂湯亦弒桀耶　孟子誅字他處亦然流共工於幽州放驩兜於崇山則非殺矣而曰誅不仁也蓋驅之遐地則惡氣蠲除也鄒與魯鬨有司死者三十三人而民莫之死也豈能家家戶戶而詰其不恭命之罪故穆公曰誅之則不可勝誅不誅則疾視其長上之死而不救當時豈如秦漢之刑法耶

爲巨室則必使工師求大木

〔孟子正義〕　廣雅釋詁云巨大也引爾雅者釋宮文也春秋隱公五年考仲子之宮公羊傳云考宮者何考猶入室也詩鄘風作于楚宮又作于楚室毛傳云室猶宮也此皆宮室通稱之證也呂氏春秋驕恣篇云齊宣王爲大室大益百畝堂上三百戶以齊之大具之三年而未能成翟氏灝考異云孟子巨室之言疑卽覩斯而發月令季春之月命工師令百工審五庫之量注云工師司空屬官也又孟冬之月命工師效功注云工師工官之長也爲司空屬官故爲主工匠之吏吏卽官也莊公二十二年左傳云陳公子完奔齊齊侯使爲工正注云掌百工之官胡氏匡衷儀禮釋官云工正工官之長總掌百工如月令工師之職然則工師又名工正也攷工記攻木之工有匠人爲百工中之一工禮記雜記云匠人執羽葆注云匠人工人也是匠亦通稱工此經上言工師下言匠人故趙氏於工師互稱主工匠之吏於匠人互稱工匠之人國語魯語云嚴公丹桓公之楹而刻其桷匠師慶言於公注云匠師慶掌匠大夫御孫之名周禮地官鄉師及葬執纛以與匠師御匶而治役及窆執斧以涖匠師注云匠師事官之屬其於司空若鄉師之於司徒由鄉師主役匠師主衆匠儀禮釋官云據國語則匠師之官諸侯亦有之鄉師下大夫匠師與鄉師同諸侯之官降於天子匠師蓋士爲之趙氏以工師爲主工匠然則匠師卽工師月令以其令百工稱工師周禮國語以其專主攻木稱匠師歟抑主百工者自有工師專主攻木者別有匠師歟

雖萬鎰

〔四書改錯〕　集註鎰二十兩也此又襲趙註而錯者鎰古通作溢荀子千溢之寶韓非子鑠金千溢俱不計輕重之數考周制以十六兩爲一斤而秦制改斤作溢則溢者斤之更名卽十六兩也故漢志黃金一斤註謂此周之金名而高帝賜張良金百溢註謂此遵秦制而爲言則一鎰爲一十六兩此確據矣若賈逵注國語以鎰爲二十四兩則準之銖兩之數二十四銖是一兩則二十四兩是一鎰此雖稍有見而未核實者若趙岐孟康作二十兩鄭元作三十兩皆無據之言至喪大記朝一溢米莫一溢米則溢字本搤字之通搤者握也卽一握米也乃亦以銖兩爲註分升分合而皆不得當據律歷志合重一兩升重十兩若合分爲溢則一溢不過數錢卽升分爲溢亦一溢不得滿十兩而正義亦以二十兩强注溢米妄矣或曰溢者春秋戰國間均物之名在銖兩斤鈞石五權之外故世鮮知者此言得之　張文𧫴曰漢書秦幣黃金方寸而重一斤以鎰爲名史記蘇秦傳黃金千鎰司馬貞曰按一鎰一斤也則鎰十六兩明明指出而從來不曉必至今日始發之豈偶然事耶若左思吳都賦金溢磊砢劉淵林註二十四兩此本之賈逵之註而賈逵是註亦不可考嘗見諸書說鎰字皆首載國語二十四兩爲鎰自宋元明迄今字書韻書及大全講說等無不皆然竊疑國語祗有黃金四十鎰一語而韋昭註曰二十兩爲鎰並無二十四兩之說且諸書所引本文也本文爲有此旣而觀枚乘七發射千鎰之重李善云賈逵國語註一鎰二十四兩然後知國語無此文而賈逵是註亦於此始見讀書固無盡而諸書之難信不易識有如是也至鎰之通搤搤握也毛詩握粟其據也然小爾雅又曰兩手曰掬一手曰溢則搤溢通矣此皆前此未發者

〔孟子正義〕　禮記喪大記云朝一溢米莫一溢米注云二十兩爲溢於粟米之法一溢爲米一升二十四分升之一儀禮既夕注同史記平準書黃金以溢名孟康云二十兩爲溢漢書張良傳賜良金百溢服虔云二十兩爲溢呂氏春秋異寶篇金千鎰高誘注云二十兩爲一鎰漢儒解鎰字皆與趙氏同國語晉語黃金四十鎰韋昭注亦云二十兩爲鎰惟文選詠懷詩黃金百溢盡注引賈逵國語注云一鎰二十四兩又吳都賦金鎰磊砢劉淵林注云金二十四兩爲鎰二者皆見文選注當是李善誤羨四字賈公彥既夕疏云二十四兩曰溢亦羨四字挍孫子筭經云稱之所起起於黍十黍爲一絫十絫爲一銖二十四銖爲一兩十六兩爲一斤三十斤爲一鈞四鈞爲一石四鈞爲一百二十斤故一百二十斤爲一石以每斤十六兩通之是一石爲一千九百二十兩一斗爲一百九十二兩一升爲

一十九兩二錢古以二十四銖爲兩不以十錢爲兩以一十九兩二錢乘二十四銖得四百六十銖零八絫於四百八十銖減去四百六十銖零八絫餘一十九銖零二絫置一升四百六十銖零八絫以二十四除之確得一十九銖零二絫是一升二十四分升之一爲四百八十銖即是二十兩甄鸞五經算術云置一斛米重一百二十斤以十六乘之爲積一千九百二十兩以溢法二十兩除之得九十六溢爲法以米一斛爲百升爲實實如法得一升不盡四升與法俱再半之名曰二十四分升之一此不用銖法而用石法以九十六溢除百升每溢一升除去九十六升尚餘四升故云不盡四升半其四升爲二升再半其二升爲一升半其九十六爲四十八再半其四十八爲二十四二十四分升之一即九十六分升之四以九十六分升之四約爲二十四分升之一所謂可半則半之術也鄭氏以爲粟米法本溢法石法言之則明其爲二十兩賈氏作疏不致違背之以爲二十四知二十四之四必爲溢字推之文選注蓋亦溢也阮氏元校勘記云經注中鎰字皆俗字也當依儀禮作溢溢之言滿也滿於十六兩爲一斤之外也

玉人彫琢

〔孟子正義〕　爾雅釋器云玉謂之彫又云玉謂之琢說文云雕琢文也琢治玉也則雕琢同禮記少儀注云雕畫也禮器注云琢當爲篆畫者分界之名篆者文飾之名是雕第治之而瑑則飾之說文蓋互見之散文則通故雕亦爲琢琢亦爲治也攷工記玉人之事所掌圭璧冒瓚璪璋等有終葵首羨好射勺鼻衡等篆飾則有雕人文闕蓋言雕琢之事也璞猶樸也玉之未治者爲璞必治之飾之而後成器故趙氏以治飾解之引詩者大雅棫樸第五章也詩作追琢其章毛傳云追彫也金曰彫玉曰琢毛以下言金玉故以彫屬金與爾雅異孔氏正義以爲對文則別是也鄭氏箋云追琢玉使成文章趙氏以彫易追本毛氏也用以證治玉飾玉專指玉言則同鄭氏矣

齊人伐燕

按史記燕王噲讓國于其相子之而國大亂齊因伐之以伐燕爲宣王事與史記不同已見序說　此梁惠王下篇

齊人伐燕

子噲子之事見前篇當以梁惠王下篇十章十一章置之此章之後燕人畔章之前　此公孫丑下篇

（四書改錯） 此兩時兩事兩齊王兩伐燕而趙岐不能註孫奭不能疏則亦已矣乃又認作一事反疑孟子與史記不合直欲改梁惠篇之十章十一章必證之沈同私問之後而于燕世家則祗見燕噲讓國齊王伐燕數行而于前後文總不曾見以致認湣王作宣王移燕昭王事爲燕易王事諸書既焚六國且混沌矣不知孟子兩至齊兩至宋薛梁惠篇伐燕則孟子初至齊齊宣之伐燕也史世家云燕文公卒子易王立齊宣王因燕喪伐之取十城所謂伐之取之也既而聽蘇秦之說歸燕十城且重立燕王則以謀救故而反之而置君而去之也此一時一事也若公孫篇伐燕燕人之畔則孟子再至齊齊湣之伐燕也史世家云燕易王卒子燕噲立屬國于子之國大亂孟軻謂湣王伐燕此文武之時不可失也王因令章子（錢）即匡章將五都之兵伐燕燕王噲死子之亡三年而燕人共立太子平爲燕昭王因而畔齊此又一時一事也其後越二十八年而燕昭伐齊齊敗湣王走死齊盡屬于燕齊人乃又立太子爲齊襄王而復之此時則孟子去齊久矣事有千餘年未明而至今始發者大抵孟子一書湣王多而宣王少其在梁惠王篇明稱宣王者即是宣王自齊人築薛後在公孫丑篇凡單稱齊與齊王者皆是湣王以作孟子時湣未死尚無謚也蓋湣王甚强曾稱東帝臣諸國將并周室越三十年而始爲燕昭所敗故在孟子時亦卽以霸王期待如此或曰孟子再游齊在湣王四年

（四書釋地孟子考） 按史記與孟子不同者惟伐燕一事史記以爲湣王孟子以爲宣王然就史記燕世家載噲初立有齊宣王復用蘇代之文是噲與宣王同時與孟子合而與六國表異通鑑從孟子不從史記是矣但繫伐燕事於宣王十九年當赧王元年丁未余謂此時孟子去齊已久安得見其取之與復畔也且以宣王爲卒是年故改元己丑當顯王三十七年於是上而威王立三十六年濬于髡傳所謂威行三十六年者增爲四十六年矣下而湣王立四十年世家所謂四十年燕秦楚三晉各出銳師以伐我者減爲三十年矣紛紛遷就湊合綱目曰未詳所據也余謂此不過欲以伐燕事屬諸宣王以信孟子耳然與屈齊之年數以從燕曷若屈燕之年數以從齊爲尤信孟子乎何則六國表燕王噲五年乙巳讓國於子之當湣王八年七年丁未噲及子之死當湣王十年後二年己酉燕立太子平是爲昭王當湣王十二年若移此五年事置於宣王八年丙戌後丁酉前以合孟子游齊之歲月則戰國策載儲子爲宣王宣仆燕而儲子正爲相者也王令章子將五都兵以伐燕而章子正與游者也三十日而舉燕國

即五句而舉之之謂五偶諱爲三也種種皆合安得起文正於九原而面告之

〔四書典故辨正〕　伐燕殺噲通鑑大事記高誘吳師道皆主戰國策謂是宣王蘇子由古史鮑彪國策註皆主史記謂是湣王朱子集註雖前後俱指伐燕殺噲事繫之宣王而序說中仍疑而不斷黃氏日鈔曰齊伐燕有二事燕公文卒易王初立齊宣王因喪伐之取十城是即梁惠王篇所載伐燕事稱宣王者孟子作于宣王已沒之後故以謚稱而趙岐注亦稱齊宣王也齊湣王後又伐燕則乘燕噲子之之亂公孫丑篇所載沈同問燕可伐者也止稱王者孟子時湣王尚在未有謚可稱故趙岐注亦止稱王也蔡虛齋蒙引鍾伯敬翼考陸稼書國策去毒並主黃氏之說汪武曹獨難之云齊僅取燕十城何得云五旬舉萬乘之國何得云取燕何得云倍地燕十城雖失易五王燕如故何得云置君而去然則公孫丑篇所載伐燕事即梁惠王篇所載一事其辨駁明快予甚韙之顧猶因其未有確據無以明其必然反覆參考乃於孟子書得一證焉夫孟子去齊時答充虞之問嘗云由周而來七百有餘歲矣考史記年表齊宣之立也正周顯王二十七年己卯卒在顯王四十五年丁酉距武王伐紂之年計七百九十八年中間有伐燕事孟子因而去齊故曰七百有餘歲若伐燕在齊湣之十二年己酉爲周赧王之三年上距周初八百有九年何以云七百餘歲乎則伐燕伐噲乃宣王時事史記屬之湣王非也但據年表燕噲即位在慎靚王元年乃齊湣之四年與宣王不相值通鑑因移下宣王即位十年以伐燕事繫之赧王元年丁未爲宣王之十九年則伐燕爲宣而燕畔爲湣仍與孟子不合且距周初八百有六年亦與七百餘歲之語不合故愚謂伐燕殺噲當從通鑑作宣王事宣王即位之年當從史記作周顯王二十七年燕噲與齊宣王前後相左當移上燕噲之年以合齊宣不當移下齊宣之年以就燕噲蓋燕之世次載在史記者自召公以下九世皆無名又有二惠侯二釐侯三桓侯二文侯索隱謂燕遠國史失之是燕世家所載本非實錄況又有孟子七百餘歲之語爲證則燕噲之年可移而齊宣之年不可移灼灼明矣　丙申客授長沙與及門論伐燕事因定此條後見遺喜齋大全始知閻潛邱已有此說益自喜所見略同而汪武曹謂孟子七百餘歲只是信口說出不可爲據友人某又云竹書武王克殷歲在辛卯下到赧王五十九年乙巳周亡計共七百九十五年而今歷多紀一甲子據竹書湣王伐燕正在周七百餘歲之內未可以此定爲宣王愚以竹書及今歷細校之竹書克殷在辛卯排至赧王五十一年乙巳共七百九十五年今歷克殷在戊寅

排至赧王乙巳共八百六十八年　[illegible]自周宣王至赧王年數悉合其不合者在共和以前　其異如此此今歷是而竹書非也何以徵之史記周本紀及世表自共和以後始紀年其前無考惟厲王之年則有明文可據周本紀云厲王即位三十年用榮夷公三十四年召公諫王不聽又三年王出奔于彘周召二公行政號曰共和共和十四年王死于彘凡五十一年與今歷合而竹書厲王止三十六年不可據者一漢書律歷志周二十六王八百六十七年與今歷合而竹書止七百九十五年不可據者二且如有商一代今歷起湯元年乙未終紂五十二年丁丑凡六百四十三年譙周古史考殷三十一王六百餘年與今歷合左傳王孫滿對楚子曰商祀六百舉成數也而竹書起湯元年癸未終紂五十二年庚寅止五百有八年不可據者三然則周之編年斷以今歷爲定今歷本之漢歷並非從世增添而孟子所云由周而來七百有餘歲者的係齊宣王時語不得謂之信口說出以此證伐燕事亦可息衆訟紛紜之喙矣

武王是也

〔四書改錯〕　集註至武王十三年乃伐紂有天下不知武王自即諸侯位從遂即天子位止十一年並不當有十三年伐紂之事大戴禮文王十五年而生武王是武王少文王止一十四歲耳而文王世子云文王九十七而終則在文王卒時武王始即諸侯位然已八十三矣乃又十三年而始伐紂則九十有六將文王世子所云九十三而終者已死過三年矣故尙書孔傳謂泰誓中惟十有三年非武王之年是文王之年合武王而通數之者無逸云文王享國五十年而帝王世紀謂當四十一年時文王封西伯專征改元至九年而卒武成所云惟九年大統未集者合之四十一年正與無逸享國五十年相符而於是武王繼之三年服畢觀兵孟津又一年伐紂共十三年則此十三年者文王九年武王四年而統之爲文王受命改元之年必如此而泰誓武成無逸大戴禮文王世子史記帝王世紀伏生大傳漢書律歷志無一不合乃必強斷爲武王致其徒蔡沈註泰誓亦堅主其說而諸書廢矣冤哉　遠宗曰古諸侯國俱各紀年如春秋十二公年類且有中收如衞出公秦惠文言各有後元年類若受命則無逸明云文王受命惟中身武成亦云我文考文王誕膺天命

亦遲而已矣

〔孟子正義〕爾雅釋詁云運徙也淮南子原道終身運冥等篇高誘注皆云運行也故以行釋運以行字未了以犇走申之犇走而去是行亦即是避也

湯一征五句

〔孟子正義〕王氏鳴盛尚書後辨云書序云湯征諸侯葛伯不祀湯始征之作湯征則葛伯仇餉及湯一征自葛始云云正湯征中語江氏聲尚書集註音疏云天下信之之言不似尚書之文又滕文公篇云湯始征自葛載十一征而無敵於天下東面而征云云湯始征自葛載與梁惠王篇所引小異而梁惠王篇明稱書曰滕文公篇則否言十一征而無敵於天下與天下信之之文絕殊信乎皆非尚書文也僖公四年公羊傳云古者周公東征則西國怨西征則東國怨按荀子王制篇云周公南征而北國怨曰何獨不來也東征而西國怨曰何獨後我也後漢書班固奏記古書周公一舉則三方怨曰奚爲而後已然則東西而征云云乃本周公事孟子引以釋書耳

北狄

〔孟子正義〕臧氏琳經義雜記云西夷北狄皆見前明翻刻北宋板趙注本上下皆作夷字趙注梁惠王篇云東向征西夷怨者去王城四千里夷服之國也故謂之四夷又注盡心云四夷怨望滕文公正義云湯之十一征而天下無敵者故東面而征其君則西夷之國怨之以爲不征其我君之罪南面而征其君則北夷之國怨之以爲不征其我君之罪而先於彼盡心正義云故南面而征則北夷怨東面而征則西夷怨曰奚爲後我惟梁惠王正義引仲虺之誥乃葛伯仇餉初征自葛東征西夷怨南征北狄怨亦釋孟子西夷北夷之言亦同書作西夷北狄孟子三處皆作西夷北夷魏晉間采孟子作尚書始改北夷爲北狄以與西夷儷句北宋時爲正義者猶未誤作狄

雲霓

〔四書典故辨正〕王滹南辨疑引詩朝隮于西崇朝其雨云虹亦微淺初成殘櫛偶餘引爾雅疾雷謂之霆霓云霓有霆霓有虹霓虹霓螮蝀也能截雨者霆霓乃霹靂而掣電者大旱望霓謂霆霓也二說皆通然趙註云雨則虹見集注云雲合則雨霓見則止蓋兼將雨及既雨言之或疑大旱望雨何爲反 止雨之霓亦拘滯之見爾

〔孟子正義〕爾雅釋天云螮蝀虹也霓爲挈貳注云雙出色鮮盛者爲雄曰虹闇者爲雌曰霓說文雨部云霓屈

虹青赤或白色蓋青赤所謂雙色也白色所謂闇也虹青赤而灣曲故云屈也詩蝃蝀云朝隮于西崇朝其雨周禮視祲注云隮虹也故云雨則虹見

后來其蘇

〔孟子正義〕漢書武帝紀集注引應劭云蘇息也王氏念孫廣雅疏證云穌生也鄭注樂記云更息曰蘇孟子梁惠王篇引書后來其蘇蘇與穌通

今燕虐其民

〔孟子正義〕戰國策燕策云燕王噲既立蘇秦死於齊齊宣王復用蘇代燕噲三年子之相燕蘇代爲齊使於燕燕王問之曰齊宣王何如云云王因收印自三百石吏而效之子之子之南面行王事而噲老不聽政顧爲臣國事皆決子之子之三年燕國大亂百姓恫怨儲子謂齊宣王因而仆之破燕必矣孟軻謂齊宣王曰今伐燕此文武之時不可失也王因令章子將五都之兵以因北地之衆以伐燕士卒不戰城門不閉燕王噲死齊大勝燕子之亡此齊往征燕燕民迎王師之事也

拯己

〔孟子正義〕易渙初六用拯馬壯吉釋文引伏曼容註云拯濟也文選思元賦蒙厖褫以拯民舊注同周禮大司徒注云拼捄天民之窮者也拼同拯捄同救趙氏既以濟釋拯又云濟救義詳備也閩監毛三本作拯捄也十行本作拯所也誤

遷其重器

〔孟子正義〕戰國策望諸君報燕書曰率令擊齊大勝之輕卒銳兵長驅至國齊王逃遁走莒僅以身免珠玉財寶車甲珍器盡收入燕大呂陳於天英故鼎反乎歷室高誘注云子噲亂齊伐燕殺噲得鼎鮑彪注云故鼎齊所得燕鼎然則重器卽指歷室之鼎也昭七年左傳云齊侯次於虢燕人行成曰敝邑知罪誰敢不聽命先君之敝器請以謝罪二月戊午盟于濡上燕人歸姬賂以瑤甕玉櫝斝耳不克而還此亦燕器之可考者

反其旄倪

〔孟子正義〕 禮記曲禮云八十九十曰耄射義旄期注云八十九十曰旄是旄卽耄也劉熙釋名釋長幼云人始生曰嬰兒或曰嫛婗是也言是人也婗其啼聲也說文儿部云兒孺子也女部云婗嫛婗也禮記雜記云中路嬰兒失其母焉何常聲之有注云嬰猶鷖彌也言其若小兒亡母啼號安得常聲乎鷖卽嫛嫛爲嬰字聲之轉嫛婗疊韻字爲小兒啼聲嫛倪卽嬰兒釋名解嫛爲是人非也王氏念孫廣雅疏證云釋親婗兒子也婗亦兒也方俗語有輕重耳凡物之小者謂之倪嬰兒謂之婗鹿子謂之麑小蟬謂之蜺老人齒落更生細齒謂之䶊齒義並同也阮氏元校勘記云弱小倪倪者也閩監毛三本同音義出繄字旄倪下云詳註意倪謂繄倪小兒也作倪倪者誤也

鄒穆公

〔四書摭餘錄〕 戰國時邾改爲鄒鄒本邾也當魯隱公元年猶爲附庸以從齊主奬王室王命爲子是其爵次於魯者僅二等耳哀公七年魯賦八百乘之賦于吳邾亦六百乘是其賦減於魯者二百乘耳故以比鄰搆怨爲世敵仇竟與春秋相終始何怪乎至孟子時而猶有與魯鬨之事哉按新序載穆公以美女二八妻死事之孤是穆公於此恤有司甚厚又言食不重味衣不列采自刻以廣民親賢以定國鄒國之治路不拾遺豈穆公尊信孟子以行仁政而民皆親其上歟觀夫君者民之父母一言則不徒養鳥以粃爲富邦之計也 能事見國策 史言孟子道旣通遊事齊宣王余謂魯擊柝聞於邾邾魯相距僅七十六里孟子之游當自鄒始蓋授徒講學大約居魯之日多而曹交得聞人皆可爲堯舜之說遂欲假館鄒君則此時在鄒也是曹交初見孟子時語則猶是四方來學之初必不在孟子暮年可見譚氏編年略列見鄒穆公于見齊湣王之後非也任氏約旨謂鄒穆公卒乃應滕聘者覘似足信特以孟子爲卽鄒人則誤耳

鬨

〔孟子正義〕 音義云鬨張胡弄切云鬭聲從門下者下降切義與巷同此字從門丁豆切與門不同丁又胡降切劉熙曰鬨搆也搆兵以鬭也說文云鬭也王氏念孫廣雅疏證云字亦作閧呂氏春秋愼行篇崔杼之子相與私閧高誘註云閧鬭也閧讀近鴻緩氣言之大雅召旻篇蟊賊內訌鄭箋云訌爭訟相陷入之言也義與鬨相近

君無尤焉

〔孟子正義〕 毛詩鄘風許人尤之傳云尤過也爾雅釋言作郵古字通襄公十五年左傳云尤其室注云尤責過也

君行仁政

〔孟子正義〕 周氏廣業孟子出處時地考云穆公行仁政見於賈誼新書有云鄒穆公有食鳧雁者必以粃毋得以粟于是倉無粃而求易于民二石粟得一石粃吏以爲費請以粟食鴈公曰粟人之上食也奈何以養鳥也君者民之父母取倉中之粟移之於民此非吾子粟乎粟在倉與在民與我何擇鄒民聞之皆知私積之與公家爲一體也又新序稱穆公食不重味衣不雜采自刻以廣民親賢以定國親民如子鄒國之治路不拾遺臣下順從故以鄒子之細魯衛不能輕齊楚不能脅穆公死鄒之百姓若失慈父行哭三日四境之鄰於鄒者士民鄉方而道哭據其言與孟子所謂上慢而殘下迥異豈壅於上聞耶固事在有司而孟子一言悟主乃側身修行發政施仁以致此歟

齊人將築薛

〔四書釋地〕 余向主孟子之滕與文公言當在赧王元二年間丁未戊申爾時薛滅已久非至是齊始取其地而城之也或訝曰曷徵乎爾余曰六國表田齊世家孟嘗君傳並云湣王三年庚子封田嬰於薛資通鑑顯王四十八年事薛不滅無由以薛封靖郭君嬰不封無由薛城中有靖郭君參此事理至易明者或曰奈滕文公恐何余曰薛滅已八九年齊方於此築城戰國策載靖郭君將城薛矣以客海大魚之諫乃輟城薛何妨至是復欲城且將之爲辭事未定也孟獻子城虎牢而鄭人懼晏弱城東陽而萊子服文公焉得而不恐哉余獨考薛之祖奚仲爲夏禹掌車服大夫自茲受封歷商及周享國千九百年傳至六十四葉三代諸侯莫之與比而忽作齷壓之不祀先卜正而昏亡哀哉

〔四書改錯〕 齊湣三年齊封田嬰於薛四年嬰將城薛而諫者沮之所云將築者正是將城故滕文甚恐不止取其地已也此時薛已滅與孟子當在薛也之薛不同

〔四書摭餘說〕 後漢書志薛本國六國時曰徐州在今滕縣之南薛河北有大城田文所築也孟嘗君列傳田嬰相齊十一年宣王卒湣王卽位卽位三年而封田嬰於薛索隱曰紀年以爲梁惠王後元十三年四月齊威王封田

嬰于薛十月齊城薛十四年薛子嬰來朝十五年齊威王薨嬰初封彭城與此文異余以經證之孟子是年在滕也孟子適滕在去齊之後前所見者已是宣王則此時安得更有威王是紀年以爲威王者誤也孟子去滕之魏去魏復至齊後所見者仍是宣王則此時安得先有湣王是史記以爲湣王者亦誤也然則經所云齊人當指宣王蓋威滅邳以封成侯忌宣滅薛以封庶弟嬰至是而奚仲之祀始斬也任氏孟子攷略書齊城薛於周顯王四十六年之十月明據竹書文又曰封其弟嬰豈以嬰爲威之弟歟亦考之未審已閻百詩云戰國策載靖郭君將城薛矣以客海大魚之諫乃輟城薛何妨至是復欲城且將之爲辭謀未定也孟獻城虎牢而鄭人懼晏弱城東陽而萊子服文公爲得而不恐哉余按列傳言諸侯皆使人請薛公田嬰以文爲太子嬰許之嬰卒而文果代立於薛豈是年嬰欲城不果至文立而乃遂城之歟季氏事蹟圖譜謂築薛在周顯王之四十八年與滕事合但謂距孟子去魏之歲首已一十三年是仍誤于乙酉至梁之說不知孟子先游齊去齊之宋之薛而後至滕時猶未適魏也

（四書客難）　客曰齊取薛地而城之非滅薛歟曰薛滅於齊齊以封靖郭君田嬰久矣此蓋嬰子孟嘗君增築者城非新築也孟嘗君以馮煖之計立先王之廟於薛後爲荆所攻求淳于髡請兵於齊卒以廟故賴王之救而免事見齊策孟子至薛薛餽金五十鎰亦孟嘗君事也

（四書索解）　齊人築薛不知在何時按國策齊湣王三年封田嬰于薛稱爲薛公及四年田嬰將城薛而諫者沮之則所云齊人築薛應在湣王之四年以前此未嘗有城薛事也然此時孟子方去齊游滕幷游宋薛則不過在齊宣末年與齊湣城薛似不相合且孟子游薛薛尚未亡而時適有用兵之事故其餽孟子曰爲兵曰聞戒雖趙岐注時人有欲殺孟子者此無據之言深不足信然要之用兵何事與築薛何時請問漢後儒者能言之乎

太王居邠

（孟子正義）　顧氏炎武日知錄云唐書言邠州故作豳開元十三年以字類幽故改爲邠今惟孟子書用邠字蓋唐以後傳錄之變也翟氏灝考異云說文邠字下云周太王國重文作豳是邠實古字漢書匡衡傳疏太王躬仁邠國貫恕已用之師古注云邠即今豳州師古尚在開元前得云傳錄變乎說文解字豳作邠周太王國在右扶風美陽从邑分聲豳美陽亭即豳也民俗以夜市有豳山从山从豩闕段氏玉裁注云按此二篆說解可疑豳者公劉之

國史記云慶節所國非大王國疑一漢地理志毛詩箋郡國志皆云豳在右扶風栒邑不在美陽疑二地理郡國二志皆云栒邑有豳鄉徐廣曰新平漆縣之東北有豳亭疑三從山豩聲非有豳也而云从豩豳疑四假令許果讀豳合邠當云或邠字而不言及疑五蓋古地名作邠山名作豳而地名因於山名同音通用如邠岐之比是以周以豳章經文作豳注邠作漢人於地名用邠不用豳經典多作豳惟孟子作邠唐開元十三年始改豳州爲邠州見通典元和郡縣志郭忠恕云因如幽而易誤也

岐山

〔地理通釋〕在鳳翔府岐山縣東北十里亦名天柱山漢右扶風美陽縣西北周太王所邑文王後亦治爲西京賦注說文曰岐山在長安西美陽縣界山有兩岐故因以名爲周之興也鸑鷟鳴於岐山成王有岐陽之蒐石鼓文在天興縣南二十里石形如鼓其數有十韋應物詩謂宣王大獵岐陽

創業垂統五句

〔孟子正義〕說文云刅造法刅業也從井刅聲讀若創蓋創之義爲懲艾經典多借創爲刅故此經作創趙氏以造釋之國語周語云以創制天下注云創造也亦刅作創矣說文云繼續也故以續釋繼毛本經作彊注作強石經經作强宋本經亦作强翟氏灝考異云注文以平聲讀則爲有力之彊按爾雅釋詁云彊勤也淮南子修務訓云功可彊成高誘注云彊勉也自彊爲善法即自勉爲善法也

事之以皮幣

〔孟子正義〕毛詩豳風七月篇云一之日于貉取彼狐狸爲公子裘傳云于貉謂取貉貉皮狐狸狐狸皮也狐貉之厚以居是狐貉爲豳地所有故趙氏以皮爲狐貉之皮也周禮太宰九貢有幣貢鄭氏注云幣貢玉馬皮帛也小行人合六幣圭以馬璋以皮璧以帛琮以錦琥以繡璜以黼然則皮馬玉帛皆通名爲幣乃此皮幣對舉下別言犬馬珠玉則幣非統名故以帛繒釋之說文云幣帛也戰國策齊策云請具車馬皮幣高誘注云幣束帛也淮南子時則訓云用圭璧更皮幣高誘注云幣謂元纁束帛也儀禮士昏禮記云皮帛必可制注云皮帛儷皮束帛此也皮帛即皮幣秦策云約車并幣高誘注云幣貨也故趙氏釋幣爲繒帛之貨說文云繒帛也帛繒也大宗伯公孤執皮

帛注云帛如今璧色繒也是繒帛一物毛詩七月篇云八月載績載元載黄我朱孔陽爲公子裳傳云元黑而有赤也朱深纁也陽明也祭服元衣纁裳然則元纁束帛亦豳地所有矣

屬耆老

〔孟子正義〕伏生尙書大傳略說云狄人將攻大王亶父召耆老而問焉曰狄人何欲耆老對曰欲得菽粟財貨大王曰與之每與之至無而攻不止大王贅其耆老而問之曰狄人又何欲乎耆老對曰欲君之土地大王曰與之耆老曰君不爲社稷乎大王曰社稷所以爲民也不可以所爲民者亡民也耆老曰君縱不爲社稷不爲宗廟乎大王曰宗廟吾私也不可以吾私害民也遂策杖而去過梁山邑岐山國人之東徙奔走而從之者三千乘一止而成三千戸之邑翟氏灝考異云按桑柔詩具贅卒荒傳訓贅爲屬疏云謂繫綴而屬之故書大傳述爲贅其耆老王氏念孫廣雅疏證云說文贅最也隱元年公羊傳會猶最也何休注云最聚也漢書武帝紀毋贅聚如淳注云贅會也會最聚並同義說苑奉使篇梁王贅其羣臣卽屬其羣臣也又云孟子曰太王屬其耆老書傳曰贅其耆老是贅爲屬也襄十六年公羊傳注云贅繫屬之辭若今俗名就壻爲贅壻矣劉熙釋名說贅肬之義云贅屬也横生一肉屬着體也並事異而義同然則趙氏以會釋屬正以贅釋屬也

梁山

〔四書釋地續〕雍州有二梁山一在今韓城郃陽兩縣境書治梁及岐詩奕奕梁山春秋梁山崩爾雅梁山晉望也皆是於孟子之梁山無涉孟子梁山則在今乾州西北五里其山横而長自邠抵岐二百五十餘里山適界乎一百三十里之間太王當日必踰此山然後可遠狄患遷都邑改國曰周古諸侯國名雖曰受之天子傳之祖宗而隨在易名初不以爲嫌如唐叔虞一傳而子燮改國爲晉魏侯罃國於梁曰梁韓哀侯國於鄭曰鄭無後代所謂同家異國之說後秦始皇幸梁山宮從山上見丞相車騎甚衆弗善亦此梁山也

去邠遷岐

〔四書客難〕客曰太王安得有岐地可遷也曰考竹書紀年武乙三年甲辰命周公亶父賜之岐邑故因避狄而遂遷之也武乙二十一年壬戌亶父薨則遷後之十九年也以邠民稱仁人從之者如歸市之言思之則此十九年

中他國亦應有歸太王者商衰而周強魯頌所以有翦商之言也以武乙賜岐太王遷岐之事觀之公劉遷豳亦應
爲夏天子所賜之地特無文可考耳
（四書釋地續） 馬氏序封建考曰古者之國至多後之國日寡國多則土宜促國少則地宜曠而夷考其故則不然試以殷周上世言之殷契至湯凡八遷周棄之文王亦屢遷史以爲自邰而豳自豳而岐自岐而豐夫湯七十里之國也文王百里國也然以其所遷之地計蓋有出於七十里百里之外者矣又如泰伯之爲吳箕子之爲朝鮮其初不過自屏於荒裔之地後遂因以有國傳世竊意古之諸侯者雖曰受封天子然亦由其行義德化足以孚信於一方人心翕然歸焉故其子孫因之遂君其地或有災否則轉徙他之而人心歸久不能釋去隨其所居皆成都邑蓋古之帝王未嘗以天下爲已私而古之諸侯亦未嘗視封內爲己物上下之際均一至公非如後代分疆畫土爭城爭地必若是其戲然也此一段議致精

魯平公

（四書釋地三續） 孟子書敘法有案伏於前而後隨照應之者若陳賈之徒陳相爲孟子將責相之兄弟倍其師是有首勿敘出留至末吐露之者若魯平公將出孟子之平陸兩章是蓋魯平公何人其肯就見孟子也實以樂正子言樂正子之言遂事不諧時方露出於其口最有味孟子之平陸首但及其人之官職耳至其名維何自露出於其人之口其氏維何又補出於孟子之口一層一層方足亦他書中無此法也余向謂古人書言之暗者於此尤可驗云

（四書摭餘說） 季氏本孟子事跡圖譜謂赧王四年即臧倉沮平公之年說似足據而謂適宋在其後此不然孟子再去齊已知道之不行也聞宋王偃行王政遂復之宋見偃終不足與有爲不旋踵而即歸魯鄒自是而數十乘之從車不復傳食諸侯矣聞樂正子爲政喜而不寐者喜道不行於身猶得見於及門也平公將見不果樂正子以告孟子曰吾之不遇魯侯天也前日去齊猶曰當今之世舍我其誰至是而知天之卒不欲平治天下也者而更無所遇則吾之終於不遇也豈非天哉豈非天哉春秋終獲麟孔子曰吾道窮矣而公羊先載顏淵死子曰噫天喪予子路死子曰噫天祝予然則臧倉之沮其即春秋絕筆之義也夫故曰孟子之遊自魯平公終也閻氏孟子考金仁

皇朝四書彙解（孟子）八卷　三〇九

山本大事記謂孟子赧王元年自齊歸鄒二年即如宋有與宋臣戴不勝語按赧如宋於去齊後固是但即在元二年間殊無據所可據者宋初稱王於慎靚王三年癸卯孟子謂戴不勝爲子之王不似在滕謂畢戰爲子之君則應在癸卯後可知越明年甲辰魯景公卒子平公旅立平公欲見孟子又應在甲辰後余按甲辰後正孟子在魯居喪之年三年不從政之謂何而樂正子顧殷殷爲之勸駕耶故平公欲見孟子斷在去齊之宋去宋歸魯之日也晁說之曰此書韓愈以爲弟子所會集非軻自作今考其書知愈之言非妄發也書載孟子所見諸侯皆稱謚如齊宣王梁惠王梁襄王滕定公滕文公魯平公是也夫死然後有謚軻著書時所見諸侯不應皆死且惠王元年至平公之卒凡七十七年孟子見梁惠王王目之曰叟必已老矣決不見平公之卒也故予以愈言爲然余又按魯世家平公元乙巳終甲子凡二十年六國表平公元丁未終乙丑凡十九年其文差互所稱梁惠王元年當周烈王之六年辛亥若據平公之卒七十七年則周赧王之二十一年丁卯也自乙巳至丁卯當得二十三年自丁未至丁卯亦得二十一年又皆與史記不合未知晁說何本況即據稱平公卒于丁卯孟子時年七十有九安知不能親見之耶是亦未之深攷已　翟任氏孟子考略于丁未書魯平公元年至戊午卒止十二年更不合

嬖人臧倉

〔孟子正義〕　說文女部云嬖便嬖愛也隱公三年左傳公子州吁嬖人之子也注云嬖親幸也此嬖人指妃妾之寵愛者禮記緇衣云毋以嬖御人疾莊后毋以嬖御士疾莊士大夫卿士注云御嬖人愛妾也嬖御士愛臣也然則男女之賤而得幸者通稱嬖人史記有佞幸列傳云非獨女以色媚而仕宦亦有之昔以色幸者多矣高祖至暴抗也然籍孺以佞幸孝惠時有閎孺此兩人非有才能徒以婉佞貴幸與上臥起嬖人臧倉籍孺閎孺之類也

樂正子

〔孟子正義〕　禮記王制云樂正崇四術注云樂正樂官之長樂正蓋以官爲氏者魯人曾子弟子有樂正子是春也論語學而篇子者集解引馬注云子者男子之通稱也白虎通云子者丈夫之通稱也

三鼎五鼎

〔孟釋疑〕　儀禮牲特饋食宿賓之明夕陳鼎於門外有鼏　鄭覆巾也　疏云鼎數自一至十二一鼎者特豚

無配也士喪小斂之奠用之三鼎者豕魚腊 注乾肉 也士祭禮特牲饋食用之五鼎者羊豕魚腊膚 注肉皮
也大夫祭禮少牢饋食用之聘禮致飧衆介王藻諸侯朔月用之七鼎加牛與腸胃公食下大夫之禮也九鼎又
加鮮魚鮮腊公食上大夫之禮也十二鼎者正鼎九陪鼎三也天子每日一舉鼎十有二物是爲天之大數也而聘
禮宰夫設飧以待賓亦用十二鼎是卿大夫用五鼎者乃有時享十二鼎矣聘禮致飧上介用十鼎十鼎者正鼎七
陪鼎三也上介以士爲之士只三鼎而有時享十鼎矣奚以不虞其僭以禮賓不妨從隆若自用則有定數不敢踰
也所謂陪鼎膷 注牛羹 臐 注羊羹 膮 注豕羹 少牢五鼎大夫之常禮又有殺禮而用三鼎者矣如有
司徹乃升羊豕魚三鼎以賓尸殺於正祭故也牲特三鼎士祭之常禮又有盛禮而用四鼎如士葬既夕遣奠陳鼎
於門外用羊豕魚腊是也

沮君

〔孟子正義〕 音義出沮字云本亦作阻按毛詩巧言篇亂庶遄沮傳云沮止也呂氏春秋至忠篇人不知不爲沮
高誘注云沮止也又知士篇云故非之弗爲阻高誘注亦云阻止也是沮阻同訓止其字可通也

止或尼之

〔孟子正義〕 爾雅釋詁文音義云尼女乙切丁本作昵云居字按呂氏春秋愼人篇云胼胝不居高誘注云居止
也義亦同周氏廣業孟子逸文考云顔元孫干祿字書平聲有昵尼二字注云上俗下正疑昵是尼之譌

公孫丑章句上

公孫丑

(四書典故辨正)　陶淵明羣輔錄八儒篇公孫氏傳易爲道爲潔淨精微之儒或疑公孫氏卽孔子弟子公孫龍朱竹垞謂公孫龍不聞傳易晉太康二年汲郡人發魏王冢得竹書易五篇公孫段與邵陟論易二篇此公孫氏之易因考定傳易者爲公孫段雖未知是否然公孫氏與子思子張並稱必非孟子弟子公孫丑也樂正氏傳春秋爲道爲屬辭比事之儒亦非樂正克鍾伯敬翼考以爲孟子弟子謬矣　一統志兖州府鄒縣西北十里地名南公孫有公孫丑墓按丑爲齊人而墓乃在鄒方之琬謂孟子去齊丑實從焉遂留而不返孟譜言孟子之子睪嘗從學於公孫丑其晚年所就殆未可量云

(孟子正義)　魯公孫茲爲叔孫氏公孫敖爲仲孫氏公孫歸父爲東門氏公孫嬰齊爲叔氏鄭公孫舍之爲罕氏公孫申爲孔氏公孫黑公孫夏爲駟氏公孫僑爲國氏公孫蠆爲游氏此如公子王子之稱非氏也齊有公孫氏未知所出董子繁露云公孫之養氣曰禮義泰實則氣不通泰虛則氣不足泰勞則氣不入泰佚則氣宛至怒則氣高喜則氣衰憂則氣狂懼則氣懾凡此皆氣之害

當路

(孟子正義)　文選阮嗣宗詠懷詩注引晉綦毋邃孟子注云當路當仕路也

曾西

(四書攷錯)　曾西曾子之子非孫也經典序錄云曾申字子西曾參之子子夏以詩傳曾申左邱明作傳以授曾申其人亦能衍聖門之學者其所以字子西以申支爲西方辰與楚鬬宜申令尹子申皆字子西並同

(羣經補義)　左傳楚鄭大夫名申者多字子西申位在西方故也曾西卽曾申曾子之次子曾元之弟以爲孫者非下文稱先子者謂父非謂祖父也

(孟子正義)　江氏永羣經補義云曾西卽曾申曾子之子非曾子之孫稱先子者謂父非謂祖父也閻氏若璩釋

地亦同周氏柄中辨正云曾子二子元申見禮記檀弓而大戴禮云曾子疾病曾元持首曾華抱足華即申之字也申既字華不當又字子西曲禮孔疏亦以曾西爲曾子之孫疑趙注爲是趙氏佑溫故錄云以楚鬬宜申字子西公子申字子西例之申西止爲一人名字近是但必謂曾西是曾子子非孫則未見其確何者第言曾元養曾子檀弓所見曾子寢疾病曾元曾申坐於足者安見其非子孫並侍曾子以老壽終自宜有孫也翟氏灝四書考異云禮記曲禮注引曾子曰吾先子之所畏檀弓穆公之毋卒使人問於曾子時稱曾申爲曾子也史記吳起事曾子其曾子亦是曾申說述曾子語獨多未必皆曾子與子矣

蹵然

〔孟子正義〕　王氏念孫廣雅疏證云釋訓踧踖畏敬也論語鄉黨篇踧踖如也馬融注云踧踖恭敬之貌孟子公孫丑篇曾西蹵然趙氏注云蹵然猶蹵踖也踖蹵並與踧同

艴然

〔孟子正義〕　王氏念孫廣雅疏證云說文艴字注引論語色艴如也今本作勃玉篇廣韻類篇艴字並音勃集韻類篇引廣雅艴𩑈色也𩑈與艴同凡人敬則色變若論語色勃如是也怒則色變若孟子曾西艴然不悅王勃然變乎色是也說文孛字注又引論語色孛如也秦策云秦王悖然而怒楚策云王怫然作色淮南子道應訓云忿然非[illegible]目數然並字異而義同

曾比之曾

〔孟子正義〕　段氏玉裁說文解字注云曾之言乃也詩曾是不意曾是在位曾是在服曾是莫聽論語曾是以爲孝乎曾謂泰山不如林放乎孟子爾何曾比予於管仲皆訓爲乃按爾雅釋詁云仍乃也仍從乃聲乃聲古與仍同與曾爲疊韻故曾乃義同

管仲以其君霸二句

〔孟子正義〕　馬氏驌繹史云晏平仲之在齊也歷事三君皆暗主也崔慶既亾陳氏得政所際之時則季世也方莊公之弒晏子伏尸成禮大宮之歃舍命不渝是可謂仁者之勇矣景公嗣位若能委權任用承霸國之餘烈晉失

諸侯齊國之興日可俟也乃景公固非能大有爲之君也所寵任者梁邱據裔款之流所好者宮室臺榭之崇聲色狗馬之玩嬖也隨事補救以諷諫匡君心者朝夕不忘危行言孫故能身處亂世顯名諸侯而齊國賴之

由反手也

〔孟子正義〕音義云由義當作猶古字借用耳按趙氏以若字釋由字則由讀爲猶矣

今言王若易然

〔孟子正義〕翟氏灝考異云或讀然屬下文後文今時則易然也知此然字必不當屬下按趙氏云何謂王易然也斷然字句甚明

由湯至於武丁二句

〔孟子正義〕殷本紀云湯崩太子太丁未立而卒立太丁之弟外丙帝外丙即位三年崩立外丙之弟中壬帝中壬即位四年崩伊尹乃立太丁之子太甲帝太甲稱太宗太宗崩子沃丁立沃丁崩弟太庚立帝太庚崩子帝小甲立帝小甲崩弟雍己立殷道衰諸侯或不至帝雍己崩弟太戊立殷復興諸侯歸之故稱中宗中宗崩子帝仲丁立帝仲丁崩弟外壬立帝外壬崩弟河亶甲立殷復衰河亶甲崩子帝祖乙立殷復興祖乙崩子帝祖辛立帝祖辛崩弟沃甲立帝沃甲崩立沃甲兄祖辛之子祖丁帝祖丁崩立弟沃甲之子南庚帝南庚崩立帝祖丁之子陽甲殷衰帝陽甲崩弟盤庚立渡河南復居成湯之故居殷道復興帝盤庚崩弟小辛立殷復衰帝小辛崩弟小乙立帝小乙崩子帝武丁立修政行德天下咸驩殷道復興然自湯興以來若太甲若太戊若祖乙若盤庚若武丁皆當殷衰而復興之君共六人尚書序湯武丁之間太甲沃丁大戊仲丁河亶甲祖乙盤庚七君皆有所紀述則六七作者或此湯武丁即指其間之六七君乃史記稱河亶甲時殷復衰則不得與于賢聖之君矣趙氏僅數太甲太戊盤庚以太甲盤庚尚書詳之而太戊爲中宗見稱于無逸亦明有可徵故略舉此耳趙氏佑溫故錄云注謂自湯以下太甲太戊盤庚等脫去祖乙然以四君連湯武丁亦止六而非七豈孟子七字虛設邪竊以書無逸明言及高宗及祖甲祖甲爲武丁後一代賢君自史記以爲帝甲淫亂殷復衰蓋因國語帝甲亂之五世而隕之文于是二孔皆以太甲當祖甲鄭氏注祖甲武丁子帝甲也有兄祖庚賢武丁欲廢兄立弟祖甲以爲不義逃之民間故曰不義惟王舊爲小

人以經證史亦可見殷紀之疏是六七作宜兼數祖甲或曰然則孟子何以獨言由湯至於武丁紂之去武丁皆不及祖甲曰子統於父也祖甲卽武丁子且其兄亦賢兩世皆承武丁之烈則以武丁統之可矣惟由武丁歷祖甲皆能以賢嗣賢享年又長有深仁厚澤以綿殷道故益見其久而難變不然僅至武丁而止則紂之去武丁中間更無接續相越且百年亦不得言未久也按此說是也六七非約略之辭湯太甲太戊祖乙盤庚武丁六作及祖甲則七作不直云七作六作連云六七作正以祖甲在武丁後故如此屬文也馬融無逸注云祖甲有兄祖庚而祖甲賢武丁欲立之祖甲以王廢長立少不義逃之民間此是也惟祖庚不甚賢祖甲賢故武丁欲廢長立少鄭氏注有兄祖庚賢武丁欲廢兄立弟豈武丁而有此鄭注已殘當是傳寫者有缺誤不然則鄭不及馬若祖庚亦賢則是賢聖之君不止六七惟祖庚不甚賢不能承武丁之化祖甲復振興之與太戊祖乙盤庚武丁同乃爲六七作也呂氏春秋義賞篇高誘注云興作也周禮舞師注云興猶作也故以興釋作

紂去武丁未久

（四書改錯） 集註自武丁至紂凡七世按武丁至紂凡九世殷紀武丁祖庚祖甲　錯祖庚弟　廩辛庚丁　錯廩辛弟　武乙太丁帝乙受辛是也今曰七世假謂祖甲與庚丁是兄弟不列數內則古立君法曰一世一及世者父子相繼爲一世也及者兄終弟及也兄弟似無稱世者但世數之世祇以一君爲一世世是世及亦是世不觀七世之廟乎有天下者事七世前爲創世後爲繼世然而兄弟祖禰叔姪昭穆極其顚倒而總名之爲七世是以國語於此亦明云帝甲亂之七世而殞夫以祖甲至紂謂之七世則加武丁祖庚爲九世有顯據也若謂自武丁至紂前後兩人可不列數內則自郎由也由湯至武丁而謂賢聖之君湯丁無與可乎且殷紀明云自中丁以來至帝陽甲比九世亂其云九世未嘗舍中丁與帝陽甲也

（孟子正義） 史記殷本紀云帝武丁崩子帝祖庚立帝祖庚崩弟祖甲立是爲帝甲帝甲崩子帝廩辛立帝廩辛崩弟庚丁立帝庚丁崩子帝武乙立武乙無道震死子帝太丁立帝太丁崩子帝乙立帝乙長子曰微子啓啓母賤不得嗣少子辛辛母正后辛爲嗣帝乙崩子辛立是爲帝辛天下謂之紂蓋武丁之後祖甲爰知小人之依能保惠於庶民故高宗嘉靖殷邦之化雖歷武乙之無道餘化猶存今文尚書高宗饗國百年漢書五行志及劉向杜欽二

傳王充論衡無形異虛二篇皆本今文則以高宗百年加以祖甲三十三年百餘年深仁厚澤其下歷五世至紂無
逸固云或十年或七八年或五六年或四三年此即指廩辛庚丁武乙太丁帝乙而言故孟子言未久晉人僞作竹
書紀年謂武乙三十五年太丁十三年顯與無逸相悖是不足議也

微仲

（四書釋地續）微畿內國名孔安國傳亦云嘗思微子既國於此其長子應曰微伯早卒有子名腯次子曰微仲
名衍即後國於宋者以周禮適子死立適孫次子不得干焉微子則從其故殷之禮舍巳長子之子腯而立巳次子
衍故微仲實微子之第二子非其弟也此與子服伯子引以況公儀仲子者脗合其證一班固古今人表於微子下
注曰紂兄宋微仲下注曰啓子其證二啓既殷帝乙之元子王畿千里豈少閒土斷無兄弟竝封於一國之理其證
三則知微仲也者子襲父氏上有伯兄字降而次氏者胙之土而命之氏字者五十以伯仲稱字也不意包爾庚時
文亦云微仲者微子之次子也無國邑而稱微從父爵也厥後襲封宋公終身止稱微仲忠孝之義也又云啓爲長
兄分稱元子仲爲支庶屬則王孫不覺擊節如得一貫珠船矣

（四書典故辨正）宋世家微子啓卒立其弟衍是爲微仲家語微子卒其弟曰仲思名衍繼微子後呂氏春秋紂
母生微子與仲衍其時尚爲妾改而爲妻生紂則微仲者微子之弟也漢書古今人表於微子注曰紂兄微仲注曰
啓子閻百詩力主之謂啓既殷帝乙之元子封於微衍果屬次子王畿千里豈少閒土斷無兄弟竝封於一國之理
此說不然檀弓孔疏云衍亦稱微者微子封微以微爲氏故弟亦稱微猶春秋虞公之弟稱虞叔祭公之弟稱祭叔
也蓋國君介弟原得稱兄之國號以爲號孟子任君之弟稱季任亦其例也而閻氏以兄弟竝封爲疑非通人之論
矣　檀弓微子舍其孫腯而立衍鄭註微子適子死立其弟衍殷禮也北齊刁柔曰然則殷適子死立適子之母弟
愚按詩大明疏引鄭康成書序註云紂母本帝乙之妾生啓及衍後立爲后生受辛是鄭本以衍爲微子之弟非謂
立適子之弟也刁柔誤解鄭註不可爲據

（四書摭餘說）微子微仲趙注無明文閻百詩謂微仲是微子之子微子有二子長微伯死微子不立微伯之子
腯而立次子微仲檀弓所云舍孫腯而立衍者即微仲也是蓋見鄭氏禮注謂微子適子死立其弟衍遂疑衍是庶

子爲適子之弟而不知微子世家無膌名衍固是微仲然是微子之弟非微子子也呂氏春秋云紂之母生微子啓與仲衍其時猶尚爲妾改而爲妻後生紂紂之父欲立微子啓爲太子太史據法而爭曰有妻之子不可立妾之子故立紂爲後是則微子微仲皆紂之庶兄而紂又二人同母弟也孟子以紂爲兄之子而有微子啓戰國傳聞之誤耳家語微子卒其弟曰仲思名衍繼微子後而史記亦云微子開卒立其弟衍是爲微仲所云其弟謂微子弟也其云舍孫立衍者謂微子之子死不立孫膌而立弟微仲也且鄭注明云殷禮考殷代傳嗣之法先傳及而後傳世及者兄終弟及如微子傳弟衍是也世者父子相繼謂傳弟之後弟卽傳已子而不傳兄子兄孫如微仲傳巳子稽而不傳微子之孫膌是也王肅論語注微國名子爵入爲王卿士蓋微是先王所封仲則居微而微子爲王卿士故曰入鄭東谷所以謂微子去之是去王朝而之國非歸周也仲以微君介弟稱爲微仲猶季札以吳君之弟稱吳季是微在東平之壽張春秋時屬晉所謂鄘也水經載有微子之冢微子兄弟終身不稱宋公而微子反葬於其先王所封之地其忠甚矣若微仲是微子之子微子巳封宋而其子猶襲稱故封此必無之事也至微仲傳子宋公稽後始不稱微而稱宋始遵周法必傳世之辭然後傳及按孟子引微子微仲與王子比干箕子膠鬲並同時並稱且稱爲賢人又稱相與輔相之又稱久而後失則仲直商辛老臣何微子之子之有班氏古今人表既於第四列微仲又於第五列宋微中曰啓子豈有兩人歟

膠鬲

〔四書典故辨正〕　膠鬲孟子與微箕比干並稱輔相固商之賢臣也乃呂氏春秋誠僞篇云文王沒武王立使叔旦就膠鬲於四內而與之盟曰加富三等就官一列一似武王以富貴要膠鬲使之與周通謀者此必無之事果爾則膠鬲不得爲賢人武王周公又惡得爲聖人乎且此說之謬妄吾請卽以本書折之貴因篇云武王伐殷至鮪水殷使膠鬲候周師曰師將何之無我欺武王曰將之殷也當伐殷時膠鬲猶未知師之所往則其不與同謀可知矣又云武王入殷問膠鬲殷之所以亡對曰王欲知之請以日中爲期王與周公明日早要期則弗得也武王怪之周公曰此君子也以其主惡告王不忍爲也然則膠鬲固忠臣且不忍言其主之惡而忍有二心於其主乎日中弗得殆不知其所終矣國語妹喜與伊尹亡夏妲已與膠鬲亡殷此無稽之邪說當以孟子之言爲正

鎡基

〔四書典故辨正〕 鎡基趙註云耒耜之屬惡按漢書作兹其周禮薙氏春始生而萌之註萌之者以兹其斫其生者疏漢時兹其卽今之鋤也顏師古急就篇註鉏去草之物也一名兹其韋昭國語註以耨爲兹其鎛爲鉏恐非

〔孟子正義〕 王氏念孫廣雅疏證云釋器鎡錤鉏也鉏之言除也說文鉏直薅斫也又云斫齊謂之兹其衆經音義引倉頡篇云鉏兹其也孟子雖有鎡基不如待時漢書樊酈滕灌傅靳周傳贊作兹其周官薙氏注作兹其月令注作鎡錤並字異而義同程氏瑶田通藝錄磬折古義云考工車人之事半矩之倨句謂之宣宣之爲物未知其審也又判其宣爲半宣以加於半矩之宣其倨句謂之欘欘之爲物鉏屬也鄭注云欘斲斤引爾雅句欘謂之定爾雅字作斪斸說文欘斫也齊謂之鎡錤按說文有欘字又有斸字並訓斫斫訓擊音於欘從木當爲鉏斸從斤則斤屬一以起土田器之句而斫之者也故曰鎡錤一以攻木今木工斧劈之後木已粗平然後用斲斤向懷句斫之俗呼錛子二者同名異實然皆擊而用之故同訓斫也蓋曰欘曰斸皆言其器之爲曲體無論治田攻木並向懷而斫擧之其倨句之度則皆一宣有半元人王楨農書載三器一曰鎛耨別名也良耜詩曰其鎛斯趙以薅荼蓼釋名鎛迫也迫地去草也二曰耨除草器呂氏春秋曰耨柄尺此其度也其耨六寸所以間稼也三曰耰鉏古云斫斸一名定耰爲鉏柄也齊民要術曰其刃如半月比木壠稍狹上有短銎以受鉏鉤鉤如鵝項下帶深袴皆以鐵爲之以受木柄鉤長二尺五寸柄亦如之上三事皆鉏屬倨句形之已句者而有深淺之殊又云車人爲耒庛長尺有一寸中直者三尺有三寸上句者二尺有二寸自其庛緣其外以至於首以弦其內六尺有六寸與步相中也瑶田謂注內外二字誤解其內六尺有六寸七字連讀爲一句自其庛緣其外以至於首以弦十二字連讀爲一句內謂本體之實數耒木三折之六尺有六寸也外謂空中之虛數所弦中步之六尺也此特表弦之之法以示人謂欲據其內之六尺有六寸而弦之其法當如何只須自其庛緣其外以至於首如是以弦之則得其弦之數爲六尺以與步相中也後鄭注庛讀爲棘刺之刺刺耒下前曲接耜則耜爲耒頭金上有銎以貫耒末庛卽耒末之木以納於耜銎者先鄭以庛爲耜之異文謂耒下岐耒下岐者後鄭耜廣五寸注所謂今之耜岐頭兩金也今指庛爲木材故宜與耜金材異也程氏所說鎡基耒耜分別精詳趙氏以皆田器故以相況耳

憔悴

〔孟子正義〕說文云頓顯顇也顯顇與憔悴古字通楚辭離世篇云身憔悴而考旦王逸注云憔悴憂貌也憂與患同義故以患釋憔悴

置郵

〔四書改錯〕馹卽驛也置驛郵亦驛則驛驛矣字書馬傳曰置步傳曰郵又馬遞曰驛步遞曰郵是驛通於置而郵不然故漢改郵爲置俗稱改置謂改步遞爲馬遞也雖置郵皆宿舍之名而置長而郵促置隨意建置而郵促於亭亭不過十里而郵且半之以馬步不逮故也是以漢烏孫傳有便宜因騎置以聞則馬專屬置黃霸傳郵亭鄉官謂停行之館則步專屬郵此顯然者但郵之通馹則北宋作廣韻者早已錯訓不止集註若驛之同馹則一字而兩行者左傳楚子乘馹子木使驛隨其所書集註既不知郵之非馹而又不知馹之卽驛則又太疏矣說文驛置騎也馹驛傳也以驛釋置隨以馹釋驛則馹之非郵可知

〔日知錄〕漢書高帝紀乘傳詣雒陽師古曰傳若今之驛古者以車謂之傳車其後又單置馬謂之驛騎竊疑此法春秋時當已有之如楚子乘馹會師於臨品祁奚乘驛而見范宣子楚子以馹至於羅汭子木使驛謁諸王楚人謂游吉曰吾將使驛奔問諸晉而以告國語晉文公乘馹自下脫會秦伯於王城呂氏春秋齊君乘馹而自返晏子及之國郊皆事急不暇駕車或是單乘驛馬而註疏家未之及也　謝在杭五雜俎曰古者乘傳皆驛車也史記田橫與客二人乘傳詣雒陽註四馬高足爲置傳四馬中足爲馳傳四馬下足爲乘傳然左傳言鄭子產乘遽而至則似單騎馬矣釋文以車曰傳以馬曰遽子產時相鄭國豈乏車乎懼不及故乘遽其爲驛馬無疑矣漢初尚乘傳車如鄭當時王溫舒皆私具驛馬後取其速一概乘馬矣

〔孟子正義〕王氏念孫廣雅疏證云郵置驛也方言驛傳也郭璞注云傳宣語也爾雅驛遽傳也注云皆傳車驛馬之名玉篇云驛譯也三者皆取傳遞之義故皆謂之驛郵置者說文郵竟上行書舍也驛置騎也孟子速於置郵而傳命段氏玉裁說文解字注云釋言郵過也按經過與過失古不分平去故經過曰郵過失亦曰郵按置郵傳三字同爲傳遞之稱以其車馬傳遞謂之置郵謂之驛其傳遞行書之舍亦卽謂之置郵謂之驛自竟上行書之舍而

傳亦卽傳遞所行之書於舍止之處置郵卽傳命之名經文傳命二字已足申明置郵二字故趙氏於置郵二字不復解置郵本亦名傳而經文傳命之傳則言其傳遞故以而字間之

動心章

〔三孟釋義〕此章書最長是孟子言心法其自家用功得力處見乎此乃七篇中最要緊之文各講散漫不得要須熟玩乃見全神　當時邪説詖行人心之害最深所以害人心者無非功利之見雖及門亦未免於此因丑問而詳悉與辨由淺入深所以救人心挽世道視乎此也　丑見孟子在齊梁每言王天下易易恐是局外空談設一旦以大任加於夫子之身將霸業王猷咸屬目於夫子此際擔荷非易未必不爲之心動也詎知孟子舉重若輕絕不爲意是力量之大無可比擬丑以爲過孟賁孟子姑與之就淺言淺逐層分辨至後乃與説明自家本領　通章重不動心三字語分賓主孟子心不動是主告子心不動是賓借賓定主最怕是個告子之心告子病在兩個不求孟子則求氣求心集義是求心工夫勿忘勿助是養氣節次義愈集斯氣愈充氣浩然斯心益壯論氣則剛大足塞乎天地論心則禮樂直貫乎百王不願學夷尹不必問閔顏而直上尋孔子爲依歸指示鳳麟河岳氣象所學在此此心所以不動之根原也直至四十時而始堪自信豈若告子之心全無主彼其不動乃虛憍之氣以此爲勇是特孟賁黝舍子襄一流人何足算也

加齊卿相

〔孟子正義〕淮南子主術訓云雖愚者不加體爲高誘注云加猶止也呂氏春秋愼人篇云耕既不居高誘注云居止也加居竝有止義故轉注加亦猶居也説文云家居也家通嘉桓公公羊左傳家父漢書古今人表作嘉父是也嘉亦通加詩行葦箋云以脾函爲加故謂之嘉是也加之猶居又家之假借也

得行道爲二句

〔孟子正義〕大戴禮王言篇云道者所以明德也又盛德篇云冢宰之官以成道司徒之官以成德賈誼新書道德篇云道者德之本也故經言行道趙氏以行其道德解之毛詩君子陽陽右招我由房傳云由用也趙氏斷此三字爲句以此字指卿相之位故云用此臣位輔君行之行卽行道也行不異於古霸王之君是解異爲同異之

異公孫丑倒言之注順解之也近解不異謂雖從此而成霸王之業不足怪異與趙氏異

孟子不動心

〔三孟釋疑〕　孟子之不動心是得失不警懼辱不驚一鎮定境界如舜之被袗若素孟云大行不加是也註以動心爲恐懼疑惑孟子何許學問而遽此丑亦並無此意恐懼疑惑四字安不上

孟賁

〔孟子正義〕　呂氏春秋用衆篇云故以衆勇無畏乎孟賁矣田駢謂齊王曰孟賁庶乎患術而邊境弗患注云孟賁古之大勇士必已篇云孟賁過於河先其五船人怒而以楫虓其頭顧不知其孟賁也中河孟賁瞋目而視船人髮植目裂鬢指舟中之人盡揚播入於河使船人知其孟賁弗敢直視涉無先者又況於辱之乎此以不知故也高誘注云船人不知孟賁爲勇士故也史記范睢列傳集解引許慎曰孟賁衛人史記袁盎傳索隱引尸子云孟賁水行不避蛟龍陸行不避兕虎漢書東方朔傳注引尸子云人問孟賁生乎勇乎曰勇貴乎勇乎曰勇富乎勇乎曰勇三者人之所難而皆不足以易勇此其所以能攝三軍服猛獸之故也

告子

〔四書改錯〕　名不害此見趙岐注而又錯者正義云盡心篇有浩生不害趙疑卽告子因謂告子姓告名不害浩生其字也及註浩生不害則又曰浩生姓是告子一人不害又一人趙已自矛盾矣此又焉得取其矛盾者而反爲合之

〔四書摭餘說〕　告子名不害見趙注亦見國策注文選陳孔璋爲曹洪書云有子勝斐然之志注引墨子曰二三子復於子墨子曰告子勝仁子墨子曰未必然也告子爲仁猶跂以爲長偃以爲廣不可久也厚齋謂勝蓋告子之名豈卽孟子所謂告子歟全謝山曰或有二名否則其一爲字也呂東萊以告子爲公孫龍子之師公孫龍子字子秉莊子所稱儒墨楊秉四者是前漢藝文志名家有公孫龍子十四篇其略有四一曰白馬非馬二曰物莫非指三曰雞三足四曰堅白石黃東發謂其無稽之辨大率類兒童戲語孟子白羽白雪白玉白馬白人之問答殆以其矛刺其盾也　謹顧寧人曰仲尼弟子傳公孫龍字子石少孔子五十三歲按漢書註公孫龍趙人爲堅白異同之說

者與平原君同時去夫子近二百年殆非也且少孔子五十三歲則當田常伐晉之年僅十三四歲耳而曰子張子石請行豈甘羅外黄舍人兒之比乎　季氏本孟子事蹟圖譜謂郜爲宋滅其子孫爲告告子之見當在孟子去齊之宋之時余按郜之爲告如郯之後去邑氏炎郕之後去邑氏朱皆是公孫丑設爲夫子當路於齊加卿相兩問明是去齊以後之辭觀問仕而不受祿於居休便見孟子曰齊人有言論齊事也曰無若宋人然時在宋也曰告子先我不動心曰告子未嘗知義以其外之也則知其在去齊之宋之日與告子辨義之後季說是也若浩生不害則趙注本曰齊人未嘗以爲告子正義疑以爲告子而浩生其字不害其名恐亦非孟子弟子不知祀典何以竟合爲一

北宮黝

〔潛研堂文集〕　淮南子云握劍鋒以離北宮子司馬蒯蕢不使應敵操其觚招其末則庸人能以制勝高誘註北宮子齊人也孟子所謂北宮黝也高說當有所本春秋世衛有北宮氏世爲正卿故趙註以北宮錡爲衛人戰國策趙威后謂齊使者曰北宮之女嬰兒子無恙則齊亦有北宮氏也

不膚撓不目逃

〔四書考異〕　韓非子顯學篇漆雕之議不色撓不目逃行曲則違於臧獲行直則惡於諸侯世王以爲廉而禮之按韓非子所稱漆雕之議上二語與此文同下二語與曾子謂子襄意似其漆雕爲北宮黝字歟抑子襄之出於漆雕氏也韓言儒分爲八有漆雕氏之儒漢志儒家有漆雕子十二篇其書久亡無能案驗矣

〔孟子正義〕　春秋繁露度制篇云肌膚血氣之情也劉熙釋名釋形體云肌懻也膚幕堅懻也故以肌釋膚音義云橈丁奴効切五經文字云枉橈之橈女絞反俗從手者撓擾之撓火刀反阮氏元校勘記云閩監毛三本橈作撓按音義出橈字作撓非也易大過棟橈釋文云曲折也成公二年左傳云師徒橈敗注云橈曲也曲猶屈也郤同却廣雅釋言云郤退也史記魯仲連鄒陽傳云勇士不却死而滅名索隱云却死猶避死也廣雅釋詁云逃避也畏其刺則必退却逃避黝不畏其刺是不因膚被刺而屈不因目被刺而避也橈郤逃避互明

市朝

〔日知錄〕　若撻之於市朝即書所言若撻於市古者朝無撻人之事市則有之周禮司市市刑小刑憲罰中刑徇

罰大刑扑罰又曰胥執鞭度而巡其前掌其坐作出入之勢令凡有罪者撻戮而罰之是也禮記檀弓遇諸市朝不反兵而鬬兵器非可入朝之物奔喪哭僻市朝奔喪亦但過市無過朝之事也其謂之市朝史記孟嘗君傳日暮之後過市朝者掉臂不顧索隱曰言市之行列如朝位故曰市朝古人能以衆整如此

（四書釋地續） 市朝二字見論語者乃殺人陳尸之所左傳殺三郤皆尸諸朝董安于縊而死趙孟尸諸市是也見孟子者僅得一市字蓋古者撻人各有其所容有於市於市則辱之極矣是以斷斷無撻之於朝者苟撻人於朝則隋文帝之殿廷打人高熲柳彧諫以爲殿廷非決罰之地唐御史坐法詔決杖朝堂張廷珪執奏以爲辱殺毋辱曾謂古者而有是事乎孟嘗君傳馮驩先言朝趨市者又言日暮之後過市朝者以市之行列有如朝位故曰市朝孟子解正合此或曰市朝乃連類而及之文若躬稼本稷而亦稱禹三過不入本禹而亦稱稷以紂爲兄之子本指王子比干而亦及微子啓善哭其夫而變國俗本指杞梁之妻而亦及華周之妻皆因其一而并言其一古文體則有然者

褐寬博

（孟子正義） 詩七月篇無衣無褐何以卒歲箋云人之貴者無衣賤者無褐是褐爲賤者所服上言褐寬博下言褐夫則褐寬博即是衣褐之匹夫故云獨夫被褐者褐寬博蓋當時有此稱也老子云聖人被褐懷玉

孟施舍

（四書釋地又續） 四書辨疑曰集註孟姓舍名施發語聲也此本因舍豈能爲必勝哉單稱舍字故以施爲發語聲然於姓與名中間插一字爲發語聲不成語矣意舍字上合有施字蓋傳寫脫爾余謂集註亦同趙註原趙氏之意以古人二字名無單稱一字者今曰舍則舍其名也古未見有複姓孟施者則孟其姓也遂以發音當施字不知發聲在首如吳曰勾吳越曰於越若在中則語助辭多用之字未聞以施字者且孔子時魯有少施氏安知孟施非少施一例乎

（四書改錯） 魯有少施氏係魯惠公子施父之後孟則非姓施亦非發語聲也凡發語俱在首字如勾吳於越類未有發在第二字者第二字即非發矣若其或稱孟氏雖複姓亦有之如左邱明亦稱左氏孟孫氏亦稱孟氏一例

（孟子正義） 翟氏灝考異云古人二字名或稱一字如紂名受德書但稱商王受曾叔名振鐸國語但稱叔振晉文公名重耳左傳但稱晉重魯叔孫氏名何忌春秋經定六年但稱忌孟施舍不嫌其自稱舍也

子襄

（趙注） 子襄曾子弟子也

（孟子正義） 子襄薛應旂人物考以爲南武城人未知所本

縮

（孟子正義） 禮記投壺篇奇則直諸純釋文云縮直也廣雅釋詁云直義也縮之爲義猶縮之爲直豎縮之訓爲從從故直從亦順也順故義義者宜也趙氏既以義訓縮又申之云不義不直明義即直也

吾不惴焉

（孟子正義） 秦風黃鳥篇傳云惴惴懼也是惴即懼也易傳言驚遠而懼邇是驚懼義同褐夫易於驚懼之不惴是不驚懼之也謂不以氣陵之使之惴惴也王若虛孟子辨惑云不字爲衍不然則誤爾閻氏若璩釋地三續云不豈不也猶經傳中敢爲不敢如爲不如之類此以惴爲自已驚懼與趙氏異王氏引之經傳釋詞云不語詞不惴惴也言雖被褐之夫吾懼之

不得於心勿求於氣

（四書索解） 不得於心勿求於氣此二句不可解集註心有所不安則當力制其心而不必更求其助於氣請問心如何不安心既不安則氣如何可助心且氣是何物必欲助心將如何求氣法此際不容統籠說過便了時東陽盧元侯盧子遂嘉與陳自曾同邑莫藹先樓象明十餘人在坐者各無以應又次日江山洪孝標山陰何道生兄孫詩五人在坐亦無以應越三日取大全來看則朱子又云如念慮之失但當求之於心而不更求之於氣夫不求於心告子所自言也今反曰當求之於心是解告子語而反其所自言不可也且何以求氣仍不解也乃朱子亦自知難明又云假如應物有差失接人有差失皆由氣之應接失其道也自當悔過謝愆補其差失告子則任其差失更不悔過謝愆以補之夫此氣即周身呼吸之氣也吾不知應事接人何以全藉此呼吸之氣即以此呼吸之氣應物

接人何以有失道且既已失道自當仍從此呼吸中求補差失何以但悔過謝愆便謂之補便謂之求助此皆不可解者

〔三孟釋疑〕 心不知則不妄動總可但亦只就當下說隨後亦少不得求氣工夫如不通於禮且習雜服不通於樂且習操縵不知孝道且去服事不知弟道且去徐行理不明者求之誦讀事不諳者求諸見聞皆求氣之道也只是求心在先氣可以緩求耳若置氣永遠弗求是爲暴棄其氣與黝舍之暴縱其氣均未爲可也故氣須善養無害

夫志至焉氣次焉

〔四書改錯〕 集註故志固爲至極而氣卽次之小註志是第一件氣是第二件此亦抄變之無理者至是終極之名所謂到也若一等則始事矣況此次字亦不是次第之次志氣何容分等第毛傳主人入次周禮宮正掌次言次舍也志之所到而氣卽隨之而舍止焉則同功一體不容兩事故有既曰又曰之辨否則第一過了自該第二其於既又二字亦說不通且至此曰至焉次此曰次焉兩焉字是兩相應詞若是等第則宜加也字如生知上也學知次也作然上詞未有以第一第二作呼應者假曰生而知之上焉有不譁然而起者乎

、 無暴其氣氣壹則動志

〔四書索解〕 暴氣則是氣壹然亦不能顯然言之且氣如何是暴如何是不暴亦仍無解者孟子以蹶趨動志舉暴氣氣壹之一端然請於蹶趨外再舉一端亦絶無有朱子曾於蹶趨外更求其說但云如當喜當怒便是持志喜怒得過分便是暴氣則愈不明白夫只此喜怒而得當是志過分卽是氣則志之與氣總是此一物全無分別何以知得當屬志不得當屬氣且當喜當怒是志爲政喜怒之過分則喜怒爲政此時絶無有暴喜怒者其所云過分是氣自暴與蹶趨之暴其氣迥不同也且蹶趨則暴氣暴氣則氣壹故足動志若喜怒過分失中而已志何以動過喜則動志將不及喜便得志耶且喜怒是情以春秋傳言之則卽是志人之六志受天之六氣以生是氣生志非志生氣也且是天之氣非人之氣也乃不學之徒東揞西捂謂蹶趨可動志則必是耳目手足之屬遂有以護步履愼視聽爲不暴氣者吾不知耳目手足何以可餒可剛大可充塞天地將天下有浩然手浩然足者此又一笑話矣

志壹則動氣

〔三孟釋疑〕志壹跟持志來志之持與志之壹是兩様壹乃任情任性之謂持則守中壹乃偏執一敬而一肆也

氣壹則動志

〔三孟釋疑〕氣壹跟暴氣來氣壹與氣暴有分暴字該得廣不求氣者是暴棄其氣告子是也助之長者是暴縱其氣黝舍是也暴之害大壹之害淺故氣壹僅指蹶趨吾依類以求如升高則顛氣貧重則結氣醉飽則亂氣鬬狠則肆氣皆足動心此其偶見者也知氣之不可壹則知氣之不可暴矣只借做指點非即以氣壹爲氣暴

志壹動氣二句

〔三孟釋疑〕兩動字是不好字樣志帥氣非動氣動則驚擾是將帥無紀律也氣輔志不可動志動則悖暴是來卒不用命也

〔孟子正義〕趙氏讀壹爲噎說文口部云噎飯窒也一切經音義引通俗文塞喉曰噎史記賈誼傳云子獨壹鬱共誰語段氏玉裁說文解字注云易曰天地壹壺虞翻以否之閉塞解縕 趙岐亦以閉塞釋志壹氣壹其轉語爲抑鬱

〔孟子正義〕說文壹部云壹專壹也文公三年左傳云與人之壹也注云壹無貳心持其志使專壹而不貳是爲志壹守其氣使專壹而不貳是爲氣壹黝之氣在必勝舍之氣在無懼是氣壹也曾子自反而縮雖千萬人吾往是志壹也

蹶者趨者

〔孟子正義〕淮南子精神訓云形勞而不休則蹶高誘注云蹶顛也荀子富國篇注云蹶顛倒也國語越語云蹶而趨之注云蹶走也呂氏春秋愼小篇云人之行不蹶於山則蹶由於行廣雅釋詁云趨行也經云蹶者趨者趙氏以行而蹶者解之則蹶者趨猶云蹶而趨矣

浩然之氣

〔經義雜記〕文選班孟堅答賓戲仲尼抗浮雲之志孟子養浩然之氣李善注孟子曰我善養吾浩然之氣項岱曰晧白也如天之氣晧然也後漢書傅燮傳世亂不能養浩然之氣趙岐註曰浩然天氣也則董子以養浩然之氣

爲養天之和氣班孟堅以浩然與浮雲相對是亦以浩然爲天氣趙項之釋有所本矣今本趙注作浩然之大氣當是俗人所改漢書叙傳上註師古曰浩然純一之氣也文選五臣註劉良曰浩然自放逸也朱子集註浩然盛大流行之貌皆與古義異

至大至剛以直養而無害

〔四書考異〕章句曰言此至大至剛正直之氣也連下以直二字爲句

其爲氣也配義與道無是餒也

〔潛淵靜語〕其爲氣也配義與道無是當讀謂無是氣則道義餒後又一餒字謂無道義則氣餒

〔趙注〕言此氣與道義相配偶俱行義謂仁義可以立德之本也道謂陰陽大道無形而生有形舒之彌六合卷之不盈握包絡天地稟授羣生者也言能養此道氣而行義理常以充滿五臟若其無此則腹腸飢虛若人之餒餓也

是集義所生者二句

〔趙注〕集雜也密聲取敵曰襲言此浩然之氣與義雜生從內而出人生受氣所自有者

〔孟子正義〕雜從集方言云雜集也古雜集二字皆訓合與義雜生即與義合生也與義合生是即配義與道而生也生即育也育即養也氣因配義而生故爲善養與徒養勇守氣者異矣莊公二十九年左傳云凡師有鐘鼓曰伐無曰侵輕曰襲淮南子氾論訓云秦穆興兵襲鄭高誘注云以兵伐國不擊鼓密聲曰襲僖公三十三年公羊傳注云輕行疾至不戒以入曰襲

不慊

〔孟子正義〕呂氏春秋本生篇云耳聽之必慊又知接篇云以慊寡人高誘注並云慊快也慊與嗛同國策魏策齊桓公夜半不嗛高誘注云嗛快也

必有事焉而勿正心勿忘勿助長也

〔日知錄〕倪文節思謂當作必有事焉而勿忘勿忘勿助長也傳寫者誤以忘字爲正心二字禮祭義見閒以俠

無鄭注見閒當爲齦史記持梁剌齒肥索隱剌齒當爲齧此皆古書一字誤二字之證疊二勿忘作文法也

〔孟子正義〕　經言必有事趙氏以必有福在其中解之是以福釋事乃事無福訓也翟氏灝考異云通段凡十見福字古文福但作畐中筆引長形便類事蔣本孟子當作必有畐爲故趙氏注之如此而勿正但以爲福故爲仁義也者蓋以但字解正字趙氏於訓詁每以二字相疊爲釋此常例也詩終風序箋云正猶止也莊子應帝王篇云不正釋文云正本作止正之義通於止也爲仁義卽上云行仁義之事自然得福不可止以得福之故始行仁義之事而勿正但以爲福故爲仁義也十二字一氣正但連下此趙氏之義也

宋人

〔四書釋地又續〕　孫學顏九歲時讀宋人揠苗助長笑問曰宋人若是其愚亦可概見乎余曰見莊列二書如資章甫而適越不知越人無所用者宋人也爲不龜手之藥待百金不知有時用之以封者宋人也卽曹商爲宋王使秦得車至多莊子詆其同於舐痔往問富於齊國氏得其爲盜之言遂眞爲盜以贓獲罪仍大惑爲罔己者宋之向氏也自曝於日顧其妻將以獻吾君邀重賞者宋之田夫也得人遺契歸數其齒告其鄰吾富可待者宋之遊於道者也雖狙公籠衆狙以茅自以爲智三年爲其君成一葉國以爲巧陽里華子中年病忘取喩與至理相似好行仁義者三世不懈取喩於禍福相倚皆含有愚意至一則宋有闌子再則宋有蘭子蘭妄也所謂蘭子以技妄遊者也何莫非宋人卽謂宋多愚人也亦宜或曰莊列大抵率寓言竊以人必貪財而後疑其盜必好色而後疑其淫况七篇又居然事實也耶

而揠之者

〔孟子正義〕　方言云揠擢拂戎拔也自關而西或曰拔或曰擢自關而東江淮南楚之間或曰戎東齊海岱之間曰揠郭璞注云今呼拔草心者爲揠說文手部云挺拔也呂氏春秋仲冬紀云荔挺出高誘注云挺生出也拔或連根拔起云挺拔則但拔之使高出如荔之挺生不出其根也故云挺拔之欲亟長

芒芒然

〔孟子正義〕　趙氏以芒芒爲罷倦之貌音義云丁音忙則讀若茫茫方言云茫遽也急遽所以致罷倦罷倦則怠

緩不急遽矣詩僕夫況瘁楚辭憂苦篇作僕夫慌悴廣雅釋言云慌夢也釋詁云怱慌忘也文選歎逝賦何視天之芒芒注云芒芒猶夢夢也爾雅釋訓云夢夢訰訰亂也儚儚昏也孫炎注云夢夢昏昏亂也釋文引顧野王云夢夢訰訰煩懣亂也楚辭九章云中悶瞀之忳忳賈誼新書先醒篇云不知治亂存亡之所由忳忳然猶醉也云煩懣云悶瞀云如醉皆倦罷之狀趙氏蓋讀芒芒爲夢夢慌之訓爲夢與芒芒爲夢夢同慌悴謂慌怱憔悴慌怱者疲其神憔悴者疲其形此芒芒所以爲倦罷之貌也

謂其人曰

〔孟子正義〕詩桃夭宜其家人毛傳云一家之人箋云猶室家也趙氏以其人爲家人蓋即謂一家之人也

苗則槁矣

〔孟子正義〕說文木部云槀木枯也周禮小行人注云故書槁爲槀國語晉語云猶魚鼈以爲夏槁注云槁乾也是乾枯槁義同

詖辭知其所蔽四句

〔趙注〕孟子曰人有險詖之辭引事以褒人若賓孟言雄雞自斷其尾之事能知欲以譽子朝蔽子猛也有淫美不信之辭若驪姬勸晉獻公與申生政能知其欲以陷害之也有邪僻不正之辭若豎牛勸仲壬賜環之事欲行譖毀以離之於叔孫也有隱遁之辭若秦客之廋辭於朝能知其欲以窮諸大夫也若此四者之類我聞能知其所趨者也

惡是何言也

〔孟子正義〕葉夢得避暑錄話述此文惡作烏云烏蓋齊晉發語不然之辭至今用之作鼻音亦通於汝潁周氏廣業孟子逸文考云音義惡音烏非作烏也韓詩外傳新序載楚邱先生荅孟嘗君曰惡何君謂我老則烏惡信齊音王氏引之經傳釋詞云惡不然之詞也莊子人間世篇曰惡惡可上惡字不然之詞下惡字訓爲安荀子法行篇云惡賜是何言也韓子難篇云啞是非君人者之言也啞與惡同按啞惡二音今皆有之實一聲之轉意不然而驚咤之則云啞意不然而直拒之則云惡

一體具體

〔趙注〕體者四枝股肱也一體者得一枝也具體者四枝皆具微小也比聖人之體微小耳

〔孟子正義〕文選注引劉熙注云體者四支股脚也具體者皆微者也皆具聖人之體微小耳體以喻德也與趙氏此注同毛詩相鼠人而無體傳云體支體也禮記喪大記注云體手足也周書顧武篇云左右手各握五左右足各履五曰四枝肱屬手股屬足故云四枝股肱枝與支通說文作䏌亦作肢

若是班乎

〔孟子正義〕方言云班列也北燕曰班儀禮既夕注云班次也文選東京賦云次和樹表薛綜注云次比也禮記服問注云列等比也淮南子精神訓高誘注云齊等也原道訓高誘注云齊列也是班列次比等齊同義轉注故趙氏以齊等解班

汙

〔孟子正義〕說文水部云窪窊也宂部云窊汙衺下也音義云丁音蛙不平貌趙氏讀汙爲窪也按汙本作洿孟子蓋用爲夸字之假借夸者大也謂言雖大而不至於阿曲成公綏嘯賦云大而不洿蘇洵有三子知聖人汙論以汙屬上讀則智足以知聖人汙亦是智足以知聖人之大也

邱垤行潦

〔孟子正義〕詩豳風鸛鳴於垤毛傳云垤螘冢也方言云垤封塲也楚郢以南蟻土謂之封垤中齊語也螘同蟻禮記樂記云封比干之冢注云積土爲封廣雅釋邱云封冢也是蟻封即螘冢也法言問神篇云太山之於螘垤詩召南於彼行潦大雅洞酌彼行潦毛傳皆云行潦流潦也孔氏正義云行者道也說文水部云潦雨水也然則行潦道路之上流行之水漢書司馬相如傳注引應劭云潦流也此云道旁流潦以道釋行以流釋潦也

文王以百里

〔日知錄〕孟子爲此言以證王之不待大爾其實文王之國不止百里周自王季伐諸戎疆土日大文王自岐遷豐已跨三四百里之地伐崇伐密自河以西舉屬之周至於武王而西及梁益庸蜀羌髳微盧彭濮東臨上黨戡黎

無非周地紂之所有不過河內殷墟其從之者亦但東方諸國而已一舉而克商宜其振興也書之言文王曰大邦畏其力何嘗不藉力哉

徹彼桑土二句

〔孟子正義〕　詩鴟鴞傳云迨及徹剝也桑土桑根也箋云綢繆言纏綿也趙氏注與傳箋同王肅云鴟鴞及天之未陰雨剝取彼桑根以纏綿其牖戶桑根之皮必須剝而取之故毛傳訓徹爲剝趙氏訓徹爲取廣雅釋詁云撤取也撤徹字通毛詩釋文云土音杜韓詩作杜方言云東齊謂根曰杜大雅自土沮漆漢書地理志注云齊詩作自杜荀子解蔽篇所言乘杜即相土是土杜古字通也綢繆即纏緜之轉聲廣雅釋詁云綢繆纏也謂以桑根之皮絞結束縛之成巢也

鴟鴞之詩　註

〔四書典故辨正〕　孔氏書傳于金縢篇我之弗辟訓辟曰法解作致辟于管叔之辟周公居東二年罪人斯得解作東征以殺管叔朱子詩傳仍之因謂既誅管蔡始作鴟鴞按孔子序鴟鴞詩我徂東前則東征自在作鴟鴞詩後居東當從蔡氏解作居國之東越絕書云周公避位出巡於邊其證也鴟鴞乃居東所作此時二叔雖布流言未有叛逆之迹自公居東之二年始察得其實所謂罪人斯得也其爲詩貽王而托於鳥言正以其未形未露故王既得詩疑信難決亦未敢誚公也及風雷感悟迎公以歸二叔自知陰謀既破舉兵以叛然後公以王命征之朱子後來與蔡氏帖已不從孔傳特未追改詩註耳　僞申培詩說以居東爲避居於魯謬甚斯時流言既播王方疑公公乃憪然據國自處嫌疑之間此郭汾陽所不爲而謂周公爲之耶況王發金縢後出郊迎公以其居國之東也若是居魯豈有自西岐至東魯迎公之理茅順甫仇滄柱俱誤信其說故并辨之也

〔孟子正義〕　爾雅釋鳥云鴟鴞鸋鴂陸璣詩疏云鴟鴞似黃雀而小是鴟鴞爲小鳥也

廛而不征法而不廛

〔汪靈川語〕　法是當行的廛是因時的征是決無的須先逐字點明自不必多費筆墨　此廛字以市宅爲租賃言是廛稅即俗云房租也與下節指廛居者不同蓋國都之制如井田樣畫爲九區前朝後市左右各三區此指後

一區市中之廛言可別之曰市廛下節指左右各三區民居之廛言可別之曰民廛方不混

（四書典故覈）　周禮廛人掌斂布絘布總布質布罰布廛布而入於泉府此四布皆謂之征布王制云市廛而不稅注云市物邸舍稅其舍不稅其物則是但有廛布無餘布也是謂廛而不征廛人又云凡珍異之有滯者斂而入於膳府又泉府云掌以市之征布　（按）即絘布總布等也　斂市之不售貨之滯於民用者以其買買之以待不時而買者鄭司農云孟子曰市廛而不征法而不廛謂貨物貯藏於市中而不租稅也　（按）不稅其物仍稅其廛　故曰廛而不征其有貨物久滯於廛而不售者官以法爲居取之故曰法而不廛法而不廛當從此義爲是

（四書客難）　客曰張子之解如何曰非也廛而不征以市肆言計廛收其宅稅不復征其貨也法而不廛以市場言無肆立持治以司市之法不計廛取其地稅也曰逐末者多廛以抑之之說非歟曰抑末起於漢祖高祖恨賈人稽市物米石萬錢馬一匹百金天下已平令賈人不得衣絲乘車重租稅以困辱之後人因之有抑末之說若聖賢之言則但曰來百工則財用足商賈皆欲藏於王之市而已無所謂抑末云云也

關譏而不征

（趙注）　言古之設關但譏禁異言識異服耳不征稅出入者也故王制曰古者關譏而不征周禮太宰曰九賦九曰關市之賦司關曰國凶札則無關門之征猶譏王制謂文王以前也文王治岐關譏而不征周禮有征者謂周公以來孟子欲令復古去征使天下行旅悅之也

耕者助而不稅

（孟子正義）　王制云古者公田藉而不稅注云藉之言借也借民治公田美惡取於此不稅民之所自治也孟子曰夏后氏五十而貢殷人七十而助周人百畝而徹則所云古者謂殷時借民力則藉即是助履畝者春秋宣公十五年初稅畝公羊傳云初者何始也稅畝者何履畝而稅也古者什一而藉注云時宣公無恩信於民民不肯盡力於公田故履踐按行擇其善畝穀最好者稅取之左傳云初稅畝非禮也穀出不過藉以豐財也注云公田之法十取其一今又履其餘畝復十收其一故哀公曰二吾猶不足遂以爲常按何休杜預二說不同然因民不力於公田因踐其私田而收其善畝之穀仍是什一不爲橫征若民因有懲明年加力於公田使公田之穀好於私田則仍收

公田之穀不踐其私田矣惟於公田之外又收田之什一乃是加賦趙氏以爲横則當如杜説矣

廛無夫里之布

本文是夫里之布夫里皆是布故總承之字若集註謂里是布夫是役粟則夫字當句不成文矣考周禮閭師凡無職者出夫布布泉也謂一夫之口率泉卽今丁錢也載師凡宅不毛者有里布謂使出一里之口率泉則不止一家也一夫一家一里二十五家也夫猶是口税而罰有輕重祗以無常職者例有他罰而不種桑麻則罰止此數乃其役凡遇民廛不問有常職已種麻桑而槩以是取之故曰民廛當無之是此無者無夫里兩布孟子本文顯然而周官司徒又明有夫布里布顧舍此不引反引廛粟夫家之征以亂之夫旅師掌屋粟均人掌夫征廛人掌市布各有職掌卽載師連載亦且三罪三罰並不相混屋粟夫征特罰案有是耳今但斷以布又安得并案及此（四書改錯）　張文檒曰此在註疏總不能解惟鄭註稍有分别或問鄭夫布與夫家之征其異何如鄭答夫布是筭欲夫家之征是田税是鄭亦明以夫屬布與夫征異矣旣引周禮并鄭註而又錯舉所不解

（四書典故辨正）　廛是國中左右各三區之民居所謂願受一廛而爲氓者第二節市廛是國中最後一區商賈居之集註混而爲一非也周禮閭師凡民無職者出夫布載師凡宅不毛者有里布卽此夫里之布是已註中止據載師而不及閭師又添出家征一項蓋因舊註而誤　朱子謂載師所云以待士大夫之有土者不毛不耕謂臺池苑囿之屬民無職事又是其家所養浮泛之人閭師民無職者方是庶民故其出前重而後輕任翼聖申之曰夫布是罰那游手之民里布是罰那公卿佔民田爲亭臺池沼者蓋游民惰於農故罰以一夫所耕之税民受田百畝入税十畝則一夫百畝之税實十畝也至公卿奪民可耕之田而爲燕樂之墟故其罰重於民數十倍若民所受五畝之宅卽不種桑麻閭師罰之亦止生不帛死不衰耳未嘗罰以二十五家之布也愚按任氏此條本之朱子而未得其意朱子是而任説非也蓋載師之無職事者是游手朱子所謂浮泛之人也夫家之征所以罰之也閭師之無職者則九職中之閒民非游手也夫布乃其常賦非罰也或問無職事者與無職者其異安在曰太宰九職一曰閒民無常職轉移執事載師之無職事者無職而并不事事也閭師之無職者無常職也而轉移執事則猶有事也故但曰無職而不曰無職事經文甚明人多混看耳　周禮閭師疏劉炎問夫家之征與夫布其異如何鄭答云夫家之征

者田稅如今租矣夫布者如今算斂在凡賦中者也按鄭氏解兩夫字不同今既引閭師以釋夫布則解夫字不仍用一夫百畝之稅之說夫布者論丁出錢以爲賦始漢口稅之法也漢口率出泉概施之有職周則惟施之閒而已　里布有三說鄭註一里二十五家之泉王明齋曰里布以宅里得名蓋均授以宅里彼則據屋皆滿而不故有里布非出二十五家之布也金氏瑞曰里布嬪婦之貢里宰所斂故曰里布里宰徵斂其財賦是也三說不並存之以備參考

（四書典故覈）　周官宅不毛者有里布謂在市之工賈也里居也民受宅於城皆一家五畝多隙田以樹桑麻爲地狹祗有廛居更無空地可毛者　〔按〕工賈各有其業其家蠶桑或非便　是爲宅不毛然工賈利厚其宅既毛則不能責以宅之所出故使出里布與農民之廛稅相當也漢法重工商賦同此田不耕者出屋粟司馬法一三家則一屋正一家之所受也田不耕者謂鄉遂師長之類受倍田不耕者也出屋粟者止出其家當受之田稅倍受者爲祿比國宅之無征也民無職事者出夫家之征即轉移執事者彼不受廛田執事於人既無田稅又雖比閭之中不自立戶不可別殺以亂役法故使出夫布爲夫征其壯而娶者家二人尙不合受廛田　〔按〕鄭說田等從二人至十人恐未然　其妻則出嬪貢爲家征也孟子所謂廛無夫里之布者蓋民既受廛則是受田之民有力役正征不當復同無職事者征夫布受廛以樹桑麻自有布縷正征不當復同工賈征里布使重受困也務相沿以爲示罰周公之時豈容有受廛田而不耕不毛者乎且既不能遵周公之法而甘爲惰民矣罰之出三倍二十五倍之賦其能供乎

（羣經補義）　廛無夫里之布集註用舊說皆未安凡民居區域關市邸舍通謂之廛上文廛而不征法而不廛廛是市宅此廛謂民居即周禮上地夫一廛許行願受一廛之廛非市宅也布者泉也亦即錢也非布帛之布夫見地官閭師凡無職者出夫布謂閭民爲民傭力者不能赴公旬三日之役使之出一夫力役之泉猶後世之傭錢也里謂里居即孟子收其田里之里非二十五家也里布見地官載師凡宅不毛者有里布謂有宅不種桑麻荒其地或作爲臺榭遊觀則使之出里布猶後世凡地皆有地稅也此皆民之常賦戰國時一切取之非傭力之民已有力役之征而仍使之別出夫布宅已種桑麻有嬪婦布縷之征而仍使之別出里布是額外之征借夫布

布之名而橫取者今皆除之則居廛者皆受惠也集註以廛爲市宅以里爲二十五家又舍圉師而引載師凡無職者出夫家之征以夫家爲一夫百畝之稅一家力役之征當時雖橫取民當不至此

矢人函人

〔孟子正義〕　方言云箭自關而東謂之矢江淮之間謂之鏃關西曰箭爾雅釋地云東南之美者有會稽之竹箭焉太平御覽引字林云箭矢竹也箭爲竹名可爲矢故矢卽名箭也國監毛三本作函甲也音義出鎧字則鎧是也武氏億釋甲云鎧爲甲之通名釋名鎧猶塏堅重之言也禮記注甲鎧也廣雅函甲介鎧也自周禮司甲注甲今之鎧也世乃有以金制鎧之名禮記疏言古用皮謂之甲今用金謂之鎧裘贊譽正義古之作甲用皮秦漢以來用鐵鎧鍪二字皆從金蓋用鐵爲之而因以爲名儀禮旣夕禮甲冑干笮疏甲鎧冑兜鍪者古者用皮故名甲冑後代用金故名鎧兜鍪隨世爲名故也億考之獨不謂然鄭氏注甲今之鎧者今蓋以漢制況之謂漢名甲爲鎧詩正義云經典皆謂之甲後世乃名爲鎧鍪以今曉古此疏所指亦謂以漢制況也其實用皮用金在古竝有此制管子地數篇葛盧之山發而出水金從之蚩尤受而制之以爲劍鎧矛戟蓋蚩尤造兵之始者已以金作鎧鎧所由來遠矣非自後世爲然春秋時此制益廣車馬被甲皆得用金鄭風駟介旁旁傳云介甲也秦風俴駟孔羣箋云俴淺也謂以薄金爲介之札介甲也僖二十八年傳駟介百乘成二年傳不介馬而馳之注介甲也是馬亦用金爲鎧定八年傳主人焚衝注云衝戰車考淮南子覽冥訓大衝車高氏注云衝車大鐵著其轅端馬被甲車被兵所以衝於敵城也是車亦用金爲鎧昭二十五年傳季氏介其雞郈氏爲之金距呂氏春秋察微篇注介甲也作小鎧著雞頭鄭衆亦云介甲爲雞著甲見儀禮疏按此介與金距對則小鎧亦以金爲之此又可爲證以見當時鬭雞之戲尚如此蓋必有所仿效爲然其人得用金爲鎧者吳越春秋王僚乃被棠鐵之甲又戰國策當敵則斬堅甲盾鞮鍪鐵幕劉氏云謂以鐵幕爲臂脛之衣呂氏春秋貴卒篇趙氏攻中山中山之人多力者曰吾兵歐衣鐵甲操鐵杖以戰而所擊無不碎所備無不陷此又自春秋至戰國世變益甚所備益密則甲用金與革古蓋兼之而諸說妄爲區分其義非也

巫匠亦然

〔四書釋地三續〕　漢書刑法志引諺曰鬻棺者欲歲之疫非憎人欲殺之利在於人死也卽孟子巫匠亦然意又

云今治獄吏欲陷害人亦猶此矣是豈術驅之乎抑法使之然嗟乎奈何治天下而用此等法哉

〔孟子正義〕 周禮春官男巫掌望祀望衍授號旁招以茅冬堂贈無方無算春招弭以除疾病注云衍讀爲延望祀謂有牲粢盛者延進也謂但用幣致其神二者詛祝所授類造攻說禬禜之神號男巫爲之招杜子春云堂贈謂逐疫也招招福也弭讀爲敉敉安也安凶禍也招敉皆有祀衍之禮祝號掌於大祝小祝而授男巫是祝之事巫爲之也逐疫祝於未病時除疾病祝於已病時皆所以求活人也惠氏士奇禮說云古者巫彭初作醫故有祝由之術移精變氣以治病春官大祝小祝男巫女巫皆傳其術爲大祝言甸讀禱代受眚裁小祝將事候禳求遠辠疾男巫祝衍旁招弭當疾病女巫歲時祓浴被除不祥故曰病者寢席醫之用針石巫之用糈藉所救鈞也梓人匠人並見考工記皆不言作棺而宮室屬之匠人棺槨亦宮室之類地官鄉師及葬執纛以與匠師御匶而治役及窆執斧以涖匠師注云匠師主衆匠又云匠師主豐碑之事檀弓云公室視豐碑三家視桓楹注云豐碑天子斲大木爲之形如石碑於槨前後四角樹之桓楹斲之形如大楹耳四植謂之桓窆內之碑匠師主之則棺槨亦匠人所爲明矣故儀禮既夕記云既正柩賓出遂匠納車於階間注云遂匠遂人匠人也匠人主載柩窆雜記云匠人執羽葆御柩襄公四年左傳定姒薨初季孫爲已樹六檟於蒲圃東門之外匠慶請木請木則棺爲匠所作惟匠人作棺故載柩御柩之事皆匠人主之此國之禮事而士大夫之棺亦必匠人所作故孟子爲母治棺使虞敦匠事此云作棺欲其蚤售者則主買棺者而言蓋士庶之家不能自治必市於匠人而匠人卽以棺爲售

歷山河濱雷澤　註

〔四書典故辨正〕 按水經註歷山有四一云河東郡南有歷山謂之歷觀舜所耕處也有舜井嬀汭二水出焉一云雷澤西南十許里有小山孤立峻上謂之歷山北有陶墟郭緣生言舜耕陶所在一云濼水出歷城縣故西南城南對山山上有舜祠書舜耕歷山亦云在此一云下落城西南四十里有潘城城西北三里有歷山山上有舜廟既四說並存矣又云鄭康成謂歷山在河東皇甫謐或言今濟陰歷山是也與雷澤相比余以鄭言爲然故揚雄河水賦曰登歷觀而遙望兮聊浮游於河之蹶今雷首山枕大河校之圖緯於事爲允則主河東之說矣曾子固齊州堂記曰康成釋歷山在河東世之好事者因嬀水出於雷首遷就附益謂歷山爲雷首之別號不考其實矣耕稼陶漁

皆舜之初事在一時地宜相近今河濱雷澤皆在濟陰則歷山不應獨在河東舜娶二女後乃居媯汭與耕歷山蓋不同時而地亦當異孟子又謂舜東夷之人則陶漁在濟陰作什器在魯東門就時在衛耕歷山在齊皆東方之地合於孟子圖記謂齊之南山爲歷山舜所耕處故其城名歷城爲信然也王伯厚通鑑地理通釋方密之通雅皆主齊州歷城閻氏釋地主河東今亦不能定其孰是姑兩存之至李石續博物志引周處之風土記謂歷山在越州此則出於附會無疑也　陶於河濱皇甫謐謂在濟陰定陶括地志陶城在蒲州河東縣北三十里即舜所都也南去歷山不遠何必定陶愚按水經注雷澤西北有陶墟郭緣生言舜耕陶所在墟阜聯屬濱帶瓠河則河濱即瓠子河之濱在濟陰而括地志以歷山河濱皆在河東未知孰是　漁於雷澤漢地理志雷澤在濟陰成陽縣西北括地志在濮州雷澤縣郭外西北水經注雷澤在大成陽故城西北十餘里其陂東西二十餘里南北十五里即舜所漁也愚按雷澤縣本漢成陽縣三說並同孟子舜漁於濩澤通典澤州陽城縣有濩澤水澤州今屬山西此又別是一說獨怪蔡傳於鳥鼠同穴皆不信而引山海經澤中有雷神龍身人頭鼓其腹則雷因名夏澤曰雷夏以實之豈非語怪之尤者然直至明萬歷間季之藻言澤底有巉石深竅冬至前吸水而入如巨雷鳴故名雷澤其怪始息

〔孟子正義〕　史記五帝本紀云舜耕歷山歷山之人皆讓畔漁雷澤雷澤上人皆讓居陶河濱河濱器皆不苦窳一年所居成聚二年成邑三年成都此舜耕稼陶漁之事也

塗炭

〔四書典故辨正〕　邱月林云坐於塗恐其污坐於炭恐其焚愚按仲虺之誥曰民墜塗炭孔傳云若陷泥墜火蔡傳亦云塗泥炭火邱說本此然書傳以炭爲火猶詩言王室如燬之義其義可通此云坐於塗炭是言其污濁乃無火之黑炭耳若是炭火豈必朝衣朝冠而後不坐哉趙註云塗泥炭墨則非炭火明矣

伯夷柳下惠

〔四書釋地又續〕　郝氏解曰處世自有中行不善不入而亦有包荒之量無道不校而亦有不屑之教若拒之使不可近則隘矣玩之爲不足數則不恭矣不爲隘故欲同天下於善不爲不恭故不忍棄天下於惡陳幾亭曰二聖人蓋皆於萬物一體有未至處信哉

〔孟子正義〕伯夷叔齊孤竹君之二子也父欲立叔齊及父卒叔齊讓伯夷伯夷曰父命也遂逃去叔齊亦不肯立而逃之國人立其中子於是伯夷叔齊聞西伯昌善養老盍往歸焉及至西伯卒武王載木主號爲文王東伐紂伯夷叔齊叩馬而諫曰父死不葬爰及干戈可謂孝乎以臣弑君可謂仁乎左右欲兵之太公曰此義人也扶而去之武王已平殷亂天下宗周而伯夷叔齊恥之義不食周粟隱於首陽山采薇而食之及餓且死此讓國而隱居之事也

〔孟子正義〕 春秋釋例世族譜云展氏司空無駭公子展之孫魯公族夷伯展氏祖父展禽食邑柳下隱公八年左傳云無駭卒公命以字爲展氏注云無駭公子展之孫故爲展氏僖公十五年左傳云震夷伯之廟罪之也於是展氏有隱慝焉注云夷伯魯大夫展氏之祖父二十六年左傳云公使展喜犒師使受命於展禽注云柳下惠國語魯語云齊孝公來伐臧文仲欲以辭告問於展禽對曰獲聞之注云展禽魯大夫展無駭之後柳下惠也字季禽獲展禽之名也是爲魯公族大夫也又魯語海鳥爰居篇云文仲聞柳下季之言注云柳下展禽之邑季字也莊子盜跖篇稱孔子與柳下季友國策齊策顏斶對齊宣王亦稱秦攻齊令有敢去柳下季壟五十步而樵採者則季爲字也文選陶徵士誄注引鄭氏論語注云柳下惠魯大夫展禽食采柳下謚曰惠淮南子說林訓柳下惠見飴高誘注云柳下惠魯大夫展無駭之子名獲字禽家有大柳樹惠德因號柳下惠一曰柳下邑柳下有此二說趙氏同高前說以爲號也號如史記呂尚號曰太公望荀子南郭惠子居南郭因以爲號是也惟名獲字季而趙氏以爲名禽字季未知所本孔氏左傳正義云季是五十字禽是二十字是也

望望然

〔孟子正義〕 禮記問喪云其送往也望望然汲汲然如有追而弗及也注云望望瞻顧之貌也此云慚愧趙氏蓋讀爲惘惘惘惘即罔罔文選西征賦注云惘猶罔罔失志之貌失志故慚愧也

若將浼焉

〔孟子正義〕 王氏念孫廣雅疏證云浼汙也方言氾浼潣洼洿也自關而東或曰洼或曰氾東齊海岱之間或曰浼或曰潣洿與汙同孟子公孫丑篇若將浼焉趙岐注云浼汙也丁公著音浼莊子讓王篇云欲以辱行浼我呂氏

春秋離俗覽不漫於利高誘云漫汚也漫涴並與䵦通莊子讓王篇云其並乎周以塗吾身也不如避之以絜吾行呂氏春秋誠廉篇塗作漫漢書王尊傳云塗汚宰相摧辱公卿汚塗漫義相同故汚謂之漫亦謂之塗塗牆謂之墁亦謂之圬矣

不屑就

【孟子正義】絜與潔通楚辭招魂篇云朕幼清以廉潔兮注云不汚曰潔引詩者邶風谷風第三章已作以古已以通毛傳云屑潔也箋云言君子不復潔用我蓋不我屑以謂不以我爲潔而用我也此不屑就謂不以諸侯爲潔而就之也

袒裼裸裎

【孟子正義】段氏玉裁說文解字注云但裼也衣部曰裼者但也古但裼字如此袒則訓衣縫今之綻裂字也今經典凡但裼字皆改爲袒裼矣衣部又云臝者但也裎者但也釋訓毛傳皆曰袒裼肉袒也肉袒者肉外見無衣也引申爲徒凡曰徒曰但皆一聲之轉空也王氏念孫廣雅疏證云臝裎徒裼袒也臝者說文臝袒也僖公二十三年左傳欲觀其裸王制臝股肱釋文臝本又作嬴大戴禮天圓篇唯人爲倮匈而生也史記陳丞相世家臝身而佐刺船並字異義同臝之言露也月令中央土其蟲倮鄭注云物象露見不隱藏虎豹之屬恒淺毛荀子蠶賦有物於此儳儳兮其狀楊倞注云儳儳無毛羽之貌義並與臝同裎者說文裎袒也孟子公孫丑篇云雖袒裼裸裎於我側裎之言呈也方言襌衣無袍者趙魏之閒謂之裎衣義亦相近也徒與袒一聲之轉也韓非子初見秦篇云頓足徒裼韓策云秦人捐甲徒裎以趨敵裼者說文裼袒也凡去上衣見裼衣謂之裼或謂之袒裼玉藻裘之裼也見美也內則不有敬事不敢袒裼是也其去衣見體亦謂之袒裼鄭風太叔于田篇襢裼暴虎爾雅云襢裼肉裼是也襢與袒同毛氏奇齡經問云洗玉亮問內則云不有敬事不敢袒裼夫袒裼裸裎見於孟子此大不敬之事乃以袒裼屬敬事鄭康成注則云父黨無容謂居父之側不事容飾則袒與裼有何容飾經與注皆不可解日往讀樂記云周旋裼襲禮之文也又玉藻云不文飾也不裼又云裘之裼也見美也君在則裼者盡飾也此所爲裼謂裼衣裼裘使美見於外正文飾之事與孟子袒裼裸裎截然不同袒裼見美本爲文飾而即以之爲敬君之事此正與不有敬事不敢

袒裼兩相發明蓋袒裼者事君之敬不敢袒裼者事父母之情也然則何以同一袒裼而一以爲褻一以爲敬曰袒裼本不同有去衣之袒裼有加衣之袒裼去衣之袒裼如射禮袒決喪禮袒括髮鄭詩袒裼暴虎郊特牲肉袒割牲左傳鄭伯肉袒牽羊史記微子世家面縛肉袒俱是也此脫衣見體不必皆敬事也若加衣之袒裼則衛風衣錦褧衣裳錦褧裳謂夫人衣錦必加單衣於其上謂之裼衣但又加一衣袒而不襲則其美見爲又有裼裘如狐白加錦衣狐青加緇衣狐黃加黃衣羔裘加緇衣皆加單衣於裘上但外又加一衣袒則裼之而美見襲則揜之而美不見檀弓所云襲裘而弔裼裘而弔是也去衣之袒裼爲褻加衣之袒裼爲敬則有分別矣

由由然

〔孟子正義〕　廣雅釋訓云浩浩油油流也由與油通故以由由爲浩浩趙氏解浩然之氣爲大氣注予然後浩然有歸志云浩然心浩浩有遠志也遠與大義同楚辭懷沙云浩浩沅湘王逸注云浩浩廣大貌是也此由由爲浩浩亦謂其不似伯夷之隘而寬然大而能容也乃油油本新生之狀詳見前油然作雲而禮記玉藻云三爵而油油然注云油油悅敬貌史記微子世家云禾黍油油索隱云油油禾黍之苗光悅貌油油爲悅故韓詩外傳引萬章由由然不忍去也作愉愉然不去也大戴記文王官人云喜色由然以生由爲生亦爲喜喜悅生之象也流動生之機也水生則流物生則悅禾黍之油油猶云木欣欣而向榮也列女傳賢明篇云柳下惠處魯三黜而不去憂民救亂妻曰無乃瀆乎柳下惠曰油油之民將陷於害吾能已乎且彼爲彼我爲我彼雖裸裎安能污我油油然與之處仕於下位其妻誄曰夫子之不伐兮夫子之不竭兮夫子之信誠而與人無善兮屈柔從俗不強察兮蒙恥救民德彌大兮雖遇三黜終不蔽兮愷悌君子永能厲兮嗟乎惜哉乃下世兮遐幾遐年今遂逝兮嗚呼哀哉魂神泄兮夫子之謚宜爲惠兮門人從之以爲誄此與孟子相表裏

隘不恭

〔孟子正義〕　禮記禮器云君子以爲隘矣注云隘猶狹陋也音義云隘或作阸或作阨並烏懈切文選吳都賦邦有湫阨劉逵注云阨小也湫阨卽湫隘小猶狹也文選注引晉綦毋邃孟子注云隘謂疾惡太甚無所容不恭謂禽獸畜人是不敬然此不爲褊隘不爲不恭此解隘不恭與趙氏同而其不同趙氏者趙氏謂伯夷之不屑就爲隘柳

下惠之不屑去爲不恭以君子不由爲聖人不取由用也取亦用也然孟子以夷爲聖之淸惠爲聖之和夷惠既是聖人則隘不恭聖人不由不得謂夷惠爲隘不恭故綦毋邃易趙氏義云此不爲褊隘不爲不恭此字指夷之不屑就惠之不屑去謂如是爲隘如是爲不恭若謂伯夷隘柳下惠不恭則伯夷柳下惠皆君子也隘與不恭君子皆不爲則夷不爲隘惠不爲不恭也後漢書黄瓊傳李固遺瓊書云君子謂伯夷隘柳下惠不恭故傳曰不夷不惠可否之間趙氏之義固有所本矣

公孫丑章句下

天時不如地利　二句

〔四書釋地三續〕　吳大易先生謂此節兩地利字殊不同上地利是舉偏而言之已足勝天時下地利是舉全而言之仍不能及人和

〔趙注〕　天時謂時日支干五行王相孤虛之屬也

〔孟子正義〕　時十二辰地支也日即十日天干也太元元數篇云五行用事者王王所生相故王廢勝王囚王所勝死淮南子地形訓云木壯水老火生金囚土死火壯木老土生水囚金死土壯火老金生木囚水死金壯土老水生火囚木死水壯金老木生土囚火死論衡難歲篇云立春艮王震相巽胎離沒坤死兌囚乾廢坎休王之衝死相之衝囚王相衝位有死囚之氣此王相之說也史記龜筴列傳云日辰不全故有孤虛集解云甲乙謂之日子丑謂之辰六甲孤虛法甲子旬中無戌亥戌亥即爲孤辰巳即爲虛甲戌旬中無申酉申酉爲孤寅卯爲虛甲申旬中無午未午未爲孤子丑爲虛甲午旬中無辰巳辰巳爲孤戌亥即爲虛甲辰旬中無寅卯寅卯爲孤申酉即爲虛甲寅旬中無子丑子丑爲孤午未即爲虛劉歆七略有風后孤虛二十卷此孤虛之說也周禮春官太史職太師抱天時與太師同車鄭司農云大出師則太史主抱式以知天時處吉凶史官主知天道故國語曰吾非瞽史焉知天道春秋傳云楚有雲如衆赤鳥夾日以飛楚子使問諸周太史太史主天道周時術士以七政占驗爲天道故裨竈云歲道多在西北子產雖正斥之云天道遠人道邇竈焉知天道然其時則混以天時爲天道至孔子贊易明元亨利貞爲天之道言天道虧盈而益謙言立天之道曰陰與陽立地之道曰柔與剛立人之道曰仁與義而天道乃明孟

子以天道與仁義禮智並言而此五行時日之術則之爲天時而天時天道乃曉然明於世也

三里之城

〔四書大全〕　四書釋地又續曰左傳疏云天子之城方九里諸侯禮當降殺則知公七里侯伯五里子男三里尚書大傳曰古者七十里之國三里之城然則孟子蓋謂子男之城云按賈公彥典命疏云天子城方十二里公宜九里侯伯宜七里子男宜五里匠人云九里或據里步法也山堂考索云王畿千里之廣百官之所止舍四方之所湊會城中之制宜以十有二里然後其廣足以有容爲謂方九里訑者之誤由此觀之則城之三里者恐難定指子男國都也

郭

〔四書典故正辨〕　集註云郭外城毛大可云郭廓然無城之名惟無城故晉之國郭都邑郭皆無城者至春秋齊難始城成郛城西郛郛者郭也謂郭是外城錯矣愚按釋名郭廓也廓落在城外也並不言無城左傳晉定公侵齊攻廪邱之郛主人焚衝或濡馬褐以救之遂毀之夫衝者攻城之具詩言臨衝以伐崇墉戰國策言攻城舉衝櫓又言千丈之城百尺之衝是也無城焉用衝爲至晉之城成郛城西郛則以城不皆郭故因避敵而增築之若據此謂郭本無城則春秋書城祝邱城向城諸及防㱿城亦無城乎管子云内之爲城外之爲郭城是内城郭卽是外城又何錯焉若春秋城中城杜註中城魯邑在東海厚邱縣西南　㑹厚邱今本作廪邱按東海無廪邱後漢志東海厚邱縣註引杜氏中城在此是杜原作厚傳寫訛耳　而禮書謂是内城此則陳祥道之誤

環而攻之

〔四書典故辨正〕　周禮春官簭人九曰簭環鄭注環謂筮可致師不也孔疏環與環人字同環人掌致師知此經簭環亦是主致師以卜之事也愚按孟子環而攻之之環卽周禮簭環之環環而攻之謂筮而攻之也攻之則筮吉故曰必有得天時者矣然而不勝者雖筮得天時之吉而不能克之是天時不如地利也蟲曾於曹月川語錄中得此說歎爲確解集註以環爲四面攻圍則環攻與得天時不甚融洽故須以曠日持久四字添補聯綴之不如此說之直截而有根據也

封疆之界

（四書釋地）漢地理志言齊初封地舃鹵寡人民過勸業通商而人物始輻輳先發端曰古者有分土無分民顏注無分人者謂通往來不常厥居也最是所以碩鼠之詩逝將去汝論語之襁負而至若至七國便不然域民不以封疆之界則當時封疆之界固已域其民矣君子於此亦可以觀世變云

孟子將朝王

（四書釋地三續）古者雞鳴而起朝辨色始入君日出而視之以知孟子將朝王蓋雞鳴之後辨色之前朝將之朝則日出時也愚初解如此復閱趙注云寡人若就孟子之館相見也有惡寒之疾不可以風倘可來朝欲力疾臨視朝因得見孟子不知可使寡人得相見否視朝內仍帶有力疾不得已之意頗妙不然旣惡寒大廷之上與道塗奚別爲而爲此日出視朝之常語耶　羼按此上朝字當讀往齊王以孟子肯來朝方視不然仍以疾罷語頗婉切孟子則不悅其來召以疾辭語頗直切一時情事可想

有寒疾

（孟子正義）按張仲景傷寒論云太陽之爲病脈浮頭項強痛而惡寒又云太陽中風嗇嗇惡寒淅淅惡風此云不可以風則是惡風惡風而云寒疾蓋是太陽中風寒水之經疾也趙以云寒疾不可以風故以爲惡寒之疾

明日出弔於東郭氏

（四書攷異）按疏曰以理推之孟子所弔必齊之賢大夫也如非大夫之等亦何由而弔之哉愚謂孟子所重賢而已矣何必定大夫韓詩外傳云齊有東郭先生梁石君不詘身下志以求仕世之賢也孟子所弔梁石君殆其人歟

（孟子正義）史記平準書東郭咸陽索隱引風俗通云東郭牙齊大夫咸陽其後也是齊有東郭氏爲大夫家也按東郭先生蓋住居東郭未必即東郭氏此明稱氏爲大夫家是也

孟仲子

（四書摭餘說）三遷志孟子娶田氏生子名仲子孟氏譜云仲子名睪孟子之子娶郗氏解從之趙註[illegible]謂孟仲

子孟子之從昆弟也詩譜云子思論詩於穆不已孟仲子曰於穆不似毛傳取以爲說　【翟】維天之命傳引孟子曰
大哉天命之無極而美周之禮也閟宮傳引孟仲子曰是禖宮也　孔氏謂趙岐云孟子從昆弟學於孟子譜云子
思弟子蓋與孟軻共事子思後學於孟軻余謂孟子且不親受業於子思之門何有仲子意孟子之子自名學師事
公孫丑故未著詩傳其孟仲子以趙氏從昆弟之說爲信而告子篇之孟季子又當爲仲子之弟也　【翟】按譚氏貞
默孟子編年略以母氏始以仲子季子終　至序錄所稱子夏傳曾申申傳魏人李克　【翟】讀詩記引陸璣草木疏
以曾申爲申公以克爲尅皆誤　克傳魯人孟仲子者當別是一人王厚齋以爲名氏之同是也全謝山擬子夏之
詩三傳爲孟仲子孟仲子再傳爲荀卿以史記謂孟荀同時未必然則仍以著詩傳之孟仲子爲即孟子之從昆弟
非也孟子正義於孟仲子則云未詳於孟季子則謂即爲任處守之季任其圖眞不待辨者

不得已

〔孟子正義〕　儀禮鄉飲酒禮賈氏疏云齊王召孟子不肯朝後不得已而朝之宿於大夫景丑氏之家此解不得已爲不得已而朝是也趙氏言近於仲子之言不得已已止也不得止者不得不往朝也

景子曰

〔四書攷異〕　漢書藝文志景子三篇列儒家此下稱景丑爲景子其言父子主恩君臣主敬及引禮云云頗有見於儒家大意似即著書之景子也孟子宿於其家蓋亦以氣誼稍合往焉

宜與夫禮

〔孟子正義〕　音義云宜與丁音餘下是與死與言與伐與殺與之與過與皆同此宜與亦如字翟氏灝考異云書齋夜話曰宜與之與音歟古者歟字皆作與字宜歟即可乎之謂當以與字絕句不當連下文爾雅釋詁云宜事也故以事釋宜宜與夫禮謂夫子之事與禮所云若不相似趙氏讀與如字孫奭謂宜與如字是也丁讀宜與爲句非也王氏引之經傳釋詞云家大人曰宜猶殆也成二年左傳宜將竊妻以逃者也孟子公孫丑篇宜與夫禮若不相似然滕文公篇不見諸侯宜若小然又枉尺而直尋宜若可爲也離婁篇宜若無罪焉盡心篇宜若登天然齊策數語之務宜若奉漏甕沃燋釜宜字並與殆同義

吾何慊

〔孟子正義〕 王氏念孫廣雅疏證云歉少也說文歉食不滿也襄二十四年穀梁傳一穀不升謂之嗛范甯注嗛嗛不足貌韓詩外傳作㥦廣釋釋天作歉孟子公孫丑篇吾何慊乎哉趙岐注云慊少也逸周書武稱解云爵位不嗛田宅不虧並字異而義同

湯之於伊尹

〔四書摭餘說〕 商書序伊尹相湯正義曰太公之相武王猶如伊尹之相成湯秦誓不言太公相者武王之時有周召之倫聖賢多矣湯稱伊尹云聿求元聖與之戮力伊尹稱惟尹躬暨湯咸有一德則伊尹相湯其功多於太公故特言伊尹相湯也漢高帝詔王者莫高於周文伯者莫高於齊桓皆待賢人而成名孟子不言文而言湯者蓋爲伊尹言之也湯曰大哉尹曰天民書所以言克享天心受天明命而緯候之書乃稱有黃龍元龜白魚赤雀負圖銜書以授聖人妄已史記伊尹名阿衡索隱曰孫子兵書伊尹名摯阿衡官名詩毛傳云阿衡伊尹也鄭氏亦云阿倚衡平也伊尹湯倚而取平故以爲官名孔氏曰稱尹者蓋湯得之使尹正天下故號曰伊尹余謂伊尹樂堯舜之道思天下之民被堯舜之澤三聘幡然七篇自是實錄其所稱學焉後臣者堯曰中湯曰衷尹曰一帝王傳性命之緒君臣同戰兢之思蓋所學莫大乎此史言素王及九主之事亦隱辭耳然何以知孟子爲伊尹言之也王厚齋謂孟子學伊尹者也當今之世舍我其誰是亦聖人之任況下言不爲管仲者孟子自道也不爲管仲明是願爲伊尹言外便有以齊王由反手意即謂孟子學伊尹何不可者太史公不知孟子不爲之旨其素王妙論曰管子設輕重九府行伊尹之衡則桓公以霸而劉向稱賈誼遂曰雖古之伊管未能遠過夫伊管而可以並稱哉林少穎曰王霸之無辨漢世爲尤甚儗人之非倫漢儒爲尤甚誠哉是言也

兼金一百

〔四書釋地孟子考〕 或問於余曰齊餽兼金一百鎰趙岐注云古者以一鎰爲一金一鎰是爲二十四兩也按古所謂金乃黃金非今之銀黃金至二千四百兩無乃過於厚歟余應之曰否淮南子曰秦以一鎰爲一金而重一斤漢以一斤爲一金考之漢律歷志斤十六兩然則秦之斤溢漢之斤三之一也又考漢食貨志黃金一斤值錢萬是

鎰今之銀十兩然則秦之一鎰值今之銀十五兩可知也當戰國時淳于髡傳梁送黃金百鎰孟嘗君傳秦載黃金百鎰虞卿傳趙賜黃金百鎰聶政傳嚴仲子奉黃金百鎰荆軻傳夏無且賜黃金二百鎰至越世家陶朱公以黃金千鎰進莊生蘇秦傳趙肅侯以黃金千鎰約諸侯田單傳即墨富豪以金千鎰遺燕將郎平原君爲魯連壽亦以千金呂不韋令能增損其書一字予千金間尙有什倍於齊餽者安在其遂過於厚耶或又問曰子知古之權與今同耶異耶金之價視今重耶輕耶余曰漢四十斤當宋十五斤孔穎達曰今一百二十斤於古稱三百六十斤亦各說不同要秦之斤雖重於漢而較唐宋以後猶懸殊也何休註公羊傳百金之魚亦謂古金重一斤若今萬錢則知自三代以迄兩漢金價一律如此若在今日漢黃金一斤重當六兩金重至六兩足値錢六十緡奚啻倍蓰於萬錢豈非古黃金多而價廉故贈遺者亦多今黃今少而價昂故贈遺者亦少歟　鈺按滑稽列傳齊威王使淳于髡之趙齎金百斤車馬十駟髡仰天大笑威王乃益齎黃金千鎰車馬百駟蓋十倍也則知齊亦以一鎰爲一斤

〔四書摭餘說〕　按漢時黃金上下通行故文帝賜周勃至五千斤宣帝賜霍光至七千斤武帝以公主妻欒大至齎金十萬斤衛青出塞斬捕首虜之士受賜黃金二十餘萬斤而後漢光武紀言王莽末天下旱蝗黃金一斤易粟一斛是民間亦未嘗無金也

在宋

〔四書摭餘說〕　季氏孟子事蹟圖譜謂孟子去齊之宋是也又謂適宋有二其初當宋剔成其後當宋王偃余按世家辟公元年即周烈王四年己酉也立三年辛亥辟公卒子剔成立壬子剔成元年立四十一年壬辰剔成弟偃攻襲剔成剔成敗奔齊偃自立爲宋君時周顯王之四十一年癸巳也孟子四十後始遊齊又曰久於齊非我志則去齊之宋已在君偃之世非剔成而鮑彪且謂在辟公時益疎略之甚已孟子居宋疑必有上下之交如尊德樂義爲宋句踐言之什一去關市之征爲戴盈之論之皆是時滕文公爲世子將之楚過宋見孟子是世子愈於觀賢處見孟子而往反及之亦可知在宋之非一日也去宋知其之薛者觀陳臻問答却齊王之餽曰前日則時已去齊也受宋薛之餽曰今日則時在宋薛也是一時事也由宋之薛行者必以贐受宋君偃餽七十鎰季氏謂將東至於薛然後適魏若非期於適魏不可以爲遠行按廣輿記今歸德府春秋宋地周封微子於此秦曰碭郡漢曰睢

陽唐曰宋州在大梁東界距魏都二百八十里孟子若果期於適魏何事更東而之薛而故爲是僕僕亟且曰予將有遠行亦行者之通辭耳正不必期於適魏然後爲遠而之薛即謂之近也況去薛並未適魏耶

行者必以贐

【孟子正義】臧氏庸述其高祖琳經義雜記云論衡刺孟引孟子云行者必以賮辭曰餽賮文選魏都賦繈負賮劉淵林注賮禮贄也孟子曰將有遠行行者必以賮蒼頡篇曰賮財貨也褚白馬賦或踰遠而納賮李善注孟子曰有遠行者必以賮知孟子本作賮今作贐乃俗字段氏玉裁說文解字注云賮會禮也以財貨爲會合之禮也或假進爲之如漢高紀曰蕭何爲主吏主進是也

在薛

【四書摭餘說】譚氏孟子編年略曰薛在春秋時自薛伯穀至薛惠公凡六傳黃帝之苗裔奚仲後也至戰國爲齊威王所滅以封其少子田嬰嬰傳子田文即孟嘗君當孟子時滕猶論語之滕薛非論語之薛矣不得編年則在薛受餽不知其爲何人余按史記田嬰者齊威王少子而齊宣王庶弟也周顯王四十八年始封於薛嬰卒謚爲靖郭君其子文代立是爲孟嘗君　鈺按後漢書志云薛本國注引地道記曰夏車正奚仲所封冢在城南二十里山上皇覽曰靖郭君冢在城中東南陬孟嘗君冢在城中向門東北邊　以孟子之經考之之薛當在田嬰未封以前是時下邳遷於薛　鈺按下邳下今邳州距薛今徐州東北一百五十里　邳薛皆同姓其君猶以諸任之國奉奚仲之祀而遂謂薛非論語之薛乎即據竹書封田嬰在梁惠王後元十三年　鈺周顯王四十六年　下明書十四年薛子嬰來朝則是年亦當是田嬰非田文然則編年謂適宋受宋餽時值宋王偃者是也　鈺按宋君偃自立爲王在慎靚王三年孟子受餽時即稱王偃亦誤　謂適薛受薛餽時值薛孟嘗君者非也且說大人章趙注泛稱當時尊貴者竊以儀秦犀首一輩孟子嘗同與游事齊梁之朝他日與景春言是爲得爲大丈夫即所謂勿視其巍巍然者而譚氏專屬之田文安見是章必爲在薛之言耶孟子東至於薛時有戒備不虞之心薛君故爲兵餽之受五十鎰邪趙謂時有惡人欲害孟子殆如桓魋於孔子之類當時實有戒心故曰聞戒季氏謂由薛以往必設兵以備寇盜則孟子傳食諸侯又何獨於薛而爲兵餽耶去宋知其之薛者以陳臻問餽知之也去薛知其反鄒者以然友

之鄒然友復之鄒知之也明年築薛而孟子在滕矣

〔孟子正義〕　周氏廣業孟子出處時地考云孟子所在之薛乃齊靖郭君田嬰封邑非春秋之薛也左傳隱十一年薛侯注云魯國薛縣公羊哀四年注云滕薛俠轂此春秋之薛也史記孟嘗君列傳湣王三年封嬰於薛嬰卒子文代立續漢志魯國薛縣本注云本國六國時曰徐州補注引皇覽曰靖郭君冢在城中東南陬此戰國之薛也其時薛爲齊有地鄰於楚故國策載齊將封嬰於薛楚王聞之大怒將伐齊公孫閈往見楚王曰齊削地以封嬰是以所以弱也楚王乃止後昭陽請以數倍之地薛嬰不可時嬰以宣王庶弟相齊十數年得於薛立先王之廟至田文直稱薛公蓋不特大都耦國其名數亦儼同列侯故孟子過此亦受其餽也薛與滕近文公聞築薛而恐是也齊湣王將之薛假途於鄒而太史公言吾嘗過薛其俗與鄒魯殊則地近鄒魯又可知矣方孟子在宋而有遠行其欲遊梁無疑但梁宋接境史記貨殖傳自鴻溝以東芒碭以北屬鉅野此梁宋也陶睢陽亦一都會也徐廣曰梁爲今陶之浚儀陶睢陽今之定陶又國策魏太子申之攻齊也過宋外黃高誘曰今陳留外黃故宋城也後徙睢陽然則自梁至齊必先過宋孟子之遊梁固宜由睢陽西達大梁否亦徑歸鄒而反折而東自薛歸鄒者有戒心故也趙岐言時有惡人欲害孟子應劭云又絕糧於鄒薛困殆甚薛之俗在孟嘗未招致任俠奸人之前其子弟已多暴桀異於鄒魯故惡孟子欲害之耶抑上下無交有如孔子之阨於陳蔡者耶是皆未可知而孟子設兵戒備則非尋常剽掠明矣孟子在齊東郭公行鼍皆所往還學獨遺一田嬰豈其取道於薛固因避禍而餽金以共困乏亦東道主之義也江氏永羣經補義云孟子過薛薛君餽五十鎰當宣王時卽孟嘗君田文也

〔四書考異〕　風俗通窮通卷孟子絕糧於鄒薛困殆甚所云戒心當卽絕糧時

戒心

〔孟子正義〕　襄公三年左傳云不虞之不戒又十三年左傳云吳乘我喪謂我不能師也必易我而不戒注並云戒備也說文云戒警也從廾持戈以戒不虞

孟子之平陸

〔四書摭餘說〕　戰國策齊據河濟足以爲阻而杜征南左傳注任城封近於濟實世祀之則孟子由鄒之任卽當

由任之齊而處平陸者依距心也平陸齊邊邑孔子時爲魯中都邑地獮時屬齊卽今汶上縣是余按汶水出泰山萊蕪西南入齊在齊南魯北齊魯之界以汶分孟子所謂臣始至於境者當卽指此　[註]按汶上縣在兗州府西北九十里距齊都臨淄尙六百里　時儲子爲齊相以幣交受之而不報孟子所謂儲子得之平陸是也又由平陸之齊之後之言也之齊不見儲子亦不卽見齊王故陳代以不見諸侯爲小而萬章亦有不見諸侯何義之問孟子皆舉齊景公招虞人不往爲說以其爲齊故事人易曉耳季氏本事蹟圖譜謂王疑其有異使人瞯之意儲子通意宣王知先加禮故得見孟子其說明甚又曰當其三見而未言事則猶仍乎荀子之謬已

平陸

〔四書典故辨正〕　備考引平陽府之平陸縣愚按此平陸漢爲大陽縣屬河東郡並非齊地唐書地理志云天寶元年太守李齊物開三門以利漕運得古刀有篆文曰平陸因更名則唐以前此縣猶未稱平陸矧孟子時乎閻潛邱曰漢東平國有東平陸卽田齊世家所云康公貸十五年魯敗我平陸者古爲厥國孔子時爲魯中都地獮時屬齊卽今汶上縣是爲齊之邊邑又有陶平陸則梁門不開張守節曰平陸唐兗州縣卽中都在大梁東界故知爲邊邑愚按閻說甚覈更證以史記封禪書漢書郊祀志云蚩尤在東平陸監鄉齊之西境又知爲齊西境之邊邑但以東平陸爲古厥國卽魯之中都此稍欠審按水經注汶水又西南逕東平陸故城北應劭曰古厥國也又西南逕致密城郡國志曰須昌縣有致密城古中都也卽夫子所宰之邑據此則東平陸爲厥國須昌爲中都其地相近後漢省平陸入須昌遂合而爲一耳

持戟之士

〔四書釋地〕　史記商君列傳持矛而操闟戟者旁車而趨聶政列傳韓相俠累方坐府上持兵戟而衛侍者甚衆因悟孟子持戟之士亦然蓋爲大夫守衛者非指戰士伍亦非行間七國時尙武備多姦變生於不測而平陸又屬齊邊邑故雖治邑大夫亦日日陳兵自衛孟子卽所見以爲喩郝京山曰伍班次也失伍不在班也去之罷去也亦指守衛者言

都

〔四書改錯〕　都者縣邑之總名禮十邑曰都周官四縣曰都毛詩傳下邑曰都又小曰邑大曰都今平陸本齊邑而稱之爲都則正與諸經所釋相合乃偏引春秋傳文邑有先君之廟爲歸夫此一傳文本屬疑義否國無道廟者衛成遷帝邱欲祭夏相然未聞有夏相廟也若晉曲沃有先公廟則篡變角立並非典制至於齊鄣有紀廟晉漆有郕君廟則皆他國所偶附者且亦安得稱先君之廟此惟宗卿建宗得設先君一廟於宗邑名出君廟庶幾近之然亦都邑偶見並非恒稱況此時平陸下邑爲都有五所云臣知五人者安得都之皆宗邑

〔四書釋地續〕　邑有先君之廟曰都出莊二十八年穀梁傳自春秋五十凡之一凡以説春秋則可引以注孟子少遠講義皆能辨之余直取毛萇詩傳下邑曰都欲以易此句蓋都與邑雖有大小君所居民所聚有宗廟及無之別其實古多通稱如商邑翼翼四方之極既伐於崇作邑於豐此都稱邑之明徵也趙岐曰君何不歸十五都孟子曰王之爲都者此通稱都之明徵也

〔四書釋地又續〕　向爲都與邑可通稱今不若只以曲沃證莊二十八年云宗邑無主閔元年云分之都城更證以費昭十三年云誰與居邑定之二年云將墮三都是非爾雅宮謂之室室謂之宮一例語乎因思齊威王朝諸縣令長七十二人樂毅傳下齊七十餘城田單傳復齊七十餘城齊都邑衆多如是而孟子謬得其人夫僅僅五人焉亦可謂寡矣也矣

〔日知錄〕　詩毛傳下邑曰都後人以爲人君所居非也考之經則書之云大都小伯詩之云在浚之都作都於向者皆下邑也左傳曰先王之制大都不過參國之中五之一小九之一又曰邑有宗廟先君之主曰都無曰邑故晉二五言於獻公曰狄之廣莫於晉爲都謂蒲也屈也士伯謂叔孫昭子曰將館子於郭謂箕也公孫朝謂季平子曰有都以衛國也謂成也仲由爲季氏宰將墮三都爲郈也費也成也衆章曰往歲克敵今又勝都謂鄺邱也孟子王之爲都者臣知五人爲謂平陸也韓子衛嗣君以一都買一胥靡謂左氏也史記趙良勸商君歸十五都灌園於鄙秦王請藺相如召有司按圖指從此以往十五都予趙齊王令章子將五都之兵因北地之衆以伐燕張儀說楚王請效萬家之都以爲湯沐之邑而陳恢見沛公亦曰宛大都之都也其名始於周禮小司徒九夫爲井四井爲邑四邑爲邱四邱爲甸四甸爲縣四縣爲都　鄭註四縣爲都方四十里　而王之子弟所封及公卿之采邑在焉於是

乎有都宗人都司馬其後乃爲大邑之稱耳　按縣士註距王城四百里以外至五百里曰都　故詩云彼都人士

禮月令命農勉作毋休於都而宰夫掌郡都縣鄙之治　按註郡都諸侯邑也　商子言百都之尊爵厚祿史記信陵君之諫魏王謂所亡於秦者大縣數十名都數百則皆小邑之稱也三代以上若湯居亳太王居邠並言居不言都至秦始皇始言吾聞周文王都豐武王都鎬豐鎬之間帝王之都也而項羽分立諸侯王遂各以其所居之地爲都王莽下書言周有東都西都之居而以洛陽爲新室東都常安爲新室西都　按莽改長安曰常安　後世因之遂以古者下邑之名爲今代京師之號蓋習而不察耳

蚳鼃

〔孟子正義〕楊桓六書統引石經孟子作蝨鼃周氏廣業孟子逸文考云此石經當是蜀中所刻說文蚳字重文有三其籀文从氐从䖵疑蝨同爲蝨字之譌也

靈邱

〔四書釋地〕靈邱亦屬齊邊邑趙世家敬侯二年敗齊於靈邱六國表敬侯九年魏武侯九年韓文侯九年因齊喪其伐之至靈邱又趙世家惠文王十四年樂毅將趙秦韓魏燕攻齊取靈邱明年燕獨深入取臨淄加以蚳鼃去王遠無以譏王闕特辭靈邱請士師足徵爲邊邑但實不知所在爾時趙別有靈邱以葬武靈王得名即今靈邱縣

按應劭曰趙武靈王葬其東南二十里故縣氏之　孝成王以靈邱封黃歇絳侯擊破陳豨於靈邱皆其地註史記者以此之靈邱爲齊之靈邱無論齊境不得至代北而敬侯時安國有靈邱胡三省通鑑註齊靈邱又以漢清河郡之鄃縣當之亦出瞎度毋寧闕疑

公都子

〔孟子正義〕廣韻公字注云漢複姓八十五氏孟子稱公都子有學業楚公子食邑於都後氏焉

孟子爲卿於齊

〔四書摭餘說〕孟子前居齊未爲卿至是復見齊宣王乃受卿祿此周慎靚王二年壬寅孟子去梁後事也　按任氏孟子考略於庚子書齊威王卒子辟疆立是爲宣王蓋仍竹書之誤又於壬寅書齊置稷下館廣招賢者孟子

至齊見王於崇退至於平陸王命孟子爲賓師館於雪宮豈知孟子於宣王之前後曾兩至齊哉　淳于髡曰夫子在三卿之中但言齊大國有三卿而已未有司徒等名全謝山謂七國官制卓卓國策中惟魏有司徒之官一見亦不足信大抵三卿指上卿亞卿下卿而言樂毅初入燕乃亞卿是其證也或曰一卿是相一卿是將其一爲客卿而上下本無定員亦通孟子爲卿於齊王驩以大夫攝卿行故亦曰齊卿之位不爲小然驩實是副使則列女傳謂孟子去鄒適齊齊王以爲上卿者信也季氏本曰其與王驩使滕爲文公之喪也非大國之君無使貴卿及介往弔之禮此固重文公之賢而隆其數亦孟子欲親往弔以盡存沒始終之大禮也郝氏曰是時滕爲齊役卽有喪未必弔卽弔亦未必使卿況孟子召且不可豈王得使者必是孟子與滕有舊自往弔之而王尊禮孟子故使貴倖同行且或藉是行其窺伺之私耳按孟子前去齊之宋之薛反鄒至滕此七篇明文也至是而文公卒孟子往弔亦再至齊之切證呂成公大事記載自齊之宋自宋適滕勸文公修井田法書於周赧王元年孟子致爲臣而歸之後則當其爲卿於齊定公且猶未亮不知孟子所弔者何公矣其謬實不足究詰者

蓋

〔四書釋地〕　予少時習孟子疑蓋大夫王驩與兄戴蓋祿之蓋同音集註却於前云齊下邑後云陳氏食采邑當是二邑宋王伯厚謂漢泰山郡蓋縣故城在沂州沂水縣西北僅一處無二地頗不可解後讀左氏春秋傳趙衰爲原大夫於是先軫亦稱原軫子縠同爲原同於是先縠亦稱原縠唐孔氏曰蓋分原邑而共食之僖二十五年狐溱爲溫大夫文六年陽處父至自溫故成十一年劉子單子曰蘇王勞文公而賜之溫狐氏陽氏先處之亦共食一邑者因悟蓋一也以半爲王朝之下邑王驩治之以半爲卿族之私邑陳氏世有之然則當時蓋亦大矣

〔孟子正義〕　漢書地理志泰山郡有蓋本注云臨樂于山洙水所出西北至蓋入池水又沂水南至下邳入泗郡此蓋也

王驩輔行

〔孟子正義〕　毛氏奇齡改錯云明稱齊卿且云位不小古侯國卿有左師右師故趙有左師觸龍宋有右師元華皆是正卿驩是右師侯國上卿多以邑冠如楚司馬沈氏以食葉名葉公晉卿趙氏以守原名原大夫不止邑宰專

稱也趙岐謂右師在後總疑右師必不當與蓋大夫作同時稱耳宋向戌以左師而食采於合春秋傳名合左師則此蓋大夫卽直云蓋右師何不可爲周氏柄中辨正云左傳凡大夫加邑號者皆治邑之大夫僖二十五年傳晉趙衰爲原大夫二十七年傳命衰爲卿則當其守原之日未爲卿也楚僭號縣尹俱稱公如申公鄖公白公之類皆邑大夫惟葉公嘗爲令尹司馬以老於葉故始終稱葉公此固不可爲例者王驩爲蓋大夫猶距心爲平陸大夫也陳組綬燃犀解引徐伯聚云經文明言孟子爲卿驩爲大夫則公孫丑所言之卿蓋孟子也按此說是也趙氏言王以蓋邑之大夫王驩爲輔行輔是副使是時孟子以卿爲正使驩以大夫副之副使原不必攝卿且卿遂可與言大夫遂不可與言乎惟是時孟子以卿爲正使驩以大夫爲副使凡一切使事驩宜聽命於孟子乃驩則自專而行此丑所以問也言夫子以卿爲正使位不爲小何得聽其自專而不與言故孟子所答云云趙氏於齊卿之位二句不注者正以此卿位卽孟子爲卿之卿不必更注而下言驩事知自善則孟子之不與言正非徒以不悅其爲人而不與相比而已也出弔於滕趙氏云出弔滕君按滕定公薨孟子時居鄒非此爲齊卿時也季本孟子事蹟圖譜云其與王驩使滕爲文公之賢而隆其數亦孟子欲親往弔以盡存沒始終之大禮也事雖無據可存以備參考或謂卽滕定公之喪則誤矣

齊卿之位

〔四書改錯〕明明稱齊卿且明曰位不小而反云攝卿此何所據况驩本右師古王國卿有太師少師侯國卿有左師右師故趙有左師觸龍宋有右師華元皆是正卿何得云攝揣其意必以蓋大夫爲邑宰名如郕大夫鄹邑大夫類皆屬家臣竟忘却驩是右師卽趙註後爲右師亦祗知離婁篇右師在後竟忘卻本文齊卿之位四字不知蓋大夫者大夫加邑號之稱如晉卿趙氏以守原名原大夫楚司馬沈氏以食葉名葉公非止邑宰專稱也朱註直稱攝卿趙註謂右師在後總疑右師必不當與蓋大夫同時稱耳予乃舍大夫而稱右師宋戌以左師而食采於合春秋傳名合左師則此直註曰蓋大夫卽蓋右師何不可爲

齊滕之路

〔四書釋地續〕金仁山曰滕姬姓國今徐州北一百九十里所屬之滕縣有古滕城余考自臨淄抵滕不滿五百

里路不爲遠而一往一還將千里路亦不爲近朝暮接爲未一及使事故出以爲疑唐宋境風度凝遠人莫涯其蘊開元初自廣州召入朝帝遣內侍楊思勖驛送之未交一言思勖自以將軍貴幸訴之帝帝獨嗟重嗟乎如明皇者豈不賢於宣王遠與　錄朱子疑孟子去齊由王黜積憾故

孟子自齊葬於魯反於齊止於嬴

〔四書摭餘說〕　孟子魯人也戰國游士多家於寄以孟母嫠婦孟子孤兒則出必偕出處必偕處後車數十乘傳食諸侯自當與介推奉母一類故劉向列女傳云孟子處齊有憂色擁楹而歎孟母見之則是孟母與孟子同在齊矣至是而母沒於齊記曰周人卒哭而致事註謂還職事於君盡喪不貳事不從政也於是孟子去官爲親行服養生者不足以當大事惟送死可以當大事自齊葬於魯禮也古稱徒跣扶柩行路嗟歎賢者能之而况孟子耶或引題辭魯鄒故爲鄒之說謂孟子蓋魯公族不知何時適鄒遂爲鄒人猶歸葬於魯者太公子孫反葬周之義也余謂毛西河魯鄒無家而齊有家之說固不足信舍是又未聞孟子以鄒人而廬魯墓三年者故斷曰孟子魯人也明其爲魯人則至魯歸葬郎在魯居喪此理之斷不可易者惟是少孤失怙其與父合墓與否未可知　錄閻百詩孟子考今孟母墓碑在鄒縣北二十里馬鞍山陽又非魯地疑古爲魯地　而葬以大夫祭以五鼎他日魯君臣專議孟子家事不益信其爲父母之邦哉禮君子不奪人之喪亦不可奪喪也故曰父母之喪三年不從政季氏本誤讀孟子反於齊一言其圖譜遂謂孟子在齊居憂者三年是孟子直自奪也顧甯人日知錄謂言葬不言喪此改葬也引禮改葬緦事畢而除之說亦無據解者不悉乃謂孟子勸人行三年喪而躬違之又罪萬章之徒修文不善可謂誣矣李觀左袒臧倉者矣　錄見郎瑛七修類藁　京山郝氏遂據喪禮尊者有賜則明日往拜襚則孝子不忍遽死其親故贈襚之賜拜於葬後孟子奉母仕於魯母卒王以卿禮含襚及歸魯三月而葬反於齊拜君賜也其止於嬴何也禮衰絰不入公門大夫去國踰境爲壇位鄉國而哭此喪禮也故自魯越國至齊境上爲壇位成禮於嬴畢將遂反也而不知其說亦非是考之儀禮士喪禮云三日成服杖拜君命及衆賓不拜棺中之賜註謂既殯之明日全三日始歠粥矣禮尊者加惠明日必往拜謝之棺中之賜不施已也既夕記云主人乘惡車註謂拜君命拜衆賓及有故行所乘也然則當孟母沒於齊必赴於王王使人弔歛成服後往謝之所謂乘惡車者是王使人襚歛則所謂

棺中之賜不施已也禮明云不拜況葬後耶總之孟子拜君命非拜君賜亦於殯後非葬後皆不出齊都城之事且嬴齊南邑春秋桓公三年會侯齊於嬴杜註嬴今泰山嬴縣紫嬴縣故城在萊蕪縣西北四十里北汶水之北去齊都臨淄尚三百餘里安有拜君賜於三百餘里之外者乎且衰絰不入公門未聞不入國門也爲壇位而哭乃出亡禮非喪者所用父母之喪居倚廬廬嚴者也不與人居示變之所獨也孟子儳然在苫塊之中服變服而皇皇道塗古所稱孝子之哀於居處者當不若是郝氏之誤解遂足據耶　翼任氏考畧謂孟子使人報於君而身待於境王使人留之因致館焉遂居嬴地以終喪是則孟子不曾不鄒獨煢煢三年於齊國都之外非杜撰之尤者哉　閻氏百詩初亦用郝解謂孟子母没於齊及奉喪來歸皆哀戚匆遽無暇可語惟至往齊拜賜舍於逆旅始得以一論匠事禮斬衰唯而不對齊衰對而不言孟子居母喪正齊衰故猶答充虞以言而但不先發言於人耳後以爲不安復改作孝子之喪親言不文今也援古論今幾於文矣三年之喪言而不語語爲人論說也後魏孝文帝以與公卿往復追用慟絶曰朕在不言之地不應如此喋喋然則孟子反喋喋耶見顧出孝文下耶故充虞問答斷自於免喪之後者爲得其實也而西河以反爲反哭之反引既夕禮非喪事不言謂喪事必言以極詆之過已顧何以云前日也閻氏又曰孟子之書有以昔與今對言昔似在所遠而亦有指昨日者昔者辭以疾是也以前日與今對言前日似在所近而亦有指最遠者前日願見而不可得是也夫孟子久於齊而後去去齊之日上溯其未游齊之日猶目之爲前日安在僅三年者而不可目以前日耶或詰曰充虞蓄一疑於心至三年始發之歟余曰此尤足以見孟門弟子之好問也陳臻從於齊於宋於薛辭受之後而問屋廬子從居鄒處平陸以至見季子不見儲子之後而問其事之相距誠非止一二年而歷歷記憶反覆以究其師之所用心者猶一日也夫充虞亦猶是爾至木若以美然之問亦自有說按墨之治喪以薄宋書禮志引尸子禹治水爲喪法曰桐棺三寸制喪三日蓋墨家託於禹者所爲爾時墨道大行殯皆從薄見有合於禮者反以爲踰禮與孔子時事君盡禮人以爲諂者何異孟子邀古制而盡人心亦所謂距揚墨之道也以與充虞論匠事於止嬴日故繫止於嬴亦猶與公孫丑論不受祿於居休日故繫以居休豈必別有義在乎世人不善讀孟子幾爲奪情者所藉口吾恐臧氏之子已先以短喪指斥不僅如後喪踰前喪云云矣此則辨之不可不早辨者也

使虞敦匠事嚴

〔趙注〕敦匠厚作棺也事嚴喪事急

古者棺椁無度三句

〔孟子正義〕周易繫辭傳云古之葬者厚衣之以薪葬之中野不封不樹喪期無數後世聖人易之以棺椁蓋取諸大過禮記檀弓云有虞氏瓦棺注云始不用薪也又云夏后氏堲周殷人棺椁周人牆置翣注云有虞氏上陶火熟日堲燒土治以周於棺也或謂之土周由是也椁大也以木爲之言椁大於棺也殷人上梓牆柳衣也然則棺始於唐虞而椁始於殷人殷雖備棺椁尚無尺寸之度是古者指殷以前而周乃有尺寸是中古指周公制禮以來也孔氏廣森經學卮言云中古尚指周公以前周公制禮則自天子至於庶人皆有等故喪大記曰君大棺八寸屬六寸下大夫大棺六寸屬四寸士棺六寸夫子制於中都亦爲四寸之棺五寸之椁是庶人不得棺椁同七寸矣易繫辭後世聖人易之以棺椁大抵通言黃帝堯舜墨子偏主節葬之說然已云禹有桐棺三寸則木椁代瓦不始於殷而檀弓特舉殷人棺椁似殷正始定棺椁尺寸之度者也孟子多言殷法分田則取助不取徹分國則言三等不言五等春秋變周之文從殷之質孟子學長春秋每於此見之趙氏云重累之數牆翣之飾者檀弓云天子之棺四重水兕革棺被之其厚三寸杝棺一梓棺二四者皆周注云諸公三重諸侯再重大夫一重士不重以水牛兕牛之革以爲棺被革各厚三寸合六寸此爲一重杝棺所謂椑棺也梓棺所謂屬與大棺喪大記於天子言屬六寸椑四寸上大夫屬六寸下大夫屬四寸注云大棺棺之在表者也檀弓曰天子之棺四重云云此以內說而出也然則大棺及屬用梓椑用杝以是差之上公革棺不被三重也諸侯無革棺再重也大夫無椑一重也士無屬不重也禮器云天子七月而葬五重八翣諸侯五月而葬三重六翣大夫三月而葬再重四翣注云五重者謂抗木與茵也葬者抗木在上茵在下士喪禮下篇陳器曰抗木橫三縮二加抗席三加茵用疏布緇剪有幅亦縮二橫三此士之禮一重者以此差之上公四重正義引皇氏云下棺之後先加折於壙上以承抗席折猶庪也方鑿連木爲之蓋如牀縮者三橫者五無簀於上加抗木抗木之上加抗席三此爲一重如是者五則爲五重然則棺有重數在棺內椁有重數在棺外所謂重累之數也

且比化者節

〔孟子正義〕　方言云逞曉恔苦快也自關而東或曰曉或曰逞江淮陳楚之間曰逞宋鄭周洛韓魏之間曰苦東齊海岱之間曰恔自關而西曰快戴氏震方言疏證云孟子於人心獨無恔乎趙氏云恔快也義本此高誘注呂氏春秋淮南子皆云化變也淮南子精神訓云故形有摩而神未嘗化者以不化應化千變萬抮而未始有極化者復歸於無形也高誘注云化猶死也不化者精神化者形骸死者形爲灰土爲日化也說文肉部云肌肉也廣雅釋詁云膚肉也劉熙釋名釋形體云體第也骨肉毛血表裏大小相次第也膚卽肌肌膚卽體比猶至也親近也棺椁不厚則木先腐肌膚尙存必與土近惟棺椁敦厚則肌膚先木而化故至肌膚不存而木猶足以護之不使近於土化雖有死訓而不言死言化者以形體變化言也成公二年左傳臧宣叔言知難而有備乃可以逞注云逞解也亦本方言逞之訓爲快亦爲解恔之訓爲快卽爲逞獨無恔乎猶云乃可以逞如齊楚之伺我而有以備之則難可解免知親體之將親於土而先厚其棺椁以護之則恨可解免倘無財不可以厚則一思及泉壤之間終身大恨何日解乎

沈同

〔孟子正義〕　沈同無考知爲齊大夫者以下云彼然而伐之則同必齊王左右之臣能主軍國大事是大臣也

勸齊伐燕

〔四書考異〕　戰國策田臣思謂齊王曰是天以燕賜我也儲子謂齊王曰因而赴之破燕必矣是勸齊者乃田臣思與儲子耳若孟子則不特不勸且嘗諫之故下章王曰吾甚慙於孟子也

〔孟子正義〕　按田臣思索隱謂卽田忌史謂其與鄒忌不善亡之楚宣王召而復之其說王伐燕爲宣王甚明又趙策武靈王首篇云齊破燕趙欲存之樂毅請以河東易燕地於齊王從之楚魏憎之令淖滑惠施之趙請伐齊而存燕武靈元年史表當齊宣王十八年策係於首則知破燕在其前矣魏策襄王記云楚許魏六城與之伐齊而存燕張儀欲敗之謂魏王曰齊畏三國之合也必反燕地以下楚據史儀相魏在襄十三年張儀傳魏入上郡少梁於秦又在其前數年則知敗魏伐齊之事必在相秦惠王時約其年亦宣王時也夫史之踳駁既如彼策之明白又如

此伐燕之斷非湣王十年而在宣王三十年內外灼然無疑矣至謂伐燕前事即梁惠王篇所載尤非夫易王初立何至虐民而謀置君乘喪伐人豈得云拯之水火取僅十城旋因蘇秦之說歸之何云倍地且欲出令反旄倪止重器也若以稱謚與否爲斷則莊暴章終篇不見宣字將亦謂之湣王邪林希元四書存疑云宣王曾以取燕問不用孟子言而致燕畔此所以慚於孟子也若湣王何慚之有不曰宣王而曰王亦偶然致辭不同耳

周公使管叔監殷

〔四書改錯〕　集註武王殺紂立紂子武庚而使管叔與蔡叔霍叔監其國按周公祇使管叔監殷並無蔡叔霍叔其稱三監者不是三人謂三等監官耳考王制記商制有云天子使其大夫爲三監監於方伯之國國三人原以三王官出監侯國而周制不然先以王朝二伯九州牧伯爲監官之長然後設連帥卒正屬長三等監官分監於諸侯之國而自相統攝謂之三監周禮所謂建其牧立其監者不特連帥一人稱三監即卒正屬長亦稱三監猶之太師一公稱三公太保祇一輔亦稱四輔不必有三太師四太保也是以監殷止管叔而書序云三監叛祇管叔畔耳正孟子所云管叔以殷畔耳孔安國註書序不識三監官妄以管蔡與商當之夫商即武庚豈有武庚監武庚者况蔡叔並不監殷據春秋傳周公痛二叔之不咸及管蔡啓商其間王室諸語不過流言起釁加尙書所云流言於國者故蔡仲之命但誅管叔而蔡叔則囚之郭鄰春秋傳云蔡蔡叔蔡者放也若霍叔則並孔註亦不及者其後鄭氏作詩譜據蔡仲之命謂霍亦流言遂以霍代商竄補三數而周官周書並有周故實皆禍烈矣孟子此書本是實錄且本止一人何必又以三人添出之

〔四書賸言〕　周公使管叔監殷孟子但言使管叔耳蔡生翮萬請解監是何名三監是何數予乃以經考之周公施典之官顯有牧監參伍殷輔六名牧監以諸侯爲之參伍殷輔則以各國之大夫士爲之皆統制之官即監官也史記作衛世家誤認監作輔有云武王恐武庚有賊心使管叔蔡叔傅相之夫傅相漢官置之諸侯王之國如所云膠東相長沙王傅者即輔也未有二叔爲武庚輔者此正監殷本牧監之職而誤以殷輔當之之明證也　蓋監是官名所以牧監視諸侯者然即推諸侯爲之九州一千八百諸侯每州立方伯統領其事春秋傳謂之九伯王制除王畿謂之八百尙書多方謂之胥伯然總謂之牧曲禮九州之長入天子之國曰牧是也乃自牧而下又有卒正連

帥屬長三等官多方謂之小大多正自牧而上又有王朝之二伯一等官春秋傳謂之分陜之伯曲禮謂之五官之長之伯總監官也管叔之監祇是連帥正長僅監殷墟諸國者其官在牧下而周禮建牧之後即繼曰立其監一似立監之名專指連帥正長三等官者然且三監之稱雖以三等得名顧自昔有之王制記商制云天子使其大夫爲三監監于方伯之國國三人惟商制無二伯但以王大夫三人監方伯國而周制則特設二伯於王畿卽以連帥正三長等官襲三監之名下特其制在監殷前管叔與三叔俱不相干而且連帥正長合不下數十餘人所謂小大多正者而總名三監是初以三人爲三而繼卽以三等爲三多官稱三監一官亦得稱三監每嘆讀書貴審核如此監字若不辨及便不知如此關繫一似當時無此官者卽當時使監情事亦全然冒昧予乃因此更推之向疑康誥篇首四十八字與誥文不合定爲梓材王啓監以上之文而脫簡於康誥者然啓監監字正全篇要領而世仍不解卽孔安國謂開置監官亦不能實指今始悟監者卽此天子二伯諸侯九伯與方伯下卒正連帥屬長而統言之蓋是時監官之不振久矣惟監官不振故周公方振二伯之監親爲東征所謂自陜以東周公主之東其職也乃卽封康叔於衛使以司冠爲長伯稱爲孟侯尚書傳謂孟者諸侯之長以叔時爲方伯故云而衛風賦旄邱詩序謂責衛伯不能修方伯連帥之職是衛侯實長伯卽方連也而於是大闡監法曰啓監曰自古王若茲監　鼂晁錯如此謬繫沈以茲句謬　曰已若茲監其諄諄監官若此故公告多方猶曰奔走臣我監重方連也洛誥成王留周公猶曰監我士師工尊二伯也註經者曾註及一字與否予嘗恨三代事蹟至宋一變天下學者皆知有武王封康叔周公遷東郊召公辟官周公留後諸事牢不可破若三叔監殷則尤百口不能爭者乃至周公使監周公命監兩大事爲東征封衛營洛還殷所終始而漢唐至今從無一人問及者不可嘆與

（四書典故正辨）　監殷有三說鄭康成詩譜武王伐紂以其京師封紂子武庚爲殷後庶殷頑民被紂化日久未可以建諸侯乃三分其地置三監使管叔蔡叔霍叔尹而教之皇甫謐帝王世紀云自殷都以東爲衛管叔監之殷都以西爲鄘蔡叔監之殷都以北邶爲霍叔監之此以三監爲管蔡霍朱子集註從之孔氏書傳則以管蔡邶爲三監史記武王爲殷初定未集使其弟管叔鮮蔡叔度相祿父治殷漢書地理志周滅殷分其畿內爲三國邶封武庚鄘管叔尹之衛蔡叔尹之以監殷民謂之三監皆不數霍叔與鄭氏異孫毓云三監當有霍叔鄭說爲長

附三監武庚之叛不同情

〔千百年眼〕　三叔武庚之叛同於叛而不同於情武庚之叛意在於復商三叔之叛意在於得周也至於奄之叛意不過於助商而淮夷之叛商外乘應商之聲內撼周公之子其意又在於得魯三叔非武庚不足以動衆武庚非三叔不足以間周公淮夷非乘此聲勢又不能以得魯此所以相挺而起同歸於亂周也抑當是時亂周之禍亦烈矣武庚挾殷畿之頑民而三監又各挾其國之衆東至於奄南及於淮夷徐戎自秦漢之勢言之所謂山東大抵皆反者也其他封國雖多然新造之邦不足以禦之故邦君御事有艱大之說有民不靜亦惟在王宮邦君室之說則一時孔急之勢可知已象之欲殺舜止於亂家故舜得以全之管叔之欲殺周公至於亂國故成王得以誅之周公不得以全之也使管叔而不誅則凡爲王懿親者可以亂天下而無死也豈治世所宜有哉

周公弟也管叔兄也

〔四書賸言〕　子糾是兄小白是第而集註曰小白兄子糾弟管叔是兄周公是弟而趙註曰周公兄管叔弟其謬小白兄子糾弟者則直是誤註不必解也何也以諸書有明證也若周兄管弟則各有所據似亦未易猝辨者孟子明曰周公弟也管叔兄也即史記世家亦曰文王有同母十子一伯邑考二武王發三管叔鮮四周公旦而趙註則曰周公以爲管叔弟也故愛之管叔以爲周公兄也故望之則直顯例矣然而孔安國註金縢亦謂周公攝政其弟管叔及蔡叔霍叔放言於國以誣周公嘗以此質之張南士南士亦謂此事有可疑者三周公稱公而管叔以下皆稱叔一周公先封周畿又封魯而管叔並無畿內之封二周制立宗法以嫡弟之長者爲大宗周公管蔡皆嫡弟而周公爲大宗稱魯宗國三若尚書孔疏釋流言所起謂殷法兄終弟及三叔疑周公爲武王之弟有次立之勢則亦以爲公次武王其弟及與殷法合故流言則趙氏所註非無據也其孰是孰非亦概乎未有定也

〔四書摭餘說〕　孟子曰周公弟也管叔兄也朱註周公乃管叔之弟管叔乃周公之兄此註似可省而朱子詳之者蓋因趙歧舊註云周公惟管叔弟也故愛之管叔念周公兄也故望之則以周公爲兄管叔爲弟者据孔安國書傳金縢篇云武王死周公攝政其弟管叔及蔡叔霍叔乃放言於國以誣周公以惡成王則管蔡霍皆爲周公之弟也然史記管蔡世家云武王同母兄弟十人母曰太似文王正妃也其長子曰伯邑考次曰武王發次曰管叔鮮次

曰周公旦次曰蔡叔度次曰曹叔振鐸次曰郕叔武次曰霍叔處次曰康叔封次曰聃季載大雅思齊之詩孔穎達正義引皇甫謐曰文王取太姒生伯邑考武王發次管叔鮮次蔡叔度次郕叔武次霍叔處次周公旦次曹叔振鐸次康叔封次聃叔季載司馬以周公行四皇甫以周公行七而管叔則俱行三左傳僖公二十四年富辰曰管蔡郕霍魯衛毛聃郜雍曹滕畢原酆郇文之昭也序管蔡霍於魯之前定公四年萇宏曰蔡叔康叔之兄也杜氏註曰蔡叔周公兄康叔周公弟杜氏之說蓋本賈逵父子彖曰武王之母弟八人周公爲太宰康叔爲司寇聃季爲司空五叔無官豈尚年哉註謂五叔管叔鮮蔡叔度成叔武霍叔處毛叔聃也　錢閻百詩曰毛叔鄭見周本紀杜註名聃非　不數叔振鐸者杜以振鐸非周公同母故不數之合左傳與皇甫謐之言觀之則不特管叔是兄卽蔡霍亦皆周公之兄矣書傳言周公攝政其弟管叔云云孔似以其弟謂武王之弟與孟子史記固不達也全謝山曰史公之與邢卿諒必各有所據然史公與孟子合朱子所以從之而荀子亦以管叔爲兄則邢卿恐非矣西河毛氏則謂史遷受學於孔氏而不見孔傳且不見古文尚書故致謬世不曉不其過歟

孟子致爲臣而歸

（四書釋地孟子考）　朱子謂孟子之所以去齊其事雖不可考意王驩爲齊王幸臣嘗欲自托於孟子以取重而王亦使驩爲介與往弔公行子皆未嘗與言卽從之來者亦止言以折焉則所以絕之者深矣疑驩以是積憾而去之余謂是固然矣然緊致爲臣章於燕畔王慚之後蓋君臣之隙既開有不可以復合者矣故孟子決然請去集註云王庶幾改之改必指一事言今不可考矣竊謂改之卽前章過則改之之改恐指燕人事豈必別有一事乎郝仲與亦曰孟子去齊在齊宣王伐燕後潛王之禍實兆於此潛王死而齊遂不振孟子之見幾早矣又曰取燕一事猶不改與兵搆怨之習燕人已畔而邪臣猶爲文飾孟子和齊禍始此故致臣去王能改圖接止猶可而不悟爲殆哉

得侍同朝甚喜

（孟子正義）　孔氏廣森經學卮言云章句言來就爲卿君臣同朝得相見故喜之也然則得侍同朝者謙辭言與孟子得爲君臣而同朝也甚喜王自言甚喜也俗讀得侍絕句者謬按說文人部云侍承也手部云承奉也受也惟孟子來就爲臣乃得承受之與之同朝禮記喪大記云大夫之喪大胥侍之注云侍猶臨也或趙氏解侍爲臨謂孟

子來臨於齊故云來就爲卿

養弟子以萬鍾

〔四書釋地孟子考〕　或問於予曰養弟子以萬鍾齊宣亦自侈其厚矣而孟子又云嘗辭十萬鍾然則齊卿之祿厚至此與余應之曰此蓋孟子通計仕齊所辭之數非一歲有也或訝余爲無稽余曰蓋嘗以臆度之以古參之而役爲是說也請爲子備陳之晏子曰齊舊四量豆區釜鍾四升爲豆各自其四以登於釜釜十則鍾然則區一斗六升也釜六斗四升也鍾六石四斗也萬鍾則六萬四千石矣十萬鍾則六十四萬石矣此豈齊卿一歲所能有哉或又問曰子知古之量與今同邪否邪余曰古量甚小漢二斗七升當今五升四合然則古之五纔當今之一也即古五當今一而六萬四千石猶一萬二千八百石也六十四萬石猶十二萬八千石也此亦豈齊卿一歲所能有哉或問孟子仕齊之歲幾何果得其歲數則齊卿之祿可坐而定也余曰今不可的考矣姑以孟子所云陳戴蓋祿萬鍾戴爲齊公族祿所入如此而孟子在三卿之中使其祿同於陳戴邪則仕齊當十年矣倍於陳戴邪則仕齊當五年矣或少倍於陳戴邪當亦不下六七年矣夫燕噲讓國君臣被戮太子復與俱孟子仕齊所見聞者則固已歷五年矣又況於崇見王喪母後歸又必有一二年故曰當不下六七年也至古今祿秩或粟或米或麥或錢與或名存而未必實給　錢漢三公號歲食萬石實月俸三百五十斛斛即石也　紛維難齊要就米計之一歲當一萬八九千石視周大國之君食二千八百八十人者足食四千人有奇　錢照周禮廩人人月食三鬴[illegible]鬴即釜也　此豈非孟子所謂滅古踰制奢侈成風而百姓雖竭臨空抽猶不足以供其求嗚呼古今之變至戰國可勝慨哉

季孫曰異哉子叔疑

〔趙注〕　二子孟子弟子也季孫知孟子意不欲而心欲使孟子就之故曰異哉弟子之所聞也子叔心疑亦以爲可就也

〔孟子正義〕　周氏廣業孟子出處時地考云曾有季孫氏子叔氏並見左傳二子當是其後氏而不名與公都子同例孟門從遊者趙氏注弟子十五人樂正子公孫丑陳臻公都子充虞季孫子叔高子徐辟咸丘蒙陳代彭更萬章屋廬子桃應學於孟子四人孟仲子告子滕更盆成括見漢書古今人表者五人公孫丑萬章告子樂正子高子

宋政和五年從祀孟廟祇趙注無盆成括爲十八人詳宋史禮志吳萊孟子弟子考序稱十九人則與趙注同張九韶羣言拾唾載孟門十七弟子去季孫子叔滕更盆成括而益以孟季子周霄經義考亦去季孫子叔而謂告子與浩生不害是二人因去告子而列浩生不害竊謂從者數百彭更既明言之則弟子之姓名湮沒者何可勝數季孫子叔盆成括等幸附見七篇尙何去取之紛紛乎

【四書典故辨正】趙註爲季孫子叔皆孟子門人聞孟子不受萬鍾之言而季孫曰異哉子叔亦疑其說而以爲可受也是以宋徽宗政和五年封孟子弟子爲侯伯樂正公孫以下凡十八人季孫子叔與焉集註以爲孟子引言則二人非弟子明矣但謂季孫子叔疑不知何人愚按子叔之先出自魯文公之子曰叔肸叔肸之子曰子叔聲伯後遂以爲氏魯昭公二十九年叔詣卒公羊傳載季孫意如之言曰叔詣無病而卒此皆天也非我也則此季孫疑即平子意如而子叔疑即叔詣也一作子叔倪昭二十五年夏叔詣猶會諸侯於黃父或是年之秋季孫逐昭公叔詣始有怨於季孫故爲政不用乎此固不得鑿鑿言之姑識於此以備考

龍斷

【孟子正義】音義出龍斷云丁云案龍與隆聲相近隆高也蓋古人之言耳如胥須之類也張云斷如字或讀如斷割之斷非也陸云龍斷謂岡壟斷而高者如陸之釋則龍音壟又出㙍字云丁云廣雅音課開元文字音塊翟氏灝考異云列子湯問篇說愚公移山事云自此冀之南漢之陰無隴斷爲可爲陸善經說龍斷之確證說文買字下引下文直作登壟斷三家之釋要惟陸氏爲長段氏玉裁說文解字注云買市也从网貝孟曰登壟斷而网市利此引以證從网貝之意也壟孟子作龍丁公著讀爲隆陸善經乃讀爲壟謂岡壟斷而高者按趙注釋爲㙍斷而高者也㙍塺也高誘云楚人謂塺爲㙍趙本蓋作尨斷尨塺雜之貌叢塺不到地勢略高之處也古晉尨龍二字多相亂許書亦當作尨斷淺人以陸善經說改爲壟耳

罔市利

【孟子正義】罔說文作网重文网今作網毛詩王風雉離于羅傳云鳥網曰羅是罔市利爲罔羅而取利也

宿於晝

（四書改錯）集註或曰晝當作畫下同或人所云此必少見多怪疑畫作邑名不類而意中又復有晝邑爲袤所知得故云實則齊有晝夜邑孟子宿晝邑國策齊襄王封田單以夜邑萬戶一晝一夜不錯也且晝爲齊西南近邑正孟子去齊反鄒之路若晝邑在臨淄西北三十里即戟里城燕將破齊時將以其地封王蠋者以燕在齊西北故也孟子不之燕何由宿晝此註儘可省耳　一云宿於澅水經注澅水出時水東去臨淄城十八里所謂澅中也俗以澅水爲宿留水以孟子三宿出澅爲言按澅水即袤水東去臨淄城近孟子去齊之路似乎可通然澅何得訛作晝必仍以晝畫形近先訛晝作畫而後晝澅以字聲再訛則大無理矣

（孟子正義）周密齊東野語云高郵黃彥利謂孟子去齊宿晝讀如晝夜之晝非也史記田單傳晝邑注云齊西南近邑音獲故孟子三宿而出時人以爲濡滯也毛氏奇齡經問云齊固有晝邑然焉知無晝邑趙岐云晝齊西南近邑是明有晝邑矣且趙岐注孟子正在齊郡其地有晝邑城在臨淄縣西南相傳孟子出宿處故鑿然注此此眞身歷其地見之眞故言之確者若晝邑在臨淄西北三十里即戟里城戰國燕破齊時將封王蠋以萬家即此地是燕從西北至齊當是晝邑孟子從西南至滕當是晝邑一南一北字形雖相蒙地勢無可混也阮氏元校勘記云宿於晝各本同孔本韓本晝作畫注同按此當是采用舊說廣韻四十九宥晝字下云又姓晝邑大夫之後因氏焉出風俗通孟子晝字不當改爲畫字按史記田單列傳燕之初入齊聞晝邑人王蠋賢集解引劉熙云齊西南近邑晝音獲此劉熙云云蓋即其孟子注裴駰引以爲晝邑之注則是駰所見孟子本固作晝字耶

（四書典故辨正）按史記田單傳晝邑註劉熙曰齊西南近邑漢書耿弇傳晝中註晝邑故城在西安城東南按西安即今索鎮在臨淄之西非西北下與歸鄒之路相反則晝當作晝或說非妄謂在臨淄西北者括地志誤耳

爲王留行者節

（四書釋地又續）當日爲王留行者豈有不通姓名之理爲其人可略作七篇時遂從而略之止曰客而章中絕有妙義未經拈出蓋嘗讀朱子跪坐拜說曰儀禮禮記老子所言坐皆謂跪也然記有授立不跪授坐不立則跪與坐又不同蓋跪有危義兩膝著地伸腰及股而勢危者爲跪兩膝著地以尻著蹠而少安者爲坐小雅不遑啓居傳跽當作箋　云啓跪也爾雅妥爲安坐疏云安定之坐也夫以啓對居而訓啓爲跪則居之爲坐可見以妥爲安

定之坐則跪之爲危坐亦可知蓋兩事相似但一危一安爲小不同耳因恍悟趙氏註於坐而言曰危坐於坐我明語子畢曰坐蓋危坐者客跪而言留孟子之言迨不聽然後變色而起孟子於是命之以安坐以聽我語此兩坐字殊不同而孟子文字止於前後著兩坐字中間絕不敘客起立之狀而起立自見此文章家草蛇灰線之法趙氏註則於勿敢見下先補一筆曰言而遂起退欲去請絕也爲下文坐字張本漢註精妙至此宋儒不能及也復檢鄒氏解亦曰請勿復敢見矣起而告退之辭

〔孟子正義〕 劉熙釋名釋姿容云跪危也兩膝隱地體危阢也禮記曲禮授立不跪授坐不立釋文云跪本又作危昭公二十七年左傳云坐行而入注云坐行膝行禮記曲禮云先生書策琴瑟在前坐而遷之孔氏正義云坐亦跪也坐通名跪跪名不通坐趙氏以危坐解坐字謂此坐爲跪也白虎通衣裳篇云衣者隱也說文衣部云衣依也𠬪部云㥯所依據也㥯卽隱毛詩商頌依我磬聲傳云依倚也隱依奇三字義同故以倚釋隱段氏玉裁說文解字注云臥伏也从人臣取其伏也伏大徐作休誤臥與寢異寢於牀論語寢不尸是也臥於几孟子隱几而臥是也臥於几故曰伏統言之則不別故宀部云寑者臥也曲禮云寢毋伏則謂寢於牀者毋得俯伏也

泄柳申詳

〔四書攷錯〕 註云申祥子張之子按申祥子張子見檀弓注然以顓孫氏之子而改姓申聲猶疑之況此是詳字不是祥字故趙注但稱賢者安得謂子張子也

〔孟子正義〕 禮記雜記泄柳之母死注云泄柳魯繆公時賢人也孔氏正義云孟子云魯繆公之時公儀子爲政子柳子思爲臣魯之削也滋甚若是乎賢者之無益於國也彼子柳卽此泄柳也故云魯繆公時賢人檀弓云子張病召申詳而語之注云申詳子張子太史公傳曰子張姓顓孫今日申詳周秦之聲二者相近未聞孰是又申詳之哭言思也亦然注云說者曰言思子游之子申詳妻之昆弟故閻氏若璩釋地又續云申詳子張之子子游之壻是陳之顓孫氏與吳之言氏遠爲婚姻檀弓又云季子皐葬其妻犯人之禾申詳以告曰請庚之注云申祥子張子祥詳古字通

尹士章

（四書釋地孟子生卒考） 京山郝氏解尹士章有曰孟子仕齊喪母歸魯終喪復之齊與齊王相習久故尹士譏孟子不明也然且至還就顧望也余謂此孟子復至齊之切證聞所未聞按繼而有師命乃復至齊後國被兵也不可以請遂爾淹留若以一至齊而分兩截則當作既而不當作繼而文義甚別不然齊宜就孟子之辭今又棄寡人而歸胡爲乎又之哉

悻悻然

（孟子正義） 音義云悻悻丁云字當作婞形頂切很也直也又胡耿切字或作悻悻然論語音義今論語子路篇作硜硜然小人哉禮記樂記石聲磬史記樂書作石聲硜集解引王肅禮記注云硜聲果勁說文石部磬古文從巠硜即磬字劉熙釋名釋樂器云磬罄也其聲罄罄然堅緻也離騷云鯀婞直以亡身兮說文女部云婞很也楚辭曰鯀婞直果勁與很直義近蓋堅執不回不知通變故鄭氏注論語云硜硜小人之貌也婞婞磬磬聲近相通借也

七百有餘歲

（羣經補義） 孟子去齊在燕人畔之後蓋當周赧王三年己酉孟子言由周而來七百有餘歲以邵子皇極經世金吉甫通鑑綱目前編考之周武王伐殷己卯距赧王己酉八百一十一年與孟子言不合蓋周初自共和庚申以前有誤衍之年其誤衍始於劉歆歷譜也共和庚申以前之年史遷不能紀惟魯世家自考公以下有其年考公四年煬公六年幽公十四年魏公五十年 索隱世本及歷譜作微公 厲公三十七年獻公三十二年眞公 索隱亦作愼公 三十年眞公之十四年厲王出奔彘共和行政爲共和前年己未自考公至眞公十四年凡一百五十七年魯公伯禽史記未著卒年歷譜謂成王元年爲命魯公之歲魯公四十六年至康王六年而薨以四十六加一百五十七則成王元年至厲王己未二百單三年爾而歷譜累推七十六年之朔旦冬至數諸公之年謂世家煬公即位六十年是得史 誤本以六年爲六十年也又謂獻公即位五十年是又誤以三十二年爲五十年也煬公衍五十四年獻公衍十八年共衍七十二年則自成王元年至厲王己未有二百七十五年今經世諸書成王立於乙酉至厲王己未二百七十五年正承劉歆之誤也然以汲冢竹書紀年考之武王伐殷爲十二年辛卯與今傳己卯者異武王陟於十七年丙申成王元丁酉三十七年陟康王元甲戌二十六年陟昭王元庚子十九年陟穆王元己未五

十五年陟共王元甲寅十二年陟懿王元丙寅二十五年陟季王元辛卯九年陟夷王元庚子八年陟厲王元戊申二十六年陟厲王之十二年己未奔彘十三年庚申王在彘共伯和攝行天子事號曰共和即史記十二諸侯年表起共和庚申之年但非若周公召公共行政之説也　錕宣王立共伯和歸國逍遥行志於共山之首莊子有共伯得乎共首之語　武王辛卯至共和庚申二百一十年若經世諸書武王己卯至共和庚申有二百八十二年羨出七十二年正是劉歆歷譜誤衍之數也　錕昭王十九年誤爲五十一年孝王九年誤爲十五年夷王八年誤爲十六年厲王十三年庚申誤作三十八年庚申　除去己卯至辛卯十二年今史鑑多於竹書紀年者六十年前計武王己卯至赧王己酉八百一十一年除去七十二年實得七百三十九年正與孟子語七百有餘歲合矣否則孟子生於周豈不知其年數乃缺去七十餘年耶然則皇極經世之年固不足遵通鑑綱目前編宗之者亦誤矣

休

〔四書釋地續〕　孟子致爲臣而歸歸於鄒也中間經過地名休者少憩焉與公孫丑論在齊事故曰居休故休城今在兗州府滕縣北一十五里距孟子家約百里

崇

〔四書典故辨正〕　崇趙註但云地名備考以爲古崇國即今鄠縣鄠乃秦地孟子安得於此見齊王春秋宣元年趙穿侵崇杜註崇秦之與國此亦非齊地路史云彭城北三十里圯城臨泗水古崇國城西有崇侯廟此與齊頗近豈即是耶方之璣著孟子年表以崇爲崇武未知何據

師命

〔四書摭餘説〕　孟子去齊居休者據路史國名紀休在潁川屬宋境此去齊之宋之明證也　錕閻百詩謂故休城在今兗州府滕縣北一十五里或云介休介在膠西並非　公孫丑問仕不受祿知孟子前在齊並未爲卿經曰繼而有師命不可以請程沙隨謂師命賓師之命即受室萬鍾使大夫國人矜式事朱子謂此是舊説但於崇見王是初至齊事授室萬鍾是去齊時事故改爲師旅之命余謂孟子初至齊當在齊宣王九年丁酉以前按田齊世家六國表宣王於此數年中無兵爭况孟子一見齊王已萌去志即有師旅亦未聞齊被數年之兵者何遲之又久而

不請也師命自以賓師之命爲允只指爲授室萬鍾說耳孟子正義於此條亦不邈趙注曰齊王續以賓師之命而
禮貌之故由足爲善遂不敢請去任氏四書約旨謂改此則孟子於齊居賓師之位無據矣季氏本則以師即寘王
代燕之師無論此是孟子後至齊事即伐燕亦孟子所以去豈孟子所以留歟

皇朝四書彙解卷十八

滕文公章句上

滕文公

〔四書摭餘說〕 滕出自周文王第十四子叔繡之後見春秋者滕侯覈宣公嬰齊孝侯輒昭公元文侯壽成公原悼公甯頃公結隱侯虞毋再傳戰國有定公文公俱失名趙氏注古紀世本錄諸侯之世滕國有考公麋與文公之父定公相直其子元公宏與文公相直似後世避諱改考公爲定公以元公行文德故謂之文公也王厚齋謂世本今無傳此可備參攷 錢按鄭漁仲謂世本公子謚二書皆本左傳然則世本雖亡未亡也 滕文公爲世子將之楚過宋見孟子聞性善之旨知五十里猶可以爲善國其處左以待孟子者亦已有日不幸至於大故雖然友兩番就問未有命戒禮賢之典不遑爲逾葬後始聘孟子至滕館之上宮百官有司總已以聽覲畢戰問井地可見是時諸侯各去典籍人自爲政孟子乃復修井法君臣力行於是遠方之人自楚自宋皆至滕而願爲之氓介弟更亦及門受業其間如許行黻道陳相倍師孟子爲博陳堯舜上下之序以正之何莫非性善之旨歟而滕亦卒以能變民事大免於齊楚譚氏編年略引春秋釋例云滕自叔繡以下至公邱二十一世爲秦所滅公邱亡國故無謚小國得延至秦幷喪禮井田之效略可覩於茲矣至孟子於滕行蹤歲月有可約略計者春秋公羊傳君存稱世子君薨稱子某既葬稱子踰年稱公氏左則例未葬稱子既葬稱君此二傳之同異也孟子則又有異滕文公爲世子是君存稱世子也滕定公薨世子謂然友是君薨亦稱世子也至於子之身而反之是未葬稱子也若所稱子力行之則又在既葬之後直至踰年改元然後兩稱爲君曰君如彼何哉曰君請擇於斯二者 錢坊記未沒喪不稱君示民不爭也鄭康成引春秋傳曰諸侯於其封內三年稱子至其臣子踰年則謂之君矣 而孟子之在滕亦有年矣

〔四書攷異〕 按春秋成十六年夏四月滕文公卒滕之先君已有謚文者後嗣不應犯同信乎文非本謚而但以行文德稱也同時魯文公見於史記在系本乃云湣公宋康王見於國策在荀子乃云獻王微弱之國垂至於亡故臣民各懷舊德私謚不獨一滕君矣

〔趙注〕 文公爲世子使於楚而過宋孟子時在宋與相見也滕侯周文王之後也古紀世本錄諸侯之世滕國有

考公樂與文公之父定公相直其子元公宏與文公相直以後世避諱改考公爲定公以元公行文德故謂之文公也孟子與世子言人生皆有善性但當充而用之耳又言堯舜之治天下不失仁義之道欲勸勉世子也

〔孟子正義〕 春秋隱公七年滕侯卒始見於經漢書地理志沛郡公邱注云故滕國周懿王子錯叔繡所封三十一世爲齊所滅師古云左氏傳云郜雍曹滕文之昭也系本亦云錯叔繡文王子此志云懿王子未詳其義春秋釋例土地名云沛國公邱縣東南有滕城世族譜云自叔繡及宣公十七世乃見春秋隱公以下春秋後六世而齊滅滕矣周書謚法解文之謚有六一經緯天地二道德博聞三學勤好問四慈惠愛民五愍民惠禮六錫民爵位又云施爲文也乃宣公娶齊之孫昭公毛伯之子文公繡亦謚文公名與叔繡相犯而孟子之文公又復謚文未可考也爾雅釋詁云公君也國君有公侯伯子男五等公之爵最尊自侯以下國人統稱爲公是尊之也 漢書藝文志春秋二十三家有世本十五篇註云古史官記黃帝以來訖春秋時諸侯大夫此云古紀世本是也禮記檀弓邾婁考公之喪注云考或爲定高誘注呂氏春秋淮南子皆云定成也隱公五年穀梁傳云考之者成之也是考與成字義皆通此考公所以爲定公也翟氏灝考異云春秋傳成十六年夏四月滕文公卒滕之先君已有謚文者後世不應犯同信乎文非本謚而但以行文德稱也同時晉文公見於史記在世本乃云滑公宋康王見於國策在荀子乃云獻王微弱之國垂至於亡故臣民各懷舊德私謚不獨一滕君矣趙氏佑溫故錄云滕文公爲周末第一賢君孟子深取其人故一見即舉生平所得於聖教者教之惜其國小而偪終以不振至今廟食在滕猶與鄒國鄰並相望誰謂賢愚千古知誰是也注據古紀世本以文公當元公宏則文公名宏然元亦文之譌耳未必既謚元又謚文也

爲世子

〔孟子正義〕 莊公三十二年子般卒公羊傳云君存稱世子注云明當世父位爲君僖公五年春晉侯殺其世子申生夏會王世子于首戴公羊傳云世子貴也猶世世子也禮記喪服小記注云世子天子諸侯之適子也是時滕定公在位故文公稱爲世子則其之楚是君命之也

過宋

〔四書典故辨正〕 金仁山曰滕自而西南過宋三百五十餘里閻潛邱曰是時楚地久廣至泗上滕南與楚鄰衍

有事于楚一舉足卽已入其境必迂而過宋都者以孟子在爲顧麟士謂非世子迂道來見此不通地理之說愚按是時楚都于郢　鄂頃襄王二十一年始徙都陳　在今湖北襄陽府宜城縣西南九十里宋都商邱在今河南歸德府商邱縣滕在今山東兗州府滕縣西南十四里自滕之楚而取道商邱路稍迴遠麟士謂非迂道固謬閻謂一舉足卽入其境亦未明悉

〔孟子正義〕閻氏若璩釋地續云余向主孟子游宋當在愼靚王三年癸卯後宋稱王故也是時楚地久廣至泗上泗上十二諸侯者宋魯滕薛鄒莒在淮泗之上國滕南與楚鄰苟有事於楚一舉足則已入其境何必迂而西南行三百五十餘里過宋都乎過宋都者以孟子在爲徃也如是反也如是不憚假道於宋之勞其賢可知周氏柄中辨正云頃襄王二十一年始徙都陳是時楚都於郢在今湖北襄陽府宜城縣西南九十里宋都商邱在今河南歸德府商邱縣滕在今山東兗州府滕縣西南十四里有滕之楚而取道商邱路稍迴遠謂非迂過固謬謂一舉足則入其境亦未明悉周氏廣業孟子出處時地考云孟子去齊居休旋歸於鄒年六十餘矣聞宋王偃將行仁政往游焉時滕文公爲世子將之楚過宋來見蓋孟子嘗以齊卿出弔於滕稔知其賢故也

孟子道性二句

〔孟子正義〕孟子生平之學在道性善稱堯舜故於此標之太史公以孟子荀子合傳乃孟子道性善荀子則言性惡孟子稱堯舜荀子則法後王其言云今人之性生而離其朴離其資必失而喪之所謂性善者不離其朴而美之不離其資而利之也人之性惡明矣其善者僞也此駁孟子道性善也又云略法先王而不知其統案往舊造說謂之五行甚僻違而無類幽隱而無說閉約而無解此譏孟子稱堯舜也爲荀氏之學者調和而文飾之云孟子言性善欲人之盡性而樂於善荀言性惡欲人之化性而勉於善僞卽爲也乃作爲之爲非詐僞之僞孟荀生於衰周之季閔戰國之暴欲以王道救之孟子言先王荀言後王皆謂周王與孔子從周之義不異也按孟子之學述孔子者也孔子之學述伏羲神農堯舜文王周公者也陸賈新語道基篇云先聖仰觀天文俯察地理圖畫乾坤以定人道民始開悟知有父子之親君臣之義夫婦之道長幼之序於是百官立王道乃生白虎通暢其說云古之時未有三綱六紀民人但知其母不知其父能覆前不能覆後臥之詓詓起之吁吁飢卽求食飽卽棄餘茹毛飲血而衣皮

羲於是伏羲觀象於天俯法於地因夫婦正五行始定人道畫八卦以治天下繫辭傳云以通神明之德以類萬物之情神明之德即所謂性善也善即靈也靈即神明也荀子云今人之性飢而欲飽寒而欲煖勞而欲休此人之情性也是也人知此禽獸亦知此也荀子又云今人飢見長而不敢先食者將有所讓也勞而不敢求息者將有所代也夫子之讓乎父弟之讓乎兄子之代乎父弟之代乎兄此正人性之善之證也而荀子乃以爲性惡之證爲試言之人之有男女猶禽獸之有牝牡也其先男女無別有聖人出示之以嫁娶之禮而民知有人倫矣示之以耕耨之法而民知自食其力矣以此教禽獸禽獸不知也禽獸不知則禽獸之性不善人知之則人之性善矣聖人何以知人性之善也以己之性推之也己之性既能覺於善則人之性亦能覺於善第無有開之者耳使己之性不善則不能覺已能覺則己之性善已與人同此性則人之性亦善故知人性之善也人之性不能自覺必待先覺者覺之故非性善無以施其教非教無以通其性之善教即荀子所謂僞也爲也爲之而能善由其性之善也知鳥獸則性不善者也故同此飲食男女嫁娶以別夫婦人知之禽獸不知之耕鑿以濟飢渴人知之禽獸不知之禽獸既不能自知人又不能使之知雖爲之亦不能善然人之性爲之即善非由性善而何人縱淫昏無恥而己之妻不可爲人之妻固心知之也人縱貪饕殘暴而人之食不可爲己之食固心知之也是性善也故孔子論性以不移者屬之上知下愚愚則仍有知禽獸直無知非徒愚而已矣世有伏羲不能使禽獸知有夫婦之別雖有神農不能使鳥獸知有耕稼之教善豈由爲之哉文學技藝才巧勇力有一人能之不能人人能之惟男女飲食則人人同此心人不能孝其父亦必知子之當孝乎己不能敬其長亦必知卑賤之當敬乎己子讓食於父弟代勞於兄此可由教而能之所謂爲之者善也然荀子能令鳥讓食乎能令獸代勞乎此正率性之明證乃以爲悖性之證乎故孟子之道性善由讀書好古能貫通乎伏羲神農堯舜文王周公孔子之道而後言之者也非荀子所知也羲農之前人苦於不知既人人知有三綱六紀其識日開其智日深浸而至於黃帝堯舜之世則民不患其不知轉患其太知許氏說文解字敍云庶業其繁飾僞萌生黃帝之史蒼頡初造書契是知黃帝之時民情飾僞矣於是堯舜時有靜言庸違象恭滔天之人於是有方命圮族之人當羲農之前人苦於不知故羲農盡人物之性以通其神明其時善不善顯然易見讀之既久靈智日開凡仁義道德忠孝友悌人非不能知而巧僞由以生奸詐由以起故治唐虞以後之天下異於

治羲農以後之天下夫謀而能言以方自命善也而實則庸違滔天圮族績用弗成朝士如是庶民可知固羲農以來所未有亦堯舜以前之人所未知故聖人治天下之道至堯舜而一變繫辭傳云黃帝堯舜氏作通其變使民不倦神而化之使民宜之又云易窮則變變則通通則久黃帝堯舜垂衣裳而天下治蓋堯舜以變通神化治天下不執一而執兩端用中於民實爲萬世治天下之法故孔子刪書首唐虞而贊易特以通變神化詳著於堯舜孟子稱堯舜正稱其通變神化也荀子云逢衣淺帶解果其冠略法先王而足亂世術呼先王以欺愚者而求衣食焉此正不知通變神化之道者也夫通變神化之道堯舜所以繼羲農而開萬世故稱堯舜欲天下後世法其通變神化不執一而執兩端以用中於民非徒以其揖讓都俞命羲和咨二十二人之迹也若云法後王後王無定之稱也荀子固云有治人無治法矣治人即能通變神化之人也後王而如是則是能法堯舜者法後王仍法堯舜矣故稱堯舜即法後王之能通變神化者若但云法後王則後王不皆能通變神化如堯舜其說爲詖矣蓋孟子之稱堯舜即孔子刪書首唐虞贊易特以通變神化歸於堯舜之意也又非荀子所知也孟子學孔子之學惟此道性善稱堯舜兩言盡之

成覸

（四書攷異）孟子音義曰覸古莧切一音閑說文覸字下曰齊景公之勇臣有成覸者苦閑切廣韻曰覸人名出孟子汗簡曰覸見古春秋

（孟子正義）段氏玉裁說文解字注云成覸淮南子齊俗訓作成荊覸爲荊猶考工記故書覸或作悍也按淮南子齊俗訓云孟賁成荊無所行其威注云成荊古勇士也漢書廣川王傳其殿門有成慶畫短衣大絝長劍師古云成慶古之勇士事見淮南子成慶即成荊戰國策趙策鄭同云內無孟賁之威荊慶之斷鮑彪注云荊成荊史記范雎傳云成荊孟賁王慶忌夏育之勇焉而死集解引許慎云成荊古勇士荊慶覸古字通也趙氏以彼爲尊貴者蓋指景公言即所爲無畏諸侯也

舜何人也三句

（孟子正義）趙氏以舜何人也予何人也二句爲顏淵之言有爲者亦若是乃總上成覸顏淵兩言爲孟子勉世

子之言經文是字指顏淵庶幾成覸不畏鹽鐵論執務章引顏淵曰舜獨何人也回何人也亦不連下句近通解以有爲者亦若是爲顏淵之言謂有爲者亦如舜

公明儀

〔四書釋地又續〕 公明儀見檀弓注子張弟子見祭義注又曾子弟子公明高亦曾子弟子也疑高與儀爲兄弟

文王我師也周公豈欺我哉

〔趙注〕 師文王信周公言其知所法則也

今滕絶長補短將五十里也

〔趙注〕 滕雖小其境界長短相補可得大五十里子男之國也

若藥不瞑眩二句

〔孟子正義〕 音義云瞑眩莫甸切下音縣又作眠眴音同周禮天官醫師聚毒藥以共醫事注云毒藥藥之辛苦者藥之物恒多毒孟子曰若藥不瞑眩厥疾不瘳方言云凡飲藥傅藥而毒南楚之外謂之瘌北燕朝鮮之間謂之痨東齊海岱之間謂之瞑或謂之眩自關而西謂之毒韋昭注楚語云瞑眩頓瞀攻己急也金匱痓溼暍病脈篇白朮附子湯下云一服覺身痺半日許再服三服都盡其人如冒狀勿怪如冒狀即頓瞀也一服再服三服都盡藥乃充滿而得此狀故喻仁當精熟德惠乃洽史記司馬相如傳大人賦云視眩眠而無見兮漢書揚雄傳甘泉賦云目冥眴而亡見凡冒者眩亂目視不明憒亂亦猶是也毛詩鄘風云胡不瘳傳云瘳愈也方言云愈或謂之瘳

然友兩之鄒

〔四書釋地〕 年九歲時讀孟子疑父兄百官皆不欲而使然友往鄒問孟子何緩不及事及長親歷山東方知故滕國城在今縣西南十五里故邾城在今鄒縣東南二十六里則兩國相去僅百里宜然友朝發滕而暮至鄒朝見孟子而暮復命文公也古鄒城西北去曲阜七十六里孟子云近聖人之居若此其甚較上文去聖人之世百有餘歲尤爲逼緊蓋只兩舍有半地耳

曾子曰

(孟子正義) 曾子之言見論語爲政第二乃孔子對樊遲之言故云傳孔子之言也翟氏灝考異云四書辨疑言曾字本是孔字蓋後人傳寫之誤按大戴禮曾子本孝篇孝子之於親也生則有義以輔之死則哀以莅焉祭祀則莅之以敬曾子固嘗誦此告門人矣下文齊疏數語亦明出自曾子祭義樂正子春云吾聞曾子曾子聞諸夫子彼原其詳此從其省孟子學由曾子遞傳據所及聞曾字何足疑焉曾子從禮故欲世子亦如曾子之從禮云諸侯皆不行禮故使獨行之解上故所自盡之意自盡即獨行也

齊疏之服

(四書改錯) 集註齊衣下縫也不緝曰斬緝之曰齊疏麤也麤布也此則錯之尤甚者考古三年重服祇齊衰一服而分作齊衰疏衰兩名以齊衰必疏布爲之其在論語祇名齊衰子兩見齊衰皆指重服而在左傳則名疏衰晏嬰居父晏桓子喪服麤衰麤即疏也至孟子即合名齊疏猶荀子稱資麤衰者資麤即齊疏也則此齊疏正三年極重之服無加此者自戰國人作士禮有父在降母期文一變中庸三年之喪父母之喪尚書百姓三年如喪考妣父母皆三年之禮且分父母爲兩衰襲春秋叔向斬焉衰絰縣子三年之喪如斬語造一斬衰在齊衰之上而以斬屬父以齊屬母凡間傳服問喪大小記俱彼此傳會不特父在母期是齊不是斬即父沒後母得伸三年而仍不服斬一似此齊疏之服專爲母設與父無預者然且作檀弓者以孟子此文改爲曾申之言謂曾穆母卒曾申告以齊斬之情飦粥之食由天子達以爲斬服在春秋有之孟子出曾子子思之門此正述曾申所言而不知其詞之有抄變也但據舊禮文齊疏本極重之服而實通期功而下以爲名故同一齊名而實有兩製蓋齊者裳下際之稱惟重服則以齊訓齊謂但斬齊其下際而不緝而輕服即緝之緝名齊不緝亦名齊猶之亂曰亂治亂亦曰亂故舊有正禮文者謂不緝之用一三年是也緝之用四期大小功緦是也三年之齊必不當與期功之齊相溷亂者今此齊疏則三年服也而忽加斬衰於其上則此齊母服矣滕文未嘗喪母也且此三年之衰即不緝衰也乃曰斬則不緝齊即緝則此齊爲期功服矣滕文未嘗有父兄百官喪也滕定公薨而孟子所告是母服國君絕期喪而孟子所定是父兄百官之喪註經之謬莫大乎是初不意朱氏著家禮而竟出於此

飦粥之食

〔孟子正義〕 檀弓釋文云饘本作飦是飦饘字通說文食部云饘糜也周謂之饘宋衛謂之餰又䰞部云䰞鬻也重文餰飦𩞁又云鬻鍵也鬻餰也爾雅釋言云餬饘餬即鬻粥即鬻劉熙釋名釋飲食云糜煮米使糜爛也粥濁於糜粥粥然也蓋今俗以整米煮爲粥紛米煮爲餬古之饘即今之粥古之粥則今之餬饘爲糜飦爲粥而糜亦通稱餬粥亦通稱饘趙氏釋飦爲糜粥則粥之清而稀者異於餬之濁而膏者是飦宜爲饘也趙注飦糜粥也汲古本作糜孔本作麼音義出麼云字亦作麼音義與糜同按說文有麼字無糜麼字

定爲三年之喪

〔四書改錯〕 此則周章之甚者以三年之喪而謂定自孟子則裁聞此語便該吃驚況父兄百官亦已多人一齊曰晉先君莫行滕先君莫行則以周公造禮之人與其母弟叔繡裁封國行禮之始而皆莫之行則無此禮矣註乃茫然不解忽委其罪于後君曰後世之失夫後世則春秋戰國盡之矣戰國齊宣欲短喪猶且不敢若春秋則晉僖以再期納幣即議喪聘昭公居喪不哀叔向便責其有三年之喪而無一日之戚誰謂三年不行起于後世況明曰先君且明曰從先祖先祖者始祖也乃又依回其詞謂上世以來雖或不同齊俗相傳禮文小異夫此無容有不同有小異者試問其所云不同與小異者是幾年與幾个月且是何等禮文當分明指定嘗于康熙癸未歲在杭州陳編修家作題主陪事座客論喪禮以此詢之一堂十二席嘿若暗者最後錄其說入四書索解中徧索解人而終無一應不知此在本文自曉讀書者總爲此註本作錮蔽云本文明云君薨聽于冢宰即位而哭而世子之行之者即曰五月居廬未有命戒此非周制也子張問高宗諒陰三年不言而不知所謂則必近世無此事而夫子告之以古之人其非今制已可知矣及讀周書康王之誥成王崩方九日康王遂即位冕服出命令告諸侯然且居翼室而並不居廬與諒陰與三年不言之制絕不相同然猶曰此天子事耳後讀春秋傳晉平初即位即改服命官遂會溴梁與列國通盟戒之事始悟孟子所言與滕文所行皆是商以前之制並非周制在周公所制禮並無有此故侃侃然曰周公不行叔繡不行悖先典違授受歷歷有詞而世惑傳註而總不察也蓋其云定三年之喪謂定三年之喪制也然則孟子 何以使行商制曰使滕行助法亦商制也

〔四書摭餘說〕 孟子爲滕文公定三年之喪父兄百官皆不欲曰吾宗國晉先君莫之行吾先君亦莫之行也覺

是魯周公滕叔繡並無一行三年喪者可怪也毛西河引高宗三年諒陰之制謂此商制並非周制周公所制禮並無有此且謂孟子何以使行商制曰使滕行助法亦商制也余以爲不然子張問高宗諒陰三年不言何謂也子曰何必高宗古之人皆然則明言三年之喪不自商始則不得言商制且周公制禮有周公自制者亦有監於古制者檀弓天子崩王世子聽於冢宰三年尚書大傳作君薨與王世子聽於冢宰此必古制遺文有各見者杜氏謂堯喪舜諒闇三年故稱遏密八音雖亦附會之辭然亦見喪禮自虞以來未之或易故曰古之人皆然論語疏言當武丁之時殷衰而復興禮廢而復起故載之於書中而高之故謂之高宗是殷以前有莫之行者矧其在周季禮法敗壞之後哉康王釋喪服而被袞冕蘇氏以爲失禮蔡氏書傳取之公羊傳文公二年公子遂如齊納幣譏喪娶也三年之內不圖婚娶公羊子之言天理民彝之正左氏以爲禮以爲孝其害教更甚 〔匯〕王厚齋曰公羊長於左氏此其一端也 蓋在春秋衰世其禮有不可言者故宰我有短喪之問而子張且疑高宗爲創見 〔匯〕鄭康成檀弓注時人君無行三年之喪禮者子張問有此歟怪之也 即此可見滕父兄百官所謂魯先君吾先君者乃中葉壞禮之君並非周公滕叔之始所由來者遠矣杜氏不知先王制禮之本太始十年議皇太子服謂周公不言高宗服喪三年而云諒闇此服心喪之文也叔向不譏景王除喪而譏其晏樂已早明既葬應除而達諒闇之節也司馬公以爲巧飾經術以附人情 〔匯〕邢昺論語疏引之謬也 今西河又鑿鑿謂周並無此制魯滕二國亦從未行此禮反謂世譏其喪而不終中庸所載三年之喪達於天子者非明明爲周公之禮制乎忍先君亦斷不受誣也馬貴與曰滕文公五月居廬未有命戒譏孟子雖諱以三年之喪而文公僅能未葬之前守諒陰之制耳然亦當時所無也故解得確然則魯國二百四十五年僅見滕文一人而已

宗國

〔四書改錯〕集註滕與魯皆文王之後而魯祖周公爲長兄弟宗之故滕謂魯爲宗國也此由不識宗禮而臆解之者宗國大宗之國也諸侯不敢祖天子而自爲之宗祗以大宗稱宗國而其餘同姓諸國皆稱小宗但大宗以別子爲之皆天子諸侯之次嫡弟無次嫡則長庶弟立爲宗子即大宗也以分爲別宗故稱別子其再有諸弟則小宗矣故春秋傳以管蔡郕霍魯衛毛聃郜雍曹滕畢原酆郇共十六國爲文王一宗專以魯爲大宗之國而十四國爲

小宗若晉爲成王之宗鄭爲厲王之宗吳與虞爲太王之宗則但爲同姓非同宗矣故此宗國二字在趙註朱註俱不識宗禮而趙註猶存一出字曰滕與晉皆出自文王此卽大傳宗其別子之所自出之出原是宗禮中字因之晉祭所自出立文王之廟名出王廟而朱註改皆出自文王爲皆文王之後則卽此一字亦餼羊亡矣然且曰周公爲長夫以世次言則伯邑考爲長嫡武王管叔爲次嫡不及周公而以宗法言則武王以次嫡而爲君宗之宗管叔受誅國除遂立周公爲大宗然故次嫡非長庶也今稱曰長則直以現在同姓爲齒序而全非宗法況曰滕以兄爲宗長故稱晉宗國則宗國爲同姓所共稱國語舟之僑曰宗國既卑諸侯遠巳子貢見公孫成曰利不可得而喪宗國並非滕國兄長之謂而大全引朱氏說猶諄諄以滕言之則直曰不識宗禮豈冤誣乎

〔四書典故辨正〕　集註晉祖周公爲長兄弟宗之閻百詩非之曰獨不記周公弟也之文耶又不記周公太姒之第七子爲武王母弟第五人耶愚按史記管蔡世家武王同母兄弟十人長伯邑考次武王發次管叔鮮周公旦蔡叔度曹叔振鐸武叔成霍叔處康叔封冉季載則周公是太姒第四子武王母弟第二人若孔安國書傳趙岐孟子註以周公爲管叔之兄則是文王第三子閻氏謂第七子此賈逵杜預之說左傳正義曰富辰言文之昭十六國蔡在晉上明以長幼爲次賈逵等皆言蔡叔周公兄故杜從之此閻氏所本然要是賈杜之誤與孔傳皆異義之不可從者當以史記爲正也至晉爲宗國趙註謂尊聖人故宗晉則宗聖非立宗之義呂東萊論宗法謂以天子諸侯之嫡長弟爲之宗而諸嫡庶宗之周公爲武王母弟第二人本非長嫡而集註云周公爲長兄弟宗之者以管叔已辟則周公爲長嫡卽大宗也閻氏反取趙註亦非是

附　宗法

〔四書改錯附條〕　東陽盧元璧　字璧人　過草堂問朱註不識宗法故于孟子宗國論語三家之堂皆不能註乃其著家禮偏講宗法謂祠堂之祭必長子長孫主之稱爲宗子考魯桓一宗不及莊公則長子非宗明矣且三家幷不宗仲慶父則長庶亦有非宗者今乃宗長子長孫此何禮與曰此大無禮者予作大小宗繹言之詳矣考古惟封建有宗郡縣卽無宗惟天子諸侯有宗大夫以下卽無宗今以士庶而言宗已是無禮且其最無禮者莫甚于祭祭典惟子必祭父自七廟以至一廟凡廟皆殺而父廟獨不殺則祭父重矣至宗子主祭而祠堂所設祇是長子

長孫之四親凡合族父祖但納其主于堂側臨祭時第分獻一杯已耳則合族之子皆無一人得祭父者若敖之鬼不其餒而乃墨糟叔孫必以宗子之名爲可聽附會儒說牢不可破請將予祭禮中所辨定其不通者約略言之古宗子以天子諸侯之第二弟爲之稱爲別子今反以長支當宗子則長而非別不通一也天子諸侯尊貴其兄弟不得與君聯親親之誼故別爲一宗以使之自親其親今兄弟等夷親疏無間而反立宗以間之不通二也古一君有一宗魯在春秋有十二公即有十二宗況前後推之則爲宗無算今一家一宗則與天子諸侯自相傳宗者何異不通三也亦惟一君有一宗故所分之宗亦即以宗此所分之君三桓宗桓公即立桓公一廟于桓氏爲三家之堂而世世宗之宗此君也今第長房耳何得使通族皆宗長房不通四也亦惟一君有一宗一宗又必有諸侯故三桓一宗即分之爲仲孫叔孫季孫三族而等而下之分族無算晉叔向所云肸之宗十一族惟羊舌氏在者是立宗爲收族而設禮凡云收族合族皆指宗法今一宗族耳不分何收不散何合不通五也古分宗族即分姓氏天子諸侯不更姓如周爲姬晉亦爲姬類而宗子則易姓而爲氏如晉之展氏臧孫氏類降此則又分氏而爲族如三桓之又分爲公父族子服族類今宗子易姓否宗子而下又易氏否則何以辨爲別子爲繼別子不通六也古宗子皆卿大夫世官藩屏邦國作本支之翰故詩曰宗子維城大宗維藩今族非邦國有何藩翰不通七也其最不通者宗子主祭限祭四親夫宗子長房分多卑幼以通族之衆而卑幼統之已屬悖逆況其所祭者即卑幼之父祖曾高也宗子非君而通族老幼儼然助祭諸伯叔氏非臣而儼然帥通族之老幼以祭此宗子之親是無君也以尊而祭卑以衆大而祭四小是無長上也不祭已之父祖而祭他人之父祖是無親也無親無君無長上三綱亂矣不通八也　鄒大

小宗通釋祭禮通俗譜

且志曰喪祭從先祖曰吾有所受之也

〔趙注〕父兄百官且復言也志記也周禮小史掌邦國之志曰喪祭之事各從其先祖之法言我轉有所承受之不可於身獨更改也一說吾有所受之世子言我受之於孟子也

吾有所受之也

〔四書釋地又續〕吾有所受之也爲世子答父兄百官語吾與下謂然友曰吾字正一人此解首發於趙氏繼中

於三原王端毅公實勝集註讀昭元年傳晉使后子與子千齒辭曰鍼懼選楚公子不獲是以皆來亦惟命且臣與羈齒無乃不可乎史佚有言曰非羈何忌恍悟父兄百官兩引古後截然而止不復措一辭尤有餘味何其與左氏類也

歠粥面深墨

（孟子正義）禮記曲禮云食居人之左注云食飯屬也說文歠部云歠飲也重文啜歠粥不食謂但飲粥不飯也深甚音近相通國策秦策云三國之兵深矣高誘注云深猶盛也盛甚義皆爲多呂氏春秋禁塞篇云害莫深焉高誘注云深重也惟其甚故重義亦同也哀十三年左傳云肉食者無墨今吳王有墨國勝乎國語吳語云臣觀吳王之色類有大憂注引左傳云墨黑氣也蓋心憂痛不舒則色形於面居喪哀戚之甚故面上晦黑深重也

五月居廬

（四書釋地又續）馬貴與曰滕文五月居廬未有命戒蓋孟子雖諭以三年之喪而文公僅能五月未葬之前守諒陰之制耳然亦當時所無也最解得確考戰國二百四十五年間齊宣王欲短喪見孟子秦政母死既已葬除服見史記兩人而已

（孟子正義）隱公元年左傳云天子七月而葬同軌畢至諸侯五月同盟至大夫三月同位至士踰月外姻至是諸侯五月而葬也儀禮喪服斬衰章傳云居倚廬寢苫枕塊哭晝夜無時歠粥朝一溢米夕一溢米寢不脫絰帶既虞翦屏柱楣寢有席注云楣謂之梁柱楣所謂梁闇舍外寢於中門之外屋下壘墼爲之不塗墍所謂堊室也既夕記云居倚廬注云倚木爲廬在中門外東方北戶賈氏疏云北戶者以倚東壁爲廬一頭至北明北戶鄉陰至既虞之後柱楣翦屏乃西鄉開戶也按既虞之後始有楣有柱謂之堊室以其雖爲梁楣至冥闇不高明故亦謂之梁闇即諒陰也其未葬之前無柱無楣但用兩木斜倚於東壁作墼堵形向西順斜倚之木以草爲屏故名倚廬高宗三年不言謂既葬居梁闇中故云高宗諒陰滕文五月居廬謂未葬居倚廬中在高宗三年居梁闇則未葬之七月居倚廬可知滕文既定三年之喪則未葬居倚廬其既葬亦居梁闇可知何以知之方父兄百官不可時且必使然友之鄒反復咨問至是百官族人無不感悅則孟子之言已驗世子之心益堅五月既葬豈反自亦乎或謂文公僅能

五月未葬前守諒陰之制洵坐井之見耳

百官族人可謂曰知

（四書客難）　客曰魯滕先君不行三年之喪於經傳有證據否曰就春秋考之魯隱公賢君喪中會盟觀魚莊公文公喪中納幣宣公喪娶襄公喪中朝晉昭公喪中大蒐滕悼公喪中會甲此皆見於經者也當時喪禮廢不但二國亦經傳可考以魯宗國秉周禮故特及之曰可謂曰知何謂也曰此宜於可字絕句前父兄百官以爲不可狃於舊習以可爲不可也此不但父兄百官以爲可并族人皆可以世子感動其良心而皆可也可字與前不可正相應知讀去聲莫之禦而不仁是不智也然則莫之禦而不行喪禮是不知也世子并不爲父兄所禦謂之知宜矣

（孟子正義）　可謂曰知世子之能行禮也是知謂百官族人自謂其知始時皆不欲其行三年之喪以爲不可至是首肯而讚之曰吾今乃知知猶覺也亦解也若曰吾始聞其定行三年之喪不以爲可者不解其義也今則解矣知如字平聲或讀若智非也孟子之文微奧通神每同左傳檀弓可謂曰知曰字是矣

索綯

（四書改錯）　此註綯爲絞而其註詩則又註索爲絞則絞絞矣此當註明索字爲繩也索綯謂綯絞繩索倒文也繩索者升屋之具也

（四書釋地又續）　爾雅綯絞也謂夜而繩索糾絞也廣韻綯謂糾絞繩索也朱子註孟子正同何詩集傳綯云索絞也綯索也文義違反一至於此幾令人疑傳註非一手安得謂立學宮課士子之書而無復有遺憾者與

（孟子正義）　綯絞也爾雅釋言文李巡云綯繩之絞也方言云車紂自關而東周洛韓鄭汝潁而東謂之緧或謂之曲綯郭氏注云綯亦繩名儀禮喪服傳云絞帶者繩帶也是絞即繩綯是絞即是繩矣易說卦傳云一索而得男馬融注云索數也毛傳陳風越以鬷邁傳云鬷數也箋云鬷總也蓋以兩股麻而交之總爲一繩以其絞之索之而成故亦名爲索爲絞猶繩爲定名而彈正之即謂之繩爾雅釋器繩之謂之縮之是也此又綯是繩索是索此綯故云夜索以爲綯鄭云夜作絞索則以絞釋索以索釋綯其義同也

陽虎曰

〔孟子正義〕　春秋定公九年盜竊寶玉大弓公羊傳云盜者孰謂謂陽虎也陽虎者曷爲者也季氏之宰也季氏之宰則微者也九年左傳齊鮑文子曰夫陽虎有寵於季氏而將殺季孫以不利魯國而求容焉親富不親仁君焉用之論語陽貨篇陽貨欲見孔子集解孔氏曰陽貨陽虎也季氏家臣而專魯國之政家臣卽宰也專政春秋以盜書是非賢者也虎親富不親仁則重在富孟子引之則重在仁仁人不爲罔民之政則不爲富而爲仁矣不以人廢言論語衛靈公篇文鹽鐵論地廣章引楊子云爲仁不富爲富不仁誤以陽虎爲楊子

夏貢殷助周徹

〔四書釋地又續〕　古人書有蒙上文下文不復詳者法莫著於禹貢如兖州貢道浮於濟漯達于河下文青州便浮于汶達于濟不復言達于河矣又下文徐州浮于淮泗達于菏　錯此從說文不作河　菏者澤名爲濟水所經亦不復言達于濟矣至揚州則沿于江海達于淮泗且不復言達于菏不復言者蒙上文也此古人省言之體也又有下文明點上文且渾然者法莫著於豳風七月篇七月在野八月在宇九月在戶十月蟋蟀入我牀下在野在宇在戶皆蟋蟀也然勿遽露直至牀下句方點出既見倒插之奇又省却上三蟋蟀字面又一省言之體也今日謂夏后氏五十而貢殷人七十而助周人百畝而徹三句各宜有畝字只末用一畝字以總承上明從毛詩得來孟子文法等閒拈出矣

〔四書改錯〕　夏時一夫受田五十畝每夫計其五畝之入以爲貢商人始爲井田之制以六百三十畝之地畫爲九區區七十畝中爲公田其外八家各授一區以助耕公田周時一夫田受百畝鄉遂用貢法都鄙用助法此註語云云也不知井田創于黃帝若謂商始爲井制則虞書禹濬畎澮論語禹盡力溝洫與詩維禹甸之春秋傳少康有田一成有衆一旅皆不可通矣況王制畝百爲夫夫三爲屋屋三爲井舊云夏商之制商果盡井未有不限九夫而限六百三十畝者不知何所據而斷作商人始爲此又可怪之甚者也乃宋儒極重井制而制實不明同是一井而五十七十每代必變同此一夫而受多受寡以時損益端是何說有謂夏商人稠至周反稀此固悖謬不足道有謂夏地初開至商周而漸闢者則禹貢明云其藝云作乂雖下下之土亦且十三載而同入九賦豈有地平天成越千年而始任墾者此豈語也如謂畝賦不齊夏稅五十商稅七十至周人而盡稅之則春秋傳藉而不稅王制古者

一而不稅卽孟子亦云耕者助而不稅而謂畫井之始反稅畝乎若謂田有畸有萊夏百以五十爲萊殷百以三十爲萊則地分九等上下不並畊汙萊不聯涂其所謂一易再易者謂一歲藝此一歲藝彼謂之易未聞百畝一區而半畸半萊七十畸而三十萊天不生此土人不能畫此地也然而放溝澮變疆界更封易域勢亦甚難是必有一定之法彼此俱通者周官遂人職以任力多寡爲受田上下之準夏之一夫則以家二人爲率一正一羨祇受田五十而其餘五十則以餘子弟受之非然則以他餘子弟受之而統名一夫其在殷則以家三人爲率一正二羨受田七十五大抵任力必四夫之一祇云七十者舉成數耳其餘二十五則以一餘夫受之如此則無事改畫而夫家受田亦並無多之偏所謂易代更制有損益無變亂者豈非千載長夜一炬法與

（日知錄）　古來田賦之制實始於禹水土既平咸則三壤後之王者不過因其成蹟而已故詩曰信彼南山維禹甸之畇畇原隰曾孫田之我疆我理南東其畝然則周之疆理猶禹之遺法也　鈃周禮小司徒注昔夏少康在虞思有田一成有衆一旅一旅之衆而田一成則井牧之法先古然矣孔氏信南山正義引此則曰邱甸之法禹之所爲孟子乃曰夏后氏五十而貢殷人七十而助周人百畝而徹夫井田之制一井之地畫爲九區故蘇洵謂萬夫之地蓋三十二里有半而其間爲川爲路者一爲澮爲道者九爲洫爲涂者百爲溝爲畛者千爲遂爲徑者萬使夏必五十殷必七十周必百則是一王之興必將改畛涂變溝洫移道路以就之爲此煩擾而無益於民之事豈其然乎

鈃周官遂人凡治野夫間有遂遂上有徑十夫有溝溝上有畛百夫有洫洫上有涂千夫有澮澮上有道萬夫有川川上有路以達於畿夫子言禹盡力乎溝洫而禹之自言亦曰濬畎澮距川知其制不始於周矣　蓋三代取民之異在乎貢助徹而不在乎五十七十百畝特丈尺之不同而田未嘗易也故曰其實皆什一也古之王者必改正朔易服色異度數故史記秦始皇本紀於改年十月朔上黑之下卽曰數以六爲紀符法冠皆六寸而輿六尺六尺爲步乘六馬三代之王其更制改物亦大抵如此故王制曰古者以周尺八尺爲步今以周尺六尺四寸爲步而當日因時制宜之法亦有可言夏時土曠人稀故其畝特大殷周土易人多故其畝漸小以夏之一畝爲二畝其名殊而實一矣國佐之對晉人曰先王疆理天下物土之宜而布其利豈有三代之王而爲是紛紛無益於民之事哉

（三孟釋疑）　孟子言三代貢助徹總之皆爲十一此亦只就大概言實則各有不同夏無公田其所取什一在民

田五十畝內是每十分取其一殷周有公田合八百八十畝公得八十畝是十一分而取一分殷周輕而夏爲重矣不特凶年取盈有不均之嘆也

〔義門讀書記〕　按辨疑云三代田制已無明文可考但當合經文什一之數而已南軒云夏商周皆以什一蓋五十畝者以五畝爲貢七十畝者以七畝爲助百畝者以十畝爲徹此說本分明○据詩中田有廬上入執宮功孟子自言五畝之宅推之周以二十畝爲廬舍八家各得二畝半殷以十四畝爲廬舍八家各得一畝七分半

徹

〔四書典故辨正〕　徹法之說不一論語古註徹通也爲天下之通法張南軒述楊氏說以爲兼貢助而通力也宜明善則專指通用貢助言之橫渠張子謂是透徹之徹透徹而耕則功力均且相驅率無一家得惰者及已收穫則計畝數裒分之朱子據此因以通力合作計畝均分釋之而文集中又云此亦不可詳知或但耕則通力而耕收則各其畝亦未可知則朱子已疑不能定矣按孟子明言農有差等若通力合作計畝均分則勤惰無分安得復有食九人至五人之別任鈞臺曰徹者言君民上下相通也蓋商制八家同井皆私百畝而同養公田周制九夫爲井井以公田授民而於百畝中各取其十之一其與貢異者貢校歲以爲常周隨年之豐凶使民納十畝之入年豐則君民同其有餘年凶則君民同其不足上下相通故謂之徹看徹字助字都從君民起義可見

〔四書別義〕　因法久能無弊助行之久民勤於私而懈於公公田稼不善故變爲徹通公私而取之但此只是小變通耳

徹者徹也助者藉也

〔四書彙解〕　徹者徹也助者藉也孟子爲助徹分解若據春秋三傳則皆云徹者十一而藉又云穀出不過藉則仍兼助法其所云徹要是通助之義而集註徹法別有耕則通力合作收則計畝均分一十二字誠不知其語出自何書然顯與孟子省耕省斂補不足以及上農夫食九人至下食五人全不相合然既主此說亦宜畫一乃於請野九一而助節又註云周之徹法蓋如此則豈有祗一徹法而屢變其說了無定準若是者孟子云雖周亦助徹即助乎抑徹者通助者乎請實解之

龍子

〔孟子正義〕 列子仲尼篇有龍叔謂文摯云吾鄉譽不以爲榮國毀不以爲辱得而不喜失而弗憂視生如死視富如貧視人如豕視吾如人處吾之家如逆旅之舍觀吾之鄉如戎蠻之國或其人與

莫不善於貢

〔禹貢錐指〕 愚謂貢異於助惟無公田耳其取民之制雖云於一夫受田五十畝之中稅其五畝之所收然亦每歲各視其豐凶 爲所入之多寡與助法無異非上之人科定此五畝者出穀若干斛以爲常也藉令樂歲不多取凶年必取盈賦何以有上上錯乎然則龍子之言非與曰龍子蓋有爲言之也夏元龢曰戰國諸侯重斂掊克立定法以取民不能因豐凶而損益且託貢法以文過故有激而云禹法實不然也柯山此解甚妙蓋自晉宣稅畝以後諸侯廢公田而行貢法取民數倍於古樂歲猶可勉供凶年則不勝其誅求之苦而皆藉口於夏后氏以文其貪暴龍子所以痛心疾首而爲是言孟子方勸滕君行助以革當時之弊故舉龍子之言所謂不善乃戰國諸侯之貢法非夏法也

貢者校數歲之中以爲常

〔四書索解〕 夏后貢法校數歲之中以爲常此在禹貢所載甚明謂田賦九等必比較豐凶以定高下之則此謂立九賦之等有然非謂初間計豐凶久以後便不顧也乃曰凶年糞田不足則必取盈又曰使民終歲勤動不足養父母又稱貸而益之則殘虐特甚唐虞三代皆有荒政豈夏后立法獨無周郵賑給弁薄征散利諸典見於司農若然則省耕省斂補不足與助不給斯稱夏諺休助者孟子自矛自盾矣此豈無可解而因文立訓漫無識察如此若謂此貢之流弊則雖徹與助誰無流弊而獨以貢言之

〔孟子正義〕 翟氏灝考異云舊趙注本校字從手作挍與下學校字不同釋文云校戶教反从木若从手是比挍字今人多亂之五經文字云校音教又音效皆從木字鑑云挍字元有二音借爲比校字明末避諱校省作挍汲古閣注疏本此校與下學校俱作校

樂歲粒米狼戾

〔孟子正義〕　鶡冠子學問篇云所謂樂者無菑者也年豐無災故稱樂歲淮南子覽冥訓云孟嘗君爲之增欷歍唈流涕狼戾不可止高誘注云狼戾猶交橫也廣雅釋詁云狼盭也盭即狼戾一聲之轉國策燕策云趙王狼戾無親漢書嚴助傳狼戾不仁以其遺棄不甚愛恤故爲不仁無親之名而溺之零落於地與粟之拋棄於地其名不同而義實相引也告子篇狼疾趙氏亦以狼藉釋之漢書燕刺王旦傳云首籍籍兮亡居注云籍籍縱橫貌縱橫猶交橫故狼戾猶狼籍也段氏玉裁說文解字注云今俗語謂米一顆爲一粒孟子樂歲粒米狼戾趙注云粒米粟米之粒也皐陶謨烝民乃粒周頌立我烝民鄭箋立當作粒詩書之粒皆王制所謂粒食按粒米狼戾言米之粒不愛恤而縱橫於地也因豐年饒侈故不愛恤而棄捐之也鹽鐵論未通篇云樂歲粒米粱糲而寡取之此即本之孟子粱糲即狼戾戾之同聲張之象注本依孟子改作狼戾不知古人聲音通借之例也

凶年糞其田而不足

〔孟子正義〕　周禮地官司關國凶札鄭司農注云凶謂凶年饑荒也孟子亦言凶年飢歲是凶年即飢歲也禮記月令季夏大雨時行燒薙行水利以殺草如以熱湯可以糞田疇可以美土疆孔氏正義云糞壅苗之根也蔡云穀田曰田麻田曰疇言爛草可以糞田使肥也是糞其田即是治其田故云糞治其田說文皿部云盈滿器也取盈是取其稅而滿其常數如器定受若干如其量以盈之也從歲飢穰以爲多少則助是矣孔氏廣森經學卮言云均是田也糞之則收自倍然未有不費而食利者也羊矢犬豕之骨汁所以爲糞種之具者孰非待粟而易之歲凶則粟不足食幸而足食亦無餘粟以易其所無於是來歲所以糞其田者無以爲資矣又凶之甚者其所穫不足以償今歲糞田之費矣遑供稅乎且來歲之田糞既不足則土疆不美雖自天降康亦將不遂其平歲之穫故一歲遇凶厲三歲而後其力可復此稼穡之艱難有國所當知也

盻盻然

〔孟子正義〕　音義云盻說文五禮切亦四莧切丁作肸肸然許乙切阮氏元校勘記云盻字見說文云恨視貌但趙注以勤苦不休息爲訓趙作肸不作盻也說文響肸布也肹振也肸肹古通用肸肸猶屑屑方言云屑屑不安也

稱貸

〔孟子正義〕周禮天官小宰以官府之八成經邦國四曰聽稱責以傅別鄭司農云稱責謂貸子賈氏疏云稱責謂舉責生子彼此俱爲稱意於官於民俱是稱也段氏玉裁說文解字注云爯并舉也从爪冓省冓爲二爪者手也一手舉二故曰并舉趙注孟子稱貸曰稱舉也凡手舉字當作爯凡偁揚當作偁凡銓衡當作稱今字通用稱禮記郊特牲云食養陰氣也淮南子說山訓云幸善食之而勿苦高誘注云食養也養其父母即食其父母貸借也周禮地官泉府凡民之貸者與其有司辨而授之以國服爲之息鄭司農云貸者謂從官借本賈也故有息使民弗利元謂以國服爲之息受園廛之田而貸萬泉者則期出息五百禮記月令注云火出而畢賦此言賦冰此公賦當畢謂公家之稅當完納也稅盡賦猶冰盡賦矣當盡賦則不敢虧缺無如田之所出不足故假借於人而舉貸爲子即息也史記貨殖傳云子貸金千貫又云吳楚七國兵起時長安中列侯封君行從軍旅齎貸子錢錢子家以爲侯邑國在關東關東成敗未決莫肯與唯無鹽氏出捐千金貸其息什之三月吳楚平一歲之中則無鹽氏之息什倍蓋每歲萬息二千此常息也至窘急時則利息必加倍於常如無鹽氏之利所以什之矣萬息二千二其子也什之則貸萬息亦萬爲倍故云子倍益之言加也即上取盈之義因畢賦不足又稱貸於子錢家以益滿此不足之數而所貸子錢乃倍於所不足之數由此積累至使父母妻子饑寒而死矣

夫世祿滕固行之矣

〔四書索解〕世祿有兩說一謂世祿即世官畢命世祿之家孔安國註世有祿位也古祿隨位行有位斯有祿故論語天祿永終亦作永保祿位解觀國語范宣子歷序世爵自陶唐氏迄今死而不朽而叔孫穆子曰此之謂世祿不是不朽正謂世祿者世爵之別名也然而世祿滕固行之與井法何與以爲封建與井田相表裏行世官即是行井田所有自始也一謂世祿是世卿大夫子弟世世受祿據禮註夏制王國世祿侯國不世祿王制云內諸侯祿又云諸侯之大夫不世爵祿是也商周則中外卿大夫皆得世祿祭義云殿入貴富注臣能世祿曰富春秋左氏說卿大夫得世祿不世位父爲大夫死子得食其故采地如有賢才則復父故位故詩曰凡周之士不顯亦世是也然而春秋世官不世祿而此反云不世位而世祿固已難解且官族煩多既使食其采地至有過而後奪之如周制副田祿仕田之類當亦必有限制或以世殺或以親殺使邦甸土地足任頒給乃禮文茫然即禮註亦周章蔑略並無攷

說而集註則云仕者之子孫皆教之教而成材則官之若不可用亦使之不失其祿俱不相合而且詳于授官而略于給采井不知其語出自何書必欲使世祿二字瞭然昭著于人間亦未易事也

公田

〔四書典故辨正〕　孟子言八家同井禮及考工記則曰九夫爲井其制不合萬充宗以八家爲殷制九家爲周制又謂夏時亦一井九區分之九夫但夏校數歲之中以爲常周則歲取其所獲之十一耳楊文來駁之曰誠若充宗所云則周不獨鄉遂爲貢即九夫爲井莫非貢法而助法蕩然矣此與孟子引公田一節不合愚按鄉遂用貢都鄙用助此註家之說不足爲據者周禮本文明進九夫爲井又曰夫三爲屋屋三爲井此周一井九夫徹與助異之明證充宗之說亶不誣已徹本無公田故孟子云惟助爲有公田言惟助有則徹無以明其制之異言雖周亦助見助豐凶相通徹亦豐凶相通明其意之同若徹原是助則人人共知孟子何用辭費哉周徹無公田詩言雨我公田者何曰商八家同井公田在私田外周九夫爲井公田即在私田中夏小正曰三農服於公田公田之稱可施於貢獨不可施於徹乎然則周何以變八家爲九夫曰此則任鈞臺嘗言之矣蓋自商至周歷六百餘年生齒必日繁無田可給不得不舉公田授之民及列國兵爭殺戮過甚民數反少於周初而徹法之壞已甚故孟子欲改行助法所謂與時宜之者此眞通人之論也

設爲庠序學校以教之

〔四書客難〕　客曰孟子勸滕設學然則滕本無學乎曰以理揆之滕僅有國中大小學爲君世子卿大夫士適子肄業之所如王制所謂小學在公宮南之左大學在郊是也孟子勸其復設鄉學故兼及之曰據學記有家塾之文此不言何也曰學大以包小也每鄉五百家學塾爲小學黨庠州序鄉校國學皆爲大學若無塾學則民十五外爲士爲農由而分故知學大以包小也曰由塾學遞升之制如何曰以周禮王制學記等書通之每鄉塾學凡五百各教二十五家八歲以上之幼童至十五歲閭師別之書敬敏任卹者升於黨庠餘則聽其爲農庠學凡二十五各教五族十二閭所升之秀至三年黨正別之書孝弟睦姻有學者升於州序餘則爲族閭之吏序學凡五各教五黨中所升之秀并試射以觀德至三年州長別之書德行道藝者以聽卿大夫之賓興餘則爲州黨之吏卿大夫以所賓

與者升於司徒司徒論其秀者而升於學大樂正又論其秀者升諸司馬司馬試以射詔王爵祿此周制賓賢觀人之大概也曰昔人謂士養於學小民不過觀化意謂盡人入學學舍將不能容也如何曰方氏苞亦有此說然小民不可入大學未嘗不入塾學塾學之師亦士之致仕者爲之可知三代設學無遺於學外者非如後世塾師必須自延而在官司教者亦有名無實也曰滕之設學能同大國否曰滕初侯爵自有三鄉之學自春秋後降爲子此時僅五十里并不及初男國之地一鄉外不能有遂通國不過五百塾師二十五庠師五序師一鄉校之師耳

庠序學校

（四書典故覈）　五帝之太學曰成均周禮大司樂掌成均之法文王世子遠之於成均鄭注引董仲舒曰五帝名太學曰成均周立其學虞庠近是也賈疏以爲成均是總名仍當代各有別名虞則名上庠也　王制有虞氏上庠下庠夏后氏東序西序殷人右學左學周人東膠虞庠虞庠在國之西郊此四代之學皆一爲大學一爲小學一在郊一在國中質家貴右大學在西郊小學在國中王宮之東殷是也文家貴左大學在王宮之東小學在西郊夏周是也故王制云小學在公宮南之左大學在郊注云殷制也殷之右學又名瞽宗周之虞庠又名辟雍王制曰天子曰辟雍諸侯曰頖宮天子摠小學諸侯摠大學也　謹此皆疏義　周立四代之學立虞之上庠在西郊立殷之右學則瞽宗亦在西郊皆爲小學立夏后氏之東序在王宮之東爲大學改名爲東膠東序　夏學東膠爲周名故言四代也　謹此儀禮賈疏說　文王世子曰春夏學干戈秋冬學羽籥皆於東序春誦夏絃太師詔之瞽宗禮在瞽宗書在上庠注云周立三代之學學書於有虞氏之學典謨之教所興也學舞於夏后氏之學文武中也學禮樂於殷之學功成治定與已同也疏以爲學干戈羽籥於東序者升大學者也未升大學則在瞽宗據疏義則書在上庠爲未升大學者其已升大學者則讀書亦在東序　虞庠在西郊者爲小學但一處又以爲鄉學天子六鄉則鄉序有六鄉飲酒義曰主人拜迎賓於庠門之外是也州黨之學則名爲序序當作榭與夏后氏之序不同周禮州長春秋屬民而飲酒於序注云序州黨之學儀禮鄉射禮豫則鉤楹外注云豫讀如成周宣榭災之榭周禮作序　謹周禮即謂州長職也　凡屋無室曰榭　謹有堂無室　宜從榭州立榭者下鄉也序乃夏后氏之學亦非也是鄭以序字當爲榭也學記曰古之教者家有塾黨有庠術有序國有學家有塾者疏云二十五家爲閭同共

一巷巷首有門門邊有塾白虎通云古之教民百里皆有師里中之老（註）七十而致仕者　有道德者爲里右師（註）書傳謂之父師　（註）其次爲左師　（註）書傳謂之父師　教里中子弟以道藝孝弟仁義也黨有庠者疏云是鄉所居之黨既立鄉庠不別立序皇氏云黨有庠殷制也術有序者鄭云術當爲遂遂六遂如鄉之州學但有序其秀者升之鄉庠也　案何休公羊註一里八十戶中里爲校室十月事畢父老教於校室漢書食貨志則云餘子在於序室是里塾謂之校亦謂之序也左傳曰鄭人遊於鄉校詩鄭風子衿刺學校廢也疏云鄭國謂學爲校言可以校正道藝漢書公孫弘奏云三代之道鄉里有教夏曰校殷曰序周曰庠此皇氏以黨有序爲殷制與之合與孟子文違要之孟子之文校庠序皆據鄉學又云設爲庠序學校四者並設則周之鄉學爲庠州黨爲序閭里爲校亦兼用三代可知也

校序庠

〔四書攷錯〕　此是國學以下鄉州黨三學之名不得曰鄉學也國學下原有四學一是鄉校春秋傳鄭人欲毀鄉校是也一是州序周禮州長以禮會民于州序是也一是黨庠學記黨有庠是也若其一家塾則四閭爲族合族一百家而置塾爲此不及者略爲耳至分夏殷周三代則周因夏殷之制而取之爲鄉州黨之名所謂周備三代之學者以此

〔四書典故辨正〕　孟子言夏曰校殷曰序周曰庠此鄉學也而王制所載虞曰庠夏曰序爲國學之稱考之周禮則州黨之學皆曰序而庠校不見於經學記曰黨有庠者庾氏謂夏殷制非周法其說皆與孟子不合安溪李文貞公曰立太學以教於國設庠序以化於邑董子雖言之而莫行也故在漢代辟雍太學之制博士弟子員之設僅於京師而已自後天下州邑亦徒廟祀孔子而無學宋之中世始詔天下有州者皆得立學而縣之學士滿二百人始得爲之少則不能中律令蔑州僻縣無不設之學矣意三代相承亦如此夏之時鄉爲置校而已殷之時州莫不有序爲周人修而兼用之而黨庠以遍此自古及今其制寖廣也黨近於民故主於尙齒尊長而以養爲義鄉近於國故亟乎德行道藝而以教爲義州則自黨而升而將賓於鄉故修乎禮樂容節而以射爲義此則自上而下其法寖備也按文貞此說最善益黨統於州州統於鄉故序以承校庠以承序制以漸而始大備俗說謂三代之鄉各一而

遞惟變其名不可通矣

使畢戰　至末

〔四書客難〕　客曰經界之法五溝五涂錯置井牧間棄地不已多乎曰吾嘗於周官客難辨之詳矣水陸土產溝涂各有所宜何至棄地也溝涂蓄洩以時旱潦有備常獲餘一餘三之樂阡陌既開豐年倍收凶年束手無策利少害多往事可鑒也況杜兼併均井地平穀祿非溝涂不能而陷戎馬之足尤出孟子所言之外仁政所爲必始經界也曰滕壤地褊小其野地幾何國中地幾何曰以開力法算之方五十里不過二萬二千五百夫之地三分去一得一萬五千夫爲田一百五十萬畝除國中一鄉一萬二千三百夫外僅餘二千五百夫不足一遂卽滕之野耳野九之一卿大夫士常祿之所出國中什之一君常祿及國用之所出也曰卿以下圭田五等諸侯同乎曰此耑爲小國言也大國卿采地百乘三分去一得田六百萬畝下士亦十八萬畝有奇祀田不須別給故周官有賜禽之典無圭田之文若子男小國卿大夫士采地無多故別給圭田以奉祀如滕之五十里卿大夫士有匪頒無采地則圭田尤急耳曰均以五十畝何也曰五等諸侯籍田均以百畝此其例也曰餘夫如程子之訓否其數與周官異何也曰凡獨子孤子年至十六未及受田者皆餘夫不獨弟也其數居周官四之一者侯國殺於王國五等所同也又以八口計之餘夫一人受二人之田蓋冠婚之費皆出於此所爲周時無怨曠之男女仁之至也曰鄉田何以亦同井也曰此合承上文之言鄉田國中也同井野也出入鄉則五人十人相友野則八人相友守望鄉則五家十家相助野則八家相助相扶持亦以此法例之曰井田之形體宜人人所知何復爲文公言也曰阡陌開後各國效尤井田形體已在傳聞之列故孟子一一詳之曰潤澤之大略可知否曰亦大略可知如地不能井則爲夫三之屋并不能屋則爲百畝之夫五十畝之畦三十畝之畹一二十畝至數畝之畸如滕之截長補短不能正方尤宜隨地定制乃無棄地反如異義左氏所稱九度當一井八鳩當一井云云亦潤澤之一義也

井地

〔四書釋地三續〕　井地卽井田也集註云國惟趙氏順孫纂疏曰井地則言其始以地而畫井耳井田則因其田既已成井而言之也　亦辨析

經界

（四書摭餘說）　孟子所謂經界卽阡陌之謂也漢書食貨志商君壞井田開阡陌顏師古曰阡陌田間之道也董仲舒曰商鞅除井田民得買賣富者田連阡陌貧者無立錐之地故欲限民名田蓋爲是也按井田之制受之於公毋得粥賣故王制有田里不粥之文一夫所耕不出百畝故受田以此爲率二者之制所以使民力均一而無貧富之殊至秦則阡陌開而井田壞矣按阡陌者舊說以爲田間之道蓋因田之疆畔制其廣狹辨其橫縱以通人物之往來卽周禮所謂遂上之徑溝上之畛洫上之涂澮上之道也然風俗通云南北曰阡東西曰陌又云河南以東西爲阡南北爲陌二說不同今以遂人田畝夫家之數考之當以後說爲正秦始皇三十一年使黔首自實田使井田不廢何患田之不實乎據此則孟子所謂辟草萊任土地者正指商君言之而任氏謂是時商鞅未開阡陌井田形體固在只經界不正授受無法小民得以兼幷故孟子大意只要正經界此甚非也周顯王十九年秦始廢井田開阡陌三十一年秦人誅衛鞅滅其家及四十八年齊人築薛而孟子在滕距商君之法已十有八年矣安得是時尚未開阡陌者惟是商君之法或止及西陲滕以五十里僻處一隅井田形勢未盡決裂此孟子所謂仁政必自經界始者是也王厚齋曰禹盡力乎溝洫濬畎澮距川遂人五溝五涂之制固於古也自鄉遂之法弛子駟爲田洫而喪田者以爲怨子產作封洫而伍田疇以爲謗晉欲使齊盡東其畝而戎車是利甚而兩周爭東西之流至商鞅決裂阡陌呂政決通川防古制蕩矣

經界正不正　三句

（孟子正義）　周禮地官司市以次敘分地而經市注云經界也趙氏以此經界卽各國之疆界封建與井田相表裏故先不相侵奪而井田乃可鈞也阮氏元校勘記云井地不鈞石經岳本咸淳衢州本廖本孔本韓本考文古本足利本同閩監毛三本鈞作均按均鈞古字通也穀祿也爾雅釋言文周禮天官冢宰以八柄詔王馭羣臣二曰祿以馭其富注云班祿所以富臣下書曰凡厥正人旣富方穀是以穀釋祿天府祭天之司民司祿注云祿之言穀也詩小雅薿薿方有穀箋亦云穀祿也祿奉以穀故穀卽祿矣小司徒地官職也云乃經土地而井牧其田野九夫爲井四井爲邑四邑爲印四印爲甸四甸爲縣四縣爲都以任地事而令貢賦凡稅斂之事注云此謂造都鄙也采地

制井田異於鄉遂重立國小司徒爲經之立其五溝五塗之界其制似井之字因取名焉孟子曰夫仁政必自經界始經界不正井地不均穀祿不平是故暴君汚吏必慢其經界經界既正分田制祿可坐而定也九夫而井者方一里九夫所治之田也此制小司徒經之匠人爲之溝洫相包乃成耳鄭氏以小司徒所經即井田之界經土地之經爲經始靈臺之經謂小司徒經度之與趙氏說異

請野九一而助國中什一使自賦

（四書典故辨正）鄭康成註周禮謂鄉遂用貢都鄙用助朱子然之此節註云國中郊門之內鄉遂之地野郊外都鄙之地二語亦本之鄭氏其實不然按周禮王畿百里內爲六鄉六鄉之地去國五十里爲近郊去國百里爲遠郊所謂國中郊門之內鄉是也百里以外至二百里爲六遂遂人掌造縣鄙形體之法五鄙爲縣五縣爲遂是鄙在遂中而其地屬野也二百里至三百里爲稍地三百里至四百里爲小都四百里至五百里爲大都鄙近都遠中隔稍地大司徒以八則治都鄙蓋自縣鄙至都家通六鄉以外之言也都鄙固是野而遂非國中鄙又不當別出遂外況周禮小司徒之文曰九夫爲井明是助法今反云鄉遂用貢其誤明矣

（趙注）九一者井田以九頃爲數而供什一郊野之賦也助者殷家稅名也周亦用之龍子所謂莫善於助也諸侯不行助法國中什一者周禮園廛二十而稅一時行重賦責之什一也而如也自從也孟子欲請使野人如助法什一而稅之國中從其本賦二十而稅一以寬之也

（孟子正義）王氏鳴盛周禮軍賦說云鄭康成以遂人所言爲溝洫之法即夏之貢法鄉遂公邑用之匠人所言爲井田之法即殷之助法都鄙用之其溝洫與井田之異則正義遂人云夫間有遂十夫有溝百夫有洫千夫有澮萬夫有川方三十三里少半里九而方一同九澮而川周其外則百里之內九九八十一澮井田則一同惟一澮一溝溝稠多一溝澮稀少其異一匠人井田之法畎縱遂橫溝縱洫橫澮縱川橫其夫間縱者分夫間之界耳無遂其遂注入溝溝注入洫洫注入澮澮注入川略擧一成以三隅反之一同可見矣遂人云夫間有遂以南畝圖之則遂縱而溝橫匠人不云夫間有遂云田首倍之謂之遂遂則橫溝縱也自餘洫澮川依此遂溝縱橫參之可知其異二遂人云九澮而川周其外川是人造之匠人百里有澮澮水注入川相去逆宜自然大川非人所造其異三溝洫之

法祇就夫稅之十一而貢井田之法九夫爲井井稅一夫美惡取於此不稅民之所自治其異四倪氏思寬讀書記云鄭氏匠人注云野九夫而稅一甫田箋云井稅一夫其田百畝緇嘗據鄭旨核分數八家九百畝而公田百畝通公私之率無異家別一百一十二畝半於一百一十二畝半抽其一十二畝半則於九分之中而稅其一分正合九一之旨其數甚明不待持籌而知也馬端臨謂遂人之十夫特姑舉成數言之不必拘以十數此言殊謬十夫有溝明係古人成法蓋國中行鄉遂之法皆五五相連鄙而五倍之則十也如五家爲比二比則十夫五家爲鄰二鄰則十夫十夫有溝當迺義於此豈得謂姑舉成數言之至謂行貢之地無間高原下隰截長補短所謂溝洫者不過地高下而爲之蓄洩異日井田之溝洫有一定之尺寸此言也適足以啓慢其經界之弊矣古人於高原下隰則有通融之法如楚蔿掩所書者既言鄉遂用貢法十夫有溝則經界森列有條不紊庸詎得如馬說也其實皆什一也聖賢立言文無虛記假令貢助果皆什一則其實一語爲贅文矣哦立法九一什一不同而論其實則於中正之準初無不合鄭注載師云周稅輕近而重遠近者多役也則是國中什一而役多野九一而役少會而通之總皆什一其理易明孟子特立此文以明助法九一之善若鄭氏又謂孟子言其實皆什一據通率而言耳則經文九一什一文聯義對鄭說雖巧而近於鑿不得從之按趙氏以國中爲城中野爲鄉遂都鄙通稱則九一之制自國門外皆然依鄭氏則以國中當鄉遂用貢野當都鄙用助乃鄭氏又以周制畿內用夏之貢法稅夫無公田邦國用殷之助法制公田不稅夫既以都鄙井田異於鄉遂遂人注又謂野爲甸稍縣都匄是六遂則遂亦通爲野與都鄙異於鄉遂之說異蓋又以郊內六鄉爲國中遂以外皆野矣一人之說已參差不一其與趙氏之異又何若矣備載之以俟考

圭田五十畝

[四書典故辨正]　孔仲達曰圭絜白也德行絜白乃與之田陳可大曰圭田亦似有功德者賜之若賜圭瓚按孟子明言必有圭田則不以德行功德而異孔陳之說非也張橫渠謂圭田恐是畦田若菜圃之類此更誤解圭字趙注云圭潔也詩天保吉蠲爲饎三家本作吉圭惟饎圭田所以給粢盛特牲少牢二禮不曰祭而曰饋食祭以粢盛爲重也圭田蓋取粢盛蠲潔之義　圭田予供祭祀自不應仍征其稅故王制云圭田無征鄭康成以無征爲殷制以周禮載師之士田爲圭田有近郊之稅改士爲仕其說無據陳氏禮書已辨之

（孟子正義）　周禮地官載師以士田任近郊之地注云鄭司農云士田者士大夫之子得而耕之田也元謂士讀爲仕仕者亦受田所謂圭田也孟子曰自卿以下必有圭田圭田五十畝圭田既是仕田則卿以下通大夫士而言卽載師之士田也毛詩小雅天保篇吉蠲爲饎傳云蠲絜也秋官蜡氏凡國之大祭祀令州里除不蠲注云蠲讀爲吉圭惟饎之圭圭絜也儀禮士虞禮記云圭爲而哀薦之饗注亦云圭絜也詩曰吉圭爲饎呂氏春秋尊師篇云必蠲絜高誘注云蠲讀曰圭是圭之義爲絜也禮記王制云夫圭田無征注云夫猶治也征稅也孟子曰卿以下必有圭田治圭田者不稅所以厚賢也此則周禮之士田以任近郊之地稅什一孔氏正義行[illegible]潔也言德行潔白也而與之田殷所不稅者殷政寬厚重賢人周則稅之士以潔白而升則與以圭田使供祭祀若以不潔白而黜則收其田里故士無田則不祭有田以表其潔無田以罰其不潔也說文田部云畦田五十畝曰畦从田圭聲段氏玉裁說文解字注云畦留夷與揭車王逸注五十畝曰畦蜀都賦劉注云楚辭倚沼畦瀛王逸云瀛澤中也班固以爲畦田五十畝也孟子曰圭田五十畝然則畦从圭田會意兼形聲與孫氏蘭輿地隅說云孟子圭田或以圭訓潔非也九章方田有圭田求廣從法有直田截圭田法有圭田截小截大法凡零星不成井之田一以圭法量之圭者合二句股之形井田之外有圭田明係零星不井者也此上二說與趙氏異按鄭司農以士田爲士大夫之子所耕荀子王制篇云雖王公士大夫之子孫不能屬於禮義則歸之庶人然則士大夫之子孫其不能嗣爲士大夫者卽授之田正與餘夫一例若然則圭田不以潔取義正指不能成井者而言不能成井則以五十畝爲一畦畦之數又卽田圭形而稱焉者也史記貨殖傳云千畦薑韭集解引徐廣云一畦二十五畝文選注引劉熙注病於夏畦云今俗以二十五畝爲小畦以五十畝爲大畦然則餘夫二十五畝亦卽參上圭田而言

餘夫二十五畝

（四書典故辨正）　餘夫集註程子以弟言毛大可謂有弟餘夫有子餘夫兼子弟言愚按餘夫固是子弟而子弟不皆餘夫蓋一夫上有父母下有妻子旁有兄弟謂之家受田百畝其子弟助父兄以耕同食於百畝之內周禮所謂家五人家六人家七人正合子弟計之也其或丁男衆多五六七八之外又有子弟六尺以上可任男子征役之事則爲餘夫受田二十五畝至此人復有丁男受室滿五六七人之數然後更受一夫百畝之田賈公彥乃謂三十

有室則受夫田百畝夫壯而有室無父母之養子孫之蓄安得與八口之家同受百畝且受室之初無丁男助耕而遽加田七十五畝能不至荒蕪乎故餘夫必俟丁衆成家方授以一夫之田不得槩云三十則受百畝也　周禮遂人上地夫一廛田百畝萊五十畝餘夫亦如之中地夫一廛田百畝萊百畝餘夫亦如之下地夫一廛田百畝萊二百畝餘夫亦如之鄭註云餘夫亦受一廛所以饒遠鄙魚仲謂餘夫二十五畝乃商制周則受百畝按二說皆非是趙岐註引周禮云受田者田萊多少有上中下餘夫亦如之亦如上中下之等也此說最明蓋餘夫受田亦辨地之上中下以爲田萊之多寡故曰亦如之耳若餘亦受百畝彼既力不能遠而田亦有所不足矣

〔孟子正義〕　宣公十五年公羊傳注云多於五口名曰餘夫以率受田二十五畝此趙氏義也多於五口則不拘何人故趙氏兼言老少也漢書食貨志云民受田上田夫百畮中田夫二百畮下田夫三百畮歲耕種者爲不易上田休一歲者爲一易中田休二歲者爲再易下田三歲更耕之自受其處農民戶人巳受田其家衆男爲餘夫亦以口受田如比士工商家受田五口乃當農夫一人此云如比則如一夫百畝之例與孟子餘夫二十五畝之餘夫不同地官遂人辨其野之土上地中地下地以頒田里上地夫一廛田百畮萊五十畮餘夫亦如之中地夫一廛田百畮萊百畮餘夫亦如之下地夫一廛田百畮萊二百畮餘夫亦如之注云萊休不耕者鄭司農云戶計一夫一婦而賦之田其一戶有數口者餘夫亦受此田也廛居也揚子雲有田一廛謂百畝之居也後鄭此處不注而注於載師云餘夫在遂地之中如比則士工商以事入在官而餘夫以力出耕公邑賈氏疏云六鄉七萬五千家家以七夫爲計餘子弟多二十壯有室其合受地亦與正夫同孟子云圭田五十畝餘夫二十五畝彼餘夫與正夫不同者彼餘夫是二十九已下未有妻受口田故二十五畝若三十有妻則受夫田百畝故鄭注內則云三十受田給征役士與工商之家丈夫成人受田各受一夫則云半農夫者是也其家內無丈夫其餘家口不得如成人故五口乃當農夫一人百里內置六鄉以九等受地皆以一夫爲計其地則盡至於餘夫無地可受則六鄉餘夫等並出耕在遂地之中百里之外其六遂之餘夫並亦在遂地之中受田矣如是則遂人之餘夫不同於孟子之餘夫乃趙氏引周禮遂人餘夫以證孟子則是以遂人所云餘夫亦如之即此餘夫二十五畝之餘夫也彼注者因上言夫一廛田百畮下言餘夫亦如之故以爲此三十授田之餘夫所授亦如一夫之百畝趙氏解遂人謂一夫所受田萊多少有上中下

餘夫亦如上中下之等非亦如百畝也陳祥道禮書云先王之於民受地雖均百畝然其子弟之衆或食不足而力有餘則又以餘夫任之此載芟詩所謂侯彊周禮所謂以彊予任甿者也然餘夫之田不過二十五畝以其家既受田百畝而又以百畝予之則彼力有所不逮矣故其田四分農夫之一而已上地田二十五畮萊半之中地二十五畮萊亦二十五畮下地二十五畮萊五十畮所謂如之者如田萊之多寡而已非謂餘夫亦受百畝之田如正農夫也此得趙氏義矣

鄉田同井

〔孟子正義〕說文𨛜部云鄉國離邑民所封也嗇夫別治从𨛜皀聲封圻之內六鄉六鄉治之段氏玉裁說文解字注云離邑如言離宮別館國與邑名可互稱析言之則國大邑小一國中離析爲若干邑封猶域也所封謂民域其中所鄉謂歸往也劉熙釋名釋州國云鄉向也衆所向也以同音爲訓也嗇夫別治言漢制六鄉六卿治之謂周禮按此分別鄉之名甚析說內六鄉別乎六遂都鄙而言此鄉之專名也凡民所向往國之別邑皆謂之鄉此鄉之通名也逸周書大聚解云以國爲邑以邑爲鄉以鄉爲閭禍災相恤資喪比服合閭立教以成爲長合族同親以敬爲長飲食相約興彈相庸耦耕曰耘男女有婚墳墓相連民乃有親孟子此文略同同鄉之田卽同國同邑之謂非專指六鄉也韓詩外傳云古者八家而井田方里而爲井廣三百步長三百步一里其田九百畝八家爲鄰家得百畝餘夫各得二十五畝家爲公田十畝餘二十畝共爲廬舍各得二畝半八家相保出入更守疾病相憂患難相救有無相貸飲食相召嫁娶相謀漁獵分得仁恩施行是以其民和親而相好此本孟子而衍之共井之人卽此八家爲鄰之謂也

方里而井

〔四書典故辨正〕楊文來曰方里而井與方千里方百里之方同謂四面各得一里也獨王明齋以爲不然謂四面合計得一里其一面三百步止得里四之一耳其說不知何據按開方之法合縱橫而計之闊一步長百步爲畝畝百爲夫此以橫數之也夫三爲屋此以縱數之也屋三爲井此又以橫數之也故闊三百步長三百步爲方里以一面數之三百步止得里四之一誠如明齋所云若四面各得一里則當有十六井爲田一萬四千四百畝矣王制

方十里者爲方一里者百爲田九萬畝方百里者爲方十里者百爲田九十億畝此縱橫皆以十數之故百倍也方里之方畝積而成故縱橫以畝數方十里方百里之方里積而成故縱橫以里數文來云云當是未曉開方算耳

（困學紀聞）　古者步百爲畝古之百畝爲今四十一畝一百六十步古之一井爲今三百七十五畝

（四書摭餘說）　此正孟子之所謂正經界也趙氏注周禮小司徒曰乃經土地而井牧其田野孟子正義謂此制小司徒經之匠人爲之溝洫相包乃成耳按小司徒經土地但有井邑邱甸縣都六名而鄭注於甸方八里下云旁加一里則得十里爲成於都方八十里下云旁加一里則得百里爲同又添成與同二名於經文之外蓋小司徒不及溝洫惟匠人始曰九夫爲井井間有溝十里爲成成間有洫百里爲同同間有澮則欲辨井田之有溝洫不得不增成同二名於其間故云九夫爲井井方一里四井爲邑邑方二里四邑爲邱邱方四里四邱爲甸甸方八里此本文也而於是云旁加一里共十里爲成而以所加之一里爲治溝洫之用是以經文四邱爲甸四甸爲縣此中無成字而成已可見何則甸止八里縣有二十里向使無成以補之則四甸止十六里耳焉得云四甸爲縣則即據本文亦已隱包一成於其中矣於是都方八十里亦旁加一里共得方百里而名之爲同直以匠人文解之此相包乃成之義也劉氏中義以匠人溝洫求合乎遂人制野之制謂遂人言積數匠人言方法理或然也然則井田之法必方乎又不然二程子謂不必盡寬平可以畫方只要用算法折計授民張子謂先須正南北假饒地有寬狹尖斜先就得井地處爲井不能成就處或五七夫三四夫一夫即不成一夫亦可計百畝之數授之是則稍寬處當如張子說極尖斜當如程子說大約二說盡之蓋方是法不是形古之九數第一曰方田以其事最重而算亦最難故爲第一若其田果方則執度以往足矣安用算乎如今之法橫五尺縱五尺謂之一步何嘗不方橫七丈七尺五寸縱亦如之謂之一畝何嘗不方究其所謂方者乃以東西幷折半南北幷折半　譬如東十弓西二十弓則折作東西各十五　而以縱與廣交乘之算方而田不方故謂之方田也任氏曰或疑古井田未及江南此江南法不可與論古則齊晉燕趙晉魏諸境余嘗歷之其高高下下與江南無異惟西北多山東南多水差異耳而江南之圩田其平廣更勝於北蓋從古此地即從古此山川山水之性皆以曲而善走即廣野平疇其鹹必自山出大約中出者必中高邊出者必邊高斷未有百十里直如絲平如砥者也孟子方里云云亦舉一方者以爲例耳如天子規方千里以爲甸

服而周畿內自陝而入河南其地斜長而曲以開方法計之則西都約方八百里八八六百四十東都約方六百里六六三百六十總計之得方千里耳孟子言滕絕長補短五十里古人所謂方者大約如此漢儒溝洫之圖只是畫個硬局與棋枰相似其實天下安有此地哉

附井田說

〔三孟釋疑〕　惟王建國六卿分職開首均冠以體國經野畫疆分井乃歷代聖王求治之原精義實聚乎此井列九區八家八區環其外中區百畝爲公田內除二十畝爲八家之廬舍以八十畝令八家各種十畝而同養公田公取八十畝私得八百畝所謂什一也井制至殷始備夏代尚不曾畫井每夫只授五十畝箴以所入什之一納貢於上至殷行助而井制乃備周之徹即因之其間徑畛涂道路遂溝洫澮川極費經營已成之功後即易代改制而成制斷不能改殷助改爲周徹七十畝改爲百畝不過明時王之制尺度不同耳王制云古者百畝當今東田百四十六畝三十步古以殷言今以周言周尺較殷尺只七折殷之七十畝周尺量來得百畝非別改經界也其所取於民者仍是十之一　因法久不能無弊助行之久民勸於私而懈於公公田稼不善故變爲徹通公私而取之但此只小變通耳　凡任地之法總不離乎井土分九壤有山林藪澤京陵淳鹵疆潦偃瀦原防隰皋衍沃之不同而隨地制賦皆以井地爲準則山林之地九夫爲度九度而當一井藪澤之地九夫爲鳩八鳩而當一井京陵之地九夫爲辨七辨而當一井淳鹵之地九夫爲表六表而當一井疆潦之地九夫爲數五數而當一井偃瀦之地九夫爲規四規而當一井原防之地九夫爲町三町而當一井隰皋之地九夫爲牧二牧而當一井衍沃之地九夫爲井於不可井之地而皆以井法通之則合九壤無不井之地矣寰宇所以無曠土　凡任民之道亦不離乎井民分九職有三農園圃虞衡藪牧百工商賈嬪婦臣妾閒職之各殊而舉不農之民悉以任農之道任之四野所以無遊民民生既遂教化乃興里門警嚴外患不得入內匪無所容同井之民無事則相親有事則相保其五溝五涂縱橫足以限戎馬蓄洩足以備旱潦強者不得而兼并弱者不至於失業上以應天時下以盡地宜中以盡人力洵無美之不備孟子乎昔念此至熟因滕君問而詳悉言之惜衍章壞廢已久復古不易耳　或疑井田惟邦畿千里平坦處乃可行此外偏陂高下如何可井不知鎬京八百里開方得八八六百四十里洛陽六百里開方得六六三百六十里合西

京東京共成千里亦不能就一處而規千里也然則井制不盡拘於成方矣至其遺剩畸零餘地歸入萊地圖地折實以授餘夫井無棄土　地官保氏教九數有方田算法於斜曲畸零以方用算法求之不失尺寸

八家皆私百畝同養公田

（四書攷異）　漢書食貨志井方一里是爲九區八家共之各授私田百畝公田十畝是爲八百八十畝餘二十畝以爲廬舍出入相友守望相助疾病相救民是以和睦王與之曰漢志引孟子失其旨旣言井九百畝中爲公田則百畝共爲公田不得家取十畝言八家皆私百畝則其中百畝皆屬於公何得復以二十畝爲廬舍言同養公田是八家共理公事何得家分十畝自治若家取十畝自治安得謂之同養若二畝半爲廬舍則家別二畝半亦爲私矣安得謂八家皆私百畝

神農之言

（四書改錯）　集註神農炎帝神農氏教民稼穡者也爲其言者史遷所謂農家者流也神農之言則豈是農家者流管子有神農數文子所引有神農法故漢藝文志有神農二十篇實有其書若呂氏春秋引其言有云士有當年而不耕者則天下或受其飢矣女有當年而不織者則天下或受其寒矣是故身親耕妻親織所以致民之利也則此神農之言之可據者

（孟子正義）　以神農氏爲三皇者白虎通號篇云三皇者何謂也謂伏羲神農燧人也或曰伏羲神農祝融也按易繫辭傳首稱伏羲次神農次黃帝堯舜並稱淮南子以伏羲神農爲泰古二皇是也女媧祝融孔子所未言何足以配羲農哉漢書藝文志云農家者流神農二十篇六國時諸子疾時怠於農業道耕農事託之神農顔師古云向別錄云疑李悝及商君所說商子畫策篇云神農之世公耕而食婦織而衣刑政不用而治呂氏春秋愛類篇云神農之教曰士有當年而不耕者則天下或受其饑矣女有當年而不績者則天下或受其寒矣故身親耕妻親績所以見致民利也神農之數即所謂神農之言也太平御覽皇王部引尸子云神農氏夫負妻戴以治天下堯曰朕之比神農猶旦之與昏也北堂書鈔帝王部引尸子云神農氏並耕而食以勸農也尸佼晉人其書屬雜家商鞅師之其言並耕而治與許行同許行之學蓋出於尸佼呂氏春秋審時篇夫稼爲之者人也高誘注云爲治也禮記大學

篇道學也注云道言也是爲神農之言即治神農之道也古之人民食鳥獸蠃蜯之肉多疾病毒傷之害故神農因天分時地利制耒耜教民播種五穀久而耒耨之利民皆粒食黃帝堯舜垂衣裳而天下治通變神化定尊卑辨上下爲萬世法故孟子言必稱堯舜尸爲之徒仍托神農之言以惑天下許行從而衍之猶墨者之於翟耳

願受一廛而爲氓

〔孟子正義〕　毛詩胡取禾三百廛兮傳云一夫之居曰廛是廛即居也氓與甿同周禮地官遂人凡治野以下劑治甿云云注云變民言甿異外內也甿猶懵懵無知貌也賈氏疏云大司徒小司徒主六鄉皆云民不言甿此變民言甿直是異內則外而已然鄉遂稱民都鄙稱甿甿屬都鄙故爲野人而國策秦策云不憂民氓淮南子修務訓云以寬民氓高誘民注皆云野曰氓史記三王世家索隱出邊甿云三蒼云邊邊人云甿人亦即都鄙之民也

捆屨織席

〔孟子正義〕　音義出梱屨云丁音閫案許叔重曰捆織也埤倉曰捆僢也從扌從木者誤也張作稛音同又出叩椓云丁音卓擊也從扌旁豕此所引許說蓋淮南子注淮南子修務訓云綮之幼女衛之稚質捆纂組高誘注云捆叩椓纂組邪文如今之緩沒黑見赤亦其巧也謂織組而叩椓之也毛詩大雅室家之壼箋云壼之言捆也室家先以相捆緻孔氏正義云捆逼而密緻僢即緻叩之使堅堅亦緻也高注淮南同於許趙注孟子同於高矣捆屨織席何以爲食知其賣之以供飲食也

饔飧

〔孟子正義〕　說文食部云饔熟食也飧餔也从夕食餔申時食也段氏玉裁說文解字注云小雅傳云孰食曰饔魏風傳云孰食曰飧然則饔飧皆謂孰食分別之則謂朝食夕食許於饔不言朝於飧不言孰互文錯見也趙注孟子曰朝食曰饔夕曰飧此析言之公羊傳趙盾食魚飧左傳僖負羈饋盤飧趙衰以壺飧從皆不必夕時渾言之也司儀注云小禮曰飧大禮曰饔餼掌客上公飧五牢饔餼九牢侯伯飧四牢饔餼七牢子男飧三年餼餼五牢此饔飧與常食不同且多腥不皆孰爲王氏念孫廣雅疏證云稗器孰食謂之餕饔餕說若飧小雅祈父篇有母之尸饔毛傳云孰食曰饔大東篇有饛簋飧傳云飧熟食也合言之則曰饔飧周禮外饔云賓客之飧饔饗食之事是也昭

二十五年公羊傳餕饔未就何休注云餕熟食饔熟肉餕饔卽飧饔淮南子道應訓盜賁翳遺之壺餕而加璧焉壺餕卽壺飧是飧餕古通用倒言之則曰饔飧孟子滕文公篇饔飧而治是也

則是厲民而以自養也

〔過庭錄〕論語則以爲厲己也鄭注厲讀爲賴恃賴也按孟子厲民以自養厲亦當讀賴謂滕君不與民並耕則恃民以自養矣下厲陶冶厲農夫並作此解乃順

衣褐

〔孟子正義〕周禮春官司服鄭司農注云毳罽衣也天官掌皮共其毳毛爲氈注云毳毛毛細縟者淮南子覽冥訓云短褐不完注云短褐處器物之人也褐毛布如今之馬衣也定公八年左傳云侵齊攻廩邱之郛主人焚衝或濡馬褐以救之云馬褐馬衣說文衣部云褐編枲韤一曰粗衣趙氏云馬衣本左傳及高注也云枲衣本說文編枲韤也云粗布衣本說文粗衣也段氏玉裁說文解字注云取未績之麻編之爲足衣如今草鞵之類枲衣亦謂編枲爲衣按說文云編枲韤此云衣褐非韤故趙氏不言韤但言衣也任氏大椿深衣釋例云說文褐編枲韤一曰粗衣急就篇靸鞮卬角褐韤巾注褐毛爲衣或曰麤衣也按詩七月箋孟子注急就篇注並以褐爲毛布孟子注又以褐爲褐枲衣又以褐爲粗布衣淮南子齊物訓注楚人謂袍爲短褐大布潘岳籍田賦被褐振裾注褐麤布也然則褐一衣耳而毛枲布各異說文曰粗衣蓋統毛枲布而言之也詩七月無衣無褐箋云貴者無衣賤者無褐則別褐於衣史記劉敬曰臣衣褐衣褐見衣帛衣帛見則別褐於帛卽說文所云粗衣也褐爲粗衣又爲短衣晏子諫上篇百姓老弱凍寒不得短褐而欲竊荀子大略篇衣則豎褐不完注豎褐童豎之褐亦短褐也淮南子齊俗訓必有菅蹻跐踦短褐不完者覽冥訓霜雪亟集短褐不完新序無鹽乃拂短褐自請宣王史記秦始皇帝紀夫寒者利短褐索隱曰謂褐布豎裁爲勞役之衣短而且狹故謂之短褐亦曰豎褐凡此言褐者必曰短褐師古貢禹傳注以褐爲布長襦演繁露又以褐爲裾垂至地豈褐之長短亦有古今之異與

釜甑爨鐵耕

〔孟子正義〕說文火部云炊爨也又爨部云爨齊謂炊爨段氏玉裁說文解字注云齊謂炊爨者齊人謂炊曰爨

古言謂則不言曰如毛傳婦人謂嫁歸是也特牲少牢禮注皆曰爨竈也此因爨必於竈故謂竈爲爨楚茨傳云爨雍爨廩爨也此謂竈又曰踖踖爨竈有容也此謂炊按此言以釜甑爨釜甑作竈則爨不得又爲竈故是炊矣說文牛部云犂耕也段氏玉裁說文解字注云犂耕二字互訓皆謂田器故云以鐵爲犂爨本竈名用以炊卽以炊爲爨猶犂本田器用以耕卽以耕爲犂也

械器

〔孟子正義〕　說文木部云械桎梏也一曰器之總名桎梏爲刑罰之器莊三十二年公羊傳以攻守之器爲械而實非桎梏兵甲之專名故荀子王制篇言喪祭械用禮記王制云器械注異制云謂作務之用孟子此文又指釜甑耕犂而言是凡器皆得稱械故云器之總名也

且許子何不爲陶冶舍

洮誠庵曰舍字屬下句似強舍字連上陶冶讀下宮中字乃有根據此亦後註之勝於前也

〔孟子正義〕　舍爲居止之止此爲禁止之止故又申解止爲不肯爾雅釋宮云宮謂之室室謂之宮邵氏晉涵正義云春秋隱五年考仲子之宮穀梁文十三年傳云伯禽曰世室羣公曰宮是宮廟通稱宮室也左氏莊二十一年傳云虢公爲王宮於玤鄘詩定之方中作于楚宮又云作于楚室是天子諸侯所居通稱宮室也左氏僖二十八年傳云令無入僖負羈之宮檀弓云季武子成寢杜氏之葬在西階之下請合葬焉許之入宮而不敢哭是大夫通稱宮室也士昏禮云請吾子之就宮喪服傳云所適者以其貨財爲之築宮廟大戴禮千乘篇云百姓不安其居不樂其宮是士庶人通稱宮室也釋文云古者貴賤同稱宮秦漢以來惟王者所居稱宮焉按宮是貴賤通稱此所行所居卽廛宅故以宅解宮也毛氏奇齡四書賸言云舍皆取諸其宮中而用之舍止也言止取宮中不須外求也趙註舍止又以不肯爲止謂不肯皆自取宮室之中則猶是止字而解又不同

是率天下而路也

〔四書攷異〕　管子四時篇不知五穀之故國家乃路居注路謂失其常居堪爲此路字之證

益

〔經句說〕　秦風詩譜疏曰伯翳伯益轉聲字異一人也仁山金履祥通鑑前編曰伯益即伯翳秦聲以入爲去故謂益改翳也字有四聲古多轉用如益之爲翳契之爲禼皋之爲咎君牙之爲君雅是也古聲之通用也有同音而異文者如陶之爲繇垂之爲倕鯀之爲鮌虺之爲儡紂之爲受閻之爲羿是也古字之通用也太史公見書孟子之言益也則五帝本紀言益見秦紀之爲翳也則秦本紀從翳疑而未決於陳杞世家又言垂益夔龍不知所封則遂謬矣夫秦紀所謂佐禹治水豈非書所謂隨山刊木暨益奏庶鮮食者乎所謂馴服鳥獸豈非書所謂益作朕虞若予上下鳥獸者乎其事同其聲同而獨以字異而二之誤矣唐虞功臣豈別有伯翳其功如此而不見於書者乎若伯翳不得爲伯益則禼不爲契咎繇不爲皋陶倕不爲垂鮌不爲鯀仲儡不爲仲虺羿不爲閻君雅不爲君牙乎英案此說是也未有文字之形先有其聲聲誤而形亦誤矣司馬氏生於龍門其音實操西土之風何於秦紀翳字而不悟其有益之音歟史記志疑曰陳杞世家言益後不知所封明屬誤謬易非卦釋文引世本伯益作化益以伯益化益爲二人可乎首漢書官表益作恭又可爲別一人乎此說是也漢書古今人表朱斨柏翳未有謂非殳斨伯與者而獨伯翳謂非伯益何耶

〔經句說〕　秦本紀曰咨爾費史記志疑曰費是國名竹書費侯伯益是史誤以大費爲名故不曰咨益而曰咨費舜果有斯語哉英案此說是也費又稱大費者或當時有二費國也而司馬氏誤以爲伯翳之名豈伯益翳大費一人有三名耶

〔四書釋地又續〕　余釋地間釋及人以人爲地之所生猶不離毋如益爲皋陶之子見孔穎達書疏陸德明音義邢昺論語疏張守節秦本紀注並同不獨曹大家高誘鄭康成而已而集注書集傳反闕金仁山曰果如是則當楚滅六與蓼時伯翳之後嬴姓若秦若徐若趙見存何得臧文仲曰皋陶不祀乎明非屬父子非也臧文仲自傷楚疆盛日蔿食上國而爲上國之祖者祀亦廢非謂皋陶盡無後何以驗之皋陶偃姓羣舒皆偃姓則自出于皋陶滅六與蓼見文五年傳矣而文十二年不猶有羣舒叛楚乎或曰皋陶偃姓伯翳嬴姓將父子異姓乎余曰古者天子建德因生以賜姓堯祁姓丹朱爲其亢子却貍姓何父子同姓之有余因又悟舜五臣功皆高德皆盛當禹讓于稷契暨皋陶而不及益實以益爲皋陶之子也不然禹他年尙薦益於天豈此日不堪宅百揆乎蓋子不可以並父後代

爲人子者三賜不及車馬及三命踰父兄非禮也之說皆緣於此此係經典中一大節目據證彰彰而宋儒傳注悉略之矣　人皆知堯有壻不知舜亦有壻舜謂伯翳曰咨爾費贊禹功爾後嗣將大出乃妻之姚姓之玉女姚舜所受姓玉女見祭統言玉女者美言之君子於玉比德焉豈他庶姓女所可稱是益爲舜壻皋陶與舜爲婚姻此亦古今所未經拈出者

〔四書摭餘說〕　史紀秦本紀云秦之先始于大業大費而注者謂大業卽皋陶大費卽伯益也是以孔穎達書疏陸德明音義邢昺論語疏並云伯益者皋陶之子而孔安國註尙書趙岐註孟子皆不之及何也其說蓋起于列女傳陶子生五歲而佐禹曹大家註云陶子者皋陶之子伯益也司馬貞作索隱遂引之以註史記　鍾又李邕爲李思訓碑云皋先相禹甘生相秦皋與皋同　實則史記所云大費者是柏翳亦作伯翳並作伯益索隱但据史記有云大費與禹平水土已成卽書載隨山刊木事有云佐舜調馴鳥獸鳥獸多馴服卽書益作朕虞若予上下鳥獸諸事因強誣史記而不知史記于陳杞世家明云皋陶之後或封英六伯翳之後封于秦惟垂與益其後不知所封則顯以皋陶益翳分作三人而益且不知所封秦紀之伯翳非伯益史記不受誣也況卽謂伯益爲伯翳臧文仲聞六蓼滅曰皋陶庭堅不祀忽諸使皋陶猶有後于秦則文仲之言當不若是之甚卽亦非皋陶子也閻百詩以益爲皋陶之子不可以並父故禹讓于稷契暨皋陶而不及益余卽以其言辨之既云子不可以並父則益豈特不可先皋陶并亦不可先稷契而當日帝廷矢謨既有皋陶矣不及益可也夏史臣何不去益而稱稷契乎卽不然又何弗先稷而稱稷益乎又荀子禹傳土平天下得益皋陶橫革直成爲輔韓侍郎云此論益皋陶之功如以爲子不應列益于皋陶之上五臣比肩益之非皋子此其最易明者至薦益于天之說夏本紀云帝禹立而舉皋陶薦之且授政焉而皋陶卒封皋陶之後于英六或在許而后舉益任之政則益明非皋陶子也水經註偃師九山有百蟲將軍顯靈碑云將軍姓尹氏諱益字隤敳帝高陽之第二子伯益者也　鍾王伯厚云黃度文叔書說益卽隤敳本於此　班氏古今人表亦先隤敳于咎繇矣何子之興有　鍾按表既列隤敳又列伯益誤也

掌火

〔趙註〕　掌主也主火之官猶古火正也烈熾也益視山澤草木熾盛者而焚燒之

益烈山澤而焚之

〔樟圃經解〕 閻氏釋地胡朏明曰書言刊木而孟子云舜使益掌火益烈山澤而焚之其說不同何也蓋刊乃常法間有深林窮谷蒼蔚蒙蘢斧斤不可勝除者則以炬空之殊會人方此聖人變通之智余按集註烈熾也不如唐韻烈火也爲扈捷又曰孟子明言益掌火陶唐氏掌火官名火正閼伯爲堯火正居商邱見左傳襄九也舜登庸則益爲之古者火官最重高辛氏祝融能昭顯天地之光明以生柔嘉材周禮司爟掌行火之政令四時變國火以救時疾曾按胡朏明閻百詩並言孟子掌火爲火正之官至益烈山澤而焚之皆未詳言其所自出考大戴數五帝德篇孔子云蟜牛之孫瞽瞍之子也曰重華使益行火以辟山萊此正孟子所本蓋禹之行水與益之行火異事同功又書稱隨山刊木而不及草禮云火辟山萊而不及木明是木則刊之草萊則焚之書禮立言皆有分寸又孟子云驅蛇龍而放之菹所以藏蛇龍者山澤是也所以驅之者亦不過以火焚之使獸奔鳥飛不敢交蹄跡於中國此聖人裁成之妙也

九河

〔四書釋地又續〕 九河之名見爾雅曰簡曰絜集註偶訛作潔書蔡傳遂認爲簡潔河殊可笑甚且信程大昌程大昌信王横一家之言未詳考驗者謂九河苞淪於海不知今濟南河間府界禹迹固可尋也嘗正其訛惟取孔穎達書疏元于欽齊乘二條補於九河既道下疏曰漢書溝洫志成帝時河提都尉許商上書言古記九河之名有徒駭胡蘇鬲津今見在成平東光鬲縣界中自鬲津以北至徒駭其間相去二百餘里是知九河所在徒駭最北鬲津最南蓋徒駭是河之本道東出分爲八枝也許商上言三河下言三縣則徒駭在成平胡蘇在東光鬲津在鬲縣其餘不復知也爾雅九河之次從北而南既知三河之處則其餘六者太史馬頰覆釜在東光之北成平之南簡絜鉤盤在東光之南鬲縣之北也其河填塞時有故道齊乘曰漢時去古未遠河隄都尉許商言九河故道謂徒駭在成平胡蘇在東光鬲津在鬲縣曰太史曰馬頰曰覆釜在東光之北成平之南曰簡曰潔曰鉤盤在東光之南鬲縣之北斯言簡而近實後世圖志愈詳反見淆亂某嘗往來燕齊西道河間東歷清滄熟訪九河故道蓋皆北流銜漳注之河既東徙漳自入海安知北流之漳非古徒駭河歟踰漳而南清滄二州之間有古河堤岸數重地皆沮洳沙鹵

宋史等河當在其地滄州之南有大連澱西踰東光至海此非胡蘇河歟澱南至西無棣縣百餘里間有曰大河曰沙河皆瀕古隄縣北地名入會口縣地南枕無棣瀕茲非簡絜等河歟東無棣縣北有陷河闊數里西通德棣東至海茲非所謂鉤盤河歟滄州北有士傷河西踰德棣東至海茲非鬲津河歟士傷最南凡他河差狹是爲鬲津無疑也蔡氏集傳乃曰自漢以來講求九河皆無依據酈王橫之言引碣石爲證謂九河已淪於海菜按禹貢文北過洚水至於大陸又北播爲九河同爲逆河入于海大陸在邢趙深三州之地爾雅之廣河澤也去海岸已數百里又東至海中始敘九河則大陸與九河相離千里如是之遠而絕無表志不合禹貢之文其不可信一也王橫謂海溢出浸數百里而青兗冀平郡邑不聞有漂沒之處而獨浸九河其不可信二也今平原迤北濟滄之間雖爲斥鹵城邑在望而地形河勢高隆曲折往往可尋但禹初爲九厥後或三或五變遷多寡不同必欲按名而索故致後儒紛紛之論不得不辨○少時疑潘季馴司空言河不兩行自古記之出何古後讀宋史河渠志載蘇轍疏黃河之性急則通流緩則淤澱既無東西皆急之勢安有兩河並行之理乃知出此河不兩行眞千古名言而禹知疏之爲九或曰禹第穿成九道聽河自行其一耳此妄談豈有禹輕百姓力一至此者惟禹禹合註頗得其解夏氏引桓譚新論曰河水濁一石水六斗泥而民競引河溉田令河不通利至三月桃花水至則決以其噎不泄也可禁民勿復引河夫引河且不可況分爲九乎然則禹之導爲九河也何居蓋河不可分謂其上流耳若入海之處泄之愈速則河愈通利又河害哉今九河之下即爲逆河殆謂自此而下即海潮逆入矣蓋名雖爲河其實即海也海水內吞九河外灌不惟藉水力以刷沙而海之潮汐亦藉河力以敵之禹之以水治水所爲不可及也又曰要以入海之所固宜分疏之使速泄下流速泄則上流不壅河之利也若未及於海則流分力弱無以刷沙適壅之矣故曰河不兩行兩行且不可況九河歟○顧景范嘗告予曰黃河自塞外而來盤曲萬山之中匯合百川之水自鞏洛以東已出險就平大抵以北地勢益復廣衍大陸則又鍾水之區也乘建瓴之勢注沮洳之鄉奔騰橫溢必不能免禹因而疏之順其性之所便從其地之所近而九河以名此在洚洞之時最爲當機而扼要禹平成之烈亦莫著於此也自禹治河之後河遂得其所歸計初時汎濫乍平九河自必勢均力敵既而橫流益殺更復冬春消滅九河之或盈或涸或通或壅亦理所必有歷時既久後人但見安瀾之效而忘其弭患之功遂置九河於度外而任其升沈壅遏逾遠湮潦乘

之河於是起而發大難之端矣凡九河之湮非一朝一夕之故則九河之興也抑豈僅一手一足之烈哉故曰神禹也

（四書改錯附錄） 集註九河曰徒駭曰太史曰馬頰曰覆釜曰胡蘇曰簡曰潔曰鉤盤曰鬲津爾雅九河七曰絜結也並非潔字且大河本身亦即在此九名中與三江九江不同大河即徒駭也乃錯絜作潔似簡與潔本一水而錯分故大河與徒駭本兩水而翻錯併者自此一錯字而其徒蔡沈注禹貢直改絜作潔翻別出大河而合簡河潔河爲一河河名亂矣按齊桓塞入河不及徒駭漢成帝河隄都尉謂徒駭在北是大河故道而春秋緯亦云齊移河爲界而塡閼入流以自廣故入名盡堙而徒駭獨在以其爲河身也是安得又別太河以亂之

河注海

（四書釋地續） 禹於帝堯八十載癸亥告成功河自右碣石入于海碣石山名在今永平府昌黎縣後一千六百七十六年爲周定王五年己未周譜曰河徙水經注曰河徙故瀆並不言所在惟漢地理志魏郡鄴縣下注云故大河在東北入海此河入海之一變也鄴縣城在今彰德府臨漳縣西逮漢武帝元封二年壬申旣塞宣房後宣帝地節二年壬子前此四十一年間河復北決於館陶分爲屯氏河東北至章武入海章武城在今河間府鹽山縣西北此河入海又一變也宋史河渠志神宗熙甯十年丁巳七月乙丑河大決於澶州曹村澶淵北流斷絕河道南徙東滙于梁山張澤濼分爲二派一合南清河入于淮一合北清河入于海北清河濟水故道南清河卽今泗水淮安府清河縣之清口是此又一變矣洪武二十四年辛未河全入於淮而故道遂淤雖永樂九年辛卯復疏入故道而正統十三年戊辰終合併於淮爲河入海之又一變於是天壤間所謂四瀆者有二瀆耳殆氣運使然恐亦非人力之所能爲矣 [illegible]顧祖禹景范曰大抵河決而北則掩漳衛決而東則侵清濟決而南則淩淮泗昔人謂河不兩行某謂自漢以來河殆未嘗獨行矣

濟

（四書典故辨正） 閻百詩曰余嘗討論濟瀆至五載始詳以二言曰新莽後枯而復通唐高宗前通而復枯蓋後漢郡國志曰濟水王莽時大旱遂枯絕者此初絕也酈注濟水條曰其後水流逕通津渠勢改故杜釋春秋郭註山

海經並云今濟水至博昌入海者此復通也章懷太子賢循吏傳註曰濟水王莽末旱因枯涸但入河內而已似素不知有中間復通之事者此終絕也愚按濟有河北之濟有河南之濟禹貢沇水東流爲濟入于河此北濟也溢爲滎東出于陶邱北此南濟也北濟王莽時大旱枯絕其後復通南濟自東漢時滎澤既堙而陶邱之流遂絕水經敍濟水自滎陽以下之道乃河水之行於濟瀆者實非濟也酈注所云枯後復通津渠勢改但當指北濟言蓋北濟初於河內武德入河後於溫縣入河是卽所謂津渠勢改者而南濟實無復通之事閻氏亦考之未審也酈元更定其評曰北濟新莽時枯而復出南濟東漢後絕而不通似較閻氏爲覈

（三孟釋疑）鄭氏曉曰濟發源於冀經流於豫分流於徐入海於青凡三伏而四見一見於王屋而遂伏再見爲濟再伏而入河三見爲滎三伏而穴地四見出陶邱之北於是不復伏矣

漯

（四書典故辨正）史記河渠書禹導河至大伾釃爲二渠以引其河二渠者一北流爲大河一東流則漯川也漢地理志東郡東武陽縣 錫今山東曹州府朝城縣 下云禹治漯水東北至千乘入海平原郡高唐縣下云桑欽言漯水所出水經註云漯水不得近出高唐欽所言蓋津流出次於其間也禹貢錐指曰禹引河自大伾山西折而北循大陸東畔入海而漯首入河自黎陽宿胥口 錫在今大名府濬縣西南 始不起東武陽水經註所敍河水自宿胥口至委粟津之道皆古漯水也自周定王五年河徙從宿胥口東行漯川至長壽津始與漯別其津以西漯水之故道悉爲河所占而上游較短矣然河之故瀆不經東武陽亦不經高唐逮漢成帝建始末河決館陶由東武陽絕漯水而東北至高唐又絕漯水東北至千乘入海雖嘗塞治而故道猶存王莽始建國三年復決於此莽爲元城冢墓計不隄塞明帝永平中王景修之遂爲大河之經流自是委粟津以西漯之故道又爲河所占上游益短矣漯水一出於武陽再出於高唐據成帝從言之耳愚按鄭康成許慎應劭孟康並謂漯水出東武陽水經註河水又東北逕委粟津河北郎東武陽縣也漯水出爲上承河水云云則委粟以上酈註亦以爲河不以爲漯然敍河水云河水又東逕遮害亭南有宿胥口舊河水自此北入也河既自此北入則其東別爲漯者當亦於此而分胡氏之說甚是但愚意此渠本以合漯而被以漯名而漯水實出東武陽故漢儒相承云然漢志於東武陽言禹治漯水者

蓋以此爲治漯之始不以爲引河之始而胡氏謂其據成帝後言之恐未然也漯任釣臺曰漯者河濟之支流有自河而入濟有自濟而入河重爲二水之累故以漯名愚按漯受河不受濟不得云濟之支流水經註所敘漯水原委極其明白並無所謂自濟入河自河入濟者漯說文本作濕隸改曰爲田又省一糸遂作漯今從字義穿鑿於小學亦甚乖疎

〔三孟釋疑附錄〕　禹貢道水先道山山乃水之原也而漯無山原原自河身今分三段言之禹時之漯大伾分枝此上段也定王五年以後上段巳失乃以武陽爲始此中段也及後中段又失則近自高唐始此末段也後來末段復爲河兼併漯存無幾此後河之奔溢浸淫徧及於青徐淮揚諸州原其先蓋自占漯始也漯在南津之南濟又在漯之南漯既爲河占自是遞侵南方以高淩卑乘建瓴之勢通濟通淮揚衝決蕩泆無涯涘矣蓋河濁易淤只久不疏至周末而九河壅遏下流不能迅速宣泄上游一遇淫潦横決勢所必然禹疏九河而不淪其横溢於漯兼淪濟淪漯而不使其遞侵而南正所以預防青徐淮揚諸州之患也九河濟漯所入之海皆渤海也九河在之北至逆河入海係兗界漯在九河之南至千乘入海亦係兗界濟又在漯之南至博昌入海則青州域也圖考謂濟漯合流入海者非也

決汝漢排淮泗而注之江

〔四書典故辨正〕　朱子謂漢入江汝泗入淮淮自八海按水經注漢水至江夏沙羨縣　酈今漢陽縣　北南入于江此漢入江也汝水出晉陽縣之大孟山東南流逕原鹿縣故城西而南入淮所謂汝口淮水篇云淮水又東逕原鹿縣南汝水從西北來注之此汝入淮也泗水出晉卞縣故城東南桃墟西北　酈有陪尾山泗水發源於此流逕角城　酈在今清江縣東南　北而東南海注于淮淮水篇云淮水又東北至下邳淮陰縣泗水從西北來注之此泗入淮也淮水至廣陵淮浦縣　酈故城在今淮安府安東縣西　入于海此淮自入海也禹時江淮不相通孟子言淮泗注江林少穎謂其誤以邗溝爲禹迹按闞氏釋地云左傳哀九年吳城邗溝通江淮杜註謂於邗江築城穿溝東北通射陽湖西北至末口入淮乃引江達淮與孟子排淮入江者不合直至隋開皇七年開山陽瀆大業元年開邗溝皆自山陽至揚子入江水流與前相反而後淮始達江然則孟子亦非以邗溝爲禹迹不過綜其大勢

言之謂南水皆入江北水皆歸海初未嘗屑屑然計及於水道之合否也　排淮入江自是孟子語誤而後人曲爲之解有數說焉李習之來南錄云自淮沿流至于高郵乃泝於江因謂淮泗入江乃禹之舊迹故道宛然但今江淮已深不能至高郵耳或又謂淮泗本不入江當洪水橫流之時排退淮泗然後能決汝漢以入江二說子朱文集已辨之矣任釣臺云山海經言淮出桐柏至原鹿南與汝水合又東南至廬江安豐縣與漢水合東北至下邳淮陰與泗水合漢既入江則淮與漢合又何不可言入江按余所見山海經二本並云淮水出餘山餘山在朝陽東義鄉西入海淮浦北凡十有九字而無任氏所引之文即注中亦無此說不知何所據而云然惟水經注漢水篇云漢水又東南逕中廬縣東淮水自房陵縣淮水東流注之而淮水篇又不言注漢則所謂自淮山來者或別是一水而非導源桐柏之淮即不然亦必淮之旁出者非正流也而豈得云淮合漢以入江乎胡朏明據鳳陽府志云淮之正流入海其支流原入江今黃淮合流而黃强淮弱淮爲黃扼正流入海者少支流入江者多入江路遠而勢曲故江北多水患以此證孟子之說余求鳳陽志而未之得未知其所指實蹟如何即有之亦是後世水道之變不可以之證禹迹也何義門云汝漢淮泗施功之多者四水而字以下略讀斷謂其他小水大抵皆注之江則於水道自渾然無滯礙此但作文活法於解經無當焉

（潛研堂文集）　問淮水爲四瀆之一以其獨能入海也淮與江不相入孟子云決汝漢排淮泗而注之江先儒以爲記者之誤其信然乎曰漢儒趙邠卿註孟子於此文未嘗致疑宋以後儒乃疑之予謂孟子長於詩書豈不能證禹貢且生於鄒嶧淮泗之下流近於數百里之間何至有誤蓋天下之水莫大於海而江即次之故老子以江海爲百谷王南條之水皆先入江後入海世徒知毗陵爲江入海之口不知朐山以南餘姚以北之海皆江之委也漢水入江二千餘里而尙有北江之名淮口距江口僅五百里其爲江之下流何疑禹貢云沿于江海達于淮泗即此淮泗注江之證注江者會江以注海與導水之文初不相悖也說文江水至會稽山陰爲浙江浙江者漸江也漸江與江水不同源而得名江者源異而委同也國語吳之與越三江環之韋昭以爲吳淞江錢唐江浦陽江錢唐江即浙江吳淞浦陽亦注云而後注海故皆有江之名漢儒去古未遠其言江之下流不專指毗陵一處如知會稽山陰亦爲江水所至則無疑乎淮泗注江之文矣

（四書改錯）此言孟子之誤在禹貢誠有之而在孟子時則不然據云汝漢淮泗惟漢入江而淮與汝泗皆不入不當舉三水而盡注之不知汝泗久注淮三水並通其所與江隔者祇一淮耳自春秋時吳伯黃池之會但溝江及淮而四水已盡通矣漢志所云東方則通溝江淮之間是也孟子據當時所見爲言耳註乃爲據禹貢及今水路俱未嘗通則漢後大河南徙往往引河作溝與淮泗合江淮與河漢無一不通而猶謂禹貢及今則及戰國之今已自錯若及趙宋之今則錯又錯也

（三地釋疑附錄）按荊州境內有漢無淮江南境有淮無漢淮不通漢即不通江孟子淮入江之說求解不得而遂以孟語爲非甚不安此書著濕解便說不去惟參活看領取言外之神乃知孟語是熟悉輿圖而得其大意也擬解於後俟參正　錫說孟語有錯不可如講章含混更不可須體認孟語與水經融洽分明始得　○天下之大勢以黃河分南北之界雍冀幽兗諸州之水在大河以北者爲北條之水梁荊揚徐諸州之水在大河以南者爲南條之水北條之水以河爲主南條之水以江爲宗禹先治河後導江提綱挈要各有次第治河從西北而南而東而北治江則從西南而北而東禹先導岷江次匯漢江次匯彭江其來五千里上游既已治矣嗣是過荊州下揚州邐迤而北而東地勢就卑眾流爭赴如汝也漢也淮也泗也盡屬江之襟帶其毗連爲患勢所必至禹乃沿泝上下一一決排而概使之隨江而東如大小侯之從方伯以朝宗焉其入於江者固以江爲歸而注之即不入江而比附于江者亦以江爲宗而注江之所注者江者公也眾水之所宗也江流東注而眾川無弗東注則無論漢之滔滔視此江即淮之湯湯亦視此江也遐彼汝者還此江達破泗者亦達此江也蓋舉一江而凡南條之水可統也嘗夫元龜告錫之年從帝都遙望南邦大綱小紀一切功成分而觀之有其條總而論之得其要可分可合大小分明孟子就當日禹功告成情形著想何等眼界氣象萬千豈容疾碎求疵　錫考九州全圖及爾雅職方各圖汝泗淮去江原不遠　禹之治水以河始以江終孟子之論亦以河始以江終舉兩大水包括一切　江河之在地猶河漢之經天也天有河漢地有江河舉江河而豐守之綱絡見焉

汝

（四書釋地續）或謂漢賈讓言大禹治水辟伊闕與鑿龍門析底柱破碣石同而伊闕之山禹貢不見余曰伊洛

瀍澗既入于河伊水能順流非辟闕之功而何此禹貢之簡處或又謂禹廝二渠以引其河於禹貢亦不見余曰其一出貝丘即河之經流其一漯川漯即兗州之貢道也或又謂禹之行河水本隨西山下東北去又河西薄大山東薄金隄則金隄者乃禹作不謂禹復爾爾余曰九澤既陂陂即隄也方當泛濫時鯀務多爲隄防以堙之水性逆故其患不息禹導水由地中行向鯀所謂隄防以障水者皆可用以之輔水事固有因敗以爲功者存乎其人之善用耳故曰禹能修鯀之功惟汝水絕跡於禹貢河皆禹所制名中有曰水自汝出爲濆又曰汝有濆此豈禹一無所事於汝而被以是名歟又豈汝自天然入于淮而無須禹力歟故決汝二字正可補經文之不備善乎太史公言書缺有間矣其軼乃時時見於他說洵有味哉第難得會心人於千載之下耳

（四書摭餘說） 山經云汝水出河南梁縣勉鄉西天息山注云汝水東南逕奇雒城西北濆水出焉亦謂之大㶏水濆者汝別也史記正義引括地志云汝水源出汝州魯山縣西伏牛山亦名猛山 (注)淮南地形訓汝出猛山汝水至豫州郾城縣一名濆水濆水汝之別名案今郾城縣有大溵水即大㶏水也流合於汝即酈道元所謂濆水矣又周禮職方豫州之浸波溠鄭氏曰波讀爲播禹貢滎波既豬易氏曰波注讀爲皤音與播同古字從山從番譌爲皤冢之皤余按水經注魯陽縣霍陽西大嶺東谷俗謂之歇馬嶺即應劭所謂孤山波水所出也水南流入㵐而說文㵐水出南陽魯陽堯山東北入汝是波水之入㵐以入汝也明已禹貢無治汝之文而明乎波爲霍陽之水是即可知禹之治汝也 (注)禹貢滎波既豬孔安國以爲一水滎波即滎澤也職方既言其川滎則澤不應後數波所指非即魯山之波歟

淮

（四書釋地續） 吾家自高高祖由晉之汾水遷楚之淮水所以二水之源及流皆曾窮歷之因怪蔡氏書傳於導淮自桐柏引水經云淮水出南陽平氏縣胎簪山禹只自桐柏導之按胎簪山在今桐柏縣西北三十里去縣東一里之桐柏山三十餘里耳禹當日豈惜此三十里之勞乎又導渭自鳥鼠同穴引酈道元云渭水出南谷山在鳥鼠山西北禹只自鳥鼠同穴導之按南谷山在今渭源縣西二十五里鳥鼠同穴山則在縣西二十里剛少五里禹豈惜此五里之勞也者道破眞堪噴飯此非酈注本文蔡增出耳余嘗譬蔡氏宛如今童子作小題時文翻剔字眼以

僞新曾何當於經學或曰畢竟作何解曰禹主名山川正初治洪水多大概統名其山後代方漸於一山之間別標名目如桐柏之有胎簪鳥鼠同穴之有南谷禹之時豈有是哉止統爲一山耳惟導河積石導洛熊耳皆非其源可如蔡氏解

禹八年於外

〔四書典故辨正〕　禹貢錐指曰孟子言禹八年於外而史記河渠書云禹抑洪水十三年此據兗州作十有三載乃同以爲言也正義曰堯典言鯀治水九載績用弗成舉禹治水三載功成堯即禪舜此言十三載者幷鯀九載數之祭法云禹能修鯀之功明鯀已加功而禹因之也馬融云禹治水三年八州平故堯以爲功而禪舜是十二年而八州平十三年而兗州平在舜受終之年也今按鯀以無成致殛則其功必少故經惟於太原言修漢儒乃因祭法之文而張大之以爲禹修父業事止三年夫以九州之大三年而畢其役禹雖聖人亦未必神速至此當以孟子之言爲正然東漸西被聲教四訖之效恐亦非八年所能致則十三載之說未爲無據但不當連鯀九載耳愚按孟子言禹八年於外非謂禹治水止此八年也禹娶塗山在受命治水之後孟子稱其過門不入就既娶有室家後言之故曰八年羅泌路史云八年於外特過門不入之年而已胡氏曰條似於孟子之言猶看得活

〔四書攷異〕　史記夏本紀禹居外十三年過家門不敢入吳越春秋無余外傳禹勞身焦思以行七年聞樂不聽過門不入

樹藝五穀

〔孟子正義〕　素問金匱眞言論云東方青色其穀麥南方赤色其穀黍中央黃色其穀稷西方白色其穀稻北方黑色其穀豆周禮夏官職方揚州荆州宜稻豫州幷州宜五種青州宜稻麥兗州宜四種雍州冀州宜黍稷幽州宜三種注云三麥黍稷稻四種黍稷稻麥五種黍稷菽稻麥趙氏所本也程氏瑤田九穀攷云鄭康成氏注周官大宰職之九穀黍稷稻粱麻大豆小豆麥苽南方無黍而稷粱二者言人人殊鄭氏注三禮及箋詩獨不詳稷之形狀呂氏淮南子其所著書往往言諸穀之得時及太歲所值之年穀之或昌或疾東西南朔之地地各有所宜種矣而獨不及於稷而鄭衆班固服虔孫炎韋昭郭璞之流其言稷者類皆冒粟之名唐以前以粟爲稷唐以後或以黍之黏

者爲稷或以黍之不黏者爲稷今覈說文較然不可相冒及搜尋鄭氏說稷粱兼收黍稷不溷足正諸家之謬其攷粱云說文禾嘉穀也二月始生八月而孰得時之中故謂之禾禾木也木王而生金王而死粟嘉穀實也米粟實也粱米名也聘禮米禾皆兼黍稷稻粱言之以他穀連稱者不別立名假借通稱抑以事雜作醫有足相包者屬文之法耳非謂禾爲諸穀大名也七月詩云禾麻菽麥禾爲諸穀中之一物明矣納稼專言禾者稼以禾爲主故直見於上以目之也周官倉人職掌粟入之藏注九穀盡藏焉以粟爲主鄭氏注太宰職九穀中無粟此言九穀以粟爲主則是粱即粟矣史記索隱三裁蒼云粱好粟其證也內則言飯有粱又有黃粱是粱者白粱也今北方猶呼粟米之純白者曰粱米先鄭註九穀有稷無粱然於六穀則稷粱並錄韋昭註國語直曰稷粱也顯與禮經相畔及其註百穀於稷之外又復舉粱稷粱二穀見於經者判然兩事秦漢以後溷而一之舉粱輒遺稷舉稷又遺粱後鄭知稷粱之不可相無也而穀然改司農九穀之說吾於是服康成氏之識之卓也其註疾醫職之五穀曰麻黍稷麥豆據月令之文膳夫王用六穀从司農說稌黍稷粱麥苽蓋據食醫會膳食之宜而知之於九穀必入粱者據食醫六穀有粱而入之也五穀於六穀中缺其一不知宜缺何穀不能據六穀意爲增損且五穀養疾宜與藏氣相應故直據月令配五行者爲之注其注職方宜五種不據月令者以本經他州所見有稻黍稷麥四種四種有稻而月令五穀無稻故據所已見之四種而益之以菽諸家言五穀者月令曰麻黍稷麥豆鄭氏據之注疾醫史記天官書與月令同物顏師古註漢書食貨志之五種盧辨大戴禮註亦皆同之素問論五方之穀曰麥黍稷稻豆鄭氏註職方氏之五種曰黍稷菽麥稻漢書地理志引職方氏師古註之全同後鄭管子地員五土所宜曰黍秫菽麥稻淮南子五穀註菽麥黍稷稻漢書音義韋昭曰五種稷黍菽麥稻也五常政大論又進麻爲木穀至火穀則麥黍互用以上言五穀者十二事皆有稷無粱楚辭大招五穀六仞設菰粱只王逸註五穀稻稷麥豆麻也大招於五穀外明言有菰有粱而王逸則以粱爲菰米之美稱是亦有稷無粱汲冢周書言五方之穀曰麥黍稻粟菽粟粱也是爲有粱無稷漢書平當傳註如淳曰律稻米一斗得酒一斗爲上尊稷米一斗得酒一斗爲中尊粟米一斗得酒一斗爲下尊稷粟二穀兩不相[illegible]亦可以爲諸經之左證矣其攷稷云說文稷齋也五穀之長齋稷也粢齋重文秫稷之黏者稷齋大名也黏者爲秫北方[illegible]謂之高粱或謂之紅粱通謂之秫秫又謂之蜀黍蓋穄之類而高大似蘆月令孟春行冬令首種

不入鄭氏註舊說首種謂稷今以北方諸穀播種先後攷之高粱最先粟次之黍穄又次之則首種者高粱也諸穀惟高粱最高大而又先種謂之五穀之長不亦宜乎周官食醫職宜稌宜黍宜稷宜粱宜麥宜苽見稷則不見秫內則菽麥蕡稻黍粱秫惟所欲見秫則不見稷故鄭司農說九穀稷秫並見後鄭不從入粱去秫以其闕粱而秫重稷也良耜之箋云豐年之時雖賤者猶食黍疏云賤者食稷耳今北方富室食以粟為主賤者食以高粱為主是賤者食稷不可以粟為稷也其考黍云說文黍禾屬而黏者也以大暑而種故謂之黍穈穄也穄穈也說文以禾況黍謂黍為禾屬而黏者非謂禾為黍屬而不黏者也禾屬而黏者黍則禾屬而不黏者穈對文異散文則通飯用不黏者黏者釀酒及為餌餈饘粥之屬故簠簋實穈為之以供祭祀故異其名曰穄黍之不黏者獨有異名祭尚黍也不黏者有穈與穄之名於是黏者得專稱黍矣說文穈穄互釋稷穄互釋其為二物甚明程氏攷九穀精確不移見載通藝錄中略錄其粱稷黍三條其麥稻菽苽等考不具錄

聖人有憂之使契為司徒

〔疏辯錄〕史記謂堯與契皆帝嚳子許氏說文契為堯之司徒故書舜命契以敷五教但申命其舊職而已此章云聖人有憂之使契為司徒正指堯命契言故下文實以放勳之命近年刻鄉試錄者不如舜之命契為申命故以此章為舜命契而於放勳之命則不通矣

放勳

〔四書釋地又續〕古帝王有名有號如堯舜禹其名也放勳重華文命皆其號也非史臣之贊辭孟子引古堯典曰放勳乃徂落許氏說文正同他日引堯之言為放勳曰則可知其以是為號也矣朱子祇錄僞古文重華協于帝文命敷于四海不將重華文命二字各斷為句與今文放勳字面一例而竟連下文既連下文自不得解作號并解非堯之號矣是謂以僞亂眞屈原賦二十五篇最近古離騷曰就重華而敶詞九章涉江曰吾與重華遊兮瑤之圃懷沙曰重華不可還兮重華凡三見皆實謂舜豈得如集註云重華本史臣贊舜之辭屈子因以為舜號也乎

〔四書摭餘說〕放勳堯名故趙岐註孟子直曰放勳堯名也獨孔安國傳作倣功解謂規仿上世之功而蔡註又改放作至解余謂讀孟子者不如即以孟子證之若放勳非堯名則書帝乃殂落孟子何得顯顯鑿鑿改作放勳乃

殂落若依孔傳蔡註則孟子不可解矣

〔四書改錯〕 東陽盧人宗問堯舜禹已是名爲得又名放勳重華文命每一人必兩名不可解豈放勳果是號乎曰上古無明著名號之文雖一名兩名原不可解然斷不得如孔註以放勳作史臣贊詞恐無據也人欠讀書耳諸書稱皐陶爲咎繇又爲庭堅已三名矣乃史正義引曹大家註謂卽秦紀之大業不四名乎伯益在系本漢書稱伯翳而史記又稱柏翳或柏伯音訛耳乃又引古尚書曰咨爾費又名費何也堯子丹朱原名朱一云名啓明而管子宙合篇有若傲之在堯語註傲丹朱名此則何解若禹名文帝而系本謂鯀生高密成湯已名履而乾鑿度謂湯又名天乙如此者比比也且有最難通者商紂卽商受不知名紂抑名受乃考之實受辛也向使受是名則太丁太甲皆名太不可訓也辛是名則何以處小辛廩辛諸先君乃尚書曰今商王受殷本紀云帝乙子帝辛請解之

放勳曰

〔四書考異〕 音義放勳曰丁音馹或作日誤路史陶唐紀曰拼契司徒教以人倫于曰勞之徠之匡之直之輔之翼之讀爲日舊趙註本曰作日

舜以不得禹皐陶爲己憂

〔經句說〕 後漢書馮衍傳曰皐陶釣於雷澤待舜而後親按此知皐陶之爲舜用亦初願不及此者也然皐陶旣爲在野之遺賢宜其與舜同爲雷澤之釣者而不及相知也若禹則身爲崇伯之公子且堯責鯀曰方命必嘗大用於朝不惟治水九年而已也禹之名當早見知於朝矣而孟子何以言舜以不得禹皐陶爲己憂歟且謂爲天下得人難於以天下與人歟蓋正以舜自側陋升庸其時鯀已黜退禹方沈淪於下鯀死西荒故家凋謝罪人有子辱在泥塗其不至失人者非舜之大智不及此舜之憂不得禹皐陶得之甚遲任之甚速夫豈一憂之而卽得之者耶

倍之

〔孟子正義〕 音義出倍之云丁云義當作偝古字借用耳下子倍同按荀子大略篇云教而不稱師謂之倍禮記大學云而民不倍註云倍或作偝劉熙釋名釋形體云背倍也在後稱也楚辭招魂云工祝招君背行先些注亦云背倍也偝背倍三字通偝字見禮記坊記

有若似聖人

〔趙注〕 有若之貌似孔子此三子者思孔子而不可復見故欲尊有若以作聖人朝夕奉事之如事孔子以慰思也曾子不肯以爲聖人之潔白如濯之江漢暴之秋陽秋陽周之秋夏五六月盛陽也皜皜甚白也何可尙而乃欲以有若之質放聖人之坐席乎尊師道故不肯

江漢以濯之秋陽以暴之

〔四書彙解〕 江漢以濯之秋陽以暴之從來訓作潔白似乎舍此無可訓者然潔白何指耶夫道德無言潔白者惟志行分清濁則有是名故夫子稱丈人欲潔其身孟子稱西子蒙不潔又稱狷者爲不屑不潔之士司馬遷稱屈原其志潔大抵獨行自好者始有高潔之目此非聖德也況白則從來無擬及者惟夫子自云不曰白乎涅而不緇祇以不爲物汚與屈原傳之皭然泥而不滓語同仍是高潔意豈有曾子擬夫子反不若子貢之如天如日宰我之超堯越舜而僅云潔白非其旨矣況潔白二字曾見之詩序白華孝子之潔白此但以物言並不以德言也

江漢

〔四書釋地又續〕 胡朏明曰江出岷漢出嶓冢皆在梁州之域漢至大別入于江二水合爲一則總名江漢故禹貢荆州曰江漢朝宗于海職方氏荆州曰其川江漢蓋源異而流同實一水也曾子稱江漢亦指合流者言之下故以秋陽對

秋陽

〔四書摭餘說〕 集註秋日燥烈言暴之乾也若竟作夏令之秋解者及閱趙岐孟子註周之秋夏之五六月盛陽竊以爲較勝朱註蓋孟子雖際衰周天命未改七篇所言皆周正也

南蠻鴃舌

〔四書釋地又續〕 孫學顔令之讀柳子厚與蕭翰林俛書訖來賀書中曰楚越間聲音特異鴃舌啅譟家生小童皆然嘵嘵晝夜滿耳意許行或是今永州一帶人故其聲如此苟居近楚都爲今襄陽之人聲不至此予頷之

〔孟子正義〕 爾雅釋鳥云鶪伯勞也引詩在豳風七月篇第二章亦云七月鳴鶪禮記月令云仲夏之月鶪始鳴

大戴禮夏小正云五月鴂則鳴鴂者百鷯也百鷯即伯勞是鶪通作鴂故趙氏以鴂爲博勞鄭氏月令注亦云鶪博勞也高誘注呂氏春秋仲夏紀云鶪伯勞也是月陰作於下陽發於上伯勞夏至後應陰而殺蛇磔之於棘而鳴其上注淮南時則訓云五月陰氣生於下伯勞夏至應陰而鳴伯勞即博勞伯博一聲之轉也豳風獨云七月者王肅謂古五字如七則詩亦本是五月鳴鶪鄭氏謂豳地晚寒豳極西北寒當早於中國晚寒之說恐未然也曹植惡鳥論云伯勞以五月鳴應陰氣而動陽爲生仁養陰爲殺殘賊伯勞蓋賊害之鳥也趙氏爲許子傷害道德惡如鴃舌正以鴃應陰氣而鳴鳴則傷害天地之生氣堯舜仁義之道亦天地之生氣也許子以並耕之說害之故惡如伯勞之舌非謂其聲之嘵嘵啅噪也禮記王制云南方曰蠻許行楚人故稱南蠻趙氏明以夷釋蠻非謂其音之蠻與鴃舌同也南蠻不皆鴃舌鴃舌不必南蠻南蠻言其地鴃舌言其賊害也

戎狄是膺

（四書釋地又續）　詩孔疏曰魯當春秋用兵於戎狄荆舒者惟有僖公耳僖四年經書公會齊侯宋公等侵蔡蔡潰遂代楚楚一名荆舒又楚之與國故連言荆舒其伐戎狄則無文惟十年經書齊侯許男伐北戎其時蓋魯使人助之師賤兵少故不書此說非也按左氏僖十三年秋爲戎難故諸侯戍周齊仲孫湫致之十六年秋王以戎難告於齊齊徵諸侯而戍周齊桓舉義兵僖公無役不從況勤王戍周尤第一義豈有兩諸侯而無魯在中者講義云彼入寇而我當之謂之膺我伐彼而彼畏之謂之懲以上二事解戎狄是膺其猶庶幾

荆舒

（四書典故辨正）　舒偃姓之國世本有舒庸舒蓼舒鳩舒龍舒鮑舒龔唐史謂羣舒一國五名是也毛大可曰其地近楚爲楚所滅故稱荆舒按春秋宣八年楚滅舒蓼成十七年滅舒庸襄二十五年滅舒鳩當僖公從齊桓伐楚時舒尚未滅詩正義云舒楚之與國故連言荆舒此說得之

周公方且膺之

（四書典故辨正）　吳氏曰閟宮篇公車千乘至則莫我敢承考其義爲周公魯公而設簡編錯亂當與土田附庸爲連文蓋詩人言成王命周公建元子於魯錫之以山川土田附庸有千乘之賦有三軍之衆使之膺戎狄懲荆舒

也不然孟子引此詩何以云周公膺之乎季彭山詩說解頤云戎狄是膺二句本言周公故孟子兩引之皆歸於周公非以此頌僖公也則莫我敢承承繼也言人莫有如我之敢承周公者若曰惟魯能承之耳愚按注以爲斷章取義者是季彭山之解已不免曲說矣氏以爲錯簡直欲改經以合孟子之言則經禍起矣

夫物之不齊節

〔趙注〕夫萬物好醜異賈精粗異功其不齊同乃物之情性也蓰五倍也什十倍也至於千萬相倍譬若和氏之璧雖與凡玉之璧尺寸厚薄適等其賈豈可同哉子欲以大小相比而同之則使天下有爭亂之道也巨粗屨也小細屨也如使同賈而賣之人豈肯作其細者哉時許子教人僞者耳安能治國家者也

倍蓰

〔孟子正義〕音義出倍蓰云丁音師云從竹下徙開元禮文字音義曰倍謂半倍而益之又音蓰山綺切史記作倍灑徐廣云一作五倍曰蓰按倍爲半倍而益者即一倍也如本有三倍之爲六得六而三爲半矣主原數則益數爲倍主益數則原數爲半故云半倍而益之蓰字說文所無竹下徙說文訓簁箄竹器也所綺切丁音師則宜是簁說文竹器可以取麤去細籭亦通簁也簁通釃故亦作灑爾雅釋樂大瑟謂之灑大琴謂之離離亦麗也麗者連也蓋五絃相麗則離也由琴之五絃五倍之爲二十五弦而爲灑以其數五五而稱灑故凡五倍即通稱爲灑灑通簁又通於蓰蓰則傳寫之誤也

巨屨小屨

〔孟子正義〕呂氏春秋蕩兵篇云有巨有微而已矣高誘注云巨物略也猶同粗即麤字淮南子主術訓云而抱鼓爲小高誘注云小細也漢書揚雄傳集注引應劭云精細也禮記樂記云凝是精粗之體注云精粗謂萬物大小也是精粗通謂之大小巨爲大即爲麤也小爲精即爲細也粗疏易成細巧功密此物情之迴異許子屨大小以形論此巨小以情論治國家以情不以形此堯舜所以用心而通變神化也豈特一屨之微哉

墨者

〔四書摭餘說〕史記孟荀列傳蓋墨翟宋之大夫或曰並孔子時或曰在其後索隱曰按別錄云墨子書有文子

文子子夏之弟子問於墨子如此則墨子者在七十子後也莊子稱墨翟禽滑釐聞其風而悅之則滑釐墨者也而儒林傳序謂田子方段干木吳起禽滑釐之屬皆受業於子夏之倫爲王者師豈滑釐逃儒而入於墨歟韓非子謂儒之後分爲八墨之後離爲三自墨子之死也有相里氏之墨有相夫氏之墨有鄧林氏之墨夷之其流亞也太史公論六家要指列儒於陰陽墨名法道家之間　註眞西山謂談之學本於黄老故其論如此　至唐大儒若昌黎者且亦孔墨並稱恬不爲怪不知墨之言似是而實不可爲治殆不止如荀揚擇焉不精而已孔謂如其善而莫之違墨謂天子所是皆是之天子所非皆非之是墨氏尙同而孔非尙同也孔謂孝弟爲仁之本墨謂法其父母與法其君皆爲法不仁惟當天是墨氏兼愛而孔非兼愛也孔謂親親尊賢墨謂惟賢爲尙親戚則不可使富貴是墨氏之所爲尙賢者與孔子悖也孔謂敬鬼神而遠之墨謂聖王明夫鬼之所欲而避夫鬼之所憎是墨氏之所爲明鬼者與孔反也然則昌黎謂孔子必用墨子墨子必用孔子者豈其然哉七篇皆孟子所自作章首直提墨者夷之便有距墨之意而寘與論治喪一節何也蓋墨子以薄親爲道其葬埋之法有曰棺三寸足以朽骨衣三領足以朽肉而引堯葬蛩山之陰舜葬南巳之市禹葬會稽之山以證其說是卽援儒入墨之漸貴儉而并儉於其親是率天下而入禽獸之路者自墨氏始孟子一本二本之辨實實指出儒墨異同處來關係世道人心不小而惜乎恍然若失者之僅有一夷之也戰國時墨道大行殯皆從薄見有合於禮者反以爲踰充虞及門且有木若美然之問于臧氏子乎何尤君子讀七篇而知二氏之禍烈已

〔孟子正義〕　漢書藝文志云墨家者流蓋出於清廟之守茅屋采椽是以貴儉養三老五更是以兼愛選士大射是以上賢宗祀嚴父是以右鬼順四時而行是以非命以孝視天下是以上同此其所長也及蔽者爲之見儉之利因以非禮推兼愛之意而不知別親疏其六家伊佚二篇田俅子三篇我子一篇隨巢子六篇胡非子三篇墨子七十一篇隨巢胡非皆墨翟弟子我子爲墨子之學呂氏春秋墨者有鉅子腹䵍居秦又墨者鉅子孟勝又東方之墨者謝子淮南子墨者有田鳩者田鳩亦見韓非子馬氏驌繹史云田鳩蓋田俅子論衡墨家之役纒子皆所謂墨者也

墨之治喪

〔四書釋地又續〕 余嘗謂宋儒視理未嘗不是而特於引書也多疎或舛要當爲之諍子不當爲其佞臣莫甚於蔡氏書集傳而四書亦未能免如注墨之治喪以薄當引其本書節葬篇墨子制爲葬埋之法曰棺三寸足以朽骨衣三領足以朽肉掘地之深下無菹漏氣無發洩於上壟足以期其所則止矣不當引莊子曰墨子生不歌生不歌是謂其平日非聖王之音樂於藝何與焉

〔困學紀聞〕 宋書禮志引尸子禹治水爲喪法曰桐棺三寸制喪三日蓋墨家託於禹也

儒家之道

〔尙史〕 韓非子孔子之後儒分爲八有子張氏子思氏顏氏孟氏漆雕氏仲良氏公孫氏樂正氏之儒 晉陶潛曰顏氏傳詩爲道爲諷諫之儒孟氏傳書爲道爲疏通致遠之儒漆雕氏傳禮爲道爲恭儉莊敬之儒仲良氏傳樂爲道以和陰陽爲移風易俗之儒樂正氏傳春秋爲道爲屬詞比事之儒公孫氏傳易爲道爲潔淨精微之儒

愛無差等施由親始

〔孟子正義〕 毛詩豳風鴟鴞篇云恩斯勤斯傳云恩愛也是愛即恩也廣雅釋詁云差次也呂氏春秋召類篇土階三等高誘注云等級也禮記樂記然後立之樂等注云等差也是差等二字義同有階級即有次第也國語晉語夫齊侯好示務施注云施惠也周書謚法解云惠愛也爾雅釋詁同故趙氏以愛釋施恩施愛三字義通愛無差等即施無差等施由親始即愛由親始孔本韓本作施厚之事

委之於壑

〔孟子正義〕 爾雅釋詁云壑阬阬虛也注云壑谿壑也阬阬謂阬壍也阬即坑字禮記郊特牲水歸其壑注云壑猶坑也趙氏以坑釋壑而云路旁者以下云他日過之過則偶然行路過此是壑在路旁也楚辭離騷云委厥美以從容兮注云委棄也故以棄釋委

蠅蚋姑嘬之

〔四書考異〕 舊文蚋爲蜹音義曰音蜹張音汭云諸本或作蟁誤也丁云蜹作蟁蟁字未詳所出或以蟁與蚋同謂蜉蝣也音由姑即螻蛄也隋王劭疏方言螻蛄字作姑見列子釋文本草注蛄一名仙姑則以姑作蟲不爲無據

〔孟子正義〕趙氏佑溫故錄云姑螻蛄也南人謂之地螜螜讀爲狗北人謂之喇喇姑亦曰螻狗初生鳴土中食穀種最在螟螣蟊賊先東俗每於布穀後候苗將發則以小石輪周隴左右壓治之及秋飛出趁燈光能咬人起瘡蟲之毒者音義一說蚋或作蜹一說蟠姑即螻姑也則似以蚋姑爲一物予在山東一老門子爲予言甚詳因及月令孟夏螻蟈鳴即此物也蟈與姑聲相亂耳王氏念孫廣雅疏證云螻蛄疊韻字聲轉爲螻蜮倒言之則爲蛄螻方言螻蛭謂之螻蛄或謂之蟓蛉南楚謂之杜狗或謂蛄螻今人謂此蟲爲土狗即杜狗也順天人謂之拉拉古即螻蛄之轉聲也其單言之則或爲螻呂氏春秋應同篇黃帝之時天先見大螾大螻高誘注云螻螻蛄也愼小篇云巨防容螻注云隄有孔穴容螻蛄也或又謂之蟠蛄埤雅引廣志小學篇云螻蛄會稽謂之蟠姑孟子音義蚋諸本或作蟠一說云蟠姑即螻蛄也蟠與螻聲正相近矣螻蛄短翅四足穴土而居至夜則鳴聲如蚯蚓按趙氏無訓但以一蟲字括之爲蠅爲蟠姑則二物爲蠅爲蚋爲姑則三物說文虫部云蚋秦晉謂之蜹楚謂之蟁阮氏元釋且云且字加口爲咀春秋左傳僖二十八年晉侯夢楚子伏己而盬其腦盬與咀同謂咀噍其腦故方言云盬且也且與姑同音故姑亦有咀義孟子滕文公蠅蚋姑嘬之姑與方言盬同即咀也謂蠅與蚋同咀嘬之也　禮記曲禮云毋嘬炙注云嘬謂一舉盡臠蓋獸食之餘諸蟲又盡之也趙氏謂攢共食之者嘬從最隱公元年公羊傳云會猶最也注云最聚也最之爲言聚文選西都賦注引蒼頡篇云攢聚也趙氏讀嘬爲聚故以攢共解之

其顙有泚

〔孟子正義〕方言云中夏謂之頟東齊謂之顙頟即額也攷工記車人爲耒疵長尺有一寸注云疵讀爲其顙有疵之疵賈氏疏云俗人謂顙額之上有疵病故從之也爾雅釋詁云疵病也是孟子本有作疵者其顙有疵謂頭額病猶云疾首也趙氏本作泚毛詩邶風新臺有泚傳云泚鮮明貌說文作玼而訓泚爲清蓋顙色鮮明必爲汗漬故以爲汗出泚泚然說文心部云慚媿也人媿則汗出於額故以爲慚然以爲慚不如以爲哀痛而疾首泚宜爲疵之借耳

蘽梩

〔四書改錯〕蘽註蘽土籠也梩土轝也土籠即土轝皆舁土之器二器何得復出且二器俱屬舁土則起土掩覆

又是何物此又錯矣舊註蔂梩籠臿之屬實以籠訓蔂以臿訓梩謂以土掩尸則必反梩以起土反蔂以棄土所謂反蔂梩也蓋蔂盛土草器集韻作壞說文梩臿也司馬法周輜輦載梩周禮注梩今鏵鍬之類兩器不同　張文檒曰說文引齊詩以梠爲徙土𨩲梠與梩通其稱土轝或以此然梠字是耜字別出究與梩別且俗語不可據又且既已有蔂則祇此土耳何容連設兩等器以徙之

〔孟子正義〕　段氏玉裁說文解字注云梠臿也從木㠯聲一曰徙土𨩲齊人語也梩或從里周禮注引司馬法曰𨩲一斧一斤一鑿一梩疏云梩或解作臿或解作鍬鍬臿亦不殊孟子蓋歸反蔂梩而掩之趙曰蔂梩籠臿之屬可以取土者也蔂卽樏之假借可以舁土者梩同梠可以臿地掘土者一曰徙土輂此別一義謂梠卽樏孫奭孟子音義云梩土轝也本此王氏念孫廣雅疏證云爾雅𣂁謂之疀郭註云皆古鍫鍤字管子度地篇云籠臿版築各什六齊策云坐而織蕢立而杖插並字異而義同按籠蕢卽蔂臿插卽梩故云籠臿之屬

憮然

〔孟子正義〕　一切經音義引三蒼云憮然失意貌也失意則悵悵故以爲猶悵然也按論語微子篇子路行以告夫子憮然集解云謂其不達己意與趙氏此註義同乃說文心部云憮愛也韓鄭曰憮一曰不動爾雅釋言云憮撫也廣雅釋詁旣訓撫爲安又訓撫爲定安定皆不動之義蓋夫子聞子路述沮溺之言寂然不動久而乃有鳥獸不可同羣之言此夷之聞徐辟述孟子之言寂然不動久而乃有命之之言是夷子憮然四字絕句爲間二字絕句謂不動聲色者良久也後漢書文苑禰衡傳云衡嘗與諸文人共草章奏竝極其才思時衡出還見之開省未周因毀以抵地表憮然爲駭蓋是時劉表必正稱譽歡笑衡突將章奏擲諸地表乃寂然不動揣其心以爲此時所以不動者爲駭之也蔡邕傳邕在陳留其鄰人有以酒食召邕者客有彈琴於屏邕之門試潛聽之曰憘以樂召我而有殺心何也遂反主人遽自追問其故邕具以告莫不憮然此憮然亦謂衆聞邕言莫知所謂都寂然不動也孔融傳曹操激厲融云當收舊好而怨毒漸積志相危害聞之憮然中夜而起大凡聞人之言見人之事與己所期所見不同往往靜默不動躊躕旣久有以見其說之非則夫子之辨沮溺是也有以見其說之是則夷之之從孟子是也亦有躊躇不解其故或蓄怒而未形或懷疑而莫決如劉表之於禰衡陳留賓客之於蔡邕是也說文以不動二字括之

精矣

爲閒

〔孟子正義〕　呂氏春秋去私篇云居有閒高誘注云閒頃也國策秦策云乃留止閒曰高誘注云閒須臾也列子黃帝篇云立有閒不言而出釋文云閒少時也

滕文公章句下

且志曰枉尺而直尋

〔困學紀聞〕　文子上義篇屈寸而申尺小枉而大直聖人爲之尸子引孔子曰詘寸而申尺小枉而大直吾爲之也按文子東周初人而尸佼爲商鞅師穀梁傳嘗引其言亦略前於孟子陳代所云志或是此等書

〔困勉錄〕　麟士謂周制十寸八寸皆爲尺以十寸之尺起度則十尺爲丈十丈爲引以八寸之尺起度則八尺爲尋倍尋爲常是故十尺曰丈而猶有八尺曰尋之說今小尺當官尺八寸者亦㮄制相沿非妄起矣

招虞人以旌

〔孟子正義〕　昭公二十年左傳云十二月齊侯田於沛招虞人以弓不進公使執之辭曰昔我先君之田也旃以招大夫弓以招士皮冠以招虞人臣不見皮冠故不敢進乃舍之仲尼曰守道不如守官君子韙之閻氏若璩釋地三續云虞人守苑囿之吏也周禮山虞每大山中士四人澤虞每大澤大藪中士四人迹人掌田獵者亦中士四人餘皆下士及府史等自不敢上擬乎大夫招以旌豈敢進此守官也而即守道也左氏生六國初孟子之前不知於何聞之所傳尹公佗學射庾公差齊侯田於沛二事與孟子輒異

志士不忘在溝壑二句

〔孟子正義〕　韓詩外傳云子路與巫馬期薪於韞邱之下陳之富人有處師氏者脂車百乘觴於韞邱之上子路與巫馬期曰使子無忘子之所知亦無進子之所能得此富終身無復見夫子子爲之乎巫馬期喟然仰天而歎闒然投鐮於地曰吾嘗聞之夫子勇士不忘喪其元志士仁人不忘在溝壑子不知予與試予與意者其志與此以志士仁人並稱論語衞靈公篇云志士仁人無求生以害仁有殺身以成仁集解引孔曰無求生以害仁死而後成仁

則志士仁人不愛其身也孔子謂殺身成仁孟子謂舍生取義惟取義乃成仁故志士謂仁人卽亦守義者也巫馬期不顧處師氏之富固死無棺槨棄尸溝壑而不恨者也死不愛其身則生可喪其元生不愛其元則死何難於在溝壑志與勇皆以義揆之故趙氏均以義言論語陽貨篇云君子義以爲上君子有勇而無義爲亂小人有勇而無義爲盜故云義勇者也勇而非義雖喪元不顧第要離聶政之流非君子所貴矣元首也爾雅釋詁文僖公三十三年左傳先軫曰匹夫逞志於君而無討敢不自討乎免冑入狄師死焉狄人歸其元面如生哀公十一年傳公使大史固歸國子之元皆喪其元之事也守死善道論語泰伯篇文

趙簡子

〔孟子正義〕史記趙世家云晉獻公賜趙夙耿夙生共孟共孟生趙衰趙衰生盾趙盾卒謚爲宣孟子朔嗣屠岸賈殺趙朔平公十二年趙武爲正卿趙武生景叔趙景叔卒生趙鞅是爲簡子

王良

〔四書摭餘說〕集註王良善御者也而不詳其人漢書王褒傳王良執靶張晏曰王良郵無恤字伯樂師古曰郵無恤郵無正郵良王良總一人也伯樂失之矣吳斗南謂孟子所傳王良左傳所稱郵良郵無恤國語所稱郵無正顔氏謂總是一人是固然矣國語載郵無正免尹鐸其下云伯樂與尹鐸有怨以其賞如伯樂氏注伯樂無正字則伯樂卽郵無正而顔謂晏失之何哉顔既誤以王良伯樂爲兩人而班氏人表又並列郵無恤王良伯樂爲三人豈未嘗考春秋傳耶良爲趙簡子御得名未嘗事秦亦與穆公生不並世余按呂氏春秋曰古之善相馬者若趙之王良秦之伯樂尤盡其妙班氏謂良樂軼能於相馭顔注良王良也樂伯樂也相相馬也馭善馭也不但分兩人竝分兩事枚乘七發於是伯樂相其前後王良造父爲之御李善注引文子曰伯樂相之王良御之是也　鄧又孔文擧薦禰衡表飛兔騕褭絕足亦放良樂之所急也　據此則左哀二年郵無恤御趙簡子又稱郵良常卽孟子王良其郵無正字伯樂者或別是一人歟然列子所載伯樂對秦穆公之言則固荒誕不足信也

〔四書典故辨正〕史記天官書漢中四星曰天駟旁一星曰王良王良策馬車騎滿野世以郵良善御故稱爲王良愚謂此後世星家轉以人名名星耳星經言奚仲四星主車造父五星主馬非以人名名之者乎

（孟子正義） 哀公二年左傳云郵無恤御簡子註云郵無恤王良也孔氏正義云下云子良授綏是也服虔曰王良也孟子說王良善御之事古者車駕四馬御之爲難故爲六藝之一王良之善御最有名於書傳多稱之楚辭云當世豈無騏驥兮誠無王良之善御見執轡者非其人兮故駒跳而遠去國語晉語云趙簡子使尹鐸爲晉陽郵無正進曰云云又云初伯樂與尹鐸有怨以其賞如伯樂氏注云無正晉大夫郵良伯樂又云伯樂無正字淮南子覽冥訓云昔者王良造父之御也上車攝轡馬爲整齊而斂諧投足調勻勞逸若一心怡氣和體便輕畢安勞樂進馳騖若滅高誘注云王良晉大夫郵無恤子良也所謂御良也一名孫無政爲趙簡子御死而托精於天駟星天文有王良星是也

吾爲之範我馳驅

（四書典故覈） 音義範我或作范氏范氏古之善御者後漢班固傳范氏施御注引孟子亦作范氏馳驅按左傳范宣子曰昔匄之祖在夏爲御龍括地圖云夏德盛二龍降之禹使范氏御之以行經南方世稱善御爲范氏之御由此也文選班固東都賦注引孟子仍作範我蓋校者改之當以後漢注爲正

（孟子正義） 範法也爾雅釋詁文昭公八年秋蒐於紅穀梁傳云艾蘭以爲防置旃以爲轅門以葛覆質以爲槷流旁握御轚者不得入車軌塵馬候蹄揜禽旅御者不失其馳然後射者能中過防弗逐不從奔之道也面傷不獻不成禽不獻所云車軌塵馬候蹄者法度之御也毛詩小雅車攻篇傳云一曰乾豆二曰賓客三曰充君之庖故自左膘而射之達於右腢爲上殺達右耳本次之射左髀達於右髃爲下殺面傷不獻踐毛不獻不成禽不獻孔氏正義云上殺以其貫心死疾肉最潔美故以爲乾豆次殺以其遠心死稍遲肉已微惡故以爲賓客下殺以其中腸死最遲肉又益惡充君之庖也凡射獸皆逆從左廂而射之達於右髃獨言射左髀爲上殺達於右隅當自左脅也次達右耳本當自左肩腢也不言自左髀下殺之射左髀可推而知也面傷不獻者謂當面射之翦毛不獻謂在旁而逆射之二者皆爲逆射按此上殺次殺中殺皆爲應禮之射正殺之禽王氏念孫廣雅疏證云釋天王者以四時畋以奉宗廟因簡戎事刈草爲防毆而射之不題禽不垝遇不捷草越防不題禽題迎禽而射之垝遇謂旁射也垝或作詭孟子滕文公篇爲之詭遇一朝而獲十趙岐注云橫而射之曰詭遇比九五王用三驅失前禽桓四年左傳正

義引鄭注云失前禽者謂禽在前來者不逆而射之旁去又不射惟背走者順而射之用兵之法亦如之降者不殺奔者不禦加以仁恩養威之道亦其義也說苑修文篇云不抵禽不詭遇班固東都賦云弦不睼禽轡不詭遇抵睼並與題通按此題禽詭遇皆爲非禮之射王良僅云詭遇蓋亦括題禽言之如穀梁傳但言面傷亦括橫射言之也音義出範我云或作范氏范氏古之善御者範古與范通範或作范者有之我氏形近其作氏者譌也趙氏訓範爲法則其經文必不作范氏矣音義見悅本而以爲古之善御者班固東都賦云游基發射范氏施御弦不失禽轡不詭遇文選李善注引括地圖云夏德盛二龍降之禹使范氏御之以行程南方又引孟子此文仍作吾爲之範我馳驅運下爲之詭遇又引劉熙注橫而射之曰詭遇則引括地圖注范氏施御句引孟子注轡不詭遇句非范氏即孟子之範我也李賢注後漢書班固傳此文則云范氏趙之御人也此趙字誤當是古字引孟子此文亦作範我又引趙注範法也云云然則李賢所引孟子不作范氏可知又云弦不失禽謂由基也轡不詭遇謂范氏也范氏指賦所云之范氏非孟子之範我也宋書樂志馬君篇云願爲范氏驅雖容步中畿豈效詭遇子馳騁趣危機此則本班固賦言之皆未足以證孟子之爲范氏馳驅也凡說經先求辭達若作范氏則云我爲之范氏馳驅於辭不達而王良何取於范氏賦以范氏屬由基范氏爲範我矣由基何屬邪即使誠有異本孟子作范氏馳驅究以趙氏爲正而已白氏六帖執御篇引孟子此文及注云範法也爲以法式爲御故不獲禽詭遇也不依御故苟得矣與趙氏注異白氏引之蓋唐以前舊注其釋範爲法亦同於趙音義作范氏非也

不失其馳節

〔趙注〕　詩小雅車攻之篇也言御者不失其馳驅之法則射者必中之順毛而入順毛而出一發貫臧應矢而死者如破矣此君子之射也貫習也我不習與小人乘不顧掌與嬖奚同乘故請辭

貫

〔孟子正義〕　貫習爾雅釋詁文段氏玉裁說文解字注云貫假借作摜字習也如孟子我不貫與小人乘是也毛詩曰串夷傳云串習也串即毋之隸變傳即謂貫字

景春曰

〔趙注〕 景春孟子時人爲縱横之術者

〔孟子正義〕 周氏廣業孟子古注攷云漢藝文志兵陰陽家有景子十三篇疑卽此人

公孫衍張儀

〔四書典故辨正〕 黄氏日抄戰國遊談士其最著者曰秦曰儀曰軫曰衍儀資秦以得相於秦衍用軫之言而三國皆委以相事於是天下咸知有公孫衍張儀儀散六國之從以爲衡挾強秦以令天下而衍則或從或衡於其間與儀不善衍惟或從或衡故其怒莫測衍一怒而秦攻魏矣衍一怒而義渠襲秦矣諸侯誰不惴惴懼迨夫從之衡之惟其意而衍安居矣衍安居而天下自此熄矣儀惟散從爲衡而挾強秦以令天下故其怒莫當儀一怒而秦攻魏矣儀一怒而秦齊共攻楚矣諸侯誰不惴惴懼迨夫衡之議成而儀安居矣儀安居而天下自此熄矣衍惟與儀不善故儀之所在則衍怒衍之所在則儀怒其怒又相尋而無已儀一怒衍而魏攻南陽矣秦攻三川矣衍一怒儀而魏攻韓矣圖秦矣諸侯又誰不惴惴懼迨夫各肆其謀各洩其憤而衍安居矣儀安居矣儀衍安居而天下自此熄矣故景春稱之曰一怒而諸侯懼安居而天下熄愚按此條游談不根大類時文家臆語考衍於秦惠文王五年爲大良造及張儀相秦衍去秦相魏軫爲衍設計在相魏時衍名顯諸侯久矣豈待用軫之言三國委事然後天下知有衍哉而乃與儀之資秦並論非其倫矣謂衍一怒而秦攻魏按秦屢攻魏其事皆與衍無涉衍嘗爲秦惠王救魏〔見韓非子〕又嘗以秦兵助魏勝楚〔見戰國策〕而無以秦攻魏之事魏攻南陽秦攻三川〔皆韓地〕此衍述張儀合秦魏之辭以動韓公叔耳不可以爲實事又謂衍一怒儀而魏攻韓圖秦按衍怒儀而傾之者凡三事秦惠王死衍召甘茂公孫顯樗里疾而用之以窮張儀三人者皆儀之仇也見秦策魏將相張儀衍弗利使人謂韓公叔云云公叔從其言衍果相魏見魏策魏王相張儀儀以秦魏之齊合衡衍以計敗之見齊策而無以魏攻韓之事夫衍嘗相韓〔見魏策〕儀未嘗相韓衍何爲因怒儀而攻韓乎至圖秦亦無實據國策史記具在可考而知也 衍本衡人史記以儀衍同傳而贊云夫言從衡彊秦者皆三晉之人是衍亦衡人之彊秦者也所以離秦魏之交致義渠之襲者特以傾張儀而然非合從也卽其用陳軫之計三國委事亦並無合從實蹟其爲秦敗楚則見於韓非子史記等書黄東發謂衍或從或衡殊非其實趙註云衍嘗佩五國相印爲從長按史記張儀巳

卒之後犀首入相秦嘗佩五國之相印爲約長此言衍相秦約五國與秦衡親正破從爲橫之事約長非從長也未有相秦而合從者也

（四書典故辨正附錄） 問辨正公孫衍條謂衍無以秦攻魏之事按史記蘇秦傳秦惠王使犀首攻魏擒將龍賈取魏之雕陰犀首即衍也此非以秦攻魏之事乎曰此事雖見蘇秦傳然不可信嘗考史記六國年表魏襄王二年秦敗我雕陰魏世家襄王五年秦敗我龍賈軍四萬五千於雕陰年表以爲二年世家以爲五年固已不合然並不言攻魏者犀首也而蘇秦傳則云犀首攻魏禽將龍賈取魏之雕陰及考秦本紀惠王七年公子卬與魏戰虜其將龍賈秦惠王七年魏襄王四年也是年公子卬已虜龍賈而五年犀首又禽龍賈豈龍賈有二耶抑虜之而復縱之歸耶秦則魏世家所稱秦敗我龍賈軍者即秦本紀公子卬之事蘇秦傳誤以爲犀首耳

（孟子正義） 史記秦本紀云惠文君五年陰晉人犀首爲大良造六年魏納陰晉陰晉更名寧秦裴駰集解云犀首官名姓公孫名衍徐廣曰陰晉今之華陰也衍爲大良造時陰晉尚屬魏衍爲陰晉人是魏人也又張儀列傳附公孫衍傳云犀首者魏之陰晉人也名衍姓公孫氏與張儀不善張儀已卒之後犀首入相秦嘗佩五國之相印爲約長集解引司馬彪云犀首魏官名若今虎牙將軍按此則衍在魏爲犀首之官在秦爲大良造之官趙氏云號爲犀首未詳所本國策秦策云王用儀言取皮氏卒萬人車百乘以與魏犀首吳師道云年表陰晉人犀首爲大良造則非官名而韓策謬留以犀首張儀竝言何爲一人獨以官稱乎恐犀首或姓名也魏亦有犀武按犀首即公孫衍明見史記意者先在魏爲此官後遂以爲號故人通稱之 呂氏春秋報更篇云張儀魏氏餘子也將西游於秦過東周昭文君送而資之至於秦留有間惠王悅而相之張儀所德於天下者無若昭文君史記張儀列傳云張儀者魏人也蘇秦已說趙王而得相約從親而恐秦之攻諸侯敗約負念莫可使用於秦者乃使人微感張儀張儀遂得以見秦惠王惠王以爲客卿二說不同索隱云張儀說六國使連衡而事秦故云成其衡道然山東地形從長蘇秦相六國合從親而賓秦也關西地形衡長張儀相六國令破其從而連秦之衡故蘇爲合從張爲連衡也乃趙氏以儀此合從者未詳所本

父命之

〔孟子正義〕　江氏永羣經補義云父命之者迎賓冠子父主其事至於士冠禮諸祝辭皆賓祝之非父命也父醮則有辭矣周氏柄中辨正云陳亦韓曰士冠禮無父命之文賓則有三加祝辭又有醴辭字辭冠後以贄於卿大夫鄉先生如晉趙文子冠見欒武子范文子韓獻子智武子皆有言以勸勉之蓋父不自命而以其命之意出於賓亦不親教子之意也

往送之門

〔四書摭餘記〕　親迎古禮也有迎則於送古有送車之禮女家自以車送之齊襄娶王姬詩曰王姬之車是也又有反馬之禮送車至婚家則婚家留其馬與車俟三月行祭而後留車而反其馬齊高固以秋迎婦而冬來反馬是也鵲巢詩百兩御之御者迓也此迎車也百兩將之將者送也此送車也泉水詩還車言邁鄭注還車者嫁時乘來今思乘以歸正送車也詩有還車春秋有反馬送女自是古禮但非即孟子往送之門之送禮送女以卑送尊不以尊送卑天子則諸侯送之諸侯則諸卿大夫送之大夫則臣送之士無臣則家有司送之故春秋以齊侯送姜氏有譏爲非禮舊說往送之門是送至壻門謬也往字一讀即下往之女家往字門是祭門謂母自東下階降由闈門至祭門也郊特牲男出乎大門而先男帥女女從男夫婦之義從此始陳氏澔曰大門女家之門也劉向說苑拜辭父於堂拜諸母於大門則母之不送至壻門明已

〔四書典故辨正〕　士昏禮女父不降送母戒諸西階上亦不降而孟子言往送之門穀梁傳亦言送女不出祭門乃指廟之大門則送不止於階矣舊說送至壻門大謬毛西河引戰國策婦車至門送諸母還謂諸母有送至壻門者愚按穀梁傳諸母兄弟送不出闕門謂祭門外兩觀門也所指諸侯嫁女之禮與士昏禮傳所言庶母及門內略同並無送至壻門之說國策恐未可據

〔孟子正義〕　閻氏若璩釋地又續云門即父母家之門非女子所適之壻家之門今人祇緣俗有母送其女至壻家禮遂以爲壻門不知婦人迎送不出門又內言不出於梱古豈有是耶然孟子此一禮與儀禮士昏禮記亦殊不同記云父在阼階上西面戒女母戒諸西階上不降又云父送女命之曰戒之敬之夙夜無違命母施衿結帨曰勉之敬之夙夜無違宮事庶母及門內施鞶申之以父母之命命之曰敬恭聽宗爾父母之言夙夜無愆視諸衿鞶是

戒者非止毋一人與所涉亦非止門一處大抵孟子言禮多主大綱不暇及詳抑儀禮定於周初而列國行之久頗各隨其俗如衛人之祔也離之魯人之祔也合之雖孔子善魯而衛當日仍行自若

居天下之廣居節

〔孟子正義〕　趙氏以廣居爲天下則居天下之廣居卽謂人生天地間也天地之間至廣大隨在可以自得必以富貴而婉順求之是天下至廣而所營至狹矣男女共生天地之間在女子則當婉順旣身爲男子則在八卦爲乾易家人彖傳云女正位乎內男正位乎外內則囿於一家外則周乎天下故居天下之正位也說卦傳云是以立天之道曰陰與陽立地之道曰柔與剛立人之道曰仁與義分陰分陽迭用柔剛異乎妾婦之徒以柔順爲道故爲大道也蓋旣生於天地間居如此其廣也又身爲男子位如此其正也則所行自宜爲天下之大道而奈何蹈襲而效妾婦爲也下數句卽申明行天下之大道以全其居廣居立正位之身也趙氏注精矣　論語顏淵篇云政者正也周禮地官黨正注云正之言政也趙氏以行正解得志行正卽爲政也天下之居旣廣而男子行仁義之道可仕而爲政則以此仁義之道共之於民不可仕則隱居而以此仁義之道獨行於身何處不可居處不可行道也呂氏春秋右樂篇云有正有淫矣高誘注云淫亂也又蕩兵篇云而工者不能移高誘注云移易也漢書楊雄傳音義引諸詮云屈古詘字廣雅釋詁云詘屈也挫詘折也是屈卽挫也男子行仁義之道故富貴不能亂其心貧賤不能易其行威武不能挫其志自强不息乃全其爲男子全其爲男子斯得爲大丈夫也

周霄

〔孟子正義〕　戰國魏策云魏文子田需周霄相善欲罪犀首鮑彪注云周霄孟子時有此人至是三十年矣吳師道正云田文前相魏當襄王時孟子見梁襄王相去不遠也周氏廣業孟子出處時地攷云按史田需犀首皆在秦惠王時故霄得問於孟子也魏策又云周宵謂宮他曰子爲宵謂齊王曰宵願爲外臣令齊資我於魏鮑彪注云疑卽霄吳師道正云孟子記魏人若以爲此人則非安釐之世矣

三月無君

〔孟子正義〕　大戴記本命篇云人生而不具者五目無見不能食不能行不能言不能化三月而徹盷然後能有

見注云三月萬物一成易繫辭傳云變通莫大乎四時春秋繁露官制象天篇云三入而爲一選儀於三月而爲一時也天有四時時三月如天之時固有四變也白虎通四時篇云歲時何謂春夏秋冬也時者期也陰陽消息之期也春夏物變盛秋冬氣變盛此三月爲一時而物變之說也變即化也歷一時而物變化君子亦當趣時爲變化春秋繁露四時之制篇云天之道春暖以生夏暑以養秋清以殺冬寒以藏暖暑清寒異氣而同功皆天之所以成歲也聖人副天之所行以爲政故以慶副暖而當春以賞副暑而當夏以罰副清而當秋以刑副寒而當冬慶賞罰刑異事而同功皆王者之所以成德也慶賞罰刑與春夏秋冬以類相應也

皇皇如也

禮記檀弓上云既殯望望焉如有求而弗得皇皇焉如有望而弗至注云皆憂悼在心之貌也檀弓下云始死皇皇焉如有求而弗得問喪篇云其往送也望望然汲汲然如有追而弗及也其反哭也皇皇然如有求而弗得也楚辭離世篇云征夫皇皇其孰依兮注云皇皇惶遽貌廣雅釋訓云惶惶劇也惶惶即皇皇也

載質

【孟子正義】音義出載質云張音贄云義質贄同白虎通瑞贄篇云贄者質也質己之誠致己之悃愊也儀禮士相見禮云贄冬用雉夏用腒左頭奉之曰某也願見無由達某子以命命某見注云贄所執以至者君子見於所尊敬必執贄以將其厚意也士冠禮云奠摯見於君遂以摯見鄉大夫鄉先生注云摯雉也是見君用摯也質摯贄三字通

禮曰諸侯耕助節

【孟子正義】諸侯耕助者躬耕勸率其民收其藉助以供粢盛粢稷盛稻也夫人親執蠶繅之事以率女功衣服祭服不成不實肥腯也惟辭也言惟絀祿之士無圭田者不祭牲必特殺故曰殺皿所以覆器者也不祭則不宴猶喪人也不亦可弔乎

諸侯耕助四句

【孟子正義】國語周語云宣王即位不藉千畝虢文公諫曰不可夫民之大事在農上帝之粢盛於是乎出又云

及期王裸鬯乃行百吏庶民畢從及藉后稷監之膳夫農正陳禮藉太史贊王王敬從之王耕一墢班三之庶人終於千畝注云藉借也借民力以爲之天子藉田千畝諸侯百畝蓋田名藉田以借助於民故名天子先親耕而後民終之是躬耕勸率於民也天子雖躬耕不過三推而已其終收穫得供粢盛實由民之助力故云收其藉助也是耕爲躬耕助爲民助若禮記樂記云耕藉然後諸侯知所以敬此耕藉專謂躬耕藉田與孟子云耕助不同助雖與藉義同然藉指田名助爲民助也粢稷爾雅釋草文桓公十四年公羊傳注云黍稷曰粢在器曰盛說文皿部云齍黍稷器所以祀者盛黍稷在器中以祀者也地官舂人祭祀共其齍盛之米注云齍盛謂黍稷稻粱之屬可盛以爲簠簋實春官小宗伯辨六齍之名物注云齍讀爲粢六粢謂六穀黍稷稻粱麥苽然則以器內之實言之謂之齍卽粢也稷爲穀長以統衆穀而名也以諸穀在器言之謂之盛黍稷稻粱等皆在器皆爲盛也解者以黍稷曰粢在器曰盛爲互釋趙氏以黍稷曰粢則是稻粱曰盛故云盛稻也其實黍稷在器亦名盛稻粱爲簠簋實亦統名粢段氏玉裁說文解字注云周禮一書或兼言齍盛若舂人肆師小祝是也單言齍者大宗伯小宗伯大祝是也單言盛若饎人饎人是也小宗伯逆齍注云受饎人之盛以入然則齍盛可互稱也甸師注云粢稷也穀者稷爲長是以名齍粢古今字也毛詩甫田作齊亦作齍用古文禮記作粢盛用今文左傳作粢盛則用今字之始左傳曰絜粢豐盛毛傳云器實曰齍在器曰盛鄭注周禮齍或專訓稷或訓黍稷稻粱盛則皆訓在器是則粢之與盛別者齍謂穀也盛謂在器也許則云器曰齍實之則曰盛似與毛鄭異蓋許主說字其字從皿故謂其器可盛黍稷曰齍要之齍可盛黍稷而因謂其所盛黍稷曰齍凡文字故訓引伸每多如此說經與說字不相妨也禮記祭義云古者天子諸侯必有公桑蠶室及大昕之朝君皮弁素積三宮之夫人世婦之吉者使入蠶於蠶室奉種浴於川桑於公桑風戾以食之此夫人蠶之事也又云世婦卒蠶奉繭以示於君遂獻繭於夫人及良日夫人繅三盆手遂布於三宮夫人世婦之吉者使繅遂朱綠之元黃之以爲黼黻文章君服以祀先王先公注云三盆手者三淹也凡繅每淹大總而手振之以出緒也此夫人繅之事也周禮天官內宰中春詔后帥外內命婦始蠶於北郊以爲祭服帥卽率也是衣服卽祭服也　注不成至辭也

犧牲不成

（孟子正義）　禮記曲禮云豚曰腯肥注云腯亦肥也腯充貌也桓公六年左傳云吾牲牷肥腯又云故奉牲以告曰博碩肥腯謂民力之普存也謂其畜之碩大蕃滋也謂其不疾瘯蠡也謂其備腯咸有也犧牲而云不成禮記中庸云誠者自成也誠之義爲實則成之義亦爲實故以不實解不成呂氏春秋明理篇云五穀萎敗不成又貴信篇云則五種不成高誘注並云成熟也此不成亦卽不實但五穀之不實謂其不熟犧牲之不實謂其不肥腯故又申之以肥腯也劉熙釋名釋言語云成盛也肥腯爲充盛也詩齊風儀既成兮箋云成猶備也不成亦爲不備腯也文選羽獵賦云帝將惟田於靈之囿注引薛君韓詩章句云惟辭也

牲殺器皿

（孟子正義）　儀禮特牲饋食禮爲諸侯大夫士祭祖禰少牢饋食禮爲諸侯卿大夫祭祖禰之禮以少牢特牲名篇少牢禮主人朝服卽位於廟門之外東方南面宰宗人西面北上牲北首東上司馬刲羊司士擊豕宗人告備乃退注云刲擊皆謂殺之特牲禮宗人視牲告充雍正作豕夙興主人立於門外東方南面視側殺注云側殺殺一牲也此皆特殺之事也　說文皿飯食之用器也象形與豆同意讀若猛段氏玉裁說文解字注謂汲古閣本飯作飲誤孟子牲殺器皿趙注皿所以覆器者此謂皿爲幎之假借似非孟意廷琥按皿本無覆器之訓皿讀若猛古音冥孟同爲一部孟津亦曰盟津楊子太元經冥者明之藏也皿幎假借段說是也段又謂趙氏覆器之訓似非孟意豈以器之有幎無關禮制乎說文幎幔也周禮有幎人幎卽幂亦作冪鼏亦與鼏通公食大夫禮甸人陳鼎設扃鼏鼏若束若編少牢饋食禮皆設扃冪鼏卽鼏此覆鼎之冪也以其覆鼎故字作鼏鼏以茅爲之天子諸侯有牛鼎大夫有羊鼎士有豕鼎魚鼎庶人魚炙之薦無鼎則亦無鼏此不待言周禮天官冪人注云以巾覆物曰冪小爾雅廣服云大巾謂之冪冪卽巾也以其冪物故冪亦謂之用布或用葛大射儀膳尊兩甒冪用錫若絺鄉飲酒禮尊綌冪鄉射禮尊綌冪燕禮公尊瓦大兩冪用綌若錫少牢尊兩甒於房戶之間同棜皆有冪所以覆尊者也特牲禮盛兩敦卒奠冪所以覆敦者也特牲禮籩巾以綌纁裏所以覆籩者也士昏禮醯醬二豆菹醢四豆兼巾之所以覆豆者也公食大夫禮簠有蓋冪有司徹簠有蓋冪所以覆簠者也尊敦籩豆簠簋皆有冪故趙氏以覆器二字統之而上下等殺由此分焉天子祀天地則以疏布巾冪八尊祭宗廟則以畫布巾冪六彝冪人凡王巾皆黼則諸侯大夫士

之巾不髹矣賈公彥鄉射禮疏凡用醴不見用冪質故也醮用酒亦無冪者從禮子質也或以尊卑亦無冪燕禮君尊有冪方圜壺則無冪昏禮尊於室故有冪尊於房戶外爲媵御賤故無冪陳用之云人君尊也故燕與大射之冪用葛若錫冬夏異也人臣卑也故鄉飲士昏喪祭之冪用葛而已冬夏同也是冪之有無分乎文質卽分乎尊卑質賤庶人分卑魚炙之薦質而無文則其無冪也宜矣燕禮公尊瓦大兩有冪尊於東楹之西兩方壺尊士旅食於門西兩圜壺註尊方壺爲卿大夫士也旅衆也士衆食謂未得正祿所謂庶人在官者也方圜壺無冪亦足爲庶人不用冪之一證曲禮爲天子削瓜者副之巾以絺爲國君者華之巾以綌爲大夫累之士疐之庶人齕之大夫降於諸侯卽不用巾孔疏謂此削瓜當在公庭則不用巾者亦以尊卑又巾冪等級之可考見者也士之祭禮用冪禮有明文孟子惟士無田云云蒙上禮字若皿是飯食之器則本文器字已可該括故趙氏以幎字假借解之曰牲殺殺卽所以用牲也曰器皿皿卽所以覆器也殺字與牲字一貫皿字與器字一貫趙氏之訓未必非孟意也

晉國亦仕國也

〔孟子正義〕　推趙氏註似趙氏所據之本作晉人亦仕國也我晉人也解晉人二字亦仕解亦仕國也四字謂我爲晉人亦仕於晉國也乃相傳諸本俱作晉國亦仕國也則趙氏註我晉人也爲無所附矣近解謂晉國亦君子遊宦之國

媒妁

〔孟子正義〕　音義出媒妁云音酌丁云謂媒氏酌二姓之可否故謂之媒妁也周禮地官媒氏註云媒之言謀也謀合異類使和成者今齊人名麴麩曰媒說文女部云媒謀也謀合二姓妁酌也斟酌二姓人段氏玉裁說文解字注云斟者酌也酌者盛酒行觴也斟酌二姓者如挹彼注茲欲其調適也

與鑽穴隙之類也

〔孟子正義〕　趙氏與字屬下讀何異解類字疑趙氏所據本作與鑽穴隙類也閩監毛三本作亦與鑽穴隙者無異孔氏廣森經學卮言云與音歟絕句此以與字屬上句讀王氏引之經傳釋辭云與語助也無意義

後車

〔孟子正義〕閻氏若璩釋地三續云詩歸鑾講義云古人惟尊貴有後車微賤則無之孟子後車卽弟子所乘者不然從者徒步矣

傳食

〔孟子正義〕音義出傳食云丁直戀切言轉食也按爾雅釋言云驛遽傳也成公五年左傳云晉侯以傳召伯宗注云傳驛也劉熙釋名釋宮室云傳傳也人所止息而去後人復來轉轉相傳無常主也然則傳食謂舍止諸侯之容館而受其飲食也

不已泰乎

〔孟子正義〕詩小雅巧言昊天泰憮箋云泰言甚也荀子王霸篇云縣樂奢泰游抗之脩注云泰與汰同奢泰連文是泰亦奢也

梓匠輪輿

〔四書改錯〕考工記凡工有六祇攻木攻金攻皮與設色刮摩摶埴六名並無車工卽攻木之工七已該有輿輪弓廬匠車梓七名又並不別出車工在七工外不知集註何據以木工車工分作二者按周制以輪人輿人與車人並稱各分其職雖輪輿亦統名車而車人則祇司各車之長短曲直鉏斧柯耒耜之制以與攻木之工七人相等乃欲獨稱車工以推作輪輿之長官並無此事或曰孟子凡稱人如弓人矢人函人匠人匏人瘞人類俱與周官相合此四工總是木工亦總可稱人特不宜添一車工耳

以待後之學者

〔孟子正義〕儀禮公食大夫禮左人待載注云古文待爲侍周禮服不氏以旌居乏而待獲杜子春云待當爲持書亦或爲持蓋趙氏讀待爲持謂扶持後之學者使不廢古先之教惟守先道以扶持後學所以有功

毁瓦畫墁

〔四書考異〕趙注曰人但破碎瓦畫地復漫滅之以四字爲一義音義曰墁張武安切云與漫同按依趙訓畫墁是畫脂鏤冰費日損功之義宋張芸叟著畫墁集蓋取此

〔孟子正義〕廣雅釋詁云破碎壞也小爾雅廣言云毀壞也孝經釋文引蒼頡篇云毀破也說文石部云破碎石也是毀瓦卽破碎瓦也音義云墁張武安切云與謾同阮氏元校勘記云謾必誤字謾者欺也於此文理不順依注云墁滅則當云與槾同集韻鏝槾墁三字同也墁乃槾之俗翟氏灝考異云趙氏以毀瓦畫墁四字爲一義則畫墁是畫脂鏤冰費日損功之意宋張芸叟著雜說一卷名畫墁集蓋取此按爾雅釋宮云鏝謂之杇說文木部云杇所以涂也秦謂之杇關東謂之槾槾杇也金部云鏝鐵杇也或從木段氏玉裁說文解字注云此器今江浙以鐵爲之或以木戰國策豫讓變姓名入宮塗廁欲以刺襄子襄子如廁心動執問塗者則豫讓也刃其杇曰欲爲智伯報仇杇謂塗廁之杇今本皆作扞謬甚刃其杇謂皆用木而獨刃之然則墁杇皆器名論語八佾篇云糞土之牆不可圬也王蕭注云圬槾也襄公三十一年左傳云圬人以時塓館宮室注云圬人塗者塓塗也圬槾皆器用以塗牆則塗謂之圬卽謂之槾因而塗牆之人卽謂之圬人塓卽墁一聲相轉推趙氏之義蓋破碎瓦爲一事卽謂將全瓦破碎之非以破碎瓦畫地也畫地則復墁滅之則爲一事說文云畫界也象田四界聿所以畫之又刀部云則等畫物也謂物有差等畫以爲界趙氏謂田地已有界畫而復將所界畫之迹用泥涂而滅去之瓦破碎則無能造屋所畫界圬滅則等差無所驗是皆以有用爲無用也若劃爲古文畫說文刀部云劃傷也㓷剝也劃也劃錐刀曰劃依此則謂新圬墁之牆　用錐刃㓷劃之義亦通

宋滅滕

〔四書摭餘說〕周赧王三年巳酉孟子去齊　愚時年六十一歲　已知道不行也聞宋王偃將行仁政遂復之宋之宋亦之滕之心耳大事記載自齊之宋自宋適滕於丁未致爲臣而歸之後學氏本謂孟子當王偃時適宋巳甚老矣豈復能爲滕經理而久居其國是也余故斷以爲自宋適滕是前去齊後事至是復自齊之宋前至宋當君偃五六年間及十一年偃自立爲王蓋稱王者又八年於茲矣故孟子與戴不勝語稱宋王不勝卽前所與語之盈之也　愚集注戴不勝宋臣盈之亦宋大夫而正義則謂戴盈之卽戴不勝字盈之較合　圖譜以什一去關市之征章爲孟子前在宋語想亦遺教猶存偃因齊楚之惡或有志於此是未可知　愚季氏謂齊楚之伐宋必在赧王四年前之事也但史無考耳　雖圖之不成必不如世家所云射天射諫臣而爲桀宋之甚如果爲桀所爲孟子豈

復至其國哉但註云宋王偃嘗滅滕伐薛敗齊楚魏之兵欲霸天下疑卽此時毛西河謂國策占雀篇係家語載殷紂事家語云昔者殷王帝辛之世有雀生大鳥於城隅占之曰凡以小生大則國家必王而名益昌於是帝辛恃雀之德至殷國以亡而國策卽云宋康王之時有雀生鸇於城之陬使史占之曰小而生巨必霸天下於是康王大喜至城不守則是占雀一篇全係竊襲故其中淫酗斮脛皆是紂事而妄攙滅滕伐薛四字於其中其爲不足據亦明矣余謂是時薛爲齊地伐薛卽伐齊至滅滕則並無據春秋正義云滕三十一世爲楚所滅杜氏釋例云春秋後六世而齊滅之　[匯]水經注並同　又云滕自叔繡以下至公邱二十一世爲秦所滅互異竹書紀年又云於越滅滕惟國策作宋滅而通鑑繫之赧王二十九年乙亥按宋世家載王偃東伐齊取五城南敗楚取地三百里西敗魏軍而不及滅滕事且據史記年表偃立四十三年齊滅宋實周赧王之二十九年也世家謂齊湣王與魏楚伐宋殺王偃遂滅宋而三分其地則乙亥三國滅宋豈宋滅滕乎是綱鑑之言悞也　[匯]任氏考略於十四年庚申下注記言孟子去滕二十一年而滕亡則宋滅滕當在是年亦無據　索隱曰戰國策呂氏春秋皆以偃謚康王宋滅在孟子卒後三年　孟子卒於周赧王二十六年　故康王之謚不見乎七篇也

齊楚伐宋

[孟子正義]　史記宋世家云偃自立爲宋君君偃十一年自立爲王東敗齊取五城南敗楚取地三百里西敗魏軍乃與齊魏爲敵國盛血以韋囊縣而射之命曰射天淫於酒婦人羣臣諫者輒射之於是諸侯皆曰桀宋宋其復爲紂所爲不可不誅告齊伐宋王偃立四十七年齊湣王與魏楚伐宋殺王偃遂滅宋三分其地按史記稱宋王爲桀紂與萬章行王政之言迥別或出於齊楚惡之之曰史非其實歟周氏廣業孟子出處時地考云孟子去齊居休旋歸爲鄒年六十餘矣聞宋王偃將行仁政往游焉會齊楚惡而伐之萬章以國小爲慮孟子以湯武之事告之蓋以弔伐望宋王也觀孟子與萬章問答詳其初政尚有可觀者戰國策所謂射天笞地世家所書淫於酒婦人諸侯皆謂桀宋者乃其晚節不終時孟子去宋已久矣齊楚之伐國策云齊攻宋使臧子索救於荆荆王許救而卒不至齊因拔宋五城是也策繫於剔成之世鮑彪注因言孟子所稱審皆剔成矣吳師道已闢其傳會又史蘇秦傳齊伐宋宋急蘇代乃遺燕昭王書勸之伐齊亦正在殺子噲後

湯居亳

（四書典故辨正） 商有三亳蒙為北亳在河南歸德府商邱縣北穀熟為南亳在商邱縣東南四十里偃師為西亳屬河南府書序自契至湯八遷始居亳鄭康成云亳偃師城也皇甫謐非之曰湯使亳衆往為葛耕葛在寧陵縣去偃師八百餘里豈得越而耕之蓋湯本自商邱遷穀熟而偃師則盤庚始遷焉耳愚按漢志山陽郡薄縣注云湯所都薄縣即穀熟此南亳也河南郡偃師縣注云尸鄉殷湯所都此西亳也兩亳皆湯所都故史記正義論湯自南亳遷西亳今觀盤庚篇曰先王將多於前功適于山又曰肆上帝將復我高祖之德則西亳為湯所居而非盤庚始遷明甚但與葛為鄰則居南亳時事若是偃師必不能越八百餘里而為之耕誠如皇甫氏之言耳

（四書釋地三續） 太平寰宇記亳城在穀熟縣西南三十五里春秋莊公十二年宋公子御說奔亳孟子云湯居亳與葛為鄰今寧陵縣北十五里有葛城相去八十里

（孟子正義） 漢書地理志陳留郡寧陵孟康曰故葛伯國今葛鄉是山陽郡薄臣瓚曰湯所都河南郡偃師尸鄉殷湯所都臣瓚曰湯居亳今濟陰縣是也今亳有湯冢師古曰瓚說非也皇甫謐所云湯都在穀熟事並不經劉向云殷湯無葬處安得湯冢乎閻氏若璩尚書古文疏證云亳有三一南亳後漢梁國穀熟縣是湯所都也一北亳梁國蒙縣是即景亳湯所盟地一西亳河南尹偃師縣是盤庚之遷都也鄭康成謂湯亳在偃師皇甫謐即據孟子以正之曰湯居亳與葛為鄰葛即今梁國寧陵之葛鄉若湯居偃師去寧陵八百餘里豈當使民為之耕乎亳今穀熟縣是也其說精矣王氏鳴盛尚書後案云皇甫謐以偃師為西亳而別以蒙為北亳穀熟為南亳案續志梁國鄢有蒙有穀熟劉昭注即引謐帝王世紀蒙北亳穀熟南亳之文梁國屬縣又有薄司馬彪自注湯所都此蓋彪本之臣瓚者劉昭又引杜預左傳注注之云蒙縣西北有薄城中有湯冢於是張守節史記正義云湯即位都南亳後徙西亳謐又以孟子湯居亳與葛鄰葛在寧陵去偃師八百里太遠故知湯本居南亳穀熟後乃遷西亳偃師與葛鄰乃是居南亳時事見帝告釐沃序疏盤庚言商先王五遷鄭馬王皆以湯始居商邱後遷於亳當五遷之二水經注汳水東經大蒙城北大蒙城在今河南歸德府商邱縣北四十里穀熟故城在今商邱縣東南四十里湯本居此後乃遷偃師即其後微子封此亦以湯之舊邑而封之謐說似非無稽但馬鄭惟言湯曾居商邱商邱本不名亳觀漢

志但於偃師言湯都而梁國蒙縣山陽郡薄縣不言是亳可見酈因續言三亳遂造北亳南亳卽偃師而名三其實蒙穀熟古但名商邱不名亳也杜預臣瓚司馬彪皆晉人劉昭梁人妄相附和豈如班固鄭康成之可信乎其辨一也既名三亳宜遠近相等商邱偃師相去七八百里蒙穀熟相去只數十里分之無可分也卽如其說只有東西二亳耳奈何於數十里中强分爲二欲以充數乎其辨二也商邱平衍與成皋等地大不類何山險之有而云阪乎其辨三也漢志云宋地今之沛梁楚山陽沛陰東平及東郡之須昌壽張皆宋分也蓋諸郡國皆微子所封社猶稱亳當時人或以亳在宋地班氏於此文下又云昔堯游成陽舜漁雷澤湯止於薄則此爲湯嘗游息之地後人遂往往指稱亳在梁國沛陰山陽之間而其實湯都則在偃師與宋地無涉也蓋薄縣者漢本屬山陽郡後漢分其地置蒙穀熟與薄並改屬梁國晉又改薄爲亳且改屬沛陰故臣瓚所謂湯都在沛陰亳縣者卽其所謂在山陽薄縣者也亦卽司馬彪所謂在梁國薄縣杜預所謂在蒙縣北亳城者也而亦卽皇甫謐所分屬於蒙穀熟者也本一說也薄薄也非亳也立政三亳鄭解爲遷亳之民而分爲三亳本一耳爲得有三湯都定在偃師而所謂偃師去葛太遠不便代耕不足辨矣

葛

〔四書典故覈正〕　葛嬴姓之國漢書地理志陳留郡甯陵縣注云故葛伯國今葛鄉是唐隸宋州東距南亳六十里今河南歸德府甯陵縣西十里葛城是也路史載有二葛以在甯陵縣者爲黃帝之後姬姓在河内修武者爲嬴姓卽左傳齊昭公母葛嬴之葛侯再考

〔孟子正義〕　僖公十七年左傳云葛嬴生昭公葛嬴爲如夫人之一以衛姬鄭姬華子等例之則葛爲國嬴爲姓矣說文女部云嬴帝少皞之姓春秋時秦徐江黃郯莒姓嬴葛嬴猶徐嬴齊桓時葛尙存歟

湯始征自葛載

〔孟子正義〕　載與哉通爾雅釋詁云哉始也故毛詩周頌載見辟王傳云載始也梁惠王篇云湯一征自葛始與此文略同一卽始也始卽載也爾雅釋天云唐虞曰載孫炎注云載取萬物終而復始終而復始義爲再故一說以載作再載屬下讀則湯始征自葛爲句晚出古文尙書仲虺之誥作初征自葛蓋本此一說也隋書煬帝伐高麗詔

云黃帝五十二戰成湯二十七征此又多於二十二古書殘缺未知所本矣

十一征

（四書典故辨正）　趙註一說言載當作再湯再征十一國凡征二十二國也路史云𤼵十一征而無敵於天下二十有七征而德施於諸侯歸之者三十有六國其說不同今就十一征之數考之見於商頌者有韋顧昆吾見於書序者有三朡而征有洛征荊滅溫見竹書征密須見國策征有卞見路史幷葛與桀爲十一征　國策補正謂伐密乃文王事而以爲湯此策士之誤按策文云湯之伐桀也試之弱密須氏以爲武教得密須氏而湯知服桀矣策文鑿鑿言之必有所據卽如文王伐密此姞姓之密恭王滅密此姬姓之密則安知湯所伐者非夏商之間又有一密予古書殘缺未可但據所見以爲斷也

徯我后后來其蘇

註　此商書仲虺之誥文也

徯我后后來其無罰

註　已見前篇

（四書攷錯）　后來無罰是商書太甲篇文與仲虺之誥后來其蘇別是一篇乃云見前篇錯矣

有攸不爲臣

（經義雜記）　趙註攸所也言武王東征安天下士女小人各有所執往無不惟念執臣子之節正義曰有攸不惟臣至取其殘而已矣此皆逸書之文也言殷之民有所征之則無不惟念臣服之節據此則孟子本作有攸不惟臣趙注訓惟爲念北宋時撰正義尙作惟字朱子集註本誤作有攸不爲臣云有所不爲臣謂助紂爲虐而不爲周臣者此不考之過所當改正

匪厥玄黃

（孟子正義）　音義出匪厥云丁云義當作篚篚以盛實幣此作匪古字借用阮氏元校勘記云說文匸部匪似竹篋引周書實元黃于匪非借用乃正字也竹部篚訓車笭也儀禮聘禮云釋幣制元纁束注云凡物十曰束元纁之

率元居三纁居二賈氏疏云言率皆如是元三纁二者象天三覆地二載也禹貢荊州厥篚元纁說文糸部云絳大赤也纁淺絳也蓋赤和以黃則淺赤合黃爲纁赤合黑爲元故元黃即元纁也

大誓曰

〔困學紀聞〕 泰誓古文作大誓故孔氏注大會以誓衆晁氏曰開元間衛包定今文始作泰或以泰爲說寘燕書哉大誓與大誥同

〔孟子正義〕 尚書序正義引鄭氏書論依尚書緯云孔子求書得黃帝元孫帝魁之書迄於秦穆公凡三千二百四十篇斷遠取近定可以爲世法者百二十篇以百二篇爲尚書十八篇爲中候此趙氏云古尚書百二十篇所本也史記儒林傳云秦時焚書伏生壁藏之其後兵大起流亡漢定伏生求其書亡數十篇獨得二十九篇劉向別錄云武帝末民有得泰誓書於壁內者獻之與博士讀說之漢書藝文志尚書古文經四十六卷爲五十七篇經二十九卷大小夏侯二家楚元王傳注臣瓚曰當時學者謂尚書惟有二十八篇惠氏棟古文尚書考云二十八篇者伏生也二十九篇者夏侯也依伏生數增太誓一篇蓋伏生所藏百篇僅存二十八篇已無太誓其時列於學官二十九篇之太誓乃民間於壁中得之故云後得以充學也此文明云太誓當時後得之太誓無此文故趙氏以爲是古太誓也後得之泰誓今亦不存惟史記周本紀載之近儒王氏鳴盛江氏聲孫氏星衍皆掇拾成篇然坊記引大誓曰云云鄭氏注云此武王誓衆以伐紂之辭也今太誓無此章則其篇散亡鄭云今太誓無此章則亦以爲古太誓矣馬融書敘云太誓後得按其文似若淺露春秋引太誓曰朕夢協朕卜襲於休祥戎商必克孟子引太誓曰我武惟揚侵于之疆取彼凶殘我伐用張于湯有光孫卿引太誓曰獨夫受禮記引太誓曰予克受非予武唯朕文考無罪受克予非朕文考有罪惟予小子無良今文太誓皆無此語吾見書傳多矣所引太誓而不在太誓者甚多弗復悉記趙氏云諸傳記引太誓皆古泰誓同馬氏說也孔氏廣森經學卮言云經典釋文云漢宣帝本始中河內女子得太誓一篇獻之與伏生所誦合三十篇漢世行之按劉向別錄云武帝末有得泰誓於壁內者陸謂本始中非也然其云太誓一篇者得之蓋漢世僅見三篇之一故語孟左傳所引太誓皆適在其所未見兩篇中當時博士有附會書序強分爲三者乃適致馬融之疑耳

孟子謂戴不勝

〔四書考異〕　荀子解蔽曰唐鞅蔽於欲權而逐載子注載讀曰戴戴不勝使薛居州傳王見孟子即韓非云太宰戴驩疏曰戴盈之即戴不勝字盈之也

〔孟子正義〕　荀子解蔽篇云唐鞅蔽於欲權而逐戴子注云載讀爲戴戴不勝使薛居州傳王者見孟子或曰戴子戴驩也按戴驩爲宋太宰見韓非子內儲說上楊倞以或曰別之則不勝非驩矣趙氏佑溫故錄云戴不勝即戴盈之一名一字也宋之公族執政者唯宋始終以公族爲政左傳紀列最詳至戰國晉分齊篡而宋猶綫脈相延不失爲物本枝之道得也全氏祖望經史問答云滑邸謂孟子去齊適宋當周愼靚王之三年正康王改元之歲宋始稱王是也孟子不見諸侯故問答止於梁齊小國則滕而已雖曾游宋而於康王無問答則不足以定其見與否也然所以游宋亦有故蓋康王初年亦嘗講行仁義之政其臣如盈之如不勝議行什一議去關市之征進居州以輔王斯孟子所以往而受七十鎰之饋也謂孟子在辟公時游宋蓋是鮑彪其考古最疏略

齊語　楚語

〔四書典故辨正〕　齊人謂萌爲蒙見易注謂鮮爲斯見詩箋以是爲祈以獻爲莎以快爲㾐以穢爲相以殷爲衣見禮記註以焚爲樵以得爲登以疾爲僂見公羊傳註謂息爲㘞謂瘠爲胔謂火爲燬見爾雅註疏　楚人謂乳穀謂虎於菟見春秋傳謂牢爲霤謂倨爲倦謂蹟爲蹟見淮南子註謂多爲夥見史記謂遠爲遝見爾雅註謂冢爲琴見水經註以滿爲濕以轉爲還見離騷註

莊嶽

〔四書典故辨正〕　莊嶽齊城內街里之名襄二十八年傳得慶氏之木百車於莊孔疏六達謂之莊又昭十年傳陳鮑與欒高戰敗諸莊莊在鹿門之內　註東南門曰鹿門　即此莊也襄二十八年傳慶封伐西門弗克還伐北門克之入伐內宮弗克反陳於嶽杜註嶽里名是在宮門之外北門之內合莊與嶽即所謂莊嶽之間也故趙註曰多人處之數年而自齊也獨怪當日作正義者曾不一疏及反改閭巷之間則混甚

〔孟子正義〕　顧氏炎武日知錄云莊是街名嶽是里名左傳襄二十八年得慶氏之木百車於莊注云六軌之道

反陳子獄注云獄里名昭十年又敗諸莊哀六年戰于莊敗注並同閻氏若璩釋地引炳燭齋隨筆與顧同按宋費袞梁谿漫志解孟子莊嶽即引左氏襄公二十八年傳又云曹參爲齊相屬後相曰以齊獄市爲寄勿擾也獄字合從嶽音蓋謂嶽市乃齊闤闠之地姦人所容故當勿擾之耳

段干木

（四書摭餘說） 史記言卜子夏田子方段干木此三人者文侯皆師之韓子曰子夏之學其後有田子方而呂不韋亦言段干木者晉國之大駔也學於子夏爲天下名士顯人以終其壽然則二子又皆爲卜氏徒也後漢書段熲或謂其先出鄭共叔段古人無以祖父名爲氏者段氏當出自段干史記老子之子名宗宗爲魏將封於段干木其後也羅泌曰段干氏初邑段後邑干因邑爲氏魏世家有段干子田世家有段干明而風俗通氏姓注乃以爲姓段名干木蓋以呂氏春秋干木光乎德與魏都賦干木之德之言誤之唐百官表遂謂封段而爲干木大夫疎矣但按今本呂氏春秋期賢篇云段干木光乎德寡人光乎地段干木富乎義寡人富乎財原文明有段字豈古本異耶幽通賦云木偃息以藩魏干木豈其名哉

（孟子正義） 史記老子列傳云老子之子名宗宗爲魏將封於段干裴駰集解云此云封於段干段干應是魏邑名也而魏世家有段干木段干子田完世家有段干明疑此三人是姓段干也本蓋因邑爲姓風俗通氏姓注云姓段名干木恐或失之矣魏世家云文侯受子夏經藝客段干木過其閭未嘗不軾也秦嘗欲伐魏或曰魏君賢人是禮國人稱仁上下和合未可圖也文侯由此得譽於諸侯張守節正義引皇甫謐高士傳云木晉人也守道不仕魏文侯欲見造其門干木踰牆避之文侯以客禮待之呂氏春秋下賢篇云魏文侯見段干木立倦而不敢息然則其始雖踰垣避其後亦見矣

迫

（孟子正義） 說文竹部云笮迫也辵部云迫近也蓋謂君既來近我我則可以見之笮即窄字又通作迮爾雅釋言云逼迫也小爾雅廣詁云逼近也是逼迫義亦爲近

大夫有賜於士節

（四書摭餘說） 孔子之拜陽貨孟子援大夫有賜於士之文釋之朱子謂陽貨於魯爲大夫孔子爲士先儒疑爲西河毛氏曰季氏家臣原稱大夫季氏是司徒下有大夫二人一曰小宰一曰小司徒此大國命卿之臣之明稱也故邑宰家臣當時得通稱大夫如郈大夫郕大夫郰邑大夫是也此邑大夫也陳子車之妻與家大夫謀季康子欲伐邾問之諸大夫季氏之臣申豐杜氏註爲屬大夫公叔文子之臣論語稱爲臣大夫此家大夫也然則陽貨大夫矣註故不釋耳謝山全氏曰嘗攷小戴禮玉藻篇有云大夫親賜於士士拜受又拜於其室敵者不在拜於其室則是大夫有賜無論在與不在皆當往拜若不得受而往拜者是乃敵體之降禮陽貨若以大夫之禮來尚何事瞰亡正惟以敵者之故不得不出此苦心曲意而乃謂其所行者爲大夫之故事則不惟誣孔子亦并冤陽貨也夫據西河之說小宰以下諸官乃副貳而非家臣又皆以公族居之如臧孫氏施氏子服氏之流若家大夫邑大夫釁則雖冒大夫之名而實則臣也故必冠之曰家曰邑又安得援大夫之禮以臨士而士亦竟以大夫之禮答之者至謝山則直以孟子之文非也不知孟子引禮只重答拜不重瞰亡無論陽貨之爲大夫與否而孔子士也貨以大夫親賜於士士拜於其室之禮來子不得不往貨以敵者不在拜於其室之禮來子又不得不往往拜禮也仲尼不爲已甚也引禮之意原只如此亦何嘗謂陽貨爲郎大夫也者而遂謂孟子才高於此等不無疎略豈古人援引文子必屑屑於章句爲哉顧備人曰觀夫孔子之見陽貨而後知踰垣閉門爲賢者之過未合於中道也然後世之人必有如胡廣被中庸之名馮道託仲尼之迹者矣其始也屈已以見諸侯一見諸侯而懷其祿利於是望塵而拜貴人希旨以投時好此其所必至者曾子子路之言所以爲末流戒也故曰君子上交不諂又曰上弗援下弗推後世之於士人許之以自媒勸之以干祿而責其有恥難矣

（孟子正義） 毛氏奇齡四書賸言云大夫有賜於士不得受於其家則往拜其門此大夫禮也乃引之以稱陽貨向以此詢之座客皆四顧駭愕不知季氏家臣原稱大夫季氏是司徒下有大夫二人一曰小宰一曰小司徒此大國命卿之臣之明稱也故邑宰家臣當時通稱大夫如郈邑大夫郕邑大夫孔子父鄹邑大夫此邑大夫也陳子車之妻與家大夫謀季康子欲伐邾問之諸大夫季氏之臣申豐杜氏注爲屬大夫公叔文子之臣論語稱爲臣大夫此家大夫也然則陽貨大夫矣全氏祖望經史問答云嘗考小戴記玉藻篇有云大夫親賜於士士拜受又拜於其

室敵者不在拜於其室則是大夫有賜無問在與不在皆當往拜若不得受而往拜者是乃敵體之降禮陽虎若以大夫之禮來尚何事瞰亡正惟以敵者之故不得不出此苦心曲意而乃其謂所行者爲大夫之故事則不惟誣孔子亦竝冤陽貨也或曰然則孟子非與曰孟子七篇所引尚書論語及諸禮文互異者十之八九古人援引文字不必屑屑章句而孟子爲甚孔子所行者是玉藻非如孟子所云也周氏柄中辨正云既拜受而又拜於其室者禮謂之再拜此記上言酒肉之賜弗再拜孔疏云酒肉輕但初賜至時則拜至明日不重往拜也下言大夫親賜士士拜受又拜於其室孔疏云此非酒肉之賜故再拜陽貨饋蒸豚正所謂酒肉之賜弗再拜者故必瞰亡而來非以敵體之禮而然也全氏謬讀禮不審而反以孟子爲冤誣妄矣

瞯

〔孟子正義〕 王氏念孫廣雅疏證云覸闞覗也玉篇廣韻並云覸覗也集韻類篇覸又音時引廣雅覸覗也釋言篇云時伺也論語陽貨篇孔子時其亡也而往拜之義與覸同闞與瞰字同字亦作瞯說文瞯望也阮氏元校勘記云音義瞯或作闞說文則闞是正字趙氏佑溫故錄云陽貨援大夫賜士之禮以嘗孔子又瞯亡而饋無禮已明不得謂貨之能先也亦瞯亡而往乃孔子之以人治人終於不見不得謂之往見也孟子蓋卽後往拜一事原聖人不爲已甚之心以申迫斯可見之意言以貨之悖慢孔子猶往拜之使是時貨果能先加禮如文侯繆公之來就見孔子豈有必不見之如踰垣閉門之甚者哉注似能體之故云孔子瞰其亡者心不欲見陽貨也明以不見爲實事而先爲設辭豈得二字爲反言以申之不似俗解直以貨之饋爲先而孔子之往拜爲見也蓋此兩節皆正答不見之義以見之必待於先段泄先猶不覩孔子不先不見也不先而見則小人而已矣

蒸豚

〔孟子正義〕 方言云豬北燕朝鮮之間謂之豭關東西謂之彘或謂之豕其子或謂之豚非大牲也

脅肩諂笑

〔釋地又續〕 脅肩竦體本趙註來亦非按漢書外戚傳上官太皇太后親霍后之姊子故當霍后朝竦體敬而禮之豈諂之謂乎矣王溫傳脅肩纍足鄒陽傳脅肩低首師古注並云脅歛也謂歛之也楊雄傳則作翕肩注卽云翕

斂也蓋斂其兩肩爲卑縮之狀小人之事人者耳

〔孟子正義〕 詩大雅抑篇云視爾友君子輯柔爾顏箋云今視女諸侯及卿大夫皆脅肩諂笑以和安女顏色文選揚雄解嘲注引劉熙孟子注云脅肩悚體也趙氏注與之同悚竦字通也按趙氏以爲竦體者脅翕聲相近說文羽部云翕起也翕肩正是竦起其肩蓋人低首爲恭敬則兩肩必竦起吳王劉濞列傳應高說膠西王曰常患見疑無以自白脅肩累足猶懼不見釋鄒陽列傳公孫貜爲濟北王說梁王曰功義如此尙見疑於上脅肩低首累足撫衿兩脅肩正言竦懼則脅正是竦鄒陽於脅肩累足之閒加入低首二字尤爲明白列女傳晉義姑姊云如是則脅肩無所容而累足無所履也此正以卑諂言謂雖卑諂亦不吾與師古不知翕訓爲起而徒以斂訓之閻氏依以識趙氏未爲得也荀子脩身篇云從命而不利君謂之諂莊子漁父云希意道言謂之諂因人之意爲笑是爲諂笑非笑由中故是强也脅肩者故爲竦敬之狀也諂笑者强爲媚悅之顏也

夏畦

〔四書典故辨正〕 夏畦趙註云仲夏之月治畦灌園何義門讀書記治畦是先築土爲行水之道灌園則桔槔俯仰引水注之莊子天地篇敘漢湯大人方爲圃畦鑿隧而入井抱甕而出灌子貢告以鑿木爲機後重前輕挈水若抽其名爲槔日浸百畦即其事也鑿隧是先治行水之道疏云治畦曰灌園乃南宋邵武人不至北方故誤作一層解

〔孟子正義〕 孟子言周正則夏爲夏之二月三月四月趙氏以仲夏言則周之五月夏之三月也史記貨殖傳云千畦薑韭楚辭離騷篇云畦留夷與揭車兮是畦爲菜圃之埒也何氏焯讀書記云治畦是先築土爲行水之道灌園則桔槔俯仰引水注之

赧赧然

〔孟子正義〕 方言云赧愧也晉曰悔或曰㦬秦晉之間凡愧而見上謂之赧梁宋曰㥏說文赤部云赧面慙赤也小爾雅廣名云不直失節謂之慚慚愧也而慚曰戁心慚曰恧體慚曰逡郭璞方言注引作面赤愧曰赧赧戁音近古通也不直失節是心不正也

戴盈之

〔四書釋地又續〕孫學顏讀集註盈之亦宋大夫也來賓云盈之似是前戴不勝之字勝音升名與字正以相反知爲一人余檢孫奭疏宛同賞其能言

今茲未能

〔四書釋地三續〕茲年也左傳僖十六年今茲魯多大喪明年齊有亂杜注今茲此歲呂氏春秋今茲美禾來茲美麥

下者爲巢二句

〔孟子正義〕禮記禮運云昔者先王未有宮室冬則居營窟夏則居橧巢注云寒則累土暑則聚薪柴居其上此上古之世五帝時已有臺榭宮室牖戶不爲巢窟堯時洪水氾濫民居蕩沒故仍爲巢爲窟也爾雅釋獸云豕所寢橧邵氏晉涵正義云禮運夏則居橧巢是上古穴居野處橧亦爲人所居既有宮室則橧爲豕所寢矣方言云其檻及蓐曰橧今牧豕者積草以居之旁爲之檻按此緣夏月暑熱故架柴爲闌檻或依樹爲之故稱橧巢不必在樹上此以水溢之故卑下已沈水中故必巢於樹上如鳥之巢呂氏春秋孟冬紀云營邱壟之小大高卑高誘注云營度也高原水所未溢而民無力爲屋故鑿而爲窟鄭氏以累土解營窟則是於窟穴之上又增累以土淮南子氾論訓云古者民澤處復穴注云復穴重窟也一說穴毀隄防崖岸之中以爲窟室重窟即鄭所云累土穴毀隄防即趙所云鑿岸按說文宮部云營市居也凡市闠軍壘周市相連皆曰營此營窟當是相連爲窟穴營度即是爲不得云爲爲窟矣

洚水洪水

〔孟子正義〕江氏聲尚書集註音疏云堯典曰湯湯洪水方割孟子釋此洚水即堯典所謂洪水也孟子告子篇云水逆行謂之洚水說文水部云洚水不遵其道故趙氏云水之逆行洚洞無涯說文言部云警戒也爾雅釋詁云余我也段氏玉裁說文解字注云洪水洚水也从水共聲洚水不遵道堯典皋陶謨皆言洪水釋詁曰洪大也引申之義也孟子以洪釋洚許以洚釋洪是曰轉注水不遵道正謂逆行惟其逆行是不絕大洚洪二字義實相因淮南

子原道訓云龐澒振蕩與天地鴻同高誘註云鴻大也洞通也鴻與洪澒洞即洚洞馬融長笛賦云港洞坑谷李善注云港洞相通也港胡貢切港洞亦即洚洞

掘地注海

〔四書釋地又續〕 歲朝獨坐偶抽架上書得朱子語類禹貢曰禹治水乃是自下而上了又自上而下[illegible]自上而下此大不然不先從下泄水却先從上理會下水泄未得上當愈甚是其治水如此又曰禹治水先就土低處用工又曰禹只是先從低處下手若下面之水盡殺則上面之水漸淺方可下手不覺觸悟禹掘地而注之海正所謂下面之水殺盡也在所先水由地中行江淮河漢是也則所謂上面之水漸淺在所後禹當日治水方略 等閒爲孟子拈出今人治水專與此三言相反兩漢平當以經明禹貢使行河王景遣修汴渠賜山海經河渠書禹貢圖今之治水者只宜勸其熟讀孟子耳

菹

〔孟子正義〕 禮記王制云居民山川沮澤注云沮謂萊沛孔氏正義云何允云沮澤下濕地也草所生曰萊水所生曰沛言沮地是有水草之處也左思蜀都賦云潛龍蟠於沮澤李善注云綦毋邃孟子注曰澤生草曰菹沮與菹通然則孟子之菹即王制之沮綦毋邃作菹黃公紹韻會引孟子作葅葅即菹字菹爲葅之通也

江淮河漢

〔四書釋地〕 顧景范說禹貢九水黑弱二水自荒裔之川渭水上在雍洛水止在豫濟水則滅沒難明當在闕疑之列迄今其條貫猶存而經緯可見者惟江淮河漢四水而已矣言水由地中行不證以四瀆而曰江淮河漢者是得毋亦預爲今日之水之地也耶景范不覺矣

沛澤

〔孟子正義〕 後漢書崔駰傳注引劉熙孟子注云沛水草相半風俗通山澤篇云沛者草木之蔽茂禽獸之所蔽匿也僖公四年公羊傳云大陷於沛澤之中注云草棘曰沛漸洳曰澤蓋分言之則沛以草蔽芾名澤以水潤澤名故趙氏注與何休同通言之則沛之草即生於水此劉熙釋名專以下而有水爲澤注孟子又以水草相半爲沛是也澤之水亦草所生此風俗通既以草木屬沛又云水草交厝名之爲澤是也

伐奄

〔四書撫餘說〕 顧甯人日知錄云多方之誥曰惟五月丁亥王來自奄而多士王曰昔朕來自奄是多方當在多士之前後人倒其篇第耳奄之叛周是武庚既誅而懼遂與淮夷並與而周公東征乃至於三年之久孟子曰伐奄三年討其君是也既克而成王踐奄蓋行巡狩之事書序成王既踐奄將遷其君於蒲姑是也按此則書與孟子不合孟子所引是武王事而多士多方作於成王之世以孟子證書將所云相武王丕承哉武王烈皆不可通不知奄蓋三叛而周公三伐之也其一是相武王時伐奄即孟子所云誅紂伐奄三年討其君者是一是成王即政之年奄與淮夷三監同助武庚以叛周公征東一舉而誅四國多士曰昔朕來自奄予大降爾四國民命是也一是成王即政之明年商奄又叛成王征滅之多方曰王來自奄至於宗周是也孟子於紂書誅於五十國書滅而奄獨言伐者蓋至是而始踐其地遷其君也陳氏櫟曰多士是武王誅紂伐奄後第二番叛多方乃奄之第三番叛如是則不特書之篇第非倒而孟子與書原未嘗不合惟三年句集註無明文遂以東征之三年誤之不知趙岐註謂武王伐紂至孟津還歸二年復伐前後三年此正與誅紂是一時事可以補註之未及者鄭康成曰奄國在淮夷之北觀其屬與淮浦之夷徐州之戎並叛則正是一類又即孟子所謂周公兼夷狄者是也

〔四書典故辨正〕 周公相武王誅紂伐奄三年討其君趙注武王伐紂至孟津還歸二年復伐前後三年此以伐奄與誅紂連文是一時事鄭康成尚書註云奄國在淮夷之旁周公居攝之時亦叛王與周公征之三年滅之據此則伐奄是成王時事按尚書大傳管叔蔡叔流言於國奄君謂祿父曰武王死今王尚幼周公見疑此百世之時也請舉事是奄與管蔡武庚俱叛者竹書成王三年殺武庚遂伐奄四年伐淮夷再伐奄入之五年滅之遷其君於蒲姑是三年也伐奄本成王時事本文當以相武王誅紂句伐奄三年討其君句趙注非是 或問以伐奄爲成王時事顧甯人云奄之叛周是武庚既誅而懼遂與淮夷並與而周公東征乃至於三年之久孟子曰伐奄三年討其君是也而毛西河非之謂伐奄有三一是相武王時伐奄是時奄助紂爲虐故伐之者以爲成王時事則戮飛廉滅國五十皆武王誅紂所及而忽攙成王伐奄於其中將所云相武王丕承哉武王烈者不可通矣其說是否曰非也據尚書孔傳周公攝政時奄與三監淮夷叛成王即政又叛則有兩次伐奄據鄭康成奄無再叛事則止一次伐奄雖

多方篇有至于再至于三之文孔疏以伐紂爲一再謂周公攝政時叛三謂成王卽政又叛然終不敢謂武王嘗伐奄者以經傳無明文也惟方氏尚書日紀謂奄在武王時已用師引孟子誅紂伐奄爲證此特傅會之說豈足據乎滅國五十亦非盡誅紂所及逸周書言武王征憝國九十有九然征之未嘗滅之蓋總計前後所滅有此數耳荀子仲尼篇云文王誅四武王誅二周公卒業楊倞註四謂密阮共崇二謂斬紂與妲己周公終王業亦時有征伐謂三監淮夷商奄則伐奄實成王時事而云相武王者周公輔成王所以終文王之功荀子謂周公卒業是也毛氏以撓入成王事爲不可通則上下皆言武王而忽撓丕顯哉文王謨於其中亦不可通矣

（疑辨錄）　先儒疑東征之久以爲文武之澤浸漬於西土者雖深而漸濡於殷邦者猶淺其頑民染商辛之舊習未盡變其賢士懷先王之遺澤未盡泯一旦改商爲周其思念之意未遽釋也殊不知元黃之紹周王者皆商之民而從武庚以叛者乃紂黨之遺孽耳當紂之時尚有冀兗青之地奄之屢叛實在兗州之境尤紂黨之梟雄者也至於徐戎淮夷之叛安知非紂黨之散居徐淮者乎孟子謂武王伐紂滅國者五十蓋卽書所謂四方之多罪逋逃以爲大夫卿士俾暴虐於百姓者也然滅之云者豈噍類無遺哉不過誅其君長而已其五十國餘黨之猶存者不知幾千萬人誅之不可勝誅也旣不之誅而子弟念其父兄之死臣僕念其國統之絕者憤懟不已故乘三監之隙而脅其民以叛也今夫盜賊一呼聚黨數百猶能厲人之國豈有紂黨之在淵藪者猶衆而不能脅四國之民以叛哉故多士曰予惟大降爾四國民命多方曰我惟大降爾四國民命皆謂殷民爲所脅者衆故寬宥之而不加誅也雖以四國民命爲言而曰商王士曰爾殷多士曰殷侯尹民曰胥伯大小多正則實告殷臣而非殷民也至于畢命曰毖殷頑民亦指殷之遺孽而言故下文云世祿之家鮮克由禮茲殷庶士席寵惟舊則極數殷士之惡而無一語以及殷民也數千載之下讀書者不得其意乃謂殷民旣怨殷而歸周又叛周而思殷且或謂周之頑民乃殷之忠臣夫殷之臣孰有忠于微子箕子而叛周者非微子箕子乃紂子武庚及其餘黨耳使臣以爲叛周者非紂餘黨乃前日塗炭之民則武王伐暴救民之意終無以大白於天下後世而亂臣賊子得以藉口矣

（孟子正義）　說文邑部云鄣周公所誅鄣國在魯段氏玉裁說文解字注云玉篇作周公所誅叛國商奄是也奄鄣二字周時並行單呼曰奄絫呼曰商奄書序孟子左傳皆云奄如踐奄歸自奄伐奄昭元年周有徐奄是也左傳

又云商奄如昭九年蒲姑商奄吾東土也定四年因商奄之民命伯禽而封於少皞之墟是也大部云奄覆也爾雅云弇蓋也故商奄亦呼商蓋墨子曰周公旦非關叔辭三公東處於商蓋韓非子周公將攻商蓋辛公甲曰不如服衆小以劫大乃攻九夷而商蓋服矣商蓋卽商奄也奄在淮北近魯故許云在魯鄭注書序云奄在淮夷之北注多方云奄在淮夷旁是也祝鮀說因商奄之民封魯者杜云或迸散在魯是也今山東兗州府曲阜縣縣城東二里有奄城云故奄國卽括地志之奄里此可證迸散在魯之說豳風四國是皇毛傳云四國管蔡商奄也商謂武庚則此傳商奄爲二按奄在淮夷旁爲周所伐是東方無道國也武王伐紂至於孟津還歸二年復伐詳見史記周本紀然則三年討其君指武王伐紂伐奄與誅紂並言則亦此三年時事矣

奄飛廉

(四書釋地又續) 有誦王文恪周公兼夷狄文者特前進曰猛獸指上虎豹犀象而夷狄將何指余曰卽文恪所指若奄若飛廉者是秦本紀中衍之元孫曰中潏在西戎保西垂實生蜚廉又前言柏翳子孫或在中國或在夷狄飛廉非夷狄耶　奄在淮夷之北奄夷也則飛廉亦夷也當於周公相武王節註出以爲下文兼之張本

海隅

(四書釋地續) 驅飛廉於海隅而戮之說者謂史稱飛廉善走當武王誅紂并殺惡來飛廉獨以急足漏網竄伏海隅以爲周無如我何豈知聖人除惡務盡於窮無復之之地仍執而戮之以彰天討此亦是隨文詮解而皇甫謐云河東霍縣　錫今霍州　十五里有飛廉冢民常祠之酈道元云霍太山上有飛廉墓皆與秦紀文合蓋殺者一處葬者又一處其詳不可得聞矣

滅國者五十

(傳通便覽) 周書世俘解武王命伐越戲方　錫孔晁注紂三邑　伐靡集於陳　錫靡陳紂二邑　伐衛伐磨伐宣方伐蜀伐厲禽霍侯艾侯皆俘之作雒解周公所征熊盈族十有七國　錫熊楚之先盈卽飛廉同姓　俘維九邑竹書紀年成王三年滅蒲姑四年滅淮夷滅奄八年滅唐呂氏春秋商人服象爲虐於東夷周公以師逐之路史武王俘佚侯滅國之可考者惟此按逸周書武王征四方凡憝國九十有九服國六百五十有二至所云馘磨億

有十萬七千七百七十有九俘人三億萬有二百三十則未免過於張大不足信憝國謂不順服國也木九十有九而滅止五十蓋又宥其半也

〔孟子正義〕　趙氏佑溫故錄云滅國者五十諸家無說惟逸周書凡所征熊盈族十有七國俘殷獻民遷於九里熊盈之先盈卽嬴飛廉同姓可備五十之一孔氏廣森經學卮言云書序武王伐殷往伐歸獸識其政事作武成歸獸之事蓋孟子所謂驅虎豹犀象而遠之者出於此篇書序云成王東伐淮夷遂踐奄作成王政成王既踐奄將遷其君于蒲姑周公告召公作將蒲姑成王歸自奄在宗周誥庶邦作多方多方云惟五月丁亥王來自奄鄭氏注云奄國在淮夷之旁周公居攝之時亦叛王與周公征之三年滅之此自周公相成王時事奄非武王所滅故說者謂三年討其君專指伐奄則誅紂二字當屬上周公相武王句伐奄二字屬下三年討其君句蓋三年討其君一句不得既爲武王伐紂之三年又爲成王踐奄之三年也倪氏思寬讀書記云據書所言伐奄總在成王之時故顧亭林曰伐奄成王時事上言相武王因誅紂而連言之耳而毛西河又謂多方本文明言至於再至於三舊儒亦明注再叛三叛是以周公伐奄有三一是相武王時伐奄孟子所云是也一是周公攝政初年又伐奄多士所云是也相武王時伐奄孟子本文也何得因他經書無考而轉孟子伐奄亦是成王時事且據事理論之當時助紂爲虐惟奄爲最大之國豈有既誅紂而可以伐不奄之理豈有討紂而可以不討奄君之理反覆思之覺西河考訂之學誠有出於亭林之上者矣按趙氏以伐奄與誅紂皆武王一時事又引多方者明奄爲大國耳趙氏以孟子特以奄與紂竝稱而不混入五十國之內故申明之且五十國則滅矣奄雖特伐實未滅故至周公攝位時又嗾祿父請舉事叛至再三仍但還之於蒲姑而已終不滅也

虎豹犀象

〔四書考異〕　逸周書世俘篇武王既克殷狩禽虎二十有二犀十有二熊羆麋等若干但未及象而呂氏仲春紀言商人服象爲虐於東夷周公以師逐之至於江南乃爲三象舞以嘉其德適補周書所闕

不顯哉節

〔孟子正義〕　不顯烈光爾雅釋詁文禮記祭法云顯考廟注云顯明也說文頁部云顯明飾也毛氏秦風不承權

興傳云承纘也豳風載纘武功傳云纘繼也是承即纘也爾雅釋詁云謨謀也文王所圖謀論說一如大禹皐陶顯明帝王之道故云大顯明王道易師九二傳云承天寵也光亦寵也故云承天光烈啓之義爲開咸之義爲皆缺之義爲虧文王武王後人是爲成王康王邪說既消正道復著周公輔相撥亂反之正故咸以正也僖公二十八年左傳云奉揚天子之丕顯休命昭公三年左傳云昧旦丕顯注皆云丕大也丕顯與此丕顯同王氏引之經傳釋詞云玉篇曰丕詞也經傳所用或作丕顯哉承哉贊美之詞丕則發聲也趙注訓丕爲大失之

春秋天子之事也

〔四書摭餘說〕趙岐舊註孔子懼王道遂滅故作春秋因魯史記設素王之法謂天子之事也余竊以爲不然陸樹聲曰孟子曰春秋天子之事蓋以春秋所載禮樂征伐大率皆天子之事而説者遂以爲孔子作春秋擅二百四十二年南面之權是以匹夫而僭天子爵賞刑罰之柄矣夫臣無有作福作威孔子嘗述之書矣而乃身自犯之乎劉克莊曰孔子作春秋所以救周禮之壞也田制壞而春秋以稅畝田役書軍賦壞而春秋以丘甲三軍書三時之役不均而春秋以城築書九伐之法不正而春秋以侵伐書講武之田不時而春秋以大蒐大閱書救荒之政不備而春秋以來朝來聘書司徒之封疆廢而春秋以歸田易田書太史之告朔不頒而春秋書不視朔司烜之火禁不修而春秋書宣榭火保章失其官而春秋書日食書星孛職方失其官而春秋書彭城書虎牢圜丘之典不與而春秋以卜郊書以猶三望書廟祧之序不明而春秋以立宮書以躋祀書婚姻之禮失而春秋以夫人如齊季姬歸鄫書貢獻之禮失而春秋以家父求車毛伯求金書典命之職不修而春秋書曰天王使來錫命天府之藏不謹而春秋書曰盜竊寶玉大弓皆權衡於一字之微而救禮經三百之壞也春秋作而亂臣賊子何以懼曰事未形而誅心誅意所以懼也所謂天子之事者夫子以敬王爲心故春秋所紀皆尊君抑臣尊王抑霸尊內抑外書此也諱諱此也故曰知我罪我其惟春秋項安世曰説者謂春秋書其罪于策以示萬世敎亂臣賊子懼爲非也夫名之美惡足以懲勸中人非亂臣賊子之所畏也彼父與君且不顧又何名之顧哉且弑逆之罪夫人知之必非孔子書之而後明也莽卓操昭之罪不經孔子之筆而閭巷小人至今知其爲亂臣賊子也謂一書生操筆書之而能生其懼心者此眞小兒童之見也曰然則孟子之言非歟曰春秋之法謹名分防幾微重兵權惡世卿禁外交嚴閨闥是一統

非二致凡所謂杜亂賊于未然者其理無不具也誅亂臣于已然者其法無不舉也此義一明亂臣賊子環六合而無所容其身此春秋之所以作而奸雄之所以懼也鶴山曰春秋由懼而作書成而亂賊懼亂賊蓋陷溺之深者而猶懼焉則人性固不相遠也其說本於呂成公講義審是則此書之作示一朝臣子之則戢萬世亂賊之萌故曰天子之事而曷嘗自處以天子哉

（孟子正義）　毛氏奇齡四書賸言云管子法法篇云故春秋之記臣有弒其君子有弒其父者矣此二語似孟子臣弒其君者有之子弒其父者有之所本然此是指時春秋非夫子春秋也則意封建之世多有此禍特夫子以前簡策總不傳耳萬氏斯大學春秋隨筆云暴行即弒父弒君是也所謂邪說即亂臣賊子與其儕類將不利於君必飾君之惡張己之功造作語言誣惑衆庶是也有邪說以濟其暴遂若其君眞可弒而已可告無罪然者相習既久政柄下移羣臣知有私門而不知公室且隣封執政相倚為姦凡有逆節多蔽過於君鮮有罪及其臣者如晉衛出君師曠史墨之言可證也惠氏士奇春秋說云人皆知春秋尊宗周莫知春秋尊宗國春秋以魯為列國之宗而尊之故孟子曰春秋天子之事也董仲舒亦謂春秋有王魯之文諸儒聞之羣起而譁譊譊讙咋以為王魯誠不可匹夫而行天子之事可乎哉且宗國之尊非自春秋始也古者太史采風獻之天子而魯不陳詩故魯詩列於頌次周頌而在商頌之上則宗國之尊久矣是以孔子獨尊之以為至尊無弒道故不書弒而書薨不地亦不葬至尊之謚當然故曰魯王禮也天子崩諸侯薨大夫卒春秋諸侯薨皆書卒者臨天下之辭獨魯稱薨者臨一國之辭亦所以尊宗國雖尊宗國之禮如尊宗周而爲僭焉故曰知我者其惟春秋乎罪我者其惟春秋乎四方亂獄莫大於弒君天王先命討士成之成之者斷之也斷其孰爲首孰爲從而後行刑如貫固不服大司馬以九伐之法或正之或殘之春秋九伐之法不行於邦國而討士亦失其官故君子於宋督弒君特著其法曰會于稷以成宋亂言宋之亂天王不能成而以成之之責予魯明宗國亦得奉天王之命而往成之自是宗周微而宗國亦微顧往朝齊晉及楚而聽命焉四方亂獄莫有往而成之者矣故春秋特一書不再書者以此莊公三十有二年冬十月乙未子般卒公子慶父如齊明弒子般者慶父也文公十有八年子卒季孫行父如齊則弒子赤者非獨襄仲而行父亦與聞焉春秋書法有離而書者事異而情亦異有連而書者事同而情亦同慶父行父前後如齊皆以子般子赤之卒連而書之

者也據經嚴傳前後若一其情不更顯乎或曰晉桓非其人曷爲以成之之責予之曰以成之之責予晉非予桓公也若夫桓公不能成乃假成之之名而反取賂爲春秋因直書之而不諱矣春秋有書一事而兩義並見者類此春秋之初四方亂獄未聞告亂於宗周猶來告亂於宗國隱公四年春衛州吁弒其君衛人來告亂蓋以魯爲列國之宗而來告也隱公不能會諸侯往而成之則宗國之微自隱公始桓公二年宋督之亂亦來告可知桓公乃假成之之名而取賂爲由是宗國益微不可復振矣宋兩弒君晉一弒君凡三書及所以旌死難之臣也弒君何爲或稱名或稱國稱國謂專國者晉之專國者欒書故稱國欒書弒厲公猶趙盾弒靈公盾直稱名書獨隱其名而稱國則晉之董狐失其官矣董史失其官曷爲孔子不正之孔子曰吾猶及史之闕文也又曰其文則史其義則丘竊取之然則其義安在稱國者其義不稱名者其文仍其文而存其義左氏雖虛張郤至之伐仍不能掩其忠雖盛稱欒書之美仍不能掩其惡春秋數稱欒書帥師一救鄭一侵蔡一伐鄭明專國也及厲公死而書乃弒君之賊其名卒不復見矣穀梁謂弒君賤者窮諸人莒稱人者賤之文公十有六年冬宋人弒其君杵臼杵臼者宋昭公弒昭公者乃其君祖母王姬使帥甸師攻而殺之而謂之賤可乎宋平公殺其子可直斥宋公襄夫人殺其孫不可直斥君祖母直斥君祖母則名不正而言不順辭窮故稱人以賤之以君祖母王姬之尊且貴而與賤者同辭此春秋之特筆後世君母臨朝而擅廢置其君之柄者亦當以春秋爲鑒焉文公十有四年九月齊公子商人弒其君舍此未踰年之君也曷爲直稱君踰年稱君者緣孝子之心不忍當君位也在朝之臣固已北面稽首而君之矣一國之人亦莫不奉以爲君其誰曰非君也哀公四年春盜弒蔡侯申蔡公孫辰出奔吳明弒蔡侯申者公孫辰也此連而書者與魯慶父弒閔公宋萬弒殤公同而經稱盜何也蔡人以盜赴故稱盜又蔡昭公將如吳明不在國而在塗則其稱盜也亦宜傳稱文之錯殺公孫翩經書蔡殺其大夫公孫姓公孫霍明皆辰之黨而辰獨出奔譏失盜也左傳謂蔡人逐之則慶父亦魯人逐之可知不殺之而逐之是爲逸賊宋萬出奔陳宋人力不能討也春秋猶書以示譏魯季友力能討慶父乃不討而緩追逸賊使慶父出奔莒君子謂季友有無君之心當坐與聞乎弒之罪雖酖叔牙縊慶父其功未足以揜其罪也　趙氏佑溫故錄云知春秋者無如孟子天子周天子也孔氏憲章文武學禮從周爲下不倍以周時之人紀周時之事豈有出於周外先自爲倍而猶以責人者趙岐設素王之法一語似孔子意中別設一天子

蓋從公羊家黜周王魯之說出及宋以後又多謂孔子改制行權直以天子自處當時之天子聽其忽貶忽褒其至以天自處天子又不足言惟明新鄭相國高文襄拱春秋正旨一卷可稱為首論春秋乃明天子之義非以天子賞罰之權自居次論孔子必不敢改正朔用夏時次論託之魯史者以其尚存周禮非以其周公之後而假之次論王不稱天乃偶然異文滕薛稱子乃時王所黜聖人必無貶削天子升降諸侯之理次論齊人歸三田小事非聖人自書其功深斥以天自處之文次論哀十四年乃孔子卒前二年適遇獲麟因而書之非感麟而作麟亦非應經而至其後又述嘉靖己酉鄭州生麟二事親見之麟固有種麟之時有時無俱無關係非天特生以示瑞可謂迥出諸儒之上素王本出史記殷本紀伊尹從湯言素王及九主之事索隱素王者太素上皇其道質素故稱素王九主者三皇五帝及夏禹也杜預左傳序辨素王素臣孔疏述董仲舒對策云孔子作春秋先正王而繫以萬事是素王之文焉賈逵春秋序云就是非之說立素王之法蓋皆以素王為古皇之稱趙岐所言由此至鄭氏六藝論孔子既西狩獲麟自號素王異矣即杜所謂非通論而孔亦引家語齊太史子餘歎美孔子云天其素王之乎素空也言無位而空王之非孔子自號先儒蓋因此而謬遂謂春秋立素王之法其以邱明為素臣又未知誰所說嗚呼孔子被誣久矣賴杜預始雪之者也若彼造祖庭廣記者復有水精之子生衰周而為素王之說益妖妄不足道

知我者其惟春秋乎　二句

〔四書約旨〕孔子删詩書定禮樂皆不言獨舉春秋者春秋討亂賊之書也典禮莫大于君父忠孝者德之所當命亂賊者罪之所當討惇德庸禮命德討罪即是從古以來天子之事不是以周天子之權還之天子亦不是以天子之事與魯更不是謂天子不能治天下我起而代之也蓋無其位而託二百四十二年南面之權是罪孔子者尋出罪案孔子當日原不曾有此心及筆削既成而觀之則所書者皆天子之事連自家也吃一驚知亂臣賊子禁其欲而不得肆必將以此罪我故歎曰知我者其惟春秋乎孔子明知將有人罪我而不去其書故又曰罪我者其惟春秋乎蓋亂賊以匹夫竊天子之權責孔子便是他已知有君父了他知有君父又知有人叫我是亂賊他便不敢做亂賊了故知我罪我兩種人孔子只平放著不曾道知我者是罪我者非也若謂孔子原有假天子以賞罰天下意則身為僭竊以治人僭竊不幾同浴而譏裸裎乎故從來說春秋者皆誤

楊朱墨翟

（千百年眼） 楊朱治老子墨翟治禹孟子言其無父無君又甚之於禽獸幾於酷吏苛辭矣若以孔子差等百王之眼而照萬世則楊墨之源不深其流亦必不長縱微孟子之排亦將不久而自熄何者世方決性命之情以饕富貴安肯如楊子之不拔一毛世方後公事急身圖安肯如墨子之摩頂放踵而利天下妨道蠹民其惟鄉愿乎彼其通宦機適俗性故能深投小人之好而且以久流於世也然楊墨眞而鄉愿僞試思泣岐悲染是何等心胸即墨子守宋一端已爲今古奇蹟假令世有若人又何暇稽其無父無君之流弊即目之爲忠臣孝子可也

墨翟

（四書釋地又續） 或問墨子人方擬之以孔子而孟子至比於禽獸得毋甚與余曰莊子稱其教曰死無服蓋以服則傷生而害事曰相率强不食而爲飢不衣而爲寒使面目陷隔顏色黧黑耳目不聰明手足不勁强不可用也又曰使王公大夫行此則必不能蚤朝五官六府辟草木實倉廩使農夫行此則必不能蚤出夜入耕稼樹藝使百工行此則必不能修舟車爲器皿使婦人行此則必不能夙興夜寐紡績織紝是何言之悖也竊以大鳥獸荷失喪其羣匹越月踰時焉則必反巡過其故鄉鳴號躑躅然後乃能去之小者至於燕雀猶有啁噍之頃焉然後乃能去今墨子教若此是禽獸之弗若矣吾固以孟子猶寬言之也

距楊墨

（四書摭餘說） 致堂胡氏曰楊朱與老聃同時墨翟又在前宗師大禹而晏嬰學之以爲楊墨出於師商考之不詳也余按楊朱書唯見於列子墨子七十一篇今闕其八其言大抵起於衰周之世故孔子曰攻乎異端斯害也已是在春秋之末已然至戰國而甚焉者也莊子謂儒墨楊秉四 【鈺】按列子釋文公孫龍字子秉 呂氏謂孔子貴仁墨翟貴廉楊朱貴已 【鈺】王厚齋引呂氏曰老聃貴柔孔子貴仁墨翟貴廉關尹貴清列子貴虛陳駢貴齊楊朱貴臏貴已孫勢王廖貴先兒良貴後荀子曰愼子有見於後無見於先老子有見於詘無見於信墨子有見於齊無見宋子於畸有見於少無見於多墨子有見於齊兼愛也楊已爲朱貴我也呂氏以孔子列於老氏之後秦無儒故也 當時已成鼎立之勢孟子所謂楊墨之道不息孔子之不著是也郝氏敬曰孟子自謂距楊墨而楊墨之死則

已久矣七篇中與楊墨辯者無幾而謂距楊墨者何攻不仁不義之流而指其害仁害義之端也二子未嘗不言仁義而天下之不仁不義必歸焉淳于髡非楊非墨而其言曰先名實者爲人此卽墨之言也後名實者自爲此卽楊之言也凡富貴利達之謀縱橫强戰之事以至弑父弑君莫不生於有所爲故夫楊墨之害道必非二人害之而歸者共害之亦非必以其道歸之而各以其邪說詖行歸之也如髡衍之誕謾蘇張之險譎孫吳之戰陳莊惠之悠謬申韓之慘刻究其端皆起於爲我爲人極其禍總抵于無君無父則同謂之歸楊墨而已矣七篇中性善堯舜之旨入孝出弟之實安居廣居之喻惻隱羞惡之端知言養氣之學發政施仁之略孰非與楊墨辨者何但與夷之言厚葬與子莫言執中而後謂距楊墨哉蓋仁義之說伸則孝弟之行立天下曉然知不學不慮之良立愛立敬之本雖有邪說暴行又安所施孟子所謂經正民興斯無邪慝者意蓋如此鄒氏此條統括上下十四篇全旨亦云詳已余謂如宋鈃愼到之徒孟子無不切示以仁義之準卽告子欲治儒墨之道孟子與辨尤力亦是其距墨實事王厚齋謂楊之學似老墨之學似佛後世佛之禍尤烈于老如孟子之言防微杜漸之意至深且遠則何至人心泛然靡所底止而西方異教得乘其虛而誘惑之也哉吁可畏也

（孟子正義） 孟子習六經先聖之道知此無父無君之淫辭起於楊墨故先距之距與拒通論語子張篇其不可者拒之石經作距淮南子本經訓戴角出距之獸高誘注云距讀爲拒守之拒是也

匡章

（四書釋地又續） 顧麟士曰匡章當名章字章子是公都子稱其名而孟子稱其字也蔡虛齋曰匡章又曰章子者蓋章子是字今去郤子字猶之曰顏淵耳是孟子稱其兩字字而公都子稱其一字字也皆非也按戰國策齊宣王與羣臣皆稱爲章子蓋於人名下係以子字當時多有此稱謂田盼人稱爲盼子田嬰人稱爲嬰子田文人稱爲文子以及秦魏冉亦稱爲冉子皆此類

（孟子正義） 匡章見於戰國策一在齊策秦假道韓魏以攻齊齊威王使章子將而應之秦兵大敗一在燕策齊宣王令章子將五都之兵以因北地之衆以伐燕齊大勝燕然則章子在齊歷仕兩朝屢掌軍伐當孟子在齊時章年固亦長矣趙氏但云齊人不以爲弟子也呂氏春秋不屈篇云匡章謂惠子於魏王之前高誘注云匡章孟子弟

子也周氏廣業孟子出處時地考云章在孟門所禮異於滕更稱子有同樂正謂爲著錄也宜呂覽有匡章與惠王及惠施問答殆從遊於梁者歟

陳仲子

（四孟典故辨正）　戰國策趙威后問齊使於陵仲子尚存乎鮑彪注此自一人若孟子所稱已是七八十年矣愚按陳仲子齊宣王時趙威后齊王建時考六國表自宣王元年至王建元年凡七十有九年仲子若壽考何妨是時尚在况云其爲人率民而出於無用明是孟子所稱韓非書云齊有居士田仲者不恃仰人而食亦無益人之國即陳仲子也　全紹衣曰陳仲子之生平孟子極口詆之然仲子辭三公而灌園豈是易事孟子是用世者乃伊尹之任一路上人故七篇之中不甚及隱士逸民較之孔子之惓惓沮溺丈人一輩稍遜之矣平情論之若如孟子之譏仲子以母不食以兄不食直是不孝不弟然仲子豈眞不食於母不過不食於兄其兄之蓋祿萬鍾雖未知其爲何如人然諒亦未必盡得義故仲子孑然長往但觀其他日之歸則於寢門之敬亦未嘗竟絶孟子責之過深矣故王厚齋謂其高風遠韻視末世狥利苟得之徒如腐鼠乃公允之論愚按孟子以仲子爲齊士之巨擘自非狥利苟得之徒可比何待厚齋發此公論但其辟兄離母不可爲訓故孟子極詆之而全氏謂兄戴之祿未必盡得於義他日之歸未嘗竟絶寢門之敬以此爲仲子解說則大不然陳爲齊之同姓固公族也蓋祿萬鍾受之先君傳之祖父有何不義而汲汲去之於陵在今濟南府長山縣西南離其母所幾二百里他日之歸亦僅事耳篤寢門之敬者固如是乎孔子之語丈人曰欲潔其身而亂大倫彼丈人猶知有長幼之節也特以不仕無義即爲亂倫而仲子辟兄離母幷長幼之節而廢之故曰無親戚君臣上下孔孟之言若出一口而全氏左袒仲子拾王充刺孟之唾餘　圖王充謂仲子非不食於母孟子責之大過見論衡刺孟篇　沾沾乎助其喙不亦妄乎

於陵

（四書釋地續）　顧野王輿地志齊城有長白山陳仲子夫妻所隱處酈注魚子溝水南出長白山東抑泉口山即陳仲子夫妻之所隱志長白山者節去下山字若以抑泉口即其家於陵非也唐張說石泉驛詩曰下自注於陵仲子宅漢於陵故城章懷太子賢曰在今淄州長山縣南與通典合張說詩云長白臨江上於陵入濟東我行弔遺跡

慼歎石泉空石泉非孟子所謂井者耶紅繻江發源長白山南今章邱縣瀧河是計於陵仲子家離其母居幾二百里矣

螬食實者

〔千百年眼〕　孟子所載陳仲子井中食李事嘗疑螬可以治耳目之病及閱晉書盛彥之母失明年久嘗撻其婢婢恨以炙螬啖之母食之美後以示彥彥乃抱母痛哭然母從此目明因閱本草亦云蠐螬汁滴目中可去障翳乃知仲子匍匐三咽不爲無謂

〔孟子正義〕　爾雅釋蟲云蟦蠐螬蝤蠐蝎方言云蠀螬謂之蟦自關而東謂之蝤蠀或謂之卷蠾或謂之蝖蠀梁益之間謂之蛒或謂之蝎或謂之蛭蛒秦晉之間謂之蠹或謂之天螻說文䖵部云蠹木中蟲論衡商蟲篇云桂有蠹桑有蝎螬食李即李木中蠹也文選劉伶酒德頌注引劉熙孟子注云螬者齊俗名之如酒槽也周氏廣業孟子古注攷云槽疑螬字之譌說文作蠹蠹蠿也以背行駃於足狀似酒槽以齊俗所名故謂之蠐螬也按淮南子氾論訓槽矛無擊高誘注云槽讀領如蠐螬之螬蠐螬槽固可假借而螬與蠀通皆與螬爲聲之轉緩呼爲蠀螬急呼則單爲螬以爲齊俗名之非也又文選張景陽雜詩注引孟子章句云陳仲子豈不誠廉士哉居於陵三日不食耳無聞目無見井上有李實螬食者過半矣匍匐往將食之下引劉熙曰陳仲子齊一介之士也螬蟲也李實有蟲食之過半言仲子自無見也此注與趙氏略同而章句則以實字連李字在螬字上是時仲子匍匐而往則必李實之墜於地者然文選注引孟子每有增減未可爲據蓋古人屬文每多倒置趙氏注亦恆顛倒明之故孟子實字原在食字下而劉趙倒置於上以明井上有李掛李實不指李樹也

三咽

〔孟子正義〕　說文口部云咽嗌也劉熙釋名釋形體云嚥咽物也膈即咽食物下於咽嗌故即謂之嚥三咽者不及細嚼也

巨擘

〔四書攟餘說〕　春秋元命苞云指五者法五行春秋正義手五指之名曰巨指食指將指無名指小指即儀禮大

射儀所謂右巨指鉤弦是也孟子稱巨擘亦稱大擘鄭注右巨擘右手大擘是也亦稱擘指鄉射禮賈疏以左擘指拓弓右擘指鉤弦是也食指將指俱見左傳鄉射禮凡挾矢於二指之間橫之鄭注二指謂左右之二指此以食指將指挾之賈疏以左傳子公之食指動釋第二指是也而以左傳所謂闔閭傷於將指者釋第三指則不然第三指既夕禮亦名中指蓋足以大指爲將指手以中指爲將指說文拇將指也易咸其拇疏拇是足大指闔閭所傷是足故下曰取其一屨而賈誤以解手之中指非也無名指僅一見于孟子趙注以其餘指皆有名無名指者非手之作用指也按大射儀朱極三注極猶放也所以韜指利放弦也以朱韋爲之三者食指將指無名指則第四指亦非竟無用者也鄭惟謂小指短不用然據敖氏繼公謂凡挾矢有挾一矢者有挾四矢五矢者寡則挾以食指將指多則以餘指分挾之小指亦餘指也又作季指特牲饋食少牢饋食禮挂於季指注季猶小也而敖氏則直謂季指左手之小指是也趙歧孟子注巨擘大指也比於齊國之士吾必以仲子爲指中大者耳非大器也餘冬序錄則謂齊地有蟲類大蚯蚓人謂之巨擘善擘地以行巨擘卽蚯蚓之大者孟子謂蚓而後充其操今注以爲大指非也余謂若以巨擘爲蚓孟子更不必用雖然一轉矣自宜以舊注爲允　錢又酉陽雜俎載有蚓大如巨擘事本非謂巨擘卽蚓也

夫蚓上食槁壤　二句

[孟子正義]　禮記月令孟夏蚯蚓出仲冬蚯蚓結淮南子時則訓作邱螾單名之則爲蚓爲螾荀子勸學篇云螾無爪牙之利筋骨之彊上食埃土下飲食黃泉用心一也螾卽蚓也大戴禮易本命云食土者無心而不息注云蚯蚓之屬不氣息也郭璞爾雅讚云蚯蚓土精無心之蟲故趙氏謂蚓無心荀子以喻目不能兩視耳不能兩聽故言螾之心一孟子以蚓喻仲子之不知仁義故趙氏言無心無識也大戴禮勸學篇作上食晞土晞乃日暴乾之名土乾則成壓故荀子作埃土埃卽壓也土枯無澤故孟子謂之槁壤隱公元年左傳云不及黃泉無見也注云地中之泉故曰黃泉黃泉至清而無濁槁壤至潔而無汙充其操必食此至　清至潔如蚓乃可也

[四書釋地續]　黃泉濁水也不如杜氏左傳注云地中之泉故曰黃泉因憶爾雅從下上出者濫泉從上溜下者沃泉從旁出者氿泉與地中之泉曰黃泉正一例竟作濁水解似與泉源也義少隔

盜跖 蹠

（四書改錯） 跖蹠固同字然跖蹠是誰並不註明俗師講孟子動輒以柳下惠之兄當之按春秋內外傳及魯世家柳惠即展禽爲公子展之後春秋無駭始賜謚者並未有展族名跖又名蹠爲柳下兄也且惠氏柳下或云食邑或云居址此惠所創氏固非展族所得通即或仲遂氏東門孟孫閔氏南宮後得承氏然予姓可承跖果是兄安得承弟氏氏之況此是莊生寓言莊以爲人性不善雖聖人不能挽回故借孔子柳下惠以造此故事夫以莊二十六年之柳下惠距孔子定哀百有餘歲而相爲主客此是說夢而以溥天下開眼之人而共入夢中可乎考古大盜皆名曰跖與姣女之稱西施毛嬙並同故此有夷跖有舜跖又有堯跖跖之犬吠堯是也有跖有蹠然又有蹻賈誼傳謂跖蹻廉是也蓋跖與蹠蹻總是足蹠係人體最下之名而李奇漢書以蹻爲秦大盜丁度集韻又謂跖是秦盜蹻是楚盜然總是盜號則此當註曰跖蹠秦楚間大盜通稱乃姑置不問一似舍柳氏別無蹠者何歟

辟纑

（孟子正義） 文選張景陽雜詩注引劉熙孟子注云仲子自織屨妻紡纑以易食也緝績其麻曰辟練絲曰纑也與趙氏略同段氏玉裁說文解字注云㡀葩之總名也當云治葩枲之總名下文云𣏟所治也可證趙岐劉熙注孟子妻辟纑皆云緝績其麻曰辟辟音劈合俗語績麻析其絲曰劈即𣏟也糸部云纑布縷也劉熙孟子注云練絲曰纑練絲謂取所緝之縷湅治之也練者湅也湅者𤃬也汏諸漂潎之也已湅曰纑未湅曰繸廣雅曰繸絺也絺是生絲未湅之縷如生絲然故曰絺也知成國謂已湅曰練絲言布縷者以別乎絲縷也績之而成縷可以爲布是曰纑禮經縷分別若干升以爲麤細五服之縷不同也趙岐曰湅麻曰纑麻部繸未湅治纑也然曰湅治之乃曰纑蓋縷有不湅者若斬衰齊衰大功小功之縷皆不湅緦衰之縷則湅之若吉服之縷則無不湅者不湅者曰繸湅者曰纑統呼曰縷周氏廣業孟子古注考云緝即績也毛詩陳風釋文西州人謂績爲緝按說文糸部云緝績也緝績也二字轉注趙氏緝績相疊者蓋二字亦有別爾雅釋詁云緝光也績繼也先以爪剖而分則辟也續其短者而連之使亟則績也其續處以兩手摩婆之使不散則緝也故劉熙作緝續其麻緝續即緝績也

〔孟子正義〕　水經注濟水篇引孟子云仲子齊國之世家兄戴蓋祿萬鐘仲子非而不食古人引書每自增損乃此去蓋字則戴字連兄字是爲其兄之名用趙氏注也孔氏廣森經學卮言云元李治敬齋古今黈讀兄戴蓋爲句云戴蓋祗是乘軒愚按蓋旣爲王驩邑不當又爲仲子兄邑揚子八十一家務之次四曰見矢自升升羽之朋蓋戴車載是李氏戴蓋之語未爲無本矣〇注竄於於陵

已頻顣

〔孟子正義〕　音義出已頻顣云上音紀頻亦作嚬同下子六切易復卦六三頻復釋文云本又作嚬嚬眉也鄭作顰音同又巽卦九三頻巽李鼎祚集解虞翻云頻頞也王弼注云頻顣不樂而窮不得已之謂也文選魯靈光殿賦云憯嚬蹙而含悴憯悴卽不樂不樂卽不悅也說文云頻水涯人所賓附顰戚不前而止又顰涉水顰戚也从頻卑聲顰爲顰省戚爲顣省也文選弔魏武帝文云執姬女而嚬瘁注云孟子曰嚬蹙而言嚬蹙謂人嚬眉蹙頞憂貌也此孟子蓋注文傳寫譌誤不詳何人嚬蹙而言四字卽解已頻顣曰而下又申明頻爲頻眉顣爲蹙頞顣卽頞莊子至樂篇云髑髏深矉蹙頞矉卽頻字之假借蹙頞連文則深頻指頻眉可知乃通俗文云蹙頞爲矉虞翻因以頻爲頞失之矣四書稗疑云已當作己上皆言仲子之文未嘗間斷至此不當又有已字謂稱仲子也已頻顣亦不成文從己字說初見其所饋生鶂固已頻顣而惡之矣他日偶食其肉聞兄之言而哇之則前後意有倫次按此說非也生鶂之饋乃交際之常人人不以爲怪獨仲子一己以爲不是也用一己字正見其孤矯非人情克己復禮爲仁正克此己耳

鶃鶃

〔孟子正義〕　音義出鶃鶃云丁五歷切與鵝鳴聲不相似蓋孟子書本作兒如今人之讀小兒與鵝聲相近也俗人加鳥作鶃則爲鶃文 六鶃字

離婁第四章句上

離婁

〔四書摭餘錄〕　趙注離婁者古之明目者蓋以爲黃帝之時人也黃帝亡其元珠　〔注〕丁公著云按莊子以元珠喻元妙至道耳非實亡其珠也　使離朱索之離朱卽離婁也能視於百步之外見秋毫之末正義卽引莊子天地篇證之未知是否　〔注〕又淮南子黃帝亡其元珠使離朱捷剔索之注二人皆黃帝臣　廣韻注則云離婁孟子門人不知其何所本按漢書使離婁督繩公輸削墨雖崇臺五層延袤百丈而不溷者工用相得也孟子嘗曰與師曠並稱不似謂其弟子語抱朴子有彭祖之弟子離婁公豈其人與

〔孟子正義〕　莊子駢拇篇云是故駢於明者亂五色淫文章青黃黼黻之煌煌非乎而離朱是已釋文引司馬云黃帝時人百步見秋毫之末一云見千里針鋒孟子作離婁是矣列子湯問篇云離朱子羽方晝拭眥揚眉而望之弗見其形注云離朱黃帝時明目人能百步望秋毫之末朱婁音近朱之爲婁猶邾人呼邾聲曰婁也

公輸子

〔四書摭餘說〕　趙岐舊說或以爲魯昭公之子檀弓季康子之母死公輸若方小斂請以機封般與班同而戰國策有公輸般爲楚設機攻宋墨翟禦之之事亦見墨子說者因謂有兩公輸般班固答賓賦班輸榷巧於斧斤顏師古注魯班與公輸氏皆有巧藝故樂府云公輸與魯般吳斗南曰所謂班輸者言般若耳非有兩公輸般一在春秋一在戰國也墨子之書恐非事實李善云公輸若匠師般若之族此大勝顏氏注然般却自有兩人山海經般作弓矢故此稱魯般以別之云

〔孟子正義〕　禮記檀弓注云公輸若匠師方小言年尙幼般若之族多技巧者見若掌斂事而年尙幼請代之而欲嘗其技巧般爲公輸若之族則亦氏公輸故稱公輸子戰國策宋策云公輸般爲楚設機將以攻宋高誘注云公輸般魯般之號也蓋般爲魯人故又稱魯般當時有此號也周氏柄中辨正云事亦見墨子魯問篇說者因謂有兩輸般班固答賓戲班輸榷巧於斧斤顏師古注魯班與公輸氏皆有巧藝故樂府云公輸與魯般吳斗南謂墨子之

書恐非事實未必有兩外輸般一在春秋一在戰國也愚按公輸班或以爲魯昭公之子雖未可信而與季康子同時則爲春秋時人無疑墨翟亦生春秋之末史記云或曰並孔子時或曰在其後蓋生稍後而實同時也班爲楚攻宋墨翟禦之戰國策在宋景公時景公卽位在魯昭公二十六年兩人正當其世顏注固非而斗南疑墨子不足據亦未之考耳

師曠

〔趙注〕晉平公之樂太師也其聽至聰

〔孟子正義〕襄公十八年左傳云晉人聞楚師師曠曰不害吾驟歌北風又歌南風南風不競多死聲楚必無功又齊師夜遁師曠告晉侯曰烏烏之聲樂齊師其遁呂氏春秋長見篇云晉平公鑄爲大鐘使工聽之皆以爲調以師曠曰不調請更鑄之皆其聽至聰之事也

不以六律不能正五音

〔四書典故辨正〕律呂之說棼然紛紜如黃鐘九寸變一寸十分爲九分九九八十一爲八寸一分於十二律中爲最長呂覽言三寸九分爲黃鐘曰含少李文利謂九思王裔桂諸人竝據此說謂黃鐘度極短聲極清而以九寸爲黃鐘之變安溪李文貞公謂呂覽言三寸九分者別製一管爲律本名曰黃鐘之宮自黃鐘八寸一分至應鐘四寸二分長短之間相距三寸九分于是卽其間穴而吹之以備黃鐘七聲以爲十二律取聲之準而已呂氏作月令十二月應十二律之外又有季夏中央土律中黃鐘之宮則黃鐘之宮自爲一管而非子律之黃鐘無疑西河毛氏則謂十二月其音羽律中黃鐘乃三寸九分之黃鐘中央土其音宮律中黃鐘之宮乃九寸之黃鐘其說又與文貞相反凡此異同非尺幅所能盡也

〔論語稽求篇〕六律非節五音之物祇因五聲統二變五淸有十二層聲必造十二層之管以合之故虞書曰律和聲言以律合聲非以律節聲也然而孟子曰正何也正者證也準也少儀能正於樂人不能正於樂人皆以彼此準合爲證明之解分言之則一管準一聲而合言之則黃鐘一管而可準宮可準商可準角徵羽且可準二變五淸而爲九聲爲十二聲故曰非十二律不能準合此五層聲也故正者準也亦證也若作刊正解則五聲如貫珠無偏

無煩何容刊之至於節則並無此義即正字亦無有詁作節者

（孟子正義）周禮春官大師掌六律六同以合陰陽之聲陽聲黃鐘大簇姑洗蕤賓夷則無射陰聲大呂應鐘南呂林鐘小呂夾鐘皆文之以五聲宮商角徵羽注云黃鐘子之氣十一月建焉大呂丑之氣十二月建焉大簇寅之氣正月建焉應鐘亥之氣十月建焉姑洗辰之氣三月建焉南呂酉之氣八月建焉蕤賓午之氣五月建焉林鐘未之氣六月建焉夷則申之氣七月建焉中呂巳之氣四月建焉無射戌之氣九月建焉夾鐘卯之氣二月建焉辰與建交錯貿處如表裏然是其合也其相生則以陰陽六體爲之黃鐘初九也下生林鐘之初六林鐘又上生大蔟之九二大蔟又下生南呂之六二南呂又上生姑洗之九三姑洗又下生應鐘之六三應鐘又上生蕤賓之九四蕤賓又下生大呂之六四大呂又上生夷則之九五夷則又下生夾鐘之六五夾鐘又上生無射之上九無射又上生中呂之上六同位者象夫妻異位者象子母所謂律取妻而呂生子也黃鐘長九寸其實一籥下生者三分去一上生者三分益一五下六上乃一終矣大呂長八寸二百四十三分寸之一百四大蔟長八寸夾鐘長七寸二千一百八十七分寸之千七十五姑洗長七寸九分寸之一中呂長六寸萬九千六百八十三分寸之萬二千九百七十四蕤賓長六寸八十一分寸之二十六林鐘長六寸夷則長五寸七百二十九分寸之四百五十一南呂長五寸三分寸之一無射長四寸六千五百六十一分寸之六千五百二十四應鐘長四寸二十七分寸之二十文之者以調五聲使之相次如錦繡之有文章尙書皋陶謨云予欲聞六律五聲八音鄭氏注云舉陽從陰可知也蓋舉六律以該六呂也大師自子丑爲次六律首黃鐘終無射趙氏蓋依月令自夏時孟春數之故始大蔟終黃鐘也國語周語王問冷州鳩曰七律者何注曰周有七音王問七音之律意謂七律爲音器用黃鐘爲宮大蔟爲商姑洗爲角林鐘爲徵南呂爲羽應鐘爲變宮蕤賓爲變徵漢書律歷志引尙書在治忽三字作七始詠李氏光地謂即宮徵商羽角變宮變徵也然則七音自虞已有之止云正五音者吳氏鼎考律緒言云音有萬而統之以五者猶五星五行五常之理不可減不可增故二變兩聲仍名之爲宮徵所爲變化而不離乎五音者也音既七律何以不止七律既不止七又何故止於十二惟七故十二也蓋五音者正宮正徵正商正羽正角之律二變者比宮比徵之律既於比宮比徵之律則必有比商比羽比角之律是故宮商之間有律爲蕤賓所以生大呂也徵羽之間有律爲大呂所以生夷則也

角商之間有律爲夷則所以生夾鐘也羽宮之間有律爲夾鐘所以生無射也角徵之間有律爲無射所以生仲呂也蓋以五該七猶以六該十二也禮記禮運云五聲六律十二管還相爲宮也注云五聲宮商角徵羽也其管陽曰律陰曰呂布十二辰也始於黃鐘管長九寸下生者三分去一上生者三分益一終於仲呂更相爲宮凡六十也此卽韋昭國語注七律之說不數變宮變徵故止六十聲以二變參之則爲八十四聲二變不可爲調故調止用六十此六律五音之大略也管子地員篇云凡將起五音凡首先主一而三之四開以合九九以是生黃鐘小素之首以成宮三分而益之以一爲百有八爲徵不無有三分而去其乘適足以是生商有三分而復於其所以是成羽有三分去其乘適足以是成角律呂正義云絲之爲樂其器雖十餘種而弦音所應不外乎十二律呂所生五聲二變之音夫十二律呂之管既分音於長短而不在圍徑則弦音似亦宜分於長短而不在巨細矣不知絃之長短同者分音於巨細絃之巨細同者分音於長短而絲樂之中用絃之多寡又各不同故必按各器之體製而定其取分之大小爲總之以各絃全分之音與各絃內所分之音互相應合爲準是以不外乎十二律呂所生之七音也管子淮南子司馬氏律書此三者絲樂絃音之大本也又考之白虎通曰八音法易八卦絃離音也盛德象火其音徵蓋謂絲之屬於卦爲離其德象火故其音尙徵也夫審弦音無論某絃之全分定爲首音因而半之平分爲二其聲既與首音相合而爲第八音矣次以首音之全分因而四之去其一分而用其三分其聲應於全分首音之第四音此度乃全分首音與半分八音之間又平分爲二分之度是卽管子所謂凡將起五音凡首先主一而三之四開以合九九者也先主一而三之者以全分首音一分之度爲主而以三因之其數大於全分之度爲三倍也四開以合九九者以三倍全分之數四分之而取其一以合九九八十一之度爲宮聲之分也小素云者素白練乃熟絲卽小絃之謂言此度之聲立爲宮位其小於此絃之他絃皆以是爲主故曰以是生黃鐘小素之首以成宮也以八十一三分益一爲百有八爲徵乃此絃首音全分之度也於是以百有八三分去一爲七十二是爲商商之七十二三分益一爲九十六是爲羽羽之九十六三分去一爲六十四是爲角按司馬氏律書徵羽之數小於宮而管子徵羽之數大於宮者用徵羽之倍數所謂下徵下羽者也其首絃起於下徵卽白虎通絃音尙徵之義然而猶有不得不起於下徵故爲以下徵之百有八取其四分之三爲八十一所謂去其乘而適足也若以宮之八十一取其四分之三則爲

六十分小餘七五比宮之變徵五十六則大比宮之角六十四則小此所以絃音之度必起於下徵而理始明也又云樂之節奏成於聲調而聲調之原本自旋宮聲也者五聲二變之七音而調也者所以調七音而互相爲用者也旋宮乃秦漢以前諧聲之法聲調爲隋唐以後度曲之名稽之於古六律五聲八音肇自虞書而周官太師掌六律六同以合陰陽之聲七音之名見於左傳國策至管子淮南子始著五聲二變之數禮運篇五聲六律十二管旋相爲宮孟子曰不以六律不能正五音此旋宮之義所自來也迨及漢晉之世樂經殘缺律呂失度雜以鄭聲所見以經史注者類多臆見故旋宮之理晦而不明然周人遺書猶可考證如管子徵羽之數大於宮國語冷州鳩曰宮逐羽音即此二者旋宮之法可定爲古旋宮之法合竹與絲並著之而自隋以迄於今獨以弦音發明五聲之分律呂旋宮遂失其傳夫旋宮者十二律呂皆可爲宮立一均之主各統七聲而十二律呂皆可爲五聲二變也聲調者聲自爲聲調自爲調而又有主調起調轉調之異故以轉調合旋宮言之名爲宮調五聲二變旋於清濁二均之一十四聲則成九十八聲此全音也若夫八十四聲六十調實皆生於弦度以絃音七聲之位遞配以十二律呂之分則爲八十四聲除二變不用止以五聲之位遞配以十二律呂之分則爲六十調此乃按分以命聲調非旋宮轉調之法也周禮大司樂未載商調唐宋以來無徵調夫以宮立羽位主調則商當變宮不用以羽立羽位主調則徵不起調所謂無商調與無徵調二者名異而理則同也主調起調皆以宮位爲主故曰宮調然調雖以宮爲主而宮又自爲宮調又自爲調如宮立一均之主而下羽之聲又大於宮故爲一調之首即國語之宮逐羽音也羽主調宮立宮一均七聲之位已定則當二變者不起調而與調首音不合者亦不得起調蓋調以羽起調徵在其前變宮居於後二音與羽相近得聲淆雜故不相合而變徵爲六音亦與羽首音淆雜不合此所以當二變之位與五正聲中當徵位者俱不得起調也至於止調亦取本調相合可以起調之聲終之當二變與徵位者亦不用焉按尚書堯典云詩言志歌永言聲依永律和聲八音克諧無相奪倫鄭氏注云聲之曲折又依長言聲中律乃爲和國語周語冷州鳩云律所以立均出度也古之神瞽考中聲而量之以制度律均鍾注云度律度律呂之長短以平其鍾和其聲又云聲以和樂律以平聲物得其常曰樂極極之所集曰聲聲應相保曰和細大不踰曰平音以和平爲正以六律正五音即以律和聲以律平聲也律呂正義已得音之精微近時學者研求實學多有自得之解略附於後王氏坦琴音

云孟子曰不以六律不能正五音蓋以六律六呂二分損益隔八相生之理正此五音也黃鐘之長九十黍爲分寸尺丈引曰度以較匏竹之音黃鐘之容千二百黍爲龠合升斗斛曰量以較土樂之音黃鐘所容千二百黍之重爲銖兩斤鈞石曰權衡以較金石之音[illegible]五聲之數以取聲無迹可見故用律呂相生之理而絲樂之長短多寡輕重皆得其指歸絲樂之取聲雖與律呂之理相通若較其至要用五聲相生之理最爲簡便絲聲之較以五聲而不用律呂猶之泥樂較以律呂而不用五聲都四德乾文氏黃鐘通韻云孟子曰師曠之聰不以六律不能正五音細詳孟子之言五音有音無律六律有律無音以六律多寡之數正五音輕重之數是知欲正五音非六律不可欲正六律非管絃無憑陽爲律黃鐘爲陽律之本在管爲龠內聲在琴爲第一弦聲氣至重至低六陰一陽屬子爲第一律上升大呂丑爲二陽第二律大蔟寅爲三陽第三律夾鐘卯爲四陽第四律姑洗辰爲五陽第五律仲呂巳爲六陽第六律陽極生陰陰爲呂蕤賓爲陰呂之本在管爲極上孔在琴爲第七絃聲氣至輕至高六陽一陰屬午爲第一呂下降林鐘未爲二陰第二呂夷則申爲三陰第三呂南呂酉爲四陰第四呂無射戌爲五陰第五呂應鐘亥爲六陰第六呂陰陽各六管自龠內聲上升至第五孔爲陽六律自極上孔下降至第六孔爲陰六律琴自第一絃前進至第六絃爲陽六律自第七弦後退至第二絃爲陰六律六律定然後能正五音宮商角徵羽五音必得律呂二聲合爲七均方能循環一調所以管有七聲琴有七弦左傳爲七音漢前志謂七始自黃鐘上升至蕤賓爲七均自蕤賓下降至黃鐘爲七均循環消長共爲一調十二律對待則爲六律錯綜則爲七均七均合爲一調若更插一聲便自不合管孔琴絃管只有七孔琴只有七絃不能分爲方圓十二律以五音循環加變宮變徵只可將十二律錯綜爲七均以五音往來爲循環方能被於管絃律呂各家盡知七均爲一調而俱不以陰陽六律錯綜爲七均惟以五音加二變爲七均不分陰陽各爲六律而渾用陰陽十二律不以黃鐘爲律本而以黃鐘爲宮太蔟爲商姑洗爲角林鐘爲徵南呂爲羽五音不數六律乃以應鐘爲變宮變宮猶不數七均乃以蕤賓爲變徵變宮變徵雖數七均而十二律中猶虛五律乃又以宮循環徧臨五律以數其數致有高低奪倫輕重失次者又作變律半聲之例猶如不用枝惟用幹不以子午月爲二至卯酉月爲二分惟還甲乙循環推算其寒暑失節春秋失序亦理之所必至況惟六律能正五音五音不能正六律若因五音不數循環十二律之故以十二律作爲變宮變徵變律半聲是五音能

正六律矣竊謂欲正五音仍依漢志所載以黃鐘爲律本以六律多寡之數正五音輕重之位宮居中以五數論宮居三位自重至輕爲羽角宮商徵自輕至重爲徵商宮角羽以黃鐘爲律本以羽角宮商徵爲五位以蕤賓爲呂本以徵商宮角羽爲五位黃鐘爲子聲至低蕤賓爲午聲至高二聲單用其餘十律同位同音陰陽並用律有十二不曰十二律而曰六律者只用一邊之故一邊陽律合管一邊陰琴合律琴是六陰律用一陽律管是六陽律用一陰律陰陽六律俱是各自相生一宮爲土屬弟四律二商爲金屬第五律三角爲木屬第三律四徵爲火屬第六律第六律是管之正中孔琴之第六弦與第一律黃鐘合律同聲故只有六律五羽爲水屬第二律第二律是管之極下孔琴之第二弦與第七律蕤賓合律同音故只有七均七均只有六律六律只有五音故孟子曰不以六律不能正五音五音如四時十二律如十二月四時惟依寒暑五音亦惟依高低自寒至暑俱是正律並無變聲蔡季通律呂新書有八十四聲圖六十四調圖內注正律變律正聲半聲之處甚爲詳細然止可施之於筆墨不能被之於管絃今之管絃七均第一均八十一第二均七十二第三均六十三第四均五十四第五均四十八第六均四十二第七均三十六至重至低之均八十一至輕至高之均三十六方成一調五十四爲陰陽際會之中理應爲宮宮者中也中聲定其餘輕重高低之聲皆依律數可定是以五聲之中以宮爲首圖內所載七均宮八十一商七十二角六十三變徵五十六正徵五十四羽四十八變宮四十二四十二爲至輕至高之均與今之管絃三十六不相合少一經六分之均不能成調是知變宮宮不成宮變徵五十六在大蔟六十四夾鐘五十四之間與夾鐘止間得一分多一間一分之律管孔琴徵又不見相間一分之律是知變徵徵不成徵宮不成宮徵不成徵古人謂之和繆正徵五十四變徵五十六相間甚微雖師曠之聽亦未必易正故前人有變聲非正故不爲調之說淩氏廷堪燕樂考原云律者六律六同也其長短分寸有定者也如黃鐘之長不可爲無射也應鐘之短不可爲大呂也聲者五聲二變也其高下相旋於六律六同之中無定者也如大司樂黃鐘爲角又可爲宮大蔟爲徵又可爲角姑洗爲羽又可爲徵堯典律和聲太師掌六律六同皆文之以五聲禮運五聲六律十二管還相爲宮孟子不以六律不能正五音皆此義也燕樂之字譜卽五聲二變也蓋出於龜茲之樂中外之語不同故其名亦異當其初入中國時鄭譯以其言不雅馴故假聲律緣飾之其言曰應用林鐘爲宮乃用黃鐘爲宮所謂林鐘者卽徵聲也黃鐘者卽宮聲也所謂宮者卽

字譜之合字也猶言應用徵聲爲合字者乃用宮聲爲合字也以聲配律實始於此黃鐘聲最濁故以合字配之又云應用林鐘爲宮則亦疑徵聲當爲合字宮聲不當爲合字至宋楊守齋以琴律考之確然知宮聲非合字乃以仲呂爲宮聲燕樂以仲呂配上字是以上字爲宮聲也蓋琴律一絃爲黃鐘三絃爲仲呂正宮調一絃爲合字故以合字配黃鐘三弦爲上字故以上字配仲呂也何嘗以合字爲宮聲上字爲角聲哉宋人樂譜所注十二律呂及四清聲者蓋卽字譜高下之別名耳不可以稱謂之古遂疑其別有神奇也自學者不明律有定聲無定之理遂泥定黃鐘一均不可移易不論何均遇黃鐘之律則以爲宮聲遇大蔟之律則以爲商聲遇姑洗之律則以爲角聲遇林鐘之律則以爲徵聲遇南呂之律則以爲羽聲遇應鐘之律則以爲變宮聲遇蕤賓之律則以爲變徵聲而旋宮之義遂晦於是論燕樂者以宮聲爲合字而有一凡不當應鐘蕤賓之變論雅樂者以七聲用七律而有隋廢旋宮止存黃鐘一均之疑論琴律者以三弦獨下一徵而有不用姑洗而用仲呂爲角之疑而尚書孟子周禮諸書舉不可證矣皆以聲配律之說啓之也不知燕樂字譜卽五聲二變也非六律六同也宋人以六律六同代字譜者蓋緣飾之以美名卽鄭譯之意也以聲配律始於鄭譯成於沈括皆無他奧義後儒不過深求其故遂悑其言若河漢之無極苟明律與聲不同之故則千古不解之惑可片言而決矣程氏瑤田通藝錄論黃才伯樂典書云古者一律一呂各爲一聲其每管設孔備五聲二變之數兼旋宮換調之法乃後世樂器律呂之用也未可以是推求制律之本是書言吹無孔之管則氣從下洩無復清濁高下五音何由而正夫以律正音卽今之吹笙定弦其遺矩也只以一律正一音不聞無孔之管不能正五音也

泄泄猶沓沓也

〔四書考異〕說文呭字下引詩作呭呭楊倞荀子注作泄泄玉篇引孟子泄泄猶沓沓也按詩蕩箋笑語沓沓如湯之沸疏云言其噂沓無節也荀子正名篇愚者之言嘖然而不類諮諮然而沸注云諮諮多言也依此則沓字亦可从言而泄本或从口或从言似兩文並主言不主貌說

〔孟子正義〕段氏玉裁說文解字注云呭多言也从口世聲詩曰無然呭呭孟子毛傳皆曰泄泄猶沓沓也日部云沓語多沓沓也言部又云詍多言也引詩無然詍詍蓋四家之訓也諮譅諮也譅譅諮語也相及也諮與日部沓

字音義皆同荀卿書愚者之言諮諮然而沸注諮諮多言也按蕩篇箋云其笑語沓沓又如湯之沸羹之方熟亦以沓沓爲笑語孟子以言則非先王之道爲沓沓言則非先王之道卽生於其心而爲詖爲淫爲邪爲遁之言言不本諸詩書道不揆於先聖徒以心覺心悟自以爲是一倡百和眞沓沓矣趙氏以無然爲無敢鄭氏以然泄泄爲泄泄然無然泄泄卽無泄泄然也

名之曰幽厲

〔四書客難〕客曰幽厲專指幽王厲王否曰晉有幽公晉陳鄭皆有厲公兼諸侯言則能括上文甚與不甚二義若專以周言則宜曰幽厲不宜曰名之曰幽厲也

殷鑒

〔孟子正義〕詩在大雅蕩第八章箋云言殷之明鏡不遠也近在夏后之世謂湯誅桀也後武王誅紂今之王者何以不用爲戒爾雅釋詁云監視也監與鑒通亦作鑑考工記輈人云金錫半謂之鑒燧之齊注云鑒鏡也是鑒爲視亦爲鏡也

不得罪於巨室

〔四書改錯〕集註麥邱邑人祝齊桓公曰願主君無得罪於羣臣百姓意蓋如此此事見晏子春秋是麥邱封人祝齊景公者劉向作新序錯以此移之桓公而集註又承其錯而錯之則一錯再錯矣

〔四書釋地續〕向閱劉向新序麥邱云云意或以爲寓言及讀酈注汶水條云萊蕪谷出谷有平邱面山傍水土人悉以種麥云此邱不宜殖黍稷而宜麥齊人相承以植之故謂麥邱乃知眞有其地則亦眞有其人矣而酈氏却辨麥邱爲公谷在齊不在晉誌者之謬耳余謂劉向首言桓公田至於麥邱今萊蕪縣正齊晉二國之境彼桓氏好獵燮甄所指不避陵壑況桓公霸主越境而田其執禦之適此者乃必於此辨泥矣

〔孟子正義〕以巨室爲大家者尚書梓材云以厥庶民暨厥臣達大家王氏鳴盛尚書後案云大家者封建諸侯使與大家巨室共守之以爲社稷之鎮九兩所謂宗以族得民公劉所謂君之宗之魯公分康叔以殷民七族陶氏施氏繁氏錡氏樊氏饑氏終葵氏卽衛之大家降至春秋猶有晉六卿魯三桓齊諸田楚昭屈景之類是也周氏用

錫尙書證義云大家若伊巫之族禮記少儀云不窺於大家注云大謂富之廣也孔子正義云大家謂富貴廣大之家謂大夫之家也趙氏佑溫故錄云不得罪巨室非徇巨室也巨室之貲力有餘氣習深固易爲善亦易爲惡彼其謹厚世傳爲德鄉里與或妄自尊大武斷把持者所在多有古之爲政有行法不避貴戚大族爲史書稱者果其人積貲不仁如律所謂勢惡土豪爲世指疾何足言一國之所慕爲政者自宜亟懲創之爲齊民先而何得罪之與有注故深體經文以巨室爲賢卿大夫之家人所則傚者惟賢故不愧爲巨室不可以得罪能使一國慕之天下慕之而有裨吾德教也不得罪奈何曰禮而已矣禮以類族辨物無過也無不及也後世政不古若庸才下吏專阿勢利而虐愚柔固齷齪不足道其有故持成見務爲刻深偏樂得縉紳素封之事而文致之不察其平居之望實事理之是非下以飽欲壑上以弋能名其亦爲巨室者有以階之厲邪

女於吳

【四書典故辨正】 越絕書闔廬伐齊大克取齊女爲質子考左傳史記無闔廬伐齊事即夫差伐齊亦在景公卒後越絕所載妄也吳越春秋闔廬破楚復謀伐齊齊使女爲質於吳此爲實錄但所嫁乃闔廬長子終纍夫差兄也而吳越春秋云太子波意波即終纍與

【孟子正義】 說苑權謀篇云齊景公以其子妻闔廬送諸郊泣曰余死不汝見矣高夢子曰齊負海而縣山縱不能全收天下誰干我君愛則勿行公曰余有齊國之固不能以令諸侯又不能聽是生亂也寡人聞之不能令則莫若從遂遣之吳越春秋闔閭內傳云闔閭謀伐齊齊侯使女爲質於吳因爲太子波聘齊女注云齊景公女孟子所謂涕出而女於吳卽此也翟氏灝考異云左傳僖公七年孔叔言於鄭伯曰既不能强又不能弱所以斃也景公言蓋本其意

其麗不億

【孟子正義】 方言云廞數也注云偶物爲廞廞與麗通周禮夏官校人注云麗耦也小爾雅廣言云麗兩也凡物自兩以上皆數也其麗不億謂其耦不止於億也十萬爲億億而耦則二十萬也謂不止二十萬也

裸將於京

〔四書賸言〕 祼將於京集註謂諸侯助祭於京師但云助祭京師而不識何祭且不明言何時一來京一似常祭禮如此者考諸侯朝覲法唐虞四年一朝夏商五年一朝周六年一朝然猶疏遠不易至有一不朝再不朝三不朝之文豈又有助祭一條在朝覲外者然且朝覲必踰年而祭則大饗大祫類年有之又且卜祭有月日必欲使六服諸侯同年同日而齊集於廟此必無之事故中庸宗廟序爵在祭統文王世子諸禮文皆指同姓內諸侯言是以鄭註序爵曰爵者公卿大夫也而朱註於公字下添一侯字直以異姓外諸侯當之此千古宄禮豈得以助祭二字再加枉斷大抵六服助祭惟開國一至如武王初定天下則天下諸侯咸來助祭武成所云丁未祀於周廟邦甸侯衛駿奔走執豆籩是也或王國建都則亦一至如成王創建東都親幸新邑則六服羣至康誥所云侯甸男邦采衛相見士子周洛誥所云王在新邑烝祭歲王賓殺禋咸格是也外此則惟新君即位一助祭耳如舜即位祭舜宗廟虞書所云祖考來格虞賓在位羣后德讓太甲承湯崩之後踰月即位奠殯祭廟伊訓所云伊尹祠于先王侯甸羣后咸在是也然則助祭來京惟新君即位可以一行開國建侯仍是變禮耳此祼將字自當註明曰此開國助祭禮而茫然可乎

執熱

〔四書典故辨正〕 毛大可云執熱不必手執熱物也熱之迫體體受之若執持者然杜詩執熱憊白首韓文君執熱者之濯清風夫露者以首濯者以風定知非手愚按詩鄭箋孔疏趙注孟子杜註左傳 襄三十一年 並以執熱爲手持熱物濯爲以水濯手此經師相傳之說韓文杜句未可據以解經也

〔孟子正義〕 詩在大雅桑柔篇第五章毛傳云濯所以救熱也箋云當如手持熱物之用濯與趙氏義同禮記內則云炮取豚及將塗以謹塗炮之塗皆乾擘之濯手以摩之孔氏正義云手既擘泥不淨其肉又熱故濯手摩之去其皽矣此執熱以濯之事也

孺子

〔孟子正義〕 錢氏大昕養新錄云今人以孺子爲童稚之通稱蓋本於孟子考諸經傳則天子以下嫡長爲後者乃得稱孺子金縢洛誥立政之孺子謂周成王也晉語里克先友杜原款稱申生爲孺子里克又稱奚齊爲孺子晉

獻公之喪秦繆公使人弔公子重耳稱爲孺子而舅犯亦稱之是時秦欲納之爲君也孺子𪏭之喪哀公欲設撥亦以世子待之也齊侯荼已立爲君而陳乞鮑牧稱爲孺子其死也謚之曰安孺子則孺子非卑幼之稱矣欒盈爲晋卿而胥午稱爲欒孺子左傳稱孟莊子爲孺子速武伯曰孺子洩莊子之子秩雖不得立猶稱孺子是孺子貴於庶子也齊子尾之臣稱子良曰孺子長矣韓宣子稱鄭子齹曰孺子善哉皆世卿而嗣立者也內則異爲孺子室於宮中毋某敢用時日祗見孺子亦貴者之稱惟檀弓載有子與子游立見孺子慕者弁人有其母死而孺子泣者此爲童子通稱與孟子同

滄浪

（四書釋地） 集註滄浪水名殊非蓋地名也當云武當縣西北四十里漢水中有洲名曰滄浪州漢水流經此地遂得名滄浪之水云善乎宋棻蓼得言大抵禹貢水之正名可以單舉者若漢若濟之類是不可單舉者則以水足之若黑水弱水之類是非水之正名而因以爲名則以水别之若滄浪之水者是滄浪之水四字成文未可直曰滄浪似預爲朱子正其謬悞者

（四書典故辨正） 禹貢錐指曰滄浪者漢水之色也李白襄陽歌云漢水鴨頭綠正所謂滄浪說卦震爲蒼筤竹漢童謡木門倉琅根字雖不同而音義則一皆言其色青也或曰漢水清本而滄浪又去源未遠名之滄浪者惟其清也則可以濯纓者其本然而濯足之辱乃水自取之也愚按水經注漢水自發源嶓冢流至武當之滄浪洲幾二千里去源遠矣襄陽縣志云漢水重濁與大河相似童承敘亦謂漢水至濁與江湖水合其流必澄故常塡淤然則漢水本濁其時而清者正以合他水而流澄如童氏所云耳安得言清者其本然乎若謂發源清則洌河源於星宿亦未始不清也而何以古今皆曰濁河耶　一統志袞州府嶧縣有滄浪淵即孺子歌處按此歌亦見於楚詞漁父當以漢水之滄浪爲是石林云此正楚人之詞

（孟子正義） 楚詞漁父云漁父莞爾而笑鼓枻而去歌曰滄浪之水清兮可以濯吾纓滄浪之水濁兮可以濯吾足水經沔水過武當縣東北注云縣西北四十里漢水中爲洲名滄浪洲庾仲雍漢記謂之千齡洲非也是世俗語訛音與字變矣地說曰水出荆山東南流爲滄浪之水是近楚都故漁父歌曰滄浪之水清兮可以濯吾纓滄浪之

水濁兮可以濯吾足按尚書禹貢言導漾水東流爲漢又東爲滄浪之水不言過而言爲者明非他水決入也蓋漢沔水自下有滄浪通稱耳纒絡鄀郢地邐紀郢咸楚都矣漁父歌之不違水地按歌出孺子孔子所聞遠在屈原之前屈原取此假爲漁父之辭耳非其本也　胡氏謂禹貢雖指云水名或單舉或配水字各有所宜弱黑並配水漾單舉沇配水皆屬辭之體應爾非有他義山海經凡水山二字爲名者其上必加之字猶此滄浪之水也亦古人屬辭之體安見滄浪爲地名而非水名乎王氏鳴盛尚書後按云水經夏水篇引鄭注下即引劉澄之永初山水記云夏水古文以爲滄浪漁父所歌也鄭云今謂之夏水意以今之所謂夏水即古之所謂滄浪也水經云夏水出江津於江陵縣東南又東過華容縣南即所謂又東爲滄浪者也酈氏强以千齡洲改爲滄浪洲以當禹貢滄浪之水其說詭甚酈所指者乃均州漢水中一小州即庾仲雍所云千齡洲千齡滄浪音義全別即屈原遊江潭遇漁父並不在均州之境又思念楚都而托歌滄浪正當在古郢郢今江陵故地說援此歌以爲楚都之切證酈乃云漁父歌之不違水地尤爲妄謬張平子南都賦流滄浪而爲隍廓方城而爲墉李善注引左傳屈完所謂楚國方城以爲城漢水以爲池則是滄浪旋繞楚都正當在江陵盧氏文弨鍾山札記云倉浪青色在竹曰蒼筤在水曰滄浪古詞東門行上用倉浪天天之色正青也豔歌何嘗行上慚滄浪之天俱見晉宋書樂志又呂氏春秋審時篇麥後時者弱苗而蒼狼亦言其青色蒼倉滄三字並通用非謂天之色如水以滄浪相比況也周氏廣業孟子古注考云文選塘上行劉熙注滄浪之水清兮滄浪水色也蘇子美於吳下作滄浪亭正取此義葉夢得避暑錄話謂滄浪地名非水名非也

與之聚之

（孟子正義）　聚子義有二禮記曲禮注云聚猶共也國語晉語云聚居異情注云聚共也所欲與之聚之即所欲與之共之也左傳顏涿聚說苑正諫篇作燭趨是聚與趨同易萃卦彖傳云聚以正也釋文云荀本作取劉熙釋名釋言語云取趣也趣亦即趨是聚與趨趣取通趙氏言聚其所欲而與之即是趣其所欲而與之也王氏引之經傳釋詞云家大人曰與猶爲也爲字讀去聲所欲與之聚之言之所欲則爲民聚之也楚策曰吾與子出兵矣言吾爲子出兵也漢書高帝紀漢王爲義帝發喪漢紀爲作與

爾也

〔孟子正義〕　爾與邇通儀禮燕禮南鄉爾卿特牲饋食禮祝命爾敦爾字皆訓近皆爲邇也趙氏佑溫故錄云讀爾自爲句

獺

〔孟子正義〕　王氏念孫廣雅疏證云說文猵獺屬也或從賓作獱又云獺如小狗水居食魚李善羽獵賦注引郭璞三倉解詁云獱似狐青色居水中食魚吕氏春秋孟春紀獺祭魚高誘注云獺獱水禽也取鯉魚置水邊四面陳之世謂之祭魚淮南子兵略訓蓄池魚者必去猵獺爲其害魚也故鹽鐵論輕重篇云水有猵獺而池魚勞御覽引博物志云獱頭如馬腰以下似蝙蝠毛似獺大可五六十斤名醫别錄陶注亦云獺有兩種獱獺形大頭如馬身似蝙蝠則獱乃獺之大者而顔師古注漢書楊雄傳以獱爲小獺非也

鸇

〔孟子正義〕　爾雅釋鳥云晨風鸇注云鷂屬邵氏晉涵爾雅正義云鸇爲鷹類有生於土窟者故亦謂之土鸇詩疏引陸璣疏云鸇似鷂青黄色燕啄向風搖翅乃因風飛急疾擊鳩鴿燕雀食之

艾

〔孟子正義〕　毛詩王風彼采艾兮傳云艾所以療疾名醫别錄云艾葉味苦微溫主灸百病亦名冰臺一名醫草阮氏元校勘記云灸音久亦音究孫氏不爲音俗譌作灸說文火部云灸灼也从火久聲

伯夷

〔孟子正義〕　史記周本紀云伯夷叔齊在孤竹聞西伯善養老盍往歸之太顛閎夭散宜生鬻子辛甲大夫之徒皆往歸之此伯夷歸文王之事也

北海東海

〔四書釋地續〕　齊世家太公望吕尚者東海上人註未悉後漢琅邪國海曲縣劉昭引博物記註云太公吕望所出今有東吕鄉又釣於棘津其浦今存又於清河國廣川縣棘津城辨其當在琅邪海曲此城殊非余謂可曲故鹹

通典稱在莒縣東則當日太公辟紂居東海之濱即是其家漢崔瑗晉盧無忌立齊太公碑以爲汲縣人者誤伯夷孤竹國之世子也前漢遼西郡令支縣有孤竹城括地志孤竹古城在盧龍縣南十二里余謂今永平府治河入海從右碣石正古之北海在今昌黎縣西北亦是當日辟紂處去其國都不遠通志以居北海爲濰縣者亦誤

聞文王作興

〔四書賸言〕　孟子聞文王作興曰盍歸乎來今以作字句與字連下讀但漢書皆不如此趙注聞文王作興以興字句而疏云聞文王作興起乃曰盍歸乎來又離騷呂望之鼓刀兮遭周文而得舉王逸注太公避紂居東海之濱聞文王作興則正引孟子文而以興字句者漢儒句讀與今不同多此類

〔孟子正義〕　翟氏灝考異云毛詩酌篇正義孟子說伯夷居北海之濱太公居東海之濱聞文王作興而歸之中論亡國篇昔伊尹在田畝之中聞成湯作興而自夏如商太公辟紂之惡居於東海之濱聞文王作興亦自商如周毛西河之説直是離騷章句外更有詩疏中論可證又子華子北宮子仕篇王者作興以灑灕用此作興二字子華子雖似後人擬托然猶唐以前書亦可備一證也

盍歸乎來

〔孟子正義〕　王氏引之經傳釋詞云來句末語助也孟子盍歸乎來莊子人間世篇嘗以語我來又子其有以語我來來字皆語助

西伯善養老

〔四書釋地〕　馬貴與言古人養老之禮有養於鄉者有養於國者余謂孟子制其田里教之樹畜節便是西伯養老於鄉若伯夷太公往歸暨鬻熊辛甲大夫之徒自養於國學則西伯親袒割牲執醬而饋執爵而酳祝鯁在前祝饐在後又不待云矣

太公

〔孟子正義〕　史記齊太公世家云呂尚蓋嘗窮困年老矣以漁釣奸周西伯西伯獵遇太公於渭之陽載與俱歸立爲師或曰太公博聞嘗事紂紂無道去之游說諸侯無所遇而卒西歸周西伯或曰呂尚處士隱海濱周西伯拘

淺里散宜生閎天素知而招呂尙呂尙亦曰吾聞西伯賢又善養老盍往焉史記列三說是當以孟子爲斷陶潛聖賢羣輔錄引尙書大傳云大公辟紂居東海之濵皆率其屬曰盍歸乎吾聞西伯昌善養老此二人者蓋天下之大老也往而歸之是天下之父歸之也天下之父歸之其子曷往王楙野客叢書云淵明引此謂出尙書大傳知孟子引逸書之詞

七年之內

〔孟子正義〕　昭公十年左傳鄭裨竈云天以七紀注云二十八宿四七按白虎通嫁娶篇云七歲之陽也又云陽數七說文云七陽之正也如日月五星爲七政周髀算經以日月運行之圓周爲七衡易復卦彖傳云七日來復天行也國語周語云自鶉及駟七列南北之揆北同韋昭注云鶉火之分張十六度駟天駟房五度歲月之所在從張至房七列合七宿謂張翼軫角亢氐房也歲在鶉火五辰星在天黿子鶉火周分野天黿及辰星周所出自午至子其度七同皆以七紀數也不獨二十八宿四七而已乃尙書洛誥惟周公誕保文武受命惟七年馬融注云周公攝政七年天下太平鄭氏注云文王得赤雀武王俯取白魚受命皆七年文武受命七年而崩周公不敢過其數也此言行文王之政故以七年言之周公成文武之德七年而天下太平諸侯效法文王是可爲證遠徵天紀或近迂矣

賦粟倍他日

〔孟子正義〕　哀公十一年左傳云季孫欲以田賦使冉有訪諸仲尼曰某不識也三發卒曰子爲國老待子而行若之何子之不言也仲尼不對而私於冉有曰君子之行也度於禮施取其厚事舉其中斂從其薄如是則以某亦足矣若不度於禮而貪冒無厭則雖以田賦將又不足且子季孫若欲行而法則周公之典在若欲苟而行又何訪焉弗聽十二年春王正月用田賦用田賦自是季氏孔子直責冉有謂冉有爲之聚斂而附益之斥爲非吾徒孟子言無能改於其德而賦粟倍他日賦粟倍他日卽指季氏用田賦緣冉有爲其宰不能改之使從善則季氏之賦粟倍他日卽爲冉有爲之聚斂而附益之皇侃論語義疏引繆協云季氏不能納諫故求也莫能匡救致譏於求所以深疾季也是也邢昺疏以爲冉子聚斂財物失之矣季孫斯以哀公二年卒康子卽位用田賦時正康子爲政故知季氏爲季康子也杜預注左傳用田賦云邱賦之法因其田財通出馬一匹牛三頭今欲別其田及家財各爲一賦

故言田賦孔氏正義云司馬法四邱爲甸有馬四匹牛十二頭是爲革車一乘今用田賦實遂以爲欲令一井之間出一邱之稅井則出馬一匹牛三頭如此則一邱之內有一十六井其出馬牛乃多於常一十六倍杜以如此則非民所能給故改之舊制邱賦一馬三牛今則其田及家資各爲一賦計一邱民之家資今出一馬三牛田之所收更出一馬三牛是倍於常也

連諸侯三句

〔四書釋地又續〕　連諸侯是封建之將盡也辟草萊任土地是井田之將盡也有此二盡戰國烏能久存哉故孟子卒未百年而天下并於秦

辟草萊任土地

〔四書改錯〕　此本二事墾草萊是盡民力任土地是盡地力兩各不同今辟草萊不註而任土地則反曰分田與民使任耕稼則以任屬民非任土地矣考戰國秦制有墾令二十條如官不留簿書祿仕食口勿使衆勿取工庸無逆旅之民抑商估令少禁軍市有女子類皆去其妨民力者若任土地則當時稱爲度地又稱算地惟恐民勝地則民力有餘地勝民則地力不足故爲國任地除山林藪澤谿谷流水都邑城郭外分田計畝數使地力堪任有任地待役之律此專較地力不止督民盡力者今曰李悝盡地力則見漢食貨志尚有李悝爲魏文作盡地力之教參較地畝而增減其粟若商鞅開阡陌則直是變法改井畫而阡陌之與任地何涉

眸子

〔孟子正義〕　荀子非相篇堯舜參牟子注云牟與眸同說文目部云盲目無牟子睎盧童子也眛目童子不正也牟童皆不从目劉熙釋名釋形體云瞳子瞳重也膚幕相裹重也子小稱也主謂其精明者也或曰眸子眸冒也相裹冒也荀子大略篇云眸而見之也注云眸謂以眸子審視之也廣雅釋親云珠子謂之眸蓋亦有从目者爾雅釋訓云存存在也說文土部云在存也禮記文王世子云必在親寒煖之節注云在察也趙氏以在釋存而云存在人之善惡章旨云存而察之蓋以存爲在即以在爲察蓋察人之善惡也

瞭眊

〔孟子正義〕　周禮春官眡瞭注云瞭目明者說文目部云眊目少精也目少精即是不明劉熙釋名釋天云蒙日光不明蒙蒙然也廣雅釋訓云蒙蒙暗也眊蒙一音之轉故趙氏以眊之不明猶日之蒙蒙也翟氏灝考異云論衡本性篇孟子相人以眸子焉心清而眸子瞭心濁而眸子眊又佚文篇同白氏六帖述孟子曰人之善不善在其目其心正則童子瞭然其心不正則童子眊然大戴記曾子立事篇目者心之浮也言者事之指也作於中則播於外矣故曰以其見者占其隱者蓋孟子此章所本故既詳言眸子下復兼聽言言之

聲音笑貌

〔孟子正義〕　賈子六術篇云是故五聲宮商角徵羽唱和相應而調和調和而成理謂之音白虎通禮樂篇云音者飲也言其剛柔清濁和而相飲也趙氏以和聲釋聲音謂聲而音言其和也貌說文作皃云皃頌儀也从人白象人而形君子樂然後笑笑貌則笑見於面故趙氏以諂笑之貌釋之趙氏前注諂笑云强笑也

湻于髡

〔四書摭餘錄〕　閻百詩謂孟子與湻于髡問答僅兩章後章是去齊之後不待言前章似相值於梁惠王之朝何則魏世家明云卑禮厚幣以招賢者鄒衍湻于髡孟軻皆至梁孟子素不見諸侯祇因惠王延禮始至其國又未史眞有孔子循道彌久溫溫無所試之象髡故發問夫子何不援天下余竊以爲不然湻于髡齊之辯士集註云爾交記孟軻荀卿列傳淳于髡齊人也又滑稽列傳湻于髡者齊之贅壻也則髡實是齊人威王時爲諸侯主客齊相騶忌髡往以微言諷之禮踞想名位亦必與之相埒及宣王賜列第爲上大夫而孟子至齊矣孟子再至齊始食卿祿湻于髡謂夫子在三卿之中則髡之於齊實於孟子相終始者史稱湻于髡見梁惠王壹語連三日三夜無倦惠王欲以卿相位待之髡因謝去是或在威王年間以使事梁與惠王語如所謂數使諸侯未嘗屈辱者是其在惠王三十五年與否亦未可知若孟子則於惠王後元十六年至梁時湻于髡正爲齊上大夫即列傳所云齊王爲開第康莊之衢高門大屋尊寵之者中間安得復有與孟子同游梁事世家誤也然則七篇所載湻于髡前章當是孟子前在齊語髡見孟子爲賓師無官府言責進退綽綽然有餘裕故以溺嫂援手之喻諷之後章則再去齊時語也但攷周烈王五年庚戌孟子纔二歲髡已爲齊使趙至孟子六十一歲去齊而髡年亦既髦矣其曰公儀子子柳子思以

孟子曾人言曾也謂賢無益謂國無賢想亦自恃高年當面譏諸君子之所爲衆人固不識也光亦滑稽之雄哉

男女授受不親

（孟子正義）禮記曲禮云男女不雜坐不同椸枷不同巾櫛不親授坊記云好德如好色諸侯不下漁色故君子遠色以爲民紀故男女授受不親注云不親者不以手相與也內則曰非祭非喪不相授器其相授則女受以篚其無篚則皆坐奠之而後取之

權也

（孟子正義）桓公十一年公羊傳云權者何權者反於經然後有善者也權之所設舍死亡無所設行權有道自貶損以行權不害人以行權殺人以自生亡人以自存君子不爲也疏云權之設所以扶危濟溺舍死亡無所設也若使君父臨溺河井豈不執其髮乎是其義也論語子罕篇云可與立未可與權唐棣之華偏其反而注云賦此詩以言權道反而後至於大順也說者疑於經不可反夫經者法也制而用之謂之法法久不變則弊生故反其法以通之不變則不善故反而後有善不變則道不順故反而後至於大順如反寒爲暑反暑爲寒日月運行一寒一暑四時乃爲順行恒寒恒燠則爲咎徵禮減而不進則消樂盈而不反則放禮有報而樂有反此反經所以爲權也

子欲手援天下乎

（四書改錯）集註今子欲援天下乃欲使我枉道求合則先失其所以援之之具矣是欲使我以手援天下乎本文祇七字而添至二十五字豈有此文例此本直捷言天下溺自當援之以所守之道可手援乎蓋不越禮即是道此正示之以所援之自有在也猶云我嘗是教兒也何必添如許字

不教子

（四書釋地又續）古人文字簡須讀者會其意所指如君子之不教子子謂不肖子也猶左傳叔向曰肸又無子子謂賢子也不然當日楊食我見存觀孟子直承曰勢不行也則知丑所問原非爲周公之於伯禽孔子之於伯魚一輩子言矣西安葉秉敬全章文得之

繼之以怒二句

〔趙注〕一說父子相反者如夷狄也

人不足與適也政不足間也

〔四書改錯〕祗一人字而集註添出人君用人之非諸字既已怪極且謫者謫其人也既添諸字則所云謫者不謫其人而謫之用人之人其於人不足謫本句亦已難通然且此一人字直與下文莫不仁三莫不字相照應言人人然也若用人不足謫則於三莫不字無呼應矣況政不足間集註謂間字上亦當有與字又欲明添與字在本文內尤屬无理徐仲山日記曰國家有人民政事戰國叔世人民政事多不可問然在善圖治者但當求之君而不當求之民與事蓋人任君移政隨心轉君心者圖治之本也

〔孟子正義〕毛詩邶風北門作室人交徧讁我傳云讁責也讁與適通方言云讁過也南楚以南凡相非議人謂之讁商頌殷武勿予禍適箋云適過也列子力命篇云不相讁發釋文云讁謂責其過也小爾雅廣言方言皆云間非也

有不虞之譽二句

〔趙注〕虞度也言人之行有不度其將有名譽而得者若尾生本與婦人期於梁下不度水之卒至遂至沒溺而獲守信之譽求全之毀若陳不瞻將赴君難聞金鼓之聲失氣而死可謂欲求全其節而反有怯弱之毀者也

〔孟子正義〕爾雅釋言云虞度也莊子盜跖篇云尾生與女子期於梁下女子不來水之不去抱梁柱而死釋文云尾生一本作微生戰國策作尾生高高誘以爲魯人　太平御覽引韓詩外傳云崔杼殺莊公陳不占東觀漁者聞君難將往死之飡則失哺上車失軾僕曰敵在數百里外今食則失哺上車失軾雖往其有益乎陳不占曰死君義也無勇私也遂驅車至門聞鐘鼓之聲戰鬭之音遂駭而死君子聞之曰陳不占可謂志士矣無勇而能行義天下鮮矣事亦載新序義勇篇廣雅釋言云占瞻也占與瞻古通襄公二十五年左傳云崔杼之難申蒯侍漁者退謂其宰曰爾以帑免我將死其宰曰免是反子之義也與之皆死杜預注謂侍漁爲監取魚之官侍之言寺也寺之言司也侍漁即司漁即所謂東觀漁者申陳音近申蒯蓋即陳不占占之爲蒯猶覘之爲窺周秦人姓氏往往記錄有異同以聲音求之尚可彷彿耳

人之易其言也無責耳矣

〔趙注〕 人之輕易其言不得失言之咎責也一說人之輕易不肯諫正其君者以其不在言責之位者也

昔者

〔四書釋地三續〕 昔者有昨日解無前日解解之自樂正子章始非也趙氏註昔者往也數日之間也尤非蓋昔者仍昨日耳弟子於先生自宜朝至而朝見暮至而暮見越宿日已不恭豈有樂正子而遲至三日者乎猶不自覺乎

徒餔啜也

〔孟子正義〕 趙氏以食飲解餔啜於章指又以沈浮釋之則餔啜二字乃假借之辭非實指飲食也楚辭漁父云舉世皆濁何不淈其泥而揚其波衆人共醉何不餔其糟而歠其釃王逸注淈泥云同其風也注揚波云與浮沈也注餔啜云從其俗也注歠釃云食其祿也然則餔啜即與世推移同流從俗之意

不孝有三二句

〔趙注〕 於禮有不孝者三事謂阿意曲從陷親不義一不孝也家貧親老不爲祿仕二不孝也不娶無子絕先祖祀三不孝也三者之中無後爲大

樂則生矣節

〔孟子正義〕 禮記樂記云故歌之爲言也長言之也說之故言之言之不足故長言之長言之不足故嗟歎之嗟歎之不足故不知手之舞之足之蹈之注云不知手之舞之足之蹈之歡之至也詩序亦云情動心中而形於言言之不足故嗟歎之嗟歎之不足故永歌之永歌之不足不知手之舞之足之蹈之也然則不知手之舞之足之蹈之樂之事也而必由事親從兄二者而生乃爲實不從事親從兄二者而生雖不知手之舞之足之蹈之仍非其實也全氏祖望經史問答云古來聖人言語中極言孝弟之量者始於孔子其論大舜推原其大德受命之由本於大孝其論武周推極於郊社禘嘗之禮樂以爲達孝曾子中之以上老老民興孝上長長民興弟爲平天下之大道有子申之以孝弟則犯亂不作爲仁之本其言之廣狹各有所當而義則一而最發明之者爲孟子曰人人親其親長其

長而天下平曰達之天下曰堯舜之道孝弟而已而尤暢其說於是章綜羅五德至於制禮作樂之實不外乎此河間獻王采樂記亦引孔子之言以爲宗祀明堂所以教孝享三老五更於大學冕而總干執醬執爵所以教弟皆是章之疏證也如此解節文解手舞足蹈方有實地樂文成以爲舞蹈只是手足輕健之意則是不過布衣野人之孝弟耳孟子意中卻不然雖有其德苟無其位則一身一家之中手舞足蹈之樂亦自在而究未可以言禮樂之全量也又云孝弟之量原未易造其極故古今以來所稱孝弟不過至知而弗去一層其於禮樂二層皆未到便到得知而弗去一層已是大難假如尹伯奇履霜之操尹伯封彼黍之詩天然兄弟兄則事親弟則從兄皆是賢者然吉甫非竟頑父也而不能化而順之其餘如申生急子壽子司馬牛匡章皆值父兄之變甚者以身爲殉不然者棄家蕪萃以終其身其志節可哀而使聖人處之其節文之處自其中道諸君 恐尚多未盡善處是其於禮之實尚待擬議況樂乎彼其縈冤悲怨足以感動天地然不足以語樂而生生而至於舞蹈也是非大舜不能也故孟子下章即及舜之事親而天下化蓋以類及之也其安常履順而極其盛則武周矣周公於管蔡之難非不值其變也然其成文武之德者大破斧缺斨之恫不足以玷其麟趾騶虞之仁也是則禮樂之極隆者也然則無位者之孝弟至於曾閔尚未足盡禮樂之實耶曾子以晳爲之父處其常閔子乃處其變然閔子竟能化其父母便是足蹈手舞地位曾子之養志便是惡可已

不得乎親

〔四書賸言〕　不得是不相能如虞子殺子類順則悅之矣故毛晃增韻以順訓和悅即下文底豫所謂底致悅豫是也孝經以敬事長則順毛詩克順克比比於文王敬長固難諭道幾見文王可諭以道者且本文明云舜盡事親之道而瞽瞍底豫則悅 親之由全在舜自盡其道與中庸順乎親有道正同

瞽瞍底豫

〔四書釋地又續〕　底豫集註以書所謂不格姦亦允若者實之非也余嘗以五帝紀舜之踐帝位載天子旗往朝父瞽瞍夔夔惟謹如子道此方是瞽瞍亦允若瞽瞍底豫時候較舜之身爲庶人僅云不格姦者殊有淺深次第之不同只觀帝使其子九男二女節有爲不順於父母諸天下大悅而將歸己節有不得乎親語此皆事舜於畎畝之

中事也況前此雖云克諧以孝舜猶不告而娶以爲告則不得娶是子不能得之於父也堯亦知告焉則不得娶是君并不能得於臣也其頑至此則既娶之後猶復欲殺之而分其室萬章斷非傳聞史遷斷非無據可知而諸儒或疑之或附會之槪未嘗設身處地與爲按文切理者也大抵親但不至於姦惡其格淺親能諭之於道其格深以舜之聖年踰六十始臻斯境豈易言哉

離婁章句下

舜生於諸馮

〔四書典故辨正〕舜生諸馮之姚墟孫疏諸馮在冀州之分以史記云舜冀州之人也括地志姚墟在濮州雷澤縣東三十里通鑑前編在河中府河東縣未知孰是通典謂在金州西城縣非也西城在漢中非東夷矣會稽舊記謂上虞三十里有姚邱即舜所生按上虞餘姚舜後支庶所封何得據爲舜所生地路史中容之國帝舜所生或云即諸馮亦傅會之説

遷於負夏

〔四書攷異〕負夏衛地見檀弓五帝紀舜就時於負夏索隱謂就時猶言逐時若言乘時射利也尚書大傳亦云舜販於頓邱就時負夏似謂孟遷子遷字如貿遷有無之遷乃舜貿易時事又皇甫謐世紀作舜遷於負黍

〔四書典故辨正〕帝王世紀云舜遷於負黍據此則夏當別是一地按陽翟禹所封太曰夏今河南禹州負黍今河南登封縣古無此説不敢繫也

〔孟子正文〕趙氏佑溫故錄云趙注不詳地所在之實而言名又言負海豈以爲經負字釋乎必無之理也負海也者明其地之負海也夷考負夏衛地見檀弓注鳴條見書序史記則曰舜冀州之人也古冀州直北位非東亦未嘗近海惟青徐揚三州禹貢並言海而徐揚之海在東南惟青居大東海在其北故郡稱北海海在北如負之者然趙氏蓋略聞諸馮之域之負海而未得其實故渾而言之今青州府有諸城縣大海環其東北説者以爲即春秋書城諸者其地有所謂馮山馮村蓋相傳自古竊疑近是

卒於鳴條

〔四書拾餘說〕　按朱子或問鳴條則湯與桀戰之地而祭法舜勤民事而野死淮南子云征三苗死墨子云西教七戎道死南已之市皆說之不可考者檀弓舜葬于蒼梧之野山海經舜之所葬在今道州零陵縣界太史公則云舜南巡行死于蒼梧之野歸葬于江南之九疑　晉習鑿齒云虞舜葬零陵元和郡縣志亦云九疑舜之葬也　王厚齋謂九疑山在零陵而云舜葬蒼梧者文穎曰九疑半在蒼梧半在零陵是皆以舜死之地求合于舜葬之所也吳斗南引山海經鬱州在海中一曰郁州崔季珪叙述初賦云郁州者故蒼梧之山也輿地廣記云郁州山一名蒼梧蔡氏書傳以史記言蒼梧孟子言鳴條未知孰是余按竹書舜四十九年帝居於鳴條五十年帝陟安邑有鳴條陌而陳留平邱亦有鳴條亭據呂氏春秋言舜葬于紀薛氏云蒼梧山在海州界近莒之紀城今九疑山下有紀邑疑蒼梧即鳴條是孟子正義引孔傳地在安邑之西者誤也但九疑距安邑陳留皆數千里海州距陳留亦千餘里豈孟子之謂邪當日堯薦舜攝位巡守等事皆舜代行舜薦禹攝位後宜亦然故司馬溫公言虞舜倦勤薦禹豈有復巡狩渡湘水之理書言陟方乃死先儒以爲如登遐殂落云爾史說妄也且山海經載帝王之冢皆重見互出郭璞云聖人久於其位仁化廣及至于殂亡四海若喪考妣故絕域殊俗之人聞天子崩各自祭醊哭泣起土爲冢是以所在有爲理或如此宋太祖詔歷代帝王陵寢太昊以下十六帝各給守陵五戶　[illegible]乾德四年十月癸亥　一時儒臣考之不審以致傳訛後世惜哉

〔疑辯錄〕　韓子謂竹書紀年帝王之歿曰陟故書紀舜之歿曰陟然虞書既曰陟而又曰方乃死則語複矣蔡氏謂陟方猶言升遐既云升遐又言乃死語亦複矣按韻會陟通作騭定也方壙也漢法陵方中用地一頃深十二丈師古云古謂掘土爲坑曰方是時舜年已百有十歲故並歿之祭死定其壙而後乃死然其定壙蓋亦不過謂吾死之後可葬某處非若後世選擇風水預爲壽藏者也漢儒因陟方乃死之文及國語舜勤民事而野死之說以爲舜南巡狩崩於蒼梧之野夫舜年方九十三已自謂倦於勤而命禹攝位矣至其百有九歲之後精力既衰又安得涉大江重湖而深入蠻夷魑魅之境哉沈休文註鳴條有蒼梧山今海州按海州之蒼梧山即山海經之郁州　[illegible]郁州南齊書作鬱州今名雲臺山　無舜葬於此之說且去蒲都甚遠舜亦不當至海州也考鳴條在今山西平陽府南邑縣北接夏縣界括地志所謂南坂口高涇源是也去蒲都二百餘里孟子之言爲是

〔孟子正義〕云序書伊尹相湯伐桀升自陑遂與桀戰於鳴條之野作湯誓夏師敗績湯遂從之遂伐三朡俘厥寶玉誼伯仲伯作典寶後漢書郡國志濟陰郡定陶縣有三鬷亭三鬷即三朡由鳴條遂伐三朡則鳴條當亦不遠其所在則未詳也鄭康成以爲南夷地名蓋檀弓謂舜葬於蒼梧之野而孟子言卒於鳴條又呂氏春秋簡選篇言殷湯登自鳴條乃入巢門淮南子主術訓湯困桀鳴條擒之焦門修務訓湯整兵鳴條困夏南巢譙以其過放之歷山南巢即焦門在今江南巢縣均與鳴條皆貫故鄭意鳴條之在南也

東夷之人也

〔四書改錯〕夷裔也邊也東夷謂東一邊也戰國分東西以關爲界凡關以東者皆謂之東一邊若曰夷服則必禹貢所稱要服二百里者在甸侯綏一千五百里之外將史記所云就時貢夏在衛地書所云造攻自鳴條在安邑之西者皆不可通矣乃朱氏不解夷字然又曲諂巳說於後文岐周特註曰地近畎夷以爲此亦夷服地也殊不知呂秦以前凡夷蠻多在內地獯鬻玁狁皆與周邑相鄰比一如淮夷徐戎陸渾潞狄之雜居者並非夷服至呂秦混一然後盡驅而出之界之以長城而內夷始亡故其後漢武開疆如滇黔兩粵俱雜猺獠而惟呂秦所開者不然獨以是爲秦皇漢武之優劣曾於此不識而漫以畎夷爲西夷則含箕子朝鮮孔子所欲居之九國而反以萊夷之作牧穀伯綏之朝魯者而謂之東夷不大錯乎若夫得志行乎中國則中國即土中召誥所稱王自服於土中者正對四裔言蓋中與四裔對不對夷服也猶之齊王欲中國而授孟子室中國與四境對不對齊外國也

岐周

〔四書釋地續〕岐周岐山下周之舊邑近畎夷本趙注孫氏無疏史漢匈奴傳並言周西伯昌伐畎夷氏師古注畎夷即犬戎也又云昆夷字或作混又作緄昆緄畎聲相近耳亦世畎戎自隴以西有之乃知畎夷即文王之所事者采薇詩文王時西有昆夷之患是也

〔孟子正義〕漢書地理志右扶風美陽禹貢岐山在西北中水鄉周大王所邑又云大王徙郊文王作酆顔師古注云郊今岐山縣是酆今長安西北界靈臺鄉豐水上是文王生時尚未徙豐岐在豐西而近於畎夷

畢郢

〔四書釋地〕　畢郢曰畢原實有二處在渭水南之畢原一名畢郢周文王墓在焉武王墓在焉周公葬成王葬於畢史稱畢在鎬東南杜中地迫終南韓愈南山詩前尋徑杜墅岔蔽畢原陋是在渭水北之畢原則名畢陌秦惠文王陵在焉悼武王陵亦在焉僅隔一里元和郡國圖志畢原即咸陽縣所理也原南北數十里東西二三百里無山川陂湖井深五十丈亦謂之畢陌漢氏諸陵在其上故劉滄咸陽懷古詩渭水故都秦二世咸原秋草漢諸陵是至文王庶子高所封畢左氏註云在長安縣西北是畢郢通典云在咸陽縣是畢陌兩杜氏之言吾從預　卒於畢郢卒即葬也括地志周文王墓在雍州萬年縣西南二十八里畢原上在唐名畢原在殷則名畢郢孫疏竟以郢爲楚故都在南郡亦非宋太祖詔祭文王於咸陽西北畢陌中大冢亦非此秦悼武王陵皇甫謐所謂葬畢者是　史記秦始皇本紀末正義曰括地志云秦惠文王陵在雍州咸陽縣西北一十四里又云秦悼武王陵在雍州咸陽縣西十里俗名周文王陵非也

〔四書典故辨正〕　按郢即程也周書大匡解惟周王宅程史記正義引之作宅郢長安志引孟子此文作畢程呂覽武王嘗窮於畢程竹書周師伐程戰於畢通雅言梧州北有下郢士人讀之如程可知古郢字有程音則畢郢即畢程無疑矣逸周書史記解昔有畢程氏損祿增爵羣臣貌匱比而戾民畢程氏以亡其郎國於此地者與

〔孟子正義〕　劉氏台拱經傳小記釋畢郢云自來注孟子者不詳郢地所在漢書地理志右扶風安陵闞駰以爲本周之程邑括地志云安陵故城在雍州咸陽縣東二十一里周之程邑也此邑中之地爲程也其西有畢陌一名畢原皇甫謐所謂安陵西畢陌元和郡縣志云畢原即咸陽縣所理也原南北數十里東西二三百里亦謂之畢陌此邑外之地爲畢也畢者程地之大名程者畢中之小號也杜佑云王季都畢通國內言之春秋昭九年傳周景王之言曰我自夏以后稷魏駘芮岐畢吾西土也注言在夏世以后稷功受此五國爲西土之長是則岐也畢也皆古之建國也周者大王所邑而岐之小別也故繫岐而言之曰岐周程者王季所邑而畢之小別也故繫畢而言之曰畢程呂覽具備篇云武王嘗窮於畢程矣畢程即畢郢周書史記解云昔有畢程氏則畢郢之名之所起遠矣又按畢地有二其一文王葬地也太史公曰畢在鎬東南杜中皇覽云周文王武王周公冢在京兆長安縣鎬聚東杜中而括地志以爲在雍州萬年縣西南二十八里畢原上則唐亦謂之畢原是故有咸陽縣之畢原所謂文王卒於畢

郢也有萬年縣之畢原所謂文王葬於畢也一在渭北一在渭南與所同名往往相亂杜佑言畢郢王季都之殁畢公封爲此言在渭北者當矣而以爲文王所葬則失之帝王世紀云文武葬於畢畢在杜南晉書地道記亦云畢在杜南與畢陌別此則文武所葬不在畢陌明矣是以裴駰辨之云皇覽曰秦武王冢在扶風安陵縣西北畢陌中大冢是也人以爲周文王冢非也周文王冢在杜中張守節亦云括地志云秦惠文王陵在雍州咸陽縣西北一十四里秦悼武王陵在雍州咸陽縣西十里俗名周武王陵非也羣書剖析具有明文惟顏師古注漢書劉向傳文王周公葬於畢用畢陌爲釋而杜亦云然自茲以降莫不謬指秦陵誣稱周墓傳之方志載之祀典誤所從來非一世矣趙岐注言畢文王墓近於酆鎬之地此言在渭南者當矣而以訓畢郢則失之文王始亦宅程周書稱文王在程作程寤程典其後作邑於酆而先君宗廟故居宮室猶於是乎存因是往來舊都而末年仍卒乎此以情事推之昭然可見卒於畢郢不言爲葬而趙以墓地當之畢地既誤何郢之可言闕而不究其不以此乎陸賈新語術事篇云文王生於東夷大禹出於西羌世殊而地絕法合而度同此本孟子而以文王生東夷者對西羌言之則岐周之地爲東也鹽鐵論國病篇賢良曰禹出西羌文王生北夷

千餘里千餘歲

（孟子正義） 禮記王制云自東河至於東海千里而遥自東河至於西河千里而近自西河至於流沙千里而遥文王所生之岐周在西河之西而未至流沙舜所生之諸馮在東河之東而未至東海約在二千里之內一千里之外故云千有餘里也舜生於帝堯四十年內外壽百有十歲歷夏十七帝並混之四十三年共四百四十二年文王生於商祖甲時約五百二三十年自舜之生至文王之生約計一千一百年之內趙氏言舜至文王千二百歲者蓋自舜生之年數至文王之卒當商紂時也

若合符節

（四書改錯） 朱註以玉爲之篆刻文字彼此各藏其半有故則左右相合以爲信也然符節不用玉周官掌節有玉節角節金節銅節竹節羽節即旌節而玉節最尊惟天子諸侯有徵守治兵恤荒和難諸事始用玉節與命圭等以九命爲長短差次不惟不是符節兼無篆刻分合之數幾見命圭天子與侯國各藏半者況明曰符節則司徒掌

節有門關用符節文秋官小行人掌六節亦有門關用符節文且曰以竹爲之則無他註矣是以其制不可考舊註皆曰如今之竹使符漢文紀應劭註謂以竹箭五枚長五寸鐫刻篆書第一至第五國家當授兵遣使至郡國合符符合乃聽受之雖不知與古法合否要其爲符節則如此註總錯耳　張文稼曰圭璋龍虎諸節其合或以冒或以邸或以函蓋即璽節旌節或辨印章或認羽物無有如券契齒牙彼此分執者惟符節無考舊皆以漢制解之顏師古註漢書有郡守分符法天子與郡守各分其半右留而左與之然是符不是節且並不是玉亦不云有篆刻即漢制亦半闔不合不可解

（四書典故辨正）　符節註云以玉爲之或謂據周禮小行人符節以竹爲之而掌節另有玉節註不當合爲一物此說非也史記言黃帝合符釜山而漢亦有銅虎符竹使符蓋符與節皆信也故或言節或言符或並言符節實一而已孟子所言豈專指八節中之符節哉文獻通考云後世有璽節印章三代以前惟有圭璧與符節封建則有圭璧徵召則有符節二者皆重器故俱以玉爲之此足以證明集註矣

（孟子正義）　周禮地官掌節掌守邦節而辨其用以輔王命守邦國者用玉節守都鄙者用角節凡邦國之使節山國用虎節土國用人節澤國用龍節皆金也以英蕩輔之門關用符節貨賄用璽節道路用旌節秋官小行人達天下之六節山國用虎節土國用人節澤國用龍節皆以金爲之道路用旌節門關用符節都鄙用管節皆以竹爲之然則符節乃六節中之一而玉節亦掌節八節中之一乃孟子言符節而趙氏以玉節釋節字又引周禮之六節何也說文卩部云卩瑞信也守邦國者用玉卩守都鄙者用角卩使山邦者用虎卩土邦者用人卩澤邦者用龍卩門關者用符卩貨賄用璽卩道路用旌卩竹部云符信也漢制以竹長六寸分而相合蓋符與節爲瑞信之通名說文玉部云瑞以玉爲信也春官典瑞掌玉瑞玉器之藏鄭注序官云瑞節信也典瑞若今符璽郎又注其職云瑞符信也節爲瑞信之名則是玉節乃節之本故掌守邦節鄭氏注云邦節者珍圭牙璋穀圭琬圭琰圭也此皆玉也而八節亦首以玉而角金竹附之故趙氏直以節爲玉節又以節之名通於角金竹所謂故申之云周禮有六節也玩說文則節爲玉節之名符爲竹節之名鄭氏注掌節云以金爲節鑄象爲今漢有銅虎符符節者如今宮中諸官詔符也注小行人云管節如今之竹使符也然則漢時金竹皆名爲符天官小宰以官府之八成經邦治四曰聽稱責

以傳別注云故書作傳辨鄭大夫讀爲符別則符之名不必專於門關之所一用言也

其揆一也

【四書改錯】集註言度之而其道無不同也如此是揆其非其揆矣爾雅揆度也揆固作度解然是聖人有揆度不可云揆度聖人况又添出道字乎舊註云聖人度量無不相同蓋得志行中國必有斟量百物之度故舜當攝政作百揆官百揆者謂百凡機務總在其斟量中也此本實字非虛字也　張文檒曰小雅天子葵之葵揆也言諸侯驩燕皆在天子度量中其字義並同

子產聽政

【孟子正義】子產子國之子公孫僑也陳氏厚燿春秋世族譜云鄭公八年代子皮爲政昭公二十年卒鄭卿多無謚晉語鄭簡公使公孫成子來聘韋昭云成子子產之謚也其子思思亦謚也鄭卿豈以賢者之故邪淮南子氾論訓云聽天下之政高誘注云政治也周禮地官鄉師各掌其所治鄉之教而聽其治注云聽謂平察之尚書大傳云諸侯不同聽鄭氏注云聽議獄也趙氏以聽爲平察故以政指訟獄也

乘輿濟人

【四書典故辨正】任鈞臺曰說苑鄭相景差有以乘輿濟人於溱洧事蓋鄭卿也孟子時韓有鄭地改國號曰鄭在周顯王元年赧王十六年復稱韓是子產乃景差非公孫僑先儒不考耳愚按說苑載子游問孔子曰夫子極言子產之惠也可得聞乎子曰子產猶衆人之母也能食之不能教也子游曰可得聞與子曰子產以所乘之輿濟冬涉者是愛無教也此明以乘輿濟人爲公孫僑至景差事則傳聞之異而劉向誤記之者據云鄭人有冬涉水者景差下陪乘而載之叔向聞之曰景子之爲人國相豈不固哉吾聞良吏居之三月而溝渠修十月而津梁成六畜且不濡足而況人乎叔向何得與景差同時其不足信明矣

溱洧

【四書釋地】溱洧二水名說文引詩溱與洧作潧曰潧水出鄭國洧水出潁川陽城山東南入潁史記註引括地志以爲古新鄭城南溱與洧合水經亦云余讀酈道元注於洧水相鄰者若丹水汝水潁水濮水渠水沙水皆不載

有橋梁獨洧水一則曰又東逕陰坂北水有梁爲再則曰又屈而南流其水上有梁謂之桐門橋則洧水之宜置有梁孟子言殊非無因竊以諸葛武侯相蜀好治官府次舍橋梁道路所至井竈藩溷皆應繩墨子產治鄭何獨不然此亦不過偶於橋有未修以車濟人而孟子遂指其事以深論之云集註既音乘去聲又解乘輿爲所乘之車音義都相反何與

歲十一月徒杠成十二月輿梁成

(尚書撰異) 堯典歲二月東巡守鄭注歲二月者正歲建卯之月也或問鄭云堯建丑舜建子上文正月爲丑月則此二月非寅月而何應之曰子不見正歲二字耶周禮之書凡言正月之吉者皆謂周之正月凡言正歲言歲終言歲十有二月皆謂夏正之寅月丑月戴先生周禮太史正歲年解已詳之矣予因以推之他書如孟子言七八月之間旱七八月之間雨集謂周七八月也何以知之不言歲也歲十月 趙作十一月誤 徒杠成十一月 趙作十二月誤 輿梁成謂夏正之十月十一月也何以知之系之歲也上推虞書早創斯例曰正月上日者唐正月也曰歲二月者建寅之二月也鄭以經文此云歲二月則知上文正月之上不言歲者非建寅也二月系諸歲則建卯之月也惟寅數得天稱歲自唐虞已無異議作堯典者夏之史官也書法精嚴如是 爾雅石杠謂之徛今本郭註孟子曰歲十一月徒杠成邢疏引孟子歲十一月徒杠成而云此注作十月誤脫或所見本異然則邢本爾雅注故作歲十月也攷孟子注疏作周十月夏九月周十一月夏十月推求文義當是孟子正文作十月徒杠成十一月輿梁成注作周十月夏八月周十一月夏九月今轉改訛亂耳近曲阜孔氏刊孟子趙注作周十一月夏九月周十二月夏十月理是而文恐非矣趙氏不知歲字之解其說謬誤

(孟子正義) 國語周語單子云夫辰角見而雨畢天根見而水涸故先王之教曰雨畢而除道水涸而成梁故夏令曰九月除道十月成梁注云天根氐亢之間也涸竭也謂寒露雨畢之後五日天根朝見水潦盡竭也月令仲秋始水涸天根見乃盡竭九月雨畢十月水涸夏令夏后氏之令周所因也除道所以便行旅成梁所以便民使不涉也禮記月令注引王居明堂禮云季秋除道致梁以利農也孔氏正義曰農既收則當運輦故法地治道水上爲梁便利民之轉運準此則季秋致梁即十一月徒杠成十月成梁即十二月輿梁成劉氏灝攷異云爾雅釋宫注引孟

子歲十月徒杠成疏曰孟子十一月此作十月脱誤或所見本異今注疏本趙注云周十月夏九月可以成步度之功周十一月夏十月可以成輿梁也與爾雅注所引却合然周正建子夏正建寅人人之所熟悉安可以如是言之舊本趙氏注上自爲周十一月下自爲周十二月此舊書所以可貴阮氏元校勘記云周十月夏九月閩監毛三本同廖本孔本韓本作周十一月推求文義趙注本作周十月夏八月周十一月夏九月而經文本作歲十月徒杠成十一月輿梁成後人亂之而閩監毛本尚存舊迹廖孔韓本則似是而實非也周禮之例凡夏正皆曰歲凡曰歲終曰正歲曰歲十有二月皆謂夏時也凡言正月之吉不曰歲謂周正也說詳戴震文集孟子言歲十月十一月謂夏正兩言七八月之間則謂周正正與周禮同例趙注未解其例今本則經注又皆舛誤矣夏令曰十月成梁孟子與國語合按趙氏注明作夏九月夏十月則其時之本自是十一月徒杠成十二月輿梁成仲尼燕居正義引孟子亦作歲十一月徒杠成十二月輿梁成則據閩監毛三本之十月十一月而改趙氏爲夏八月夏九月恐亦無確証備錄如右識者參之段氏玉裁說文解字注云榷水上横木所以渡者橋水梁也梁水橋也釋宫云石杠謂之徛孟子歲十月徒杠成趙岐釋爲步渡郭釋云步渡彴然則石杠者謂兩頭聚石以木横架之可行非石橋也凡直者曰杠横者亦曰杠杠與榷雙聲孝武紀曰榷酒酤韋昭曰以木渡水曰榷謂禁民酤釀獨官開置如道路設木爲榷獨取利也水梁者水中之梁也梁者宫室所以關擧南北者也然其字本從水則橋梁其本義而棟梁其假借也凡獨木曰杠駢木者曰橋大則爲陂陀者曰橋梁之字用木跨水則今之橋制見於經傳者言梁不言橋也若爾雅隄謂之梁毛傳石絶水曰梁謂所以偃塞取魚者亦取亘於水中之義謂之梁凡毛詩自造舟爲梁外多言魚梁

徒杠輿梁

〔四書改錯〕徒杠非方橋也本石矼聚石爲步以渡水者爾雅石杠謂之徛是也其不作矼而作杠通字耳若橋必疊石而架木以通之然並無杠名説文牀桯謂之杠周禮旌竿爲杠士喪禮以竹杠爲銘櫝之木今易石杠爲木杠於義不合況方橋何解豈輿梁是圜橋耶若以徒步爲徒杠輿梁爲通車之梁就封文言似乎極當但物有名義孟子正義謂輿梁是橋上横架之板一如車杠之架兩輪者因以輿名此與禮記捧席如橋衡以架橋兩疘有似車較之拱衡木遂名橋衡正同

行辟人

〔孟子正義〕　說文辵部云道所行道也鄭氏注禮記射義儀禮喪服傳皆云道猶行也是也音義出辟人云丁張並音闢亦如字注辟除同又出卑辟云音避周禮秋官條狼氏掌執鞭以趨辟王出入則八人夾道注云趨辟趨而辟行人秋官野廬氏凡有節者及有爵者至則爲之辟注云辟辟行人小爾雅廣言云辟除也是辟人卽辟除人謂屏人使避之段氏玉裁說文解字注云僻辟也辟者法也引申爲辟人之辟辟人而人避之亦曰辟若周禮閽人凡外內命婦出入則爲之辟孟子行辟人可也曲禮若主人拜則客還辟辟拜郊特牲有由辟焉包咸論語注踧踖辟兒也投壺主人盤旋曰辟賓盤旋曰辟大射儀賓辟注曰辟逡遁不敢當盛他書辟人辟邪辟寒辟塵之類語意大略相似自屏之者言則閽人離婁篇郊特牲是也自退者言則曲禮投壺論語注所云是也辟之言邊也屏於一邊也僻之本義如是然則辟除人與卑辟尊字同義亦同音義雖兼存兩音音兩而義一也俗以辟除之辟作闢辟尊之辟作避作古義矣

禮爲舊君有服

〔孟子正義〕　儀禮喪服爲舊君君之母妻傳云爲舊君者孰謂也仕焉而已者也何以服齊衰三月也言與民同也君之母妻則小君也大夫在外其妻長子爲舊國君傳云何以服齊衰三月也妻言與民同也長子言未去也舊君傳云大夫爲舊君何以服齊衰三月也大夫去君歸其宗廟故服齊衰三月也言與民同也何大夫之謂乎言其以道去君而猶未絕也然則有致仕之舊君有去國之舊君致仕則君恩本未絕故不特爲君服且爲君之母妻服若已去國則不服惟妻子仍居本國者服雖待放於郊尚未去國乃爲舊君服

〔孟子正義〕　禮記檀弓云穆公問於子思曰爲舊君反服古與子思曰古之君子進人以禮退人以禮故有舊君反服之禮也今之君子進人若將加諸膝退人若將隊諸淵毋爲戎首不亦善乎又何反服之禮之有注云言放逐之臣不服舊君也爲兵主來攻伐曰戎首孟子此章正中明子思之義

有故而去

〔孟子正義〕　成公十五年左傳云秋八月葬宋共公於是華元爲右師蕩澤爲司馬蕩澤弱公室殺公子肥華元

曰我爲右師君臣之訓師所司也今公室卑而不能正吾罪大矣不能治官敢賴寵乎乃出奔晉文公六年左傳云八月乙亥晉襄公卒靈公少晉人以難故欲立長君趙孟曰立公子雍使先蔑士會如秦逆公子雍七年左傳云穆嬴日抱太子以啼於朝出朝則抱以適趙氏宣子與諸大夫皆患穆嬴且畏偪乃背先蔑而立靈公以禦秦師戊子敗秦師于令狐至于刳首己丑先蔑奔秦士會從之十三年左傳云趙宣子曰隨會在秦賈季在狄難日至矣若之何郤成子曰賈季亂且罪大不如隨會能賤而有恥柔而不犯其知足使也且無罪此華元奔晉隨會奔秦之事也

導之出疆又先於其所往

〔孟子正義〕 昭公元年穀梁傳云疆之爲言猶竟也竟與境通是出疆卽出境也廣雅釋詁云往至也爾雅釋詁云到至也是往卽到也史記酈生列傳云沛公麾下騎士適酈生里中子也酈生謂之曰吾聞沛公慢而易人多大略此眞吾所願從游莫謂我先若見沛公謂曰臣里中有酈生年六十餘長八尺人皆謂之狂生生自謂我非狂生臣里中云云卽爲之先也莊子秋水篇云莊子釣於濮水楚王使大大二人往先焉曰願以竟內累矣釋文云先焉先謂宣其言也此又先於其所往之先與之同故趙氏云言其賢良蓋先則有所宣之言如三大夫之於莊子騎士之於酈生也

田里

〔孟子正義〕 阮氏元校勘記云乃收其田里田業也里居也閩監毛三本同廖本韓本作乃收其田萊及里居也孔本攷文古本作乃收其田萊及里居也足利本作乃收其田里田萊及里居音義亦出田萊萊當作采大夫采地字古書多或作菜菜誤爲萊作業則更誤矣

則君搏執之又極之於其所往

〔孟子正義〕 音義云搏音博說文手部云搏索持也宀部云索入家搜也顏氏家訓引通俗文云入室求曰搜入其家室搜索而持執之故知爲搏執其族親族親指其父母妻子兄弟而言故入其家而索之族親正釋搏字其義精矣禮記月令孟秋之月命有司修法制繕囹圄具桎梏禁止姦愼罪邪務搏執鄭氏不注高誘注呂氏春秋云愼戒有姦罪者搏執之也亦未詳溯按此姦邪蓋指邪說左道之類罪此邪人必審愼得其實既審得其實則必搜索

其家執而禁之聖人於惑民致亂之姦邪不姑息以遺患如此孟子之搏執非月令之搏執亦明矣說文穴部云窮極也論語堯曰篇云四海困窮集注引包曰困極也極是困窮極之於其所往即困之於其所往也緣其所以困之之故則云惡而困之也尚書洪範云鯀則殛死釋文云殛本作極極鯀於羽山亦是困之於羽山鄭志答趙商云鯀非誅鯀死放居東裔至死不得反於朝蓋置鯀於東海永不復用又收管之不許他往所以困之窮之使之終死於是所謂極也此極之於其所往蓋既不得如士會之復歸又不能若賈季之送帑且如商任之會禁錮欒盈使諸侯不得受則所以困之窮之者至矣

人有不爲也而後可以有爲

〔趙注〕人不爲苟得乃能有讓千乘之志也

仲尼不爲已甚者

〔趙注〕仲尼彈邪以正正斯可矣故不欲爲已甚孟子所以譏踰墻閉門者也

〔孟子正義〕郝敬孟子說解云孟子不見諸侯而齊梁好士未嘗不往仕不受祿而宋薛之餽未嘗不受道不苟合而不爲小丈夫之悻怒故去齊三宿廉不苟取而不爲陳仲子之矯情故交際不辭匡章得罪於父不以人言而不加禮貌夷之受學於墨不以異端而吝其教誨其告君也園囿亦可臺池鳥獸亦可好貨好色亦可故曰人不足貲政不足閒惟格君心之非而已是故以臧倉之謗不遇於魯而未怨其沮己以王驩之佞倖出弔於滕而未嘗不與之朝暮雖不悅於公行子之家而從容片辭嫌疑立解宛然若孔子待陽貨公伯寮氣象豈非願學之深有得於溫良恭儉讓之遺範者歟是故以伯夷爲隘柳下惠爲不恭以仲尼爲不爲已甚其所向慕可知而世儒猶謂其鋒鋩太露何歟

大人者不失其赤子之心者也

〔趙注〕大人謂國君視民當如赤子不失其民心之謂也一說曰赤子嬰兒也少小之心專一未變化人能不失其赤子時心則爲貞正大人也

博學而詳說之章

（孟子正義）鄭氏注周禮儀禮多以廣釋博荀子修身篇云多聞曰博是也說文心部云悉詳盡也言部云說說釋也詩衛風氓篇云猶可說也箋云說解也淮南子主術訓所守甚約高誘注云約要也少也廣學則無不學大戴記曾子立身云博學而孱守之微言而篤行之趙氏本此以微言卽詳說微有二義一幽隱一纖細言幽隱則輕淺者不易解言纖細則高簡者不屑解悉其微言而說之則盡其幽隱纖細之言而解釋之要卽根原也不博學而徒懸空悟者非聖賢之學無論也博學而不能解說文士之浮華也但知其一端則詖而非要但知其大略則淺而非要故必無所不解而後能知其要博詳與約相反惟博且詳反能解得其約舍博且詳而言約何以能解申鑒時事篇云道雖要也非博無以通矣博其方約其說趙氏云不能盡知則不能要言之得之矣戴氏震孟子字義疏證云約謂得其至當阮氏元曾子注釋云孔門論學首在於博孔子曰君子博學於文約之以禮達巷黨人以博學深美孔子孔子又曰博學之審問之顔子曰夫子循循然善誘人博我以文約我以禮子夏曰博學而篤志孟子曰博學而詳說之故先王遺文有一未學非博也按孔孟所以重博學者卽堯舜變通神化之本也人情變動不可以意測必博學於古乃能不拘一端彼徒執一理以爲可以勝天下吾見其亂矣

言無實不詳章

（趙注）詳善當直也孫疏孟子謂人之言無其實本者乃虛妄之言也以虛妄之言言之則或掩人之善或飾人之惡爲人所惡者也故其不祥莫大不祥則禍是矣不祥之實者乃蔽賢者直之也

源泉混混

（孟子正義）阮氏元校勘記云源泉混混閩監毛三本同宋九經本岳本咸淳衢州本廖本孔本韓本源作原原正字源俗字上文取之左右逢其原不从水可以證从水之誤矣段氏玉裁說文解字注云混豐流也盛滿之流也孟子曰源泉混混古音讀如袞俗字作滾山海經曰其源渾渾泡泡郭云水濆涌也袞泡二音渾渾者假借渾爲混也王氏念孫廣雅疏證云司馬相如上林賦云汩乎混流重言之則曰混混荀子富國篇云財貨渾渾如泉源渾與混同淮南子原道訓云混混汩汩

盈科

〔孟子正義〕說文皿部云盈滿器也王氏念孫廣雅疏證云科空也史記張儀傳虎賁之士跿跔科頭集解云科頭謂不著兜鍪入敵也亦空之儀也說文窠空也孟子離婁篇盈科而後進趙岐注云科坎也義並相近又云釋水歒窞科名坑也說文阬虛也阬與坑同坑之言康也爾雅康虛也康坑欿科渠皆空之轉聲也孟子離婁篇原泉盈科而後進盡心篇流水之爲物也不盈科不行趙岐注並云科坎也大元從次五從水之科滿科亦坎也范望注以科爲法失之

溝澮

〔孟子正義〕澮大于溝此言大溝小澮當有誤程氏瑤田通藝錄溝洫疆理小記云遂人職云凡治野夫間有遂遂上有徑十夫有溝溝上有畛百夫有洫洫上有涂千夫有澮澮上有道萬夫有川川上有路以達於畿鄭氏注以南畝圖之則遂縱溝橫洫縱澮橫九澮而川周其外焉按畝長畝也一夫之田析之百畝以爲百畝南畝者自北觀之其畝橫陳於南也南畝故甽橫甽流於遂故遂縱遂在兩夫之間故謂之夫間夫間東西之間也其南北之間則溝橫連十夫故曰十夫有溝不可謂二十夫之間故變間言夫也溝經十夫流入于洫洫之長如溝縱承十溝十溝之水皆入焉故曰百夫有洫也洫之水入澮澮長十倍於洫而橫成十洫之分布千夫中者故曰千夫有澮也澮十之橫貫萬夫之中十澮之水並入於川故曰萬夫有川澮橫川自縱也鄭氏謂九澮而川周其外恐不然矣川上有路以達於畿安得有縱路復有橫路邪其橫者則二萬夫間之道也澮但言九亦考之不察矣匠人爲溝洫耜廣五寸二耜爲耦一耦之伐廣尺深尺謂之甽田首倍之廣二尺深二尺謂之遂九夫爲井井間廣四尺深四尺謂之溝方十里爲成成間廣八尺深八尺謂之洫方百里爲同同間廣二尋深二仞謂之澮專達於川各載其名凡天下之地勢兩山之間必有川焉大川之上必有涂焉按甽在一夫百畝中物其土宜而爲之南畝甽橫順其畝之首尾以行水入於遂故遂在田首井田夫三爲屋三夫田首同枕一遂遂在屋間非夫間也謂之屋者三夫相連綿如屋然但殭之以別夫而已不若遂人夫爲一遂以受甽水此所以別夫間而言田首也而鄭氏猶以遂者夫間小溝釋之遂非不在夫間而記變其文者蓋自有義不宜襲用遂人之文矣遂流井外溝橫承之井中無溝溝當兩井之間故以井間命之其長連十井不嫌井間之稱溷十井之縱者其縱亦遂之在屋間而受甽水者也溝十之含百井爲一

成十溝之水成入於澮洫縱當兩成之間故曰成間有洫也洫之長連十成亦不嫌成間之稱洫十成之橫者其橫亦溝之在井間而受遂水者也洫十之合萬井爲一同十洫之水成入於澮澮橫當兩同之間故曰同間有澮也澮達於川川在山間命之曰兩山之間以例澮在同間洫在成間溝在井間其命相同厥名斯稱矣況夫間爲兩夫之間人所共知遂相疏證辨惑析疑爾間舛互晉安辭識是故萬井之田一澮界兩同之間萬夫之田十澮納百洫之水故一同之澮獨著專達於川之文而萬夫有川但準溝水十遂之目形體之端緒不同標錄自爾殊致矣賈公彥云井田之法畎縱遂橫溝縱洫橫澮縱川橫余謂縱橫無定法視其畝之東南而爲之如賈說是東畝法耳左傳晉使齊盡東其畝以晉伐齊必向東東畝則川橫而川上路乃可東西行故曰惟吾子戎車之利也此畎縱爲東畝畎橫爲南畝之確證遂人匠人二法所同者賈氏不明匠人於遂不命夫間之故而以爲夫間縱者但分其界而無遂又不明遂人夫間之遂亦於田首爲之而以爲田首必在百畝之南故必易其縱橫以通其說若然是井田之制必無南畝矣豈其然乎而後世解斯記者亦由不明田首之遂不命夫間之故而以爲與遂人夫間之遂同其實而橫爲之於三夫相連之中因置間字之義勿復深考而強以屋間之遂當井間之溝以井間之溝當成間之洫以成間之洫當同間之澮而以同間之澮當兩山之間之川而於是專達於川之一澮不得不十倍增之而又或以爲九矣神禹之治水也濬畎澮以入於川是故水之行於地中也小大之形三者而已故制字以象形一水爲く即畎二く爲巜即澮衆巜爲川及其盡力於溝洫也則以爲非多其廣狹淺深之等不足以盡疏瀹之理而奠萬世農業之安於是由川而澮又等而增之而洫而溝而遂乃以承夫百畝中之畎夫然後一旦雨集以大受小遞相承爲不崇朝而盡達於川矣其承畎者名之爲遂何也慮其蓄而弗暢也故遂之曷爲承之以溝也一縱一橫乃見交暢之義溝冓也縱橫之說也名之曰溝所以其象形象形曰溝會意曰洫洫字从血以洫承溝謂是血脈之流通也澮會也會上衆水以達於川初分終合所以盡水之性情而不使有汎濫之害也鄭氏注小司徒云溝洫爲除水害余亦以爲備潦非備旱也歲歲治之務使水之來也

幾希

〔孟子正義〕 告子篇其好惡與人相近也者幾希注云幾豈也豈希言不遠也盡心篇其所以異於深山之野人

者幾希注云希遠也當此之時舜於野人相去豈遠此兩注互相訓詁幾通作覬覬與豈通爾雅釋詁云覬汔也郭璞注云謂相摩近方言云希摩也廣雅希劘皆訓磨磨摩皆通靡幾者動之微微靡義同無幾希二字疊韻幾訓近希訓少無幾即甚近甚少之謂以希爲遠則幾爲豈以幾爲近則以希爲少二義可互明又其妻妾不羞也而不相泣者幾希矣注云言今苟求富貴妻妾雖不羞泣者與此良人妻妾何異也何異猶曰幾何亦豈遠之意

禹惡旨酒

〔孟子正義〕　戰國策魏策云梁王魏嬰觴諸侯於范臺酒酣請魯君舉觴魯君興避席擇言曰昔者帝女令儀狄作酒而美進之禹禹飲而甘之遂疏儀狄絕旨酒曰後世必有以酒亡其國者

立賢無方

〔孟子正義〕　禮記檀弓云左右就養無方內則云博學無方注皆云方常也荀子臣道篇云應卒遇變齊給如響推類接譽以待無方曲成制象是聖臣者也注云齊疾也應事而至謂之給夫卒變人所遲疑今聖臣應之疾速如響之應聲無方無常也待之無常謂不滯於一隅也此以無常爲不滯於一隅則兼方所之義言之論語八佾篇云父母在不遠遊遊必有方此方固指方所而鄭氏亦訓爲有常趙氏以無方爲不問其從何方來是以方爲方所之方云惟賢速立之即荀子應卒遇變齊給如響之謂是兼以無方爲無常矣蓋執中無權猶執一之害道惟賢則立而無常法乃申上執中之有權無方當如鄭氏注之爲無常也史記殷本紀云伊尹欲干湯而無由乃爲有莘氏媵臣負鼎俎以滋味說湯致於王道趙氏引伊尹似謂自媵臣保五中升之仍無常之謂也

望道而未之見

〔趙注〕　殷錄未盡尚有賢臣道未得至故望而不敢誅於紂也 —

〔孟子正義〕　漢書司馬相如傳子虛賦云先生又見客顏師古注云見猶至也白虎通歷述帝王之號自伏羲定人道祝融屬續三皇之道顓頊專正天人之道舜能推信堯道夏者大也明當守持大道殷者中也明當爲中和之道也周者至也密也道德周密無所不至也又云王者受命質家言天命已使已誅無道趙氏之意謂紂無道誅之所以致道文王三分天下有其二以服事殷故望道而未至道即命也天命已在文王而不伐殷有天下也近時通

解有二一謂文王以紂在上望天下有治道而未之見此仍趙氏義而稍變者也一說而爲如謂文王愛民無已未傷如傷望道心切見如未見也

武王不泄邇不忘遠

〔孟子正義〕方言云媟狎也說文女部云媟嬻也荀子榮辱篇云憍泄者人之殃也注云泄與媟同泄本發洩之洩通於媟故以狎釋之也邇近爾雅釋詁文說文辵部云遺亡也心部云忘不識也詩邶風綠衣曷維其亡箋云亡之言忘也是忘卽遺亡也武王以太公望爲師周公旦爲輔召公畢公之徒左右王師修文王緒業說苑載其問太公賈子新書載其問王子旦問粥子管子載其問癸度觀兵孟津自稱太子發言奉文王以伐不敢自專乃告司馬司徒司空諸節齊栗此皆不泄邇之事也是邇謂朝臣也牧誓告友邦冢君及庸蜀羌髳微盧彭濮人大傳言牧野既事而退柴于上帝祈于社稷奠于牧室率天下諸侯執豆籩駿奔走史記言封諸侯班賜宗彝作分殷之器物封先聖王之後封功臣謀士此皆不忘遠之事也是遠謂諸侯也

周公思兼三王以施四事

〔孟子正義〕細審此章之指云兼三王明三王不相沿襲可知也云其有不合仰而思之則所以通變神化可知也禹承堯舜之後天下乂安則易生驕泆故惡旨酒好善言以通其變夏之末必各執偏意而用人拘以資格故湯執中立言無方以通其變商紂之初民傷已極而天眷未更故文王但愛民以輔救之守臣節以帥天下諸侯則所以通其變於湯之放桀也武王時紂益無道故不泄邇不忘遠修己以安天下則所以通其變於文王之服事也凡三王之事皆各有合至周公相成王成文武之德其時又異於禹湯文王之時則所以合不合者非思莫得也三王四事先王之法也有不合則思所爲以道揆也堯舜以通變神化治天下爲萬世法孟子歷述禹湯文王周公以明之皆法堯舜之變通神化者也江氏聲尚書集注音疏云孟子周公思兼三王以施四事伏生大傳則云周公兼思三王之道以施於春秋冬夏埒此則孟子所言三王謂天地人三統四事謂四時之事是則帝王出政必參乎三才合乎四時按參三才合四時亦損益通變之義

〔困學紀聞〕註云四事禹湯文武所行事也而伏生大傳云周公思兼三王之道以施於春夏秋冬其說陋矣

詩亡

（四書改錯）　孟子明言詩亡集註何得改作雅亡夫所云詩亡者謂王政不行太史不陳詩輶軒不採詩雖亡耳如謂詩者云陳靈之後無詩是也若云雅亡則衛武懿戒誓僖采藻饑載三百即平生東遷而白華小弁其篇什猶在也至云黍離降爲國風則尤不學人所言王自有風二南爲武王時周召二伯之風文王無二伯也周公陳王政而作豳風即王師征伐皆入之況以黍離爲平王時詩獨毛亨傳耳若三家詩則以此爲尹吉甫之子尋兄所作未嘗在平王世也又況其以王迹熄爲平王政教不行專爲春秋始於平之四十九年耳孟子以春秋繼詩謂詩有美刺而春秋有褒譏其書似相爲表裏故云其曰亡然後作以爲亡在此時作亦在此時也孔子於哀十四年作春秋而乃以春秋始年認爲作春秋之年有是理乎

（四書典故辨正）　詩亡之說不一趙註云太平道衰王迹止熄頌聲不作此以無頌爲詩亡楊龜山云雅亡則無政胡康侯云自黍離降爲國風天下無復有雅而王者之詩亡矣此以雅亡爲詩亡歐陽公云霸者興變風息焉呂東萊王伯厚亦云雅亡而風未亡清議盡凜凜爲變風終於陳靈而詩遂亡此以風雅俱亡爲詩亡顧甯人云西周之天子詩陳於列國察其風俗知其政教而賞罰行焉此義明則春秋不作可也其篇什既亡歟而無有存者則賞罰之義不明而春秋所以作此又以西周之風不傳爲詩亡今按雅亡之說爲朱子集註所取然觀小雅之篇所謂周宗既滅靡所止戾赫赫宗周褒姒滅之明是東遷以後之詩蓋賢人君子憫時念亂雖既東之後豈盡無雅況風詩是王者命太師採陳而行賞罰之典於春秋所取之義尤切又不當專以無雅爲詩亡也　鍔說本安溪李氏昔鄭漁仲亦疑此說然其持論謂美刺之詩亡而褒貶之書作非有定義則又訛得鮮突愚嘗於王仲淹中說得一解焉曰變風變雅作而王澤竭矣然則詩亡者謂正風正雅亡也近李文貞公亦主此論愚以文中之言證之乃知此義不可易

（孟子正義）　顧氏棟高春秋大事表王迹拾遺序云孟子曰王者之迹熄而詩亡詩亡然後春秋作東遷以後政教號令不行於天下然當春秋初年聲靈猶未盡泯也鄭伯虢公爲王左右卿士鄭據虎牢之險虢有桃林之塞左提右挈儼然三輔雄封其時賦車萬乘諸侯猶得假王號令以征伐與國故鄭以王師伐郕秦借王師伐魏二郕本

附庸也進爵而爲子滕薛杞本列侯也降爵而爲子伯列國之卿猶請命於天子諸侯之妾猶不敢僭同於夫人虎牢已兼井於鄭仍奪之遷王朝曲沃以支子篡宗赫然興師而致討衛朔逆命子突救衛書王人樊皮叛王號公奉命誅不服庶幾得命德討罪興滅繼絕之義然鄭以懿親而且交質矣曲沃之伐不惟無功日後荀買且爲晉所滅甚至射王中肩列國無爲王敵愾者而僖王之世命曲沃爲晉侯貪寵賂獎篡弑三綱墜矣嗣後王室益微迨至晉滅虢而襄王復以溫原賜晉舉崤函之險固河內之殷實悉舉而畀諸他人自是王朝不復能出一旅與初年犖勢大異矣以文武成康維持鞏固之天下而陵夷衰微至此豈一朝一夕之故哉惠襄以後世有兄弟之難子頹子帶子朝迭亂王室數數勤諸侯之師蓋齊家之道有闕政本不修皇綱陵遲君子閔焉獨能繼藉先蹤稱述祖制折服强暴若襄王拒請隧定王詰鼎伯而王孫滿以片言却强楚於近郊之外譬之以太阿授人而欲以朽索控踶跑之馬嗚呼其難哉楊氏椿與顧棟高書云竊嘗論春秋家之弊在於賤霸謂春秋專治桓文之罪桓文時天命未改周室已衰陵夷至於敬王然後王迹熄者桓文之力也故孔子仁管仲而正齊桓孟子生戰國王者之不作已久生民之憔悴已甚齊宣有其地有其民而不行王政僅僅以桓文爲問故孟子斥之爲不足道耳要之桓文正未可輕貶者也孟子曰王者之迹熄而詩亡詩亡然後春秋作其事則齊桓晉文蓋自隱五年王師伐翼伐曲沃至莊六年救衛未嘗無征伐之事而是非倒置喜怒失常故號令不行每戰輒敗莊十四年諸侯伐宋齊桓請師於周單伯會之取成於宋而還自是大盟會大征伐必皆請王人主之諸侯亦遂無敢抗者定四年劉子會召陵而後成桓公之會侵鄭單平公之會黃池皆不復見於經蓋霸者之事即王者之迹霸者亡而王迹熄矣顧氏鎮虞東學詩迹熄詩亡說云孟子歷叙羣聖之事而以孔子作春秋繼之迹熄詩亡著明所以作春秋之義蓋自鄭康成曰不能復雅之云而范甯序穀梁遂謂列黍離於國風齊王德於邦君然考趙岐注孟子則曰太平道衰王迹止熄頌聲不作故詩亡是漢儒原立兩義後世鄭學盛行遂遺趙說李迂仲兼而存之古義略具愚竊以爲所欲究者王迹耳王者之迹何預於詩春秋之作何預於迹此義不明則不獨黍離降風支離莫據即迂仲諸說亦可存而不論蓋王者之政莫大於巡守述職巡守則天子采風述職則諸侯貢俗太史陳之以考其得失而慶讓行焉所謂迹也夷厲以來雖經板蕩而甫田東狩鳥帝來同撻伐震於徐方疆理及乎南海中興之迹爛然著明二雅之篇可考焉洎乎東遷而天子

不書方諸侯不入覲慶讓不行而陳詩之典廢所謂迹熄而詩亡也孔子傷之不得已而托春秋以彰衮鉞所以存王迹于筆削之文而非進春秋於風雅之後詩者風雅頌之總名無容舉彼遺此若疑國風多録東周魯頌亦當僭世則愚謂詩之存亡繫於王迹之熄與不熄不繫於本書之有與無也趙氏佑溫故録云注太平道衰王迹止熄頌聲不作故詩亡不用雅亡風降之說獨爲正大而向來罕述之者

孔子作春秋之年　註

〔四書典故辨正〕　春秋毛氏傳曰作春秋之年司馬遷謂孔子阨陳蔡時作在哀公六年左氏說謂孔子自衛反魯作春秋則在哀十一年公羊說謂孔子西狩獲麟得端門之命乃作春秋則又在哀十四年總是揣摩之言不足據者愚按春秋之作司馬遷有二說自序云孔子阨陳蔡作春秋報任安書云仲尼厄而作春秋此一說也而於孔子世家則言西狩獲麟歎吾道窮乃因史記作春秋此又一說也毛氏舉其一說而不及孔子世家之說則疎矣大抵作春秋之年以在獲麟後爲得其實杜氏謂感麟而作作起獲麟則文止於所起而王伯厚謂請討陳恒之年春秋終焉夫子之請討也將以見之行事請討不從然後託之空言其說尤有精義不得以揣摩無據當之若公羊家所謂受端門之命見戴宏解疑論乃緯書妖妄之言此則說經者所必斥耳

春秋始於魯隱公之元年　註

〔四書典故辨正〕　春秋始於魯隱公杜預左傳序范甯穀梁傳序皆以其時相接爲言按史記年表周平王東遷在魯孝公之二十七年又一年而惠公立是惠公即位正與平王東遷相接春秋乃不始惠而始隱何也胡安定曰春秋不始於孝惠者不忍遐絕之猶有所待焉歷孝踰惠莫能中興於是絕之所以始於隱公陳隨隱曰桓公弑兄諸國無討賊者自平王不復父讎始春秋之作所以始於隱公顧亭林曰昭二年傳晉韓宣子聘魯見易象於春秋曰周禮盡在魯矣吾乃今知周之德與周之所以王也蓋必起伯禽之封以洎於中世當周之盛朝覲會同之事皆在焉故曰周禮而成之者良史也自隱公以下世道衰微史失其官於是孔子修之然則自惠公以上之春秋固夫子所善而從之者也毛大可曰始隱並無義例或隱以前亡其書則不修隱以後有其書則修之或隱以前有其書而不必修則不修隱以後有其書而當修則修之何屺瞻曰春秋誅亂臣賊子之書也始於隱公隱公被弑之君也

秦龍光曰考秦本紀襄公七年周東徙雒邑平王封襄公爲諸侯賜之岐以西之地襄公十二年而卒子文公代立文公四年始至汧渭之會十六年始收周餘民有之地至岐岐以東獻之周是前此二三十年周雖以岐西賜秦秦實未敢有之也兩都形勢東西長而南北短平王時成周宗周規模尙存當時人心望其西歸見於三百篇者非一至其末年岐豐之地盡入於秦故大夫行役見故宗廟宮室盡爲禾黍於是黍離之詩作君子知平之不復西而序詩列之王風故曰王者之迹熄熄絕也襃姒滅之於前平王棄之於後春秋爲東遷而作始於平之四十九年蓋紀實之文也凡此諸說未知於聖人之意何如而其中有立言未當不可不辨者胡氏不忍遽絕之之說專以惠公言之可也而牽連孝公則非是孝公即位在宣王之三十二年時周室方隆王迹未熄春秋自無托始於此之理至孝公二十七年平王即位東遷洛邑春秋即欲絕之亦不得以孝公之二十七年爲始此與中興不中興何與而牽連言之乎毛氏隱公以前有其書而不必修之說與亭林善而從之同意乃云或有其書或無其書則又鶻突觀韓宣子見晉春秋而曰周禮盡在晉則知隱公以前之書斷無亡理此皆立說之未當者龍光之論則困學紀聞嘗辨之見第十一卷史記正誤不具錄抑愚更有說焉考竹書幽王三年嬖襃姒五年宜臼出奔申八年立襃姒之子伯服爲太子九年申侯聘西戎及鄫十年王師伐申十一年申人鄫人及犬戎入宗周弑王殺伯服申侯晉侯許男鄭子立宜臼於申虢公立王子余臣於攜自是二王並立者二十年按幽王未廢宜臼而宜臼遽出奔申居申七年而申侯以犬戎弑王是幽之弑宜臼實與聞之弑逆之人不可以君天下當時諸侯第知其冢嗣爲當立而　公獨立王子余臣非無故也昭二十六年傳王子朝告諸侯曰攜王奸命　〔註〕杜註以攜王爲幽王少子伯服非是　諸侯替而建王嗣此事後以成敗言耳若論當時大義則諸侯之立宜臼未必是而　公之立余臣未必非也故春秋爲東之遷而作以其時惟惠與平正相接然而有攜王在爲攜王在則平王未全乎君也故不始惠而始隱或聖人之微意與此論前人所未發亦未敢以爲必然姑述所見如此

晉之乘節

〔趙注〕此三大國史記之名異乘者興於田賦乘馬之事因以爲名檮杌者嚚凶之類興於記惡之戒因以爲名春秋以二始舉四時記萬事之名其事則五伯所理也桓公五伯之盛者故舉之其文史記之文也孔子自謂竊取

之以爲素王也孔子人臣不受君命私作之故言竊亦聖人之謙辭

晉之乘

〔孟子正義〕　乘是兵車之名管子書亦有乘馬臣乘馬乘馬數問乘馬等篇本以一乘四馬廣及陰陽地里農耕國家之事晉史之名乘或亦同之

楚之檮杌

〔四書攷錯〕　檮杌凶人名古四凶之一即春秋傳史克所云顓頊有不才子名爲檮杌而國語內史過謂是鯀者此在楚史官竊其意以斥凶惡謂可以垂戒因借此名實則有名無義其檮杌二字不知何物一如傳所稱饕餮檮戭渾敦饕餮者故杜預註曰凶頑無儔匹之貌擬作形似而舊儒多事謂貌凶無匹是必人面獸行無與爲類因之僞造東方生神異經謂檮杌惡獸而賈公彥註周禮遂以惡獸入經註中毋論爾雅以後凡釋獸諸書並無此獸即以神異經觀之檮杌有別號一號難訓一號傲狠夫傲狠明德不可教訓此正史克歷數凶人之罪狀也今記惡獸而即襲其言以爲別號傲狠已矣獸有誰教訓而名曰難訓此豈可通乎乃後儒又多事謂不是獸名是惡木名以字闕木傍非犭傍也考木傍字書自說文玉篇後祇分註檮字杌字並無聯合檮杌爲一名之木至徐邈作說文註以說文檮字下註斷木者變而爲惡木且引楚檮杌聯合二字以爲名則八愷有檮戭名檮者斷木戭者長鎗也同一檮字而四凶是惡木八愷又是善木必無是理且檮之聯杌猶檮之聯戭也杌與檮而聯作一木則不知善木與善長鎗能聯合否又且爾雅序有不揆檮昧語檮是惡木昧又何物請聯之

〔孟子正義〕　此謂作于此也文公十八年左傳云顓頊有不才子不可教訓不知話言舍之則嚚傲狠明德以亂天常天下之民謂之檮杌賈逵注云檮杌凶頑無儔匹之貌是檮杌爲嚚凶之類史記以檮杌名亦鑄鼎象物使民知神姦之例故云與於記惡之戒說文木部作檮檮云斷木也引春秋傳國語周語云商之興也檮杌次於丕山注云檮杌鯀也服虔引神異經云檮杌狀似虎毫長二尺人面虎足猪牙尾長丈八尺能鬭不退音義云乘丁音剩云晉名春秋爲乘者取其善惡無不載檮杌惡獸名也楚謂春秋爲檮杌者在記惡而與善也惡獸本服虔緞獸之惡人之惡爲戒其義亦同惟檮杌皆從木則爲斷木之定名說文頁部云頑梱頭也木部云梱梡木未析也梡梱木薪

也析破木也按新有析者有不析其未析者名梡卽名梱縱破爲析橫斷爲檮杌斷而未析頭其則名頑是檮杌卽頑之名因其頑假斷木之名以名之爲檮杌亦戒惡之意也

晉之春秋

〔孟子正義〕 杜預春秋序云春秋者晉史記之名也記事者以事繫日以日繫月以月繫時以時繫年所以紀遠近別同異也故史之所記必表年以首事年有四時故錯舉以爲所記之名也孔氏正義云昭二年韓起聘魯稱見魯春秋外傳晉語司馬侯對晉悼公云羊舌肸習於春秋楚語申叔時論傅太子之法云教之以春秋禮坊記曰魯春秋記晉喪曰殺其君之子奚齊又經解曰屬辭比事春秋教也凡此諸文所說皆在孔子之前則知未脩之前舊有春秋之目據周世法則每國有史記當同名春秋按墨子書稱吾見百國春秋又云著在周之春秋著在燕之春秋著在宋之春秋著在齊之春秋則孔氏以爲同名春秋似矣乃孟子於晉楚明舉乘檮杌兩名故趙氏以爲三大國史記之名異孔氏春秋正義又云春秋是其大名晉楚私立別號魯無別號故守其本名是也○孔氏春秋正義云年有四時不可徧舉四字以爲書號故交錯互舉取春秋二字以爲所記之名春先於夏秋先於冬舉先可以及後言春足以見冬故舉二字以包四時也四時之內一切萬物生植孕育盡在其中春秋之書無物不包無物不記賈逵云取法陰陽之中春爲陽中萬物以生秋爲陰中萬物以成賀道養云春貴陽之始秋取陰之物趙氏言二始舉四時二始卽春爲陽始秋爲陰始舉謂包舉卽舉春秋以包冬夏也記萬事之名卽所謂無物不記也

澤流風餘韻　君子之澤註

〔四書釋地三續〕 新鄭高氏曰端毅王公云澤色澤也謂容貌色澤也茲言爲是猶禮所謂口澤手澤者也夫五世之內其人雖不可見然曾見其人者猶有存焉其容貌音響尙有稱述之者至於五世則見其人者亦皆已歿而形容音響不復可知矣故不論君子小人澤皆五世而斬也若如註謂流風餘韻孟子曰奮乎百世之上百世之下聞者莫不興起也名之曰幽厲雖孝子慈孫百世不能改也夫流風餘韻安得五世斬乎且孟子專爲孔子言孔子之道萬世如一日何流風餘韻之足云而小人直遺臭耳又何流風餘韻之有　錯時講小人謂無位者

傷廉傷惠傷勇

〔四書改錯〕　集註林氏曰公西華受五秉之粟是傷廉也冉子與之是傷惠也子路死於衛是傷勇也四書集註補云子華使齊五秉之受乃是其母林氏歸罪於子可笑孰甚至其請粟與粟少有贏縮皆宰臣小失於取與無預也今又堅請粟雖稍過情然無大失也若子路死事則趙鞅蒯聵播禍不淺春秋所深誅也縱論世不明未敢經斯則先聖已事亦當一考夫子在衛未嘗禁子路之入仕及其死而且哀哭之而宋人必以此爲聖門罪此何說焉　張文檒曰金仁山云此必戰國之世豪傑之習勝多輕施結客如四豪之類輕生如聶政之類故孟子爲當時戒耳此庶乎情之言　王恬曰宋儒自矜所學直接堯舜因互相標榜原有微視先聖之意故于北宋諸儒高樹門幟不容一人營議如劉貢父改二程全書一二字便作札四布痛加譏貶必欲使其還復舊文而後已而于先聖先賢恣情敲駁大學孝經連篇刪改卽孔門諸賢何一不受其削斲相其用心實有抑聖賢以揚同類之意宜乎俗儒入告請斥十賢于堂下而升周程張朱與四賢接席矣每讀六經未嘗不累息焉　陸邦烈曰集註痛抑聖門弟子初不過私存其說以稍寓微意實不料後此之直奉爲章程也自元仁宗朝創立八股用朱氏書取士勸爲功令而明文皇帝以朱氏同姓有私暱之意造大全一書以曲護其說嗣此四書無本文且無舊註卽宋儒別說亦概從屏却以歸于一門而于是大中論孟有傳而無經有儒說而無聖賢之說如入齊者如孟嘗而不知有王入秦關者但聞有太后穰矦高陵涇陽而不聞有西秦之主初猶暗奸繼則明竊孔氏一堂將何存濟因識之以存貶抑之痛云

逢蒙

〔四書攷異〕　荀子王霸篇正論篇史記龜筴傳逢蒙皆作蠭門呂氏始應覽作蠭蒙淮南原道作逢蒙門子鹽鐵論能言章作逢須漢書人表藝文志作逢門呂氏有始覽蠭門始習於甘蠅射甘蠅而不從

〔孟子正義〕　史記龜筴傳云羿名善射不如雄渠蠭門集解云淮南子曰射者重以逢蒙門子之巧劉歆七略有蠭門射法荀子王霸篇云羿蠭門者善服射者也注云蠭門卽逢蒙學射於羿呂氏春秋具備篇云今有羿蠭蒙繁弱於此而無弦則必不能中也高誘注云羿夏之諸侯有窮之君也善射百發百中蠭蒙羿弟子也亦能百中淮南子原道訓云重之羿逢蒙子之巧高誘注云羿古諸侯有窮之君也逢蒙羿弟子皆攻射而百發百中逢蒙門一音之轉蒙卽門聲轉引此作逢蒙門子衍一門字也列子湯問篇云甘蠅古之善射者彀弓而獸伏鳥下弟子名飛衛

學射於甘蠅而巧過其師紀昌者又學射於飛衛紀昌既盡衛之術計天下之敵己者一人而已乃謀殺飛衛呂氏春秋聽言篇云逢門始習於甘蠅與孟子所述事近而異

羿

〔孟子正義〕　襄公四年左傳魏莊子云夏訓有之曰有窮后羿注云有窮國名后君也羿有窮君之號孔氏正義云羿居窮石之地故以窮爲國號以有配之猶言有周有夏也古司射之官多名羿故趙氏明此羿爲有窮后羿非他司射者也引春秋傳即襄公四年左傳傳云將歸自田家衆殺而亨之以食其子楚辭離騷云羿淫遊以佚田兮又好射夫封狐國亂流其鮮終兮浞又貪夫厥家注云浞寒浞羿相也言浞因夏衰亂代之爲政娛樂田獵不恤民事信任寒浞使爲國相浞行媚於內施賂於外樹之詐慝而專其權勢羿田將歸使家臣逢蒙射而殺之是左傳所云家衆即逢蒙左傳不詳言其姓名孔氏正義云家衆謂羿之家衆人反羿而從浞爲浞殺羿也

鄭人使子濯孺子侵衛節

〔四書索解〕　春秋無鄭人侵衛事此本春秋襄十四年衛侯出奔齊而孫林父使尹公佗庾公差追公而御公者公孫丁也初尹公佗學射於庾公差差學射於公孫丁是時差欲射丁而曰射爲背師不射爲戮射之禮乎乃射兩軥而還尹公佗曰子爲師我則遠矣以其師之師也乃獨還而射丁丁授公轡而射佗反中佗臂其事如此則是孫林父追衛獻公事非鄭侵衛而衛使追也且是尹公佗學射於庾公差非庾公差學射於尹公佗也孟子時策書未出而傳聞互異故言如此此在註經者自應明據本事指其同異豈有依文訓解一若春秋實有其事者趙岐避仇在安邱複壁中註孟子其腹笥未備或詳或略自可見諒若集註則不應有是矣今按其事子濯孺子尹公之他庾公之斯是師弟子三輩在春秋傳則公孫丁庾公差尹公佗是師弟子三輩其間同異亦不甚遠祇春秋傳是甯殖孫林父以臣逐君事與列國泛常相侵不等孟子引此證師弟子弑逆或思大義輕重較難比擬故特諱其說如薄昭上淮南王書稍變其事與抑亦所聞有異如司馬遷記趙氏下官事與春秋傳原不合與

〔孟子正義〕　孺子爲鄭人所使故知是鄭大夫庾公爲衛人所使故知爲衛大夫襄公十四年左傳云衛公出奔齊孫氏追之初尹公佗學射於庾公差庾公差學射於公孫丁二子追公公孫丁御公子魚曰射爲背師不射爲戮

射爲禮乎射兩軥而還尹公佗曰子爲師我則遠矣公孫丁授公轡而射之貫臂注云子魚庾公差孔氏正義云孟子云云其姓名與此略同行義與此正反不應一人之身有此二行孟子辨士之說或當假爲之辭此傳應是實也毛氏奇齡四書賸言云鄭人使子濯孺子侵衛事左傳是孫林父追衛獻公事非鄭侵衛而衛使追也且是尹公佗學射於庾公差非庾公差學射於尹公佗其中或射或不射即此事而不甚合大抵春秋戰國間其記事不同多類此按此知孟子未見左傳則左傳固晚出之書也

乘矢

〔孟子正義〕毛詩齊風猗嗟云四矢反兮以禦亂兮傳云四矢乘矢箋云反復也禮射三而止每射四矢皆得其故處此之謂復射必四矢者象其能禦四方之亂也發乘矢而後反反是還歸庾斯發四矢而還歸於衛不追孺子故趙氏以去解之云禮射四發而去謂既去矢鏃乃以禮射四發其矢而歸去引詩以證四發爲禮射至詩之反謂反覆其正鵠之故處與反去不同趙氏引之非以詩之反即庾公之發四矢而反也儀禮大射儀云司馬師坐乘之注云乘四四數之聘禮云乘皮設注云物四曰乘禮記少儀云其以乘壺酒注云乘壺四壺也方言云四雁曰乘凡四皆爲乘是乘爲四也

西子

〔四書摭餘說〕賈誼新書夫以西施之美而蒙不潔則過之者莫不睨而掩鼻此用七篇文趙氏注西施古之好女西施也正義引史記云西施越之美女越王句踐以獻之吳王夫差大幸之每入市人願見者先輸金錢一文是西施也今史記無此文僞疏之不足徵信如此又管子小稱篇毛嬙西施天下之美人也自管子至吳越二百十三年不應先及豈西子有兩人歟按吳越春秋越王以吳王好色大夫種乃使相於國中得苧羅山鬻薪之女曰西施鄭旦　註十道志句踐索美女以獻吳得之諸暨苧羅山賣薪女也無浣紗之說　飾以羅縠教以容步三年學服而獻於吳使范蠡進之吳爲築姑蘇臺後吳亡復歸范蠡泛五湖而去於是有爲西子辨者据吳越春書逸篇云吳亡後越浮西施於江令隨鴟夷以終史記伍子胥傳吳亡取子胥尸盛以鴟夷革浮之江中　註應劭曰取馬革爲鴟夷鴟夷榼形　子胥罾死施有力焉浮西施所以報子胥也故云隨佘編以爲不然孟子稱句踐惟智者爲能以

小事大使其以臥薪嘗膽之故謀及婦人浸假而洩越之謀於吳而越君臣無死所矣是施之入吳第遺之好美以榮其志云爾沼吳之謀施無與也施不聞沼吳之謀施即不必譖胥之死而胥卒死吳卒沼悉舉其事歸之施則功在種蠡上矣而顧驅而委之於江謂以報子胥也此非人情知句踐必不出此於是有爲西子解者曰越世家言范蠡出齊變姓名自號鴟夷子皮　（註）索隱曰范蠡自謂也蓋以吳王殺子胥而盛以鴟夷今蠡自以有罪故爲號也韋昭曰鴟夷革囊也或曰生牛皮也　唐人乃有一舸逐鴟夷之句非子胥也則更不然范大夫苦身戮力與句踐深謀二十餘年竟滅吳報會稽之恥是必非常人乃復有取乎烏盡弓藏之戒乘舟浮海以行方且棄官不顧徙家弗恤而必皇皇爲攜一亡國之婦人以走賢者不爲也吾知范蠡亦必不出此且西子亦苧羅賣薪女耳賤日豈殊衆貴來方悟稀其受吳之恩必什伯於越也吳之恩什伯於越施即不能殉吳施度未能忘吳而謂其乘吳之亡以復歸於越竟請從越大夫後直千古淫奔之尤九原有知捧心無既矣吾知西子亦斷斷乎其不出此嘗讀史至越復棲吳王於姑蘇之臺吳王自殺而施不知所終意其必自沈以報耳施不美越必不以獻之吳施不入吳施亦遂不必以吳死墨子曰西施之沉其美也其斯之謂邪後人不察至有爲一女三夫之說者不潔之蒙殆有甚焉是則辨之不敢不辨者也

（孟子正義）　管子小稱篇云毛嬙西施天下之美人也盛怨氣於面不能以爲可好西施見管子故趙氏以爲古之好女也周氏柄中辨正云西子即西施張邦基墨莊漫錄云管仲在滅吳前二百餘年而其書已云西施豈越之西施冒古之美人以爲名邪按傳元謂管子書過半是後人好事者所加其稱加西施或是後人附益然莊子屢與西施司馬彪注云夏姬夫越女名西施夏姬亦稱西施則又似古有此美人而後世相因借以相美如善射者皆稱羿之類

行其所無事也

（四書釋地三續）　禹貢錐指曰孔書傳書言禹之治水或鑿山或穿地以通水此不必到處皆然綿亘千百里遠其實當時有其地不得不用此法者尸子呂覽淮南子水經注衆口一辭豈欺我哉賈讓曰昔大禹治水山陵當路者毁之故鑿龍門辟伊闕析底柱破碣石此鑿山之事也孟子曰禹掘地而注之海太史公曰禹厮二渠以引其河

北截之高地過洚水至于大陸此穿地之事也儒者蔽於一己之意見凡耳目所不曾及皆以爲妄開章壺口梁山第一功便說得全無精彩亦由過泥禹之行水行所無事之言謂禹絕無所穿鑿殊不知堯之水災非尋常之水災禹之行水非尋常之行水審如棊傳所云則後世築堤遥掃開渠減水之人皆得與禹功並垂天壤矣鯀何以續用弗成禹何以配天無極哉余謂如此讀孟子宜可謂通人之識矣

天之高也節

〔四書典故覈〕 天體無形其高本不可以道里計古言天家以爲天去地五億萬里者淮南天文訓也以爲自地至天半于八極而應爲一億一萬六千一百五十里者張衡靈憲也以天之積度共爲七十三萬里以周三徑一計之應得半徑十二萬一千六百六十六里者王充論衡也以爲徑三十五萬六千九百七十一里半之應得一十七萬八千四百八十五里半者帝王世紀也以爲從地至天億一萬六千七百八十七里半者廣野天圖也以天之積度爲一百七萬一千里以周三徑一計之應得半徑一十七萬八千五百里者洛書甄曜度春秋攷異郵而陸績乃計其全徑爲三十五萬七千里者也以爲天去地九萬里三五律紀也以周天爲八十一萬里以周三徑一計之應得半徑十三萬五千里者春秋元命苞也以四正四隅相去爲九萬里而天去地四十千萬里者關令內傳也以爲從上臨下八萬里者考靈曜也以爲極廣長南北二億三萬一千五百里東西二億三萬三千里半之約應得一億一萬六千里者河圖括地象也以一十九萬三千五百里爲地去天之數者月令正義攷靈曜也以上凡十三家其淮南律紀元命包攷靈曜等約略空言者無論已卽論衡甄曜度攷異郵帝王世紀知以周天積度計之似近理矣不知天愈高則度愈闊所言里數殊難作據且不知天之去地面與地心有地半徑之差與周三之不足徑一也至靈憲天圖括地象則四方又有闊狹關令內傳則天地相去之數與四方之相去又不合周三徑一之大略月令正義攷且妄及恆星四表之外則皆鑿之尤甚者也今法分天爲九重宗動天居最上二十八宿及日月五星各居一天層層相裹而地處其中地之上爲月天月天之上爲水星天又上爲金星天又上爲日天又上爲火星天又上爲水星天又上爲土星天又上爲恆星天又上爲宗動天則總挈諸天以西行者也其於七政之行各以法測其高度較地之半徑若干倍爲其天去地心之數月天中距爲五十九倍又百分之七十八以乘地半徑一萬四千一百三

十餘里已有八十四萬四千六百九十一里一百四十四步之高減地半徑則月去地面之數也日天中距二萬六百廿六倍乘地半徑得日去地心二萬萬九千一百四十四萬五千三百八十餘里之高爲水星金星皆一年一周天者也故中距與日月同火星二年弱一周較日天之高約一倍半木星十二年弱一周較日天之高約五倍土星二十九年半一周較日天之高約十倍恆星二萬五千餘年一周較日天之高約九千倍此皆得之實測恆星之高亦以火木土三星行天之遲速比擬得之若恆星以上之天太虛無跡則仍非智識之可推矣此星辰之遠即天之高也若日至之說則步律者必以冬至爲一歲之終始至者極也日極南景極長晝極短日短星昴始於虞書遂爲千古定冬至之準兩至相距爲一歲朞三百有六旬有六日則舉大概言之後世所謂歲實也夏商以來律法無攷周髀之法分歲周爲三百六十五日四分日之一即分天周爲三百六十五度四分度之一以爲一晝一夜日行一度朞年即再至其處歲周即天周也夫一晝一夜日行一度是未知日有高卑盈縮也歲周即天周是未知恆星之天非太虛之天而尚有東行之度也小餘四分之一是歲實失之大强且未知節會之有平有定也執是以求夫安得不冬至後于天而日躔西收乎乃春秋時推步失當兩紀冬至皆先天二三日裨竈梓愼之徒但言占驗無知及此者延及于漢猶執前法太初律之大餘五小餘八即四分法也三統小餘爲萬分之二千五百零一六二四四奇則反强于四一矣後漢立儀表校日景仍復四分之一所謂四分律也靈帝時會稽東部尉劉洪始悟四分於天疏闊皆斗分太多之故作乾象律始減小餘爲二四六一七九九六奇焉夫自魯僖公五年丙寅正月辛亥朔旦冬至至靈帝時八百餘年以平率較之冬至當後天六日奇矣蓋以春秋冬至先天過甚小餘雖强然以數百年積漸減除人自不覺逮久已後天而洪乃始能覺之也魏以後律凡數改其小餘又皆强于乾象而景初律二四六八八〇〇八奇者爲尤甚宜元嘉閒用之而所推冬至常在日景最長之後三日有餘也惟神龜初正光律二四三七二九三七奇其小餘爲弱于乾象而近之矣然何承天知景初之慢而其所造元嘉律室分二四六七一零五奇又不過較景初稍弱而已又安能得冬至之確數哉溯自堯時至劉宋二千八百餘年日躔之不及天者幾四十度蓋自虛八退至南斗十一度奇矣乃太初以後律凡十改而皆承襲三統舊法稍變歲餘以爲補救一時之計即何承天知以景長爲冬至而尚不知天周之非歲周也其後南徐州從事史祖沖之以大明六年壬寅造甲子元律始分天

自爲天歲自爲歲而歲差之法出焉又詳測前後日晷折算取中以定冬至其小餘二四二八一四八一奇則較正光又弱而庶近于眞矣惟其處分太弱四十五六年卽差一度爲數過促且其分天者以爲日之不及于天而不知恒星之自有行度也又曰晷長短之變時刻相距亦有不同其時最卑在冬至前約十二度至前日近最卑而行應稍疾至後日遠最卑而行應稍遲折算取中者仍不免後天數刻而冲之亦未之明也乃其時北齊張子信由積候合蝕加時覺日行有入氣之差而立損益之率趙道嚴復準晷景長短定日行進退更造盈縮以求虧食隋劉焯更立躔度與四象升降所造皇極律始用定氣蓋高卑之理雖未明而盈縮則已見矣隋以後造律者其法多倣祖氏分天周立歲差雖未有精測巧算密合于天而究無後天三日如景初者故隋之律三改唐之律八改五代迄元凡十四改雖其歲差遠以八九十年近以五六十年不能相準而其小餘二四三奇者最多二四四奇者蓋已少矣惟元郭守敬之授時律乃仍宋楊忠輔之統天律二四二五以爲小餘爲適與衆異而不知則又失之過弱也古之律法所以甚粗者其故有三一由膠守成法一由測算不精一由泥古太過漢四百年律雖三改而仍復四分則以四分爲不易之法也自堯至劉宋日躔自虛退斗而歲與天猶不敢分也此膠守成法之過也不得高卑行度及兩心差之大小而僅求之于晷景則不知平冬至定冬至之別而執一隨時不同之泛率以爲定率增改不一互以爲非此元以前造律者之通病卽郭守敬創造簡儀高表憑所測實數考正冬至歲餘宜得其實矣以今法推之其時最高已在平冬至後二十餘分而猶謂盈縮常起于二至是測之不精也祖冲之所定大明壬寅冬至在乙酉日辰初三刻郭守敬所定至元辛巳冬至在巳未日丑初一刻前後相距八百一十九年共積二十九萬九千一百三十三日九十二刻以守敬所定歲實積之則不及三十二刻乃云自大明壬寅距辛巳合得此數何耶蓋卽以所設百年長一之法推之則又先於冲之所定三十餘刻矣進退無據莫適所從是算之不精也泥古太過者律家更造一律必以近日所測逆推往古史傳所載以爲符驗如元史有六律冬至開載魯獻公戊寅至至元庚辰四十九事紀大衍宣明紀元統天重修大明授時時刻之異同是也然古者天學未明冬至多非實測以今日之法而必求合古每反至變改近日之實測以遷就往古之虛文故列代之歲實雖減于四分而實皆過于强者多也若郭守敬雖統天距差躔差之說而設百年消長一分之法亦正坐此而不知其無是情理也自西法入中國而律法乃密一曰天度

回回法分周天爲三百六十整度不用奇零度以下分杪微纖皆遞析以六十設度于此而以日月五星之盈縮進退其間是爲以整御零之善法一曰恆星行度以爲恆星之天在土木二星天之上無盈縮升降之跡然能出入赤道而循黃道以東行西人第谷定爲每年五十一杪閲七十年有奇而始行一度焉此二者即古之天周而昔之人無是膾亦無是識者也若其所論歲周者一曰平歲實回回法以春分爲歲首故其歲實三百六十五日二四二一八七五乃田累測春分得之蓋數百年來盈縮之差尚近二至而二分之朒朓甚微所定小餘之八七五應亦無甚參差故歐羅巴法遂用爲平率以均度加減之爲諸定氣猶月之有平朔平望而求定朔定望也一曰高卑行度蓋日之行其本天本無盈縮特其高卑升降成橢圓形而橢圓之心又與地心不合於是日在本天爲當某度者由人目視之又不當某度蓋高則離地遠而視行遲卑則離地近而視行疾最高爲盈末縮初之端最卑爲縮末盈初之始亦如月五星之有盈有縮也凡節氣在最高之半周則兩節氣相距之歲實必少于平率在最卑之半周則兩節氣相距之歲實必多于平率故最卑在平冬至前則加均度而減時定冬至在平冬至之前而兩冬至相距之歲實長最卑在平冬至後則減均度而加時定冬至在平冬至後而兩冬至相距之歲實消今法定最卑行每年一分三杪稍朒雍正癸卯最卑離冬至八度零七分奇元世祖中統年間大抵適當冬至者也求冬至者以平歲實爲之根再以最卑之遠近求其均數隨時以加減之則千歲之日至固可坐而致矣一曰兩心差即日天均輪之半徑也西法始定千萬分之三十五萬八千四百一十六均數最大者二度三分有奇後戴進賢等又減爲三十三萬八千〇〇〇則均數最大者止一度五十六分十三杪矣上考祖沖之當年實測計其兩心之差大抵有四十餘萬則彼時均數更大古大今小莫測端倪正如黃赤距度之古闊今狹同爲司天者所不能預定者也求冬至者又宜以此消息之朱子謂造律者以上古十一月甲子朔夜半冬至爲律元者蓋從來造律諸家必推至上古時歲月日時皆得甲子而又日月如合璧五星如連珠同起冬至之度然後以爲起算之根也此自漢太初以至金重修大明數十家之常委皆不過即其近時之實測遐推往古以折算求合而未可信以爲實故史傳所載律元無一同者推測未精所立之法有未數十年即不驗者又可憑其荒遠無稽之律元以爲推算之根哉故元授時遂不用此法直以至元辛巳截算爲元今則以雍正癸卯爲元皆但憑實測不倚虛詞矣　儀象考成曰測歲實之法古人皆測冬至然

冬至之時刻雖定不如用春秋分時得數爲眞蓋冬至時黃道與赤道平行其緯度所差一日不過數十秒儀器無從分別二分黃道與赤道斜交其緯度一日差二十四分其差易見且求歲實須平行而測晷止能得視行惟二分時去中距不遠其平行實行之差甚微可以不計況冬至時太陽之地平緯度少清蒙之氣甚大古來歲實難得確準此其故也　按周禮致日兼冬夏虞典命羲和于二分特詳與今法正合　李氏光地尙書解義曰二至者律之元也而二者尤以夏至爲重故于夏言敬致冬不言宵永而云日短蓋亦主于日以相參驗不言敬致一家前義一以夏至爲主也大司徒土圭之法亦云夏至之景略冬至者以此自漢以下始專論冬至與聖人意異及歲分之説起又但以冬至之日日行疾度遂減歲分豈知若以夏至舒度推之則歲分之減者反增也　按以歲分爲當參二至是已謂古專主夏至自漢以後專論冬至則非也逸周書周月解惟一月既南至日短極基踐長日月俱起于牽牛之初終則復始是謂日月權輿蓋造歷之法以冬至陽生爲定測之始無緣轉重夏至土圭之法則專以測影又與造歷異也

（孟子正義）　禮記中庸篇云今夫天斯昭昭之多及其無窮也日月星辰繫焉素問云黃帝曰地之爲下否乎岐伯曰地爲人之下太虛之中也曰憑乎曰大氣擧之也蓋地居中天周其外而地之去天楚辭天問雖云圜則九重而其里度實不可知其高之無窮也所可測者日月星辰而已星者二十八宿也辰者十二次也分天爲十二次依於星象天本無度以星辰爲度星辰本無度以日行爲度故測天者先測星辰測星辰者先求日至東方之宿角亢氐房心尾箕爲蒼龍南方之宿東井鬼柳七星張翼軫爲朱鳥西方之宿奎婁胃昴畢觜參爲白虎北方之宿斗牛女虛危室壁爲元武蔡邕月令章句云周天三百六十五度四分度之一分爲十二次日月之所躔也每次三十度三十二分之十四日至其初爲節至其中爲中氣自危十度至壁八度謂之豕韋之次立春雨水居之自壁八度至胃一度謂之降婁之次驚蟄春分居之自胃一度至畢六度謂之大梁之次清明穀雨居之自畢六度至井十度謂之實沈之次立夏小滿居之自井十度至柳三度謂之鶉首之次芒種夏至居之自柳三度至張十二度謂之鶉火之次小暑大暑居之自張十二度至軫六度謂之鶉尾之次立秋處暑居之自軫六度至亢八度謂之壽星之次白露秋分居之自亢八度至尾四度謂之大火之次寒露霜降居之自尾四度至斗六度謂之析木之次立冬小雪居

之自斗六度至須女二度謂之星紀之次大雪冬至居之自須女二度至危十度謂之元枵之次小寒大寒居之此十二次即爲十二辰天每日左旋一周日每日右行一度天行赤道日行黃道黃道斜交於赤道其交處爲春秋分自春分交赤道之北至夏至而極北距赤道最遠轉而南行至秋分交赤道之南至冬至而極南距赤道最遠又轉而北行至春分復交於赤道其道斜絡於二十八宿之間故日之出入南北皆以星辰爲識堯典日中星鳥日永星火宵中星虛日短星昴月令孟春日在營室仲春日在奎季春日在胃孟夏日在畢仲夏日在東井季夏日在柳孟秋日在翼仲秋日在角季秋日在房孟冬日在尾仲冬日在斗季冬日在婺女是也日每歲環行於十二辰二十八宿之間則此黃道之絡於星辰者爲日躔之軌迹即所謂故也求其故求日所行於星辰之度也日所行之度即其故而可知其所在則兩分兩至定矣日之行極於兩至故以日至言之張氏爾岐蒿庵閒話云秝法每十九年爲一章第一章之初年月日時俱會於甲子朔旦冬至是爲秝元以後章首冬至必在朔旦而非甲子日時四章七十六年爲一蔀朔旦冬至在夜半子與第一章同而月日非甲子二十蔀爲一紀凡一千五百二十年冬至朔旦乃甲子日甲子時而非甲子歲首三紀共四千五百六十年至朔同日而年月日時俱會於甲子如初矣孟子所謂千歲之日至正求此一元之初年月日時俱會甲子朔旦冬至者也

千歲之日至

（四書改錯）日至有兩至不止冬至即冬至亦不在朔日至是中氣在望後無在朔者若朔日冬至則又不當在造歷之始凡朔日遇至則必前是閏月以節氣移之望後而後移中氣在朔如僖五年正月辛亥朔日南至正義謂去年十二月是閏月故也未聞造歷先置閏者又且歷元有成歲推元之法有章首部首統首一章二十歲有餘而推至統首即二千餘萬歲而猶不足何得限以千歲此日至二字當知祇日短至日長至春秋傳日南至日北至孟獻子言正月日至七月日至兼冬夏有之大抵造歷在定至必先定兩至而後兩分四時二十四氣十二月三百六十以次徐定傳所云履端於始者謂求之日月五星遲會之始也舉正於中者即正中氣定日至也正猶尚書正仲夏正仲冬也而然後以餘分置閏歸餘於終焉是求故始事致至中事而乃以置閏之終錯認作求故之始既乖兩至復昧三首一言而數錯之矣致者推也坐致推將來也凡言坐俟後之辭也千歲非一歲也　遠宗曰新唐書五

代史皆宋人歐宋輩所作其言造歷之始即朱註所本然實杜撰非古法據堯時造歷特敕羲和氏諸官考時置閏其分命申命祇以冬至屬朔易未嘗屬歲首也且以日出驗朔旦中候未嘗較夜半也歷有三正而造歷者必據寅建以或子或丑則四時不正故周正建子而其陳豳風造月令仍用寅正令甲子夜半冬至則子正也幾有本子正造歷而可以考日月定四時較分至以正中氣者錯矣　張文彬曰趙註以日月所會爲日至則又誤以辰爲至矣辰在朔至在望總不識中氣耳

（天元歷理）　管窺輯要曰漢唐冬至日躔在斗至元入于箕郭守敬以古冬至在子中虛宿六度太陽東退每百年差一度半上距唐堯約四千餘年歲差已五十餘度非惟度移宿而又辰移次矣其冬至在子中則不可移也康節云冬至子之半天心無改移蓋宗宣尼贊復爲見天地之心是子中一陽來復乃造化之樞機千古不易諸歷以冬至子中其宿或當虛或當危其度或在虛末或在危初紛無的論授時定于虛宿六度庶爲近之故西法宮分無係于宿宿度不屬于宮假令太陽一百年前在於寅宮初度一百年後仍在寅宮初度其前百年寅宮初度之宿乃箕七度後百年寅宮初度之宿乃箕五度是百年後寅宮初度非百年前寅宮初度也其宮定而宿不定則郭氏以子中爲虛宿六度者亦未可爲定論也發按此所論差理最爲詳明若西法宮定而宿不定實古法也即堯典中星與周書月令之意蓋外國之法原是中土聖人所傳而守之不變者中土自秦火散失漢人變法而外國之遺反爲奇秘矣以愚論之其理有四外國每言至中國十萬里其歷法迥不同何以天星二十八宿之目則同豈天星當黃道者止此二十八宿乎此其一中土差法起自晉宋至唐而始定于傅仁均虛六度至今用之蓋傅仁均本得之律書八風圖也何以外國差法亦起虛六度豈非羲和眞象外國實存之而中土則失而復出乎此其二又西法先參而後觜亦出八風圖古人之參則今之參旂也古人之罰則今之參故西法先參而後觜以觜代罰也以觜代罰則參度不得不狹矣故參度一而觜度十此其三又宿度之外別有宮度正與堯典中星之法合中者南方午正之定位也星者二十八宿當于午正之星也天道歲歲差移午正有定位而所當之星不定故賓司天者賓餞出納以察之則午正子正有定度可知午正子正有定度則十二宮度之定數亦可知故予謂堯典中星爲古人歲差法最顯著者而世人不悟仲尼祖述堯舜其肯悖堯舜制度而獨取建寅哉西法實得中星之制此其四此四者皆唐虞之

遺而外國能守之中土之士反多疑爲溺于注疏之謬也今湯道未毅然斷之移易宮度誠有見矣惜乎所移之度猶未眞但借于子初丑中之星紀依理直以箕三度移入子中　〔按〕此是康熙初年度今又差三度矣　而冬至日躔仍歸始于元枵之次方爲至當蓋冬至日躔到子中萬古定理則冬至太陽起元枵之次亦萬古定法爲有南陸北陸在寅申之地乎今因析木之次不當爲南陸之至乃改作星紀之次以爲元枵可起子末則星紀亦可起丑末也非不可通然南陸之至又當在丑末乎實非正理又西士歲差法起帝嚳四十年甲子日在虛六度夏王不降乙未三十五年退入女宿商武乙丙寅四年退入牛宿周簡王丁亥十二年退入斗宿宋度宗四年戊辰退入箕宿度二分餘發按西法所紀帝嚳甲子及夏商年世亦本中國鑑紀之誤帝嚳甲子至夏王不降乙未凡五百十一年虛宿六度退完夏王不降至商武乙丙寅亦五百十一年退過女宿何前差遲而後差疾乎商武乙丙寅至周簡王丁亥凡五百六十一年退過牛宿八度又何前差疾而得差遲乎周簡王丁亥至宋度宗戊辰凡千八百四十一年退過斗宿二十六度簡王丁亥以前距帝嚳甲子千五百八十三年總差二十五度通較遲疾雖略相當然歲差之法分秒不得差忒況七十年差一度亦未的今通考自堯訖今三千八百餘年約之而得差六十二度每度得六十二年考之古史論歷一一脗合是爲差法約表　〔按〕此係康熙初年所定今又歷一百八十餘年應差三度共差六十五度矣

邢氏歷攷曰朱子謂夏時以斗柄初昏建寅之月爲歲首若謂凡正月斗柄俱指寅矣不知建寅者乃寅月以寅日爲建卯則除辰則滿二月以卯日爲建辰則除巳則滿非謂斗柄所指爲建也斗柄初昏所指爲正月惟古爲然而後不然也如萬歷時正月初昏斗柄指丑再千餘年則指子久之指亥指戌日漸移而東天漸移而西一正月也斗柄歷十二辰皆可指不必寅也一寅也十二月斗柄皆可指此所謂歲差之數天道推遷萬世可知者今人不察歷數而猶拘故常何不一仰觀天象乎發按此邢氏于歲差之理明且決矣然以尅擇家建除十二辰不以斗柄所指爲建抑何支離穿鑿乎夫聖人之制干支尅擇必本天象若不以斗柄所指爲建何以謂之建乎邢氏因諸儒解行夏之時距今二千餘年天象實不合建寅乃曲爲之說竟不思孔子何嘗說着斗建竄遵註疏家謬解而深明歲差如邢氏者猶不能辨惜哉今其法已稍變于西士矣然西法能移易宮度而猶未能改斗建亦

以中士習常徧錮之久不敢議也豈眞宮度移而斗柄不移哉今人見移易宮度或以爲西術秘密而竟不知昔人言之已如雷貫耳也嘗致諸史自秦人改正而外又有曹魏之高堂隆議改斗建矣行之不三年而復舊周天元嘗議改正矣亦行之不久旋復武氏嘗改正矣亦行之不久而復要皆不安于天象之非建寅而又皆浸潤于改正之說不能明其理數之至當故卒爲時議所格理數之至當改建耳非改月漢唐仲冬十一月建亥孟春正月建丑耳非以建丑之月爲正月也以建丑之月爲正月仍是以冬爲春矣安能免于時議之紛紛乎此昔人皆所未喻者也在今之世當以仲冬十一月建戌孟春正月建子改建不改月并不改時不過歷書改一字耳四時寒暑不易民間視聽不變而天象合欽若正此羲和之舊法古聖之遺術而爲從來註家蒙昧者也或曰若子言正月建子得毋同于周正之舊說乎曰不同周世天象未變而變是失之預漢唐以後天象已變而不變是失之拘失之預者知古法之有變而不詳於天象是以冬爲春不合天道人事之順故孔子譏而正之曰行夏之時失之拘者忘乎古法之有變而苟安于天象故當依天象之差而改建子于春正月非以建子之冬月爲正月也周孟春正月建寅今孟春正月建子乃天道差移之定理正孔子所謂行夏之時也蓋正月孟春猶壬家之地盤不可易也建寅建丑建子建亥者猶壬家之天盤不可執也天盤可動建也地盤不可動時也三代天象孟春皆建寅而東周獨建子今天象孟春建子使正月建子改建不改時與孔子之訓合矣堯典日短星昴以正仲冬今冬至日在箕則日短星室乃知歷代中星不同故帝王受命首重羲和之寅餞聖人之制不虛設矣以斗柄實指之位爲建則璿璣齊政之理得矣由是六十二年差一度一千八百八十七年而斗柄移一舍又改一建　週正月建亥　通七千五百四十八年而斗柄入申終人統之數乃復用夜半建法爲天統之始孟春正月又建寅是萬世不違行夏之訓萬世不失天象之眞也豈漢宋諸儒不問天象而附會三正循環者比哉

公行子有子之喪

（四書改錯）集註無文而宋人爲說者皆曰公行子喪親而身居子位名曰子喪此大錯者公行子有子之喪謂身有子喪非身居子喪也凡喪必有主然有君爲臣主者有父爲子主者如小記云父主子喪而有杖又奔喪云凡喪父在父爲主是子喪父主明有定禮當時公行氏喪子正身爲喪主以受賓弔一如檀弓所云子夏喪其子而曾

子弔之故趙註云公行子齊之貴臣而疏曰其子死是也解者不識禮不識父當主子喪妄解曰公行子有人之子喪增一人字禮凡稱有某喪皆實指死者言之謂其人之喪也若以指生者則檀弓曾子有母之喪子路有姊之喪不成有人母人姊喪乎

〔孟子正義〕 顧氏炎武日知錄云禮父爲長子斬衰三年故云公行子有子之喪而孟子與右師及齊之諸臣皆往弔毛氏奇齡經問云或問公行子有子之喪說者皆曰公行子喪親而身居子位名曰子喪謂有人子之喪也然乎曰非也公行子有子之喪謂公行子喪其子非身居子喪也凡喪必有主然有君爲臣主者有父爲子主者如小記云父主子喪而有杖又奔喪云凡喪父在父爲主是子喪父主明有定禮當時公行氏喪子正身爲喪主以受賓弔一如檀弓所云子夏喪其子而曾子弔之禮凡稱有某喪皆實指死者言之謂其人之死喪也若以指生者則檀弓曾子有母之喪子路有姊之喪不成有人母人姊之喪乎錢氏大昕潛研堂答問云問公行子有子之喪何以君命往弔曰儀禮喪服篇父爲長子斬衰三年傳曰何以三年也正體於上又乃將所傳重也庶子不得爲長子三年不繼祖也鄭氏注云此言爲父後者然後爲長子三年重其當先祖之正體又以其將代已爲宗廟主也公行子當是爲父後者其子蓋長子也大夫之嫡長在國謂之國子入學與世子齒焉者也在家謂之門子春秋傳大夫門子皆從鄭伯是也故其喪也父爲子服斬衰三年君使人弔卿大夫咸往會焉周禮卿大夫士之喪職喪以國之喪禮涖其禁令孟子所稱不歷位不踰階之禮即職喪之禁令也趙氏佑溫故錄云進前也此右師甫入門未即位時趨迎揖之者即所謂踰階也與下就右師之位皆人之進人之就衆人皆往弔先集而右師獨後至書法特書右師往弔亦似以右師主其事孟子蓋不得已從衆也○注公行子齊大夫也

禮朝廷不歷位而相與言不踰階而相揖也

〔四書改錯〕 集註謂是時齊卿大夫以君命弔各有位次開口便錯國君弔臣或親弔或命弔祗使一人惟出弔他國始有正有副豈有遍滿朝卿大夫弔本國臣者況君命弔則爲往弔之臣必是卿大夫今公行不知何人且不知其所喪者是父是子父耶則世卿父子無同升公者 〔註〕見甯武子條 否則父士庶君不弔也子耶則未有國君而弔臣之子者今曰子之喪實是子死趙註原云喪其子朱氏不註而俗儒遂附會之曰有人子之喪夫禮文有

句例父之喪是父死子之喪是子死不得增入子字強解說也特國君不弔臣之子而國之卿大夫得往弔者蓋喪有尊主有卑主尊主者君主臣喪如曾子問云哀公主李桓子喪而衛靈弔之是也父主子喪如檀弓云子夏喪其子而曾子弔之是也是公行喪子君雖不弔而同朝之臣皆當弔之此是恒禮若其云朝廷不歷位則以喪禮惟爲位最重與朝禮等況同朝咸在則卽以朝禮類曉之並非眞有一班朝之使受君命以涖其事也今強引周禮而錯乃倍甚夫宗伯職喪一官惟天子有之侯國無有也其曰掌諸侯之喪及卿大夫士凡有爵者指畿內王子母弟得稱諸侯者非外諸侯及侯國卿大夫士有爵者也其云涖禁令而序其事謂涖喪葬之禁而序其含襚斂殯之事未晉命司賓司士序班聯定位次也此與周禮何涉而引之　張文虎曰歷位謂他人之位亦錯歷者彼此更歷之謂如揖而進之是彼歷此位越而就之是此歷彼位故曰相與言曰相揖若止一他位則何相乎

由己溺由己飢

〔孟子正義〕　音義於上章我由未免爲鄉人也云丁云由與猶義同後皆放此然則此由亦猶也謝少宰墉謂由當讀如字蓋己既爲司空則天下之溺由於己己既爲后稷則天下之飢由於己讀爲猶尙是譬況未合此深得孟子之指矣

纓冠

〔孟子正義〕　說文糸部云纓冠系也劉熙釋名釋首飾云纓頸也自上而下繫於頸也急於戴冠不及使纓攝於頸而與冠並加於頭是以纓爲冠故云纓冠趙氏此注精矣○按劉熙釋名釋首飾云冠貫也所以貫韜髮也說文云毋讀若冠是冠有貫義

章子

〔四書摭餘說〕　顧麟士曰匡章當名章字章子是公都子稱其名而孟子稱其字也蔡虛齋曰匡章又曰章子者皆章子是字今去却子字猶之曰顏淵耳是孟子稱其兩字而公都子稱其一字字也閻百詩謂皆非也按戰國策齊宣王與羣臣皆稱爲章子蓋于人名下繫以子字當時多有此稱謂田盼人稱爲盼子田嬰人稱爲嬰子田文人稱爲文子以及秦魏冉亦稱爲冉子皆此類章子見于國策最早當時王威據國策威王使章子將而應秦威王

念其母爲父所殺埋于馬棧之下謂曰全軍而還必更葬將軍之母章子對曰臣非不能更葬母臣之母得罪臣之父未教而死臣葬母是欺死父也故不敢軍行有言章子以兵降秦者三威王不信有司請之王曰不欺死父豈欺生君章子大勝秦而返國策所述如此全氏謝山曰章子自勝秦以前所以處此事者本不可以言過然其勝秦而還則王必葬其母矣而章子之出妻屏子終身如故是在章子亦以恫母之至不僅以一奉君命得葬了事未嘗非孝而不知是則似於揚其父生前之過自君子言之以爲非中庸矣故孟子亦未嘗竟許之而究之矜其遇諒其心蓋章子自是至性孤行之士晚近所不可得雖所行未必盡合而直不失爲孝子如宋儒楊文靖公張宣公言則其貶章子有太過者但章子之事未必在威王之世威王未嘗與秦交兵則此當秦之獻公正所謂六國以戎狄擯秦之時其後則孝公方有事于攻魏故威王三十六年之中無秦師而宣王伐燕之役史記所稱將五都之兵者正是章子則恐其誤編于威王策中者

〔孟子正義〕 全氏祖望經史問答云章子之事見於國策姚氏引春秋後語證之所紀略同吳禮部曰孟子以爲子父責善而不相遇恐卽此事然必國策所云何以言責善況在威王時頗疑與孟子不相接答曰章子見國策最早當威王時據國策威王使章子將而拒秦威王念其母爲父所殺埋於馬棧之下謂曰全軍而還必更葬將軍之母章子對曰臣非不能更葬母臣之母得罪臣之父未教而死臣葬母是欺死父也故不敢軍行有言章子以兵降秦者三威王不信有司請之王曰不欺死父豈欺生君章子大勝秦而返國策所述如此然則所云責善蓋必勸其父以弗爲已甚而父不聽遂不得近此自是人倫大變章子之黜妻屏子非過也然而孟子以爲賊恩則何也蓋章子自勝秦以前所以處此事者本不可以言過然其勝秦而還則王必葬其母矣而章子之黜妻屏子終身如故是在章子亦以恫母之至不僅以一奉君命得葬了事未嘗非孝而不知是則似於揚父生前之過自君子言之以爲非中庸矣故孟子亦未嘗竟許之而究之矜其遇諒其心蓋章子自是至性孤行之士晚近所不可得雖所行未必盡合而直不失爲孝子但章子之事未必在威王之世威王未嘗與秦交兵齊秦之關在宣王時而伐燕之役將兵者正是章子則恐其誤編於威王策中者卽不然亦是威王末年

武城

〔四書釋地〕曾子居武城卽仲尼弟子列傳之南武城魯邊邑也在今費縣西南八十里石門山下吳未滅與吳鄰吳既滅與越鄰越王句踐嘗徙治琅邪起館臺又嘗與魯泗東地方百里此豈待浮海入寇而後至武城耶講義爲是說者總緣朱子集註不辭及地理耳然考魯哀十三年吳會於黃池越亦嘗遣舟師浮海入淮以邀之由吳之壤隔絕也今越既并吳與魯之間可以惟兵橫行寇之興也何嘗之有余又因悟春秋四書穀而一書小穀者則於穀也明其爲管仲之邑也史記加南於武城上者則於魯之北有東武城也明曾子之爲費邑人也古人於地理無所苟而已矣

〔四書摭餘說〕史記仲尼弟子列傳曾參南武城人澹臺滅明武城人同一武城而曾子獨加南字正義曰地理志定襄有武城清河有武城故此云南武城　錫宋程大昌澹臺祠友教堂記曰武城有四左馮翊泰山清河定襄皆以名縣而清河特曰東武城者以其與定襄皆隸趙且定襄在西故也若子游之所宰其實魯邑而東武城者魯之北也故漢儒又加南以別之　按南武城故城在今費縣西南八十里石門山下劉向新序魯人攻鄪曾子辭於鄪君曰請出寇罷而後復來毋使狗豕入吾舍戰國策甘茂亦言曾子處費則曾子所居之武城費邑也春秋襄公十九年城武城左氏注云泰山南武城縣漢書泰山郡無南武城而有南武縣屬東海郡後漢書作南城屬泰山郡至晉始爲南武城哀公八年傳吳師克東陽而進舍於五梧後漢志云南城有東陽城引此爲證　錫今費縣西南七十里閑陽鎭　可見南城之卽爲武城也王潛夫論云鄒畢之山南城之冢章懷太子注南城曾子父所葬在今沂州費縣西南此又南城之卽南武城而在費之證也其曰有越寇者謂何蓋武城當吳未滅與吳鄰及吳既滅與越鄰地當吳越之路寇之至也何嘗之有至史記子羽傳次曾子傳文但曰武城人而水經注引京相璠曰今泰山南武城縣有澹臺子羽冢縣人也是又可見武城之卽爲南武城也

〔四書典故辨正〕成化中或言嘉祥之南武山有曾子墓有漁者陷入其穴得石碣而封志之　錫疑周世未有石碣科斗古文亦非今人所識　嘉靖十二年吏部侍郎顧鼎臣奏求曾氏後得裔孫質粹於吉安之永豐遷居嘉祥十八年授翰林院五經博士世襲夫曹縣之冉堌爲秦相穰侯魏冉之冢　錫史記穰侯卒於陶因葬焉水經注濟水又東逕秦相魏冉冢南　而近人之撰志者以爲仲弓如此之類難以盡信按嘉祥縣有南武山上有阿城亦

名南武城後人因南武山之城遂附會爲曾子所居此大謬也

有越寇

〔四書典故辨正〕　按竹書貞定王元年越徙都瑯邪漢志越王句踐嘗治瑯邪起館臺考春秋時瑯邪爲今山東沂州府魯費在沂州府費縣西南七十里武城在縣西南九十里哀八年吳伐魯從武城初武城人或有因於吳境田爲拘鄫人之漚菅者曰何故使吾水滋及吳師至拘者道之以伐武城觀此則沂州之地久已爲吳之錯壤越滅吳而有其地且徙治瑯邪則與武城密邇閻百詩謂吳未滅與吳鄰吳既滅與越鄰是也或云越寇季氏非寇魯此並無所據按左傳哀二十一年越人始來二十三年叔青如越越諸鞅來報聘二十四年公如越二十五年公至自越二十六年叔孫舒帥師會越人納衛侯二十七年越使后庸來聘是年八月公如越越又嘗與魯泗東地方百里以此觀之越自滅吳後與魯修好未嘗加兵而哀公嘗欲以越伐魯而去三桓武城近費季氏之私邑在焉説者因謂越寇季氏非寇魯亦臆度之言耳

昔沈猶有負芻之禍三句

〔趙註〕　時有作亂者曰負芻來攻沈猶氏　疏以負芻爲人名

〔趙注〕　沈猶行曾子弟子也行謂左右之人曰先生之行非汝所能知也先生曾子也往者先生嘗從門徒七十人舍吾沈猶氏時有作亂者曰負芻來攻沈猶氏先生率弟子去之不與其難言師賓不與臣同

〔孟子正義〕　廣韻二十一侵沈直深切漢複姓有沈猶氏翟氏灝攷異云荀子儒效篇仲尼將爲司寇沈猶氏不敢朝飲其羊沈猶蓋魯之著氏也漢書楚元王傳景帝封其子歲爲沈猶侯晉灼注曰沈音審王子侯表闕千乘郡高宛地與氏古應相因地既讀審氏亦未必他讀廣韻所收惟備博聞而已○錢氏大昕潛研堂答問云春秋有曹伯負芻史記有楚王負芻負芻爲人名審矣

儲子曰王使人瞯夫子

〔孟子正義〕　儲子見戰國策燕策謂齊宣王破燕者此亦言儲子爲相是爲齊人也王氏念孫廣雅疏證云瞯之言閒也閒覗也方言云瞯眄也吳揚江淮之間曰瞯孟子離婁篇王使人瞯夫子注云瞯視也瞯與覵同按趙氏以

視釋瞯自非瞯字荀子非相篇云相人古之人無有也學者不道也古者有姑布子卿今之世梁有唐舉相人之形狀顔色而知其吉凶妖祥世俗稱之古之人無有也學者不道也故相形不如論心論心不如擇術形不勝心心不勝術相卽視也周禮大司徒以相民宅而知其利害注云相占視也趙氏蓋以齊王使善相人者相孟子之形狀也下注言堯舜之貌與凡人同所以異乃仁義之道在內卽荀子相形不如相心之說也

良人

〔孟子正義〕 儀禮士昏禮云媵御良席在東注云婦人稱夫曰良孟子曰將見良人之所之王氏念孫廣雅疏證云良長也齊語云四里爲連連爲之長十連爲鄉鄉有良人是良與長同義婦稱夫曰良人義亦同也又云郎之言良也少儀負良綏鄭注云良綏君綏也良與郎聲之侈弇耳猶古者婦稱夫曰良而今謂之郎也

瞯良人

〔孟子正義〕 臧氏琳經義雜記云祭義記燔燎羶薌見以蕭光又薦黍稷羞肝肺首心見間以俠甒注見及見間皆當爲覸字之誤也燔燎馨香覸以蕭光取牲祭脂也覸以俠甒謂雜之兩甒醴酒也正義曰覸謂雜也據意皆是覸雜之理觀此可知說文見部無覸字䚕部云䚕很視也齊景公之勇臣有成䚕者今孟子滕文公上成覸謂齊景公曰與離婁下覸良人同字然則覸卽䚕之俗說文䚕並視也从二見䚕从䚕故鄭訓爲雜與說文義合孟子將覸良人之所之者謂齊人妻將雜並衆人之中而視其夫所至也趙氏祗訓爲視語意未周按鄭以覸爲雜者讀覸爲間雜之間也趙氏本瞯自是瞯故訓爲視釋名釋姿容云視是也察其是非也此不過察其是非不必爲間諜也

施從良人

〔孟子正義〕 錢氏大昕潛研堂答問云施古斜字史記賈生列傳庚子日施分漢書作斜邪斜音義同也按施與迆通淮南子要略訓云接徑直施注云施裵也故趙氏以邪釋施

墦間之祭

〔四書釋地〕 余每讀東郭墦間之祭者趙註墦間郭外冢間也以此爲古墓祭之證不知何緣至東漢建寧五年蔡邕從車駕上陵謂同坐者曰聞古不祭墓魏文帝黃初三年詔曰古不墓祭自作終制曰禮不墓祭此言旣與

下到今紛紛撰述皆以墓祭爲非古雖高明如顧炎武甯人亦惑於其說余謂孟子且勿論請博徵之成陽靈臺碑慶都僊歿蓋葬於茲名曰靈臺上立黃屋堯所奉祠非墓祭之見於集乎韓詩外傳曾子曰椎牛而祭墓不如雞豚逮親存非墓祭之見於子乎周本紀武王上祭於畢畢文王墓地也非墓祭之見於史乎周禮冢人凡祭墓爲尸非祭墓之見於經乎　雖朱子曰墓祭周禮上已自有了指此　更有可言者孟子之前孔子卒葬魯城北泗上魯世世相傳以歲時奉祠孔子冢豈有非禮之祭而敢輒上聖人之冢者哉

（四書典故辨正）　閻百詩博舉周禮冢人史記周本紀孔子世家及韓詩外傳成陽靈臺碑以爲墓祭之切證其引據可謂詳且覈矣自愚論之則有不然者周禮冢人凡祭墓爲尸鄭注祭墓爲尸或禱祈焉曰禱祈則非常禮矣而又曰或者亦以古不祭墓故疑其辭也愚則謂祭墓未必是祭祖考後儒以爲祭土神者得之小宗伯云成葬而祭墓檀弓云既反哭有司以几筵舍奠於墓左鄭註爲父母形體在此禮其神也蓋先人體魄藏於此事畢而祭其地亦情理之所必至若祭祖考則冢人非必同姓豈有祭祖考而以他人爲尸者哉周本紀言武王上祭于畢馬融謂畢是文王墓地此閻氏所據者而小司馬索隱云畢星主兵故師出而祭畢則已不用李長之說矣孔子世家言魯世世相傳以歲時奉祀孔子冢而諸儒亦講禮鄉飲大射於孔子冢顧甯人嘗辨之曰孔子教於洙泗之間所葬之冢在講堂之後孔子既沒弟子即講堂而祭之且行飲射之禮太史公不達以爲祭於冢也此說最是蓋門人不得奉孔子之廟祀因於講堂祀之以盡其情此亡于禮者之禮也不然豈有鄉飲大射而可於冢上行之者哉至孟子此文何義門嘗見宋元刊本以卒之東郭墦間　句　之祭者乞其餘　句　不足　句　又顧而之他　句　朱子所定句讀如是之祭者三字本不與墦間連屬則亦未必定是祭墓而靈臺碑韓詩外傳之出自漢人所爲者抑又未可盡信也總之自漢以來始有墓祭相沿既久於義無傷不妨從俗但必謂古禮如是則傅會耳

其妻歸告其妾

（四書客難）　客曰其妻歸告其妾不詳其事其妾安從知其乞而相泣也曰此宜告於其妾妾字絕句曰字以下乃既告而復言之詞也若此此字即指上文所告之事後人頗於此致疑蓋由告其妾曰四字連讀未審孟子敘事省筆之妙耳

施施

〔孟子正義〕 音義云施施丁依字詩曰將其來施施按毛詩王風邱中有麻傳云施施難進之意箋云施施舒行伺間獨來見已之貌趙氏皆不用以爲猶扁扁者詩小雅卷伯緝緝翩翩釋文云翩字又作扁張華鷦鷯賦云翩翩然有以自樂也施之義爲衺偏之義亦爲衺施施猶扁扁即猶偏偏以轉注爲假借也漢書敘傳云魏其翩翩顏師古注亦云翩翩自喜之貌

萬章第五章句上

萬章

【孟子正義】齊乘云萬章滕州南萬村有墓齊人孟子弟子趙氏佑溫故錄云萬章上卷皆以類相從論次古帝王聖賢遺事蓋自仲尼沒而微言絕七十子喪而大義乖詩書傳記之稱述或失其指歸帝王聖賢之行事徒便於依託放恣橫議而謬傳悠繆之談以滋孟子獨得聖人之傳深窺古人之心與其徒相發明而是正之萬子尤孟門高弟故其辨難獨多然則孟子誠不在禹下而萬章之功亦偉矣

恝

【孟子正義】臧氏琳經義雜記云說文心部無恝字有忿字云忽也从心介聲孟子曰孝子之心不若是忿據此知古本孟子作忿今作恝爲俗字忽忘於心即是無愁與趙氏義合知本作忿也段氏玉裁說文解字注云忿恝古今字

九男

【四書摭餘說】趙岐舊注引堯典釐降二女不見九男孟子諸所言舜事皆堯典及逸書所載獨丹朱見於經其餘八庶無事皆不見猶晉獻公之子九八五人以事見于春秋其餘四子亦不復見是九男謂一朱八庶也呂覽言堯十子此九男丹朱適子不在列余按竹書堯五十八年使后稷放朱於丹水　【錢】閻百詩曰丹朱集註止云堯之子未詳漢律歷志引帝系曰陶唐氏讓天下于虞使子朱處于丹淵爲諸侯丹淵雖有范汪荆州記魏王泰括地志各言所在恐未足據信蓋世遠也其避堯之子則以朱奔父喪在平陽耳丹朱狸姓在周爲傅氏見國語　七十一年命二女嬪于虞史記五帝堯乃以二女妻舜以觀其內使九男與處以觀其外則此時朱不在信也趙說恐未必然至路史亦言堯之長子監明早死不得立監明之嗣封於劉朱又不肖出就丹庶子九其後傳鑄冀郇欒函高唐唐杜皆堯後之國此亦足以補邵卿之未逮　【錢】蘇氏古史曰堯後有劉累者學擾龍于豢龍氏事夏孔甲賜氏曰御龍以更豕韋之後爲豕韋氏商之世徙居于唐周以唐封叔虞復徙杜爲唐杜氏宣王誅杜伯其子隰叔適晉爲

范氏范武子奔秦自秦復歸於晉其處者爲劉氏

二女

（四書摭餘說）檀弓舜葬于蒼梧之野蓋三妃未之從也鄭康成注帝嚳立四妃象后妃四星其一明者爲正妃餘三小者爲次妃帝堯因焉至舜不告而娶不立正妃但三妃而已謂之三夫人離騷所歌湘夫人舜妃也孔疏帝王世紀云舜三妃長妃娥皇無子次女英生商均次癸比生二女宵明燭光山海經以爲二女此云三者當以紀爲正山海經不可用余按大戴禮帝繫篇云帝嚳長妃有邰氏之女曰姜源生稷次妃有娀氏之女曰簡狄生契次妃陳豐氏之女曰慶都生堯次妃陳氏之女曰常宜生摯鄭注本此帝堯四妃無攷郎世紀亦但稱娶散宜氏耳若舜娶堯二女書有明文未聞三妃孔氏以世紀爲據而以山海經二女之說不可用考山海經洞庭之山帝之二女居之此中山經之文也其海內北經云舜妻登比氏生宵明燭光處河大澤又曰登北氏此卽世紀之說所自出但癸比登北小異古事茫昧不可臆度大率如此胡氏銓曰考經傳舜但二妃蓋堯二女也事見於書甚明孟子亦云二女果秦博士對始皇云湘君者堯二女舜妃也劉向鄭氏亦以湘君爲二妃而離騷九歌有湘君湘夫人王逸解云湘君水神湘夫人二妃也郭璞璞疑帝舜之后不當降小君謂其夫人因以山海經之二女爲天帝之女韓子曰璞與逸俱失也娥皇爲舜正妃女英自宜降曰夫人故九歌謂娥皇爲君謂女英爲帝子各以其盛者推言之史記五帝紀堯二女不敢以貴驕事舜親戚甚有婦道路史云妃以盲姬以嫈以覩其內尸子亦云妻之以媓媵之以娥則禮三妃之說不足據顧甯人日知錄按九歌湘君湘夫人自是二神江湘之有夫人猶河雒之有虙妃也此之爲靈與天地並安得謂之堯女安得復總云湘君哉何以攷之禮記云舜葬蒼梧三妃不從明三妃生不從征死不從葬且傳曰生爲上公死爲貴神禮五嶽比三公四瀆比諸侯今湘川不及四瀆無秩于命祀而二女帝者之后配靈神祇無緣復下降小水而爲夫人也原其致謬之繇繇乎俱以帝女爲名名實相亂莫矯其失習非勝是終古不悟可悲矣又按遠遊之文上曰二女御九招歌下曰湘靈鼓瑟是則二女與湘靈固判然爲二卽屈子之作可證其非舜妃矣余又按韓之黃陵碑云九疑之葬二妃之湘皆不可信司馬溫公詩曰虞舜旣倦勤薦禹爲天子豈有復南巡迢迢渡湘水韓文潛詩曰重瞳陟方時二妃蓋老人安肯泣路傍洒淚留叢篁予伯厚以爲二詩可祛千載之

感然則後世之稱湘君稱湘夫人亦皆由舜葬蒼梧之一言傳會之而不知舜之並未嘗至湘水也

士多就之

〔孟子正義〕　史記五帝本紀云一年而所居成聚二年成邑三年成都呂氏春秋愼人篇云舜耕於歷山陶於河濱釣於雷澤天下悅之秀士從之善士即秀士也又云其遇時也登爲天子賢士歸之萬民譽之大夫女子振振殷殷無不戴說

少艾

〔四書釋地〕　炳燭齋隨筆曰慕少艾以艾爲美好集注雖本趙氏殊苦不甚確蓋古人呼男色爲艾左傳既定爾婁豬盍歸吾艾豭國語國君好艾大夫殆好內適子殆戰國策魏牟謂趙王曰王不以予工乃與幼艾此數艾字正可解孟子少艾之義　錢楚辭少司命幼艾指女色戰國策幼艾指建信君男色

〔四書典故辨正〕　示兒編云少艾偏考載籍並無美好之說如曲禮五十曰艾魯頌俾爾耆而艾荀子耆艾　信可以爲師皆訓老也初無一言以爲幼而美少當音上聲艾讀如夜未艾之艾艾之爲言止也謂人知好色則慕親之心稍止也按戰國策建信君以色幸於趙王而魏牟稱之爲幼艾此訓美好之確據朱子明引楚辭國策爲證何季昭子之不考耶

〔孟子正義〕　翟氏灝考異云程氏考古篇曰經傳無以艾爲好之文衛有士子陳其所見云少當讀爲少長則習騎射之少艾當爲乂艾即衰滅之義慕少艾云者知好色則慕衰滅于孺子時也按曲禮五十曰艾疏謂髮蒼白色如艾也蓋古但訓艾爲白而白義含有二爲以髮蒼白言謂之老以面白皙言則謂之美同取於艾之色也戰國策魏牟謂趙王曰王不以予工乃與幼艾高誘注云艾美也屈子九歌慫長劍兮擁幼艾王逸注亦以艾爲美好晉語狐突語申生曰國君好艾大夫殆韋昭注以艾爲嬖臣乃指男色之美好者漢張衡東京賦齊騰驤以沛艾薛綜注以沛艾爲作姿容貌程氏謂傳載中無以艾爲好者豈誠說乎說文祇據魯頌曲禮訓爲長老遺孟子國語國策等所用一義不當因以改讀孟子翟氏說是也然艾古通乂亦通刈說文云乂芟草也或从刀是乂刈艾字同書臯陶謨云俊乂在官馬鄭注並云才德過千人爲俊百人爲乂以美好爲乂猶以美才爲俊即猶以美士爲彥乂爲芟草

故義亦爲絕宣公十五年左傳云酆舒有三儁才注云儁絕異也儁卽俊美好之爲艾又如稱美色者爲絕色彼以艾無美好之義者鄙矣然亦非取於艾色之白也

則熱中

〔孟子正義〕 禮記文王世子云禮樂交錯於中注云中心也故熱中爲心熱素問陰陽應象大論云人有五臟化五氣以生喜怒悲憂恐北方生寒在變動爲慄在志爲恐宣明五氣篇云五精所幷精氣幷於腎則恐王冰注云心虛則腎幷之爲恐然則恐懼生於寒不生於熱生於心虛不生於心熱趙氏以不得於君是不爲君所寵用將被譴斥故恐懼耳近時通解以熱中爲躁急是也腹中論云帝曰夫子數言熱中消中不可服高粱芳草石藥石藥發瘨芳草發狂夫熱中消中者皆富貴人也今禁高粱是不合其心禁芳草石藥是病不愈願聞其說岐伯曰夫芳草之氣美石藥之氣悍二者其氣急疾堅勁故非緩心和人不可以服此二者又云熱氣慓悍藥氣亦然此謂熱中之病心不和緩心不和緩是謂焦急孟子借病之熱中以形容失意于君者也

大孝終身慕父母節

〔趙注〕 大孝之人終身慕父母若老萊子七十而慕衣五采之衣爲嬰兒匍匐於父母前也我於大舜見五十而尙慕父母書曰舜生三十徵庸三十在位在位時尙慕故言五十也

〔孟子正義〕 舊疏引高士傳云老萊子楚人少以孝行養親極甘脆年七十父母猶存萊子服荊蘭之衣爲嬰兒戲親前言不稱老爲親取食上堂足跌而偃因爲嬰兒啼誠至發中楚室方亂乃隱耕於蒙山之陽著書號萊子莫知所終今皇甫謐高士傳無此文馬氏驌繹史引列女傳云老萊子孝養二親行年七十作嬰兒自娛著五采斒斕衣嘗取漿上堂跌仆因臥地爲小兒啼或弄雛鳥於親側今劉向列女傳亦無此文 阮氏元校勘記云廖本孔本韓本足利本作三十在位閩監毛三本三作五考文古本作二段玉裁曰作五者非也作三者亦未是作二者是也古文尙書舜生三十登庸三十在位五十載馬融王肅姚方興本之爲舜年百十二歲之說今文尙書舜生三十徵庸三十在位五十載大戴禮五帝德史記五帝本紀皇甫氏帝王世紀皆本之爲舜年百歲之說王充趙岐皆從今文者也論衡氣壽篇曰舜生三十徵庸二十在位五十載陟方乃死適百歲矣趙注此章五十而慕云書曰舜生三

十徵庸二十在位在位時尚慕故言五十也合三十二十正是五十乃爲五十而慕之説今本作三十在位何可通邪今本論衡亦改二十在位作三十在位使下文適百歲之語不可接皆由不知今文古文之異也鄭康成注古文而用今文正古文正義曰鄭元讀此經云舜生三十謂生三十年也登庸二十謂歷試二十年在位五十載陟方乃死謂攝位至死爲五十年舜年一百歲也此正鄭説三當作二以今正古故正義冠之以鄭元讀此經云六字不則直曰鄭某云鄭云而已末嘗有鄭元讀此經云之例讀此經者明此經之本不如是也此所以馬王姚作三十在位而鄭作二十也

父母使舜完廩節

〔趙注〕　完治也廩倉階梯也使舜登廩屋而捐去其階焚燒其廩也一説捐階舜即旋從階下瞽瞍不知其已下故焚廩也使舜浚井舜入而即出瞽瞍不知其已出從而蓋其井以爲死矣

〔孟子正義〕　説文宀部云完全也古文以爲寬字禮記祭統云不明其義君人不全注云全猶具也蓋原有此廩屋有破毀處使舜登而補葺完全之亦是治也説文云亩穀所振入宗廟粢盛倉黄亩而取之故謂之亩从入回象屋形中有戶牖倉穀藏也倉黄取而藏之故謂之倉呂氏春秋季春紀發倉窌高誘注云方者曰倉荀子榮辱篇云有囷廩注云方曰稟是倉廩通稱也劉熙釋名釋宮室云階梯也如梯之有等差也禮記喪大記云虞人設階注云階所乘以升屋者説文木部云梯木階也蓋階與梯略有別此完廩所用以升屋者則是木階故以梯釋之以別乎東階西階之階也説文手部云捐棄也棄即去也故云捐去其階一説旋階者訓捐爲旋也爾雅釋器云環謂之捐小爾雅廣言云旋還也環還字通捐爲環是即爲旋也捐階與出對言出是入而即出故以捐階是旋從階下也史記五帝本紀云堯乃賜舜絺衣與琴爲築倉廩予牛羊瞽瞍尚復欲殺之使舜上塗廩瞽瞍從下縱火焚廩舜乃以兩笠自扞而下去得不死後瞽瞍又使舜穿井舜穿井爲匿空旁出舜既深入瞽瞍與象共下土實井舜從匿空出去索隱引列女傳云二女教舜鳥工上廩是也正義引通史云瞽瞍使舜滌廩舜告堯二女女曰時其焚汝鵲汝衣裳鳥工往舜既登廩得免去舜穿井又告二女二女曰去汝裳衣龍工往入井瞽瞍與象下土實井舜從他井出去也按今列女傳但言舜往飛出不言鳥工蓋飛出即所謂旋也通史梁武帝撰見隋書經籍志或云使完廩者父母也

焚廩者瞽瞍也只一瞽瞍此舜所以得免出從而揜之此句尤明蓋雖惑於後妻而父子之恩原不泯斷到死生之際自有以斡旋之郎謂之慈父可也史記集解引劉熙云舜以權謀自免亦大聖有神人之助也

（四書典故辨正）　井廩之事始見于孟子後人多以爲疑司馬溫公謂是時堯將以天下讓舜瞽象雖愚亦豈不利其子與兄之爲天子而欲殺之乎借欲殺之堯必誅已宜亦有所不敢矣蘇氏古史謂四岳之薦舜曰烝烝乂不格姦豈有堯既已用之而猶欲殺之哉路史又謂惟茲臣庶汝其于予治舜告皋陶語也鬱陶乎予心顏厚有忸怩五子戒太康語也而牽合爲舜象之言以此斷其謬妄愚按家語孔子曰舜之事瞽瞍欲使之未嘗不在於側索而殺之未嘗可得則井廩之事未可以爲必無論衡謂在舜未逢堯時此爲近之至列女傳有龍工鳥工之說又謂瞽瞍使舜飲酒醉將殺之二女乃與舜藥浴注遂往飲終日不醉舜之女弟繫　圖按舜妹名敤手見漢書人表史記正義作敤手孟奇引說文畫嫘舜妹也繫畫始于嫘故稱畫嫘列女傳作繫疑誤合敤手爲一字而又訛作繫耳繫又或訛作擊見漢書注　憐之與二嫂諧此則荒唐不可信　金仁山通鑑前編云瞽瞍之欲殺舜也史記謂愛後妻子之故然瞽瞍特出于愛憎而舜又非有大過惡何至欲殺之哉考左氏史趙之言曰自幕至于瞽瞍無違命則虞氏自幕故有國至瞽瞍亦無違命則粗能守其國者也其欲殺舜蓋欲廢嫡立幼而象之欲殺其兄亦欲奪嫡故耳不然豈以匹夫之微愛憎之故而遽欲殺之哉愚按史記言自窮蟬以至舜皆微爲庶人其說必有所據孟子亦云發于畎畝之中可證也古今來以後妻之故而欲殺其子者多矣愛憎之偏何所不至豈必因奪嫡而後然哉

（疑辯錄）　舜之完廩浚井也瞽瞍與象既欲陷舜於水火之中而又欲奪其牛羊倉廩宮室夫以帝子之貴擇天下賢者而爲之壻又事之以九男百官則其侍從不爲不衆象焉得欲殺之而室其室哉雖戎狄之頑如禽獸亦必不敢爲此非但不敢爲亦勢所不能爲也當時萬章之問蓋後世樵蘇者誣傳之言耳嘗見巫流有談盤古時事者謂當時洪水滔天人類皆絕獨盤古與女子逃入大瓠中以浮於洪水之上其後水患既平盤古乃爲生民之始且繪爲圖而陳之於祭社之日於乎此其鄙俚誣謬之甚惟以誑田夫田婦而已眞可嗤也夫以盤古數萬載之後猶誣其事如此況舜去孟子未二千載豈無謬妄如萬章之所問者乎惜孟子但推舜之心以言而未之斥也

謨蓋都君二句

（孟子正義）　史記五帝本紀云舜父瞽瞍盲而舜母死瞽瞍更娶妻而生象象爲舜異母弟也爾雅釋詁云謨謀也釋言云弇蓋也孫炎注云蓋亦覆之意襄公十七年左傳云不如蓋之服虔注云蓋覆蓋之是蓋爲揜即爲圖也爾雅釋詁云都於也近時通解謂舜所居三年成都故謂都君趙氏謂有牛羊倉廩之奉故謂之君奉即漢帝紀列侯幸得賜餐錢奉邑之奉廣雅釋詁云奉祿也既食祿奉則是尊官儀禮喪服傳君至尊也注云天子諸侯及卿大夫有地者皆曰君雖成都未嘗君之故解都爲於是時未知所處何等故但以奉知爲君也咸皆也績功也均爾雅釋詁文阮氏元釋蓋云爾雅釋言蓋割裂也害曷盍末未古音皆相近每加偏旁互相假借者以爲正字則失之書呂刑曰鰥寡無蓋蓋即害字之借言堯時鰥寡無害也僞傳云使鰥寡得所無有掩蓋失之矣爾雅釋文盛舍人本作害孟子謨蓋君此兼井廩言之蓋亦當訓爲害也若專以謀蓋爲蓋井而不兼焚廩則咸我績咸字無所著矣

干戈朕四句

（趙注）　倉廩注言其欲以牛羊倉廩與其父母干戈朕琴朕弤朕二嫂使治朕棲注干楯戈戟也琴舜所彈五弦琴也弤彫弓也天子曰彫弓堯禪舜天下故賜之彫弓也棲牀也二嫂娥皇女英使治牀欲以爲妻也

（孟子正義）　邵氏晉涵爾雅正義云通典引揚雄清英云舜彈五弦之琴而天下化堯加二弦以合君臣之恩是舜彈五弦之琴也音義云弤都禮切丁音彫云義與弴同趙氏讀弤爲彫故以爲彫弓毛詩大雅行葦敦弓既堅傳云敦弓畫弓也天子敦弓釋文云敦音彫孔氏正義云敦與彫古今之異彫是畫飾之義故曰敦弓畫弓也冬官弓人爲弓唯言用漆不言畫則漆上又畫之彼不言畫文不具耳此述天子擇士宜是天子之弓故言天子敦弓其諸侯公卿宜與射者自當各有其弓不必畫矣定四年公羊傳何休注云天子彫弓諸侯彤弓大夫嬰弓士盧弓事不經見未必然也按氐周皆訓至說文車部云轚抵也鄭氏士喪禮注云輖轚也轚摯字同輖之爲抵猶彫之爲弤矣乃此時堯不當有禪舜之意以弤爲天子之弓於義未協趙氏佑溫故錄云弤或別一弓之名舜所常用亦如五弦之琴爲舜自作者耳按廣韻引埤蒼云弤舜弓名趙氏佑溫故錄之說爲得之矣廣雅釋器云棲謂之牀釋詁云棲庋也王氏念孫廣雅疏證云棲者人物所棲也即庋閣之意也藝文類聚引尸子云堯聞其賢徵之草茅之中與之語禮樂而不逆與之語政至簡而易行與之語道廣大而不窮於是妻之以媓媵之以娥列女傳母儀傳云有虞二

妃者帝堯之二女也長娥皇次女英漢書古今人表女英作女罃大戴禮記帝繫篇云舜娶於帝舜之子謂之女匽匽英一聲之轉也荀子修身篇云少而理曰治呂氏春秋誣亂篇云欲民之治也高誘注云治整也使二嫂整理安息之處猶云侍寢也

鬱陶思君爾

(四書賸言) 鬱陶思君爾趙岐注引檀弓人喜斯陶以陶作喜解此與象喜亦喜正合然未得其義及觀爾雅云鬱陶喜也而郭璞注此則直引孟子鬱陶思君爲證始知喜是正義合鬱陶二字作解不止陶字也惟張揖廣雅曰喜也憂也則又兼憂喜二意爲言故後有喜極未伸之解大抵喜愛不能舒結而爲思致楚詞豈不鬱陶而思君兮曹植詩鬱陶思君未敢言皆以鬱陶連思君爲詞而謝靈運詩嚶鳴已悅豫幽居總鬱陶則直以悅豫鬱陶並出所謂見則喜不見則鬱也此閻潛邱爲予言者

(孟子正義) 王氏念孫廣雅疏證云方言鬱悠思也晉宋衛魯之間謂之鬱悠鬱猶鬱鬱也悠猶悠悠也楚辭九辯云馮鬱鬱其何極鄭風子衿篇云悠悠我思合言之則曰鬱悠方言注云鬱悠猶鬱陶也凡經傳言鬱陶者皆當讀如皋陶之陶鬱陶鬱悠古同聲讀陶如陶冶之陶失之矣閻氏若璩尚書古文疏證云爾雅釋詁篇鬱陶繇喜也郭璞注引孟子鬱陶思君禮記曰人喜則斯陶邢昺疏引孟子趙注云象見舜正在牀鼓琴愕然反辭曰我鬱陶思君故來爾辭也忸怩而慚是其情也又引下檀弓鄭注云陶鬱陶也據此則象曰鬱陶思君爾乃喜而思見之辭故舜亦從而喜曰惟茲臣庶汝其于予治孟子固已明言象喜亦喜蓋統括上二段情事其先言象憂亦憂特以引起下文非眞有象憂之事也因悉數諸書以鬱陶爲憂思之誤念孫按象曰鬱陶思君爾則鬱陶乃思之意非喜之意言我鬱陶思君是以來見非喜而思見之辭也孟子言象喜亦喜者象見舜而僞喜自述其鬱陶思舜之意故舜亦誠信而喜之非謂鬱陶爲喜也凡人相見而喜必自道其相思之切豈得即道其相思之切爲喜乎趙注云我鬱陶思君故來是趙意亦不以鬱陶爲喜史記五帝紀述象之言亦云我思舜正鬱陶楚辭九辯云豈不鬱陶而思君兮則鬱陶爲思其義甚明與爾雅之訓爲喜者不同郭璞以孟子證爾雅誤也閻氏必欲解鬱陶爲喜喜而思君爾甚爲不辭既不達於經義且以史記及各傳注爲非傎矣又按爾雅悠傷憂思也悠憂思三字同義故鬱悠既訓爲

思又訓爲憂管子內業篇云憂鬱生疾是鬱爲憂也說文悠憂也小雅十月之交篇悠悠我里毛傳云悠悠憂也是悠爲憂也悠與陶古聲同小雅鼓鐘篇憂心且妯衆經音義引韓詩作憂心且陶是陶爲憂也故廣雅釋言云陶憂也合而言之則曰鬱陶九辯鬱陶而思君王逸注云憤念蓄積盈胸臆也魏文帝燕歌行云憂來思君不敢忘又云鬱陶思君未敢言皆以鬱陶爲憂凡一字兩訓而反覆旁通者若亂之爲治故之爲今擾之爲安臭之爲香不可悉數爾雅云鬱陶繇喜也又云繇憂也則繇字卽有憂喜二義鬱陶亦猶是也是故喜意未暢謂之鬱陶檀弓正義引何氏隱義云鬱陶懷喜未暢意是也憂思憤盈亦謂之鬱陶孟子楚辭史記所云是也暑氣蘊隆亦謂之鬱陶摯虞思游賦云戚溽暑之鬱陶兮余安能乎留斯夏侯湛大暑賦云何太陽之赫曦乃鬱陶以興熱是也事雖不同而同爲鬱積之義故命名亦同閻氏謂憂喜不同名廣雅誤訓陶爲憂亦非也爾爲辭者禮記檀弓爾毋從從爾注云爾語助是也

忸怩

【孟子正義】方言云忸怩慙䟞也楚郢江淮之間謂之忸怩或謂之㥻咨戴氏震方言疏證云晉語君忸怩顏韋昭注云忸怩慙貌趙岐注孟子云忸怩而慙廣雅忸怩㥻咨也忸怩㥻咨並雙聲廣雅疏證云也與忸同懇字从心衄蹙忸怩㥻咨皆局縮不伸之貌也釋言云衄縮也縮與慙義相近縮謂之衄又謂之蹙縮慚謂之忸怩又謂之㥻咨也

校人

【四書改錯】集注校人主池沼小吏也校人並非主池沼小吏周官司馬職以校人爲掌馬之官每六廄而成一校蓋校是連木作欄柢以閑馬隊故軍校校獵皆以校名未聞畜魚須校者天官有魚人月令稱魚師此主池沼官不得錯也向作周禮問謂周官多兼攝鬱人築鬯人釀鬯而國語使鬱人授鬯此以鬱人兼鬯人是兼官魚人掌魚校人掌馬而子產使校人畜魚此以校人代魚人是攝官斯爲通論

【孟子正義】校人見周禮夏官掌馬政鄭康成以爲主馬者必仍校視之賈氏疏以爲讀從曲禮與少儀效馬效羊取效見義此於畜魚之校人無涉漢書司馬相如傳上林賦云天子校獵顏師古注云校獵者以木相貫穿總爲

閑校遮止禽獸而獵取之說者或以爲周官校人掌田獵之馬因云校獵亦失其義養馬稱校者謂以爲闌校以養馬耳故呼爲閑也按師古解校人是也廣雅釋木云校椒柴也哀公四年公羊傳云亡國之社蓋掩之掩其上而柴其下地官媒氏注云亡國之社奄其上而棧其下是柴卽棧亦校卽棧也管子內業篇云傳馬棧者最難先傳曲木曲木又求曲木曲木已傳直木無所施矣先傳直木直木又求直木直木已傳曲木亦無所施矣淮南子道應訓云柴箕子之門注云箕子亡之朝鮮舊居空故柴護之蓋編木闌其四面用之於亡國之社則爲柴其下用之以護箕子之居則爲柴箕子之門用於車上爲車箱則爲棧車亦爲柴車用以畜馬則爲馬棧亦卽爲校爲閑用以畜魚則爲積柴爲椮卽亦爲校爾雅釋器云椮謂之涔毛詩正義引孫炎云積柴養魚曰涔說文木部云椮以柴木雝也郭璞江賦云栫澱爲涔編木爲棧以養馬因而主馬者稱校人編木爲涔以養魚因而主魚者稱校人此校人所以爲主池沼小吏也春秋左傳哀囚邾子於樓臺栫之以棘謂以棘柴其下也說文木部云校木囚也以編木囚繫人與以編木繫馬畜魚同禮記禮運云鳳凰麒麟皆在郊棷龜龍在宮沼此郊棷蓋卽校棷卽所謂以木相貫穿爲闌校以遮禽獸也

圉圉爲三句

〔孟子正義〕爾雅釋言云圉禁也圉與圄通宣公四年左傳云圄伯嬴注云圄囚也說文口部云圉囹圄所以拘罪人圄圉卽囹圄也下洋洋爲舒緩搖尾此時尚未改幽閉囚禁之狀故爲圉圉國語晉語優施歌曰暇豫之吾吾之如鳥烏人皆集於苑已獨集於枯注云吾吾不敢自親之貌苑茂木貌枯謂鳥烏集於茂木則暇豫里克不暇豫而集於枯則吾吾不如鳥烏吾吾爲集枯之狀不能暇豫故先云暇豫之欲其不吾吾也此吾吾卽圄圉不敢自親之貌卽在水羸劣之貌也毛詩大雅牧野洋洋傳云洋洋廣也陳風泌之洋洋傳云洋洋廣大也廣大則不局促不局促故舒緩哀十七年左傳云如魚竀尾衡流而方羊孔氏正義云鄭衆以爲魚肥則尾赤方羊遊戲洋洋猶言方羊魚遊尾動故以搖尾狀其舒緩遊戲之情也攸與悠同爾雅釋詁云悠遠也舍人注云行之遠也遠與深義同逝如論語逝者如斯夫之逝陽貨篇日月逝矣皇侃疏云逝速也走水趣深處解攸然迅字解逝字閩監毛三本水趣二字倒嘉謨作喜

四凶

〔千百年眼〕　史記本紀舜歸而言於堯請流共工於幽陵以變北狄放驩兜於崇山以變南蠻遷三苗於三危以變西戎殛鯀於羽山以變東夷太史多見先秦古書故其言時有可考自漢以來儒者失之四族者若皆窮姦極惡可必見誅於堯之世不待舜而後誅明矣屈原有云鯀倖直以亡身則鯀蓋剛而犯者耳使四族者誠皆小人也安能用之以變四夷之俗哉由此觀之四族未嘗誅死亦不廢棄但遷之遠方爲要荒之君耳如左氏所言皆後世流傳之過若堯之世有大姦在朝而不能去則堯不足爲堯矣

〔孟子正義〕　此虞書堯典文也段氏玉裁說文解字注云竄塞也讀若虞書竄三苗之竄二竄本皆作㯻妄人所改也竄三苗于三危與言流言放言殛一例謂放之令自匿故孟子作殺三苗即左傳桑蔡叔之桑桑爲正字竄殺爲同音假借殛鯀爲極之假借左傳曰流四凶族投諸四裔劉向曰舜有四放之罰屈原曰永遏在羽山夫何三年不施王法言堯長放鯀於羽山絕在不毛之地三年不舍其罪也周禮㢑以馭其罪注㢑猶放也舜極鯀于羽山是也此條釋文宋本極紀力反可證洪範鯀則殛死釋文本又作極多方我乃其大罰殛之釋文本又作極左傳昭七年昔堯殛鯀于羽山釋文本又作極魯頌致天之屆于牧之野箋云屆極也引書鯀則極死又云天所以罰極紂于商郊牧野正義云屆極處度釋言文釋言又云極誅也武王致天所罰誅紂於牧野定本集注皆云殛紂於牧野殛是殺非也小雅俊予極焉毛曰極至也鄭曰極誅也正義曰極至釋詁文極誅釋言文合魯頌小雅兩箋兩正義觀之則釋言之爲殛誅甚明今爾雅作殛誅也蓋誤以洪範多方殛字鄭作極例之則知周禮注引極鯀於羽山鄭所見尚書自是極不作殛也假殛爲極亦如孟子假殺爲竄鯀因極而死於東裔韋昭注晉語云殛放而殺也此當作放而死也高注呂覽云先殛後死此當作先極後死若呂覽副之以吳刀山海經殺鯀于羽郊則言之不從不可信矣然則馬注南書趙注孟子韋注國語皆云殛誅也何也曰此皆用釋文極誅也之文謂正文殛當作極也江氏聲尚書集注音疏云史記云請流共工于幽陵以變北狄放驩兜于崇山以變南蠻遷三苗于三危以變西戎殛鯀于鄰山以變東夷竄塞也謂塞之使不得通中國周禮大司馬職云犯令陵政則杜之鄭注云杜之者杜塞使不得與羽交國通亦此義也殛誅誅謂責之遣非殺之也按萬章以舜放象爲問故舉四罪之放以例之

流共工于幽州

〔四書典故辨正〕 共工水官名路史以爲人名非也王逸天問注以康回爲共工名或以皐陶謨孔壬爲共工名並謬 幽州北裔之地括地志故龔城在檀州燕樂縣界 〔註〕今順天府密雲縣東北塞外也 故老傳云舜流共工幽州居此城閻潛邱曰此幽州其地狹及後肇十有二州分冀州東北地爲幽州其地廣孔疏謂流四凶在治水前于時未作十二州則無幽州之名而云幽州者史據後定言之非也愚按此幽州與崇山羽山一例閻氏以爲其地狹者得之但謂肇十二州在禹治水後此恐未確說見下條 舜肇十二州有兩說一云禹平水土置九州舜分冀州爲幽州并州分青州爲營州始置十二州此孔傳及馬融鄭康成王肅之說也一云堯遭洪水懷山襄陵天下分絕爲十二州使禹治之水土既平更置九州此漢書地理志及皇甫謐帝王世紀宋書郡國志之說也以今考之二說皆有難通謂肇十二州在禹治水後則禹既九山刊旅九州滌源豈尚有未封未濬者且禹置九州舜分之禹復合之不亦紛更多事乎謂肇十二州在禹治水前則舜既卽位咨十有二牧益稷篇禹之言曰州十有二師是十二州之數終舜之世不改未嘗復爲九州也此尚書一大疑義解經者各主一說無能會而通之惟安溪李文貞公云州之有幽并營者徒以冀極塞而青跨海形勢闊絕作牧分治殆如國有附庸之類雖有州名仍統于冀青故後禹成功作貢亦止于九而其言曰州十有二師十二師卽十二牧九州爲正幽并營爲附舜典總言之禹貢則以正者統之也禹貢青州云萊夷作牧牧者州牧 〔註〕按孔傳以牧爲放牧非是 自萊跨海卽舜分青地爲營州者以其爲附庸之州與冀之幽并同故附見于青而不列此言作牧而幽并不言者王畿無外略其牧號且或以王官兼之如周家內諸侯之例也按此說具有特見觀益稷篇禹曰予決九川又曰州十有二師或言九或言十二則知無分合更置之事舊說謂舜禹互相變革不可通矣

崇山

〔四書釋地〕 書孔疏云禹貢無崇山不知其處蓋在衡嶺之南也亦非通典澧州澧陽郡理澧陽縣本漢零陽縣地有崇山卽舜放驩兜之所宋則在慈利縣路史以爲今有驩兜墓是然又引嶺外驩州圖經合之寰宇記並以驩州爲放所卽疑其去崇山遠後楊升庵引沈佺期長流驩州時嘗按九真圖崇山至越裳四十里杉谷起古崇山竹

谿從道明國來於崇山北二十五里合故詩云朝發崇山下暮坐越裳陰西從杉谷度北上竹谿深竹谿道明水杉谷古崇岑越裳古國名重九譯者在秦爲象郡兩漢爲九眞郡吳分置九德郡梁曰德州隋開皇十八年改驩州煬帝改日南郡唐兩因之理九德縣佺期又有移驩州屛詩云古來堯禪舜何必罪驩兜是眞以州得名由驩兜也吾不知漢九眞郡治胥浦縣薛曰驩成又領有咸驩縣開皇十八年改州名實本此合之唐武德曾於咸驩縣置驩州則驩與歡同乃驩喜之驩於驩兜了不相涉佺期文人多不契勘然孔疏已微擧其端書經三窓鳥焉成馬豈不信哉

殺三苗于三危

（四書典故辨正）　書言竄三苗而孟子云殺蔡虛齋謂竄之于此實置之死地蓋三苗卒死于此故曰殺三苗然洪範言鯀則殛死是鯀亦死于殛所者何以不曰殺吳幼淸尙書纂言曰左傳蔡蔡叔蔡與殺字異音同古通用則殺卽竄也愚按左傳正義蔡字本䊮字說文䊮散之也從米殺聲疑孟子古本元作䊮與殺聲相近傳寫者遂訛爲殺耳吳氏蔡殺通用之說非是而殺之爲蔡則無可疑也　三危載禹貢者有二竄三苗之三危在西裔括地志沙州燉煌縣東南三十里山有三峰故名三危亦名卑羽山今爲嘉峪關外廢沙州衛地導黑水之三危在大河南地理今釋在今陝西岷州衛塞外古疊州西西番界中雲南麗江府北河圖括地象云在鳥鼠西南與汶山接黑水出其南㠂成云南當岷山則在積石西南是也

（經句說）　呂刑遏絕苗民乃上古遏苗民國本土之人使不得與中國之人交通此殺三苗是舜攝時流放有罪之苗民於三危使不得逃散於他處及逃歸也流四凶而三苗獨名竄者因所遷之苗人數多非若共驩鯀之僅主於一身多則易於逃散且逃歸本國故有塞絕之義蓋竄者正恐其竄也此經本作䊮而衛包反誤改爲竄不亦謬歟

　書傳輯錄引朱子慶元丙辰著九江彭蠡說以示諸生書其後曰頃在湖南見說谿洞蠻猺略有四種曰犵曰狑曰獠而其最輕捷者曰貓近年數出剽掠爲邊患者多此種也豈三苗之遺民乎古字少而通用然則所謂三苗者亦當正作貓字爾近日又見詹元善說苗民之國三徙其都初在今之筠州次在今之興國軍皆在深山中人不可入而已亦難出其最後在今之武昌縣則據江山之險可以無所不爲人不得而遏之矣未及問所據聊竝記之

英謂據此知三苗本處之概苗之種類當不以古今而異然筠州興國在今江西武昌在今湖北殆其種類蔓延武昌仍在本地非三徙也而朱子當時曰近年則可知其在北宋時猶不至於數爲邊患爾

（四書釋地續）　三苗國名以杜元凱長於地學猶闕其所在惟張守節據吳起言昔三苗氏左洞庭右彭蠡洞庭湖名在岳州巴陵縣西南一里南與青草湖連彭蠡湖名在江州潯陽縣東南五十二里以天子在北故洞庭在西爲左彭蠡在東爲右今江州鄂州岳州三苗之地也杜氏通典則以潭州岳州衡州皆古三苗國地

有庳

（四書釋地又續）　有庳之在今永州府零陵縣已成千古定所而集注云未知是否此最朱子妙處蓋一以經文爲案也經文欲常常而見之故源源而來不及待一年之貢期五年之朝期以伸吾親愛情豈有兄居蒲坂弟居零陵隙阻太行水絶洞庭較諸驩兜放處尤遠千里之理且果零陵之是國也比歲一至則往返幾將萬里其勞已甚數歲而數至勢必日奔走於道路風霜之中而不少甯息親愛弟者固如是乎蓋有庳之封必近在帝都而今不可考爾或曰然則今零陵曷爲傳有是名也按括地志鼻亭神在營道縣北六十里故老傳云舜葬九疑象來至此後人立祠名爲鼻亭神此爲得之宋[illegible]云道永二州之間有地名鼻亭窮崖絶徼非人跡可歷舜封象於有庳蓋此地蓋者疑辭亦與集注或曰同

（四書摭餘說）　水經注王隱曰應陽縣本泉陵之北部東五里有鼻墟象所封也山下有象廟後漢書東平王蒼傳注有鼻國名在今永州營道縣北蓋謂傳注今猶謂之鼻亭而括地志云鼻亭神在營道縣北六里故志傳言舜葬九疑象來至此後人立祠名爲鼻亭神則亦非象所封國顧甯人謂其時中原之地必無間土可以封故在三苗以外之荒服者非也大抵後世附合極多如越絶書言舜葬蒼梧象爲之耕將以祀也旣以象爲舜弟又言舜葬會稽鳥爲之耘又似以象爲獸蓋南蠻之俗乘象以戰驅象以耕故祀之若馬祖牛鬼諸祠而歷久乃訛傳爲舜弟也朱子闕疑最是又漢書武五子傳豫章太守廖奏言舜封象於有庳死不爲置後以爲暴亂之人不宜爲太祖也廖言必有所據然云不爲置後者疑不令其子嗣封耳未必無子也

（孟子正義）　閻氏若璩釋地續云有庳之在今永州府零陵縣已成千古定所經文欲常常而見之故源源而來

不及待一年之貢期五年之朝期以伸吾親愛情者有兄居蒲阪弟居零陵陸阻太行水絕洞庭較諸驩兜放處尤遼千里之程且果零陵之國比歲一至則往反幾將萬里其勞已甚數歲而數至勢必日奔走於道路風霜之中而不少甯息親愛弟者固如是乎蓋有庳之封必近在帝都而今不可考或曰然則今零陵曷爲傳有是名也翟氏灝考異云漢書鄒陽傳作封之於有界服虔注曰界音界予之界師古注曰音鼻又武五子傳舜封象於有鼻師古注曰有鼻在零陵今鼻亭是也後漢東平王蒼傳昔象封有鼻三國志樂陵王茂傳亦曰昔象之爲虐至甚而大舜猶侯之有鼻庳與鼻皆從畀與之畀昔皆讀爲庇故其字得通借

源源

〔孟子正義〕說文言部云謜徐語也从言原聲孟子曰故謜謜而來段氏玉裁說文解字注云趙注如流水之與源通據此謜本作源源古作原蓋許引孟原原而來證從原會意之指

不及貢以政接于有庳

〔四書攷錯〕既云不待朝貢又云以政事接見不可解虞制五載一朝三載一考績既不朝貢焉較政績況使吏治國則與政尤不相涉乃曰而以政事接見則不以貢見而以政見言蓋周章故今入比家則直合九字作句與集注反此實集注不善讀注疏而首鼠不決致有此者據本文不及貢以政是五字句以者與也若據趙注則謂此是尚書逸篇之辭以不及貢三字句言不待朝貢而自來京師一若天子以政事見諸侯者貢是實字政是假詞此亦未必盡然者乃孫疏據隋經籍志有尚書逸篇似孔氏壁中之殘册至唐末尚有三卷而徐邈爲之注因信此語出尚書逸篇趙氏必親見故書之鑿鑿而不知隋志所載其書出齊梁之間趙岐漢人所言未必即所見況數奏考績亦有定候不必如後世郡國可不時召見得借政事爲抵飾又且說設治吏則明不聽政爲得反以政事飾世耳目使集注有識則直以政句否則一從注疏尚有未恰而乃依違胡突全屬首鼠天下有是注法乎

〔孟子正義〕虞書堯典云五載一巡狩羣后四朝鄭康成注云四朝四季朝京師也巡守之年諸侯見於方岳之下其間四年四方諸侯分來朝於京師也王氏鳴盛尚書後案云鄭意謂每天子巡守之明年東方諸侯春季來朝京師其又明年南方諸侯夏季來朝又明年西方諸侯秋季來朝又明年北方諸侯冬季來朝又明年則天子復巡

守矣孝經鄭注云諸侯五年一朝天子天子亦五年一巡守熊氏以爲虞夏制法諸侯之朝代爲四部四年乃徧總是五年一朝天子乃巡守孝經注先儒疑非鄭注然此條則是熊氏推衍亦得鄭意按此所謂常禮也常禮五年一朝此不待朝貢常禮故歲歲自至京師也謂若天子以政事接見有庳之君者詩鄭風緇衣序云父子並爲周司徒善於其職孔氏正義云武公既爲鄭國之君又復入作司徒衛風淇澳序云淇澳美武公之德也以禮自防故能入相于周孔氏正義云武公將兵佐周平戎甚有功平王命爲公卒章傳云卿士者卿爲典事公其兼官在尙書如蘇公爲司寇齊侯呂伋爲天子虎賁氏皆以諸侯兼理京師之政事推之於餘當亦有然有庳之君不依朝貢常期而歲歲自至故若兼治京師政事而天子以政事接見之也經文直云以政接於有庳則是實有政事原非空至觀上云汝其于予治則象以諸侯兼治王朝政事可知封象於有庳而兼掌朝政所以不得有爲於其國也人見其不得有爲於國故謂之放不知所以不得有爲於其國者正有爲於天子之朝也其非放也明矣趙氏增若字則以本非有政事矣

此之謂也

〔趙注〕此常常以下皆尙書逸篇之辭

咸邱

〔四書釋地續〕古人以所居之地得姓氏不必定常於其地如咸邱魯地而蒙則齊人是咸邱二字見爾雅左高曰咸邱見春秋桓公七年焚咸邱杜注咸邱魯地高平國鉅野縣而有咸亭咸邱穆氏自以此余最賞趙氏注此章於東字妙有體會曰東野東鄙田野之人所言耳咸邱蒙齊人也故聞齊野人之言書曰平秩東作謂治農事也不然何不云齊之西或北野人乎至今濟南府齊東縣則置於元憲宗三年以鎭而名於孟子無涉

齊東野人

〔孟子正義〕趙氏以東爲東作治農事故引書堯典以證之非東爲東方之東也閻氏若璩釋地續云趙氏注此章於東字妙於有體會不然何不云齊之西或北野人乎至今濟南府齊東縣則置於元憲宗三年以鎭而名於孟子無涉

堯典

(四書改錯) 集注虞書篇名今此文乃在於舜典蓋古書二篇合爲一耳此亦錯者據伏生尚書原只堯典一篇以舜典亡其半而其半即溷合之堯典之中故東晉梅賾獻尚書孔傳亦無舜典至齊姚方興得古文曰若稽古帝舜二十八字於大航頭始撰其字於釐降二女之下愼徽五典之上分作二典而篇亂矣二典既分於二十有八載帝乃殂落一節已前是堯典已後是舜典特舜典在月正元日前又脫落半錄略見史記其原文一不得耳故舜典二十八載前俱是堯典如後漢張純奏二月巡狩宜遵堯典章帝時陳寵奏唐堯著典眚災肆赦即前漢王莽傳所引十有二州皆稱堯典西晉武帝初幽州秀才張髦上疏引肆類上帝諸文亦稱堯典況孟子所引二十八載則正堯典分界處是二典古文原是二篇祗因後人妄分遂致淆亂並非古合爲一如注所云也

(孟子正義) 臧氏琳經義雜記云孟子萬章上堯典曰二十有八載放勳乃徂落百姓如喪考妣三年四海遏密八音春秋繁露煖燠孰多篇尚書曰二十有八載放勳乃徂落百姓如喪考妣四海之內閼密八音三年說文歺部殂往死也虞書曰放勛乃殂落此可證尚書本作放勳釋文引馬融注以放勳爲堯名孟子滕文公上放勳曰勞之來之注放勳堯號也此古義也王氏鳴盛尚書後案云史記堯立七十年得舜二十年而老令舜攝行天子之政薦之於天堯辟位凡二十八年而崩徐廣曰堯在位凡九十八年按上文堯欲踐位自言朕在位七十載合二十八載凡九十八年史記與經合段氏玉裁說文解字注云殂往死也从歺且聲虞書曰勛乃殂二徐本皆如是宋本說文及洪邁所引皆可證至集韻類篇乃增放字至李仁甫乃增之曰放勛乃殂落或用改大徐本堯典曰二十有八載放勳乃殂落見孟子春秋繁露皇甫謐帝王世紀所引皆如是此作勛乃殂據力部勳者古文勳則許所稱眞壁中文也而無放落二字蓋孟子董子所稱者皆今文尚書也許所稱者古文尚書也孟子何以稱今文尚書伏生本與孔安國本皆出周時放勛何以但稱勛或言放勛或言勛一也蓋當時臣民所稱不一也殂落何以但言殂云殂則已足矣不必言殂落也釋詁崩薨無祿卒殂落殪死也白虎通曰書言殂落死者各自見義堯見憯痛之舜見終各一也此其所據皆今文尚書且爾雅無妨殂落二字各爲一句也師古注王莽傳引虞書放勛乃殂則唐初尚書尚有無落字者閻氏若璩釋地又續云百姓義二有指百官言者書百姓與黎民對禮大傳百姓與庶民

對是也有指小民言者不必夏代亦始自唐虞之時百姓不親五品不遜是也四書中百姓凡二十五見惟百姓如喪考妣三年指百官蓋有爵土者爲天子服斬衰三年禮也孟子已明注曰舜帥諸侯以爲堯三年喪喪並平聲持服曰喪如喪考妣三年即檀弓方喪三年耳江氏聲尙書集注音疏云孟子所引上言二十有八載下云三年則堯典之文可載年皆有爲孔氏因爾雅唐虞曰載之文改年爲載且三年是喪考妣之期當屬上爲句不可改載而下屬也此經下別言四海乃謂民間則百姓自是羣臣矣

詩云普天之下四句

〔呂氏孝行覽〕 舜爲天子賢士歸之萬民譽之丈夫女子振振殷殷無不戴說舜自爲詩曰普天之下莫非王土率土之濵莫非王臣所以見盡有之也

我獨賢勞

〔孟子正義〕 王氏念孫廣雅疏證云賢勞也小雅北山篇我從事獨賢孟子萬章篇引此詩而釋之曰此莫非王事我獨賢勞也賢亦勞也賢勞猶言劬勞故毛傳云賢勞也鹽鐵論地廣篇亦云詩云莫非王事而我獨勞刺不均也鄭箋趙注並以賢爲賢才失其義也段氏玉裁說文解字注云賢多財也賢本多財之稱引伸之凡多皆曰賢人稱賢能因習其引伸之義而廢其本義矣小雅大夫不均我從事獨賢傳曰賢勞也謂事多而勞也故孟子說之曰我獨賢勞戴先生曰投壺某賢於某若干純賢多也

文辭

〔孟子正義〕 說文文部云文錯畫也序云倉頡之初作書蓋依類象形故謂之文宣公十五年左傳云故文反正爲乏國語晉語云夫文蟲皿爲蠱是文即字也段氏玉裁說文解字注云詞意內而言外也从司言有是意於內因有是言於外謂之詞意者文字之義也言者文字之聲也詞者文字形聲之合也詞與辛部之辭其意迥別辭者說也从𤔔辛𤔔辛猶理辜謂文辭足以排難解紛也然則辭謂篇章也詞者意內而言外从司言此謂摹繪物狀及發聲助語之文字也積文字而爲篇章積詞而爲辭孟子曰不以文害辭不以辭害志也孔子曰言以足志詞之謂也文以足言辭之謂也大行人故書計詞命鄭司農云詞當爲辭此二篆之不可混也

以意逆志

〔孟子正義〕顧氏鎮虞東學詩以意逆志說云書曰詩言志歌永言而孟子之詔咸邱蒙曰以意逆志是爲得之後儒因謂吟哦上下便使人有得又謂少間推來推去自然推出道理此論讀書窮理之義則可耳詩則當知其事實而後志可見志見而後得失可判也說者又引子貢之知來子夏之起予以爲聖門之可與言詩者如是而後世必求其人驗其事此孟子所謂固哉高叟者而非聖賢相與言詩之法也不知學者引申觸類六通四闢無所不可而考其本旨義各有歸如切磋本言學問之事則凡言學問者無不可推而謂詩論貧富可乎素絢本有先後之序則凡有先後者無不可推而謂詩論禮後可乎斷章取義當用之論理論事不可用以釋詩也然則所謂逆志者何他日謂萬章曰頌其詩讀其書不知其人可乎是以論其世也正惟有世可論有人可求故吾之意有所措而彼之志有可通今不問其世爲何世人爲何人而徒吟哦上下去來推之則其所逆乃在文辭而非志也此正孟子所謂害志者而烏乎逆之而又烏乎得之孟子之論北山也惟知爲行役者之刺王故逆之而得其嘆賢勞之志其論凱風也惟知七子之母未嘗去其室故逆之而得其過小不怨之至不然則普天率土特悉主悉臣之恆談耳凱風自南吹彼棘心亦蓼蓼者莪匪莪伊蒿之同類耳何由於去古茫茫之後核事考情而得其所指哉夫不論其世欲知其人不得也不知其人欲逆其志亦不得也孟子若預憂後世將秕穅一切而自以其察言也特著其說以防之故必論世知人而後逆志之說可用之

雲漢之詩三句

〔孟子正義〕雲漢詩在大雅序言宣王遇災而懼每章首言旱既太甚知詩人之志在憂旱災也毛傳云孑然遺失也箋云黎衆也周之衆民多有死亡者矣幸其餘無有孑遺者言又飢病也孔氏正義云孑然孤獨之貌言靡有孑遺謂無有孑然得遺漏按遺失失即佚遺佚即遺漏無有遺漏是皆不免於死亡下云昊天上帝則不我遺胡不相畏先祖于摧箋云天將遂旱餓殺我與先祖何不助我恐懼使天雨也然則雖有孑遺乃虛設之辭謂旱災如此先祖若不助我恐懼使天雨則昊天上帝既不欲使我民有遺留周餘黎民必將飢饉餓病無有孑遺也不逆胡不相畏之志則周眞無遺民不逆我從事獨賢之志則溥天之下眞莫非王臣趙氏言民無孑然遺脫不遭旱災者與

毛鄭義異白虎通有王者不臣篇言王者所不臣者三謂二王之後妻之父母夷狄也是王者有所不臣也妻之父母且不臣而轉臣父乎

夔夔

〔四書釋地又續〕　炳燭齋隨筆曰夔夔齊栗夔一足之物也凡人之立常時則兩足舒布有所畏則兩足緊竝有若一足之物故曰夔夔也史記使天下之士重足而立亦此意余按酷吏義縱傳南陽吏民重足一迹語尤顯白

諄諄然

〔孟子正義〕　說文言部云諄告曉之孰也从言𦎧聲讀若庉段氏玉裁說文解字注云大雅誨爾諄諄左傳年末盈五十而諄諄如八九十者孟子諄諄然命之乎大雅諄諄鄭注中庸引作忳忳云忳忳懇誠貌也其中懇誠其外乃曉告之孰義相足也按告曉之孰則有聲音故云天有聲音也爾雅釋詁云命告也命之即是告曉之諄諄然命之則懇誠而孰告之也

南河之南

〔四書釋地續〕　古帝王之都皆在冀州堯治平陽舜治蒲坂禹治安邑安邑在今夏縣西北十五里三都相距各二百餘里在大河之北其河之南則豫州地非帝畿矣舜避堯之子於此得毋亦如左氏所云越境乃免乎禹避於陽城益避於箕山之陰皆此意

〔四書典故辨正〕　河自積石龍門南流爲西河至華陰東經底柱孟津過洛汭爲南河至大伾北流過降水大陸又北播爲九河同爲逆河入海爲東河東西南皆據冀州言冀州在南河之北南河之南則豫州也史記集解劉熙云南河九河之最在南者按九河徒駭最北鬲津最南鬲津在鬲縣今山東濟南府德州北有鬲縣故城則舜避朱在兖州也張守節謂濮州鄄城縣偃朱故城即舜避丹朱之處濮州今屬山東曹州府亦古兖州地劉說不爲無因但豫河爲南河見於禹貢以九河之最南者爲南河則經傳無此稱當以集注爲正

〔孟子正義〕　史記集解引劉熙云南河九河之最在南者又云天子之位不可曠年於是遂反格於文祖而當帝位帝王所都爲中故曰中國張守節史記正義云括地志故堯城在濮州鄄城縣東北十五里又有偃朱故城在縣

西北十五里濮北臨漯大川也河在堯都之南故曰南河禹貢至于南河是也其偃朱城所居即舜讓避丹朱於南河之南處也按禹貢浮于江沱潛漢逾于洛至于南河指豫州北之河濮在豫河之東南固可謂之南河之南九河在兗州濮亦適當其南故劉熙以爲九河之最南者所解南河不同而其指濮則一也曹濮之間春秋時尚戎狄雜處則以爲南夷似亦可乃趙氏稱遠地南夷則不同顯說矣蓋遠在豫河之南戎狄之地也濮去冀州固非遠地矣

附丹朱城

（蘇鶚蘇氏演義） 今濮州有偃朱城一云丹朱城學者又云舜偃塞丹朱之所遂謂之偃朱城誤也蓋舜禪位之後築城以爲丹朱偃息湯沐之地實非偃塞之義劉子元又引竹書云舜篡堯位立丹朱城俄又奪之皆非也丹朱之有城如周封祿父微子之義蓋爲二王之後也

故曰天也

（四書攷異） 史記五帝紀自堯崩至踐天子位爲悉與孟子同惟故曰天曰作舜曰天也晉書段灼傳文選注引孟子竝作舜曰

夫然後之中國

（四書釋地三續） 帝堯本紀夫而後之中國踐天子位焉是爲帝舜劉熙注曰帝王所都爲中故曰中國注精絕當補入孟子獸蹄鳥跡之道交於中國當如致爲臣章注中國當國之中也以注方輿下中國則又中國爲諸夏稱而中國之義凡有三

而居堯之宮

（四書釋地三續） 炳燭齋隨筆曰陸德明論語音之失曰北人則而如靡異今經傳中多有之孟子而居堯之宮而當作如小雅綢直如髮如當作而是也

（孟子正義） 王氏引之經傳釋詞云而猶如也易明夷象傳君子以莅衆用晦而明虞注云而如也詩君子偕老曰胡然而天也胡然而帝也毛傳云尊之如天審諦如帝都人士曰垂帶而厲箋曰而厲如鞶厲也孟子萬章篇而居堯之宮適堯之子而字竝與如字同義故二字可以互用詩都人士曰彼都人士垂帶而厲後君子女卷髮如蠆

大戴記衛將軍文子篇曰滿而不滿實如虛過之如不及孟子離婁篇曰文王視民如傷望道而未之見

昔者舜薦禹於天十有七年

〔四書改錯〕　按舜之薦禹則舜生三十徵庸三十在位不又云五十載陟方乃死乎舜以六十即帝位又五十而巡狩以死然而大禹謨載薦禹詞曰朕宅帝位三十有三載耄期倦于勤汝惟不怠總朕師則以五十年帝位而其薦禹時適三十三載非十七年乎是孟子此文皆典謨文也

舜禹益避位

〔四書釋地三續〕　蘇子由古史疑舜禹益避位之說爲妄孟子或問亦嘗辯之然不及所作餘論爲尤精愚故備錄焉朱子曰舜禹朱均而天下歸之蘇子慮其避之足以致天下之逆至益避啓而天下歸啓蘇子又譏其避之爲不度而無恥於是凡孟子史遷之所傳者皆以爲誕妄而不之信今固未暇質其有無然蘇子之所以爲說者類皆以世俗不誠之心度聖賢則不可以不之辯也聖賢之心淡然無欲豈有取天下之意哉顧辭讓之發則有根於所性而不能已者苟非所據則雖卮酒豆肉猶知避之況乎秉權據重而天下有歸己之勢則亦安能無所惕然於中而不遠引以避之哉避之而彼不吾釋則不獲已而受之何病於逆避之而幸其舍則固得吾本心之所欲而又何恥爲唯不避而强取之乃爲逆儼然當之而彼不吾歸乃可恥耳如蘇子之言則是凡世之爲辭讓者皆陰欲取之而陽爲遜避是以其言反於事實至於如此而不自知其非也舜禹之事世固不以爲疑今不復論至益之事則亦有不能無惑于其說者殊不知若太甲賢而伊尹告歸成王冠而周公還政宣王有志而共和歸此類多矣當行而行當止而止而又何恥爲蘇子蓋賢共伯而尚何疑於益哉若曰愛人之寄則當遂有之而不可歸歸之則爲不度而無恥則是王莽曹操司馬懿父子之心而楊堅夫婦所謂騎虎之勢也乃欲以是而言聖賢之事其誤甚矣

陽城箕山之陰

〔四書釋地〕　陽城山名漢潁川有陽城縣以山得名洧水所出唐武后改曰告成後又曰陽邑五代周省入登封故此山在今登封縣北三十八里去嵩山幾隔三十里安得即云嵩山下之深谷與箕山爲嵩高之北而張守節云箕山一名許由山在洛州陽城縣南十三里括地志云陽城縣在箕山北十三里守節又云陽城縣在嵩山南二十

三里括地志遂云嵩山一名外方山在洛州陽城縣西北二十三里足互相證明斷斷其非一山也集注誤由趙氏只觀酈道元注先敘太室山次五渡水並屬崇高縣又敘禹避丙均於此及周公測日景處次箕山及上有許由冢並屬陽城縣雖同見潁水條內而山固區以別矣趙氏所以誤者注書在藏於複壁時想無多書册可討尋又無交游以質問而慮理或可意會實跡豈容臆度地理多謬正坐是爾善乎前輩所言古人經史皆係寫本久客四方未必能攜一時用事之誤自所不免後人不必曲爲諱如杜子美諸生老伏虔本用濟南伏生事何顒好不忘本用甯齊周顒事曾驚陶侃胡奴異忘却胡奴爲侃之子小字胡胡舞白題斜忘却白題爲西北邊國名雖然此猶文人也若鄭康成千載儀宗朱子稱其多精力事事都理會得者其解經誤且勿論而漢有徐州刺史荀文若問鄭周禮父譬辟海外當問時鄭已年老昏耄不復憶九夷八蠻六戎五狄謂之四海之文非忘却乎雖然此猶儒者也若孟子命世亞聖之大才其所著七篇於諸侯禮則未學於禹貢文則不合而獻子之友五猶且忘其三焉非强記之難乎嗚呼吾于趙氏豈復何譏

箕山之陰

〔四書典故辨正〕　箕山之陰史記作箕山之陽愚按山北曰陰陽城在箕山之北故張守節云陰即陽城也史記作陽則爲箕山之南與孟子不合故張守節疑史記箕字是嵩字之訛蓋陽城在嵩山南二十三里則爲嵩山之陽也　趙注陽城箕山之陰皆嵩山下深谷中可藏處閻百詩非之謂陽城山　閻陽城縣以山得名　去嵩山幾三十里箕山在陽城縣南十三里安得即云嵩山下之深谷其說良然但謂箕山爲嵩高之北此本史記集解劉熙語愚謂北字疑訛按括地志陽城縣在箕山北十三里嵩山在陽城縣西北二十三里則陽城在嵩山之南箕山又在陽城之南非北也

丹朱

〔四書釋地續〕　丹朱集註止云堯之子未詳漢律歷志引帝系曰陶唐氏讓天下於虞使子朱處於丹淵爲諸侯丹淵雖有范汪荆州記魏王泰括地志各言所在恐未足據信蓋世遠也因思堯在位七十載放齊曰允子朱啓明夫止曰朱未有國也及後三載薦舜於天朱始出封丹故有丹朱之號其避堯之子則以朱奔父喪在平陽耳丹朱

狸姓在周爲傅氏見國語

外丙仲壬

〔四書釋地又續〕　外丙仲壬自程子謂年爲歲始爲異說後益聚訟爭要程說亦本書序書傳朱子曰二書皆後人所撰者豈可憑是也余謂一代有一代之禮唐虞禪夏后殷周繼此帝王之殊禮也殷道親親者立弟周道尊尊立子周道太子死立適孫殷道太子死立其弟　語見史記梁孝王世家又曰方今漢家法周周道不得立弟當立子　此殷周之殊禮也故文王當伯邑考死雖有伯邑考之子在舍之而立武王先儒以爲殷禮者是孔子曰立孫自爲周言之也善乎艾千子有言果爾必世嫡則孟子此二語爲贅辭果其爲二歲四歲而不之立乃及於太甲也此待伊尹意中未形事何緣流傳至戰國時而待孟子乃言之耶湯之壽數誠不可考皇甫謐謂其壽百歲太丁既死而外丙仲壬均湯之子僅二歲四歲長幼相去如此懸絕乎且郎以齒序而先外外丙於仲壬乎姑存吾說以俟來學余謂程子復起亦必從此說

集注程氏曰古人謂歲爲年湯崩時外丙方二歲仲壬方四歲惟太甲差長故立之也　此程氏之最巨信者外丙仲壬在史記直謂繼湯而立一二年卒一四年卒然後太甲嗣之故書稱太甲居憂漢志有云服外丙服是也特書序有成湯既沒太甲元年語而伊訓亦云惟元祀祗見厥祖解者謂奠告湯殯與孟子史記不甚合此當詳考諸書始論定者若是年齒則從來序年無先幼後長先二後四者今丙二壬四則仲壬爲外丙兄矣況世本世紀皆謂湯年百歲若九十七生仲壬九十九生外丙不又笑話乎

〔四書改錯〕　東陽盧人宏問孟子外丙二年仲壬四年在尚書書序俱無此文程子解固無理然尚書孟子兩經到底扞格且漢志引伊訓既不去外丙一名然又無仲壬祇曰有成湯太丁外丙之服以一時而服三君之喪有是理否曰兩經不扞格而解經者扞格之據書序成湯既沒太甲元年則湯崩而太甲即繼之故伊訓云惟元祀十有二月乙丑伊尹祠于先王奉嗣王祗見厥祖元祀太甲元年也厥祖湯也祗見者嗣王即位而奠告于湯殯前也是以漢造太初厤時追考殷厤有云成湯用事十三年十一月甲子朔冬至伊尹祀方明越茀行事則正與伊訓文合古者君喪在殯但不祭廟而尚遇郊社則必踰喪紼行祭謂之越紼是時太甲初改元而朔日甲子值冬至郊祭因

使伊尹攝祠先王契以配上帝而次日乙丑然後奠殯即位而作訓故伊訓曰伊尹祠先王指郊祀言見厥祖指奠殯言其曰十二月即殷曆之十一月以殷曆算律用夏時也曰乙丑即甲子朔之次日故太甲篇稱十有二月朔此不稱朔也是太甲繼湯考之尚書書序及殷時之曆算無不然者若孟子之說則史記殷本紀直增二君曰立曰崩而後之爲帝系爲汲冢紀年且改殷二十七王爲二十九王以致漢律曆志譙周古史考不曉二十九王是增數又增二王曰三十一王而扞格極矣殊不知孟子原是易解予向作廣聽錄曰外丙二歲卒仲壬四歲卒則諸書皆通有何扞格即曰二弟之死與繼絲何涉而必記之則以殷制必傳及也乃班氏作志亦引伊訓亦解越茀而第不識先王爲何人殷無追王禮而湯祖與先王不當襍出竟不疑國語元王勸商殷人郊契之文而以三君謂當之且又不知乙丑是甲子次日而于乙丑下增一朔字此亦先儒之紕繆至今日而始發者若又遺仲壬則不能强爲解也

錫商制先君沒踰月即位故湯十三年十一月崩而十二月即位改元與周不同

〔四書典故辨正〕　外丙仲壬之立見于史記而竹書所載外丙名勝元年乙亥即位二年崩仲壬名庸元年丁丑即位四年崩此其的然可據者國語云商之享國三十一王今合外丙仲壬數之尚闕其一蓋史失之若更無丙壬則止有二十八王國語近古之書必不謬誤至此斷從史記爲是　金仁山曰太甲以嫡長孫承重繼祖于書可見書曰惟元祀十有二月乙丑伊尹祠于先王是冢宰攝祭于宗廟也奉嗣王祗見厥祖是見于殯宮即位也若隔外丙仲壬之世而太甲承仲壬之後則自成湯外丙以上俱曰祠于先王足矣何獨又曰奉嗣王祗見厥祖其書法若是之重複也愚謂祠于先王者外丙以上之通辭又曰奉嗣王祗見厥祖者蓋爲伊尹將明言成湯之德以訓嗣王故特鄭重言之耳若果湯崩而太甲立湯猶在殯則殯宮有朝夕之奠何爲而致祠主喪者不離殯側何待于祗見且曰烈祖則廟貌已定其非殯宮可知觀伊訓書法太甲之爲嗣仲壬益無疑矣

〔四書客難〕　客曰外丙仲壬經世及新編皆無此二君何也曰此誤信僞書序而妄删此二君也書序非孔子所作乎皆以成湯既沒太甲元年八字決之蓋孟子此言與竹書紀年合乃妄信無稽之書序而以私意删之可謂無忌憚者矣紀年云外丙名勝元年乙亥即位居亳命卿士伊尹二年陟則乙亥丙子外丙之二年也仲壬名庸元年丁丑即位居亳命卿士伊尹四年陟則丁丑戊寅己卯庚辰仲壬之四年也其後乃接書太甲名至元年辛巳即位

居亳命卿士伊尹辛巳去甲戌湯崩凡七年何云成湯既沒太甲元年也

伊尹放太甲于桐

（四書摭餘說） 按史記太甲既立三年不明伊尹放之於桐宮太甲居桐宮三年悔過反善伊尹迺迎而授之政是太甲歸亳之歲已爲即位六年孔氏書正義謂史遷之說妄也閻百詩則以孟子敘太甲有兩三年字亦謂凡六年而後歸亳余謂孟子與史記文不同孟子伊尹放之於桐三年則非既立三年也云於桐處仁遷義三年即上三年之內以漸悔過遷善則非前後六年也雖有兩三年字知皆有於桐字太甲以元年十二月即位顛覆湯之典型必是伊尹數諫久而不順方始放之蓋以三五月矣是至二年始放也三年十有二月書稱伊尹奉嗣王復歸于亳連前即位計之已有三年孟子之三年即書之三祀也其實止二十有六月耳更何有六年歟伊尹放之于桐者蓋藉天子諒陰百官聽于冢宰之義也於桐三年者以其有三年喪也若顯然放之是霍光之廢昌邑王矣他日何以復辟其說是也陳子曰漸取于西魏成于東司馬氏之有天下其始也未嘗不伊周其終也未嘗不莽浞皆取伊周以爲嚆矢也孟子曰無伊尹之志則篡也有旨哉又按周書在太甲時則有若保衡保衡伊尹也襄二十一年左傳云伊尹放太甲而相之卒無怨色則自太甲居桐伊尹秉政太甲既歸于亳伊尹還政其君將欲告歸太甲又留之爲相也殷本紀云太甲崩子沃丁立書序稱沃丁既葬伊尹于亳則尹卒在沃丁世　鍵正義皇甫謐云沃丁八年伊尹卒卒年百有餘歲大霧三日沃丁葬之以天子禮葬祀以太牢親臨喪以報大德晉文請隧襄王不許沃丁不當以天子之禮葬伊尹也孔言三公禮葬未必有文要情事當然也　年百有餘歲其始終序說備已乃竹書紀年云殷仲壬即位居亳其卿士伊尹仲壬崩伊尹乃放太甲於桐而自立也伊尹即位于太甲七年太甲潛出自桐殺伊尹乃立其子伊陟伊奮命復其父之田宅而中分之不知經文明言奉嗣王復歸于亳爾時伊尹且將告老致政何肯自立尹不自立太甲亦必不殺尹假若伊尹誠於放君自立之事則死有餘罪義當汙宮滅族太甲何所感德而復立其子還其田宅乎陸士衡冢士賦序伊生抱明允以嬰戮蓋亦惑于汲冢紀年之妄說也　鍵皇覽曰伊尹冢在濟陰已氏平利鄉亳近已氏括地志云伊尹墓在洛州偃師縣西北汲冢瑣語乃謂伊尹謀篡爲太甲所殺今相傳其在空桑北一里墓旁生棘皆如矢此小人而無忌憚之尤者也

〔可儀堂文集〕伊尹放太甲於桐有諸曰否以臣放君不可以訓然則甲之居桐也孰放之曰居之也或曰放爲古者君薨諒陰三祀於是甲居桐而尹營其宮甲不居桐非子也尹放甲於桐非臣也曰甲居桐而不悔過亦將復之乎曰甲能居桐即能悔過何不復之有兄不以私放其弟吾見於舜臣不以私放其君吾見於尹然則湯不放桀乎曰湯之放桀也桀奔而因以居之也尹之放甲也甲居桐而尹營之也皆非放也然則孟子曷不辨曰孟子不辨以戒當日之爲君子之辨以防萬世之爲臣

〔千百年眼〕孫季昭示兒編云書所載伊尹放太甲於桐放當作教以其篆文相近故譌耳其論甚偉可息紛紛之疑勾曲外史張天雨取其說書於伊尹古像之後

桐湯墓所在註

〔四書釋地又續〕殷本紀伊尹放太甲於桐宮注僞引鄭康成注書序語曰桐地名也有王離宮焉初不指爲湯葬地余以後漢志梁國虞縣有空桐地有桐地有桐亭太甲所放處隱即在於此竊今歸德虞城縣距湯都南亳僅七十里方可伊尹既攝國政復時時往桐訓太甲三年不然如人言湯冢爲偃師偃師去虞城八百餘里尹豈有縮地之術分身以應乎湯都仍屬穀熟鎮爲是至湯冢劉向博極羣書者也告成帝云殷湯無葬處遂直至哀帝建平元年太司空御史長卿案行水災因行湯冢始得之於汾陰亳 鋆疑衍 縣北東郭去縣三里冢四方各十步高七尺上平處平地馬端臨曰今河中府是故宋太祖乾德四年著諸祀典迄今不易蹹有杜預湯冢在薄城中魏王泰又在偃師縣東兩說吾未敢以爲據集注云云亦偶誤本孔安國書傳耳

〔四書典故正辨〕史記正義引晉太康地記云尸鄉南有亳坂東有城太甲所放處也尸鄉在洛州偃師縣西南五里據此則太甲放處密邇湯都崔駰謂湯冢在濟陽薄縣北皇覽謂薄城北郭東三里平地有湯冢杜預謂梁國蒙縣北有薄伐城城中有湯冢元和志湯陵在寶鼎縣北四十三里今山西蒲州府榮河縣是縣志云湯陵在百祥村四元時淪入汾河以石櫬遷葬明初建陵寢於其東然括地志又云洛州偃師縣東六里有湯冢則此仍疑不能定

〔疑辯錄〕傳謂桐爲成湯墓地太甲居仲壬之憂而密邇成湯之墓者必仲壬附葬於桐也 鋆附依也作祔非

祔合葬也

割烹要湯

（四書改錯）集註尹伊爲有莘氏之媵臣負鼎俎以滋味說湯　但引史記文而不註割烹則于本文二字仍未解郎史記亦未解考膳宰請職總以備賓客燕饗裹祀祭祀諸大獻而惟割烹煎和司肆割而主烹煮者則專屬內饔所以掌王后太子之膳羞較庖人外饔尤爲親近故當時謂之媵臣以內饔宮官與女侍等也不然后妃媵僕無及庖隸者而稱曰割烹何解矣又負鼎俎三字亦內饔職文王舉則陳鼎俎以待之皆可驗

（酉陽雜俎）墨子尚賢篇昔伊尹爲莘氏女師僕親爲庖人湯得而舉之莊子庚桑楚湯以庖人籠伊尹秦穆公以五羊之皮籠百里奚史記殷紀阿衡欲干湯而無由乃爲有莘氏媵臣負鼎俎以滋味說湯按呂覽有本味一篇言有侁氏得嬰兒於空桑之中令烰人養之是爲伊尹湯請有侁爲婚有侁以伊尹爲媵送女尹說湯以至味極論水火調劑之事周舉天下魚肉之美菜果之美和之美飯之美水之美者而云非爲天子不得具割烹要湯之說無如此篇之詳者其文若果之美者箕山之東有盧橘應劭史記注引之飯之美者元山之禾而海之秏許愼說文引之所稱書目俱不曰呂覽曰伊尹考班固藝文志有伊尹二十七篇列小說家蓋呂氏本味篇乃剿自伊尹說中故漢人之及見本書者猶標其原目夫小說之怪誕鄙猥而輾轉傳聞於孟子之門又烏可不辨哉

（酉陽雜俎）伊尹於湯言天下可具三羣之蟲謂水居者腥肉攫者臊草食者羶也

楚詞天問亦有媵有莘婦緣鵠飾玉后帝是饗之詞又汲冢瑣言語伊尹與桀妃妹喜通此小人造言實不始自戰國

有莘

（四書釋地）集註莘國名未詳其所在余謂元和郡縣志故莘城在汴州陳留縣東北三十五里古莘國地說其去湯都南亳　即今商邱縣穀熟鎮　不過四百里所以湯可使三往聘若太姒所產之莘國則在今西安府郃陽縣南二十里道遜遠矣

（四書攷異）有莘列女傳母儀篇作有㜪呂氏孝行覽作有侁郡國志散宜生爲文王求有莘氏女以獻紂即此

地

〔孟子正義〕 大戴記帝繫篇鯀娶於有莘氏之女謂之女志氏漢書古今人表女志鯀妃有㜪氏女此唐虞以前之有莘未知所在列女傳湯妃有㜪者有㜪氏之女也又太姒者武王之母禹後有㜪姒氏之女於太姒別之曰禹後姒氏而湯妃則曰有㜪氏史記殷本紀云阿衡欲干湯而無由乃爲有莘氏媵臣正義引括地志云古莘國在汴州陳留縣東五里故莘城是也呂氏春秋本味篇有侁氏採得嬰兒於空桑後居伊水命曰伊尹元和郡縣志汴州陳留縣故莘城在縣東北三十五里古莘國地湯伐桀桀與韋顧之君拒湯於莘之墟此即湯妃所生之國伊尹耕於是野者也

囂囂

〔孟子正義〕 爾雅釋言云囂閑也注云囂然閑暇貌淮南子本經訓云閑靜而不躁高誘注云閑靜言無欲也

幡然

〔孟子正義〕 音義云幡張云與翻同荀子彊國篇云反然舉惡桀紂而貴湯武注云反音翻翻然改變貌幡然即翻然翻然即反然也

牧宮

〔四書摭餘說〕 伊訓商書篇名孟子引以證伐夏救民之事也今書牧宮作鳴條朱註本明白足據趙岐以爲尙書逸篇名正義謂今之尙書亦有伊訓之篇乃其文則曰造攻自鳴條朕哉自亳郝氏解牧宮桀宮名言天之誅桀由桀自作攻伐任氏四書約旨謂牧宮湯祖廟湯爲牧伯故祖廟稱牧宮周文武爲牧伯故祖廟亦稱牧室古者大征伐必告廟而出反亦必告廟此造攻自牧宮是告而出武王既事而退設奠於牧室是反而告其義亦通桀都安邑即漢之河東郡安邑縣史記吳起云夏桀之居左河濟右太華伊闕在其南羊腸在其北地理志云上黨郡壺關縣有羊腸坂在安邑之北則桀都安邑明也湯誓言湯伐桀升陑者桀都在亳西當從東而往陑在河西之南蓋今潼關左右河曲在安邑西南從陑向北渡河乃東向安邑歷險迂路爲出其不意故也鳴條在安邑之西桀西出拒湯故書言遂與桀戰于鳴條之野夏師敗績湯遂從之遂伐三朡三朡國名桀走保之今定陶也安邑在洛陽西北

定陶在洛陽東南桀自安邑東入山太行乃東南涉河往奔三朡湯緩追之不迫遂奔南巢鄘康成以巢爲南方之國李杞解曰巢人納桀義不朝商是其地也書所謂成湯放桀于南巢是也湯自三朡歸至于大坰大坰史記作泰卷案陳曰卷當爲坰楊愼曰泰坰即太行蔡氏謂即熒澤在衛州界孔疏以爲未知所在當是定陶向亳之路所經既黜夏命復歸于亳作湯誥書王歸自克夏至于亳誕告萬方是也伊訓正義曰造哉皆始也孟子哉作載朱子訓同言始攻桀無道由我始其事于亳也見得此等功業並非負鼎俎者所克爲其義自了趙注又引湯曰我與伊尹謀之於亳遂順天而誅之之語則以朕爲湯自謂不必從

朕載自亳

〔四書大全〕　南軒氏曰放伐之事湯猶自知有慚德而尹直任之曰朕載自亳體極大力極雄大約見得極到故敢如此若在形迹上躱閃便是見道未透處

癰疽

〔四書改錯〕　集註瘍醫也此亦錯者瘍醫在天官職以下士爲之禮註稱王臣受天命策命與庶人在官大別況醫多有名如國語醫和左傳醫緩即賢士大夫尚相敬禮何得以偶然主客爲孔子諱又且瘍醫所掌有頭創身瘍全傷與折諸症並不專以癰疽爲名此二字非官名非人名又非醫名實讀文之顯然者考雍本是姓系出文王子雍伯之後如雍糾雍太宰類此孔子所主當是雍渠即史記世家所云靈公與南子同車雍渠參乘孔子爲次乘者以此人係靈公嬖倖與彌子等且與孔子因緣故彌子直邀其主已而當時亦幷傳有主渠一事乃劉向說苑載孟子文作孔子主雍睢以渠睢聲近訛錯而趙岐注壁中本則幷訛睢爲疽於是七篇之本始將雍渠二字盡變之而爲癰疽此蹤跡之實可按者不然衛靈時無雍睢而劉向輯內府書又並不見趙氏壁中之本乃忽有雍睢一名謂非雍渠之轉訛不可也近無學者一見說苑便謂雍睢是本名反將史記雍渠亦改作雍睢則大錯矣此不可不辨者　張文獻曰史記報任安書衛靈與雍渠同載孔子適陳此亦史記雍渠非雍睢之證

〔孟子正義〕　戰國策衛策云衛靈公近癰疽高誘注云孟子有其人蓋醫之幸者翟氏灝考異云說苑至公篇述此章文孔子上無或謂二字癰疽作雍睢侍作寺瘠作脊史記孔子世家雍渠爲驂乘韓非子作雍鉏輾轉相推雍

疽雍睢爲一人而癰疽亦即雍渠均以聲同通借字耳閻氏若璩釋地又續云周禮瘍醫掌腫瘍潰瘍之祝藥腫瘍氣聚而不散者潰瘍血溢而將破者雖癰淺於疽而二瘍皆有之戰國策衛靈公時癰疽彌子瑕專君之勢以蔽左右蓋亦下士之職云錢氏大昕潛研堂答問云孔子世家衛靈公與夫人同車宦者雍渠驂乘出使孔子爲次乘又報任安書云衛靈公與雍渠同載孔子適陳雍渠即孟子所稱癰疽趙氏以爲癰疽之醫者似是臆說

顏讐由

（四書典故辨正） 史記孔子適衛主子路妻兄顏濁鄒家索隱爲與孟子主顏讐由不合正義則云濁音卓鄒音聚以顏濁鄒爲顏涿聚其說蓋本之漢書古今人表愚謂顏讐由即顏濁鄒而非涿聚顏涿聚乃顏庚而非濁鄒何以明之按孔叢子言讐由善事親嘗以非罪被執子路裒金贖之或疑其私于所昵而孔子白其不然此讐由爲子路妻兄之證與史記之濁鄒是一人也涿聚則齊人哀二十三年傳晉荀瑤伐齊戰于犂邱齊師敗績禽顏庚 隰 杜注齊大夫顏涿聚 二十七年傳荀瑤伐鄭請救于齊陳子召顏涿聚之子晉曰隰 隰即犂邱 之役而父死爲則涿聚乃庚非顏濁鄒傳有明據人表混而爲一張守節遂以字音附會非也

（孟子正義） 全氏祖望經史問答云漢書古今人表以顏濁鄒爲顏涿聚濁鄒子路妻兄見史記孔子世家索隱疑其與孟子不合其實無所爲不合也孔叢子言讐由善事親其後有非罪之執子路裒金以贖之或疑其私于所昵而孔子白其不然則於妻兄有證是讐由即濁鄒也孔子在衛主伯玉亦主讐由則讐由之賢亞於伯玉因東道之誼而列於門牆固其宜也至涿聚則齊人也呂覽言其少爲梁父大盜而卒受業於孔子得爲名士亦見莊子然則於衛之讐由無豫矣涿聚死事於齊見左傳犂邱之役然則顏涿聚者顏庚也非濁鄒也張守節附會於字音更不足信閻氏若璩釋地又續云顏讐由子路妻兄則亦彌子瑕妻兄彌子瑕見主其妻兄之家遂謂主我衛卿可得語亦非無因云

彌子

（孟子正義） 翟氏灝考異云彌子欲借重於孔子孔子拒之此又甚明呂氏慎大覽乃云孔子道彌子瑕見釐夫人因也淮南泰族訓亦云孔子欲行王道七十說而無所偶故因衛夫人彌子瑕而欲通其道當時謗孔子者且不

僅造爲癰疽瘠環言矣按癰疽與彌子瑕同幸於衛君二人專君之勢以蔽於左右韓非子說難云昔者彌子瑕有寵於衛君衛國之法竊駕君車者罪刖彌子瑕母病人間往夜告彌子彌子矯駕君車以出君聞而賢之曰孝哉爲母之故忘其刖罪異日與君遊於果園食桃而甘不盡以其半啗君君曰愛我哉忘其口味以啗寡人然則彌子之寵甚於癰疽彌子有子路之親且自求結交於孔子孔子且以義命拒之則主癰疽必無之事矣蓋因驂乘之事而而傅會之耳

孔子不悅於魯衛四句

（經句說） 集註曰不悅不樂居其國也英按集註說非也孟子於字多以在人言如食於人者治人治人者食於人之類也不悅於魯衛者魯衛之人不能心悅誠服孔子之道也是魯衛不悅孔子非孔子不悅魯衛惟此二國皆不見悅所以不得已而適他國致遭桓魋之難也

（孟子正義） 不爲苟合取容故不悅趙氏以道不合明之是也史記孔子世家云定公十四年孔子年五十六由大司寇行攝相事齊人聞而懼於是選齊國中女子好者八十人皆衣文衣而舞康樂文馬三十駟遺魯君季桓子微服往觀再三將受乃語魯君爲周道游往觀終日怠於政事孔子遂行宿乎屯歌曰彼婦之口可以出走彼婦之謁可以死敗蓋優哉游哉維以卒歲桓子喟然嘆曰夫子罪我以羣婢故也夫孔子遂適衛主于子路妻兄顏濁鄒家此不悅於魯之事也又云衛靈公致粟六萬居十月去衛將適陳過匡月餘反乎衛主蘧伯玉家居衛月餘靈公與夫人同車宦者雍渠參乘出使孔子爲次乘招搖市過之於是醜之去衛適曹是歲魯定公卒孔子去曹適宋此不悅於衛之事也又云與弟子習禮大樹下宋司馬桓魋欲殺孔子拔其樹孔子去弟子曰可以速矣孔子曰天生德於予桓魋其如予何此微服過宋之事也

主司城貞子二句

（四書釋地續） 主司城貞子爲陳侯周臣或曰哀七年曹亦有司城安知此司城非即陳之官名而必以譯宋故歸於宋余曰此最先儒苦心釋經處蓋史記孔子世家於適衛事初書曰主於子路妻兄顏濁鄒家再書曰主蘧伯玉家三書曰入主蘧伯玉家正以顏蘧皆衛之士大夫故書法直截如此若果司城貞子本爲陳官孟子則當書曰

是時孔子當阨主陳司城貞子與上文於衛主顏讎由同一書法矣何必先繫其官及謚然後歸於爲陳之臣乎正以本爲宋卿由宋而流於陳今爲陳臣方得爲孔子之居停主人所以書法緊重委折而下如是讀者須以意會也

邵文莊寶曰臣云者志其非癰疽侍人之倫也或謂臣乃孔子爲之孔子去魯後他國未嘗臣而獨臣陳斗哉他日孟子論行可際可公養三事亦無及陳者則臣仍司城貞子也且惟官非陳官方明以臣爲陳臣集註孔子爲魯司寇以齊閉之遂行適衛月餘去衛適宋月餘字而凡兩見史記總非由衛而宋時日朱子錯引來編以孔子世家是太史公親見古文家語古文家語出其家子孫之手故能年經月緯由少而壯由壯而老而卒歷歷如此縱小有牴牾已經駁異而大綱具是不應將一切抹去而以意論之　列國官名變至春秋已極亦互相襲如楚有芊尹陳亦有芊尹宋有褚師鄭亦有褚師衛亦有褚師何妨宋有司城曹亦有司城但不可謂貞子司城爲陳官者以孟子書法故也　竊不曰陳湣公而曰陳侯周亦合於禮記諸侯失地名之義

（四書摭餘說）　司城宋官宋以武公名司空故改爲司城趙岐注宋司城貞子宋卿也雖非大賢亦無諂惡之罪故謚爲貞子陳侯周陳懷公子也爲楚所滅故無謚但曰陳侯周郝京山解夫子來陳當湣公之六年湣公懷公子名越孔子居陳三年復適衛湣公二十四年楚惠王滅陳弒湣公是歲孔子卒於魯然則貞子固與陳侯同死國者故生稱爲周臣死謚貞子周忠信也言爲陳侯忠信之臣全謝山曰據史記則陳侯固不名周但左傳史記世本諸家所載諸侯之名異同亦多如左傳鄭子儀左史記則曰子嬰左傳鄭僖公髡頑史記則曰惲而小司馬又曰髡原史記鄭武公掘突譙周曰突滑左傳宋景公欒史記則曰頭曼漢書古今人表曰兜欒史記宋王偃荀子作獻漢書律歷志魯諸公名尤多殊班氏以小字附於下蓋多出世本如此之類不可悉舉則安在陳侯名周不又各有所本可不必深考也至京山訓周爲忠歷證之商書太甲篇國風鄘人士篇小雅皇華篇左傳穀梁傳國語皆有之則以周爲忠正與下文觀所爲王相合未嘗不可但謂司城是殉陳而死者不知何所見而言之未敢信也

（四書典故辨正）　史記孔子遂至陳主於司城貞子家則貞子時爲陳臣本無可疑祇因司城是宋官於是解者各異邵二泉謂貞子先仕宋後仕陳或謂先仕陳後仕宋或又謂哀七年曹亦有司城此司城疑即陳之官名陳定字謂以文勢觀似是臨去宋時主於司城貞子過陳爲陳侯周臣闕里志及年譜並云孔子嘗爲陳侯周臣諸說不

同當以鄒說爲正愚按春秋傳陳湣公時有公孫貞子楚伐吳陳侯使貞子弔焉及良而卒或卽其人歟

〔經句說〕　左哀十五陳有公孫貞子杜氏世族譜謂司城氏哀公孫通志氏族略四謂陳有司城哀公之子公子勝爲之知貞子勝之子也焚謂據此知司城爲陳官貞子爲陳侯同姓之臣也稱司城所以表其貴稱共謚貞子所以表其賢而不稱姓者惟其與陳侯爲族姓也

〔孟子正義〕　上言宋桓司馬已標國名司城貞子蒙上宋字爲宋臣爲孔子在宋時所主也過宋則不在宋而適陳故下明標陳侯周言孔子適陳爲陳侯周之臣也惟史記以司城貞子爲孔子適陳所主是貞子爲陳卿非宋卿孔氏廣森經學卮言云趙氏云司城貞子宋卿也下又云是時孔子遭阨難不暇擇大賢臣而主貞子爲陳侯周臣也則司城仍似陳卿蓋順經意明是陳人特膠於司城當爲宋官故依違兩説之愚謂陳之司寇可效楚官名司敗安見其司空不可效宋官亦名司城邪若以左傳子展入陳司空致地之文爲疑則服注以三司爲陳官者固不若劉炫謂爲鄭官之說善也且司城亦不定是貞子之官檀弓有司寇惠子司徒敬子鄭注云司徒官氏也惠子雖官司寇至其子虎則亦以司寇爲氏見於世本宋華向之族奔陳者非一而司城師之後仲佗卽宋人之在陳者安知非有以先世宋官爲其族氏者乎宋大夫皆遵殷之制以字爲謚通在傳世本未有稱子而配謚者今據稱貞子卽決非宋卿愚故獨信史記世家曰孔子遂至陳主於司城貞子家爲證孟子不誤也近儒有謂夫子在陳不得謂之爲臣者此尊聖而過耳羇旅之臣是亦臣也還以孟子之言證之孔子三月無君則皇皇如也若所至之國皆不爲臣不且終歲無君乎但世家載至陳歲餘吳王夫差伐陳取三邑而去楚圍蔡蔡遷於吳此魯哀公二年之事而又云居陳三歲陳常被寇於是孔子去陳過蒲會公叔氏以蒲畔蒲人止孔子曰苟毋適衛吾出子與之盟出孔子東門孔子遂適衛衛靈公聞孔子來喜郊迎校其年歲靈公沒已久矣考先聖生平嘗再至陳十二諸侯年表陳湣公六年下云孔子來是初如陳也主司城貞子者再如陳也過蒲要盟則初至陳而去陳時事太史公誤著之於此耳先聖年譜率多附會失實唯當以世家近古爲最可據然頗復錯亂觀其敍歸與之歎主蘧伯玉之事及蔡之請遷於吳皆前後附見非稍爲整比條理棼然譜按世家先聖自三十五歲以前皆居魯嘗爲乘田爲委吏昭公二十五年二家攻昭公魯亂始適齊聞韶學之三月是其時事故昭公二十七年吳公子札聘於上國而檀弓記先聖在齊

魯觀季札葬子於嬴博之間此可證者也顧世家既誤以孟僖子不能相禮之歲就爲其死歲故併南宮敬叔之隨子適周亦舉而置諸適齊之前考左傳孟僖子實卒於昭二十四年將死乃命敬叔來學比敬叔服闋魯已無君矣知所謂言於魯君與之一車兩馬者必定公非昭公也子在周時家語有劉文公論聖人之語定公四年文公卽卒死二兩年未沒昭公之喪訪樂萇宏又非攸宜前後推校則適周其在定之三年歟世家云定公九年以孔子爲中都宰一年四方皆則之由中都爲司空由司空爲大司寇定公十年會於夾谷攝相事十三年墮三都十四年與聞國政三月季桓子受齊女樂孔子遂行此並與左傳合且定十四年春秋經不書冬公羊師說亦以爲齊人歸女樂之歲也世家云孔子遂適衞主於子路妻兄顏濁鄒家居頃之去衞將適陳過匡匡人止孔子去卽過蒲月餘反乎衞按此過蒲之下卽當以後文會公叔氏以蒲畔云云至作爲陬操以哀之六百六十四字移置其間蓋過匡至陳去陳過蒲自蒲如衞去衞如晉臨河而返乃復至衞主蘧伯玉家尋以醜南子之行會靈公禮貌衰又復去衞世家他日靈公問兵陳孔子曰俎豆之事則嘗聞之軍旅之事未之學也明日與孔子語見蜚鴻仰視之色不在孔子孔子遂行四十七字則又當移於於是醜之之下去衞過曹是歲魯定公卒之上檢子國注論語問陳章卽云孔子去衞過曹如曹曹不容又之宋與世家云陳衞過曹去曹適宋桓魋欲殺孔子去適鄭遂至陳者正合其所以在陳絕糧者或如子國所言吳伐陳亂乏食之故抑或就以微服避難倉卒喪其所齎皆未可知要與異日在蔡被圍之事不可混合爲一也既至陳主司城貞子家於是有對肅愼矢之語有桓僖廟災之語最後有歸與歸與之語實哀公之三年而陳侯周之十年也世家又云明年孔子自陳遷於蔡三歲楚使人聘孔子陳蔡大夫圍孔子於野楚昭王興師迎孔子然後得免其秋楚昭王卒於是孔子自楚反乎衞由是推之定十四年以前仕魯時也哀元年以迄六年居陳蔡時也自六年返衞以迄左傳所載魯人以幣召夫子之歲則恆在於衞孟子所謂於衞孝公公養之仕者也子之去魯所謂大夫以道去君者非有君命召則終不可復歸夫豈出入自如而好爲旅人哉其見衞靈公主顏讎由畏于匡畏于蒲歷曹鄭杞宋遭宋桓司馬之難則皆在定末哀初一二年間也是爲先聖出處大端敬徵審而備識之云陳侯周陳懷公子者史記陳世家云惠公卒子懷公柳立卒吳陳乃立懷公之子越是爲湣公湣公六年孔子適陳二十四年楚惠王復國以兵北伐殺陳湣公遂滅陳而有之是歲孔子卒然則陳侯周有謚矣又名越與

孟子巽隱古厄字詩谷風箋云厄難勤苦之事也是阸即難也

百里奚

〔四書釋地又續〕　百里奚此事當孟子時已無所據註非也夫曰虞人也此貫見矣不諫之秦行蹤見矣年已七十齒亦見矣又曰舉於市仕宦見矣獨秦之號爲五羖大夫也傳至孝公時猶嘖嘖於趙良之口則當以秦本紀補之蓋其由虞至秦不知又何故亡秦而走宛宛今南陽府南陽縣秦穆公時地屬楚楚鄙人執之繆公聞百里傒賢欲重贖之恐楚不與乃使人謂楚曰吾媵臣百里傒在焉請以五羖羊皮贖之楚人遂許與之繆公釋其囚授之國政故有五羖大夫之號其云吾媵臣亦係託辭以誑楚左氏媵秦穆姬者乃虞大夫井伯非百里傒也朱子已辨其非一人漢表已次之於各等矣或問謂之舉於市者何故余曰論語市脯註云市買也說文云買市也孟子蓋謂百里傒從買得來耳

〔孟子正義〕　毛氏奇齡四書賸言云孟子百里奚事趙岐注謂奚自賣五羖羊皮爲人養牛賣已物以養人牛貧而不吝可以爲要饗之具此依文度事其解不過如此實則百里五羊有必不可解者奚舊稱五羖大夫其人全以此得名是必有一五羊實事流傳人間乃言人人殊如扊扅之歌曰百里奚新娶我兮五羊皮是聘物也又曰西入秦五羊皮則攜作客貲者也史記百里奚亡秦走宛楚鄙人執之繆公以五羊之皮贖之歸秦是又贖奚物也其不可遷如此若謂得五羊之皮爲之食牛從來無此說且此亦何足要饗趙氏去古未遠或有師承趙氏佑温故錄云百里奚有五羖大夫之稱孟子亦言其舉於市則養牛之言非無據但謂以要秦繆公非耳注人言有里奚自賣五羖羊皮爲人養牛當讀賣字爲句賣下五上脫一得字遂似奚自有羊賣之反爲人攸理所必無毛西河不審而妄爭

五羊之皮食牛

〔四書典故辨正〕　集註人言其自賣於秦養牲者之家得五羊之皮而爲之食牛朱竹垞五羖辨言趙注人言百里奚自賣五羖羊皮爲人養牛自賣句截五羖羊皮爲人養牛蓋言衣此食牛也扊扅之歌曰百里奚初娶我時五羊皮又曰西入秦五羖皮然則奚蓋服五羊之皮入秦者綴五羊爲裘毛之最惡而賤者所服也敖曾言之李孔脩

孔德不以爲然偶讀范處義詩補傳釋羔羊之詩云素絲必以五言蓋合五羊之皮爲一裘循其合處以素絲爲英飾也百里奚衣五羊之皮爲秦養牲蓋賤者之服而召南在位之君子亦服之非節儉而何按史記百里奚亡秦走宛楚鄙人執之繆公聞百里奚賢欲重贖之恐楚人不與乃使人謂楚曰吾媵臣百里奚在焉請以五羖羊皮贖之楚遂許與之蓋百里奚在秦五羖其素所被服繆公慮楚不信故以奚所衣之服與之不然五羖微物楚人豈貪之乎愚按屡屡歟乃漢詞賦家所爲本不足據其以史記贖奚事爲證亦非是史記言欲重贖之恐楚人不與者此卽齊欲請管仲於魯而桓公謂知吾將用之必不與我矣之意故其謂楚人曰吾媵臣微之也請贖以五羖羊皮示其無足輕重也所以杜楚人之疑而使之不忌也若謂以此取信於楚則奚之素所被服楚人惡得知之史記商鞅傳又載趙良之言曰五羖大夫荆之鄙人也自鬻於秦客被褐食牛期年穆公知之舉之牛口之下而加之百姓之上史遷所傳已自相矛盾卽非贖奚之事亦屬傳疑不足信也王所引范處義釋詩之說則尤爲不根夫五紽五緎五總絲數非縫數也戴侗六書故曰紽緎總俱以五言皆絲之量數更證之西京雜記云五絲爲繻倍繻爲升倍升爲緎是緎爲絲數益無可疑范氏謂合五羊爲一裘則羔羊兒羊也豈有兒羊而五皮可以成裘者哉嘗考韓詩外傳云百里奚齊之乞者也逐於齊自賣五羊皮爲一軛車入秦戰國策百里奚虞之乞人傳買以五羊之皮說苑百里奚自賣取五羊皮伯氏養牛又臣術篇云賈人買百里奚以五羖羊皮使將鹽車之秦又善說篇云百里奚自賣五羊之皮爲秦人虜繆公得之諸說並以五羊皮爲自鬻之直與集注同竹垞所云則昔人未有作此解者惟莊子庚桑楚篇云湯以庖人籠伊尹秦繆公以五羊之皮籠百里奚陸德明音義既引史記贖奚事又曰或云百里奚好五色皮裘此頗合於竹垞之解而又不能引據徒割截趙注以就其說宜孔德之不以爲然也

（四書改錯）　此問蓋以食牛要秦穆與五羖自鬻無涉五羖自鬻不過入秦食牛所由來耳戰國人說春秋時事必稍有根據按秦紀奚自言吾之周周王子頹好牛吾卽以養牛干之是奚原有以養牛之術陰比養國如滋味說湯事以之干進至入秦而仍用此術故孟子明云以食牛干秦穆公　張文檒曰奚爲養牛之術莊子百里奚飯牛而牛肥是也

屈產之乘

（四書釋地）通典慈州文城郡理吉昌縣春秋時晉之屈邑獻公子夷吾所居漢河東北屈縣左傳云晉有屈產之乘此有駿馬自劉昭注後漢志同余謂今山西吉州是樂史傳會爲石樓縣明一統志本之但石樓乃漢西河土軍縣非北屈地與非至垂棘又見成五年杜但注云晉地

虞虢

（四書釋地）虞虢二國杜註虞國在河東大陽縣余謂山西之平陸縣也虢西虢國宏農陝縣東南有虢城余謂河南之陝州也名雖二省而界相連莫妙於裴駰引賈逵註曰虞在晉南虢在虞南一言之下而形勢瞭然爾時爲晉獻公十九年正都於絳絳在太平縣之南絳州之北土人至今呼故晉城遺址宛然余嘗往觀因怪杜長於地志之學者於莊二十六年士蔿城絳註絳今平陽絳邑縣成六年不如新田又註新田今平陽絳邑縣竟爲一地乎果爲一地不應將遷新田之時名獻公所都曰故絳矣新田括地志在絳州曲沃縣南二里余亦往土呼王官城距故晉城五十里則明一統志平陽府古蹟載晉城在太平縣南二十五里晉七蔿所築獻公都焉者余蓋不獨以目驗而知之矣

虢

（四書典故辨正）虢虢叔之後西虢也漢志西虢在雍州水經注雍縣故秦德公所居也晉地道記曰西虢地太康記曰虢叔之虢後亦謂之北虢春秋僖二年虞師晉師滅下陽杜注下陽虢邑在河東大陽縣漢志北虢在大陽又謂之南虢僖五年晉侯圍上陽滅虢杜注上陽在宏農陝縣東南水經注上陽爲南虢按上陽在河南下陽在河北故當時有南北之稱其實皆西虢也東虢在滎陽虢仲所封即鄭之制邑隱元年傳制巖邑也虢叔死焉杜注虢叔東虢君也孔疏虢仲封東而此云虢叔東虢君者言所滅之君字曰叔也鄭語史伯曰虢叔恃勢韋昭注此虢叔乃虢仲之後是也吳斗南曰帝王世紀以西虢爲虢仲所封而後漢書亦以陝縣爲仲國審爾則東虢北虢皆爲叔後或東虢爲鄭所滅而王復封之不知北虢即西虢乃叔之所封而東虢則仲後非叔後也國語胥臣曰文王敬友二虢馬融謂虢叔同母弟虢仲封下陽異母弟虢叔封上陽以二虢爲三虢又以北虢之下陽爲仲國而後來沿誤分西虢北虢東虢爲三虢以西虢爲仲所封斗南亦疑不能定故備論之　斗南東虢滅而復封之說亦有自來唐

書世系表平王奪虢叔之地予鄭武公楚莊王起陸渾之師以伐周責王號滅于是平王求虢叔裔孫序封于曲陽號曰郭公按春秋楚莊即位在周頃王六年去平王東遷凡百五十餘年中間尚隔桓莊僖惠襄五王安得有責平王滅虢事無稽之言不足信也

知虞公之不可諫三句

〔義門讀書記〕此當以知虞公之不可諫而去爲句去謂去位也之秦別爲句與史記所言虞晉走宛秦贖之授以政乃合

〔孟子正義〕趙氏以百里奚不諫冠此兩節之首蓋謂奚所以不諫者知虞公之不可諫也下不可諫而不諫可謂不智乎即申此二句之義知即智矣於其間反入不智一層此孟子屬文之法故用而字轉捩若曰百里奚不諫乃是知其不可諫也知其不可諫而即不諫是其智也而去之秦年已七十曾不知以食牛干秦穆爲汙可謂智乎錯綜言之也又因其一智推而爲三智知虞公之不可諫而不諫一智也智虞公之將亡而先去之二智也知繆公之可與有行而相之三智也三智從三知字而出智屬知賢屬能但知而不能不可爲賢故又實能相其君以顯於天下是非獨智而且賢矣前以知斷其不知之非後以能斷其不爲之是也一說晉時强大可與晉敵者莫如秦奚故去虞入秦三置晉君正是爲虞報仇所以不諫而去之秦者以此翟氏灝考異云戰國時處士橫議蔑人倫廢禮義以爲親可怨弟可放夫婦可苟合也竊威福之柄萌篡逆之心以爲君臣無定分禪繼無定命也枉己辱身營營富貴利達之途以爲苟賤可甘近倖可援也爰是造爲事端託諸舜禹伊孔謂聖人且有然者欲假以濟其私而掩其醜孟子懼焉故特設爲門弟子疑難問荅著諸簡編以徹抉其樊籬好辨章所謂正人心息邪説距詖行放淫辭者正於此篇詳盡見之風俗通言孟子退與萬章之徒作書而舉好辨章文爲旨萬章之徒非就此篇實據之歟故此篇雖若泛論往事而實爲孟子一書之領要觀孟子論百里奚已無所據惟以事理反覆推之則列國之信史若翟惡其害己並早滅於秦火前矣觀馬遷爲史凡孟子所既辨斥仍多取爲實錄則時之邪説惑人深幾於杯水車薪之不可熄矣使非此篇之傳雖舜禹伊孔且無以見白於今日其他是非之顛倒者可勝言乎

萬章章句下

頑夫廉

（四書臆言） 頑字古皆是貪字漢王吉傳孟子云聞伯夷之風者貪夫廉懦夫有立志晉書羊祜傳亦曰貪夫反廉懦夫立志雖夷惠之操無以尚也南史稱任昉能使貪夫不取懦夫有立志

（孟子正義） 王氏念孫廣雅疏證云頑鈍也如淳注漢書陳平傳云頑頓謂無廉隅也頓與鈍同孟子萬章篇云頑夫廉按王氏説是也頑之義爲鈍廉之義爲棱棱則有隅角鈍則無鋒鍔二者正相對呂氏春秋愼大篇云暴戾頑貪是頑亦貪也諸書引作貪亦頑訓貪之證國語晉語少懦於諸侯注云懦弱也説文心部懦駑弱者也故以懦爲弱

鄙夫寬薄夫敦

（孟子正義） 周禮地官遂人掌邦之野以土地之圖經田野五家爲鄰五鄰爲里五里爲酇五酇爲鄙五鄙爲縣劉熙釋名釋州國云鄙否也小邑不能遠通也呂氏春秋尊師篇云子張魯之鄙家也愛類篇云墨子見荆王曰臣北方之鄙人也高誘注皆云鄙小也又君守篇云魯鄙人遺宋元王閉高誘注鄙人小人也小即狹也對下寬言之故不訓小而訓狹也賈子道術篇云優賢不逮謂之寬詩大雅瞻卬維其優矣箋云優寬也是寬即優也淮南子齊俗訓云煩挐澆淺高誘注云澆薄也是薄即淺也毛詩邶風北門王事敦我傳云敦厚也薄既是淺則厚即是深故云深厚

孔子之去齊接淅而行去魯

（經句說） 孔子世家曰魯亂孔子適齊齊景公問政于孔子反乎魯鄉黨圖攷曰昭公二十五年奔齊世家敘適齊于此年是也而歷聘紀年謂留齊七年非也昭二十七年吳季札聘上國反于齊子死嬴博間而夫子往觀葬蓋自魯往觀嬴博間近魯境也然則在齊不及一年爾英按此說適又夷也自魯往觀非也論語對景公待孔子章在前齊人歸女樂章在後孟子亦先去齊而後言去魯則世家敘孔子仕齊在魯昭公時正合也孔子固先仕齊後仕魯也孔子之適齊也齊景來聘也孔子之仕齊也云欲望景公爲伯圭邮鄰救患使昭公反國也乃至于景公有老不能用之言使人聞于孔子是逐孔子使去也豈尚可少延一飯之頃哉亦無復有所可望之事也所以接淅而行

也此時晏子已歿矣爾左哀十一年傳公會吳伐齊及搏至于嬴注曰齊邑孟子謂自齊葬于魯反于齊止于嬴則孟子時嬴猶爲齊魯之道魯至齊齊至魯皆所必由也若夫孔子無論居齊居魯總無無端遠行至此一覶他人之葬蓋必于是年去齊自齊反魯道路所經相近故往觀也然則觀嬴博之葬非孔子自齊反魯之一證歟孔子去齊在昭公廿七年去魯在定公十三年先後之次固如是爾

接淅

〔孟子正義〕 說文水部云滰浚乾漬米也孟子曰孔子去齊滰淅而行淅汏米也段氏玉裁說文解字注云毛詩傳曰釋淅米也爾雅溞溞淅也孟子注淅漬米也凡釋米淅米漬米汏米𣿀米淘米洮米漉米異稱而同事淅箕謂之籅自其方漉未淘言之曰漬米不及淘抒而起之曰滰萬章篇今滰作接當是字之誤王氏念孫廣雅疏證云浚滰盪也說文湑莤酒也一曰浚也鄭興注周官甸師云莤讀爲縮束茅立之祭前沃酒其上酒滲下去若神歆之故謂之縮縮浚也說文滰浚乾漬米也引孟子孔子去齊滰淅而行今本滰作接所見本異也滰之言竟謂瀌乾之也今俗語猶謂瀌乾漬米爲滰乾矣西漢叢語云異聞集引李吉甫南銘曰孟子去齊而滰淅唐本作滰字

金聲也者四句

〔孟子正義〕 說文手部云振舉救也一曰奮也揚飛舉也呂氏春秋必已篇云盡揚播入於河高誘注云揚動也淮南子本經訓云共工振滔洪水高誘注云振動也是振與揚同義也程大昌演蕃露云管子曰玉有九德叩之其音清專徹遠純而不殺亂也此諸家之言孔子玉振者曰其謂終條理者爲其叩之其聲首尾如一不比金之始洪終殺是爲終條理按始條理音義云本亦作治條理下同玩趙氏言金從革可治之使條理則趙氏本正作治條理也下文始條理者智之事也注云智者知理物理物部治物以理字解治字正作治條理者智之事也玉終其聲之聲指金聲金聲有殺以玉振揚之所謂治之使條理也殺則細振以終之則其聲不細矣金音音字解聲字近時通解謂金鎛鐘也聲以宣之於先玉特磬也振以收之於後條理是節奏次弟金以始此條理玉以終此條理所爲集大成也王氏念孫廣雅疏證云中庸振河海而不洩鄭注云振猶收也孟子萬章篇云金聲而玉振之也周官職幣掌式法以斂官府都鄙與凡用邦財者之幣振掌事者之餘財斂振皆收也故鄭注云振猶抍也檢也廣雅卷三云

捊收也孟子梁惠王篇注云檢斂也賈疏云以財與之謂之捊知其足剩謂之檢皆失之秦風小戎篇小戎俴收毛傳云收軫也正義曰軫所以收斂所載故名收焉軫與振亦聲近義同

始條理者四句

〔孟子正義〕戴氏震孟子字義疏證云理者察之而幾微必區以别之名也是故謂之分理在物之質曰肌理曰腠理曰文理得其分則有條而不紊謂之條理孟子稱孔子之謂集大成曰始條理者智之事也終條理者聖之事也聖智至孔子而極其盛不過舉條理以言之而已矣易曰易簡而天下之理得自乾坤言故不曰仁智而曰易簡以易知知一於仁愛平恕也以簡能能一於行所無事也易則易知易知則有親有親則可久可久則賢人之德若是者仁也簡則易從易從則有功有功則可大可大則賢人之業若是者智也天下事情條分縷晰以仁且智當之豈或爽失幾微哉中庸曰文理密察足以有别也樂記曰樂者通倫理者也鄭康成注云理分也許叔重説文解字序曰知分理之可相别異也古人所謂理未有如後儒之所謂理者矣

智譬則巧也節

〔孟子正義〕説文工部云巧技也故以技釋巧也章指云言聖人猶力力有常也賢者由巧巧可增也與此注相發明趙氏以巧比三子以力比孔子三子可學孔子不可及也然則兩爾字宜皆指三子其至如清任和爲三子之力所可至其中如孔子聖之時爲三子之力所不可至至中俱承上力字至爲三子之力中爲孔子之力乃注云其中的者爾之巧也意殊矛盾不可詳知又云改其手用巧意乃能中似謂孔子之時三子力不能及故改而用巧爲清任和則中字轉屬三子之清任和矣又似謂孔子以時爲中的三子各以清任和爲中的三子自知不能爲孔子之中的因思改而用巧爲三子之中的故各用清任和也是孔子以力中的三子不以力而以巧中的也以力則但能至不能中也趙氏本義未知何如姑擬之以質知者近時通解智巧即靈明不測妙乎神也聖力即造詣獨到因乎應也聖知兼備而唯智乃神巧力並用而唯巧乃中此孔子所以獨爲聖之時或云巧力之喻是孟子自擬作聖之功由射於百步之外望道之比也孔子之聖非力可擬力則人巧則天也

周室班爵禄也章

〔四書客難〕客曰爵祿五等六等四等之制據孟子之言不爲不詳何以云略也曰此章所論班爵之制則然矣所論班祿之制則不徒略而實誤也蓋所謂百里七十里五十里者皆四郊之內三鄉二鄉一鄉用貢法之地所謂公室者也今直似以四郊爲四境則遂地及親疏子弟卿大夫之采地并附庸俱無所出故曰誤也曰百里不足爲公侯之國朱子亦嘗疑之然亦未敢深辨今子直以爲孟子之誤何也曰此其實數具在經傳并不能逃開方之算何可以口舌爭也蓋百里內爲九萬夫之地山川城郭宮室塗巷三分去一僅六萬夫除三鄉三萬七千五百夫餘二萬二千五百夫不足三遂之數照王國例爲宅田士田官田牛田賞田牧田百里內之地已盡矣此外當有甸稍縣疆皆在四封之內烏可以不數耶今附記甸稍縣疆之略郊外曰甸爲三遂通上中下以中數率之一夫受二夫之地一以田異附郭一以饒遠甸地外爲稍地爲更疏子弟及二十七士采地稍地外爲縣地爲疏子弟及五大夫采地縣地外爲疆地爲親子弟及三卿采地并附庸四等各有餘地皆爲公邑此皆可參經傳而知者也曰所論卿大夫士之祿有誤否曰據諸書稱卿之家皆曰百乘春秋傳稱卿備百邑今以三千二百畝之數較之不及百乘百邑十分之一然則卿以下之祿皆誤矣抑或誤以供職於朝廷之匪頒爲采祿歟曰王制與孟子同何也曰王制乃漢博士踵孟子之誤而成焉者也又何辨焉

〔孟子正義〕預注云班列也任昉奏彈曹景宗曰榮高列侯李善注引方言列班也所引即此文詩大雅王命召伯徹申伯土田毛傳徹治也鄭箋云治者正其井牧定其賦稅亦於班列之義爲近廣雅列班布也

諸侯去籍

〔孟子正義〕禮記正義云鄭目錄云名曰王制者以其記先王班爵授祿祭祀養老之法度此於別錄屬制度王制之作蓋在秦漢之際鄭答臨碩云孟子當赧王之際王制之作復在其後盧植云漢孝文皇帝合博士諸生作此王制之書周禮春官內史王制祿則贊爲之以方出之鄭司農鄭康成皆引王制以注之趙氏佑溫故錄云自當以孟子爲正不必與周禮規矩求合也與孟子合者惟王制猶不免有不合者由其又在孟子後雜采遺文所致即孟子亦第言聞其略也鄭康成於王制與周禮不合處輒謂之夏殷制皆求其說而不得從而爲之辭而已即如百里七十里五十里孟子明言周室得謂之夏殷制歟於是又以開方法兩圓之然子二百里男百里又何法又豈所謂

同一位者歟唯其不必求合而必求合也然則奚其不合蓋注以周禮司祿官無其職爲諸侯去籍證周禮本不完之書司祿之亡猶他官之闕未必去籍獨去此卽去亦其中一端就孟子王制所言之與周禮不合初非獨此班爵祿事矣是不足以定也若謂盡去其合而獨存其不合則是周禮一書已自有不能盡合之失更不足以定也彼其放恣橫議之習已久秦至致於燔燒三代之書諸侯皆秦也何嫌於竄易一朝之制去者旣全去之其姑存者爭以意增損之上下相蒙若爲故然蓋所必至不待劉歆之徒也恐劉歆亦定負此枉於千古也然則宜其不合之多矣文景時去古尤近諸儒纂輯王制何不就其所據書名人代明白標舉而一概渾同使後學至莫別其由然斯則前儒之過與翟氏灝考異云周禮司祿之官今無其職趙氏據此爲戰國諸侯去籍之證孟子於典籍旣亡之後側聞其略自不能顯若畫一且有嫌於時君之爭并無厭也故於所聞異詞中寧信其數之少而不肯失之多若王制乃漢文帝敕令博士諸生採集傳記斟酌損益以成其篇制祿爵節明顯採自孟子時周禮未顯於世諸博士猶不及見之故惟以孟子一書爲本其所以微有異同正博士之所斟酌損益何可轉據之議孟子乎

五等之爵

〔四書賸言〕　孟子言五等之爵以天子當一等則與尚書列爵惟五等之文不合豈有天子自制爵而列已位在內之理故王制曰王者之制祿爵公侯伯子男凡五等以子男分二等而天子不列數內其於諸侯之六等亦去君一位而列五等雖王制後起然較孟子之文稍爲近理不然班祿之制孟子以天子之地方千里與公侯伯子男明分四等而尚書分土惟三止列三等則正以公侯百里伯七十里子男五十里分爲土之三何曾有天子在其中乎則班爵不猶是乎

〔孟子正義〕　禮記王制云王者之制祿爵公侯伯子男凡五等彼言王者之制故不數天子與此異白虎通爵篇云天子者爵稱也爵所以稱天子者何王者父天母地爲天之子也所以名之爲公侯者何公者通也公正無私之意也侯者候也候逆順也伯者白也子者孳也孳孳無已也男者任也顧氏炎武日知錄云爲民而立之君故班爵之意天子與公侯伯子男一也而非絕世之貴代耕而賦之祿故班祿之意君卿大夫士與庶人在官一也而非無事之食是故知天子一位之意則不敢肆於民上以自尊知祿以代耕之義則不敢厚取於民以自奉不明乎此而

侯等人之君常多於三代以下矣　周禮春官典命掌諸侯之五儀諸臣之五等之命上公九命爲伯其國家宫室車旗衣服禮儀皆以九爲節侯伯七命其國家宫室車旗衣服禮儀皆以七爲節子男五命其國家宫室車旗衣服禮儀皆以五爲節又云王之三公八命注云上公謂王之三公有德者加命爲二伯二王之後亦爲上公賈氏疏云三公八命出封皆加一等謂若周公太公有德封於齊魯身雖在王朝使其子就國亦是出封加命爲上公九命者白虎通爵篇云春秋傳曰天子三公稱公王者之後亦稱公其餘大國稱侯小國稱伯子男也

凡六等

〔孟子正義〕　王制云諸侯之上大夫卿下大夫上士中士下士凡五等諸侯卽君也王制五等不連諸侯孟子六等連君不連君猶不連天子也白虎通爵篇云卿之爲言章也章善明理也大夫之爲言大扶扶進人者也故傳曰進賢達能謂之卿大夫王制云上大夫卿也士者事也任事之稱也故傳曰通古今辯然不謂之士諸侯所以無公爵者下天子也故王制曰上大夫下大夫上士中士下士凡五等此謂諸侯臣也大夫但有上下士有上中下何明卑者多也爵皆一字大夫獨兩字何春秋傳曰大夫無遂事以爲大夫職在之適四方受君之法施之於民故獨兩字言之或曰大夫爵之下者也稱大夫明從大夫以上受下施皆大自著也天子之士獨稱元士何士賤不得體君之尊故加元以别於諸侯之士也禮經曰士見於大夫諸侯之士也王制曰王者八十一元士沈氏彤周官田祿考云周天子具六官官之爵六等曰公曰孤卿曰中大夫下大夫曰上士曰中士曰下士庶人在官者屬焉凡天子之官之爵其有常數可周知而見本經及注者公三人孤三人卿五官官一人又地官鄉大夫每鄉卿一人六鄉則六人凡十一人中大夫天官四人地官五人又州長每州一人三十州則三十人遂大夫每遂一人六遂則六人春官五人夏官十四人秋官四人凡六十八人下大夫天官十二人地官十五人又黨正每黨一人百五十黨則百五十人縣正每縣一人三十縣則三十人春官二十四人夏官三十人秋官八人凡二百六十九人上士天官四十六人地官四十八人又族師每族一人七百五十族則七百五十人鄙師每鄙一人百五十鄙則百五十人春官五十三人夏官六十七人又僕夫十人秋官二十人又象胥每翟一人六翟則六十人凡千一百五十八人中士天官百一十八人地官百四十八人又閭胥每閭一人三千閭則三千人鄰長每鄰一人七百五十鄰則七百五十人春官百五

十八人夏官百五十八人秋官百五十二人又象胥每翟二人六翟則十二人凡四千四百九十六人下士天官百七十九人又寺人五人地官二百七十二人又比長五家一人萬五千比則萬五千人里宰每里一人三千里則三千人司門每門二人王城十二門則二十四人司關每關二人王畿十二關則二十四人場人每場二人九穀九場則十八人春官二百七十五人夏官二百四十三人又馭夫二人趣馬百九十二人庾人每閑二人天子十二閑則二十四人秋官百九十三人又條狼氏八人象胥每翟八人六翟則四十八人凡萬九千五百有七人其不見經注而數皆可推者上士爲郊之縣正十一縣則十一人中士爲郊之鄙師野之縣正郊五十五鄙野九百五十三縣人各如縣鄙之數凡千有八人下士爲郊之酇長野之鄙師郊二百七十四酇野四千七百六十五鄙人各如鄙酇之數凡五千有三十九人通計三萬一千五百六十五人若內諸侯之官之爵由經注及他傳記所見推之則在公四等自卿而下在孤卿三等自大夫而下在大夫二等自上士而下其數公之卿二人下大夫五人上下士各若干人孤卿之大夫二人上士五人下士若干人大夫之上士二人下士五人其縣鄙之士皆上士爲縣正下士爲鄙師公七縣三十三鄙孤卿二縣八鄙大夫二鄙上下士各皆如縣鄙之數通計爵數之可知者在公四十七人在孤卿十七人在大夫九人若外諸侯之官之爵則在上公六等自孤而下在侯伯五等在子男四等皆自卿而下其數公之孤一人卿三人下大夫五人上士二十七人中下士各若干人侯伯之卿大夫士如之子男之卿大夫亦如之士則上二十七人下若干人無中此皆見於經注及他傳記其無所見而可推知者上公爲大國三鄉三遂鄉大夫三人下大夫州長十五人遂大夫三人凡十八人上士黨正七十五人縣正十五人凡九十人中士族師三百七十五人鄙師七十五人凡四百五十人下士閭胥千五百人鄰長三百七十五人凡千八百七十五人其野二百二十六縣千一百三十鄙中士爲縣正下士爲鄙師皆各如縣鄙之數侯伯爲次國二鄉二遂鄉大夫二人下大夫州長十人遂大夫二人凡十二人上士黨正五十人縣正十人凡六十人中士族師二百五十人鄙師五十人凡三百人下士閭胥千人鄰長二百五十人凡千二百五十人其野侯百四十四縣七百一十九鄙伯七十二縣三百六十一鄙皆中士爲縣正下士爲鄙師各如其縣鄙之數子男則爲小國一鄉一遂卿鄉大夫一人下大夫州長五人遂大夫一人凡六人上士黨正二十五人縣正五人凡三十人下士族師百二十五人鄙師二十五人凡百五十人其野

子三十一縣百五十五鄙上士爲縣正下士爲鄙師皆各如縣鄙之數男一鄙下士爲鄙師如其數通計爵數之可知者在上公三千八百二十八人在侯二千五百二十二人在伯二千有九十二人在子四百有八人在男二百二十三人周官之爵曰公曰孤曰卿曰中大夫曰下大夫曰上士曰中士曰下士凡八等而合孤卿爲一等中下大夫爲一等何也曰典命王之三公八命其卿六命不別言三孤命數則并孤於卿矣云其大夫四命則大夫不以中下殊矣爵與命之等常相因故二者皆合爲一等也且考工記稱九卿鄭康成以六卿三孤注之則孤亦名卿而爲一等孟子王制序大夫皆止一等是又不分二等之明證也經何以無上大夫曰上大夫即孤卿也大戴記盛德篇云三少皆上大夫也三少謂三孤王制云諸侯之上大夫卿天子亦然凡內外諸侯之官其爵等人數何以定之曰大宰云乃施典於邦國而建其牧立其監設其參傳其伍陳其殷置其輔注云監謂公侯伯子男各監一國參謂卿三人伍謂大夫五人殷謂衆士王制諸侯上士二十七人輔府史庶人在官者此外諸侯官爵等人數之大略也何以知上公之一孤也曰典命公之孤四命注以爲九命上公得置孤卿一人也何以知子男之無中士也曰襄十一年公羊傳云古者上士下士明中士非周官初制也若子男而有中士則田祿不皆以四爲差而國亦不足於用矣公羊所云乃通指諸侯今獨歸之子男何也曰惟子男不當有中士耳謂公侯伯而亦無中士傳之誤也

卿大夫

（四書典故辨正） 周禮治官之屬太宰卿一人小宰中大夫二人宰夫下大夫四人教官之屬大司徒卿一人小司徒中大夫二人鄉師下大夫四人禮官之屬大宗伯卿一人小宗伯中大夫二人肆師下大夫四人政官之屬大司馬卿一人小司馬中大夫二人軍司馬下大夫四人刑官之屬大司寇卿一人小司寇中大夫二人士師下大夫四人六官止有中下大夫是天子有卿無上大夫也王制言諸侯上大夫卿下大夫五人是諸侯之上大夫即卿而無中大夫也三卿對大夫爲上於三卿中又自分上中下王制有上卿中卿下卿是也五大夫對三卿爲下於五大夫中又自分上下小宰小司徒爲上小宗伯小司寇小司空爲下王制小國之中卿當大國之上大夫下當其下大夫是也

上士中士下士

（四書典故辨正） 汪武曹曰孟子不明言上士中士下士之數王制止言上士二十七人而不明言中士下士之數鄭注曰上九中九下九也賈疏曰上九中九下九勉人爲高行故總以上士言之也嚴陵方氏曰上士二十七人中下之士與之爲三分爲合而爲八十一也山陰陸氏曰上士二十七人中士下士各八十一人也廬陵胡氏曰士之數國各二十七人三分之上士之數居大半中士下士之數各居上士之三也延平周氏曰上士二十七人中士下士各居其上之三分則二百四十三人也金華邵氏曰諸侯雖有上中下士惟上士常置中士下士有時而缺也諸說未知孰是愚按王制云上士二十七人又云其有中士下士者數各居其上之三分言其有者一有一無之辭則邵氏所謂上士常置中下士有時而缺者是矣二十七人者上士之數三分（三分陸氏讀去聲）其數爲八十一人則陸氏謂中下士各八十一人者是矣如方氏胡氏之說則中下士之數太多如周氏之說則中下士之數又太多故吳草廬禮記纂言亦以陸說爲優此定論也至鄭注賈疏則因王制其有中士下士者數各居其二之三分十五字不與上士二十七人連文而次於下當其下大夫之下故鄭氏通解爲並會之序而於上士二十七人則以上九中九下九合之爲二十七此實由錯簡致誤後儒已正之矣

公侯皆方百里伯七十里子男五十里

（四書大全） 按孟子言公侯方百里云云此正武成分土惟三子產列國一同之說也而周禮則謂公五百里侯四百里伯三百里子二百里男一百里班固則謂大國地方三百一十六里其與孟子所云則相戾矣其後解論語道千乘之國者馬融則主三百十六里之說包咸則主百里之說而項氏安世則又謂以開方法考之二說一也薛常州又有所謂開方法則以四方之數計之蓋五百里者乃是周圍五百里徑止一百二十五里四百里者徑百里三百里者徑七十五里二百里者徑五十里一百里者徑止二十五里陳君舉鄭夾漈皆主此說陳用之禮書則又謂公侯之地同於百里子男之地同於五十里地同而附庸有所異故謂公之地方五百里諸侯之地方四百里諸伯之地方三百里諸子之地方二百里諸男之地方百里三等之地正封也五等之附庸廣封也凡此諸家之說皆欲合其異者以爲同巧則巧矣而未得其事實也夫項氏之說予固久辨其非薛常州開方之法謂以四面之數計之獨不思周禮則言千里之地以五百里封公則四公以四百里封侯則六侯以三百里封伯則十一伯以二百里

封子則二十五子以百里封男則百男可見周禮所謂五百里四百里三百里二百里一百里者乃是指其廣袤所至實地言之而非以四面之數計之也此朱子所以力攻陳君舉之謬而斥之爲誤人也至陳用之謂百里七十里五十里之三等乃正封之實地而五百里四百里三百里二百里一百里者則所統之附庸其說尤似近理然方五百里者爲方百里者二十五里也豈公之正封止得方百里者一而附庸反得方百里者二十四乎方四百里者爲方百里者十六也豈侯之正封止得方百里者一而附庸反得方百里者十五乎推之伯子男皆不可通石林葉氏又謂五百里四百里云云者合山林川澤言之然亦不應若此之多則夫欲合與以爲同者皆謬論矣然則孟子與周禮班固之說孰爲可信曰班固刑法志本非聖經固難與孟子較異同周禮雖託名聖人然其書晚出亦難盡信黃氏日抄謂當以孟子之說爲正而闕孟子所未詳其說是也蓋孟子之語魯慎子曰今魯方百里者五有王者作則魯在所損乎在所益乎夫以周禮侯國方四百里之說算之魯之初封當有方百里者一十六今魯止及方百里五較其初封已失方百里者十一而孟子乃猶謂在所當損倘周禮之說而果信也則慎子獨不能引故典以斥孟子乎哉　按山林川澤三分去一之說朱子譏其不曉事其不足信明矣南軒謂方百里方七十里五十里皆以其土田之實地言之不兼及山林川澤及宮室塗巷在內其說良是包氏謂百里出千乘蓋亦就其土田之實地言之而東陽許氏反譏其不合於三分去一之說誤矣　班固刑法志謂一同百里提封萬井三分去一六千四百井鄭氏注小司徒井牧節則謂田有不易一易再易通率二而當一至其末引司馬法同百里萬井三萬家之說蓋又兼三分去一言之賈公彥遂兼此二說爲疏而孔穎達於詩公劉篇則獨主二而當一之說夫方百里方七十里五十里誠不當以三分去一立論若所謂田有一易再易則左傳蔿掩之井衍沃牧隰皋似卽其法閻丈百詩謂至今四北猶有其遺跡則二而當一之說似爲可據但包氏何氏謂十井出車一乘倘又二而當一止四十家而出一乘恐非所堪當更攷之　鄭氏又有旁加之說謂甸方八百里加一田爲成自甸而縣而都各有旁加至於四都爲八十里又旁加十里則爲同而方百里此其說又與班氏所謂三分去一不同蓋班氏所謂三分去一者謂其除山川城郭之屬也鄭氏旁加之地則以爲治澮治溝治洫者所受之田也夫據鄭氏旁加之說一同之地實出租稅者止四千九十六井若再三分去一且以一易再易二而當一則一同之歲出租稅者無幾矣　石林葉氏云周官合山陵

川澤言之則謂之地干制止於可食之地則謂之田以其地方五百里而去山林川澤取其可食者半則是附庸法其中以其田方百里皆可食之地而山林川澤不在焉則是附庸在其外此與南軒說似同而實異蓋南軒但言山林川澤不在土田百里之中而不言山林川澤當若干里立說最圓葉氏則附會公五百里之說而謂公之土田止於百里合山林川澤與附庸則共爲五百里然則公之土田僅居其一而山林川澤及附庸反居其二十四乎此其所以不如南軒之穩也安城劉氏與陳用之皆謂附庸在分土百里之外而陳氏則附會於公五百里云云其說亦似同而實異也

〔四書典故辨正〕封國之制孟子言公侯百里伯七十里子男五十里與王制同周官大司徒則謂公五百里侯四百里伯三百里子二百里男百里與孟子異鄭康成謂孟子所言周初制周公斥大九州之地始皆益之此說最謬後儒陸農師易山齋金仁山翟並言周之幅員不廣於殷耳安得加封若此且武王封之周公大之其勢必有所并有所并必有所徙一公之封而子男之國爲之徙者二十餘封數大國天下盡擾此必不然之事蘇子由嘗辨之矣唐仲友謂古之封國有軍有賦自軍言之則方百里而具三軍方七十里而具二軍方五十里而具一軍自賦言之則公之國方二百一十里而具千乘伯之國方一百四十里而具六百乘男之國方百里而具三百乘子下同於男侯上同於公自是而外則山川土田附庸皆在封疆之內然皆非出車制賦之壤孟子言百里七十里五十里者獨舉軍制而言也周官於諸公言五百里諸侯言四百里伯言三百里子言二百里者包山川土田附庸於封疆內也於諸男言百里者獨舉其出軍賦之封疆也凡此皆省文而互見詳而考之未有不合者按唐氏此說最爲支離即以周禮觀之自諸公至諸男封疆之數遞爲降殺各以百里爲等差今忽分二解於公侯伯子則以爲兼虛封於諸男則以爲舉實封此在周禮先不可通而以牽合孟子之說其誰信之惠氏據尚書大傳謂諸侯受封必有采地封五百里與四百里者其采百里封三百里者其采七十里封二百里與百里者其采五十里采則全入於君而封爲天子之士故天子得而食之王制言采周官言封二者必合而相備按大傳言百里諸侯之國以五十里爲采七十里諸侯以二十里爲采五十里諸侯以十里爲采此說合於孟子而異於周禮陳氏禮書謂孟子三等之地正封也周官五百里四百里云云者則所統之附庸葉少蘊又謂兼山林川澤而言汪武曹駁之曰方五百里者爲方百

里者二十五也豈公之正封止得方百里者一而附庸反得方百里者二十四乎方四百里者爲方百里者十六也豈侯之正封止得方百里者一而附庸反得方百里者十五乎卽合山林川澤言之亦不應如此之多則其說又難通矣李剛主謂百里專言土田山川附庸則量功而錫不在百里內孟子曰天子巡狩有慶慶以地是初封百里而其後慶地何算周禮約其數曰公不過五百里侯不過四百里伯子男不過三百二百里此說亦本之唐仲友按周禮明言凡建邦國以土圭土其地而制其域則五百里四百里乃其疆域於建國之初已定之豈有豫約慶地之數而爲之制其域者果如其說本文何以不云公之地無過五百里侯之地無過四百里耶任鈞臺又疑大司徒文誤當是方百里五方百里四此亦不然職方氏明言千里之地以方五百里封公則四公以方四百里封侯則六侯若止方百里五則千里當封二十公方百里四則千里當封二十五侯職方之制合於大司徒其非誤文可知矣然則然則孟子與周禮決不可合據書云分土惟三自當以孟子爲正或反據周禮以疑孟不亦謬哉

不能五十里二句

（四書攷異）　春秋繁露爵國篇附庸凡四等字者方三十里名者方二十里人與氏者方十五里

（孟子正義）　白虎通爵篇云人皆五十里差次功德小者不滿爲附庸附庸者附大國以名通也隱公元年公羊傳疏引春秋說云庸者通也此趙氏所本也孔氏廣森經學巵言云不達於天子者春秋所謂未能以其名通也繁露曰附庸字者方三十里名者方二十里人氏者方十五里書大傳曰古者諸侯始受封則有采地百里諸侯以三十里七十里諸侯以二十里五十里諸侯以十五里其後子孫雖有罪黜其采地不黜使其子孫賢者守之世世以祠其始受封之人此之謂興滅國繼絕世昔齊人滅紀紀季以酅爲齊附庸酅者紀之采也然則附庸多亡國之後先世有功德者故追錄之使世食其采以臣屬於大國三十里者其先公侯也二十里者其先伯也十五里者其先男也董仲舒說正與書傳相合

附庸

（四書典故辨正）　注以庸爲通此本白虎通附庸者附大國以名通之說按書傳民功曰庸其功勞附大國以達於天子又王制注小城曰附庸庸墉同猶屬城也二說雖與注異而義皆可通任鈞臺曰春秋時有自附庸升爲子

男如邾小邾有自成國降爲附庸如杞季入齊酅巫屬魯有自大夫采地升爲附庸如宋之蕭叔雖春秋變制然必古原有此法愚按白虎通云有德之士封之必先試爲附庸三年有功因而封之五十里凡士有功者亦爲附庸則古有其法明矣　左傳莊公五年秋郳犂來來朝名未王命也注疏謂附庸未受王命爲諸侯例當稱名故邾儀父稱字爲貴之也胡氏則云中國附庸例稱字邾儀父蕭叔是也夷狄附庸例稱名郳犂來介葛盧是也按邾與郳皆中國附庸竝非夷狄必分之則邾當爲夷左傳叔孫婼曰邾又夷也以邾地近戎故云乃反曰儀父中國例稱字此杜撰之說

〔禮說集說〕　項氏曰王莽封諸侯置附城則漢人以城解墉也古文庸即墉後人加土別之

天子之卿受地視侯節

〔四書大全〕　王制天子三公之田視公侯天子之卿視伯天子之大夫視子男天子之元士視附庸與孟子異蓋祖孟子而失其意者也陳用之葉石林欲合爲一非也　載師云以家邑之田任稍地以小都之田任縣地以大都之田任畺地注云家邑大夫之采地小都卿之采地大都公之采地王子弟所食邑也疏云天子大夫各受采地二十五里在三百里之內天子之卿各受五十里采地在四百里縣地之內三公及親王母地各受百里采地在五百里畺地之中夫孟子謂天子之卿受地百里而王制則謂爲七十里周禮則謂爲五十里孟子謂天子大夫受地七十里而王制則謂爲五十里周禮則謂爲二十五里三說不同要當以孟子爲正　孟子不言受地視侯視伯視子男者各有幾而王制則謂百里之國九七十里之國二十有一五十里之國六十有三鄭氏又推其說謂大國九者三公之田三致仕者副之爲六其餘三以待王子弟次國三十一者卿之田六致仕者副之爲十二又三爲三孤之田其餘六亦待封王子弟小國六十三者大夫之田二十七致仕者副之爲五十四其餘九亦以待封王子弟皆出臆說王制又謂天子三公九卿二十七大夫八十一元士與周官不同亦似難信先儒謂不必切切然求合其說當矣

大國地方百里節

〔孟子正義〕　尊士旅食于門西圜兩壺注云旅衆也士衆食謂未得正祿者所謂庶人在官者也按士旅食謂未

得爵命之士疏以爲府史胥徒非也王制云大樂正論造士之秀者以告於王而升諸司馬曰進士司馬辨論官材論進士之賢者以告於王而定其論論定然後官之任官然後爵之位定然後祿之蓋上士中士下士此正爵也下士食九人以上此正祿也學校之士升於司馬隸於司士論定後官而未得正爵正祿者則羣食於公謂之旅食檀弓所謂仕而未有祿者司士職所謂以久奠食卽此但未得正爵故謂之庶人在官者趙岐注孟子亦云庶人在官未命爲士者非謂府史胥徒也若府史胥徒官長所除不命於國君當爲祿之所不及安得與諸臣相獻酬乎又云古者有未得爵命之士謂之士旅食其祿與庶人在官者等亦謂之庶人在官者周禮序官若地官鄰長賈公彥云鄰長是不命之士爲之是也孟子云上士一位中士一位下士一位此正爵也謂之命士若學校之士升於司馬隸於司士而未有命者則先試之以官俟其任官然後以正爵命之所試之官則如鄰長之類諸侯之官降天子一等凡天子下士之官諸侯當使不命之士爲之但無正爵則亦未得九人以上之正祿故此諸府史以下庶人在官者雖不命之士方爲賤備大夫以上有采地者其祿取於采地無則以公田所入之稅祿之士無采地其祿一受於公故周禮有司祿主班祿禮運云大夫有采以處其子孫國語云大夫食邑士食田韋注云受公田也此足證諸侯之士無地矣

卿祿四大夫

（四書典故辨正）安溪李文貞公曰諸侯之卿不命於天子者其祿秩與大夫等命于天子者不論大小國其祿矣當四大夫也但大國三卿皆命于天子故視大夫四倍次國三卿二卿命於天子其一與大夫同祿則以三卿與三大夫總較惟三倍耳小國三卿一卿命於天子其二與大夫同祿則以三卿與三大夫相較惟二倍耳故曰次國之上卿位當大國之中卿中當其下下當其上大夫小國之上卿位當大國之下卿中當其上大夫下當其下大夫當大夫者皆非命卿也秩既相當祿亦相等明矣愚按卿祿之數王制有明文謂王制不可據則文貞之所據以推者固王制也王制而可據乃舍頒祿之正文不從而轉據卿大夫類聘竝會之序以推頒祿之數不亦迂曲而難通乎考王制言大國之卿四大夫祿食二百八十八人次國之卿三大夫祿食二百一十六人小國之卿倍大夫祿食百四十四人孔疏卿祿重故隨國之大小爲節則謂命于天子者其祿皆當四大夫非也王制又云次國之卿命于

其君者如小國之卿孔疏次國三卿二卿命於天子者祿各食二百一十六人而一卿命于其君者爲賤祿不可等天子命者故視小國卿食一百四十四人則謂不命於天子者與大夫同祿亦非也況諸侯有大夫五人今但以三大夫與三卿相較尤爲不合何義門讀書記亦以李說爲未然而行遠集文評乃從而附會之則過矣

次國地方七十里節

〔孟子正義〕　王制云諸侯之下士視上農夫祿足以代其耕也中士倍下士上士倍中士下大夫倍上士卿四大夫祿君十卿祿次國之卿三大夫祿小國之卿倍大夫祿君十卿祿諸侯之下士祿食九人中士食十八人上士食三十六人下大夫食七十二人卿食二百八十八人君食二千八百八十人次國之卿食二百一十六人君食二千一百六十人小國之卿食百四十四人君食千四百四十人周氏柄中辨正云安溪李文貞公曰諸侯之卿不命於天子者其祿秩與大夫等命於天子者不論大小國其祿皆當四大夫也但大國三卿皆命於天子故視大夫四倍次國三卿二卿命於天子其一與大夫同祿則以三卿與三大夫總較惟三倍耳小國三卿一卿命於天子其二與大夫同祿則以三卿與三大夫相較惟二倍耳故曰次國之上卿位當大國之中卿中當其下下當其上大夫小國之上卿位當大國之下卿中當其上大夫下當其下大夫當大夫者皆非命卿也秩既相當祿亦相等明矣考王制言大國之卿四大夫祿食二百八十八人次國之卿三大夫祿食二百一十六人小國之卿倍大夫祿食百四十四人孔疏卿祿重故隨國之大小爲節則謂命於天子者其祿皆當四大夫非也王制又云次國之卿命於其君者如小國之卿孔疏次國三卿二卿命於天子者祿各食二百一十六人而卿命于其君者爲賤祿不可等天子命者故視小國卿食一百四十四人則謂不命於天子者與大夫同祿亦非況諸侯有大夫五人但以三大夫與三卿相較尤不合

下士與庶人在官者同祿

〔四書攷異〕　按王制此文與孟子未有齟齬惟一云下士與庶人在官者同祿一云下士視上農夫小異蓋庶人在官有府史胥徒四等其祿以農之五等爲差則爲府者當視上農而史暨胥徒以次視中下矣下士與爲府者同故雖兩說之而義仍一

徐氏曰下士二句　註

〔四書釋地三續〕　集注徐氏曰下士與庶人在官者田百畝可食九人至五人按禮王制曰諸侯之下士祿食九人中士食十八人云云又曰諸侯之下士視上農夫祿足以代其耕中士倍下士云云可見下士之祿有定數不比庶人在官者受祿於官其祿之多寡則視事之煩簡也至惟士無田則亦不祭此自斷圭圭田而言朱子引入此注中似誤

庶人在官

〔四書摭餘說〕　書庶人走記庶人祭於寢注疏皆指爲在官者何以謂之在官周禮太宰乃施典於邦國而陳其殷置其輔王氏昭禹曰府史胥徒太宰職所謂置其輔者也　錢按禮鄭康成注尊士旅食者用圜壺變於卿大夫也旅衆也士衆食謂未得正祿所謂庶人在官者也賈疏謂府史胥徒　宰夫掌百官府之徵令辨其八職一曰正掌官法以治要二曰師掌官成以治凡三曰司掌官法以治目四曰旅掌官常以治數　翟按正與司同曰官法者正下於司以布之司報于正以質之無二法也　五曰府掌官契以治藏六曰史掌官書以贊治七曰胥掌官敘以治敘八曰徒掌官令以徵令府史胥徒所掌官契官書官敘官令與正之官法師之官成司之官法旅之官常同其分職是謂在官然則府猶正也官有正卿府亦一府之正也史猶師也師乃其次易師卦注曰多以軍爲名次以師爲名少以旅爲名官有卿貳史亦府之次也胥猶司也各有所司胥則史之司也徒猶旅也旅乃衆意徒在胥之下也鄭康成注治藏藏文書及器物贊治若今起文書草也治敘次敘官中如今侍曹伍伯傳吏朝也徵令趨走給召呼汪韓門曰此注未甚分明後人誤會其意作孟子講章者謂府如今斗庫吏如今吏書胥如今承發徒如今承差其言似是而非按府者說文曰文書藏也是府以文書爲主兼及器物器物或有或無文書無官不有古者書刻于木而契有左右一行於外一自藏之若今之案卷收藏此契者其人直稱爲府蓋若今之典吏非特斗庫而已史掌文書古之記事者稱史贊治者贊佐也佐此治藏之人若今之書辦經承辦事者也胥有相助相視之義又以佐此贊治者若今之副手貼寫史辦其事而胥爲次序之後世猶曰胥鈔不專是科次其人役也徒衆出於井田故掌土地人民之官謂之司徒此所謂徒若今之差役用以召集徒衆徒衆不必皆食於官也鄭氏天官序官注凡府史皆

其官長所自辟除胥徒民給胥役者胥讀如諝謂其有才智爲什長賈疏胥有才智徒給使役故一胥十徒也王氏詳說曰府一而史二胥一而徒十此例之常也府史大例皆府少而史多府在史上賈氏謂唯御史史百有二十人特多而在府上以掌贊書數多也天府府多于史以所藏物重也案掌次鬱人司尊彝司几筵司服磬師典庸器諸職皆府多于史不獨天府有府兼有史以當職事繁也有史而無府以當職事少得史即足故也角人羽人等直有府無史以當職文書少而有稅物須藏也食醫等府史胥徒俱無者以專官行事更無所須也一胥例得十徒腊人之類有徒無胥者得徒則足不假長帥也總之有藏則置府有書則置史有號令之事則置徒有徒則置胥鄭伯謙曰府史胥徒可賦田則授之田不可賦田則給之祿以百畝爲差孟子曰祿足以代其耕也賈氏所謂王制下士視上農夫食九人祿足以代耕則府食八人史食七人胥食六人徒食五人是也王氏志長曰周制下士與庶人在官者同祿官與吏無甚分　鄭雜記里尹主之注王度記曰百戶爲里一尹其祿如庶人在官者正義按別錄王度記似齊宣王時淳于髡等所說也　西漢去古未遠蕭曹以刀筆吏佐命爲元勳故西都之公卿大夫多出胥　吏而儒雅賢厚之人亦多發迹於吏博士弟子之明經者多補太守卒史東漢流品漸分然胡廣爲郡散吏袁安世傳易學爲縣功曹應奉讀書五行並下而爲郡決曹吏王充徐穉皆爲從事功曹而不以爲屈無他始有祿以養其廉而後有功名之途以盡其用也然則周官之史胥亦以卑冗限其終身可知矣

一夫百畝

（四書改錯）　集注一夫一婦佃田百畝一夫一婦爲能佃百畝雖曰周田尺步減短然未有大減至十七八者此義至今未解也若農夫五等與王制同然亦未有實明其數者考周官遂人以上中下地分作三等而鄭氏注周官則又依禹貢則壤之法以厥田上上至下下分作九等實則周官三等已包五等其祇取中下者以爲下劑致甿取易爲力者以爲之準也禹貢九等亦不過五等其不盡下逮者以下地任寡無以致養所謂因任教甿必從其可均者以爲之則也故即以周官三等計之上地家七人可任者家三人此即孟子中食七人也曰家七人則老幼男女共之矣曰可任者家三人則七人之中一爲家長即一夫也其餘六人中分之以三人任力而以三人當老幼婦女之數則佃田不止一夫而餘皆得所養矣由是而推之中家六人即孟子中次食六人者下家五人即孟子下食五

人者或以二人半任力或以二人任力而七人六人五人之外倘有餘子弟即爲餘夫則一夫佃田不過治二十五畝與餘夫等而佃田之夫皆得計老幼男女寡多而受田之上下然且此任力之人倘有餘力猶許請田以益之若餘夫然所謂疆予任甿者而任力之人力倘不給則聞民傭作皆許僱賃所謂轉移執事者則上與上次皆可類通而下下三等亦從此而推見之其可爲班廢準者以爲一夫任力之所養蓋若是其有等也古制有難明而倘可約略者此也　張文楚曰王制周以古八寸爲尺今官尺十寸其度畝之尺亦減二寸與周尺等而周制六尺爲步步百爲畝今亦六尺爲弓弓二百四十爲畝則周之二十五畝祇當今一十一畝零一人任之何歉乎

〔羣經補義〕　古六尺爲步步百爲畝自畝積萬步今量田法五尺爲步二百四十步爲畝十畝爲頃古一畝之長六百尺當今三百七十五尺爲七十五步以七十五步自乘而方之凡五千六百二十五步爲古者百畝之積以二百四十步爲法五千六百二十五步爲實實如法而一除得二三四三有奇是古者百畝當今二十三畝四分三釐有奇就整爲二十三畝半今稻田自佃一畝約收穀二石四斗二十三畝半收穀五十六石四斗折半爲米二十八石二斗人一歲約食米三石六斗可食八人如糞多力勤可多食一人正與古合有問程子謂古百畝今爲四十一畝餘以地所收計之不足食八九人不知若何折算恐未密也

百畝之糞

〔四書攷異〕　王制制農田百畝百畝之分上農夫食九人其次食八人其次食七人其次食六人下農夫食五人庶人在官者其祿以是爲差也鄭注分或爲糞　禮記解義曰王制言百畝之分孟子百畝之糞者蓋分以均之而存乎法糞以治之而存乎力法出乎上力出乎下其言亦互相備也　周禮太司徒凡造都鄙制其地域而溝封之以其室數制之不易之地家百畝一易之地家二百畝再易之地家三百畝　又小司徒上地家七人中地家六人下地家五人　孟子[illegible]用周禮[illegible]異者蓋上農夫足食九人而其家七人者亦得以受之此民所以有餘財　管子揆度篇上農挾五中農挾四下農挾三　呂覽士容篇上田夫食九人下田夫食五人可以益不可以損一人治之十人食之六畜皆在其中矣

上農夫食九八七句

〔孟子正義〕　王制云制農田百畝百畝之分上農夫食九人其次食八人其次食七人其次食六人下農夫五食人庶人在官者其祿以是爲差也注云農夫皆受田於公田肥墽者有五等收入不同也庶人在官謂府史之屬官長所除不命於天子國君者分或爲糞翟氏灝考異云孟子自君卿順序王制自農夫倒序文有繁省義未有鉏鋙也惟一云下士與庶人在官者同祿一云下士視下農夫小異蓋庶人在官有府史胥徒四等其祿以農之五等爲差則有府者當視上農而史暨胥徒以次視中下矣下士與爲府者同故雖兩說之而義仍一周禮小司徒上地家七人中地家六人下地家五人禮記講義云周禮農夫之差三等而已孟子則五等者先王之於民養之欲其富保之欲其庶故家七人者必授以九人之上地家六人者必授以七人之中地而下地則以地稱人而已管子揆度篇上農挾五中農挾四下農挾三呂覽士容論上田夫食九人下田夫食五人可以益不可以損一人治之十人食之六者皆在其中矣周氏柄中辨正云周家授田之制如大司徒遂人之說則田肥者少授之田瘠者多授之如小司徒之說則口衆者授之肥田口少者授之瘠田如孟子王制之說則一夫定以百畝爲率而良農食多惰農食少愚按三說本同當以孟子王制爲主而參觀周禮之說蓋田有不易一易再易之殊左氏異義自衍沃之地九夫爲井而外又有二而當一以至九而當一者此大司徒遂人授田所以有多寡之差也孟子王制言一夫百畝則周禮不易之地左傳衍沃之地舉其最上者以定賦也至小司徒之法亦具於遂人中遂人云以歲時稽其人民而授之田野蓋人有生耗即田有予取故稽而授之或以小司徒之說爲疑者未考遂人歲時稽授之法也

不挾兄弟而友

〔四書釋地三續〕　魏叔子目錄曰與諸生論不挾兄弟而友可見兄弟不但天倫樂事亦是勢利妙物竟與長貴一般可挾剛柴折箭之喻最爲明確

〔羣經補義〕　不挾兄弟而友古人以昏姻爲兄弟如張子之於二程程充夫之於朱子皆有中表之親既爲友則有師道不可謂我與彼爲姻親有疑不肯下問也挾兄弟而友與挾故而問相似俗解謂不挾兄弟多人而友兄弟多人有何挾乎須辨別之

孟獻子

〔孟子正義〕　陳氏厚燿春秋世族譜云孟孫叔孫季孫俱出桓公謂之三桓公子慶父生公孫敖公孫敖生文伯穀語稱孟文子文子生孟獻子仲孫蔑文十五見襄十九卒國語晉語趙簡子曰魯孟獻子有鬬臣五人注云鬬臣扞難之士未知即此五人否漢書古今人表孟獻子樂正裘牧中並居第四等是以其德同也禮記坊記云家富不過百乘胡氏匡衷儀禮釋官云左傳唯卿備百邑鄭志以爲邑方二里據小司徒四井爲邑言之其說自確百邑即方二十里之縣小國之卿采地也此免餘主辭邑故據卿縣之少者言之自卿以上乃有百邑則大夫不得備百邑故惟一成方十里也周禮司勳掌賞地之政令凡賞無常輕重眡功又云惟加田無國正語凡云百乘者當據采地之外有加賜者言之如左傳魯賜季友汶陽之田及費晉賞桓子狄臣千室亦賞士伯以瓜衍之縣是也杜預解百邑以爲一乘之邑百邑即百乘說無所據趙氏以無獻子之家爲賢人無位有獻子之家爲富貴而復有德舊疏云此五人如亦有獻子之家富貴則不與獻子爲友無他以其兩貴不能以相下故也獻子與之爲友則以貴下賤故也近時通解無獻子之家謂視之若無不歆羨之也有獻子之家謂有之爲重也五人知有獻子之家則知有貴知有貴則獻子不與之友知有獻子之貴則獻子不與友獻子之不挾貴可知

有友五人焉

晉語趙簡子曰孟獻子有鬬臣五人注云鬬臣扞難之士

費惠公

〔四書攷錯〕　集注惠公費邑之君也　邑宰原可稱公如春秋齊棠公楚申公類然終是都邑之君不過諸國大夫下一屬長耳何得曰小國之君且何得云非惟百乘之家爲然反于大夫有進等也況費與郕郈皆魯巖邑正三家所屬乃直駕孟獻子而上之錯矣按費本國名呂覽愼勢篇謂分國較大小海上有十里之諸侯無非以大使小以衆役寡故曰以滕費則勞以鄒魯則逸夫以封建大小較國勞逸而其首稱者曰滕費則費本春秋戰國間一有名小國惠公是國君非邑君也又費一作鄪或曰即嬴姓伯翳之後本附庸氏顓臾鄟邿同類

〔四書索解〕　費惠公小國之君何據戰國無費國惟魯有費邑爲季孫采地然並無稱君公者或謂戰國魯衰降魯稱費此大謬說毋論世家所載自哀公後歷戰國九公而後魯爲楚所滅即孟子稱魯繆公昭然也或謂季氏入

戰國子孫居費遂以邑爲國而僭稱公則亦無據從來大夫食邑但入其賦稅而不居其地孟孫不居郕叔孫不居郈季孫爲得獨居費即他萬姓譜有琅琊費氏竅相費君是季氏之後然祇以食邑爲氏如趙衰氏原屈禽氏柳下並不必居其地也然而稱君稱公稱國者古都與國原可通稱如商國曰商邑王國曰王都類而都邑之長即可稱君稱國如舜稱都君齊棠邑之長稱棠公類況費邑稱君其來已久觀劉向說苑謂魯人攻鄪曾子辭於鄪君鄪即費也是在曾子時費早稱君不必惠公矣乃其中尚有可疑者前文百乘之家是孟獻子也邑雖稱國不得加於百乘費即稱公亦不得加於孟孫氏今儼然列在次第百乘之家遠不如小國之君則何也然且呂氏春秋有云以滕費則勞以鄒魯則逸豈有季氏一邑而居然與鄒魯滕同稱四國者則或別有一小國如顓臾邿極黎列東方未可知也況夫子墮費在定十二年與哀悼相去不遠既已墮之而毀其城夷其宮收其甲兵爲得曾子居費而即有鄪國君臣主客周旋之事其非季氏邑又鑿鑿可知也然究何據也

（四書摭餘說） 王厚齋謂孟子引費惠公之言謂小國之君也春秋時費爲魯季氏之邑史記魯世家有鄪費郯邳蓋戰國時以邑爲國意者魯季氏之僭歟按春秋時有兩費其一見左傳成公十三年晉侯使呂相絕秦曰殄滅我費滑注滑國都於費今河南緱氏縣其一僖公元年公賜季友汶陽之田及費齊乘費城在費縣西北二十里魯季氏邑在子思時滑國之費其亡久矣則疑即季邑爲是薛方山謂懿公孫費庈父之後非也左傳隱公元年費伯帥師城郎二年司空無駭入極費庈父勝之杜注庈父費伯也前年城郎今因得以勝極又言季友有大功于魯受費以爲上卿則費前爲○父之邑後爲季友之邑矣後春秋所書城費墮費皆季氏邑也豈○父之費至子思時尚存乎毛西河謂大夫有采邑但收其賦稅而不居其地故孟孫之郕叔孫之郈季孫之費皆他人居之春秋公斂處父居郕侯犯居郈公孫弗狃陽貨皆居費是也季氏子孫世爲魯卿爲得出居於費然則惠公何指也余謂春秋戰國間凡都邑之長皆與有地之之君相比得稱邑宰都君以長於其地此不特楚僭稱王其臣亦僭稱公如宣十一年所謂諸侯縣公皆慶寡人者 前漢書沛公注孟康曰楚舊僭稱王其縣宰爲公淮南子魯陽公注楚之縣公也 楚僭號稱王其守縣大夫皆稱公 即如齊在春秋有邢公棠公在戰國有薛公其稱邑以公皆是金氏曰費本魯季氏之私邑而孟子稱小國之君曾子書亦有費君費子之稱蓋季氏專魯而自春秋以後計必自擅其邑如附庸

之國矣大夫之爲諸侯不待三晉而始然其來亦漸矣據此則戰國之費居然魯繆史記明言五霸以弋戰國而以魯爲靑首以費爲羅鄙其或季之子孫亦若顓臾邾極各爲君臣亦因得以公名之而稱小國之君庸有然耳

〔孟子正義〕　顧氏炎武日知錄云春秋時有兩費其一見左傳成公十三年晉侯使呂相絕秦曰殄滅我費滑注滑國都於費今河南緱氏縣襄公十八年楚蔿子馮公子格率銳師侵費滑蓋本一地秦滅之而後屬晉耳其一僖公元年公賜季友汶陽之田及費齊乘費城在費縣西北二十里魯季氏邑在子思時滑國之費其亡已久疑即季氏之後而僭稱公者魯連子稱陸子謂齊湣王曰魯費之衆臣甲舍於襄賁而楚人對頃襄王有鄒費郯邳殆所謂泗上十二諸侯者邪仁山金氏曰費本魯季氏之私邑而孟子稱小國之君曾子書亦有費君費子之稱蓋季氏專魯而自春秋以後計必自據其邑如附庸之國矣大夫之爲諸侯不待三晉而始然其來亦漸矣閻氏若璩釋地續云余更博考之呂氏春秋言以滕費則勞以鄒魯則逸劉向說苑言魯人攻鄪曾子辭於鄪君鄪君曰寡人之於先生也魯世家言悼公時三桓勝魯如小侯卑於三桓之家六國表並同則爲季氏之疆僭以私邑爲國號殆無復疑毛氏奇齡經問云或問孟子有費惠公且曰小國之君按戰國並無費國有謂費在春秋係魯都或是魯君則魯此時爲魯繆公並無惠公且魯有惠公未有子孫與祖宗可同謚者有謂費本季氏巖邑或即季氏子孫世居費者遂於此僭稱公歟曰俱不然魯國無恙固無有降而稱費國之理即季氏子孫世爲魯卿亦斷無有出居於費者大夫有采邑但收其賦稅而不居其地故孟孫之郕叔孫之郈季孫之費皆他人居之春秋公斂處父居郕侯犯居郈南蒯公山弗狃陽虎皆居費是也季氏宗卿焉得居費若謂魯惠費惠不當同謚則衛有兩莊公燕有三桓公祖宗謚法何嘗禁同而以此立說則又誤矣大抵春秋戰國間凡都邑之長皆具有地之君相比原有邑宰都君之稱以長於其地也此所稱國猶顓臾邾極各爲君臣因亦得以公名之此不特楚僭稱王始有申公葉公之稱即以齊言之在春秋有棠公在戰國有薛公其稱邑以公皆是也況魯在戰國方五百里則費或稍寬其得以都君而僭國君容有然耳惠氏士奇春秋說云虞虢焦滑霍揚韓魏皆姬姓也滑國都於費謂之費滑水經注緱氏縣故滑費春秋滑國都莊公十六年同盟於幽滑伯與焉滑一名費猶宋一名商孟子所謂費惠公者滑伯之後也自秦人滅滑而滑或屬周或屬晉或屬鄭屬周者曰馮滑見定公六年傳屬晉者曰虛滑見成公十七年傳屬鄭者曰費滑見襄公八

年傳蓋滑介於周鄭之間仍爲附庸於晉鄭故至戰國而郯邳鄒費猶號小國之君說者不知春秋有費滑遂謂戰國無費而以晉之費當之誤矣按漢書古今人表費惠公顏敢王愼長息同列第四等敢般形近而譌順愼字通

顏般

〔四書攷異〕 古今人表作顏敢

王順

〔四書攷異〕 古今人表作王愼

晉平公之於亥唐也

〔四書攷異〕 抱朴子欽士篇晉文接亥唐脚痺而坐不敢正以平公爲文公

〔孟子正義〕 太平御覽引皇甫士安高士傳云亥唐者晉人也晉平公時朝多賢臣祁奚趙武師曠叔向皆爲卿大夫名顯諸侯唐獨不官隱於窮巷平公聞其賢致禮與相見而請事焉平公待於門唐曰入公乃入唐曰坐公乃坐唐曰食公乃食唐之食公也雖疏食菜羹公不敢不飽史記晉世家云悼公卒子平公彪立抱朴子欽士篇云晉文接亥唐脚痺而坐不敢正此文爲平之譌其逸民篇云晉平非不能吏亥唐也然尊而肆之貴而重之誠以百行殊尙默默雖齊樂尊賢之美稱恥賊善之醜迹亥唐一作期唐亥之爲期猶箕之爲荄也惠氏棟左傳補注云史趙以亥字推算其年者蓋以亥爲絳縣人之名卽孟子之亥唐韓非子書晉平公於唐亥云云或孟子傳寫倒其名氏也

入云則入三句

〔四書客難〕 客曰陳臥子以爲命入命坐色甚倨辭甚厲者敢問亥唐若如此何以爲賢也曰此由注未分明有以誤之也本文云云言者平公敬亥唐不以君道自居與行賓主之禮如曲禮所載諸儀節是也入云則入主人肅客而入客乃入也坐云則坐主人跪正席客踐席乃坐也食云則食三飯主人延客食胾然後辨殽也說者不考典實以臆解立論未有不背謬可笑者

舜尙見帝節

【趙注】　尙上也舜在畎畝之時堯友禮之舜上見堯堯舍之於貳室貳室副宮也堯亦就饗舜之所設更迭爲賓主禮謂妻父曰外舅謂我舅者吾謂之甥堯以女妻舜故謂舜甥卒與之天位是天子之友匹夫也

【孟子正義】　尙與上通論衡須頌篇引尙書或說云尙者上也儀禮覲禮云尙左注云古文尙作上是也說文貝部云貳副益也爾雅釋宮云宮謂之室是貳室即副宮也趙氏以堯館舜於貳室則舜饗堯之所設堯亦就往舜宮饗舜之所設是爲更迭爲賓主也詩小雅彤弓一朝饗之箋云大飮賓曰饗周禮秋官大行人饗禮九獻注云饗設盛禮以飮賓也是以酒食待賓客爲饗趙氏以饗舜爲堯就饗舜之所設則謂舜設盛禮饗堯而堯就饗其所饗此饗當解作受哀公十五年左傳云其使終饗之注云饗受也是也小爾雅廣詁云迭更也故以更釋迭一說亦饗舜是以祿養舜即上共天祿意以君臣之禮更爲賓主之禮謂略上下而交際往來非堯爲主則堯爲賓舜爲主則堯爲賓也爾雅釋親云妻之父爲外舅又云謂我舅者吾謂之甥也郭氏注云謂我舅者吾謂之甥然則亦宜呼壻爲甥孟子曰帝館甥於貳室是也

卻之卻之爲不恭何哉

【孟子正義】　音義出郤之云正體郤字下皆同或作卻誤此謂當从卩作卻不當從邑作郤也文選東京賦云却走馬以糞車薛綜注云却退也呂氏春秋知接篇云無由接固却其忠言高誘注云却不用退其所交接之禮物而不用即不受也疊言却之却之者却之至再堅不受也萬章以不受亦是廉以律己何以爲不恭一說却之是萬章問却之爲不恭是孟子答何哉又是萬章問

曰不可康誥曰　至　受之

【趙注】　孟子曰不可受也康誥尙書篇名周公戒成王封康叔越于皆於也殺於人取於貨閔然不知畏死者譈殺也凡民無不得殺之者也若此之惡不待君之教命遺人則討之三代相傳以此法不須辭問也於今烈烈明法如之何受其餽也

殷受夏五句

【四書客難】　客曰五句之解云何曰此言康誥雖周之書而誅禦之法則非始於周而始於夏殷受此法於夏周

受此法於殷皆不用辭說而必誅者也於今爲烈言今時先王之法雖多廢壞而此誅禦之法不但同於三代且更烈於三代也禦既必誅如之何其受必誅之人之物歟

獵較

（四書典故辨正）　獵較之說趙氏張氏不同王孚皆謂較奪禽獸以祭正與（下正祭器相應自從趙義爲長楊文來曰獵較之解張說爲長還與盧令齊俗也猶但以便捷輕利相稱譽晉俗重禮教君戾泮宮而無小無大從公于邁猶有先王之遺風焉何至公行攘奪曾齊俗之不若乎左傳晉厲公田與婦人先殺而飲酒後使大夫殺郤至奉豕寺人孟張奪之郤至射而殺之未幾難作君臣俱斃晉之後亡以猶秉周禮也必不至此極其意蓋在貴四方之異物所得之多且異者則於獻禽時誇耀於衆謂人莫已若耳非獨較多寡亦較珍異也愚按楊說亦自近理然孟子引此正以較奪禽獸與取非其有一例故舉以相形若作比較解則與取民猶禦毫無干涉下文不當云獵較猶可況受其賜矣嘗推求獵較之故大抵出於晉之三家非田獵之百姓相較奪也襄三十年傳鄭豐卷將祭請田子產弗許曰惟君用鮮衆給而已是因祭而獵惟諸侯得行之而大夫不與焉晉自三家僭竊禮則擬於君祀則豐於昵務以多品異物爲觀美於是有田獵較奪之事孔子不禁而先簿正祭器蓋陰以禮裁之也若謂晉人之習俗如是則孔子爲政能使市不飾賈塗不拾遺而獨不能變此陋習乎且庶民有何祭器庶民之祭豈得用四方之食而煩孔子之簿正耶如此則無疑於趙氏較奪之說矣

（四書改錯）　此則趙氏是而張氏錯者月令山林藪澤有能田獵禽獸者野虞教道之其有相侵奪者罪之則獵原有角奪一道故較讀作角集注不識典禮重疑奪字因引張氏說以參之不知田獵禽獸必較多少謂之較獲未有虞田供祭而不較獲者即尋常禮射並不獵獸猶名中作獲有祝獲釋獲算獲比較其所中之數況虞田乎故尚書大傳有頒餘獲之射謂虞田獵禽取備祭物而以所備之餘較射于澤宮而分取之夫餘獲尚較豈獻獲而反不較錯矣　張文檒曰較餘獲時重澤宮所射而不重虞田有云澤宮中雖虞田不中也取澤宮不中雖虞田中也不取夫虞田有中不中何非較而何由知之

（孟子正義）　焦氏循按較當謂射法古人田獵既畢擇取三等中殺者每等得十以充君庖其餘則與士衆習射

於射宮射而中田不復禽則得禽田得禽而射不中則不得禽蓋田時各奮武勇及既獲則公之辭讓而後取也若夫獵較者不獲習射唯以所獲之多少爲所取之多少當其獵時自互相攫奪此亦古法變壞之一端然皆用以祭其祖先殊無大過

非事道與

〔孟子正義〕 義曰韓非子喻老篇云事爲也禮記樂記云事蚤濟也注云事猶爲也檀弓云不仁而不可爲也註云爲猶行也呂氏春秋愛類篇云無不行也高誘註云行爲也行事爲三字義同故以行釋事事道卽行道也

孔子先簿正祭器不以四方之食供簿正

〔四書改錯〕 信口說書未嘗不快而實無可通據云正其祭器是何祭器器有常數是何等器數魯雖季世然周禮在魯夫子入大廟猶每事必問豈有數百年宗器而夫子一人可改正者此須認器字鼎俎二器全以尊卑爲等殺如所云三鼎五鼎者既無增減何容更定而獨於大祭則無加鼎而有加俎如所云鳥獸之肉不登於俎則君不射是俎原得備鳥獸之肉可加一鳥俎加一獸俎然而加俎名所俎非正俎也先簿正器則但登正俎而斯俎殺爲所云正者正其器而無加器也不特此也禮云鼎俎奇而籩豆偶加俎必鳥獸者正俎與鼎同或三或五必加二而仍爲奇否則偶矣若加籩加豆必以四累加原有野牲田禽如麋臡鹿臡雁醢兔醢之類可以四加者而今並以四殺之禮所云饋食之後薦用籩豆亦祇用正籩正豆而加無與焉如此則第遵舊禮有整頓而無更改田禽角奪不止自止孔子正器蓋如此　若四方之食不供簿正則另是一事今謂先正祭器不以四方之物實之則方物與田禽何涉君却千里馬而國廄所畜仍須供用譬之禁火而閣水防掌火者不喻也此四方之食是禮器所云大饗所須四海九州之美味如青州蟹胥荊州鱔魚類仍爲二加四加所用蓋加無限數既加野牲復加方產而此並方產而亦去之趙注原云惟恐方物難給仍藉田禽補其乏則獵較不免故幷正及此此亦從來未解者　章大來曰月令天子厲飾以獵命主祠祭禽於四方卽司馬職所云羅弊致禽以祭防者凡季秋季冬皆得雜用所獵之禽皆列報享謂之方祭此四方之食卽指四方之祭言既正祭器又不以方祭所食供簿中所正之器亦異說之近理可參見者

〔孟子正義〕　趙氏以孔子仕衰世不可遽然暴戾改變其俗先此宗廟祭祀之器且有不正者不獨獵較也若一時既正其祭器又禁其獵較則卒暴難行故正之以漸先簿正其祭器不卽禁其獵較也音義出簿正云丁步古切本多作簿錢氏大昕養新錄云經典無簿字惟孟子有先簿正祭器一語孫奭音義云本或作薄則北宋本猶不盡作簿也唐美原神衆詩碑篆書主簿字从艸是唐人尙識字按簿書之簿卽帷薄之薄劉熙釋名釋書契云笏忽也君有教命及所啓白則書其上備忽忘也或曰簿言可以簿疏物也畢氏沅釋名疏證云簿俗字也據漢夏承碑爲主簿督郵韓勅碑主簿魯薛陶武榮碑郡曹史主簿古簿字皆从艸明矣然諸史書並从竹如籍藉之類亦互相通古用笏漢魏以來謂之簿卽手板也蜀志稱秦宓以簿擊頰卽此是巳書之於簿謂之簿故先爲簿而書之以正其宗廟祭祀之器也獵較皆取國中所備若不獵於國中而取珍食於四方四方遠在魯國之外者也則恐難常有而不免有時乏絕轉爲不敬孔子所以不禁其獵較也近時通解則以簿正祭器不以四方之食供簿正卽是陰止其獵較之術張氏爾岐蒿菴閒話云夫子欲革其俗故先簿正祭器使上下尊卑祭有常器器有常品用三鼎五鼎者乃有獸腊庶人只用特牲則所獲兎鱉之屬皆不得用而人將漸知顧禮覺其較奪之非此則四方指魯國中之四方若是則孔子簿正祭器正是禁止其獵較不得云亦獵較矣惟正祭器是一事禁獵較又是一事二者相度則祭器不可不正故先正之不以四方難得之食供簿正恐其乏絕不敬則獵較尙不爲無說故姑容之此聖人權衡之當而先正漸正之宜也所以對奚獵較之義謂因此所以亦獵較也

爲之兆也

〔孟子正義〕　哀公元年左傳云有田一成有衆一旅能布其德而兆其謀注云兆始也兆其謀承上始有一成一旅而言是兆之義爲始也廣雅釋詁造本皆訓始故以始釋兆又以正本造始申言之始亦先也先簿正祭器爲之正本造始也以漸止其獵較是欲以次治之也

兆足以行矣二句

〔孟子正義〕　官占人注云占蓍龜之卦兆吉凶此順解足以行矣而不行而後去也而後去不遽去也雖不行必爲之兆而後去故不遽也孔子亦獵較巳是道不行而必先爲簿正祭器以爲之兆而後乃退去爲之兆原在不行之

後經先言爲之兆故趙氏屈曲申明之此趙氏解經之妙也萬章問云道不行奚爲不去曰不行而不去者爲之兆也所以爲之兆者以示兆足以行兆足以行而君不行所以爲之兆而後去也不行在爲之兆之前已然非爲之兆而君不行也經文奥折趙氏得之

於季桓子見行可之仕也

〔經句説〕孔子世家曰攝行相事於是誅魯大夫亂政者少正卯史記志疑曰史公以當國爲相故於秦紀及吳齊晉楚魏世家伍子胥傳直書孔子相魯豈不謬哉少正卯史本於荀子宥坐孔子集語及宋高似孫子略並引尹文子稱仲尼誅少正卯其後如淮南氾論說苑指武白虎通誅伐篇引韓詩外傳論衡講瑞定賢後漢書李膺傳皆述之王若虛五經辨惑曰誣其疑似發其隱伏而曰吾以懲姦防亂是申商曹馬陰賊殘忍之術也英謂據此知古書之難讞也蓋云見行可者祇是言之而從如葬昭公於墓道南孔子之爲司寇也溝而合諸墓見於左定元年傳如此類是也至於孟子所謂兆足以行矣者如睦鄰尚信義而齊人來歸鄆讙龜陰之田如此類是也以此而推則國中之民固必有易化者矣然孔子仕魯其於立道綏動經濟則未得施行安有如僞家語所謂政化大行男女別塗路不拾遺云云諸神效乎大抵春秋之政權歸於當國者之一人否則晉政多門便以爲言如魯則叔孫孟氏尚不能專況於司寇孔子不惟不足以云相魯也即公羊氏謂三月不違亦大約言也顏子其心三月不違仁其餘則日月至焉而已矣若桓子三月不違孔子之言即其心三月不違仁矣安有他日受女樂三日不朝乎孔子曰子爲政焉用殺誅少正卯古書歷歷多證如此而後儒無有信者豈不可爲古書多合亦不足據之一證歟

於衛靈公際可之仕也

〔經句説〕孔子世家曰衛靈公問孔子居魯得祿幾何對曰奉粟六萬衛人亦致粟六萬衛侯年表曰孔子來祿之如魯英按據此知衛亦以優祿待孔子也稱此而爲交際間餽饟之屬亦從其隆如世家謂靈公聞孔子來喜郊迎亦其一也蓋聘於魯而使人迎於效也故曰以往若惟厚祿祇可謂之公養不得爲際可然此際可亦不驟得也春秋定公十三年春齊侯衛侯次于垂葭十四年五月公會齊侯衛侯于牽此兩時衛君不在朝十四年秋衛世子蒯聵出奔宋蓋前此之衛國不知用孔子孔子雖已在衛讐由尚未薦達可知也讐由未薦達者其時讐由尚未

見孔子也讐由未見孔子者孔子去魯之日子路猶爲季氏宰孔子匆匆不脫冕而行子路縻於一邑之事不得從孔子而偕往故孔子初至衛未識顏氏也停車逆旅爲孔子之門子擊磬於斯荷蕢過於斯者也蓋是時猶望魯之來召也數月而後子路知季氏終無復召孔子意於是始一舍魯至衛爲讐由紹介而見孔子邀至其家以之爲主然後薦於靈公將用孔子彌子聞之欲奪推挽之權或反沮之而其後卒從讐由之薦爲際可之仕當已歷過三年矣此三年間孔子所謂吾自衛反魯在斯時也孔子仕衛靈公問魯祿祿之如魯蓋在魯哀元年春夏之交歟然仕衛亦不久當不及一載在衛靈四十一年歟

於衛孝公公養之仕也

〔四書索解〕 衛孝公公養之事不可考孫奭疏謂即是靈公史記春秋年表衛靈三十八年孔子來祿之如魯又孔子世家衛靈問孔子居魯得祿幾何對曰奉粟六萬衛人亦致粟六萬此公養實據然前文明列靈公爲際可之仕孝公爲公養之仕豈有兩公兩仕明白分列而可以一公兼兩仕者此不惟無此事例且并非文例也若集注疑是出公此最可信夫子哀八年反衛正值出公周旋子貢所云爲衛君子路所云衛君待子爲政正在此時雖靈公至出公中間尚有蒯聵及公子般師公子起三君而蒯聵謚莊公般師與起皆隨立隨出不立廟謚則孝公一謚必是出公但出公拒父而反謚曰孝似乎譏之然古有貶謚並無譏謚當衛拒戚師原是拒晉不是拒父故晉師既去太子云入保而即安于戚十二年未嘗一拒太子而反爲太子所逐是爭國在莊公不在出公也即出公奔四年必待莊公死後公子起又奔而後入國是後此出入亦未嘗於父子間有所爭也故衛人皆爲出公而子路子貢高柴輩亦同時仕衛而夫子不使之去意者孝公之謚衛人表微而他書軼之孟子獨存之者與論世雖明全藉考據此所待乎鉅儒之考之復解之豈細故與

〔孟子正義〕 毛氏奇齡四書賸言云春秋史記並無孝公惟夫子於衛靈死後在哀七年當出公輒時亦曾至衛但出公並不謚孝然舍此又別無他公往來疏謂仍是靈公史記春秋年表衛靈三十八年孔子來祿之如魯又孔子世家衛靈問孔子居魯得祿幾何對曰奉粟六萬衛人亦致粟六萬此正公養之實據然明明有孝公字豈可不信孟子而反信史記惟趙岐注衛孝公以國君養賢之禮養孔子故孔子爲宿留以答之其曰養賢之禮曰宿留似

古原有成文而邠卿引之者漢去古未遠必有師承未可以今世所見疑古人也翟氏灝考異云衛輒使石曼姑牽師距蒯於戚公羊傳云固可以距之也輒以王父命辭父命是父之行乎子也以家事辭王事是上之行乎下也故檀弓正義謂衛輒拒父而公羊以爲孝子後儒之論且然則當時臣下之諡以掩非想自有之矣若其一人兩諡史無足怪蒯聵諡莊公漢書人表謂之簡公則亦嘗有兩諡趙氏佑溫故錄云諡法解無出衛孝公之郎出公輒無疑出公者特當其出奔在外之稱及後返國稱後元年二十一年卒而諡爲孝史不備耳經每有可以正史者周氏柄中辨正云蓋出公繼立時孔子又嘗過衛大約其致粟仍襲靈公之舊而禮遇不深故第爲公養之仕耳宿留詳見公孫丑篇

仕非爲貧也四句

〔孟子正義〕　韓詩外傳云曾子仕於莒得粟三秉方是之時曾子重其祿而輕其身親沒之後齊迎以相楚迎以令尹晉迎以上卿方是之是曾子重其身而輕其祿懷其寶而迷其國者不可與語仁窘其身而約其親者不可與語孝任重道遠者不擇地而息家貧親老者不擇官而仕列女傳賢明篇周南之妻云家貧親老不擇官而仕親操井臼不擇妻而娶

抱關擊柝

〔四書釋地又續〕　何屺瞻曰集注柝行夜所擊木也本用趙氏注今皆訛爲夜行雖監本亦然余謂行夜夜何嘗胥疏陸德明左傳釋文柝以兩木相擊以行夜也說文作柵一作欜夜行所擊者恐亦本是行夜

〔趙注〕　抱關擊柝監門之職也柝門關之木也擊椎之也傳曰魯擊柝聞於邾

委吏　乘田

〔四書改錯〕　集註委吏主委積之吏此襲舊注而錯者據世家孔子嘗爲季氏史料量平注季氏者委氏之誤史者吏之誤卽委吏也周禮地官有委人掌斂甸稍芻薪之賦凡甸稍中材木薪草及瓜瓠葵芋諸物悉收而賦之以供祭祀賓客軍旅薪蒸炊爨芻糒之用其事極委瑣故曰委吏委者凼也然必合甸聚稍聚而共相積算故曰會計卽料量也若委積則别是一官但主給發而無所料量自鄉里門關以及道路之委積尙遇應給卽給之其官名遺

入地官所謂遺人掌邦之委積者與委人斂野毫不相涉不得謂委字偶同可妄認也　張文巖曰應劭風俗通有太原太守委進郎委氏後以官爲氏者史記稱委吏爲委氏吏以此

〔四書改錯〕　集注乘田主苑囿芻牧之吏又且乘田亦錯世家孔子嘗爲司職吏而蕃畜息與此爲乘田而牛羊茁壯長正周同禮牛人有職人主芻豢者職通作樴杙也所以繫牛之物凡牧人掌六牲牛人掌養國牛必授職人芻豢之其官最卑賤名司職吏其又名乘田則以公牛芻豢皆甸田中事也若園囿芻牧則囿人所掌祗游觀鳥獸之事並無牛羊亦並不芻牧安得又以苑囿與芻牧各自爲職者而合併以混認之

諸侯失國而後託於諸侯

〔四書改錯〕　集注託寄也古者諸侯出奔他國食其廩餼謂之寄公舊注託寄也諸侯失國而託寄他國謂之寄公亦謂之寓公然無食他國廩餼者禮記諸侯不臣寓公又君褁爲寄公設位又儀禮寄公爲所寓國君制服然無給廩餼之事即春秋傳黎侯寄衛衛侯寄齊皆無此禮若魯昭寄齊齊景公欲置以書社子家羈恐其臣齊而辭之及寄晉晉侯不禮致從人殺馬以食而並無問者苟有廩餼子家子將操而爭之矣此但當注云寄公而已焉得臆鑿以食其廩餼四字加之

子思稽首再拜

〔四書釋地又續〕　問子思孔面稽首再拜而不受孟子言再拜稽首而受其拜與稽首次第各不同何也曰此從未經拈出者周禮吉拜是拜而后稽顙凶拜是稽顙而后拜則凡先稽首後再拜凶拜之類也先再拜後稽首吉拜之類也言拜拜之常故主於受凶拜拜之異故主不受

〔孟子正義〕　說文手部云𢷎首至手也古文從二手揚雄說从兩手下首部云䭬䭬首也頁部云頓下首也段氏玉裁釋拜云拜者何也頭至手也頭至手故經謂之拜手凡經或言拜手或單言拜一也周禮大祝謂之空首鄭曰空首拜頭至手所謂拜手也何休注公羊宣六年傳頭至手曰拜手某氏注尚書召誥曰拜手首至手皆其證也何以謂之頭至手也說文𨈖字曰跪者所以拜也既跪而拱手而頭俯至于手與心平是之謂頭至手荀卿子曰平衡曰拜是也頭不至于地是以周禮謂之空首曰空首者對稽首頓首之頭著地言也拜本專爲空首之稱引申之則

稽首頓首肅拜皆曰拜稽說文作䭫稽首者何也拜頭至地也既拜手而拱手下至於地而頭亦下至於地荀卿子曰下衡曰稽首是也白虎通姓名篇鄭注周禮大祝何注公羊宣六年范氏注尚書召誥皆曰拜頭至地曰稽首拜重手故字從手䭫從首故字從首也頓首者何也叩地也叩者何敂也敂者何擊也既拜手而拱手下至於地而頭不徒下至地且敂觸之是之謂頓首稽首者是乎首舒遲至於地也頓首者言乎首急遽至於地也是稽頓之別也周禮言頓首不言稽顙禮經十七篇禮記禮經言稽顙不言頓首稽顙與頓首有二歟曰無二也何以知其無二也鄭注周禮頓首曰頭叩地也注士喪禮曰稽顙頭觸地也又檀弓注云稽顙者觸地無容叩地觸地之非有二可知矣至地者以首不以顙敂地者必以顙故謂之稽顙亦謂之顙公羊昭二十五年再拜顙何曰顙猶今叩頭矣亦謂之頓顙吳語諸稽郢行成於吳曰頓顙於邊何言乎稽顙稽之言至也其至地與稽首同其以顙與稽首異也荀卿子曰平衡曰拜下衡曰稽首至地曰稽顙是卽鄭君之頭至手曰空手頭至地曰稽首頭叩地曰頓首也周禮大祝九拜一曰稽首二曰頓首三曰空首此三者蓋拜之經歟四曰振動五曰吉拜六曰凶拜七曰奇拜八曰褒拜九曰肅拜此六者其擧前三者權其吉凶輕重之宜而用之歟他經曰拜手曰拜無曰空首者故知空首卽拜手也拜者拜手之省文也禮經十七篇禮記曰稽顙無言頓首者故知周禮之頓首卽稽顙也凡言拜手稽首言拜稽首言再拜稽首皆先空首而後稽首也言拜而後稽顙者先空首而後頓首也言稽顙而後拜者先頓首而後空首也言稽顙不拜者頓首而不空首也拜者常禮稽首者敬之至也稽顙者哀之至也凡祭必稽首諸侯於天子稽首大夫於國君稽首於鄰國之君稽首于君夫人鄰國君夫人稽首禮有非祭非君而稽首者特牲饋食禮宿尸尸許諾主人再拜稽首少牢饋食禮宿尸祝擯主人再拜稽首尸拜許諾主人又再拜稽首此皆未入廟之尸也而再拜稽首者鄭重之至以定其爲尸也士昏禮賓升北面奠雁再拜稽首妻之父非君也以逆女之事至重稽首主爲授女故主人不答拜聘禮郊勞賓用束錦儐勞者勞者再拜稽首受注云尊國賓也又受饔餼儐大夫大夫北面當楣再拜稽首受幣注云尊君客也下文皆云賓再拜稽首送幣又下文大夫餼賓賓再拜稽首受是亦猶上文尊國尊賓君客之再拜稽首也凡行禮必拜手凡敵者拜手卿大夫互相於一也凡諸侯相於拜手凡臣於君君於臣皆拜手凡喪必稽顙以拜賓卽頓首也何以謂之振動也鄭曰戰栗變動之拜也有不必拜手而拜手者有不必稽首而稽首

者有不必頓首而頓首者如文三年晉侯享公公降拜襄四年穆叔如晉歌鹿鳴之三三拜如雒誥成王拜手稽首於周公襄九年晉襄公稽首於晉君如昭二十五年季孫意如稽顙於叔孫昭子昭八年陳無宇稽顙於欒施公羊昭二十五昭公子家羈再拜顙於齊侯是皆謂之振動振動者言非常也因事制宜之謂也吉拜者何也謂拜之常也當拜而拜當稽首而稽首是吉拜也吉拜對凶之辭也凡稽首未有用於凶者也凶拜者何也拜而後稽顙稽顙而後拜皆凶拜也凡頓首未有不用於凶者也奇拜者何也謂一拜也奇者不耦也凡禮經言拜不言再者皆謂一拜也經者明言一拜者士相見禮曰君答一拜聘禮曰公一拜送凡又賓不降一拜稽首頓首則經未嘗有言再者褒拜者何也謂再拜已上也褒者大也有所多大之辭也凡禮經聘禮少牢饋食禮特牲饋食禮言三拜及僖十五年左傳言三拜稽首襄四年言三拜定四年言九頓首以及婦人之俠拜皆是也肅拜者何謂也舉首下手之拜也婦人之拜也少儀曰婦人雖有君賜肅拜是則肅拜爲婦人之常猶拜手爲男子之常也婦人以肅拜當男子之空首以手拜當男子之稽首以稽　顙當男子之頓首

臺

〔孟子正義〕　臺即儓也方言云儓厖農夫之醜稱也南楚凡駡庸賤謂之田儓或謂之厖臺爲賤稱故官之賤者名臺引傳者昭公七年左傳芋尹無宇曰人有十等下所以事上上所以供神也故王臣公公臣大夫大夫臣士士臣皁皁臣輿輿臣隷隷臣僚僚臣僕僕臣臺服虔云臺給臺下微名也臺次輿隷僚僕之下是賤官主使令者故引此以證也

僕僕亟拜

〔孟子正義〕　說文二部云亟敏疾也段氏玉裁說文解字注云今人亟分入聲去聲之訓急也去之訓數也古無是分別數亦急也非有二義趙氏以亟拜爲數拜又云欲使賢者不答以敬所以優之也毛詩大雅瞻卬維其優矣箋云優寬也國語晉語云獨恭不優注云優裕也優裕是不亟數使之亟拜非所以優裕之矣說文業部云㸁瀆㸁也段氏玉裁說文解字注云瀆㸁疊韻字瀆煩瀆也㸁如孟子書之僕僕煩猥猶煩瀆也廣雅釋詁云煩勞也釋言云猥頓也

市井

（四書釋地續） 後漢劉寵列傳拜會稽太守山民愿朴乃有白首不入市井者父老自稱山谷鄙生未嘗識郡朝郡朝太守之驅事也此可證市井貼在國都言注引風俗通義以井爲井田則在野矣非市交易之處井共汲之所 註張守節曰古人未有市及井若朝聚井汲水便將貨物於井邊貨賣故曰市井

（孟子正義） 儀禮士相見禮云宅者在邦則曰市井之臣在野則曰草茅之臣庶人則曰刺草之臣注云宅者謂致仕者去官而居宅或在國中或在野此宅者指已仕而罷官之人與孟子言庶人未仕之人有別按宅者謂士之家居而未仕者也可以孟子之言證禮所云若去官致仕終不可爲庶人矣閻氏若璩釋地續云後漢劉寵傳拜會稽太守山民愿朴乃有白首不入市井者父老自稱山谷鄙生未嘗識郡朝太守之驅事也此可證市井貼在國都言張守節曰古人未有市及井若朝聚井汲水便將貨物於井邊貨賣故言市井

傳質

（孟子正義） 釋名釋書契云傳轉也轉移所在執以爲信也是傳有執義音義云質丁讀如贄士相見之禮冬用雉夏用腒執雉請見必由將命者傳之故謂之傳贄禮云見於君執贄至下容彌蹙庶人見於君不爲容進退走賈氏疏云此不言民而言庶人則是庶人在官即府史胥徒是也然則自卿大夫士以至庶人在官皆得執贄見君而爲臣孟子所謂庶人未在官者也庶人之贄用鶩趙氏概舉見君之贄故云執雉之屬括執羔執鴈執鶩而言之也

以皮冠節

（四書釋地三續） 余既篤信左傳亦間以孟子較之則以孟子爲據如昭二十年齊侯田於沛是也傳言招虞人以弓不合孟子者一旃以招大夫弓以招士不合孟子者二不引志士不忘在溝壑二語而撰守道不如守官爲仲尼曰爲柳子厚之所駁不合孟子者三此三者既不可信則言昔我先君言各招大夫士以其物又豈可信哉襄十四年衛獻公射鴻於囿不釋皮冠昭十二年楚子皮冠執鞭以出則皮冠者乃諸侯田獵之冠故即以皮冠招掌田獵之人虞人即至先示以期日即告以田於某所庶幾人芟除其草萊爲可陣之地招之須及早若庶人士大夫皆從公于狩之人周禮大司馬至期立熊虎之旗於期所以集衆故曰以旗致民又曰質明弊旗誅後至者此豈待招

而後至者孟子緣答虞人以皮冠遂連類而及庶人士大夫乎　以明各有等威不然世且不識虞人之何故不至而下段議論亦無由發作時文者不體會孟子反據左氏而謂此四招者皆田制拘矣過矣

皮冠

（四書典故辨正）周禮司服凡甸冠弁服鄭注冠弁委貌此田獵之冠也薛氏禮圖以冠弁即皮弁又以皮弁即皮冠此説非是襄十四年傳衛獻公射鴻于囿孫甯二子從之不釋皮冠而與之言二子怒孔疏謂敬大臣宜去皮冠若皮冠即弁則衛獻之不釋皮冠正自應爾孫甯二子何爲而怒乎然則冠弁者禮服之冠皮冠蓋加於禮冠之上田獵則以禦塵亦以禦雨雪楚靈狩于州來去皮冠而與子革語必非科頭也可見去皮冠而仍有禮冠矣以其爲田獵所有事故招虞人以之而禮冠中不數也或云天子田獵服委貌諸侯服皮冠亦是妄説

庶人以旃士以旂大夫以旌

（四書典故辨正）毛大可曰春秋傳旃以招大夫弓以招士與孟子不同古孤卿建旃故旃招大夫以王制上大夫爲孤卿也逸詩翹翹車乘招我以弓則弓本招士之具若以旂招士則旂爲諸侯所建畫以交龍以旃招庶人則聘禮卿載旃通以大赤帛爲之是春秋傳可解而孟子不可解俗謂旃無文采龍善變化皆臆説也此爲孟子解當據司常大閲文凡大閲治徒役必有諸侯卿大夫士及州里庶人顧士本有位惟諸侯得召之而侯車載旂故即以旂招士孤卿可召庶人而孤卿載旃故即以旃招庶人是左傳之招以其物而孟子之招則以所招之人之物不相悖也若大夫車載旌物今仍以其物招之尊大夫耳此庶田禮與閲禮可通證者愚按司常云大夫士建物而旌則斿車載之毛氏欲傅會其説遂自造禮文曰大夫載旌而又見司常明言建物故於旌下添一物字以混亂之豈旌即物耶抑載旌兼載物耶吾不知其何謂也夫以司常解孟子固自有説斿車載旌斿車者五路中之木路田獵乘之巾車云木路以田是也王正田獵則建大麾小田獵則建旌故即以旌招大夫此正所謂以所招之人之物與旂招士旃招庶人一例也陳氏禮書曰孤卿建旃庶人孤卿之所治者也故招以旃諸侯建旂士君之所禮也故招以旂斿車載旌大夫從游燕之樂者也故招以旌以此解孟子何不可爲　周禮司常全羽爲旞析羽爲旌注云全羽析羽皆染五采繫於旞旌之上所謂注旄於干首也疏云注旄於干首爾雅文也據爾雅注旄首曰旌則旞旌非直

有羽又有毛也姜上均曰綏旌皆以羽爲之爾雅以毛釋旌此經傳互釋之通例而疏據其文以綏旌爲有羽又有毛如其說則爾雅但云注旄首曰旌將旌有旄反無羽乎愚按姜說非是左傳范宣子假羽旄於齊晉人假羽旄於鄭杜注云以析羽爲旌旄爲王者游車之所建也此旌兼有羽旄之證惟兼有羽旄故司常云析羽爲旌爾雅云注旄爲旌可以偏舉而互見若旌本無旄而以旄釋旌此與指鹿爲馬無異經傳豈有此互釋之例哉使其有此例也則釋旌曰注旄爲旌釋旄曰析羽爲旄不亦名實俱亂疑誤後人之甚乎大抵旗皆有旄故書曰秉旄詩曰建旄此通稱之號而羽則惟綏旌有之疏謂旌有羽又有毛亘是謂大常以下皆有羽旄恐未然而姜氏以旄另爲一物則又非也

〔孟子正義〕　周禮春官司常云交龍爲旂通帛爲旜析羽爲旌爾雅釋天云注旄首曰旌有鈴曰旂因章曰旃鄭氏注司常云通帛謂大赤從周正色無飾郭氏注爾雅云以帛練爲旒因其文章不復畫之趙氏解旃既云通帛又云因章兼周禮爾雅言之也郭氏注旂云縣鈴於竿頭畫蛟龍於旒是兼司常交龍言之鄭氏注旌云全羽析羽皆五采繫之於旞旌之上所謂注旄於竿首也是合爾雅注旄首言之趙氏言注旄千首爲旌於爾雅增千字言旌有鈴爲旂於爾雅增旌字蓋旌則注旄於干旂則繫鈴於干以旌明旂謂旂繫鈴於干猶旌旄於干非謂既析旄又繫鈴也

析羽而注於旂干之首曰旌　注

〔四書釋地三續〕　交龍爲旂析羽爲旌周官之文也有鈴曰旂注旄首曰旌爾雅之文也集注既用交龍爲旂則當注旌曰析羽爲五采繫之於旌之上爾雅所謂注旄於干　𥫱竿同　首也蓋有羽又有旄孟子云羽旄之美范宣子假羽旄於齊晉人假羽旄於鄭是陳氏禮書賈公彥言大常而下千首皆有旄羽蓋干首注以旄旄首注以旌則羽毛所以爲旗飾也旗皆有羽旄集注混用旂字又脫旄字並非

周道如底

〔孟子正義〕　詩在小雅大東第一章底詩作砥孔氏正義云砥謂礪之石禹貢曰礪砥砮丹以砥石能磨物使平矢則鍭必直砥言周道則其直亦周道也如矢言其直則如砥言其平互相通也翟氏灝考異云說文厂部底柔石

也重文作砥並職雉切广部底山居也下也都禮切底實砥之本字故禹貢底柱析城漢書底厲其節底礪名號皆以底爲砥今坊刻經文多上加點與底下字無別讀者遂誤音如邸並詩之砥字或亦誤爲邸音按底並從氐聲義異而音則通

頌其詩二句

〔孟子正義〕周禮春官大師注云頌之言誦也頌其詩即誦其詩段氏玉裁說文解字注云諷誦也誦諷也讀籀書也大司樂以樂語教國子與道諷誦言語注倍文曰諷以聲節之曰誦倍同背謂不開讀也誦則非直背文又爲吟咏以聲節之周禮經注析言之諷誦是二許統言之諷誦是一也竹部籀讀書也庸風傳曰讀抽也方言曰抽讀也蓋籀抽古通用史記紬史記石室金匱之書字亦作紬抽繹其義蘊至於無窮是之謂讀故卜筮之辭曰籀謂其抽繹易義而爲之也尉律學僮十七已上始試諷籀書九千字乃得爲吏諷謂背其文籀謂能繹其義太史公作史記曰余讀高祖侯功臣曰太史公讀列侯至便侯太史公讀秦楚之際曰余讀諜記曰太史公讀春秋譜諜曰太史公讀秦記皆謂紬繹其事以作表也漢儒注經斷其章句爲讀如周禮注鄭司農讀火絕之儀禮注舊讀昆弟在下舊讀合大夫之妾爲君之庶子女子子嫁者未嫁者是也擬其音曰讀凡言讀如讀若皆是也易其字以釋其義曰讀凡言讀爲讀曰當爲皆是也人所誦習曰讀如禮記注云周田觀文王之德博士讀爲厥亂勸寧王之德是也諷誦亦爲讀如禮言讀賵讀書左傳公讀其書皆是也諷誦亦可云讀而讀之義不止于諷誦諷誦止得其文詞讀乃得其義蘊孟子云誦其詩讀其書則互文見義也

是以論其世也

〔四書改錯〕集注論其世論其當世行事之迹也言既觀其言而不可不知其行事之實是以又考其行也不知詩書不是言世亦不是行詩自古甫寺人諸有名外知是誰言書自仲虺伊傅周召諸大篇外亦不盡著爲何人之言若世則時代之稱前世後世創世繼世何處可著得一行字況既曰考行又曰行事之迹則古人行事舍詩書別無可見不得以詩書專屬言謂詩書之外別有行也又且順文通讀謂友天下不足又友古人則必讀書論世以知得其人而尚友之諸其字皆指古字讀古書論古世然後可友古人也　倘若其字指人則其人爲人人矣　乃一

往牘突滯言補衍古經從此大晦矣嘗考論世法如周有八士不知爲何王時人而春秋外傳謂是文王時人師學陽裏不知爲周人晉人而古泰誓文則謂是殷紂時人此就人論世者若就世論人如同一行役在宣王之世尹伯奇之弟尋兄而作黍離則爲友弟在平王之世東周大夫過西都而作黍離則爲勞臣友弟與勞臣各有論法同一宅發而商世重總攝高宗諒陰至三年而猶不言是爲孝嗣周世重臨御康王受顧命甫七日而改服作誥行新王之禮是爲令君孝嗣與令君父各有論法所謂論世當如此

（孟子正義） 趙氏佑溫故錄云三皇之世爲上五帝之世爲次三王之世爲下三語當有成文其即上古中古下古之謂邪然經言詩書固不必遠追書契以前按古人各生一時則其言各有所當惟論其世乃不執泥其言亦不鄙棄其言斯爲能上友古人孟子學孔子之時得堯舜通變神化之用故示人以論古之法也趙氏先解頌其詩而以論世屬之讀其書似頌詩不必論世大戴記衛將軍文子問於子貢曰吾聞夫子之施教也先以詩世孔氏廣森補注云詩世者誦其詩論其世也周禮同諷誦詩世奠繫然則詩書俱宜論世趙氏蓋亦以論世兼承頌其詩讀其書而先解頌字繫頌詩下耳

君有大過則諫反覆之而不聽則易位

（四書客難） 客曰貴戚之卿以大過易君位不幾同於擅廢立乎曰此蓋以諸侯爲君者言雖不忍坐視社稷之亡亦必請命天子天子允所請命大司馬廢之如九伐之法所謂暴內陵外則擅之者是也若不行請命則不免專擅之罪矣注及講章皆未及此亦一疏也曰何緣知專爲諸侯言也曰若以天子言則無所請命誰敢尸之者且天子有三公此據問卿言卿不得上通於公卿不得上通於天子也曰霍光廢昌邑王非天子乎曰此祖孟子此章而行之者幸其假手太后處置得宜要不可爲常法也倘有此法則三仁行於紂矣曰諸侯易位者有幾曰春秋以前無可考入春秋後鄭之忽突釐儀衛之衎剽或迫於大國或制於權臣皆非天子之命互相篡奪而已衛朔之奔天子亦無廢之之命黔牟則既立始告天子卒之諸侯助朔抗王黔牟不終卿非其人春秋憫之是終春秋無一合得孟子之論者也

反覆之而不聽則去

〔孟子正義〕周氏廣業孟子古注考云公羊宣元年晉放其大夫胥甲父于衛傳云放之者何猶云無去是云爾古者大夫已去三年待放君放之非也大夫待放正也白虎通諫諍篇援神契曰三諫待放復三年盡惓惓也言放者臣爲君諱若言有罪放之也所諫事已行者遂去不留凡待放冀君用其言耳事已行菑咎將至無爲留之也臣待放於郊君不絕其祿者示不欲其去也鄭康成詩檜風羔裘箋三諫不從待放而去與此趙注俱用此事按儀禮喪服舊君注云以道去君謂三諫不從待放於郊未絕者賈氏疏云此以道去君據三諫不從在境待放得環則還得玦則去禮記曲禮云爲人臣之禮不顯諫三諫而不聽則逃之注云逃去也君臣有義則合無義則離又云大夫士去國踰竟爲壇位孔氏正義云此大夫士三諫而不從出在境上大夫則待放三年聽於君命若與環則還與玦便去隱義云去國當待放也若士不待放又云所以待放必三年者三年一閏天道一變因天道變望君自改也然在竟未去聽君環玦不謂待歸而謂待放者既已在竟不敢必還言惟待君見放乃去也此云遂不聽之者謂賜玦也故去而之他國荀子大略篇云召人以瑗絕人以玦反絕以環注云古者臣有罪待放于境三年不敢去與之環則還與之玦則絕皆所以見意也

告子第五章句上

告子

〔趙注〕告子者告姓也子男子之通稱也名不害兼治儒墨之道者嘗學於孟子而不能純徹性命之理論語曰子罕言命謂性命之難言也以告子能執弟子之問故以題篇

〔孟子正義〕趙氏以告子名不害蓋以爲即浩生不害也閻氏若璩釋地又續云浩生復氏不害其名與見公孫丑之告子及以告子題篇者自各一人趙氏偶於告子篇誤註曰名不害且臆度其嘗學於孟子執弟子問者毛氏奇齡亦以趙氏爲錯胡氏煦篝燈約旨云告子孟子之弟子也後來荀楊如性惡禮僞善惡混之說皆執一各見終身不易而告子則往復辨論不憚煩瑣又且由淺入深屢易不辭安知最後無復有言不既曉然於性善之旨乎今人謂告子諸章皆告子之言其言固屢易其說矣安有自謂知性曾無定論猶向他人屢易其說者也屢易其說則請益之辭也今觀其立言之叙其始杞柳之喻疑性善爲矯揉此即性僞之説也得戕賊之喻知非矯揉矣則性中有善可知矣然又疑性中兼有善惡而爲湍水之喻此即善惡混之説也得搏激之説知性本無惡矣則又疑生之謂性此即佛氏之見也得犬牛之喻知性本善矣則又疑仁內而義外及得耆炙之喻然後知性中之善如是其確而切美且備也今知讀書窮理以文章取功名止耳求寢食不忘諄諄性學如告子者幾無人矣告子之未可量也顧乃以孟子爲闢告子何邪翟氏灝考異云管子戒篇仁從中出義由外作墨子經下篇仁義之爲內外也愛利不相爲內外所愛利亦不相爲內外其爲仁內也義外也舉愛與所利也告子仁內義外之言遠本管子而近受自墨子墨子公孟篇二三子曰告子言義而行甚惡請棄之墨子曰不可告子言談甚辨言仁義而不吾毀又告子受教於墨之實驗趙氏云告子兼治儒墨非僅泛度爲言

杞柳桮棬

〔趙注〕告子以爲人性爲才幹義爲成器猶以杞柳之木爲桮棬也杞柳柜柳也一曰杞木名也詩云北山有杞桮棬桮素也

【孟子正義】杞柳植物有幹故趙氏以人性爲才幹桮棬是器是故趙氏以義爲成器杞柳本非桮棬其爲桮棬也有人力以之也以喻人性本非仁義其爲仁義也有人力以之也非人力則杞柳不可以爲桮棬非人力則人性不可以爲仁義爾雅釋木云援柜柳郭氏注云未詳或曰柳當爲柳柜柳以柳皮可煮作飲陶隱居本草別錄云櫸樹削取嫩皮去上甲煎服之夏日作飲去熱此櫸樹卽柜柳杞柳杞卽櫸也寇宗奭本草衍義云櫸木今人呼爲櫸然葉謂柳非柳謂槐非槐本最大者高五六十尺合二三人抱湖南北甚多然亦不材也不堪爲器用嫩枝取以緣栲栳與箕脣緣栲栳箕脣卽爲桮棬之類故趙氏以杞柳爲桮棬也毛詩鄭風無折我樹杞傳云杞木名也陸璣毛詩草木疏云杞柳屬也生水旁樹如柳葉粗而白色木理微赤故今人以爲車轂是杞柳亦是木名毛傳以樹杞之杞爲木名正指杞柳趙氏言一曰木名引詩以證之者詩在小雅南山有臺第三章傳不釋何物卽指樹杞也而釋文引草木疏則云其樹如樗一名狗骨陳氏大章詩名物集覽云狗骨卽今絲棉按絲棉樹與柜柳固殊此趙氏所以分別之與桮素者爾雅釋木䄠落郭氏注亦云可以爲桮器素詩正義引某氏云可作桮圈圈卽棬邢氏疏云素謂樸也段氏玉裁說文解字注云樸木素也素猶質也以木謂質未彫飾如瓦器之坏然士喪禮周禮槀人皆云獻素獻成注云形法定爲素飾治畢爲成是也蓋桮棬之類飾以彫漆華以金玉未飾未彫之先以杞柳等木爲之質故爲素也禮記玉藻云母沒而桮圈不能飲焉注云圈屈木所爲謂巵匜之屬已可用爲飲則非未成之樸矣方言云桮其通語也大戴記曾子事父母篇盧辯注云杯盤盎盆盞之總名也蓋桮爲總名其未彫未飾時名其質爲棬因而桮器之不彫不飾者卽通名爲棬也翟氏灝考異云趙氏訓桮棬爲桮素孫氏音桮爲柸蓋素與壞柸與坯惟以木作土爲別字體音義則並同也說文繫傳曰杯卽孟子所謂桮棬也以柸作杯殊失趙氏訓素本意又云荀子性惡篇工人斲木而成器器生於工人之僞非故生於木之性也聖人積思慮習僞故以生禮義而起法度然則禮義法度者是生於聖人之僞非故生於人之性也又曰檃栝之生於枸木也繩墨之起於不直也立君上明禮義爲性惡也皆與告子此說正同

猶湍水也

【趙注】湍者圜也謂湍湍瀠水也

〔四書釋地〕　湍說文云疾瀨也瀨水流沙上也郎許氏作淮南註亦云湍水行疾也實以墜形訓湍水人輕遲水人重之文益覺波流瀠洄之貌爲未安然實出於趙注蓋後來訓義有反覆用之者如以臭爲香亂爲治擾爲安苦爲快則湍爲瀠水何妨兩義並存

〔孟子正義〕　說文水部云湍急瀨也急則有所分告子以喻人性之無分善不善則不取其急故趙氏以圜訓之廣雅圜圖皆訓圓圖通作篅說文竹部云篅以判竹圜以盛穀也劉熙釋名釋宮室云圌以草作之團團然也淮南子精神訓高誘注云篅讀顓頊之顓顓漢書賈捐之傳云顓顓獨居一海之中顏師古注云顓與專同專專圓貌也趙氏讀湍爲圌湍湍猶顓顓也惟水流回漩故無分東西此以無上下者而言趙氏體告子之意以爲訓精矣毛詩周南葛藟縈之傳云縈旋也音義云瀠字書作瀠余傾切波勢回貌按瀠即縈也隨物而化謂習於善則善習於惡則惡也乃人性有上智下愚之不移則不得謂隨物而化也

水信無分於東西無分於上下乎

〔四書改錯〕　集註言水誠不分東西矣然豈不分上下乎如此則爾分東西我分上下各執一說此如朱子與陸子靜辨太極圖說辨之不勝輒曰請各尊所聞各行所知此身所爲事而乃以之謚孟子眞笑話矣孟子曰水信無分東西乃亦不分上下乎人無不善水無不下東西流者下故也此以下句解上句一呼一轉正對針語非撇開語者曰誠不分東西則兩開矣無分者有所分也信者不信也此如墨者夷之章子信以爲人之親其兄之子信字一例凡辟異學多如此

搏而躍之二句

〔孟子正義〕　說文足部云跳蹶也一曰躍也是躍爲跳也方言云中夏謂之頟東齊謂之顙是顙即頟也趙氏言人以手跳水手字釋搏字音義云搏張補各切云以手擊水丁作摶音團通俗文云摶黍爲手團蓋掬其掌以超騰其水義亦可通以杞柳爲桮棬比以人性爲仁義而以人之善由戕賊而成也不順也孟子則明示以順其性爲善以水無分於東西比人性無分於善不善是以人之善不善皆由決而成也皆順也孟子則明示以不順其性乃爲不善兩章互相發明搏而躍之使過顙激而行之使在山猶戕賊杞柳爲桮棬也不順也順其性則善不順其性則

可使爲不善而人性之善明矣且水之東西無分優劣而人之善不善則判若天淵決東西本不足以比人性之善不善決東則東流東必下決西則西流西必下此但可喻人性之善故云人無有不善水無有不下告子始以不順其性爲善既知順其性爲善矣又並以順其性爲不善云杞柳云湍水皆擬不於倫也

仁內也非外也義外也非內也

（四書攷異）管子戒篇仁從中出義由外作墨子經下篇仁義之爲內外也愛利不相爲內外所愛利亦不相爲內外其爲仁內也義外也舉愛與所利也按告子此言遠本管子而近受自墨子墨子公孟篇二三子曰告子言義而行甚惡請棄之墨子曰不可告子言談甚辯言仁義而不吾毀又告子受教於墨子之驗趙氏云告子兼治儒墨非臆度之言

異於白馬之白也

（四書攷異）章句曰孟子言長異於白白馬白人同謂之白可也又集註考證曰有謂異字自是一句告子以白喻長孟子謂此二字不同不可引以爲喻故曰異按獨以異字別句於字終爲衍矣愚謂別句亘是而別之當以異於二字蓋歎告子之說可怪異如論語云異乎吾所聞也梁惠王上篇王無異於百姓之以王爲愛此異於二字之見於本經者於亦語之韻絕則著例于爾雅釋詁

（孟子正義）孔氏廣森經學巵言云趙氏讀異於白爲句此答告子猶彼白而我白之語意言長之既異於白之說不相猶也古人文字不必拘拘定以白馬與白人相偶若必謂白字當屬馬上或絕異字爲一句下乃言人之於白馬之白無以異於白人之白文義亦通先斷之曰異而後申其所以異之處正同他章每先言否而次詳其所以否之實也按孔氏說是也異字斷句即趙氏長異於白之謂也於白馬之白也無以異於白人之白也所謂白馬白人同以爲白可也白無異於白長則有異於長此長之所以異於白也儀禮鄉飲酒禮云衆賓之長升注云長其老者國語晉語云齊侯長矣韋昭注云長老也是長即老也告子以長爲義而不知以長之爲義故先以白馬白人不異別出長馬長人不同言長人之長必用我心長之分明權在長之者而不在長者長之既在我心則權度悉由中出安得以義爲外乎長之權全在我安得云非有長於我也

嗜秦人之炙無以異於嗜吾炙

〔四書改錯〕　集註言長之嗜之皆出於心也長嗜皆出於心則嗜食心得主敬長心不得主一在內一在外仍是兩事此但以嗜字當愛字就仁內以辨義外謂仁愛在內以能分彼我與敬長異耳今就嗜炙言之則秦我不分一若楚長與吾長之了無所別然則仁愛在內亦概乎未之定也何義外也

〔孟子正義〕　耆猶也告子以愛不同明長同孟子則以耆之同明長同愛不同權固由我耆炙同情亦出中嗜同則情出於中豈長同而情在於外乎愛之長之皆是以我爲悦秦人之弟非吾弟以其親不同故不同愛楚人之長非吾長以其長同故同長秦人之炙非吾炙以其美同故同嗜物亦有然謂炙之同美猶長之同長也知吾所以嗜之者由心辨其美則知吾所以長之者由心識其長若謂義之同長爲外則食之同美亦可謂之外乎告子既知甘食爲性故孟子以嗜炙明之孟子告子居齊故以秦楚爲遠音義云本亦作嗜

孟季子

〔四書攷異〕　章句曰季子亦以爲義外也疏曰季子即下卷所謂季任按趙注未有孟字而疏直以季任當之知當時所據經文實亦未有孟字蓋此以任人食色之問同在一時觀兩章文勢畫一可見也竊嘗疑季氏爲孟子弟有所疑問何不親詣孟子孟子亦何不詔之面命而必輾轉於公都子又疑宋政和五年詔以樂正子配享孟子廟孟仲子封新泰伯與公孫丑萬章等十七人皆從祀雖季孫子叔之在疑似間者未嘗闕失而何獨無孟季子今閲此疏乃知孟子書中本不云孟季子前疑爲之冰釋

敬叔父乎節

〔孟子正義〕　孟子教公都子折破季子先酌鄉人之説倣其説以難之也弟不在尸位則叔父之敬無時可易鄉人不在賓位則伯兄之敬無時可易庸敬斯須之敬因事轉移隨時通變吾心確有權衡此眞義內也庸猶爾雅釋詁文趙氏佑溫故錄云古禮之繇可議莫如祭必用尸孫爲王父尸所使爲尸者於祭者爲子行也而北面事之則父且敬子何況兄弟此不言子獨言弟特取與敬兄對文蓋舉儀禮嗣舉奠之禮祭自君夫人賓三獻既行則有上嗣舉奠以獻尸而後行酬既醉之朋友謂衆賓君子有孝子謂主祭者長嗣也則尸用衆子或從子是其弟矣顧氏

炎武日知錄云先王治天下之具五典五禮五服五刑其出乎身加乎民者莫不本之於心以爲之裁制親親之殺尊賢之等禮所生也酌鄉人敬尸二事皆禮之用也而莫非義之所宜自此道不明而二氏空虛之教至搥提仁義絕滅禮樂從此起矣自宋以下一二賢智之徒病漢人訓詁之學得其粗迹務矯之以歸於内而達道達德九經三重事置之不論此眞所謂告子未嘗知義者也董子曰宜在我而後可以稱義故言義者合我與宜以爲一言以此操之義之言我也此與孟子之言相發

冬日則飲湯夏日則飲水

〔四書改錯〕　嗜炙不分秦我而此分冬日夏日正與嗜秦人之炙二句相反集註曰亦上章嗜炙之意固離畔矣且使難者曰冬則飲湯夏則飲水果在外非由内也何以解之此承敬叔父敬弟一問謂叔父與弟不同而敬則同者以在位故也位能易敬時能易飲將所謂食色性者亦未嘗不在外矣而況於義乎嗜炙是同嗜此是異飲嗜炙以仁内駁義外此以義外駁仁内截然不同

〔孟子正義〕　湯水之異猶叔父與弟之異冬則飲其溫夏則欲其寒是飲食從人所欲非人從飲食爲轉移也故飲湯飲水外也酌其時宜而飲者中心也敬叔父敬弟外也酌其所在而敬者中心也孟子言位公都子言時義之時與位而已矣孟子學孔子之時而闡發乎通變神化之道全以隨在轉移爲用所謂集義也而告子造義外之說不隨人爲轉移故以勿求於氣勿求於心爲不動心與孟子之道適相反義外之說破則通變神化之用明矣毛氏奇齡曰四書賸言云嗜食在内與敬長在外正別此何足辨亦何足以服告子冬日則飲湯夏日則飲水與嗜秦人之炙二句相反使難者曰冬則飲湯夏則飲水果在外非由内也何以解之嘗以二者問先仲氏先仲氏一曰敬長無人我以長在人耳今嗜炙亦無人我此非人也物也且其無人我而必長人者以長在外耳今嗜炙主愛而亦無人我而惟外是愛此非長在外即愛亦在外也上言長馬之長異乎長人之長則人物有別矣此緊承長楚人之長二句愛在外與嗜炙在内大別此借仁内以駁義外也一曰以在位而易其敬猶之以在時而易其飲也夫嗜食甘飲耆愛也愛亦在外矣嗜炙是同耆此是異飲嗜炙以仁内駁義外此以義外駁仁内不同

以紂爲兄之子

金吉甫謂孟子所云兄之子者兄當作乙謂均是帝乙之子也

〔陸象山集〕以紂爲兄之子此是公都子引當時人語按史微子是紂庶兄皆帝乙之子也比干則但云紂之親戚太史公亦莫知爲誰子也今據公都所云文義則是以微子比干爲帝乙之弟而紂於二人爲兄之子也此是孟子所載與史記不同處

〔日知錄〕以紂爲弟且以爲君而有微子啓以紂爲兄之子且以爲君而有王子比干並言則於文有不便故舉此以該彼此古人文章之善

〔孟子正義〕翟氏灝考異云陸象山集與周元忠書曰以紂爲兄之子此是公都子引當時人言史記微子是紂庶兄皆帝乙之子也比干則但云紂之親戚太史公亦莫知爲誰子也今據公都所云文義則是以微子比干爲帝乙弟而紂於二人爲兄之子也此是孟子所載與史記不同處按史記以微子爲紂庶兄溯其所原乃屬呂氏春秋呂氏言宜難深信殷王兄終弟及者十四其後之轉及兄子惟沃甲一人則凡前王子未嗣位者其孫曾中之嫡系詎不得當元子稱邪箕子稱微子曰王子孟子書兩稱王子比干二人稱謂同或其行輩亦同故趙氏謂紂與微比皆有兄弟之親若言於紂父皆兄弟也此孟子所載與史記不同處象山言最爲超卓孟門所聞必當實於史記讀孟子者似不必因史記生疑也

非才之罪也

〔四書改錯〕從來言性情無言才者孟子始創出才字於情字之後指情之所用爲言故此以非才之罪與情可爲善一反一正而下文牛山章則直以未嘗有才與豈人之情合才情而爲一字則才本屬情不屬性者今乃誣孟子言才發於性已非是矣且又朱曰才質程曰氣稟則仍是氣質之性不惟非才亦並非情可怪之甚然既作異說或姑兩存乃復厚貶孟子謂孟子言疏程子言密及究其所言密謂以氣言才則雖有不善而不害本性若專言才善則性雖本善而已無省察矯揉之功夫所云求則得舍則失正功用也孟子惟恐人不省不察而特譬之曰弗思惟恐人不用功不能擴充故又申之曰或相倍蓰不盡其才乃明明大文明明以才屬用情之功而又謂之疏謂不如程子則雖欲解之爲非貶抑得乎況功力非矯揉也

外鑠

〔孟子正義〕說文金部云鑠銷金也國語周語云衆口鑠金史記索隱引賈逵云鑠消也消鑠我猶云戕賊人以仁義禮智爲由外鑠我當時蓋有此言如莊子言純樸不殘孰爲仁故孟子直斥其非而以爲我固有之也孔氏廣森經學卮言云爾雅釋詁云鑠美也仁義禮智得之則美失之則醜然美在其中非由外飾成我美者也所以不願人之文繡也

多賴

〔孟子正義〕呂氏春秋離俗篇苟可得已則必不之賴高誘注云賴利也一曰善也段氏玉裁說文解字注云贏賈有餘利也賴贏也高帝紀始大人常以臣無賴應劭曰賴者恃也晉灼曰許慎曰賴利也無利入於家也或曰江淮之間謂小兒多詐狡獪爲亡賴按今人云無賴者謂其無衣食致然耳方言云賴讎也南楚之外曰賴賴取也王氏念孫廣雅疏證云衛策云爲魏則善爲秦則不賴矣小雅采菽篇亦是戾矣毛傳云戾至也正義云明王之德能如此亦是至美矣鄭注柴誓云至猶善也是戾與善同義又鄭注大學云戾之言利也利與善義亦相近故利謂之戾亦謂之賴善謂之賴亦謂之戾戾賴語之轉耳阮氏元云富歲子弟多賴賴即孏按說文女部云孏懈也從女賴聲一曰臥也貝部云賴贏也從貝剌聲禮記月令云不可以贏注云贏猶解也解即懈贏賴解同義然則富歲子多賴謂其粒米狼戾民多懈怠月令不可以贏即是不可以孏而子弟多賴即是子弟多懈也賴與暴俱是陷溺其心若謂豐年多善凶年多惡未聞溫飽之家皆由禮者矣阮氏說是也

麰麥

〔四書摭餘說〕麰大麥也此趙氏舊註引周頌來牟爲據毛傳以麥訓牟並如字字書作麰音同牟字或作麳鄭氏箋武王渡孟津白魚躍入于舟出涘以燎後五日火流爲烏五至以穀俱來此謂遺我來牟孔氏正義即引趙岐孟子注釋來牟爲大麥而且直稱牟麥爲豐年之祥故次臣工也歐陽公詩本義云牟者百穀中一穀孟子言麰又旨麥明作一物若謂來牟爲麥則非爾麰既不爲麥而於爾雅亦無他訓詁旁考六經牟無義訓多是人名地名吳斗南遂謂詩美后稷即有邰家室張敞傳后稷封于斄師古曰斄與邰同然則來牟之來即斄之省文耳牟訓麥之

外又爲器名故志以牟與豆籩偕言之内則亦云敦牟巵匜注云敦牟黍稷器也思文之詩貽我來牟帝命率育蓋言帝賜黍稷之器使后稷祈穀以均養四方之民與生民詩所謂于豆于登義同臣工詩言於皇來牟終之以迄用康年所以歌詠祈穀之應也然則所謂來牟者指言后稷初封所賜祭器詩文從省而毛鄭乃有赤烏牟麥俱來之誕宜爲歐陽公所不取王伯厚曰歐陽公詩論古諸儒謂來牟爲麥者更無他書所見直用毛鄭之説二家所據乃臆度偽泰誓不可知之言愚按劉向封事引貽我釐麰釐麰麥也始自天降文選注引韓詩貽我嘉麰薛君曰麰大麥也毛鄭之説未可以爲非余按説文曰周所受瑞麥來牟一來二縫象芒朿之形天所來也故爲行來之來來字部麥字之牟或如廣雅來小麥麰大麥之説則有之而謂孟子所言非一物豈其然耶

［孟子正義］　程氏瑶田通藝録九穀考云來小麥也麰大麥也王禎農書載雜陰陽書曰大麥生於杏二百日秀秀後五十日成小麥生於桃二百一十日秀秀後六十日成生於杏生於桃並指秀時也齊民要術崔寔曰凡種大小麥得白露節可種薄田秋分種中田後十日種美田二書言大小麥皆宿麥也漢書武帝紀注師古曰秋冬種之經歲乃成故云宿麥呂氏春秋孟夏之昔殺三葉而穫大麥高誘注大麥旋麥也按旋之言疾也與宿麥對言是謂大麥爲春麥玉篇䅘春麥也蓋同之矣余居北方見種春麥者多矣然皆小麥也崔寔曰正月可種春麥盡二月止亦不分大小麥廣志旋麥三月種八月熟出西方似亦言小麥而非高氏注之旋麥玉篇穬大麥也今考崔寔言種大小麥並以白露節爲始惟穬麥早晚無常是大小麥之外復有穬麥説者以穬爲大麥類然則穬爲大麥之津種非謂大麥盡名穬也王氏念孫廣雅疏證云釋草大麥麰也周頌思文云貽我來牟傳云牟麥也箋云武王渡孟別後孟津後五日火流爲烏五至以穀俱來此謂貽我來牟又臣工於皇來牟箋云於美乎赤烏以牟麥俱來是不以來爲麥也漢書劉向傳引詩作釐麰而釋之云釐麰麥也始自天降則來牟俱是麥於文義爲允也説文云來周所受瑞麥來麰一來二縫象芒刺之形天所來也故爲行來之來引詩云貽我來麰又云齊人謂麥謂秾秾與來通又云麰來麰麥也則亦以來麰爲麥與劉向同但不言大小耳李善注典引引韓詩薛君章句云䴺大麥也䴺與麰同來麰對爲文麰爲大則來爲小矣古者大爲牟御覽引淮南子注云牟大也大麥故稱牟也

播種而耰之

〔孟子正義〕 說文木部云櫌摩田器也從木憂聲論語曰櫌而不輟段氏玉裁說文解字注云五經文字曰經典及釋文皆作耰鄭曰耰覆種也與許合許以物言鄭以人用物言齊語深耕而疾耰之以待時雨韋曰耰摩平也齊民要術曰耕荒畢以鐵齒鎉楱再徧杷之漫擲黍穄勞亦再徧郎鄭所謂覆種也許云摩田當兼此二者賈又曰齊耕尋手勞秋耕待白背勞古曰耰今曰勞勞郎到切集韻作撈讀按撈今俗所謂抄也土初耕尚粗成塊以鐵齒杷之則細壓杷則愈細所謂抄也先杷其土令細是摩平也既布種又杷之是覆種也摩平覆種二事而皆用此耰覆種亦是摩田而摩田不皆覆種也此播種而耰當是覆種論語耰而不輟方在偶耕之後蓋始摩平其粗塊不必郎覆種矣音義引丁云韋耰塈苗根也時方播種尚未生苗種已生苛詎容摩平丁說非是

至於日至之時

〔博通便覽〕 集註日至之時謂當成熟之期也趙氏云孟子兩言日至千歲之日至冬日至也至於日至之時夏日至也割麥無過夏至月令孟夏之月麥秋至乃大概言之然有先四月熟者有後四月熟者有正四月熟者要及夏至則無不熟故言皆熟講家因註闕及不審麥候遂解日至爲漸言麥之日則上下兩至字徒成複沓

〔孟子正義〕 孔氏廣森經學卮言云日至之時謂仲夏日至管子輕重乙曰九月種麥日至而穫輕重巳曰以春日至始數九十二日謂之夏至而麥熟趙氏佑溫故錄云孟子兩言日至千歲之日至冬日也至於日至之時夏日至也割麥無過夏至月令孟夏之月麥秋至乃大概言之然有先四月熟者有後四月熟者要及夏至則無不熟故言皆熟乃舉最遲者以盡其餘而下別言不同此時有不熟則無可復待有盡去爲晚禾地矣

地有肥磽

〔孟子正義〕 說文石部云磐堅也确磐也磽磐也毛詩王風邱中有麻傳云邱中墝埆之處墝埆郎磽确也一切經音義引孟子注云磽确薄瘠地也引通俗文云物堅硬謂之磽确蓋地土肥則和柔堅硬則五穀不生故薄也

簣

〔孟子正義〕 禮記曲禮云天子之六工曰土工金工石工木工獸工草工典制六材注云惟草木職亡蓋謂作萑葦之器簣草器蓋郎草工所職凡葦竹所編者是也論語憲問篇有荷簣太平御覽引鄭氏注云簣草器也說文艸

部云蕢草器也臾古文蕢象形論語曰有荷蕢而過孔氏之門又子罕篇云譬如為山未成一蕢集解引包曰蕢土籠也蕢與蕢通草器蓋即盛土之籠於臾之象形可知其狀矣晉書音義云蕢本作䕭蕢本與蒯通檀弓杜蕢左傳作屠蒯是也今俗呼竹籃之小者為蒯子猶古之遺稱也

易牙

（四書攷異）大戴保傅篇法言問神篇論衡譴告篇自紀篇易牙俱作狄牙

（孟子正義）僖十七年左傳云雍巫有寵於衛共姬因寺人貂以薦羞於公注云雍巫雍人名巫即易牙孔氏正義云此人為雍宜名巫而字易牙也戰國策魏策云齊桓公夜半不嗛易牙乃煎熬燔炙和調五味而進之桓公食之而飽至旦不覺曰後世必有以味亡其國者此易牙之事也

子都

（四書釋地續）子都古之美人也未詳為男或女杜氏注左有之於隱公十一年傳云子都鄭大夫公孫閼故鄭風當昭公時遂以為國中美男之通稱曰不見子都

至於心獨無所同然乎

（四書改錯）問心之所同然集註解同以為可何為不可曰杜撰說書則無一可者然是也如是也廸無解作可者同然即皆然也禹稷顏子易地則皆然以為可可乎且此然字承上惟耳亦然目亦然來惟耳亦以為可惟目亦以為可可乎

芻豢

（孟子正義）禮記月令仲秋案芻豢注云養牛羊曰芻犬豕曰豢說文艸部云芻刈草也飼牛羊以草故稱牛羊為芻樂記云夫芻豢為酒注云以穀食犬豕曰豢是犬豕穀食者也故即稱犬豕為豢大戴記曾子天圓篇云宗廟曰芻豢山川曰犧牲阮氏元校勘記云宋本食作牲

牛山

（四書釋地續）牛山齊之東南山也本趙氏亦是岐在複壁中所注方向少錯無論今日驗在臨淄縣南一十里

亦在廣臨菑縣南二十一里括地志所謂管仲冢與桓公冢連在牛山上是酈道元注牛山一名南郊山天齊淵出焉齊以此得名梁劉昭不知引何人孟子注云南小山曰牛山晉左思齊都賦云牛嶺鎮其南列子齊景公遊於牛山北臨其國城而流涕夫臨曰北正以山寔在其南

濯濯

〔孟子正義〕　毛詩言濯濯者二大雅靈臺篇麀鹿濯濯傳云濯濯娛遊也崧高篇鉤膺濯濯傳云濯濯光明也濯是洗滌澣滌之名物經滌濯則垢汙悉去故光明為濯濯山有草木則陰翳不齊草木盡去不異洗濯者然故趙氏以濯濯為無草木之貌也

牿亡

〔孟子正義〕　音義云丁云牿古沃切謂悔吝利害也言利害之亂其性猶桎梏之刑其身此梏從木書棐誓今惟淫舍牿牛馬鄭氏注云牿桎梏之梏是桎梏之梏通作牿故梏亡作亡牿也趙氏云其所為萬事有牿亂之則是以亂釋牿毛詩小雅何人斯云祇攪我心傳云攪亂也詩大雅抑篇有覺德行禮記緇衣引作有梏德行是梏與覺古通後漢書馬融廣成頌云梏羽羣注云梏諸家並古酷反案字書捁從手即古文攪字謂攪擾也捁牿梏同趙氏讀牿為攪故訓為亂丁氏以為桎梏非其義也

操則存舍則亡出入無時莫知其鄉惟心之謂與

〔四書改錯〕　出入無時莫知其鄉直接惟心之謂句分明指心言蓋存亡即出入也惟心是一可存可亡可出可入之物故操舍惟命若無出入則無事操存矣乃程氏故為說曰出入以操舍言夫天下無操存而尚莫知其鄉者若曰以舍故莫知則出入以操舍言而獨莫知其鄉四字專以舍言可乎

一日暴之二句

〔孟子正義〕　小爾雅廣言云暴曬也說文日部云曬暴也日光所曬故溫草木五穀雖有經冬而生者然其種必得溫和之氣乃能萌動今農人清明後浸稻種既發芽矣設遇風霜則必枯萎是陰寒以殺之也

卷

方言云簙謂之蔽或謂之箘秦晉之間謂之簙吳楚之閒或謂之蔽或謂之箭裹或謂之簙毒或謂之夗專或謂之匳璇或謂之棊所以投簙謂之枰或謂之廣平所以行棊謂之局或之謂曲道圍棊謂之弈自關而東齊魯之間皆謂之弈戴氏震疏證云簙博古通用說文云簙局戲也六箸十二棊也古者烏胄作簙簙簙棊也局博所以行棊弈棊也荀子大略篇云六貳之博楊倞注云即六博也今之博局亦二六相對也楚辭招魂篇菎蔽象棊有六簙些玉逸注云菎玉也蔽簙箸以玉飾之也投六箸行六棊故謂六簙也史記范睢蔡澤列傳君獨不觀夫博者乎或欲大投或欲分功春秋襄二十五年左傳今甯子視君不如弈棊廣雅簙箸謂之箭夗專簙也廣平枰也曲道梮也圍棊弈也皆本此王氏念孫廣雅疏證云梮通作局韓非子外儲說云秦昭王以松柏之心爲博箭西京雜記云許博昌善陸博法用六箸以竹爲之長六分或用二箸列子說符篇釋文引六博經云博法二人相對坐向局局分爲十二道兩頭當中名爲水用棊十二枚法六白六黑又用魚二枚置於水中其擲采以瓊爲之二人互擲采行棊棊行到處即豎之名爲驍棊即入水食魚亦名牽魚每一牽魚獲二籌翻一魚獲三籌若已牽兩魚而不勝者名曰被翻博魚彼家獲六籌爲大勝也廣平爲博局之枰取義於平也說文云枰平也韋昭博弈論云所志不出一枰之上小爾雅廣服棊局謂之弈宋氏翔鳳訓纂云說文弈圍棊也廣雅釋言圍棊弈通作亦大戴禮小辨篇夫亦固十棊之變由不可既也亦即弈字文選博弈論注引邯鄲淳藝經曰棊局縱橫各十七道合二百八十九道白黑棊子各一五十枚後漢書張衡傳弈秋以棊局取譽注云弈圍局也棊即所執之子按博弈皆用棊弈爲圍棊博爲局戲說文簙局戲也六箸十二棊也法與圍棊異按謂博與弈異是也博蓋即今之雙陸弈爲圍棊今仍此名矣以其局同用板平承於下則皆謂之枰以其同行於枰皆謂之棊史記日者列傳旋式正棊劉徽九章算術句股幕用諸色棊別之凡用以布列者之通名而博之棊上高而銳如箭亦如箸今雙陸棊俗之謂鎚尚可考見其狀故有箭箸之名今雙陸枰上亦有水門其法也今有不同如弈古用二百八十九道今則用三百六十一道亦其例也班固弈旨云夫博懸於投不專在行優者有不遇劣者有僥倖雖有雌雄不足以爲平也至於弈則不然高下相推人有等級若孔氏之門回賜相服循名責實謀以計策若唐虞之朝考功黜陟器用有常施設無祈因敵爲資應時屈伸此分別博弈甚明蓋弈但行棊博以擲采而後行棊後人不行棊而專擲采遂稱擲采爲博博與弈益遠矣趙氏以論語博弈

連言故以博釋奕其實奕爲圍棊之事名與博同類而異事也

小數

〔孟子正義〕　呂氏春秋察賢篇任其數而已矣淮南子原道訓貴其周於數高誘注並云數術也禮記鄉飲酒義古之學術道者注云術猶藝也坊記尙技而賤事注云技猶藝也技術皆訓藝數之爲技猶數之爲術卽數之爲藝禮記少儀游於藝注云藝六藝也一曰五禮二曰六樂三曰五射四曰五御曰五六書六曰九數九數爲六藝之一故數可稱藝其實數之名漢書律秝志云一十百千萬是也九數之用其爲方田粟米差分少廣商功均輸方程贏不足旁要今有重差夕桀句般其用大矣而一罫之間方罹之內勝負視乎多寡所以商度而計較者亦數之類也故云小數

奕秋

〔四書摭餘說〕　博物志堯造圍棊以教子丹朱皮度日休原奕謂奕之始必起自戰國縱横者流豈曰堯哉余謂孔子已言博奕則奕非起於戰國也漢張衡云奕秋以棊局取譽子華子云奕秋通國之善奕者也當奕之思有吹笙過者傾心聞之將圍未圍之際問以奕道則不知也非奕道之深情有暫暗笙滑之也隸首天下之善算也當算之推有鳴鴻過者彎弓擬之將發之發間問以三五則不知也非三五之推算有暫昧鴻亂之也此段文全從孟子脫胎又文選安陸王碑云奕思之微秋儲無以競巧王厚齋謂奕秋見孟子儲字未詳舊亦善奕之人注謂儲蓄精思非也

〔孟子正義〕　古之以技傳者每稱之爲名如醫和卜徒父是也此名奕秋奕是技名故和秋爲其名因通國皆謂之善奕故以奕加名稱之也文選齊故安陸昭王碑文云奕思之微秋儲無以競巧注云孟子曰奕秋通國之善奕者也儲謂儲蓄精思也儲字承上思字儲蓄精思正是專心致志李善注是也王應麟以儲亦善奕之人非是

思援弓繳而射之

〔孟子正義〕　説文手部云援引也淮南之説山訓云好弋者先繳與繒注云繳大綸説文糸部云繳生絲縷也文選文賦李善注引説文云謂繳系　矢而以鳶射也矢部云　鳶射矢也隹部云鳶者繳射飛鳥也詩鄭風女曰雞

鳴鑑齊風盧令鑑皆弋繳射也孔子正義曰以繩繫矢而射鳥謂之繳射說文系部又云緡釣魚繁也然則繳爲生絲縷之名可用以繫弓弋鳥亦可用以繫竿釣魚

曰非然也

〔孟子正義〕 王氏引之經傳釋詞云有一人之言而自爲問答者則加曰字以別之孟子爲其智弗若與曰非然也是也爲與謂同義言皆是其智弗若也趙注云爲是謂其智弗如也分爲與謂爲二失之

熊掌

〔四書釋地又續〕 熊掌即左傳之熊蹯也或疑掌從手蹯從足在人有別獸何以相同余按爾雅釋獸 狐貍貉貍醜其足蹯疏引說文云蹯掌也釋鳥鳧鴈醜其足 鳥鵲醜其掌蹯疏云掌亦足也可知其相通也既思字書掌指本也手有指足亦有指故其木皆可曰掌

〔孟子正義〕 周禮秋官穴氏掌攻蟄獸各以其物火之以時獻其珍異皮革注云蟄獸熊羆之屬賈氏疏云謂熊羆之皮及熊蹯之等文公元年左傳云以宮甲圍成王王請食熊蹯而死注云熊掌難熟冀久將有外救宣公二年左傳云宰夫胹熊蹯不熟宣公六年公羊傳熊蹯不熟注云蹯掌也

嘑爾

〔孟子正義〕 音義云嘑呼故切咄丁都忽切叱也哱七內切呼也呼與嘑通文公元年左傳江芊怒曰呼役夫注云呼發聲也役夫賤者稱怒而稱以賤者而先發聲爲呼則呼是怒聲文選送於陟陽侯詩注引倉頡篇云咄〇也曹植贈白如王彪詩注引說文云咄叱也說文口部叱訶也吒叱怒也言部云訶大言而怒也嘑之訓爲號趙氏以嘑爾之義不合故用左傳呼字證之解以咄〇明其爲怒也或以嘑爲召呼乃行道之人招之使食未見其必不肯受下云道中凡人以其賤已正用呼役夫之意也道中即路中

蹴爾

〔孟子正義〕 說文足部云蹴躡也蹋踐也躡蹈踐也蹴躡踐蹈五字相轉注以足踐履之則汙而不絜毛詩邶風谷風不我屑以傳云屑潔也潔與絜同不屑是不以爲潔也

萬鍾則不辯禮義而受之

（孟子正義） 嘑爾蹴爾無禮者也不受不絜貴禮也萬鍾或以禮或不以禮以禮則義可受不以禮則義不可受此宜辨別者也不辨則有非禮而受者矣音義云辯丁本作辨云於義當爲辯辯別也阮氏元校勘記云周易坤釋文由辨荀作變是辯變古字通用按今本作變五經文字云辯理也辨別也經典或通用之昭公三年左傳云釜十則鍾考工記㮚氏量之以爲鬴鬴卽釜是鍾爲量器也釜爲六斗四升鍾爾十釜是六斛四斗也

學問之道無他求其放心而已矣

（四書改錯） 集註解此節甚鶻突孟子歷言盡其心存其心放其良心陷溺其心豈無仁義之心心之所同然心不若人人心亦皆有害其言心不一並不曾有學問二字況求放心明指仁心從仁人心也來仁人心也然後接放其心而不知求又接有放心而不知求然後又接學問無他求放心而已是此心卽仁心求放心卽求此仁心與志氣清明下學上達何涉況昭著義理發明學問則直忘卻前文自爲作說宜其引經據禮皆祇見一句而於前後文全不曉也

無名指

（趙注） 無名之指手之第四指也蓋以其餘指皆有名無名指者非手之用指也雖不疾痛妨害於事猶欲信之不遠秦楚爲指不若人故也

秦楚之路

（四書釋地又續） 孟子此章次於牛山章無惑乎齊王章之後似是在齊一時所言齊都臨淄距秦西都咸陽路二千里而遙[illegible]南都郢都路二千里而近故皆曰遠也他若朝秦楚以其大國言擅秦楚以其彊國言秦楚構兵以所聞之時局言夫言固各有當也

拱把之桐梓

（孟子正義） 尚書序云伊陟相大戊亳有祥桑穀共生於朝史記集解引鄭氏注云兩手搤之曰拱王氏鳴盛尚書後案云共與拱通僖三十二年傳爾墓之木拱拱杜預曰合手曰拱呂覽李夏紀制樂篇載此事高誘注亦云兩

兩手曰拱是也說文手部云把握也莊子人閒世云宋有荆氏者宜楸柏桑其拱把而上者釋文云拱恭勇反把百雅反司馬云兩手曰拱一手曰把手詩鄘風定之方中云樹之榛栗椅桐梓漆箋云樹此六木於宮謂桐梓與榛栗椅漆爲六是桐梓皆木名爾雅釋木云榮桐木注云卽梧桐又云椅梓注云卽楸是也齊民要術有種桐梓法

場師

〔孟子正義〕周禮地官載師以場圃任園地注云園樹果蓏之屬季秋於中爲場場人每場下士二人掌園之場圃而樹之果蓏珍果之物以時斂而藏之注云場築地爲墠季秋除圃中爲之詩云九月築場圃十月納禾稼場爲納禾稼而築故云場以治穀場爲圃中之地園圃乃樹草木今言養其樲棘故連圃言之爾雅釋言云師人也義場師卽場人也場人稱師猶工師醫師漁師之屬

梧檟

〔孟子正義〕爾雅釋木櫬梧與桐榮木別椅山榎與椅梓別蓋梧雖與桐異而爲一類故梧亦稱梧桐梓雖與榎考工記注云梓榎屬以其屬統言之則梧亦桐也榎亦梓也段氏玉裁說文解字注云檟楸也釋木槐小葉曰榎郭云槐當爲楸楸細葉者爲榎又大而皵楸小而皵榎郭云老乃皮粗皵爲楸小而皮粗皵爲榎又椙山榎郭云今之云榎者檟之或字山

樲棘

〔四書釋地三續〕孟子集註樲棘小棗非也案爾雅樲酸棗說文棘小棗惟詩詁方合而一之實酸者有樲棘然亦曰酸棗非小棗也趙岐註樲棘小棗所謂酸棗是也

〔孟子正義〕阮氏元校勘記云樲棗古書皆作樲棗爾雅遵羊棗注引孟子養其樲棗古本爾雅皆同唐宋人本草注亦作樲棗毛傳云棘者棗也統言之也故羊棗雖小而得稱棗樲棘小棘此是樲棗小棗之譌不可不正小棗之譌尤爲不通說文解字云釋木曰樲酸棗孟子曰舍其梧檟養其樲棗趙曰樲棗小棗所謂酸棗也孟子本作酸棗宋刻爾雅及玉篇唐本草又本草圖經皆可證今本改本樲棘非是樲之言副貳也爲棗之副貳故曰樲棗本草經曰酸棗味酸平主心腹寒熱邪結氣四肢酸疼濕痺煩心不得眠諸家皆云似棗而味酸按齊民要術種棗第三

十三云孟子嘗曰樲棗藝文類聚引孟子作養其樲棗則樲棘宜作樲棗是也錢氏大昕養新錄云爾雅樲酸棗不聞樲棘爲小棗梧檟二物則樲棘必非一物樲爲酸棗棘卽荆棘之棘也

養其一指節

趙注謂醫養人疾治其一指而不知其肩背之有疾以至於害之此爲狼藉亂不知治疾之人也

〔孟子正義〕　尋常養身卽但養一指不致失其肩背惟疾病隱於肩背而見於一指醫但見其指有疾而不能知疾之在肩背徒治其指而轉有傷害於肩背老子云輕則失本王弼注云失本謂喪身也易東北喪朋釋文引馬注云喪失也國語晉語而先紂喪亡注云喪敗也國策秦策云紛彊欲敗之高誘注云敗害也是失喪敗害四字轉注失卽害也趙氏讀狼疾爲狼籍而以亂釋之漢書劉屈氂傳云事籍籍如此注云籍籍猶紛紛也呂氏春秋愼大篇高誘注紛紛淆亂也楚辭憂苦篇心紛錯而不受王逸注云紛錯憒亂也狼藉猶紛錯害而不知此醫之昏憒瞀亂者矣滕文公上篇狼戾趙氏以爲猶狼藉又云饒多狼藉捐棄於地凡饒多則紛錯故爲亂而饒多亦爲豐盛故史記陸賈傳名聲藉甚漢書注引孟康云言狼藉之甚史記集解引漢書音義云言狼藉甚盛盛與亂之訓不同而皆本於饒多則一也注中醫養人疾不知治疾兩疾字與經文疾字無涉經文疾字趙氏以藉字讀之也

耳目之官不思

〔孟子正義〕　荀子正名篇云緣天官形體色理以目異聲音清濁調竽奇聲以耳異甘若鹹淡辛酸奇味以口異香臭芬鬱腥臊酒酸奇臭以鼻異疾養滄熱滑鈹輕重以形體異說故喜怒哀樂愛惡欲以心異心有徵知徵知則緣耳而知聲可也緣目而知形可也然而徵知必將待天官之當簿其類然後可也五官簿之而不知心徵之而無說則人莫不然謂之不知此所緣而以同異也又天論篇云耳目鼻口形能各有接而不相能也夫是之謂天官心居中虛以治五官夫是之謂天君呂氏春秋貴生篇云耳雖欲聲目雖欲色鼻雖欲芬香口雖欲滋味害於生則止在四官者不欲利於生者則弗爲由此觀之耳目鼻口不得擅行必有所制譬之若官職不得擅爲必有所制高誘注云四官耳目鼻口也制制於心也制於君也呂氏以耳目鼻口爲四官心爲君官制於君說文宀部云官吏事君也此心不在官之列也荀子天論以耳目鼻口形爲天官以心爲天君此義與呂氏同其名篇之天官卽此天官

五官卽此耳目鼻口形不連心言故五官猶之不知與心徵之無說對言是不列五官也楊倞以耳目鼻口心爲五官矣荀子意矣孟子稱耳目爲官亦稱心爲官蓋心雖能統耳目而各有所司心不能代耳司聽代目司視猶耳目能聽能視而不能思耳目不能思須受治於心之思心不能司聽司視而非心之思則視聽不能不蔽於物廣雅釋詁云官君也以其能治耳目之所司則爲君以其各有所司則君亦是官禮記聘義云精神見於山川注云精神亦謂精氣也大戴記曾子天員云陽之精氣爲神精氣在心爲思在耳爲聽在目爲視以其各有所主爲官以其各有所施爲事洪範敬用五事是也物之義爲事耳目之視聽事也外來之利慾亦事也物交物謂以外來之利慾交於耳目之視聽斯時暫不以心之思治之利視聽之事蔽於利慾之事視聽之事所以蔽於利慾之事者緣利慾之事交接於視聽之事因而引誘此視聽也甲乙經云鼻者肺之官目者肝之官口者脾之官舌者心之官耳者腎之官肺合大腸爲傳道之府心合小腸爲受盛之府肝合膽爲清淨之府脾合胃爲五穀之府腎合膀胱爲津液之府少陰屬腎上連肺故將兩藏三焦爲中瀆之府水道出焉屬膀胱是孤之府此六府之所合也心屬五藏耳目屬五官而耳目與五藏相表裏心與六府相表裏孟子以心與耳目同爲官故趙氏舉五官連六府以明之

趙孟

〔四書典故辨正〕　示兒編晉有三趙孟趙朔之子曰武諡文子稱趙孟趙武之子曰成趙成之子曰鞅又名封父諡簡子亦稱趙孟趙鞅之子曰無恤諡襄子亦稱趙孟愚按吳斗南云趙盾字孟故其子孫稱趙孟

膏粱

〔四書典故辨正〕　趙注膏粱細粱如膏者此猶山海經之膏菽膏稻膏黍膏稷郭註謂味好滑如膏者也集註分爲二物膏肥肉粱美穀與韋昭國語注同按膏粱對下文繡文是衣繡是裳則膏粱亦當是二物集註爲長

〔孟子正義〕　引詩在大雅既醉篇第一章素問生氣通天論云高粱之變王冰注云高膏也粱粱也又腹中論云夫子數言熱中消中不可服高粱夫熱中消中者皆富貴人也今禁高粱是不合其心注云高膏粱米也國語晉語欒伯請公族大夫公曰夫膏粱之性難正也韋昭注云膏肉之肥者粱食之精者言食肥美者率多驕放此與素問義合富貴之人不徒食精米必兼以肥故左傳曹劌云肉食者鄙肉卽膏食卽粱也禮記喪大記云不辟粱肉肉卽

指胷也說文肉部云胷肥也米部云粱米名也明分爲二趙氏言細粱如膏則專指粱米而言

文繡

【孟子正義】 禮記月令仲秋文繡有恒注云文謂畫也祭服之制畫衣而繡裳孔氏正義云尚書皋陶謨云予欲觀古人之象日月星辰山龍華蟲作會是衣畫也宗彝藻火粉米黼黻絺繡是裳繡也畫色輕故在衣以法天繡色重故在裳以法地也此周氏所本也乃趙云文繡繡衣服也亦不分爲二劉熙釋名釋言語云文者會集衆采以成錦繡會集衆文以成詞誼如文繡然也又釋采帛云繡修也文修修然也是文繡不分也說文糸部云繪會五采繡也虞書曰山龍華蟲作繪段氏玉裁說文解字注云繪會疊韻今人分皋陶謨繪繡爲二事古者二事不分統謂之設色之工而已繢謂畫繪謂繡絺繡文如聚細米也繡謂畫也今皋陶謨作粉米許見壁中古文作黺絲黹部云黺畫粉也此云絲繡文如聚細米也皆古文尚說也孫氏星衍五服五章今文論云大傳山龍青也華蟲黃也作繪黑也宗彝白也璪火赤也說文黺沃黑色繪女黑色義皆爲黑會繡此四色於元衣合爲五色故於黑色獨云作繪也大傳又云天子衣服其文華蟲作繪宗彝璪火山龍諸侯作繪宗彝璪火山龍子男宗彝璪火山龍大夫璪火山龍士山龍自天子至士皆服山龍周禮節服氏掌祭祀朝覲袞冕六人維王之大常是下士亦服袞龍之證周時沿古制也士山龍亦在元衣故禮器云士元衣纁裳也爾雅云袞黻也廣雅云山龍彰也說文黺字解云以山龍華蟲爲袞衣袞爲畫龍之衣山龍爲五等共有之章服故爾雅廣雅單舉之以晐華蟲等五章服色天子備五色得服華蟲大戴禮五帝德稱帝嚳服黃黼黻衣言天子有華蟲獨得服黃說文黺黼黻三字皆從黹黹卽刺繡黼爲白與黑相次文黻爲黑與青相次文黺爲畫粉絲爲繡文如聚米又繡爲五采備也是黺黼絲黻皆繡文說文云繪會五采繡也言元衣黑衣會山龍青華蟲黃宗彝白璪火赤而成五采云彝從糸糸綦也者言繡文如彝器之博綦文而艾白色云璪玉飾如水藻文者言繡文如冠玉之文謂之藻火色赤而文如藻史記夏本紀以文繡二字釋山龍至絺繡經文文亦畫也大戴禮稱黃帝黼黻衣大帶黼裳孟子稱舜被袗衣趙氏注袗畫也被畫衣黼黻絺繡也史記五帝本紀云賜舜絺衣與琴以袗衣爲絺衣者刺繡於絺說文以袗爲元服可證元衣加繪繡故亦謂之元袞五帝本紀稱堯黃收純衣純衣卽黃黼黻衣言其元質則曰純言其畫采有華蟲則曰黃刺繡之事以絺葛之精細者爲質布

畫山龍等五章於上而繡之所謂畫衣畫裳而繡之經云以五采彰施於五色五色畫也五采繡也故月令云命婦官染采以黼黻之文刺於山龍等五章空隙之處復分畫其界綫俾五色不能相亂故謂之爲黺視其文如粲米也荀子論篇論天子則服五采雜閒色重文繡云五采如今文說山龍等五色也閒色如黼黻各有二色相閒也重文繡謂衣裳俱用之重襲也經文山龍華蟲作繪宗彝藻火在上者因刺繡必先布畫五章而後刺紛米黼黻之文衣則以黼黻加山龍以下五等裳則黃質而有赤色稱爲纁裳僅用粉米黼黻而已王制正義引鄭注易下繫云南方色赤黃而兼赤故爲纁也合之考工記及說文黼爲白黑相次黻爲黑青相次纁裳不必有五章而五色已備詩人爲之繡裳繡是備五采之名也江氏聲尚書集註音疏云說文黹部黺畫粉也衛宏說糸部絲繡文如聚細米也蓋繡必先畫以粉畫爲粲米之形乃後依其畫粉而刺之故謂之黺絲但黺絲質爲一章若用畫粉爲解似分黺絲爲二故不別解黺義而合爲黺絲也然則繡皆先用粉畫之獨於絲言黺者舉一以見例也

蕛稗

〔孟子正義〕　齊民要術種穀篇引孟子不如稊稗古從夷從弟之字多通爾雅釋草云蕛英注云蕛似稗布地生穢草邵氏晉涵正義云蕛一名英孟子云不如蕛稗蕛卽稊也莊子知北遊云道在稊稗李氏以爲二草名蕛有米而細故別於秕秋水篇云似稊米之在太倉司馬彪云稊米小米也一切經音義引爾雅注云蕛似稗布地穢草也今之稗子是也按蕛似稗耳非卽稗也蕛與稗俱堪水旱種無不熟北方農家種之以備凶年程氏瑤田通藝錄九穀考云說文稗禾別也稗似禾而別於禾之穀余見京東州縣農家種之莖勁葉不下垂略似粟但穀色近黑耳宋靖康之亂沒爲奴婢者使供作務人月支稗子五斗舂得米八升由是言之稗斗才得米三升六合耳而農人種之者所以備凶年氾勝之云稗堪水旱種無不熟是也又說文䅘黍屬䅘音卑今穀名中無卑音者余以意斷之曰禾別曰稗黍別曰䅘而未敢信也丙申歲居京師庭中芒種後生一本數十莖貼地橫出至生節處乃屈而上聳節如鶴膝莖淡紫色葉色深綠每一莖又節節抽莖底數穗穗散垂大暑後而穀熟光澤如黍余以爲此必䅘也見農人問之則曰稗也余曰農家所種稗似粟與此殊不類則對曰此野稗也亦曰水稗余乃檢玉篇廣韻中䅘皆有稗音䅘爲黍別無疑也稗䅘並宜卑溼地又視禾黍爲卑賤故字皆從卑梁大清三年鄱陽王範屯濡須糧乏采菰稗菱

蘊以自給其所謂稗即野稗也曹植七啓云芬菰精稗亦指野稗謂之精者修辭家之美稱與召旻詩毛氏傳所云彼宜食疏今反食精稗者異義謹按不如稊稗猶孔子言博奕猶賢孔子非教人學博奕孟子非教人種稊稗也解者謂是理消物長之喻不如荑稗是天理之槁枯不勝人欲之長旺非孟子義也

羿

〔孟子正義〕 說文弓部云芎帝嚳射官夏少康滅之論語曰芎善射段氏玉裁說文解字注云邑部窮下云夏后時諸侯夷羿國也羽部羿下云亦古諸侯也皆即此芎帝嚳射官爲諸侯自鉏遷於窮石所謂有窮后羿也芎與羿古蓋同字而堯時射師彈十日者高誘云此堯時羿非有窮后羿

必志於彀

〔孟子正義〕 阮氏元挍勘記云必志於彀孔本韓本考文古本足利本同閩監毛三本志作至下同浦鏜云志誤至翟氏灝考異云注疏本志俱作至宋刻九經下一志字作至南軒孟子說上一志字作至按章句曰張弩向的用思專時也學者志道猶射者之張也則原本宜皆志字南軒注羿教人使志於彀則其上一正文亦不應作至

告子第六章句下

任

〔四書釋地〕 任國名太皞之後風姓漢爲任城縣後漢爲任城國今濟甯州東任城廢縣是去古鄒城僅百二三十里宜屋廬子明日即可往問禮稱宰我無宿問進不誠有子之風哉

屋廬子

〔孟子正義〕 翟氏灝考異云廣韻廬字下注云孟子有屋廬者書鄭樵通志氏族略云晉賢人屋廬之著書言彭聃之法按屋廬子未聞著書即在當時有之孟子之徒豈應言彭聃之法或爲別一人與

以禮食

〔四書釋地三續〕 孫奭疏云所謂禮食者案坊記云故食禮主人親饋則客祭主人不親饋則客不祭故君子苟無禮雖美不食焉凡此之謂致妙今講義云以饋請之禮食似不如孫疏之典切

〔孟子正義〕襄公三年左傳云晉侯以魏絳爲能以刑佐民矣反役與之禮食使佐新軍國語晉語亦有此文韋注昭云禮食公食大夫之禮孔氏左傳正義云與之禮食者若公食大夫禮以大夫爲賓公親爲之特設禮食儀禮公食大夫禮宰夫自東房授醯醬公設之公立于序內西鄉注云不立阼階上示親饌又大羹湆不和實于鐙宰右執鐙左執蓋由門入升自阼階盡階不升堂授公公設之于醬西又宰夫授公飯粱公設之于湆西此卽親饋之禮也又賓升席坐取韭菹以辯擩于醢上豆之間祭云云又賓坐席末取粱卽稻祭于醬湆間此卽主人親饋則客祭之禮也

親迎

〔四書典故辨正〕親迎之禮自諸侯至士庶皆行之天子之親迎則禮無明文左氏謂天子不親迎公羊謂天子亦親迎後儒或從左氏或主公羊愚獨取唐陸淳尊無二上不當親迎之說以爲定論或言無禮文可徵不知禮固有卽此可以通彼者士昏禮父醮子而命之迎若宗子父母皆沒則不親迎以無命之者也由此推之則天子之不親迎可知矣或問然則諸侯卽位而娶無命之者亦不親迎乎曰是不然諸侯雖無父母有王命古者諸侯之娶告於天子天子命之故雜記云夫人之不命天子自魯昭始也夫有天子之命則親迎爲宜也若天子則眞無命之者也

於答是也何有

〔趙注〕於音烏歎辭也言何爲不可答也

〔孟子正義〕說文云烏孝烏也孔子曰烏盱呼也取其助气故以爲烏呼𢀩象古文烏省𢀩卽於字然則烏於本一字後人以於通于故趙氏音烏音烏猶讀爲烏也以爲歎辭卽烏呼之辭也

不揣其本

〔孟子正義〕方言云度高爲揣昭公三十二年左傳云揣高卑杜預用方言解之度與量義同揣量卽揣度也說文立部云竱等也從立專聲春秋傳曰竱本肇末等者齊簡也故凡齊皆曰等齊語竱本肇末韋昭注云竱等也肇正也謂先等其本以正其末孟子曰不揣其本而齊其末揣蓋竱之假借字趙注揣量似失之木部檔下云一曰度

也孟子正當從木作椯韻書謂稱量曰敁敠丁兼丁括反即嫥語之轉也

岑樓

(四書典故辨正) 集註岑樓樓之高銳似山者趙注岑樓山之銳嶺者正義山小而高曰岑曰樓者蓋重屋曰樓亦取其重高之意也按趙注以岑樓爲山集註以爲樓屋二說不同疑趙注爲是寸木高於岑樓猶韓非子所謂立尺材於高山之上也

(孟子正義) 王氏念孫廣雅疏證云方言岑高也爾雅山小而高岑孟子告子篇可使高於岑樓趙岐注云岑樓山之銳嶺者釋名岑嶃也嶃嶃然也岑嶃聲相近故呂氏春秋審忘篇齊攻魯求岑鼎韓作子說林篇作讒鼎讒與岑皆言其高也說文巖崟也又云嵒山巖也讀若吟僖二十三年穀梁傳云必於殽之巖唫之下楚辭招隱士嶔岑碕礒兮上音欽下音吟又云狀貌崟崟兮峨峨張衡思元賦云冠嵒其映蓋兮合言之則曰岑崟說文山之岑崟也漢書司馬相如傳岑崟參差史記作岑巖揚雄傳王石嶜崟蕭該音義引字詁云嶜古文岑字張衡南都賦幽谷嶜岑上音岑下音吟嵇康琴賦崔嵬岑嵒並字異而義同釋邱培塿冢也方言云冢秦晉之間謂之墳或謂之培或也謂之堬或謂之埰或謂之埌或謂之壠自關而東謂之邱小者謂之塿大者謂之邱墦亦高貌也風俗通義云部者阜之類今齊之閒田中少高卬者名之爲部義並與培同塿亦高貌也趙注岑樓山之銳嶺者義與塿同方言注云培塿亦堆高之貌因名之也培塿堬聲之轉也冢謂之堬亦謂之培塿器謂之甂亦謂之瓿甊北陵謂之西險小山謂之部婁義並相近也趙氏謂不節其數累積方寸之木節其數謂但以一木爲節累積譬如岑樓高一丈則累積此木百餘即高過於一丈矣方寸之木本不能高於岑樓今累積之故可使高也猶食色本不能重於禮今變通之故可使之重也

奚翅

(孟子正義) 阮氏元校勘記云翅辭也者翅是語辭即不啻也說文口部云啻語時不啻也奚翅不啻猶史漢之言夥頤或析翅字訓但誤矣注云若言何其重也正謂食色之重者後人添不字遂不可解矣段氏玉裁說文解字注云疧病不也翅同啻口部啻下云語時不啻也倉頡篇曰不啻多也世說新語云王文度弟阿智惡乃不翅晉宋

閒人倘作此語古書或言不啻或言奚啻啻皆或作翅國語云奚翅其閒之也韋注云奚何也何啻言所閒非一也孟子奚翅色重趙注翅辭也若言何其重也今刻本作何其不重也

紾

〔四書改錯〕集註註紾爲戾乃不知戾是何解按儀禮人始死恐足繆戾雖著屨繆戾者謂足轉紐不伸達也今紾臂當亦反捩其臂使轉紐如絢絞然卽謂之戾皆韻以紾訓轉繩可驗

〔四書釋地又續〕戾當作捩音列拗也析也須曾孟紾兄之臂而奪之食於捩字下

〔孟子正義〕王氏念孫廣雅疏證云抮盭也抮玉篇音火典切引戾也方言軫戾也郭璞注云相了戾也江東音善說文紾轉也考工記弓人老牛之角紾而昔鄭衆注云紾讀如抮縛之抮釋文紾劉徒展反許愼尚展反角絞縛之意也孟子告子篇紾兄之臂而奪之食趙岐注云紾戾也音義紾張音軫又徒展反淮南子原道訓扶搖抮抱羊角而上高誘注云抮抱了戾也抮讀與左傳憾而能眕者同釋訓云軫軳轉戾也並聲近而義同說文戾曲盭弼戾也盭與戾通

摟

〔孟子正義〕音義云摟音婁文選琴賦注引劉熙注云摟牽也趙氏與劉同說文牛部云牽引前也毛詩魏風山有樞弗曳弗婁傳云婁亦曳也釋文引馬云牽也楚辭怨思篇曳彗星之皓旰兮注云曳引也摟之爲牽卽婁之爲曳也爾雅釋詁云摟聚也郭璞注云摟猶今言拘摟聚也說文手部云摟曳聚也許之言曳聚猶郭言拘摟聚曳聚者牽引使聚合也摟必兼曳聚二義而爾雅言聚以見曳毛傳言曳以見聚說文備其義耳文選射雉賦云來若處子徐爰註云處子處女也莊周云藐姑射之山有神人居綽約若處子善曰司馬兵法曰始處女莊周見逍遙遊彼釋文云處子在室女也易咸九三傳云咸其股亦不處也虞翻注云巽爲處女凡士與女未用皆稱處矣

曹交

〔四書釋地續〕楚簡王十四年越滅郯後八十四年楚滅越郯實爲楚所有乃頃襄王十八年有鄒費郯邳國則郯係重封者薛任姓雖未知爲誰所滅而齊湣王三年以封田嬰故紀年稱薛子嬰來朝其子文戰國策史記並稱

薛公後中立爲諸侯無所屬非薛滅之後復有薛乎又中山本鮮虞國一滅於魏文侯十七年癸酉再滅於趙惠文王三年乙丑相距百一十三年中雖未詳知何年復國及何以復國要中山之後有中山載世家列傳者班班也安知曹滅於宋在春秋哀八年下到孟子居鄒時已一百七十餘年不更有國於曹者交爲其介弟觀其言願因鄒君假館舍備門徒儼然蹤更挾貴之風孟子則麾而去之故趙注以爲曹君之弟朱子非無謂也　（註）此辨王伯厚曹亡久矣之說

（羣經補義）春秋之末曹已爲宋所滅曹交非曹君之弟或是曹國之後以國爲姓或是鄒君之族人鄒本邾國邾姓曹故曰交得見於鄒君可以假館蓋欲於其同宗之爲君者假館也語氣便有挾貴之意

（四書改錯）戰國無曹國焉得有曹君之弟此是曹姓而交名者系出顓頊之後其曰得見鄒君正以鄒亦顓頊後與曹同姓故也若謂曹君弟則春秋哀八年宋已滅曹至十四年宋向魋入曹以叛因是時以曹作宋邑故桓魋得據而叛之是曹在春秋已亡而謂孟子時有曹非又錯耶　文輝曰戰國鄒本春秋邾國至穆公改邾爲鄒系出曹姓爲顓頊之後見孟子題辭

文王十尺二句

（孟子正義）春秋繁露三代改制質文篇云天將授舜主天法商而王祖錫姓爲姚氏至舜形體大上而員首而明有二童子天將授禹主地法夏而王祖錫姓爲姒氏至禹生發於背形體長長足肵疾天將授湯主天法質而王祖錫姓爲子氏至湯體長專小足天將授文王主地法文而王祖錫姓姬氏至文王形體博長有四乳而大足然則湯九尺所云長專也文王十尺所云博長也皆天授故曹交舉而言之史記正義引帝王世紀云文王龍顔虎眉身長十尺有四乳

尺寸

（羣經補義）古人以中指中節爲寸醫家謂之同身寸十寸爲尺一舉足爲武三尺再舉足爲步六尺張兩手爲尋八尺中人長八尺與張兩手縱横相等今中人張兩手爲五尺然則古八尺當今五尺古一尺當今六寸二分半此爲確數以此考古五尺之童爲三尺一分二釐半六尺之孤爲三尺七寸五分黄鐘九寸爲五寸六分二釐五毫

布幅二尺二寸爲一尺三寸七分五釐車輿六尺六寸爲四尺一分二釐五毫正可容三人程子謂古尺當今尺五寸五分弱不知據何尺若如今之布帛尺則六尺六寸僅得三尺六寸不能容三人矣

一匹雛

（四書攷異）音義匹張如字丁作疋云案註疋雛小雛也即疋訓小而詁訓及諸書疋訓耦訓小無文今案方言疋小也音節蓋與疋字相似後人傳寫訛耳禮記曲禮下篇庶人之贄匹鄭注曰說者以匹爲鶩音義曰匹依註作鶩音木書齋夜話曰以曲禮注推之則孟子所謂亦當爲一鶩雛羣經音義曰鄭氏釋經率多改字如曲禮庶人贄匹鄭云說者多以匹爲鶩陸氏遂於釋文匹字作木音非也按廣雅鴄鴨鶩也古字省作匹鄭當直解匹爲鶩不煩引說者云陸氏又不當音木

（孟子正義）王氏念孫廣雅疏證云說文疋少也物多則大少則小故方言云疋小也廣韻䲜疋小也方言注作懱截孟子告子篇力不能勝一匹雛趙岐注云言我力不能勝一小雛孫奭音義謂疋與疋字相似後人傳寫譌耳按孫說是也玉篇鶵小雞也鶵與疋通小雛謂之鶵猶小蟬謂之蠽爾雅蠽茅蜩注云江東呼爲茅蠽似蟬而小說文蠽束髮少小也張衡西京賦云朱鬘蠽髽疋鶵蠽並音姊列反其義同也方言謂小雞爲䳋子䳋鶵一聲之轉廣韻吡姊列切鳴吡吡也吡吡猶啾啾亦一聲之轉也按禮記曲禮云庶人之摯匹注云說者以匹爲鶩釋文云匹依注作鶩音木玉篇集韻有鳴字以此通之孟子似匹雛即鶩雛乃鄭云說者謂匹爲鶩者白虎通瑞贄篇引曲禮而解之云匹謂鶩也鄭所云說者指此周禮秋官大宗伯以禽作六贄庶人執鶩用以相準故白虎通以匹爲鶩匹之訓爲偶爲雙不知何物而擬之云此所云匹者謂鶩謂兩鶩也非匹有鶩訓鄭云說者以匹爲鶩即與匹謂鶩同義訓詁之體凡謂之云者皆非定稱釋文音匹爲木孔氏正義直云匹鶩也皆非是至造爲鳴字尤非矣張氏讀匹雛如字亦義爲偶爲雙力不能勝一雙雛則是兩雛說文隹部云雛雞子也禮記月令仲夏之月天子以雛嘗黍淮南時則訓注云雛新雞也然則雛爲雞之名讀匹爲疋則疋雛即是小雞讀匹如字則匹雛是雙雞曲禮單云匹故擬之爲鶩此已連稱匹雛不得又援禮注以匹爲鶩也學者以匹爲鶩轉忘乎雛爲雞矣

今曰舉百鈞

（四書釋地三續）前輩説亦有發人所不到處謂孟子忽擧百鈞人情難推蓋言人之不爲非不能只宜取喻於徐行後長方與前長者折枝一例不宜取喻於力人皆可以爲堯舜不聞人皆可以爲烏獲也言辭小失正不必爲孟子諱

烏獲

（孟子正義）史記秦本紀云武王有力好戲力士任鄙烏獲孟説皆至大官是烏獲爲古之有力人韓非子觀行篇云烏獲輕千鈞而重其身非其身重於千鈞也勢不便也是烏獲能擧千鈞也國語魯語云不能任重韋昭注云任勝也論衡效力篇云世稱力者常褒烏獲然則董仲舒揚子雲文之烏獲也秦武王與孟説擧鼎不任絶脈而死少文之人與董仲舒等誦胷中之思必將不任有絶脈之變又云夫一石之重一人挈之十石以上二人不能擧也世多挈一石之任寡有擧十石之力此所云任皆勝也烏獲能移擧千鈞此烏獲之任也人亦能移擧千鈞則是擧獲之任能擧烏獲之任爲烏獲

高子

（四書摭餘説）韓詩外傳高子問於孟子曰夫嫁娶者非己所自親也衛女何以得編于詩也孟子曰有衛女之志則可無衛女之志則怠徐整云子夏授高行子郎詩序及孟子所謂高子也但以絲衣繹賓尸爲靈星之詩則已失其義何義門謂但通其訓詁而不辨義理之是非漢儒之爲詩皆告子也其見于七篇者以小弁爲小人尙文王以追蠡論詩論樂總是一固字盡之乃集註云高子齊人也亦本邠卿舊説而山徑之蹊間章趙氏又益之曰嘗學於孟子鄉道而未明去而學於他術豈以茅塞子心一語有似乎師戒其弟而云然歟宋徽宗政和五年封高子泗水伯以孟子弟子故也余謂孔子弟子但稱名孟子門人皆稱子然終未有稱叟者由孔子而來百有餘歲以卜子授詩言之高子之年必長于孟子故孟子以叟呼之其非弟子明甚鄒氏謂論詩之高子是子夏門人山徑禹聲章則孟子門人高子子弟是高子有兩人也

小弁

（四書摭餘説）此章只是論詩不是論平王詩原非平王作也竹書幽王三年嬖褒姒五年宜臼出奔申八年立

褒姒之子伯服爲太子九年申侯聘西戎及鄫十年王師伐申十一年申人鄫人及犬戎入宗周弑王殺伯服執褒姒以歸申侯魯侯許男鄭子立宜臼於申虢公立王子余臣於攜　僞是爲攜王平王二十三年晉侯殺之　平王元年王東遷洛邑錫晉文侯命晉侯會衛侯鄭伯秦伯以師從王於成周按幽王未廢宜臼而宜臼遽出奔申七年而申侯與犬戎弑王即不可謂宜臼與聞乎弑不可謂宜臼不與聞乎寇矣又況既立之後遣師戍申是但知有母不知有父但知申侯立已爲有德而不知申侯弑父爲可誅忘親逆理如此則謂宜臼爲小人幷其詩爲小人之詩何不可者故孟子曰何以言之而不廣其以怨爲小人也蓋宜臼之不仁全是不怨而愈疏宜臼不怨而其傳道之以怨明示以親親之道而諫動其固有之仁奈何反以其怨爲小人哉詩小序曰小弁刺幽王也太子之傅作焉孔穎達正義曰太子謂宜臼也朱子詩集傳直以爲宜臼所作謂序云其傳作者不知何所據而於孟子集註則仍云宜臼之傅作此詩詩正義曰諸序皆篇名之下言作人此獨末言太子之傅作爲者以此述太子之言太子不可作詩以刺父自傅意而刺之故變文以示義也此朱子之所以仍遵舊說歟陳思王植令禽惡鳥論曰昔尹吉甫信後妻之讒而殺孝子伯奇弟伯封求而不得作黍離之詩蓋用韓詩之說伯封事惟見於此中山王劉勝則以小弁爲伯奇詩論衡亦云伯奇放流首髮早白詩云惟憂用老趙氏孟子註伯奇仁人而父虐之故作小弁之詩曰何辜于天親親而悲怨之辭也乃趙注本指爲伯奇而疏却引史記幽王之事且云伯奇宜臼也合兩人爲一人謬已至琴操云伯奇既逐履霜以足採楟花以食其隣大夫閔之乃賦小弁故詩傳詩說並以爲鄰大夫作豈亦因太子之傅而爲是說耶

（孟子正義）　毛詩以小弁爲平王事故得言親之過大以所關在天下國家之大故較之凱風失在一身者則小爲矣足明孟子所主詩說與毛同高子亦未嘗不同特其見理未精得孟子析言之而後明遂爲毛詩授受所從出注則以爲伯奇之詩是見琴操尹吉甫愛從妻子而棄其適子伯奇者或以爲韓詩說孟趙注言詩往往從韓如引標有梅之標作莩解以御于家邦之御爲享與毛異趣以鴟鴞詩爲刺邠君並遂倘書孫氏音義閒有證明而此獨闕第觀注云父虐之其辭甚蹙則亦與毋不安其室者均爲人子所遭之不幸不足深較大小適足以見所傳之不確此毛詩所以單行至今而三家多放失也按琴操云履霜操者尹吉甫之子伯奇所作也吉甫周上卿也有子伯

奇伯奇母死吉甫更娶後妻生子曰伯邦乃譖伯奇於吉甫曰伯奇見妾有美色有欲心吉甫曰伯奇爲人慈仁豈有此也妻曰試置妾空房中君登樓而察之後妻知伯奇仁孝乃取毒蜂綴衣領伯奇前持之於是吉甫大怒放伯奇於野伯奇編衣荷而衣之采楟花而食之淸朝履霜自傷無罪見逐乃援琴而鼓之太平御覽引韓詩云黍離伯封作也曹植令禽惡鳥論云昔尹吉甫信後妻之讒而殺孝子伯奇其弟伯封求而不得作黍離之詩此伯奇之事而不言其爲小弁之詩漢書中山靖王勝傳云斯伯奇之所流離比干所以橫分也詩云我心憂傷惄焉如擣假寐永歎唯憂用老心之憂矣疢如疾首臣之謂也此上言伯奇下引小弁之詩乃中間以比干則未必以小弁爲伯奇所作惟論衡書虛篇云伯奇放流首髮早白詩云惟憂用老則或者當時有伯奇作小弁之說也毛詩序云小弁刺幽王也太子之傅作焉孔氏正義云以此述太子之言太子不可作詩以刺父自傳意述而刺之其首章民莫不穀我獨于罹傳云幽王取申女生太子宜臼又說褒姒生子伯服立以爲后而放宜臼將殺之末章我躬不閱遑恤我後傳云念父孝也引孟子此文

關弓

〔孟子正義〕　音義出關弓云丁張並音彎文選三都賦劉逵注引孟子此文作彎王氏念孫廣雅疏證云抓之言弙也說文弙滿弓有所鄉也字亦作扜呂氏春秋壅塞篇扜弓而射之高誘註云扜引也古聲並與抓同彎亦抓也語之轉耳說文彎持弓關矢也昭二十一年左傳豹則關矣杜預注云關引弓也史記陳涉世家士不敢貫弓而報怨漢書作彎彎關貫並通道言也

凱風

〔四書釋地又續〕　晁以道詩序論孟子凱風親之過小者也而序詩者曰衛之淫風流行雖有七子之母猶不能安其室是七子之母者於先君無妻道於七子無母道過孰大焉孟子之言妄歟孟子之言不妄則序詩非也黃太仲亟取其說載孟子師說余按序又曰故美七子能盡其孝道以慰其母心而成其志爾成志成母守節之志非如鄭箋指孝子自責言因檢孔疏亦言母遂不嫁爲之快絕後憶東漢姜肱性篤孝事繼母恪勤母既年少又嚴厲肱感凱風之孝兄弟同被而寢不入房室以慰母心焉歎作詩者能安母於千載之上感詩者亦能安母於千載之下

詩之有益人倫如此當日採詩者親覩其事序詩者申美其事遂不爲聖人所删序曷可非也蓋七子之母徒有欲嫁之志云爾若果嫁矣則貞於先君無妻道於七子無母道是之謂惡豈僅過而已乎

（四書改錯） 婦人不安室則其過已大而謂之過小錯矣此係毛詩說不足據者齊魯韓三家說詩有以此爲母過責子之詩故趙氏註此亦祗云責子而不及其他蓋勞苦劬勞古凡勞字皆指父母虐于言如孟子父母惡之勞而不怨論語又敬不違勞而不怨內則父母怒不悅而撻之流血不敢疾怨是也大抵引詩相難則必取其相類者惟小弁虐子而怨則與凱風之虐子而不怨者明有關合故同此一過而但以過之大小辨之謂小弁虐子事關廟社凱風止父母不我愛耳廟社事極大失愛事極小虐子雖同而過之大小有異當怨不當怨辨在乎此不然孟子明言不可磯不可磯者謂以磯侵水而激水之怒比之母以事責子而拂子之意猶言抵觸不得也假曰不安室則母自失節何抵觸於子而曰不可磯錯矣

磯

（四書釋地續） 磯水激石也余按說文云大石激水也廣韻大石激水謂其字從石非從水即正韻亦引孟子是不可磯也石激水曰磯解者不發朱子倒易其文乃曲爲說曰水激石猶言水激於石也何如古訓之爲安

（孟子正義） 趙氏以激釋磯蓋即讀磯爲激不可磯即不可激也楚辭招魂云激楚之結王逸注云激感也趙氏讀磯爲激而釋之爲感故云孝子感激輒怨其親謂母以不悅激發其子子因其激而遂怨是不可耐此激發也阮氏元校勘記云不可磯按段玉裁曰注中訓磯激也但於雙聲求之磯與杚概字古音同謂摩也故毛詩音義云磯居依反又古愛反古假借字耳近人以石激水解之殊誤說文固無磯字按說文木部云概所以杚斗斛也杚平也易月幾望虞翻作月既望周禮犬人幾珥注云幾讀爲刏從既從气與從幾原可相通廣雅釋詁云杚摩也摩之即所以平之然則不可磯即不可杚亦即不可平因母不安其室心不能平因而怨懟與不可激之義亦相近或磯即[illegible]父母幾諫之幾顯露其親之過是不可幾也廣雅釋水云磯磧也磧石在水中晉書音義云磯大石激水也此因磯之讀激而附合於磯之爲磧故有此解趙氏則無之也

舜五十而慕

〔四書改錯〕　舜五十而慕此古舜典逸文之無可稽者若五十攝政則襲史本紀舜年三十徵庸五十攝政又八年而堯崩語然又錯者據尚書舜生三十徵庸三十在位然而此三十年中有歷試三年書所稱詢事考言三載者有攝相二十八年書所稱受終以後二十有八載者是受終攝位在歷試三年以後二十八載以前先儒所定舜以三十三年攝帝位者此是書正文非如世本帝系古史考帝王世紀之可以造異鬧爭各見也且朱氏既註孟子皆當以孟子文爲主孟子曰舜相堯二十有八載明明以攝政甚早越二十八年而堯始崩與尚書之二十八載帝乃殂落正合乃反據五十攝政八年而堯崩之語以註孟子尚書已奚於孟子何居　張文檒曰三十在位據尚書歷試三年攝相二十八年已有三十一年似乎不合故孔安國謂歷試秪二年以三十徵庸之年即當歷代之第一年謂歷試從登用始也如此則以二年合二十八年恰是三十不然歷試三十三舜當以三十四攝政多一年矣

宋牼　石邱

〔四書摭餘說〕　集註止云石邱地名蓋本趙注正義則因宋牼宋人遂云石邱宋國地也周赧王三年己酉秦庶長章敗楚於丹陽虜將軍屈匄取漢中地又敗楚於藍田秦搆兵莫此爲甚而孟子適於是年去齊之宋與宋牼遇於石邱任氏孟子攷略於赧王二年戊申下書楚悉兵伐秦戰於藍田魏人鄭襲楚師還詔宋牼所云秦楚搆兵疑在此時余謂是年燕人未畔孟子未去何事與宋牼遇於宋地耶疏已案荀子非十二子篇宋子有見於少無見於多註宋子名鈃鈃與鈃同與孟子同時想齊宣王喜文學游說之士自如鄒衍淳于髡田駢接予愼到環淵之徒七十六人皆賜列第爲上大夫不治而議論是以齊稷下學士復盛藝文志尹文子一篇注云說齊宣王師古曰與宋鈃俱游稷下然則孟子固嘗與宋牼有舊故於齊別去久之忽邂逅石邱呼以先生請其所之給非未同而言者比也獨怪牼聞墨子之風而心悅之作爲華山之冠以自表是亦夷之之流亞歟孟子告以仁義之道使之休兵息民上有無庸强聒而不舍者亦距墨之意云爾

〔孟子正義〕　莊子天下篇云墨子眞天下之好宋鈃尹文子聞其風而悅之作爲華山之冠以自表見侮不辱救民之鬭禁攻寢兵救世之戰以此周行天下上說下教雖天下不取强聒而不舍者也荀子非十二子篇云不知壹天下建國家之權稱上功用大儉約而僈差等曾不足以容辨異縣君臣然而其持之有故其言之成理足以欺惑

愚衆是累囊宋銒也楊倞注云宋銒宋人與孟子尹文子彭蒙慎到同時孟子作宋牼牼與銒同音口莖反又天論篇云宋子有見於少無見於多注云宋子名銒宋人也與孟子同時下篇云宋子以人之情爲欲寡而皆以己之情爲欲多爲過也據此說則是少而不見多也銒音形胡冷反漢書藝文志有宋子十八篇班固曰荀卿道宋子其言黃老意又藝文志名家者流有尹文子一篇顏師古引劉向云與宋銒俱游稷下禮記曲禮云從於先生注云先生老人教學者國策衛策云乃見梧下先生注云先生長者有德者稱齊策云孟嘗君讌坐謂三先生注云先生長老先己以生者也牼蓋年長於孟子故孟子以先生稱之而自稱名閻氏若璩釋地續云齊宣王喜文學游說之士自如騶衍淳于髡田駢接子慎到環淵之徒七十六人皆賜列第爲上大夫不治而議論是以齊稷下學士復盛孟子固嘗與宋牼有雅故於齊則去久之忽邂逅石丘呼以先生請其所之殆非來同而言者比也石丘趙氏但云地名或以爲宋地蓋以牼爲宋人也張氏宗泰孟子諸國年表說云當孟子時齊秦所共爭者惟魏若楚雖近秦時方強盛秦尚未敢與爭惟楚懷王元年癸卯有楚與五國共擊秦不勝之事而獨與秦戰則在懷王十七年先是十六年秦欲伐齊而楚與齊從親惠王患之乃使張儀南見楚王王爲儀絕齊而不得秦所許故分楚商於之地懷王大怒發兵西攻秦秦亦發兵擊之十七年春與秦戰丹陽大敗虜大將軍屈丐等遂取漢中王復怒悉國兵襲秦戰於藍田又大敗韓魏聞之襲楚至鄧楚乃引兵歸此事恰當孟子時孟子是年因燕人畔去齊疑孟子或有事於宋而自宋至薛因與宋牼遇於石丘

季任

（孟子正義） 漢書藝文志東平國任城故任國太昊後風姓隱公十一年滕侯薛侯來朝左傳云寡人若朝於薛不敢與諸任齒孔氏正義引世本氏姓篇云任姓謝章薛舒呂祝終泉畢過言此十國皆任姓也又引譜云薛任姓黃帝之苗裔奚仲封爲薛侯今魯國薛縣是也任風姓薛任姓非同姓之國趙氏蓋誤以任爲任姓與錢氏大昕養新錄云國君之弟以國氏字當在國下春秋桓十七年蔡季自陳歸於蔡蔡侯弟也莊二年紀季以以酅入於齊紀侯弟也依春秋例季任當爲任季傳寫顚倒耳

享多儀儀不及物曰不享

〔趙注〕　享多儀言享見之禮多儀法也物事也儀不及事謂有闕也

〔孟子正義〕　書序云召公既相宅周公往營成周使來告卜作洛誥此文云公曰已汝惟沖子惟終汝其敬識百辟享亦識其有不享享多儀儀不及物惟曰不享惟不役志于享凡民惟曰不享鄭氏注云朝聘之禮至大其禮之儀不及物謂所貢篚者多而威儀簡也威儀既簡亦是不享也江氏聲尚書集註音疏云享獻也言當識別諸侯之享與不享孟子告子篇引此經趙岐訓物爲事不若鄭氏義長據孟子所引無惟字惟不役志于享故謂之不享凡民亦惟謂是不享也趙氏以孟子自以不成享解經文故以不及事爲有闕有闕即是不成享淮南子精神訓云可以爲天下儀高誘注云儀法也趙氏以法訓儀謂享獻之禮宜多儀法今義法有闕即是不成享獻儀不及物謂享獻所當具之儀法儀法所當行之事今不足也趙氏以不足解不及素問天元紀大論云各有太過不及也王冰注云不及不足也鄭氏以儀爲威儀物即指所享之物謂享獻宜多威儀今儀不及物是儀少而物多意雖與趙略同然儲子以幣交幣即物也得之平陸而不自往是威儀不及幣物也鄭氏之義尤與孟子引經之恉爲切矣周氏用錫尚書證義云多如漢書袁盎傳皆多盎之多享多儀享以儀爲多也

儲子得之平陸

〔四書釋地續〕　平陸爲今汶上縣去齊都臨淄凡六百里而儲子既相必朝夕左右爲王辦政事非奉王命似亦未易出郊外何以孟子望其身親至六百里外之下邑方爲禮稱其幣今解不出既思范睢列傳云秦相穰侯東行縣邑車騎至湖關湖今閿鄉縣去秦都咸陽亦幾六百里是當日國相皆得周行其境之內非令所禁也故曰儲子得之平陸

三卿

〔四書典故辨正〕　孟子在三卿之中蔡虛齋以司徒三卿解之全謝山曰七國時無此三卿國策中惟魏有司徒之官一見亦不足信三卿者指上卿亞卿下卿而言但未嘗有司徒等名樂毅初入燕乃亞卿是其證也或曰一卿是相一卿是將其一爲客卿而上下本無定員亦通愚按國策魏王使司徒執范痤鮑註云本周卿此特主徒衆者然芒卯爲魏司徒居中用事此魏有司徒之證楚襄王立昭常爲大司馬使守東地此楚有司馬之證史記趙氏世

惠文王四年公子成爲相李兌爲司寇此趙有司寇之證又楚有司馬名剪周有司寇名布皆見國策可謂七國時家無此官但三官並設者甚少則以上卿亞卿下卿爲三卿其說自不可易

伊尹就湯

（七修類稿） 孟子曰五就湯就五桀者伊尹也五就之事固不可考苟以輒書爲實錄則於湯不止五就其實六也蓋伊尹之就桀者湯進之也則是先就湯後就桀反復者五然後相湯而伐之此則其六就也若言五就湯則四就桀矣孟子皆云五者蓋不言其終竟伐桀之一就耳柳子厚伊尹五就桀贊細觀之亦自可見

（孟子正義） 翟氏灝考異云胡應麟少室山房筆叢曰孟子稱伊尹五就桀蓋屢言之以明聖人去就不常非定以爲五也胡氏謂無五就之事而古凡類屢之辭云三者多云五未別見也鬼谷子忤合篇伊尹五就湯五就桀然後合於湯鬼谷與孟子並時其言合符則孟子所得於傳聞者當實云五

一者何也

趙注旣問一者何也

公儀子

（四書釋地又續） 公儀子名休爲魯相史記循吏列傳公儀休者魯博士也以高弟爲魯相博士名官始見於此秦因之陝涉亦有之至漢成帝陽朔二年詔曰儒林之官四海淵源宜皆明於古今溫故知新通達國體故謂之博士後漢朱浮建武七年上書亦曰尋博士之官爲天下宗師使孔聖之言傳而不絕何其重也竊以文帝時賈生景帝時董生差足當之

子柳子思爲臣魯之削也滋甚

（經句說） 六國表齊宣公四十四年伐魯莒及安陽四十五年伐魯取都四十八年取魯郕據此知孟子所謂魯繆公之時公儀子爲政子柳子思爲臣魯之削也滋甚者宜若在此時也而六國表乃於齊宣四十九年始爲魯繆公之元年然則魯之削繆公尚未立何以淳于髡歸咎云魯繆公之時耶且孔子沒於齊平公二年至齊宣四十八年相距七十一年其時子思已卒之後又將及二十年矣魯之削子思不及見者久又久矣何以淳于髡歸咎於子

思爲臣耶然則六國表齊宣之年亦必差三四十年且齊宣之年旣誤而其書魯繆公元年在齊削魯之後則誤而又誤然則六國表之誤不知凡幾表與世家皆史記卽以孔子世家與六國表之年而計之乃子思之生當後於孔子之卒而安得見其孫伯魚之卒當先於子思之生而安得爲之子子思不及見魯之削又安得謂無益人國子思並不及見魯繆公之立又安得謂拜餽鼎肉耶若論其謬之所在則六國表之誤旣多安得不疑六國表而反疑世家子思之年乎如四書賸言謂王草堂云繆公卽位在威烈王十九年則史記所云子思年六十二者或是八十二之誤而不知使假子思年而增之亦於魯削時曰耄於繆公立時期頤矣安能合耶

〔孟子正義〕　鹽鐵論相刺章大夫曰昔魯穆公之時公儀爲相子柳子原爲之卿然北削於齊以泗爲境南畏楚人西賓秦國此卽因孟子而演爲者也盧氏文弨羣書拾補云子原說苑雜言篇作子庚乃泄柳字

王豹處於淇二句

〔趙注〕　王豹衛之善謳者淇水名衛詩竹竿之篇泉源在左淇水在右碩人之篇曰河水洋洋北流活活衛地濱於淇水在北流河之西故曰處淇水而河西善謳所謂鄭衛之聲也

〔孟子正義〕　周禮春官少師掌教鼓鼗祝敔塤簫管弦歌毛詩魏風園有桃我歌且謠傳云曲合樂曰歌楚辭大招云謳和楊阿王逸注云徒歌曰謳然則謳歌同一長言而歌依於樂謳不依於樂此所以分也說文欠部云歌詠也言部云謳齊歌也齊歌之說有二漢書高帝紀皆歌謳思東歸注云謳齊歌也謂齊聲而歌或曰齊地之歌段氏玉裁說文解字注云假令齊聲而歌則當曰衆歌不曰齊歌李善注吳都賦引曹植妾薄相行曰齊謳楚舞紛紛太平御覽引古樂志曰齊歌曰謳吳歌曰歈楚歌曰豔淫歌曰哇若楚辭吳歈蔡謳孟子河西善謳則不限於齊也謹按區有衆義說文區從品在匸中品衆也爾雅釋器云玉十謂之區考工記㮚氏四豆爲區皆取積衆之名劉熙釋名釋形體云甌區也是衆名之大總若區域也聚衆聲而爲謳故云謳和楊阿謂齊聲相和也漢書地理志河內郡共北山淇水所出東至黎陽入河魏郡鄴故大河在東北入海史記河渠書云道河自積石歷龍門南到華陰東下底柱及孟津雒汭至于大邳於是以禹爲河所從來者高水湍悍難以行平地數爲敗乃廝二渠以引其河北載之高地過降水至於大陸播爲九河同爲逆河入於勃海載之高地卽鄴東也溝洫志王横曰禹之行河水本隨西山

下東北去周譜定王五年河徙則今所行非禹所穿也又秦攻魏決河灌其都決處遂大不可復補宜卻從完平處更開空使緣西山足乘高地而東北入海賈讓云今行上策徙冀州之民當水衝者決黎陽遮害亭放河使北入海橫言緣西山足乘高地即太史公言載之高地讓言西薄大山即橫所謂隨西山下此即鄴東大河故道由黎陽北行故淇水至黎陽入河若黎陽之河既竭不北行入海則淇水已合於淸河矣惟河水至黎陽北流故衛風碩人云河水洋洋北流活活左傳稱齊先君所履西至於河是齊在河東衛在河西故衛稱河西也河水北流淇水全在衛地故云衛濵地於淇水在北流河之西蓋趙氏當東漢時鄴河久渴河徙東行衛地不在河西而淇水不濵衛地故兩引詩以明古河與淇之所在此趙氏地學之精也胡氏渭禹貢錐指云詩衛風河水洋洋北流活活河至大伾山西南折而北逕朝歌之東故謂之北流史記衛世家封康叔爲衛君居河淇閒故爾墟商墟即古朝歌城淇水逕其西河水逕其東是爲河淇之閒故淳于髡曰王豹處於淇而河西善謳是也

緜駒處於高唐二句

〔四書攷異〕　韓詩外傳六卷淳于髡曰昔者揖封生于高商齊人好歌杞梁之妻悲哭而人稱詠揖封似即緜駒

〔孟子正義〕　臧氏琳經義雜記云文選陸士衡樂府吳趨行楚妃且勿歎齊娥且莫謳唐劉良注齊娥齊后也善爲謳歌人皆採以爲曲李善注齊娥齊后也孟子淳于髡曰昔緜駒處高唐而齊后善歌今孟子作齊右善歌趙注高唐齊西邑緜駒處之故曰齊右善歌則趙注本不作后字而李劉注文選皆以齊娥爲齊后李注又引孟子證之蓋有別本作后字者按作后字非也河西齊右言其相化者衆若善歌僅一齊后非髡之旨也

華周杞梁之妻

〔四書攷異〕　按華杞事見襄二十三年左傳齊襲莒杞殖華還先遇莒子於蒲侯氏親鼓伐之獲杞梁齊侯歸遇杞梁之妻而弔之時華周不死未嘗有兩妻並哭事淳于髡但騁說一時必牽連謬也說苑善說即承髡語故并形內應外二語隨之

杞梁妻

〔四書摭餘說〕　春秋傳齊侯襲莒杞梁死焉齊侯歸遇杞梁之妻於郊使弔之辭曰殖之有罪何辱命焉若免於

罪猶有先人之敝廬在下妾不得與郊弔齊侯弔諸其室左氏之文如是未嘗言哭也檀弓則曰其妻迎其柩於路而哭之哀此孟子所自本然亦未嘗及城崩事說苑則曰杞梁華周遇闘殺二十七人而死其妻聞之而哭城爲之阤而隅爲之崩列女傳則曰杞梁之妻無子內外皆無五屬之親既無所歸乃枕其夫之屍於城下而哭道路過者莫不爲之揮涕十日而城爲之崩言崩城者始自二書顧甯人考古錄謂左氏檀弓俱言有先人之敝廬何至枕屍城下且莊公既能遣弔豈至暴骨溝中子政之言沒其知禮而誣其哀此殆於緇人之見也又崔豹古今注樂府有杞梁妻歎杞殖妻妹朝日之所作也殖戰死妻抗聲長哭杞都城感之而頹遂投水死其妹悲姊之貞乃作此歌按杞梁死地當在今之莒州所謂城崩乃莒城非長城也齊長城築於宣王之時去莊公有餘歲而齊之長城又非即秦所築之長城後人相傳乃謂秦政築長城以備胡有范郎之妻孟姜送寒衣至城下聞夫已死一哭而長城爲之崩則與杞梁事全不相涉夫范郎何人哉琴操曰范杞梁妻歎者齊邑范梁殖之妻所作也杞而加之以范蓋自此始而轉爲秦代之人則又不知其承譌之所自矣

孔子爲魯司寇

〔四書釋地續〕　司寇魯官名在司徒司馬司空三桓世爲之三卿之下侯國本無大稱史記世家作大司寇非也然司寇魯有以初命之大夫爲者孔子是韓詩外傳猶載孔子爲魯司寇命辭曰宋公之子弗甫何孫魯孔丘命爾爲司寇無大字有以再命之卿爲之者臧孫紇是襄二十一年季孫謂武仲曰子爲司寇及後二年出奔邾也書於經以爲卿故若孔子雖與聞國政實出大夫而非卿故經沒而不見不然齊人來歸鄆讙龜陰田聖人未嘗以己功而諱之豈有孔某出奔臧諸策書修春秋時竟削之哉蓋原非魯卿

〔孟子正義〕　毛氏奇齡經問云陳佑問司空司寇皆卿名也魯之三卿則三家並爲之何有於夫子此豈三家之外夫子別爲一卿乎抑亦即此三卿而夫子代爲其一乎且三卿之名止司徒司馬司空也若增司寇一名即六卿矣侯國爲得有六卿也且司寇卿名也近淮南閻氏謂孔子初命爲大夫而非卿不知何據又謂侯國無大小卿魯國爲得有大司寇則是夫子爲司寇或有之曰大則未也曰魯國三卿季氏爲司徒孫叔爲司馬孟孫爲司空此是左傳文無可疑者特夫若由司空爲司寇則或氏孟孫爲之或別設一官皆不可考惟禮注崔氏說禮云三卿周制

立司徒兼冢宰之事立司馬兼宗伯之事立司空兼司寇之事則似冢宰宗伯司寇皆司徒司馬司空兼官不必別設孟孫既爲司寇則不當又有司空夫子既爲司空不當又進爲司寇而予謂不然者據春秋傳臧孫紇爲司寇夏父弗忌爲宗伯皆非孟孫叔孫兼官且隱十一年羽父請殺桓以求太宰是時羽父已掌兵柄見爲司馬而尙求太宰且不求司徒而求太宰則太宰非兼官且非司徒之兼官可知嘗讀書大傳謂天子三公皆六卿爲之而分爲三等一冢宰司徒二宗伯司馬三司寇司空而三等之中又取每等之下者以爲名故曰司徒公司馬公司空公而其餘不然世但知三公爲三官而不知六卿皆公也由此推之則侯國三卿必仿其制雖六卿皆備而祗以三官爲名抑或設冢宰時闕司徒設司寇時闕司空皆未可知是六卿雖具而仍不礙爲三卿天子之公與諸侯之卿其制一也若謂孔子祗初命大夫而非卿則六官者卿名也六官在朝名官卿在鄉名鄉卿在軍卽名軍卿卿可名大夫大夫不得名卿也或者大國三卿皆命於天子次國三卿二卿命於天子一卿命於其君魯本次國而夫子又異姓之卿不必爲天子所命而命於魯君則容有之然魯君所命歷有明據韓詩外傳云孔子爲魯司寇其命辭曰宋公之子弗甫何孫魯孔邱命爾爲司寇此是命卿之辭非命大夫之辭也至謂侯國無大小卿魯但有司寇不當有大司寇則又不然王制侯國三卿俱有下大夫五人其所云下大夫者卽小卿也所謂五人則公羊謂司徒二人司空二人司馬止一人統爲五人其以此爲舍中軍之解或未可信然其爲小卿則說同也故崔氏禮注謂司徒以下有小宰小司徒二人司空以下有小司空小司寇二人惟司馬下祇小司馬一人爲五人是有小卽有大小者大夫則大者卿矣夫子爲司空或是小卿故其進爲司寇則加大以別之此正由大夫而進爲卿之明證若謂夫子自稱從大夫後則季氏何嘗非魯大夫乎周氏柄中辨正云春秋之例大夫名見於經者皆卿也魯臧宣叔爲司寇而經書臧孫許及晉侯盟又書臧孫許帥師其卒也書臧孫許卒則儼然卿矣臧武仲爲司寇而經書臧孫紇出奔又儼然卿矣卿則非小司寇謂之大爲可矣至於相則當國執政之稱執政必上卿而孔子以司寇當國故謂之攝如齊有命卿國高而管仲以下卿執政鄭有上卿子皮而子產以介卿聽政是也成十五年公羊傳云臧宣叔者相也宣叔爲司寇謂之爲相此孔子攝行相事之證或以爲攝夾谷之相者非也

燔肉

〔孟子正義〕　周禮春官大宗伯以脤膰之禮親兄弟之國注云脤膰社稷宗廟之肉以賜同姓之國同福祿也說文肉部云胙祭福肉也僖公九年左傳云王使宰孔賜齊侯胙曰天子有事於文武使孔賜伯舅胙此賜胙之事也燔與膰同說文作䊩云宗廟火孰肉春秋傳曰天子有事䊩焉以饋同姓諸侯詩小雅楚茨正義云燔音火燒之名炙者遠火之稱以難熟者近火易熟者遠之故肝炙而肉燔生民傳曰傅火曰燔瓠葉傳曰加火曰燔對遙炙者爲近火故云傅火加之燔其實亦炙非炮燒之也傅火卽膊炙劉熙釋名釋飲食云膊迫也薄椓肉迫著物使燥也迫著卽近意膊炙謂近而炙之卽傅火也考工記廬人重欲傅人注云傅近也傅膊聲同義同也引詩在大雅鳧鷖第五章毛傳皆以祭宗廟之明日設禮以燕尸故引以明宗廟之祭有燔肉鄭氏以燔炙爲鬷味乃祀門戶小神之用趙氏所不取也

不稅冕而行

〔經句說〕　按燔胙不到孔子孔子歸舍未及稅冕遽命家臣治出國行裝卽此祭日去魯行孝速成冕猶在身於是稅冕升車故相傳爲不脫冕而行也而注疏謂不脫冕而適他國則郊事已過而猶冕服車中驅馳道塗駭人耳目直至所宿之屯地而稅焉有是理乎況可謂不脫冕而適他國耶

〔四書釋地續〕　孔子爲魯司寇旣不用其道宜去一膰俎又不至宜去二其去之之故天下自知之但孔子不欲其失純在君相已亦帶有罪爲其所爲有罪卽在不脫冕而行一句上蓋冕原祭服禮大夫冕而祭於公是今也戴於道路間尙非罪乎故當時不知者以孔子爲爲肉縱在知者亦以孔子爲爲無禮乃孔子之意則欲以已不稅冕之罪行不欲爲苟去苟去猶言徒去空空而去無已一點不是處是爲徒去樂毅報燕王書云忠臣去國不潔其名況孔子乎又禮大夫士去國不說人以無罪註已雖遭放逐不自以無罪解說於人過則稱已也史記世家孔子遂行宿乎屯而師已送曰夫子則非罪孔子曰吾歌可夫歌曰云云觀此似孔子當日自認一罪名而行　劉趙注膰肉不至我黨從祭之禮不備有微罪乎乃聖人之妙旨　師已則送而解之孔子有不欲直答者故但曰吾歌可夫千載而下猶可以情測云

五勸

（四書典故辨正）　五霸之稱有二有三代之五霸有春秋之五霸左傳齊國佐所稱五伯三代之五伯也孟子稱五霸而以桓公爲盛則止就東周以後言之如嚴安所謂周之衰三百餘歲而五伯更起者也荀子五伯篇以齊桓晉文楚莊吳闔廬越句踐當之趙岐注孟子則無吳越而有秦穆宋襄顏師古漢書注則無句踐而宋襄易闔廬爲夫差後之論者謂吳越夷狄不當有伯然則楚爲南荊亦夷狄也何以遂得與於齊晉之列乎秦僅伯西戎宋襄求伯不成傷於泓以卒未嘗伯也五伯斷以荀子所稱爲正若丁公著以夏昆吾商大彭豕韋合齊桓晉文爲五伯則於桓公爲盛就當時盟會較量優劣爲未合矣郝京山以鄭齊晉楚吳爲五伯謂周室東遷鄭莊公始射天子專征伐是伯之始此杜譔之說通雅取之非是

（四書釋地三續）　崑山顧甯人炎武謂五伯有二有三代之五伯杜元凱注左傳成二年者是　謂昆吾大彭豕韋齊桓晉文　有春秋之五伯趙邠卿注孟子五霸章是今集註並列二說而無折衷非是當止存趙注然甯人欲去宋襄而進句踐亦未允襄雖未成霸然當時以其有志承桓故並數爲五有是稱謂云爾豈惟趙氏即董仲舒亦云然矣仲舒云仲尼之門五尺之童皆羞稱五霸夫惟宋襄霸在仲尼之前故言羞稱不然句踐也霸且不出仲尼後哉

（四書客難）　客曰趙氏丁氏釋五霸各持一說孰確曰據左傳以昆吾爲夏伯則夏王之罪人也大彭豕韋爲商伯則商王之罪人也齊桓晉文爲周伯則周王之罪人也於三王二字特切若如趙說五伯皆周人於夏商二王何與耶且宋襄秦穆楚莊無役王命之事且楚莊之卒僅二年餘故丁說爲確也

三王

（孟子正義）　白虎通號篇云三王者何謂也夏殷周也詩云命此文王于周于京此改號爲周易邑爲京也風俗通皇伯篇云禮號謚記說夏禹殷湯周武王是三王也尚書說文王作罰刑茲無赦詩說有命自天命此王文王受命有此武功儀刑文王萬國作孚春秋說王者孰謂謂文王也按易稱湯武革命尚書武王戎車三百兩虎賁八百人擒紂于牧之野惟十有三祀王訪於箕子詩云亮彼武王燮伐大商勝殷遏劉耆定爾功由是言之武王審矣論語文王率殷之叛國以服事殷時尚臣屬何緣便得列三王哉謹按三王或列周武王或列周文王故應氏並列

二説而辨其宜列武王也白虎通不言禹湯而專詳文王正以禹湯稱王不待詳説惟三王列文王不列武王故引詩明文王即政立號也趙氏列文王不列武王蓋以本尚書説詩説春秋説與白虎通同閩監毛三本趙作周文武非是

慶以地

（四書釋地又續）　王制方千里者封方百里之國三十云云名山大澤不以封其餘以爲附庸閒田諸侯之有功者取於閒田以祿之其有削地者歸之閒田則孟子所謂慶以地與上文有功德於民者加地即取於此一州之內也故當其慶有所慶天子不見其不足或慶有所削天子亦不見其有餘蓋原在王畿千里外而天子初無所與焉豈若周惠王四年巡虢公守與之酒泉之邑而自損其封略漢景帝連削楚趙膠西郡縣以人已而致激七國變者哉

掊克在位

（孟子正義）　毛詩大雅蕩篇曾是掊克傳云掊克自伐而好勝人也孔氏正義云自伐解掊好勝解克定本掊作倍倍即掊也倍者不自量度謂己衆倍於人而自矜伐論語云願無伐善是也克者勝也已實不能恥於受屈意在陵物必勝而已如此者謂之克也箋云女曾任用是惡人使之處位執職事惡人即不良之人音義云掊丁薄侯切深也聚歛也蓋謂深克聚民之入與毛傳不同段氏玉裁説文解字注云掊杷也史漢皆言掊視得鼎師古曰掊手把土也大雅曾是掊克定本掊作倍孟子書亦作掊克趙注但云不良也毛意謂掊爲倍之假借字掊有聚意與桴音義近有深取意則不同桴毛詩釋文云擠克聚歛也此謂同桴也方言曰掊深也郭注云掊尅深能以深釋掊以能釋尅此亦必古説但皆非毛義方言掊訓深與許説合國語周語云刑不祭伐不祀征不享讓不貢注云讓譴責也

葵邱

（四書典故辨正）　葵邱有三一爲齊地在臨淄縣西即連稱管至父所戍地一爲宋地在陳留外黃縣東一爲晉地在河東汾陰縣此葵邱亦有以爲在汾陰者杜征南非之以爲若是汾陰則晉乃地主夏會秋盟豈有不與之理

故斷以爲外黃之葵邱全謝山云據宰孔明言西略而以爲陳留是仍東略也則宜在汾陰蓋當時之不服桓公者楚而晉實次之周惠王之言可驗也故桓公特爲會于晉地以致之亦霸者之用心也亦一說並存之

束牲載書

〔四書改錯〕 舊註束縛其牲但加載書今又別據穀梁文改書加牲上則以加字訓載字謂以盟書載牲上也不書知載書書 名謂載事之書周官掌盟載之法因盟有載事以之爲書然後殺牲取血坎其牲而加載書於上以埋之今葵邱之會並不殺牲秖束載書於牲上故曰束牲載書原是倒句舊註謂束縛其牲但加載書則束是束不是束牲仍屬錯解然曰加載書則亦當明白而朱註全然不曉反疑書因牲而得載字則加字複出不知牲是牲書是書春秋鄭子孔聽政因爲載書臧武仲據防出奔使掌惡者啓載書此無牲安從載之且穀梁文讓書不是匱字

〔孟子正義〕 毛氏奇齡經問云問孟子葵邱之會諸侯束牲載書而不歃血載書謂載其盟書於牲上也趙岐注有曰但加載書不復歃血則既載而又加不其複與曰載非加也載書者盟載書也周禮司盟掌盟載之法謂盟有載事因而爲書其法則殺牲取血坎其牲而加書於上以埋之故左傳襄十六年伊戾誣太子痤與客盟謂坎用牲加書是也穀梁傳云葵邱之會陳牲而不殺讀書加於牲上壹明天子之禁此加字並不訓載字然猶恐相混不分別故趙氏云但加載書則瞭然矣蓋載書有用牲者有不用牲者襄九年鄭與晉盟晉士莊子爲載書荀偃曰改載書此用牲者也若襄十年鄭子孔當國爲載書以位序聽教辭則但作書以示諸侯受職聽訟之法此時未嘗用牲也又襄二十二年臧武仲據防出奔季孫召外史掌惡者而問載書之首章則逐臣示戒當用牲乎然則用牲曰載不用牲亦曰載牲且無有加於何所故曰載者事也非加也此明著者也閻氏若璩釋地又續云襄九年晉士莊子爲載書杜注載書盟書也周禮司盟掌盟載之法注云載盟辭也盟者書其辭於策殺牲取血坎其牲加書於上而埋之謂之載書可見載書二字是實字非如今人解以載爲加趙氏注束縛其牲但加載書不復歃血得之矣毛氏閻氏二說略同蓋以趙氏但加載書解爲但加盟書也按趙氏解經之例每以疊字爲訓說文車部云載乘也淮南子氾論訓云彊弱相乘高誘注云乘加也是載之訓爲加趙氏疊加載二字即以加釋載猶疊束縛二字以縛釋束

但加載書謂但加載此書非謂但加此載書也若載不訓加第是盟書則經稱束牲盟書爲不辭趙氏加字爲無涉於經文矣秋官司盟掌盟載之法注云載盟辭也四字爲句謂經言盟載是載此盟辭也非是以盟辭解載字下云盟者書其辭於策此解盟字則盟字卽孟子此文之書字下云殺牲取血坎其牲加書於上而埋之謂之載皆此解載字書辭於策爲盟卽爲書加載於牲上爲載書卽爲盟載鄭注甚明賈氏疏云載者正謂以牲載此盟書於上故謂之載也趙氏此注與穀梁傳同與鄭氏注亦同毛氏閻氏未識趙氏曡字爲訓之例亦未識鄭氏注司盟之義而謂趙氏不以載爲加失之甚矣莊公二十七穀梁傳云衣裳之會十有一未嘗有歃血之盟也信厚也注云十三年會北杏十四年會鄄十五年又會鄄十六年會幽二十七年又會幽僖元年會檉二年會貫三年會陽穀五年會首戴七年會甯母九年會葵邱僖公九年傳云葵邱之盟陳牲而不殺注云所謂無歃血之盟鄭君曰盟殺諸侯用牛大夫用豭楊氏疏云衣裳之會皆不歃血而此會獨言之者以此會桓德盛故詳其事實餘盟亦不歃血耳八年洮會云沩血與鄭伯者彼兵車之會故也徐邈云陳牲者不殺埋之陳示諸侯而已加於牲上者亦謂活牲非死牲此不歃血之事也

士無世官

（四書改錯）　若云士世祿而不世官則以世官爲世爵矣此士字該卿大夫言當云但世爵而不世官古官與爵殊爵者在朝爲公侯伯子男在侯國公卿大夫士也官者在王朝爲三公三孤六卿及諸官屬在侯國則孤卿之爲三官與諸屬大夫之爲五官者也世爵爲封建一定之制不可更易宋儒謬襲公說謂春秋譏世卿妄語也惟世官則易於專攬如三桓爲魯三卿此不可易者然而季孫爲司徒叔孫爲司馬孟孫爲司空世世襲之以致政逮大夫漸不可挽晉六卿俱然故五禁及之若世祿則但如公族子弟食公邑之采不惟無官亦幷無爵豈可比較按春秋皋鼬之會祝鮀曰武王之母弟八人周公爲太宰康叔爲司寇聃季爲司空五叔無官夫所謂五叔者謂管蔡成霍毛也管蔡霍現有封國而成毛則各封畿內諸侯之地何嘗無爵而曰無官者正謂太宰司寇之官非所有耳然則世官世爵明有分辨況下文明云官事無攝苟世官是世爵則爵可攝乎

曲防

（四書釋地續） 曲防公羊傳作障谷穀梁傳作壅泉皆不若孟子二字至確漢賈讓奏言蓋隄防之作近起戰國雍防伯川各以自利齊與趙魏以河爲境趙魏瀕山齊地卑下作隄去河二十五里河水東抵齊隄則西泛趙魏趙魏亦爲隄去河二十五里水西抵趙魏隄亦東泛齊矣夫曰近起戰國豈非葵邱既會申明天子之禁諸侯猶有所憚而不敢爲降至七雄地大勢專人人得自爲繇不難以鄰國爲壑乎

遏糴

（四書釋地又續） 酈註溫水條曰交土象林縣 是兩漢屬日南郡 自知耕以來六百餘年米不外散恆爲豐國此不待遏而自無糴者也今之災黎安得生長於其地哉

專封國邑註

（四書釋地續） 郝京山解無曲防三句以周禮大宗伯以凶禮哀邦國之憂分配之曰以喪禮哀死亡卽有封必告也封必告死葬相助也又曰封與窆同窆悲驗切葬下棺也禮記縣棺而窆是凡諸侯告薨則同盟皆弔五月而葬則同盟皆會此獨言葬者葬則有賵有賻有贈有襚春秋天王葬且不會如武氏子來求賻之類友邦可知矣無不告者告則會也集註謂封建國邑必告天子非也封建大事豈賢之末簡無不者在多之辭春秋二百四十二年閒未聞有封國者命與恤災同其爲死葬甚明也余謂左傳諸侯城楚邱而封衛爲國語翟人攻邢桓公築夷儀以封之何嘗無封國來第少耳無不者甚少之辭妙蓋三者皆屬交鄰國之事無尊王在內解自勝

長君逢君

（孟子正義） 音義云長張丈切丁又如字兩讀皆有大義呂氏春秋本味篇云長澤之卵高誘注云長澤大澤此長如字也諭大篇云萬夫之長高誘注云長大也此長張丈切也長通張詩大雅韓奕孔脩且張傳云張大也禮記樂記云長言之也注云長言之引其聲也國語周語云宣所以施教也謂張施其命而徧布之故以大釋長又以宣申明之距逆此惡命則不敢施行於外趙氏蓋讀長如字而爲張大之義也 方言云逢逆迎也自關而東曰逆自關而西或曰迎或曰逢趙氏所本也荀子修身篇云以不善先人者謂之諂莊子漁父篇云希意道言謂之諂鬼谷子權篇云諂先意承欲者也諂古諂字君心之惡未發而臣先其意導之所爲以不善先人也所謂希意道言也蓋

公三年左傳云稱其譽不爲諂注云諂媚也君先有意而臣張布之是順從也君未有意而臣先導之是迎合也故以迎訓逢又以諂媚申明之又以導字申明之

慎子　滑釐

（四書典故辨正）　魯欲使慎子爲將軍疑亦在平公之世孟子歸魯之日也按史記慎到趙人也學黃老道德之術著十二篇毛大可曰慎滑釐卽禽滑釐墨子云臣弟子禽滑釐等三百人皆持臣之器以待楚寇是也又卽谿滑釐呂覽高誘注謂禽滑釐一氏谿是也古文禽與谿與慎字形相近又周禮注獸五歲爲慎又云獸之可禽者爲慎故趙注謂慎子善兵法正指禽滑釐言若正義謂卽慎到趙人齊稷下客與孟子同時則不然慎到本名家者流詢曾定慎子有四十二篇不善兵法且諸書無言慎到師墨翟者愚按墨子所云楚寇卽公輸般爲楚設機攻宋之事戰國策在宋景公之世已能持兵待寇度其年亦已長矣豈得至孟子時猶在哉考慎與禽古文並不相近周禮大司馬註獸五歲爲慎鄭康成謂慎讀爲麎引爾雅麎牝爲麎以證不云慎讀爲禽也正義謂卽慎到固非而毛氏改慎爲禽亦謬薛方山又謂慎子嘗學於禽滑釐述其所尊尙者亦無稽之說也

（四書攷異）　古今人表禽滑釐師古註曰卽滑釐也呂氏仲春紀許犯學於禽滑釐孟夏紀索盧參學於禽滑黎釐黎均與釐通薛應旂人物考曰慎子所云滑釐乃述其師非自通其名也按墨子公輸篇言臣之弟子禽滑釐莊子天下篇言慎子與彭蒙田駢爲友學墨子弟子禽滑釐之術然則滑釐誠非慎子之名也慎子名到到明所受於師之異故辭云云列子載禽子與孟孫陽辨而不能答乃曰以吾言問墨翟則吾言當矣滑釐辭詘而援其師翟慎到辭詘而援其師滑釐師第一轍或卽其所傳家法然耶

（孟子正義）　荀子解蔽篇云慎子蔽於法而不知賢天論篇云慎子有見於後無見於先非十二子篇云尙法而無法下修而好作上則取聽於上下則取從於俗終日言成文典及紃察之則倜然無所歸宿不可以經國定分然而其持之有故其言之成理足以欺惑愚衆是慎到田駢也莊子天下篇云不顧於慮不謀於知於物無擇與之俱往古之道術有在於是者彭蒙田駢慎到聞其風而悅之又云慎到棄知去己而緣不得已冷汰於物以爲道理史記孟子列傳云自騶衍與齊之稷下先生如淳于髡慎到環淵接子田駢騶奭之徒各著書言治亂之事以干世主

愼到趙人學黃老道德之術因發明序其指意故愼到著十二論徐廣云今愼子張守節正義云愼子十卷在法家則戰國時處士漢書藝文志法家者流有愼子四十二篇名到先申韓申韓稱之到與孟子同時此愼子宜卽是到乃史但言其學黃老爲法家者流不當使爲將軍故趙氏不以爲到而以其使爲將軍則以爲善用兵者耳

南陽

〔四書典故辨正〕 戰國時有三南陽一爲南陽郡屬韓卽今河南南陽府也一爲南陽城屬魏卽今懷慶修武縣也此南陽地屬齊趙註山南曰陽岱山之南謂之南陽也閻潛邱云史稱太山之陽則魯其陰則齊南陽屬齊必齊之地深插入魯界中者愚按公羊傳齊桓使高子將南陽之甲立僖公而城魯註南陽齊下邑史記魯仲連傳楚攻齊之南陽彙隱齊淮北泗上地趙世家歐齊之試兵南陽莒地以聚常郯之境索隱南陽齊之西界皆不能實指其地竊疑南陽是統名如晉令溫原攢茅之地俱謂之南陽其所稱東陽則太行山之東皆是不得指一處以當之故趙注槪云岱山之南近見全謝山經史問答謂南陽卽汶陽蓋山南曰陽是南陽所以得名也水北曰陽是汶陽所以得名也按左傳鄆讙龜陰陽關皆齊魯境地通而言之皆汶陽之田而皆在太山之西南汶水之北則汶陽非卽南陽乎此說先得我心亟錄之

〔四書摭餘說〕 春秋之世齊魯所爭莫如南陽隱桓之世以許田易泰山之祊是南陽尙屬魯及莊公之末則已似失之故高子將南陽之甲以城魯然僖公猶以汶陽之田賜季友則尙未盡失而魯頌之祝之以居嘗與許嘗亦有南陽之境蓋大半入齊矣自成公以後則盡失之蓋汶水出泰山郡之萊蕪縣西南過嬴縣桓三年公會齊侯于嬴者也又西南過牟縣牟故魯之附庸也又東南流逕泰山又東南流逕龜陰之田卽左氏定十年齊所歸也又東南流逕明堂又西南流逕徂來山又南流逕陽關卽左氏襄十七年逆臧孫之地又南逕博縣卽左氏哀十一年會吳伐博者也又南逕龍鄉卽左氏成二年齊侯圍龍者也又南逕梁父縣之菟裘城左氏隱十一年所營也又西南過剛縣漢之剛乃春秋之闡其西南則汶陽之田又西南則棘左氏成三年所圍也又西南爲遂左氏莊十三年齊所滅也又西南爲下讙左氏桓三年齊侯送姜氏之地又西南爲郈則叔孫氏邑又西南爲平陸按左氏鄆讙龜陰陽關皆齊魯接境地通而言之皆汶陽之田而皆在泰山之西南汶水之北則汶陽非卽南陽乎故愼子欲爭南陽

亦志在復故土孟子則責其不教民而用之耳荀子謂愼子有見於後無見於先莊子謂愼到謑髁無任縱脫無行其所謂道非道而所言之韙不免於非孟子稷下之遊曾與有舊　（注）非十二子篇注云愼子與宋鈃孟子同時因以當道志仁之言明喻之蓋距甖之旨深矣或謂愼子聞宋鈃之風而悅之稍稍以禁攻寢兵爲尙故南陽之役遂亦中止不知實顯孟子之一言也

周公之封於魯節

〔四書釋地又續〕　孟子一則公侯皆方百里再則大國地方百里證以周公太公其封齊魯不過各方百里耳而孟子時魯地且五倍之以爲有王者作魯必在所創安得有成王封周公於曲阜地方七百里之說哉爲此說者乃明堂位篇中多誣不可勝舉余嘗上稽周易雷驚百里諸侯國制厥象取此下徵魯頌革車千乘惟百里國數適相應子產曰昔天子之地一圻列國一同同方百里也今晉地多數圻矣皆侵小故管仲曰昔賜我先君履南至于穆陵北至于無棣穆陵山名今在沂水縣無棣溝名今爲海豐慶雲兩縣南北相距七百里亦應是後來侵小所至管仲尙不難自誣其先君以誇楚而作明堂位者彼何人哉宜其白撰出惜也採入集註顯與孟子悖

〔羣經補義〕　明堂位言封周公於曲阜地方七百里魯頌言奄有龜蒙遂荒大東保有鳧繹遂荒徐宅則魯之封域蓋廣矣約略計之北與齊分泰山西與曹分濟水南近邾滕而西南至金鄉魚臺單縣鄰於宋東跨蒙抵諸城濱海東南與莒爲鄰則七百里有過之無不及也雖其間不無後世增擴然亦祗能侵小豈能幷大其附庸之國則任宿須句顓臾根牟鄅鄟牟極鄣郜所占地固多然謂魯之實封儉於百里則魯豈止曲阜一縣乎孟子蓋爲當時諸侯土地過制者狹小言之非實錄也齊百里意亦同

今魯方百里者五

〔四書典故辨正〕　註謂魯地之大皆幷吞小國得之今考諸春秋滅國則若項若鄟若邿若鄫若須句若根牟取邑則如伐宋取郜與防伐齊取穀伐莒取向取鄆取鄟伐邾取訾婁取繹取漷東田及沂西田有分自伯主者僖公分曹地自洮以南東傅於濟襄公分邾地自漷水歸之於我哀公時越滅吳與魯泗東地方百里　（注）見史記越世家　是也有入自叛臣者邾庶其之漆閭丘黑肱之濫莒牟夷之牟婁防茲小邾射之句繹是也此魯地所以廣也

五百里歟

〔四書客難〕 客曰方百里者五開方數之爲數幾何曰方百里者五不可以方五百里解之蓋方百里者五僅底五個百里之國爲方一里者五萬當天子方千里百分之五若方五百里則底二十五個百里之國爲方一里者二十五萬當天子方千里百分之二十五爲方千里四分之一近人多以方百里者五爲方五百里坐未細辨本文句法耳曰僅五個百里如何猶在所損曰此時晉較方千里之齊少九十五個百里若較蘇秦稱方二千里之齊則少三百九十多個百里卽較方七百里時亦減四十四個百里所謂晉之削也滋甚此則甚而又甚矣而孟子猶以爲宜在所損蓋因執始封百里之說故耳曰恐或本是方五百里孟子文偶誤否曰此無可考然宋方五百里稱王晉似不及宋之強也

白圭

〔四書摭餘說〕 史記貨殖傳白圭周人也當魏文侯時李　鈕當作悝　務盡地力而白圭樂觀時變云云蓋天下言治生者祖白圭此一白圭也圭其名孟子白圭曰吾欲二十而取一又曰丹之治水也愈於禹此一白圭也其名丹則字耳先後自不同時自趙氏附會爲一人而集註林氏益以能薄飲食忍嗜欲居積致富欲以其術施之國且爲岐設十層步障矣不知爲又一白圭也閻百詩曰韓非事白圭相魏鄒陽書白圭戰亡六國城爲魏取中山又白圭顯於中山中山人惡之魏文侯文侯投以夜光之璧魏拔中山在文侯十七年癸酉下逮孟子乙酉至梁凡七十三年　鈕余按孟子於惠王後元十六年至梁則當改作八十九年爲合　爲國之將相者尚能存於爾時乎縱存於爾時尚能爲國築隄防治水害乎苟皆能之孟子與之晤對其爵之尊壽之高當何如隆禮而但曰子之吾子之云乎我故斷以爲兩人也全謝山曰宋人鮑彪已嘗言之但魏人另有一白圭當昭王時是孟子之後豈見國策不知閻百詩何以不一引及鮑彪謂當是孟子所稱者余按昭王時孟子去魏已久或孟子兩章不必爲在魏之言亦未可知然白圭決是兩人集註皆仍趙氏之誤正不必以樂記載子夏與文侯答問爲文侯二十五年時來時子夏年一百八歲漢孝文得文侯樂人竇公獻周官太師樂章竇公年當二百五六十遂許文侯世多壽考之人而疑之也

〔孟子正義〕 史記貨殖列傳云白圭周人也當魏文侯時李克務盡地力而白圭樂觀時變故人棄我取我與能薄飲食忍嗜欲節衣服與用事僮僕同苦樂趨時若猛獸摯鳥之發故曰吾治生產猶伊尹呂尚之謀孫吳用兵商鞅行法是也蓋天下言治生祖白圭趙氏以孟子白圭即此人也閻氏若璩釋地續云史記貨殖傳此一白圭也圭其名孟子白圭此一白圭也其名丹圭則字爾先後殊不同時趙氏傳會爲一人吾嘗斷之曰此兩人也韓非書白圭相魏鄴陽書白圭戰亡六以爲魏取中山又白圭顯於中山中山人惡之魏文侯文侯投以夜光之璧魏拔中山在文侯十七年癸酉下逮孟子乙酉至梁凡七十三年縱存尚能爲國築隄防治水害乎毛氏奇齡說與閻氏同全氏祖望經史問答云宋人鮑彪已嘗言之但魏人當昭王時是孟子之後鮑見國策不知潛邱何以不引及鮑彪謂當是孟子所稱者周氏廣業孟子時地出處考云閻百詩毛初晴並言有兩白圭今考韓非子有云白圭之行隄也塞其穴故無水難呂氏春秋載白圭與惠施析辨二條新序有孟嘗君問白圭之文則其別一人似無可疑乃史又稱白圭自言吾治生產猶商鞅行法則正與孟子同時戰國策昭王時白圭始見而拔中山者言樂羊不言白圭史乃鄴陽之說又恐誤以武侯爲文侯

吾欲二十而取一章

客曰二十取一孟子以爲貉道未審視後世何如曰三代賦稅與國家經費視後世判能齊觀詳具予周禮客難中者不復言今姑就此章略言之據孟子以二十取一爲貉道然漢景帝三十稅一光武亦三十稅一晉武因魏武之舊畝輸粟四升哀帝減至二升唐制田一頃入租粟二石元定賦稅上田畝稅三升半中田三升下田二升半水田畝五升明及國朝多遵元制皆幷輕於二十取一何以用無不足也據春秋傳什一爲天下之中正然光武以師旅未解偶行什一之稅恐其病民六年即復三十稅一舊制唐代宗永泰元年第五琦行什一之法民多逃亡次年即停之何以什一不可行後世也竊嘗推其故而得之三代地宅皆授於君非如後世自構故賦民什一而甘心豈但什一雖春秋後什二而亦不敢甚怨也至其施惠於民與君臣用財常式尤大過於後世如委積郵氏學校教民無論已即以此章所列言之一宗廟祭祀之禮古制祖廟天子七諸侯五大夫三適士二官師一其祭有禘祫時祭

〔四書客難〕

月祭之等差後世天子及大夫士廟數未聞能如古也學祭之數亦未聞能如古也一諸侯幣帛饔飱古制君行師從卿行旅從故諸侯相朝主國必備二千五百人饔飱卿大夫聘主國必備五百人饔飱覲聘禮所載積間饔餼束帛束錦脩幣酬幣及秋官掌客所陳可知後世使者出境從者不過數人太史差遣員役尤少其供應未聞能如古饔飱牢禮之豐也一百官有司古制鄉遂及公邑之官爲數甚多雖五十里如滕亦有百官之文供職有田頒家食有采祿後世百里之地文武有司不滿十人千里之廣監司守牧不滿二十人其正俸養廉未聞能及古之半也若此者古今不同章章如也蓋惟古之禮數繁治法密官吏多故非什一不能足後世之禮數簡治法疏官吏少故三十稅一而已足此則孟子所不及料也

貉

〔孟子正義〕說文豸部云貉北方貉豸種也周禮夏官職方氏辨其邦國都鄙四夷八蠻七閩九貉五戎六狄之人民鄭司農云北方曰貉狄書禹貢云五百里荒服三百里蠻二百里流胡氏渭禹貢錐指云單言蠻則爲四裔之通稱蠻在荒服知貉即在荒服也

陶

〔孟子正義〕考工記云摶埴之工二陶旊注云摶之言拍也埴黏土也呂氏春秋愼人篇云陶於河濱高誘注云陶作瓦器

夫貉五穀不生二句

〔孟子正義〕程氏瑤田通藝錄九穀考云黍之不黏者其熟最疾播在黏者之後穫在黏者之前孟子曰夫貉五穀不生惟黍生之以貉地生物之氣時日最短故必中土熟之最疾者播乃有秋焉則孟子之所謂黍蓋黍之黏者所謂穄也後漢書烏桓列傳其土地宜穄三國志烏丸傳注引王沈魏書烏丸地宜青穄唐書北狄傳奚稼多穄奚即烏桓也烏桓地東連鮮卑其西爲匈奴又西爲烏孫匈奴烏孫當中土之正北地極寒漢書匈奴傳云居於北邊逐水草遷徙無城郭常居耕田之業雖於屠貳師之年云年穄不熟顏師古曰亦以爲種黍穄實則以畜牧爲事故自君王以下咸食畜肉耳又按匈奴傳孝文帝時以匈奴處北殺氣早降詔遺單于秫蘖金帛絲絮武帝時單于遺

書欲取稷米五千斛亦可見其不事農業即黍稷亦未必能生矣烏桓諸國在匈奴東地氣稍煖故能生稷吾疑其地即孟子所謂貉與且貉亦非盡不生五穀者也貉之地甚廣也周官職方氏所掌有九貉鄭志答趙商問云在東方漢書高帝紀有北貉而戰國策蘇秦說秦惠王曰大王之地北有胡貉代馬之用又可見貉地亘秦之北皆是矣謂可致其物以爲用其非以貉爲界又可知後漢書句驪亦名貊耳是貉之一國亦必非不生五穀之貉也又載諸國在鮮卑東者皆言其宜五穀然則五穀不生之貉居貊耳鮮卑之西北所謂烏桓宜穄矣稼多穄黍之地無疏矣說文黍禾屬而黏者也以大暑而種故謂之黍孔子曰黍可爲酒禾入水也䵚穄也穄糜也按說文以禾況黍謂黍爲禾屬而黏者非謂禾爲黍屬而不黏者也是故禾屬之黏者黍者黍則禾屬而不黏者糜對文異散文則通稱經傳中見黑黍白黍黃黍赤黍不見黑糜白糜黃糜赤糜以是知散文通稱黍也飯用米之不黏者黏者釀酒及爲餌餈酏粥之故簠簋實糜爲之以供祭祀故又異其名曰穄黍之不黏者獨有異名祭尙黍也

君子不亮惡乎執

〔十一經問對〕 問此惡字作平聲還作去聲對曰亮與諒同孔子曰豈若匹夫匹婦之爲諒也又曰君子貞而不諒諒者信而不通之謂君子所以不諒者非惡乎信惡乎執也故孟子又曰所惡執一者爲其賊道也

訑訑

〔孟子正義〕 音義出訑訑云張吐禾切云盜言辭不正欺罔於人自誇大之貌丁云此字音他又達可切說文云欺也字作詑者音怡訑訑自足其智不嗜善言之貌今諸本皆作訑即不合注意當借讀爲訑音怡阮氏元挍勘記云訑訑字作詑者今諸本皆作訑按說文作詑方言作訑皆訓欺孟子是此字注自足其智不嗜善言義之引伸丁張音義皆確自訑譌訑乃別爲音而孫氏又爲曲說不可從詑按說文言部云詑沇州謂欺曰詑從言它聲一切經音義引纂文云兗州人以相欺爲訑人音湯和反訑逭也訑即詑詑即訑訑爲詑之俗訑之俗訑爲詑之通也戰國策燕王謂蘇代曰寡人甚不喜訑者言也蘇代對曰周地賤媒爲其兩譽也之男家曰女美之女家曰男美又云事非權不立非勢不成夫使人坐受成事者惟訑者耳觀代之言訑爲欺譏不實明矣男女未必盡美而媒者譽以爲美此訑欺也已本無所知而以爲予既已知之亦訑也欺也訑訑既爲自足其智不嗜善言之貌則曰訑訑者不得

爲不好善者之言上云夫苟好善則四海之內云云此云夫苟不好善則人將曰訑訑將曰之將與將輕之將同人見此不好善之人而狀其貌曰訑訑又述其言曰予既已知之矣既猶盡也予盡知之謂人之言不足以益之是賤人之言也趙氏云其人謂與相親近之人惟與相親近故見其聲音笑貌如此賤他人之言辭予既已知之矣訑訑是見顔色予既已知之是發聲音人狀其貌述其言如是是人皆知其不欲受善言也人皆知其不欲受善言是不獨道術之士而道術之士聞人言如此豈肯至乎是其訑訑之聲音顔色有以拒止之也

讒諂面諛

〔四書釋地又續〕　魏叔子日錄曰與諸生論讒諂面諛四字面諛者稱譽順從而已諂則加甚焉卑污曲媚無廉恥矣讒則又甚焉亂是非誹忠良害人誤國矣然其端皆自面諛始人只一好人順已流弊便無所不至其在已身也初好面諛久之性習驕恣好諂矣又久之蒙蔽昏昧好讒矣其在衆人也初面諛者得售聞風而諂者來矣諂者得售聞風而讒者來矣其在一人也初投我以面諛我安其諛而彼更進其諂矣我安其諂而彼更進其讒矣此皆人所必至之勢故君子愼其端焉或問何以不言面諛讒諂其猶愼言天下國家之義乎

傳說舉於版築之間

〔四書釋地〕　集註說築傅巖傅氏之巖在虞虢之間今平陸縣東三十五里是俗名聖人窟爲說所傭隱止息處非於此築也巖東北十餘里即左傳之顚軨坂有東西絕澗左右幽空窮深地壑中則築以成道指南北之路謂之爲軨橋也說身負版築爲人所執役正於此地至今澗猶呼沙澗水去傅巖一十五里墨子尸子並以傅巖在北海之洲者大非　　■說操築於傅巖分爲題辭則可

〔四書典故辨正〕　尙書孔傳傅氏之巖在虞虢之界通道所經有澗水壞道常使胥靡刑人築護此道說賢而隱代胥靡築之以供食疏云說賢必不犯罪當是代胥靡是說之築蓋爲人傭力也漢書賈誼傳傅說胥靡乃相武丁張晏註傅說被刑築於傅巖是直以說爲刑人非也吳氏稗傳蔡氏集傳以築爲居又與孟子版築不合墨子云傅說衣褐帶索傭築於傅巖則明係執役當以孔傳爲正

〔四書摭餘說〕　史記殷本紀云是時說爲胥靡築爲傅險楊愼曰險古巖字　註按晉灼漢書音義云胥相也靡

隨也古者相隨坐輕刑之名傳說賢人必身不犯罪言其爲胥靡當是時代胥靡也　但序直言夢得說不言傳而本紀又云遂令傳險姓之號曰傳說是高宗始命爲傳氏不知舊何氏也皇甫謐曰高宗夢天賜賢人胥靡之衣蒙之而來曰云我徒也姓傳名說天下得我者豈徒也哉武丁悟而推之曰傳者相也說者懽悅也天下當有傳我而說民者哉明以夢示百官百官皆非也乃使百工寫其形象求諸天下果見築者胥靡衣褐帶索執役於虞虢之間傳巖之野名說以其之傳巖謂之傳說夫謐言初夢即云姓傳名說又言得之傳巖謂之傳說何自相伐歟至莊周又言傳說乘東維騎箕尾而比於列星余謂生形帝夢而死託天星或好事者附會而爲之說耳且即高宗之夢當日亦是託詞史稱武丁即位思復興殷而未得其佐三年不言政事決定於冢宰以觀國風其時必審知傳說之賢隱居版築欲驟舉之而又恐甘盤爲相勢難遽奪其官不得已而託諸帝以折其心形諸夢以神其遇因而刻其像以求之民間及其得之即顯而擢之羣臣百吏之上此正是中興第一大作用不然而天子豈工繪畫之事立談又豈拜相之時也

管夷吾舉於士

（孟子正義）書堯典云汝作士史記集解引馬氏注云士獄官之長周禮地官大司徒云其附於刑者歸於士注云士謂主斷刑之官莊公九年左傳云鮑叔帥師來言曰子糾親也請君討之管召讎也請受而甘心焉乃殺子糾於生竇召忽死之管仲請囚鮑叔受之及堂阜而稅之歸而以告曰管夷吾治於高傒使相可也公從之此舉於士之事也

孫叔敖舉於海

（四書釋地）趙氏注孫叔敖隱處耕於海濱楚莊王舉之以爲令尹此亦是隨文解事實無所徵莊王時楚南境東境去海尚遠而史記稱孫叔敖楚之處士荀子呂氏春秋並以爲期思之鄙人期思故城在今固始縣西北七十里固始本寢邱即莊王感優孟之言以封其子者傳十世不絕其得爲令尹也或曰進自虞邱子　見史記說苑列女傳　或曰沈尹莖力　見呂氏春秋　或曰楚有善相人者招聘之　見新序　皆無起家海濱說蓋孟子所據之書籍今不可考矣

〔四書賸言〕　孫叔敖非楚公族杜預服虔注左傳誤以蔿艾獵與蔿敖合三人爲一人最是可笑孫叔本蓼國處士楚莊王滅蓼而後用虞邱之薦舉以爲相並非蔿氏其誤以蔿敖爲孫叔者以敖名相同且同見於邲之戰而又誤爲蔿艾獵者以宣十一年艾獵城沂是令尹十二年孫叔戰邲亦是令尹兩年一官必是一人而實則邲之戰孫叔爲令尹帥師蔿敖爲太宰僅典軍政兩官兩事然且蔿敖典軍政指前時入鄭言不指邲戰故有謂蔿敖此時不在軍者其以叔爲敖本屬誣妄卽使孫叔是蔿敖當亦不是蔿艾獵何則蔿敖與蔿艾獵又非一人也若艾獵本司馬蔿賈之子而艾獵之子馮又爲司馬直是世卿此與孫叔薦舉爲相幷其子貧賤負薪楚莊感優孟之言而始封以其父之食邑全不合也故孟子特加舉字編諸伏處之列校之荀子呂覽史記以及劉向之說苑新序列女傳歷有明據特諸書稱期思之鄙人期思本蔣國與蓼相近而後入於蓼故封蓼寢邱其在西漢地理志名寢縣在東漢郡國志名固始蓼國去海數千里並非海濱乃曰舉於海何也

〔正事括略〕　楚莊王封叔敖子事史記載之甚悉費補之谿谿漫志又云予嘗游浮光叔敖卽是郡期思縣人也期思今廢爲鎭予得漢延熹中所立碑書是事微有不同而所載歌絕奇曰貪吏不可爲而可爲廉吏可爲而不可爲云云聽者安得不感動也孫叔爲蔣之期思人其地與蓼近楚莊滅蓼而虞邱相卽薦於莊而舉之爲相並不曾伏處海濱然而舉於海何也曰孟子明曰海非海濱也蔣蓼楚外國而期思又適當淮西之地水經淮水經期思之北而東注於海禹貢稱淮海地志稱淮康海以淮通故也此與魯詩來淮夷而曰至於海邦江漢伐淮夷而曰至于南海正同蓋海不必在波濤間耳

〔四書典故辨正〕　史記稱孫叔敖楚之處士又稱孫叔敖進　自虞邱子荀子呂覽並云期思之鄙人或曰由沈尹莖力或曰楚有善相人者招聘之諸說皆謂叔敖以處士起家與孟子合但不言海濱耳杜氏注左傳謂孫叔敖卽蔿艾獵乃蔿賈之子則是楚公族並非由處士舉用者閻百詩曰蔿者蔿賈于宣四年官司馬爲子越椒所惡囚而殺之故其子遂式微竄處海濱毛大可謂賈以怨並非國法且賈死而王遂盡滅鬭氏有何仇患而竄處遠地至於式微考期思本蓼國地叔敖實蓼人及楚滅蓼而後薦而用之從來說書者皆不曉也愚按叔敖避仇遠竄此情事所或有閻說近之毛以爲蓼人則大謬僖二十四年傳凡蔣邢茅胙祭杜註蔣在弋陽期思縣水經注期思縣故蔣

國周公之後楚滅之然則非蓼國也文五年傳楚滅蓼杜注蓼今安豐蓼縣然則非期思也適志期思宋改爲樂安今光州仙居縣是蓼今壽州霍邱判然二地毛說非是

百里奚舉於市

〔四書彙解〕　百里奚自鬻於秦養牲者五羊之皮食牛以要秦穆公此是謬言故孟子不許然其說自可解者莊子百里奚飯牛而牛肥是養牲也國語周王子頹好牛奚少時以養牛之術干之是以養牲干進也惟五羊之皮則實爲秦穆公贖奚之物秦本紀晉獻滅虞以奚媵於秦而奚逃楚鄙秦穆以五羖羊皮贖之而舉以爲相故當時稱五羖大夫以爲此五羖羊皮所贖官也而非舉於市也或曰國策曰舉之牛口之下以養牲言不以贖奚言然而亦非舉於市何　則田宅豢畜市販畜奚雖飯牛願未嘗販牛也市何也

〔四書典故辨正〕　集註百里奚事見前篇此郎指食牛言毛大可曰食牛養牲在田宅而不在市以市宜販畜不宜牧畜也舉市與史記贖奚正相合按字書市訓買贖亦訓買故市貨稱贖貨舉於市猶言舉於贖買間也愚按毛氏偏信秦本紀贖奚之說而不信商君傳舉之牛口之下之說故以市爲贖買然舉於市解作舉于贖買間畢竟于文義不合大抵養牲販賣初非二事說苑秦穆公使賈人載鹽賈人以五羊皮買奚使將鹽車往穆公視鹽見牛肥曰任重道遠而牛肥何也奚對曰食之以時使之不暴有險先之以身穆公知其賢以爲上卿然則百里奚爲人養牲郎爲人販賣以養牲言則曰舉之牛口之下以販賣言則曰舉於市非有二也

人恆過節

〔趙注〕　人常以有繆思過行不得福然後乃更其所爲以不能爲能也困瘁於心衡横也横塞其慮於胷臆之中而後作爲奇計異策憤激之說也徵驗見於顏色若屈原憔悴漁父見而怪之發於聲而後喻若甯戚商歌桓公異之

拂士

〔孟子正義〕　音義云拂音弼荀子臣道篇云爲能抗君之命竊君之重反君之事以安國之危除君之辱功伐足以成國之大利謂之拂說苑臣術篇引此文拂作弼賈子保傳篇云潔廉而切直匡過而諫邪者謂之拂拂者拂天

子之過者也大戴記保傅篇載此文上二拂字作弼說文弜部云弼輔也重文作𢏼手部云拂過擊也然則弼爲本字以𢏼从𢏼聲同拂故假借拂也

盡心第七章句上

盡其心者知其性也

〔四書改錯〕 註云盡心則知至之謂知性則物格之謂　首節知之盡即知也次節仁之至即行也末節殀壽不貳承知天言脩身俟死承事天言此抄變之最甚者以盡訓知非字法盡心者由於知性也非句法以末三句分配上六句亦非章法大易盡性中庸能盡其性俱非知也即孟子盡心耳矣盡心力而爲之非知心也況謂知性是物格則性即物矣尤屬無理總因改大學格物而意不自安必多方拘曲以伸己意實則知性是格物不特大學無此說孟子無此說凡古昔聖賢俱無此說大抵心性天一串心由於性生心之謂是也性出於天天命之謂性是也然是溯而得之非遡而出之也蓋盡心之量而無所闕則便知心所自來與性所從出一氣俱到此誠而明者至存心養性是一學問人故曰事天言從事乎此也若脩身俟死則困勉終身又降天一等而曰命言不過從天之命我者使不殞耳此實孔孟論學層次知生知學知困知及生安學利困勉等並非兩頭一脚分承拆配如朱子註中庸法盡聖賢口語經書文例俱未嘗有時文配搭在胸臆中也讀者詳之　殀壽不二即修身俟死謂修身之至不以殀壽貳其脩也與知天何涉

存其心養其性所以事天也

〔孟子正義〕 荀子解蔽篇云心者形之君而神明之主也出令而無所受令春秋繁露循天之道篇云凡氣從心心氣之君也淮南子原道訓云夫心者五藏之主也所以制使四支流行血氣馳騁於是非之境而出入於百事之門戶者也精神訓云是故血氣者人之華也而五藏者人之精也夫血氣能專於五藏而不外越則胸腹充而嗜欲省矣胷腹充而嗜欲省則耳目清聽視達矣耳目清聽視達謂之明五藏能屬於心而無乖則勃志勝而行不僻矣教志勝而行之不僻則精神盛而氣不散矣此心爲精氣主之說也馳騁於是非之境而行之不僻即思慮可否然後行之之謂也猶與由通所以然者由人之性善故其心能變通以天爲法則也莊子天運篇云天其運乎地其處乎日月其爭於所乎孰主張是孰維綱是孰居無事推而行是意者其有機緘而不得已邪意者其運轉而不能自

止邪楚辭天問篇云斡維焉繫王逸注云維綱也文選長笛賦注引字林云維持也詩周頌執競武王箋云執持也儀禮鄉射禮云下綱不及地武注云綱持舌繩也執持維綱四字同義趙氏取莊子此文而以執持釋維綱莊子以天之運轉執維綱而使之推行趙氏以天之運其所以維綱者北辰而引論語以證之周禮春官馮相氏掌二十有八星之位秋官硩蔟氏掌二十有八星之號故注云星謂從角至軫爾雅釋天云壽星角亢也天根氐也天駟房也大辰心尾也析木之津箕斗之間漢津也星紀斗牽牛也元枵虛也顓頊之虛虛也北陸虛也營室謂之定娵觜之口營室東壁也降婁奎婁也大梁昴也西陸昴也濁謂之畢咮謂之柳柳鶉火也此二十八舍之星角亢氐房心尾箕爲東方蒼龍之宿斗牛女虛危營室東壁爲北方元武之宿奎婁胃昴畢觜觿參爲西方白虎之宿東井輿鬼柳七星張翼軫爲南方朱鳥之宿爾雅於北缺危於西缺胃觜參於南止有柳蓋舉其宜釋者餘從略也而承之云北極謂之北辰孫炎注云北極天之中以正四時趙氏本於此故謂正二十八舍者北辰也二十八舍東西南北分主四時正四時即正二十八舍矣邵氏晉涵爾雅正義云爾雅約舉二十二舍十二次而繼以北辰者以其爲衆星所拱也屈原賦天問斡維焉繫天極焉加戴氏震注云天極論語所謂正北極周髀所謂正北極步算家所謂不動處亦曰赤道極是爲左旋之樞賈逵張衡蔡邕王蕃陸績皆以紐星爲不動處梁祖暅測紐星離不動處一度奇元郭守敬測離三度奇矣趙氏以心比北辰以四體五官等比二十八舍二十八舍聽令於北辰則正而不忒四體五官聽令於心則善而不惡法天即所以事天也

莫非命也順受其正

〔趙注〕 莫無也人之終無非命也命有三名行善得善曰受命行善得惡曰遭命行惡得惡曰隨命惟順受命爲受其正也

爲機變之巧者

〔孫疏〕 今之人造爲機變陷阱械兵之巧以爲攻戰者是爲不正之道也

附之以韓魏之家　二句

〔趙注〕 言人既自有家復益以韓魏百乘之家

〔孟子正義〕　漢書諸侯王表云設附益之法張晏注引律鄭氏說云封諸侯過限曰附益故趙氏以益釋附也以益釋附益爲增益故云人自有家復益以韓魏百乘之家也百乘之家益之自外仁義之道根之於心但視外所附則見其富貴自視其中之所有故欿然知不足也自知由於自視自視仁義之心不移於富貴益於外不能益於中也段氏玉裁說文解字注云欿欲得也從欠臽聲臽若貪孟子附之以韓魏之家如其自視欿然張鎰曰欿音坎內顧不足而有所欲也玉裁按孟子假欿爲坎謂視盈若虛也大元害推欿䆳即坎窞也今本大元欿字譌不可識晏子春秋問下云鋑然不滿　孫氏星衍音義云玉篇鋑丑甚切此當爲欿然之假音

驩虞

〔孟子正義〕　音義云驩虞丁云義當作歡娛古字通用耳翟氏灝攷異云文選張景陽詠史詩朝野多歡娛注引孟子霸者之民驩虞如也云娛與虞古字通用又蘇子卿詩歡娛在今夕注云孟子霸者之民歡娛如也按漢書魏相傳君安虞而民和睦匡衡傳未有游虞弋射之宴虞悉通娛按說文女部云娛樂也虞爲假借字故白虎通號篇云虞者樂也說文欠部云歡喜樂也馬部云驩馬名驩亦假借字荀子大略篇云夫婦不得不驩一切經音義引三蒼云驩古歡字驩虞即歡娛故趙氏云樂之也

皡皡

〔孟子正義〕　音義云張云皡與昊同說文胡老切義與浩同古字通用趙氏讀皡皡爲浩浩說文日部云皡皓旰也交部云昊春爲昊天元氣昊昊皓旰即浩浩瀚瀚淮南子俶眞訓高誘注云浩浩瀚瀚廣大貌也詩王風黍離傳云元氣廣大則稱昊天浩昊皓皡古字皆通蓋水之廣大爲浩浩天之廣大則爲皡皡故趙氏以道大法天解之則仍以皡皡爲元氣廣大以浩浩明之耳天氣廣大故難見王者道大法天其廣大故亦難見所以廣大難見則下中言之

所過者化所存者神

〔趙注〕　君子所過於人者在於政化存其身者在於神明

仁言不如仁聲之入人深也

〔趙注〕仁言政教法度之言也仁聲樂聲雅頌也仁言之政雖明不如雅頌感入心之深也

其所以異於深山之野人者幾希

〔趙注〕希遠也當此之時舜與野人相去豈遠哉

人之有德慧術智者　二句

〔孟子正義〕周禮地官師氏以三德教國子注云德行內外之稱在心爲德施之爲行論衡書說篇云實行爲德德行並舉義有別單舉德亦是行故以行釋德也方言云知或謂之慧禮記樂記不接心術注云術猶道也賈子道術篇云道者所從接物也其末者謂之術又云術也者所從制物也動靜之數也墨子經上篇云知材也老子云絕聖棄知王弼注云聖智才之善也淮南子主術訓云任人之才難以至治高誘注云才智也蓋德慧緼於內術智見於外故以智釋慧又以才釋智慧爲心之明才則用之當矣慧術知皆本於德故以成德包之詩小雅小弁心之憂矣疢如疾首箋云疢猶病也釋文云疢本作疹下言孤臣孽子此云疢疾蓋即本於小弁之稱疢疾也

容悅

〔孟子正義〕呂氏春秋似順篇云夫順令而取容者衆能之高誘注云容悅也容悅二字同義相疊爲雙聲毛詩曹風蜉蝣掘閱容閱也鄭風谷風我躬不閱傳云閱容也容閱即容悅後漢書陳蕃傳上疏云臣聞有事社稷者社稷是爲有事人君者容悅是爲亦容悅二字連綴趙氏分言之以悅君明苟容亦以悅釋容

天下英才

〔四書釋地三續〕天下英才猶言之非廣言之猶施伯謂管子曰天下才司馬懿謂諸葛武侯曰天下奇才也云爾若集註謂得一世明睿之才便說似王天下矣、

仁義禮智根於心

〔四書改錯〕根心謂根之於心此即古所云生心之謂性者其不曰生而曰根以心性同生原是一體比之草木之發於根而根與草木仍是一物故曰根心要之心是根性不是根也今朱氏直以性屬根曰仁之根義之根已乖反矣然且於根外又添出兩層曰氣稟物欲曰土不知所指何物本文止心性二字性既是根則此所指必是心向

使土是心則不當曰君子根著土衆人便根不著土謂衆人無四者固不可謂衆人無心尤不可也土是心又不當曰殘忍之心沒仁根頑鈍之心沒義根以義根之心而反至沒根固不可通且又不當曰去其沒根之隔而使之著土以去心之根而復使之著心尤不可通也自宋人倡言人性祇有仁義禮智四者並無孝弟遂謂天是理性亦是理已是欲心亦是欲如此文直稱心爲物欲且直以殘忍頑鈍四惡屬心而究其爲說不知性根於心心根於性支離破碎決不可解亦思註孟子當讀孟子孟子明言故理義之悅我心猶芻豢之悅我口言人各有心猶人各有口理義者心之芻豢耳謂芻豢是口根理義是心根固無此言謂滅口可以悅芻豢去心可以悅理義亦無此言況理義四者是根欲把這個根來悅那頑鈍殘忍的心將以何爲在孟子必無此言　章大來曰根於心與下文睟然見於面盎於背四於字詞氣一例根是心猶之睟然是面盎是背也若謂背不盎只仁義禮智是盎則如何盎得

孔子登東山

（四書釋地）集註東山蓋魯城東之高山蓋疑辭朱子生平足未至曲阜故作此言其實曲阜縣東二十里有防山孔子父母合葬處世家所謂防山在魯東絕不高也或曰費縣西北蒙山正居魯四境之東一名東山孟子云孔子登東山指此疑近是

（四書改錯）宏明集宗炳論引孟子登蒙山而小魯孟子四考曰考魯無東山之名論語爲東蒙主註孔曰使主祭蒙山疏云蒙山在東故曰東蒙魯頌龜蒙鳧繹毛傳以龜山蒙山正義亦引論語舊疏顓臾主蒙山則此文當爲蒙山宗少文非無據也

登太山

（四書釋地續）趙石寅誦其友滿巽元一絕云天下不曾小仲尼眼界處請君亦復去登太山何如余爲神往者久之石寅巽元俱萊州掖縣人

必觀其瀾

（趙注）瀾水中大波也

跖

〔孟子正義〕 音義云張云蹠與跖同之石切莊子有盜跖篇云孔子與柳下季爲友柳下季之弟名曰盜跖盜跖從卒九千人橫行天下侵暴諸侯穴室樞戶驅人牛馬取人婦女貪得忘親不顧父母兄弟不祭先祖所過之邑大國守城小國入保萬民苦之釋文云按左傳展禽是僖公時人至孔子生八十餘年若至子路之死百五六十歲不得爲友是寄言也李奇注漢書云跖秦之大盜也

楊子拔一毛

〔孟子正義〕 列子有楊朱篇張湛注云或云字子居戰國時人後於墨子楊子與禽滑釐辨論其說在愛己不拔一毛以利天下與墨子相反是篇載楊朱之言云伯成子高不以一毫利物舍國而隱耕大禹不以一身自利一體偏枯古之人損一毫利天下不與也悉天下奉一身不取也人人不損一毫人人不利天下天下治矣禽子問楊朱曰去子體之一毛以濟一世汝爲之乎楊子曰世固非一毛之所濟禽子曰假濟爲之乎楊子弗應禽子出語孟孫陽孟孫陽曰子不達夫子之心吾請言之有侵若肌膚獲萬金者若爲之乎曰爲之孟孫陽曰有斷若一節得一國子爲之乎禽子默然有間孟孫陽曰一毛微於肌膚肌膚微於一節省矣然則積一毛以成肌膚積肌膚以成一節一毛固一體萬分中之一物奈何輕之乎禽子曰吾不能所以答子然則以子之言問老聃關尹則子言當矣以吾言問大禹墨翟則吾言當矣呂氏春秋不二篇云陽生貴己高注云輕天下而貴己孟子曰楊子拔體一毛以利天下弗爲也貴己即爲己

墨子兼愛 三句

〔四書考異〕 墨子有兼愛三篇下篇曰昔者越王好勇教其士臣三年焚舟失火鼓而進之其士伏水火而死者不可勝數也焚身爲其難爲也然且爲之今若兼相利此其有利且易爲也我則以爲無有上說之者而已矣淮南泰族墨子服役者百八十人皆可使赴火蹈刃死不旋踵

〔湛淵靜語〕 墨子兼愛一句摩頂放踵利天下一句爲之一句蓋前有利天下不爲故也

〔孟子正義〕 史記孟子荀卿列傳後附云墨翟宋之大夫善守禦爲節用或曰並孔子時或曰在其後武氏億授堂文鈔跋墨子云漢書藝文志墨子七十一篇注云墨翟爲宋大夫在孔子後而不著其地惟呂氏春秋慎大覽高

誘注墨子名翟魯人也魯卽魯陽春秋時屬楚古人於地名兩字或單舉一字是其例也蓋墨子居於魯陽疑嘗爲文子之臣觀魯問一篇言吾願主君之上者尊天事鬼下者愛利百姓翟之尊文子爲主君意其屬於文子也外傳楚語惠王以梁與魯陽文子注文子平王之孫司馬子期子魯陽公也惠王十年爲魯哀公十六年孔子方卒則翟實當楚惠王時上接孔子未卒故太史公一云並孔子時自班志專謂在孔子後後人益爲推衍至如畢氏據本書稱中山諸國亡於燕代胡貊之國以中山之滅在趙惠文王四年當周赧王二十年則翟實六國時人至周末猶存竊以翟既與楚惠王接時後必不能歷一百九十餘年尙未卽化此固不然也中山諸國之亡蓋墨子之徒續記而竄入其師之說以貽此謬何可依也音義云突丁徒忽切穿突也襄公二十五年左傳脅突陳城注云突穿也此丁公著所本乃城可言穿頂不可言穿莊子說劍篇云吾王所見劍士皆蓬頭突鬢荀子非相篇孫叔敖突禿楊倞注云突謂短髮可凌突人者故莊子說劍士蓬頭突鬢突禿聲轉突卽禿楊氏解爲短髮是也趙氏以突明摩謂摩迫其項髮爲之禿丁氏以突爲穿失趙義矣文選江淹上建平王書注引孟子墨子兼愛摩頂致於踵利天下爲之劉熙曰致至也又任昉奏彈曹景宗注引孟子墨子兼愛摩頂致於踵趙岐曰致至也周氏廣業孟子古注攷云據此則趙劉所有之本注並同矣困學紀聞言選注引趙岐作致於踵今作放踵注無致至也三字孫宣公音義放踵下據丁氏云方往切至也是唐宋本已皆作放今攷文選劉峻廣絕交論皆願摩頂至踵注引孟子摩頂放踵趙岐曰放至也同在一書所引互異可見趙氏注本唐世已有其二非至宋始作放踵也又文選洞簫賦注引毛氏詩傳顏叔子納鄰之釐婦使執燭放乎平旦事下引趙岐孟子章句曰放至也方往切今惟放乎琅邪注有放至也三字無方往切摩頂放踵注直云摩突其項下至於踵爲致爲放莫可究詳矣翟氏灝攷異云風俗通十反篇墨翟摩頂以放踵楊朱一毛而不爲放字與今孟子同江書任彈兩注所引致於踵者疑當時劉注本獨如是任彈下趙岐二字當亦爲劉熙傳寫者遷譌然爾謹按墨子有兼愛三篇無摩頂放踵語莊子天下篇云墨子稱道曰禹親自操橐耜而九雜天下之川腓而胈脛無毛沐甚風櫛疾雨置萬國禹大聖也而形勞天下如此使後世之墨者多以裘褐爲衣跂蹻爲服日夜不休以自苦爲極以曰不能如此非禹之道也不足爲墨墨翟禽滑釐之意則是其行則非也將使後世之墨者必自苦以腓無跋脛無毛相進而已矣亂之上也治之下也孟子推其汜愛兼利生勤死薄之道

而擬之爲摩頂放踵卽自苦以腓無胈脛無毛之意耳

子莫執中

〔四書攷異〕　莊子有云儒墨楊秉四謂儒及墨氏楊氏秉氏凡四家之學也秉則無所聞恐卽當時子莫執中一家之説

陸善經云子等無執中則以莫訓無

不以三公易其介

〔趙注〕　介大也柳下惠執宏大之志不恥汚君不以三公榮位易其大量也

軔

〔四書摭餘説〕　論語夫子之墻數仞包咸注七尺曰仞孟子掘井九軔軔與仞同趙岐注軔八尺也　趙堂高數仞注亦云八尺　朱子兩存之孟子疏案釋云七尺曰軔與註異余謂八尺是也説文仞伸臂一尋八尺从人刃聲書曰爲山九仞孔傳八尺曰仞正義曰考工記匠人有畎遂溝洫皆廣深等而澮云廣二尋深二仞則澮亦廣深等仞與尋同故知八尺曰仞王子邕聖證論及注家語皆主孔義鄭康成則云七尺曰仞王逸注楚辭大招亦云七尺而小爾雅云四尺漢書應劭註云五尺六寸則亦非矣

〔孟子正義〕　音義云軔丁音刃云義與仞同借用耳先儒以七尺爲仞注云八尺曰軔程氏瑤田通藝錄七尺曰仞説云仞之數小爾雅云四尺漢書食貨志注引應劭云五尺六寸此其謬易見也説文云仞人伸臂一尋八尺王肅聖證論趙岐孟子注曹操李筌孫子注郭璞山海經注顔師古司馬相如傳注房元齡管子注鮑彪楚國語注並曰八尺而鄭康成周官儀禮注包咸論語注高誘注呂氏春秋王逸注大招招魂李謐明堂制度論郭璞曰注司馬相如賦見司馬彪説則皆以爲七尺莊子步仞之邱陸德明釋文亦曰七尺淮南子原道訓注八尺曰仞而覽冥訓注則云七尺曰仞其注百仞亦曰七百尺也是書有高誘許愼二人之説證以説文則八尺者當爲許氏所記雜高誘注中者證以呂氏春秋注則七尺者誘之説也近世方密之顧亭林皆篤信八尺之説瑤田以爲仞七尺者是也揚雄方言度廣以尋杜預左傳仞溝洫注云度深曰仞二書皆言人伸兩手以度物之名而尋爲八尺仞必七尺何

也同一伸手度物而廣深用之其勢自不得不異人長八尺伸兩手亦廣八尺用以度廣其勢全伸而不屈故尋爲八尺而用之以度深則必上下其左右手而側其身爲身側則胸與所度之物不能相摩於是兩手不能全伸而成弧之形弧而求其弦以爲仞必不能八尺故七尺曰仞亦其勢然也玉篇云度深曰測說文解測字曰深所至也測之爲言側也余之說仞字以爲伸手度深必側其身爲義與此合矣段氏玉裁說文解字注云程氏甚精仞說可定矣考工記廣二尋深二仞謂之澮倘其度同八尺何不皆曰二尋如上文廣二尺深二尺之例也謹按仞爲七尺程氏段氏之言定矣管子地員篇云夫管仲之匡天下也其施七尺瀆田悉徙命之曰五施五七三十五尺而至於泉赤壚歷彊肥命之曰四施四七二十八尺而至於泉黃唐命之曰三施三七二十一尺而至於泉斥埴命之曰再施二七十四尺而至於泉黑埴命之曰一施七尺而至於泉壤延者六施六七四十二尺而至於泉陝之芳七施七七四十九尺而至於泉祀陝八施七八五十六尺而至於泉杜陵九施七九六十三尺而至於泉延陵十施七十尺而至於泉環陵十一施七十七尺而至於泉蔓山十二施八十四尺而至於泉付山十三施九十一尺而至於泉付山白徒十四施九十八尺而至於泉中陵十五施百五尺而至於泉青山十六施百一十二尺而至於泉青龍之所居庚泥不可得泉赤壤勢山十七施百一十九尺而至於泉其下清商不可得泉陛山白壤十八施百二十六尺而至於泉其下駢石不可得泉徙山十九施百三十三尺而至於泉其下有灰壤不可得泉高陵之山二十施百四十尺而至於泉山之上命之曰縣泉鑿之二乃至於泉山之上命曰復呂鑿之三尺而至於泉山之上命曰泉英鑿之五尺而至於泉山之材鑿之二七十四尺而至於泉山之側鑿之三七二十一尺而至於泉然則鑿地之度以七尺爲準仞與施其數同也自二尺至八仞言之原不必九仞而已可得泉但水土深淺不齊必極之以二十施則九仞僅有其半故趙氏以中道言之九仞而不及泉明及泉者有不待九仞也猶爲棄井明九仞功方得半也不攷管子未知其指

堯舜性之也章

（聞見後錄）魏安釐王問天下之高士於孔子六世孫子順子順曰世無其人也抑亦可以爲次其魯仲連乎王曰魯仲連强作之者非體自然也子順曰人皆作之作之不止乃成君子作之不變習與體成體成則自然也如子

順之論乃孟軻氏堯舜性之湯武反之五霸假之久假而不歸烏知其非有之論也善乎涑水先生曰假者文具而實不從之謂也文具而實不從其國家且不可保況能霸乎東坡先生曰假之與性其本亦異矣豈論歸與不歸哉雖久假而不歸猶非其有也予每論強作之者非體自然二語三太息也

〔孟子正義〕　荀子正名篇云性之和所生精合感應不事而自然謂之性春秋繁露深察名號篇云如其生生自然之資謂之性周髀算經云此天地陰陽之性自然也故以性爲自然好仁也廣雅釋親云體身也大戴禮曾子大孝篇云身者親之遺體也淮南子繆稱訓云身君子之言信也高誘注云身君子之言體行君子之言也以體行解身字與趙氏此注同是身之卽體之也行仁謂以德澤及人視之若身謂不異身受之也說文人部云假非眞也儀禮少牢饋食禮假爾大筮有常注云假借也行仁視之若身則實行之矣五霸假借行仁之名以正諸侯非其實能行仁也大戴記曾子立事云太上樂善其次安之其下亦能自體盧辯注云自體謂其身不爲太上謂五帝其次謂三王其下謂五霸孟子曰堯舜性之湯武身之五霸假之

王子墊問曰士何事

〔孟子正義〕　孟子仕齊久此稱王子故知爲齊王之子也顧氏炎武日知錄云士農工商謂之四民其說始於管子穀梁成公元年傳亦云三代之時民之秀者乃收之鄉序升之司徒而謂之士固千百之中不得一焉太宰以九職任萬民五曰百工化飭八材計亦無多人爾武王作酒誥之書曰妹土嗣爾股肱純其藝黍稷奔走事厥考厥長此謂農也肇牽車牛遠服賈用孝養厥父母此謂商也又曰庶士有正越庶伯君子其爾聽朕教則謂之士者大抵皆有職之人矣惡有所謂羣萃而州處四民各自爲鄉之法哉春秋以後游士日多齊語言桓公爲游士八十人奉以車馬衣裘多其資幣使周游四方以號召天下之賢士而戰國之君遂以士爲輕重文者爲儒武者爲俠嗚乎游士與而先王之法壞矣彭更之言王子墊之問其猶近古之意與

仲子不義與之齊國而弗受

〔四書典故辨正〕　史記鄒陽上梁王書稱於陵子仲辭三公爲人灌園皇甫謐高士傳載其事愚謂果有此事自是廉之實蹟匡章何以不稱於孟子之前孟子又何以設言與之齊國而弗受而反不及其辭楚相耶嘗考韓詩外

傳楚莊王使使資金百斤聘北郭先生先生曰臣有箕帚之使願入計之卽謂婦人曰楚欲以我爲相今日相卽結駟列騎食方丈於前如何婦人曰夫子以織屨爲食食粥毚屨無怵惕之憂者何哉與物無治也今如結駟列騎所安不過容膝食方丈於前所甘不過一肉以容膝之安一肉之味而殉楚國之憂其可乎於是遂不應聘與婦去之此北郭先生之事而高士傳以爲陳仲子夫鄒陽所云辭三公者特言其不願爲三公耳固不必實有一卻聘之事而士安附會其說遂以北郭事移而屬之仲子豈可信乎且於陵齊地顧野王輿地志齊城有長白山陳仲子夫妻所隱處庾張說詩長白臨江上於陵入濟東是也而高士傳稱陳仲子適楚居於陵楚王聞其賢而聘之以齊地爲楚地傅會易灼然可知而左祖仲子者猶以辭三公爲美談夫亦未之考耳

舜爲天下臯陶爲士

〔小倉山房文集〕　柴守禮殺人世宗知而不問歐公以爲孝袁子曰世宗何孝之有桃應問答章誤之也孟子之答桃應曰瞽瞍殺人臯陶執之舜負而逃此非至當之言也好辯之過也夫舜之不能無父卽臯陶之不能無君也有父而後有君有君而後有法瞍能殺人卽能殺臯陶臯陶能執瞍卽能執舜彼海濵者何地耶瞍能往臯亦能往因其逃而赦之不可謂執聽其執而逃爲不可謂孝執之不終逃而無益不可謂智臯陷舜爲逋逃主舜容臯爲不共戴天之人不可謂仁中國無帝臯陶將空天下而無君乎抑自立而代舜乎將求一無父之人而立之爲天子乎以子之矛陷子之盾孟子窮矣然則臯陶舜如之何曰舜不自信其孝之能格父必不肯爲天子臯陶不自信其力之不能制瞍必不肯爲士官舜爲天子臯陶爲士瞽瞍必不殺人記曰量而後入不入而後量漆雕開不肯仕曰吾斯之未能信後世一介之士猶知此義而謂舜與臯陶肯貿貿然於天位哉聖賢之所以自立者言前定則不跲道前定則不窮若待事發而後籌之也固已晚矣桃應不知道之前定故設問孟子不知言之前定故設答然則充類至義之盡如何曰瞍果殺人無論舜不執法也卽舜欲執法臯陶必諫何也不肯陷其君於不孝也無論臯陶執法也臯陶卽不執法舜亦必逃何也殺一不辜而得天下聖不爲也父殺人卽己殺人也安有一君一臣各行其志絕不相顧而爲此鹵莽之事哉秦商鞅用法嚴太子犯法鞅以爲太子不可加刑乃刑其傅鞅尚知國君有子臯陶乃不知天子有父是不鞅也荆昭王之時石渚爲政廷有殺人者追之則其父也還伏斧鑕死於王庭渚尚知廉法不

可而舜乃逃而訴然是不如渚也曰然則周世宗宜如之何曰以舜律世宗迂矣以皋陶律周之司寇又迂矣昔朱子謂魯莊公不能防閑其母宜防閑其侍從之人此世宗平日之所當知也及至無可如何世宗亦宜降服出次減膳徹樂三諫不聽號泣從之使守禮知所愧悔而戒於將來不宜以不問二字博孝名而輕民命也不然三代而後皋陶少矣凡縱其父以殺人者皆孝子耶彼被殺者獨無子耶

皋陶爲士

〔四書典故辨正〕　趙註皋陶爲士官閻百詩曰有虞氏刑官曰士故舜典汝作士呂刑士制百姓於刑之中夏曰大理周曰大司寇若士師則司寇之屬下大夫耳猶鄉士遂士縣士爲士師之屬在周禮掌士之八成凡四方之有治於士者造焉則周之士師容或可稱爲士而有虞之士斷不可稱爲士師明之作時文者盡稱士爲士師謬矣愚按此謬不始於時文家尚書孔疏周禮司寇之屬有士師蔡傳於大禹謨汝作士曰士師之官則其誤也久矣馬融云士獄官之長孔氏書傳士理官也漢人固自不誤

敝蹝

蹝是屣不是草屨國策猶釋敝躧漢郊祀志云去妻子如脫蹝皆註云蹝躧屣同字屣也若草屨是屝左傳屝屨資糧釋名草屨曰屝是也又作菲曾子問不杖不菲陸氏釋文謂菲即屝是也與蹝不同

〔四書改錯〕　張文檒曰李善謂劉熙孟子註蹝草屨可屣趙註亦然然是錯蹝是舞屣史記邯鄲女子跕躧屣躧即蹝也豈舞者與女子躧草屨耶

〔孟子正義〕　文選北山移文注引劉熙注云蹝草屨可履趙氏云草履可蹝可蹝猶可履也說文履部云屨履也履足所依也故可稱草履亦可稱草屨毛詩大雅生民履帝武敏歆傳云履踐也以其可踐故名履呂氏春秋長見篇云視釋天下若釋躧高誘注云釋棄也觀表篇云視舍天下若舍屣高誘注云屣弊履也莊子讓王篇云原憲華冠縰履杖藜而應門又云曾子曳縰而歌商頌聲滿天地釋文云縰三蒼解詁作躧云躧也字類或作屣通俗文云履不著跟曰屣李云縰履謂履無跟也王云體之能躧舉而曳之也然則躧屣蹝三字同說文足部云躧舞履也革部云鞮鞻屬鞮革履也周禮春官鞮鞻氏注云鞻讀如屨鞮屨四夷舞者所屝也今時倡蹋鼓沓行者自有屝史記

貨殖傳云踮利屣徐廣云舞屣也段氏玉裁說文解字注云踮一作跕跕吐恊反地理志跕屣臣瓚曰躡跟爲跕按舞不納屣故凡不著跟曳之而行曰躧屣如傳不疑傳長門賦皆是也西京賦說舞曰振朱屣於盤樽薛曰朱屣赤絲履也謹按說文躧蹝分兩字而蹝爲鞮屬鞮爲舞者所屝躧爲鞮屨則躧與蹝原爲一物故呂氏春秋同載從謂吳起之言一云躧一云屣屣即是蹝爲舞者無跟之屐蓋舞履名蹝以其無跟履之敝壞者不可以納但爲踮舉而曳之如原憲之縰履曾子之曳縰不必爲舞屣以其無跟而亦稱蹝此高誘所以訓屣爲敝屣也而皆非草屨之名乃劉趙並以草屨釋之者劉熙釋名釋衣服云齊人謂草屨曰屝於是杜預注僖公四年左傳屝屨云屝草屨因鞮鞻氏注言舞者所屝屝既爲草屨之稱鞮既是蹝故以屣爲草屨耳閻氏若璩釋地又續云蹝其實止解屣也與史記虞卿躡蹻之躡別徐廣曰屩草履也又屝亦草履按屝爲齊人稱草屨之名而屣實無此稱釋名又云屩草屨也又屩蹻也出行著之蹻蹻輕便因以爲名也然則草屨名屩舞履名蹝閻氏謂其有別是也趙氏云敝喻不惜者釋名於齊人謂草屨曰屝之下又云不借言賤易有宜各自蓄之不假借人也齊人云搏腊搏腊猶把作麤貌也荆州人曰麤絲麻韋草皆同名也古今注云不借者草屨也說文糸部云緋一曰不借緋儀禮喪服傳繩屨者繩菲也注云繩菲今時不借也齊民要術雜說第三十引崔寔四民月令云十月可拆麻緝績布縷作白履不借注云草屨之賤者曰不借然則不借即不借不借即屝趙氏既以蹝爲草屨故以其稱敝者爲喻不惜也

濵

〔四書釋地〕　孟子濵字未註瀛水涯也古者海之濵便爲政令所不及故舜竊父處於此伯夷太公辟紂居於此

〔四書□□〕　因悟執之而已矣即尚書盡執拘以歸於周之執非指法言下文竊字原從執字出

孟子自范之齊

〔四書摭餘說〕　范本晉大夫士會邑即今東昌府濮州范縣是按廣輿記東昌府禹貢兗州之域春秋齊西鄙聊攝地戰國魏齊趙三國之境是蓋孟子去梁之所經也大梁臨淄相距千里故尹士曰千里而見王孟子亦曰千里而見王若由鄒以往僅得半耳　𨦟按史記列傳游事齊宣王宣王不能用適梁趙氏注亦云仕於齊齊不用乃適梁梁惠王曰不遠千里而來者謂其自齊來也此亦先齊後梁之一證也　季氏謂王子墊問士何事而得聞居仁

由義之説一曰孟子自范之齊而歎王子氣體有異豈亦因聞教而氣質漸變歟則此齊王之子疑即指墊郝氏謂爲湣王　【匯】郝解謂此王子後爲湣王嘆齊王不能教世子大哉居乎諷他居仁盡人之子諷他推恩　潘氏謂即湣王子法章　【匯】編年略曰孟子見梁襄王謂望之不似人君就之不見可畏厥後魏襄之年屢困秦楚孟子自范之齊望見齊王之子謂其居移體王子若彼云云有先幾歎羨之意厥後湣王走死法章復國齊襄王不得編年則不知孟子立湣王朝將以齊王之子爲宣王子則孟子於齊梁二王子何無故軒輊如此也　余謂總不若趙注泛指王庶子爲合

〔四書釋地〕　今東昌府濮州范縣本春秋晉大夫士會邑國語是以受隨范是又半屬魯後漢志東郡范縣有秦亭即莊三十一年築臺於秦地道記在縣西北是也孟子時則屬齊趙註云范齊邑王庶子所封食也頗妙蓋齊王之子生長於深宮賜第於康衢貴仕於朝內豈容遠在七八百里之下邑而爲孟子所見其在范者殆猶靖郭君孟嘗君之於薛乎既思孟子書法不曰之齊見王子於范而曰自范之齊望見齊王子下一望字忘者當時最多交質此以王子出質敵國路經於范遂與孟子適相值乎亦未可定要之集註於此等處略矣

呼於垤澤之門

〔四書釋地〕　三衢毛氏曰呼喚也凡歎息招呼則平聲小爾雅烏呼吁嗟醫書一呼一吸爲一息杜甫詩呼兒問烹魚之類也叫號而呼則去聲詩式號式呼左傳蒼葛呼之類也果爾魯君於垤澤之門自應如趙註云以城門不宵夜開故君自發聲呼之爲平聲不應如集註音去聲爲叫號之呼明矣近講義亦云有作魯君自呼之聲者懺甚或謂呼於門於字是呵護傳呼來於垤澤之門尤非人之聲音關乎貴賤呵護傳呼乃賤者之役豈可習之而能若魯君聲與宋君聲爲居高養優所移豈他人能似仍屬倉卒自呼故爲監門者所擬垤澤即襄十七年樂喜謳曰之澤門杜氏註宋東城南門是也或曰得毋以禹貢盟諸澤名其門乎案盟諸澤在故宋國微子所封之東北此自爲南門耳　【匯】睢陽故城在今商邱縣南東南門曰垤澤門括地志所謂宋東城南門曰澤門是　王納諫曰聲即氣之宣於體中者故見移氣體

〔四書客難〕　客曰講章多以呼爲魯君自呼然乎曰此武夫前呵之呼非自呼也常人有僕從亦不自呼何況國

君講章多誤戊辰會壘亦多因之可怪也曰然則聲似我君之義云何曰此正可見其非自呼也古制君行師從虎賁旅賁及三卿之士前後凡二千五百人國君體制相等故呵呼之聲相同如今時大小官司出行執事員役呵呼之聲天下無不相似正其驗也若以爲晉君之聲由阜去商邱數百里安能聲相似乎曰晉君何爲之宋也曰春秋無晉君之宋之事此或宋王偃欲伯天下之時晉君賜朝於宋歟

〔孟子正義〕 按字義古不以音分呼喚號呼雖有不同而皆爲聲趙氏以發聲解之者文公元年左傳云江芊怒曰呼注云呼發聲也禮記月令云雷乃發聲樂記云其聲發以散注云發猶揚也國語周語云土氣震發鬼谷子摩篇云怒者動也國語周語云怨而不怒韋昭注云怒作氣也蓋發聲者奮作其氣而揚厲其聲之謂也晉君夜至宋城監門者不肯開納故晉君怒而發聲呼於門外晉君之呼郎猶江芊之呼其聲震動故守者聞之發聲二字解怒之呼與杜氏同杜氏當亦有所受也因其不肯所以發怒注義甚明正見威之可畏與王子儀之可象同一居尊移所移若謂慮其夜不開城門因而君預自請開願晉君之來守者豈不知所以不肯開者正以深夜而來詎非襲我豈晉君自呼以表其非他人而門郎啓乎鄭憚守上東城門帝至見面於門且不受詔豈與國之君自請於門遂可償而納之乎且召評說文在言部作評號嘑在口部作嘑此呼字說文口部云外息也呼評嘑三字不同外息謂出其氣出其氣正是震發其氣凡人氣息和則呼吸相均忿而爲怒則呼長而吸小故象其發怒之聲而以爲呼也此呼正呼吸之呼與召評號嘑自別無煩以平去分也趙氏注嘑爾而與之讀嘑爲呼而訓爲咄啐此以嘑爲呼之假借咄啐爲呼正與此相發明矣

〔四書典故辨正〕 垤澤郎襄十七年築者謳曰之澤門宋東城南門是也其他門之可考者正東門曰楊門見昭二十一年傳註北門曰桐門見襄二十六年傳註東南城門曰盧門見桓十四年傳註西門無名襄九年傳但稱西門而已又有曹門見成十八年傳有蒙門見襄二十七年傳外城門曰桑林門見昭二十一年傳其關門曰耏門見文十一年傳

形色天性也

〔趙注〕 形謂君子體貌嚴尊也尚書洪範一曰貌色謂婦人妖麗之容詩曰顔如舜華此皆天假施於人也

爲期之喪

（四書改錯） 以已訓止何人不曉但此際有大不明白不得訓止字便了事者據舊有三說一云齊宣欲短喪而丑謂期愈於已則必宣所欲短原在期下故進之以期然而期下有月日或功或緦或既葬或卒哭祇可謂短而必不可謂之爲已下文明云雖加一日愈於已者一日不喪之謂也期下尚有日也此非也一云宣短原是期而丑就其言而將順之則丑類同附孟子當黜之必不當有徐徐之諭且徐徐與紾臂自有差等若宣期丑亦期是宣紾丑亦紾何云徐徐此又非也一云公孫此語是私問孟子之言非對王之言與下文兩問兩答一例此趙岐之說然亦大謬者本明云子謂之亦教之是明明對王而以爲私問又大非也　人亦貴識禮耳禮凡喪字俱指喪服言初服重服謂之居喪及釋重服而服祥禫之服即謂之除喪故禮云二十五月而畢喪夫二十五月祇再期耳豈三年之喪畢再期乎亦曰三年之喪之重服則從此畢也特是重服煩瑣自既葬以後每變重服而受輕服以漸而殺謂之變受其變受之節約有數限大抵既葬爲大節而卒哭祥禫繼之如變疏布受成布變麻經受葛經變菅屨受繩屨變三升四升受六升七升以至去繈去杖去負版去條屬雖每變每輕而總不大遠通名重服必祥禫之後易以纖練而後無變受是以再期以前重服雖紀加之周制與古制大別古制居喪不預國事重服或體可以不易而周則自即位以後朝廟祭饗聘問盟會賓貢金革告誡頒布皆需易服且事當紛錯有一日而三易服者以屢變之服而加以日易煩瑣彌甚因思自既葬除重服外即受以祥練之服畢凡諸節所變受盡行除之向來再期始畢喪者今欲以卒哭畢喪謂之短喪蓋以變節言則卒哭較再期爲短而以喪服言則重服變受一節不行即謂之已其所以既稱短而復稱已職此故也丑則曰既葬五月原服重服倘又加之以期之七月則再期之服已得其半而卒哭重服仍然不已故曰愈也特孝弟不如是耳本文三喪字兩愈於已字俱指服言王欲既葬已重服王子將既葬已輕服丑請加七月爲期服故愈其傅請假兩月爲小功服故亦愈此眞一徹百徹之解惜註者不曉也

請數月之喪

（四書改錯） 據古喪服禮祇有屈於父而降服並無厭於嫡母而不終服者其屈於父即嫡母亦在所屈中父在爲母期是也若生母則父在厭降固不必言然是爲父屈並不是爲母屈也故儀禮喪服篇特記云練冠麻麻衣縓

綠於五服之外專制此公子一服解云諸侯之妾子厭於父爲母不得伸[illegible]而並不知所厭者是父而不是母己太疎矣乃全引服制而不能解又不知與請之之意何所關會但曰既葬而不忍除夫所謂請數月非謂不除此服也考厭之禮大夫之庶子父在爲其母大功士則父在爲其母期惟父死則皆伸三年若諸侯之妾則又當降小功矣小功宜五月然而諸侯貴妾視卿賤者視大夫皆三月而葬葬卽不復服矣因於制服中當厭則五月伸卽三年之意在麻衣註云如小功布深衣則小功也練冠而縓緣註云如三年練之受飾卽三年也爲之請者謂三年不伸亦應加數月以遂此小功爲耳且引經之法胷能記憶則引文雖異其旨不忤否則必取原文對寫之今儀禮原文練冠麻麻衣此麻字非衍文也上承冠字下接衣字謂以麻著衣冠之間作首絰與腰帶耳此與後文朋友麻單舉麻一字而兼絰帶者正同乃又删此一字大義既乖細儀又舛如古經何

有達財者

〔四書攷異〕　音義陸云周恤之一本作才以有美才就開其性理也按財惟漢書轉錯傳貲財不下五帝通財其餘多與裁通今卽裁義爲說成德者就其德性以成達裁則需引達於中行之路以裁成之蓋是狂狷之屬於所教五似更等級分明

有私淑艾者

〔四書改錯〕　註云若孔孟之於陳亢夷之是也此陳亢因誤讀鄭康成註疑爲子貢弟子已疎忽之可笑者今復認實作私淑諸人何私見之愎如此

〔孟子正義〕　呂氏春秋孝行篇身者非其私有也高誘注云私猶獨也書堯典烝烝乂史記五帝本紀作烝烝治是乂卽治也洪範恭作肅從作乂詩小雅小旻篇云或肅或艾是艾卽艾也君子獨善其身原未施教於人但人以其仁爲法卽不異親受其教趙氏以獨善解私淑則私淑指獨善其身之人艾字指人之法其仁以自治按離婁下篇云予未得爲孔子徒也予私淑諸人也趙氏以爲我私善之於賢人則私淑屬法其仁之人與此注義異然私淑艾三字殊不易達國策秦策賞不私親近注云私猶曲也楚辭離騷皇天無阿私兮王逸注云竊愛爲私曲竊皆不直之義也說文又部云叔拾也從又尗聲汝南人名收芋爲叔又手也叔从又故爲拾取之正訓毛詩豳風七月九

月叔苴傳云叔拾也是也淑與叔通詩陳風彼美叔姬釋文云本亦作淑詩周南葛覃是刈是濩釋文云刈本又作艾韓詩云刈取也禮記祭統草艾則墨注云草艾謂艾取草也是艾之義爲取與叔之義爲拾同蓋私淑諸人即私拾諸人也淑艾二字義相疊私淑艾者即私拾取也親爲門徒面相授受直也未得爲孔子之徒而拾取於相傳之人故爲私私淑猶云竊取也彼言私淑諸人不必又疊艾字其義自足此疊艾字以足其句其實私淑艾猶私淑也

孳孳

〔孟子正義〕說文子部云孳孳彶彶也生又支部云孜孜汲汲也周書曰孜孜無怠孜孳二字古多通用前孳孳爲善者音義引張云與孜同古字通用下文即指此章也自勉與無怠義亦相近僞孔尚書傳云孳孳勤勉不怠

大匠不爲拙工改廢繩墨　節

〔孟子正義〕　告子上篇必志於彀注云彀張也張弩向的者用思專時也此云弩張向表率之正體以張弩向的準之則表率之正體即指的而言正體謂正鵠之體表即標也周禮夏官射人注云考工梓人職曰張五采之侯則遠國屬五采之侯即五正之侯正之爲言正也射者內志正則能中焉畫五正之侯中朱次白次蒼次黃元居外三正損元黃二正去白蒼而畫以朱綠畫此五采以爲標識即以爲法率故趙氏以表釋率而以爲正體也小雅賓之初筵發彼有的毛傳以質釋的禮記射義注以所射之識釋的所射之識猶云標也望之極思用巧之時即所謂用思專時也按禮記緇衣引太甲曰若虞機張往省括於厥度則釋注云機弩牙也度謂所擬射也虞人之射禽弩已張於機間視括與所射參相得乃後釋弦發矢機張即孟子所謂彀也淮南子覽冥訓云以治日月之行律高誘注云律度也律與率同行度可云行率則孟子所云率正即省括於度之度也繩墨兩事彀率亦是兩事彀謂張弩率謂省括於度趙氏言極思用巧即是省而率則不必專指正之體耳音義云丁云率循也謂彀張其弩又當循其射道令必中於表陸云率法也躍如心願中也能者從之當勤求也則讀爲律丁訓率爲循非其義陸讀爲律訓法近是矣說文弓部云引開弓也淮南子說林訓引弓而射高誘注云引張弓也引爲張弓故趙氏即以彀弩釋引弓引弓不發即猶張弩不發故云引弓彀弩而不發音義云丁云躍如猶如卓爾陸云躍如心願中陸是也心願中陸是也心願中故不發以待彀之偶爾雅釋詁云偶合也謂所張之彀合乎所擬之率則釋之乃必中也待其合而後發

故不遽發者必願中也躍如猶云躍躍爾雅釋訓躍躍迅也釋詁云迅疾也言手雖不發心則躍躍疾去也論語子罕篇卓爾雖欲從之末由也已鄭氏注云卓爾絕望之辭詩周頌子之所至也李氏光地榕村藏稿云丑非欲孟子貶其高美欲孟子使己幾及其高美耳又非以其立教之高而謂如天不可幾及正謂其立教之循循有序而苦於高美者遠至之無期如天之不可幾及耳故孟子告之云云

挾

〔孟子正義〕　說文手部云挾俾持也楚辭天問何馮弓挾矢王逸注云挾持也廣雅釋詁云接持也是挾與接義同也儀禮鄉射禮袒挾乘矢大射儀挾乘矢注並云方持弦矢曰挾古文挾皆作接是挾與接字通也挾爲俾持接爲方持義有不同而爲持則同故云挾接也昭公十九年左傳以持其世而已釋文云持本作恃莊子徐無鬼恃源而往者也釋文云恃本亦作持持恃同聲義通挾之爲持即爲恃故趙氏既以接釋挾又云恃此五者挾貴挾賢挾長挾有勳勞挾故即持貴持賢持長持有勳勞持故亦即恃貴恃賢恃長恃有勳勞恃故也

於不可已而已者章

〔孫疏〕　此章言僭及淫刑濫傷害物孟子言人君於不可棄去之者而反棄去之是其餘之類無所不棄也不可棄者以其無罪之人也所以棄之者以其有罪者也

放飯流歠齒決

〔孟子正義〕　禮記曲禮毋放飯毋流歠又云濡肉齒決乾肉不齒決注云去手餘飯於器中人所穢大歠嫌欲疾決猶斷也乾肉堅宜用手孔氏正義云放飯者手就器中取飯飯若黏著手不得拂放本器中者去手餘飯於器中人所穢也當棄餘於篚無篚棄餘於會會謂簋蓋也毋流歠者謂開口大歠汁入口如水流則欲多而速是傷廉也濡肉齒決者濡溼也溼軟不可用手擘故用齒斷決而食之乾肉脯屬也堅肕不可齒決斷之故須用手擘而食之按趙氏以流歠爲長歠與鄭同而以放飯爲大飯與鄭異大飯猶長歠也呂氏春秋審分篇無使放悖高誘注云放縱也又適威篇故流於衰注云流放也是放飯猶流歠也文選上林賦流離輕禽注引張揖云流離放散也盜歠歠之也則飯飯之也流歠謂流離而歠之放飯謂放縱而飯之以孟子證曲禮則飯讀飯黍飯飧飯疏食之飯段氏玉

裁說文解字注云飯食也食也者謂食之也此飯之本義也引申之所食爲飯今人於本義讀上聲於引申之義讀去聲古無是分別也然則鄭云去手餘飯則以飯爲所食之飯即指饋餾之粒與歠爲不類而訓放爲去去手之餘飯何以見其必爲反本器設去之反於饌反於會亦可云放飯也放不得專爲反本器之稱則不如趙氏之義爲的矣問無齒決者蓋食濡肉而以手決之責問其何以不齒決也

盡心章句下

盡信書

（四書摭餘說）　秦以後天下無書天下無書而聖人之書自在也漢以天下有書天下有書而聖人之書於是乎亡非書之亡於有也不奪漢而託之舜禹則舜禹不如無書衍篡齊而託之湯武則湯武不如無書邵陵海西之廢託之伊尹新都之攝臨湖之變託之周公則伊尹周公又不如無書孟子蓋逆料乎後世之侮聖言以文姦慝者其流禍必漸至於此於是乎有廢書之歎也邪痾龔註但引康誥甫刑梓材諸篇而以爲人不能問於天天不能問於人萬年永保皆不可得此猶訓詁之學耳武城取二三策者牧野之役前徒倒戈初未嘗交鋒接戰也陳大士謂武王疾速進師城下出其不意所以勝紂王倉卒出戰城下衆而不整所以敗及汲冢周書有曰馘魔億有十萬七千七百七十九人俘人三億萬有二百三十若然則長平二十四萬之坑猶爲仁義之師而周武王之殘虐又數倍於秦正矣將所謂無首虜之獲無蹈難之賞者安在哉戰國士不通經援血流漂杵一言啓時君黷武濫殺之漸滅六國者六國也咸陽一炬直自取坑焚耳夫乃歎書之失誣者之非書之失也

（千百年眼）　孟子於武城取二三策又曰盡信書則不如無書可見古聖賢讀典謨猶自有去取所以識見籠罩千古今之學者甘作轅下之駒何怪其日陋也雖然使是說不出孟氏則宋儒又以爲異端之射的矣

革車三百兩

（四書典故辨正）　革車三百兩書序作戎車三百兩蔡傳戎車馳車也古者馳車一乘則革車一乘馳車戰車革車輜車載器械財貨衣裝者也司馬法曰一車甲士三人步卒二十七人炊家子十人固守衣裝五人廄養五人樵汲五人馳車七十五人革車二十五人凡百人二車故謂之兩三百兩三萬人也何義門不從蔡傳止以一車七十

五人計之三百乘所統凡二萬二千五百人愚按尉繚子對梁惠王武王以二萬二千五百人擊紂 圖見天官篇
亦是據司馬法計算然有兩司馬法一又云成出車一乘甲士十人步卒二十人每車止三十人孔穎達成元年邱甲疏云一士二徒者鄉遂之兵一士二十四徒者都鄙之兵古者天子用兵先用六鄉六鄉不足取六遂六遂不足取都鄙及諸侯若諸侯出兵先盡三鄉三遂鄉遂不足然後總徵境內由此疏推之武王所用正是鄉遂之兵一士二徒每車三十人即謂三百乘所統止九千人亦無不可要之司馬法亦後來所定未必周初兵制如此史記言四萬五千人與車數全不合正不必斤斤計較耳 戎車有廣車闕車萃車輕車等名而皆必飾之以革故通稱革車周禮云革路以即戎又云凡師具革車則革車之即戎車明矣孫子作戰篇以革車爲輜車而蔡傳因之非是兩當從集註一車兩輪之說尚書正義引風俗通云車有兩輪故稱爲兩猶履有兩隻亦稱兩也蔡氏以二車爲兩亦非是

〔孟子正義〕 禮記明堂位革車千乘注云革車兵車也周禮春官巾車云革路以即戎是也夏官有虎賁氏下大夫二人中士十有二人虎士八百人注云虎士徒之選有勇力者趙氏謂武士爲小臣引書立政證之書立政言亦越文王武王則此虎賁爲文武時官於武王伐殷時較切周禮則爲天子後所制矣閻氏用錫尚書證義云顧命狄設綴衣正義云綴衣是黼扆之類以周禮考之即幕人也幕人掌帷幄虎賁司宿衛皆左右親近者也以勇力爲左右近臣故云武士爲小臣者也贅衣立政作綴衣綴贅古字通也毛詩召南鵲巢百兩御之傳云百兩百乘也孔氏正義云謂之兩者風俗通以爲車有兩輪馬有四匹故車稱兩馬稱匹書序云武王戎車三百兩虎賁三百人與受戰於牧野江氏聲尚書集注音疏云虎賁言猛怒如虎之奔赴也三百人當爲三千人孟子曰武王之伐殷也革車三百兩虎賁三千人司馬法曰革車一乘士十人徒二十人樂記曰虎賁之士說劍然則虎賁士也一乘十人三百兩則三千人矣翟氏灝考異云書牧誓序武王戎車三百兩虎賁三百人風俗通義皇霸篇引書武王戎車三百兩虎賁八百人墨子明鬼篇武王以擇車百兩虎賁之卒四百人周書克殷解周車三百五十乘陳於牧野既以虎賁戎車馳商師商師大敗孔晁注云戎車三百五十乘則有虎賁三千五百人按每車一兩當有虎賁十人孟子言自無誤諸書未可信也戰國策蘇秦說魏曰武王卒三千人革車三百乘斬紂於牧又說趙曰武王之卒不過三千人

車不過三百乘而爲天子呂氏春秋仲秋紀武王虎賁三千人簡車三百乘以要甲子之戰言皆與孟子合

虎賁三千人

〔西書攷異〕　書牧誓序武王戎車三百兩虎賁三百人與受戰于牧野又風俗通皇霸篇引書武王戎車三百兩虎賁八百人墨子明鬼篇武王以擇車百兩虎賁之卒四百人與殷人戰乎牧之野周書克殷解周車三百五十乘陳于牧野既以虎賁戎車馳商師商師大敗晁注曰戎車三百五十乘則有虎賁三千五百人也按每車一兩當有虎賁十人孟子言自無誤諸書未可信也戰國策蘇秦說魏曰武王卒三千人革車三百乘斬紂于牧又說趙曰湯武之卒不過三千人車不過三百乘而爲天子呂氏春秋紀武王虎賁三千人簡車三百乘以要甲子之戰言皆與孟子合

〔四書典故辨正〕　三千人書序千作百何義門曰書序之訛朱子所尤靨斥此獨引之爲其近古而可考證也蓋既有車三百兩則每兩以虎賁一人配車而戰故孔傳謂即是百夫長以司馬法一車七十五人計之是三百人各載一車所統已二萬二千五百人史記謂甲士四萬五千人則士數太多而有所不合書序千作百元不甚少也愚按必以一虎賁配一車則止合有三百人書序是而孟子非矣若車是車人是人不相牽合則三百亦可三千亦可孟子未必非也且即以人配車又自有說呂氏春秋云武王革車三百甲卒三千征敵破衆韓非子云武王將素甲三千領與紂戰據司馬法一車甲士十人三百乘當三千人其數適合虎賁安知不指甲士言或謂據周禮虎賁非甲士愚謂據周禮虎賁不離王之先後又豈以一人配一車而戰者耶

若崩厥角稽首

〔孟子正義〕　漢書諸侯王表漢諸侯王厥角䭫首應劭曰厥者頓也角者額角也稽首首至地也邱遲與陳伯之書云朝鮮昌海蹶角受化李善注引孟子此文趙岐注云厥角叩頭以額角犀厥地也於此注增以也二字義尤明暢文選羽獵賦蹶浮麋應劭亦云蹶頓也是厥蹶古字通故李善直以厥角注蹶角則然厥角猶頓首故云厥地也釋名釋形體云角者生於額角也國語鄭語云惡角犀豐盈韋昭注云角犀謂顏角有伏犀趙氏即以額釋角又以申言之額犀二字皆釋角字也厥角是以角蹶地若崩者狀其厥之多而迅也白虎通云崩之言㠣然僵伏說文

山部云巘山頂也山頂則自高偃伏於地毛詩小雅無羊云不騫不崩傳云崩羣疾也蓋一羣之羊全病偃伏不起詩人以山之壞狀之此殷民歸周以頟角厥地其狀若偃伏而加若崩二字極狀其人之衆多如山之下墜如羊之羣疾而偃伏方聞虛爾之令倅然厥地其聲其狀可於若崩二字見之厥本又作屈屈其頟角厥於地猝然下伏也既伏地又稽首拜命故云亦以首至地也音義云丁云頟即額字厥音西義與棲遲同息也久也字從尸下厥或作犀牛字誤也阮氏元校勘記云宋本孔本韓本犀作厥段玉裁云丁說殊誤字當作厥從牛國語云角犀豐盈國策曰眉目準頟犀角權衡偃月今人謂之天庭古謂之犀角相書云伏犀貫頂即其理也按說文尸部犀犀遲也從尸辛聲爾雅釋詁云棲遲息也此丁氏所本然棲遲義爲遊息於此不切丁氏蓋不知厥即蹶而以厥地爲其地故改犀爲犀而以爲止息其地也不知上云若崩下云稽首則一時衆聲之轟然而首之上下不已何止息之有丁氏之誤誠誤也段氏玉裁說文解字注云厥發石也引申之凡有撅發皆曰厥山海經曰相柳之所抵厥郭云抵觸厥掘也孟子若崩厥角稽首晉灼注漢書曰厥猶豎也叩頭則額角豎按厥角者謂頟角如有所發角部𧢲字下云角有所觸發是也錢氏大昕潛研堂答問云應劭云厥者頓也晉灼云厥猶豎也二義小有不同應說近之

飯糗

〔孟子正義〕　段氏玉裁說文解字注云米部云糗熬米麥也周禮籩人之實糗餌粉餈鄭司農云糗熬大豆與米也粉豆屑也元謂糗者擣粉熬大豆爲餌餈之黏著以坋之耳按先鄭云熬大豆及米後鄭但云熬大豆注內則又云糗熬穀不同者黍粱禾麥皆可爲糗故或言大豆以包米或言穀以包米豆而許云熬米麥又非不可熬大豆也熬者乾煎也乾煎者鬻也鬻米豆舂爲粉以坋餌餈之上故曰糗餌粉餈鄭云擣粉之許但云熬不云擣粉者鄭釋經故釋粉字之義許解字則糗但爲熬米麥必待臬之而後成粉也粱響峙乃糗糧某氏云糗糒之糧孟子曰舜之飯糗茹草趙云糗飯乾糒也左傳爲稻醴粱糗廣韻曰糗乾飯屑也此皆謂熬穀米粉者也糒乾飯也釋名曰干飯飯而暴乾之也周禮廩人注曰行道曰糧謂糒也止居曰食謂米也干飯今多爲之者謹按說文鬲部云[illegible]熬也鬻尺沼切一切經音義云炒古文鬻䰒聚𪌉四形崔實四民月令作炒然則熬米麥即是炒米麥今農[illegible]以米麥豆皆炒食米即謂之炒米豆即謂之炒米豆豆炒米可以沸水漬之當飯大麥小麥炒之又必磨之爲[illegible]用沸水和食謂之

焦循所謂糗也糒乃今之飯乾與此不同而皆可爲行糧惟農食樸儉者煮之費往往炒米麥爲飯是則舜之飯糗耳

茹草

〔孟子正義〕　王氏念孫廣雅疏證云云方言茹食也吳越之間凡貪飲食者謂之茹郭璞註云今俗呼能麤食者爲茹按大雅烝民篇云柔則茹之剛則吐之是食謂之茹也禮運云飲其血茹其毛孟子盡心篇云飯糗茹草是食麤食者謂之茹也麤疏義相近食麤食者謂之茹故食菜亦謂之茹食菜謂之茹故所食之菜亦謂之茹莊子人間世篇不茹漢書董仲舒傳云食於舍而茹葵是食菜謂之茹也食貨志云菜茹有畦七發云秋黃之蘇白露之茹所食之菜亦謂之茹也茹草二字趙氏皆無訓草者史記陳丞相世家云更以惡草具進楚使漢書音義云草粗也索隱云戰國策云食馮諼以草具如淳云麤草麤惡之具也范雎列傳云使舍食草具索隱云謂亦舍之而食以下客之具草具謂麤食草菜之饌具也然則茹草猶云茹麤矣

衿衣

〔四書典故辨正〕　趙註衿畫也畫衣黼黻絺繡也史記堯賜舜絺衣與琴正義曰絺細葛布衣也愚按絺衣即衿衣書所謂絺繡者是鄭康成註周禮希冕引書希繡而曰希讀爲絺刺也古冕服衣用畫裳用刺繡故或稱袗衣或稱絺衣實一而已孔氏書傳以絺爲細葛而史記正義因之非是

〔蓬窗續錄〕　字書袗訓單又訓同皆無盛服之意三國志魏文帝紀註有云舜承堯禪被袗裘妻二女若固有之此用孟子之文袗衣當是袗裘

〔孟子正義〕　任氏大椿深衣釋例云孟子被袗衣鼓琴趙岐袗畫也黼黻絺繡也夫鼓琴宴居時也舜於養老朝燕僅服白布深衣而燕居則服黼黻絺繡非所以明質故袗衣當非畫衣也史記堯乃賜舜絺衣與琴與舜被袗衣鼓琴事適相會然則袗衣或即絺衣與賜予止用絺葛布衣可知當時之質孔氏廣森經學卮言云袗非畫也義如袗絺綌之袗史記本紀堯賜舜絺衣與琴是也孔氏任氏引史記說之是也絺綌爲袗故孟子謂之袗衣得被袗衣者以堯賜絺也得鼓琴者以堯賜琴也二女所以侍者帝堯降二女也以耕夫一旦膺天子之知賜賞若此則其樂

顯也若徒袗絺綌而鼓琴則不過習爲山人耳趙氏以袗衣黼黻絺繡本偁書臯陶謨乃鄭氏讀絺爲黹此以絺綌爲袗絺綌之絺與鄭氏異以袗訓畫則以繪與繡互見非袗有畫義也段氏玉裁說文解字注云衣部袗禪衣也一曰盛服袗袗或從辰参本訓稠髮凡参聲字多爲濃重上林賦磐裖石崖孟康曰裖袗致也以石致川之㢘也是裖與参稹字義同孟子被袗衣袗衣亦當謂盛服趙云畫衣者不得其說姑依臯陶謨作繪言之耳錢氏大昕養新餘云錢塘梁侍講同書嘗告予云古書袗訓單又訓同皆無盛服之意三國志魏文帝紀注有云舜承堯禪被珍裘妻二女若固有之此必用孟子之文袗衣當是珍裘也

二女果

（經義雜記） 趙注果侍也以堯二女自侍亦不佚豫如固自當有之也正義曰以堯帝二女事之實若固自當有之也孫疏云許愼謂女侍曰婐今釋果爲侍謂二女之侍舜是有惑於許愼之說而遂悞歟蓋木實曰果云果者取其實而言也朱子集註云果說文作婐烏果反女侍也說文女部孟軻曰舜爲天子二女婐據此知孟子本作二女婐今作果者是婐之省借趙氏訓爲侍朱子訓爲女侍皆與說文合疏闢舊說謂木實曰果取其實而言義甚穿鑿蓋本王安石說

變置社稷

（四書改錯） 集註變置毁其壇壝而更置之 此當云毁其社石而更置之社石社主也古五方五帝五土五穀自本神外皆有人神爲副倅如后土勾芒顓故舊時變置之法如云顓帝以來用勾龍爲社神柱爲稷神及湯有七年之旱則以棄易柱此變置法也戰國去古未遠必有可易之人神今不可考矣但神依於主亦第改其主石而神位自易若毁壇壝不過改神所棲止之地于神無與且變誠有之置于何有

（四書摭餘說） 孟子則變社稷舊說毁社稷而更置也朱注則但以爲毁壇壝最得解孟子正義社稷者蓋先王立五土之神祀以爲社立五穀之神祀以爲稷以古推之自顓帝以來用句龍爲社柱爲稷及湯之旱以棄易柱是知社稷之變置又有見於湯之時然也據此則非止毁壇壝之謂余謂變置至神祇所關重大故自顓頊至周水旱不一而易祀者止一柱是有成湯之德則可無成湯之德則慢神也左氏昭十七年鄭大旱使屠擊等有事於桑山

斬其木斬木其實是古禮卽變置之意而子產以爲其罪大奪之官邑蓋不敢殺然以滅明祀自任也全謝山曰古之人加罰於社稷有三等年不順成八蜡不通乃暫停其祭是罰之輕者又甚則遷其壇壝之地罰稍重矣又甚則更其配食之神罰最重然亦未嘗輕舉此禮魯穆公暴巫焚尫縣子尙以爲不可況其進於此者故孫疏變置之說可爲賢主道不可爲慢神之主道也王厚齋援唐人李陽冰說以證朱注　鈺按陽冰令縉雲大旱告於城隍之神五日不雨焚其廟及期雨合霑足陽冰乃與耆老吏民自西谷遷廟于山巓以荅神庥　於其未雨以前之事不序是不爲罰而爲報不足證變置之說陳后山談叢句容有盜置社稷而盜止下邳多盜遷社稷於南山之上盜亦衰息是則足以證朱註者

八蜡　註

(四書釋地又續)　八蜡之神先嗇一司嗇二農三郵表畷四貓虎五坊六水庸七昆蟲八鄭註與蔡邕獨斷同余獨以昆蟲乃蜡辭中所祝者與草木一類耳當以經文爲斷主先嗇先嗇一神也祭司嗇司嗇二神也祭百種百種三神也饗農農四神也郵表畷郵表畷五神也禽獸卽貓虎之屬禽獸六神也祭坊坊七神也水庸水庸八神也　鈺此與陳氏禮書暗合

奮乎百世之上　句　百世之下

(四書改錯)　百世之上自然一讀原不能連百世之下十字作句然以百世之下連下聞者莫不興起也十一字作句則又錯矣古文排句有例此二句排出雖略讀而仍是一氣文例如此所云興乎前以及乎後也若以世百之下連下讀則失文例矣漢王吉傳孟子云奮乎百世之上行乎百世之下聞者莫不興起特增行乎二字使四字屬上不屬聞者此極善全文例處要之百世之上下自有以及二字隱然在內讀者當自知耳

仁也者人也合而言之道也

(四書改錯)　集註或曰外國本人也之下有義也者宜也禮也者履也智也者知也信也者實也凡二十字尤延之曰孟子仁也者人也下高麗本有義也者云云　此直錯增經文尤宜救正者孟子自五代以板本行後亦未有他本別出之事況外國他本偶行中國必明見史載如後周顯德中新羅獻孝經宋咸平中日本獻鄭註孝經元祜

中詔求高麗百篇尚書不得爾時高麗使者明言其國無他經本豈有孟子別本見南渡後而其時不載及者況人不讀書信口揑造古無有以仁義禮智信分配五行爲五常者也洪範以人之五事分配五行但云肅乂哲謀聖而不及其他至鄉飲酒禮始合聖仁義中以配四時　鄭周官六德知聖義仁中和　則以春爲聖爲木夏爲仁爲火秋爲義爲金冬爲水爲中而無禮智信惟春秋穆姜作筮易詞直曰體仁合禮和義幹事明明以仁義禮事分解四德然猶不及智信故隋時何妥以爲幹事是信而唐時李鼎祚易解又曰幹事是智彼此卜度以爲智信二字六經無據也惟鄭康成注中庸其于天命之謂性句謂木神則仁金神則義火神則禮水神則信土神則知始五字合出名爲五常然未知出自何書頗類後漢緯書中文雖或原本古經然出自後漢故白虎通亦載之孟子時安得有信字錯極矣前儒每言論語分言仁義惟孟子合言之且不特合仁義幷合禮智如人皆有不忍章以仁義禮智爲四心口之于味章以仁義禮智聖爲五性曾及信一字否況合言爲道指仁與人言仁即是道此本中庸脩道以仁仁者人也來且以信爲終德事以信屬五行之土亦未知起於何時鄭氏以信屬水以知屬土早巳大殊又禮運四靈以爲畜曰北方之靈信則至矣易乾鑿度云冬陽氣閉信之類也故北方水爲信中央土者可以兼四方之行知之決也則所云中央智北方信者在今儒亦未曾一識而欲合五者以厚誣孟子不慮爲識者笑乎　文輝曰中庸仁者人也義者宜也表記仁者人也道者義也亦不合智信言

貉稽曰稽大不理於口

（四書攷異）　按理兼條分修治之義離騷令蹇修以爲理五臣注云令之以通辭理稽云不理蓋自病其言之無文故纂文有俗人之稱　趙見音義　潛夫論有士貴有辭之說也潛夫論交際篇士貴有辭亦憎多口孟子云憎茲多口即論語禦人以口給屢憎於人之意謂徒理於口亦爲士君子所憎惡惟能以文王孔子之道理其身心即有憎其口之不理者特羣小讙耳於己之聲聞無隕越也引詩兩章取兩愠字申達憎義

（孟子正義）　音義云丁云貊鵒二音既是人姓當音鵒纂文曰俗人姓也張亡百切說文云北方人豸種也按下自稱稽則稽自是名貉當是姓矣御覽引風俗通氏姓篇序云姓有九或氏於號或氏於謚或氏於爵或氏於國或氏於官或氏於字或氏於居或氏於事或氏於職此貉非號謚官爵故以爲俗人姓也張以爲貉人名稽則不以爲

姓與趙氏異以爲衆所訕知是仕者說文人部云俚聊也國策秦策云百姓不聊生注云聊賴也廣雅釋言云俚聊也俚賴也理俚聲同字通國語晉語君得其賴韋昭注云賴利也不理於口猶云不利於人口也隱公四年羊傳云吾爲子口隱矣言出於口故以人言爲人口

賢者以其昭昭章

〔趙注〕 賢者治國法度昭明明於道德是躬行之道使人昭明可得也今之治國法度昏亂濁之政也身不能治而欲使人昭明不可得也

山徑之蹊間介然用之而成路

〔四書攷異〕 趙註山之嶺有微蹊介然疏曰蹊間之微小介然而已文選長笛賦間介無蹊註引孟子此文又引杜預曰介猶間也間介一也言山間隔無蹊徑也

〔孟子正義〕 王氏念孫廣雅疏證云釋邱嶺陘阪也陘之言徑也孟子盡心篇山徑之蹊間介然趙岐注云山徑山之領法言吾子篇云山徑之蹊不可勝由矣馬融長笛賦云膺陗陁腹陘阻並字異而義同嶺之言領也嶺通作領列子湯問篇云終北國中有山名曰壺領程氏瑤田通藝錄溝洫疆理小記云孟子山徑之蹊間蹊字之義一見於月令孟冬塞蹊徑鄭氏注徯徑禽獸之道也呂氏春秋淮南子並作蹊徑一見於鄭氏注周易徑路爲山間鹿兎之蹊又左傳牽牛以蹊人之田漢書貨殖傳鷹隼未擊矰弋不施於蹊隧然則蹊者獸蹄之所經無堤埒非有一定之跡可睹指者也今乃介然用之而成路是路之成成於蹊間也孔氏廣森經學卮言云趙注以介然屬上句愚讀長笛賦間介無蹊似古讀有以間介絕句者間介蓋隔絕之意徑路也蹊足跡也言雖有足跡隔絕之處然人苟由之皆可以成路云趙氏佑溫故錄云介亦分別意如字讀得惟以介然屬上句非耳山徑之蹊間謂小道叢雜處介然用之謂人力闢除之謹按荀子脩身篇云善在身介然必以自好也楊倞注云介然堅固貌易曰介如石焉漢書律曆志上云介然有常注云介然特異之意說文人部云介畫也蹊無一定之跡則不可以成路蓋山領廣闊原可散亂而行縱橫旁午不相沿踐今介然專行一路特而不散有常而不亂此蹊間所以能成路蹊間之成路全在特行而不旁踰此介然二字定屬下用之即荀子律曆志之介然專行一路所以有常而堅固也方言云用行也介然

用之卽是介然行之爲間不用卽是爲間不行下云當遂行之趙氏以行釋用也

禹之聲尚文王之聲

〔趙注〕 高子以爲禹之尚聲樂過於文王之聲樂也

追蠡

〔四書典故辨正〕 豐氏以追爲鐘紐筆乘云遍觀字書並無以追爲鐘紐之說豐氏特據考工記有鐘縣謂之旋旋蟲謂之幹又因蠡蟲遂附會以爲鐘紐卽謂之旋蟲穿鑿之甚相詳其義當爲槌擊之槌蓋高子以禹之樂用之者多故凡槌擊處舉皆摧殘欲絕有如蠡齧之形趙希鵠洞天清錄云追與堆通今畫家滴粉令突起謂之堆粉金銀犀玉之工皆謂堆起爲頂裝詩追琢其章正謂頂裝作法也如鐘之旋帶篆枚皆是堆起者所謂追蠡蓋古器款文堆起處浸蝕也今人亦以器用久而剝蝕爲蠡愚按詩追琢其章荀子富國篇劉向說苑並作彫琢毛傳亦云追彫也追與彫通 彫亦作敦 不與堆通趙氏之說非也筆乘以爲槌擊之槌義亦近俗竊疑追字或是遂字之譌遂鐘之受擊處也考工記爲遂六分其厚以其一爲之深而圜之遂與追形聲相近蠡者蛀蝕蠡言鐘之受擊處蛀深似蠡也解經豈改字因義有難通姑識之俟考正 或問辨正引考工記疑追字是遂字之訛按注疏謂初鑄時卽深而圜之以擬擊則遂本窪深不因槌擊何足徵樂乎深有以窪言者有以高言者此深字郝京山謂猶觀禮爲壇深四尺之深當作高解鐘受擊處爲圜形凸起久而擁敝高處反窪以此見用之者多耳

〔過庭錄〕 孟子以追蠡趙註云追鐘紐也蠡蠡欲絕之貌也按趙說非是追字當訓爲彫言其敝壞也毛詩追琢其章傳云追彫也金曰彫梁惠王下篇必使玉人彫琢之趙注引詩云彫琢其章知二字通用鐘之旋蟲亦金所造故以爲彫蠡說與瀛同蠡者鐘之旋蟲也考工記鳧氏鐘縣謂之旋旋蟲謂之幹按蠡爲旋蟲故字從蟲說文斗部斡蠡柄也从斗軌聲考漢書斡字多作幹隸形近而訛或古人斡幹字可通用則考工記之幹正當作斡鐘柄爲甬甬上鑿爲旋著於旋中爲旋蟲爲斡轉旋於鑿中如蠃旋之形 蠡與蠃古字通亦作螺

〔孟子正義〕 說文金部云鈕印鼻也此以追爲鑄鈕卽爲鐘鼻矣淮南子要略訓擘畫人事之終始者也高誘注云擘分也文選西京賦擘肌分理注引周禮鄭注云擘破裂也周禮鄭注謂攷工記旊人髻墾薜暴不入市注云薜

破裂也薛學古字通也淮南子人間訓劍之折必有齧高誘注云齧缺也趙氏以擘齧二字解蠡字謂破裂缺齧也綠其破缺之深故欲絕說文蚰部云蠡蟲齧木中也段氏玉裁說文解字注云〇之言務也如刀之務物楚辭覽芷圃之蠡蠡又借爲禾黍離離字孟子以追蠡趙注曰追鐘鈕也鈕擊齧處深矣蠡蠡欲絕之貌此又以蠡同離同劙方言曰劙解也又曰蠡分也皆其義也不知假借之指乃云鐘鈕如蟲齧而欲絕是株守許書之辭而未能通許書之意矣蠡蠡既通於禾黍之離離楚辭思古云曾哀悽欷心離離兮注云離離剝裂貌此爲蠡欲絕之貌正本諸離離之剝裂抑黍實下垂其蒂之系微細欲絕亦有如鐘之下垂其鈕欲絕所以稱離離矣程氏瑤田通藝錄攷工創物小記云鐘縣謂之旋所以縣鐘者設於甬上參分其甬長二在上一在下其設旋處也孟子謂之追蠡言追出於甬上乃蠡也蠡與螺通蜾小者謂之蜁蝸郭璞江賦所謂鸚螺蜁蝸是也曰旋曰蠡其義不殊蓋爲金柄於甬上以貫於縣之者之擊中形如螺然如此則宛轉流動不爲聲病此古鐘所以側縣也旋轉不已日久則刓敝滋甚故孟子以城門之軌譬之姚氏文田求是齋自訂稿云以追爲鐘鈕既無他證語又迂曲一說追與槌同擊也說文旛字注建大木置石其上發以機以追敵亦謂擊敵也則此說似爲近是追者言所擊之處蠡則其如木之齧也三代之樂不殊而禹之鐘獨形其殘缺苟非當日之數數用之而何以有是也

是奚足哉

〔四書賸言〕　孟子文多微詞於此則微詞中又斬斬截截急拄其口而使之自解只是奚足哉四字畫之蓋此語專闢禹之追蠡不關考擊並不及文樂猶之門軌之齧不關馬力並不及塗軌蓋一比較則多寡生而祇論此追亦祇論此軌則久暫之意自見言外故曰是是者追蠡也追蠡爲考擊之所致得毋門軌之齧是馬力與只此一語而年世久遠非一朝用力所能到意隱隱可驗也

城門之軌

〔孟子正義〕　考工記匠人營國國中九經九緯經涂九軌注云軌謂轍廣乘車六尺六寸旁加七寸凡八尺是謂轍廣高誘注呂氏春秋勿躬篇淮南子冥覽訓皆云車兩輪間曰軌禮記中庸云今天下車同軌隱公元年左傳云同軌畢至周之車軌制以八尺其轍之制同則兩輪行地之迹自無不同故在地之迹亦名爲軌史記司馬相如傳

結軌還轅索隱引張揖云軌車迹也東京賦憲先靈而齊軌薛綜注云軌迹也軌同迹同故前後相沿在城門限切必深而成缺爾故趙氏以爾釋軌明此軌爲城門受車輪之缺也

兩馬

〔四書摭餘説〕 枚叔上吳王書曰泰山之霤穿石殫極之綆斷幹水非石之鑽索非木之鋸漸靡使之然也孟子正義引以證追蠡之説而於兩馬但加註所謂春秋外傳云國馬公馬是也毛西河謂趙岐注引國馬行關公馬稱賦亦多無解者古關隘郵驛皆有都鄙所賦馬供往來之用謂之國馬以此爲民間所出馬也至公家乘車及鄉遂賦兵牽載任器則馬皆官給謂之公馬以爲總畜之公牝者也故周禮牧人所掌皆稱國馬而馭夫趣馬又分公馬而駕治之雖無大分別要之行城之馬則祇此兩等然則兩馬謂兩等馬耳集注引豐氏説則曰兩馬一車所駕也古之駕車通以四馬大夫以上皆然惟士則駕二陳氏禮書曰儀禮公贈士以兩馬春秋時衛渾良夫乘衷甸兩牡陳成子以乘車兩馬賜顏涿聚之子晉君以一乘車兩馬與孔子蓋諸侯之大夫大事駕四小事駕二觀春秋傳以兩牡爲衷甸則四牡自爲上乘矣 按杜氏以衷甸兩牡爲卿車誤 後世有大駕中駕小駕之説蓋此類也闇白詩謂是説當矣然細按孟子所云兩馬亦未必指士之車蓋偶舉之何則言其轍迹深爲日久車多所致則當以通用之車曰四馬如駟不及舌是卽以馬之少者亦當用安車之一馬今乃云兩馬之力殆猶子曰后稷天下之爲烈也豈一手一足哉云爾古人文義有從實證出者有從虛會出者此等處固宜虛會耳又引大全辯轍一説曰兩郎車非一二之兩蓋兩一車也一車兩輪故謂之兩此言豈一車四馬之力所使然與亦通余謂朱子本言此章文義不可曉則不如竟仍貼禹説古駕車之法夏駕二馬謂之麗殷駕三馬謂之驂周自天子至大夫皆駕四馬謂之駟孟子若曰不知禹聲曷觀禹跡彼城之軌道止一達車從中央禹以來蓋閱千八百年於茲殷之驂于此門也周之駟亦于此門也而謂門限切深猶是夏先王兩馬之力與此正足破高子以追蠡尚禹之聲之説視舊注較明白矣

〔孟子正義〕 乘車多四馬謂兩服兩驂也去四言兩已不可曉況詰問之意正欲張馬力之多而反從減此是何意及觀趙岐注謂兩馬是公馬國馬引春秋傳爲證然國馬公馬亦多無解者古關隘郵驛皆有都鄙所賦馬供往來之用謂之國馬以此爲民間所出馬也至公家乘車及鄉遂賦兵牽載任器則馬皆官給謂之公馬以爲總之公

牧者也故周禮牧人所掌皆稱國馬而馭夫趣馬又分公馬而駕治之雖無大分別要之行城之馬則祇此兩等然則兩馬謂兩等馬耳謹按春秋外傳者國語楚語闕且與其弟論令尹子常之言也韋昭本作國馬足以行軍云國馬民馬也十六井爲邱有戎馬一匹牛三頭足以行軍公馬公之戎馬稱畢也賦兵也趙氏所見本蓋與韋異姚氏文田求是齋自訂稿云趙氏以兩馬爲國馬公馬不如豐氏一車所駕之説爲長但當云城中車可散行城門則車皆由之兩馬之力乃以車多反言則文義自明如泥兩馬二字卽國中之軌亦豈兩馬所能成故不可以辭害意也左氏哀二十七年傳陳成子屬孤子三日朝設乘車兩馬注乘馬兩馬大夫服史記孔子世家晉君與之一乘車兩馬又左哀公十七年傳乘衷甸兩牡注衷甸一轅卿車疏兵車一轅而二馬夾之其外更有二驂是爲四馬今止乘兩牡謂之衷乘者衷中也蓋以四馬爲上乘兩馬爲中乘大事駕四小事駕二爲等差故也異義古毛詩說天子之大夫皆駕四故詩云四牡騑騑周道倭遲是也其諸侯大夫唯駕二無四二十七年陳成子以乘車兩馬賜顏涿聚之子士喪禮云賵以兩馬是惟得駕兩無上乘也皆可爲一車所駕之證曾氏之升據餘說云古駕車之法夏駕二馬謂之麗殷駕三馬謂之驂周自天子至大夫皆駕四馬謂之駟孟子若曰不知禹登盍觀禹迹彼城門之軌道止一塗車從中央禹以來閱千八百年於茲殷之驂於此門也周之駟亦於此門也而謂門限切深猶是夏先王兩馬之力與議按夏駕二馬見毛詩衛風干旄正義引王肅云夏后氏駕兩謂之麗殷益以一騑謂之驂周人又益一騑謂之駟

棠

〔四書釋地〕 春秋三棠邑一宋魯之界上隱公五年春矢魚于棠 (注公羊稱爲邑) 是也今魚臺縣一楚邑伍奢長子尙爲棠君是也今六合縣一齊邑齊棠公之妻杜註棠公齊棠邑大夫不言所在余謂棠萊邑也後漢志北海卽墨縣有棠鄉齊靈公十五年滅萊邑故爲齊有後孟子爲發棠卽此是也今卽墨縣甘棠鄉

〔四書典故辨正〕 左傳襄六年棠人杜註棠萊邑也北海卽墨縣有棠鄉十八年郲棠杜註齊邑顧氏震滄春秋大事表以郲棠爲萊邑以棠爲齊邑與杜註相反又謂棠後訛爲堂今爲東昌府之堂邑縣孟子勸齊王發棠卽此愚按顧寧人山東考古錄云當時卽墨爲齊之大都倉廩在焉故云發棠則棠卽杜註所謂萊邑非今之堂邑縣也大

事表疑誤

馮婦搏虎章

〔千百年眼〕孟子馮婦一章一本作晉人有馮婦者善搏虎卒爲善　句　士則之　句　野有衆逐虎虎負嵎莫之敢攖云云前士則之後其爲士者笑之文義相屬而於章旨亦合特難與迂滯者語耳

則之野

〔四書釋地又續〕或曰惟馮婦之野故得望見馮婦恐從未見則之野此句法余曰周書則至于豐

虎負嵎四句

〔孟子正義〕淮南子俶眞訓云攖人心也高誘注云攖迫也說文辵部云迫近也故趙氏以迫釋攖又以近釋迫音義云丁於盈切埤蒼云攖梏也梏之猶云繫之蓋讀攖爲纓繫之以纓卽謂之纓也莊子大宗師其名爲攖寧釋文引崔氏注云攖有所繫著也此亦以攖爲纓也莊子在宥云汝愼無攖人心司馬彪注云攖引也引亦牽繫之義然是時衆方與虎相持何得遽言梏繫迫之義長矣音義云隅子于切又子侯切隅也隅卽嵎說文自部云隅陬也陬阪隅也詩小雅正月瞻彼阪田箋云崎嶇墝埆之處故馬融廣成頌云負隅依險段氏玉裁說文解字注云負恃也左傳曰昔秦人負恃其衆貪於土地逐我諸戎孟子曰虎負嵎莫之敢攖虎有所恃而張故云依陬而怒也謹按注中見虎二字解望見二字明望見二字斷句馮婦趨而迎之六字斷句是時婦猶在車中令趨車迎之也將近矣馮婦又攘臂下車趙氏以恥不如前明所以趨迎所以下車之故而以馮婦二字貫於見虎走迎之上則望見爲馮婦望見明矣先言望見後言馮婦者屬文之法也自則之野貫下此望見者自卽是之野者望見不可云望見有衆逐虎虎負嵎莫之敢攖故倒言之也是時知止則可以不趨迎不下車逕用馮婦者若曰誰迫之使趨迎馮婦也誰迫之使下車馮婦也皆形容其不知止之狀也說文走部云趨走也故以走釋趨謂行之疾也說文手部云攘推也推排也推排其兩手於前作搏勢也孟子屬文符奧趙氏每能曲折達之卒爲善士貴之又爲士之黨笑之則因其之野望見如是趨迎如是下車如是也則字非虛用也

鼻之於臭

（四書釋地三續） 凡字有三義一總說二相反惟臭字爲然臭氣之總名也又香易繫辭其臭如蘭是也又惡氣戰國策其似惡聞王之臭是也若鼻之於臭則專指香蓋以下文安佚字例出集註略講義兼指香臭非 錯趙註鼻之喜芬香

浩生不害

（四書釋地又續） 浩生複氏不害其名與告子各自一人趙氏偶於告子篇誤註曰名不害且係度其嘗學於孟子執弟子問者集註亦沿其誤移註公孫丑篇此蘆萃之未盡者也

笠

（孟子正義） 音義云笠丁音立欄也圈也闌與欄字同戴氏震方言疏證云方言曰笠圂也注云謂闌圂也孟子既入其笠趙岐注云笠闌也闌闌古通用漢書王莽傳與牛馬同蘭顏師古注云蘭謂遮闌之若牛馬闌圈也阮氏元校勘記云蘭者假借字欄者俗字闌者正字也

又從而招之

（四書釋地又續） 招胥也亦本趙氏釋其足也則集注增出雖用周禮鄭氏註然實支離不如用說文舊本作縶縶絆也余謂縶繫也蓋又從而縶縛之耳

布縷之征三句

（四書典故覈） 布縷之征宅征也粟米之征田征也力役之征丁征也皆定賦所當出粟米之征於秋力役之征於冬布縷之征經傳不著其時朱子以爲夏者據月令收繭稅耳用其一用其二用其三所謂急政暴虐賦斂不時也 趙氏謂國有軍旅之事則橫興此三賦布軍卒以爲衣縷紩鎧甲之縷粟米軍糧力役負荷廝養之役若然則所謂如知非義斯速已矣豈用一緩二遂足爲君子乎

（孟子正義） 惠氏士奇禮說云屋粟邦布見管子輕重篇屋粟者地稅夫一爲廛夫三爲屋荀子所謂田野之稅孟子所謂粟米之征管子謂籍於室屋妄矣盍計畝以步計井以屋故小司徒得據而考焉而斂之旅師者是也邦布者刀泉衆寡有數長短有度荀子所謂刀布之斂孟子所謂布縷之征管子謂籍於萬民六畜妄矣蓋家辦其物

歲入其書故鄉遂大夫得稽而征焉而入之外府者是也凡田不耕者出屋粟有田而不耕使出三夫之地稅凡民無職者出夫布無田乃無職使出一夫之口泉出之民曰夫布入之國曰邦布其實一也謹按周禮地官載師凡宅不毛者出里布鄭司農云里布者布參印書廣二寸長二尺以爲幣貿易物詩云抱布貿絲抱此布也或曰布泉也春秋傳曰買之百兩一布又廛人職掌斂市之次布儳布質布罰布廛布孟子曰廛無夫里之布不知言布參印書者何見舊時說也元謂宅不毛者罰以一里二十五家之泉征賦之稱布司農有此二義一爲泉布之布則布即錢也一爲布參印書以爲幣而引詩爲證毛詩衛風氓抱布貿絲傳云布幣也箋云幣者所以貿買物也孔氏正義云知此布非泉而言幣者以言抱之則宜爲幣此布幣謂絲麻布帛之布幣者布帛之名故鹿鳴云實幣帛筐篚是也又云司農之言事無所出故鄭易之賈氏載師疏云此說非故先鄭自破之是征賦之布爲泉布非布帛孟子不云泉布之征而云布縷之征布與縷連稱則布爲布帛此趙氏所以不用夫布里布等說而以爲軍行之橫征也且屋粟里布國之常賦不容鈌緩即用二用三何致民有殍而父子離則趙氏義爲長

寶珠玉者

〔四書釋地三續〕　此謂以珠玉作耳目之玩者耳若楚語王孫圉曰國之寶六而已玉足以庇蔭嘉穀使無水旱之災則寶之珠足以禦火災則寶之盡一以祀神一以禳災方獲福矣何殃之有物一也顧所用之何如耳

〔孟子正義〕　荀子大略篇云和之璧井里之厥也玉人琢之爲天子寶韓非子和氏篇云楚人和氏得玉璞楚山中奉而獻之厲王厲王使玉人相之玉人曰石也王以和爲誑而刖其左足及厲王薨武王即位和又奉其璞而獻之武王使玉人相之又曰石也王又以和爲誑而刖其右足武王薨文王即位和乃抱其璞而哭於楚山之下三日三夜淚盡而繼之以血王聞之使人問其故和曰吾非悲刖也悲夫寶玉而題之以石貞士而名之以誑此吾所以悲也王乃使玉人理其璞而得寶焉遂命曰和氏之璧史記藺相如傳趙惠文王時得楚和氏璧秦昭王聞之使人遺趙王書願以十五城請易璧秦亦不以城予趙趙亦終不予秦璧其後秦伐趙拔石城明年復攻趙殺二萬人此所謂與強國爭之強國加害也莊子讓王篇云隨侯之珠彈千仞之雀漢書鄒陽傳獄中上書云故無因而至前雖出隨珠和璧祗怨結而不見德文選作隨侯之珠夜光之璧淮南子覽冥訓云譬如隨侯之珠和氏之璧得之者富

失之者貧高注云隨侯漢東之國姬姓諸侯也隨侯見大蛇傷斷以藥傳之後蛇於江中銜大珠以報之因曰隨侯之珠蓋明月珠也史記李斯列傳有隨和之寶正義引說苑云昔隨侯行過大蛇中斷疑其靈使人以藥封之蛇乃能去因號其處爲斷蛇邱歲餘蛇銜明珠絕白而有光因號隨珠隨侯之珠無求索爭國事趙氏蓋連及之新序雜事篇云秦欲伐楚使使者觀楚之寶器楚王聞之召令尹子西而問焉曰秦欲觀楚之寶器吾和氏之璧隨侯之珠可以示諸求索 或指此與

盆成括

〔孟子正義〕說苑建本篇有盆成子是盆成二字爲姓周氏廣業孟子出處時地攷云死矣盆成括正與孔子由其死矣語同何故斥之又晏子外篇載景公命盆成括以母柩合葬於路寢事晏子稱之曰括者父之孝子兄之順弟又嘗爲孔子門人是齊有兩盆成括也然孔庭從祀無盆成括

館於上宮

〔趙注〕館舍也上宮樓也孟子舍止賓客所館之樓上也

夫子之設科也

〔經義雜記〕集註夫子二字舊讀扶余非或人自悟其失因言此從者固不爲竊屨而來但夫子設置科條以待學者苟以向道之心而來則受之耳趙氏章句云館人曰殆非爲是來事夫子也自知問之過也又孟子曰夫我設教授之以科教人以道德也其去者亦不追呼來者亦不拒逆誠以是學道之心來至我則斯受之亦不知其取之與否君子不保其異心也見館人曰殆非爲是來亦云不能保知謙以益之而已據此知夫子之設科也本作夫子之設科也以經省曰字故趙注直下孟子曰以補之正義載章旨云此章言教誨之道受之如海百川移流不得有拒雖獨竊屨非已所絕順答小人小人自咎非已所絕已字正釋經予字此節即所謂順答小人也又正義云孟子又曰失我之設科以教人往去之者則不追呼而還來者則不拒逆誠以是學道之心來至我則斯容受之而教誨亦且不保其異心也則北宋人作疏時尚是予字今注疏本作子是從集註改也

是以言餂之也

（經解集說）丁公著云字書及諸書並無此餂字郭璞方言註云音忝謂挑取物也其字從金此字從食蓋傳寫誤也

（孟子正義）按銛餂二字方言皆有之一云銛取也注云謂挑取也一云凡陳楚之郊南楚之外相謁而餐或曰鉡或曰鮎徐鍇說文繫傳云相謁相見後設麥飯以爲常禮如今人之相見飲茶也趙氏以取釋餂自本方言丁公者謂傳誤寫者是也姚寬西溪叢語云玉篇食字部有餂字注音達兼反古甜字然則字書非無此字第與孟子言餂之義爲不合耳今以孟子之文考餂之義趙岐以餂訓取是也當如郭氏方言其字從金爲銛玉篇廣韻銛音他點反取也廣韻上聲銛音忝而平聲又有銛字音纖訓曰利也說文以銛爲臿屬乃音纖其義與音忝者不同各從其義也按銛乃挑之轉音以言銛即以言挑也俗以鎖鑰不能開用物挑之謂之銛正是此銛也臿爲今之鍫鍫方言作斛說文作銚正以其挑取土而得名鍫有二種一種堅厚用以上挑可多得土一種纖利用以深入此纖利者形正近於舌蓋銛之遺也漢書賈誼傳弔屈原賦云莫邪爲鈍兮鉛刀爲銛晉灼曰世俗以利爲銛徹惟其利故能挑取其義亦相貫矣龍龕手鑑食部平聲有餂字云音甜甘也又舌部云䑛䑛䑙餂胡五俗甜正徒兼反甘也然則餂乃甜之俗字漢時無之又按說文金部銛從金舌聲段氏玉裁說文解字注云舌字非聲當作㐁聲㐁舌貌也他念切在谷部此木部炊𣏞木之柄臿屬之銛皆用爲聲依此則銛宜作鈵若然則鈵爲㐁之通借以言鈵即是以言㐁魏校六書精蘊云說文㐁字音忝象舌在口外露舌端舐物也人有持短長術以言鉤人者孟子斥爲穿踰是鈵誤爲銛又銛誤爲餂矣附其說於此以俟參考

說大人章

（四書釋地又續）孟子以己之長方人之短猶有此等氣象在孔子則無之矣此楊龜山語何嘗論孟子如曾子之彼以其富我以吾仁彼以其爵我以吾義吾何慊乎哉曾子何獨不然子思事之云乎豈曰友之云乎推其意且有子我相較奚可以與我友之語子思又何獨不然善乎高忠憲言自古以來聖賢成就俱有一個脈絡余謂孟子原從思曾來於顏少別故曰顏子沒而聖人之學不傳

堂高數仞

〔典故辨正〕　趙註大室無丈尺之限故言數仞愚按堂高數仞謂堂階之高非指屋室凡經傳稱堂高者皆指堂階而言考工記堂崇三尺史記堂高三尺土階三等蓋每等高尺三等則高三尺矣若云堂屋世豈有三尺之屋哉但禮器言天子之堂九尺諸侯之堂七尺以孔氏八尺爲仞鄭氏七尺爲仞計之卽天子之堂亦止一仞有餘耳戰國諸侯雖踰制亦不得高至數仞以此知小爾雅四尺爲仞之說正有自來　堂室高卑之度經無明文惟考工記云王宮門阿之制五雉宮隅之制七雉鄭註雉長三尺高一丈度廣以廣度高以高則門阿高五丈宮隅高七丈尙書大傳云天子之堂廣九雉三分其廣以二爲內五分內以一爲高則三丈六尺公侯七雉三分廣以二爲內五分內以一爲高則二丈八尺伯子男五雉三分廣以二爲內五分內以一爲高則二丈然則堂高數仞並非踰制而數仞之指堂室無疑矣

榱題數尺

〔四書典故辨正〕　榱屋椽也爾雅疏屋椽齊魯名桷周人名榱但屋椽數尺不爲過長何以言非古之制趙註云榱題屋霤也按考工記殿四阿重屋註云四阿若今四注屋四注則南北東西皆有霤霤者屋檐滴處爾雅釋宮檐謂之樀郭註云屋梠邢疏云屋檐一名樀一名梠又名宇皆屋之四垂也榱題是椽之在檐下者題椽頭也檐下之椽頭長數尺則四垂之軒張深邃可知此所以爲奢汰而非古制也從來解者都未分曉

食前方丈

〔孟子正義〕　說文食部云饔具食也饌或從巽廾部云具共置也列前有方丈之多則極五味無不備置故以饌釋食謂食言具食也論語爲政篇有酒食先生饌集解引馬曰饌飲食也廣雅釋詁云饌食也是具食亦單謂之食儀禮士冠禮具饌于西塾注云饌陳也周禮秋官掌客皆陳注云陳列也趙氏既以饌釋食又以列釋饌是食前卽具食於前亦卽是列於前晏子春秋問下云昔吾先君桓公善飲酒窮樂食味方丈

羊棗

〔四書摭餘說〕　爾雅遵羊棗註實小而圓紫黑色今俗呼之爲羊矢棗趙岐孟子注羊棗棗名也正義曰蓋樲與棗一物也然而有二名是樲小而棗大樲酸而棗甘耳云羊棗别羊棗之爲大棗甘者矣其類則樲棗之屬也　註

余按酸棗一名樲樲卽棘也魏風云園有棘其實之食毛傳云棘棗也淮南兵略訓云伐棘棗而爲矜高誘註云棘棗酸棗是又名棘棗也　何義門讀書記羊棗非棗也乃柹之小者初生色黃熟則黑似羊矢其樹再接卽成柹矣余乙亥客授臨沂始覩之沂近魯地可據也今俗呼牛嬭柹一名梬棗而臨沂人亦呼羊棗曰梬棗此尤可證柹之小者通得棗名不必以爾雅遵羊棗之說爲疑若邵武士人僞作正義以羊棗爲樲棘之屬則甚謬此乃本草所收酸棗也自出山石間色赤味酸

〔孟子正義〕　周氏柄中辨正云陳禹謨名物攷云嘗道鄒登嶧山或以羊棗餉余其狀絕類柹大僅如茨實盡名爲棗而去棗遠矣此皆得之親見益信何氏之說不誣段氏玉裁說文解字注云羊棗卽木部之梬爾雅諸棗中之一與常棗絕殊不當專取以爲訓棗樹隨地有之盡人所識赤心而外刺非羊棗也木部云梬梬棗也似柹而小一曰梬按梬卽釋木之遵羊棗也凡物必得諸目驗而折衷古籍乃爲可信昔在　西苑萬善殿庭中曾見其樹葉似柹而不似棗其實似柹而小　如指頭內監告余用此樹接之便成柹古今注云梬棗實似柹而小味亦甘美師古曰樗棗今之梬棗　也梬與遵音相近梬卽遵字也內則芝栭賀氏曰芝木椹栭軟棗釋文云栭本又作樗樗者梬之誤

膾炙

〔孟子正義〕　禮記少儀云牛羊魚之腥聶而切之爲膾麋鹿爲菹野豕爲軒皆聶而不切麕爲辟雞兔爲宛脾皆聶而切之切葱若薤實之醯以柔之注云聶之言牒也先藿葉切之復報切之則成膾內則云膾春用葱秋用芥肉腥細者爲膾大者爲軒其餘文與少儀略同注云言大切細切異名也膾者必先軒之所謂聶而切之也此軒辟雞宛脾皆菹類也釀菜而柔之以醯殺腥肉及其氣今益州有鹿䐪者近由此爲之矣軒或爲胖宛或爲鬱說文肉部云䐑薄切肉也膾細切肉也䐑卽聶而切之周禮天官醢人注引少儀作䐑而切之然則䐑者切之成薄片如今片肉也又將所片細切成條謂之報切段氏玉裁說文解字注云凡細切者必疾速下刀少儀注云報讀爲赴疾之赴按報與躁音近報之爲疾卽躁之爲疾報而切之卽今肉躁子也南史恩倖傳云宮中諺云趙鬼食鴨鸜諸鬼盡著調鸜與調鸜正讀如躁鸜猶瀟瀟亦爲疾蓋漢言報六朝言鸜今則爲躁也劉熙釋名釋飲食云膾會也細切肉令散分其赤白異切之已乃會合和之也赤蓋肉之精者白蓋肉之肥者先分切而後合之所以爲會醢人五齊七菹

注云齊當爲齏五齏昌本脾析蜃豚拍深蒲也七菹韭菁茆葵芹箈筍菹凡醯醬所和細切爲齏全物若牒爲菹齏菹之稱菜肉通此因少儀內則糜鹿稱菹脾析爲牛百葉豚拍爲豚脅亦爲齏是齏菹通稱於肉以細切爲齏則齏即膾之通稱蓋肉之牒而切者爲軒又報切之則爲膾在菜但牒切而不報或全物不切是爲菹細切者爲齏以其皆爲牒切則肉亦名菹以其皆爲細切則肉亦名齏但菹之名可通於肉而膾之名則不聞通於菜是膾專爲肉之細切者名也菹齏皆用醯醢醬和之今人以生蝦生蚌螯用酒酢椒蘸拌食之此古肉食爲菹之遺用全物而不切者也說文艸部云菹酢菜也韭部云齏墜也墜齏也通俗文云淹韭曰齏淹薤曰墜蓋菹齏之暫食也可用酢其久藏者兼以鹽或用全或用切或用細或用細切者今俗名齏矣而肉之牒切細切者皆未有生用醯酢芥醢和食之制蓋膾之古法今不可詳矣內則諸膳有牛炙牛膾羊炙豕炙魚膾即儀禮公食大夫禮二十豆中物孔氏正義云牛炙炙牛肉也毛詩小雅楚茨云或燔或炙傳云炙炙肉也箋云炙肝炙也孔氏正義云燔者火燒之名炙者遠火之稱以難熟者近火易熟者遠之故肝炙而肉燔也生民傳曰傅火曰燔瓠葉傳曰如火曰燔對遞炙者爲近火故云傅火加之燔其實亦炙非炮燒之也故量人注云燔從於獻酒之肉特牲曰燔炙肉是燔亦炙也且燔亦炙爲欒而貫之以炙於火如今炙肉矣瓠葉云有兔斯首炮之燔之炙之傳云毛曰炮加火曰燔抗火曰炙箋云柔者炙之乾者燔之孔氏正義云凡治兔之所宜若鮮明而新殺者合毛炮之若割截而柔者則欒貫而炙之若今炙肉也乾者謂脯臘則加之火上若今之燒乾脯也禮記禮運云以炮以燔以烹以炙注云炮裹燒之也燔加於火上炙貫之火上內則獨詳於炮云炮取豚若牂刲之刳之實棗於其腹中編萑以苴之塗之以謹塗炮之塗皆乾擘之濯手以摩之去其皽注云炮者以塗燒之爲名也謹當爲墐墐塗塗有穰草也此蓋連毛以墐塗塗裹之置火中燒其毛隨塗脫去又用手摩去皮肉上之皽更入鼎鑊煮之以其用塗包裹燒之故名炮炮者包也毛曰炮也去皽之後入鑊煮之則炮而烹矣若不入鼎鑊近火炙之則爲燔遠火炙之則爲炙攷工記廬人重欲傅人注云傅近也傅火即近火也是爲炮之燔之也段氏玉裁說文解字注云瓠葉傳云炕火曰炙正義云炕舉也謂以物貫之而舉於火上以炙之按炕俗字古當作抗方言曰抗縣也是也縣而炙之則遠火也是爲炮之炙之也軟棗爲人君燕食所加之庶羞視公食大夫禮二十豆之用膾炙禮之隆殺有差即物之甘嘉或別故以執美爲問耳

諱名

〔四書典故辨正〕 古者死而無謚不以名爲諱周人以謚易名始有避諱之禮矣周禮小史有事則詔王之忌諱先鄭謂忌日與名諱葉竹埜禮經會元曰王制太史奉諱惡小史者太史之屬詔忌諱卽奉諱惡謂惡事之當忌諱者人君行事宜知就善而避惡卽吉而忌凶非名諱也如文王名昌武王名發而詩言克昌厥後駿發爾私則周人不諱於詩成王名誦而周禮撢人曰誦王志瞽矇曰諷誦詩甚至官名謂之誦訓則周公不諱於禮莊公名同而春秋書同盟僖公名申而書戊申襄公名午而書陳侯午卒定公名宋而書宋人則孔子不諱於春秋由是觀之則周人以諱事神之說左氏之語誣也愚按名終則諱自是周制不得以左氏爲誣王制之諱惡惡烏路切義與忌同而葉氏以爲善惡之惡遂生異解姜上均既從鄭說乃又謂忌日與廟諱不得言惡惡字蓋忌字之訛亦非是

姓

〔四書典故辨正〕 左傳天子建德因生以賜姓謂有德之人生此地以此地名賜之姓以顯之晉語黃帝以姬水成炎帝以姜水成 註成謂所生長以成功也 成而異德故黃帝爲姬炎帝爲姜此因生賜姓之始也黃帝之子二十五宗其得姓者十四人爲姬酉祁己滕箴任荀僖姞儇依十二姓 註十四人青陽與夷鼓皆爲己姓元囂與倉林皆爲姬姓十二姓 黎爲高辛氏火正其後爲己董彭禿妘曹斟芊八姓禹賜姓曰姒四岳賜姓曰姜丹朱之後爲狸姓 註並見國語 契爲商姓子氏棄爲周姓姬氏秦之先伯翳賜姓嬴 註並見史記 皋陶賜姓曰偃 註見帝王世紀 舜賜釐叔安裔子之姓曰董 註見左傳 此唐虞以上賜姓之事也周之賜姓獨一嬀滿餘無可考而諸姬無一賜姓者左傳正義曰周尚父欲令子孫相親故不使別姓胡朏明曰周道同姓雖百世而婚姻不通苟賜之姓則不能禁其通婚故不復賜非但質文之異也 左傳正義謂姓分爲族族分爲氏毛西河獨謂姓分爲氏氏分爲族其言曰魯與鄭皆姬姓而魯分桓公之子爲三桓一爲仲孫一爲叔孫一爲季孫鄭分穆公之子爲七穆或爲罕氏或爲駟氏或爲國氏此姓之分爲氏也乃魯又分三桓之後爲子服氏南宮氏叔仲氏公彌氏鄭又分七穆之後爲游氏馬師氏子南氏少正氏此氏之分爲族也愚按別姓則爲氏卽氏則有族族者氏之所聚而已羽父爲無駭請族隱公命以爲展氏則氏族一也分之則族無不同氏氏有不同族西河之說較是

琴張

〔四書摭餘說〕　朱子注論語則曰牢孔子弟子姓琴字子開一字子張　鶚按鄭康成注牢弟子子牢也正義曰家語弟子篇云琴牢衛人也字子開一字張　註孟子則又曰琴張名牢字子張孔子諸弟子中獨此一人註之至詳且悉者誠恐爲趙岐舊說所誤也趙註琴張子張也子張爲人踸踔譎詭論語曰師也辟故不能純善而稱狂又嘗鼓琴號曰琴張余謂邪卿遷譬在安邱複壁中註孟其參考未備無論臨尸而歌莊子荒唐之言不足據而左氏昭二十年明載仲尼止弔宗魯事則琴張非子張也班氏古今人表列子張第三列琴牢第四則是兩人

〔孟子正義〕　琴張之名一見於昭公二十年左傳云琴張聞宗魯死將往弔之仲尼曰齊豹之盜而孟縶之賊女何弔焉注云琴張孔子弟子字子開名牢孔氏正義云家語云孔子弟子琴張與宗魯友七十子篇云琴牢衛人字子開一字張則以字配姓爲琴張即牢曰子云是也賈逵鄭衆皆以爲子張即顓孫師服虔云案七十子傳云子張少孔子四十餘歲孔子是時四十知未有子張鄭賈之說不知所出一見於莊子大宗師篇云子桑戶孟子反子琴張三人相與友曰孰能相與於無相與相爲於無相爲孰能登天遊霧撓挑無極相忘以生無所終窮三人相視而笑莫逆於心遂相與友莫然有閒而子桑戶死未葬孔子聞之使子貢往侍事焉或編曲或鼓琴相和而歌曰嗟來桑戶乎嗟來桑戶乎而已反其眞而我猶爲人猗子貢趨而進曰敢問臨尸而歌禮乎二人相視而笑曰是惡知禮意左傳莊子皆周人之書趙氏豈不知之而以琴張爲子張覩左傳正義所引鄭賈之說則當時固以琴張爲子張而趙氏本之也服虔始疑而家語始以琴牢一字張杜預注左傳所本者此也然家語晚出之書未足爲據論語子罕篇牢曰子云吾不試故藝鄭氏注云牢弟子子牢也不言即琴張史記仲尼弟子傳亦無琴牢其人陳氏鱣論語古訓云王肅家語敘云語云牢曰子云吾不試故藝談者不知爲誰多妄爲之說孔子家語弟子有琴張一名牢字子開亦字張衛人也肅云談者即指鄭氏夫論語記弟子不應稱名漢白水碑琴張琴牢判爲二人肅臆說不可信按鄭衆賈逵既以左傳之琴張爲子張則當時說莊子亦必以琴張爲子張孟子反與琴張　或編曲或鼓琴則編曲者反而鼓琴者張也故謂子張善鼓琴又正當時以莊子之琴張爲顓孫師之證而趙氏本之也

〔四書改錯〕子桑戶死琴張臨其喪而歌事見莊子季武子死曾晳倚其門而歌事見檀弓此兩事皆不可據者而偏引之莊子云子桑戶死子琴張臨喪而歌子貢往弔歸問曰彼何人者耶子曰彼游方之外而某游方之內外內不相及者則以子貢不識孔子不相及之人而猶是孔子弟子乎若季武子卒在昭之七年春秋書季孫宿卒是年孔子甫十七未知曾晳曾生與否且晳安得與季氏友此皆荒唐之甚者況本文言狂但言志行不相掩未嘗有狂疾如所云也錯也

古之人六句

〔孟子正義〕趙氏以上古之人爲句古之人行何爲踽踽涼涼爲句生斯世也句爲斯世也善句與斯可矣一連貫下相呼應故云但當取爲人所善善人也毛詩唐風杕杜篇獨行踽踽傳云踽踽無所親也說文足部云踽疏行也疏與親反無所親故疏又水部云涼薄也從水京聲薄與疏義亦相近不與人相親則不以周旋盤辟施之於人故云有威儀如無所施之貌也音義以古之人行爲句何爲之爲張云于僞反謂古人之行何所爲而如是生斯世也但取爲人所善之善人此爲字讀如字矣閹爲宦豎之稱爾雅釋天云太歲在戌曰閹茂李巡注云閹蔽也趙氏讀閹爲奄毛詩大雅皇矣篇奄有四方傳云奄大也故釋爲大又思齊篇思媚周姜傳云媚愛也

惡莠亂苗

〔孟子正義〕毛詩齊風甫田維莠驕驕傳不言何物小雅大田不稂不莠傳云稂童粱也莠似苗也按莠之爲物有二御覽引韋昭問答云甫田維莠今何草答曰今之狗尾也夏小正四月秀幽國策魏西門豹云幽莠之幼也似禾爾雅釋草云莠蔓也幽蔓莠一聲之轉說文草部以蔓次莨莨郎爾雅釋草之孟狼尾史記司馬相如傳上林賦其卑溼則生藏莨蒹葭解引漢書音義云莨狼尾草也莨爲狼尾蔓爲狗尾所以相次也則狗尾之名莠乃蔓之通借字也此不稂不莠傳既以稂爲童粱說文草部云蓈禾粟之𥝩生而不成者謂之童蓈重文稂𥝩郎穗字爲禾成秀之名蓋禾病則秀而不實實者下垂不實者直立而獨露於外童之猶言獨也稂是生而不成者於是說文郎以莠字次之云莠禾粟下揚生莠也揚者皺揚之謂粟之不堅好者皺揚之必在下今農人尚呼之爲下揚農桑輯要云穀種浮秕去則無莠徐鍇亦謂莠出於粟秕今狗尾草徧野皆一種自生不關粟秕所種則下揚所生之莠別爲似

禾之物與粟之爲狗尾者異也蓋卽禾之秀而不實者故卽以莠名之根莠一類根成於病莠生自種爲有別耳下揚中有米而不全浴謂之半掩故能生也程氏瑤田以下揚爲飛揚段氏玉裁以下揚爲下垂難乎達矣

皐陶

（四書釋地又續）　舜五臣之中禹爲最稷契次之皐陶次之益又次之此品第也或問孟子舜以不得禹皐陶爲己憂上文無皐陶茲特補出一似惟皐陶始足以配禹者何與余曰顧麟士有云獨皐陶並列者亦大概之言不屑分配耳或古人原以並稱而順口因之或又問若禹皐陶則見而知之且以道統屬皐陶益明非皐陶不足以配禹矣余曰讀歸熙甫孟子此章敍道統不及周公顏子論亦可恍然於其故矣蓋古之聖賢有遺言而無遺意觀言者誠得其意太公望散宜生可以爲見知則周公不居其下矣孟子以此自任則顏子不在其後矣呂散謂之見知非過也然而虎踞鷹揚視夫忻忻休休之氣象何如也其不敍周公者夫亦以文王言之則周公之所師卽敬止之家學其視文王若一人焉父子一道舉乎此可以該乎彼矣易作于羲文周孔而班固曰易更三聖至於談之與遷同稱太史彪之與固同號班書蓋昔人之恒辭也苟執其辭焉則武王何以不舉乎他日稱三王而繼之以思兼孟子之意可知也孟子之自任以道非僭也然而泰山巖巖視夫和風慶雲之氣象何如也其不敍顏子者夫亦以在我者言之則孟子之私淑蓋自附于及門其視顏子猶儕輩焉彼此一道方自論則不暇于及人矣周有亂臣十人而君奭曰惟茲四人至于序大孝則稱曾子論好學則獨予顏淵蓋昔人之專辭也苟執其辭焉則曾子子思又何以不舉乎他日論禹稷而歸之于同道孟子之意可知也妙哉論也豈惟禹皐並稱五臣中有以禹稷並稱者躬稼有天下當平世是也請竊如熙甫之論申之曰舜以不得禹皐陶爲己憂若禹皐陶則見而知之禹皐陶並稱者恒辭也禹稷躬稼而有天下禹稷當平世三過其門而不入禹稷並稱者專辭也恒辭專辭所謂言固各有當與　余昔往來洪洞縣見道有豐碑曰皐陶故里側有祠及墓雖躬拜祠下心殊不以爲然蓋帝王世紀云皐陶生於曲阜曲阜偃地故帝因之而以賜姓曰偃皇覽云皐陶冢在廬江六縣括地志云故城在壽州安豐縣一百三十里安豐今廢入壽州爲安豐鄉殆因於所封國唐宗室世系表皐陶上溯自顓頊下訖數十代皆於洪洞了不相涉不知何緣誤至此爲正於此　後漢書楊賜傳出爲廷尉賜自以代非法家言曰三后成功惟殷于民皐陶不與焉蓋吝之也

北史高允傳允以獄者人命所係常歎曰皐陶至德也其後英蓼先亡劉項之際英布黥而王經世雖久猶有刑之餘釁況凡人能無咎乎此等議論興於是有刑官無後之說蓋不知益爲其子者也苟知之益後有天下何莫非皐陶後有天下然亦至秦莊襄王而止嚴華谷曰秦與而帝王之影響盡矣余亦曰秦政立而皐陶庭堅之祀眞斬矣此尤爲哀哉

萊朱

〔四書攷異〕　萊朱尙書作仲虺大戴虞戴德篇作仲傀荀子堯問篇作仲歸史記殷本紀作仲䶒　集注考證曰古文尙書亦作仲䶒䶒卽雷字也雷萊聲韻同又虺本音呼回反亦與雷萊音叶但今本書不依古文而依左傳故以仲虺爲萊朱則若可疑爾

〔四書摭餘說〕　萊朱集註用趙岐說萊朱湯賢臣一曰卽仲虺爲湯左相商書仲虺之誥孔安國傳仲虺臣名以諸侯相天子爲湯左相奚仲之後正義曰定元年左傳云薛之皇祖奚仲居薛以爲夏車正仲虺居薛以爲湯左相又曰仲虺必是其名或字仲而名虺晉志成湯居亳初置二相以伊尹仲虺爲之王厚齋曰左傳仲虺爲湯左相是則伊尹爲右相唐宰相世系表仲虺爲湯左相臣扈祖乙皆其胄裔也余按李仁父宰相年表序曰孔子序三代之書其稱相者獨伊尹伊陟傳說周公召公畢公六人耳書序傳說並不稱相惟孔傳有之若以孔傳爲據則傳說可稱相仲虺亦何不可稱相而必以爲六人耶且杜氏通典曰黃帝六相堯十六相爲之輔相不必名官是則三代之時言相者皆非官名如孟子言舜相堯禹相舜益相禹伊尹相湯周公相武王之類　翼荀子言孫叔敖相楚傳止言爲令尹淮南子言子産爲鄭相國傳止言執政　至秦武王二年初置丞相而後以相名官湯之二相殆卽禮記月令命相布德和令註所謂三公相王之相也　翼正義按公羊隱五年傳曰三公者何天子之相也自陝而東者周公主之自陝而西者召公主之一相處乎內是三公相王之事也　湯誥言性之始而仲虺之誥言仁之始此其所以得與於道統之傳也夫

太公望

〔四書摭餘說〕　史記太公望呂尙者東海上人其先祖嘗爲四岳虞夏之際封于呂姓姜氏從其封姓故曰呂尙

所載亦詳巳朱子因其混姓氏而爲一也特分而析之曰姜姓呂氏名尙而太公望則無明註焉於是有爲望之說者尙書中候曰王至田於溪水畔呂尙釣於厓王下拜曰望公七年乃今見光景於斯尙立變名曰望是以望爲名也於是有爲太公望之說者劉向說苑曰西伯因載以歸與論政事大悅之曰自吾先君太公曰當有聖人適周周以興子眞是耶吾太公望子久矣故號之曰太公望是望又其號也余按書疏有云古人名字不可審知縱使是字亦得謂之爲名言是人之名號也則趙氏太公望呂尙也號曰師尙父之註得之齊世家言周西伯昌脫羑里歸與呂尙陰謀修德以傾商政其事多兵權與奇計故後世之言兵及周之陰權皆宗太公爲本計有林葉氏曰其說蓋出六韜夫太公賢者也其所用王術也其所事聖人也則出處必有義而致君必有道自黙翟以太公於文王爲忤合而孫武謂之用間且以當爲文武將兵故尙權詐者多並緣自見遷不能辨其是否又從而筆之於書使後人藉此以爲口實厥誣豈其微哉

（四書典故辨正）　史記呂尙東海上人西伯得之曰吾太公望子久矣故號之曰太公望顧甯人謂此是史遷妄爲之說周之太王齊之太公吳之泰伯有國之始祖謂之太祖其義一也愚按史記范雎傳秦昭王謂平原君曰周文王得呂尙以爲太公齊桓公得管夷吾以爲仲父是太公乃尊之之稱史記非妄若田和篡齊亦稱太公此則始覲之號蓋以前有太公遂爾承襲而太公望之稱太公要不必在身後也

散宜生

（四書摭餘說）　趙註散宜生文王四臣之一也據大戴禮記帝繫篇堯娶於散宜氏之女謂之女皇漢書古今人表堯妃散宜氏女則當以散宜爲氏而集註散氏宜生名蓋本書孔傳曰散曰散宜皆氏也正義引馬季常論語予有亂臣十人注作散姓誤趙氏又曰呂尙有勇謀而爲將散宜生有文德而爲相故以相配而言之余謂丹書之訓太公非不足於文書稱劉敵之威宜生非不足於武分屬之說非也尙書大傳言散宜生學於太公見文王於羑里於師事友事之道似亦足儕又云獻寶以免文王則即齊世家呂尙與宜生求美女奇物獻之於紂以贖西伯之說文王蒙難七年明夷演策宜生追隨險阻度亦深悉乎文明柔順之旨此其所以得與於見知也若如史傳所云非道悅君苟求免患直後世諂臣媚子奸進之術聖賢必不出此余願讀史者勿爲史遷所誣矣

〔經句說〕清白士集人表考曰書孔傳及孟子疏引馬融論語註云散氏宜生名按帝嚳堯娶散宜氏之子此表亦云堯妃散宜氏女因學紀聞據之謂散宜生當以散宜爲氏但歷考諸書皆云氏散未有言複姓散宜者孔馬之外如公羊定六年疏擧散宜生與宓不齊對以證二名後漢書史弼傳閔散懷金注引世紀稱宜生廣韻散字注言散姓通志氏族略四有散氏宋趙明誠金石錄散季敦銘引宋呂大防考古圖云是武王器武王時散氏惟有宜生季宜其字朱子孟子集註亦依舊說則以爲複姓者非據此知書孟子傳註散姓宜生名之確也君奭篇曰亦惟有若虢叔有若閎夭有若散宜生有若泰顛有若南宮括此在成王時虢叔爲君之叔祖固難名之其餘四人則皆名之也宜生既爲名則敦銘所謂散季季當爲字而散爲氏矣散既爲氏則散宜生非複姓又可互相爲證也且帝嚳原未言散宜生 豈若公羊疏正言文王之臣散宜生歟

近聖人之居若此其甚也

〔四書釋地〕古鄒城西北去曲阜七十六里孟子云近聖人之居若此其甚較上文去聖人之世百有餘歲尤爲逼緊蓋只兩舍有半地耳

孟子篇敘

〔趙岐敘〕趙氏孟子篇敘者言孟子七篇所以相次敘之意也孟子以爲聖王之盛惟有堯舜堯舜之道仁義爲上故以梁惠王問利國對以仁義爲首篇也仁義根心然後可以大行其政故次之以公孫丑問管晏之政答以曾西之所羞也政莫美於反古之道滕文公樂反古故次之以文公爲世子始有從善思禮之心也奉禮之謂明明莫甚於離婁故次之以離婁之明也明者當明其行行莫大於孝故次之以萬章問舜往于田號泣也孝道之本在于情性故次之以告子論情性也情性在內而主於心故次之以盡心也盡已之心與天道通道之極者也是以終於盡心也篇所以七者天以七紀璿璣運度七政分離聖以布曜故法之也章所以二百六十有九者三時之日數也不敢比易當期之數故取其三時三時者成歲之要時故法之也三萬四千六百八十五字者可以行五常之道施七政之紀故法五七之數而不敢盈也文章多少擬其大數不必適等猶詩三百五篇而論曰詩三百也章有大小分章賦篇篇趣五千以卒其文無所取法猶論四百八十六章章次大小各當其事亦無所法也蓋所以佐明六藝

之文義宗宣先聖之指務王制拂邪之隱栝立德立言之程式也洋洋浩浩具存乎斯文矣

孟子人考一卷

清 劉曾騄撰

清光緒至民國間油印《祥符劉氏叢書》本

孟子人考

公孫丑　陶潛羣輔録公孫氏傳易　焦循曰齊有公孫氏

曾申　毛奇齡曰字子西曾子之子子夏以詩傳曾申左丘明作傳授曾申

微仲　史記微子開卒立其弟衍是謂微仲

王子比干　陸元淵曰按公都所引是以微子比干爲帝乙之弟而紂于二人爲兄之子也　史記以微子爲紂庶兄比干爲紂親戚

膠鬲　韓非子周有玉版紂令膠鬲索之不與費仲求

孟子人考　一

取與之　呂氏春秋武王即位使叔旦就膠鬲于次

四內而與之盟又武王至鮪水殷使膠鬲候周師

孟賁　呂氏春秋孟賁過河船人以楫虓其頭中河孟

賁瞋目視舟中人盡揚播入于河　史記集解衛人

史記索隱水行不避蛟龍陸行不避兕虎　漢書

注尸子人問賁生乎勇乎貴乎勇乎富乎勇乎曰勇

北宮黝　淮南子高誘注北宮子齊人

孟施舍　閻若璩曰孟施姓舍名　翟灝曰孟姓施舍

名也　曰孟姓施字舍名

子襄　趙岐曰曾子弟子　薛應旂人物考南武城人

朱睟菴曰孔子弟子顏讎字子真

東郭氏　趙岐曰齊大夫　風俗通義郭氏齊大夫

韓詩外傳有東郭先生謂石君不識其下志以求仕　翟灝曰孟子所稱景石君應其人耳

孟仲子　三遷志孟子墓圖氏生子名仲子孟氏譜作子名睪　趙岐曰孟子從昆弟學於孟子　集注同

毛詩傳所引孟仲子兩見一維天之命一閟宮孔氏正義譜云孟仲子子思弟子蓋與孟子共事子思後學於孟子著書論詩　序錄子夏傳曾申申傳李克李克傳孟仲子　陸璣疏曾申作申公李克作李悝孟

孟子人考

仲子傳孫卿

景丑　漢書藝文志景子三篇列儒家府注　黃鶴曰世本齊公子朔之子子景以字爲氏亦曰景丑則景丑亦齊之公族

公孫子　廣韻楚公子食邑於都後氏焉　歷[illegible][illegible]當孟母之長公都戍治饌疑是名戍

子叔疑　周廣業曰昭公二十九年叔詣卒公羊作叔倪舊即其人子叔疑子之孫

蚳鼃　孟子外書蚳鼃謂於泰孟子使人問以書且遺之粟曰介士也　石經蚳作鼃

泄柳　廣韻曰子庚泄柳字

申詳　檀弓注子張子　閻若璩曰子游之壻

成覵　說文齊景公之勇臣有成覵　漢書廣川王傳

其殿門有成慶畫短衣大袴長劍

公明儀　禮祭義注曾子弟子　愚按逢蒙章與孟子

似問答者疑考

龍子　焦循曰列子仲尼篇有龍叔或其人與

王良　淮南子注王良晉大夫郵無恤子良也一名孫

無政而說精於天駟星　國語注無正字伯樂

景春　趙岐曰為縱橫之術者　孟子古注考漢書兵

孟子人考　三

陰陽家有畢子十三篇疑即此人

公孫衍　趙岐曰魏人號犀首佩五國相印為從長秦
王之孫故曰公孫

戴不勝　荀子唐鞅逐載子注載讀戴戴不勝是孟子
即韓非所載大宰戴驩　趙佑曰戴不勝即盈之一
名一字宋之公族執政者

徐辟　孟子外書徐辟將之秦蘇子來招孟子贈以言
又辭蘇之所自出

段干木　史記集解段干魏邑名蓋因邑為姓　高士
傳木晉人

飛廉　史記秦本紀中潏在西戎保西垂生蜚廉蜚廉
生惡來惡來有力蜚廉善走俱以材力事紂武王伐
紂殺惡來是時蜚廉使北方還無所報為壇霍太山
而報得石棺死遂葬霍太山

陳仲子　戰國策趙威后問齊使於陵子仲　韓非子
齊有高士田仲不恃仰人而食堅瓠之類也　史記
於陵子仲辭三公為人灌園

離婁　趙岐曰黃帝時人帝亡玄珠使離朱索之離
婁也　莊子注離朱黃帝時人百步能見秋毫之末

淳于髡　史記齊之贅壻　閻若璩曰魏世家鄒衍淳

孟子人考

十一人之　　四
平見孟軻皆至梁前章似相佐於梁朝後章是去齊
之後

王豹　愚按左傳因王豹杜注景公嬖臣荼之黨鄭珍
以為即此王豹

羿　逢蒙　趙岐曰羿有窮后羿逢蒙羿家衆　楚辭
注羿田將歸家臣逢蒙射而殺之　史記作蠭門

西子　趙岐曰古之好女西施也　周柄中曰西子見
管子莊子似古有此美人後世借以相美如善射稱
羿之類

樂正子　陶潛羣輔録樂正氏傳春秋

以掩非想自有之　趙佑曰孝公即出公出公名[illegible]
其出亦在外之稱

告子　趙岐曰告姓子通

孟季子　朱駿聲曰疑孟仲子之弟　愚按季子疑孟子
之子所謂勢不行之子也

屋廬子　鄭樵通志晉賢人屋廬子著書言彭祖之法

羿　趙岐曰古之工射者

曹交　趙岐曰曹君之弟　王應麟困學紀聞宋滅曹
久矣交蓋以曹為氏　惠士奇曰宋雖滅曹仍為宋
附庸

孟子人考

七

烏獲　史記秦本紀武王有力好戲力士任鄙烏獲孟說皆至大官

高子　趙岐曰齊人　韓詩外傳高子與孟子論衛女之詩毛詩序絲衣繹賓尸也高子曰靈星之尸也釋文徐整言子夏授高行子

宋牼　趙岐曰宋人　莊子墨子真天下之好宋鈃尹文子聞而悅之作爲華山冠以自表救民之鬭禁攻寢兵救世之戰以此周行天下　漢書藝文志有宋子十八篇班固宋子其言黃老意

公儀子　史記公儀休魯博士以高第爲魯相奉法循

司城貞子　史記孔子世家孔子適陳主司城貞子
孔廣森曰宋華氏之族奔陳者非一司城師之後
仲佗即宋人在陳者以先世官爲族氏　黄際飛
曰貞子即傳爲陳聘吳道死欲以屍入者　愚按司
城貞子是宋人仕于陳者下故曰爲陳侯周臣以申
明之

陳侯周　史記索隱湣公名周又湣公年表八年孔子
來

費惠公　金履祥曰曾子書有費君費子蓋季氏專魯
費附庸邑如附庸之國　惠士奇曰滑國都于費謂之

孟子人考

費滑惠公　滑伯之後秦人滅滑而滑或屬周曰費滑或屬晉曰疋滑或屬鄭為費滑蓋仍為晉鄭附庸宋翔鳳曰藝文類聚引尸子云費子陽謂子思當即惠公

顔般　顔氏世家曰生般

亥唐　趙岐曰晉賢人　高士傳　獨不官隱于窮巷抱朴子晉文接亥唐腳痺而坐不敢正文為平說一作期唐惠棟曰史記趙算亥亥絳縣老人之名即亥唐韓非子作唐亥

衛孝公　檀弓正義衛輒拒父公羊以為孝子當時謚

匡章　國策威王使章子將拒秦合其母為父殺埋馬棧下曰全軍而還更葬母對曰臣母得罪於父父未教而死臣葬母是欺死父也不敢　莊子釋文匡章諫其父為父所逐終身不見父

莫章　秦齊人滕州南葛村有墓

咸丘蒙　廣韻咸丘複姓古人以所居之地為姓氏

伊尹　墨子伊尹為莘氏女師僕親為庖人湯舉人

呂覽有莘氏得嬰兒空桑中令烰人養之長為伊尹

湯親有侁為婚尹媵送女

癰疽　趙岐曰癰疽之醫　國策法醫之等者　焦循

孟子人考　丘

曰說苑作雍睢　史記作宦者雍渠韓非子作雍鉏聲同通借俱是一人

顏讎由　趙岐曰衛賢大夫　孔叢子讎由善事親其後有非罪之執子路裒金贖之　史記顏濁鄒子路妻兄

侍人瘠環　趙岐曰瘠姓環名　息廎曰說苑詩作寺瘠作脊

彌子　趙岐曰彌子瑕　韓非子彌子瑕母病矯駕君車以出君曰孝哉遊於果園食桃以半啗君君曰愛我哉

理百官自正

華周　杞梁　趙岐曰華周華旋杞梁杞班齊大夫死于王事其妻哭之哀城為之崩左傳檀弓烈女傳說苑並載

慎子　趙岐曰名滑釐　焦循曰慎子名到學黄老為法家者流或以為即禽滑釐

白圭　趙岐曰周人節以貨殖　李鍇曰魏人　史記白圭樂觀時變人棄我取人取我與　管同曰戰國三白圭一為魏取中山貨殖傳又一孟子又一　黄鶴曰白圭國好為大言然亦有小才觀其議賦務治水可見故仕可為將立功不仕亦以商賈致富殆閒

來一流人物與則謂爲一人亦可

孫叔敖　孫星衍曰蔿敖字孫叔　孔穎達引世本文獵爲蔿敖之兄　高誘注呂本孫叔敖爲賈之子蓋蔿賈有二子一蔿艾獵一蔿敖　毛奇齡曰孫叔居寢丘一名期思淮水經期思之北而東注海故稱舉海

傅說　史記說爲胥靡築于傅險

楊朱　列子注字子居戰國時人　焦循曰與禽滑釐辯論其說在不拔一毛

墨翟　史記宋大夫善守禦爲節用

子莫　趙岐曰魯賢人其性中和專一者也　焦
莊子儒墨楊秉四家東別無聞恐即子莫執中一家
之說　金履祥曰荀子公孟子高見顓孫子莫而問
禮豈姓顓孫耶

桃應　孟子外書齊代趙桃應將

浩生不害　趙岐曰浩生姓不害名齊人

盆成括　趙岐曰盆成姓括名　晏子春秋盆成括孔
子門人母死編柎寄子路寢請合刑

琴張　朱熹曰名牢字子張　左傳注字子開

牧皮　趙岐曰行屬晳也　唐宰相表奚仲為夏車正

孟子之弟

孟子人考

禹封為薛侯孫仲為湯左相臣扈祖己皆其裔也

散宜生　錢大昕曰堯取于散宜氏之子謂之女皇蓋古諸侯之國生殖其苗裔　詩傳文王因美里散宜閎夭求美女奇物以獻　帝王世紀散宜懷金分紂

四書集釋就正藁一卷

清 王士濂撰

清光緒刻《鶴壽堂叢書》本

四書集釋就正藁目錄

高郵王士濂學

釋三仕三已

釋聖

聖之爲言通也通之爲言貫也洪範曰睿作聖荀子曰彼學者行之曰士也敦慕焉君子也知之聖人也又曰此其道出乎一曷謂一曰執神而固曷謂神曰盡善浹洽之謂神萬物莫足以傾之之謂固神固之謂聖人聖人也者道之管也賈子曰守道者謂之士樂道者謂之君子知道者謂之明行道者謂之賢且明且賢謂之聖人大戴禮曰聖人者知通乎大道應變而不窮能測萬物之性情者

也聖人以通得名非智無以通非學無以智非恕無以測萬物之性情非能測萬物之性情無以應變而不窮應變而不窮則萬物莫足以傾之子貢曰仁且智夫子既聖矣賈子之說本此洪範曰睿作聖睿屬思雖與視聽言動並舉而實統乎視聽言動者也孟子曰耳目之官不思不思而蔽于物物交物則引之而已矣心之官則思思則得之不思則不得也蓋思則睿睿則聖中庸不思而得爲聖人不思而得卽大而化之也故又曰唯天下至

誠爲能化唯天下至聖溥博淵泉而時出之孟子
學子思者也于孔子稱聖之時時即化之謂也大
而化之即溥博淵泉以時出也聖人之名孔子尊
之何事于仁必也聖乎堯舜其猶病諸唯此以聖
許堯舜而伯夷第稱古之賢人又曰知柳下惠之
賢舉伊尹不仁者遠未嘗漫以聖人許也中庸於
聖加之曰至聖則聖有不至者矣故孟子稱夷爲
聖之清伊尹爲聖之任惠爲聖之和必孔子而後
爲聖之時聖之時至聖也故謂之集大成又曰智

譬則巧聖譬則力孔子兼智而三子不能三子雖
名爲聖實賢也孔子爲至聖爲聖之時爲大而化
之斯眞聖人也夫聖以麿成不智何以爲麿和不
通于任任不通于清何以爲通盖聖人之名春秋
時或濫以予人如臧武仲當時以聖人稱之詩詠
皇父曰孔聖孔子尊其名孟子泛其名泛之亦所
以尊之聖之名通于仁孔子且不以仁許人矣而
况于聖乎合智與仁猶之合巧與力徒力則行之
謂也合巧與力則明且賢矣

釋知

聖人重多聞多見又曰知之爲知不知爲不知何也知非聞見也多聞多見之中有知之有不知所謂多聞闕疑多見闕殆闕疑闕殆即是不知爲不知故荀子云聞之不如見之見之不如知之又云

解蔽篇凡人之患蔽于一曲而暗于大理墨子蔽於用而不知文宋子蔽於欲而不知得愼子蔽於法而不知賢申子蔽於勢而不知知惠子蔽於辭而不知實莊子蔽於天而不知人此數賢者舉道之

一隅也夫道者體常而盡變一隅不足以舉之聖人兼陳萬物而中懸衡焉是故衆異不得相蔽以亂其偏然則異端者生于執一執一者生於止知此而不知彼知之爲知之不知爲不知則不執矣知其所知知也知其所不知亦知也執一者知其一端而不復求知於所不知非力不足以知之也以爲此不知者不必知者也不必求知而已知其非也嗟乎其不知者既不復求知其自謂知者亦未知之也烏足以言知

釋大

聖人之教以大爲歸孔子稱堯舜禹皆曰巍巍曰大哉堯之爲君達巷黨人贊孔子曰大哉孔子孟子曰大而化之之謂聖非大不成聖人也中庸言大哉聖人之道又仲尼之道辟如天地之無不持載無不覆幬辟如四時之錯行日月之代明又曰道並行不相悖萬物並育不相害小德川流大德敦化此天地之所以爲大也故聖人亦曰大人爲農爲圃者曰小人言必信行必果者曰小人天無

不包地無不載所以爲大其間飛潛種植五行之氣皆藴于天地天地皆得而有之而飛潛種植五行之氣則各有得而各不相合視天地爲小矣聖人如天之無不包地之無不載故孔子曰予欲無言道大非言可盡也又曰天何言哉四時行焉百物生焉見天之大何所不容非言之可盡也此則聖人之所以爲大乎

釋學

說文學教同字訓覺悟也廣雅之訓有曰一曰識也二曰覺也三曰教也四曰效也當仍以孔子之言核之孔子曰學而不思則罔思而不學則殆又曰吾嘗終日不食終夜不寢以思無益不如學也學與思對互言之思屬虛學屬實覺悟正思之訓非學之訓也孔子又曰學而不厭誨人不倦學與誨對言則誨是教人學爲自己力學乃效法古人則效之爲訓是也書大傳解洛誥云學效也學之

訓效於義爲古以其兼思也則有覺訓以其兼誨人也則有教訓論語言學則效而已矣聖人恥大不知而作欲天下則古昔稱先王故立辟雍成均而名之曰學王制言樂正崇四術立四教順先王詩書禮樂以造士春秋教以禮樂冬夏教以詩書文王世子言始立學者必釋奠於先聖先師其所學則小樂正學干籥師學戈春誦夏絃秋學禮冬讀書大率皆效之事也孔子自道則曰好古敏求曰信而好古子路曰何必讀書然後爲學孔子譏

其倭舍讀書好古而言學無所爲學矣四科德行
言語政事文學學在三者之外教弟子孝弟謹信
愛衆親仁行有餘力則以學文子夏謂雖曰未學
吾必謂之學矣子貢論夫子焉不學而舉文武之
道然則論語凡言學皆指讀書好古雖德行言語
政事亦必本諸讀書好古之中而博洽多聞自成
一科故三友多聞自在直諒之外孟子言良知良
能爲不學而知不學而能擴而充之固非學不成
然孝子仁人有不必博洽者此德行文學所以二

也故以覺悟爲學非學也

釋權

權之說始於孔子而詳於孟子孔子曰可與立未可與權立者以言常也權者以言變也謂虞仲夷逸廢中權隱居放言非道之常處亂世以此全身故爲中權孟子云男女授受不親禮也嫂溺援之以手權也又曰嫂溺不援是豺狼也夫男女授受雖非禮尚不至於豺狼自守於禮而任嫂之死於溺則爲豺狼是禮輕而援重也溺時援之不溺時仍守不授受之禮故謂之權娶妻如何必告父母

禮也常道也告則不得娶以懟父母且至於無後無後爲不孝之大不告雖非禮而不至於不孝是告輕而娶重故曰舜不告而娶爲無後也任人屋廬子曰色食與禮孰重而詰之曰以禮食則不得食以親迎則不得妻夫親迎之不得妻猶之告則不得娶也不告而娶舜行之矣則娶妻固有不必待親迎者誠以迎輕而娶重也孟子曰紾兄之臂而奪之食則得食不紾則不得食則將紾之乎踰東家牆而摟其處子則得妻不摟則不得妻則將

摟之乎又顯示之曰不揣其本而齊其末方寸之木可使高于岑樓金重於羽者豈謂一鉤金與一輿羽之謂哉權之義分之析之至明至盡矣親迎禮也常道也今不親迎變也必迎則不得妻不得妻則失男女之時絕祖宗之祀其不踰百倍於不親迎雖不親迎可也摟其處子則强暴淫亂之夫王者所誅君子所不齒雖無妻而仍不爲也孔子章甫逢掖其常也微服過宋權也必儒衣儒冠以攖桓魋之鋒是輕生也是傷勇也一時微服過此

不微服故爲權子羔處難而不由竇孔子以爲愚爲不知權也曾子易簀未安而終不易則終無易時雖死而不可怠微服則不死不微服則死不敢苟乎死也易簀固死不易亦死不敢苟於安也桓十一年宋人執鄭祭仲公羊傳曰何賢乎祭仲以爲知權也莊公死已葬祭仲將往省於留塗出於宋宋人執之謂之曰爲我出忽而立突祭仲不從其言則君必死國必亡從其言則君可以生爲死國可以存易亡少遼緩之則突可故出而忽可故

反是不可得則病然後有鄭國古人之有權者祭仲之權是也權者何權者反於經然後有善者也權之所設舍死亡無所設行權有道自貶損以行權不害人以行權殺人以自生亡人以自存君子不爲也董子竹林辨其事云逢丑父殺其身以生其君何以不得爲知權丑父欺晉祭仲許宋俱枉正以存其君夫去位而避兄弟者君子之所甚貴獲虜逃遁者君子之所甚賤祭仲措於君子人所甚貴以生其君故春秋以爲知權而賢之丑父措

其君於人所甚賤以生其君春秋以爲不知權是故前枉而後義者謂之中權雖不能成春秋善之魯隱公鄭祭仲是也前正而後枉者謂之邪道雖能成之春秋不愛齊頃公逢丑父是也公羊去孔子未遠董子爲公羊家學正發明權之義可與孟子相表裏陳代問孟子曰不見諸侯宜若小然今一見之大則以王小則以霸且志曰枉尺而直尋宜若可爲也孟子曰枉己者未有能直人者也又曰如以利則枉尋直尺而利亦可爲與故曰天下

溺援之以道子欲手援天下乎已先失道天下尚何可援已先枉王霸之功尚何得成此其分辨也微矣又曰子莫執中執中無權猶執一也執一者不知有忠恕之道不能舍已以從人是不能自貶損也且不能不害人也自處於有禮而令嫂死於溺是不自貶損而害人也自甘於無禮而令嫂不死於溺是自貶損而不害人也知已之名而不顧人之死生知已之名而不顧人之名此非恕也故逢丑父不可爲權然則孔子言未可與權非徒爲

不知變者言之也知變而不合道猶非權也知變
而不合道爲非權則後此之言權術權謀者謂能
合乎聖人之道亦丑父之邪而已矣

釋多

孔子之學在讀書好古而讀書好古必曰多聞曰博學乃一則曰吾少也賤故多能鄙事君子多乎哉不多也一則曰女以予爲多學而識之者與非也予一以貫之多學而識猶之多見而識之也於彼曰知之次於此則以爲非果說之有不同乎益者三友多聞與焉君子果不多乎多聞博於古也多見諳於今也多學兼聞見言之多能擇其善者而從之多見而識之不知而作必多乖舛謂子張

曰多聞闕疑慎言其餘則寡尤多見闕殆慎行其餘則寡悔學干祿學所以仕也不知而作尤悔所由來多聞而擇多見而識慎言其餘慎行其餘已不敢自矜自肆而虛己受人由此推之則忠恕一貫之道可得矣不知而作之其病與執一等不知而作者愚也執一者鄙也二者皆不多學之故多學而識所以廣識見而宏氣志乃曰夫子聖者與何其多能也是以多爲聖矣曰女以予爲多學而識之者與是多學而識之者矣夫多學爲入德之

功非止之境故必示之曰君子不多且示之曰一以貫之一以貫之所以不多也多學而識之雖多仍不離乎執也一以貫之則天下之善皆吾之善取之無窮汲之不竭無徒多而已矣多之極而後貫博之極而後約不明聖人此指於多之外求貫至於執一以廢百身爲異端而不自知一貫云乎哉

多與一相反者也故儒者不明一貫之旨而求一於多之外其弊至於尊德性而不道問學講良知

良能而不復讀書稽古或謂一以貫之者卽貫其多於是萬事萬物恃一理以統之所謂一旦豁然貫通則衆物之表裏精粗無不到亦非一貫之旨也聖人惡夫不知而作之必求其知則重多聞多聞者己之所得也己有所聞卽有所不聞己有所知卽有所不知則舍己以從人不執一以廢百舍內外之跡忘人己之分荀子所謂並一不二所以成積積者多也並一而後成積一者同也二者異也並一卽一貫一貫則不異端而積乃成也藝有

六流有九雖一技之微不入其中而習之終不能知以周公之聖而句股必詢諸商高以孔子之聖必問禮老聃問官郯子謂明其一即可通於萬豈然也哉相傳陸象山始不知易一夕能勝國棋或問之曰吾得諸河圖洛書此傳之者之謬河圖洛書何與於弈爲此說者不惟不知弈亦不知河圖洛書矣董子曰得一端而博達之此舉一反三之謂耳非一貫之謂也

釋義

孔子曰君子之於天下也無適也無莫也義之與比孟子曰大人者言不必信行不必果惟義所在孔子謂言必信行必果爲硜硜小人又曰果哉末之難矣必信必果爲小人斯不必信不必果爲大人然則大人能比於義小人未能比於義趙岐曰義有不得必信其言子爲父隱也有不能得果行其所欲行者若親在不得以其身許友也義或重於信故曰惟義所在孔子與蒲人盟不適衛而終

適衞是不必信也佛肸召子欲往而終不往是行
不必果也義重而信輕亦權乎曰義與權近而實
不同也義者常道也權者暫道也攘羊而證爲直
在父子之間則宜隱宜隱者常道也非暫道也父
子之間則必有此不必信之道也孔子與蒲盟不
適衞而終適衞此權也猶微服而過宋也今日遭
魋之難而微服過之明日無魋之難則不微服也
且或明日遭魋之難可以不微服而卽不微服也
與蒲盟不適衞亦猶是也故父爲子隱義也盟蒲

而負之權也或曰父攘羊而隱之非攘羊不隱也嫂溺則手援之非溺則不援也有以異乎曰異父攘羊則必隱嫂溺則有時可不援設嫂溺而有援之者不煩吾之手矣父攘羊雖有隱之者而子之隱不容或易也義者宜也故其所在無定義主斷故其所在實有定義者常道權者反常而合道事所必當爲者義也不必爲而不得不爲者權也然則非義不足以盡道之常非權不足以盡道之變孔子曰君子義以爲質荀子曰人無動而不可不

與權俱義也權也而後爲適爲睿爲大智爲聖人〇董子曰仁之爲言人也義之爲言我也仁至及乎人故爲愛人爲容人爲以德予人義主於宜權衡在我所以輔仁以歸於中正故曰仁者義之宜順之基也

釋據

孔子曰志於道據於德依於仁游於藝唯德曰據德貴實有諸己故據之仁則推己以及物不可終食之間違之故曰依藝則曰游而已藝者學也所以多聞多見也所以一貫之也謂之游則不據矣守之而不遷爲據舍己而從人爲游游於藝知之功也近之學者以考據名家以漢儒爲斷唐宋之儒望焉而棄之其同一漢儒也則以許叔重鄭康成爲斷其他經師又屏而棄之據其一說以廢諸

說荀子所謂持之有故持卽據之謂也孔子一貫之道自楊墨出而充塞之故孟子力闢以存孔氏之學荀子謂人之患蔽于一曲而闇于大理於是非十二子猶孟子之闢楊墨也由秦及漢儒道消亡聖人之道微武安侯爲丞相黜黃老刑名百家之言進文學儒者而經學遂與公孫宏以治春秋爲丞相封侯天下學士靡然嚮風然聖人一貫忠恕之旨莫之能明也各經其經各師其師石渠之議同異互執孟喜改師法遂不見用江公與王式

同爲曾詩說至相嫉而訾嚴彭祖與顏安樂同事眭孟而各持所見譬諸玉季之亂各據一地據淮南者不復至吳越據楚漢者不復至孟蜀故楊子雲博覽無所不見有惡夫當時之習作法言以正之曰古者楊墨塞路孟子辭而闢之廓如也後之塞路者多矣竊自比于孟子又云一鬨之市不勝異意一卷之書不勝異說一鬨之市必立之平一卷之書必立之師習乎習以習非之勝是也況習是之勝非乎又云人各是其所是而非其所非又

曰呱呱之子各識其親譊譊之學各習其師揚子雲之說蓋指西漢諸儒言之班固史稱其博貫載籍九流百家之言無不窮究所學無常師其意合於子雲藝文志別六藝九流而說之曰幼童守一藝白首而後能言安其所習毀所不見終以自蔽學者之大患也然東漢諸儒執一尤甚曹褒持慶氏禮范升陳元李育賈逵之徒爭論古今學何休墨守公羊作左氏膏肓穀梁廢疾范蔚宗論鄭康成曰東京學者滯固所稟異端紛紜互相詭激鄭

康成括囊大典網羅眾家刪裁繁誣刊改漏失自
是學者略知所歸又儒林傳論曰經生諸處不遠
萬里之路精廬暫建贏糧動有千百其耆名高義
開門受徒者編牒不下萬人皆專相傳祖莫或訛
雜至有分爭王庭樹朋私里緐其章條穿求崖穴
以合一家之說夫至理無二義歸有宗而願學之
徒莫或從故通人鄙其固焉觀成名高第修能遠
至者蓋亦寡焉而迂滯若是矣范氏之言是也蓋
東京之學至鄭氏始通其師則京兆第五元克東

郡張恭祖涿郡盧植扶風馬融不專于一人其學則京氏易公羊春秋左氏春秋古文尚書韓詩三統術九章算術不名一物其箋詩也師毛公而屢易其義註儀禮則兼用古今義注用官禮則兼採杜子春鄭衆之說而按以己意甚至子夏之傳且駁正之注詩與注禮異前說與後說殊蓋有見于聖人之道在博在貫而不可執一故述古而不滯稱先而不執當其在袁紹座間紹客競設異端百家互起康成依方辨對咸出問袁皆得所未聞蓋

孟荀之後知聖人之道者揚子雲鄭康成數人而已王肅孫毓之徒不知鄭氏之義或相逆難至於南北分爭門戶異立唐學士元行沖釋疑引王邵云魏晉浮華古道湮替歷載三百士大夫專經自許不能博究擇其善徒欲父康成兄子愼寍道孔聖誤莫言服鄭非然則服鄭之外皆讎矣夫鄭服之外皆讎則仍兩漢譊譊之習蓋必據鄭氏以讎其餘與必別有所據以讎鄭皆據也皆非聖人一貫忠恕之指也班固藝文志論諸子曰九家之說

蠭出並作各引一端崇其所善其言雖辟餘猶水火相滅亦相生若能修六藝之術而觀此九家之言舍短取長可以通萬方之略然則九流諸子各有其長讎而外之何如摘而取之爲漢人之學者必屏宋人之言以爲讎爲宋人之學者反是是何自入於異端小道而違於聖人之一貫忠恕

釋仕

或謂孔子重事功非也行己有恥使於四方不辱君命才德俱全也宗族稱孝鄉黨稱弟則盍舍才而取德矣言必信行必果硜硜然小人猶勝於從政之斗筲孔子豈專重事功哉然則棲棲者何也曰仁也聖人以及物爲心非天地位萬物育不足以盡及物之功非得君不能盡安人安百姓之量故語丈人曰君子之仕也行其義也行其義即行其義以達其道之義揚子爲我孟子以爲無君欲

潔其身則爲我之謂也亂大倫則無君之謂也聖人之仕全是爲君爲民故教弟子立政事一科而諸賢之問政問爲邦亦不一而足蓋聖人之學舍己以從人聖人之心修己以安人子使漆雕開仕開曰吾斯之未能信未能信者未能信及物之功也未能信及物之功而不仕則志不在仕而在及物此夫子所由說也唯夫子自信其能位天地育萬物而有安人安百姓之量而欲仕而行其道然不合則行未嘗終三年淹然則聖人之仕欲行其

及物之功而非徒異乎沮溺丈人不仕而已也孟子善學孔子亦善言孔子兆足以行矣而不行而後去眞知孔子哉隱居以求其志行義以達其道吾聞其語未見其人然則隱非徒隱仕非徒仕徒隱則老農而已矣徒仕則鄙夫而已矣

釋仁

孔子告子貢以己所不欲勿施於人爲恕告仲弓又以己所不欲勿施於人爲仁恕卽仁也中庸曰忠恕違道不遠論語曰君子博學於文約之以禮亦可以弗畔矣夫弗畔卽不違道然則博文約禮正忠恕之事故顔子言夫子誘人博我以文約我以禮孟子曰强恕而行求仁莫近焉求仁必本於强恕求仁莫近則違道不遠也約我以禮卽復禮仁者克己復禮也克己而曰復禮則克己與復禮

相表裏者也勿視勿聽勿言勿動克己也非禮則
勿視勿聽勿言勿動是視聽言動者皆禮也是復
禮也克己則己所不欲勿施於人己所不欲勿施
於人則能善與人同舍己從人子貢問博施濟衆
爲仁孔子曰堯舜猶病夫仁者己欲立而立人己
欲達而達人能近取譬可謂仁之方也己欲立欲
達正己所不欲勿施於人矣博施以濟衆有己之
見存也立人達人善與人同也民無能名堯之大
所以如天王者之民皡皡如也霸者之民驩虞如

也施則自己施之也達人立人達之自人立之自人也孔子曰有鄙夫問於我我叩其兩端而竭焉其兩端鄙夫之兩端也不使天下之學皆從己之學不使天下之立達皆出於己之施忠恕之道至此始盡聖人之仁至此始大一貫之旨至此合外內出處而無不通以此治己以此教人以此平治天下均是仁也孔子曰古之學者爲己今之學者爲人爲己與克己何以别乎曰克己所以爲己也荀子詳之矣入乎耳著於心爲己也入乎耳出乎

口爲人也學者羣居人所言每不耐其終務使已之口譊譊此卽不能克己卽是不能爲己故曰仁者其言也訒有子曰孝弟也者其爲人之本與中庸云仁者人也親親爲大推己以及人莫先於父兄故孟子曰親親而仁民仁民而愛物子生三年免於父母之懷而宰予欲短三年之喪孔子曰予之不仁卽予之不恕不以父母懷子之三年而推及於居喪盡禮之三年也唯人莫先於父兄故孟子曰親親而仁民仁民而愛物仁卽恕故孟子曰

仁人心也以此心推之先王有不忍人之心斯有
不忍人之政所以爲仁政因己之克知人之克因
己之伐知人之伐因己之怨與欲知人之怨與欲
克伐怨欲情之私也因己之情而知人之情因而
通天下之情不忍人之心由是而達不忍人之政
由是而立所謂仁也知克伐怨欲之私而制之而
不行無論其不可强制卽强制之亦苦心潔身之
士有其一不可有其二以己之制而不行例諸人
其措之天下必不近人情必不可以平治天下故

孔子曰可以爲難矣難之云者言不可遁諸天下也孔子之言仁也曰我欲仁斯仁至矣曰能近取譬可謂仁之方也已曰有能一日用其力於仁矣乎我未見力不足者推己之心以及於人至易而無難無煩强制其情也唯其難斯不可爲仁楊之爲我墨之兼愛皆爲人之所難司馬牛問仁又以爲之難爲仁何也推己以及人而有所不忍故爲之難强己以制己而不可例諸人人故可以爲難爲之難者恕也可以爲難者孤介偏僻之士也樊

遲問仁子曰仁者先難而後獲何也難者人所不欲己不先之以責諸人非恕也故先之原思辭九百之粟子曰以與爾鄰里鄉黨思之辭可以爲難矣與鄰里鄉黨則仁之推也仁生於恕恕本於忠忠能應外謂之忠巧言令色中不應外也忠且不能何況於恕故鮮仁剛毅木訥之人中可應乎外故近仁博學而篤志切問而近思則誠矣故仁在其中仁者人也故恕則仁施諸人者必推諸己故仁生於恕而本於忠子貢曰教不倦仁也以及物

也中庸曰成己仁也以恕本乎忠也

釋能

能與耐通孟子曰是集義所生者非義襲而取之也集義所生而後謂之能義襲而取不可謂能能者久而不變出之有本能竭其力非一時偶竭也能致其身非一時偶致也知之明養之素守之定歸於自然造次必於是顛沛必於是斯可爲能季氏旅於泰山子謂冉有曰女弗能救歟不曰救而曰弗能救卽以平素卜之也漆雕開曰吾斯之未能信子說不曰能信而曰未能信雖仁者能好人

能惡人能以禮讓爲國聞義不能徙不善不能改不能專對凡言能不能非偶然嘗試之謂也子夏曰月無忘其所能則非能矣能則不忘矣能而忘未可爲能也學者以氣任之曰吾往往其進銳其退速此不能之甚者雖一技之微其能者每從容不迫優優乎游刃有餘故能之義似動而實靜能之形似外而實內孟子曰君子深造之以道欲其自得之也自得之則居之安居之安則資之深資之深則取之左右逢其原自得之則能矣

釋禮

君長之設所以平天下之爭也爭之對曰和曰讓先王立政之要唯在於是所以讓則以禮所以和則以樂故曰能以禮讓爲國乎何有天下知有禮而恥於無禮故射有禮軍有禮訟獄有禮所以消人心之忿而化萬物之戾漸之既久摩之既深君子以禮自安小人以禮自勝欲不治得乎後世不言禮而言理九流之原名家出於禮官法家出於理官齊之以刑則民無恥齊之以禮則民且格禮

與刑相去遠矣中庸文理密察所以爲別唯先王恐刑罰之不中務於罪辟之中求其輕重析及豪芒無有差謬故謂之理其官即謂之理官而所以治天下則以禮不以理也禮論辭讓理辨是非知有禮在雖仇隙之地不難以揖讓處之若曰雖伸於理不可失於禮也知有理在雖父兄之前不難以口舌爭之若曰雖失於禮而有以伸於理也今之訟者彼告之此訴之各持一理譊譊不已爲之解者直論其是非彼此必皆不服說以名分勸以

遜讓置酒相接往往和解可知理足以啓爭而禮
足以止爭也先王之教尚存人心於此可見是故
克己爲仁克己則不爭不爭則禮復

釋一貫忠恕

一貫者何忠恕也忠恕者何己所不欲勿施於人也子貢曰夫子焉不學而亦何常師之有博學卽焉不學無所成名卽無常師焉不學多學而識之也無常師一以貫之也學不厭成己也教不倦成物也中庸以成己爲仁成物爲智子貢以學不厭爲智教不倦爲仁成己及物則爲至誠仁且智則爲既聖是聖之道唯在成己及物是卽忠恕一貫之道也孔子曰舜其大知也與舜好問而好察邇

言隱惡而揚善執其兩端用其中於民孟子曰大舜有大焉舍己從人樂取於人以爲善舜於天下之善無不從之是眞一以貫之也以一心而容萬善此所以爲大也孔子告顏淵以克己復禮爲仁唯克己斯能舍己故告顏子以仁告子貢以恕告曾子以一貫其義一也人唯自據其學不復知有人之善故不獨邇言之不察雖明知其善而必相持而不相下荀子所謂持之有故言之成理凡後世九流二氏之說漢魏南北人經師門戶之爭宋

元明朱子陽明之學近時各家漢學宋學之爭其始皆緣于不恕不恕則不能克己舍己善與人同終遂自小其道而近于異端使明于聖人一貫之旨何以至此己之所學不憚人一己百人十己千以盡博學審問明辨慎思之功忠也因己以推諸人取人以爲善恕也故有聖人所不知而人知之聖人所不能而人能之顏子以能問不能以多問于寡卽大舜之舍己從人而孔子之一貫忠恕也故曰焉不學無常師故曰忠恕而已矣一貫之旨

曾子明之子貢識之孟子詳之

釋異端

唐宋以降斥二氏爲異端闢之不遺餘力然于論語攻乎異端之文未之能解也唯聖人之道至大其言曰一以貫之又曰焉不學又曰無可無不可又曰毋意毋必毋固毋我異端反是孟子楊子爲我墨子兼愛子莫執中爲執一而賊道執一即攻異端之謂賊道即斯害之謂楊墨唯其執一故爲異端孟子猶恐其不明也而舉一執中之子莫然則凡執一者皆是不必楊墨不必佛老也聖人一

貫故其道大異端執一故其道小孔子曰雖小道必有可觀者焉致遠恐泥是以君子不爲致遠恐泥卽恐其害道耳唯其攻異至於執一執一由於不忠恕楊子唯知爲我而不知兼愛墨子唯知兼愛而不知爲我子莫但知執中不知有當爲我當兼愛之事爲楊者必斥墨爲墨者必斥楊楊已不能貫墨墨已不能貫楊使其爲我時思兼愛之說亦不可廢兼愛時思爲我之說亦不可廢則恕矣則不執矣聖人之道貫乎爲我兼愛執中者也善

無不從故爲大墨子之儉同于禹然禹菲飲食惡衣服卑宮室墨子有之禹之孝鬼神美黻冕力溝洫墨子無之禹能貫而墨不能貫也墨子之道小而禹之道大也善與人同一則不異舜以同爲大故執一者異則爲小農圃醫卜皆聖人所謂執一故小也許行并耕何嘗非神農之教神農不執一於農故爲聖人許行專于耕則小道矣小道則異端矣克己復禮爲仁己所不欲勿施于人爲恕唯不能克己所以執一唯其執一則人之所知所行

與己不合者皆屏而斥之於是入者主之出者奴之不恕不仁道曰小而害曰大矣問者曰執一爲異端然則聖人重博學乎非也一不可執也人之有技若己有之保邦之本也己所不知人其舍諸用賢之要也知之爲知之不知爲不知力學之根也唯克己則無我無我則有容天下之量有容天下之量則仁矣唯事事欲出乎己則嫉惡之心生嫉惡之心生則不與人同而與人異不與人同而與人異小道也異端也然則聖門四科分德行言

語文學政事不亦異乎曰非也顏閔未嘗不言語游夏未嘗無政事宰我子貢豈無德行冉有子貢豈無文學各有所成有聖人之一體非執一之謂也執一則爲異也執其一端爲異端執其兩端爲聖人是爲善與人同

後世儒者以異己者爲異端尙書令韓歆上疏欲立費氏易左氏春秋范升曰費左二學無有本師而多反異孔子曰攻乎異端斯害也已奏左氏之失凡十四事難者以太史公多引左氏升又上太

史公違戾五經謬孔子言及左氏春秋不可錄者三十一事陳子以爲沈溺所習膠守舊聞固執虛言傳受之詞以非親見實事之道左氏孤學少與遂爲異家之所覆冒升以習左氏者爲異端又以習左氏者爲異家賈逵通五家之說奏曰三代異端損益隨時故先帝傳觀異家各有所操易有施堂復立梁邱尚書歐陽復有大小夏侯三傳之異亦猶相爲蔽積者多與博之謂也異者一以貫之謂也不二者不異也孟子曰萬物皆備於我皆備

則不薇矣董子曰川瀆之瀉于海也異流而同歸

釋三仕三已

三仕爲令尹全氏祖望曰子文莊公三十年爲令尹至僖公二十三讓子玉凡在位二十八年子玉死蔿呂臣繼之子上又繼之大孫伯又繼之成嘉又繼之嗣後楚令尹不見于左傳文公十二年子越之亂追紀曰令尹子文卒鬬般爲令尹意成嘉之後子文嘗再起爲令尹其初以讓人其後以卒於位無所謂罷黜也全氏之意以爲子文并未三仕三已案已者止也猶言不爲令尹也非罷黜之

謂三仕者言久於其位在位二十八年可不謂久乎三已者言久不爲令尹讓子玉後歷蔿吕臣子上大孫伯成嘉子文尚在非久不爲令尹乎三字不可泥看汪容甫先生中述學云三字有實數有虛數先王制禮凡一二之所不能盡者則以三爲之節三加三推之屬是也此制度之實數也因而人之措詞凡一二之所不能盡者則約之以三以見其多易近利市三倍詩如賈三倍春秋傳三折肱史記管仲三仕三見逐于君田忌三戰三勝范

蠡三致千金論語季文子三思而後行子文三仕三已雎雉三嗅而作孟子陳仲子三咽此言語之虛數也學古者逼其語言則不膠於文字矣述學之言如此由此推之諸經中三字如易王用三驅比九五田獲三狐解九二三人行則損一人損六三三極之道也繫辭上傳君子修此三者故全也兼三才而兩之竝繫辭下傳艮三索而得男兌三索而得女說卦傳書三載汝陟帝位三帛三就三居典朕三禮三考黜陟幽明竝舜典六府三事大禹謨日宣三

德皐陶謨三江既入惟金三品咸則三壤并禹貢怠棄三正甘誓三風十愆伊訓六三德洪範三宅三俊三亳阪尹並立政王三宿三祭三咤顧命詩三星在天唐風綢繆三之日于耜三之日納於凌陰並豳風七日子三十里小正六月三百維羣無羊出此三物何人斯終三十里周頌噫嘻公徒三萬魯頌閟宮苞有三蘖商頌長發禮記三賜不及車馬曲禮上三月而後服曲禮下以三十年之通制國用喪用三年之仂三刺三又並王制與三代之英禮運三辭三讓禮器三揖三讓聘義同工入升歌

三終笙入三終間歌三終合樂三終並鄉飲酒義皆實數也易其邑人三百戶訟九二終朝三褫之訟上九王三錫命師九二三歲不興同人九三三歲不得坎上六晝日三接晉彖辭三歲不覿困初六豐上六革言三就革九三婦三歲不孕漸九五田獲三品巽六四高宗伐鬼方三年克之既濟九三三年有賞於大國未濟九四書一人三失五子之歌三人占則從二人之言洪範○案此非謂卜筮用三人也蓋人三成衆猶言衆人占從其言之多相同者如三分從二者然上文立時人作卜筮猶言立是人作卜筮也下文謀及卿士謀及庶人正因人言之多寡察天意之詩從違豈以三人爲限哉作三人同卜筮解非

三五在東（召南小星）騋牝三千（鄘風定之方中）三歲食貧二
三其德　三歲爲婦（並衛風氓）胡取禾三百廛兮三百
億兮三百囷兮（魏風伐檀）三歲貫女（碩鼠）一月三捷（小雅采薇）
禮記去國三世　三諫而不聽　醫不三世不服
其藥（並曲禮下）孔子不應三（檀弓上）水漿不入于口者三
日　泣血三年　見桓司馬自爲石椁三年而不
成（並檀弓上）三步則止　晏子一狐裘三十年（並檀弓下）天
子諸侯無事則歲三田　用民之力歲不過三日
（並王制）先雷三日（月令）祝聲三哭踊三者三（曾子問）論語

回也其心三月不違仁三月不知肉味三以天下
讓柳下惠爲士師三黜孟子三宿而後出晝禹三
過其門而不入皆虛數也
周易蠱先甲三日後甲三日按易彖曰先甲三日
後甲三日終則有始天行也蠱壞極當復治言三
日即汪氏述學所云虛數也不必作辛丁解巽九
五貞吉悔亡无不利无初有終先庚三日後庚三
日亦不必作丁癸解臨八月有凶八月亦虛數
季文子三思而後行三字仍當從實數解爲是

四書疑言（孟子）三卷

清　王廷植撰

清光緒八年長沙退思齋刻本

四書疑言

十卷

光緒八年秋月刊
於長沙之退思堂

序一

歐陽公曰六經非一世之書也其傳之謬非一日之失也刊正補緝非一人之能也使學者各極其所見而明者擇焉以俟聖人之復生爾烏虖誠通論哉士自束髮受經首習者四書也大學中庸舊在戴記中論語孟子與易書詩春秋三傳三禮孝經爾雅並號十三經漢晉唐諸儒既各疏其義矣宋程朱三子出始益表章之合爲四書朱子作章句集註而孔曾思孟之道乃大明其有功於聖學甚鉅元延祐中復科舉始以四書發策試士明永樂中頒四書

大全於天下尊爲取士式迄今垂六百年可謂道一而風同矣顧取士之法不能不衷諸一以杜天下之歧趨至釋聖人之經則又當各竭其聰明才力以求得乎人心之所同然以聖道至精至奧非一家言所能盡也自二程子各有大學改本朱子竊取其意以補傳又不用程子本而別爲序次後儒踵而效之者凡七家於是陽明王氏復古本安溪李氏繼之人多韙其說蓋程朱雖賢去孔曾千七百年就令改之而是亦程朱之大學耳質之孔曾敢謂無幾微之弗洽乎朱子註中庸條分縷析密矣而後儒別爲章

段於義亦精非聖人復起莫能定也至論孟集註有舊說支離而集註獨善者有舊存數說集註所取未善者亦有舊說不誤集註改之而反誤者四聖人之奧義精言以一人之才識斷之宜其不能無盭也七十二子親炙聖人聞道較親切矣集註於諸賢自顔曾外多貶辭而所貶又多失實後之人其能無疑耶疑集註者金有王氏若虛元有陳氏天祥明有楊氏慎高氏拱陳氏耀文

國朝有毛氏奇齡顔氏元李氏塨戴氏震王氏復禮而陸氏邦烈以宋儒多排笮七十子乃作聖門釋非錄以辨之葢自舉業興而講章盛行不知有經但知有註甯違經以從註甚或因註以疑經於是聰明才辯之士不槩於心不能不各出所見以求其是其獨到處往往精確不磨程朱復生未必不推爲諍友即其不盡然者亦可存此一說以備後世之參考朱子一生精力雖自謂盡於四書然其答張元德云大學近多改定處亦有未及整頓者如論孟兩書甚恨出之太早也答孫敬甫云大學向來改處無甚緊要近覺得多不親切乃知義理無窮未易以淺見窺也觀易簀前三日尚改定誠意章註是朱子終其身未敢自信

斷未有堅然自足不容後學別參一解者後世如胡氏炳文輩驅除異議於章句集註字字尊之若六經不使有片語之異同講章家尤甚此莊生所謂暖暖姝姝守一先生之言者也朱子肯引爲知己哉廬陵王實丞兵備讀書有特識不隨人俯仰自川中引疾歸僑寓湘門撰四書疑言十卷凡前說之不慊於心者深思明辨必達其意乃止於大學主還舊本說中庸尤精雖不敢謂盡得經意然其所獨到者可百世以俟聖人而不惑顧其中有古人所已言者固未能徧觀而盡識也然各抒已見正以徵心理之同豈若郭象之襲向秀耶元度窾啟寡聞幼讀子游問孝註以養犬馬比父母心竊咈之觀註疏始知舊有兩說朱子特過取其一說耳自此遐蒐博采成四書廣義五十卷稿凡數易未敢出以眎人今讀疑言一書多不謀而合爲之大快即如子見南子自來不得其解子葢欲南子遵靈公之遺命立公子郢以定衞國之亂耳余自謂創獲而實丞已有此論殆所謂先得我心之同然者耶夫漢儒精訓詁宋儒精義理定論也而是書所辨析乃正於義理中有疑焉經者萬世之公理人同此心心同此理學者於心所未

安正宜各極其所見以俟聖人之復生如必以背叛程朱爲詬病抑思十翼聖人作也歐陽公疑之孟子大賢也司馬公及李覯鄭厚叔疑之然歐陽司馬今皆從祀廟庭初不以是爲病豈程朱必欲封持後世之學者而不許異議耶此尊程朱者之過非能知程朱者也聖人之經與天地無終極前有千古後有萬年使人人各竭其心思才力以解聖人之經其道益明其疑盡釋豈非孔孟與程朱所深望於後人者哉雖然程朱闡明四書功實在萬世後學因其說以益求其精實賴先路之導其不能已於言亦各極

其所見耳儻存一菲薄先賢之心吹求排擊以是角勝而爭名則已爲聖賢所不許抑大失作者之本懷矣此又不可不知也

光緒八年歲在壬午冬十月平江李元度拜序

敘

廬陵石臣王先生晚居長沙杜門卻埽日孳孳治經不勌著有四書疑言十卷總若二十數萬言所見有與朱子异者先生未始㠯爲信也鄒致慶蕃是正其得失既卒業敘曰聖人之衜唯聖人能盡之後此學聖人者益莫不勤一世之力縣是㠯爲趣矣要之所㠯踐乎其形者有至有不至焉卽其求聖人之言者夾有至有不至焉大賢㠯下類㷂弗能盡也秦燔經籍漢儒繼興言經義者至宋益正且審矣朱子號雧宋儒之成尊二程最至今觀所論箸匪獸程門諸賢多所糾正其于二程蓋有不苟爲同者今本大學別經傳而補亾朱子實與伊川殊伊川改定之本又實與眀衜殊夫㠯諸儒孳衜

之溪尊聞之竺寿言苟止于眾人之心又奚必敦敦焉別出一說㠯自憙哉唯求虖聖人之言者各有所獸見而不敢欺其心之所不安于是寿與後不相沿兄與弟不相徇固非世俗气矜衒异之私所可同年而語也㷂自治經者各持所獸見冀一二有當于古人而後儒之代起者埶不能閉所欲言而薶蘊㠯終古而其說夾遂漸推漸衍旁出紛羅而各有所至百川不同同納諸海羣言不同同衷諸衜一而已矣箸橫渠㠯大儒說詩持論主平易矣朱子顧謂其詩傳初不平易伊川傳易晚歲始出朱子夾偁其譱言理而謂獸遺象數又憯所傳者仍爲伊川之易朱子精力自謂盡在大學而𣅜疑皆削屬纊迄無定本伊川至自火中庸已成之書若是者何

哉自昔說經之大患本卑也而抗使高本淺也而鑿使深本近也而推使遠本明也而揜使晦其始自以爲得聖人之心者厥後自顧而往往失之聖衜至大經義無窮其譱者十得二三焉進之十得四五焉最上十得六七焉止矣故曰非聖人不能盡也我

朝經學大昌逵軼明代安溪李氏尤爲老師其學竺守朱賢而不爲小儒鄙生皮傅之見于大學主古本于中庸別章段其它若易若詩若論語孟子所得眎近儒爲多先生之書于安溪塈近大氏縱心孤往冥契于古不爲調停之論與苟襲口耳門戶之說昔人言心言性糾結磐互鶇通之奧義罔不枝分縷解竆幽洞微而一歸于心得中庸一書尤傰絕業近

世所未有也百季以來士大夫相夸以攷證自名漢學而薄宋世義理之言攻之已甚論者病之先生雖若與朱子异而一主義理曲合經指而概虖人心所同然後有龔近儒之成整理羣言如朱子其人者出焉得毋深有取于斯與先生當官彊直務行己意不爲權貴上官所牽掣在刑曹執灋無撓豪右奪气分巡川東刷疲鞫貪吏職脩整勑戎備充軍實賊不敢犯以積迮大僚壯歲遂引退葢不苟合于世者先大父平黔邊土賊賴先生得竟其功故相友譱今以慶蕃之愚又虛中譱下如此慶蕃既妄以已見於大學厺十三四而吾友義甯陳君伯嚴書來驚服尤至縱臾刻行慶蕃輒推明先生說經大指以竢後之君子攷論焉光緒八季壬午秋九月豐城毛慶蕃敘

附毛實君書

再執事說之最精者於大學物有本末節物字領下意知心身家國天下事字領下格致誠正修齊治平知所先後即知下二節之先後格物者格物之善惡格如量度之義又謂大學者大人之學聖賢言大均與天同大之辭必如堯湯文王明明德於天下然後可謂之大人故大學者內聖外王之學大學之書平天下之書孔子本所學以教天下後世者也於中庸則謂喜怒哀樂人所不能一日離率

性之道即從此下手用功故曰道也者不可須臾離也喜怒哀樂易失其中故必戒慎恐懼於未發之先乃謂之中發於事物而中節則皆有以得其中而謂之和大本達道即修道之教欲天下皆底於中和天地位萬物育者中和之極功惟至誠至聖能致之不得以天地屬中萬物屬和回之爲人也即回之爲仁古文人與仁同而舜之知回之仁由之勇自文從而字順費隱之隱指道之細微者而言道不遠人道即五達道之道人即五倫之人以人治人即以五倫治五倫之人改而至於道則止矣求乎子臣者求

君子爲子臣之道於己非求之人也鬼神章不言愼獨而首末兩章愼獨要義及大學誠意之義悉包舉其中指示學者至嚴至切大德受命卽受天之祿受天之保佑而命之者上祀先公先公指文王猶稱古公亶父也祀文王以天子之禮此孝子尊親之禮乃可達乎諸侯大夫及士庶人也知仁勇所以明道行道好學近知力行近仁知恥近勇則又三達德入德之事學者明行之要功也博學五之字指五達道九經而言舍此則無學之問之思之辨之行之之事不思而得不勉而中生知安行也博學審問愼思

明辨篤行學知利行也人一己百人十己千愚明柔强困知勉行也自誠明節屬上作結誠則明矣明則誠矣所謂知之一也成功一也致曲卽致曆累曲折之功指學利困勉之事誠者自成言誠者人之所以自成也大哉聖人之道特將天地之道坐實在聖人身上優優大哉重贊之也入道莫先於禮三千三百待人以行道有五所以行之者三故曰苟不至德至道不凝焉君子亦尊德性而已道問學卽問此德性學此德性舍德性亦別無問學崇禮卽崇此三千三百之禮卽尊德性之實功也反古之道謂反亂

先王之道故烖及其身居上不驕節應在雖有其位節之下保身與烖身相應動而世爲天下道動卽動容貌動容周旋之動故見而民莫不說衣錦章爲中庸澈始澈終工夫上天之載卽北辰居其所之義又謂孔子作易子思本祖訓而作中庸與易多所發明易言大人與天地合德日月合明四時合序鬼神合吉凶中庸言君子建諸天地而不悖質諸鬼神而無疑如四時錯行日月代明故曰易其至矣乎中庸其至矣乎凡此諸說皆可補前賢可傳後世論孟未見全稿至於言性處孟子道性善章與口之於味

章尤其大過人者慶蕃與陳君伯嚴讀書長沙日紬繹四子書互有質證今執事舉二千年儒先未盡之說一一疏通而證明之遂使支節悉解謦咳如新昔人謂蘇潁濱論事精確執事說經亦能如是固宜伯嚴推服不置也拙序中頗欲稱述一二以非文體所宜今悉舉似此書中或卽坿刊序後使覽者一見得其要指亦乾嘉諸老所嘗有也

跋

右四書疑言凡十卷廬陵賓丞王先生之所箸也先生始以巡道備兵川東既棄官迺居長沙杜門卻埽十五年未嘗一見賓客履衢市也久之三立徵聞先生名因得見先生雄譚偉辨神采毅發開質先生以諸經疑義先生燭照犀解類得其窾要既出示所爲大學還舊暨論語諸說之粗具者三立大驚歎以爲鄉先輩風流歇絶久矣自憾並吾世有先生而知先生之晚也迺先生既治經稍多尤不自慊斆毀棄其槀不欲窮竟其業三立則言於先生其精

者可補儒先所未逮他諸異同之言亦時時可備一說士生千載諷誦遺文求吾心之所自安而抗論其得失以證往賢而竢來者無多讓焉光緒六年庚辰三立侍余父官河北於是得吾友毛君慶蕃書言先生於中庸論語孟子俱畧有成書其中精透創獲之論往往爲數百年儒者所未有也明年三立歸營塟平江先生迺走視三立墓廬衰所箸使三立盡讀之而虛中懃懃悃欵流溢不可以已若以三立一言唯否爲取置者三立錄錄何幸而得此於先生也蓋先生之學務徵諸心以謂心之理不可窮也索理於物而不知求其心之理有宋儒者之過也故其所爲書明白洞達因其心之所已明探而極之委曲以契乎經恉不爲浮游眩瞀及刺隱索怪之言以駭俗而欺世猝而求焉若與師儒之雅詁相爲背負熟而察之平心而迎距之實統百代之人心證其所同然直眎之途而誘其進使優游饜飫超然自會於其通不嫌於異也然而先生愈益自下務俾三立毛君者糾以意之所未當而折衷之夫以三立毛君皆鄉里後生先生則高年耆碩復孜孜嗜學不倦顧迺舍己從之如不及此豈苟違先儒以爲名高而自逞

其私說者哉是可以知先生爲書之指矣書既成以質郭先生嵩燾李先生元度皆深相歎服二先生號當世通儒庶幾三立毛君之徒不爲暖暖姝姝阿所私好而倘得列於天下之公言也夫光緒八年冬十一月義甯陳三立謹跋

凡例

一大學疑言作於十年以前見者以爲論說散漫不如分章節釋之歸於簡要因有大學還舊之本惟疑言原稿格字物字俱有兩說還舊專主格其非心之格物卽物交物之物本於司馬溫公之捍禦外物張子之格去物欲陽明之正其不正以歸於正先去物欲而後誠意自以爲確不可易矣而吾友毛君實君極力駁辨專取格式之義指物爲物有本末之物因取稿易之學無定識莫歸一是究不知於孔曾所謂格物果何如也

一集註病藥之說如以顏子心術有非禮以子游爲不能敬子夏爲色不和諸如此類不免貶抑聖門是篇不但於註語與聖言相反者必爲辨明卽隨聖言貶抑之者如冉有之聚斂宰我之短喪子貢之貨殖子夏之小德出入所註皆失聖人立言之旨故是篇悉爲正之

一註經非衍義可比不宜雜引史事集註於子適衛與善人爲邦章兩引漢唐事人之過也引後漢吳祐事五美章引項羽事管仲不死相桓引魏徵王珪事貴戚之卿引霍光昌邑王事二老章引蕭何事巨室章引裴度言韓宏事乘輿章引諸葛武侯事皆非註經之體至於冉子退朝章註云語意與魏徵獻陵之對略同竟似魏徵係古人孔子本於魏徵之對而立言尤爲不合是篇引證俱以四書五經互相發明不敢雜引史事

一先儒言理言中言一言誠言敬俱不本心而言未免失却主腦明人心學久爲後人訴詈其言卽心卽學弊且至於廢學宋儒言理而不言心明儒言心而不言理兩均失之朱子曰性者心之理也性外無學卽心外無學是篇以心之理爲學之本而誦詩讀書致知力行無不

本於心之理以求之不得因人之訴詈明人而諱言心學也

一宋儒言性兼言氣質是已但氣質之性卽是義理若分言氣質別是一性有善惡之不同則與孔孟之言不合是篇於言性處必反覆發明性相近章與告子篇多至二萬餘言因非一時之作不免意覆辭費見者以命也性也章又孟子道性善章發明性相近之義足以救正前賢愚者千慮一得亦頗自信不疑也

一解經以考據爲根柢惟四書之考據專有益於後學而

聖言之意旨不專藉考據以發明故朱子以義理爲宗是篇有考據十數條如反坫樹塞門之類友人以爲聖一漏萬概從删削

一孔子舊宅壁中所藏古文皆蝌斗文晉發魏安釐王冢得周書亦蝌斗文則孔子時之書皆蝌斗文明矣由蝌斗而篆籀而再變之點畫移易莫可究詰況竹簡流傳日久不無殘缺其中烏焉亥豕之誤斷不能免愚於文義有疑而原解不合處輙以己見臆之如大學自謙之謙文莫吾猶人之莫游於藝之藝天縱之縱不占之占

非道宏人之非與孟子法而不壓之法養氣章之子夏字縮字守氣字集義字勿正字汙字俱於其字畫相似者正之總求於理不背至於瓜不作必少不作坐五十不作卒三月不作音其原字較勝者悉爲因之總求曲合經旨非敢輕於改經也

一是篇有前人所已言者因其彼此互見不能攷其人之前後即不能定其人之後先故多以前人概之衰年誦讀多資寘悟有窮年累月而一旦豁然有得自以爲創獲者及繙閱舊編知已爲前人所說而前人之說又爲

昔日所閱之本然亦實有與之暗合者吾友周藿生太史曾指出六七條謂與姚文僖四書瑣言相同愚固不知有瑣言一書並非人云亦云也又如微子去之是去而之其所封之國友人見之以爲魏氏默深曾論及此遍求魏書不得乃於四書異同商繙出知與李二曲反身錄相合然予於逃遁一層亦不謂然故仍以己見補之後閱真西山集有論語意源序乃知鄭氏汝諧在宋時已有此解人同此心心同此理魏不必襲於李李不必襲於鄭讀四書者於集註不肯疑耳得其所疑而用

心以思之則心之理之同然者多也朱子百世之師四書集註即當百世師之異其說者即其說甚是亦難免於輕詆之罪如有先吾而言者則吾說係屬陳言輕詆之罪或從末減知我罪我竢之而已

四書疑言卷之八

孟子上

盧陵王廷植實丞

萬取千焉千取百焉

集注言臣之於君每十分而取其一分亦已多矣按臣之於君止言辭受而不可言取舍先王取民之制十取其一今謂臣之於君亦十取其一又何必以萬取千千取百而重疊言之乎愚按萬字千字百字卽上文萬乘千乘百乘也古者以田賦出兵天子萬乘諸侯千乘大夫百乘至於戰國則不然上文言萬乘之國千乘之家是諸侯亦有萬乘大夫亦有千乘矣孟子謂其萬乘也取之千乘者也其千乘也取之百乘者也其所取不為不多也苟為後義而先利係指惠王而言惠王之時東敗西喪南辱弱國也惟行仁政可以轉弱為强若後義而先利亦安能與强國爭乎彼不盡奪之不能饜也則亦何必與之言利乎當時燕齊各國皆稱萬乘與之爭利不惟無利而反有害與後章鄒敵楚之意同教以仁義亦卽反本之意末二句極言其不利以痛戒之

梁惠王曰晉國天下莫强焉　全章

集注比猶為也言欲為死者雪其恥也按之不甚切合上文明言寡人恥之謂長子死而東敗西喪南辱寡人之所恥也下節注云是以尊君親上而樂於效死也死者無所謂恥又何待於人而為之雪也哉愚按比字讀上聲謂與死者相比寡人恥之欲效死者之死而一戰以雪之也孟子告以孝弟忠信可使制梃以撻秦楚之堅甲利兵又曰王往而征之非惠王之欲復戰孟子安有告之以戰也哉夫誰與王敵亦謂其不至於與死者比也

是心足以王矣

集註王見牛之觳觫而不忍殺卽所謂惻隱之心仁之端也擴而充之則可以保四海矣故孟子指而言之欲王察識於此而擴充之也又云是心不待外求擴而充之在我而已又曰齊王非無此心而奪於功利之私不能擴充以行仁政是以此心專主擴充而言夫擴充者由親親而仁民由仁民而愛物也今齊王不忍之心僅及於一牛夫此不忍一牛之心可以擴充之乎擴充之則羊亦可不易並及於天下之雞犬如梁武帝之戒殺乎孟子曰言舉斯心

加諸彼而已謂以此心加於老幼於妻子於兄弟以御於家邦也今齊王不忍之心不知輕重長短知愛物而不知愛民孟子謂其心倒而行之非謂其心不能擴而充之也其曰是心足以王者何也謂以愛牛之心易之於愛民則王矣觀後文則知制民之產爲愛民所謂反其本者亦反其愛民之本心也

爲長者折枝

舊註以長者之命折草木之枝言不難也但草木之枝本不難折然或高枝或大枝或遠樹之枝卽有所不能若出自長者之命或命其折高者折大者折遠樹者則更有所不能孟子舉一極易之事以言其能爲而不爲而此折草木之枝種種有所不能則於比喻不甚切當況指言長者必有恭敬之禮於義始得按字典手節曰枝曲禮立則磬折垂佩折枝謂見長者折腰或拜手屈膝之類此人人日日而行之者而語人曰我不能是不爲也非不能也

權然後知輕重 一節

集註言物之輕重長短人所難齊必以權度度之而後可見若心之應物則其輕重長短之難齊而不可不度以本然之權度夫所謂本然者果何物也然則心應物又別有本然之權度以度之乎愛民之心應重且長愛物之心應輕且短此亦極不齊之數矣必欲齊之是愛物與愛民等如墨子之兼愛矣蓋心者萬事萬物之權度也其事物之輕重長短以心度之而卽知之也

爲諸侯憂

集註諸侯謂附庸之國縣邑之長古註則以爲列國諸侯按上節爲諸侯度此節爲諸侯憂上節爲諸侯取法此節爲諸侯示戒自是列國諸侯並無異義若附庸之國縣邑之長亦安得此師行糧食流連荒亡之樂也哉或謂集註以景公爲境內遊故不指外諸侯而言不思諸侯一國之君有出境而遊於外國者乎況景公之問欲比先王之觀晏子之對明言天子之觀今也不然卽謂今日列國之諸侯不然也故下結言爲諸侯憂並告以先王無流連荒亡之樂若不指列國諸侯言豈所謂流連荒亡者晏子卽指景公而直詆其君之過也哉

先王無流連之樂　一節

集註言先王之法今時之弊二者惟在君所行也二者兩字大不切合天子節言先王之法今也二節言今時之弊此節言先王無今時之弊已歸重先王一邊惟在君所行惟在君法先王而行也

畜君何尤

集註畜止也言晏子能畜止其君之欲宜爲君之所尤而其心則何過哉考字書畜字並不訓止況此章之旨在於遊觀孟子引景公之問晏子亦是欲觀今以畜訓止謂畜止其君之欲是以不遊不豫爲止於章旨亦不相符易曰小畜君子以懿文德大畜君子以多識前言往行以畜其德禮祭統孝者畜也順於道不逆於倫是之謂畜註畜謂順於德教廣雅畜孝也愚按畜君者謂以遊觀養畜君德有何害事孟子故釋之曰畜君者好君也

齊宣王問曰人皆謂我毀明堂　全章

集註是公劉好貨而能推己之心以及民也今王好貨亦能如是則其於王天下也何難之有又云是大王好色而能推己之心以及民也夫好貨好色而與百姓同之者豈但以其心推之也哉春省耕秋省斂關市不征澤梁無禁此好貨而與百姓同之之政也媒氏掌於周禮男女會於仲春罪不及於妻孥此好色而與百姓同之之政也若徒推此心而不行王政又何有於王天下哉外註以天理人欲同行異情二者之間不能以髮孟子因時君之問而剖

析於幾微之際皆所以遏人欲而存天理云云議論甚精但於此章書旨不甚相符孟子之告齊王道極精深而言仍粗淺王好貨使百姓易其田疇薄其稅斂而已王好色使百姓畜其妻子安其家室而已若將天理人欲就心上推勘彼好貨好色之主亦安能剖析於幾微之際以其間不能以髮者而下手用功也哉況上節明言王政耕者之九一卽好貨與百姓同也施仁於鰥寡卽好色與百姓同也好貨好色亦就其言而開導之以行文王治岐之政非謂如公劉之好貨大王之好色卽足以王天下也

乃裹餱糧于橐于囊

集註無底曰橐有底曰囊皆所以盛餱糧也但旣曰無底則餱糧何以盛之按詩毛傳小曰橐大曰囊左宣二年爲簞食與肉置諸橐以與之僖二十八年甯子職納橐饘焉饘厚粥也謂以饘置之橐中也齊國策如錐處囊中其末立見東方朔傳奉一囊粟是橐不可無底囊則反不見其有底也蓋橐以木爲之盛熟食者熟食無多故橐小食之簞槳之壺其類也囊以布爲之盛生糧者如今俗之口袋糧食皆用之斗量車載故囊大又說文餱乾食也徐鉉曰

今人謂飯乾爲餱嚴氏粲曰餱乾食糧米食按此則橐所以裹餱囊所以裹糧餱糧與橐囊各分爲用正相切合

不誅則疾視其長上之死而不救

集注民怨其上故疾視其死而不救也是以疾字屬之於民於不誅語氣不合愚按疾字應屬魯君誅之則不可勝誅不誅則疾其視死不救如之何則可語意較爲吻合

公孫丑曰夫子加齊之卿相　全章

我四十不動心　集註四十强仕君子道明德立之時孔子四十而不惑亦不動心之謂愚謂孟子四十不動心亦由其學力又能養氣所致非以四十之年歲爲不動心之定期也孔子三十而立已不動心矣顔子不貳不遷無伐無施亦三十不動心矣四十强可以仕不能指爲道明德立之時道之明者則有生知學知困知之異德之立者則有安行利行勉行之分不能以年歲限也況下文已有告子先我不動心之言則四十字原非要義也

北宮黝似子夏　此章言不動心因公孫丑問孟賁而言勇因以勇而言養因養勇而言養氣惟養氣始能不動心也朱子以黝爲刺客之流視刺萬乘之君若刺褐夫按之子夏大不相似子夏既非好勇北宮黝何以似之下文明指子襄好勇孟子引之自必有所指證愚按子夏恐是子襄之訛夏與襄字形相似上兩節言黝與舍之勇次言舍似曾子黝似子襄再以曾子告子襄大勇之言兩相比較若以子夏作子襄前後應證自是確切不移

雖褐寬博吾不惴焉　集註惴恐懼之也不惴則於上句文理相反後人有以不字作亦字者頗爲有理愚按焉字是疑詞曾子向子襄反詰之詞作乎字口氣讀亦得

自反而縮○集註縮直也按縮字並無訓直之文說文縮亂也詩曰縮版以載禮曰縮酌用茅爾雅繩之謂之縮之縮字似與直字相反集註引檀弓之冠縮縫與棺束縮二横三是以縮訓作從必合從横而並言之從横如十字一豎一横非曲直之直僅一縮字不得訓之爲直也釋詁縱縮亂也愚按縮字恐是約字之訛音相近而畫旁亦相似約字本孔門教人之要功子曰約之以禮顔子復禮之功

卽在約也曾子既係聞諸夫子之言若以縮字訓直字則卽云自反而直何必用此隱僻之字於孔子立言絕不相似孟子曰守約而施博者善道也言約之當守也又曰博學而詳說之將以反說約也言約之當反也此節引曾子之言反約下節言曾子之守約其義上下相承故縮字作約字甚爲切合

孟施舍之守氣　上文並無氣字此節就孟施舍帶出氣字甚無意義且氣亦不能守氣是流動之物宜於行而不宜於守孟施舍之勇以無懼而不動心亦非守氣孟子既

言孟施舍守約又言孟施舍守氣前後之言決不如此兩歧愚按守氣恐是守約之訛上節言孟施舍似曾子而以孟施舍爲守約此節言孟施舍之守約又不如曾子之守約於義甚爲圓足

又不如曾子之守約也　舊註約要也謂所守尤得其要於義亦通但如此解則非曾子之守約乃孟子贊曾子所守之約也曾子之所守者果何物而得其要乎而欲得其要者又從何處下手用功而守之乎考約字有音要之文並無訓要之解且以四書內約字細而按之要字實不足

以盡約之義子曰以約失之者鮮矣故守身以約反己以約約其心而不放而不踰規矩之中守禮守義守信卽守約之功守約卽以約之謂也

告子曰不得於言勿求於心不得於心勿求於氣　集註告子謂於言有所不達則當舍置其言而不必反求其理於心於心有所不安則當力制其心而不必更求其助於氣此所以固守其心而不動之速也此但順文解字而於告子不動心之故則似是而非夫言之病由於心之失不得於言而言有病則當於心而求其不失而告子不求於

心也心之動由於氣之暴不得於心而心有動則當於氣而求其無暴而告子不求於氣也有蔽陷離窮之心卽有詖淫邪遁之辭若不得於言而勿求於心是不知言也人之顛躓趨走而其氣爲之者而反以動其心若不得於心而勿求於氣是不養氣也此四句是告子不動心之功而其受病之根孟子已於下文切指言之也○按不得於言勿求於心後人以此痛詈告子其實學者之通病也不得其言之理與不得其物之理皆不求其心之理也或曰學者知理在於詩書故於詩書求之仕者知理在於民社故

於民社求之求物之理而已亦安有求心之理者乎曰物之理必心之理而後有以求之不然父師雖敎之而詩書之理吾心不能知也官長雖督之而民社之理吾心不能明也人之生而有健順五常之德其理卽根於心也誦讀以啟發之而心之理日濬而日靈行習以擴充之而心之理日積而日厚學者本心之理而言詩卽知其性情言書卽知其政事仕者本心之理而治民卽敎其親愛祀神卽盡其敬誠本一理以散爲萬殊亦何事而不本於心乎卽如朱子通鑑綱目善則褒之惡則貶之讀之者知其褒貶

當於人之善惡而不知其褒其貶皆其至公至正之心出之也夫至公至正者心之理也知人論世莫難於史必有才識學三長而後可以知史之言才吾之才識吾之識學吾之學皆吾心之理也某忠而某奸其理在於人某興而某敗其理在於事然非吾心之理不能得之也故不得於言必求於心也朱子曰告子謂於言有所不達則當舍置其言而不必反求其理於心此告子之失也後人豈可蹈之而亦不反求其理於心乎知告子之不求於心則知孟子之求於心矣求於心者求其心之理也

志壹則動氣氣壹則動志也　集註孟子言志之所向專一則氣固從之然氣之所在專一則志亦反爲之動程子曰志動氣者什一氣動志者什九以後講家於此二句解說甚煩而書旨愈晦幾至膠轕不清愚按此兩節志字應作心字解不言心而言志者就心之用言也蓋謂心與氣必合而致其功志專一而不養氣則氣動氣專一而不持志則志動故養氣又必不動心不動心又必能養氣也孟子既言志爲氣之帥又曰志至焉氣次焉是明言心爲主氣次之矣若謂氣動志者什九則是以氣爲帥殊不切合

我善養吾浩然之氣　集注浩然盛大流行之貌氣卽所謂體之充也本自浩然失養故餒惟孟子爲善養之以復其初也又曰告子不能集義而於其所謂浩然者不惟不善養之而反害之矣又曰至大初無限量至剛不可屈撓蓋天地之正氣而人得以生者其體段本如是也是則以浩然之氣與所謂至大至剛者皆爲人所得於生初而並以告子之氣亦爲浩然則不然矣夫浩然二字創自孟子蓋亦子思子浩浩其天之意人得天地之氣以生祇有陰陽之氣而已至孟子所謂浩然蓋積數十年居仁由義之

功而成爲至大至剛之體氣之周流不息如水之晝夜不舍故有似於浩然氣本於生初非生初之氣卽爲浩然也充實而有光輝之謂大氣者由內以達於外者也蓋必有道義之實而後有浩然之氣有浩然之氣而卽有睟然之色見於面盎於背施於四體坦蕩蕩之天活潑潑之地皆其氣之盛大流行皆其氣之見爲浩然者也朱子曰孔子則太和元氣之流行矣又曰惟聖人全體渾然陰陽合德故其中和之氣見於容貌之間者如此在孔子爲元氣爲中和之氣在孟子則爲浩然之氣彼告子又安有所謂浩

然者哉
難言也　集註難言者葢其心所獨得而無形聲之驗有
未易以言語形容者是則亦以浩然之氣爲孟子所獨得
與前注得自生初並告子亦有浩然者矛盾矣夫氣而曰
浩然卽其形聲之驗卽其以言語形容言之也孟子平日
於不義之富貴爵祿視如浮雲其出處進退毫無膠滯之
迹故曰予然後浩然有歸志葢其胸次悠然故其氣象亦
灑灑落落見爲浩然也朱子訓爲盛大流行之貌亦知孟
子之以言語形容言之也難言者謂其氣之如何浩然並

其養之如何至於浩然其功夫有不易言者並非於浩然
之外又難以言語形容之也觀下文旣言至大至剛又言
配道與義又言集義所生又言勿忘勿助實有非一二言
所能盡又恐有言之而公孫丑不能喻者故曰難言也
至大至剛節　集註惟其自反而縮則得其所養而又無
所作爲以害之則其本體不虧而充塞無間矣如此是不
必有所作爲而其氣已塞乎天地矣卽塞於天地之間其
氣又何所用之乎易曰立人之道曰仁與義仁之道至大
義之道至剛合仁與義而尤必以直養之子曰人之生也

直直道而行而養成至大之體有以全天地之仁氣養成
至剛之體有以全天地之義氣害卽下文害於其政害於
其事葢本其無欲害人之心而無害於政事卽無害於天
下之人卽無害於天下之物而人得其氣以生物得其氣
以長孟子曰故沛然德教溢乎四海又曰所過者化所存
者神上下與天地同流也王者之民皡皡如也卽浩然之
氣塞於天地之間也
配義與道無是餒也　舊註配者合而有助之意又云則
其氣合乎道義而爲之助又云若無此氣則其一時所爲

云云助字似是蛇足於下文助字亦混葢氣者本之道義
以爲盈虛消長者也配道義則爲浩然之氣無是餒也謂
無道義則氣餒非謂無此氣也
是集義所生者節○集註集義猶言積善葢欲事事皆合
於義非由只行一事偶合於義便可掩襲於外而得之也
是則以集義所生爲事事合義以義襲而取爲一事偶合
於義按之生字取字似不相涉按集義不可作爲積善善
非己之所有必從外而積之義本我之固有卽從內而生
之若假於外之義以生是蹈告子義外之說與下文實是

不符愚按集字恐是秉字之訛字形亦頗相似禮運天秉陽地秉陰詩曰秉文之德又曰民之秉彝眞西山曰秉彝者渾然一理具於吾心不可移奪若秉持然蓋天地嚴凝之氣卽天地之義氣也浩然之氣卽孟子之義氣也非義二字應斷讀孟子言是氣也是秉天地之義氣以生者故養之能成浩然也蓋氣以成形而爲人若所生非得義氣而徒於外之行事强合乎義則其氣不能充塞矣慊快也足也行之而於心之義不能充足則氣餒矣

我故曰告子未嘗知義以其外之也　此一節專言義外

之非而又以告子證之夫告子義外之說孟子於食色性也兩章逐層辨明又反覆曉譬而後人多不思之何也義稟於有生之初與仁同具孟子以羞惡之心爲義其在內固無疑也書曰義以制事謂以吾心之義裁制天下之事子曰君子義以爲質又曰義之與比皆指吾心之義之在內者而言至於務民之義又見義不爲又聞義不能徙則言義之在於外者蓋仁義禮智之體根於心而其用則見於事義有內外卽合體用而言之也然則孟子專言義內何也曰告子曰義外也非內也孟子則反之曰義內也非外也本內以發於外故言內卽可兼外若專言外則義是無根而徒於外襲而取之則非也集注云事事皆合於義是專以事之宜爲義則猶是義外也有萬鍾焉以吾心之義辨之而不受也有三公焉以吾心之義辨之而不爲也有千駟焉以吾心之義辨之而不顧也若謂事事皆合於義豈萬鍾三公千駟是不義而以不受不爲不顧者以合於義乎嘑蹴之食有羞惡之心皆不屑也穿窬之盜有羞惡之心皆不爲也爾汝之稱有羞惡之心皆不受也若謂事事皆合於義豈嘑蹴穿窬爾汝者並不由於羞惡之心

而不屑不爲不受者又別有義之所在而合之乎告子不知義從心生而以事物之宜由乎外不知事之宜亦由於心之制如嗜炙飲水飲湯之類凡事之由於吾心之裁制者皆義也皆義內也上節注云義者人心之裁制則告子義外之說不攻而自破矣

必有事焉而勿正　集註趙氏以七字爲句近世或幷下文心字讀之者亦通但講家又有以正心兩字作忘字之誤者必有事焉而勿忘勿忘勿助長也此皆以此句有可疑也愚按正字上加勿字似不可解舊注正預期也謂勿

預期其效但必添出效字始有可解又似下文助長之意且於事字之義亦無著實愚按正字恐是止字之訛子曰未成一簣止吾止也朱子曰中道則止則前功盡棄事謂事功也氣本於生初而養則在於人事事事皆合於道卽是養之之功如牛山之木牛山之地所生也灌溉之潤栽培之力則在於人事上節言氣之所生此節言氣之所養必有事焉而勿止謂其功不可中止也下文以爲無益而舍之不耘者卽明言止之之害也學者於養氣之功不可稍有間斷知有進而不知有止而又不可無心而忘之又

不可有心而助之忘則一暴十寒助則進鋭退速皆非善養之道也養之義取諸頤道義之養氣如飲食之養生未有一日忘之而不飲食者亦未有可助之而多飲食者故得其養無物不長失其養無物不消知養夜氣養平旦之氣則知養浩然之氣矣

何謂知言節　集注程子曰孟子知言正如人坐堂上方能辨堂下人曲直若猶未免雜於堂下衆人之中則不能辨決矣此等比喩似是而非堂上之人止能辨人之長短十尺九尺或九尺四寸以長者可以一望而知也至於人之曲直則堂上之人亦難辨之今日坐堂上而決獄者不必聽人之言而能辨人之曲直乎旣是聽言又何必坐堂上乎觀下文生於其心所謂詖蕩離窮者皆指其心而言知言者聽其言而知其心也孟子謂人有詖蕩離窮之心而發爲詖淫邪遁之辭卽害於其政害於其事益指當時楊墨之流其害道之言卽爲邪說淫辭惟孟子能知其言故能息之放之而距之也告子不得於言勿求於心孟子則求於心而知其言也朱子於此節注亦爲明晰而外注又收程子之說則徒講知言而不知知言者求知其心也

汙不至阿其所好　此節以汙字插入中間令人詫異難解舊注汙下也三子智足以知夫子之道假使汙下必不阿私所好而空譽之按假使二字必屬之夫子而文法始順假使夫子汙下三子必不阿私所好孟子決不肯爲此言若以屬之三子則必云假使三子汙下必至阿私所好而中有不字又不相通愚按汙字或是決字之訛宰我子貢有若智足以知聖人決不至阿其所好如此較爲直捷此章書脫簡甚多內有七字費解不無牽强因私自存疑非敢於改經也

子貢曰見其禮節　集註言大凡見人之禮則可以知其政聞人之樂即可以知其德是以我從百世之後差等百世之王無有能遁其情者而見其皆莫若夫子之盛也是則子貢自誇其差等百世之王不能逃我之識而遁其情恐不然矣愚按見知聞知應指孔子而言百世之王即指三代也見三代之禮而能知三代之政聞三代之樂而能知三代之德由三代之後而上及於三代之王惟孔子若合符節莫之能違也自生民以來未有夫子也上節言孔子賢於堯舜此節言孔子賢於百王下節言孔子賢於古

之聖人類字既統聖民而言則出乎其類即出於聖人之上謂其賢於伯夷伊尹也此四節言三聖人之所以異註謂爲異於衆人非是

市廛而不征法而不廛

集注張子曰或賦其市地之廛而不徵其貨或治之以市官之法而不賦其廛夫市官之法不知所指何事不廛則受法廛即可以不受法乎按之實不切合愚按法字恐是征字之譌廛者賦市地也征者征商稅也市廛而不征關稽而不征豈政必不出於征乎孟子曰有布縷之征粟米之征力役之征是征亦王政之所不廢也但其中有已廛者則不征耳征者則不廛也市廛而不征征而不廛取其一不取其二也

則天下之民皆悅而願爲之氓矣

舊註氓民也本之說文又願受一廛而爲氓願爲聖人氓舊註氓野人之稱是以民與氓並無別義按周禮地官遂人作甿鄭註變民言甿異內外也謂國內之民爲民野外之民爲甿也又旅師凡新甿之治皆聽之使無征役註謂新徙來也今將遂人甿字句而細按之以下劑致甿予以地也以田里安甿予以田也以樂昏擾甿予以家室也以土宜教甿稼穡辨其物產也以興鋤利甿示以補助也以時器勸甿教之工作也以彊予任甿使之禦侮也是皆安

置新徙之民之法也按氓字從亡從民有謂係流亡之民者周禮從田從亡有謂係無田之民者孟子三言氓字皆係鄰國之民而來豈非所謂新徙之民乎蓋氓者客籍之民別土著之民而名之也楊愼經說卽本鄭註立論而字典與字詁等書駮之以爲迂泥且以爲文人逞筆作字說未可以之解經則亦惑矣

孟子曰人皆有不忍人之心 全章

舊註天地以生物爲心而所生之物因各得夫天地生物之心以爲心所以謂人皆有不忍人之心也夫以不忍人之心而必推本於天生方見道之高妙乎以天生而又必及於生物又見道之廣大乎但此章書於物字毫不相涉若謂所生之物因各得夫天地生物之心以爲心然則物亦與人皆有不忍人之心乎首節止一句提總下六節皆發明首節之意第三節所以謂人皆有不忍人之心者尤爲深切著明則首節可不必加註二節言先王必有三節

言今人皆有四節言不但惻隱之心皆有卽羞惡辭讓是非之心亦皆有之無之卽非人也五節舊註惻隱羞惡辭讓是非情也仁義禮智性也心統性情者也端緒也言有物在中而緒見於外也絲之緒引出是絲麻之緒引出是麻性之緒引出必是性也語類又謂端是萌芽稻之芽發出是稻麥之芽發出是麥性之芽發出必是性也中庸成己仁也成物知也性之德也合外內之道也是性者合內外而言之也今乃以仁義禮智爲性以惻隱羞惡辭讓是非之心爲情豈絲之緒引出是麻稻之芽發出是麥乎有

是理乎又謂因其情之發而性之本然可得而見然則忿懥恐懼好樂憂患之發而亦見性之本然乎六節不能謂不能有也七節知字謂知其端也有是四端而自謂不能有者自賊者也對今人節而言謂其君不能有者賊其君者也對先王節而言凡有四端於我者統上兩層而言知其端而擴充之則如火之始然泉之始達矣告子之篇曰惻隱之心仁也羞惡之心義也恭敬之心禮也是非之心智也專言仁義禮智而不言端此之所謂端者就擴充而言之也星星之燄火也然之而焚山澤亦是火涓涓之泉

水也達之而至江河亦是水知仁義禮智之端擴而充之達之於家國天下推而放之四海足以保四海者皆仁義禮智也仁義禮智性也

易曰復其見天地之心本義云積陰之下一陽復生天地生物之心幾於滅息而至此乃復見程子曰復其見天地之心一言以蔽之曰天地以生物爲心而已首節舊註云云本之於此夫天以陰陽五行化生萬物二五之氣非天地之心也天地之心有體有用其生物也發而見之於用生物者天地之心而不得謂天地以生物爲心也猶之聖人之心有體有用其文章也發而見之於用文章者聖人之心而不得謂聖人以文章爲心也韓子曰博愛之謂仁宋儒極詆其言爲不知仁仁固未嘗不博愛而博愛不得謂之仁猶之天地之心未嘗不生物而天地非以生物爲心也陰極之時天地之心隱而不見一陽動而物生而天地之心又復見之是物生而復見天地之心非復見天地生物之心也父母卽天地也父母之生子卽天地之生人也若如舊註云云父母以生子爲心而所生之子卽得夫父母生子之心以爲心而卽有不忍人之心其説之不然

也必矣夫天地生物之心又豈有滅息乎陰極之時物雖無生無長而天地生長之心仍在也猶之人夜氣之息心雖無知無覺而知覺之心仍在也積陰之下一陽復生之時天地生物之心實有充周彌滿而不能強爲遏抑者而物於是乎生謂生物之心幾於滅息則大不然

心統性情

天以二氣五行化生萬物而萬物得之以成形其耳目口鼻四肢及髮膚百骸與臟腑筋絡之血脈流通皆氣也人與物無二也而惟人之心得天之理以爲靈故人爲萬物

之靈者心也書曰人心惟危道心惟微千古言心自此始千古言道亦自此始蔡氏沈曰心者人之知覺主於中而應於外者也朱子曰理與氣合便能知覺又曰心是神明之舍爲一身之主宰也又曰心者人之神明所以具衆理而應萬事者也具衆理性也應萬事情也是心之知覺乃稟於受生之初而性與情俱隨靈覺而具焉者也故曰仁義禮智非由外鑠我也我固有之也弗思耳矣是仁義禮智之性皆本於心之思也且不但性主宰於心卽情亦主宰於心易曰利貞者性情也言性與情皆統於乾之四德

而爲吾生來之所固有也蓋天地之感以氣交人物之感以形交而實以情交易曰二氣感應以相與氣之所感卽情之所感非情不能感氣非氣不能成形譬之於木心爲根株而情卽枝榦之發榮也譬之於水心爲崑崙之星宿海而情卽積石以下之分流也則情亦統繫於心也易曰寂然不動感而遂通天下之故寂感心之動靜也心有動靜故性貫乎動靜情亦貫乎動靜蓋嘗論之心之理卽性也孟子曰仁義禮智根於心卽惻隱羞惡恭敬是非之心所謂性卽心也又曰惻隱之心仁也羞惡之心義也恭敬之心禮也是非之心智也所謂心卽性也朱子曰性者心之所具之理也離心卽無所謂性矣故心與性不能分也性之靜心之靜性之體心之體也中庸曰天下至誠爲能聰明睿智足以有臨也聰明睿智聖人之知聖人之心也有聰明睿智之心卽有仁義禮智之德也見入井而惻隱之心動是卽性之仁也聞爾汝而羞惡之心動是卽性之義也入廟社而恭敬之心動是卽性之禮也言舜聽而是非之心動是卽性之智也心之動性之動心之用性之用也故曰凡有四端於我者知皆擴而充之矣若火之始然

泉之始達苟能充之足以保四海此言性之動也子思子曰惟天下至誠爲能盡其性能盡其性則能盡人之性能盡人之性則能盡物之性此言性之用也又曰成己仁也成物知也性之德也合外內之道也此言性之體用合內外而一之也此所謂性貫乎動靜也心之欲卽情也孔子曰從心所欲是也喜怒哀樂情也其未發亦情也發而爲忿懥恐懼好樂憂患情之動也用也見飲食而喜心動其不飲食之時而飲食之情先有也見男女而樂心動其不男女之時而男女之情先有也過墟墓而哀心動其不墟

墓之時而悲慕之情先有也遇讎敵而怒心動其不讎敵之時而忿怨之情先有也本心所固有者因物而感非心所本無者因物而生也心不在焉視而不見聽而不聞食而不知其味是視之聽之食之情也皆心爲之也情已肆而心能制之情已縱而心能收之故情者心之用非性之用也心之動非性之動也此所謂情貫乎動靜也又嘗合心與性情而論之性則無有不善者情則有善有不善心則可以爲善可以爲不善虞廷言心中庸言性情孟子則兼心與性情而並言之言道者多溯始於天命之性謂其

渾然至善未嘗有惡耳其爲氣稟所拘物欲所蔽而爲不善者皆從後而起之也氣稟者卽吾身之形體所稟之氣也人受天地之氣而有心而耳者心之聲目者心之色是心亦藉耳目以爲用吾心本寂然耳而惟耳目之視聽乃觸於物而有感倘所稟之氣質不良而耳得天地閉藏之氣而多塞目得天地陰霧之氣而多濁則物觸於耳目而不感或感於心而不應則其心亦與之冥頑而不靈是氣質爲性之累也耳曰聰目曰明心曰睿智朱子曰聰明睿智生知之質又曰聰明睿智能盡其性者則爲億兆之君

師其次則有學知困知者柴之愚參之魯師之辟由之喭皆非聰明睿智者皆氣稟之偏而不全者也蓋稟於氣者有清濁純駁遲速通塞之不同則成爲質者卽有厚薄强弱剛柔偏正之各異是氣稟以血氣心知而言而仁義禮智卽具於血氣心知之內血氣心知卽性所由以率也性雖有仁義而其心足以陷溺之性雖有梏亡而其心足以操存之性本善也保全其善心不能居功喪失其善心卽須任過也蓋心者性之土而根卽賴土以長養之土不能得其氣之和緩質之深厚者則其根必壞是性爲氣稟所

拘者就血氣心知而言之也人之欲莫過於飲食男女其欲也卽其情也欲之發在於既生之後也但自男女成形之時而男女之情已具在胞卽能飲食出胞卽能視聽是其情已具於先天之初與性皆渾涵於心而莫能名狀也性之善情亦善也及其心之有知而欲遂萌則情雜於性之中矣心之偶動而欲卽發則情爭於性之先矣心之既放而欲卽縱則情奪其性之位矣是情者非性之動而性爲外物所蔽者就情欲之感應而言之也朱子曰舊看五峯將心性對說一箇情字都無下落後來看得橫渠心統

性情之說始尋得情字著落又曰心包性情心字是一箇字母故性情皆從心又曰性情皆出於心故心能統之統如統兵之統言有以主之也是性與情之或離或合或先或後或得或失或存或亡皆由主帥之心爲之操舍也蓋心猶大極也大極之中陰陽而已渾然莫分也動而生木火是陽之發動而生金水是陰之發也心之中性情而已亦渾然莫分也動而惻隱羞惡辭讓是非是性之發也動而爲忿懥恐懼好樂憂患是情之發也朱註云喜怒哀樂情也其未發則性也又曰情者性之動也又曰惻隱羞惡

辭讓是非情也仁義禮智性也予讀之不能無疑焉因爲之說

孟子曰伯夷隘　一節

集注夷惠之行固皆造乎至極之地然既有所偏則不能無弊故不可由也此言凡爲君子者皆不可由乎既造乎至極之地而有所偏豈非偏之至於極乎夫伯夷聖之清柳下惠聖之和孟子以爲百世之師矣何以謂君子不可由哉愚按此節既連上二節爲一章則隘與不恭自承上文去就而言不事不友不立不受不屑就卽隘也不羞不卑不怨不憫不屑去卽不恭也蓋以去就而言惟孔子仕止久速各當其可以孔子視伯夷則爲隘以孔子視柳下惠

則爲不恭孔子固大而化者隘與不恭則不能化君子不由也謂孔子不如此也非以隘斷伯夷之所行以不恭斷柳下惠之所行謂凡爲君子者不可由也

孟子將朝王王使人來曰　全章

此章孟子朝與不朝集註無釋講家皆以孟子爲不朝矣朱氏珪以不得已三字謂孟子是不得已而朝又讀儀禮鄉飲酒禮疏引孟子公孫丑篇齊王召孟子不肯朝後不得已而朝之宿於大夫景丑氏之家乃知唐儒賈公彦早作如此解云云其說確矣夫孟子之將朝而不朝者以齊王之託疾而來召也王聞孟子之疾卽遣醫來問亦迎之致敬以有禮矣雖無孟仲子趨朝之對要路之請孟子亦必有不能不朝者踰垣而避閉門而不納孟子所謂是皆

已甚者也千里見王而欲平治天下豈以一召而竟決絕不見也哉前日召之而不朝今日不召卽可以朝矣或曰孟子既朝何以無明文也曰請必無歸而造於朝孟子聞言卽許之矣若不造朝孟子必歸既不歸矣必造於朝如其不朝何爲宿於景丑之家既宿於景丑之家則其朝也決矣前日之不朝辭以疾也今日無疾可辭而不朝豈以後竟不朝乎或曰孟子朝王必有與王言者曰孟子與齊王問答十餘章皆朝王之言特未分別記及之耳朝則朝矣而前日不朝之意不能不明所以申其說於景丑也

當在薛也　一節

集註時人有欲害孟子者孟子設兵以戒備之其說甚爲可疑子畏於匡阨於陳蔡遭桓司馬於宋曾子居武城有越寇子思居於衞有齊寇聖賢遇難無不書之以記其事今之所謂害孟子者不知果何所考卽或有之後車數十乘從者數百人倘不足以禦之而必設兵以備之歟夫不教民而用孟子所謂殃民也今乃設兵以戒備之一遇害之者將兵以殺之乎抑按兵不動而待人之殺之乎夫秦楚搆兵孟子告宋牼以仁義而罷三軍之師矣今乃自棄

其仁義而用三軍之師不幾爲宋牼所笑乎愚意孟子在薛必在齊人築薛之前孟子因薛國被兵自有戒愼之心薛君以金餽不過以供犒賞芻秣之費或恐有毀傷薪木牆屋者以備修葺並非去薛而之他國若去薛也則不必聞戒如宋之餽贐亦可以受之矣或曰不設兵以戒備之設有欲害孟子者將如之何曰孟子因齊人築薛兩舉大王避狄之事以告滕文公一則曰去之再則曰去之從無告人以設兵者如有欲害孟子者孟子亦避之而已矣微服過宋孟子願學孔子者也孔子曰天生德於予桓魋其

如予何又曰天之未喪斯文也匡人其如予何如有欲害孟子者孟子亦曰吾之不遇魯侯天也臧氏之子焉能使予不遇哉

孟子之平陸謂其大夫曰　全章

舊註大夫邑宰也戟有枝兵也士戰士也伍行列也去之殺之也又云邑有先君之廟曰都按論語爲費宰爲季氏宰又註云宰邑長家臣之通號是邑宰者大夫之家臣非大夫也距心爲平陸大夫與王驩爲盍大夫同爲大夫而已不必註其爲邑宰也說文戟有枝兵也長丈六尺又方言曰戟無刃趙氏德曰雙枝爲戟單枝爲戈遍考各書並無有持戟而戰者周禮天官掌舍爲壇壝宮棘門鄭註棘門以戟表門史記聶政傳持兵戟而侍衞者是持戟之士卽在門執戟居則爲守衞出則爲侍衞夜則爲宿衞者士是衞士非戰士也五人爲伍五伍爲兩各有班次並非行間隊伍失伍是誤班誤期或至誤事非臨陣戰敗者臨陣戰敗一日不能有三也去之罷去之也士師不能治事則曰已之同一意也下文然則子之失伍也亦多矣又註云何不致其事而去是孟子明言士之失伍既當去之則距心之失職亦當去之若以去之爲殺之豈孟子當面諷曉距心而謂距心之可殺乎禮十邑爲都周禮註王子弟及公卿之釆地爲都大夫之釆地爲邑左傳莊公二十八年

凡邑有宗廟先君之主曰都無曰邑又傳曰大都不過三國之一中五之一小九之一平陸之爲大都已不可考而爲都既有五人豈五都皆有齊國先君之宗廟乎都是大夫邑是宰本有不同但文字用之則多有不分別孟子既言王之爲都惟孔距心爲知罪則平陸是其都矣以都而註爲齊下邑可怱而又註之曰邑有先君之廟曰都則殊不切合

孟子爲卿於齊　全章

集注王驩蓋攝卿以行故曰齊卿夫既或治之言有司已治之矣是以夫字指有司言乎按經文首節言孟子爲卿於齊次節言齊卿則所謂齊卿即孟子也經文明言蓋大夫王驩而注又云攝卿以行攝卿之說不知果何所本行事使事也非孟子自治卽輔行王驩治之斷無別有有司以治之者愚按王驩嬖倖權臣恃寵自尊於所使之事必有不請命于孟子者故孟子亦不以所行之事告之公孫丑之問謂夫子爲卿於齊其位不爲小矣王驩何得以大

夫自大乎自齊至滕其路不爲近矣何得不言及所行之事乎孟子曰出弔小事也夫夫也既已治之予又何必再言之哉夫字指王驩亦不屑與之言也原注以齊卿屬王驩是震于王驩之卿位不小而以壓孟子公孫丑雖拙豈肯爲此言乎

孟子自齊葬於魯　全章

不得不可以爲悅集註不得謂法制所不當得講家謂人子事親禮不得爲者不能逾分以爲之然則得不得亦關於國家之法制乎上文明言自天子至於庶人下文又明言古之人皆用之則亦豈有不當得之法制也哉不得者謂不得美木也匠人求美木而不得不可以爲悅無財以購此美木亦不可以爲悅爲悅爲親悅也得有美木矣又爲有財之家可以購此美木則古之人皆用之矣吾又何爲獨不然乎

君子不以天下儉其親

集註是爲天下愛惜此物而薄於吾親也既是愛惜此物則是爲一己愛惜非爲天下愛惜之也爲天下愛惜豈以此物付之天下乎孟子曰惟送死可以當大事孝子之事親舍是無以用其力矣棺木爲送死之大事而君子之送死尤爲天下所觀法故君子不以送死之事而使天下有儉薄其親也

周公使管叔監殷管叔以殷畔

舊註管叔與武庚畔周公討而誅之其說本於史記後儒俱以爲周公殺管叔矣按陳賈摘周公之過以解齊王而以周公使管叔卽爲不仁不知若周公果殺管叔陳賈豈有不直指之以詆孟子乎先使之是不智後殺之是不仁天下後世人人有口而豈獨陳賈也哉孟子曰周公弟也管叔兄也周公之過不亦宜乎若陳賈以周公殺管叔爲問不知孟子將何辭以解之弟既爲兄受過弟不能爲兄分罪乎不爲兄分罪而反以殺兄乎以殷畔者可殺使之

監殷以殷畔者不亦可殺乎況殺之者卽是使之之人孟子將何以爲周公解乎今讀金縢與鴟鴞之詩乃知殺管叔者二公非周公也我之弗辟辟讀爲避蔡傳用鄭註是也孔氏以辟爲誅殺則非也居東居國之東鄭氏以爲東都禮十邑爲都舜所居三年成都是都鄙之都非東都西京之都孔疏又以居東爲東征更非也流言無始無端尚無確據周公豈有倉皇出師之理東征三年居東止於二年不相符也若僅以流言疑周公而周公卽討而誅之則周公視管叔如讎人誅之是滅口彌謗也成王業已疑公不奉王命而遽興師以誅謗己之讎人是非管叔畔而周公畔矣蓋周公明告二公以避居於東以待罪既有流言而王又信流言不能不體察虛實曹植詩云周公佐成王金縢功不刊推心輔王室二叔反流言待罪居東國涕泣常流漣是也講家謂周公避居於東是避小嫌而忘大義守小信而遺後禍置社稷安危於不顧周公必不爲不知周公遭此兄弟之變舍避之一法別無善處之道流言可以不避流言謂公不利於孺子是疑公欲有天下則不能不避管叔疑公欲有天下可以不避成王疑公欲有天下

則不能不避二公不在則不可避有二公而社稷有主則不可不避告二公必先告王王悟則可不避告二公而二公不留知王之不悟則斷不能不避一避之而王之心安公之心白流言卽冰釋矣若不曰避而曰辟是流言於國曰公將不利於孺子公曰我若不殺亦無以告我先王開口便是說殺周公如此之凶很乎避之是待罪將國事付託二公並告以查得罪人告二公將以轉告王也若東征則必告王且有王命矣豈有不告王而興師之理況此時武庚初欲作亂上文亦未敘及武庚豈所謂東征者僅誅

管叔及其羣弟已乎我之興師無名則彼之出師反爲理直是不畔而過之畔也周公之謀國固如是乎此書爲講家千載聚訟其疑異卽在辟字鄭說作避字則全篇文理自順情事亦切若以爲誅辟而東征之則征服之日奉詔班師而已可不必言公歸也何以俟後日風雷之變而王始悟而出郊迎之乎爲此說者竟將上文與後半篇經文置之不顧其不足取信也明矣家語冠頌篇武王崩成王年十三而嗣立觀以後王執書以泣之言盡是悔悟之詞則當流言起時實有歸罪周公之意譏謗之言已入反間

之計已成公之避蓋窺王之意有不得不避者蓋以殷畔者管叔而使之監殷以殷畔者公也罪人斯得自承上文管叔及其羣弟而言謂此造流言之罪人不待興師而得之得之而公不欲其殺之也所以爲詩以貽王者痛兄之切欲爲保全而王愈疑公之黨叔欲誚公而不敢明言觀於鴟鴞之詩哀鳴淋漓感愴百集此所謂其兄關弓而射之則己垂涕泣而道之者也鴟鴞指武庚言管蔡爲周室之子言爾既害我子毋得再毀我室也恩斯勤斯鬻子之閔斯言我與管蔡同爲父母所鞠育也今此下民或敢侮予是侮予之小民乃殷之頑民非管叔也四章皆以鳥巢言謂鳥倘知營巢以爲覆翼護卵之計人亦應知謹防外侮保全一家毋傷手足同氣之情周道親親兄弟友愛詩書再四言之今以愛兄之周公爲殺兄誤矣且以東征在先貽詩在後更誤矣左傳定公四年衞子魚曰管蔡啟商惎間王室王於是乎殺管叔而蔡蔡叔此公不殺管叔而王殺之之明文也以後風雷示變迎公歸乃起師東征大誥一篇專言伐殷誅武庚而不及管蔡以管蔡之案已於金縢周公居東之時了之故曰肆朕誕以爾東征又曰予

伐殷逋播臣蔡傳謂武庚及其羣臣本逋亡播遷之臣此又管叔既得專伐武庚之明文也或曰蔡仲之命乃致辟管叔于商何也曰此乃古文尚書先儒以孔氏誤解金縢而僞爲之理或然也今觀金縢以前各篇不詳管蔡監殷之事金縢以後各篇不言誅殺管蔡之事卽常棣詩序亦止言閔管蔡之失道而於監之畔之殺之史氏俱爲諱之不應於封蔡仲時追溯其父之得罪被殺並將其伯父被殺帶敘一筆孟子曰盡信書則不如無書況於古文之後出者乎愚按蔡仲之命應以王若曰小子胡爲篇首所有

惟周公六十一字乃後人誤序之辭講家又有以大義滅親稱周公者不知石碏所殺者子也若殺兄是滅親滅義也周公豈爲之乎葢史家以殺管叔之事難以直書在周公爲殺兄在成王爲殺叔父爲親者諱故以罪人斯得了此公案而先繫以周公居東之時明非周公殺之也按周公居東爲一句二年則罪人斯得爲一句二年成王卽位之二年也竹書紀年成王卽位之元年命冢宰周公總百官夏六月葬武王於畢秋武庚以殷畔周公出居於東二年秋大雷電以風王逆周公於郊遂伐殷三年王師滅殷

殺武庚祿父按此並不及管叔亦可爲迎公歸後東征之之確證也或曰罪人斯得者何也曰叔自歸之或軍士生擒之故曰得是時召公以文治太公以武功葢必有密謀深慮應變行權而後得之既係二公輔政若殺之亦二公殺之非成王殺之也而二公不敢專殺王之叔父之名不能書之於冊指爲二公所殺故書曰二年罪人斯得不書名不書殺並不書殺之之人紀事之體法密義周萬全無弊有謂策書闕亡者非也此章書註添出周公誅管叔則多一番疑義於陳賈孟子問答不無駮詰故不能不辨之

昔者魯繆公無人乎子思之側　五句

集注繆公尊禮子思常使人候伺道達其意於其間乃能安而留之也泄柳魯人申詳子張之子也繆公尊之不如子思然二子義不苟容非有賢者在其君之左右維持調護之則亦不能安其身矣如此是以子思之側與繆公之側分爲兩段子思與泄柳申詳又分爲兩事按之實不切合既曰無人乎子思之側又曰無人乎繆公之側兩人字必有所指決非虛擬之辭泄柳卽子柳所謂使人候伺而維持調護之亦近於揣摩意旨逢迎容悦之爲決非子思

所樂受愚按魯繆公時子思爲臣因有泄柳申詳在於其側所以能留子思若泄柳申詳無一人乎繆公之側則不能安其身其身字仍緊跟上句作子思之身則數句皆好解釋且與下文子爲長者慮句鎔成一片不必方說子思又忽插一泄柳申詳下文又不說泄柳申詳而只說子思立言之體必不如是如此一解則中孟亟問亟餽亟見等情皆係繆公之於子思一人確據而泄柳申詳者卽指爲在子思之側之人可卽指爲在繆公之側之人亦可伏讀致爲臣以下五章皆言孟子之去齊觀足用爲善與平治

天下之言實欲久留以行其道而所以不得不去之意並未明言惟此章言及泄柳申詳在於繆公之側則因齊王之側無人故也蓋自出弔於滕而使王驩輔之用嬖倖爲陪臣已失尊賢之意而孟子又不與之言安知不進讒於齊王之側而齊王亦有不願留之意若不論道之行不行王之改不改而徒崇事虛文日使人伺候達意則養以萬鍾皆有矜式之言齊王早巳使人在於孟子之側矣卽客之欲爲王留客能自信如泄柳申詳乎觀孟子卧而不聽與坐我明語子語皆輕甚恐此客亦不過王驩一流人耳縱能留孟子而孟子豈屑因此人留乎故曰子爲長者慮而不及子思言齊王不及繆公之於子思客亦不及泄柳申詳之於子思也如此庶於答客之辭意旨相合

孟子去齊充虞路問曰　全章

君子不怨天不尤人集注此二句實孔子之言蓋孟子嘗稱之以敎人耳又曰彼前日此今日是充虞所稱君子卽指孟子前日今日亦指孟子之時乎愚按君子卽孔子孟子旣稱孔子以敎人充虞所問卽指孔子言也彼一時孔子之時此一時孟子之時也○我何爲不豫哉注說成並無不豫則失之矣我爲何事而如此不豫哉亦未得平治天下之故耳

孟子道性善言必稱堯舜

集注性者渾然至善未嘗有惡人與堯舜初無少異程子曰性卽理也理則聖人至於塗人一也夫聖人之性與塗人之性豈能一哉豈能無少異哉孟子道性善言必稱堯舜謂堯舜爲性善之極則也其告曹交曰堯舜之道孝弟而已矣性之善卽孝弟也教人於孝弟學爲堯舜非謂堯舜之孝弟與人同也性本善也有全體之善有偏端之善全體之善則有待於存養偏端之善則有待於擴充至於堯舜則德性渾全陰陽合撰所謂不思而得不勉而中生

知安行之聖人也而謂其天生之性與塗人而一也哉孟子曰堯舜性之也湯武身之也又曰堯舜性者也湯武反之也是湯武卽不能與堯舜同性也聖之清聖之任聖之和聖之時是伯夷伊尹柳下惠卽不能與孔子同性也孟子謂人之性無有不善非謂性之善人與堯舜無少異也曰然則聖人與常人有異性乎曰謂之異不可也謂之同亦不可也孔子曰性相近也彼塗人者其無欲害人之心則近於堯舜之仁也其無欲奪人之心則近於堯舜之義也其不侮人之心則近於堯舜之禮也其不欺人之心則近於堯舜之智也其服勞奉養則近於堯舜之孝也其徐行後長則近於堯舜之弟也故未至於堯舜其性之善無不與堯舜相近亦止於與堯舜相近也孔子曰性相近也百世以下之聖人所不能易也

滕文公問為國

上章滕定公薨滕文公為世子使然友之鄒問喪禮此章孟子出弔於滕文公因向孟子而問為國下節亦以新子之國註云子指文公諸侯未踰年之稱也其為出弔時更無疑也又孟子之滕館於上宮不知何事至滕舊注文公以禮聘孟子故孟子至滕則無所據

有王者起必來取法　二節

集注滕國褊小雖行仁政未必能興王業然為王者師則雖不有天下而其澤亦足以及天下矣是就滕國而言指滕國為王者之師則失之遠矣愚按此節卽承上節說下有王者起必取法三代設立學校三代之學校卽王者之師也○二節集注言周雖后稷以來舊為諸侯其受天命而有天下則自文王始也夫文王之時三分有二至武王十三年始伐紂而有天下朱子於中庸受命亦以受天命為天子似誤

餘夫二十五畝

舊註一夫上父母下妻子以五口八口為率受田百畝如有弟是餘夫也年十六別受田二十五畝俟其壯而有室然後更受百畝之田據此則井田之法亦有窒礙難行者矣夫一家以父母為主其百畝之田卽其父母受之者父母既老其子壯而有室卽代耕之由是一家八口皆食此百畝之田也若謂年十六別受田二十五畝俟其壯而有室然後更受百畝之田然則其父母受田百畝有三子四子者又有田三四百畝乎且一經受室卽有受田則一夫

婦卽得此百畝之田乎至以餘夫屬弟指父母死後而言倘父母在而弟年十六又將何如乎愚意文王發政施仁必先於鰥寡孤獨所謂餘夫或是老而無子之獨老而無妻之鰥凡無父母妻子不成八口之家者受以二十五畝力既可耕身亦得養則餘夫不致失所然周制已不可考矣

有爲神農之言者許行　全章

文公與之處　集註處上聲則是同處之意殊不切合按語韻居也止也御韻居止之所也文公與之居止之所應讀去聲

饔飱而治　集註朝曰饔夕曰飱言當自炊爨以爲食但諸侯有朝飯亞飯三飯四飯許行欲滕君與農民饔飱兩飯非欲其自爲炊爨也詩同我婦子饁彼南畒炊爨乃中饋之事卽農民亦未有自爲炊爨者

且許子何不爲陶冶舍　集註舍字屬上句讀舍謂作陶

治之處確爲可從

故曰或勞心　集註此四句皆古語而孟子引之也蓋引古語四句爲賓又將治人治於人者發明食人食於人爲天下之通義對滕文公言義亦完備惟註中並未分釋講家有以六句皆古語者亦通

人之有道也飽食煖衣逸居而無教則近於禽獸　逸與佚同孟子曰以佚道使民雖勞不怨是佚對勞而言又曰四肢之於安佚也是佚卽安閒之意按稼穡樹藝本是勞民不患其放佚怠惰也逸字固與勞對逸居卽安居所謂人得平土而居之也教稼穡則飽食煖衣平水土驅禽獸則能逸居也人之有道也言人之得有人道者以有爲之衣之食之居之者係爲上文總結應以飽食煖衣逸居爲三讀而無教則近於禽獸爲一句

放勳曰　集註放勳本史臣贊堯之辭孟子因以爲堯號也按史記帝嚳娶陳鋒氏女生放勳又曰虞舜者名曰重華夏禹者名曰文命皆名號也孟子引古堯典曰放勳乃徂落此章又引放勳曰則放勳明爲堯號矣史記祖之確爲可從惟裴駰與索隱註以堯舜爲諡則大不然師錫帝

曰有鰥在下曰虞舜帝曰格汝舜帝曰格汝禹是堯舜禹皆名也太昊伏羲氏炎帝神農氏黃帝軒轅氏又名有熊氏帝嚳高辛氏其爲名與號亦難分攷孟子以放勳爲堯之號實無可疑今以史臣贊堯之辭以爲堯號是死後之名也卽諡也則不然也

我亦欲正人心　一節

集注蓋邪說橫流壞人心術甚於洪水猛獸之災慘於夷狄簒弑之禍故孟子深懼而力救之夫禍亂莫大於殺人殺人之慘未有甚於洪水猛獸者夷狄簒弑又殺人之中之最無道者若夫人心之壞其流弊之極亦不過於殺人豈有比殺人之災爲甚而其禍更慘也哉孟子曰楊氏爲我是無君也墨氏兼愛是無父也亦充類至義之盡而予之以罪名並未有如弑父與君者有滔天之惡故孟子不過距之而已歸斯受之而已若亂臣賊子而殺人者卽不免誅之戮之此王道之權衡也春秋之時弑君者三十有六以後簒弑相尋殺人有四十萬八十萬並有至六萬萬不能以數計者孟子並非逆料後世之殺人其所以防邪說之誣民原以拔本塞源在於止殺豈謂邪說重而簒弑輕乎

四書疑言卷之九

孟子中

盧陵王廷植實丞

今有仁心仁聞而民不被其澤　一節

舊註范氏曰齊宣王不忍一牛之死以羊易之可謂有仁心梁武帝終日一食蔬素宗廟以麪爲犧牲斷死刑必爲之涕泣天下皆知其慈仁可謂有仁聞惟讀朱註仁心愛人之心也齊王一牛之恩並未及於百姓而可謂之有仁心乎至於梁武帝既弑東昏又弑和帝其簒國也亦操懿溫裕之爲耳初取壽陽城築淮堰漂入海者數十萬人侯景之亂陷及臺城男女死者又十餘萬終武之世殺人盈城盈野亦不知其死數矣及其末年崇信佛法自知天怒人怨思有以解寃而釋仇三次捨身同泰寺一國之中竟成叢林當時之感其恩養而以爲慈仁者不過奔走衣食之緇流耳胡氏曰自佛以不殺爲教謂犬豕牛羊皆吾宿世之祖考眷屬也信而行之莫甚於梁武帝彼其心未必不非笑堯舜周孔以爲不慈不悲也爲天下之主奉佛戒殺一任亂臣賊子荼毒生靈國破身亡全家爲戮而不能保蔡氏謂其謀人之國弑人之君貪心忍心何所不至鄒

梁武者直謂之無心肝之人而禽獸也遺臭萬年而謂之有仁聞乎綱目書梁武帝詔文錦不得爲人獸之形罷宗廟牲牢薦以蔬果書法曰淮堰一役死者數十萬人生人之不恤而何有於象人何有於禽獸所謂雖有仁心而人不被其澤者也是則范氏以梁武帝戒殺茹蔬爲孟子仁心仁聞之註綱目卽以孟子仁心仁聞爲梁武帝戒殺茹蔬之贊彼梁武者亦何幸得此身後之仁心仁聞也哉戰國之時如白圭之二十取一墨氏兼愛摩頂放踵以利天下滕文公能令遠方之民聞仁政而願爲氓而陳相且曰聞君行聖人之政願爲聖人氓是皆有仁心仁聞者而所行非先王之道故民不被其澤不可法於後世也

孟子曰爲政不難 一章

舊註巨室世臣大家也得罪謂身不正而取怨怒也不得罪謂不取巨室之怨怒也但時解於巨室二字牽引多不切合書曰惟乃祖乃父世篤忠貞服勞王家周公曰故舊無大故則不棄也孟子以故國貴有世臣此以世臣作巨室則所謂不得罪者固其宜也惟外註林氏曰戰國之世諸侯失德巨室擅權爲患甚矣此爲患之巨室卽所謂世祿之家鮮克由禮者而可曰不得罪也乎春秋時魯之三家晉之六卿其家族戚黨無非顯宦富豪至於戰國遊說之士專國擅權尤爲恣睢暴戾爭奪侵陵此强臣悍族實巨室之最巨者爲政者先存不得罪巨室之心勢必徇情曲法縱其所爲且將有得罪於國人者而又何慕之足云乎按此章本承上章天下國家而言反其仁反其智反其敬身已修矣至於天下國家則以爲政言也爲政不難者言近在一己求之甚易也一國之中世臣大家固爲巨室卽君之貴戚宗室亦一國所瞻視也爲政者亦愛之治之禮之以致其慕而已不得罪者不必罪及巨室也謂巨室有不親不治不答者仍當反求諸己不必罪及巨室則

巨室無不歸心而向化也書曰百姓有過在予一人又曰朕躬有罪無以萬方萬方有罪罪在朕躬此不得罪及巨室而反求諸己之意也巨室慕則一國慕一國慕則天下慕至德教溢乎四海則猶是愛人治人禮人之教也爲政者反求諸己而已而何難之有哉

淳于髡曰男女授受不親　一章

舊註權稱錘也稱物輕重而往來以取中者也權而得中是乃禮也又不告而娶章註告者禮也不告者權也蓋權而得中則不離於正矣夫權者用以稱物之輕重而已豈往來以取中乎嫂溺援與不援二者而已並不能於援與不援之間而取其中也娶妻告與不告二者而已亦不能於告與不告之間而得其中也據此二章註言之不但權不是經即權亦無所謂中事之不能得中不能守經者而後以權用之權者何心也以心稱物取義於權而已

公孫丑曰君子之不教子何也　全章

此章書司馬温公疑孟有此一條若如集註云云亦實有可疑者愚意公孫丑之問必有所指孟子亦知其所問而不明言可教之子君子竟不教之決無此理所謂不教子者蓋不中不才之子也故孟子即應之曰勢不行也謂其子之不受教也及至以正不行繼之以怒其子之不中不才已顯然矣夫子教我以正夫子未出於正也非孟子代爲子者反責之詞必當日所問之人實有父子相夷之惡而其子出此言以反責其父者子至於此尚可以教言乎

臣弑其君子弑其父皆此夫子未出於正之一言啟之也孟子既言君子之不教子如此而又恐人之終於不教則中也棄不中才也棄不才亦非所以爲父之道故又謂古者易子而教之亦謂子之不賢不肖有不可自爲教其教有所不行者令其出就外傅以師尊而督責之非謂周公之不教伯禽孔子之不教伯魚必易子而後可以教之也父責子善天下之大義也責之而善尤天下之大順也責之而不善則不如其不責至於傷父子之天性並以離其親愛之心甚至於反而責之曰夫子教我以正夫子未出

於正也是子責父善天下之大逆也天下之大不祥也故曰父子之間不責善責善則離離則不祥莫大焉如此解說較爲無弊

孟子曰不孝有三　一章

舊註若父非瞽瞍子非大舜而欲不告而娶則天下之罪人也是父爲瞽瞍子爲大舜卽可以不告而娶乎愚謂妻以女者非堯則仍不可不告而娶蓋所以不告者有天子之命也告則違天子之命告不得娶則無後而廢父子之倫其爲罪也大矣君子以爲猶告者有君之命亦猶父之命故不告亦猶之告也

舜盡事親之道而瞽瞍底豫

集註李氏曰舜之所以使瞽瞍底豫者盡事親之道共爲子職不見父母之非而已羅仲素語此曰只爲天下無不是底父母了翁聞而善之曰惟如此而後天下之爲父子者定彼臣弑其君子弑其父者常始於見其有不是處耳三子者之言其有功於天下之爲父子者大矣後世講家遂有以此爲立萬世之權衡者則亦未嘗分而別之也夫舜之所以順親而不以瞽瞍爲非者以瞽瞍之所欲殺者己也設若瞽瞍欲殺象豈亦以順親而不見其非乎順親

者非不見父母之不是也必見父母之不是而積誠以感化之使至於是而後爲順若必不見父母之不是則完廩亦是浚井亦是告不得娶亦是舜亦何必事事不以爲是而必反而爲之乎蓋瞽瞍欲殺舜瞽瞍之不慈也舜必不使瞽瞍陷於不慈而必委婉曲折將順匡救解父母憂之之心而爲喜使父母惡之之心而爲愛而至於瞽瞍底豫也集註蓋舜至此而有以順乎親矣然則未底豫之時舜有不順乎親者乎中庸父母其順矣乎朱子註曰則父母其安樂之矣舜之順親亦安樂父母之意安樂卽底豫也

若如李氏各說謂不見父母之非而順從之則與完廩浚井及不告而娶之事不合謂申生之孝可也而非舜之大孝查增韻順和也易豫卦天地以順動聖人以順動豫卽和順之象瞽瞍底豫正所謂父母安樂也和順主心言從順以事言和順者根心生色而潛移默化從順則先意承志聽從親命而已和順能包從順從順則恐有所偏學者詳之

子產聽鄭國之政以其乘輿　全章

集註乘去聲乘輿謂以馬駕車也子產百乘之家必非一乘一輿至溱洧濟人尤非一乘一輿所能濟註又云以其所乘之車載而渡之則乘字又讀平聲講家遂相沿指爲大夫所乘之車是不但市私恩而失政體亦且蔑王章而褻名器豈子產而肯出此哉又集註惠謂私恩小利政則有公平正大之體綱紀法度之施焉夫孔子言爲政則曰惠而不費言爲仁則曰惠則足以使人惠卽所以爲政非私恩小利要譽於人者而可謂之惠也夫子稱子產爲惠

人又以其養民有合於君子之道豈非以其有合於君子之爲政哉都鄙有章上下有服田有封洫廬井有伍彼橋梁之切於民者諒係一時傾圮而往來行人迫不及待因以其家所有馬車駕而濟之與孔子脫驂於舊館人之意相同孟子亦就事論事謂乘輿濟人是惠也而不知有濟人之政政卽指徒杠輿梁而言並非謂子產相鄭於爲政一概不知也公平正大之體綱紀法度之施於政字說得廣大但與下文徒杠輿梁不相承接又舊註言每人皆欲致私恩以悅其意則人多日少亦不足於用矣人多日少

義不能通曰少應改力少言爲政者而欲人人悅之雖日
日爲之而力亦有所不足也

孟子告齊宣王曰君之視臣如手足　全章

集註寇讎之報不亦宜乎但旣曰寇讎其欲弑之也必矣豈弑之而亦以爲宜乎須知孟子並非泛論君臣之分有此報施亦非虛言報施之理以警齊王特以戰國時朝秦暮楚之士多至其不合而去則視人國如傳舍視舊君如寇讎如下文云云者孔子曰君使臣以禮臣事君以忠此三代以上之君臣所以上下一德也降及後世止知有利而已爲人臣者懷利以事其君一有不利則不以爲君而事之矣故君之視臣有如手足如犬馬如土芥者則臣之視君卽有如腹心如國人如寇讎者如腹心則尚矣然亦

貴乎忠義之腹心也不然辟土地充府庫欲與國戰必克未嘗非腹心也不過今之所謂良臣而已國人者君與臣所共治者也視君如國人則不以君爲上而事之直以君爲下而使之矣至於寇讎其心尚可問乎其事尚忍言乎始而視之如腹心也閱一時視之如國人也再閱一時視之卽如寇讎也是不亦懷二心三心以事其君者乎觀於孟子之去齊一則曰豈舍王哉再則曰王庶幾改之予日望之而以悻悻然見於其面者斥爲小丈夫豈於視君如

國人如寇讎者而以爲宜乎講家有謂撫我則后虐我則讎孟子之意本於武王誓師之詞者不知紂乃虐及萬姓故武王以爲獨夫並非因紂之視如土芥而遂有視君如寇讎之心也若武止一身受紂之虐則猶是天王明聖守服事之臣節而已葢視君如讎者一人之讎也虐我則讎者天下之讎也故曰暴其民甚則身弑國亡未聞得罪於一臣而即受弑亡之報者也戰國時讒諂面諛之人多忠誠之士節義之臣概乎其未有聞孟子痛恨之而以爲民賊故歷言臣心之變幻而不可測如此君視之如手足則

臣視之如腹心君視之如犬馬則臣視之如國人君視之如土芥則臣視之如寇讎君不盡其爲君道臣即不盡其爲臣道爲君者毋以禮貌衰薄歸罪於臣下致臣下有所藉口謂君之所以待臣者如此如此之無禮也此孟子告齊宣王之意也○此之謂三有禮諫行言聽膏澤下於民未去之先有禮也導之出疆又先於其所往將去之時有禮也三年然後收其田里既去之後有禮也

孟子曰人之所以異於禽獸者幾希　一節

孟子言幾希者三舜之居深山章幾希二字甚虛謂其無異於深山之野人耳牛山之木章幾希言不多也此章幾希少也於訓詁相似而於意旨不甚切合孟子曰欲知舜與蹠之分無他利與善之間也程子曰言間者謂相去不遠所爭在毫末耳朱子謂誠意爲人鬼之關夫鬼之與人相隔不止萬里計也而人之意不誠一舉足即入鬼關人之於禽獸亦猶是耳故人禽之界亦不過一毫末也即幾希之謂也然於此章之言幾希仍不切合朱子或問人所

以異於禽獸者只爭這些子這些子必有所指實而言也孟子曰君子所以異於人者以其存心也其不以仁存心不以禮存心而待我以橫逆者則與禽獸奚擇也幾希蓋指心而言之也庶民去之去此心也君子存之存此心也孔子曰操則存舍則亡其心之謂也朱子曰恥者羞惡之心存之則進於聖賢失之則入於禽獸故去之者去此幾希之心也存之者亦存此幾希之心也若以幾希爲少謂人與禽獸少有異則所謂去之存之者亦何所指實以示人用功之地乎然去之存之指心而言亦就人事之習而

言並非溺人與物受生之初謂人有以得形氣之正與禽獸爲少異也天地生人所以配三才而立極豈與兩翼而飛四足而走者僅少有異也哉孟子言人之無仁義禮智者無異於禽獸此痛詈之辭亦懲警之辭也子曰性相近也習相遠也孟子意謂人之與禽獸相遠也及至放失其良心則與禽獸相近也呂氏與叔乃謂物之性與人異者幾希惟塞而不通故知不若人之明偏而不正故才不若人之美然人有近物之性物有近人之性噫豈非孟子所謂犬之性猶牛之性牛之性猶人之性乎孟子曰逸居而

無教則近於禽獸謂人事之習於不善者非謂天生之性與禽獸相近也家語伯子不衣冠而處夫子譏其欲同人道於馬牛非謂馬牛衣冠即可以同人也無父無君是禽獸也孟子以其有君父而無之是爲禽獸並不謂禽獸是無君無父也夫禽獸倘可以君父言哉謂禽獸無父無君是以君父而與禽獸較量有無也有是理哉

庶民去之君子存之

舊註尹氏曰存之者君子也存者聖人也君子所存存天理也由仁義行存者能之然則君子與聖人分爲兩等人存之與存者又分爲兩等事也按四書所言君子有分別聖人一等言之者聖人吾不得而見之矣得見君子者斯可矣中庸多言君子之道止一言聖人之道孟子曰君子之戹於陳蔡之間又君子所過者化皆以君子言聖人也朱子曰君子聖人之通稱也此章章首言君子存之下章即以舜與禹湯文武周孔之事明之此君子即指聖人也孟子止言庶民去之君子存之不能以舜之由仁義行而加於君子之上一等則以下禹湯文武周公孔子亦難分別

人物異姓說○集注云人物之生同得天地之理以成性同得天地之氣以成形其不同者獨人於其間得形氣之正而能有以全其性爲少異耳雖曰少異而人物之所以分乃在於此又云人與萬物都一般者理也所以不同者心也人心虛靈包得許多道理過萬物之心便包許多道理不過就大本論之其理則一纔稟於氣便有不同云云又生之謂性章人物之生莫不有是性亦莫不有是氣然以氣言之則知覺運動人與物無異也以理言之則仁義禮智之稟豈物所得而全哉又曰告

子從知知覺運動之蠢然者人與物同而不知仁義禮智之粹然者人與物異也又或問犬牛人謂其得於天者未嘗不同惟人得是理之全至於物豈得其偏今欲去犬牛身上討仁義便不得告子只是不曾曉又曰人有知覺運動物亦有知覺運動人物只一般卻不知人所以異於物者以其得正氣故全得許多道理如物則氣昏而理亦昏了又曰物亦有這性但稟得偏了這性便隨氣轉了又曰在人則得其全而無有不善在物則有所蔽而不得其全是乃所謂性也中庸章句人物之

生因各得其所賦之理以爲健順五常之德程子曰率性之謂道亦通人物而言循性者馬則爲馬之性又不爲牛底性牛則爲牛之性又不爲馬底性此所謂率性也人在天地間與萬物同流天幾時分别是人是物余讀之俱不能無疑焉

言性者言人之性而已書曰降衷於下民若有恒性詩曰民之秉彝好是懿德孔子曰性相近也其贊易曰將以順性命之理子思子曰天命之謂性孟子道性善言必稱堯舜聖賢傳心之學毫無疑義也告子杞柳之說明言人性湍水之說亦言人性至於生之謂性止以性字渾之孟子恐其猶存杞柳湍水之見渾於物而言也反覆詰之而不悟乃以犬之性牛之性明折之後之言性者當不渾於物之性而爲言矣至於禽獸乃物之至賤者禮曰禽獸無禮故父子聚麀孟子常以此痛詆乎人故曰人之所以異於禽獸者幾希梏亡則違禽獸不遠橫逆則與禽獸奚擇無教則與禽獸相近又曰無父無君是禽獸也蓋聖人以禮教人使人以有禮知自别於禽獸詩曰相鼠有皮人而無儀不死何爲孟子曰無惻隱羞惡辭讓是非之心非人也

是禽獸也非謂人之與物如何同得天地之理以成性如何同得天地之氣以成形如何得形氣之正而能有以全其性與禽獸爲少異也至於犬牛又物之至蠢者告子之言性也言仁義言仁内義外言愛弟長長豈不知犬牛之性不能猶人之性而去犬牛身上討仁義乎孟子曰其性與人殊若犬馬之與我不同類也既不同類則不必指其同者而言之也集註以生之謂性指人物之知覺運動而言夫知覺運動人與物豈能同哉禮曰鸚鵡能言不離飛鳥猩猩能言不離禽獸至於能言亦有知覺運動矣而僞

不能離禽獸也若以物之飲啄飛走爲知覺運動彼禽獸父子聚麀不亦可謂知覺運動人與物同乎而謂禽獸與人絕相似不待學不待教而率性之自然乎況乎物亦不可以一槪論也天之無窮地之廣厚山之廣大水之不測其生物不止萬數也何以生之亦曰不測而已麒麟鳳凰爲物狼豺虵虎亦爲物以及胎生卵生濕生化生之類何以知物之理與人一般何以知物之心包不過許多道理何以知率性之謂道謂牛是率性馬亦是率性何以見禽獸與人絕相似何以知人得是理之全物止得理之偏柴

之愚參之魯師之辟由之喭集註曰四者性之偏也今曰物亦有性但稟得偏了是人與物俱得性之偏乎立天之道曰陰與陽立地之道曰柔與剛立人之道曰仁與義人者參三才而立極天地之道由人而成故上下與天地同流也今謂人在天地間與萬物同流然則人亦如物之跂行喙息朝生暮死而無所事事於天地之間乎而且謂天不能分別是人是物夫天之生物草之根則生草樹之根則生樹有不分別樹與草而生者乎種稻粱則生稻粱種烏附則生烏附有不分別稻粱烏附而生者乎必犬也自然生犬必牛也自然生牛必人也自然生人若不分別是人是物然則犬有生牛者乎牛有生犬者乎犬牛有生人者乎人與物不能分別而尙謂之天乎不但人與物也卽人與人亦有分別也書曰亶聰明作元后元后作民父母是天分別人而生之也易曰乾道成男坤道成女人生之亦人得天之氣化而生之也其成男成女固自有其分別之者故曰乾道變化各正性命各正者卽分別之謂也詩曰天生烝民有物有則朱子曰天降生民則旣莫不與之以仁義禮智之性矣然則所謂父子有親君臣有義夫婦

有別長幼有序朋友有信者不分別人與物而皆有之乎總而言之人性難明雜以物更難明也言性者亦言人之性而已

孟子曰王者之迹熄　全章

按王者之迹有兩說自文武三百五十餘年至平王東遷所有西岐故地盡棄犬戎而王者之迹熄矣洛邑者召公營之周公成之成王命周公留居之以會諸侯者也自平王東遷以至靈景共十二王計二百五十餘年朝聘會問尙不絕書天子之名分猶存至王猛子朝之亂敬王居狄泉城成周所有武周舊營之地又盡棄之而王者之迹又熄矣又詩亡亦有二說雅詩止於幽王平王東遷以後並無雅詩朱子因謂爲雅亡但孟子既言詩亡豈雅在於詩

之外乎則謂爲雅亡者固非歐陽毛詩本義補鄭氏詩譜自平王至頃王一百五十餘年其間列國之詩共九十餘篇俱在春秋之時又何氏楷毛詩世本古義以詩亡於下泉正是敬王之時蓋謂平王遷洛邑因有黍離之詩敬王遷下都因有下泉之詩是詩與春秋之世相爲始終則謂爲詩亡者亦非又有謂詩亡然後春秋作以詩亡指孔子作春秋之時而言但詩亡故以春秋繼之厲宣以至幽王備載於詩而春秋以平王繼之若謂詩亡指孔子之時而言則春秋因詩存而作非因詩亡而作且孔子作春秋已七十歲必因詩亡而作豈詩不亡而春秋遂不作乎總因註中雅亡二字遂啟後人之疑紛紛索解而詞與意總不合符愚按王者之迹雖承上章禹湯文武之澤而言然春秋託始於平王既曰作春秋則王者之迹即指平王東遷言也雅爲王者之詩止於幽王平王以後並無雅詩然不可言雅亡止可以言詩亡詩亡即指王者之詩而言若言雅亡則風詩未亡孟子何以言詩亡也孟子曰王者之迹熄而王者之詩亡詩亡者王降爲風有諸侯之詩無王者之詩也蓋其時已變爲列國其詩即變爲國風王迹熄而

春秋所以作也觀下節春秋而繫以魯又與晉乘檮杌爲一則春秋之作非指孔子之作而言作興起也詩亡然後春秋作謂詩亡而春秋即從此始也杜預序曰春秋者魯史記之名也韓宣子適魯見易象與魯春秋曰周禮盡在魯矣是孔子未修以前春秋即魯之史故曰晉之乘楚之檮杌魯之春秋一也皆王迹既熄以後而作也春秋之時五霸迭興惟桓文猶知尊王之義孔子於春秋之事則取齊桓晉文於春秋之文則取諸史故曰其義則某竊取之矣

孟子曰君子之澤　全章

集註澤猶言流風餘韻也父子相繼爲一世三十年亦爲一世斬絕也大約君子小人之澤五世而絕也楊氏曰四世而緦服之窮也五世袒免殺同姓也六世親屬竭矣服窮則遺澤寖微故五世而斬按舊註云云順文解字毫無意義而楊氏之說尤爲支離既是流風餘韻伯夷之風柳下惠之風何以聞於百世之下則所云君子之澤五世而斬者非也至於小人或一二世而家破身亡並其風有遺臭萬年者而亦非五世而斬也又上下節皆言孔子中間

橫插此節全不接續初讀頗覺有疑擬將此節置諸私淑諸人之後另爲一章但改簡就意於心殊覺不安近將上下四章融會而貫通之始知此節大有深意存焉朱子曰自孔子卒至孟子遊梁時方一百四十餘年是以世計之則爲五也君子小人以位而言澤指澤加於民與民之被其澤者而言葢聖人之興其德澤必五百年而始息舜禹湯文武周之後至孔子已五百餘年王者之澤熄矣孔子於是興而作春秋孔子歿後至今不過一百五六十年在上則諸侯放恣在下則處士橫議邪說誣民充塞仁義聖道已絕天理不存人心已死所有孔子時君子小人之澤一概澌滅無遺故曰君子之澤至今五世而竟斬矣小人之澤至今五世而亦斬矣末節兩子字實從聖澤斬絕之後仰承孔子而繼續之其自任之重則有見於言外者

孟子曰可以取　一章

集註先言可以者畧見而自許之辭也後言可以無者深察而自疑之辭也是取也與也死也皆係於人心之初念轉念以爲可不可夫計利害義貪生畏死人心之可不可豈有定哉愚謂可不可不係於人之自許自疑惟視其事之合乎理以爲斷一介不與一介不取言取與之必準乎道義也殺身必有以成仁舍生必有以取義所欲有甚於生者所惡有甚於死者言生死之必全乎仁義也孟子因示人以可取可與可死之道而並指言取者與者死者之

有傷也曰取則必可以取也若可以無取取則傷廉與則必可以與也若可以無與與則傷惠死則必可以死也若可以無死死則傷勇傷廉者謂不辨禮義而受萬鍾之類傷惠者謂輕財結客如平原孟嘗之流傷勇者謂荆軻聶政豫讓之徒林氏曰公西華受五秉之粟是傷廉也冉子與之是傷惠也子路之死於衞是傷勇也謂以此指斥聖門則非矣

孟子曰天下之言性也　全章

天下之言性也則故而已矣則法則也故者已故之事集註所謂循用舊典故如下文治水與日至是也利者即易所謂利貞者性情也孟子曰天下之言性也取則已故之事而已故者順其自然之勢而利導之以利爲本所以順天下之性也所惡者私智之人穿鑿其性觀於禹之治水所以順水之性則知人之言性必以順人之性也天之高也星辰之遠也苟求其故千歲之日至可坐而致者何也天之運有常星辰之度有數日往月來月往日來順其自

然之序而求之天道亦未有不知者而況人性乎此章言治水順地之性日至順天之性則知言性者必以順人之性也彼私智穿鑿者非其性也

所惡於智者爲其鑿也

舊註禹之行水則因其自然之勢而導之未嘗以私智穿鑿而有所事張子曰行其所無事者非無所事也謂由其所當然未嘗致纖毫之力也愚按此章專爲言性者指其功之在於已故之事二三節卽以天之日至地之行水就故而申言之所惡於智者爲其鑿也卽謂矯揉變詐鑿破其全性鑿離其本性者也若懲忿窒慾歷險阻赴艱難勞其筋骨餓其體膚行拂亂其所爲皆焦思苦力以求其自然之性而順之未嘗不致纖毫之力也治水者亦惡其鑿也鑿謂築隄決障一切師心自用皆是若開山穿地鑿龍門析底柱破碣石孟子所謂掘地而注海者皆因水之自然而疏通之穿其所當穿鑿其所當鑿以順水之性而已若不明順水之性雖不鑿亦猶之鑿也此章專言性謂專爲智而發者非也謂禹之治水未嘗致纖毫之力者尤非也

公行子有子之喪右師往弔　全章

公行子有子之喪集註並未釋明按趙註公行子喪其子謂子死也以曾子有母之喪子路有姊之喪例之其爲子死無疑也後人解爲有人子之喪則與經不符舊註云是時齊卿大夫以君命來弔各有位次夫出使他國弔國君之喪不過一正一副本國之喪有命通國之卿大夫往弔者乎以子夏喪子而曾子弔之之例例之其爲行弔之常禮可知也又云歷更涉也位他人之位也右師未就位而進與之言則右師歷己之位矣右師已就位而就與之言則己歷右師之位矣孟子右師之位又不同階云云按上節明言右師之位下節孟子引禮卽言不能歷右師之位而與言自然切合不必又言己之位他人之位轉致轇轕不淸孟子爲一時所尊重王驩嬖臣亦欲假辭色以爲榮諸君子卽先來弔之人皆與驩言皆向王驩讒諂面諛者也入門有進而與右師言者是入門時弔者迎揖於階前而與言則與禮所謂不踰階而相揖者不合有就右師之位而與右師言者是右師已就位而弔者就右師之位而與言則與禮所謂不歷位而相與言者不合孟子言禮兩

句與上入門兩句分解直截入門以階言及席以位言乃賓主之常禮毫無疑義註分兩句一爲右師歷己之位一爲己歷右師之位則不甚符夫右師寵變妄尊斷不肯歷弔者之位而進與弔者言若謂右師未就位而弔者進與之言則又不得云右師歷己之位也此於文理亦解不通至謂孟子右師之位又不同階是以卿大夫之位卽在於階也鄉黨曰沒階師冕見曰及階皆指門階而言不踰階而相揖者謂賓主之禮迎送在於堂上不能下堂階而揖之上文明言入門有進而與右師言者是右師入門時弔

者皆進而與言其必下堂階以相迎揖可知也而又何有孟子右師之位不同階也哉

天之生斯民也　一節

集註知謂識其事之當然覺謂悟其理之所以然愚按知覺二字舊註不免相反覺後知後覺如呼寐者而使之寤也僅曰寤又何有知之足云乎於無意之時忽有感動某事則曰覺於用功之時忽又觸悟他事亦曰覺於聾聵之時得有人焉驚而醒之亦曰覺一覺之後而用心思之則曰知不用心思之則一觸卽過一過卽忘不得謂之知也故覺者覺其事之始卽知之初境也知則格物窮理以求至其知之極也覺謂悟其事之所當然知謂識其理之所以然也又云天使者天理當然若使之也夫四書使字皆

作命令解中庸使天下之人齊明盛服孟子曰使之主祭而百神享之使之主事而事治天使之者卽天必命之以爲億兆之君師也又云旣爲先覺之民豈可不覺其未覺者及彼之覺亦非分我所有以予之皆彼自有此理我但覺之而已但不知分我所有者爲何物又彼自有此理者爲何理不將斯道指爲堯舜之道則所覺者亦禪家之覺而已愚按此節緊承上文樂堯舜之道使是君爲堯舜之君使是民爲堯舜之民而申言之先知指堯舜先覺伊尹

自任也堯舜之先知天生之知也伊尹因有堯舜覺之而後知故不敢比於堯舜之先知而自任爲先覺也故曰天之生斯民也使堯舜之先知覺我之後知又使我之先覺覺人之後覺也予天生民之先覺者也予將以堯舜之道覺斯民也非予覺之而誰也本節兩使字與二節四使字一氣相承非予覺之而誰見得有不得不皤然改之之意句句不離堯舜之道方不落空

孔子不悅於魯衛

舊註不悅不樂居其國也夫孔子於父母之邦豈有不樂居之者哉不悅者在魯衛不合而去因魯衛之不悅而過宋適陳也孟子文多有此法如孟子去齊皆由齊而去他國也

孔子之謂集大成

舊註八音金石絲竹匏土革木若獨奏一音則其一音自爲始終而爲一小成但一音獨奏不能成樂孔子所謂翕純皦繹以成爲樂之一終者非一音之謂也周禮鐘師掌金奏以鐘鼓奏九夏註九夏皆樂章名大司樂有六變八變九變註變者樂成而更奏也葢樂以一章爲一成以集八音爲一成也書曰簫韶九成葢樂至九成則天子之樂也集大成者集諸樂之大成也

北宮錡問曰　全章

集註以天子一位節爲班爵之制以天子之制以下六節爲班祿之制實不切合天子公侯伯子男言爵之有五等君卿大夫士言祿之有六等經文極爲明析何註如此之疎忽乎天子之制地方千里言王畿止於千里此先王之制故王畿亦在五等之中今將全章合而按之天子一節總言爵與祿之各有等也天子之制與天子之卿兩節所言方百里七十里五十里與受地視侯視伯視子男者皆封以采地言班爵之制也大國節明言君祿卿祿大夫祿上士中士下士與庶人在官者同祿六等之祿係分縷析以下四節言班祿之制也五禮通考設官分職祿田考以爵與祿逐一推算而爵與祿之數頗爲詳盡但孟子時周籍已去不知從何考而得之也

萬章問曰敢問友　全章

不挾長不挾貴下文已引孟獻子費惠公晉平公之事詳言之惟下不託於諸侯章有堯之於舜一節應移置於晉平公節之後則上節結云非王公之尊賢也下節結云故曰王公之尊賢也上節堯之於舜以天子友匹夫下節舜尙見帝以匹夫友天子如此則上下相承而不挾貴之義更爲周足至兄弟一層舊註並未釋明講家不一其說多不切合愚按不挾兄弟而友者不挾兄弟之貴如滕更季任曹交景丑陳仲子之類是也

萬章問曰敢問交際何心也孟子曰恭也句曰卻之句卻之爲不恭句何哉曰尊者賜之曰其所取之者義乎不義乎而後受之以是爲不恭故弗卻也

舊註卻不受而還之也再言之未詳按前人有以卻之爲不恭係孟子之荅辭何哉又萬章之問如此語意甚爲切合

殷受夏周受殷所不辭也於今爲烈

集註殷受至爲烈十四字語意不倫意其爲衍文耳按其文法删此十四字謂此乃不待教而誅者也如之何其受之詞意自然簡捷然衍字不至十四字之多至謂語意不倫則亦不然愚按康誥上應添周書二字則夏殷字卽從周字順下孟子引周書之言以爲此不待敎而誅者而又謂其誅之之法不自周始殷受於夏之法周受於殷之法如有禦者不能辭其罪也三代之法於今更爲凜然難犯今字正承今有禦人句來禦者當誅則禦者之餽何可受也

齊宣王問卿孟子曰王何卿之問也 全章

集註三仁貴戚不能行之於紂霍光異姓乃能行之於昌邑是孟子之所謂易位惟霍光乃能行之乎聖賢立言必可通於今古三仁旣不能行其事之不可行也必矣三代之末主之失德者多矣豈獨三仁不能行乎異姓如可以行則文王爲西伯亦當行之矣廢君立君乃非常之大變霍光以不學無術之人而創爲之而卒成安社稷之大忠然不可爲千古之常法也後世之權奸挾詐廢立而篡之者固不敢以霍光藉口然霍顯之敢於弑后則亦光之廢

立有以啟之而又隱忍不發其事卒陷大戮則其事豈可示後人而行之乎而引此以爲孟子易位之證則更不相符孟子曰有伊尹之志則可無伊尹之志則篡也伊尹並未廢立也而孟子以其事爲篡而以其志爲可則易位之不可行也必矣然則孟子之言易位何也曰孟子對齊王之爲諸侯者言非爲爲天子者言也合民爲貴章讀之則其義通矣得乎邱民而爲天子得乎天子而爲諸侯是諸侯者天子之所命也天子以爵祿與人能置之卽能廢之故曰諸侯危社稷則變置但變置止言諸侯而並未言及

天子孟子以燕惟天吏則可以伐呂氏曰奉行天命謂之天吏廢興存亡惟天所命不敢不從若湯武是也是則天子之位必聽命於天雖有大惡如桀紂亦必見其自爲滅亡而奉行天命者從而易之非臣下所敢干也古者諸侯命於天子諸侯之卿亦命於天子貴戚之卿與國與君同休戚者君有大過足以亡國之時如有可以易位之人爲上下臣民所信從者自當上告天子請命而更置之爲宗廟社稷計不得已也是易位者乃貴戚之卿告於天子而易之非貴戚之卿自爲易之也孟子曰天子不能以天下與人又曰天子能薦人於天不能使天與之天下此天子不能易位之明文也又曰一不朝則貶其爵再不朝則削其地三不朝則六師移之此諸侯可以易位之明文也如此而孟子之言可以免後人之疑也乎

四書疑言卷之十

孟子下

告子

盧陵王廷植實丞

孟子性善之言發於告子之問告子不知性而問之不知孟子之言性而疊更其辭而問之無非欲以窮孟子之言而盡夫性之說也孟子記事與論語不同論語不記問辭惟以夫子所答之言記其所問之事如問知問仁問政問士問達問友問明問行問君子問成人未必所問之言皆與夫子之意相合惟其不合始有待於問始有待於夫子之教並不以所問之言之是非而定其人其學之是非也易曰各正性命書曰厥有恒性孔子曰性相近也告子以前言性之書止此而已並未有講求性之何以正闡明性之何爲恒及解釋夫性之如何相近者戰國時遊說之士言功言利未有言及於性並言及於仁義即是性者告子思以明夫性之說前無所師承後無所引證而因爲杞柳湍水與生與食色之說更端而窮究之而孟子亦將其言反覆而窮詰之前五章辨明告子言性之非公都子章指明仁義禮智之性即惻隱羞惡恭敬是非之心富歲牛山

兩章則教人從心上用功以盡夫性善之實而孟子性善之言遂爲千古言性之正宗矣夫告子不知性固其宜也後之言性者得孟子之言而體察之自不得再混於告子之說矣前四章十二猶字告子病根在此不知性是心所具之理用物比擬不得性無形而不可見者也以其不可見而以可見者言之可也以其無形而以有形者比之不可也後之言性者如告劄如職事如官人如鏡光如水光如大禮赦文放稅如知縣硬捉縛納如放火殺人至惡如用火炊飯則善如服藥治病或溫或涼是性喫了有溫證

涼證便是情比來比去似此似彼不但與性善之言不合盡趨於告子可以爲善可以爲不善之說後人痛詆告子並以告子與道釋禪列爲異學夫告子之言性與孟子之言有異耳與宋儒之言何嘗有異也哉

告子曰性猶杞柳也 全章

杞柳不可以喻性以杞柳爲桮棬桮棬成而杞柳卽已銷亡豈以人性爲仁義仁義成而人性亦卽梏亡乎蓋有有杞柳而不爲桮棬者未有有人性而不爲仁義者有欲爲桮棬而無杞柳者未有欲爲仁義而無人性者也故杞柳不可以喻性也告子不知性卽是仁義仁義卽是性認性爲內仁義爲外故有杞柳桮棬之喻不知人生來卽有仁義仁義卽性也非以性爲之也爲仁義卽習於仁義矣有爲仁義者卽有爲不仁不義者其習也非性也或曰以人

性爲仁義謂本性而發爲惻隱本性而發爲羞惡告子所言於理尚無大害何至率天下之人而禍仁義歟余曰是也就人性爲仁義之言本難指其不是誤在猶以杞柳爲桮棬則知其所謂以人性爲仁義者之非也戕賊人性尚得謂之爲仁義乎子思子曰率性率其自然之性卽仁義也孟子曰盡性盡其本然之性卽仁義也若如告子所言不必言戕賊也卽遷移其性以爲仁義則非自然之性矣損益其性以爲仁義則非本然之性矣非自然之性非本然之性卽非仁義矣是害性以害仁義也故曰率天下之

人而禍仁義也

朱子曰天命之性若無氣質却無安頓處如一勺水非有物盛之則水無歸著然則天命之性與氣質不能分爲二矣但以勺水爲喻則猶是杞柳之說也勺即飲器盛水者也勺與水二物也若人之氣質則不能與性分爲二物性固氣質中之所固有也不待人從外而附益之也若勺之有水則必從外而挹注之注清水則明注昏水則濁可以爲善可以爲不善非性也告子杞柳之喻言人性本無仁義必待矯揉而後成然則勺水之喻豈以人性本無仁義必待增益之而後成乎集註又曰氣質所稟雖有不善而不害性之本善性雖本善而不可無省察矯揉之功然則告子矯揉之說固朱子所深取也而又何必指爲荀子性惡之說乎

湍水

舊註湍波流瀠洄之貌既曰波流則水雖瀠洄亦隨決隨下不能決之東西又有以湍訓疾急者但疾急多係江灘之水欲其東流則必由西隄而障至東欲其西流則必由東隄而障至西而江灘疾急處隄身不能立脚仍不可以東流西流葢決非搏之激之之謂搏之搏水也激之激水也可以過顙在山而斷不可使之流按趙岐註湍水圜也謂有圜之水指水之不流者如塘池之類東決一口則東流西決一口則西流決者決其隄岸非決水也如此與告子之言方合

告子曰性猶湍水也　全章

程子曰生之謂性性卽氣氣卽性生之謂也人生氣稟理有善惡然不是性中元有此二物相對而生也有自幼而善有自幼而惡是氣稟自然也善固性也惡亦不可不謂之性也蓋生之謂性人生而靜以上不容說才說性時便已不是性也凡人說性只是說繼之者善也孟子言人性善是也夫所謂繼之者善也猶水流而就下也皆水也有流而至海終無所汚此何煩人力之爲也有流而未遠固已漸濁有出而甚遠方有所濁有濁

之多者有濁之少者淸濁雖不同然濁者不可不謂之水也如此則人不可以不加澄治之功故用力敏勇則疾淸用力緩怠則遲淸及其淸也卻只是元初水不是將淸來換卻濁亦不是取出濁來置在一隅也水之淸則性善之謂也又曰心本善發於思則有善有不善若既發則可謂之情不可謂之心譬如水只可謂之水至流而爲派或行於東或行於西卻謂之流也又曰湛然平靜如鏡者水之性也及遇砂石或地勢不平便有湍激或風行其上便爲波浪洶湧則非水之性云云朱子曰所稟之氣所以必有善惡之殊者亦性之理也蓋氣之流行性爲之主以其氣之或純或駁而善惡分焉故非性中元有此二物相對也然氣之惡者其性亦無不善故惡不可不謂之性也又曰水之淸者性之善也流而至海不汚者氣稟淸明自幼而善聖人性之而全其天者也流未遠而已濁者氣稟偏駁之甚自幼而惡者也流既遠而濁者長而見異物而遷焉失其赤子之心者也濁有多少氣之昏明純駁有淺深也不可以濁者不爲水所以惡亦不可不謂之性也以上各說發明者

不下數千萬言余讀之俱不能無疑焉

水之就下與過顙在山之說孟子所以曉譬告子者至矣集註亦順本文釋解毫無疑義而後之人往往明闢告子之說而轉與孟子之言相牴牾且反覆曲折推明所以性惡之故者何也因思告子之言性也言仁義言食色言仁內義外言愛弟長長並未言性惡也自有宋儒各說而性惡之案定矣性何以惡由於氣質之惡也不曰氣質非性而曰氣質之性不曰氣質之中有理義之性而於性之中分出理義氣質謂非氣質之說而性惡之主名卽不得立

乎朱子以杞柳之喻爲荀子性惡之説蓋明斥告子之言之非矣而又指出氣質之性謂有善惡之不同然則告子所謂性惡尚無不是但不知所以性惡之故與性惡之名耳耳之聰無不聽也有聽之不聰者曰是氣蔽之耳也目之明無不視也有視之不明者曰是神昏之目也人之性無不善也有不善之性者曰是氣質之性也此非爲性惡之説下注解而定此性惡之罪案乎朱子嘗曰孟子對異端硬着膊子説箇性善自是孔子相近一語較爲切實又曰孔子謂性相近習相遠告子謂生之謂性俱是説氣質

之性横渠二程始知有氣質之説又曰韓退之原性中説三品説得也是但不曾説是氣質之性孟子説性善但説得本原處下面卻不曾説得氣質之性所以亦費分疏云云然則告子乃宗孔子而立言自孟子至韓公俱疎下面一層氣質之性乎或曰告子言性無善無不善氣質之性言有善有不善有之與無相去遠也余曰不然也朱子謂告子性無善無不善之説最無狀他就此無善無惡之名渾無分别雖爲善爲惡總無妨也愚則謂性有善有不善之説亦無狀就此善不善全是生來雖爲善爲惡總無益

也故使後之人推諉於善惡本之性生而自暴自棄者則亦氣質之説誤也朱子曰性者理而已矣不以氣質之美而加增亦不以氣質之惡而有損旨哉言乎後之人不能再置一詞矣人性之善猶水之就下非孟子不能爲此明快痛闢之言人之智者性善人之愚者亦性善人無有不善也猶之水水之清者就下水之濁者亦就下水無有不下也告子當戰國詐力相尚之時未有言性言仁義之人亦未有言性言仁義之書其疑而問於孟子可謂有志於心性得孟子發明性善之義亦可謂有功於聖門矣後之

學者觀告子之所以問與孟子之所以答何去何從能讀孟子書者不難辨之今乃推尊孟子而竟不免翻孟子之案痛詆告子而又自附於告子之説則亦惑之甚矣性固善也惡亦不可不謂之性然則無惻隱之心無羞惡之心亦可謂之人之性乎清固水也濁亦不可不謂之水然則澄治之清昏攪之濁亦出於水之性乎告子之言尚不至於如此與孟子顯爲牴牾也孟子曰就下固水也過顙在山亦不可不謂之水也但非水之性也水之性則就下也善固人也惡亦不可不謂之人也但非人之性也人之性

則善也以水喻人以水之性喻人之性以水性之下喻人性之善比喻之合更無有切於此者故孟子又曰人無有不善水無有不下以人與水對言之卽以人之性與水之性對言之也水之可使過顙在山非水之性猶人之可使爲不善非人之性也此亦極淺顯明白之說也今乃翻爲清濁之喻不以水喻人而以水喻性不以水之性喻人之性而以水之色喻人之性不以水性之下喻人性之善而以水色之有清有濁喻人性之有善有惡不幾與孟子之言相剌謬乎澄之清則清攪之濁則濁夫非決東則東決

西則西之說乎流未遠而濁流至海而終無所濁此水之形色也形色雖濁而終不失其下之性也猶之人耳目之聾瞽口鼻之歪斜手足之癱瘓此人之形體也形體雖惡而要不失其善之性也或濁之多則清少或清之多則濁少清濁混而不分非善惡混而不分乎澄治之功用力勇則疾清用力緩則遲清不猶可以爲善可以爲不善之說乎不是將清換濁又不是取出濁來置在一隅澄治之則仍是元初清水吾不知水在流中何以澄之使清也黃河之水千年一清而可澄之乎若以夏日飲水而澄之則一盂之清也朱子謂下愚亦可移昔有人裝惠泉山水去京師時已臭了卽將砂石在筧中溜水下去便漸如故是人事之習也非生來之性也天一生水居五行之首所賴以資生萬物者豈取其形色之清而後生之乎水性就下雖污溝穢糞亦合而歸於海未有流至海而不污者書曰潤下作鹹惟其爲衆污之所歸而後成其作鹹之性所有鹽井鹽池以及淮海之鹽皆水也人非水不生水不必清而後生也清於潤下之性不能加濁於潤下之性不能損夫無所加損者水之性也至又謂湛然平靜如鏡者水之性

也然則水無有不湛然如鏡者乎如海水之綠河水之黃以及洪水黑水之不能湛然者豈人之力爲之而非天地生成之性乎又謂遇砂石或地勢不平或有風浪則非水之性夫河水出自昆崙江水導自岷山歷千磯萬壑奇灘怪石風起浪湧而終歸於海者其下也然後爲水之性也而反以此爲非水之性乎喜怒哀樂之未發謂之中性也及試之於富貴貧賤夷狄患難之交或又有苦其心志勞其筋骨餓其體膚空乏其身雖歷生死危亡而不變者其善也而後爲人之性也而反以此爲非人之性乎西山眞

氏曰荀子論心謂汚濁在下清明在上云云是物慾之害初未嘗去但伏而未作耳水不能不遇風長川巨浸泓澄無底雖大風不能使之濁心不能不應物慾盡理明表裏瑩澈雖酬酢萬變不能使之昏有風則清無風則濁者塵滓之伏於下也靜之則明動之則昏者利欲之藏於中也今曰澄之使清不猶是荀子之見乎至又謂心本善發於思則有善有不善此則是而仍非也心可以理言不可以善言言善則屬之性故曰渾然至善性也言理則屬之心故曰渾然一理心也心有理故其官爲思若無思則非心

也血肉一塊而已安得有善乎有理故能思有思故能善不可言心本善也四書之言思皆思善也不得謂其有善有不善也又謂既發則可謂之情不可謂之心夫心之官則思而思之用千頭萬緒也發於思以博文發於思以約禮發於思以窮理致知豈所謂博之約之窮之致之者皆不以心而謂之情乎從心所欲是發於思矣豈所謂不踰矩者是其情不踰矩乎孟子曰仁義禮智非由外鑠我也我固有之也弗思耳矣故曰思則得之不思則不得也今曰發於思則謂之情是仁義禮智不思則不得一思則是

情而非性矣至又謂水之流而分派或行東或行西卻謂之流夫流卽就下之謂也既以濁者不可不謂之水何以流者不謂之水而謂之流乎水之流水之性流不得以水卽謂之流也猶之人之善人之性善不得以人卽謂之善也水勢雖有曲折而水之性無不流其不流則人之力以止之也猶之人類雖有智愚而人之性無不善其不善則人之習以成之也水有萬派言其來源其流則合卽分流而分派或行東或行西要其流而就下之性則一也孔子曰人之生也直水之流而就下亦直也決東決西則逆其

性而不直矣知水之性直則知人之性直知人之性直則知人之性善矣孟子言性以利爲本如禹之行水順其自然之勢者因其性之就下也告子杞柳湍水之說數千年來爲後人所詬詈並以告子爲禪門之祖師今以前之說觀之則荀子之性惡也以後之說觀之則揚子之善惡混也豈非反覆發明告子之說而翻孟子之案乎

告子曰生之謂性　全章

生之謂性告子謂天之所生者卽謂之性與天命之謂性似同而實異孔子曰知天命畏天命天命之性係專以人言也詩曰厥初生民又曰天生烝民子曰人之生也直孟子曰天之生斯民也傳曰人受天地之中以生凡言生者必指言人或言民若僅曰生則如易之大生廣生統於物而言之也人之生與物之生不同也告子杞柳之喻明言人性湍水之喻亦明言人性至此又統言之曰生之謂性孟子因其言之籠統而卽以籠統之詞詰之曰凡物之生

者同謂之性猶凡物之白者同謂之白乎不料告子答之曰然蓋知人之生物之生同謂之生而不知人生之性物生之性不能同謂之性也孟子欲別人之生而言之也故以白羽白雪白玉之說詰之而告子又答之曰然蓋不知人之性善物之性則不可謂之善也故孟子直以犬之性猶牛之性牛之性猶人之性再詰之而性善之專屬於人不待言而可知矣孟子言性善而告子言生之謂性豈謂之性者卽謂之善乎謂生之謂性可也謂生之謂性而誤爲性之善則不可也彼告子所謂生者人之性耶物之性耶有知覺運動之物之性耶無知覺運動之物之性耶人與物不同物與物又不同也孟子三問五猶字明明示告子以分別其不同者言之知物之性不同則知人之性同矣人性之所同者何也謂理也義也卽善也惜乎告子不能復問也

集註人物之生莫不有是性亦莫不有是氣然以氣言之則知覺運動人與物若不異也以理言之則仁義禮智之稟豈物之所得而全哉又曰告子徒知知覺運動之蠢然者人與物同而不知仁義禮智之粹然者人與物異也愚

按告子所謂生者是否指知覺運動而言是否指人與物同有知覺運動而言並未明言也就令告子以知覺運動爲性孟子旣以犬牛之性詰之則知覺運動人與物不能同也蓋人與物之不同者卽在於知覺運動人之知覺運動所以成爲人之性犬牛之知覺運動所以成爲犬牛之性性無可見卽於知覺運動見之孟子謂犬牛之性不同並非謂犬牛人之知覺運動同也人所以知覺者知愛知敬也知是知非也若物之知覺不過飲啄而已人所以運動者有衣冠之儀也有動作之則也若物之運動不過

飛走而已且犬之知覺運動在於守夜而牛不能牛之知覺運動在於耕田而犬不能如謂飲豚亦爲知覺飛走亦爲運動則犬之知覺運動猶牛之知覺運動牛之知覺運動猶人之知覺運動幾見人有牡牝不掩動輙交合而同於犬牛之知覺運動者孟子曰其性與人殊若犬馬之與我不同類也既不同類豈得於不同之中而指其知覺運動爲同而謂人與物無異也哉愚謂凡人之生莫不有是氣卽莫不有是性然以氣言之則知覺運動聖人與常人若不異也以理言之則仁義禮智之稟豈常人之所得而

全哉蓋聖人者天性渾全不假修習常人則不過有其端而必待擴而充之也若物則不能與人並言之也有若曰麒麟之於走獸鳳凰之於飛鳥類也聖人之於民亦類也各從其類不能强而同也

告子曰食色性也　連孟季子章爲一章

告子曰食色性也孟子並不言食色之非性口之知味目之視色從其初而言本於天性赤子之乳哺孩提之色笑此所謂良知良能也性也告子以食色爲性並未以甘食悅色爲性甘食必擇膏粱不膏粱則不甘矣悅色必好文繡不文繡則不悅矣此情也非性也若以甘食悅色爲性則孟子必以爲非矣○集註言仁愛之心生於內而事物之宜由乎外學者但當用力於仁而不必求合於義也夫告子豈知用力於仁也哉其曰仁內但知仁內而已若知

用力於仁豈不知仁與義之爲人性而爲內也哉

彼長而我長之孟子曰敬長義也又曰義之實從兄是也告子以長長言義亦猶孟子之言義也但所謂彼長而我長之猶彼白而我白之則不知長之者敬之也義在於我敬長之心於孟子之言補註敬字則義之非外明矣○集註言愛主於我故仁在內敬主於長故義在外夫告子惟不知義之爲敬也若知義之爲敬則必不言義主於長亦必不言義在於外告子止知愛主於我故仁在內長在於人故義在外不知義之爲敬故始終不悟義外之非也

告子問孟子而得義内之言孟季子聞義内之言而問公都子公都子不能答季子之言又問於孟子須合兩章爲一章而其義始明孟子言心言性從不空空說如何是心如何是性總就事上言即於事上見故食色之合於禮義者即出於本性者也冬日有水有湯也而以吾心之義處之則飲湯也夏日有水有湯也而以吾心之義處之則飲水也伯兄與鄉人俱酌酒也而以吾心之義處之則先酌鄉人也叔父與弟爲尸俱當敬也而以吾心之義處之則敬弟也若謂義在於外是義在於飲水在於飲湯在於酌酒在於爲尸而吾以事合之也則義之在内不亦明乎

公都子曰告子曰性無善無不善也　全章

公都子疑性善之言而分言性有三說孟子答之曰性之善不待於爲也情則可以爲善若夫爲不善亦情也非性也非天之降才而然也此答第三問可以爲善爲不善之非也惻隱羞惡辭讓是非之心人皆有之仁義禮智非由外鑠我也我固有之也其有不善者弗思者也求則得之舍則失之好善好暴或相倍蓰而無算者不能盡其才者也其不善非性也此答第二問有性善有性不善之非也告子曰性無善無不善也孟子曰不觀之詩乎天生烝民有物有則何得言無也民之秉彝好是懿德何得言無善也此答第一問無善無不善之非也三段答詞皆所以明性善之旨

孟子曰乃若其情　兩節

此兩節辨明性可以爲善可以爲不善之非孟子謂爲善爲不善者情也故曰乃若其情則可以爲善矣既爲善則其性善也若其爲不善亦情也不得歸罪於生才之性也葢可以爲善卽可以爲不善也夫喜怒哀樂情也發而不中節則惡矣今之放恣橫議以至於無父無君之禽獸者皆縱其情而爲之也集註人之情本但可以爲善而不可以爲惡然則人之不善不生於情從何而生乎人之爲不善非情爲之果何物而爲之乎下文已明言爲不善矣何

以與孟子之言相牴牾乎易曰立天之道曰陰與陽立地之道曰柔與剛立人之道曰仁與義兼三才而兩之是易以仁義爲人之才矣新安陳氏曰天之降才與上帝之降衷文義相似非才之罪非天之降才爾殊不能盡其才而以爲未嘗有才焉各才字俱指仁義之才而言卽指性而言也

惻隱之心人皆有之　一節

語類孟子闢告子生之謂性卻不曾詳說非特當時告子未必服卽後世亦未能會得孟子意也又云孟子辨告子竟不曾說得性之本體夫孟子之言性尚有不能詳說者哉此節言性指明仁義禮智言仁義禮智指出惻隱羞惡恭敬是非之心如桶脫底性之全體畢現矣性者何惻隱羞惡恭敬是非之心也惻隱之心不必見孺子入井而生來卽有也仁也羞惡之心不必見呼爾蹴爾而生來卽有也義也恭敬之心不必見大祭大賓而生來卽有也禮也

是非之心不必見堯服桀服而生來卽有也智也仁義禮智卽惻隱羞惡恭敬是非之心也而或不以惻隱羞惡恭敬是非之心爲性而誤以爲情無怪乎性之本體不明而不能會得孟子意也孟子謂仁義禮智我之所固有也但不思之則不得也故曰求則得之舍則失之其或謂有善有不善而至於倍蓰或什百或千萬而不能計其數者皆不能盡其天所降之才也天所降之才卽仁義也此節答言有性善有性不善之非其不善者由人之不能思不能求也

心性情說

心也性也情也其體則統而爲一其用則分而爲二也寂然不動感而遂通者心也講家以寂然不動爲性感而遂通爲情其說非也心旣寂然不動其性亦寂然不動其情亦寂然不動心旣感而遂通其性因心之感而通其情亦因心之感而通仁義禮智根於心也心之動而爲惻隱羞惡恭敬是非性之動也喜怒哀樂主於心也心之發而爲忿懥恐懼好樂憂患情之動也孟子曰仁義禮智非由外鑠我也我固有之也弗思耳矣仁義禮智性也必思而後

得之也孔子曰我欲仁斯仁至矣又曰欲仁而得仁又曰欲立而立人欲達而達人孔子言欲孟子言思心之思心之欲也後人以性無爲又以思卽是情然則仁義禮智孔孟以爲欲之則至思之則得者是以情而得性則情在先而性在後矣後人又以性爲體情爲用是性有體而無用情有用而無體也非也子思子曰成己仁也成物知也性之德也合內外之道也朱子曰仁者體之存知者用之發是皆吾性之固有而無內外之殊是性者合體用內外而言之也動容周旋中禮者盛德之至也是性之發也盡己

性盡人性盡物性以至於參贊化育由性而發發之亦爲性非發之而爲情也朱子曰心統性情此千古顛撲不破之言然究不免以性爲體情爲用以情生於性而不以性情皆生於心則猶非歸一之論也心思韶樂而喜心思聚斂而怒心思館人而哀心思遠朋而樂性不能思喜思怒思哀思樂也何得謂性之發而爲情也喜怒哀樂之未發喜怒哀樂之心未發也發而皆中節是心之發而皆中也旣是喜怒哀樂則未發已發皆情也

心之所同然者何也謂理也義也

四書惟此章指出理義二字朱子集註專言理義是本孟子之意而立言也先儒言理有四曰天理曰物理曰心理曰事理易書詩春秋四書未嘗言天理也孔子子思孟子皆言天道曰不息曰不已曰不貳曰不測四時錯行日月代明萬物化生皆天道之昭著皆陰陽之變化所成也易曰立天之道曰陰與陽是也朱子曰四時行百物生莫非天理發見流行之實又曰天道者天理自然之本體其實一理也是則以天道爲天理矣程子曰天理二字是從自

家身心體驗出來四書註言天理數十處今將逐段推求似言天心似言天性似言人之本心似言人之良心至又有所謂天理流行者更不能指言其實義愚按天理二字始於禮記指人所受於天之理而言卽仁義禮智之性也至今天理二字人人言之則亦言天理之在吾心者而已物理者卽天道之流行而賦於物者爲何爲而翼而飛魚何爲而鱗而躍邱隅之鳥何以知止山梁之雉何以知作此物之知覺運動非理也朱子謂一草一木亦有理可格則大不然夫物千形萬狀如人之面焉同此耳目口鼻合

天下之人無有一面相同者其理果可格乎花之種莫多於菊辨其類之有色有香者是人心之愛物也草之種莫多於藥辨其性之或寒或温者是人心之用物也並非求其理也君子求諸己小人求諸人豈更有求諸物者乎古聖人見轉蓬而造車觀鳥跡而製字亦本心之理而得造車製字之法並非車之理在於轉蓬字之理在於鳥跡而必轉蓬鳥跡之是求非轉蓬鳥跡而車亦造字亦製也河圖洛書神物也非聖人之心通乎天心不能則之草可以爲著龜可以爲卜麟之出卽感而作春秋並非以草以龜

以麟爲有理而窮之聖門之教無非立身修己行有餘力則學詩書六藝之文以窮理也鳥獸草木亦有何理學詩者多識其名而已聖人仁育萬物豈有求理於物者哉人之所以爲人者心也心之所以爲心者理也而心之理必發之於事有事理而後見心理也伏羲以前並無人事自畫卦以後而人事始興焉作結繩作耒耜作衣裳作舟楫作杵臼作弧矢作宮室作書契以及治水掌火教稼明倫有一事卽有一理要皆聖人之心爲之非心之理而能爲之乎自是以後天地變化時代變更人事變遷數千萬年

之事所流傳者不過書之一二然經史子集業已積山塡海不可終極有一字卽有一理要皆學人之心爲之非心之理而能爲之乎一飲食也有千種百味之調和一衣服也有異花奇彩之織繡一宮室也忽改爲樓臺殿閣之制一竹簡也忽變爲筆墨紙冊之書至今日西洋之學觀天文察地輿爲輪船爲機器爲電線爲火車爲水雷爲顯微鏡有一物卽有一理要皆工商人之心爲之非心之理而能爲之乎又如試士者以杞柳爲題以牛山之木爲題此題之極無理義者而千人千藝萬人萬藝絕無有一雷同者可知其理不出於題而出於作文者之心也心有理而於此題發之於彼題亦發之卽千題百題亦無不出自心裁蓋其得天之理甚厚而又有學問以浹洽之求理於心卽以其心求理也蓋人所以配天地爲三才者心也天地之心千變萬化人之心亦千變萬化凡天地所不能爲者無不由於人以爲之故言理者必言心之理也孟子謂人心之所同然者理義也理義之心卽仁義禮智之根於心者舍仁義禮智亦別無所謂理聖人先知先覺故先得我心之理義也自告子有不得於言勿求於心之言而不知

求理於心有彼長而我長之之言而不知求義於心而理與義俱外矣程子曰有一物卽有一理須是窮極其理或讀書講明義理或論古今人而別其是非或應接事物而處其當否皆窮理也朱子曰讀書講明義理則是理在於書論古今人而別其是非則是理在於人應接事物而處其當否則是理在於事易曰窮理盡性以至於命下文明言將以順性命之理性命之理卽心之理也本義云隨事而得其條理是以易之窮理亦爲物理矣然亦思吾之心果何所本而用以講之別之處之而窮之也非孟子所謂理義之心乎四書五經皆聖賢之心爲之讀聖賢之書卽求聖賢之心吾之理淺卽得其淺吾之理深則得其深讀書有義理以心之理而講之也古今人有是非以心之理而別之也應接事物有當否以心之理而處之也蓋人受天地之中以生而有健順五常之德所謂性也而是非之心卽爲智子思子曰文理密察足以有別也是則義理之所從出也義理者吾心之所固有詩書以啟發之行習以著察之多聞多見以擴充之獨善兼善以身體而力行之吾之心愈思而愈靈心之理愈窮而愈出理之用愈推而

愈實也其人愛親敬長而寬厚待人者其心之仁爲之其人效忠秉貞而守正不阿者其心之義爲之其人聲律身度而瞻視必尊者其心之禮爲之其人讀經論史而善惡必察者其心之智爲之其人謹言慎行而然諾不欺者其心之信爲之萬事萬物皆本吾性而行之所以謂之率性性卽心之理也心理其體也而發之於事則用也心理其根也而發之於事則枝葉也盡己性盡人性盡物性無非本心之理而盡其仁民愛物之事也舍事理而心之理則隱而不見舍心理而事之理則窒而難通程子曰在物爲

理處物爲義理義二字如此分釋則惑之甚矣聖人先得我心之所同然謂我心之理聖人先得之非謂物之理聖人先得之也在心爲理故曰理義之心若謂在物爲理豈得曰理義之物乎以心之理通天下之變以心之義制天下之宜以心之理讀經書而能通以心之義讀史書而能斷讀孟子之書不可與孟子之言相剌謬也或曰人心之義理無不同乎曰有偏全大小淺深麤細之不同耳其發爲文辭而執滯不通見於事爲而推行不利必其理有不足也至於習而爲惡則心之理已梏亡矣而何同然之有

平旦之氣其好惡與人相近也者幾希

舊註平旦之氣謂未與物接之時清明之氣也好惡與人相近言得人心之所同然也又云夜氣清則平旦未與物接之時湛然虛明氣象自可見矣又云孟子發明夜氣之學於學者極有功宜熟玩而深省之又語類氣清則心清其日夜之所息平旦之氣蓋是靜時有這好處發見又云心如箇寶珠氣如水若水清則寶珠在那裏也瑩徹光明若水濁則和那寶珠也昏濁愚謂夜氣亦非盡爲清明之氣人於夜時而休息之則謂爲日夜之所息睡醒時瞬息

之間則爲平旦之氣孟子謂放其良心者惟平旦之時物欲未交尚未近於禽獸其好惡尚有幾希之近人非謂其好惡得人心之所同然也夜氣不足以存謂休息時亦不能存此幾希之好惡旦晝梏亡謂所爲之梏亡若旦晝之所爲皆善則仁義之心不梏亡矣非謂氣清則心清旦晝之氣濁則心亦因之而濁也而又何有湛然虛明之氣象可見也哉此章上二節重在旦晝之所爲下二節重在操存工夫夜氣只是養息平旦不過幾希皆非學者用功之實也

孔子曰操則存　一節

集註孔子言心操之則在此舍之則失去其出入無定時亦無定處如此孟子引之以爲心之神明不測得失之易而保守之難如此是專以知覺言心說箇靈明活動恍恍惚惚或存或亡或出或入竟是敎人捉住此心勿放則流於釋氏之養心矣此節書專跟上二節仁義而言不得拋下仁義而專言心操則存言操此仁義之心則仁義存也舍則亡言舍此仁義之心則仁義亡也出入無時莫知其鄉言或出或入於仁義而無分於日夜旦晝之時或不出

入於仁義而一時在於鴻鵠一時在於熊掌一時在於宮室之美一時在於妻妾之奉而仁義竟不知梏亡於無何有之鄉者皆此心之爲之也孟子之言仁義禮智也曰求則得之舍則失之卽孔子所云操則存舍則亡之意故孟子引之以爲放其良心者戒也

學問之道無他求其放心而已矣

此章書舊解有兩說有以求放心而後能學問者是撇開上文仁心而僅言收斂此心而已有以求放心是求仁心求仁心卽是學問者是離學問而專言求仁心也集註則昏昧放逸雖日從事於學而終不能有所發明矣又語類放心不獨是走作才昏睡去也是放止有些昏惰亦是放又云身如一屋子心如一家主有此家主然後能灑掃門戶整頓事務若是無主則是一荒屋亦有何用諸公每日若有文字思量卽可存着此事若無文字思量卽收斂此

心不容一物是用功也又曰學問之道孟子斷然說在求放心學者須先收拾這放心不然此心放了博學也是閑審問也是閑如何而明辨如何而篤行程子曰聖賢千言萬語是欲人將已放之心約之使反復入身來自能尋向上去近因病中兀坐存息遂覺有進步處大抵人心流濫四極何有定止一日十二時中有幾時在軀殼內與其四散閑坐無所歸著何不收拾令在腔子中此皆撇開上文仁心而以放心爲昏昧放逸不能從事於學者也李安溪云集註以收放心爲學問之本此固是古人爲學大節目

然似非孟子此章本意孟子所謂求放心者操存長養其仁義之心此外更無學問也以放其良心失其本心對看便明此撤開學問專言求仁心者也又有謂孟子言人心人路而終專言放心之宜求求放心單指求仁而言義路當補在後不得於求放心中仁義並講者此乃制藝家承上頂脈工夫題目是心卽不得言仁題目是仁卽不得言義題目是仁義卽不得言禮智不然卽謂之夾雜不清若夫學問之道反之於身見之於事則心性之德隨處發見亦隨事擴充不能離學問而空言心有心卽有仁有仁而

義禮智卽在其中中庸博學之審問之亦指達道九經而言學所以學此達道九經也問所以問此達道九經也達道所以誠身九經所以爲天下國家而學問之道盡於是矣孟子曰有放心而不知求者亦不知有學問之道也夫仁人心也豈可憑空而求之哉學問之道卽求其已放之心而已學爲君之道卽求其仁心學爲臣之道卽求其忠心學爲子之道卽求其孝心學爲父之道卽求其慈心學爲弟之道卽求其敬心學朋友之道卽求其信心平旦夜氣卽學問也必求其惻隱之心萬鍾簞食亦學問也必求其羞惡之心幣帛交際亦學問也必求其恭敬之心親迎禮食亦學問也必求其是非之心學詩而所求者思無邪之心也學禮而所求者毋不敬之心也學易而求其放心則無大過也學書而求其放心則執厥中也學春秋而求其放心則褒善懲惡也舍求放心而言學問雖學盡天下之文問盡天下之事亦不過記誦辭章之俗儒也舍學問而言求放心雖守此心而不失存此心而不動終歸於虛無寂滅之異端也

心之官則思

心之官則思先儒謂有理義之心有知覺運動之心是本人心道心而立言其說非也心一也而有二乎知覺心也運動則耳目口鼻四肢也理義者具於心而爲耳目口鼻四肢之用者也而其官則主於思非思則耳目口鼻四肢不能聽命於心而心之理義不能達於耳目口鼻四肢之官而運動之也程子曰爲惡之人未嘗知有思有思則爲善矣又曰心本善發於思則有善有不善則其說仍不歸一也心之官則思孟子謂其不思則不得非謂其未嘗知有思也爲惡之人特不思焉耳特不思善焉耳豈其未嘗知有思乎又豈發於思有不善乎易曰君子以思不出其位書曰欽明文思安安詩曰思無邪禮曰儼若思傳曰行無越思是思之無有不善者也禹思天下有溺者稷思天下有飢者伊尹思天下之民有不被堯舜之澤者周公思兼三王以施四事其有不合者子曰思脩身思事親思知人孟子曰仁義禮智我固有之也思仁則得仁思義則得義思禮智則得禮智凡吾心所具之理皆以吾之心思之其在於外之物則不言思飢思食渴思飲少思色壯思鬭

老思得未嘗非思也而聖人不以思言之其言思者必其思之而得之者孔子以思爲學言之屢矣而教人切實用功尤莫要於九思視思明聽思聰色思温貌思恭言思忠事思敬謂應事接物之時皆本心之理以思之也○此章書舊解多有紛紜膠轕集註於耳目之官四句尤不切合何謂從其大體小體從之也謂耳目聽命於心也何謂從其小體大體從之也謂心役於耳目也何謂耳目之官不思而蔽於物謂耳目不由心以思之則耳溺於五聲而爲五聲所蔽目迷於五色而爲五色所蔽也何謂物交物則引之謂耳蔽於物而交於目之物目蔽於物而交於耳之物物與物交而耳目爲物引之而去矣耳目之蔽對心之思言物之交對立其大者言耳目爲物所引對心不爲耳目所奪言○集註此三者皆天之所與我者亦不切合夫吾之一身皆天之所與何止於三者此句係連上文讀之謂我思之則得者是天之所以與我者非物也前章云仁義禮智非由外鑠我也我固有之也弗思耳矣與此詞意相同自富歲章以下皆言心故曰仁人心也孟子言心卽言仁義之心思則得之卽得其心也有放心而卽求也

孟子曰五穀者種之美者也　一章

事有必以譬喻而其理始明而孟子尤善於譬喻至此章之譬喻則又不同孟子設言五穀之不熟以譬仁之必在乎熟人亦於爲仁求其熟而已若泥於譬喻之意以五穀不熟不如荑稗而謂爲仁不熟亦有所不如則不如之下難以指言仁之極熟者則中心安仁熟之次者亦利仁而行卽或不熟亦勉强行仁並非謂仁之不熟者舍仁之外別有一道以爲不仁者託足之地也舊註猶爲仁而不熟則反不如爲他道之有成所謂他道不知果何所指人而

不仁則人心亡矣萬事無成而謂有他道之可成乎

曹交問曰人皆可以爲堯舜有諸　全章

集註曹交曹君之弟按魯哀公八年宋景公滅曹曹已無國安得有君江愼修曰曹國之後以國爲姓或是鄒君族人鄒本邾國邾本姓曹故曰交得見於鄒君盍欲於同宗之爲君者假館也又舊註楊氏曰堯舜之道大矣而所以爲之乃在夫行止疾徐之間非有高遠難行之事百姓日用而不知耳夫孟子以徐行後長者謂之弟並未言堯舜之道專在於徐行後長也下文已指明孝弟言之謂堯舜之道盡於孝弟可也舍孝弟而僅言行止疾徐豈卽謂之

爲堯舜乎且又云百姓日用而不知豈人日日爲堯舜而不自知乎又舊註詳曹交之問淺陋麤率必其進見之時禮貌衣冠言動之間多不循禮故教之以此然則謂孟子之言僅爲曹交之衣冠言動言乎亦衣冠言動之間非所以爲堯舜乎曹交問人皆可以爲堯舜孟子教之以孝弟又教之以堯言堯行是爲堯舜之道卽人皆可爲之道也如其人能終其身於孝弟並無一行一止之不孝不弟能終其身言堯之言行堯之行並無一言之非堯一行之非堯雖孔子之爲堯舜亦未有加於此也而豈僅於曹交教

之以此也哉又舊註則性分之內萬理皆備隨處發見無不可師不必留此而受業也又云孟子敎之以孝弟而不容其受業夫曹交以九尺十尺較量湯文彼亦安知性分之內萬理皆備也哉孟子旣告以徐行後長以及堯言堯行又安有以性分之內萬理皆備者敎其歸而求之也哉夫道若大路然謂堯舜之道徐行後長言言行行如大路之予人以共知共行也子歸而求之卽吾所言徐行後長言言行行而求之非謂其萬理皆備之性分俟其隨處發見而求之也有餘師者謂吾之所言師之有餘終身爲之

而不能盡不留此而卽已受業非謂不容其受業也

凱風親之過小者也

此章書前人辨之多矣今將詩章求之並無淫風流行之詞亦並無不安於室之意夫過大過小亦各就其人其事而言黜后廢嫡以國事而言過莫有大於此者有淫行而不安於室以家事而言過亦莫有大於此者而孟子以凱風爲過之小者則必非淫行而不安於室者也詩序凱風美孝子也今讀其詩知孝子之自責而已知衞母罪過孝子孝子不敢怨其母而作詩以自責而已必求其母之事以實之則鑿至以淫行而不安於室以實之則尤謬衞母

旣有七子而七子又能如此作詩其七子並非年少其母業已老大可知也若有淫行七子決不作詩責己之過卽彰其母之過孝子斷不爲也夫曖昧不明之事世俗且深諱之以孝子自責之詩而誣孝子之母以不安於室無乃傷孝子之心乎善則歸親過則歸己凡親之過百凡可引以自責若母之淫行不安於室豈有引以自責之理詩曰母氏聖善必其母之無淫行也若有淫行必不言母氏聖善也謂是孝子假託之詞反言以諱母之過彰母之賢然則三百篇之美刺其詞其意皆不足據一任後之說詩者

以聖善之美詞爲淫行之醜事豈聖人以詩敎人之意也乎且美孝子者詩人作詩以美之也而又以爲孝子所作以自責則不免自相矛盾矣朱子不信詩序而淫詩之序又信之何也

孔子爲魯司寇

舊註史記孔子爲魯司寇攝行相事曰相事乃含渾之詞

按左傳公會齊侯於祝其實夾谷孔某相杜註相會儀也論語集註相贊君之禮者周禮接賓曰儐詔禮曰相是也乃後世講家有言孔子相魯者曰相魯乃是卿相非擯相也夫天子之卿爲相周公相武王相成王以其居冢宰之職而爲左輔右弼之臣也魯國止有三卿季孫爲司徒叔孫爲司馬孟孫爲司空並非另有相職孔子從何而攝行之若謂卿卽爲相則孔子爲司寇卽有相權墮郈墮費墮成卽司寇能爲之又何必攝行相事乎孟子止言孔子爲魯司寇而已不必引史記添攝行相事以註之較爲切當

長君之惡其罪小 一節

集註五霸得罪於三王今之諸侯得罪於五霸皆出於異世故得逃其罪至於今之大夫宜得罪於今之諸侯則同時矣而諸侯非惟莫之罪也乃反以爲良臣而厚禮之不以爲罪而反以爲功何其謬乎是以孟子所謂罪人指大夫得罪於諸侯而言且較量於同時不同時之罪則失之矣愚按五霸以下三章皆因愼子伐齊而發今之大夫即指愼子而言今之諸侯之罪人即指其不能引君於當道而逢君之惡而言並非得罪於諸侯之謂得罪於諸侯者

或削諸侯之土地或毀諸侯之宗廟或東敗西喪南辱以致殺傷諸侯之人民則諸侯必以其罪而罪之亦安有以良臣而厚禮之哉今之大夫爲君闢土地充府庫者也爲君欲與國戰必克者也此正今之所謂良臣亦安可謂之得罪而以爲罪而不以爲功也哉至孟子所謂民賊乃承上文周公封魯太公封齊之時而言謂此闢土地戰必克者在周公太公時乃爲民賊故曰古之所謂民賊以其爲民賊而指其爲罪人非謂今之諸侯當治其罪今之大夫不能逃其罪也巡狩述職言三王之政葵邱之會言五霸之功至於今之大夫今之諸侯則曰長君之惡逢君之惡明其爲同惡共濟如謀殺人大夫造意諸侯下手今以造意爲罪人而責下手者以治其罪且謂造意者得罪於下手者豈不謬哉

魯欲使樂正子爲政　全章

集註此三者皆當世之所尙而樂正子之所短故丑疑而歷問之夫强也有智慮也多聞識也不但爲當世之所尙亦爲政之不可缺者也今謂爲樂正子之所短豈其不能自强無智無慮寡聞寡識而可以爲政乎抑不知所謂好善者果何善乎愚按公孫丑之問蓋問孟子喜而不寐之言下文又問然則奚爲喜而不寐則問者答者皆就所喜而言喜樂正子之强乎喜其有智慮乎喜其多聞識乎曰否謂所喜不在乎此也謂樂正子之所長不僅在此三者

非謂此三者皆樂正子之所短也末註云此章言爲政不在於用一己之長而貴於有以來天下之善其詞其旨極爲精切是以此三者雖係樂正子之所長亦人人共有之長爲政之用不僅在乎此好善者謂好善人也

孟子曰敎亦多術矣　一章

集註屑潔也不以其人爲潔而拒絶之字句恐有錯誤子曰人潔己以進與其潔也朱子曰潔修治也曰不潔則不修治之人也以其人不修治而拒絶之可也不以其人爲不修治而不拒絶之亦可也注云不以其人爲潔而拒絶之則有難解其人既潔矣何得不以其爲潔而拒絶之乎詩谷風不我屑以注屑潔也不以我爲潔而與之也此見棄之怨詞與此章詞旨不合愚按正字通凡遇事物輕視曰不屑孟子不屑去不屑就乞人不屑與此章不屑之敎

誨皆是此意集注於各章皆訓作潔似乎不合

孟子曰盡其心者　全章

心性二字先儒解之甚詳但如何是心如何是性縱言之極其分明而不指其用功之所在究於己之心性毫無干涉葢心卽惻隱羞惡辭讓是非之心也性卽仁義禮智之性也性不可見於心之發用處見之以其惻隱羞惡辭讓是非之心擴充之以及於人及於物而後謂之盡心以仁義禮智之性盡於己而人之性盡物之性亦盡而後謂之知性故盡其惻隱羞惡辭讓是非之心者知仁義禮智之性者也天命之謂性知其性則知天矣○存其心吾心卽天心也養其性吾性卽天性也事天非但奉承之謂也臣之事君子之事父弟之事兄婦之事夫下之事上與朋友之事賢友仁卽天秩天敘之經也存吾之天心養吾之天性以行天秩天敘之經謹懔之而不敢違詩曰維此文王小心翼翼昭事上帝卽所以事天也

殀壽不貳修身以俟之所以立命也

舊註修身以俟死則俟天以終身也又曰事天而能修身以俟死仁之至也又君子行法註程子曰行法以俟命者朝聞道夕死可矣之意也是皆以俟命爲俟死矣夫樂生惡死人之常情常人以富貴功名子孫身家爲不足聖人則以得志行道安人安百姓爲猶病未死之日未有安心以俟死者死生有命命非僅以死言殀壽不貳謂殀與壽絕不疑於心也下章莫非命也註謂吉凶禍福皆天所命若指以爲俟死則是俟殀俟凶俟禍也豈理也哉俟以俟之之字卽指殀壽而言謂或殀或壽悉聽之於命而已莫之爲而爲者天也莫之致而至者命也天以位以祿以壽與我我得之以平治天下是道之將行也命也天以凶以禍以殀與我我得之而遯世不見知而不悔是道之將廢也亦命也修身以俟之行法以俟命居易以俟命皆俟天命之自至也

孟子曰萬物皆備於我矣　全章

集注此言理之本然也大則君臣父子小則事物細微其當然之理無一不具於性分之內也又云此章言萬物之理具於吾心按孟子言萬物而已並未言萬物之理也萬物之理亦非理之本然也既云具於性分之內又云具於吾心此卽合萬物爲一體之意其義可謂精矣而究之不然也性分在內者萬物在外者萬物在外則萬物之理亦在外並非具於吾心也吾之心止有仁義禮智之性而已性卽心之理也有其理而以之父子則有親以之君臣則

有義以之長幼則有序以之夫婦則有別親義序別皆具於性分之內也有吾心之仁可以通天下之善有吾心之義可以制天下之事有吾心之禮可以齊天下之志有吾心之智可以斷天下之疑心理其體也而發於事卽爲用事之理從心之理而出也至於事物細微不過視聽言動之常所視所聽所言所動皆外物之所感而生者卽顔子亦制於外之非禮也亦安有當然之理而無一不具於性分之內也哉○二節注誠實也言反諸身而所備之理皆如惡惡臭如好好色之實然夫心有理必見之於事而理乃實反之於身而視聽言動皆禮則反身而誠矣非謂反之於身而所備之理皆實也此與大學以好善惡惡爲誠者決不相同大學誠止在意上說以後尙有正心修身功夫故其誠專就意而言若以身而言誠則其誠已由意而心而身矣中庸反諸身不誠謂反求諸身而所行之善不能實有諸己則不能順乎親亦非謂反諸身之理不實也○三節注故當凡事勉强推己及人庶幾心公理得然但言凡事勉强而不本之於誠則己之心不公理不得雖推己及人亦僞也中庸忠恕違道不遠誠卽忠也忠而後可

以行恕也○此章言天下之事皆爲吾分所當爲而誠身之功必極之於行恕而後可以求仁萬物指人與事言人則君臣父子兄弟夫婦朋友之倫事則正心修身齊家治國平天下之事萬物皆備於我謂無一不責備於我之身而爲我所當爲也誠者物之終始我能身體而力行之又事事克踐其實則反身而誠矣仰不愧俯不怍樂莫有大於此者以吾之誠推而及之於人則爲恕己所不欲勿施於人能勉强而行之則所以求仁也亦近矣曰我曰身曰誠曰恕曰仁又曰行皆就事物而言不得謂理之本然也

孟子曰行之而不著焉　一章

舊注以行著爲明其所當然以習察爲識其所以然殊不切合此章言學而不思者於道無所得也日行其事而不能顯著其功日習其事而不能精察其理雖終身由之而日日行之日日習之或於道偶有所得而不得其道者衆也

孟子曰待文王而後興者　一章

此章從伯夷避紂章來伯夷太公皆聞文王而興者至孟子時已七百餘年文王不作豈無再爲興起之人伯夷柳下惠奮乎百世之上而百世之下聞者莫不興起豈必待文王乎故孟子曰待文王而後興者此頑懦鄙薄之凡民也若夫豪傑之士擔當世道整頓人心雖無文王猶興何也五百年必有王者興王者不興未必無名世也

殺之而不怨利之而不庸

集注豐氏曰因民之所惡而去之非有心於殺之也何怨之有因民之所利而利之非有心於利之也何庸之有夫古聖王仁以育萬物義以正萬民義所當殺殺之當其罪而民不以爲怨仁所當利利之普其惠而民不以爲庸王者之民所以皥皥如也但謂非有心於殺之非有心於利之則大謬不然殺之而不本於吾心之義以義之乎利之而不本於吾心之仁以推之乎此卽告子以仁義爲外而勿求諸心之說也孔子曰惡似而非者此似是而非之理

前於不遷怒注曾剖別之參觀之其義自見

夫君子所過者化　一節

集註身所經歷之處卽人無不化如舜之耕歷山而田者遜畔陶河濱而器不苦窳也夫帝王必身所經歷之處而後化其爲化亦無幾矣愚按所過者化仍以德敎之所及者而言書曰聲敎訖于四海子思子曰聲名洋溢乎中國施及蠻貊舟車所至人力所通至於凡有血氣者莫不尊親則過化之謂也民日遷善而不知爲之葢以德化民而非以聲色化民也至誠無息者神也上天之載無聲無臭者神也故至誠如神唯天下至誠爲能化易曰窮神知化

惟神故化所過者化由其所存者神也上下與天地同流言聖人之神化與天地之造化同一悠久也羲和之定四時成閏月有一日天地卽有此四時閏月也禹之疏九河奠高山有一日天地卽有此高山大川也稷敎稼穡有一日天地卽有一日稼穡也契敎人倫有一日天地卽有一日人倫也孔子刪詩書贊周易修春秋有一日天地卽有一日易禮詩書春秋也此所謂與天地同流也

君子所性仁義禮智根於心

君子所性仁義禮智根於心根之一字顛撲不破葢草木之在山生來有根月往歲來生發不窮卽一時戕伐而其根尚存雨露滋之人力培之又復生焉性之於心猶根之於土不待種而自生也朱子曰仁義禮智根於心見得四端著在土上相離不得如有殘忍之心便無仁之根有頑鈍之心便無義之根有忿很之心便無禮之根有黑暗之心便無智之根有仁義禮智之根此性之所以無不善也董子曰性猶禾善猶米不得謂禾爲米朱子曰心性以穀

種論則包裹的是心有秫種有秔種隨那種發出不同這便是性愚按性不可以穀種取譬穀種於土而後生性不待種於心而自生也至於隨種發出來者則事之後起者也不是天生之根種稻粱則發生稻粱種烏附則發生烏附可以爲善可以爲不善是告子之言性也不得已強爲譬之禾猶人也米猶人之心也而其味之中正和平可以養人者卽米之性也性無形若以有形之物比之則猶是杞柳湍水之喻抑更有可疑者言性而切定仁義禮智自無有不善者乃自有氣質之說而謂性有善惡之不同則

舍仁義禮智而言性矣而於物之性乃又兼仁義禮智而言之朱子曰以氣言之則知覺運動人與物若不異也以理言之則仁義禮智之稟豈物之所得而全哉又曰告子不知仁義禮智之粹然者人與物異也又曰欲去牛犬身上討仁義便不得又曰仁義禮智雖尋常昆蟲之類皆有之只偏而不全耳又曰禽獸亦是此性只被形體所拘蔽隔之甚無可通處又曰人物氣稟有異不可道物無此理穿牛鼻絡馬首皆是隨他所通處仁義禮智物豈不有但偏耳程子曰禽獸與人相似只是不能推然禽獸之性卻

自然不待學不待教人雖至靈卻斲喪處極多如此之類發明者不下數千萬言謂仁義禮智之性人得其全物得其偏耳朱子曰蓋自天降生民莫不與之以仁義禮智之性矣而其氣質之稟或不能齊是以不能皆有以知其性之所有而全之也然則仁義禮智之或偏或全非聖愚之別乎試問禽獸知母而不知父何有惻隱牝牡不掩何有羞惡爭啄奪食何有辭讓堯桀不分何有是非此天生性使然也而何有仁義禮智之偏乎禽獸無仁義禮智者也故人之無仁義禮智者即無異於禽獸今反謂禽獸有仁義禮智則又何必謂其異於禽獸也哉人之性反有美惡之不同禽獸之性反有仁義禮智之善豈君子所性仁義禮智根於心者物之仁義禮智亦根於心乎則惑之甚者矣

四體不言而喻

舊註言四體不待吾言而自能曉吾意也此語甚不可解語類四體不待命令而自如此謂手容恭不待自家教他恭而自然恭足容重不待自家教他重而自然重此以教字詮解不言竟以手足與自己分而為二未免支離按上文睟然字直貫到施於四體四體之清和潤澤即安舒也謂四體之安舒有非擬議言思所能喻蓋有得於不言之表人不及喻而已獨喻者易曰美在其中而暢於四支大學心廣體胖其即此之謂也

孟子曰孔子登東山而小魯　全章

此章三節皆言聖人之道之大登東山登泰山觀於海遊於聖人之門觀水之瀾觀日月之照觀盈科之流觀成章之達皆以道之用而言皆以道之用之大而言並非言其體之有本也二節註源之有本明之有本以譬道之有本似非此章意旨故觀於海者再難有可觀之水也遊於聖人之門者再難有與言之人也又舊註瀾水之湍急處也但湍急之水惟高灘則有之多係小水似與上文觀海不合且湍急則拂逆水之本性亦無可觀爾雅釋水河水清

且瀾兮註大波為瀾釋名瀾連也言波體轉流相連及也蓋波之因風而滂滄者則為浪波之無風而溢漾者則為瀾凡水之流者無不有波流水之大者無不有瀾總之以水之極大者而言也舊註明是體光是用亦不甚確

孟子曰楊子取為我　全章

集注程子曰此章言道之所貴者中中之所貴者權是言中之後又貴有權乎夫道至於惟精惟一即權矣有權而後執其中非執中之後又貴有權也中與權不可分為兩事子莫不楊不墨以為執中而不知有權孟子謂無權以執中則不能執其中仍不過執其一也○又曰中不可執也識得則事事物物皆有自然之中不待安排安排著則不中矣此則說之有可疑者也夫楊墨之中不可執豈精一之中亦不可執乎無權不可以執中豈有權亦不可執

中乎不分別之而統謂之曰中不可執則未免駭人聽聞與聖人執中之旨相刺謬矣傳曰民受天地之中以生言天地之中氣也易曰龍德而正中者言德之中也書曰降衷於下民厥有恒性言民性之中也子思子曰喜怒哀樂之未發謂之中言性情之中也孔子忠恕之忠亦此中也推之則為恕而萬事萬物皆得其中事物之中皆吾心之中為之從未有言及不待安排而得中者且謂安排著則不中然則孟子之所謂權者非人力安排之乎有權以審其輕重反不得其中乎且不必言事事物物也即以學禮

學樂言之學以何者爲自然之中不待安排則不必時而習之矣禮樂以何者爲自然之中不待安排則不必從先進而損過以就中矣殷之輅爲質而得其中也周之冕爲文而得其中也射則中道而立也御則中道而馳也皆非有自然之中不待安排者也鄉黨一篇記夫子之容貌辭氣凡十四節皆言聖人因心以作則本身以立教凡讀論語者無不知聖人之時中時中者聖人之心無時不中也非謂在廟在朝居鄉使擯與夫衣服飲食交友升車之事先定有一中而與夫子執之亦並非所執之中不待安排

有安排則不中者嫂溺援與不援而已非於援不援之間而有中也娶妻告與不告而已非於告不告之間而有中也釁鐘以牛以羊而已非於牛與羊之間而有中也狄人侵之去與不去而已非於去不去之間而有中也耳之聽也雅聲鄭聲而已非於雅鄭之間而有中也目之視也朱色紫色而已非於朱紫之間而有中也凡事事物物皆非有自然之中所謂中卽本心之中也嫂溺之援娶親之不告釁鐘之易牛避狄之去鄭聲之放紫色之惡皆以心之中故能執其道之中也程子又曰中字最難識須是默識

心通如一廳以中央爲中一家以堂爲中一國以國之中爲中此以四方言中是教人於事物求中也非也子曰中立而不倚謂其志之正守之固行之篤並非求一中之地而立之也數仞之牆而有宗廟之美百官之富得其門而升堂而已而入室而已非必於堂而求其中於室而求其中也居天下之廣居立天下之正位行天下之大道朱子曰廣居仁也正位禮也大道義也仁義禮皆性之中也蓋中者心之不偏不倚無邪曲之謂也孔子言賢智之過愚不肖之不及亦謂明道行道者審擇於無過不及之間而

得道之中非謂事物有自然之中不待安排而自然無過不及也用人行政貴於寬嚴得中也然寬由吾心出之嚴亦由吾心出之則中亦由吾心出之也什一之法爲中多則桀寡則貉然孟子止言輕於堯舜之道者大貉小貉也重於堯舜之道者大桀小桀也是以道爲中非於桀與貉之事物而輕重以取中也故言率性之道未有言及事物之道者萬事萬物皆從吾心之中而出之所以爲天下之大本朱子曰大本者天命之性天下之理皆從此出道之體也安得謂中之在於事物也哉孔子以一貫之一爲中

大學以至善爲中中庸以至誠爲中孟子以居仁由義爲中書曰建中於民以義制事以禮制心是卽以禮義爲中也凡器之有形者皆在外皆爲物也道之無形者皆在內皆生於心也所謂親義序別仁敬孝慈溫良恭儉寬信敏惠皆中也皆心之中也無一不求之於心而得之也若謂事事物物皆有自然之中是堯舜相傳之心法所謂允執厥中者豈教人於物求之乎是不然矣夫事物亦有中也非中之體也求中於耳目之物而無益於心性此俗儒之所謂中非聖人之中也大學於上下前後左右而言所惡

益由心之中而推而及之於人並非謂身之所處上下四旁長短廣狹彼此如一而得其中也夫逐物以求中與逐物以求理其以理以中爲外一也爲學之道由下學而上達自小德以至大成無非本其心之理之淺深以爲得道之次第有心之理而後可以灼物之理有心之中而後可以準物之中中也理也皆由吾心達之天下者也易曰君子以朋友講習書曰念終始典於學孔子所謂溫故知新與夫學問思辨孟子所謂博學詳說與夫誦詩讀書者皆以吾是非之心求之是非之心卽智之德也有是非之心

而物之有理有非理者不能淆物之有中有不中者不能遁由是心而擴充之而吾心之理能察能明可以斷天下之疑本是心而推致之而吾心之中不偏不倚可以定天下之業位育參贊致此中也修齊治平胥此理也而豈徒於物求之也哉程子又曰中者天地間亭亭當當直上直下之正理是則以理爲中而不屬之心又不屬之事渾以天地間言之則不知中與理者果爲何物當於何處下手用功求之學者詳察此義自知中與理之有定在而孟子之言不誣矣○又曰爲我害仁兼愛害義執中者害於時

中皆舉一而廢百也夫孟子言執一者賊道豈執中者而亦有賊道乎楊氏爲我是無君也是言爲我有害於義也墨氏兼愛是無父也是言兼愛有害於仁也今曰爲我害仁兼愛害義則亦不相符

孟子曰有爲者辟若掘井　一章

集註呂侍講曰仁不如堯孝不如舜學不如孔子終未入於聖人之域終未至於天道未免爲半塗而廢自棄前功也此等議論好爲高遠虛張體面説得好聽而已按之實事全不相符人皆可以爲堯舜係曹交之問孟子順其詞而答之並敎以徐行後長服堯之服誦堯之言行堯之行謂堯舜者亦在人爲之非謂其必如堯必如舜也自古無兩堯舜亦無兩孔子顔子之仁不如堯閔子之孝不如舜思曾之學不如孔子豈皆不能入聖人之域而半塗而廢

自棄前功者乎此章書戒行道者之不可有始無終學之弗能弗措也問之弗知弗措也思之弗得弗措也辨之弗明弗措也行之弗篤弗措也辟如掘井者掘之不及泉亦弗措也有爲者指隨爲一事而言必求至於功之成不成功則是棄其事矣五穀者種之美者也苟爲不熟不如荑稗亦與掘井不及泉者同一意也若夫仁也孝也學也是一日以至百年一事推之萬事所積而成者也不能如堯之仁覆天下而一國被澤亦是仁不能如舜之孝能底豫而一事順親亦是孝不能如孔子之贊修刪定而一經之通亦是學得寸則寸得尺則尺雖不能如堯舜孔子而於仁於孝於學仍無損也所患者學之不終而得半自止四端擴充而一旦梏亡則是自棄其仁百年養親而一朝缺膳則是自棄其孝畢生勵行而晚歲失足則是自棄其學孟子以如此之有爲者辟之掘井九仞而不及泉猶爲棄井也人亦學堯之仁學舜之孝學孔子之學而已中行不得狂狷亦可以裁必以如堯如舜如孔子望人謂不如堯舜孔子即是半塗而廢自棄前功則堯舜孔子以後入聖之域絕矣豈孟子立言之意也哉

王子墊問曰士何事　全章

舊註上則公卿大夫下則農工商賈皆有所事而士居其間獨無所事故王子問之也又云士既未得行公卿大夫之道又不當爲農工商賈之業則高尚其志而已又云大人謂公卿大夫也又云若小人之事則固非所當爲也按孟子與萬章彭更周霄及宋勾踐言士皆以己之所以爲士者告之卽王子墊之問亦隱以孟子之爲士問也墊爲齊王之子非士也而何以士問哉彼徒知宮室車馬衣服多與人同自以爲居移氣養移體疑孟子之所爲不能致

身通顯故以何事爲問若謂農工商賈各有所事而士獨無所事而問之是於孟子與王子墊兩無涉也豈王子墊問士之本意也哉志非徒心之所之也心之所之事卽隨之矣尙志者專尙其志以行事也下文居仁由義可見若如舊註云高尙其志而已是墊問何事而孟子以無所有事告也豈孟子言尙志之本旨也哉居仁由義大人之事備矣大人者卽正己而物正之大人卽先立乎其大體之大人卽言不必信行不必果之大人卽不失其赤子之心之大人孟子決不以公卿大夫爲大人也孟子曰君子居是國也其君用之則安富尊榮其子弟從之則孝弟忠信又曰入則孝出則弟守先王之道以待後之學者又曰居天下之廣居立天下之正位行天下之大道得志與民由之不得志獨行其道富貴不能淫貧賤不能移威武不能屈此之謂大丈夫此言士能居仁由義而大人之事卽備之矣殺一無罪非仁也非其有而取之非義也卽指戰國時之公卿大夫言也名世天民孟子本以自命故曰說大人則藐之豈有面齊王之子而以公卿大夫爲大人而尊頌之近於讒諂面諛之人也哉以上之公卿大夫與下之

農工商賈夾出士字是初學作時文陪襯法以小人之事非所當爲陪出大人之事之當爲又是時文對寫俗法俱非此章書旨

孟子曰仲子不義與之齊國而弗受　一章

集註言仲子設若非義而與之齊國必不肯受是孟子斷定其必不肯受乎不義與之齊國而弗受以義與之仲子卽受之乎又云齊人皆信其賢夫與之齊國而弗受豈但齊人皆信其賢卽孔子亦信其賢矣又云然此但小廉耳夫孟子之稱伊尹也非其義也非其道也祿之以天下弗顧也繫馬千駟弗視也以伊尹能樂堯舜之道也廉之大未有大於此者而可以爲小廉也哉舍齊國如舍簞食豆羹是視棄天下猶棄敝屣之義也而豈可以之語仲子哉

又云豈可以小廉信其大節而遂以爲賢也哉所註皆不切合孟子曰仲子是不義之人也有言與之齊國而弗受者人皆信之是信其平日舍簞食豆羹之義也人之義莫大於親戚君臣上下仲子避兄離母是無親戚君臣上下者也人徒以其能舍簞食豆羹之小廉而卽信其不受齊國之大義其可也哉

桃應問曰舜爲天子　全章

此章書不但司馬氏疑之後人之辨之者多矣舜爲天子皐陶爲士瞽瞍殺人此事之至變也常則守經變則守權權者所以稱物而知輕重者有物於此而始用權以稱之若兩手空空只虛擬一四海九州未有之物而欲定其輕重也得乎瞽瞍殺人之事亦若是矣舜與皐陶身當其事自有道以處之葢臨變則用權也若從數千年之後而設想數千年以前未有之事而欲定其事之是非又可得乎葢經者千古之大法權者一時之妙用權不可以先定權

亦不能以代謀非聖人不能以處權聖人非臨事亦不能以用權孟子之言本聖賢之大經大法然以舜與皐陶共爲之事而竟兩不相侔君不顧其臣臣亦不知有君彼與此各行其是恐自聖賢己身處之亦未必如此父母使舜完廩焚之使浚井揜之以聖人之常經而言父母死之則死之耳何以聖人臨死而卒不死者權之道也孟子曰執之而已矣使孟子爲皐陶卽如所言執之乎亦別有權以處之乎舊註言皐陶之心知有法而已不知有天子之父也夫皐陶之心果不知有天子之父乎豈天子之父在於

法之外乎或有以戰國時貴戚犯罪有司多不能執之以伸法桃應之問與孟子之答在於論古而意實在於懲今者但其言之於古亦不知古人果如是之行焉否也總之孟子所言千古之大法至於處變用權非聖人不能權其輕重而使之平也嫂溺援之以手孟子曰權也豈舜為天子皋陶為士瞽瞍殺人而不用權以處之乎

孟子曰形色天性也　一章

形色天性也此節應與君子所性仁義禮智根於心一節合看而其義始見根心一節由性之根而言其發見於形色者踐形一節由形色之發見而言其根於性者孟子曰凡人之形色見於動作威儀之間者皆根於天性也人不能盡性由於不能踐形惟聖人然後可以踐形踐形則睟面盎背施於四體四體不言而喻蓋所謂動容周旋中禮之聖人也故從形色而觀之造次於是顛沛於是即其性之仁也嘑蹴不受言餂不屑即其性之義也揖讓有儀俯仰有度即其性之禮也目視而明耳聽而聰即其性之智也非禮勿視非禮勿聽非禮勿言非禮勿動即踐耳目手足之形也論語言省身大學言修身中庸言誠身孟子言反身皆踐形之謂也踐形即盡性矣非於踐形之外別有盡性之功也孟子言性惟言仁義禮智而已至此又指出踐形二字以示人蓋教之以躬行實踐毋徒空言心性遁入於虛無渺茫之說也楊氏曰天生烝民有物有則物者形色也則者性也蓋有物即有則非以物為則也有形色即有性非以形色為性也形色為性是氣質為性也非也

孟子曰不仁哉梁惠王也　全章

外註此承前篇末三章之意言仁人之恩自内及外云云但前三章一言所厚所薄一言親親仁民一言知者無不知仁者無不愛不過統言仁愛而已此章則指言不仁之事莫甚於好戰既以此章分爲盡心下篇則此章實起下三章之意不仁者縻爛其民而戰春秋無義戰以至仁伐至不仁以善陳善戰爲大罪四章共一意也馬用戰一句則總四章而結之也

孟子曰春秋無義戰　全章

舊註春秋每書諸侯戰伐之事必加譏貶以著其擅興之罪無有以爲合於義而取之者按春秋每書四字明指孔子作春秋之褒貶言也朱子語類春秋是指春秋之經非指春秋之時然則經與時必分開言之乎古者諸侯有罪則天子奉天命而討之或諸侯上告天子下告方伯奉天子之命而伐之皆所以伸大義於天下即謂之義戰也春秋之時列國交相爭戰無復知有天子之大義者亦無有合於天下之公義者謂春秋時無義戰非謂春秋經無義戰也其或正或譎或直或曲或衣裳之會或兵車之合而彼善於此者則有之矣此孟子讀春秋之經論春秋之時而衡論春秋之事非言孔子作春秋之意也葢征者以上伐下之名敵國不得交相征伐若敵國相征則禮樂征伐出自諸侯非出自天子矣

孟子曰盡信書則不如無書　全章

舊註程子曰載事之辭容有重輕而過其實者學者當識其義而已苟執於辭則時或有害於義不如無書之愈也夫易書詩禮春秋皆載事之書也豈皆有不可盡信者乎不信河圖洛書不信古文尚書不信詩序不信周禮不信春秋以爲斷爛朝報者皆因孟子之言而啟之乎至謂不如無書之愈則駭人聽聞秦火之焚豈孟子先已言之謂易書詩禮春秋亦不如焚之之愈乎趙註指尙書自堯典以至秦誓而言講家遂雜舉書中所謂冒聞于上帝與惟

曰欲至於萬年等語以爲美言之過未可盡信其說實是支離又有以黃帝力牧風后等事以及孫武吳起司馬穰苴之書以盡信書爲兵書者亦不切合愚按此章緊承上二章言戰之事謂書中所言戰伐之事有可信者有未可盡信者盡信戰伐之書則不如並戰伐之書而無之言戰之事莫詳於武成吾所取而信之者不過二三策而已舊註策竹簡也孟子時武成一篇不知分爲幾策或四策而取其二三或總言十之二三耳既無奉天伐暴之策亦無反正施仁之策則不能謂所取者在於此策孟子既未明

言亦不必鑿以求之耳仁人無敵於天下孟子書有六章言之舊註俱未解釋則其義不明無敵者並非戰則勝攻則取爭地得地爭城得城之謂謂天下無有與我爲敵我不交兵即能服天下也夫武王奉天伐暴或生或殺惟天所命正己之師不妄殺並正敵國之師不相仇殺王師一到即稽首歸誠若崩厥角而已如有罪在不赦者武王自有命以殺之今武成云前徒倒戈至於血流漂杵以若崩厥角之義求之豈非書之不可盡信者乎舊註然書本意乃謂商人自相殺非謂武王殺之也孟子之說是言懼後

世之惑且長不仁之心如此則似孟子不顧書旨而設言以欺人也豈理也哉

孟子曰有人曰我善爲陳　全章

李氏安溪以國君好仁天下無敵爲敵國相征之驗又以湯伐葛文王伐密伐崇亦無桀紂之命亦爲敵國相征之驗而又以孟子之言各爲一事而發故前後或不相應云云此不但不解無敵二字卽所謂各欲正己也焉用戰二句亦竟畧過故於孟子之言反有所疑夫敵國相征者謂此征則彼與之敵彼征則此與之敵敵則不服也天下無敵謂天下皆服無有出而應敵者而何以爲敵國相征之驗乎湯與文王皆奉行天命者也廢興存亡惟天所命若以伐葛伐密伐崇卽爲敵國相征幾見葛與湯敵乎又見崇密與文王敵乎不與敵卽非敵國相征也後世之取天下者帥數十萬之師今年平江淮明年得隴蜀城不下則屠之地不得則勦之古之仁人以不戰而服天下爲無敵後人則以百戰百勝爲無敵是兩相反也夫國君好仁天下無敵以其好仁而無敵非以其征戰而無敵也故曰民之歸仁也猶水之就下孟子七篇之中言王天下者皆是此意謂殺一無辜而得天下則皆不爲此章明言善戰者爲大罪又結言之曰焉用戰而敵國相征之言又何疑乎

孟子曰好名之人　一章

古聖人之於名也重矣子曰君子疾歿世而名不稱焉疾名之不稱必好名之稱之也故君子之歿也莫重於易名大行受大名細行受細名有忠孝廉節之實卽予以忠孝廉節之名其人好忠孝廉節之名必不至有不忠不孝不廉不節之事也孟子曰人不可不好名也孔子言君子去仁惡乎成名必好名乃能求成其名讓美名也其人而好美名則必惡不美之名雖千乘之國亦有能讓之者若非好名之人雖加以惡名而不顧卽簞食豆羹之細其鄙吝亦有見於詞色者矣此章書文從字順一正一翻直捷了當毫無曲折舊註好名之人矯情干譽是以能讓千乘之國然若本非能輕富貴之人則於得失之小者反不覺其眞情之發見矣又語類其人指眞能讓國者非指好名之人也然則謂名之不可好而好名之人之不足稱乎夫好名而矯情干譽者多矣至於能讓千乘之國而亦有矯情干譽以讓之者乎古之以指讓得天下者惟堯與舜泰伯之讓天下孔子稱爲至德伯夷叔齊之遜國亦稱爲古之賢人至於季札子臧公子郢千古不過數人戰國以後以

千乘之國與人者其事勢有不能不與者而以言乎讓則未也今乃以讓爲矯情干譽何以數千年來矯情干譽者之絕無其人乎能讓千乘之國者不得指爲好名之人謂孟子看好名之人太重未必能讓千乘之國可也集註乃看好名之人太輕而反謂其能讓千乘之國何其言之相左乎上二句言好名之人如此下二句言不好名之人如彼是以兩人相形言之今謂其能讓千乘之國又謂若本非能輕富貴之人是撮合兩人而以一人言之夫千乘之國亦富貴之極位也讓千乘之國者謂非能輕富貴之人

哉孟子謂失其本心者簞食豆羹可以不受萬鍾則不辨禮義而受之今乃謂千乘之國可以讓人而簞食豆羹不肯與人豈理也哉孟子之言豈如是之反覆無常而自相矛盾也哉

孟子曰民爲貴社稷次之　全章

舊註邱民田野之民至微賤也按字書邱阜也高也大也聚也小陵曰邱土高曰邱物之積如山曰邱民之聚如山亦曰邱禮祭天曰圜邱祭地曰方邱孔子之名萬世尊之邱民二字創自孟子豈有以邱民爲微賤乎葢邱民言其尊也又言其衆也如庶民黎民烝民兆民之謂普天下之民言之非以田野之民僅指農民而以微賤言也又舊註邱民至微賤也然得其心則天下歸之天子至尊貴也然得其心者不過爲諸侯耳是民爲貴也夫孟子明言民爲

貴矣而必先言民之微賤明言君爲輕矣而必先言君之尊貴則似時藝中前一層賠襯法而於義實不相符民爲賤得其心則爲天子爲天子者貴耳民何有貴乎天子至尊得其心不過爲諸侯爲諸侯者輕耳天子何有輕乎所謂爲貴爲輕者果如是乎又云而君之尊又繫於二者之存亡故其輕重如此夫君以治民安社稷者也不能治不能安而至於二者之亡不必言也若民存社稷存而君遂尊亦民與社稷之次尊乎亦尊於民與社稷之上乎則與孟子君爲輕之言相反矣此章緊承上章而言謂不仁而

不能得天下者是不知得民之道也仁及於天下則得乎邱民而爲天子矣得天下者知民之爲貴故立社稷以庇民又立諸侯大夫以保民社稷不庇民天子得而變置之諸侯危社稷而不保民天子亦得而變置之君爲輕指諸侯而言不得以天子爲輕也民謂民事也貴對輕字是貴重之貴非貴賤之貴也謂天子以民爲重社稷次之諸侯爲輕也舊註以民與天子貼貴賤對講又謂君輕於社稷又謂社稷雖重於君而輕於民是以民爲尊而無上之貴雖天子之至尊貴者亦不知民之貴而邱民竟貴於天子

諸侯大夫之上亦不知變置諸侯變置社稷者亦邱民乎則天地易位矣豈理也哉天生民而立之君又設諸侯大夫以及庶司百職之掌凡以爲民也詩書春秋周禮六官皆古帝王治民之書也孟子言王政惟以五畝之宅百畝之田桑以衣帛畜以食肉仰以事父母俯以畜妻子與夫魚鼈之食材木之用養生送死之無憾而日夜勞來其民者尤在於庠序之敎孝弟之義蓋三代以來之所貴者無有過於民也降及後世奮發有爲之主亦覽立法陳度政事修明而究所以遠慮深謀者無非爲身家子孫之計其下焉者卽專在於土地之闢府庫之充竭民膏脂而弗恤殘民骨肉而弗顧其於民直草薙禽獮而莫之痛而國亦遂至於亂亡故曰三代之治之所以隆貴民而已後世之治之所以降賤民而已此章民爲貴一語直括孟子七篇言王政之全而實承上章以仁字爲得天下之本若以民與社稷與君較量貴輕則失之矣

孟子曰賢者以其昭昭　一章

舊註尹氏曰大學之道在自昭明德而施於天下國家其有不順者寡矣此等議論說得好聽亦廣大亦高明於理亦足但於此章書旨則不相涉此章爲責人則明處己則昏者而言夫道若大路然固昭予人以共見者也古之賢者以人所共見之心行共見之事因以共行之道而使人亦以其道而共行之是暗室而予以燈夜行而繼以燭以己之昭昭故能使人亦昭昭也今則不然責己以昏而責人又極其明己好利而使人廉己好暴而使人讓己作

奸而使人忠己干犯而使人孝己無惻隱羞惡辭讓是非之心而使人則責其不仁不智無禮無義其所令反其所好而民不從而欲人之廉讓忠孝仁義禮智也斷不能矣居心私而論人則刻處己薄而責人則厚是以己之昏昏使人昭昭人亦安能爲其所使也哉此亦指人之持身涉世而言非有大學之道自昭明德而施於天下國家也

孟子曰口之於味也　全章

命也性也兩節是辨命與性之分非以耳目口鼻爲氣質之性以仁義禮智爲義理之性須合來則得之兩節則其義更明之於二字卽有求之之意口之求於味也目之求於色也耳之求於聲也鼻之求於臭也四肢之求於安佚也人以爲求則得之性也而不知得之有命焉君子不謂性也仁之求於父子也義之求於君臣也禮之求於賓主也智之求於賢者也聖人之求於天道也人以爲得之有命也而不知求則得之求在我者也有性焉君子不謂命

也○前人氣質之性由於誤會此章性也二字謂性也爲孟子所言不謂性也泛指君子而言不知孟子書中君子多係孟子隱以自謂孟子因當時之言性者誤以聲色臭味爲性如告子食色性也之類因謂之曰耳目口鼻四肢之於聲色臭味安佚人以爲性也君子則以爲有命焉不謂之性也

浩生不害問曰樂正子何人也　全章

舊註天下之理其善者皆可欲其惡者皆可惡其爲人也可欲而不可惡則可謂善人矣然則天下之理亦有善者惡者乎其善者何理爲可欲其惡者何理爲可惡乎然則又以樂正子爲可欲而不可惡之人乎夫浩生之再問者問何謂善也非問何謂善人也孟子告以可欲之謂善也非告以可欲之謂善人也人以樂正子爲可欲卽爲善人設有惡樂正子以爲不可欲者卽不得爲善人乎孟子曰其爲人也好善謂樂正子能好善人也今就人而言謂樂

正子之爲人可欲而不可惡則是人好樂正子矣豈不與孟子之言相反乎外註尹氏曰自可欲之善至於聖而不可知之神上下一理擴充之至於神則不可得而名矣旣曰天下之理有善有惡又豈得曰自可欲至於聖神上下一理擴充之乎愚按可欲之謂善謂所欲皆善卽謂之善也孔子曰七十而從心所欲大學之道欲致欲誠欲正欲修欲齊欲治欲明明德於天下又欲立立人欲達達人欲仁而得仁孟子曰我亦欲正人心孔孟所謂欲者皆指善而言故曰人之欲善誰不如我又曰子欲善而民善矣凡事之可欲者皆善也善有諸己以至於美大聖神皆善之量所擴充也若不以善之見諸事者而言而僅以上下一理籠罩言之亦不知美大聖神於何見之而學美大聖神者又於何知之也以五常五事之善體之於身則有諸己之謂信也仁之實以事親義之實以從兄以及智之實禮之實樂之實皆盡其力以行之則充實之謂美也充其善之實而措之天下達道達德三百三千文章燦明禮樂修備則充實而有光輝之謂大也不以聲色化民而德盛而民自化之如孔子之立斯立道斯行綏斯來動斯和所謂

上下與天地同流者則大而化之之謂聖也大者誠則形形則著著則明所以盡人性也化者明則動動則變變則化所以盡物性也易曰陰陽不測之謂神又曰神也者妙萬物而爲言者也至於神則贊化育參天地人不能知卽聖亦有不自知其然者故曰聖而不可知之之謂神也湯武聖也惟堯舜則爲神伯夷伊尹柳下惠聖也惟孔子則爲神孟子旣言二又言四以功夫分淺深以事業分大小確有此六等之人而舊註云非聖人之上又有一等神人亦不切合

孟子曰有布縷之征 一章

集注征賦之法歲有常數然布縷取之於夏粟米取之於秋力役取之於冬當各以其時若并取之則民力有所不堪矣今兩稅三限之法亦此意也如是是三者一歲征之但有夏秋冬之分時則所謂用一緩二者惟布縷取於夏者可以言之至秋之時征粟米則已用二緩一矣冬之時又征力役豈非用其三而無所謂緩乎所謂緩者非緩其二不過緩其時而已後世有以一事之征而分爲兩稅又分爲三限者如今日征銀一兩恐民力措辦不及分五錢

春征爲上忙五錢秋征爲下忙並未有以三時而分征三事者彼民也於耕田畝賦之外夏而布縷迫之秋而粟米迫之冬而力役迫之無論其爲土地之所產所業與非其所產所業者無不限其時以征之將一家子婦終歲勤苦不得以養其父母又稱貸而益之使老稚轉乎溝壑豈非所謂民有殍而父子離乎愚按征賦二字應分別言之賦者什一之法卽三代之貢助徹也征則取其土產之物而已周禮以土均之法辨五物九等制天下之地征後世竟有關市之征戴盈之亦欲去之矣孟子恐後世之征商榷酤而無所終極故舉先王征之之法爲當時之諸侯大夫告也謂有布縷之征粟米之征力役之征布縷卽里布也力役卽夫家也粟米則土地之所產非田畝之所出也三者各以九州之所宜而征之產絲麻之地則征布縷產膏粱之地則征粟米民無職事無常業者則征力役力役卽今之徭役也緩卽寬弛之意取其一不取其二也征賦之法通計一年爲制孟子所謂用一緩二者謂布縷粟米力役非一家所能出征之者止用其一也若如注云當各以其時是於夏用布縷之一於秋用粟米之一於冬用力役

之一以是爲不並取之若不分夏秋冬並一時而取之則民力有所不堪豈知一時之征止用其一合一歲之征不已用其三乎此非毫釐千里之差乎

孟子曰堯舜性者也湯武反之也動容周旋中禮者
盛德之至也節　哭死而哀　全章
舊註呂氏曰法由此立命由此出聖人也行法以俟命君子也聖人性之君子所以復其性也是分堯舜爲聖人湯武爲君子似非孟子立言本旨講家以下二節分頂性反按哭死六句不必指爲聖人之事爲湯武所不能又有以動容二句爲性之事哭死以下爲反之事指定兩節分疏性反者總不切合愚按天道不外人道堯舜亦不能不假修爲而人道卽至於天道修身踐形湯武止是盡性朱子

曰反之者修爲以復其性而至於聖人是性之反之皆盛德之至聖人之事也動容周旋中禮統承堯舜湯武而言應以此二句連上爲一節哭死以下是敎人以率性之功哀死非爲生率仁之性也經德非干祿率義之性也信言非正行本性之誠也人受天地之中以生是以有動作威儀之則卽法也法卽禮也復禮以爲仁行法以全其天命之性而已書所謂法服法言法行與法度法制法律及王法國政家法者皆有其可踐之跡也舊註法者天理之當然是以有物有則之法而指爲無憑無據之理實不相符

狂者又不可得欲得不屑不絜之士而與之
集注屑潔也是屑潔兩字同義則不屑不潔兩層亦同一意也狷者本有潔己之意今曰不潔則意有難通按古注陳氏曰以不善爲不潔而不屑爲之添出不善字亦似不合正字通凡遇事物輕視曰不屑此章不屑不潔不得平看謂不屑於爲不潔之士較爲切當

四書理畫（孟子）一卷

清　張楚鍾撰

清光緒刻本

泰和張楚鍾學

孟子

梁惠王　陽純屬仁陰雜屬義　義致利且易利致害且難盡義陽也一域一類利與易純也二域一　類害與難雜也二域二類以域致類故也　求利致害者或人不利　致己不利或己不義致己不利先義後利猶太陽太陰後義先利猶少陽少陰　無毫髮之差則不陰無毫髮之閒則不雜　文王己利人雖己利己而人終利己雜致雜雖純無害桀己利己雖己利己而人終利人純致純雖陽無益

桀恃天之日大於己之生知天必不亡目則必不亡己之生天不亡己則不妨濟以己亡民恃桀之生大於己之生知己可亡生以亡桀之生己亡則隨以己亡　民亦憂其憂者民視君重己輕故欲君小

禍己大禍民欲與之偕亡者民視君禍大己禍小故欲以處君輕己
重　有臺池鳥獸而無身以享何樂之有有物無身横直皆雜　不
行王政是上之下好戰是下走是下之下五十步之喻是以下之下
喻上之下　有者從小起無者從大起罟能取大魚者尚不能取小
魚　五十可衣帛七十可食肉是年多之人少年與人相消長物多
人少則致每人之物多物與每人之物相隨人與每人之物又相消
長　七十者衣帛食肉不飢寒五十者衣帛不飢寒黎民不飢寒直
第少者横有多直第多者横有小　倉儲者下衰多益寡由此之彼
必經上手上中而不偏民不知移豐濟凶君爲之移也　兵殺人爲
陰當處以雜方爲陽而手爲王之者純陰併爲陰致陰也歲殺人爲
陰當處以陽方爲中而王亦殺之者陰陰共致陰也兵之殺人人實
操之是兵從人歲之殺人王不能救是王從歲人與兵王與歲相消

長人兵與殺人王歲與殺人相隨　梃刃皆立死政則否刃斷首梃

政則否政梃　以刃引政陰引陽以梃刃引刃政純引雜若論致

死則梃與刃陰與陰刃與政亦陰與陰共爲純與純　率獸食人者

損人食益獸食必致損人肉益獸食而後已獸食人食直處斜獸食

人則直處橫獸食人食人失獸得也獸食人則人之本失獸之末得

矣　人當食物人食人物食物則純處雜物食人則倒處順獸食人

橫倒直雜獸相食橫雜直半純雜也　獸相食是純處雜其所純又

與人雜　此民尊君親上則此民與君純彼陷溺其民則彼民亦與

此君純　仁者無敵一則此之一類三域彼之一類一域一則此之

二域一類彼之二域二類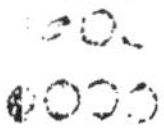上一下二下不與上向則下之彼此

不純故必定於一　無王則亂　王純義霸雜利利已爲雜霸又純雜

之異　吝者愛己之物王與禮爭　物不忍者愛物之己物與禮爭有

生爲陽死爲陰生指未殺死與聲指方殺肉指已殺見生不忍見死生生與生死異聞聲不忍食肉生死與死死異　見其生不食其肉可也見其生食其肉則失心不可也見其生食其肉心不変猶可也心安之不可也陰而雜不如陽而純同而雜不如異而純　遠庖廚一則由其不忍而後然聞聲不食肉故食肉則使不聞聲一則由欲養其不忍而先然聞聲不食肉爲是故欲養其是者食肉則不使聞聲蓋不見生乃能食肉爲純且既純乃以純爲同也不然則必以不食肉爲純食肉則爲雜矣且既雜必以不仁爲同仁爲異矣習於惡則以惡爲常也故必遠庖廚　恥躬不逮是言行皆欲其有非言行皆欲其無師文王是功效皆欲其強非功效皆欲其弱皆主於本純不主於末純遠庖廚是欲其事慘而地遠非欲其地遠而事慘皆主於末純不主於本雜　由民及物純也由物及民則雜然由愛物

而仁民則先後雖與民物雜輕重未與民物雜且先後於輕重處民物之純雜雖異後中之輕重處民物未雜　由牛而推之親與民反其本也由親及民由民及物循其序也循序者理之當然反本者由非理之當然而理之當然蓋因其明而通之有二一則擴其心由近而通於遠推己及人是也一則收其心由遠而通於近愛牛及人是也　齊宣尙明於他以義利符故獨暗於此以義利歧故不義是上層第二類本無可欲所欲者利爲下層第一類耳　求大欲而害民是但計己利不計己義與民利　緣木求魚小求大則不相致以所爲求所欲小則必有災　小力不敵大力大德能勝小德以大小論也大德小力能勝小德大力以大小及德力開之純雜論也己德大力小彼德小力大不但己德勝彼德亦且己德勝彼力　從之輕利大足任義小利必大乃能任義小救死贍者利有任義無救死不贍

者利無不能任義無　服者不止養能勝教養與教相隨且力能勝
義兼教教與養相消長教養與力相隨
梁惠王下　自首章至明堂章皆欲君所自奉者循理而公於天下
理第一層公有多行　王所謂今古以是非判孟子所謂甚不甚以
純雜判王意以純雜處是非論其所致處非以純則愈惡孟子意論
純雜不論是非處非以純則美　好樂欲其甚好勇欲其大皆欲公
其義非欲重其不義且非以域多為甚與大乃以類一為甚與大
獨與與人直一二也與少與與衆下橫一二也獨與人判純雜與少
與與衆判同異獨純與人雜與少同與衆異　殺鹿如殺人之罪陰
也大禁之間純也囿處陰國處純　殺人者死陰處陰為純殺鹿如
殺人之罪雜處純不為同　以大事小猶居上不驕以小事大猶為
下不倍仁陽知純　寵綏四方君撫民為陽純陽寵之四方君上民

下爲陽陽陰陰　王立沼上自樂其沼故問君之賢者樂乎言先有
利後有義者後有利否館孟子於雪宫以雪宫樂孟子故問賢者樂
乎言先有義者後有利否梁惠疑己必不利乃爲賢不知人己共利
爲賢齊宣疑賢不當有利不知賢與己共利惠恐己處己以義即不
得己處己以利故孟子言己處己以義然後人處己以利宣言人處
人以義若人處人以利則己處人以利爲義利雜義利雜致利爲足
矜故孟子言己須處人以利然後人處己以利不但人處人以義與
利者己當處人以利是不但人之義者當利之凡人皆當利之賢者
有此樂中先義後利也人不得則非其上下先不利上後不利也
先與後横之雜也實與視直之純也利人則利己者先人後己先後
析處人己不難實人視若己實視析處人己則難實利視爲利實視
共處利不難先利後利先後共處利則難　巡狩述職遍於天下王

侯横相交也省耕省歛行於國中君民直相交也王侯爲經君民爲緯　爲諸侯度陽致陽爲諸侯憂陰致雜度與憂雖爲純雜但度者先有下陽次上陽中純次下陽憂者先有下陽次上陰中雜　惟君所行論陰陽則臣二君一論純雜則臣已一　知善則吉惡則凶必歸於善知取之而悅則取之取之而不悅則勿取今既取之不悅則必歸於勿取　惟君所行言純唯一類陰陽則有二類君請擇於斯二者言純一類在二域陰陽一類唯在一域　君臣爲經君民爲緯君臣民又爲經民事物又爲緯　世祿不世官非謂祿可苟以利處利非以利處不義也上治下以義乎下也下養上以利乎上也不賢者食祿不治事是上之利乎下下之不義不乎上　澤梁無禁陽也數罟不入雖陽而雜也仁民愛物之別　鰥寡獨必云老而無者幼則額當無無之不足怪壯則寔可有無之不足悲老而無乃眞可悲

有妻則用度奢侈不但橫多其人即妻亦宜多其事　好色同民非以萬共一　乃以萬處萬正陰陽共純耳　內外不止判男女兼判君民後宮多則內有怨女外即有曠夫男之經多緯必少女之緯多經必少　孟子言義則利上層義下層利也言貨色不害王共層全義乎利也　好樂欲其甚好勇欲其大非求事之多乃求理之公循理第一層也徇欲第二層也公於天下第一層有二行也私於一己第二層有一行也以同樂爲量不暇論層第一二且先論行有一二其實理專於是即氣兼陰陽第二層有二行有一行必第一層故第二層有一行與有二行即第二層與第一層有一行也第一層第一行爲是第二行爲非第二層第一行爲上第二行爲下　疏密猶陰陽難易猶純雜　昔者所進今日不知其亡中有誤進者亦有誤亡者亡是則進非進是則亡非王但慮誤進以爲昔以純處陰今以雜

處陰猶偏也　將使三句有二義一謂賤而處貴故非有德不可位與位雜則德與位不可不純直位位雜致斜德位純也一謂無德而貴則終必賤故非有德不可德與位雜則先位與後位亦雜故德與後位不可不純以横德位雜直位位雜致横德位純德位既爲斜又爲横者蓋如分面線直又爲股也　君必桀紂臣必湯武而後可放伐德既如此而後勝則義亦如湯武陰陰陽陽則純也湯武陽且純也　君臣處廢與須濟以德之暴聖乃可位與德相消長德位與效相隨　取之而民悅則取之純致純不悅則勿取雜雜亦致純　天命之改亦有淵但祇論其經則彼此迥異間不容髮如未到曉鐘猶是春也經者有無之大界　無德而倍地是額消寔長其寔之消必矣　勝字平聲則爲其行各層去聲則爲其層各行　不可勝誅者其罪當誅其多則不可誅不正者多是陰而純　事齊事楚不事與

事判純陰陽事此事彼判雜陰陽事事兼事判純雜　唯虛能容實實則阻城是也唯實能盛實虛則陷池是也　民以共地共君爲安君以各君各地爲存社稷以各者有共地爲安蓋太王與狄情不一須各地乃並存共地則必一存一亡去邠是甘亡處去彼處留雜處雜不肯彼己共處純雜處純　人衆則彼此皆然彼此之雜處有也爭先則己先人後己之陽處先也彼此陰陽也己人純雜也陽以陽爲純陰以陰爲純　聖賢出處理皆純氣有陰陽時運盛衰氣皆純理有是非

公孫丑上　歸殷久則難變多時致多時也去武丁未久則難變純陽致多時也一說歸殷久升者多也去武丁未久降者少也唯升多降少則尚爲陽去失尚遠域多類一故曰難變又一說域多類尚一況域未多則類更一域多則域類之閒少域少則類少唯其得已深

則其失淺者不能出乎其外故旣曰久則難變又曰未久　今時所以易者時之易是寔小額更小則以小爲大勢之易是寔小而寔又更大唯寔更大則雖小可大　以時勢之盛衰爲盛衰齊人之見本卑而以卑處卑卻確蓋雖異而合也　富貴動心心與利符喜其利之大大任動心心與義不愜畏其事之大丑非疑孟子有利之寔大而動喜心乃疑有義之寔大而動疑懼心動心非悅富貴乃憂大任不動心亦非不悅富貴乃不憂大任　一毫之挫若撻市朝視己之小如大視刺萬乘若刺褐夫視人之大如小己大人小故必勝一說一毫若撻視人之弱如强萬乘若褐視人之强如弱額人弱而寔人强所以不受不受者隨人弱消長人强也　必勝者陽且純視不勝猶勝者陰而純是以額陰就寔陰致絀　自反不縮則惴惴卽懼之動心然以惴處不縮卽縮雖處陰致陽也　佛氏取體舍用儒者取

是舍非告子取體用是非之純而舍雜　不得於言四句誣志氣之
純爲雜兩不相及孟子先斷其可不可言志氣之緯雜能順相及不
能倒相及夫志數句言志氣之經純必相及　志至氣次持志無暴
氣者孟子本謂半雜處以半純丑誤謂全雜處以全純故疑之　志
氣爲陰陽則志及氣氣及志爲順倒動靜爲陰陽則壹不壹爲純雜
知言聲之知養氣形之行聲之知爲聽形之行爲動　盛大者物
物皆有流行者一物所行處處皆有物爲經曰大處爲緯曰剛　過
者有非不及者無是直養者有是無害者無非直養不但有是乃有
有是無非無害不但無[illegible]乃無有非無是故下文害兼忘助而且必
有事有有是也勿正有無非也心勿忘無無是也勿助長無有非也
一說是集義所生者言是有陽是無陰非非義襲而取之言非有陽
非無陰是是有陽是故必有事是無陰非故心勿忘非有陽非故勿

忘勿助長　直養無害則塞天地非己氣之長能然乃己氣通乎天地之氣猶日長由七時八時九時十時十一時而半年爲晝非十一時驟長至半年也但日長晝與晝逼氣塞指人與天地通晝爲區夜爲界人與天地皆爲區　集義以生氣者由氣循理致理得氣充氣以配義者由理得氣配氣循理氣循理者本也理得氣者末也本先末後則本先致末後也本後末先則兩不相致故以兩端致中閒而已　配橫生斜∞　有事勿助在事勿正勿忘在心勿正勿助序不可亂有事勿忘功不可闕志則先勿正後勿忘氣則先有事後勿助志先陰後陽氣先陽後陰　忘是事不及時助長是事過於時　助長者欲速則不達卽上文襲字蓋此半消彼半長橫消直長一時有多事也一說方寸之木可使高於岑樓蓋以第一有一之時爲第二有一之事或爲第二有二之事　忘是以無處爲助是以有處害忘

者以有益爲無益助者以有害爲有益 心失則言病而事害

孟子卻由言病知、〃矣由心失知事害 知言者如在堂上陽也所知者如在堂下陽與陰也 文學者一體第二有一德行者具體第一有二 久速純雜也仕止陰陽也或以仕止爲陰中之純雜久速爲陽中之純雜 勢小利大其德必盛以利之大爲小義之小爲大其心必正 德盛則致利義未嘗不利也其功有義則其效有利心正則不欲利不舍義以徇利也其功有義無利 行一不義三句枉尺直尋也不爲是以義利爲判大利尙輕於小義也 智足知聖知既絕矣不阿所好行又陽也 閒暇謂非初升乃再升或再降時

閒暇有利無害之時仁者以之修德明其政刑利加以義以理末之暇務理本不仁者以之縱欲般樂怠敖利加以利以理末之暇務欲末 天作孼半失自作孼全失 悅者悅其陽願者願以純處之一

說悅其純我願以我純彼處彼純我　天地以生物爲心直純也所生之物亦得此心以橫純居同地統兩純也一　生字旣爲直純又爲橫同所生之物橫純也各得生物之心又直純也橫直併會於橫上」

思而後得勉而後中有額而後有寔也內交要譽惡其聲而然有利而後有義也　無惻八句非言無理之實則非人之名是言無理之實則非人之實且非就人道之實目以天道之名是就天道之實目以天道之實　保其良心者直加也○○　擴其良心者直加又橫加也○○　矢人函人雖判仁不仁然皆爲利也義利爲經仁不仁爲緯

己喜人攻己過者上中以己好人上下以己惡己中下以人惡己

夷以淸爲額與人處爲寔　故　惠其純惠以和爲額與人處爲寔故覽其雜一則下位與中間相反由上位陰一則下位與中間相消長由下位半善半惡夷惠又皆以與人處爲額而夷以純爲寔故處以

去惡以雜爲寔故處以就一則上位與中閒相反由下位陰一則上位與中閒相消長由下位半美半惡　屑字有三義注以爲彼物重我重之孫氏以爲彼物重當濟以彼物輕更有一說己微當濟以重之　不隱人之賢使人有德必有位志在利義不在利己使義與君一己不必與君一不隱己之賢使己有德乃有位志在己義不在己利使義與己一君不必與己一此進不隱賢言己義不己利非言利義不利己己義則利義己利則利己實相緣而致也賢義也不隱利也　文仲所蔽之賢指其層之他行惠所不隱之賢指其行之上層也

凡人勝己則相隨爲困故恥與衣狐貉者立人遜己則相消長爲辱故不屑與袒裼裸裎者立

公孫丑下　地利陽也人和純也　天時橫純直斜雜地利斜純橫直雜人和直純橫斜雜　地利不如人和者人和去人近地利去人

違人和致地利順地利致人和倒　以德位則德重位輕故孟子不可召以人己則貴貴尊賢皆自卑尊人故孟子可朝王王不可召孟子德位陰陽也人己純雜也　凡事欲其稱上尊賢則下貴貴上不尊賢則下不貴貴　不得已之景丑氏宿非由本不欲往仲子已言往則不往而亦不得不往乃由本不欲往仲子已言往則愈當示以不可往非以陰加陽致中乃以陰內滅陽致更陰非謂以造朝之言加於不朝得半總數爲半朝半不朝乃以造朝之言滅於不朝則得餘數爲更不朝不當朝朝爲額許朝爲寔額與寔相隨寔與寔相消長

上德不如下則當事之如下則當友之魯繆公孟獻子是也　學焉後臣君先致禮於臣臣乃致禮於君也尊爲賓師學焉也任爲執政臣之也學而後臣先尊之後卑之直純也一說親其所尊豎純也或以學爲尊之臣爲卑之尊處先卑處後或以學爲尊之臣爲親之

尊處親　由芻牧在人反牛羊於人雜處雜也由有牛羊無芻牧反諸人雜處陰也　齊王之罪陰也距心之罪純其陰亦爲陰也　無官守言責額消也不得其職與言寔消也可以不去者額不必再消也　位以陽爲大故曰不爲小路以雜爲多故曰不爲近位不小則類一路不近則域多類一宜言域多宜數　棺椁無度謂厚薄無定言不純非言不陽與唯酒無量一例厚陽薄陰有定純無定雜　以天下儉親物不動天下升親降也猶愛羊不愛禮之見　以天下儉親有二義一則天下得豐親得嗇相錯也一則嗇得親親得嗇相綜也以豐嗇處天下與親由於以厚薄視天下與親　官爲民復讎論位則下殺下上殺下域先純後順論理則中殺中中殺惡類先純後順　殺人者死情以雜處雜致同然必士師乃得刑之又以位順處情順不計位以順處純　先下殺下後上殺下論直當否也先中殺

中後中殺勝人者論橫相濟否也　士師殺兇人理之中正居上理之曲直居下利害居中蓋以利處害以害處利皆得中以利處義以害處不義皆得義　以善誅惡實以中殺勝人者以害處不義實以害處利一點處一線一點實一點處二線　燕非堯舜而禪雜而純也齊非湯武而征合而分也　不智愈於不仁額不智又愈於寔不智各有二義一則輕失愈於重失一則輕失處重失愈於重失　樊遲疑仁智相悖是兩點彼陰此陽則其兩線一純一雜尹士陋賈言仁智未盡是彼點陰此線純則彼線此點必一純一陰或一陽一雜

賈必以過坐聖者一則聖過王過則王純於聖一則聖過額美寔惡爲降王過額惡寔惡爲平總之額降寔平爲升　過則改之實與實雜人皆見之名與實純過則改之陰雜陽過則順之陰純陰又從爲之辭以爲陽有陰則陰當有陰且更當有陰也　象惡小雜而陽

管惡大純而陰象惡著陰而純管惡隱陽而雜陽則全之陰則誅之陰則防其惡免其誅陽則成其惡致其誅　象惡已著舜得防之以無處惡方以無處刑也　左右望而罔市利未必左右皆有利而不免皆堅知二而行一也　子絶長者先陰致後陰長者絶子後陰致中雜　不怨天者天雜由己陰不怨勝己者己陰非由人陽　彼一時額有己無人寔亦然故不怨此一時額有己有人寔有己無人故不豫　舍我其誰陰處我則陽處誰必陽處我乃陽處我也誰者不宜屬彼之謂　以類則義必利故無不豫以域則義或不利故有不豫　不遇故去豈予所欲言不遇而去所以見心不欲去不欲去故遲留久於齊非我志言不得去而不去所以見心欲去欲去故不受祿護彼額　彼寔致此額額相消長斜相隨此額致此寔值相隨也

滕文公上　文王我師陰效陽周公豈欺雜效純　自天子達於庶

人橫純也三代共之直純且同也　爲富二句皆得所不欲失所欲且額小甚大也所不欲又爲額所欲又爲寔蓋如意事視大如小不如意事視小如大故孟子謂富害仁陽虎恐仁害富　通者一經二緯均者二經各一緯通者陰陽純雜皆一均者陰陽殊純雜一　田有定分雜也賦無常數純其雜也　君既爲民父母則當養民并養民之父母君與民之父母共層各行共則當相恤各則上下雖懸其雜則一當相報　因略以致詳行有一致有二推舊而爲新層第一致篤二　行稱神農一以陵篤孟子一取其無徵猶佛氏言刼灰及六合外耳蓋時遠則古古則其名貴時遠則無徵無徵則其額杳其寔可妄言也　己陰者欲人己純故上下無別　並耕兼治民事雖君民共事然君二事民一事反爲純雜不同矣由誤認治爲無事故也蓋行非謂不當交易乃不知大人有事妄以爲下與上易非以此

易彼是以此易無此無彼爲有施無報耳　夏張游欲以陽處陰曾子欲以陰處陰實以純處陰三子不忘師以陽以横純曾子不忘師以直純以同蓋尊似聖外聖則尊之內未聖亦尊之以尊爲恆曾子不肯外聖則尊之內未聖則不尊之以純爲恆三子事有子以似愈乎非也曾子不肯以似遜乎真也似者陽而雜　行是言長短輕重多寡大小人能辨者已即令其辨之精粗美惡人不易辨者已即不令其辨之不知辨之難易不一其爲有辨則一　蓋彼實與彼各有遠近彼實與己實宜無不相符也　墨氏親處賓貴處薄處親夷之則厚其親或以厚處賤賤處親或以厚處貴貴處親二者必居一於此皆有二閉邊墨教非皆純則皆雜必不能一純一雜其純雜旣同以厚處親則又雜是一同一雜必不能同且純亦不能異且雜　援正入邪推邪附正在彼以爲得計然在我已得以矛刺盾一則彼喜

雜我喜半陽一則彼喜彼有陽我喜陽有彼　一本則有差等經少緯多二本則無差等經多緯少　兼愛則以本兼處本末處二以一則反二故曰二本不但親與疏共處厚爲非卽以厚處疏已非兼愛半不是倒行逆施全不是

滕文公下　有者宜先無者宜後德宜自尊位宜自卑故君當先求士士當後應君也一說君先求士先應君後應士後求求又爲先應又爲後是君先先後後士先後後先也賢君先其先不賢君後其先

非其招而往者貴賤雜處純不待招而往者先後倒處順卽所歸妹二意　義利爲域之一二義之是非利之得失爲類之一二大小本爲類之寔之緯此則借爲域之額之一二義利爲經之輕重義利之大小爲緯之輕重君子祇取義舍利而已枉爲屈直爲伸枉在義則屈重直在利則伸輕枉尺雖小然而義直尋雖大然而利君子所

不爲也若不計義利爲輕重但以義之大小利之大小統計則必以枉尺直尋爲利枉尋直尺爲不利蓋加數大減數小得數仍爲多加數小減數大得數則爲少也若并不計義之大小但計利之大小則雖枉尋直尺而利亦爲之蓋但計加數不計減數則加數小得數亦爲多也況但以利爲重義爲輕則全與君子相反枉尋雖大然而義直尺雖小然而利　此實致此名此名又即彼名彼名又致彼實故一枉則終枉　不善射者與禽雖詭遇者與射者雖正所以與禽純舍矢如破言中而力中則横理一力則直氣多　枉尺直尋不但枉爲非且所枉者義所直者利則不但險而且雜矣至枉己不能直人則并其兩雜不同式枉己直人之不可爲直純也枉己不能直人横順也　枉尺直尋之說是不但計義并計利不但計義利并計義利之大小義之大小有是非利之大小有得失代意所計兼此二者

枉己不能直人則義利大小皆非而且失　夫子制義以義爲正婦人從人以順爲正義陽也猶不驕順純也猶不倍順所以爲純者緯順則經純若橫順則直純純卽正　佞臣之柔似婦鄉原之雜似寺妾婦以順爲正儀衍則順而不正陰而又雜　妾婦純丈夫陽大丈夫則所陽又不在氣而在理丈夫陽大丈夫又純妾婦橫純大丈夫直純　耕藉以共粢盛下之上當上之下敬祖且愛民矣　人爲牆隔是下塞也鑽則身處下逼踰則身處上逼　非其道六句一節之小似宜處以有然非義則不可有天下之大似不可有然協義則宜有義不義與有不有相隨小大與有不有相消長統三者論則義之天下猶可受非義之一簞亦不可受是其受不受祇直隨當不當不橫消長其少多更怪車從之多是以半長半消爲是孟子則但論功之稱否不論多少　農有二句緯有餘經不足也　人各有一業

半易乃雜人各有多日半易乃純　士上農中工下士又志於本分工又志於求食則工下且雜蓋士所爲在仁義志又在所爲之功工所爲在利志又在所爲之效也若夫禽獸有功於人則又非知求食但幸其所能而已　己義己己利人人利己爲食功己利己人亦利己爲食志然己義己以己利己爲祿人利己亦以己利己爲梴橫觀之人利己者己利己食功者亦未嘗不食志　仁義不計功謀利聖賢卻每言效者己處己當以義不當以利人處己當以利也　萬章習聞王不待大之說怪宋行王政而受禍不知王政實與力相消長非相隨也　于湯有光書傳言武與湯純孟注言武陽湯陰　什一者一行中取半有取有否去征者二行中去一有純有雜輕之者一年中去半有同有異來年已者二年中去一有合有分行則當去三隅取一隅年則當四隅盡去不當三然一不然蓋輕之待來年乃已

横直皆滅滅其方廉隅其一隅也　是陽也非陰也雖純也辯雜也以雖處是以辯處非又爲正正亦陽也不得已者不好辯而好正也一治一亂理之常治爲陽治亂爲雜雜雜爲同　知我者以我義正罪我者以我位與權雜其實亦以我正夫子作春秋純處陽雜處陰故亂賊仇之而又匹夫之位處專陽天子諸侯大夫陪臣處兼陽陰故亂賊又得假名分以非之純處陽雜處陰正也以第二域處有一類則權也罪孔子者本以邪仇正託言正惡權實則類之邪惡正名則藉口域上處類純惡域下處類純　己人純而雜家至親國次之本然也楊以雜處之有分殊無理一是以半順處順得順乃君降也墨以純處之有理一無分殊是以半順處純得倒乃父降也　墨氏厚其薄未薄其厚乃以爲無父者盡疏者進之親者不動相較反爲親者退厚厚厚薄與薄厚薄薄同式也　仁於父子義於君臣反

曰楊似義爲無君墨似仁無父者仁父子義君臣直也若論其斜則
楊直以仁處父子必以義處君臣是父子與義相致墨直以仁處君
臣必以仁處君臣是君臣與仁相致蓋以一處二亦以二盛一以二
處二亦以一盛一一爲家二爲國一爲仁二爲義爲我者以疏處中
故害仁兼愛者以親處中故害義然以疏處中則中者降故無君以
親處中則中者升親者不升相較則爲降故無父無君又不義無父
又不仁　爲第一位復讎者或第二位或有二位蓋民之讎君討之
君之讎或民報之或君與民共報之　孔孟不行於今而行於後上
狹下闊不行於天下而傳於萬世橫狹直長

離婁上　理氣者第幾層則有幾行音律者第多層則有少行第多
層有物也有少行有則也　先王者氣陽處理正也智者爲政因先
王先王爲純智爲同　高位者第一層有一行衆者第多層有多行

怠緩陰悅從純　是非之非有二位致一　閒非毀之非有一閒致一閒許行非先王之道所言者此陰言則非先王之道所言者彼陽與閒之雜蓋言此與言彼閒有別言此彼與言閒亦有別此處不足所言者邪與先王之道違乃所言者卽以先王之道爲非非先王之道五字卽彼所言一說是非之非以體言非毀之非以用言　道二者陰陽雖雜其爲純則一　孝子慈孫一則己義一則己與先人橫純皆不能致人與先人斜純○　人有恆言不但不知有身且天下國家之序亦倒孟子於天下國家之序別本末於天下國家與身通有無天下二句别其目不使混末句通其穪不使離　天下爲國本國爲家本家爲身本猶一家先長後少天下本在國國本在家家本在身猶一身先少後長故父子兄弟之身本於人主之家人主之家本於人主之身少陽本於少陰少陰又本於太陽　絕物有四解二

則如分乃通既弱又強則所行與位雜絕矣一　則強弱既横雜純其弱而雜其強直又致弱純者相隨雜者相消長一　則相役乃通不能令則與小絕不受命則又與大絕一　則弱於強不能以力勝必欲通和強於弱必不欲通和弱處強強處弱則彼此皆不欲和絕矣　師大國必受命者理一勢不如也弟子與師道一氣之與道符否不一但彼先己後道一而力遜也小國與大國德一氣不一　但彼強己弱道力一而勢力遜也皆純加倒仍爲倒　師大國者彼此俱無德彼有大力此有小力故彼勝此師文王者彼無德此有小德彼有大力此有小力故此勝彼在物以德爲經力爲緯處物以有無爲經大小爲緯修德則彼力雖勝己己德足勝彼不修德則德齊地不齊必彼勝己蓋力己弱彼強者德須己大彼小乃能勝彼大國德無勢大小國德大勢小德勢皆不齊則皆論德不論勢故以一服八必反本小

國服大國必師文王湯武不用戰陳必好仁也王不待大以此　强者與親弱者與疏故無敵一則彼一類一域此一類三域一則彼二域二類此二域一類　不仁章天以雜處陰不仁者又以陰處雜陰

自暴章非字與首章非先王之道非字一意　邇純易同　曰誠之則行與理二行與理二二之行有二故言兩字曰思誠則行與理二思與理一思與理一思之層第二故言思字　爭地殺人地純人雜親地疏民也　此上殺彼民彼上殺此民此彼相償矣上下未相償也　父子氣純責善求理純父子氣純則理當純身與言違爲雜以處父子氣純理純不可○○●○○○故身不正者不能教子氣純則理容未必純身與言符爲純以處父子氣純理雜亦不可○○○●○○故身正者亦不可責善父子直分師弟則斜合故易子敎之　就一邊言則直雜故曰全父子之恩統兩邊言則斜純故曰不失其爲敎　雖有言無以

一次二器爲二次一器也　君父大臣子小忠孝道至大故臣子所爲無過分事雖大德祇爲可不爲有餘蓋額大則寔僅能及額遜額必不能溢額也　修己以毀譽爲憂喜則以雜致陰觀人以毀譽爲進退則以雜致雜　易言章似以無責爲額推原其失實以無責爲規深警其失　爲師者己教人人長己亦長是相隨但己教人者長則己治己者必消故足患　足手下兩之字乃二位所夾一間雜舞蹈下兩之字乃二位所夾二間中之一間純　得親者親與己相悅順親者親與己皆正而爲天所悅得者己與親間純順則己陽親陽間純二者與天之間亦皆純

離婁下　一者純也揆者純純雜雜也　格心與適人間政層第一

二爲政與小惠行有一二　小惠者以己之一予民不以民之萬予民平政者以民之萬予民不以己之一予民行辟人則并取己之一

予己　手足腹心親同而君尊臣卑同其純雜雜其陰陽犬馬國人土芥寇讎卑純而君親臣疏純陰陽之經異純雜之緯　大以成大小以成小相隨也中養不中才養不才相矯也隨主純矯主陽　欲人不肖所以致人己間升不肖與升相消長欲子弟賢所以徵己賢賢與賢相隨　人有章有知有守然後有爲知純也守純陰也爲純陽也　以惡名處人之不義則己之不義必致惡名不止謂人以惡名報惡名乃謂以惡名處惡實報惡名處惡實蓋彼實陰處以純此彼又同此實又陰則彼以陰純致陰又以彼純中同致此純此又以純處陰致陰矣知四域則九域皆可知H　信果卽固義卽正或正陽固純或正純固陽或正固皆陽　赤子心厚而狹壯者心薄而寬大人心厚且寬不失者橫長直不消一說赤子域一類純凡人域二類雜大人域二類仍純非以大人心爲大赤子心爲純乃以大人心

爲大而純赤子心爲小而純　少長經也存發緯也以赤子之心爲已發是以經首爲緯末　生區死界大事者以其越大經之界也至近而非一處層有一第一行有二所操者約所及者廣　博雜約純詳則中之異　以善服人雖善而私陽而雜以善養人既善且公陽而純善者上層陽公者下層雜　盈科後進在衆科之地則先上後下在一科之中則先下後上先上後下水之流猶火之炎也先下後上水之積猶火之熟也一科內之流亦先上後下　不已一地經多水漸進放海一水經多地　有本則不竭唯同則純也有本則不竭故不以小加爲盈小減爲涸　人異於禽獸者氣君子異於庶民者兼氣目與習綱性相近習相遠人異於禽獸猶陰陽君子異於庶民猶純雜處陰陽　方謂流品資格之類資格者氣陰陽及純雜流品者理陰陽氣純雜　傷廉陰雜傷惠傷勇陽雜　過反爲傷者以

厚處薄亦以厚處厚是視厚與薄等以不加處加也卽墨氏無父意

不能愈羿而能殺羿者强能陵弱弱亦能侵强也糾則互有勝負

之雜横則純　盡羿道而殺羿純而雜羿愈己而殺羿順而倒　羿

蒙同爲雜蒙於羿又雜以夫子之道害夫子也　羿之道本雜蒙之

人則以雜處純羿之擇術則雜取友則以純處以雜處純之人　勢

雜情純故不畏且勢弱勢强情純故亦不畏孺子之意如是　取友

爲純端人爲同而居陽　故者前事之已然已然雖爲緯之下前事

實爲經之上以前事已然之迹推及後事未然之幾前迹尚在後幾

之先　天下二句後之體本於前之用故者句用之惡本於用之美

第二層中兼有二行而以第一行爲本　歷者二區夾一區踰者二

區夾一界位者一人所獨階者衆人所共　仁禮陽也忠純也　人

惡我者人非則我是我非則人是人是則人陽固不當怨人非則純

且人無損於我我亦不當怨人　自反者欲人無尤在己無過人己皆美義利皆有何難者己無過人有尤則聽之而已己美而人任其美惡義有而利任其有無皆有爲斜純義有利無爲直雜　奚擇是與禽獸純與我雜純而純固同雜而雜亦同故何難　不校視人利如己利視人利爲內何難視人不義如物不義視己利與人義皆爲外　有終身二句是額有義無利寔無義無利非額有義有利寔無義有利也　舜人也有義我亦人也無義故有憂彼禽獸也無義故無患　凡人以利爲心故憂貧樂富富則得利之寔利之寔大則樂小則憂君子以義爲心故憂富樂貧富則長義之額義之額小則樂大則憂凡人恐人負己君子恐己負人論義則禹稷難顏子易論利則禹稷易顏子難盡達則義利皆大窮則義利皆小故禹稷憂顏子樂與凡人相反者一則論當前之是非一則論日後之利害一則唯

論是非之頟大則難得小則易得　禹稷顔子同道上下雜中同爲純諸學柳下惠者唯魯男子上雜中異下純爲陰　禹思節略顔子下節二者並言順除純則得倒故側重顔子　純者不必易雜者不可易唯純而雜乃相易諸凡純者易之仍如原雜者易之則非原如原則以純處雜爲可易非原則以同處雜爲必易也人爲上層之氣地與職皆爲下層之氣道爲下層之理地雜職雜道同故可易也凡數層内有一純即可易以其純者易如不易故也禹稷顔子專之陰陽由地之陰陽道則皆純以雜人處同道雖地不純無傷禹稷憂顔子亦憂顔子樂禹稷亦樂是其憂樂隨地爲純雜不隨人爲純雜道雖易人仍如不易故曰易地皆然若地易人則真易矣蓋同道者彼人與此人所處上下爻雜中間同也易地皆然者此人與此人彼人與彼人所處上下爻雜中間同也禹稷顔子人雜處道同地雜猶以

一數乘二數若相易則此乘彼猶彼乘彼彼乘此猶此乘此故可易倫道隨地而亦二或隨人地閒一二之殊而亦二以人二處之則猶以二數析乘二數若相易則此乘彼不猶彼乘彼彼乘此不猶此乘此則不可易唯地純故易地則皆然　禹稷以天下爲量故以天下爲同室顔子以身爲量故以天下爲鄉鄰禹稷顔子己有大小同室鄉鄰人有遠近己大事遠如己小事近己小事遠如己小事遠己之大小猶己之上下上小抵下大同室鬭者下層有一行處下層有一行鄉鄰鬭者下層有一行處下層有多行禹稷上層有一行處下層有多行顔子下層有一行處下層有多行　朋友本以責善俗於朋友反不責者以爲本疏當處以厚利薄義耳　瞯也者欲己知人而人不知己知人善人知己知人則人必飾爲善故須不知己知而後義不與利值也王疑孟子獨處時未必能如衆見時故瞯詎知君子表

裹知一何用聰爲

萬章上　慕其純而怨其異如惡苗之不碩意　幼於父母長於少艾妻子君皆誠者少長判陰陽幼誠長僞於父母者少長判純雜不聽其娶而娶是陰而陽告則純也陰陽二位中夾二間一閉純則餘一閉必雜兩不相容者知則相惡不知則相好上下雜者上中純則中下雜上中雜則中下純名與實符則名與處之之實不符其上下雜爲遭變其上中純爲不失其常陰以雜處純陽是廢人之大倫純陽以雜處陰是懟父母故不告而娶父母與妻子兩全在於父母不知己誠信而喜弟與己兩全在於己不知弟　拚而後出先在下後升也出而後拚先升後在上也　相得而不近則鬱而近而不相得則忸怩且無鬱之實而有名則忸怩是鬱陶爲位忸怩爲閉在書判心色在此判位閉　知者彼我閒之純誠者我彼閉之純喜者我

既知而行之以純　貴第一層當有多行親愛有一層　舜所以爲
盛德正以臣子安於臣子陰陰則純也　舜不臣堯君臣二位處二
不臣瞍君臣父子四位處四如蒙之言則是以四位處二位下處下
上處上上之上又處下　民無二王第一層有一行也　貴不敵親
則氣純者位亦純子升父與之偕升豈有臣父之理　君不得而臣
父不得而子是順而倒則不可然使倒者不止爲位順所致并爲德
所致則可是爲父不得而子非謂其位之大乃謂其德之大父惡子
善且父雖子純上當化下而不妨見化於下者但論是非爲治革不
論上下也父子則貴不敵親唯德與親不相下　須廢其有乃興其
無者一則先上後下一則先無後有蓋物能兩無不能兩有故必先
彼廢而後此興不能先此與而後彼廢　人或不苟於一介苟於千
駟或不苟於千駟苟於一介蓋論義則小苟爲雜而純大苟爲雜而

臣

雜論利則小苟爲純而雜大苟爲純而純天下千駟則利大一介則
義小利小則不貪利大則貪千駟萬鍾所以必嚴不義大則不忽不
義小則忽一介簞豆所以必嚴不義小即枉尺利大即直尋不視千
駟亦不取一介但論義不義不論利不利遑論義利之大小乎　遠
者純於隱近者隱而出去者仕而久不去者純於仕遠太陰近少陽
去少陰不去太陽　以堯舜之道己陽也要者己人之閒純也有道
者必不要明其以堯舜之道則非要不待言蓋不暇正其非要且先
正其非以割烹與論今樂猶古樂一意　晉猶太陽虞猶少陽虢猶
太陰有太必有少有陰先有陽故滅虢必併取虞
萬章下　非其君二句必全純乃純之小雜則雜之己之事使須視
君民也何事二句君民反視己之事使也事使視君民陽須陽乃致
純也君民視事使陽須純乃致陽也　仕爲陽止爲陰久爲純速爲

雜 條理者線之橫衹一點節奏者線之直止於二點 射的橫狹則難中直遠則難至一則知以小爲難行以大爲難一則理以一爲難氣以多爲難而且遠則中之類又難也百步而外勾愈狹股愈長不至而中者至則不中故難至且難中 孔子巧力兼全三子力全巧遜顏子巧全力遜 三聖偏孔子全謂徒行爲偏兼知行爲全然三聖之偏非謂偏於行而無知乃無知以擇乎中則行非清即任或和也知行非以有無相加爲偏有有相加爲全乃以多少相乘爲偏多多相乘爲全以一乘之猶之未乘蓋乘除之一當加減之○也此有彼無相加爲雜橫多直少相乘爲異金玉亦喻知橫行直非喻清彼任此任彼和此知行之有無乃橫直之多少非彼此之有無 兼併者有一行占有多行僭竊者第多層占第一層小僭大大併小得更大僭竊者小在大外以小處大兼併者小在大中以小處大然唯

僭竊故兼併實一串事　僭者不必此長彼消奪上之有但此長彼不消即是僭　五等爲經六等爲緯　君取民之什一者一君萬民每民取什一也臣取君之什一者數臣一君每臣取什一也取民之一在什中取君之一在什外　問友章言德純者位雖雜亦友德順者位雖倒亦友　位大小非德之等然以位大小而忘之則亦爲德之等下則升不下則不升也貴愈大而忘則其德愈盛猶位愈尊而捐軀則其忠愈大也　館於貳室與之判陰陽迭爲賓主與之互爲純雜　有德者宜尊有位有位者宜尊有德尊其異也無位者宜尊有位無德者宜尊有德尊其異且陽也　交以道猶行師之仁義論其經接以禮猶行師之節制論其緯一說交以道愛所當愛接以禮敬所當敬愛純敬陽純在横中陽在直下　不待教而誅以其事甚大横陰陰相併不待直陽陰致雜雜陰相併横純爲大直純爲顯横

純又即直純直以純處陽爲已教故不待教而誅非不教也乃其事顯久已教之也　殷受四句論當受之正於上下文則不接李氏以爲關文雜者有以聯之則純也朱子以爲衍文純者有以間之則雜也本純而中有以間之則隔本雜而中無以聯之則不通　非其有而取之則人與物雜盜與主人又異　充類至盡由中以下爲下充至於上以中爲下　獵較二說一是以勝負致更勝更負所取者較所獲者尤甚先之多少變爲後之多少先二後二而中一一是以勝負致中間之較數其中間數與相減兩數一相隨一相消長彼此多少較得中多少物二域一而類二　見行可以遇之末處道際可以遇之本處身公養以遇之末處身　爲貧而仕處身之大處道之小重在身輕在國故宜卑不宜尊　繼粟繼肉非不以君命乃蒙初次之君命非以域二類二者處之乃以域一類一者處之一拜受多物

也若自是無餽則一拜受一物仍與多拜受多物同式矣　一鄉善士猶衆子所友一鄉善士猶衆子一國天下皆然每上句皆指第一每下句皆指有全一綱中之首目乃以有二除以第一乘也　長子之長子未必年長於諸孫仁里之善士未必善冠於一國但子孫之長幼判第一第二層善士之鄉國判有十有百行

告子上　人與犬牛氣各有大小理各有是非唯其中間人純犬牛雜　告子以氣之欲為仁以理為義詳玩其言似以純為仁同為義或以純為仁陽為義故曰仁內義外觀食色之說是以同與純為義觀長長之說是以陽為義〔純同陽純〕陽純然已自相矛盾矣　告子所謂仁祇是心之愛德理皆無矣義祇是事之宜心之制則無矣然非以處物為仁在物為義蓋愛判吾與秦長不判吾與楚愛原由彼與吾親長則原由彼年非由與吾親以長為義為陽親為仁為純陽在彼為

外純在彼我之閒爲内仁本純義本雜愛仁也有愛有不愛即義也告子曰仁内義外者二域一類則論二域之一類二域二類則論一域之一類故仁論純義祇論彼陽也不知二者各有内外在物爲外處物爲内總之告子以在物之純爲内雜爲外孟子則以處物爲内在物爲外義之在内非在外言處物非在物與直内方外無涉不必解方外爲白内形外　在外者雜從而雜之其純者在内可知蓋非以陽爲義乃以純爲義也白馬白人符長馬長人殊長之之義固非白比而以殊併符又爲殊殊彼殊而處之之當不殊可見義之在内内者處物之謂　長馬長人言雜以見在内長楚長吾敬兄敬鄉人敬叔父敬弟言雖純亦在内以見純在内告子言長者本純故純之是義在外下章季子言叔弟本純故純之是義在外不知其皆由我也蓋長楚長亦長吾長是下左右雜上左右純也敬叔父敬弟是横直

彼此雜糾彼此純也　季子以親疎雜而敬純見義外孟子則引親
疏雜而敬純爲義内者見親疏雜而敬純者爲義内　性爲太極全
乎義也有善有不善則兩矣無善無不善則四矣田◧◩　胡氏謂
性不可言善言善則與惡對者亦有説横止一行則直宜○層以直
○乘横一乃得○也然善無對者善居陰陽中非性居善惡中有善
有惡則有對有善無惡則無對善惡一全也中材兩半也其善惡衍
歧處則兩全祇占一全或兩半之地性有善無惡非兩半乃一一也
非一其兩半乃一其一一也朱子是以性爲一氣一理情爲二氣二
理胡氏則以性爲一氣二理情爲二氣二理徒知二半爲尊不知一
一爲尊誤以爲兼善惡而各半也　理有善無惡與惡其層各行氣
無善無惡與惡各層半各行善理也惡理之反也半善半惡氣也
性相近是併有善無惡與有善有惡爲近無善無不善是併無善無

惡與有善有惡爲近無惡有善少陰距太陽無善無惡少陽距少陰

爲君見其尊爲父見其親且尊爲兄之子且爲君見其親而又尊親則陰陽宜純尊卑則純雜宜異　爲不善非才之罪乃所爲陰與中間雜非才陰也　公孫丑篇言四端以其層之二此不言端以其行之一　即以層言一則不對擴充不當言額無致塞無也一則上文已言情不必言塞有致塞無也　物陰陽也則純也好同也　曰緯也至經也上至字下時字又乘中二字　殊若犬馬與我不同類一則殊爲雜若爲同一則若爲同殊爲同同與同異之別　在物一層半行處物二層半半行　彼長則此消經長則緯消故不專則不致

魚與熊掌判陰陽生與義判陽純舍生取義陰而純　從義起見則忠者有苟者無從利起見則忠者無苟者有從有起見則忠者義苟者利從無起見則忠者利苟者義　就生死較則取生舍死就義

不義較則取義舍不義就生死義不義底面總看則取義而死舍不義而生　生陽死陰一域之一類二類也義純不義雜二域之一類二類也當生而生當死而死爲義氣以陽處陽陰處陰其理爲純舍生取義又爲義則又以域之一二類之純雜皆爲一域之類以權衡乎此者爲二域之類一域與一域之類宜符域與類之一二亦宜符蓋義者利害之權衡而義利又須有以衡之又以生與義爲陰陽取舍亦爲陰陽以處之得義爲純則是理處純雜之同氣處陰陽之雜各得其所且不獨義利當有以衡之義利之大小又當有以衡之欲惡有甚於生死雖指其心之處物而在物有理亦可見在物義也處物以義爲重於生也　生死利害重三者利輕則視生之義小視三者之義大況生死之義又託於簞豆三者之義又託於萬鍾乎人反爲生死而不受爲三者而受生輕於義欲反重於義則以簞豆

利少萬鍾利多也　論利多少則萬鍾大簞豆小論利泛切則生死大三者小小不奪義大奪義已爲舛錯況大不奪義小奪義乎此之謂不知類蓋視利重於義義重於生君子以大義爲上大利爲中小利爲下故欲行道藐視十萬與萬俗人以小利爲上大義爲中大利爲下故爲身死不受爲三者受之一　說簞豆不義甚小繫於生死利甚大萬鍾不義甚大三者利甚小大等也小尺也不義枉也利直也

不可以已者本心存而額爲寔爲失本心者本心亡而額不爲寔爲也　無名指卽以無名爲名以無名之域之名當其名之類之實

大人亦有小體小人亦有大體但所主者不一大陽小陰體大小下交也人大小上交也養不養中間也　身與物殊身之大體與小體殊物之梧檟與樲棘殊小體之肩背與一指殊　樲棘物之綱一指物之目根上二章來　小未必盡害大亦未必盡不害大域二者

類兼一二　志不帥氣而物引之直下不從上橫內反從外　耳目氣也所交聲色亦氣心氣也所知行兼理氣所謂人心道心也心與耳目皆爲氣而殊大小理與聲色判理氣理氣域之一二也大小一域之一二類也大處理兼處氣之半小處氣之半氣受處於小兼受處於大之半理受處於大之半　仁義陽忠信純樂之同不倦合修天爵而人爵從之上之類與己符其域仍不一　人之所貴者非良貴言君子貴在己他人貴在人在己陽也在人純也權在人受制在己旣非良貴況并爲人所賤乎　特水能勝而以一杯頟勝寔亦勝懼水能勝而以一杯頟微寔亦微　凡事有孰美孰惡不孰之惡而無不孰之美蓋力能爲不孰之美必能爲孰惡也

告子下　齊純也揣雜處雜得同也不曰齊本曰揣本者本之不齊原無害但不應誣不齊爲齊故云不揣竊謂當云不齊其本而揣其

末爻義方順而顧易之者爻法之錯綜其等數爲齊同式爲揣齊猶以○加以一乘則得數與原數必同式原純加乘順得順也原數等爲齊其本加乘數之差即得數之差總數與餘小數中間之式等爲揣其末若原數不等不可謂加乘數之差爲得數之差亦不可謂得數之差爲加乘數之差任人不齊原數而以得數定加乘數自主不齊除數而以得數定原數以得數定原數者或原數之實被以得數之名或原數之名被以得數之名　杯水不勝車火論是非亦論强弱鉤金不勝輿羽論理欲亦論多少皆本數順乘數更倒則得數倒

舍生取義生輕義重此章則二者各有輕重利有大小義亦有大小者皆不論本層論處本層之層也輕重相等則以理欲判取舍不等則以輕重處理欲判取舍非但以重處義以輕處利爲權即以重處義利之重輕處義利之輕亦爲權　義利爲綱大小爲目則義恆

重於利陳代章是也祇計義利不計大小故以枉尺直尋爲非義利大小相處而論其實則利有時重於義此章是也如從父昆弟或以父序或以齒序計義利并計大小故有荅任人之問　奚翅有二義一謂不止食色爲重輕於食色者亦重言重者乘輕已重不止乘重爲重一謂食色不止爲重乃爲更重言乘重則爲更重亦不止爲重蓋奚翅二字置於重上是不止一而有二置於食色上是併不止一行而有二行食色之一字管重字之一行　交患不知孟子特患不爲有二意一則知在行先有知無行一則小學行在知先小學之行至知爲純不學之行至小學之行爲雜　歸而求之有餘師非以父兄爲師乃以己爲師父兄直域雜類純師橫域雜類同己橫域純類同也　以怨處過雜其陰以怨過處親雜陰其純　親廢子則疏子不怨其親則愈疏雜處雜是同雜也　心判義利事判義不義因果

之說事雖義心則利義處利横己不純況以利引人於義心處利事
處義但亦不純終是不盡善故曰先生之號則不可　懷利懷仁義
者後以利今以義處己事君父兄者今以利處人懷仁義以事君父
兄人得利己得義懷利以事君父兄人得利己亦得利　禹稷顔子
曾子子思迹不同而道同夷尹惠道之目不同而綱同　兎之智未
敗不用則亡用之則霸純陽則陽雜陽則陰豫讓之義未敗不禮則
不必禮之則忠陽純則陽陰純則陰　不税冕而行若在二層則是
行移早二步若在一層則是税冕移遲一步行移早一步蓋一層者
動則皆動二層者不必皆動　以膰肉不至而行論以第一處第二
則過論以有一處有二則不及小事爲第二大事爲第一兼之爲有
二　見幾明決以陰處陰而純用意忠厚以純處陰而陰　王與霸
霸與今之諸侯皆雜陽爲陰今之諸侯與大夫則純陰爲陰上二罷

字以其雜下 一罪字以其陰三王五霸皆己陽遇入陰得雜今之諸侯純遇入陰得己陰此陰與彼雜固彼之罪入此陰致彼陰以致此彼皆與他雜亦彼之罪入蓋横雜固雜即横純直雜亦雜也 入其疆以下言巡狩而黜陟一不朝以下言黜其不述職者非述職而黜陟蓋述職在諸侯諸侯容有廢職者巡狩在天子天子不自廢其職也巡狩言純陰陰述職言雜 五霸能以純處陽雜處陰爲陽不能以上域處陽純下域處陰陽雜 世官之弊其德不必稱其位蓋以賢子爲賢德上爻氣中閉致德下爻以貴子爲賢位上爻氣中閉致德下爻 愼子章以勝爲額已勝不必再勝以不勝爲額已無敗亦不必勝 許行白圭皆欲君治民事又自耕以食許行欲君爲全治半食亨半治半食白圭欲君爲全治亨半治半食行之道不可行於當時圭之道不可行於中國 有以所重置於後者後乃入所棄我

取之則我所有必不致爲人所奪是己雖得陰陰陽雖與人雜純雜
則與人同不貴其陽與純而貴其同也一說人棄我取一則必得一
則其價必廉　不在强智多聞而在好善不貴雜陰貴純陽故有周
公才美驕吝則不足觀已　拂亂疢疾未嘗不可惡但其以不利處
不義則爲純可喜　疢疾所以慧知己不利致己義横逆所以愛敬
人不義致己義須兼二者乃全　人恒過然後能改不但須有過且
須共時共地有之　不屑之教誨太卑太高皆不答雜處雜爲同
盡心上　知性之心上開之純養性之心下開之純　正命者豎從
天命横矯盈而虧直不由己致　病死者無氣致無形不利致不利
氣與氣閉純罪死者無理致無形不義致不利理與氣閉純　理可
自求自得義不義在己己義則己義故求之利則己求天未必從利
不利在天己利天未必利故勿求如此則義利皆額定相符而樂道

在志利在命道不在命利不在志也事在天在己者己天雜則有無宜雜　求之有道己王利爲己王義所限氣性爲理性理命所限也得之有命己王利爲天王利所限氣性爲氣命所限也　可恥陰也無可恥陽也不恥其可恥又陰恥其不恥其可恥又陽　恥雜也無恥異處雜得純也不恥其當恥所得之純處陰得陰也無恥之恥雜處所得之陰得陽也　不恥二句注有二解前言必不若人後言事不若人前說以不恥爲純謂純於陰不若人爲雜後說以不若人爲雜不恥爲同　王屈己下賢陰則雜士不枉道求利陽則純陰陽以德位言純雜以己人之純雜言德尊於位不論在人在己位在己則求見人德在己則不求見人賢王賢士之別也貴者不驕不吝則好善忘勢光武之大是也賤者不忮不求則樂道忘人之勢子陵之高是也好之不如樂之好其在人樂其在己也　文王位尊德之時亦

先豪傑則位卑德之時卻先位有大小時有先後豪傑不由先美而後美亦不由位大而德乃先　附以大家而欣然以利大當心小義大乃當心大心以小利爲領則見大利爲有餘故曰苟合苟完苟美心以大義爲領則見大利爲不足故自視欣然二者皆心不在富不得已而爲所當爲者由其陰不欲爲由其純不得不爲　罪人死雖非命犯罪而殺適得其宜氣氣直雜理氣斜純也　以生道殺民外陰內陽殺之而不怨利之而不庸外陰陽內純　良能者先善自新者本當中善今後善　良知良能得之最先達之甚廣先第一層廣有多行唯源遠故派廣猶祖遠則族蕃　良者固有且皆有也蓋先徧有後偶有者良也故爲仁義　親親敬長以一處一未以一處多達之天下則以一處一正以多處多純同陰陽雜也　其應甚速是中同無所不通是下雜中同下雜則上雜可知域雜類純乃域雜

類純若域純類純則域雜類雜也　孤孽與君親不但直殊上下而
且横殊中偏　俱存無故是氣則此爲額彼爲寔不愧不怍是理則
彼爲額此爲寔　美則欲之以一陰處一位欲美得美則樂之二兩
三陰處二陰二位　所性之分理氣之介純也所性之蘊理陽也一
說分論其異又一說分言其數蘊言其物分經蘊緯　執醬執爵
一君養一民家賜人益一君養萬民皆以君養民執爵之文以小物
則君能而不能盡民授衣之典以多物則能盡民而君不能故皆未
善文王則以萬民養萬民　富則必仁者富來人指摘唯仁可免勢
亦不得不仁也利與利相消長義與利相隨　大雜也有本純也以
漸異也　光陽明純　子莫以陰陽直雜爲中聖人以純雜横同并
陰陽横純爲中鄉原以同異豎分并陰陽豎雜純雜豎異爲中陰陽
一域純雜二域同異四域分合八域　大人義而利小人利而不利

士義而不利　士尚志者一則公卿大夫猶純陽農工商賈猶純陰士猶雜陽此以純雜互乘陰陽判四象一則公卿大夫猶純陽雜陰農工商賈猶雜陽純陰士猶雜陽雜陰此以純陽雜陽互乘雜陰純陰判四象　仲子小不利距小利一步距小義二步距大義三步以其小并信其大是以第三實得有二名也　變殺卒者師多降則徒少升引而發者師多詳則徒少詳　非難故不容再貶相消長也非易故不容貶相隨也　不可者論其理不能者論其勢道有定體卑不可抗高不可貶言質不由道教者當由道不當由質也教有成法語不能顯默不能藏言教者不由道則其效亦不由教是仍當由道也教由道者陽當陽陰當陰高當高矣教不由道則效不由教致教由道是純純雜雜皆當純欲顯者不在於語矣　殉者雖死亦從純處陰也　身否道亨者一域二類二域一類也以道殉身以身殉

道者一域與二域之類符也一域指身二域指道類一指伸類二指屈　一本故有差等者或陰得陽致雜或雜得陽致陰　經不知之知純也不知務之知同也

盡心下　仁者二句心判陰陽其所接則判順倒愛不愛太陽少陽也不愛愛太陰少陰也仁不仁皆先純後雜但仁則陽不仁則陰耳　以土之故及民是取土棄民以民之故及子是棄民棄子亦是取民棄子蓋民與子共時降則爲皆棄民先降子後降則棄子之時又爲取民　非富天下言是橫純而非斜純非敵百姓言是橫雜而非斜雜也　下學可言傳上達必心悟彼此口相去近少陽少陰也心相去遠太陽太陰也　聖心在理不在氣故若將終身若固有之本係理之額純寔亦純似若境之寔雜額亦雜　不以貧賤有慕於外不以富貴有動於中中外二字或以域之陰陽言或以共域之類之

純雜言或外以橫言中以直言橫者以斜爲外直爲中直者以斜直
皆爲外本位爲中心不慕於境外橫判中外境不動於心中直判中
外　己與八親斜八與己親亦　斜己與己親直殺人親人亦殺其親
斜雜斜雜猶直雜故曰一間耳二位次二間比夾一間者止多一間
故也此害彼彼亦害此此彼彼此併爲此此故曰自殺之己人人己
實己己也雜純雜致純也身尊身尊實身尊也雜雜雜致雜也
勝負勝負實勝負也雜雜雜致雜也殺人四句兼此三意　殺人
親八亦殺其親左右雖償上下倘相符此下殺彼上彼下殺此上是
殺恆處上此下殺彼上彼上殺此下是彼恆處上　關與民民與關
純關與暴暴與關雜民與暴暴與民雜純者雜斯雜者純官以待暴
之心待民則民以報暴之心報官　道不行者陰令不行者雜一說
身不行道不行於妻子陰則陰雜則雜也己行己陰則人行人陰

上雜致下雜也使人不以道不能行於妻子陰則雜也●○已令人陰則已令人與人行人之間雜也中陰致下雜也●○●○四句雖有陰致陰與陰致雜之殊實則身與物必純餘之陰陽純雜皆不可定　使人昭昭所令皆善古今共之但所好有善惡非以上使字指好下使字指令好與令古今皆有但古純今雜則古今皆純者古兼屬好令今專屬令耳　城門但容兩馬是横消也而直反長年久紐絶相隨地狹車多相消長　登龍斷第二與第一符爲馮婦第三與第一符皆共爲不義而利　大者横有陽亦有陰化者直有雜亦有純　楊較墨爲近實猶上暴下愈於下犯上蓋上升下降殊於下升上降大變小小變大爲移一步大變更大小變更小亦爲移一步然變甚猶可交變則不可蓋一則大與小經之判微與甚緯之判一則變甚者大升小降交變者大降小升也所謂急本緩末猶可也如質勝文儉

勝者然　下之上上之中歸正之漸治術齊過魯不及學術墨過楊不及過有非也不及無是也有非變無是無是變有是就下上兩層論過不及皆爲次就上中兩層論過者爲下不及者爲次中者爲上

斯字直純而已矣字橫雜　追放豚之追使事之雜者純也注中追字時不純求其事之純者同也　追有以及之爲快者我往彼不往有以驅之爲快者我往則彼亦往我往彼不往則其閒反爲來既入其苙又從而招是出一步償以入二步顧愈密則處之愈疎故招之則彼益懼　往者不追不俟昔有今乃有來者不拒不由昔無今遂無往者之追陽陽欲陰亦陽來者之拒陰陰欲陽亦陰本作先不責善今不拒其來解或作先後皆不責善解言不必昔善乃受亦不必終善乃受也　充字有二義一則由小美之實至大美一則由小惡之名及大惡　未可言而言以過致過可言而不言以不及致

過實止一事蓋發其端則人欲言不竟其緒則人更欲言一寔隨額
一寔消長寔也　曰性之之字指理曰性者者字指人理之性者八
性者有理無欲有寔無額反之有理有欲有寔有額　性者始中
終皆善反之始善中惡終復善但終所有者中之善非終之善耳本
皆中善而今則終善也　哭死二句有二義一則非哭他人以內交
於其子孫一則非哭己親以要譽於他人　棗與己並存棗
與親不並存己與親亦不並存故不忍食一則己見物不見親一則
己得物親不得物皆足悲也　膾炙陽羊棗陰而嗜羊棗者陰純陰
也陽直域一橫域一陰陰直域二橫域半　諱有二義一則不敢親
之所以尊之一則額不忍親之正寔不忍疏之尊陽也親純也　掩
者共行各層不掩者一則陰陽不純一則純雜不異故狂之不揜是
短處亦是長處　鄉原徇俗狂狷拔俗故鄉原媚世而譏狂狷蓋符

乎陰陽獨殊乎雜半符於人人實皆半符半殊其爲純雜則異也鄉原非居狂狷之中乃居中偏之中同流合汙以媚小人似忠信廉潔以媚君子半君子半小人故曰似而非上之陰陽純下之陰陽雜中之純雜異　鄉原之似有二兼正與邪則僞居似忠信行似廉潔雜似純也且理而兼又似氣而兼似而非上層雜似下層雜也　五百歲其時雖雜其較則等雜而同也　親見曰見以人目直也得諸人曰聞以人耳橫也一說見以橫言聞以橫兼直言位雜時純則見位雜時雜則見且聞見者以己見人之行甲動乙視聞者以人見人之行又以己聞見者之言其行甲動乙視又乙言丙聽行者動也在下不能行道僅能見之聞之言之而已　私淑諸人域三非域二神會心得類三非類一　知所向則知極其所向爲功之至知陽爲陽乃知純爲純也知所至則知名其所至爲情之稱知純爲純乃知同

爲同也

知行圖說附

千古言學曰精一曰博約曰始終曰明誠總之不外於知行而已顧知以無所不知爲盡而行以有所不行爲純向嘗竊疑之今乃恍然於其際矣試以此理繪圖如右上二點白者象在物之善黑者象在物之惡次二線聯者象知若有斷者則象不知中二點白者象我目物以善黑者象我目物以惡次二線聯者象行斷者象不行下二點白者象我處物之善其有黑者則象我處物之惡中二點容有白黑而上次二線宜皆聯此以無所不知爲盡也中次二線容有聯斷而

下二點宜皆白此以有所不行爲純也凡點以白爲陽黑爲陰綫以聯爲純斷爲雜每以三點夾一綫共三事其二事同名若陽陽或陰陰餘一事必純若陽純或陰雜餘一事必陽二事異名若陽陰或陰陽餘一事必雜若陽雜或陰純餘一事必陰

若不拘知盡行純而殺雜列之得二十八式如左

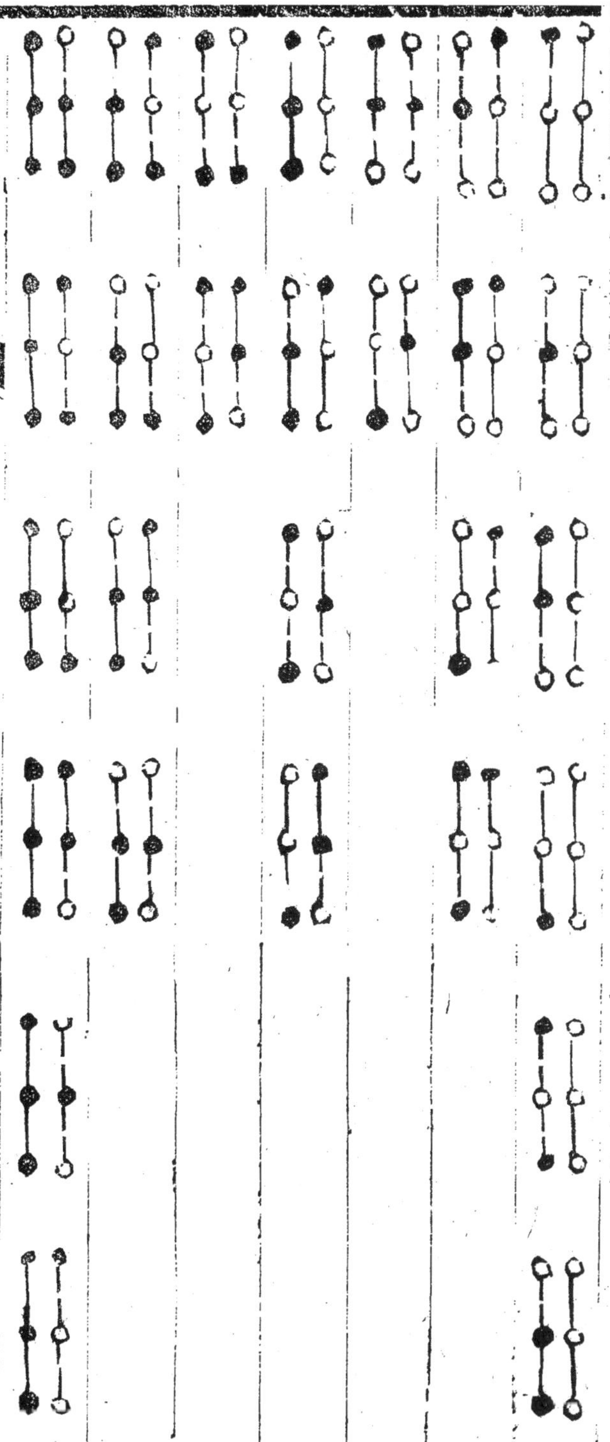

四書稗疏（孟子）一卷

清 王夫之撰

清光緒十三年潞河啖柘山房刻本

四書稗疏

附考異

道光廿有二季湘潭王氏守遺經書屋刊

光緒十有三季潞河啖柘山房精校重刊

四書稗疏目録　附考異

卷一　船山遺書一百四十八

卷二　船山遺書一百四十九

考異　　船山遺書一百五十

入十六條

四書稗疏卷二　　船山遺書

明衡陽王夫之譔

孟子

萬乘之國　集註謂天子畿內地方千里出車萬乘當七國時提封皆踰千里足知非謂天子且殷周之有天下未有弒君之事弒君者齊晉秦楚耳魏冉封陶黃歇封吳土地廣於三代之侯封千乘之家亦非天子公卿也於萬乘言國則非天子明矣於千乘言家則非縣內諸侯亦明矣若春秋所紀周召毛祭劉單皆得有國不言家也周末兼并疆者數圻固不待言即在周制未亂之日魯號百里而奄有龜蒙遂荒大東傳偁泰山在魯封內則泰安泰山在州北五里甯陽曲阜泗水龜山在縣北五十里東新泰蒙陰蒙山在縣南四十里費縣蒙山在縣西北八十里接蒙陰界顓臾在山下沂州之地許田在州西北八十里橫亘數百里非果儉於百里莒子國耳當方五十里而有牟婁郠鄆防茲牟夷邾附庸也不能五十里而有漆閭邱濫升陘訾婁沂西鄣東下邑如此其多土田兵賦從可知矣則諸侯之封地不盡如孟子所云千乘之國宋衞中山之謂也萬乘之國孟子嘗以稱齊燕而七雄皆是也邦國車乘依司馬法每乘甲士步卒七十五人論語鄭注司馬法曰革車一乘甲士三人步卒七十二人賈洛州此是邦國法以大國三軍謂方五百里之上公侯以魯語推之可見元軍萬二千五百人三軍凡三萬七千五百人以乘計之則五百乘也次國二軍謂方四百里之侯魯猶次國也故二軍凡二萬五千人以乘計

之則三百三十三乘三分乘之一小國一軍謂方三百里之伯而子男不與萬二千五百人以乘計之則一百六十六乘三分乘之二畿內車乘依司馬法每乘士徒三十人周官鄭注司馬法曰革車一乘士十人徒二十人賈洛州以此爲畿內法王六軍凡七萬五千人以乘計之則二千五百乘若邦國千乘則士卒七萬五千人王畿萬乘則士卒三十萬人古人用兵無如此之多者惟戰國白起暴鳶王翦之流始空國而興數十萬人之師以此推之則千乘萬乘殆如唐之更番宿衛宋之廂軍禁軍賦以充在者多而出以任戰者少也又按王畿千里及公五百里侯四百里伯三百里亦是大概言其率如此其實則以軍乘多少制也王萬乘而六軍則四而用一以戰也侯千乘而

四書稗疏卷二　二

二軍則三而用一以戰也審然則上公元侯宜千五百乘而三軍伯宜五百乘而一軍皆三而用一以戰是則公伯或稍小於五百里三百里畿內除四同以制鄉遂又出萬乘稍大於千里也然亦皆相近惟侯國適如其數焉若七雄之云萬乘則合邦國車乘而積之萬乘而有士卒七十五萬之衆又倍半於周然其中如韓則不足而楚更過之要亦是大概言也

釁鍾　釁血祭也其禮有二一殺牲以血血之即以爲祭無復酒肴饋獻之飾約諸侯釁廟禮言之一殺牲薦血而有酒肴饋獻之飾說文釁从酉酉所以祭也故知有酒釁之或字字爲豊从且且俎也故知有肴豊字說文未收血血之釁其用又有二成廟釁之以羊門夾室皆用雞宗廟之器其名者成則釁之以豭豚此釁鍾以羊皆交神明之道也則凡百神之壇兆新成皆釁可知以此類推此於經無明文故以類推後鄭以周官小子珥於社稷祈於五祀爲釁然以經文證之凡有三失羊人上言凡祈珥共其羊牲下又云凡沈辜釁積共其羊牲明祈珥與釁是三祭其失一鄭云毛者曰刉羽者曰衈而士師凡刉衈則奉犬牲犬人凡幾衈用駹果如鄭所云士師犬人二文但云刉足矣何故兼言衈其失二鄭亦謂祈珥用之於宮兆始成時則非歲祀而肆師言以歲時序其祭祀及其祈珥是常一祭矣其失三以此知祈珥之與釁非一祭明矣而廢成成亦釁見閭師職竈成亦釁說文釁血祭也象祭竈也从爨省故知竈成亦釁釁之或字又爲璺以釁祭又施於玉鎮故从玉亦从爨之意璺字說文未收皆神之也凡此皆因宮兆名器之新成而祭其用一也小祝大師掌釁祈號祝先鄭云釁謂釁鼓也春秋傳曰君以軍行祓社釁鼓祝奉以從樂記車甲衅而藏之府庫羊人凡沈辜釁珥其其羊牲先鄭云珥讀爲潰潰

四書稗疏卷二　三

軍器也蓋初出師時軍器自鼓以下皆釁其祭名釁師還復釁其祭名潰對文則異而散文皆曰釁也凡此皆因出師而祭其用二也薦血之釁其用亦有二天府上春釁寶鎮及寶器先鄭云釁讀爲徽或曰釁鼓之釁後鄭用先鄭之或說故注曰釁謂殺牲以血血之寶玉尊貴之物不宜以血汚之先鄭說較長小子釁邦器邦器卽寶鎮寶器羊人釁珥先鄭云謂釁國寶此釁字先鄭亦當讀徽故賈洛州云先鄭於經中釁字皆讀徽龜人上春釁龜今月令孟冬釁祠龜筴先鄭於此無明文然龜筴之尊貴亦同寶玉可以類推讀徽無疑雞人凡祭祀面禳釁共其雞牲先鄭云釁讀爲徽凡此皆因尊貴之器有神歲一祭之其用一也大司馬若大師帥執事涖釁主及軍器小子釁邦器及軍器主祧主後鄭於此亦注云殺牲以血塗主及軍器皆神之主先人子孫所重以血塗之不安於心知非

也軍器若旄鉞旄鉞釁於鼓文不以血塗凡此皆因出師而祭之其用
二也若其所由名則薦血之釁釁徽也祭之而祝其神愈
徽美也血血之釁釁虛振反釁音問也祭之而祝其神保其物
之無釁音問隙也漢書釁鼓應劭注曰釁祭也殺牲以血塗
鼓釁呼同罅爲釁此經趙注曰新鑄鍾殺牲以血塗其釁郤
因以祭之曰釁夫宮室非渾成無隙者豈羊血之徧錮其
戶牖乎且鍾鼓有釁隙必不成音自當改鑄更冒以血塗
之曾何所補推尋應趙二家之意亦謂神保護其無罅隙
耳而集註仍趙注之文芟因以祭之之語幾不可解又考
諸侯釁鍾當以豭豚以牛以羊皆僭也天子之郊兆或可
用牛與

觳觫　按特牲饋食禮主婦俎觳折鄭注曰觳後足爾雅
云觳盡也後足於體爲末故轉訓盡也說文無觫字應是
悚字形聲皆近因以致譌悚懼也言牛懼而觳觫筋肉顫
動猶言殿栗也經文傳寫失眞如此類者多矣觳音戶角
反觫音息拱反趙注牛當到死地處恐貌恐卽悚之義也
廣雅作殑殐增加之字非說文所有
疾首蹙頞　集註云頞額也按額顙也頞鼻莖二字原不
相假借且人心喜說則眉揚而額蹙愁苦則眉皺而鼻莖
蹙易頞爲額反矣集註又云疾首頭痛也痛自因病不因
憂愁或因愁致病則且伏枕呻吟管籥不得而聽羽旄不
得而視矣疾首者蓬髮不理低垂喪氣若病者之容耳

明堂　明堂之法古今聚訟要出於公玉帶馬宮迨于登
諸人因緣呂不韋月令而文以陰陽術數迨班固蔡邕又
增飾支離形制乖錯幾令匠石無所施其繩削其曰九室
十二室大戴記十二坐新論白虎通義十二室五經異義十二宮者月令論
皆據月令言之也以明堂左个卽青陽右个明堂右个卽
總章左个元堂右个卽青陽左个元堂左个卽總章右个
一室兩嚮自非仲月居太廟兩月而共一室中央太室
四嚮皆室天子何面以施斧依諸侯百官班列何室之階
出入何室之戶說之不經乃至於此鄭氏駁五經異義云
盛德記九室三十六戶七十二牖似秦相不韋作春秋時
說者所益非古制也其言覈矣且非朝非廟贅立一宮遠

在國陽百官府署不屬於左右天子舍其朝廟月駕以往
先王未如是之迂也況明堂之立在國之陽一而已矣泰
山之下巡守偶至無彌月之留何亦有之且天子狩於五
嶽各以其時岱宗春事則建青陽三室而已足餘九堂何
爲而建如使泰山之旁僅有三室則宜名青陽不名明堂
矣考之明堂位有中階阼階西階門東門西東門外南門
外西門外北門外應門外又曰太廟天子明堂庫門天子
皐門雉門天子應門以門堂相次而論而應門在明堂之
前又春秋紀雉門及兩觀相連則明堂卽在應門象魏之
內非遼遠南郊別有明堂審矣考工記曰夏后氏世室殷
人重屋堂崇三尺周人明堂堂崇一筵周有文世室武世

室魯有世室春秋曰世室之屋壞是也是世室卽廟之名也重屋者卽所云世室之屋也謂之明堂者殆以夏堂一尺殷堂三尺而周堂九尺較二代而尤高高則明故曰明堂耳且其文上則曰帝朝一夫下則繼以廟門闈門路門應門內九室外九室之制則明堂在王宮之內而卽廟又審矣顈容春秋釋例曰太廟有八名肅然清靜謂之清廟行禘祫序昭穆謂之太廟告朔行政謂之明堂行饗射養國老謂之辟雝占雲物望氛祥謂之靈臺其四門之學謂之太學其中室謂之太室總謂之宮盧植禮記注曰明堂卽太廟蔡邕明堂論曰明堂者天子太廟夏后氏曰世室殷人曰重屋周人曰明堂取其宗祀之清貌則曰清廟取

其正室之貌則曰太廟取其尊崇則曰太室取其堂則曰明堂取其四門之學則曰太學取其四面周水圜如璧則曰辟雝異名而同事其實一也凡此皆以明堂卽太廟也然周家七廟始祖及文武之廟皆鄉於輦廟故皆曰太廟而明堂之爲太廟乃文王之廟也何以明之大戴記曰或以爲明堂者文王之廟也其證一覲禮曰諸侯前朝皆受舍於朝注云受舍於朝受次於文王廟門之外也又曰天子設斧依於戶牖之間袞冕負斧依卽明堂位所云天子負斧依南鄉而立也又曰乃右肉袒於廟門之東乃入門右北面立告聽事是諸侯請罪王者之大刑也又曰天子賜侯氏以車服侯氏升大史述命是諸侯受賜王者之大

賞也故曰明堂天子布政之宮也審是則明堂卽文王廟其證二此經上言明堂下論文王之政其證三天子有皋庫二門而魯以庫門兼之天子有雉應二門而魯以雉門兼之天子有太廟始祖廟明堂文王廟亦曰大祖二廟而魯以太廟兼之以其文比方之又足以明明堂爲文王廟其證四孝經曰宗祀文王於明堂以配上帝其證五由是而其制可得而言矣士大夫之廟小故室堂同基天子之廟大則室堂異基而室特大故曰大室曰世室世卽大也考工記曰五室凡室二筵周書曰堂方百一十二尺高四尺階廣六尺三寸室居中方百尺室中方六十尺戶高八尺廣四尺牖高三尺皆室制也其言堂方百一十二尺者亦謂室基

耳高四尺者室基高於前堂之基也於百一十二尺之中規百尺施壁宇戶牖以爲大室室外面有六尺之堿耳又於百尺大室之正中施柱梁爲五室中央一四角四其壁皆以疏屏爲之可置可去疏屏者木屏上爲疏窗下是板壁每室之空皆丈八尺故曰室二筵三室五十四尺四壁六尺總六十尺故曰室中方六十尺必爲五小室者所以奉禮上帝及諸神之玉也上帝及諸神祀在郊兆無木主以玉禮之而郊兆無宮室故其玉皆置此上帝之玉在重屋五帝各於其奧而文王木主在大室之奧必去疏屏而總爲大室者以后稷廟有祫享七廟七尸先公昭穆二尸先王昭穆二尸后稷至文王約三四十世文王至顯愼又三十餘世其主皆升食而薦孰必在室中非百尺之

室莫容也若文王祖廟武王宗廟雖無祫享而左傳曰勇則害上不登於明堂大學志曰禮士大夫學於聖人善人祭於明堂若然則祖祀文王時有上帝有文王有五帝又有本朝有大功之君若夏少康漢世祖之屬非恢復舊物皆不在祖之中以及從祀之聖人善人亦與祫祭相亞也其宗祀武王亦宜以繼世令主及勳勞之臣從享又與文王廟相亞也故皆須大室而羣廟則否考工記曰周人明堂度九尺之筵東西九筵南北七筵堂崇一筵此堂制也堂方一百四十四尺四面以一筵爲納陛前三三方各二所謂九階也九階之內方百二十六尺三分之以二爲堂一爲兩夾則堂廣八十四尺東西序各占地尺五是堂空九筵也中堂

之南北退一壁地爲北壁是南北七筵也祫享犧牲爲燭之時惟十一尸有筵其祧主無筵不與故足以容之祖宗之祀惟上帝五帝及有功德之後王有筵亦足以容也堂北壁之中東戶西牖則斧依所在也戶牖之內無室卽北堂也夾室一以藏祧主一以藏從祀之主周書曰東應門南庫門西臯門北雉門門方十六尺東方曰青陽南方曰明堂西方曰總章北方曰元堂中央曰太廟亦曰大室左爲左个右爲右个此門制也東應門者言自明堂之東出可通應門則明堂東門在應門之內雉門之外也其北門可通雉門其南門可通庫門則明堂之深南齊應門北齊雉門也雉門當在應門之內言雉門在外者非若其西門則僅可通臯門不

可自後繞之以北通也其明堂青陽總章元堂則四門之堂名也左右个則門夾室之前也宮總名明堂正堂名明堂而南門亦名明堂南門正門也故獨擅其名云堂基廣百四十四尺三之二以爲門基方九十六尺也三分之東夾一堂一西夾一各三十二尺南北亦三分之兩夾北一兩夾一兩夾南一亦各三十二尺也門廣二丈一尺樹塞門在外方十六尺也樹及兩夾之前每月須政之所也閏月則在門左扉之中樹之內也記言天子聽朔於南門之外者南門謂應門明堂之制備於此矣若此經所云王者之堂則亦天子巡守之行宮而已蓋天子巡守必奉祧主及禮神之玉以行及至方嶽之下宿於行宮而行宮之左亦爲明堂以奉禮神之玉及祧主其

制相倣彿然亦不能如國中明堂之備矣荀子築明堂於塞外而朝諸侯楊倞注明堂壇也謂巡守至方嶽之下會諸侯爲宮方三百步四門壇十有二尋深四尺加方明於其上左氏傳爲王宮於踐土亦其類也是楊氏以方嶽之明堂卽覲禮之壇然壇者隨地會諸侯之所但爲壇壝無復宮室周不巡守四百餘年壇壝豈復有存何待宣王之毀故知壇之與方嶽明堂似同而實異也蓋壇亦倣明堂爲之又加畧焉事至而築事過卽毀耳楊氏以此義釋荀未爲得也又引築帝宮以釋荀近之矣

褐寬博　集註云褐毛布蓋本淮南高注覽冥訓毛詩鄭箋及後篇趙注以毳織之若今馬衣者之文以爲說考馬衣

即左傳定八年之馬褐蓋以極粗之毛布爲之若今之毯
雖至賤無以爲衣者即令爲衣而織毳皆至煖之物許子
安能常衣不畏暑月之暍乎若毛布之精者則又價倍紈
綺故後漢書烏桓傳曰婦人能刺韋作文繡織㲪毼廣雅
曰㲪毼罽也漢書高祖紀令賈人毋得衣錦繡綺縠絺紵
罽注曰罽織毛若今毲及氍毹之屬皆言其貴也安得言
褐即爲貧賤之服褐又出北方南土所無自非富貴人鮮
有衣褐者許行生長南楚服用樸儉舍其土宜之布而求
褐於北賈愈不憚煩矣審是則褐之爲義自當以趙注後
二說爲確趙注曰或曰褐枲衣也即說文褞編枲衣也褐
編枲韈也之說蓋編未績之枲爲衣衣之極惡者一曰粗

布衣也即說文一曰粗衣之說然編枲之衣亦不常見二
說又當以粗布衣爲確但許趙二家皆主衣爲言似褐乃
衣名如褞褐之褐然考之史記劉敬傳曰臣衣褐衣褐見
衣帛衣帛見此經亦以衣褐與冠素並言則褐與帛素相
對者也似又當以淮南注褐大布也之說爲定謂齊俗寬博
云者謂貧賤之夫內無裘纊之襯外披一布邊幅不收郎
當闊大也

夫里之布　周禮載師凡宅不毛者有里布凡民無職事
者出夫家之征但言有里布則亦視一里之中各家所當
出之布而不以無絲枲捐之耳非重困之令出二十五家
之布如後鄭所云也設使故爲苛征以示罰雖有其令必

不能行徒以箠楚追求致罷民之死曾謂先王而有此已
甚之政乎夫家之征謂夫布及一家力役之征也民無職
事罷不任役而無所獲亦必使之視九職之貢平民之力
征抑可以警游惰矣若如後鄭所云夫稅者百畝之稅家
稅者出士徒車輦給繇役既出繇役復出百畝之稅罰已
重矣夫百畝之稅十畝之收也以管子畝鍾計之則六十
四石也荀子曰畝數盆一歲而再獲之注盆二鬴即令二
盆一歲已八鬴亦與畝鍾相近李悝曰歲收畮一石半則
十畝之收亦十五石罷民何所得此粟以償重罰邪況又
給繇役將何以堪審是則後鄭之說不可用明矣蓋里布
者嫡婦之貢也女貢也夫布者八職之貢也男貢也古有布縷

之征出於男丁丁婦者也周官謂之貢貢有九布縷其一
也凡成丁之男婦各以所職貢之於王以充府庫其多少
之率見管子管子云邦布之籍終歲十錢蓋謂三農一歲
之貢也大率上農一家九人丁男五人人二錢則十錢也
然三農貢貢九穀特以錢爲其平率耳周官凡宅不毛者
有里布里布者二十五家合出布一匹也管子貢金平貢
萬謂萬錢一金古以一鎰爲一金管子又曰經桑布百兩
當一鎰小爾雅丈謂之端倍端謂之兩倍兩謂之匹說文
曰匹四丈也以是計之則一匹二百錢二十五家大率家丁
婦四人則百人百人出布一匹亦是人二錢也此則嫡婦
之貢也其餘圃貢艸木工貢器物商貢貨賄牧貢鳥獸衡
貢山物虞貢澤物皆平其賈使人出二錢之物閒民無職
則直出二錢謂之夫布此古貢
物之法也周官又謂之九功
家征者力役之征也征男
而不征女者也古力役之征周官謂之地征有地守地職
二事地守者謂邊塞險阻之地宜戍守者
掌固職云掌修城郭溝池樹渠之固而頒其守者是也地
職者謂溝洫道塗城郭障塞時宜修治者是也周官公旬
豐年用三日中年二日無年一日又凡起徒役無過家一
人是一家一歲三日也所爲之事即地守地職但戍守之
事不得使居中之民遠行戍邊亦不得使邊民獨戍意亦
如漢過更之法也但漢過更三日出錢三百以李悝所計

粟石三十計之、已用粟十石、又漢法亦遣行戍邊、非令邊民自戍、故戍三日費三百、古法當不用三百、但多少難定
耳、地職有僱代之事、故均人曰收地守地職也、此則力役之大畧耳、皆常法也、平民之所易
趨。亦罷民之所難能。先王嘗罷民。不矜其難。亦不過苦。立
法之所以平與。但男女之貢、自先王時已立兩便之法、或
貢物、或貢錢、所以通奇零也、而貢錢卽不貢物、貢物卽不
貢錢、所謂薄歛也、迨至春秋之時、一概使民貢錢、然貢錢
亦不貢物矣、以管子邦布之籍、終歲十錢知之、亦猶春秋時稅私畝、而不籍公田、變法之初也、至
六國時、以貢錢屬之廛、所謂夫里之布也、夫布本男貢、里布本女貢、是時
旣皆貢錢、故不以九職區分、而以廛領、且總謂之夫里之布、以廛領口、又後世戶口之始、又復計丁男
女而貢物、故倍於先王矣、亦猶旣稅私田十畝、復收公田、爲什二也、此孟子所
以亟欲去之、以復其舊與、後鄭以九賦爲口率出錢、九功爲九職之貢物、蓋沿六國之亂

制而言、正孟子所欲去者、先鄭以布爲布參印書廣二寸長二尺以爲
幣貿易物、與後世鈔法相似。旣不經見、後鄭仍先鄭之或
說以布爲泉、然載師之文布與粟並言、而布承宅不毛粟
承田不耕之下、自當爲布縷之布、閭師及此經所言則當
以泉爲正、學者熟味自知之、又按此統九職而言、故下直
言氓、氓者兼商旅農在其中、而又不僅商旅農也、
蹶者　集註云蹶顚躓也顚躓者固非心之過抑非氣之
過不得云是氣也且顚躓則形氣交爲之動而不但動其
心矣按越語蹶而趨之韋宏嗣注曰蹶走也蓋始舉足曰
步流水步曰趨走曰蹶蹶則趨之甚者方蹶則心爲之揚
厲方趨則心爲之悚敏故曰反動其心趙注云今夫行而

蹶者氣閉不能自持故志氣顚倒殊爲無謂集註因之過
矣
而勿正　集註云正預期也預期者躁於必得卽助長也
按士昏禮必有正焉若衣若笄鄭注云必有正焉者以託
戒之使不忘然則正者徵也準也指物以爲徵準使必然
也集義者徙義以日新其德而不倚物以爲定據故曰勿
正有事則有守勿正則不執勿忘則有爲勿助長則不迫
上以事言下以時言相互以起義也
三里之城七里之郭　集註云三里七里城郭之小者按
古之城制都城不過百雉三丈爲雉百雉者面百雉三百
丈耳城中積萬雉三百步爲一里步凡六尺一里百八十丈三

里凡五百四十丈是三里之城爲百八十雉城中積三萬二千四百雉
已過於大都矣七里之郭爲四百二十雉考城郭之差戰
國策貂勃云三里之城五里之郭晉書段灼傳曰三里之
城五里之郭田單曰臣以五里之城七里之郭蓋五里之
城必七里之郭三里之城必五里之郭也此言三里之城
七里之郭者據二種城互文以相備耳若五里之城則三
百雉城中積九萬雉以積言五里之城且九倍於大都鄭氏駁五
經異義曰矦伯之城五里子男之城三里於周制未見其
爲城郭之小者且此以地利言之而曰環而攻之而不勝
亦以城大不易攻而言不當設言極小之城矣
兼金百鎰　集註二十兩爲鎰按五金之屬統名爲金唯

黃金貴倍涯量況云兼金又價倍於常者僻蕞介國安所得好金千二百兩以餽游客哉兼者雜也雜青金赤金白金可以鑄泉布器用者也青金鉛也赤金銅也白金錫也春秋傳楚子賜鄭伯金與之盟曰無以鑄兵故以鑄三鐘則古者蓋以銅錫鉛爲貨賄相餽遺矣爲兵餽之言以鑄劍戟也

葬於魯　集註孟子仕於齊喪母歸葬於魯沿趙注之舊也或駁之曰使孟子以喪母歸則父沒爲母三年倚廬堊室三年不從政豈孟子無三年之愛葬畢不反於鄒而反於齊踰禮薄恩亦至是哉然孟子仕齊母從在齊必已授宅於齊毋容祖禰之主不在齊也則葬畢反齊虞祔以終

三年之喪詎不可乎或又曰充虞曰前日近詞也大夫三月葬則反齊在數月之內去終天之慼無幾時而從容談論於逆旅始無人之心矣此又非也夫居喪不言者謂非喪事不言也此正屬喪事何故不言此皆不足以證非喪母也然以文考之則此必非葬母何以言之孟子曰且比化者謂死爲化達情而爲簡畧之詞不從生而稱母又不從沒而稱妣乃斥言曰化者何邪又曰無使土親膚膚爲誰之膚而言之不測何其忍也獨儉其親之文似宜爲母喪而或者又以魯平公踰前喪之說與木美相涉遂孤成其說而孝子於親雖極天下之奉不忍曰恔父母之前雖聖人在天子之位不敢自稱君子何弗之察也蓋言親者

故已統六親而言卽必以親爲父母則苟有子固夫人之親矣此蓋孟子或喪妻或喪子若從子爲之治葬耳有子故曰親君子云者以君子之道處其子也若以爲族親之親則與天下尤爲相對而文意尤順孟子仕齊母既在齊則其妻子其昆弟及從子皆從於齊矣而孟子又魯公族孟孫之後先人墳墓在魯故葬於魯葬畢不反於鄒而反於齊者以齊之宅有祖考之主及母在也反於齊而畱於嬴者此又可決其非妻子矣使果爲妻子必當反齊國都依其所居之寢廟以虞祔必其從子已別仕於齊於嬴有田邑故止嬴而卒哭耳曰不得不可爲悅又知其從子必仕矣謂之化者猶延陵季子之言骨肉歸於土耳曰恔者

於其妻子心安道盡而亦可以慰矣從子猶子也而充虞己美之疑亦勿嫌於傷仁孝之心矣考之本文無不沐釋此之不審而又不知孟子之已授宅於齊不但誣聖賢仁孝之德而歸葬悤悤旋卽適齊就客卿之位適以啟後人奪情之口實爲名教之大害可勿辨乎或又曰檀弓延陵季子適齊於其反也其長子死葬於嬴博之閒彼書法如此其詳而此但曰孟子自齊葬於魯反於齊止於嬴不言所葬之人必是二親無須言也然記文自有詳畧不可以彼例此也古者三年之喪三年不從政然必卒哭而致事畱其臣佐以治喪也期喪則聞喪卽致事卒哭而從政從子本期大夫降而大功然降在大功者與期無異若是則

孟子喪從子必致事以主葬事故書曰孟子自齊葬於魯而已瞭不必更設縈文也

成覸　覸一作覵齊之勇士以力事齊景公其言吾何畏彼者以角力言耳孟子借引以喻人之自強集註云彼謂聖賢未審

夏后氏五十而貢殷人七十而助周人百畝而徹　此經有難解者二前人亦嘗疑之矣然未有能釋之者其一猶是一家也何以周之授田遂倍於夏后氏徐氏曰古者民納故田少而用足後世彌文而用廣故授田之際隨時而加焉此則謂因乎民之奢嗇以爲多少也陳氏曰夏時洪水方平可耕之地少至商而寖廣周而大備也此則謂因

乎地之荒墾以爲多少也夫謂夏當洪水之後田多未墾故授田寡似矣然殷之於周又何以贏縮盈差邪豈武王革商之頃域中之田遽墾其十之三乎故陳說非也孟子言百畝之糞以中農爲率食六人耳使夏果一家八口而僅授田五十畝則止食三人仰事俯育其何賴乎故徐說又非也蓋因口之多少而制田之多少也即以周法考之家有九人八人七人六人五人之異故孟子曰八口之家又曰數口之家何休公羊注曰五口爲一家而周官亦有家七人家六人家五人之文大氐五口以至九口則爲一家十口以上則分爲二家四口三口則爲餘夫二二口一口則爲餘夫一此周制也殷則以六口五口四口三口爲家至七口則爲二家夏則以四口三口爲家至五口則一餘夫一家也如是則奢嗇荒墾之說皆無當矣其二朱子之所疑是矣朱子曰先王疆理天下爲畎澮溝洫大費人力若自五十而增爲七十自七十而增爲百畝則田間許多疆理都合更改恐無是理孟子當時未必親見只是傳聞如此終難盡信鄭康成曰昔夏少康在虞思有田一成有衆一旅一旅之衆而田一成則井牧之法先古然矣傅同叔曰詩信彼南山維禹甸之春秋傳夏少康有田一成有衆一旅以詩與春秋觀之丘甸之法其來尚矣由鄭傅二家言之則井田百畝之法周且沿夏而殷應無不同矣蓋溝洫畎澮者所以限田而非以限家也即殷授七十夏

授五十何不可兩家共耕一區（區即一夫）十家共耕七區乎但周制家百畝則畺畔特明而夏夾之殷則難明耳然周制田有五等又何能必家爲一區乎土則六等且一家而兼有數區矣況爲井牧則得方正一井九百畝其田之町土之規類表辨鳩度並不能方正又何區之有乎蓋方里而井一井八家者以地言則曰方里以田言則曰一井以人言則曰八家特其相權之大率如此究其實或一井不必八家或方里而無一井烏可泥哉繇是以言則即周授百畝未必家即夫夫即家而夏殷又何疑焉而所以百畝而家九口七十畝而家六口五十畝而家四口者又必有故蓋夏制地九等土六等而田三等周不易之地百晦一

易之地二百晦，再易之地三百晦，蓋出於夏制。云其授之也，不易之地二家一夫，一易之地家一夫，再易之地二家三夫，公田隨夫分配，蓋等少則制未備，而口少則事易精，忠教也。殷沿夏制，土仍六等，而田則四等矣。上地食者三之二，田百晦萊五十畝；中地食者半，田百晦萊百晦；下地食者三之一，田百畝萊二百晦；加上上百晦而無萊者，是爲四等。又上上每歲之收什，而上地九，中地八，下地七。既於地分耕休，又差其收之上下，田事愈悉矣。以下地百畝爲定率，下地一夫之歲收當上上七十畝。故以六口爲成家，而士大夫食田食邑之制權此以起，農重而士祿稍薄，質教也。其制上上地七十畝可受六口之家，六十畝可受五口之家，五十畝可受四口之家，四十畝可受三口之家，餘夫一人二人皆受二十五畝。上地八十畝可受六口之家，七十畝而五口，六十畝而四口，五十畝而三口。中地九十畝可受六口，八十而五口，七十而四口，六十而三口。下地百畝可受六口，九十而五口，八十而四口，七十而三口。四等皆以十爲差者，地下者治之勞，地上者治之逸也。公田則合作。周則田之耕休仍殷，而分上上爲二等，是田且爲五等矣。定上什、次九、次八、次七、次六之率，以授九人、八人、七人、六人、五人，田事愈悉矣。而士大夫食田食邑之制竝以上上九人起率，士祿稍重，文教也。上田歲耕百畝而可食九人，管子畝鍾之田，周官不易之地家百晦，孟子上農夫食九人，呂氏春秋上田夫食九人，春秋傳井衍沃是已。其次歲耕百畝而可食八人，孟子其次食八人是已。其次休一耕二，凡百五十畝而可食七人，周官上地食者三之二，一家七人，田百晦萊五十晦，孟子其次食七人是已。其次休一耕一，凡二百畝而食六人，周官一易之地家二百晦，中地食者半，家六人，田百晦萊百晦，孟子其次食六人，春秋傳牧隰皋是已。下田休二耕一，凡三百畝而食五人，周官再易之地家三百晦，下地食者三之一，家五人，田百晦萊二百晦，孟子下農夫食五人，呂氏春秋下田夫食五人，春秋傳町原防是已。其授之之制，如上田則以百晦授九口，而八口九十，七口八十，六口七十，五口六十，自次以下則自八口、七口、六口始，其差以十，制亦與殷相仿彿也。由是而貢助徹之制可得而言矣。即以上田而論，夏則四口一家耕公田五畝，私田五十畝，校數歲之中爲定額以貢；殷則一井凡六口之家十，又餘夫四，共助耕公田八十畝以爲稅；周則九口之家，家耕公田十畝，私田百畝，而徹取公田以爲稅，故皆什外稅一也。自稅畝作，則就所耕百十畝之中而擇其稼之豐茂者十畝以爲稅，什一猶未改也。後則稅公田又稅私田，乃什二矣，此則魯之重稅也。李悝作盡地力之教，其言曰：今一夫挾五口，治田百晦，歲收晦一石半，爲粟百五十石，除十一之稅十五石。是於私田歲取十一，則亦什二也。

然而三代之制亦猶曹魏典農都尉之屯田、後魏之均田、明典諸衛之屯田，特於大難初平之日行之，其後則仍其緒餘而竟之耳，與封建無異也。若夫承平既久，生齒日繁，應受田者多，而鄰近無閒田，井田無絕產，惟有分民之法徙於都鄙，徙於侯國已耳。迨至都鄙侯國皆無可徙，惟如漢武帝之實邊已耳。又至於邊無可實，則各仍其世業，而授田之政不行矣。聖人亦坐以待天地之盈虛消息已耳，於是而兼并齎買，王者不得而問焉，亦天運然也。若欲強爲之制，則王莽之王田必亂天下矣。乃或國家初造，土地空曠，民未復業，而不爲均田之制，任民自占，亦不知王政者也。屯之以儲軍國之用，則霸政而已。

饔飧　古者天子四飯諸侯三飯食必以樂侑之饔飧者庶人之食庶人食力無算而必以晨晡為節許行之說蓋欲去三飯之禮等晨晡之食耳若炊爨之役庶人亦妻代其勞未聞其且耕而且炊也集註未安

蠅蚋姑嘬之　蚋本作蜹說文秦晉謂之蜹楚謂之蚊似以蜹為蚊也荀子勸學篇醯酸而蚋聚焉則以蚋為醯雞今按醯雞好聚酒甕上似廚中飯蠅而絕小俗謂之酒蚊非蚊也又按蠅之種類好聚腐穢中者凡有三種一蒼蠅似廚中飯蠅而大赤頭綠腹背有金色俗謂之綠肚蠅一似廚中飯蠅而小翅稍長集則兩翅疊若一欲雨初晴輒飛旋空中爾雅蠓蠛蠓郭注小蟲似蚋喜亂飛圖讚風春雨霽即是蟲也一形狀大小悉如醯雞俗謂之矢蚊蓋生酒甕者謂之酒蚊生矢薉中謂之矢蚊其實一也若是則蚋即今之酒蚊矢蚊而荀子之言審矣叔重以蜹楚謂之蚊者殆以蜹亦有蚊名非即正蚊也宋祁謂蜹小蟲日中羣飛集人肌膚而嘬其血非也此蟲絕小昏時好逐羣飛俗謂之雞蚊以喜聚雞栖中也爾雅孫注曰蠛蠓小如蚊微細羣飛即是蟲矣此與郭注異郭注所云風春雨霽者大於蚊司馬彪莊子注云醯雞酒上蠛蠓也郭象莊子注醯雞甕中之蠛蠓又以醯雞一名蠛蠓矣然不聚於腐惡中則非蚋矣音義蚋諸本或作蟠丁公著云一說蟠姑即螻蛄也螻蛄俗名土狗好穴稻田之塍農者頗苦之其蟲大如小指而長周尺寸許肉翅四足不聚腐薉中亦非也集註蚋蚊屬姑語助聲或曰螻蛄也即本音義之或說不言別本蚋一作蟠似以姑之一字訓為螻蛄亦疏若姑之為訓且也承上文狐狸食之為言無異詮也

牲殺　畜牧曰牲田獵曰殺特牲饋食用豕少牢饋食兼用羊豕所謂牲也腊大夫用麋士用兔皆田獵所獲所謂殺也田獵所獲謂之殺者有上殺有中殺有下殺上殺以供祭祀重在殺也有田祿則與於饁獸有取獸之禮得以歸為腊供祭也無田則不能故曰不備

亳葛　亳有南亳北亳西亳之別湯所居之亳西亳偃師也故椒舉謂湯有景亳之命景亳者西亳有景山在緱氏西南今河南府偃師縣南二十里有景山詩言景員維河者是已皇覽云偃師有湯亭有湯祠湯之所居既在偃師則葛與之鄰亦必非甯陵之葛可知矣春秋葛人來朝杜預曰葛國在梁國甯陵縣東北今歸德府甯陵縣北十五里有葛城或以其與北亳考城相近因疑湯居北亳不知夏末之葛以放而不祀為湯所滅地入於商何得至東周尚存以春秋之葛為夏之葛宜其謬已按亳之為言大也猶言京也周謂之京商謂之亳皆天子之都也有三亳者猶周有豐有雒漢有長安有洛陽皆稱京也湯未為天子而所居已稱亳者猶公劉之稱京師也古者諸侯之都皆自立美名及有天下因以名其畿內耳商有天下乃建南北二亳以配西亳夏命未移唯偃師稱亳而已無所謂南北亳也葛伯之國大概在河洛之閒

春秋爲周鄭之地桓王與鄭戰於繻葛疑卽葛國之故墟按此條與春秋稗疏異先生經說彼此互異特多而五種疏中則彼此自相顧惟有數條小異耳

今茲　呂覽曰今茲美禾來茲美麥古者謂收穫之時爲茲今茲猶言今秋也當斂穫之際租稅方入會計一年之國用而曰未能非但訓茲爲此也

洚水　洚本音戸工切與洪一字音降非許愼曰水不遵道也當禹之時河水驟漲險阻淤塞其上流則滯於龍門橫決晉地已而畜極妄行隨處埊出不循故道又逆流而北邢魏曹濮之間滙爲澤國故曰氾濫於中國中國者冀兗也孟子言洚水者洪水也猶下篇泄泄猶沓沓也實後世聲音訓故之學所自起其意以爲書或言洪水或言洚水其實洚水卽洪水聲同義同但體二耳若泄泄猶沓沓則單言其義同耳許愼說文洪洚水也又別出洚文趙岐注水逆行洚洞無涯故曰洚水洪大也猶以洚洪爲二字未得孟子之意

爲高必因丘陵爲下必因川澤　集註云丘陵本高川澤本下爲高下者因之則用力少而成功多矣本趙注蓋以爲築臺浚池之事然未聞有築臺於山脊者唯俯因洿下則所謂下臨無地其高易見耳況川澤旣爲水豬而復鑿一坎以爲深淵將欲何爲且川澤之中何以施钁鉏若欲池潤之深必就灘磧高處壘築陂堰則因高不因下也按此二語見禮器上云爲朝夕必放於日月豈爲朝夕者亦人開之使曉閉之使昏乎爲者猶言有事謂祀事也鄭注云謂冬至祭天於圜丘之上夏至祭地在方澤之中則所謂高者天也下者地也丘陵者圜丘也川澤者方澤也因高祭天因下祭地必於其類而求冀遇其精意故以此爲政必因先王之道因其類而後可通其理也如此則鄭說勝趙

涕出而女於吳　集註謂吳蠻夷之國景公羞與爲昏非也吳周之伯父春秋以其僭王夷之耳當時諸侯不以夷賤之也魯且越禮而結昏齊獨恥乎特恥其以師昏耳所女者說苑以爲闔閭吳越春秋以爲大子波闔閭子也考大子波卽左傳大子終纍疑吳越春秋爲是說苑始於闔閭下漏一子字耳說苑齊景公以其子妻闔閭送諸郊泣曰余死不女見矣高夢子曰齊負海而縣山縱不能全收天下誰干我君愛則勿行公曰余有齊國之固不能以令諸侯又不能聽是生亂也寡人聞之不能令則莫若從且夫吳若蜂蠆然不棄毒於寡人則不靜余恐棄毒於我也遂遣之吳越春秋闔閭十年謀伐齊齊侯使女爲質於吳吳王因爲太子波聘齊女女少思齊日夜號泣因乃爲病闔閭乃起北門名曰望齊門令女往遊其上女思不止病日益甚乃至殂落女曰令死者有知必葬我於虞山之巔以望齊國闔閭傷之正如其言乃葬虞山之巔是時太子亦病而死越絕書闔閭伐齊大克取齊王女爲質子爲造齊門置於水海墟其臺在車道左水海右去縣七十里齊女思其國死葬虞西山

滄浪之水　禹貢嶓冢導漾東流爲漢又東爲滄浪之水凡有三說地說曰水出荊山東句西流爲滄浪之水西本或作南是非是近楚都故漁父歌曰滄浪之水淸兮可以濯我纓滄浪之水濁兮可以濯我足水經注沔水篇引是以滄浪爲山源

下流入漢耳故酈善長駮之曰余按尚書禹貢言導漾水東流為漢又東為滄浪之水不言過而言為者明非他水決入也此其一說也馬融鄭元皆以滄浪為夏水即漢河（當是沔字之誤）之別流也漁父歌曰滄浪之水清兮可以濯吾纓是此水也（史記索隱引）水經注云鄭元注尚書滄浪之水言今謂之夏水（以下當有闕文）來同故世變名焉（自今謂至此當是鄭注之文來同上疑闕）是以滄浪為漢水之別流其名夏水（多律切流夏始六字詳尋語義當如此）者乃水自漢出別一夏水非自江出之夏水也（鄭以自江出之夏水為沱則必不以為滄浪矣）劉澄之永初山川記云夏水古文以為滄浪漁父所歌也（馬鄭皆注古文尚書）誤會鄭意以為即出江之夏水故善長駮之曰按夏水是江流沔非沔入夏假使沔注夏其勢西南非尚書又東之文余亦以為非也此其二說也水經漢水又屈東南過武當縣東北善長注曰縣西北四十里漢水中有洲名滄浪洲庾仲雍漢記謂之千齡洲非也是世俗語譌音與字變矣蓋漢沔水自下有滄浪通稱耳纏絡鄀鄢地連紀郢咸楚都矣漁父歌之不違水地考按洲（經字之譌）傳寫以尚書為正耳是以漢水中有洲名滄浪而漢水經流遂號滄浪非別有水出入此善長自造之說也今依善長其歌云云者蓋以漢流本清方水漲時則沿漢溪澗自山而溢推盪泥沙下入於漢因而濁耳滄浪楚水其歌楚人之歌孔子南遊楚涉漢而聞之屈原漁父亦楚人也故其歌同

北海東海　古所謂北海者大氐謂今登萊以北遼右永平以南之渤海也孤竹在今永平府撫甯縣地南濱海即所云北海則伯夷之讓國而逃亦如季札之退耕於野未嘗遠離父母之邦或曰北海者海在其北東海者海在其東則此云北海即漢之北海郡北海國也蓋讓國時渡海而南耳古者公子去國仕於鄰邦不廢君臣之義伯夷為紂播惡天下無邦遂不復仕故曰避紂也續漢書琅邪國海曲劉昭注曰博物記太公呂望所出今有東呂鄉又釣於棘津其浦今存按今沂州府日照縣漢海曲地其東即海史記曰呂尚者東海上人其先嘗為四嶽佐禹平水土有功虞夏之際封於呂東呂蓋即殷之呂國為太公父母之邦太公亦以天下無道家居而不出若釣渭之說孟子不言知其妄矣或曰大公汲人無據

辟草萊任土地　詩小雅東有甫草周官稻人凡稼澤夏以水殄草而芟夷之澤草所生種之芒種蓋澤畔草所生之地謂之草也是地也先王棄之不與水爭利者也即民或自耕之但教以耕之之法而不稅其租周官上地夫一廛田百畮萊五十畮中地夫一廛田百畮萊百畮下地夫一廛田百畮萊二百畮萊者休而不耕以息地力者也即令民力有餘可以糞治成熟則亦聽之而不入井賦自李悝有盡地力之教商鞅有墾令則草無不墾萊別受毗而皆征稅但以富國而已漢書食貨志歲耕種者為不易上

田休一歲者爲一易中田休二歲者爲再易下田此謂平土可以爲法者也若山林藪澤原陵卽左傳之京陵淳鹵之地各以肥磽多少爲差是土卽田而地乃非田而可以出利者也任者專責也蓋書國中應墾之萊田任土與澤草之可墾者任地專責之吏士使督民開墾而以墾否課殿最也此蓋李悝商鞅之法故孟子惡之集註謂分土授民使任耕稼之責則三代之政亦必如此而奚罪哉

負夏　尚書大傳鄭注及孫疏俱謂負夏衞地按舜虞幕之裔後雖降處而仍居故封故謂之虞舜舜生長於今平陽府之境虞故城在今平陽府解州平陸縣東北四十里舜之祖國也　按今解州爲直隸州平陸屬之耕歷山在蒲坂續漢書志蒲坂注縣南二十里有歷山舜所耕處是已今蒲州南三

十里歷山是也按蒲州今爲府治永濟縣陶河濱蒲州洛河之境也漁雷澤抑雷首山下之澤矣水經注河水又南逕陶城西舜陶河濱皇甫士安以爲定陶不在此也然陶城在蒲坂北城卽舜所都也南去歷山不遠或耕或陶所在則可何必定陶方得爲陶也審如善長此言則雷澤抑卽雷首山下之河澤何必兗州之雷夏乎流傳以歷城爲歷山定陶爲河濱皆非也歷城定陶去虞遠矣孟子以諸馮負夏與安邑之鳴條竝言則其相近可知諸馮卽蒲坂孫疏曰史記云舜冀州之人也今云舜生於諸馮則諸馮在冀州之分　按孝經援神契舜生於姚虛詩含神霧握登生舜於姚虛則姚虛諸馮一也左傳宣汾洮注二水名考洮水出今絳縣而西流逕聞喜縣入於涑水水經注以爲自下涑水亦受洮水之乘稱故王莽以左邑爲洮亭河東郡爲洮陽也涑水又西逕夏縣安邑蒲州入河姚虛當在洮水左右書曰釐降二女於嬀汭王肅曰嬀汭虞地世本曰舜居嬀汭今在蒲州南皇甫謐曰舜所都或言蒲坂或言平陽及潘按潘今在臨晉西亦鄰蒲坂大約舜所生當以蒲坂爲是蓋諸古讀都都馮之反語卽蒲古反語到故也蒲坂旣爲虞地又與嬀汭歷山陶城洮水相近則蒲坂必諸馮明矣

負夏負山之下皇甫士安以爲負黍是已卽南河之南舜所封國也登封有負黍亭水經以負山東陽負山東首陽山爲一山在今鞏縣北臨河負黍在今登封西南又首陽山在今偃師西北是則偃師鞏縣及登封之西皆古負夏地夏下黍三字皆韻近相假借舜生長於其祖國治治水成功以舜紹虞且遷其國於南河之南故曰遷於負夏自登封蒲坂抵岐周畢郢適千有餘里若衞地去岐將二千里孟子何言千有餘里乎足知其非東夷西夷云者夷陳也列也導山有四列蓋又以河山分爲東西列故河東河南謂之東夷河西謂之西夷非夷服也按岐周畢郢負夏周之畿內諸馮鳴條皆晉之境晉於周爲何侯不得謂之夷趙注曰諸馮負夏鳴條負海也在東方夷服之地故曰東夷之人也又曰岐山下周之舊邑近畎夷畎夷在西故曰西夷之人也尋趙意則以諸馮負夏鳴條爲東方負海之地故在夷服之中然東方負海之地去岐豐何啻千有餘里此顯與經違非也集註一依其文不察之甚

或又以夷服非蠻夷若然趙氏何故引畎夷且服之所以名夷正以蠻夷故耳何可岐而二之卽以夷服言之亦在王畿三千五百里之外四千里之內何得一則近在畿中一則近在甸服乎審是則夷必訓陳訓列審矣鄭注尚書導山云四列謂導岍爲陰列西傾爲次陰列嶓冢爲次陽列岷山爲正陽列是以天下之山分爲四列也或又可以關河分一東西則岍岐荆山爲正陰西列壺口雷首太嶽爲正陰東一列砥柱析城王屋爲正陰東二列大行恆山爲正陰東三列西傾朱圉鳥鼠大華爲次陰西列熊耳外方桐柏陪尾爲次陰東列嶓冢荆山爲次陽西列內方大別爲次陽東列岷山之陽衡山爲正陽西列九江敷淺之源爲正陽東列蓋以雝梁二州爲西而餘七州爲東也言山東山西者本此或曰夷讀維中國山川東北流其維首在隴蜀尾没於渤碣故以山西爲西維山東爲東維亦通

畢郢　郢音以整切者楚都也未聞岐豐之閒別有郢色按此郢當作程音直貞切逸周書皆有畢程氏損禄增爵羣臣貌匱比而戾民畢程氏以亡又維周王宅程三年又

文王去商在程是程乃周之故都也字又作程呂氏春秋武王常窮於畢程（孫疏南越志曰郢故楚都在南郡則郢畢在郢之地皆曰畢郢猶稽極矣豈宜公之所若邪）程地於漢爲扶風安陵其西北有畢陌（皆在今西安府咸陽縣境內）畢程二地相近故連舉之武王既有天下以畢封畢公高以程封程伯休父之祖皆爲縣內諸侯（孟子堯舜禹文王皆言崩無言卒者此言卒非崩甍明矣卒終也末也但謂其末年所常居者耳）畢程去岐不遠故統云西夷以此推之諸馮負夏鳴條同在河東河南又審矣（或以畢郢非二地始泥卒於畢郢之語謂崩甍必一地耳）

王者之迹熄　迹轍迹也王者時巡方嶽大史陳詩以觀風平王東遷巡狩典廢車轍馬迹絕於天下列國風詩不陳於太史故曰王者之迹熄而詩亡若衛朔鄭忽秦康陳

靈之事編爲歌謠者蓋春秋初王者雖不采詩諸侯或貢之方伯以貢天子也然不采詩即謂之詩亡可矣集註云黍離降而詩亡於義未盡

五世　考六國表及諸國世家周顯王三十三年乙酉孟子至梁梁惠王之三十五年也時爲齊宣王之七年明年梁惠王卒子襄王立周顯王四十一年癸巳宋王偃之元年四十五年丁酉齊宣王卒愼靚王三年癸卯宋自立爲王赧王元年丁巳魯平公之元年是歲齊伐燕殺子之三年己酉燕始畔齊立昭王計孟子周旋魏齊宋魯二十五年閒自顯王乙酉上溯孔子卒壬戌爲一百四十三年據家語孔子年十九娶於宋之开官氏一歲而生伯魚是伯

魚生於昭公之十年己巳史稱伯魚年五十當卒於哀公十三年戊午子思於時若已年逾弱冠則子思年六十二其卒當於周定考二王時去孟子已百年然則程子稱筆中庸於書以授孟子者誤也伯魚生子思子思生子上白子上生子家求子家生子京箕孔子至子家爲五世伯魚至子京爲五世孟子正與子家子京同時適值五世之際故曰五世而斬憂其墜也或以三十年爲一世計孔孟相去之季自孟子歸而著書時去孔子作春秋百七十年也亦合

羿　古之稱羿者不一莊子列子山海經屢言羿皆非有窮后羿也窮羿篡夏身爲天子勢不復與弟子角技其死

也自以寒浞之奸更相爭奪而不緣射且以亂臣賊子假手凶徒而膺天誅孟子顧曰是亦羿有罪焉何其含大慭而摘微愆邪謂逢蒙爲羿之家衆亦臆詞也羿上古善射之號後世多因之故堯時有羿夏復有羿窮羿襲而射師始不以羿號矣

子思居於衛　子思仕衛當在悼敬昭懷四公之時或出公反國之後世傳仕衛嗣君則誤已嗣君元年當周顯王四十五年去伯魚卒已百五十年子思年六十二計其卒已百有餘歲矣司馬公作通鑑起威烈王二十三年戊寅去伯魚卒已八十年而記子思荅衛苟變二卵事於後亦未諗也孔叢子載苟變事稱衛君未嘗目言嗣君其巡狩

篇稱子思游齊陳莊伯與登泰山陳莊伯者田莊子伯也
伯相齊宣公當周考王衛敬公昭公之世較爲得實但孟
子言有齊寇而悼敬昭三公無見伐於齊之事獨殷師之
雙齊伐衛在魯哀公十七年癸丑計子思尚非彊仕之期
或後有齊師不繫大故史逸之耶又孟子稱子思爲魯繆
公臣繆公顯之元年皇甫謐以爲壬申表及徐廣以爲甲
戌蓋威烈王十九年去伯魚卒已七十六載不能無疑而
孔叢子載繆公卒縣子制服子思不可繆公卒以甲辰去
伯魚卒已九十七年尤不足信繆穆本兩謚豈悼公一謚
繆公邪否則史記子思年六十二之文有譌邪若孔叢則
掇拾舊聞多出附會不足辨也史記采録雜說往往自相

矛盾如子夏少孔子四十四歲當生於定公二年癸巳至
威烈王時已逾百歲而史記年表於威烈王十九年甲戌
載子夏授經魏文侯其誤必矣則子思之事安保其不誤

崇山　盛宏之荆州記云書云放驩兜於崇山崇山在澧
陽縣南七十五里孫疏以爲今在澧州慈利縣慈利在舜
封五嶽之內荆州之壤不得爲投四裔且有庳之去慈利
尚千餘里封弟於遠放驩兜於近乎宋之問謫驩州其詩
曰崇山瘴癘不堪聞又云北望衡陽崇山在唐驩州境內
牂牁江亦曰驩水自曲靖注田州入南甯府州曰驩州水
曰驩水皆以驩兜得名則驩兜所放之崇山在交廣之閒
泗城之南審矣大荒南經有驩頭之國驩頭卽驩兜也

百姓如喪平聲考妣三年四海遏密八音　禮庶人爲國君
服齊衰三月鄭氏曰天子畿內之民服天子亦然周禮如
此唐虞質樸之制愈可知矣但言畿內則五服之民不服
天子矣王者公天下而私其故封之國葢以國其所世守
雖失天下不亡其國故畿內之民親於九服而恩禮有加
焉禮必度其可行而與惟相稱九州編甿於天子疏遠闊
絕而爲天子服喪情既不稱而勢亦不可行矣百姓者百
官也百姓如喪考妣諸侯及卿大夫服斬衰也三年連下
爲句三年之閒四海之內冠昏祭雖通而不作樂下及乎
侯國之大夫士皆然士無故不撤琴瑟於斯撤矣侯國唯
君服斬衰大夫士則否但撤樂耳故下云帥天下諸侯爲

堯三年喪明侯國臣民之不與也

箕山　括地志陽城縣在箕山北十三里元和郡縣志謂之許由山在告成縣南十三里告城卽陽城也今河南府登封東南告成鎮卽告成故縣今在河南府登封縣東南考南河之南今偃師鞏縣及登封之西境是蓋舜所徙封之虞也趙注南河之南遠地南夷也似謂豫州之蠻如戎蠻之屬劉熙注以南河爲九河之最在南者是則以禹津爲南河矣與禹貢左傳王制三書不協恐非今以皇甫士安負黍卽負夏之說爲定陽城今禹州密縣及登封之東北境是蓋禹所封之夏也世本禹都陽城汲郡古文禹居陽城左傳注陽城在陽城縣東北元和郡縣志告成縣陽城山在縣東北三十八里今登封縣東北有陽城山史記潁川南陽夏人之居也徐廣曰禹居陽翟漢書潁川郡陽翟夏禹國陽翟今爲禹州世本鯀生高密是爲禹五帝時多以號冠邑如老彭大費之類則高是號而密亦邑也今密縣卽古之密國禹封大國而三邑本疏達故皆爲禹所封以其山川爲野之號則曰陽城本其國則曰夏言其邑則曰密自漢縣言之則曰陽翟陽城

及密皆在禹封之內而陽翟全爲禹國所有密及陽城不盡屬禹封故孟堅單于陽翟言禹國也箕山之陰當依史記作箕山之陽今登封南境及伊陽古云伊川者皆是亦益所封之伊也百蟲將軍碑益姓伊氏古多以國氏則益實封伊云堯舜禹皆以冀州爲畿內故舜禹益所封皆在豫州避者去而歸國也趙注云陽城箕山之陰皆嵩山下深谷之中可藏處也集註本之是二聖同即嵩山爲遯避之所二室且爲受禪之捷徑矣避天子位自盛德事固應從容以禮爲進退何至逃之無人之境如避兵避讎之藏形滅跡也哉逃而之谷而不得則當逃而之竇逃而之井如狐貍之竄蛇蜴之匿人將熏掘而得之此莊周迂怪之談非君子之言也

外丙二年仲壬四年　趙氏以二年四年爲在位之年蓋殷道立弟次立嫡長子則大丁薨而外丙仲壬踵立以傳大甲其制然也程子破其說以年爲歲湯壽百齡豈九十有八而生子乎竹書紀年記外丙名勝仲壬名庸湯以甲戌崩明年乙亥外丙立丙子崩明年丁丑仲壬立四年庚辰崩明年辛巳大甲立竹書編年甲子鱗次不亂實三代遺文之可徵者邵子皇極經世不紀二君年世皆折入於湯之末歲而序次唐虞夏商之年參差不齊至周宣王而後與經史合蓋誤以堯元年爲甲辰而不知甲辰爲皇甫謐之說不可依用而堯元年實丙子也繇此相差一百四十九年而序次多舛矣若夫大甲宅憂桐宮者爲之後者爲之子大甲嗣仲壬則爲仲壬居喪如嗣子也湯墓在桐仲壬之墓亦在桐古者墓兆以昭穆祔葬無各爲陵邑之制也按此言湯墓與書經稗疏異

司城貞子　趙注以貞子爲宋卿據司城宋官耳乃司城司馬位竝六卿貞子能亢桓魋以衞夫子自可迎來送往何須夫子之微服哉如其不然亦孱弱葸畏之人抑不足以爲賢矣孔子不得於魯衞在定哀之際宋之六卿未聞有貞子以賢著自辰佗彊大心之犇皇向二族分執宋政皆魋黨也無可爲聖人主者且微服而過宋過者不畱之辭則未嘗信宿而無所主矣審是則貞子必非宋卿史記孔子至陳主於司城貞子漢書人物表有陳司城貞子是

馬班皆以貞子爲陳人與趙異考左傳陳有公孫貞子杜氏世族譜以爲哀公孫司城氏通志世族畧有司城氏以爲陳哀公子勝爲司城因氏若然則貞子爲陳卿且哀公之孫公子勝之子以官氏較然可考陳亦有司城者或效宋置之當時曹亦有司城集註既本趙注以貞子爲宋大夫又引史記至陳主貞子之文彊合二說遂使貞子一人半宋半陳未免進退無據趙注陳侯周陳懷公子也爲楚所滅故無謚但曰陳侯周史記乃立懷公之子越是爲湣公索隱按左傳湣公名周是史官記不同也依邵卿言則陳侯周本無謚其云湣公者或臣下私謚如宋王偃謚康謚獻之比索隱所云今左傳無其事殆誤記孟子耳或曰亡國之君謚在爵下如

周之末王名延而謚赧稱王赧也其曰隱王然王者臣下之私謚非所滅國爲之謚此陳侯亦同之本名越楚王謚之爲周稱陳侯周臣下私謚爲陳潛公也謚法周至也是有周謚然周爲善謚必非也周或橈之借字衞有橈公見世本

君十卿祿　集註引徐氏言大國君田三萬二千畝其入可食二千八百八十人卿田三千二百畝可食二百八十八人大夫田八百畝可食七十二人上士田四百畝可食三十六人中士田二百畝可食十八人下士與庶人在官者田百畝可食九人至五人庶人在官府史胥徒也次國君田二萬四千畝可食二千一百六十八人卿田二千四百畝可食二百十六人小國君田一萬六千畝可食千四百

四十八人卿田一千六百畝可食百四十四人此皆據下士上推而爲之算也考左氏春秋內傳曰唯卿備百邑外傳曰昔欒武子無一卒之田荀子曰有五乘之地者事三世有三乘之地者事二世以四井爲邑計之百邑乃四百井四成之地也又邦國車乘三而用一是四乘乃得一卒四成除甸外旁加賓出四乘則一卒之田正謂百邑大國之卿所食以是差之三乘乃次國之卿而小國卿當二乘大夫當一乘若五乘則又天子下太夫及大國之孤云凡此皆大夫食邑之制也一成以上乃得言邑乃四乘之公田實二萬五千六百畝三乘則一萬九千二百畝二乘則一萬二千八百畝一乘則六千四百畝似與徐氏所推縣殊然一井之

收不過稷禾秉芻缶米出外傳其餘悉貯之田閒以爲萬民之蓄積備水旱而上不得有所私焉其芻本無粟稷禾爲粟百六十斛缶米爲粟八斛米蓋以爲公家之稅稷禾則半以治車乘半以爲大夫之食采帑是則一乘六十四井其爲大夫之食采者廑五千一百二十斛也凡食邑卑者諸侯之卿大夫皆爲卑者又自貢所食十之一則一乘正食四千六百奇八斛以斛計之實七千二百斛差而下之則上士三千六百斛中士千八百斛下士九百斛原思爲孔子宰與之粟九百始九百斛下士一年之祿也曾子仕莒得粟三秉見韓詩外傳莊子以爲三釜蓋字之譌下士一月之祿也一歲三十六秉即九百斛與百畝之收畧當九百斛食九人則府祿蓋八百

斛史祿蓋七百斛胥祿蓋六百斛徒蓋五百斛云由是以言亦與徐氏所推符同而士食田皁隸食職之制皆在其中矣大夫并食貢凡八千斛又一家宰一邑宰各九百斛并貢又二千斛合萬斛實千鍾大夫之祿也孔子爲魯司寇奉粟六萬卽千鍾實六萬四千斗舉成數言六萬耳三千鍾則次國卿祿曾子仕三千鍾見莊子蓋次國卿云此又兼官宰食加而言也

百畝之糞　集註云加之以糞糞多而力勤者爲上農其說本之趙注然文勢不順王制作百畝之分注曰農夫皆受田於公田肥墽有五等收入不同也蓋分者田高下之分等也此語總冒下五句於文爲順此經當从之耕者之

所獲一夫百畝此言所得受於公之田百畝之分以下又言田雖同名百畝而肥磽之差又自有五等也又考糞字正訓除也故說文曰糞棄除也廣雅曰糞除也周禮曰掌五寢之埽除糞洒之事曲禮曰凡爲長者糞之禮左傳曰小人糞除先人之敝廬皆謂埽除也既又以所埽除者爲糞說文糞从𠬞推華棄釆官溥說似米而非米者矢字又曰菌糞也論語曰糞土之牆左傳曰是糞土也是已既又轉爲饒美月令可以糞田疇可以美土彊注曰糞美互文廣雅曰糞饒也周禮曰凡糞種注曰凡所以糞種者皆謂煑取汁也蓋謂煑諸獸骨肉取汁以饒美穀種耳荀子曰樹落糞本是已又自除轉而爲盡廣雅曰糞盡也龍子曰凶年糞其田而不足言盡其公田之所收而不足夏亦有公田故曰農及雪澤初服於公田說又見上細勘諸訓無一與此經合者斷以破字從王制爲妥

費惠公　考之春秋無所謂費國者集註云費邑之君邑安得有君而稱公且既曰小國之君明費之爲國而非邑矣困學紀聞曰春秋時費爲季氏邑史記楚世家有鄒費郯邳蓋戰國時以邑爲國意者魯季氏之僭與愚又按呂氏春秋以滕費則勞以鄒魯則逸是費在鄒郯邳滕魯之閒也說苑尊賢篇魯人攻鄪曾子辭於鄪君曰請出寇罷而後復來請姑毋使狗豕入吾舍鄪君曰寡人之於先生也人無不聞今魯人攻我而先生去我我胡守先生之舍魯人果攻鄪而數之十罪而曾子之所諍者九魯師罷鄪君復修曾子舍而後迎之審是則魯與鄪近故相攻尸子曰費子陽謂子思曰吾念周室將滅泣涕不可禁也子思曰然今以一人之身憂世之不治而泣涕不禁是憂河水濁而以泣清之也疑子陽卽惠公由斯以言則伯厚以費爲季氏之後其言韙矣考之魯世家及六國表竝言悼公時三桓勝魯如小侯則三桓非復如定公時陪臣勝而徵也又考之檀弓悼公之喪季昭子問於孟敬子則悼公之末季氏猶臣屬魯未爲費君韓非子言魯季孫新弒其君吳起仕或者所弒之君卽悼公此又悼公末季孫未爲費君之證則惠公蓋當魯元穆二公之世爲季昭子之後也

又檀弓稱曾子疾革之言曰斯季孫之賜也則當曾子卒時季孫尚未僭費君而說苑云魯人攻鄪曾子辭於鄪君其所云曾子必曾申子西而非子輿也若是則惠公在元穆之世又明矣或以費卽魯果爾則說苑何以言魯人攻鄪呂氏春秋何以言費又言魯邪或以費卽鄒果爾則史記及呂覽何以言鄒又言費邪其說皆非也惟以費卽費滑費子陽卽騶子陽於理頗似然費滑去鄒郯邳滕及魯較遠終不如季孫氏之爲確也

殺越人　集注云殺人而顚越之人既被殺則自踣於地奚待人顚越之乎但言殺人其罪已極可勿論其越與不越也按越者踰也遠也越疆遠行之商旅也殺越人於貨

律所謂擱路劫殺者是已附近之人雖挾重貨盜猶不敢肆其惡唯越境孤客殺者易以滅口是以凶人敢試其鋒刃而人不爲之欿恨也

牿亡　牿亡之牿从牛从告牛馬牢也費誓曰今惟淫舍牿牛馬其从木之梏則手杻也集註訓牿爲械以牿爲梏之失也牢牛馬者禁其動逸如人之過其仁義之心不使流動自非桎梏之謂

狼疾　集注謂狼善顧疾走則不能使果有養指失背之人可僅謂之急遽而不能顧乎趙注曰此爲狼藉亂不知治疾之人也是以狼疾爲狼藉而以亂釋之考狼藉乃落錯疊韻字之轉蓋憤亂之皃也當从趙讀狼藉爲是

趙孟　集注云趙孟晉卿也考趙氏盾武鞅無恤皆稱趙孟柄晉政然當孟子時趙已篡晉且稱王矣不當復以字稱疑所謂趙者乃平原君趙勝孟者卽孟嘗君田文也田文食孟嘗或別以邑氏孟耳孟子時二君之勢最震燿於人之耳目或又曰六國表趙成侯十八年有趙孟如齊考其人雖與孟子同時未聞其有能貴賤人之權非也

曹交　趙注云曹交曹君之弟集註因之按曹於魯哀公八年爲宋所滅至戰國時名其故都爲陶秦東畧地取之以封魏冉不知趙氏所云曹君者果何氏之君耶按邾小邾皆曹姓則交或二邾之後或疑曹乃邾姓非氏審是邾後不當稱曹交然古人如彭祖姓氏皆爲彭鬻熊姓羋氏鬻羋鬻一字邾人或同之又或曹旣滅而其子孫以國爲氏流寓他邦而交其後裔要非有介弟之尊也

膠鬲　膠鬲爲殷之老臣觀孟子言輔相之與微箕並列可知已記稱武王遇雨恐紂以膠鬲覘師之言不實而殺賢臣則鬲之歸周與商容同在滅殷之後矣或謂文王遺鬲爲閒於殷說尤詭誣膠鬲之舉當在紂父帝乙之世未嘗一日立於文王之廷集註謂文王舉之本之趙注然誤矣

血之流杵　集註云杵舂杵也雖云書不足信然言事亦必有其理而後成文師行糧食戰則齎糗糒守則輸米以炊未有挾杵臼以行者如云居民廬舍中之杵臼則甲子之師陳於牧野非擣壘陷城何至入民廬舍而殺人拔杵

本楯字之聲譌盾也凡爲盾之木材必輕而製必薄故有可漂流之理雖爲已甚之辭然亦後世尉繚白起之兵所或有也

袗衣　說文袗元服也月令注今月令曰乘軫路似當爲袗疏曰袗是元色凡袞服上衣元象天下裳黃象地袞衣色元故曰袗衣集註云畫衣本之趙注然袞衣雖畫而袗不訓畫也又元端服亦元衣此經袗衣與鼓琴二女果並言應是燕居之服疑元端爲是袗字亦作袀獨斷曰袀紺繒也吳都賦注曰袀皁服也左傳注曰袀服黑服也皆是

殺人父兄　爲人父兄胥人也殺人父殺人兄者亦殺人耳當其殺之豈擇人之有子弟者而殺之耶抑豈擇人之

無子弟者殺之而可免於報邪又豈置其人勿殺而但殺其父兄邪若均是人而名之曰人之親則孟子之言亦迂繆矣蓋殺人父兄云者因其子弟而殺之故以父兄稱此謂當時立參夷之法以子弟之罪累父兄而殺之也始置參夷之刑者及以參夷之法論獄者其人皆卒得參夷之禍蓋孟子有感而言集註未悉

丘民　釋名丘聚也廣雅丘衆也聚之衆則大矣故楚人謂長妓爲丘妓亦言大也審是則丘民者衆民也大衆也所謂天下之民歸心也若偶然獲譽於隴首之農夫而爲豪傑之士所不與亦何足以爲天子

榱題數尺　集註云榱桷也題頭也顧數尺之義未詳蓋

屋庳淺則霤短屋高深則霤長霤長則簷宇暗而瓦易下遆於是於榱桷之外別加榱題覆於榱上使簷際昂起則宇際軒敞如鳥翼之張矣然不施榱題者霤水順下旣加榱題而有數尺之昂起則霤水且逆上而溢漏於是於瓦下榱上施薄板而以泥傅之上爲筩瓦使霤水雖稍逆猶下流而不中溢旣加薄板施泥塗載厚重之瓦則一切薄榱桷棟皆必以鉅厚之材承之舉一榱題數尺而屋之壯麗宏邃皆可推已以下基言之則數仞之堂必有十仞之室以上宇言之則有數尺之榱題必有數十圍之梁棟不言宮室之壯盛而自在其中矣

七世孫世全半溪謹刊

後學歐陽中鵠重校
後學王先稻少谷重刊
後學薛春熙鹿苹重刊
後學吳中俊健侯重刊

四書釋疏卷二一終

孟子七篇諸國年表二卷

清　張宗泰輯

清光緒十九年徐氏積學齋刻本

孟子七篇諸國年表

吉吳姚孟起題

徐氏積
學齋刊

孟子七篇諸國年表

甘泉張宗泰登封輯

說

朱子集注以取少梁爲喪地於秦之一事然攷事在惠王十七年馬陵之敗在三十年惠王之言不應敘秦於齊之後況所謂後魏又數獻地於秦是亦疑少梁不足以當七百里而又以予秦河西之地入上郡於秦皆襄王時事惠王無由豫知而言之故爲是渾槩之詞顧處士寗人及江明經愼修皆据竹書紀年惠王三十六年改元稱一年之說並考孟子至梁當在惠王後十六年顧寗人曰書中齊事特多又嘗爲卿於齊當有四五年若適梁乃惠王之末而襄王立卽行故梁事不多謂孟

子以惠王三十五年至梁者誤以惠王之後元年爲襄王之元年故也江愼修曰孟子至梁在惠王之末年故有見襄王事然惠王三十六年改元稱一年後又十七年卒則招賢事當在後元之十六年今如其說則與襄陵之敗皆惠王時事又皆在孟子未適梁以前豈惠王得而言之矣

史魏世家惠王與齊戰者三三年齊敗我觀十八年齊救趙敗魏桂陵三十年與齊人戰敗於馬陵虜太子申卽惠王所謂東敗於齊長子死焉者也與秦戰者四五年武堵爲秦所敗九年與秦戰少梁虜我將公孫痤取龐十七年與秦戰元里取我少梁三十一年秦將商君詐公子卬而襲奪其軍三十六年中獨無與楚相涉之事太史公不知梁惠王改三十六年爲一年而又不得與楚戰實跡故易其詞曰兵三折於外夫楚敗我襄陵史書於襄王十二年朱子豈不讀史記者而於南辱於楚獨引與昭陽戰

敗亡邑之事以當之蓋朱子亦知史誤分惠成紀年惠王作惠成王之世以爲二王年數特不明据竹書耳何閻徵君百詩以爲集注之譌自詡承譌歷五百年辨之自今日始乎

桉徵君不信紀年云六國表魏世家竝云子罃生於魏文侯二十五年辛巳三十八年文侯卒武侯立凡十六年而後惠王立是年已三十八矣若如紀年文侯五十年卒武侯二十六年卒以生辛巳計之惠王元年已五十三立三十六年卒已八十八更以襄王十六年爲改元後之年不一百有四歲乎紀年之不可信如此夫子罃生於文侯二十五年自是史記之文紀年不云也以今本紀年攷之武侯十六年卒與世家年表同恐索隱所引誤以十爲二十即如史記惠王生於辛巳攷今本紀年辛巳後十三年而文侯卒惠王止年十四耳又十六年而立年亦三十與史不殊再益以前三十五年後十六七年共得年八十二不得百有四歲也況太史公六國年表明云秦既得天下燒詩書諸侯史記尤甚詩書所以復見者多藏人家而史記獨藏周室以故滅獨有秦紀又不載日月其文略不具又云於是因秦紀踵春秋之後起周元王表六國時事訖二世是太史公所

据者秦紀而紀年本魏之史記据秦人言魏事不若据魏人言魏事也語云以子之矛刺子之盾今以太史公之矛刺魏史官之盾而云其書不可信其不攷也甚矣

或曰信如紀年方與喪地於秦見辱於楚之事合則改元之說審矣而孟子至梁或如史仍在三十五年應無不可卽云秦楚之事皆在改元以後安知孟子不自三十五年至梁歷十八年逮襄王立而後去惠王與孟子言之時豈定在初見數年而必移易至梁之年乃無牴牾耶顧嘗論孟子七篇言齊事者多言梁事者少若果至十八年之久不應梁事反少於齊況史記旣云襄王元年與諸侯會徐州相王也追尊父惠王爲王則是惠王三十六年以前尚未稱王而孟子千里來見之初卽

稱之曰王其爲改元之後至梁無疑至梁旣在改元之後而惠王復臚陳三事以質之又下章卽接見梁襄王非後十六年而何至若改元實緣稱王則顧盌人江慎修會詳論之顧盌人曰秦本紀惠文王十四年更爲元年此稱王改元之證又與魏惠王同時江慎修曰惠王所以三十六年改稱一年者是年與諸侯會於徐州以相王故也前此爲侯此年始稱王故別紀一年而史記相王之事繫於襄王元年夫惠王已稱王矣其子又相王何爲乎史記之誤明矣

孟子列傳謂孟子游事齊宣王宣王不能用適梁古史謂孟子先事齊宣王後乃見梁惠王襄王齊湣王据史記則孟子先游齊後游梁据古史則孟子前後兩至齊近人江愼修則謂孟子實先至梁而後至齊觀其本書可見去梁在襄王初立之年適齊當在其後至周赧王

元年齊有伐燕之事通鑑謂在宣王十九年者是也此據通鑑以宣王立於周顯王三十七年後史記十年若從史記則在湣王十年矣今按三說古史近是但攷孟子去梁之後適齊當有二合計實三至齊一在未至梁時攷竹書紀年齊以惠成王後十三年封田嬰於薛實周顯王四十六年較史年表前二年戰國策載有靖郭君城薛事疑滕文公所問齊將築薛卽此時而孟子稱文公爲君與爲國章稱之爲子者不同是已在文公卽位踰年之後定公之薨當在此前二年孟子二篇下記孟子爲卿於齊出弔於滕應是自鄒游齊適當定公旣薨天子七月而葬同軌畢至諸侯五月同盟至孟子於定公薨後未五月以前尚在鄒故然友得奉文公命往問孟

子後至齊適與五月之期相値此所爲以齊卿出弔歟季氏本以出弔爲文公之喪謂非大國之君無使貴卿及介往弔之禮此重文公之賢而隆其數亦孟子欲親往以盡存歿始終之大禮也季氏此言蓋以文公之謚見於孟子必文公卒在孟子前故云爾然亦無明据緣是役以王驩爲輔行終事未嘗與言或反齊後因與之不合而去此初至齊當卽史記古史所指爲在適梁之前者也一在去梁以後當齊宣王二十五年通鑑以此年爲宣王十五年桉威王在位三十六年通鑑因伐燕之事不合故以宣王前十年增入威王之世作四十六年而下移宣王十年於湣王前十年與史同作十九年特威湣二王之年增損不同季氏本曰宣王之世上損十年本出臆見呂氏大事記於宣王初年從史記卒年從通鑑通爲二十九年庶幾近之据此說則與史馬陵之戰繫之於宣王者正同故此年得爲宣王二十五年暨宣王末年孟子因母卒自齊葬於魯中間在齊當有四五年較前次爲久則書中

齊事之多當在此數年中一在湣王旣立之後當孟子旣葬母於魯復反於齊適燕人因宣王取燕而不置君立太子平爲王故沈同問燕可伐陳賈爲王解慙次於充虞路問章之下而通篇俱稱齊王以湣王之卒在孟子後無謚可稱故也黄東發曰稱宣王者孟子作於宣王已沒之後故以謚稱止稱王者作孟子時湣王尚在未有謚可稱此與古史後見湣王之說合然未見湣王之先孟子久在齊特因葬母歸魯此有本書可据大事記於赧王元年卽宣王二十九年卽記孟軻致爲臣而歸雖主宣王伐燕以求合孟子而其實太子平之立在湣王卽位以後若非燕人別立君孟子書何以云燕人畔也是致爲臣定在湣王時今得黄氏之説通之說詳上則

伐燕一事於國策荀子史記俱合而事湣王之說有徵矣迨至出晝而王不之追孟子遂終不復至齊云

趙邠卿於齊人伐燕燕人畔數章俱依文解釋無所辨正自古史始据史記以伐燕爲湣王正孟子之失儒學警悟引陳氏新話云齊宣王伐燕見於孟子而史記無其事燕世家乃云燕王噲立三年聽蘇代言以國遜子之國大亂云云孟軻謂齊湣王曰今伐燕此文武之時不可失也王因令章子將五都之兵因北地之衆以伐燕燕君噲死子之亡二年而燕人立太子平是爲昭王此與孟子沈同問答事同則此伐燕乃湣王也孟子游齊梁當知其詳其自著書不知何以誤爲宣王當時問策者以爲孟子之書得於親見遷之史出於傳聞則古史未可爲定論也黃東發引蔣監簿曉之說云齊伐燕有二事齊宣王先嘗伐燕燕文公卒易王初立齊宣王因燕喪伐之取十城是卽

孟子梁惠王篇所載問答稱齊宣王者也此一事也稱宣王者孟子作於宣王已沒之後故以諡稱齊湣王後又伐燕燕王噲以燕與子之齊伐燕下燕七十城是卽孟子公孫丑篇所載沈同問燕可伐歟者也此又一事也止稱齊王者作孟子時湣王尚在未有諡可稱譚貞默亦曰後孟子而卒者齊湣王宋王偃不稱諡止稱王因書中無湣王諡遂混兩齊王爲一王兩伐燕爲一伐燕今桉孟子以伐燕之事分載兩篇似當如上說爲二事然史記燕世家宣王時齊止取燕十城而孟子答宣王之問以爲倍地又曰置君而後去之與易王初年事不相合矣且於燕民悅不悅而遠舉文武攻燕世家諸

將謂齊湣王曰因而赴之破燕必矣下又云孟軻謂齊
王曰今伐燕此文武之時不可失也是孟子之以文武
爲說在史則爲湣王勸也乃國策則云儲子謂齊宣王
因而仆之破燕必矣孟軻謂齊宣王曰今伐燕此文武
之時不可失也則是又爲宣王言之與孟子所載雖一
舉文武以將順其伐一舉文武以遏止其伐而在宣王
時則相同也是史與策之言相同而王各別而策以爲
宣王與孟子同書曰三人占則從二人之言今得策之
文以證孟子是二人同矣況策乃當時之文較史之成
於漢者爲可據則宣王伐燕正子噲讓國後大亂之時
撰史之所以不及宣王而專屬之湣王者蓋以所作年

孟子七篇諸國年表說　六

表既主湣王立於周顯王四十六年子噲立於周慎靚王元年則宣王與噲之世不相當故於策及孟子之書爲宣王者易而爲湣王亦猶魏世家不知孟子至梁在惠王稱王之後而改其稱曰君者正同吳師道曰通鑑當作大事記宣王二十九年伐燕燕視史記下移十年宣王伐燕卽薨次年湣王立然則伐燕勝而取之者宣王燕人之畔實在湣王嗣位以後非有二也讀孟子者不知未繫謚者之爲湣王故紛無定論至宣湣之世史有差互葉榮甫嘗舉一事以證之云越世家云越王無彊北伐齊齊威王使人說越云伐齊不如伐楚之利越遂釋齊伐楚楚大敗之殺無彊北破齊於徐州桉此則北破齊

於徐州乃越因齊威之說而伐楚楚因敗越之勢而破齊正齊威王時也年表於徐州之圍乃載於顯王三十六年爲宣王之世云云案此則世家年表不同威王之年可以下侵宣王則湣王上侵宣王不亦事之可以想見者歟合數家之說而觀之伐燕之事可以得所折衷矣

自世本失而小國之世繫俱亡今凡史記無世家之國皆未由攷證鄒在春秋之世國本名邾趙邠卿曰自孟子時改爲鄒案公羊檀弓皆稱邾爲邾婁是緩讀爲邾婁急讀爲鄒鄒乃邾音之轉猶虞號之虞與吳越之吳音得相通況說文朱作[illegible]芻作[illegible]體亦顚倒相似是鄒即邾之證非改國名也故楚人謂頃襄王有鄒費郯邳鄒之穆公見於孟子說苑然說

苑載穆公令食鳧鴈必以秕無得以粟似是知愛民之君與孟子所謂上慢殘下正相反猶戰國策宋王偃有桀宋之稱而萬章稱其將行王政孟子於戴不勝戴盈之兩章亦無貶詞傳記往往不同未知孰是杜預春秋世族譜云自桓公以下春秋後八世而楚滅之邾自始封至儀父入春秋十二世自儀父至桓公又九世是自封至滅共二十九世穆公未知爲桓公後幾世以孟子前後文攷之似當與滕文公同時又據史記孟子本鄒人或因第二篇下有葬於魯之文遂謂鄒爲魯之邑名非鄒國之鄒不知魯之邑名論語作鄹左傳作郰史記作陬說文鄹魯縣此漢世分國之魯古邾國郰魯下邑此春秋時之魯國孔子之鄉國邑字本不同至括地志始

誤聊爲鄒自六書之學不明因而誤及地理至云郕在兗北青境是并地理亦不知矣故附而辨之

竹書紀年於越滅滕在朱句三十四年朱句立於晉敬公四年當周貞定王二十一年下數三十四年爲周威烈王之十一年距梁惠王之立尚四十五年孟子游梁卽如史所云在惠王三十五年其時王稱之爲叟則孟子年當五十餘上數周威烈王十一年孟子尚未生無由得與滕君言是滕非滅於越也惟戰國策有宋康王滅滕伐薛之文又杜預春秋釋例据世本以爲春秋後六世爲齊所滅今攷宋後爲齊所滅而滕爲宋滅宋復爲齊滅義得相通世本較紀年爲有据矣宋王偃立於

周顯王四十一年當梁惠王後七年雖滕之滅未知在宋何年而戰國策載齊將封田嬰於薛及靖郭君將城薛與文公齊人將築薛之問符築薛之年已詳前是滕文公與梁惠王齊宣王宋王偃同時趙邠卿曰古紀世本錄諸侯之世滕國有考公麋居筠切近本誤從米與文公之父定公相直其子元公宏與文公相直似後世避諱改考公爲定公以考爲定他書亦有之禮記檀弓下邾婁考公之喪鄭康成注考或爲定以元公行文德故謂之文公也桉趙此言則文公後當仍有繼立者但宋滅於周赧王二十九年而滕係宋所滅之國則文公距見滅之時應亦無多年耳

杜預春秋釋例曰薛小國無記世不可知亦不知爲誰

所滅椄竹書紀年戰國策史記俱有以薛封田嬰之文或齊滅薛故得以封嬰也封嬰之年史以爲湣王三年紀年以爲威王未卒之前二年然一在周顯王四十六年即紀年惠成王之後十三年一在周顯王四十八年初無大差今以大事記通鑑折衷之則在宣王之世攷齊策有靖郭君之交大不善於閔王辭而之薛之事則是湣王既立田嬰尚存孟子於湣王二年去齊而斯時之君於薛者爲田嬰孟嘗君不知何年始嗣孟子第二篇下所謂於薛餽五十鎰而受者其即孟嘗君傳嬰乃禮文使主家政待賓客之時耶孟嘗君後卒於齊襄王復國以後去孟子之卒久矣

魯平公立二十年而卒皇甫謐以爲始乙巳終甲子者也其初立之前三年孟子尚在齊惟第四年孟子以母喪歸葬於魯其時樂正子薦孟子於平公而平公以後喪踰前喪爲疑不果來見使非恰值歸葬臧倉何特舉是事以沮之耶季氏本以臧倉之沮平公爲在赧王四年誤矣夫湣王二年即魯平公五年當周赧王三年孟子致爲臣而歸歸鄒非歸魯也其或復至魯與否他無明文可以据依以爲攷證故從闕焉

金仁山本大事記謂孟子於赧王元年自齊歸鄒按此雖知史於湣王之年上侵宣王故宣王末年得在周赧王元年然孟子實逮事湣王去齊王燕人畔之後實赧王三年也二年即如宋有與宋臣戴不勝語閻百詩曰繫如宋

於去齊之後固是但卽在元二年殊無据所可据者宋初稱王於愼靚王三年癸卯孟子謂戴不勝爲子之王不似在滕謂畢戰爲子之君則應在癸卯後可知越明年甲辰魯景公卒平公旅立平公欲見孟子又應在甲辰後此亦未定見平公當在甲辰後幾年然下以之滕爲在赧王初年是見平公當在乙巳丙午亦誤辨見上至在宋與滕世子言世子繼世卽位然後之滕又應爲赧王初年事云云夫以孟子在宋爲當偃旣稱王後自無可疑但以滕世子之楚來見卽在此時未免失攷大抵孟子適宋有二一在剔成君之世其自何時至宋雖無由訂正然据齊築薛於周顯王四十六年當王偃六年偃十一年始稱王孟子稱文公爲君則公已卽位踰年其過宋尙

爲世子是在顯王四十六年以前可知其時偃尚未立曁定公卒而然友爲世子之鄒葢孟子已由宋歸鄒矣此爲孟子初適宋一在致爲臣而歸之後與大事記同而年異陳臻以於齊於宋於薛連稱者也雖自齊至宋非歸鄒必由之路戰國時路之所由不可臆知如自滕之楚可不由宋而文公見孟子於宋其一證也然楚懷王因丹陽之敗而與秦戰藍田適在是年孟子非至宋何以與宋牼遇於石丘是時當偃稱王七年矣此孟子所以稱之爲王歟此爲孟子再適宋特孟子兩適宋其君皆未之深知後雖有七十鎰之餽而君之問答無聞焉亦異乎在他國矣季氏本亦知孟子兩適宋而不能有所攷證故詳論之

當孟子時秦齊所共爭者惟魏以魏處天下之中也若楚雖近秦而時方强盛秦尚未敢與爭攻孟子自滕世子來見於宋（當顯王四十年壬辰）爲出游之始逮自齊致爲臣而歸之年（當赧王三年己酉）爲出游之終凡十八年中惟梁襄王元年癸卯（史作哀王）有楚與五國共擊秦不勝之事而獨與秦戰則在懷王十七年先是十六年秦欲伐齊而楚與齊從親惠王患之乃使張儀南見楚王王爲儀絕齊而不得秦所許故分楚商於之地懷王大怒發兵西攻秦秦亦發兵擊之十七年春與秦戰丹陽大敗虜大將軍屈丐等遂取漢中王復怒悉國兵襲秦戰於藍田又大敗韓魏聞之襲楚至鄧楚乃引兵歸此事恰當孟子時

孟子是年因燕人畔去齊疑孟子或有事至宋而自宋至薛因與宋牼遇於石丘則孟子第六篇下宋牼所謂秦楚構兵者定即此事嗣後懷王入秦頃襄王嗣立秦楚之戰乃無虛歲以至於亡則此戰實二國興亡之機宋牼欲說而罷之惜仁義之說不行楚既失國而秦亦隨之孟子其早見及此夫蓋自是而孟子知天下之事不可爲故歸而不復出游而著書以終老矣

孟子七篇諸國年表說

孟子七篇諸國年表

甘泉張宗泰登封輯

表

諸國之次仿杜預春秋土地名世族譜之例以見經先後爲序不因國之大小故鄒滕薛得在魯燕宋先七篇中雖閒稱趙孟及韓魏之家然與六國時事無涉費無他故實可以據依又事在孟子之前衞僅北宮錡一人見於篇曹滅於哀公八年無緣至孟子時猶存趙邠卿曹交之注實爲謬誤不必曲爲附會凡此皆從略焉

梁惠王	齊宣王	秦孝公	楚宣王	鄒	滕	薛	魯景公	燕文公	宋剔成君	任

庚辰 据徐廣周年表顯王元年注癸丑推	辛巳
三十年 與齊人戰敗於馬陵太子申見虜	三十一年徙治大梁汲冢紀年作九年四月甲寅水經注
二年 通鑑以是年爲威王三十八年今依史及大事記	三年
二十一年	二十二年
二十九年	三十年
五年	六年
二十一年	二十二年
二十九年	三十年

引作六年

壬午 三十二 四年 年 二十三 威王元年 七年 年 二十三 年 三十一

年以公子赫爲太子史索隱引世本襄王名嗣此名赫者或别一人疑惠王更立太子而史失記耳

癸未 三十三 五年 二十四 二年 八年 二十四 三十二

	年		年						年	年	
甲申	三十四年	六年	惠文王元年	三年				九年	二十五年	三十三年	
乙酉	三十五年史載孟子是年至梁非	七年	二年	四年				十年	二十六年	三十四年	
丙戌	三十六年改元稱一年會諸侯於徐州	八年	三年	五年				十一年	二十七年	三十五年	

[illegible]王也史世家以是年惠王卒明年襄王立追尊父惠王爲王非

丁亥二年通鑑以是年爲後元年與史襄王立同年校紀年既云三十六年改元稱一年則是

九年

四年

六年

十二年

二十八年

三十六年

年應爲二年故下所引魏世家事皆後襄王一年

戊子三年	十年	五年	七年				十三年	二十九年	三十七年
己丑四年	十一年	六年	八年				十四年	易王元年	三十八年
庚寅五年	十二年	七年	九年				十五年	二年	三十九年
辛卯六年秦	十三年	八年魏	十年				十六年	三年	四十年

	壬辰
敗龍賈軍於雕陰圍焦曲沃予秦河西之地	七年秦取汾陰皮氏焦
	十四年
入少梁河西地	九年渡河取汾陰皮氏與魏王會應圍
	十一年
	十七年
	四年
	四十一年孟子居宋滕世子之楚來見

焦降之
癸巳八年盡十五年十年魏懷王元年
入上郡納上郡
於秦秦十五縣
降蒲陽
甲午九年十六年十一年十二年穆公年
是年孟
子居鄒
與魯閧
當在是
年

十八年五年王偃元年
十九年六年二年季任爲
任處守

四

乙未	丙申	丁酉
十年	十一年	十二年
十七年	十八年孟子爲齊卿出弔於滕	十九年
十二年	十三年	初更元通鑑年在前一年非据史本紀年表改正
三年	四年	五年
定公卒然友爲世子之鄒	文公元年	二年是年孟子之滕有館上宮
二十年	二十一年	二十二年
七年	八年	九年
三年	四年	五年

	戊戌
	十三年 楚敗我襄陵
	二十年 史以是年爲湣王元年今依通鑑及大事記仍作宣王唯通鑑以宣王爲立於
	二年
	六年 使柱國昭陽將兵攻魏破之於襄陵得八
及文公問爲國行井田與陳相問答事	三年
	十月靖郭君城薛以客諫輟城薛年月據汲冢紀年事據國
	二十三年
	十年
	六年

	己亥	庚子 是年周顯王崩在位四十八年	辛丑 周慎靚王
	十四年	十五年	十六年 孟子至
周顯王三十七年己丑則是年爲宣王十年	二十一年	二十二年	二十三年
	三年	四年	五年
邑	七年	八年	九年
	四年	五年	
䇿			
	二十四年	二十五年	二十六年
	十一年	十二年	王噲元年
	七年	八年	九年

元年	壬寅	癸卯
梁	十七年 是年惠年 王卒	襄王元年 史作哀王 年
	二十四	二十五
	六年	七年
	十年	十一年
	二十七 年	二十八 年
	二年	三年
	十年	十一年 偃自立爲王東敗齊取五城南敗楚取地三百

	甲辰	乙巳
	二年	三年
	二十六年	二十七年
	八年	九年
	十二年	十三年
	二十九年	平公元年
	四年	五年噲讓國於其臣子之願爲
里西敗魏軍於是諸侯告齊伐宋	十二年	十三年

	丙午四年 是年周慎靚王崩在位六年	丁未五年 周赧王元年
	二十八年	二十九年伐燕
	十年	十一年
	十四年	十五年
	二年	三年
臣		國大亂齊章子將五都之兵因北地之衆以伐
	十四年	十五年

戊申
六年
湣王元年
十二年
十六年
四年孟子自齊歸葬母時樂正
燕士卒不戰城門不閉燕君噲死齊大勝子之亡
十六年

子為政公來見因臧倉沮不果

己酉

七年

二年孟子葬母後復反於齊燕人畔云公子平孟子致

十三年

十七年春與秦戰丹陽大敗虜大將軍屈丐等遂取漢

是年孟子由宋至辭餽五十鎰受之

五年

十七年時孟子去齊至宋餽七十鎰因有遠行受之值

庚戌	
八年	
三年	爲臣
十四年	
十八年	中之郡王大怒乃悉國兵復襲秦戰於藍田大敗韓魏聞之襲楚至於鄧
六年	
昭王元年	
十八年	秦楚搆兵與宋牼遇於石丘

辛亥	九年	四年	武王元年	十九年				七年	二年	十九年	
壬子	十年	五年	二年	二十年				八年	三年	二十年	
癸丑	十一年	六年	三年	二十一				九年	四年	二十一	
				年						年	
甲寅	十二年	七年	四年	二十二				十年	五年	二十二	
				年						年	
乙卯	十三年	八年	昭王元年	二十三				十一年	六年	二十三	
				年						年	
丙辰	十四年	九年	二年	二十四				十二年	七年	二十四	
				年						年	
丁巳	十五年		三年	二十五				十三年	八年	二十五	

				年						年	
戊午	十六年	十一年	四年	二十六				十四年	九年	二十六	
				年						年	
己未	十七年	十二年	五年	二十七				十五年	十年	二十七	
				年						年	
庚申	十八年	十三年	六年	二十八				十六年	十一年	二十八	
				年						年	
辛酉	十九年	十四年	七年	二十九				十七年	十二年	二十九	
				年						年	
壬戌	二十年	十五年	八年	三十年				十八年	十三年	三十年	
癸亥	二十一	十六年	九年	頃襄王元				十九年	十四年	三十一	

年

年

年

甲子二十二十七年十年

二年

二十年十五年三十二

是年平公卒平公之謚見於孟子首篇則孟子之卒必在文公之世

年

年

乙丑二十三十八年十一年三年

文公元年十六年三十三

年

年

丙寅昭王元年十九年十二年四年

襄王以謚稱則

二年

十七年三十四

年

孟子之卒當在昭王立後桉孟子於惠王後十六年游梁王已稱之爲叟年必在五十外矣至襄王之卒又二十四年孟子當年近八十若如史游梁在前三十五年又多十

	丁卯		戊辰
七年孟子未必昭王立後卽卒孟子不年將百歲乎是孟子游梁當在後十六年而惠王改三十六年稱一年無疑	二年		三年
	二十年		二十一
	十三年		十四年
	五年		六年
	三年		四年
	十八年		十九年
	三十五	年	三十六

	年			年
己巳四年	二十二十五年七年		五年	二十年三十七
	年			年
庚午五年	二十三十六年八年		六年	二十一三十八
	年			年 年
辛未六年	二十四十七年九年		七年	二十二三十九
	年			年 年
壬申七年	二十五十八年十年		八年	二十三四十年
	年			年
癸酉八年	二十六十九年十一年		九年	二十四四十一
	年			年 年

甲戌九年　二十七　二十年　十二年

年

乙亥十年　二十八　二十一　十三年

年伐宋年

十年　二十五　四十二

年　年

十一年　二十六　四十三

年　年王偃出亡死於温

梭孟子不及見宋之滅然孟子之卒的於何年無可攷證故姑以是終之